□ 现代统计学丛书

Mathematical Statistics

数理统计

（第二版）

邵 军

高等教育出版社·北京

图字：01-2018-0880 号

Translation from the English language edition:
Mathematical Statistics (2nd *Ed.*)
by Jun Shao

图书在版编目（C I P）数据

数理统计 / 邵军译著 . -- 北京：高等教育出版社，2018. 11 (2022.6 重印)
（现代统计学丛书）
书名原文：Mathematical Statistics
ISBN 978-7-04-050667-9

Ⅰ. ①数… Ⅱ. ①邵… Ⅲ. ①数理统计 - 教材 Ⅳ. ① O212

中国版本图书馆 CIP 数据核字（2018）第 221425 号

数理统计（第二版）
Shuli Tongji

策划编辑	王丽萍	责任编辑	吴晓丽	封面设计	王凌波	版式设计	马敬茹
插图绘制	于 博	责任校对	殷 然	责任印制	刘思涵		

出版发行	高等教育出版社	网　　址	http://www.hep.edu.cn
社　　址	北京市西城区德外大街4号		http://www.hep.com.cn
邮政编码	100120	网上订购	http://www.hepmall.com.cn
印　　刷	北京汇林印务有限公司		http://www.hepmall.com
开　　本	787mm×1092mm 1/16		http://www.hepmall.cn
印　　张	36.5		
字　　数	640 千字	版　　次	2018 年 11 月第 1 版
购书热线	010-58581118	印　　次	2022年 6 月第 2 次印刷
咨询电话	400-810-0598	定　　价	89.00 元

本书如有缺页、倒页、脱页等质量问题，请到所购图书销售部门联系调换

物 料 号 50667-00

献给 Guang, Jason 和 Annie

第二版前言

除了纠正一些打字错误和疏漏并对文字做了进一步润色外, 新版主要是在第 1 章 (概率论) 中增加了新的内容以及在每一章节中增加了一些新的习题. 另外, 还增加了两个新章节用于介绍半参数模型与方法 (§5.1.4) 以及讨论置信集的渐近精确性 (§7.3.4). 全书的架构保持不变.

在新版的第 1 章中, 矩母函数和特征函数的阐述更细致, 也提供了其唯一性定理的证明; 介绍了一些有用的矩不等式; 作为条件期望讨论的延续, 增加了条件独立、马尔可夫链与鞅的讨论; 介绍了弱收敛与紧性的概念; 涵盖了在渐近理论中主要结论的证明, 如控制收敛定理和单调收敛定理、Lévy-Cramér 连续性定理、强大数定理和弱大数定理以及 Lindeberg 中心极限定理; 并增加了一个新章节 (§1.5.6) 用于介绍 Edgeworth 和 Cornish-Fisher 展开. 因此, 新版本的第 1 章独立地给出了概率论中的重要概念、结论以及证明, 并强调了其在统计中的应用.

自从 1999 年出版了第一版以来, 我一直把本书作为数理统计两学期课程的教科书. 我把授课过程中积累的习题增补到了这个新版中, 而把一些太过于平凡的习题删除了.

在第一版中, 定义、例子、定理、命题、推论和引理包含在主题索引中. 在新版中, 它们在全书最后部分独立地给出索引. 符号和缩写列表在参考书目之后给出, 而第一版在附录中.

最明显的符号改变是向量符号. 在新版中, k 维向量记作 $c = (c_1, ..., c_k)$, 无论它是一个列向量还是行向量 (如果不考虑矩阵代数, 这不重要). 当考虑矩阵代数时, 任何一个向量 c 被当作一个 $k\times 1$ 的矩阵 (列向量), 它的转置 c^τ 当作一个 $1\times k$ 矩阵 (行向量). 因此, 对于 $c=(c_1,...,c_k)$, $c^\tau c=c_1^2+\cdots+c_k^2$ 和 cc^τ 是 $k\times k$ 矩阵, 其第 (i,j) 个元素是 c_ic_j.

感谢为本书提供建设性意见的审稿人、Springer-Verlag 出版社的编辑们、修读我课程的学生们、两位助教 Bin Cheng 和 Hansheng Wang 博士, 他们在新版的准备过程中为我提供了帮助. 当然, 任何遗留问题是我的责任, 在我的主页 http://www.stat.wisc.edu/~shao 上可以找到修改.

Madison, Wisconsin

邵军

2003 年 4 月

第一版前言

本书专门为 Wisconsin-Madison 大学统计系所开设的名为数理统计的课程所写. 这门课程以数学严谨的风格来教授, 覆盖了一二年级研究生为攻读统计博士学位所需的主要统计理论内容. 这门课程针对两学期每学期 15 周而设计, 每周 3 个授课课时以及 2 个习题讨论课时. 修读这门课程的学生需良好地掌握了微积分知识. 建议修读本课程之前修读实分析或测度论课程.

第 1 章简要概述了基于测度论的概率论中的重要概念和结果, 这些都是数理统计的重要工具. 第 2 章介绍了统计学中的一些基本概念, 包括统计模型、数据简化中的充分性原则以及贯穿全书的两种统计方法: 统计决策理论与统计推断. 第 3 章至第 7 章的每一章都给出了统计决策理论和统计推断中一个重要专题的详细研究: 第 3 章介绍了无偏估计理论; 第 4 章研究了在参数模型中点估计的理论与方法; 第 5 章覆盖了在非参数设置下的点估计; 第 6 章关注假设检验; 第 7 章讨论了区间估计与置信集. 这本书主要采用的是经典频率学派的方法, 尽管也介绍了 Bayes 方法 (§2.3.2, §4.1, §6.4.4 与 §7.1.3). 渐近 (大样本) 理论是统计推断中至关重要的一部分, 对其的研讨贯穿全书, 而并非单独在某个章节介绍.

本书大约 85% 的内容覆盖统计理论上的经典结果, 这些可以在相似水平的教科书上找到. 这些内容属于统计系博士资格考试的教学大纲. 书中的这一部分主要参考了一些标准教科书, 如 Casella and Berger (1990), Ferguson (1967), Lehmann (1983, 1986) 以及 Rohatgi (1976). 书中其余 15% 的内容覆盖了近些年得以发展的现代统计理论中的一些专题, 包括最小二乘估计的稳健性、马尔可夫链蒙特卡罗、广义线性模型、准似然、经验似然、统计泛函、广义估计方程、刀切法和自助法.

除了表述丰富的想法与结果, 本书强调在构建理论结果时重要工具的使用. 因此给出了大部分定理、命题与引理的证明或留作练习. 某些定理的证明被省略 (尤其是在第 1 章), 因为这些证明过于冗长或超出了本书的范围 (通常由参考书给出). 每一章节都包含了一些例子. 某些例子是专门为本课程的习题讨论课提供的, 可以由助教 (一名高年级的研究生) 教授. 每一章中的习题都是本书的重要部分. 它们不但给学生提供了练习题, 而且给出了许多额外的结果来补充主体内容.

这本书主要基于 (1) 1983—1984 年期间, 我作为修读这门课程的学生时所记的课堂笔记, (2) 1984—1985 年期间, 我作为这门课程助教时所使用的笔记, 以及 (3) 1997—1998 年期间, 我作为这门课程授课老师所准备的讲义. 首先感谢 Dennis Cox, 在我作为学生和助教时, 由他教授的这门课程毫无疑问地影响了我在这门课程中的教学风格以及这本教科书. 我也非常感谢在课堂上提供了有用意见的学生们, 感谢帮助我准备了本书中所有图形的 Yonghee Lee, 感谢帮助我改善排版的 Springer-Verlag 出版社和编辑们以及在我写作期间支持我的家人们.

Madison, Wisconsin
邵军
1999 年 1 月

目录

第 1 章 概率论 **1**

1.1 概率空间和随机元素 1

1.1.1 σ 域和测度 1

1.1.2 可测函数和分布 6

1.2 积分和微分 9

1.2.1 积分 9

1.2.2 Radon-Nikodym 导数 14

1.3 分布及其特征 17

1.3.1 分布和概率密度 17

1.3.2 矩和矩不等式 28

1.3.3 矩母函数和特征函数 32

1.4 条件期望 37

1.4.1 条件期望 37

1.4.2 独立性 41

1.4.3 条件分布 43

1.4.4 马尔可夫链和鞅 45

1.5 渐近理论 50

1.5.1 收敛模式和随机次序 50

1.5.2 弱收敛 56

1.5.3 变换的收敛性 60

1.5.4 大数定律 63

1.5.5 中心极限定理 · · · 68
1.5.6 Edgeworth 和 Cornish-Fisher 展开 · · · 71
1.6 练习 · · · 75

第 2 章 统计学基础 · · · 93
2.1 总体、样本和模型 · · · 93
2.1.1 总体和样本 · · · 93
2.1.2 参数与非参数模型 · · · 95
2.1.3 指数和位置尺度分布族 · · · 97
2.2 统计量、充分性和完备性 · · · 101
2.2.1 统计量和它们的分布 · · · 101
2.2.2 充分性和最小充分性 · · · 104
2.2.3 完备统计量 · · · 110
2.3 统计决策理论 · · · 114
2.3.1 决策准则、损失函数和风险 · · · 114
2.3.2 容许性和最优性 · · · 117
2.4 统计推断 · · · 122
2.4.1 点估计 · · · 123
2.4.2 假设检验 · · · 126
2.4.3 置信集 · · · 129
2.5 渐近准则和推断 · · · 131
2.5.1 一致性 · · · 132
2.5.2 渐近偏差、方差和 mse · · · 135
2.5.3 渐近推断 · · · 139
2.6 练习 · · · 141

第 3 章 无偏估计 · · · 161
3.1 UMVUE · · · 161
3.1.1 充分完备统计量 · · · 162
3.1.2 一个充分必要条件 · · · 166
3.1.3 信息不等式 · · · 169
3.1.4 UMVUE 的渐近性质 · · · 172
3.2 U 统计量 · · · 174
3.2.1 一些例子 · · · 174
3.2.2 U 统计量的方差 · · · 176
3.2.3 投影法 · · · 178

3.3 线性模型中的 LSE · · · 182
3.3.1 LSE 和可估性 · · · 182
3.3.2 UMVUE 和 BLUE · · · 186
3.3.3 LSE 的稳健性 · · · 190
3.3.4 LSE 的渐近性质 · · · 194
3.4 调查问题中的无偏估计 · · · 196
3.4.1 总体总值的 UMVUE · · · 196
3.4.2 Horvitz-Thompson 估计 · · · 199
3.5 渐近无偏估计 · · · 204
3.5.1 无偏估计的函数 · · · 204
3.5.2 矩方法 · · · 206
3.5.3 V 统计量 · · · 210
3.5.4 加权 LSE · · · 213
3.6 练习 · · · 217

第 4 章　参数模型中的估计 · · · 232

4.1 Bayes 决策和估计 · · · 232
4.1.1 Bayes 解 · · · 232
4.1.2 经验和多层 Bayes 方法 · · · 237
4.1.3 Bayes 准则和估计 · · · 240
4.1.4 马尔可夫链蒙特卡罗 · · · 246
4.2 不变性 · · · 251
4.2.1 单参数位置族 · · · 251
4.2.2 单参数尺度族 · · · 256
4.2.3 一般位置尺度族 · · · 258
4.3 最小最大和容许性 · · · 262
4.3.1 常数风险估计 · · · 262
4.3.2 单参数指数族中的结果 · · · 265
4.3.3 联合估计和收缩估计 · · · 267
4.4 极大似然方法 · · · 273
4.4.1 似然函数和 MLE · · · 274
4.4.2 广义线性模型中的 MLE · · · 279
4.4.3 准似然和条件似然 · · · 283
4.5 渐近有效估计 · · · 285
4.5.1 渐近最优性 · · · 286
4.5.2 MLE 和 RLE 的渐近有效性 · · · 289

4.5.3 其他渐近有效估计量 · · · 294
4.6 练习 · · · 298

第 5 章 非参数模型中的估计 · · · 319
5.1 分布估计 · · · 319
5.1.1 i.i.d. 情况下的经验 c.d.f. · · · 320
5.1.2 经验似然 · · · 323
5.1.3 密度估计 · · · 330
5.1.4 半参数方法 · · · 332
5.2 统计泛函 · · · 337
5.2.1 可微性和渐近正态性 · · · 337
5.2.2 L, M 和 R 估计量及秩统计量 · · · 342
5.3 次序统计量的线性函数 · · · 350
5.3.1 样本分位数 · · · 351
5.3.2 稳健性和有效性 · · · 355
5.3.3 线性模型中的 L 估计量 · · · 357
5.4 广义估计方程 · · · 359
5.4.1 GEE 以及它与其他方法的关系 · · · 359
5.4.2 GEE 估计量的一致性 · · · 362
5.4.3 GEE 估计量的渐近正态性 · · · 366
5.5 方差估计 · · · 370
5.5.1 替代法 · · · 371
5.5.2 刀切法 · · · 374
5.5.3 自助法 · · · 379
5.6 练习 · · · 381

第 6 章 假设检验 · · · 392
6.1 UMP 检验 · · · 392
6.1.1 Neyman-Pearson 引理 · · · 393
6.1.2 单调似然比 · · · 397
6.1.3 双边假设的 UMP 检验 · · · 401
6.2 UMP 无偏检验 · · · 403
6.2.1 无偏性、相似性和 Neyman 结构 · · · 403
6.2.2 指数族中的 UMPU 检验 · · · 405
6.2.3 正态族中的 UMPU 检验 · · · 410

6.3 UMP 不变检验 · · · 416
6.3.1 不变性和 UMPI 检验 · · · 416
6.3.2 正态线性模型中的 UMPI 检验 · · · 421
6.4 参数模型中的检验 · · · 427
6.4.1 似然比检验 · · · 427
6.4.2 基于似然函数的渐近检验 · · · 431
6.4.3 χ^2 检验 · · · 435
6.4.4 Bayes 检验 · · · 439
6.5 非参数模型中的检验 · · · 441
6.5.1 符号、置换和秩检验 · · · 441
6.5.2 Kolmogorov-Smirnov 和 Cramér-von Mises 检验 · · · 445
6.5.3 经验似然比检验 · · · 448
6.5.4 渐近检验 · · · 451
6.6 练习 · · · 453

第 7 章 置信集 · · · 473
7.1 置信集的构造 · · · 473
7.1.1 枢轴量 · · · 473
7.1.2 转化检验的接受域 · · · 478
7.1.3 Bayes 方法 · · · 482
7.1.4 预测集 · · · 483
7.2 置信集的性质 · · · 485
7.2.1 置信区间的长度 · · · 485
7.2.2 UMA 和 UMAU 置信集 · · · 490
7.2.3 随机置信集 · · · 492
7.2.4 不变置信集 · · · 494
7.3 渐近置信集 · · · 496
7.3.1 渐近枢轴量 · · · 496
7.3.2 基于似然函数的置信集 · · · 498
7.3.3 分位数的置信区间 · · · 501
7.3.4 渐近置信集的精确性 · · · 503
7.4 自助法置信集 · · · 505
7.4.1 自助法置信区间的构造 · · · 506
7.4.2 渐近正确性和精确性 · · · 509
7.4.3 高阶精确自助法置信集 · · · 515

7.5 联合置信区间 · · · · · 518
7.5.1 Bonferroni 方法 · · · · · 519
7.5.2 线性模型中的 Scheffé 方法 · · · · · 520
7.5.3 单因子 ANOVA 模型中的 Tukey 方法 · · · · · 522
7.5.4 c.d.f. 的置信带 · · · · · 524
7.6 练习 · · · · · 526

参考文献 · · · · · 541

记号表 · · · · · 555

缩写表 · · · · · 557

定义、主要结果和例子的索引 · · · · · 558

第 1 章　概率论

数理统计依赖概率论, 而概率论以测度论为基础. 本章将给出概率论中一些主要概念和符号约定以及一些在统计学中可以作为有用工具的重要结果. 关于概率论更加完整的叙述可以参考专用教材, 例如 Billingsley (1986), Chung (1974) 或者 Loève (1977). 我们假定读者熟知微积分或数学分析中的集合运算和集合函数 (映射).

1.1　概率空间和随机元素

基础概率论课程中, 定义随机试验为结果无法准确预测的试验, 定义 A (某个由可能发生的结果构成的集合) 的概率为在很大量的重复随机试验中，A 中结果出现的频率. A. N. Kolmogorov 1933 年在概率论的理论测度基础发展中给出了一个关于概率的严格且逻辑一致的定义 (Kolmogorov, 1933).

1.1.1　σ 域和测度

设 Ω 为感兴趣元素的集合. 例如, Ω 可以是数字集合、实数子区间或者某个随机试验所有可能发生结果的集合. 在概率论中, Ω 通常称为结果空间, 而在统计学中, Ω 称为样本空间. 这是由于在概率论与数理统计中, Ω 通常是某一随机试验所有可能发生结果的集合.

测度是一维、二维或三维欧几里得空间中子集的长度、面积或体积的数学拓展. 在某个给定的样本空间 Ω 上, 测度是针对 Ω 上特定子集所定义的集合函数. 由这些子集所组成的集合类必须满足一定的性质, 定义如下.

定义 1.1. 设 $\mathcal{F}$ 是样本空间 Ω 的某些子集所组成的集合类. $\mathcal{F}$ 称为 σ 域 (或者 σ 代数), 当且仅当它具有如下性质:

(i) 空集 $\varnothing \in \mathcal{F}$.

(ii) 如果 $A \in \mathcal{F}$, 则补集 $A^c \in \mathcal{F}$.

(iii) 如果 $A_i \in \mathcal{F}$, $i = 1, 2, ...$, 则它们的并 $\cup A_i \in \mathcal{F}$. ∎

由集合 Ω 和 Ω 子集的 σ 域 $\mathcal{F}$ 构成的 $(\Omega, \mathcal{F})$ 称为可测空间. $\mathcal{F}$ 的元素在测度论中称为可测集, 在概率论与数理统计中称为事件.

因为 $\varnothing^c = \Omega$, 由定义 1.1 的 (i) 和 (ii) 可知, 如果 $\mathcal{F}$ 是 Ω 上的一个 σ 域, 那么 $\Omega \in \mathcal{F}$. 同样地, 由 (ii) 和 (iii) 可知, 如果 $A_i \in \mathcal{F}$, $i = 1, 2, ...$, $\mathcal{F}$ 是一个 σ 域, 那么它们的交 $\cap A_i \in \mathcal{F}$. 这可以利用 DeMorgan 定律证明: $(\cap A_i)^c = \cup A_i^c$.

对于任意给定的 Ω, 存在两个平凡的 σ 域. 第一个只包含两个特定元素, $\varnothing$ 和 Ω. 这是 Ω 上最小的 σ 域. 第二个是 Ω 所有子集的集合类, 它是 Ω 上最大的 σ 域.

我们现在考虑一些非平凡的 σ 域. 设 A 是 Ω 的非空真子集 ($A \subset \Omega$, $A \neq \Omega$). 那么 (验证)

$$\{\varnothing, A, A^c, \Omega\} \tag{1.1}$$

是一个 σ 域. 事实上, 这是包含 A 的最小 σ 域, 也就是说, 如果 $\mathcal{F}$ 是包含 A 的任意 σ 域, 那么 (1.1) 中的 σ 域是 $\mathcal{F}$ 的一个子集类. 通常, 设 $\mathcal{C}$ 是 Ω 子集的集合类, 将包含 $\mathcal{C}$ 的最小 σ 域记作 $\sigma(\mathcal{C})$, 称为由 $\mathcal{C}$ 生成的 σ 域. 因此, (1.1) 中的 σ 域是 $\sigma(\{A\})$. 注意到, $\sigma(\{A, A^c\})$, $\sigma(\{A, \Omega\})$ 和 $\sigma(\{A, \varnothing\})$ 都与 $\sigma(\{A\})$ 相等. 当然, 如果 $\mathcal{C}$ 本身是一个 σ 域, 那么 $\sigma(\mathcal{C}) = \mathcal{C}$.

在一维实数集 $\mathcal{R}$ 上, 存在一个特殊的 σ 域, 它几乎毫无例外被用到. 设 $\mathcal{C}$ 是 $\mathcal{R}$ 上所有有限开区间的集合类. 那么, $\mathcal{B} = \sigma(\mathcal{C})$ 称为 Borel σ 域. $\mathcal{B}$ 里的元素称为 Borel 集. k 维欧几里得空间 $\mathcal{R}^k$ 上的 Borel σ 域可以类似定义. 可以证明, 所有区间 (有限或者无限)、开集和闭集都是 Borel 集. 作为例子, 我们现在证明, 在实数集中,$\mathcal{B} = \sigma(\mathcal{O})$, 其中 $\mathcal{O}$ 是所有开集的集合类. 我们需要证明 $\sigma(\mathcal{C}) \subset \sigma(\mathcal{O})$ 和 $\sigma(\mathcal{O}) \subset \sigma(\mathcal{C})$. 因为开区间是开集, 所以 $\mathcal{C} \subset \mathcal{O}$, 因此, $\sigma(\mathcal{C}) \subset \sigma(\mathcal{O})$ (为什么?). 设 U 是一个开集, 那么 U 可以表示为一组有限开区间的并 (见 Royden (1968, p.39)). 因此, $U \in \sigma(\mathcal{C})$ (定义 1.1(iii)), $\mathcal{O} \subset \sigma(\mathcal{C})$. 根据 $\sigma(\mathcal{O})$ 的定义, $\sigma(\mathcal{O}) \subset \sigma(\mathcal{C})$. 证明完成.

设 $C \subset \mathcal{R}^k$ 是一个 Borel 集, 令 $\mathcal{B}_C = \{C \cap B : B \in \mathcal{B}^k\}$. 那么 $(C, \mathcal{B}_C)$ 是可测空间, $\mathcal{B}_C$ 称为 C 上的 Borel σ 域.

现在我们来介绍测度的概念.

定义 1.2. 设 $(\Omega,\mathcal{F})$ 是一个可测空间. 定义在 $\mathcal{F}$ 上的集合函数 ν 称为测度, 当且仅当它满足如下性质:

(i) 对于任意 $A\in\mathcal{F}$, $0\leqslant\nu(A)\leqslant\infty$.

(ii) $\nu(\varnothing)=0$.

(iii) 如果 $A_i\in\mathcal{F}$, $i=1,2,...$, 且 A_i 两两不相交, 即, 对于任意 $i\neq j$, $A_i\cap A_j=\varnothing$, 那么

$$\nu\left(\bigcup_{i=1}^{\infty}A_i\right)=\sum_{i=1}^{\infty}\nu(A_i).\quad \blacksquare$$

$(\Omega,\mathcal{F},\nu)$ 称为测度空间. 如果 $\nu(\Omega)=1$, 那么 ν 称为概率测度, 我们通常将概率测度记作 P, 在这种情况下, $(\Omega,\mathcal{F},P)$ 称为概率空间.

虽然测度是长度、面积或者体积的一个扩展, 但是有时候测度会显得很抽象. 例如, 下面的集合函数是一个测度:

$$\nu(A)=\begin{cases}\infty, & A\in\mathcal{F},A\neq\varnothing,\\ 0, & A=\varnothing.\end{cases}\tag{1.2}$$

因为测度的取值可以是 ∞, 我们必须知道如何对 ∞ 进行运算. 在本书中, 我们只需知道 (1) 对于任意 $x\in\mathcal{R}$, $\infty+x=\infty$; 当 $x>0$ 时, $x\infty=\infty$; 当 $x<0$ 时, $x\infty=-\infty$; $0\infty=0$; (2) $\infty+\infty=\infty$; (3) 对于任意 $a>0$, $\infty^a=\infty$. 然而, $\infty-\infty$ 或 ∞/∞ 是没有定义的.

下面的例子给出了概率论与数理统计中两个非常重要的测度.

例 1.1 (计数测度). 设 Ω 是样本空间, $\mathcal{F}$ 是所有子集的集类, $\nu(A)$ 是 $A\in\mathcal{F}$ 中元素的个数 (如果 A 包含无限多个元素, 那么 $\nu(A)=\infty$). 那么 ν 是 $\mathcal{F}$ 上的一个测度, 称为计数测度. ∎

例 1.2 (Lebesgue 测度). 在 $(\mathcal{R},\mathcal{B})$ 上存在唯一的测度 m, 对于每个有限区间 $[a,b]$,$-\infty<a\leqslant b<\infty$, 它满足

$$m([a,b])=b-a.\tag{1.3}$$

这个测度称为 Lebesgue 测度. 如果把 m 限制在可测空间 $([0,1],\mathcal{B}_{[0,1]})$ 上, 那么 m 称为概率测度. ∎

如果 Ω 是可数的, 也就是说, Ω 和整数集之间存在一一对应关系, 那么通常可以考虑包含 Ω 所有子集的平凡 σ 域, 以及给 Ω 中每个子集指定一个测度值. 当 Ω 不可数时 (例如 $\Omega=\mathcal{R}$ 或者 $[0,1]$), 给 Ω 中的每个子集定义一个有意

义的测度是不可能的; 例如, 我们无法为 $\mathcal{R}$ 中的全部子集找到一个测度, 使得其满足性质 (1.3). 这就是为什么我们需要介绍比所有子集的集合更小的 σ 域.

下面的结论给出了测度的一些基本性质. 当考虑 $\nu(A)$ 时, 我们默认 $A \in \mathcal{F}$.

命题 1.1. 设 $(\Omega, \mathcal{F}, \nu)$ 是一个测度空间.

(i) (单调性). 如果 $A \subset B$, 那么 $\nu(A) \leqslant \nu(B)$.

(ii) (次可加性). 对于任意序列 $A_1, A_2, \ldots$,

$$\nu\left(\bigcup_{i=1}^{\infty} A_i\right) \leqslant \sum_{i=1}^{\infty} \nu(A_i).$$

(iii) (连续性). 如果 $A_1 \subset A_2 \subset A_3 \subset \cdots$ (或者 $A_1 \supset A_2 \supset A_3 \supset \cdots$ 且 $\nu(A_1) < \infty$), 那么

$$\nu\left(\lim_{n\to\infty} A_n\right) = \lim_{n\to\infty} \nu\left(A_n\right),$$

其中

$$\lim_{n\to\infty} A_n = \bigcup_{i=1}^{\infty} A_i \quad \left(\text{或} = \bigcap_{i=1}^{\infty} A_i\right).$$

证明. 我们在此只证明 (i). (ii) 和 (iii) 的证明留作练习. 因为 $A \subset B$, 所以 $B = A \cup (A^c \cap B)$, 且 A 和 $A^c \cap B$ 不相交. 根据定义 1.2(iii), $\nu(B) = \nu(A) + \nu(A^c \cap B)$, 由定义 1.2(i) 可得 $\nu(A^c \cap B) \geqslant 0$, 故 $\nu(B) \geqslant \nu(A)$. ▮

$(\mathcal{R}, \mathcal{B})$ 上所有概率测度的集合与 $\mathcal{R}$ 上的一个函数集合是一一对应的. 设 P 是一个概率测度. P 的累积分布函数 (c.d.f.) 定义为

$$F(x) = P\left((-\infty, x]\right), \quad x \in \mathcal{R}. \tag{1.4}$$

命题 1.2. (i) 设 F 是 $\mathcal{R}$ 上的一个 c.d.f., 那么

(a) $F(-\infty) = \lim_{x\to-\infty} F(x) = 0$;

(b) $F(\infty) = \lim_{x\to\infty} F(x) = 1$;

(c) F 是非降的, 即若 $x \leqslant y$ 则 $F(x) \leqslant F(y)$;

(d) F 是右连续的, 即 $\lim_{y\to x, y>x} F(y) = F(x)$.

(ii) 假设 $\mathcal{R}$ 上的实值函数 F 满足 (i) 中的 (a)—(d), 那么 F 是 $(\mathcal{R}, \mathcal{B})$ 上唯一的概率测度的 c.d.f. ▮

集合 (或者集合类) Γ_i, $(i \in \mathcal{I} = \{1, \ldots, k\}$ (或者 $\{1, 2, \ldots\}$)), 的笛卡儿积定义为所有 $(a_1, \ldots, a_k)$ (或者 $(a_1, a_2, \ldots)$) 的集合, $a_i \in \Gamma_i$, $i \in \mathcal{I}$, 记作

$\prod_{i\in\mathcal{I}}\Gamma_i=\Gamma_1\times\cdots\times\Gamma_k$ (或者 $\Gamma_1\times\Gamma_2\times\cdots$). 设 $(\Omega_i,\mathcal{F}_i)$ 是可测空间, $i\in\mathcal{I}$. 因为 $\prod_{i\in\mathcal{I}}\mathcal{F}_i$ 不一定是 σ 域, 所以 $\sigma\left(\prod_{i\in\mathcal{I}}\mathcal{F}_i\right)$ 称为乘积空间 $\prod_{i\in\mathcal{I}}\Omega_i$ 上的乘积 σ 域, 且 $\left(\prod_{i\in\mathcal{I}}\Omega_i,\sigma\left(\prod_{i\in\mathcal{I}}\mathcal{F}_i\right)\right)$ 记作 $\prod_{i\in\mathcal{I}}(\Omega_i,\mathcal{F}_i)$. 作为一个例子, 我们考虑 $(\Omega_i,\mathcal{F}_i)=(\mathcal{R},\mathcal{B})$, $i=1,...,k$. 那么乘积空间为 $\mathcal{R}^k$, 可以证明乘积 σ 域等价于 $\mathcal{R}^k$ 上的 Borel σ 域, 即由 $\mathcal{R}^k$ 上所有开子集的集类生成的 σ 域.

在例 1.2 中, 区间 $[a,b]\subset\mathcal{R}$ 的长度与 $[a,b]$ 的 Lebesgue 测度相同. 考虑矩形 $[a_1,b_1]\times[a_2,b_2]\subset\mathcal{R}^2$, $[a_1,b_1]\times[a_2,b_2]$ 的面积等于

$$(b_1-a_1)(b_2-a_2)=m([a_1,b_1])m([a_2,b_2]),\tag{1.5}$$

即两个区间 $[a_1,b_1]$ 和 $[a_2,b_2]$ Lebesgue 测度的乘积. 注意到, $[a_1,b_1]\times[a_2,b_2]$ 是乘积 σ 域定义下的可测集. 那么, $m([a_1,b_1])m([a_2,b_2])$ 是否等于乘积 σ 域上某个测度的值? 在由有限个可测空间生成的乘积空间下, 下面的结果给出了这个问题的答案. (证明参见 Billingsley (1986, pp. 235–236).) 在介绍这个结果之前, 我们需要下列的技术性定义. $(\Omega,\mathcal{F})$ 上的测度 ν 是 σ 有限的, 当且仅当, 存在一列 $\{A_1,A_2,...\}$, 使得对于所有 i, $\nu(A_i)<\infty$ 且 $\cup A_i=\Omega$. 显然, 任意有限测度 (比如概率测度) 都是 σ 有限的. 例 1.2 中的 Lebesgue 测度是 σ 有限的, 因为 $\mathcal{R}=\cup A_n$, 其中 $A_n=(-n,n)$, $n=1,2,...$. 例 1.1 中的计数测度是 σ 有限的, 当且仅当, Ω 是可数的. 然而, (1.2) 定义的测度不是 σ 有限的.

命题 1.3 (乘积测度定理). 设 $(\Omega_i,\mathcal{F}_i,\nu_i)$ 是测度空间, $i=1,...,k$, 其中 ν_i 是 σ 有限的, $k\geqslant 2$ 为整数. 那么, 存在乘积 σ 域 $\sigma(\mathcal{F}_1\times\cdots\times\mathcal{F}_k)$ 上的唯一 σ 有限测度, 称为乘积测度, 记为 $\nu_1\times\cdots\times\nu_k$, 使得对于任意 $A_i\in\mathcal{F}_i$, $i=1,...,k$, 有

$$\nu_1\times\cdots\times\nu_k(A_1\times\cdots\times A_k)=\nu_1(A_1)\cdots\nu_k(A_k).\quad\blacksquare$$

在 $\mathcal{R}^2$ 中, 存在唯一的测度, 乘积测度 $m\times m$, 使得 $m\times m([a_1,b_1]\times[a_2,b_2])$ 等于 (1.5) 中给出的值. 这个测度被称为 $(\mathcal{R}^2,\mathcal{B}^2)$ 上的 Lebesgue 测度. $(\mathcal{R}^3,\mathcal{B}^3)$ 上的 Lebesgue 测度是 $m\times m\times m$, 等价于形如 $[a_1,b_1]\times[a_2,b_2]\times[a_3,b_3]$ 的子集的体积. 对于任意正整数 k, $(\mathcal{R}^k,\mathcal{B}^k)$ 上的 Lebesgue 测度可类似定义.

c.d.f. 的概念可以推广到 $\mathcal{R}^k$ 上. 设 P 是 $(\mathcal{R}^k,\mathcal{B}^k)$ 上的一个概率测度. P 的 c.d.f.(或者联合 c.d.f.) 定义为

$$F(x_1,...,x_k)=P\left((-\infty,x_1]\times\cdots\times(-\infty,x_k]\right),\quad x_i\in\mathcal{R}.\tag{1.6}$$

同样地, $\mathcal{R}^k$ 上的概率测度和联合 c.d.f. 之间存在一一对应关系. 一些关于联合 c.d.f. 的性质在 §1.6 练习 10 中给出. 如果 $F(x_1,...,x_k)$ 是一个联合 c.d.f., 那么

$$F_i(x)=\lim_{x_j\to\infty,j=1,...,i-1,i+1,...,k}F(x_1,...,x_{i-1},x,x_{i+1},...,x_k)$$

是一个 c.d.f., 称为第 i 个边际 c.d.f. 显然, 边际 c.d.f. 由联合 c.d.f 确定. 但是联合 c.d.f. 不能由 k 个边际 c.d.f. 确定. 在一个特殊但非常重要的情况下, 联合 c.d.f. 可由它的 k 个边际 c.d.f. 确定, 形式为

$$F(x_1,...,x_k)=F_1(x_1)\cdots F_k(x_k),\quad (x_1,...,x_k)\in\mathcal{R}^k, \tag{1.7}$$

在这种情况下, 对应于 F 的概率测度就是乘积测度 $P_1\times\cdots\times P_k$, 其中 P_i 是对应于 F_i 的概率测度.

命题 1.3 可以推广到涉及无限多个测度空间的情况 (Billingsley, 1986). 特别地, 如果 $(\mathcal{R}^k,\mathcal{B}^k,P_i)$ 是概率空间, $i=1,2,...$, 那么存在 $\prod_{i=1}^{\infty}(\mathcal{R}^k,\mathcal{B}^k)$ 上的一个乘积概率测度 P, 使得对于任意正整数 l 和 $B_i\in\mathcal{B}^k$, $i=1,...,l$,

$$P(B_1\times\cdots\times B_l\times\mathcal{R}^k\times\mathcal{R}^k\times\cdots)=P_1(B_1)\cdots P_l(B_l).$$

1.1.2 可测函数和分布

由于 Ω 的任意性, 通常考虑从 Ω 到一个相对简单的空间 Λ 上的函数 (映射) f 会比较方便 (通常 $\Lambda=\mathcal{R}^k$). 令 $B\subset\Lambda$, 那么 B 在 f 下的原像是

$$f^{-1}(B)=\{f\in B\}=\{\omega\in\Omega:f(\omega)\in B\}.$$

对于定义的 $f^{-1}(B)$, 不需要存在反函数 f^{-1}. 以下性质的证明留给读者:

(a) 对于任意 $B\subset\Lambda$, $f^{-1}(B^c)=(f^{-1}(B))^c$;

(b) 对于任意 $B_i\subset\Lambda$, $i=1,2,...$, $f^{-1}(\cup B_i)=\cup f^{-1}(B_i)$.

设 $\mathcal{C}$ 是 Λ 子集的集类, 我们定义

$$f^{-1}(\mathcal{C})=\{f^{-1}(C):C\in\mathcal{C}\}.$$

定义 1.3. 设 $(\Omega,\mathcal{F})$ 和 $(\Lambda,\mathcal{G})$ 是可测空间, f 是从 Ω 到 Λ 的函数. 函数 f 称为从 $(\Omega,\mathcal{F})$ 到 $(\Lambda,\mathcal{G})$ 的可测函数, 当且仅当 $f^{-1}(\mathcal{G})\subset\mathcal{F}$. ∎

如果 $\Lambda=\mathcal{R}$ 且 $\mathcal{G}=\mathcal{B}$ (Borel σ 域), 那么 f 是 Borel 可测的, 或者称为 $(\Omega,\mathcal{F})$ 上的 Borel 函数 (或者关于 $\mathcal{F}$).

在概率论中, 可测函数称为随机元素, 记号为 $X, Y, Z, \ldots$ 如果 X 是从 $(\Omega, \mathcal{F})$ 到 $(\mathcal{R}, \mathcal{B})$ 的随机元素, 那么它称为随机变量. 如果 X 是从 $(\Omega, \mathcal{F})$ 到 $(\mathcal{R}^k, \mathcal{B}^k)$ 的随机元素, 那么它称为 k 维随机向量. 如果 $X_1, \ldots, X_k$ 是定义在公共概率空间上的随机变量, 那么向量 $(X_1, \ldots, X_k)$ 是一个 k 维随机向量. (方便起见, 任意向量 $c \in \mathcal{R}^k$ 记作 $(c_1, \ldots, c_k)$, 其中 c_i 是 c 的第 i 个分量.)

如果 f 是从 $(\Omega, \mathcal{F})$ 到 $(\Lambda, \mathcal{G})$ 可测的, 那么 $f^{-1}(\mathcal{G})$ 是 $\mathcal{F}$ 的子 σ 域 (验证). 它称为由 f 生成的 σ 域, 记作 $\sigma(f)$.

我们现在考虑一些可测函数的例子. 如果 $\mathcal{F}$ 是 Ω 所有子集的集类, 那么任意函数 f 是可测的. 设 $A \subset \Omega$. A 的示性函数定义为

$$I_A(\omega) = \begin{cases} 1, & \omega \in A, \\ 0, & \omega \notin A. \end{cases}$$

对于任意 $B \subset \mathcal{R}$,

$$I_A^{-1}(B) = \begin{cases} \varnothing, & 0 \notin B, 1 \notin B, \\ A, & 0 \notin B, 1 \in B, \\ A^c, & 0 \in B, 1 \notin B, \\ \Omega, & 0 \in B, 1 \in B. \end{cases}$$

那么 $\sigma(I_A)$ 是 (1.1) 给出的 σ 域. 如果 A 是一个可测集, 那么 I_A 是一个 Borel 函数.

注意到 $\sigma(I_A)$ 是一个比初始 σ 域 $\mathcal{F}$ 小得多的 σ 域. 除了处理数值比处理其他元素简单之外, 这是我们介绍可测函数和随机变量概念的另一个原因. 通常 σ 域 $\mathcal{F}$ (比如包含所有子集的集合) 包含太多的子集, 而我们只对其中一些感兴趣. 一般来说, $\sigma(X)$ 介于平凡 σ 域 $\{\varnothing, \Omega\}$ 和 $\mathcal{F}$ 之间, 且 X 越复杂, $\sigma(X)$ 包含的子集越多. 对于最简单的函数 I_A, 我们已经证明 $\sigma(I_A)$ 只包含四个元素.

简单函数类可以通过取可测集示性函数的线性组合构成, 即

$$\varphi(\omega) = \sum_{i=1}^{k} a_i I_{A_i}(\omega), \tag{1.8}$$

其中 $A_1, \ldots, A_k$ 是 Ω 上的可测集, $a_1, \ldots, a_k$ 是实数. 我们可以直接证明这样得到的函数是 Borel 函数, 这也可以由命题 1.4 直接得到. 设 $A_1, \ldots, A_k$ 是 Ω 的一个分割, 即 A_i 两两不相交且 $A_1 \cup \cdots \cup A_k = \Omega$. 那么 (1.8) 中给出的简单函数 φ 和 a_i 可以完全决定这个分割, 而且 $\sigma(\varphi) = \sigma(\{A_1, \ldots, A_k\})$.

命题 1.4. 设 $(\Omega, \mathcal{F})$ 是一个可测空间.

(i) f 是 Borel 函数, 当且仅当对于任意 $a \in \mathcal{R}$, $f^{-1}(a, \infty) \in \mathcal{F}$.

(ii) 如果 f 和 g 是 Borel 函数, 那么 fg 和 $af + bg$ 也是, 其中 a 和 b 是实数; 同样地, 若对于任意的 $\omega \in \Omega$, $g(\omega) \neq 0$, 那么 f/g 是 Borel 函数.

(iii) 如果 $f_1, f_2, \ldots$ 是 Borel 函数, 那么 $\sup_n f_n$, $\inf_n f_n$, $\limsup_n f_n$ 和 $\liminf_n f_n$ 也是. 另外, 集合

$$A = \left\{ \omega \in \Omega : \lim_{n \to \infty} f_n(\omega) \text{ 存在} \right\}$$

是一个事件, 函数

$$h(\omega) = \begin{cases} \lim_{n \to \infty} f_n(\omega), & \omega \in A, \\ f_1(\omega), & \omega \notin A \end{cases}$$

是 Borel 函数.

(iv) 假设 f 是从 $(\Omega, \mathcal{F})$ 到 $(\Lambda, \mathcal{G})$ 上可测的, g 是从 $(\Lambda, \mathcal{G})$ 到 $(\Delta, \mathcal{H})$ 上可测的. 那么复合函数 $g \circ f$ 是从 $(\Omega, \mathcal{F})$ 到 $(\Delta, \mathcal{H})$ 上可测的.

(v) 设 Ω 是 $\mathcal{R}^p$ 上的 Borel 集. 如果 f 是从 Ω 到 $\mathcal{R}^q$ 的连续函数, 那么 f 是可测的. ∎

命题 1.4 说明存在许多 Borel 函数. 事实上, 很难找到一个非 Borel 函数.

以下结果在技术性证明上非常有用. 设 f 是 $(\Omega, \mathcal{F})$ 上的一个非负 Borel 函数. 那么, 存在一列简单函数 $\{\varphi_n\}$, 满足 $0 \leqslant \varphi_1 \leqslant \varphi_2 \leqslant \cdots \leqslant f$ 和 $\lim_{n \to \infty} \varphi_n = f$ (§1.6 练习 17).

设 $(\Omega, \mathcal{F}, \nu)$ 是一个测度空间, f 是从 $(\Omega, \mathcal{F})$ 到 $(\Lambda, \mathcal{G})$ 上的可测函数. f 的导出测度是 $\mathcal{G}$ 上的测度, 记作 $\nu \circ f^{-1}$, 定义为

$$\nu \circ f^{-1}(B) = \nu(f \in B) = \nu\left(f^{-1}(B)\right), \quad B \in \mathcal{G}. \tag{1.9}$$

处理 $\nu \circ f^{-1}$ 通常会比处理 ν 更加容易, 因为 $(\Lambda, \mathcal{G})$ 通常比 $(\Omega, \mathcal{F})$ 简单. 此外, 不属于 $\sigma(f)$ 的子集没有包含在 $\nu \circ f^{-1}$ 的定义中. 如我们之前讨论的, 在一些情况下我们只对 $\sigma(f)$ 中的子集感兴趣.

如果 $\nu = P$ 是一个概率测度, X 是一个随机变量或者随机向量, 那么 $P \circ X^{-1}$ 称为 X 的分布, 记作 P_X. (1.4) 或 (1.6) 中定义的 P_X 的 c.d.f. 也称为 X 的 c.d.f. 或者联合 c.d.f., 记作 F_X. 另一方面, 对于任意的 c.d.f. 或者联合 c.d.f., 存在至少一个定义在某个概率空间上的随机变量或者向量 (通常有很多个), 使得 $F_X = F$. 下面是一些随机向量和它们 c.d.f. 的例子. 更多例子见 §1.3.1.

例 1.3 (离散 c.d.f.). 设 $a_1 < a_2 < \cdots$ 是一列实数, p_n $(n = 1, 2, ...)$ 是一列正数, $\sum_{n=1}^{\infty} p_n = 1$. 定义

$$F(x) = \begin{cases} \sum_{i=1}^{n} p_i, & a_n \leqslant x < a_{n+1}, \quad n = 1, 2, ..., \\ 0, & -\infty < x < a_1. \end{cases} \tag{1.10}$$

那么, F 是阶梯 c.d.f. 它在每个 a_n 处有 p_n 的跃变, 而在 a_n 和 a_{n+1} 之间是平坦的, 其中 $n = 1, 2, ...$ 这样的 c.d.f. 称为离散 c.d.f., 对应的随机变量称为离散随机变量. 我们很容易得到一个以 (1.10) 中 F 作为 c.d.f. 的随机变量. 例如, 设 $\Omega = \{a_1, a_2, ...\}$, $\mathcal{F}$ 是 Ω 所有子集的集类,

$$P(A) = \sum_{i:a_i \in A} p_i, \quad A \in \mathcal{F}, \tag{1.11}$$

且 $X(\omega) = \omega$. 可以证明, P 是一个概率测度, X 的 c.d.f. 是 (1.10) 中的 F. ∎

例 1.4 (连续 c.d.f.). 与离散 c.d.f. 类对立的是连续 c.d.f. 类. 为了不涉及下一节中积分和导数的概念, 我们只给出一些连续 c.d.f. 的例子. 其中一个例子是区间 $[a, b]$ 上的均匀 c.d.f., 定义如下:

$$F(x) = \begin{cases} 0, & -\infty < x < a, \\ \dfrac{x-a}{b-a}, & a \leqslant x < b, \\ 1, & b \leqslant x < \infty. \end{cases}$$

另一个例子是指数 c.d.f., 定义如下:

$$F(x) = \begin{cases} 0, & -\infty < x < 0, \\ 1 - e^{-x/\theta}, & 0 \leqslant x < \infty, \end{cases}$$

其中 θ 是一个固定正数. 注意到, 均匀和指数 c.d.f. 都是连续函数. ∎

1.2 积分和微分

微分和积分是微积分中两个重要的组成部分. 在测度论或者概率论中也一样, 不同处仅在积分要先于微分介绍, 而在微积分中先介绍微分再引入积分.

1.2.1 积分

概率论与数理统计学中一个重要的概念是 Borel 函数关于测度 ν 的积分, 这是 “平均” 的一种形式. 定义分几步. 第一步, 我们定义非负简单函数的积分, 即 (1.8) 给出的简单函数 φ, 其中 $a_i \geqslant 0$, $i = 1, ..., k$.

定义 1.4(a). (1.8) 给出的非负简单函数 φ 关于 ν 的积分定义为

$$\int \varphi d\nu = \sum_{i=1}^{k} a_i \nu(A_i). \quad \blacksquare \tag{1.12}$$

(1.12) 右侧是以 $\nu(A_i)$ 为权重的 a_i 的加权平均. 因为 $a\infty = \infty$ (若 $a > 0$), $a\infty = 0$ (若 $a = 0$), 所以 (1.12) 的右侧有明确定义, 尽管可能出现 $\int \varphi d\nu = \infty$ 的情况. 注意到, 不同的 a_i 和 A_i 可能产生相同的函数 φ; 例如, 当 $\Omega = \mathcal{R}$ 时,

$$2I_{(0,1)}(x) + I_{[1,2]}(x) = I_{(0,2]}(x) + I_{(0,1)}(x).$$

然而我们可以证明, (1.8) 中不同表达形式 φ 得到的 $\int \varphi d\nu$ 值是相等的, 所以非负简单函数的积分有明确定义.

接下来, 我们考虑非负 Borel 函数 f.

定义 1.4(b). 设 f 是一个非负 Borel 函数, $\mathcal{S}_f$ 是形如 (1.8) 且对于任意 $\omega \in \Omega$ 满足 $\varphi(\omega) \leqslant f(\omega)$ 的所有非负简单函数的集类. f 关于 ν 的积分定义为

$$\int f d\nu = \sup\left\{\int \varphi d\nu: \ \varphi \in \mathcal{S}_f\right\}. \quad \blacksquare$$

因此, 对于任意 Borel 函数 $f > 0$, 存在一列简单函数 $\varphi_1, \varphi_2, \ldots$, 使得对于任意 i, $0 \leqslant \varphi_i \leqslant f$, 且 $\lim_{n\to\infty} \int \varphi_n d\nu = \int f d\nu$.

最后, 对于 Borel 函数 f, 我们首先定义 f 的正部

$$f_+(\omega) = \max\{f(\omega), 0\}$$

和 f 的负部

$$f_-(\omega) = \max\{-f(\omega), 0\}.$$

注意到 f_+ 和 f_- 都是非负 Borel 函数, $f(\omega) = f_+(\omega) - f_-(\omega)$ 和 $|f(\omega)| = f_+(\omega) + f_-(\omega)$.

定义 1.4(c). 设 f 是 Borel 函数. 我们称 $\int f d\nu$ 存在, 当且仅当 $\int f_+ d\nu$ 和 $\int f_- d\nu$ 至少一个是有限的, 在这种情况下

$$\int f d\nu = \int f_+ d\nu - \int f_- d\nu. \tag{1.13}$$

当 $\int f_+ d\nu$ 和 $\int f_- d\nu$ 都有限时, 我们称 f 是可积的. 设 A 是一个可测集, I_A 是它的示性函数. f 在 A 上的积分定义为

$$\int_A f d\nu = \int I_A f d\nu. \quad \blacksquare$$

注意到, Borel 函数 f 是可积的, 当且仅当, $|f|$ 是可积的.

很方便就能定义从 $(\Omega,\mathcal{F},\nu)$ 到 $(\bar{\mathcal{R}},\bar{\mathcal{B}})$ 上的可测函数 f 的积分, 其中 $\bar{\mathcal{R}}=\mathcal{R}\cup\{-\infty,\infty\}$, $\bar{\mathcal{B}}=\sigma(\mathcal{B}\cup\{\{\infty\},\{-\infty\}\})$. 设 $A_+=\{f=\infty\}$, $A_-=\{f=-\infty\}$. 如果 $\nu(A_+)=0$, 定义 $\int f_+d\nu$ 为 $\int I_{A_+^c}f_+d\nu$; 否则 $\int f_+d\nu=\infty$. $\int f_-d\nu$ 可以类似定义. 如果 $\int f_+d\nu$ 和 $\int f_-d\nu$ 至少一个是有限的, 那么 $\int fd\nu$ 可以由 (1.13) 定义.

当需要指出积分变量和积分区域时, 可以将 f 的积分表示成不同形式, 例如, $\int_\Omega fd\nu$, $\int f(\omega)d\nu$, $\int f(\omega)d\nu(\omega)$ 或者 $\int f(\omega)\nu(d\omega)$ 等. 在概率论与数理统计中, $\int XdP$ 通常记作 EX 或 $E(X)$, 称为 X 的期望或者期望值. 如果 F 是 P 在 $(\mathcal{R}^k,\mathcal{B}^k)$ 上的 c.d.f., 那么 $\int f(x)dP$ 也记作 $\int f(x)dF(x)$ 或 $\int fdF$.

例 1.5. 设 Ω 是一个可数集, $\mathcal{F}$ 是 Ω 所有子集的集类, ν 是例 1.1 给出的计数测度. 对于任意 Borel 函数 f, 可以证明 (练习)

$$\int fd\nu=\sum_{\omega\in\Omega}f(\omega). \quad \blacksquare \tag{1.14}$$

例 1.6. 如果 $\Omega=\mathcal{R}$, ν 是 Lebesgue 测度, 那么 f 在区间 $[a,b]$ 上的 Lebesgue 积分可以写成 $\int_{[a,b]}f(x)dx=\int_a^b f(x)dx$, 当后者有明确定义时, 这等价于微积分中的黎曼积分. 但是, 存在 Lebesgue 积分有明确定义但黎曼积分不存在的情况. ∎

我们现在介绍积分的一些性质. 下列结果的证明留给读者.

命题 1.5 (积分的线性性). 设 $(\Omega,\mathcal{F},\nu)$ 是一测度空间, f 和 g 是 Borel 函数.

(i) 如果 $\int fd\nu$ 存在, 且 $a\in\mathcal{R}$, 那么 $\int(af)d\nu$ 存在且等于 $a\int fd\nu$.

(ii) 如果 $\int fd\nu$ 和 $\int gd\nu$ 都存在, 且 $\int fd\nu+\int gd\nu$ 有明确定义, 那么 $\int(f+g)d\nu$ 存在且等于 $\int fd\nu+\int gd\nu$. ∎

如果 N 是一个事件, $\nu(N)=0$, 且对于所有属于补集 N^c 的 ω, 某个论述均成立, 那么称该论述对于 ν a.e.(几乎处处) 成立 (或者, 根据上下文内容测度 ν 明确时, 简化为 a.e.). 如果 ν 是一个概率测度, 那么 a.e. 可以用 a.s.(几乎必然) 代替.

命题 1.6. 设 $(\Omega,\mathcal{F},\nu)$ 是一个测度空间, f 和 g 是 Borel 函数.

(i) 如果 $f\leqslant g$ a.e., 那么当积分都存在时, $\int fd\nu\leqslant\int gd\nu$.

(ii) 如果 $f\geqslant 0$ a.e. 且 $\int fd\nu=0$, 那么 $f=0$ a.e.

证明. (i) 的证明留给读者.

令 $A=\{f>0\}$, $A_n=\{f\geqslant n^{-1}\}$, $n=1,2,....$ 那么对于任意 n, $A_n\subset A$, 且 $\lim_{n\to\infty}A_n=\cup A_n=A$ (为什么?). 根据命题 1.1(iii), $\lim_{n\to\infty}\nu(A_n)=\nu(A)$. 利用 (i) 和命题 1.5 可得, 对于任意 n,

$$n^{-1}\nu(A_n)=\int n^{-1}I_{A_n}d\nu\leqslant\int fI_{A_n}d\nu\leqslant\int fd\nu=0,$$

因此, $\nu(A)=0$ 且 $f=0$ a.e. ∎

命题 1.6(i) 的一些直接结论是: $|\int fd\nu|\leqslant\int|f|d\nu$; 如果 $f\geqslant 0$ a.e., 那么 $\int fd\nu\geqslant 0$; 如果 $f=g$ a.e., 那么 $\int fd\nu=\int gd\nu$.

有时, 我们需要知道以下两种运算的交换是否成立:

$$\int\lim_{n\to\infty}f_nd\nu=\lim_{n\to\infty}\int f_nd\nu,\tag{1.15}$$

其中 $\{f_n:n=1,2,...\}$ 是一列 Borel 函数. 注意到, 我们只要求 $\lim_{n\to\infty}f_n$ a.e. 存在. 并且, $\lim_{n\to\infty}f_n$ 是 Borel 函数 (命题 1.4). 下面的例子说明 (1.15) 不总是成立的.

例 1.7. 考虑 $(\mathcal{R},\mathcal{B})$ 和 Lebesgue 测度. 定义 $f_n(x)=nI_{[0,n^{-1}]}(x)$, $n=1,2,....$ 那么对于除了 $x=0$ 外的所有 x, $\lim_{n\to\infty}f_n(x)=0$. 由于单点集的 Lebesgue 测度等于 0(见例 1.2), 所以 $\lim_{n\to\infty}f_n(x)=0$ a.e. 和 $\int\lim_{n\to\infty}f_n(x)dx=0$. 另一方面, 对于任意 n, $\int f_n(x)dx=1$, 所以 $\lim_{n\to\infty}\int f_n(x)dx=1$. ∎

下面的结果给出了 (1.15) 成立的充分条件.

定理 1.1. 设 $f_1,f_2,...$ 是 $(\Omega,\mathcal{F},\nu)$ 上的一列 Borel 函数.

(i) (Fatou 引理). 如果 $f_n\geqslant 0$, 那么

$$\int\liminf_n f_nd\nu\leqslant\liminf_n\int f_nd\nu.$$

(ii) (控制收敛定理). 如果 $\lim_{n\to\infty}f_n=f$ a.e., 且存在一个可积函数 g, 使得 $|f_n|\leqslant g$ a.e., 那么 (1.15) 成立.

(iii) (单调收敛定理). 如果 $0\leqslant f_1\leqslant f_2\leqslant\cdots$ 且 $\lim_{n\to\infty}f_n=f$ a.e., 那么 (1.15) 成立.

证明. (i) 和 (iii) 的结果等价 (练习). 将 Fatou 引理应用于函数 $g+f_n$ 和 $g-f_n$ 上, 可以得到 $\int(g+f)d\nu\leqslant\liminf_n\int(g+f_n)d\nu$ 和 $\int(g-f)d\nu\leqslant$

$\liminf_n \int (g - f_n)d\nu$ (这与 $\int (f-g)d\nu \geqslant \limsup_n \int (f_n - g)d\nu$ 相同). 由于 g 是可积的, 这些结论说明 $\int f d\nu \leqslant \liminf_n \int f_n d\nu \leqslant \limsup_n \int f_n d\nu \leqslant \int f d\nu$. 因此, (i) 的结果可以推出 (ii) 的结果.

只剩下证明 (iii). 设 $f, f_1, f_2, \ldots$ 满足 (iii) 的条件. 根据命题 1.6(i), 存在 $\lim_{n\to\infty} \int f_n d\nu \leqslant \int f d\nu$. 设 φ 是一个简单函数, 满足 $0 \leqslant \varphi \leqslant f$, 令 $A_\varphi = \{\varphi > 0\}$. 假设 $\nu(A_\varphi) = \infty$. 那么 $\int f d\nu = \infty$. 令 $a = 2^{-1}\min_{\omega \in A_\varphi} \varphi(\omega)$ 和 $A_n = \{f_n > a\}$. 那么 $a > 0$, $A_1 \subset A_2 \subset \cdots$, 且 $A_\varphi \subset \cup A_n$ (为什么?). 根据命题 1.1, $\nu(A_n) \to \nu(\cup A_n) \geqslant \nu(A_\varphi) = \infty$, 因此, $\int f_n d\nu \geqslant \int_{A_n} f_n d\nu \geqslant a\nu(A_n) \to \infty$. 假设 $\nu(A_\varphi) < \infty$. 根据 Egoroff 定理 (§1.6 练习 20), 对于任意 $\epsilon > 0$, 存在 $B \subset A_\varphi$, 其中 $\nu(B) < \epsilon$, 使得 f_n 在 $A_\varphi \cap B^c$ 上一致收敛到 f. 因此, $\int f_n d\nu \geqslant \int_{A_\varphi \cap B^c} f_n d\nu \to \int_{A_\varphi \cap B^c} f d\nu \geqslant \int_{A_\varphi \cap B^c} \varphi d\nu = \int \varphi d\nu - \int_B \varphi d\nu \geqslant \int \varphi d\nu - \epsilon \max_\omega \in A_\varphi \varphi(\omega)$. 因为 ϵ 的任意性, $\lim_{n\to\infty} \int f_n d\nu \geqslant \int \varphi d\nu$. 由于 φ 也是任意的, 根据定义 1.4(b), $\lim_{n\to\infty} \int f_n d\nu \geqslant \int f d\nu$. 证明完成. ∎

例 1.8 (微分和积分的交换). 设 $(\Omega, \mathcal{F}, \nu)$ 是一个测度空间, 对于任意固定的 $\theta \in \mathcal{R}$, $f(\omega, \theta)$ 是 Ω 上的 Borel 函数. 假设对于 $\theta \in (a, b) \subset \mathcal{R}$, $\partial f(\omega,\theta)/\partial\theta$ a.e. 存在, $|\partial f(\omega,\theta)/\partial\theta| \leqslant g(\omega)$ a.e., 其中 g 是 Ω 上的可积函数. 那么, 对于每个 $\theta \in (a,b)$, $\partial f(\omega,\theta)/\partial\theta$ 可积, 根据定理 1.1(ii),

$$\frac{d}{d\theta}\int f(\omega,\theta)d\nu = \int \frac{\partial f(\omega,\theta)}{\partial\theta}d\nu. \quad ∎$$

定理 1.2 (变量转换). 设 f 是从 $(\Omega, \mathcal{F}, \nu)$ 到 $(\Lambda, \mathcal{G})$ 的可测函数, g 在 $(\Lambda, \mathcal{G})$ 上是 Borel 函数. 那么

$$\int_\Omega g \circ f d\nu = \int_\Lambda g d(\nu \circ f^{-1}), \tag{1.16}$$

即如果其中一个积分存在, 另一个积分也存在, 且两者相等. ∎

建议读者尝试证明. 完整的证明参见 Billingsley (1986, p. 219). 这个结论是以下黎曼积分中变量转换的推广, 即 $\int g(y)dy = \int g(f(x))f'(x)dx$, $y = f(x)$.

结论 (1.16) 在概率论与数理统计中十分重要. 设 X 是概率空间 $(\Omega, \mathcal{F}, P)$ 上的一个随机变量. 如果 $EX = \int_\Omega X dP$ 存在, 通常计算 $EX = \int_\mathcal{R} x dP_X$ 相对比较简单, 其中 $P_X = P \circ X^{-1}$ 是 X 的分布. 设 Y 是从 Ω 到 $\mathcal{R}^k$ 的一个随机向量, g 是从 $\mathcal{R}^k$ 到 $\mathcal{R}$ 的 Borel 函数. 由 (1.16) 可知, 根据 P_Y 和 $P_{g(Y)}$ 哪个更容易处理, $Eg(Y)$ 可以通过计算 $\int_{\mathcal{R}^k} g(y)dP_Y$ 或者 $\int_\mathcal{R} x dP_{g(Y)}$ 得到. 考

虑一个更加特殊的例子, $k=2$, $Y=(X_1,X_2)$, $g(Y)=X_1+X_2$. 利用命题 1.5(ii), $E(X_1+X_2)=EX_1+EX_2$, 因此, $E(X_1+X_2)=\int_{\mathcal{R}} xdP_{X_1}+\int_{\mathcal{R}} xdP_{X_2}$. 那么我们需要处理涉及 P_{X_1} 和 P_{X_2} 的两个积分. 另一方面, $E(X_1+X_2)=\int_{\mathcal{R}} xdP_{X_1+X_2}$, 这涉及关于 $P_{X_1+X_2}$ 的一个积分. 除非我们有更多关于 (X_1,X_2) 联合分布的信息, 否则很难获得 $P_{X_1+X_2}$.

下面的定理阐述了如何运用迭代积分计算关于乘积测度的积分. 建议读者证明该定理. 完整的证明参见 Billingsley (1986, pp. 236–238).

定理 1.3 (Fubini 定理). 设 ν_i 是 $(\Omega_i,\mathcal{F}_i)$ 上的一个 σ 有限测度, $i=1,2$, f 是 $\prod_{i=1}^2(\Omega_i,\mathcal{F}_i)$ 上的 Borel 函数. 假设 $f\geqslant 0$ 或者 f 关于 $\nu_1\times\nu_2$ 可积. 那么

$$g(\omega_2)=\int_{\Omega_1} f(\omega_1,\omega_2)d\nu_1$$

关于 ν_2 a.e. 存在, 且定义了 Ω_2 上的一个 Borel 函数, 其关于 ν_2 的积分存在, 并有

$$\int_{\Omega_1\times\Omega_2} f(\omega_1,\omega_2)d\nu_1\times\nu_2=\int_{\Omega_2}\left[\int_{\Omega_1} f(\omega_1,\omega_2)d\nu_1\right]d\nu_2. \quad \blacksquare$$

这个结论可以推广到 $\prod_{i=1}^k(\Omega_i,\mathcal{F}_i)$ 上乘积测度的积分, 其中 k 是任意有限正整数.

例 1.9. 设 $\Omega_1=\Omega_2=\{0,1,2,...\}$, $\nu_1=\nu_2$ 是计数测度 (例 1.1). $\Omega_1\times\Omega_2$ 上的函数 f 可以定义一个双重序列. 如果 $f\geqslant 0$ 或者 $\int fd\nu_1\times\nu_2$ 存在, 那么

$$\int fd\nu_1\times\nu_2=\sum_{i=0}^{\infty}\sum_{j=0}^{\infty} f(i,j)=\sum_{j=0}^{\infty}\sum_{i=0}^{\infty} f(i,j) \tag{1.17}$$

(根据定理 1.3 和例 1.5). 因此, 求和可以交换顺序, 只要在任一顺序上可求和或者 $f\geqslant 0$. $\blacksquare$

1.2.2 Radon-Nikodym 导数

设 $(\Omega,\mathcal{F},\nu)$ 是一个测度空间, f 是一个非负 Borel 函数. 可以证明, 集合函数

$$\lambda(A)=\int_A fd\nu,\quad A\in\mathcal{F}, \tag{1.18}$$

是 $(\Omega,\mathcal{F})$ 上的测度 (验证). 注意到,

$$\nu(A)=0 \quad \text{能推出} \quad \lambda(A)=0. \tag{1.19}$$

如果定义在同一测度空间的两个测度 λ 和 ν 满足 (1.19), 我们称 λ 关于 ν 绝对连续, 记作 $\lambda \ll \nu$.

(1.18) 不仅给出了一种构造测度的方法, 也提供了一种计算可测集测度的方法. 设 ν 是常见的测度 (例如, Lebesgue 测度或者计数测度), λ 是某个不常见的测度. 如果我们找到一个函数 f 使得 (1.18) 成立, 则可以通过积分来计算 $\lambda(A)$. 显然, (1.18) 成立的一个必要条件是 $\lambda \ll \nu$. 下面的结果证明了 $\lambda \ll \nu$ 也是 (1.18) 成立的充分条件.

定理 1.4 (Radon-Nikodym 定理). 设 ν 和 λ 是 $(\Omega, \mathcal{F})$ 上的两个测度, ν 是 σ 有限的. 如果 $\lambda \ll \nu$, 则存在 Ω 上的一个非负 Borel 函数 f, 使得 (1.18) 成立. 此外, f 是唯一的 a.e. ν, 即, 如果对于任意 $A \in \mathcal{F}$ 有 $\lambda(A) = \int_A g d\nu$, 那么 $f = g$ a.e. ν. ∎

定理的证明参见 Billingsley (1986, pp. 443–444). 如果 (1.18) 成立, 那么函数 f 称为 Radon-Nikodym 导数或者 λ 关于 ν 的密度, 记作 $d\lambda/d\nu$.

定理 1.4 衍生出一个有用的结论, 如果 f 是 $(\Omega, \mathcal{F})$ 上的 Borel 函数, 且对于任意 $A \in \mathcal{F}$ 有 $\int_A f d\nu$=0, 那么 $f = 0$ a.e.

对于 $f \geqslant 0$, 如果 $\int f d\nu = 1$ a.e. ν, 那么 (1.18) 中的 λ 是一个概率测度, f 称为关于 ν 的概率密度函数 (p.d.f.). 对于任意 $(\mathcal{R}^k, \mathcal{B}^k)$ 上的概率测度 P, 其对应一个 c.d.f. 或者一个随机变量 X, 如果 P 存在关于测度 ν 的 p.d.f. f, 那么 f 也称为 F 或者 X 关于 ν 的 p.d.f.

例 1.10 (离散 c.d.f. 的 p.d.f.). 考虑例 1.3 中 (1.10) 的离散 c.d.f. F, 概率测度由 (1.11) 给出. 设 $\Omega = \{a_1, a_2, ...\}$, ν 为 Ω 所有子集的集合类上的计数测度. 根据例 1.5,

$$P(A) = \int_A f d\nu = \sum_{a_i \in A} f(a_i), \quad A \subset \Omega, \tag{1.20}$$

其中 $f(a_i) = p_i$, $i = 1, 2, ...$ 也就是说, f 是 P 或者 F 关于 ν 的 p.d.f. 因此任意离散 p.d.f. 都存在关于计数测度的 p.d.f., 称为离散 p.d.f. ∎

例 1.11. 设 F 是一个 c.d.f. 假定 F 在微积分学意义上可微. 设 f 是 F 的导数. 根据微积分的知识,

$$F(x) = \int_{-\infty}^{x} f(y) dy, \quad x \in \mathcal{R}. \tag{1.21}$$

设 P 是对应于 F 的概率测度. 可以证明, 对于任意 $A \in \mathcal{B}$, $P(A) = \int_A f dm$, 其中 m 是 $\mathcal{R}$ 上的 Lebesgue 测度. 因此, f 是 P 或者 F 关于 Lebesgue 测度

的 p.d.f. 在这种情况下, Radon-Nikodym 导数和微积分学意义上 F 的导数是一样的.

连续 c.d.f. 可能不存在关于 Lebesgue 测度的 p.d.f. 一个 c.d.f. F 存在关于 Lebesgue 测度的 p.d.f. 的一个充分必要条件是 F 绝对连续, 即对于任意 $\epsilon > 0$, 存在 $\delta > 0$, 使得对于任一组有限个不相交有界开区间 (a_i, b_i), $\sum(b_i - a_i) < \delta$ 能推出 $\sum[F(b_i) - F(a_i)] < \epsilon$. 绝对连续是比可微性弱的条件, 但是强于连续性. 因此, 任意不连续 c.d.f.(比如, 离散 p.d.f.) 不是绝对连续的. 注意到, 每个 c.d.f. 都是可导的 a.e. Lebesgue 测度 (Chung, 1974, Chapter 1). 因此, 如果 f 是 F 关于 Lebesgue 测度的 p.d.f., 那么 f 是 F 的一般导数 a.e. Lebesgue 测度, 且 (1.21) 成立. 在这种情况下, 概率可以通过积分来计算. 可以证明, 例 1.4 中的均匀和指数 c.d.f. 是绝对连续的, 它们的 p.d.f. 分别是

$$f(x) = \begin{cases} \dfrac{1}{b-a}, & a \leqslant x < b, \\ 0, & \text{其他} \end{cases}$$

和

$$f(x) = \begin{cases} 0, & -\infty < x < 0, \\ \theta^{-1} e^{-x/\theta}, & 0 \leqslant x < \infty. \end{cases}$$ ∎

关于 Lebesgue 测度的 p.d.f. 称为 Lebesgue p.d.f.

更多 p.d.f. 的例子参见 §1.3.1.

以下结果给出了 Radon-Nikodym 导数的一些基本性质. 证明留给读者.

命题 1.7 (Radon-Nikodym 导数的运算). 设 ν 是测度空间 $(\Omega, \mathcal{F})$ 上的 σ 有限测度. (i)—(iii) 中提到的其他测度都定义在 $(\Omega, \mathcal{F})$ 上.

(i) 如果 λ 是一个测度, $\lambda \ll \nu$, 且 $f \geqslant 0$, 那么

$$\int f d\lambda = \int f \frac{d\lambda}{d\nu} d\nu.$$

(注意等式右侧的 $d\nu$ 是如何"消去"的.)

(ii) 如果 λ_i 是测度, $i = 1, 2$, 且 $\lambda_i \ll \nu$, 那么 $\lambda_1 + \lambda_2 \ll \nu$, 且

$$\frac{d(\lambda_1 + \lambda_2)}{d\nu} = \frac{d\lambda_1}{d\nu} + \frac{d\lambda_2}{d\nu} \quad \text{a.e. } \nu.$$

(iii) (链式法则). 如果 τ 是一个测度, λ 是一个 σ 有限测度, 且 $\tau \ll \lambda \ll \nu$, 那么

$$\frac{d\tau}{d\nu} = \frac{d\tau}{d\lambda} \frac{d\lambda}{d\nu} \quad \text{a.e. } \nu.$$

特别地, 如果 $\lambda \ll \nu$ 且 $\nu \ll \lambda$ (这种情况下, λ 和 ν 是等价的), 那么

$$\frac{d\lambda}{d\nu} = \left(\frac{d\nu}{d\lambda}\right)^{-1} \quad \text{a.e. } \nu \text{ 或 } \lambda.$$

(iv) 设 $(\Omega_i, \mathcal{F}_i, \nu_i)$ 是测度空间, ν_i 是 σ 有限的, $i = 1, 2$. 设 λ_i 是 $(\Omega_i, \mathcal{F}_i)$ 上的一个 σ 有限测度, 且 $\lambda_i \ll \nu_i$, $i = 1, 2$. 那么, $\lambda_1 \times \lambda_2 \ll \nu_1 \times \nu_2$, 且

$$\frac{d(\lambda_1 \times \lambda_2)}{d(\nu_1 \times \nu_2)}(\omega_1, \omega_2) = \frac{d\lambda_1}{d\nu_1}(\omega_1)\frac{d\lambda_2}{d\nu_2}(\omega_2) \quad \text{a.e. } \nu_1 \times \nu_2. \quad \blacksquare$$

1.3 分布及其特征

我们现在讨论一些统计学中非常有用的分布以及它们的矩和生成函数.

1.3.1 分布和概率密度

通常, 处理 p.d.f. 会比处理 c.d.f. 更方便. 我们现在介绍一些统计学中非常有用的 p.d.f.

首先, 我们考虑 $\mathcal{R}$ 上的 p.d.f. 大多数离散 p.d.f. 是关于定义在所有非负整数的空间上的计数测度的. 表 1.1 列出了所有基础概率论书本中提到的离散 p.d.f. 对于任意离散 p.d.f. f, 其 c.d.f. F 可以通过 (1.20) 得到, 其中 $A = (\infty, x]$. $F(x)$ 的值可以通过统计学表格或者软件得到.

例 1.11 中, 我们介绍了两个 Lebesgue p.d.f. 表 1.2 中, 我们列出了一些其他有用的 Lebesgue p.d.f. 例 1.11 中的指数 p.d.f. 是表 1.2 中指数 p.d.f. 在 $a = 0$ 下的特殊情况. 对于任意 Lebesgue p.d.f. f, (1.21) 给出了它的 c.d.f. 一些 c.d.f. 具有明确的形式, 然而许多其他的 c.d.f. 并没有, 它们的计算必须用数值计算或者用表格或软件.

表 1.1. $\mathcal{R}$ 上的离散分布

均匀	p.d.f.	$1/m,\ x = a_1, \ldots, a_m$
	m.g.f.	$\sum_{j=1}^m e^{a_j t}/m,\ t \in \mathcal{R}$
$DU(a_1, \ldots, a_m)$	期望	$\sum_{j=1}^m a_j/m$
	方差	$\sum_{j=1}^m (a_j - \bar{a})^2/m,\ \bar{a} = \sum_{j=1}^m a_j/m$
	参数	$a_i \in \mathcal{R},\ m = 1, 2, \ldots$

续表

二项	p.d.f.	$\binom{n}{x} p^x(1-p)^{n-x},\ x=0,1,\ldots,n$
	m.g.f.	$(pe^t+1-p)^n,\ t\in\mathcal{R}$
$Bi(p,n)$	期望	np
	方差	$np(1-p)$
	参数	$p\in[0,1],\ n=1,2,\ldots$
泊松	p.d.f.	$\theta^x e^{-\theta}/x!,\ x=0,1,2,\ldots$
	m.g.f.	$e^{\theta(e^t-1)},\ t\in\mathcal{R}$
$P(\theta)$	期望	θ
	方差	θ
	参数	$\theta>0$
几何	p.d.f.	$(1-p)^{x-1}p,\ x=1,2,\ldots$
	m.g.f.	$pe^t/[1-(1-p)e^t],\ t<-\log(1-p)$
$G(p)$	期望	$1/p$
	方差	$(1-p)/p^2$
	参数	$p\in[0,1]$
超几何	p.d.f.	$\binom{n}{x}\binom{m}{r-x}/\binom{N}{r}$
		$x=0,1,\ldots,\min\{r,n\},\ r-x\leqslant m$
	m.g.f.	没有显式
$HG(r,n,m)$	期望	rn/N
	方差	$rnm(N-r)/[N^2(N-1)]$
	参数	$r,n,m=1,2,\ldots,\ N=n+m$
负二项	p.d.f.	$\binom{x-1}{r-1} p^r(1-p)^{x-r},\ x=r,r+1,\ldots$
	m.g.f.	$p^r e^{rt}/[1-(1-p)e^t]^r,\ t<-\log(1-p)$
	期望	r/p
$NB(p,r)$	方差	$r(1-p)/p^2$
	参数	$p\in[0,1],\ r=1,2,\ldots$
对数分布	p.d.f.	$-(\log p)^{-1}x^{-1}(1-p)^x,\ x=1,2,\ldots$
	m.g.f.	$\log[1-(1-p)e^t]/\log p,\ t\in\mathcal{R}$
	期望	$-(1-p)/(p\log p)$
$L(p)$	方差	$-(1-p)[1+(1-p)/\log p]/(p^2\log p)$
	参数	$p\in(0,1)$

所有 p.d.f. 都关于计数测度.

有一些 p.d.f. 既不是离散的, 也不是 Lebesgue p.d.f.

表 1.2. $\mathcal{R}$ 上有 Lebesgue p.d.f. 的分布

均匀	p.d.f.	$(b-a)^{-1}I_{(a,b)}(x)$
	m.g.f.	$(e^{bt}-e^{at})/[(b-a)t],\ t\in\mathcal{R}$
$U(a,b)$	期望	$(a+b)/2$
	方差	$(b-a)^2/12$
	参数	$a,\ b\in\mathcal{R},\ a<b$
正态	p.d.f.	$\frac{1}{\sqrt{2\pi}\sigma}e^{-(x-\mu)^2/2\sigma^2}$
	m.g.f.	$e^{\mu t+\sigma^2t^2/2},\ t\in\mathcal{R}$
$N(\mu,\sigma^2)$	期望	μ
	方差	σ^2
	参数	$\mu\in\mathcal{R},\ \sigma>0$
指数	p.d.f.	$\theta^{-1}e^{-(x-a)/\theta}I_{(a,\infty)}(x)$
	m.g.f.	$e^{at}(1-\theta t)^{-1},\ t<\theta^{-1}$
$E(a,\theta)$	期望	$\theta+a$
	方差	θ^2
	参数	$\theta>0,\ a\in\mathcal{R}$
卡方	p.d.f.	$\frac{1}{\Gamma(k/2)2^{k/2}}x^{k/2-1}e^{-x/2}I_{(0,\infty)}(x)$
	m.g.f.	$(1-2t)^{-k/2},\ t<1/2$
χ_k^2	期望	k
	方差	$2k$
	参数	$k=1,2,\ldots$
Gamma	p.d.f.	$\frac{1}{\Gamma(\alpha)\gamma^\alpha}x^{\alpha-1}e^{-x/\gamma}I_{(0,\infty)}(x)$
	m.g.f.	$(1-\gamma t)^{-\alpha},\ t<\gamma^{-1}$
$\Gamma(\alpha,\gamma)$	期望	$\alpha\gamma$
	方差	$\alpha\gamma^2$
	参数	$\gamma>0,\alpha>0$
Beta	p.d.f.	$\frac{\Gamma(\alpha+\beta)}{\Gamma(\alpha)\Gamma(\beta)}x^{\alpha-1}(1-x)^{\beta-1}I_{(0,1)}(x)$
	m.g.f.	没有显式
$B(\alpha,\beta)$	期望	$\alpha/(\alpha+\beta)$
	方差	$\alpha\beta/[(\alpha+\beta+1)(\alpha+\beta)^2]$
	参数	$\alpha>0,\ \beta>0$
柯西	p.d.f.	$\frac{1}{\pi\sigma}\left[1+\left(\frac{x-\mu}{\sigma}\right)^2\right]^{-1}$
	ch.f.	$e^{\sqrt{-1}\mu t-\sigma\lvert t\rvert}$
$C(\mu,\sigma)$	期望	不存在
	方差	不存在
	参数	$\mu\in\mathcal{R},\ \sigma>0$

续表

t 分布	p.d.f.	$\frac{\Gamma[(n+1)/2]}{\sqrt{n\pi}\Gamma(n/2)}\left(1+\frac{x^2}{n}\right)^{-(n+1)/2}$
	ch.f.	没有显式
t_n	期望	$0,\ (n>1)$
	方差	$n/(n-2),\ (n>2)$
	参数	$n=1,2,\ldots$
F 分布	p.d.f.	$\frac{n^{n/2}m^{m/2}\Gamma[(n+m)/2]x^{n/2-1}}{\Gamma(n/2)\Gamma(m/2)(m+nx)^{(n+m)/2}}I_{(0,\infty)}(x)$
	ch.f.	没有显式
$F_{n,m}$	期望	$m/(m-2),\ (m>2)$
	方差	$2m^2(n+m-2)/[n(m-2)^2(m-4)]$, $(m>4)$
	参数	$n=1,2,\ldots,\ m=1,2,\ldots$
对数正态	p.d.f.	$\frac{1}{\sqrt{2\pi}\sigma}x^{-1}e^{-(\log x-\mu)^2/2\sigma^2}I_{(0,\infty)}(x)$
	ch.f.	没有显式
$LN(\mu,\sigma^2)$	期望	$e^{\mu+\sigma^2/2}$
	方差	$e^{2\mu+\sigma^2}(e^{\sigma^2}-1)$
	参数	$\mu\in\mathcal{R},\ \sigma>0$
Weibull	p.d.f.	$\frac{\alpha}{\theta}x^{\alpha-1}e^{-x^{\alpha}/\theta}I_{(0,\infty)}(x)$
	ch.f.	没有显式
$W(\alpha,\theta)$	期望	$\theta^{1/\alpha}\Gamma(\alpha^{-1}+1)$
	方差	$\theta^{2/\alpha}\left\{\Gamma(2\alpha^{-1}+1)-\left[\Gamma(\alpha^{-1}+1)\right]^2\right\}$
	参数	$\theta>0,\ \alpha>0$
双指数	p.d.f.	$\frac{1}{2\theta}e^{-\|x-\mu\|/\theta}$
	m.g.f.	$e^{\mu t}/(1-\theta^2t^2),\ \|t\|<\theta^{-1}$
	期望	μ
$DE(\mu,\theta)$	方差	$2\theta^2$
	参数	$\mu\in\mathcal{R},\ \theta>0$
Pareto	p.d.f.	$\theta a^{\theta}x^{-(\theta+1)}I_{(a,\infty)}(x)$
	ch.f.	没有显式
$Pa(a,\theta)$	期望	$\theta a/(\theta-1),\ (\theta>1)$
	方差	$\theta a^2/[(\theta-1)^2(\theta-2)],\ (\theta>2)$
	参数	$\theta>0,\ a>0$
Logistic	p.d.f.	$\sigma^{-1}e^{-(x-\mu)/\sigma}/[1+e^{-(x-\mu)/\sigma}]^2$
	m.g.f.	$e^{\mu t}\Gamma(1+\sigma t)\Gamma(1-\sigma t),\ \|t\|<\sigma^{-1}$
$LG(\mu,\sigma)$	期望	μ
	方差	$\sigma^2\pi^2/3$
	参数	$\mu\in\mathcal{R},\sigma>0$

例 1.12. 设 X 是 $(\Omega, \mathcal{F}, P)$ 上的随机变量, 其 c.d.f. FX 对应的 Lebesgue p.d.f. 是 fX 且 $F_X(c) < 1$, 其中 c 是固定常数. 设 $Y = \min\{X, c\}$, 即 Y 等于 X 和 c 中的较小值. 注意到, $Y^{-1}((-\infty, x]) = \Omega$ 若 $x \geqslant c$, $Y^{-1}((-\infty, x]) = X^{-1}((\infty, x])$ 若 $x < c$. 因此, Y 是随机变量, 且 Y 的 c.d.f. 是

$$F_Y(x) = \begin{cases} 1, & x \geqslant c, \\ F_X(x), & x < c. \end{cases}$$

这个 c.d.f. 在 c 处是不连续的, 因为 $F_X(c) < 1$. 所以它不存在 Lebesgue p.d.f. 但它也不是离散的. 那么对应 F_Y 的概率测度 P_Y 是否存在关于某个测度的 p.d.f. ? 定义 $(\mathcal{R}, \mathcal{B})$ 上的一个概率测度, 称为 c 处的点质量,

$$\delta_c(A) = \begin{cases} 1, & c \in A, \\ 0, & c \notin A, \end{cases} \quad A \in \mathcal{B} \tag{1.22}$$

(这是表 1.1 中离散均匀分布的一个特殊情况). 则 $P_Y \ll m + \delta_c$, 其中 m 是 Lebesgue 测度, P_Y 的 p.d.f. 为

$$\frac{dP_Y}{d(m+\delta_c)}(x) = \begin{cases} 0, & x > c, \\ 1 - F_X(c), & x = c, \\ f_X(x), & x < c. \end{cases} \quad \blacksquare \tag{1.23}$$

对应于联合 c.d.f. 的 p.d.f. 称为联合 p.d.f. 下面是统计学中很重要的 $\mathcal{R}^k$ 上的一个 Lebesgue p.d.f.:

$$f(x) = (2\pi)^{-k/2}[\mathrm{Det}(\Sigma)]^{-1/2} e^{-(x-\mu)^\tau \Sigma^{-1}(x-\mu)/2}, \quad x \in \mathcal{R}^k, \tag{1.24}$$

其中 $\mu \in \mathcal{R}^k$, Σ 是一个 $k \times k$ 正定矩阵, $\mathrm{Det}(\Sigma)$ 是 Σ 的行列式, 涉及矩阵运算时, 任意 k 维向量看作 $k \times 1$ 矩阵 (列向量), c^τ 表示它的转置 (行向量). (1.24) 中的 p.d.f. 和它的 c.d.f. 称为 k 维多元正态 p.d.f. 和 c.d.f., 方便起见, 均记作 $N_k(\mu, \Sigma)$. 表 1.2 中的正态分布 $N(\mu, \sigma^2)$ 是 $N_k(\mu, \Sigma)$ 在 $k = 1$ 时的特殊情况. 特别地, $N(0, 1)$ 称为标准正态分布. 当 Σ 是非负定奇异矩阵时, 定义 X 服从 $N_k(\mu, \Sigma)$, 当且仅当, 对于任意 $c \in \mathcal{R}^k$, $c^\tau X$ 服从 $N(c^\tau \mu, c^\tau \Sigma c)$ ($N(a, 0)$ 定义为 a 处点质量的 c.d.f.), 这是非奇异 Σ 下 $N_k(\mu, \Sigma)$ 的一个重要性质 (练习 81).

另一个重要的联合 p.d.f. 在例 2.7 中介绍.

如果一个随机 k 维向量 $(X_1, ..., X_k)$ 有关于定义在 $\mathcal{B}^k$ 上乘积测度 $\nu_1 \times \cdots \times \nu_k$ 的联合 p.d.f., 那么 X_i 有如下关于 ν_i 的边际 p.d.f.:

$$f_i(x) = \int_{\mathcal{R}^{k-1}} f(x_1, ..., x_{i-1}, x, x_{i+1}, ..., x_k) d\nu_1 \cdots d\nu_{i-1} d\nu_{i+1} \cdots d\nu_k.$$

设 F 是 k 维随机向量 $(X_1, ..., X_k)$ 的联合 c.d.f., F_i 是 X_i 的边际 c.d.f., $i = 1, ..., k$. 如果 (1.7) 成立, 那么随机变量 $X_1, ..., X_k$ 称为*独立的*. 由 §1.1.1 末尾处的讨论可知, 独立意味着对应 F 的概率测度就是 k 个对应 F_i 的概率测度的乘积测度. 关于独立性的意味的讨论将在 §1.4.2 中继续. 如果 $(X_1, ..., X_k)$ 有定义在 $\mathcal{B}^k$ 上对应乘积测度 $\nu_1 \times \cdots \times \nu_k$ 的联合 p.d.f. f, 那么 $X_1, ..., X_k$ 独立, 当且仅当

$$f(x_1, ..., x_k) = f_1(x_1) \cdots f_k(x_k), \quad (x_1, ..., x_k) \in \mathcal{R}^k, \tag{1.25}$$

其中 f_i 是 X_i 关于 ν_i 的 p.d.f., $i = 1, ..., k$. 例如, 利用 (1.24) 可以证明 (练习), $N_k(\mu, \Sigma)$ 的各个分量独立当且仅当 Σ 是对角矩阵.

接下来的引理在考虑独立随机变量的函数的独立性时非常有用.

引理 1.1. 设 $X_1, ..., X_n$ 是独立随机变量. 那么随机变量 $g(X_1, ..., X_k)$ 和 $h(X_{k+1}, ..., X_n)$ 也是独立的, 其中 g 和 h 是 Borel 函数, k 是 1 到 n 之间的一个整数. ∎

引理 1.1 可以直接证明 (练习). 它是 §1.4.2 中独立性的等价定义的一个简单结论.

设 $X_1, ..., X_k$ 是随机变量. 如果对于每个 $i \neq j$, X_i 和 X_j 独立, 我们称 $X_1, ..., X_k$ 两两独立. 如果 $X_1, ..., X_k$ 独立, 显然它们两两独立. 但是反之不成立. 下面是一个反例.

例 1.13. 设 X_1 和 X_2 是独立随机变量, 假设取值为 1 和 -1 的概率均为 0.5, 且 $X_3 = X_1 X_2$. 设 $A_i = \{X_i = 1\}$, $i = 1, 2, 3$. 那么, 对于任意 i, $P(A_i) = 0.5$, $P(A_1)P(A_2)P(A_3) = 0.125$. 但是 $P(A_1 \cap A_2 \cap A_3) = P(A_1 \cap A_2) = P(A_1)P(A_2) = 0.25$. 这表明 (1.7) 不成立, 所以 X_1, X_2, X_3 不独立. 接下来证明 X_1, X_2, X_3 两两独立. 只需证明 X_1 和 X_3 独立即可. 设 $B_i = \{X_i = -1\}$, $i = 1, 2, 3$. 易得 $A_1 \cap A_3 = A_1 \cap A_2$, $A_1 \cap B_3 = A_1 \cap B_2$, $B_1 \cap A_3 = B_1 \cap B_2$, 且 $B_1 \cap B_3 = B_1 \cap A_2$. 所以, 要证的结果可由 $P(A_i) = P(B_i) = 0.5$ 对于任意 i 成立, 且 X_1 和 X_2 独立而得到. ∎

例 1.12 中的随机变量 Y 是随机变量 X 的变换. 随机变量或者向量的变换在统计学中很常见. 对于随机变量或者向量 X, 当 g 可测时, $g(X)$ 也是随机变量或者向量 (命题 1.4). 当 X 的 c.d.f.(或者 p.d.f.) 已知时, 如何寻找 $g(X)$ 的 c.d.f.(或者 p.d.f.)? 大多数情况下, 最有效的方法是直接计算. 例 1.12 即为一个例子. 我们再看一个例子.

例 1.14. 设 X 是一个随机变量, c.d.f. 为 F_X, p.d.f. 为 f_X, 令 $Y = X^2$. 因为当 $x < 0$ 时, $Y^{-1}((-\infty, x])$ 是空集, 且当 $x \geqslant 0$ 时, $Y^{-1}([0, x]) = X^{-1}([-\sqrt{x}, \sqrt{x}])$. 所以, 当 $x \geqslant 0$ 时, Y 的 c.d.f. 为

$$\begin{aligned} F_Y(x) &= P \circ Y^{-1}((-\infty, x]) \\ &= P \circ X^{-1}([-\sqrt{x}, \sqrt{x}]) \\ &= F_X(\sqrt{x}) - F_X(-\sqrt{x}), \end{aligned}$$

当 $x < 0$ 时, $F_Y(x) = 0$. 显然, F_Y 的 Lebesgue p.d.f. 为

$$f_Y(x) = \frac{1}{2\sqrt{x}}[f_X(\sqrt{x}) + f_X(-\sqrt{x})]I_{(0,\infty)}(x). \tag{1.26}$$

特别地, 如果

$$f_X(x) = \frac{1}{\sqrt{2\pi}}e^{-x^2/2}, \tag{1.27}$$

即标准正态分布 $N(0,1)$ 的 Lebesgue p.d.f.(表 1.2), 那么

$$f_Y(x) = \frac{1}{\sqrt{2\pi x}}e^{-x/2}I_{(0,\infty)}(x),$$

即卡方分布 χ_1^2 的 Lebesgue p.d.f.(表 1.2). 这实际上是统计学上非常重要的结果. ∎

在一些情况下, 我们可能需要下面的结果, 证明留给读者.

命题 1.8. 设 X 是 k 维随机向量, Lebesgue p.d.f. 为 f_X. 令 $Y = g(X)$, 其中 g 是 $(\mathcal{R}^k, \mathcal{B}^k)$ 到 $(\mathcal{R}^k, \mathcal{B}^k)$ 的 Borel 函数. 设 $A_1, ..., A_m$ 是 $\mathcal{B}^k$ 中互不相交的集合, 且 $\mathcal{R}^k - (A_1 \cup \cdots \cup A_m)$ 的 Lebesgue 测度为 0, g 是 A_j 上的一对一函数, 雅可比行列式不等于 0, 即在 A_j 上, 行列式 $\mathrm{Det}(\partial g(x)/\partial x) \neq 0$, $j = 1, ..., m$. 那么 Y 有如下 Lebesgue p.d.f.:

$$f_Y(x) = \sum_{j=1}^{m} \left|\mathrm{Det}\left(\partial h_j(x)/\partial x\right)\right| f_X\left(h_j(x)\right),$$

其中 h_j 是 g 在 A_j 上的反函数, $j = 1, ..., m$. ∎

我们可以利用命题 1.8 得到例 1.14 中的结论 (1.26), 令 $A_1 = (-\infty, 0)$, $A_2 = (0, \infty)$, $g(x) = x^2$. 注意到, $h_1(x) = -\sqrt{x}$, $h_2(x) = \sqrt{x}$, 且 $|dh_j(x)/dx| = 1/(2\sqrt{x})$. 另外一个命题 1.8 的直接应用是, 当 X 服从 $N_k(\mu, \Sigma)$ 时, 证明 $Y = AX$ 服从 $N_k(A\mu, A\Sigma A^\tau)$, 其中 Σ 正定, A 是 $k \times k$ 满秩矩阵, A 的转置记作 A^τ.

例 1.15. 设 $X = (X_1, X_2)$ 是 2 维随机向量, 联合 Lebesgue p.d.f. 为 f_X. 首先考虑变换 $g(x) = (x_1, x_1 + x_2)$. 利用命题 1.8, 可以证明 $g(X)$ 的联合 p.d.f. 为

$$f_{g(X)}(x_1, y) = f_X(x_1, y - x_1),$$

其中 $y = x_1 + x_2$ (雅可比行列式等于 1). $Y = X_1 + X_2$ 的边际 p.d.f. 为

$$f_Y(y) = \int f_X(x_1, y - x_1) dx_1.$$

特别地, 如果 X_1 与 X_2 独立, 则

$$f_Y(y) = \int f_{X_1}(x_1) f_{X_2}(y - x_1) dx_1. \tag{1.28}$$

接下来, 考虑变换 $h(x_1, x_2) = (x_1/x_2, x_2)$, 假设 $X_2 \neq 0$ a.s. 利用命题 1.8, 可以证明 $h(X)$ 的联合 p.d.f. 为

$$f_{h(X)}(z, x_2) = |x_2| f_X(z x_2, x_2),$$

其中 $z = x_1/x_2$. $Z = X_1/X_2$ 的边际 p.d.f. 为

$$f_Z(z) = \int |x_2| f_X(z x_2, x_2) dx_2.$$

特别地, 如果 X_1 与 X_2 独立, 则

$$f_Z(z) = \int |x_2| f_{X_1}(z x_2) f_{X_2}(x_2) dx_2. \quad ∎ \tag{1.29}$$

可以从 (1.28) 和 (1.29) 中推导出很多结论. 例如, 如果 X_1 与 X_2 独立, 且两者均有形如 (1.27) 的标准正态 p.d.f., 根据 (1.29), $Z = X_1/X_2$ 的 Lebesgue p.d.f. 为

$$\begin{aligned} f_Z(z) &= \frac{1}{2\pi}\int |x_2| e^{-(1+z^2)x_2^2/2} dx_2 \\ &= \frac{1}{\pi}\int_0^\infty e^{-(1+z^2)x} dx \\ &= \frac{1}{\pi(1+z^2)}, \end{aligned}$$

即表 2 中柯西分布 $C(0,1)$ 的 p.d.f. 公式 (1.29) 的另一个应用可以得到下面这个重要的统计学结果.

例 1.16 (t 分布和 F 分布). 如果 X_1 和 X_2 是独立随机变量, 且分别服从卡方分布 $\chi^2_{n_1}$ 和 $\chi^2_{n_2}$(表 1.2), 根据 (1.29), $Z = X_1/X_2$ 的 p.d.f. 为

$$\begin{aligned} f_Z(z) &= \frac{z^{n_1/2-1} I_{(0,\infty)}(z)}{2^{(n_1+n_2)/2}\Gamma(n_1/2)\Gamma(n_2/2)} \int_0^\infty x_2^{(n_1+n_2)/2-1} e^{-(1+z)x_2/2} dx_2 \\ &= \frac{\Gamma[(n_1+n_2)/2]}{\Gamma(n_1/2)\Gamma(n_2/2)} \frac{z^{n_1/2-1}}{(1+z)^{(n_1+n_2)/2}} I_{(0,\infty)}(z), \end{aligned}$$

其中, 最后一个等式由卡方分布 $\chi^2_{n_1+n_2}$ 的 p.d.f. 为

$$\frac{1}{2^{(n_1+n_2)/2}\Gamma[(n_1+n_2)/2]} x_2^{(n_1+n_2)/2-1} e^{-x_2/2} I_{(0,\infty)}(x_2)$$

推出. 利用命题 1.8, 可以证明, $Y = (X_1/n_1)/(X_2/n_2) = (n_2/n_1)Z$ 的 p.d.f. 就是表 1.2 中 F 分布 F_{n_1,n_2} 的 p.d.f.

设 U_1 是服从标准正态分布 $N(0,1)$ 的一个随机变量, U_2 是服从卡方分布 χ^2_n 的一个随机变量. 利用相同的推导, 可以证明, 如果 U_1 与 U_2 相互独立, 则 $T = U_1/\sqrt{U_2/n}$ 的分布为表 1.2 中的 t 分布 t_n. 这个结果也可以根据下面的结论得到. 设 $X_1 = U_1^2$, $X_2 = U_2$, 则 X_1 与 X_2 相互独立 (根据引理 1.1 直接证明). 根据例 1.14, X_1 的分布为 χ^2_1. 那么 $Y = X_1/(X_2/n)$ 服从 F 分布 $F_{1,n}$, 且它的 p.d.f. 为

$$\frac{n^{n/2}\Gamma[(n+1)/2] x^{-1/2}}{\sqrt{\pi}\Gamma(n/2)(n+x)^{(n+1)/2}} I_{(0,\infty)}(x).$$

注意到,

$$T = \begin{cases} \sqrt{Y}, & U_1 \geqslant 0, \\ -\sqrt{Y}, & U_1 < 0. \end{cases}$$

由命题 1.8 和以下结果可得到结论,

$$P \circ T^{-1}((-\infty, -t]) = P \circ T^{-1}([t, \infty)), \quad t > 0. \ \blacksquare \tag{1.30}$$

如果随机变量 T 满足 (1.30), 即, T 和 $-T$ 有相同的分布, 那么 T 以及它的 c.d.f. 和 p.d.f.(如果存在) 称为关于 0 对称. 如果 T 的 Lebesgue p.d.f. 为 f_T, 那么 T 关于 0 对称当且仅当对于任意 $x>0$ 有 $f_T(x)=f_T(-x)$. T 以及它的 c.d.f. 和 p.d.f. 关于 a 对称 (或者简称为对称), 当且仅当对于固定 a, $T-a$ 关于 0 对称. t 分布的 c.d.f. 关于 0 对称, 而正态、柯西和双指数 c.d.f 是对称的.

上一个例子中提到的卡方分布、t 分布和 F 分布是下列非中心卡方分布、t 分布和 F 分布的特殊情况, 这些分布在统计学问题中非常有用.

设 $X_1,...,X_n$ 是独立随机变量, 且 $X_i=N(\mu_i,\sigma^2)$, $i=1,...,n$. 随机变量 $Y=(X_1^2+\cdots+X_n^2)/\sigma^2$ 的分布称为非中心卡方分布, 记作 $\chi_n^2(\delta)$, 其中 $\delta=(\mu_1^2+\cdots+\mu_n^2)/\sigma^2$ 是非中心参数. 表 1.2 中的卡方分布 χ_k^2 是非中心卡方分布 $\chi_k^2(\delta)$ 在 $\delta=0$ 时的特殊情况, 所以称为中心卡方分布. 可以证明 (练习), Y 的 Lebesgue p.d.f. 为:

$$e^{-\delta/2}\sum_{j=0}^{\infty}\frac{(\delta/2)^j}{j!}f_{2j+n}(x), \tag{1.31}$$

其中 $f_k(x)$ 是卡方分布 χ_k^2 的 Lebesgue p.d.f. 根据非中心卡方分布的定义, 如果 $Y_1,...,Y_k$ 是独立随机变量, 且 Y_i 服从非中心卡方分布 $\chi_{n_i}^2(\delta_i)$, $i=1,...,k$, 那么 $Y=Y_1+\cdots+Y_k$ 服从非中心卡方分布 $\chi^2_{n_1+\cdots+n_k}(\delta_1+\cdots+\delta_k)$.

例 1.16 中 t 分布的结果可以推广到下列情况, U_1 有非零期望 μ (U_2 服从 χ_n^2 分布且与 U_1 独立). $T=U_1/\sqrt{U_2/n}$ 的分布称为非中心 t 分布, 记作 $t_n(\delta)$, 其中 $\delta=\mu$ 为非中心参数. 利用例 1.15 中相同的推导方法, 可以证明 (练习), T 有如下 Lebesgue p.d.f.:

$$\frac{1}{2^{(n+1)/2}\Gamma(n/2)\sqrt{\pi n}}\int_0^{\infty}y^{(n-1)/2}e^{-[(x\sqrt{y/n}-\delta)^2+y]/2}dy. \tag{1.32}$$

例 1.16 中的 t 分布 t_n 称为中心 t 分布, 它是非中心分布 $t_n(\delta)$ 在 $\delta=0$ 时的特殊情况.

类似地, 例 1.16 中 F 分布的结果可以推广到下列情况, X_1 服从非中心卡方分布 $\chi_{n_1}^2(\delta)$, X_2 服从中心卡方分布 $\chi_{n_2}^2$, 且 X_1 与 X_2 相互独立. $Y=(X_1/n_1)/(X_2/n_2)$ 的分布称为非中心 F 分布, 记作 $F_{n_1,n_2}(\delta)$, 其中 δ 是非中心参数. 例 1.16 的 F 分布 F_{n_1,n_2} 称为中心 F 分布, 它是非中心 F 分布 $F_{n_1,n_2}(\delta)$ 在 $\delta=0$ 时的特殊情况. 可以证明 (练习), 非中心 F 分布 $F_{n_1,n_2}(\delta)$ 有如下的

Lebesgue p.d.f.:

$$e^{-\delta/2}\sum_{j=0}^{\infty}\frac{n_1(\delta/2)^j}{j!(2j+n_1)}f_{2j+n_1,n_2}\left(\frac{n_1x}{2j+n_1}\right), \tag{1.33}$$

其中 $f_{k_1,k_2}(x)$ 是表 1.2 中心 F 分布 F_{k_1,k_2} 的 Lebesgue p.d.f.

利用线性代数的结果, 我们可以证明方差分析中下面的结论 (Scheffé, 1959; Searle, 1971).

定理 1.5. (Cochran 定理). 假设 $X = N_n(\mu, I_n)$, 且

$$X^\tau X = X^\tau A_1 X + \cdots + X^\tau A_k X, \tag{1.34}$$

其中 I_n 是 $n\times n$ 单位矩阵, A_i 是 $n\times n$ 对称矩阵, 秩为 n_i, $i=1,...,k$. $X^\tau A_i X$ 服从非中心卡方分布 $\chi^2_{n_i}(\delta_i)$, $i=1,...,k$, 且 $X^\tau A_i X$ 相互独立的充分必要条件是 $n = n_1+\cdots+n_k$, 其中 $\delta_i = \mu^\tau A_i \mu$ 且 $\delta_1+\cdots+\delta_k = \mu^\tau\mu$.

证明. 假设 $X^\tau A_i X$ 相互独立, $i=1,...,k$, 且 $X^\tau A_i X$ 服从分布 $\chi^2_{n_i}(\delta_i)$. 那么 $X^\tau X$ 服从分布 $\chi^2_{n_1+\cdots+n_k}(\delta_1+\cdots+\delta_k)$. 根据定义, $X^\tau X$ 服从非中心卡方分布 $\chi^2_n(\mu^\tau\mu)$. 根据 (1.34), $n = n_1+\cdots+n_k$ 且 $\delta_1+\cdots+\delta_k = \mu^\tau\mu$.

现在假设 $n = n_1+\cdots+n_k$. 根据线性代数的知识, 对于每个 i, 存在 $c_{ij}\in\mathcal{R}^n$, $j=1,...,n_i$, 使得

$$X^\tau A_i X = \pm(c_{i1}^\tau X)^2 \pm\cdots\pm (c_{in_i}^\tau X)^2. \tag{1.35}$$

设 C_i 是 $n\times n_i$ 矩阵, 第 j 列为 c_{ij}, 且 $C=(C_1,...,C_k)$. 根据 (1.34) 和 (1.35), $X^\tau X = X^\tau C^\tau \Delta C X$, 其中 Δ 是 $n\times n$ 对角矩阵, 对角线上的元素为 1 或者 -1. 这说明 $C^\tau\Delta C = I_n$. 因此, C 是满秩的. 所以, $\Delta = (C^\tau)^{-1}C^{-1}$ 正定. 这说明 $\Delta = I_n$, 从而推出 $C^\tau C = I_n$ 且

$$X^\tau A_i X = \sum_{j=n_1+\cdots+n_{i-1}+1}^{n_1+\cdots+n_{i-1}+n_i} Y_j^2, \tag{1.36}$$

其中 Y_j 是 $Y = CX$ 的第 j 个分量. 注意到, $Y = N_n(C\mu, I_n)$ (练习 43). 因此, Y_j 相互独立, $Y_j = N(\lambda_j, 1)$, 其中 λ_j 是 $C\mu$ 的第 j 个分量. 这说明 $X^\tau A_i X$ 服从分布 $\chi^2_{n_i}(\delta_i)$, 其中 $\delta_i = \lambda^2_{n_1+\cdots+n_{i-1}+1}+\cdots+\lambda^2_{n_1+\cdots+n_{i-1}+n_i}$. 令 (1.36) 和 (1.34) 中的 $X=\mu$, 可以得到 $\delta_i = \mu^\tau A_i\mu$ 且 $\delta_1+\cdots+\delta_k = \mu^\tau C^\tau C\mu = \mu^\tau\mu$. 最后, 根据 (1.36) 和引理 1.1, $X^\tau A_i X$ 相互独立, $i=1,...,k$. ∎

1.3.2 矩和矩不等式

在 1.2.1 中我们已经定义了随机变量的期望. 这是随机变量的一个重要特征. 在本节中, 我们将介绍矩的概念, 矩也是随机变量或者向量的重要特征.

设 X 是一个随机变量. 如果 EX^k 有限, 其中 k 是正整数, 那么 EX^k 称为 X 或者 P_X (X 的分布) 的 k 阶矩. 如果对于某个数 a, $E|X|^a < \infty$, 则 $E|X|^a$ 称为 X 或者 P_X 的 a 阶绝对矩. 如果对于正整数 k, $\mu = EX$ 和 $E(X-\mu)^k$ 有限, 则 $E(X-\mu)^k$ 称为 X 或者 P_X 的 k 阶中心矩. 如果对于某个 $a>0$, $E|X|^a < \infty$, 那么对于任意正数 $t<a$, 都有 $E|X|^t < \infty$, 且对于任意正整数 $k \leqslant a$, EX^k 有限 (练习 54).

期望和二阶中心矩 (如果存在) 是统计学中随机变量 (或者它的分布) 的两个重要特征. 在表 1.1 和 1.2 中, 我们列出了常用分布的这两个特征. 期望在统计学中也称为*均值*, 是随机变量分布的中心位置的度量. 二阶中心矩在统计学中也称为*方差*, 是随机变量离散程度的度量. 随机变量 X 的方差记作 $\mathrm{Var}(X)$. 方差始终是非负的. 如果 X 的方差为 0, 则 X 等于它的均值 a.s. (命题 1.6). 方差的平方根称为*标准差*, 这也是统计学中随机变量的另一个重要特征.

均值和方差的概念可以推广到随机向量中. 设 M 为随机矩阵, 矩阵的第 (i,j) 个元素记作 M_{ij}, M 的期望也是一个矩阵, 期望矩阵的第 (i,j) 个元素为 $E(M_{ij})$. 因此, 对于一个 k 维随机向量 $X=(X_1,...,X_k)$, 其均值为 $EX=(EX_1,...,EX_k)$. 方差则推广为 X 的*方差协方差矩阵*, 定义为

$$\mathrm{Var}(X) = E(X-EX)(X-EX)^\tau,$$

是一个 $k\times k$ 对称矩阵, 其对角线元素为 X_i 的方差. $\mathrm{Var}(X)$ 的第 (i,j) 个元素是 $E(X_i-EX_i)(X_j-EX_j)$, $i\neq j$, 称为 X_i 与 X_j 的*协方差*, 记作 $\mathrm{Cov}(X_i,X_j)$.

设 $c\in\mathcal{R}^k$, $X=(X_1,...,X_k)$ 为 k 维随机向量. 那么 $Y=c^\tau X$ 是一个随机变量, 根据命题 1.5(积分的线性性), 如果 EX 存在, 则 $EY=c^\tau EX$. 同样地, 当 $\mathrm{Var}(X)$ 有限时 (即, $\mathrm{Var}(X)$ 的所有元素均有限),

$$\begin{aligned}\mathrm{Var}(Y) &= E(c^\tau X - c^\tau EX)^2\\ &= E[c^\tau(X-EX)(X-EX)^\tau c]\\ &= c^\tau[E(X-EX)(X-EX)^\tau]c\\ &= c^\tau \mathrm{Var}(X)c.\end{aligned}$$

因为对于任意 $c \in \mathcal{R}^k$, $\mathrm{Var}(Y) \geqslant 0$, 所以矩阵 $\mathrm{Var}(X)$ 非负定. 因此,

$$[\mathrm{Cov}(X_i, X_j)]^2 \leqslant \mathrm{Var}(X_i)\mathrm{Var}(X_j), \quad i \neq j. \tag{1.37}$$

统计学中另一个重要的量是 $\rho_{X_i,X_j} = \mathrm{Cov}(X_i, X_j)/\sqrt{\mathrm{Var}(X_i)\mathrm{Var}(X_j)}$, 称为相关系数. 根据不等式 (1.37), 它总是介于 -1 和 1 之间. 这是 X_i 和 X_j 关系的一个度量; 如果 ρ_{X_i,X_j} 为正 (负), 则 X_i 和 X_j 趋向正相关 (负相关); 如果 $\rho_{X_i,X_j} = \pm 1$, 则 $P(X_i = c_1 \pm c_2 X_j) = 1$, 其中 c_1 和 c_2 是大于 0 的常数; 如果 $\rho_{X_i,X_j} = 0$ (即 $\mathrm{Cov}(X_i, X_j) = 0$), 则 X_i 和 X_j 称为不相关. 如果 X_i 与 X_j 独立, 那么它们是不相关的. 这个关系可由下列这个更为一般的结果推出. 如果 $X_1, ..., X_n$ 是独立随机变量且 $E|X_1 \cdots X_n| < \infty$, 根据 Fubini 定理以及 $(X_1, ..., X_n)$ 的联合 c.d.f. 对应一个乘积测度, 我们可以得到

$$E(X_1 \cdots X_n) = EX_1 \cdots EX_n. \tag{1.38}$$

实际上, $X_1, ..., X_n$ 两两独立能推出 X_i 和 X_j 是不相关的, 因为 $\mathrm{Cov}(X_i, X_j)$ 仅涉及两个随机变量. 但是, 反之不一定成立: 不相关的随机变量不一定是两两独立的. 反例可以在练习 60—61 中找到.

设 $R_M = \{y \in \mathcal{R}^k : y = Mx$ 对某 $x \in \mathcal{R}^k$ 成立 $\}$, 其中 M 为任意 $k \times k$ 对称矩阵. 如果一个 k 维随机向量 X 存在有限 $\mathrm{Var}(X)$, 那么 $P(X - EX \in R_{\mathrm{Var}(X)}) = 1$. 这意味着, 如果 $\mathrm{Var}(X)$ 的秩 $r < k$, 那么 X 在 $\mathcal{R}^k$ 上维数为 r 的子空间内. 因此, 如果 P_X 关于 $\mathcal{R}^k$ 上的 Lebesgue 测度绝对连续, 那么 $\mathrm{Var}(X)$ 的秩为 k.

例 1.17. 设 X 为服从 $N_k(\mu, \Sigma)$ 分布的 k 维随机向量. 可以证明 (练习), $EX = \mu$ 且 $\mathrm{Var}(X) = \Sigma$. 因此, (1.24) 中的 μ 和 Σ 是 X 的均值向量和方差协方差矩阵. 如果 Σ 是对角矩阵 (即 X 的所有分量均不相关), 根据 (1.25), X 的分量是独立的. 这证明了服从正态分布随机变量的一个重要性质: 它们是独立的当且仅当它们是不相关的. ∎

有许多关于矩非常有用的不等式. (1.37) 中的不等式实际上就是著名的 Cauchy-Schwarz 不等式, 一般形式为

$$[E(XY)]^2 \leqslant EX^2 EY^2, \tag{1.39}$$

其中 X 和 Y 是 $E(XY)$ 存在的随机变量. 不等式 (1.39) 是以下 Hölder 不等式的特殊形式:

$$E|XY| \leqslant (E|X|^p)^{1/p}(E|Y|^q)^{1/q}, \tag{1.40}$$

其中 p 和 q 为满足 $p > 1$ 和 $p^{-1} + q^{-1} = 1$ 的常数. 为了证明不等式 (1.40), 我们利用以下不等式 (练习 62):

$$x^t y^{1-t} \leqslant tx + (1-t)y, \tag{1.41}$$

其中 x 和 y 是非负实数且 $t \in (0,1)$. 如果 $E|X|^p$ 或 $E|Y|^q$ 是 ∞, 那么 (1.40) 成立. 因此, 我们可以假定 $E|X|^p$ 和 $E|Y|^q$ 都是有限的. 设 $a = (E|X|^p)^{1/p}$ 且 $b = (E|Y|^q)^{1/q}$. 如果 $a = 0$ 或 $b = 0$, 根据命题 1.6(ii), (1.40) 中的等号成立. 假定 $a \neq 0$ 和 $b \neq 0$. 令 (1.41) 中的 $x = |X/a|^p$, $y = |Y/b|^q$, 且 $t = p^{-1}$, 可以得到

$$\left|\frac{XY}{ab}\right| \leqslant \frac{|X|^p}{pa^p} + \frac{|Y|^q}{qb^q}.$$

对该式两边求期望, 可以得到

$$\frac{E|XY|}{ab} \leqslant \frac{E|X|^p}{pa^p} + \frac{E|Y|^q}{qa^q} = \frac{1}{p} + \frac{1}{q} = 1,$$

就是 (1.40). 事实上, (1.40) 的等号成立当且仅当对于某个非零常数 α 和 β, $\alpha|X|^p = \beta|Y|^q$ a.s. (练习 62).

利用 Hölder 不等式, 我们可以证明 Liapounov 不等式

$$(E|X|^r)^{1/r} \leqslant (E|X|^s)^{1/s}, \tag{1.42}$$

其中 r 和 s 为常数且满足 $1 \leqslant r \leqslant s$, 也可以证明 Minkowski 不等式

$$(E|X+Y|^p)^{1/p} \leqslant (E|X|^p)^{1/p} + (E|Y|^p)^{1/p}, \tag{1.43}$$

其中 X 和 Y 是随机变量且 p 是大于等于 1 的常数 (练习 63).

Minkowski 不等式可以推广到两个以上随机变量的情况 (练习 63). 以下不等式是由 Esseen and von Bahr (1965) 提出的 Minkowski 不等式的加强形式. 设 $X_1, ..., X_n$ 是独立随机变量, 均值为 0 且 $E|X_i|^p < \infty$, $i = 1, ..., n$, 其中 p 是 $[1,2]$ 中的一个常数. 那么

$$E\left|\sum_{i=1}^n X_i\right|^p \leqslant C_p \sum_{i=1}^n E|X_i|^p, \tag{1.44}$$

其中 C_p 是只依赖 p 的常数. 当 $1 < p < 2$ 时, 不等式 (1.44) 可以利用以下不等式证明:

$$|a+b|^p \leqslant |a|^p + p\mathrm{sgn}(a)|a|^{p-1}b + C_p|b|^p, \quad a \in \mathcal{R}, b \in \mathcal{R},$$

其中当 x 为正数或者负数时, $\text{sgn}(x)$ 等于 1 或者 -1, 且

$$C_p = \sup_{x\in\mathcal{R},x\neq 0}(|1+x|^p - 1 - px)/|x|^p.$$

对于 $p \geqslant 2$, Marcinkiewicz 和 Zygmund 提出了一个类似的不等式:

$$E\left|\sum_{i=1}^n X_i\right|^p \leqslant \frac{C_p}{n^{1-p/2}}\sum_{i=1}^n E|X_i|^p, \tag{1.45}$$

其中 C_p 是只依赖 p 的常数. 不等式 (1.45) 的证明参见 Loève (1977, p. 276).

在微积分中, 定义 $\mathcal{R}^k$ 中的子集 A 为凸集当且仅当对于任意 $t \in [0,1]$, $x \in A$ 和 $y \in A$, 能推出 $tx + (1-t)y \in A$; 凸集 $A \subset \mathcal{R}^k$ 到 $\mathcal{R}$ 上的函数 f 是凸函数当且仅当

$$f(tx+(1-t)y) \leqslant tf(x) + (1-t)f(y), \quad x \in A, y \in A, t \in [0,1]; \tag{1.46}$$

f 是严格凸函数当且仅当 (1.46) 成立且其中的 $\leqslant$ 由 $<$ 代替. 如果 f 在 A 上二阶可导, 那么 f 是凸的 (或者严格凸的) 之充分必要条件是 $k\times k$ 二阶偏导矩阵 $\partial^2 f/\partial x\partial x^\tau$, 即所谓的 Hesse 矩阵, 是非负定的 (或者正定的). 对于定义在开凸集 $A \subset \mathcal{R}^k$ 上的凸函数 f 和均值有限的 k 维随机向量 X, 且 $P(X \in A) = 1$, 概率论与数理统计中有一个非常有用的不等式是下面的 Jensen 不等式:

$$f(EX) \leqslant Ef(X). \tag{1.47}$$

如果 f 是严格凸的, 那么 (1.47) 中的 $\leqslant$ 由 $<$ 代替, 除非 $P(f(X) = Ef(X)) = 1$. 为了证明 (1.47), 我们利用以下开凸集 $A \subset \mathcal{R}^k$ 上凸函数 f 的结果, 但不给出证明 (参见 Lehmann (1983, p. 53)). 对于任意 $y \in A$, 存在一个向量 $a_y \in A$ 使得

$$f(x) \geqslant f(y) + (x-y)^\tau a_y, \quad x \in A. \tag{1.48}$$

我们也要用 $EX \in A$ 的事实 (参见 Ferguson (1967, p. 74)). 令 $x = X$ 和 $y = EX$, 对 (1.48) 两边求期望可得 (1.47). 如果 f 是严格凸的, 那么 (1.48) 中的 $\leqslant$ 由 $<$ 代替. 根据命题 1.6(ii), 除非 $P(f(X) = Ef(X)) = 1$, 一定有 $Ef(X) > f(EX)$.

例 1.18. Jensen 不等式 (1.47) 的一个直接应用是, 如果 X 是均值有限的非常数正随机变量, 那么

$$(EX)^{-1} < E(X^{-1}) \quad 且 \quad E(\log X) < \log(EX),$$

因为 t^{-1} 和 $-\log t$ 是 $(0,\infty)$ 上的凸函数. 另一个应用是证明以下与熵有关的不等式. 设 f 和 g 是定义在关于 σ 有限测度 ν 的测度空间上的正可积函数. 如果 $\int f d\nu \geqslant \int g d\nu > 0$, 可以证明 (练习)

$$\int f \log\left(\frac{f}{g}\right) d\nu \geqslant 0. \quad \blacksquare \tag{1.49}$$

接下来的不等式, Chebyshev 不等式, 是最平凡但非常有用的不等式. 设 X 是随机变量, φ 是定义在 $[0,\infty)$ 的非负不减的函数, 满足 $\varphi(-t)=\varphi(t)$. 那么, 对于每个常数 $t \geqslant 0$,

$$\varphi(t)P(|X| \geqslant t) \leqslant \int_{\{|X|\geqslant t\}} \varphi(X)dP \leqslant E\varphi(X), \tag{1.50}$$

其中 (1.50) 的两个不等式可由命题 1.6(i) 得到, 第一个不等式也需要用到以下结果, 在集合 $\{|X| \geqslant t\}$ 上, $\varphi(X) \geqslant \varphi(t)$. (1.50) 最熟悉的应用是 $\varphi(t)=|t|^p$, 其中 $p \in (0,\infty)$, 这个特例也称为 Markov 不等式. Chebyshev 不等式与本节的其中一个矩不等式结合到一起, 可以用来得到 "截尾" 概率 $P(|X| \geqslant t)$ 的上界. 例如, 设 Y 是一个均值为 μ, 方差为 σ^2 的随机变量, 那么 $X=(Y-\mu)/\sigma$ 的均值为 0, 方差为 1. 根据 (1.50), 其中 $\varphi(t)=t^2$, 可以得到 $P(|X| \geqslant 2) \leqslant \frac{1}{4}$. 这意味着随机变量 $|Y-\mu|$ 超出其两倍标准差的概率小于等于 $\frac{1}{4}$. 类似地, 我们可以得到 $|Y-\mu|$ 大于 3σ 的概率小于等于 $\frac{1}{9}$. 这些边界比较粗糙, 但是可以应用于任意方差有限的随机变量. 另一些 Chebyshev 不等式的应用参见 §1.5.

有些情况下, 当 X 是某些特殊形式时, 我们需要对不等式 (1.50) 进行改进. 设 $Y_1,...,Y_n$ 是方差有限的独立随机变量. Hájek 和 Rènyi 提出了下列不等式:

$$P\left(\max_{1\leqslant l\leqslant n} c_l \left|\sum_{i=1}^{l}(Y_i - EY_i)\right| > t\right) \leqslant \frac{1}{t^2}\sum_{i=1}^{n} c_i^2 \mathrm{Var}(Y_i), \quad t>0, \tag{1.51}$$

其中 c_i 是正常数, 满足 $c_1 \geqslant c_2 \geqslant \cdots \geqslant c_n$. 如果对于所有 i 都有 $c_i=1$, 那么不等式 (1.51) 简化为著名的 Kolmogorov 不等式. (1.51) 的证明参见 Sen and Singer(1993, pp. 65–66).

1.3.3　矩母函数和特征函数

矩是分布的重要特征, 但是它们不能确定一个分布, 因为不同的两个分布可能有同样的各阶矩. 可以确定分布的函数定义如下.

定义 1.5. 设 X 是 k 维随机向量.

(i) X 或 P_X 的矩母函数 (m.d.f.) 定义为

$$\psi_X(t) = Ee^{t^\tau X}, \quad t \in \mathcal{R}^k.$$

(ii) X 或 P_X 的特征函数 (ch.f.) 定义为

$$\phi_X(t) = Ee^{\sqrt{-1}t^\tau X} = E[\cos(t^\tau X)] + \sqrt{-1}\,E[\sin(t^\tau X)], \quad t \in \mathcal{R}^k. \quad \blacksquare$$

显然, 对于任意随机向量 X, $\psi_X(0) = \phi_X(0) = 1$. ch.f. 是复数且总是存在的. 事实上, 任何 ch.f. 都以 1 为界, 且是 $\mathcal{R}^k$ 上的一致连续函数 (练习). m.g.f. 是非负的, 但可能在除 $t = 0$ 外处处为 ∞(例 1.19). 如果 m.g.f. 在 $0 \in \mathcal{R}^k$ 的一个邻域内有限, 那么 $\phi_X(t)$ 可以通过将 $\psi_X(t)$ 中的 t 由 $\sqrt{-1}t$ 代替得到. 表 1.1 和 1.2 包含了统计学中有用分布的 m.g.f.(或者 ch.f., 当 m.g.f. 除 $t = 0$ 外处处为 ∞ 时). 对于线性变换 $Y = A^\tau X + c$, 其中 A 是一个 $k \times m$ 的矩阵, $c \in \mathcal{R}^m$, 由定义 1.5 可以推出

$$\psi_Y(u) = e^{c^\tau u}\psi_X(Au), \quad \phi_Y(u) = e^{\sqrt{-1}c^\tau u}\phi_X(Au), \quad u \in \mathcal{R}^m. \tag{1.52}$$

对于随机变量 X, 如果当 $t \neq 0$ 时, 它在 t 和 $-t$ 处的 m.g.f. 有限, 那么 X 存在任意阶的有限矩和绝对矩. 如果要根据 m.g.f. 计算 X 的矩, 我们需要比 m.g.f. 在某些 $t \neq 0$ 处有限更强的条件. 考虑 k 阶随机向量 X. 如果 ψ_X 在 0 的一个邻域内有限, 那么对于任意非负整数 $r_1, ..., r_k$, $\mu_{r_1,...,r_k} = E(X_1^{r_1} \cdots X_k^{r_k})$ 有限, 其中 X_j 是 X 的第 j 个分量, 且 ψ_X 对于 t 在 0 的一个邻域内有如下幂级数展开:

$$\psi_X(t) = \sum_{(r_1,...,r_k)\in\mathcal{Z}} \frac{\mu_{r_1,...,r_k} t_1^{r_1} \cdots t_k^{r_k}}{r_1! \cdots r_k!}, \tag{1.53}$$

其中 t_j 是 t 的第 j 个分量, 且 $\mathcal{Z} \subset \mathcal{R}^k$ 为包含所有分量是非负整数的向量的集合. 综上所述, X 的分量存在各阶有限矩, 且

$$E(X_1^{r_1} \cdots X_k^{r_k}) = \left.\frac{\partial^{r_1+\cdots+r_k}\psi_X(t)}{\partial t_1^{r_1} \cdots \partial t_k^{r_k}}\right|_{t=0},$$

这也称为 X 的矩. 特别地,

$$\left.\frac{\partial \psi_X(t)}{\partial t}\right|_{t=0} = EX, \qquad \left.\frac{\partial^2 \psi_X(t)}{\partial t \partial t^\tau}\right|_{t=0} = E(XX^\tau), \tag{1.54}$$

当 $k=1$ 且 p 是正整数时, $\psi_X^{(p)}(0)=EX^p$, 其中函数 $g(t)$ 的 p 阶导数记作 $g^{(p)}(t)$.

如果 $0<\psi_X(t)<\infty$, 那么 $\kappa_X(t)=\log\psi_X(t)$ 称为 X 或 P_X 的累积量母函数. 如果对于 t 在 0 的一个邻域内有 $0<\psi_X(t)<\infty$, 那么 κ_X 有类似于 (1.53) 的幂级数展开:

$$\kappa_X(t)=\sum_{(r_1,\dots,r_k)\in\mathcal{Z}}\frac{\kappa_{r_1,\dots,r_k}t_1^{r_1}\cdots t_k^{r_k}}{r_1!\cdots r_k!}, \tag{1.55}$$

其中 $\kappa_{r_1,\dots,r_k}$ 称为 X 的累积量. 矩的集合和累积量的集合是一对一的. 练习 68 给出了当 $k=1$ 时的情况.

若 ψ_X 是无限的, X 的有限矩可以通过对 ch.f. 微分得到. 假设对于非负整数 $r_1,\dots,r_k$, 有 $E|X_1^{r_1}\cdots X_k^{r_k}|<\infty$. 令 $r=r_1+\cdots+r_k$ 且

$$g(t)=\frac{\partial^r e^{\sqrt{-1}t^\tau X}}{\partial t_1^{r_1}\cdots\partial t_k^{r_k}}=(-1)^{r/2}X_1^{r_1}\cdots X_k^{r_k}e^{\sqrt{-1}t^\tau X}.$$

那么, $|g(t)|\leqslant|X_1^{r_1}\cdots X_k^{r_k}|$, 且 $|g(t)|$ 可积. 因此, 从例 1.8 可知,

$$\frac{\partial^r\phi_X(t)}{\partial t_1^{r_1}\cdots\partial t_k^{r_k}}=(-1)^{r/2}E\left(X_1^{r_1}\cdots X_k^{r_k}e^{\sqrt{-1}t^\tau X}\right) \tag{1.56}$$

且

$$\left.\frac{\partial^r\phi_X(t)}{\partial t_1^{r_1}\cdots\partial t_k^{r_k}}\right|_{t=0}=(-1)^{r/2}E(X_1^{r_1}\cdots X_k^{r_k}).$$

特别地,

$$\left.\frac{\partial\phi_X(t)}{\partial t}\right|_{t=0}=\sqrt{-1}EX, \qquad \left.\frac{\partial^2\phi_X(t)}{\partial t\partial t^\tau}\right|_{t=0}=-E(XX^\tau),$$

如果 $k=1$ 且 p 是一个正整数, 那么倘若所有涉及的矩均有限, $\phi_X^{(p)}(0)=(-1)^{p/2}EX^p$. 事实上, 当 $k=1$ 时, 如果 ϕ_X 在 $t=0$ 处有偶数 p 阶有限导数, 那么 $EX^p<\infty$ (参见 Chung, 1974, pp. 166–168).

例 1.19. 设 $X=N(\mu,\sigma^2)$. 根据表 1.2, $\psi_X(t)=e^{\mu t+\sigma^2t^2/2}$. 直接计算可得, $EX=\psi'_X(0)=\mu$, $EX^2=\psi''_X(0)=\sigma^2+\mu^2$, $EX^3=\psi_X^{(3)}(0)=3\sigma^2\mu+\mu^3$, 且 $EX^4=\psi_X^{(4)}(0)=3\sigma^4+6\sigma^2\mu^2+\mu^4$. 如果 $\mu=0$, 那么当 p 是奇数时, $EX^p=0$; 当 p 是偶数时, $EX^p=(p-1)(p-3)\cdots3\cdot1\sigma^p$(练习). X 的累积量母函数为 $\kappa_X(t)=\log\psi_X(t)=\mu t+\sigma^2t^2/2$. 因此, $\kappa_1=\mu$, $\kappa_2=\sigma^2$, 且对于 $r=3,4,\dots$, $\kappa_r=0$.

我们现在寻找一个随机变量 X, 各阶矩有限, 且除 $t=0$ 外, 均有 m.g.f. $\psi_X(t)=\infty$. 设 P_n 是 $N(0,n^2)$ 分布的概率测度, $n=1,2,\dots$. 那么, $P=\sum_{n=1}^{\infty}2^{-n}P_n$ 也是概率测度, 对应的 Lebesgue p.d.f. 为 $\sum_{n=1}^{\infty}2^{-n}f_n$, 其中 f_n 是 $N(0,n^2)$ 的 Lebesgue p.d.f.(练习 35). 设 X 是一个随机变量, 对应的分布为 P. 根据 Fubini 定理, 可证 X 存在任意阶有限矩, 但是当 $t\neq 0$ 时, $\psi_X(t)=\infty$. 因为 $N(0,n^2)$ 的 ch.f. 为 $e^{-n^2t^2/2}$, 所以 X 的 ch.f. 为 $\phi_X(t)=\sum_{n=1}^{\infty}2^{-n}e^{-n^2t^2/2}$(根据 Fubini 定理). 所以, X 的矩可以通过对 ϕ_X 进行逐项微分得到. 例如, $\phi'_X(0)=0$ 且 $\phi''_X(0)=-\sum_{n=1}^{\infty}2^{-n}n^2$, 这说明 $EX=0$ 且 $EX^2=\sum_{n=1}^{\infty}2^{-n}n^2$. ▮

关于 ch.f. 的一个基本事实是, $\mathcal{R}^k$ 上的所有分布的集合和定义在 $\mathcal{R}^k$ 上的所有 ch.f. 的集合是一对一的. 对于 m.g.f. 也是如此, 但是只限于在 0 的邻域内 m.g.f. 为有限的分布.

定理 1.6 (唯一性). 设 X 和 Y 是 k 维随机向量.

(i) 如果对于所有 $t\in\mathcal{R}^k$, 有 $\phi_X(t)=\phi_Y(t)$, 那么 $P_X=P_Y$.

(ii) 如果对于 0 的一个邻域内的所有 t, 有 $\psi_X(t)=\psi_Y(t)<\infty$, 那么 $P_X=P_Y$.

证明. (i) 该结果可以由以下反演公式推出, 公式的证明参见 Billingsley (1986, p. 395): 对于任意 $a=(a_1,\dots,a_k)\in\mathcal{R}^k$, $b=(b_1,\dots,b_k)\in\mathcal{R}^k$, $(a,b]=(a_1,b_1]\times\cdots\times(a_k,b_k]$, 且满足 $P_X((a,b]$ 的边界$)=0$, 则

$$P_X\big((a,b]\big)=\lim_{c\to\infty}\int_{-c}^{c}\cdots\int_{-c}^{c}\frac{\phi_X(t_1,\dots,t_k)}{(-1)^{k/2}(2\pi)^k}\prod_{i=1}^{k}\frac{e^{-\sqrt{-1}t_ia_i}-e^{-\sqrt{-1}t_ib_i}}{t_i}dt_i.$$

(ii) 首先考虑 $k=1$ 的情况. 根据 $e^{s|x|}\leqslant e^{sx}+e^{-sx}$ 可知, 对于某个 $c>0$, $|X|$ 在邻域 $(-c,c)$ 内存在有限 m.g.f., 且 $|X|$ 存在各阶有限矩. 利用不等式 $|e^{\sqrt{-1}tx}[e^{\sqrt{-1}ax}-\sum_{j=0}^{n}(\sqrt{-1}ax)^j/j!]|\leqslant|ax|^{n+1}/(n+1)!$, 我们可以得到

$$\left|\phi_X(t+a)-\sum_{j=0}^{n}\frac{a^j}{j!}E[(\sqrt{-1}X)^je^{\sqrt{-1}tX}]\right|\leqslant\frac{|a|^{n+1}E|X|^{n+1}}{(n+1)!},$$

结合 (1.53) 和 (1.56) 能推出, 对于任意 $t\in\mathcal{R}$,

$$\phi_X(t+a)=\sum_{j=0}^{\infty}\frac{\phi_X^{(j)}(t)}{j!}a^j,\qquad |a|<c.\tag{1.57}$$

类似地, 将 (1.57) 中的 ϕ_X 用 ϕ_Y 代替, 等式依然成立. 假设在 0 的一个邻域内, $\psi_X=\psi_Y<\infty$, 那么 X 和 Y 具有相同的各阶矩. 根据 (1.56), 对于所有

$j=1,2,\ldots$, $\phi_X^{(j)}(0)=\phi_Y^{(j)}(0)$, 结合 (1.57), 令 $t=0$, 可以推出 ϕ_X 和 ϕ_Y 在区间 $(-c,c)$ 上是相等的, 因此也具有一样的导数. 在 (1.57) 中考虑 $t=c-\epsilon$ 和 $-c+\epsilon$ 的情况, 其中 $\epsilon>0$ 任意小, 这说明 ϕ_X 和 ϕ_Y 在 $(-2c+\epsilon,2c-\epsilon)$ 上也相等, 因此在 $(-2c,2c)$ 上也是. 根据同样的推导方法, ϕ_X 和 ϕ_Y 在 $(-3c,3c)$ 上相等, 以此类推. 因此对于所有 t, $\phi_X(t)=\phi_Y(t)$, 根据 (i), $P_X=P_Y$.

现在考虑 $k\geqslant 2$ 的情况. 如果 $P_X\neq P_Y$, 根据 (i), 存在 $t\in\mathcal{R}^k$ 使得 $\phi_X(t)\neq\phi_Y(t)$. 那么 $\phi_{t^\tau X}(1)\neq\phi_{t^\tau Y}(1)$, 这说明 $P_{t^\tau X}\neq P_{t^\tau Y}$. 但是在 $0\in\mathcal{R}^k$ 的一个邻域内有 $\psi_X=\psi_Y<\infty$, 这说明在 $0\in\mathcal{R}^k$ 的一个邻域内有 $\psi_{t^\tau X}=\psi_{t^\tau Y}<\infty$, 根据 $k=1$ 的证明, $P_{t^\tau X}=P_{t^\tau Y}$. 这是矛盾的, 也就证明了 $P_X=P_Y$. ∎

利用 (1.38) 的结果和引理 1.1, 我们可以得到, 对于相互独立的 k 维随机向量 X 和 Y,

$$\psi_{X+Y}(t)=\psi_X(t)\psi_Y(t)\quad 且\quad \phi_{X+Y}(t)=\phi_X(t)\psi_Y(t),\quad t\in\mathcal{R}^k. \tag{1.58}$$

这个结果, 结合定理 1.6, 提供了一个求分布已知的独立随机向量和分布的有效工具. 用以下例子来说明.

例 1.20. 设 X_i $(i=1,\ldots,k)$ 是独立随机变量, X_i 服从 gamma 分布 $\Gamma(\alpha_i,\gamma)$ (表 1.2), $i=1,\ldots,k$. 根据表 1.2, X_i 的 m.g.f. 为 $\psi_{X_i}(t)=(1-\gamma t)^{-\alpha_i}$, $t<\gamma^{-1}$, $i=1,\ldots,k$. 根据 (1.58), $Y=X_1+\cdots+X_k$ 的 m.g.f. 等于 $\psi_Y(t)=(1-\gamma t)^{-(\alpha_1+\cdots+\alpha_k)}$, $t<\gamma^{-1}$. 由表 1.2 可知, gamma 分布 $\Gamma(\alpha_1+\cdots+\alpha_k,\gamma)$ 的 m.g.f. 为 $\psi_Y(t)$, 因此, 它就是 Y 的分布 (根据定理 1.6). ∎

类似地, (1.52) 和定理 1.6 可以用于求已知分布的随机向量线性变换的分布. 下面是另一个关于定理 1.6 的有趣应用. 注意到, 随机变量 X 关于 0 对称, 当且仅当 X 和 $-X$ 分布相同, 这也可以用于定义随机向量关于 0 对称. 我们现在证明 X 关于 0 对称, 当且仅当它的 ch.f. 为实数. 如果 X 和 $-X$ 具有相同的分布, 根据定理 1.6, $\phi_X(t)=\phi_{-X}(t)$. 由 (1.52) 可知, $\phi_{-X}(t)=\phi_X(-t)$. 那么 $\phi_X(t)=\phi_X(-t)$. 由于 $\sin(-t^\tau X)=-\sin(t^\tau X)$ 且 $\cos(t^\tau X)=\cos(-t^\tau X)$, 这表明 $E[\sin(t^\tau X)]=0$, 即 ϕ_X 为实数. 相反, 如果 ϕ_X 为实数, 那么 $\phi_X(t)=E[\cos(t^\tau X)]$ 且 $\phi_{-X}(t)=\phi_X(-t)=\phi_X(t)$. 根据定理 1.6, X 和 $-X$ 具有相同的分布.

另一个关于 ch.f. 的应用参见 §1.5.

1.4 条件期望

在基础概率论中, 给定事件 A, 倘若 $P(A)>0$, 事件 B 的条件概率定义为 $P(B|A)=P(A\cap B)/P(A)$. 但是, 在概率论与数理统计中, 我们有时候甚至需要了解对于满足 $P(A)=0$ 的 A 的"条件概率"的含义; 例如, $A=\{Y=c\}$, 其中 $c\in\mathcal{R}$ 且 Y 是具有连续 c.d.f. 的随机变量. 本节, 我们将介绍条件概率、期望和分布的一般定义, 基础概率论中的定义是它们的特殊情况.

1.4.1 条件期望

定义 1.6. 设 X 是 $(\Omega,\mathcal{F},P)$ 上的一个可积随机变量.

(i) 设 $\mathcal{A}$ 是 $\mathcal{F}$ 的一个子 σ 域. 给定 $\mathcal{A}$ 时 X 的条件期望, 记作 $E(X|\mathcal{A})$, 它是 a.s. 唯一的随机变量, 满足以下两个条件:

(a) $E(X|\mathcal{A})$ 是 $(\Omega,\mathcal{A})$ 到 $(\mathcal{R},\mathcal{B})$ 上的可测函数;

(b) 对于任意 $A\in\mathcal{A}$, 有 $\int_A E(X|\mathcal{A})dP=\int_A XdP$.

(注意, $E(X|\mathcal{A})$ 的存在由定理 1.4 可知.)

(ii) 设 $B\in\mathcal{F}$. 给定 $\mathcal{A}$ 时 B 的条件概率定义为 $P(B|\mathcal{A})=E(I_B|\mathcal{A})$.

(iii) 设 Y 是 $(\Omega,\mathcal{F},P)$ 到 $(\Lambda,\mathcal{G})$ 上的可测函数. 给定 Y 时 X 的条件期望定义为 $E(X|Y)=E[X|\sigma(Y)]$. ∎

本质上, σ 域 $\sigma(Y)$ 包含了"Y 的信息". 因此, $E(X|Y)$ 是给定 $\sigma(Y)$ 的信息时 X 的"期望". 以下结果可以证明, 存在一个定义在 Y 值域上的 Borel 函数 h, 使得 $E(X|Y)=h\circ Y$.

引理 1.2. 设 Y 是 $(\Omega,\mathcal{F})$ 到 $(\Lambda,\mathcal{G})$ 上的可测函数, Z 是 $(\Omega,\mathcal{F})$ 到 $\mathcal{R}^k$ 上的函数. 那么 Z 是 $(\Omega,\sigma(Y))$ 到 $(\mathcal{R}^k,\mathcal{B}^k)$ 的可测函数, 当且仅当存在一个 $(\Lambda,\mathcal{G})$ 到 $(\mathcal{R}^k,\mathcal{B}^k)$ 的可测函数 h, 使得 $Z=h\circ Y$. ∎

$E(X|Y)=h\circ Y$ 中的函数 h 是 $(\Lambda,\mathcal{G})$ 上的 Borel 函数. 设 $y\in\Lambda$, 定义

$$E(X|Y=y)=h(y)$$

为给定 $Y=y$ 时 X 的条件期望. 注意到, $h(y)$ 是 Λ 上的一个函数, 而 $h\circ Y=E(X|Y)$ 是 Ω 上的一个函数.

对于随机向量 X, $E(X|\mathcal{A})$ 定义为 X 分量的条件期望的向量.

例 1.21. 设 X 是 $(\Omega,\mathcal{F},P)$ 上的可积随机变量, $A_1,A_2,\ldots$ 是 $(\Omega,\mathcal{F},P)$ 上的不相交事件, 使得 $\cup A_i=\Omega$, 且对于任意 i 有 $P(A_i)>0$. 令 $a_1,a_2,\ldots$ 为不

同的实数. 定义 $Y = a_1 I_{A_1} + a_2 I_{A_2} + \cdots$. 我们接下来证明

$$E(X|Y) = \sum_{i=1}^{\infty} \frac{\int_{A_i} XdP}{P(A_i)} I_{A_i} \quad \text{a.s.} \tag{1.59}$$

我们需要验证定义 1.6 的 (a) 和 (b) 两个条件, 其中 $\mathcal{A} = \sigma(Y)$. 由于 $\sigma(Y) = \sigma(\{A_1, A_2, ...\})$, 显然, (1.59) 右侧的函数在 $(\Omega, \sigma(Y))$ 上是可测的. 对于任意 $B \in \mathcal{B}$, $Y^{-1}(B) = \cup_{i:a_i \in B} A_i$. 利用积分的性质, 可以得到

$$\begin{aligned}
\int_{Y^{-1}(B)} XdP &= \sum_{i:a_i \in B} \int_{A_i} XdP \\
&= \sum_{i=1}^{\infty} \frac{\int_{A_i} XdP}{P(A_i)} P\left(A_i \cap Y^{-1}(B)\right) \\
&= \int_{Y^{-1}(B)} \left[\sum_{i=1}^{\infty} \frac{\int_{A_i} XdP}{P(A_i)} I_{A_i}\right] dP.
\end{aligned}$$

这验证了 (b), 因此 (1.59) 成立.

设 h 是 $\mathcal{R}$ 上的 Borel 函数, 满足 $h(a_i) = \int_{A_i} XdP/P(A_i)$. 那么, 根据 (1.59), $E(X|Y) = h \circ Y$ 和 $E(X|Y = y) = h(y)$.

设 $A \in \mathcal{F}$ 且 $X = I_A$, 则

$$P(A|Y) = E(X|Y) = \sum_{i=1}^{\infty} \frac{P(A \cap A_i)}{P(A_i)} I_{A_i} \quad \text{a.s.}$$

当 $\omega \in A_i$ 时, 它等于 $P(A \cap A_i)/P(A_i) = P(A|A_i)$. 因此, 定义 1.6 中条件概率的定义与基础概率论中的定义相一致. ∎

接下来的结果是将例 1.21 的结果推广到有 p.d.f. 的随机变量之条件期望.

命题 1.9. 设 X 是 n 维随机向量, Y 是 m 维随机向量. 假设 (X, Y) 存在关于 $\nu \times \lambda$ 的联合 p.d.f. $f(x, y)$, 其中 ν 和 λ 分别是 $(\mathcal{R}^n, \mathcal{B}^n)$ 和 $(\mathcal{R}^m, \mathcal{B}^m)$ 上的 σ 有限测度. 设 $g(x, y)$ 是 $\mathcal{R}^{n+m}$ 上的 Borel 函数, $E|g(X, Y)| < \infty$, 那么

$$E[g(X, Y)|Y] = \frac{\int g(x, Y) f(x, Y) d\nu(x)}{\int f(x, Y) d\nu(x)} \quad \text{a.s.} \tag{1.60}$$

证明. 记 (1.60) 的右侧为 $h(Y)$. 根据 Fubini 定理, h 是 Borel 函数. 根据定理 1.2, $h(Y)$ 在 $(\Omega, \sigma(Y))$ 上是 Borel 函数. 同样地, 根据 Fubini 定理,

$f_Y(y) = \int f(x,y)d\nu(x)$ 是 Y 关于 λ 的 p.d.f. 对于 $B \in \mathcal{B}^m$,

$$\begin{aligned}\int_{Y^{-1}(B)} h(Y)dP &= \int_B h(y)dP_Y \\ &= \int_B \frac{\int g(x,y)f(x,y)d\nu(x)}{\int f(x,y)d\nu(x)} f_Y(y)d\lambda(y) \\ &= \int_{\mathcal{R}^n \times B} g(x,y)f(x,y)d\nu \times \lambda \\ &= \int_{\mathcal{R}^n \times B} g(x,y)dP_{(X,Y)} \\ &= \int_{Y^{-1}(B)} g(X,Y)dP,\end{aligned}$$

其中第一个和最后一个等式是根据定理 1.2, 第二个和倒数第二个等式是根据 h 和 p.d.f. 的定义, 第三个等式是根据定理 1.3(Fubini 定理). ∎

对于关于 $\nu \times \lambda$ 的联合 p.d.f. 为 $f(x,y)$ 的随机向量 (X,Y), 定义给定 $Y=y$ 时 X 的条件 p.d.f. 为

$$f_{X|Y}(x|y) = \frac{f(x,y)}{f_Y(y)}, \tag{1.61}$$

其中 $f_Y(y) = \int f(x,y)d\nu(x)$ 是 Y 关于 λ 的边际 p.d.f. 容易验证, 对于满足 $f_Y(y) > 0$ 的每个固定的 y, (1.61) 中的 $f_{X|Y}(x|y)$ 是关于 ν 的一个 p.d.f. 那么, (1.60) 可以写成

$$E[g(X,Y)|Y] = \int g(x,Y)f_{X|Y}(x|Y)d\nu(x).$$

这与基础概率论中条件期望的定义是一致的 (即, 给定 Y 时 $g(X,Y)$ 的条件期望等于 $g(X,Y)$ 关于给定 Y 时 X 的条件 p.d.f. 的期望.)

现在我们列出一些条件期望的有用性质. 证明留给读者.

命题 1.10. 设 $X, Y, X_1, X_2, \ldots$ 是 $(\Omega, \mathcal{F}, P)$ 上的可积随机变量, $\mathcal{A}$ 是 $\mathcal{F}$ 的子 σ 域.

(i) 如果 $X = c$ a.s., $c \in \mathcal{R}$, 那么 $E(X|\mathcal{A}) = c$ a.s.

(ii) 如果 $X \leqslant Y$ a.s., 那么 $E(X|\mathcal{A}) \leqslant E(Y|\mathcal{A})$ a.s.

(iii) 如果 $a \in \mathcal{R}$ 且 $b \in \mathcal{R}$, 那么 $E(aX+bY|\mathcal{A}) = aE(X|\mathcal{A}) + bE(Y|\mathcal{A})$ a.s.

(iv) $E[E(X|\mathcal{A})] = EX$.

(v) $E[E(X|\mathcal{A})|\mathcal{A}_0] = E(X|\mathcal{A}_0) = E[E(X|\mathcal{A}_0)|\mathcal{A}]$ a.s., $\mathcal{A}_0$ 为 $\mathcal{A}$ 的子 σ 域.

(vi) 如果 $\sigma(Y) \subset \mathcal{A}$ 且 $E|XY| < \infty$, 那么 $E(XY|\mathcal{A}) = YE(X|\mathcal{A})$ a.s.

(vii) 如果 X 和 Y 独立, 且对于 Borel 函数 g, 有 $E|g(X,Y)| < \infty$, 那么 $E[g(X,Y)|Y=y] = E[g(X,y)]$ a.s. P_Y.

(viii) 如果 $EX^2 < \infty$, 那么 $[E(X|\mathcal{A})]^2 \leqslant E(X^2|\mathcal{A})$ a.s.

(ix) (Fatou 引理). 如果对于任意 n, $X_n \geqslant 0$, 那么 $E\left(\liminf_n X_n|\mathcal{A}\right) \leqslant \liminf_n E(X_n|\mathcal{A})$ a.s.

(x) (控制收敛定理). 假设对于任意 n, $|X_n| \leqslant Y$, 且 $X_n \to_{a.s.} X$. 那么 $E(X_n|\mathcal{A}) \to_{a.s.} E(X|\mathcal{A})$. ∎

命题 1.10 的 (vii) 可以直接证明, 它也是定理 1.7(i) 中更一般的结果的结论. 由于 $E(X|\mathcal{A})$ 是仅对于可积 X 的定义, 单调收敛定理的一种形式 (即, $0 \leqslant X_1 \leqslant X_2 \leqslant \cdots$ 且 $X_n \to_{a.s.} X$ 能推出 $E(X_n|\mathcal{A}) \to_{a.s.} E(X|\mathcal{A})$) 成了命题 1.10(x) 的特例.

同样可以证明 (练习), 将期望 E 用条件期望 $E(\cdot|\mathcal{A})$ 代替后, Hölder 不等式 (1.40)、Liapounov 不等式 (1.42)、Minkowski 不等式 (1.43) 和 Jensen 不等式 (1.47) 成立 a.s.

作为一个应用, 我们来看下面这个例子.

例 1.22. 设 X 是 $(\Omega,\mathcal{F},P)$ 上的随机变量, $EX^2 < \infty$, Y 是 $(\Omega,\mathcal{F},P)$ 到 $(\Lambda,\mathcal{G})$ 的可测函数. 我们希望通过已观测到的 Y 值来预测 X 的值. 令 $g(Y)$ 是一个预测, 即, $g \in \aleph = \{$ 所有使得 $E[g(Y)]^2 < \infty$ 成立的 Borel 函数 $g\}$. 每个预测的优劣可以用 "均方预测误差" $E[X-g(Y)]^2$ 评估. 我们现在来证明, 从下列意思上来说, $E(X|Y)$ 是 X 的最好估计,

$$E[X - E(X|Y)]^2 = \min_{g\in\aleph} E[X - g(Y)]^2. \tag{1.62}$$

首先, 命题 1.10(viii) 表明 $E(X|Y) \in \aleph$. 其次, 对于任意 $g \in \aleph$,

$$\begin{aligned} E[X-g(Y)]^2 &= E[X - E(X|Y) + E(X|Y) - g(Y)]^2 \\ &= E[X - E(X|Y)]^2 + E[E(X|Y) - g(Y)]^2 \\ &\quad + 2E\{[X - E(X|Y)][E(X|Y) - g(Y)]\} \\ &= E[X - E(X|Y)]^2 + E[E(X|Y) - g(Y)]^2 \\ &\quad + 2E\big\{E\{[X - E(X|Y)][E(X|Y) - g(Y)]|Y\}\big\} \end{aligned}$$

$$
\begin{aligned}
&= E[X - E(X|Y)]^2 + E[E(X|Y) - g(Y)]^2 \\
&\quad + 2E\{[E(X|Y) - g(Y)]E[X - E(X|Y)|Y]\} \\
&= E[X - E(X|Y)]^2 + E[E(X|Y) - g(Y)]^2 \\
&\geqslant E[X - E(X|Y)]^2,
\end{aligned}
$$

其中第三个等式由命题 1.10(iv) 可得, 第四个等式由命题 1.10(vi) 可得, 最后一个等式由命题 1.10(i)、(iii) 和 (vi) 可得. ▮

1.4.2 独立性

定义 1.7. 设 $(\Omega, \mathcal{F}, P)$ 是一个概率空间.

(i) 设 $\mathcal{C}$ 是 $\mathcal{F}$ 的子集. $\mathcal{C}$ 中的事件称为*独立的*, 当且仅当对于任意正整数 n 和 $\mathcal{C}$ 中的不相交事件 $A_1,\dots,A_n$, 有

$$P(A_1 \cap A_2 \cap \cdots \cap A_n) = P(A_1)P(A_2)\cdots P(A_n).$$

(ii) 集类 $\mathcal{C}_i \subset \mathcal{F}$ ($i \in \mathcal{I}$(指示集, 可以是不可数集)) 称为相互独立, 当且仅当集类中任意形如 $\{A_i \in \mathcal{C}_i : i \in \mathcal{I}\}$ 的事件相互独立.

(iii) 随机元素 X_i ($i \in \mathcal{I}$) 称为相互独立, 当且仅当 $\sigma(X_i), i \in \mathcal{I}$ 相互独立. ▮

下面的结果可用于检验 σ 域的独立性.

引理 1.3. 设 $\mathcal{C}_i$ 是相互独立的事件集类, $i \in \mathcal{I}$. 假设对于每个 $\mathcal{C}_i$ 都有如下性质, 若 $A \in \mathcal{C}_i$ 和 $B \in \mathcal{C}_i$, 则 $A \cap B \in \mathcal{C}_i$. 那么 $\sigma(\mathcal{C}_i)$ 相互独立, $i \in \mathcal{I}$. ▮

引理 1.3 的一个直接应用是证明 (练习) 定义 1.7 中随机变量 X_i 相互独立, $i = 1, \dots, k$, 当且仅当 (1.7) 成立, 其中 F 是 $(X_1, \dots, X_k)$ 的联合 c.d.f., F_i 是 X_i 的边际 c.d.f. 因此, 定义 1.7(iii) 与 §1.3.1 中随机变量独立的概念是一致的.

根据定义 1.7, 如果 X 和 Y 是相互独立的随机向量, 那么 $g(X)$ 和 $h(Y)$ 也独立, 其中 g 和 h 是 Borel 函数. 由于定义 1.7 中的独立性等价于 §1.3.1 中讨论的独立性, 这也就提供了一种证明引理 1.1 比较简单的方法.

对于两个事件 A 和 B, 其中 $P(A) > 0$, A 和 B 相互独立当且仅当 $P(B|A) = P(B)$. 这意味着 A 不包含 B 发生的可能性的信息. 下面的结果是一个有用的推广.

命题 1.11. 设 X 是随机变量, $E|X|<\infty$, Y_i 是 k_i 维随机向量, $i=1,2$. 假设 (X,Y_1) 和 Y_2 相互独立, 那么

$$E[X|(Y_1,Y_2)]=E(X|Y_1)\ \text{ a.s.}$$

证明. 首先, 因为 $\sigma(Y_1)\subset\sigma(Y_1,Y_2)$, $E(X|Y_1)$ 是 $(\Omega,\sigma(Y_1,Y_2))$ 上的 Borel 函数. 接下来, 我们需要证明对于任意 Borel 集 $B\in\mathcal{B}^{k_1+k_2}$,

$$\int_{(Y_1,Y_2)^{-1}(B)}XdP=\int_{(Y_1,Y_2)^{-1}(B)}E(X|Y_1)dP. \tag{1.63}$$

如果 $B=B_1\times B_2$, 其中 $B_i\in\mathcal{B}^{k_i}$, 那么 $(Y_1,Y_2)^{-1}(B)=Y_1^{-1}(B_1)\cap Y_2^{-1}(B_2)$ 且

$$\begin{aligned}\int_{Y_1^{-1}(B_1)\cap Y_2^{-1}(B_2)}E(X|Y_1)dP&=\int I_{Y_1^{-1}(B_1)}I_{Y_2^{-1}(B_2)}E(X|Y_1)dP\\&=\int I_{Y_1^{-1}(B_1)}E(X|Y_1)dP\int I_{Y_2^{-1}(B_2)}dP\\&=\int I_{Y_1^{-1}(B_1)}XdP\int I_{Y_2^{-1}(B_2)}dP\\&=\int I_{Y_1^{-1}(B_1)}I_{Y_2^{-1}(B_2)}XdP\\&=\int_{Y_1^{-1}(B_1)\cap Y_2^{-1}(B_2)}XdP,\end{aligned}$$

其中第二个和倒数第二个等式由结论 (1.38) 以及 (X,Y_1) 和 Y_2 的独立性得出, 第三个等式由 $E(X|Y_1)$ 是给定 Y_1 时 X 的条件期望得出. 这说明对于 $B=B_1\times B_2$, (1.63) 成立. 可以证明集类 $\mathcal{H}=\{B\subset\mathcal{R}^{k_1+k_2}:B \text{ 满足 } (1.63)\}$ 是一个 σ 域. 因为我们已经证明了 $\mathcal{B}^{k_1}\times\mathcal{B}^{k_2}\subset\mathcal{H}$, 所以 $\mathcal{B}^{k_1+k_2}=\sigma(\mathcal{B}^{k_1}\times\mathcal{B}^{k_2})\subset\mathcal{H}$, 因此结果成立. ∎

显然, 对于任意 Borel 函数 h, 命题 1.11 中 X 用 $h(X)$ 代替后仍然成立. 因此, 如果 (X,Y_1) 和 Y_2 相互独立, 那么

$$\text{对任意的 } A\in\sigma(X),\quad P(A|Y_1,Y_2)=P(A|Y_1)\ \text{a.s.} \tag{1.64}$$

如果 Y_1 是常数且 $Y=Y_2$, (1.64) 简化为, 如果 X 与 Y 独立, 那么对于任意 $A\in\sigma(X)$, $P(A|Y)=P(A)$ a.s., 即, $\sigma(Y)$ 没有提供关于 X 随机性的额外信

息. 这实际上给出了 X 与 Y(或者两个 σ 域) 独立的另外一个等价却更直观的定义.

对于非常数的 Y_1, 我们称给定 Y_1 时 X 与 Y_2 条件独立, 当且仅当 (1.64) 成立. 命题 1.11 的结果可以表达为: 如果 Y_2 与 (X, Y_1) 相互独立, 那么给定 Y_1 时 X 与 Y_2 条件独立. 需要牢记的是, 当 Y_2 与 X 独立, 但与 (X, Y_1) 不独立时, 命题 1.11 的结果不一定正确 (练习 96).

1.4.3 条件分布

§1.4.1 中介绍的条件 p.d.f. 是针对存在关于某个测度的 p.d.f. 的随机变量. 我们现在考虑可能不存在 p.d.f. 一般情况下的条件分布.

设 X 和 Y 是定义在公共概率空间上的两个随机向量. 可以认为 $P[X^{-1}(B)|Y=y]$ 是给定 $Y=y$ 时 X 的条件分布的一个备选, 其中 B 是任意 Borel 集. 但是, 由于条件概率的定义是几乎处处的, 所以对于任意固定的 y, $P[X^{-1}(B)|Y=y]$ 可能不是一个概率测度. 下面定理 (证明参见 Billingsley (1986, pp. 460–461)) 的第一部分证明了存在一个条件概率, 使得对于任意固定 y, $P[X^{-1}(B)|Y=y]$ 是概率测度.

定理 1.7. (i) (条件分布的存在性). 设 X 是概率空间 $(\Omega, \mathcal{F}, P)$ 上的一个 n 维随机向量, $\mathcal{A}$ 是 $\mathcal{F}$ 的一个子 σ 域. 那么, 存在一个 $\mathcal{B}^n \times \Omega$ 上的函数 $P(B, \omega)$, 使得

(a) 对于任意固定的 $B \in \mathcal{B}^n$, $P(B, \omega) = P[X^{-1}(B)|\mathcal{A}]$ a.s.,

(b) 对于任意固定的 $\omega \in \Omega$, $P(\cdot, \omega)$ 是 $(\mathcal{R}^n, \mathcal{B}^n)$ 上的一个概率测度.

设 Y 是 $(\Omega, \mathcal{F}, P)$ 到 $(\Lambda, \mathcal{G})$ 上可测的, 那么存在 $P_{X|Y}(B|y)$, 使得

(a) 对于任意固定的 $B \in \mathcal{B}^n$, $P_{X|Y}(B|y) = P[X^{-1}(B)|Y=y]$ a.s. P_Y,

(b) 对于任意固定的 $y \in \Lambda$, $P_{X|Y}(\cdot|y)$ 是 $(\mathcal{R}^n, \mathcal{B}^n)$ 上的概率测度.

进一步, 若 g 为 Borel 函数且有 $E|g(X,Y)| < \infty$, 那么

$$E[g(X,Y)|Y=y] = E[g(X,y)|Y=y] = \int_{\mathcal{R}^n} g(x,y) dP_{X|Y}(x|y) \quad \text{a.s. } P_Y.$$

(ii) 设 $(\Lambda, \mathcal{G}, P_1)$ 是一个概率空间, P_2 是 $\mathcal{B}^n \times \Lambda$ 到 $\mathcal{R}$ 的一个函数, 且满足

(a) 对于任意固定的 $y \in \Lambda$, $P_2(\cdot, y)$ 是 $(\mathcal{R}^n, \mathcal{B}^n)$ 上的概率测度,

(b) 对于任意的 $B \in \mathcal{B}^n$, $P_2(B, \cdot)$ 是 Borel 函数.

那么, 在 $(\mathcal{R}^n \times \Lambda, \sigma(\mathcal{B}^n \times \mathcal{G}))$ 上存在唯一的概率测度 P, 使得对于 $B \in \mathcal{B}^n$ 和

$C \in \mathcal{G}$, 有

$$P(B \times C) = \int_C P_2(B, y) dP_1(y). \tag{1.65}$$

进一步, 若 $(\Lambda, \mathcal{G}) = (\mathcal{R}^m, \mathcal{B}^m)$, 且 $X(x,y) = x$ 和 $Y(x,y) = y$ 定义了坐标随机向量, 那么 $P_Y = P_1$, $P_{X|Y}(\cdot|y) = P_2(\cdot, y)$, 且 (1.65) 中的概率测度是 (X, Y) 的联合分布, 其联合 c.d.f. 如下:

$$F(x,y) = \int_{(-\infty,y]} P_{X|Y}\big((-\infty, x]|z\big) dP_Y(z), \quad x \in \mathcal{R}^n, y \in \mathcal{R}^m, \tag{1.66}$$

其中对于 $a = (a_1, ..., a_k)$, $(-\infty, a]$ 表示 $(-\infty, a_1] \times \cdots \times (-\infty, a_k]$. ∎

对于固定的 y, $P_{X|Y=y} = P_{X|Y}(\cdot|y)$ 称为给定 $Y = y$ 时 X 的条件分布. 在定理 1.7(i) 的条件下, 如果 Y 是 m 维随机向量, (X, Y) 存在关于 $\nu \times \lambda$ 的 p.d.f.(ν 和 λ 分别是 $(\mathcal{R}^n, \mathcal{B}^n)$ 和 $(\mathcal{R}^m, \mathcal{B}^m)$ 上的 σ 有限测度), 那么对于任意固定的 y, (1.61) 中的 $f_{X|Y}(x|y)$ 就是 $P_{X|Y=y}$ 关于 ν 的 p.d.f.

定理 1.7 的第二部分说明了, 给定一个空间上的分布和另一个空间上的条件分布 (以第一个空间的值为条件) 的集类, 我们可以在乘积空间上构造一个联合分布. 有时候这称为"两阶段试验定理", 理由如下. 如果在一次试验的第一阶段, $Y \in \mathcal{R}^m$ 是根据边际分布 $P_Y = P_1$ 选出的, X 是在后一个阶段根据分布 $P_2(\cdot, y)$ 选出的, 那么结合起来的两阶段试验就产生了服从 (1.65) 中分布 $P_{(X,Y)}$ 的一对变量 (X, Y), 且 $P_{X|Y=y} = P_2(\cdot, y)$. 这给出了一种产生不独立随机变量的方法. 下面是一个例子.

例 1.23. 某个市场调查用来研究一种新的产品是否好于当前市场上可用的产品 (旧的产品). 调查是通过信件的方式来展开的. 问卷以及样本产品 (新老产品) 被寄给由总体中随机挑选出的 N 名顾客, 其中 N 为正整数. 每名顾客均要求填写问卷并将其寄回. 顾客给出的回答为 1 (新产品好于旧产品) 或者 0(反之). 然而, 会出现有些顾客没有寄回问卷的情况. 设 X 为寄回问卷中回答为 1 的数量, 那么 X 的分布是什么?

如果每位顾客均寄回问卷, 那么 (根据基础概率论) X 服从表 1.1 中的二项分布 $Bi(p, N)$ (假定样本量足够大, 可以认为每个顾客的回答是相互独立的), 其中 $p \in (0, 1)$ 是顾客喜欢新产品的比例. 现在, 设 Y 为寄回问卷的顾客数量, Y 也是随机的. 假设每个顾客寄回的概率 $\pi \subset (0, 1)$ 相等, 且相互独立, 那么 P_Y 是二项分布 $Bi(\pi, N)$. 给定 $Y = y$(0 到 N 之间的整数), 当 $y \geqslant 1$ 时, $P_{X|Y=y}$ 为二项分布 $Bi(p, y)$; 当 $y = 0$ 时, $P_{X|Y=y}$ 为 0 点上的点质量 (参见 (1.22)). 利用 (1.66) 以及二项分布存在关于计数测度的 p.d.f., 我们可知,

(X,Y) 的联合 c.d.f. 为

$$\begin{aligned}F(x,y) &= \sum_{k=0}^{y} P_{X|Y=k}\big((-\infty,x]\big)\binom{N}{k}\pi^k(1-\pi)^{N-k}\\ &= \sum_{k=0}^{y}\sum_{j=0}^{\min\{x,k\}}\binom{k}{j}p^j(1-p)^{k-j}\binom{N}{k}\pi^k(1-\pi)^{N-k},\end{aligned}$$

其中 $x=0,1,...,y$, $y=0,1,...,N$. 边际分布 $F_X(x)=F(x,\infty)=F(x,N)$. X 关于计数测度的 p.d.f. 是

$$\begin{aligned}f_X(x) &= \sum_{k=x}^{N}\binom{k}{x}p^x(1-p)^{k-x}\binom{N}{k}\pi^k(1-\pi)^{N-k}\\ &= \binom{N}{x}(\pi p)^x(1-\pi p)^{N-x}\sum_{k=x}^{N}\binom{N-x}{k-x}\left(\frac{\pi-\pi p}{1-\pi p}\right)^{k-x}\left(\frac{1-\pi}{1-\pi p}\right)^{N-k}\\ &= \binom{N}{x}(\pi p)^x(1-\pi p)^{N-x},\end{aligned}$$

其中 $x=0,1,...,N$. 原来 X 的边际分布就是二项分布 $Bi(\pi p,N)$. ∎

1.4.4 马尔可夫链和鞅

作为条件期望的应用, 我们在这里介绍两种重要的不独立随机变量序列类型.

马尔可夫链

一列随机向量 $\{X_n : n=1,2,...\}$ 称为马尔可夫链或马尔可夫过程, 当且仅当

$$P(B|X_1,...,X_n)=P(B|X_n)\ \text{a.s.},\quad B\in\sigma(X_{n+1}),\ n=2,3,.... \tag{1.67}$$

比较 (1.67) 和 (1.64), 我们可以发现 (1.67) 能推出给定 X_n (今天) 时, X_{n+1}(明天) 和 $(X_1,...,X_{n-1})$(过去) 条件独立. 但是 $(X_1,...,X_{n-1})$ 不一定与 (X_n,X_{n+1}) 独立.

显然, 一列相互独立的随机变量是马尔可夫链, 因为根据命题 1.11, 对于独立的 X_i, (1.67) 两边均等于 $P(B)$. 下面的例子给出了一些不独立随机变量的马尔可夫过程.

例 1.24 (一阶自相关过程). 设 $\varepsilon_1,\varepsilon_2,...$ 是定义在概率空间上的独立随机变量, $X_1=\varepsilon_1$, 且 $X_{n+1}=\rho X_n+\varepsilon_{n+1}$, $n=1,2,...$, 其中 ρ 是 $\mathcal{R}$ 上的常数. 那

么 $\{X_n\}$ 称为一阶自相关过程. 我们可以证明, 对于任意 $B \in \mathcal{B}$ 和 $n = 1, 2, ...$, 都有

$$P(X_{n+1} \in B|X_1, ..., X_n) = P_{\varepsilon_{n+1}}(B - \rho X_n) = P(X_{n+1} \in B|X_n) \text{ a.s.},$$

其中 $B - y = \{x \in \mathcal{R} : x + y \in B\}$. 这表明 $\{X_n\}$ 是马尔可夫链. 对于任意 $y \in \mathcal{R}$,

$$P_{\varepsilon_{n+1}}(B - y) = P(\varepsilon_{n+1} + y \in B) = \int I_B(x + y) dP_{\varepsilon_{n+1}}(x),$$

根据 Fubini 定理, $P_{\varepsilon_{n+1}}(B - y)$ 是 Borel 函数. 因此, $P_{\varepsilon_{n+1}}(B - \rho X_n)$ 是关于 $\sigma(X_n)$ 的 Borel 函数, 所以也是关于 $\sigma(X_1, ..., X_n)$ 的 Borel 函数. 设 $B_j \in \mathcal{B}$, $j = 1, ..., n$, 且 $A = \cap_{j=1}^n X_j^{-1}(B_j)$. 因为 $\varepsilon_{n+1} + \rho X_n = X_{n+1}$ 和 ε_{n+1} 与 $(X_1, ..., X_n)$ 独立, 由定理 1.2 和 Fubini 定理可知,

$$\begin{aligned}
\int_A P_{\varepsilon_{n+1}}(B - \rho X_n) dP &= \int_{x_j \in B_j, j=1,\ldots,n} \int_{t \in B - \rho x_n} dP_{\varepsilon_{n+1}}(t) dP_X(x) \\
&= \int_{x_j \in B_j, j=1,\ldots,n, x_{n+1} \in B} dP_{(X, \varepsilon_{n+1})}(x, t) \\
&= P\left(A \cap X_{n+1}^{-1}(B)\right),
\end{aligned}$$

其中 X 和 x 分别表示 $(X_1, ..., X_n)$ 和 $(x_1, ..., x_n)$, x_{n+1} 表示 $\rho x_n + t$. 利用这个结果以及命题 1.11 证明的结尾部分, 我们可以证明得到结论 $P(X_{n+1} \in B|X_1, ..., X_n) = P_{\varepsilon_{n+1}}(B - \rho X_n)$ a.s. 关于 $P_{\varepsilon_{n+1}}(B - \rho X_n) = P(X_{n+1} \in B|X_n)$ a.s. 的证明类似且比较简单. ∎

下面的结果给出了马尔可夫链的一些特性.

命题 1.12. 一列随机变量 $\{X_n\}$ 是马尔可夫链, 当且仅当以下三个条件中的一个成立.

(a) 对于任意 $n = 2, 3, ...$ 和任意可积的 $h(X_{n+1})$, 其中 h 是 Borel 函数, $E[h(X_{n+1})|X_1, ..., X_n] = E[h(X_{n+1})|X_n]$ a.s.

(b) 对于任意 $n = 1, 2, ...$ 和 $B \in \sigma(X_{n+1}, X_{n+2}, ...)$, $P(B|X_1, ..., X_n) = P(B|X_n)$ a.s.

(c) 对于任意 $n = 2, 3, ...$, $A \in \sigma(X_1, ..., X_n)$ 和 $B \in \sigma(X_{n+1}, X_{n+2}, ...)$, $P(A \cap B|X_n) = P(A|X_n)P(B|X_n)$ a.s.

证明. (i) 显然 (a) 可以推出 (1.67). 如果 h 是一个简单函数, 那么 (1.67) 和命题 1.10(iii) 可以推出 (a). 如果 h 是非负的, 根据练习 17, 存在一列非负

简单函数 $h_1 \leqslant h_2 \leqslant \cdots \leqslant h$, 使得 $h_j \to h$. 那么 (1.67) 结合命题 1.10(iii) 和 (x), 可以推出 (a). 因为 $h = h_+ - h_-$, 我们可以利用 (1.67) 推出 (a).

(ii) 同样, 显然 (b) 可以推出 (1.67). 我们现在来证明 (1.67) 可以推出 (b). 注意到, $\sigma(X_{n+1}, X_{n+2}, \ldots) = \sigma\left(\cup_{j=1}^{\infty}\sigma(X_{n+1}, \ldots, X_{n+j})\right)$ (练习 19). 因此, 只要证明, 对于 $B \in \sigma(X_{n+1}, \ldots, X_{n+j})$, 其中 $j = 1, 2, \ldots$, $P(B|X_1, \ldots, X_n) = P(B|X_n)$ a.s. 我们利用归纳法. 当 $j = 1$ 时, 由 (1.67) 推出结果. 设对于任意 $B \in \sigma(X_{n+1}, \ldots, X_{n+j})$, 结果成立. 要证对于任意 $B \in \sigma(X_{n+1}, \ldots, X_{n+j+1})$, 结果成立. 只需证明对于任意 $B_1 \in \sigma(X_{n+j+1})$ 和 $B_2 \in \sigma(X_{n+1}, \ldots, X_{n+j})$, $P(B_1 \cap B_2|X_1, \ldots, X_n) = P(B_1 \cap B_2|X_n)$ a.s.(为什么?). 由 (i) 的证明, 归纳法中的假设可以推出, 对于任意 Borel 函数 h, 有

$$E[h(X_{n+1}, \ldots, X_{n+j})|X_1, \ldots, X_n] = E[h(X_{n+1}, \ldots, X_{n+j})|X_n]. \tag{1.68}$$

这个结果可由以下推导推出:

$$\begin{aligned}
E(I_{B_1}I_{B_2}|X_1, \ldots, X_n) &= E[E(I_{B_1}I_{B_2}|X_1, \ldots, X_{n+j})|X_1, \ldots, X_n] \\
&= E[I_{B_2}E(I_{B_1}|X_1, \ldots, X_{n+j})|X_1, \ldots, X_n] \\
&= E[I_{B_2}E(I_{B_1}|X_{n+j})|X_1, \ldots, X_n] \\
&= E[I_{B_2}E(I_{B_1}|X_{n+j})|X_n] \\
&= E[I_{B_2}E(I_{B_1}|X_n, \ldots, X_{n+j})|X_n] \\
&= E[E(I_{B_1}I_{B_2}|X_n, \ldots, X_{n+j})|X_n] \\
&= E(I_{B_1}I_{B_2}|X_n) \quad \text{a.s.},
\end{aligned}$$

其中第一个和最后一个等式由命题 1.10(v) 得出, 第二个和第六个等式由命题 1.10(vi) 得出, 第三个和第五个等式根据 (1.67), 第四个等式根据 (1.68).

(iii) 设 $A \in \sigma(X_1, \ldots, X_n)$, $B \in \sigma(X_{n+1}, X_{n+2}, \ldots)$. 如果 (b) 成立, 那么 $E(I_AI_B|X_n) = E[E(I_AI_B|X_1, \ldots, X_n)|X_n] = E[I_AE(I_B|X_1, \ldots, X_n)|X_n] = E[I_AE(I_B|X_n)|X_n] = E(I_A|X_n)E(I_B|X_n)$, 这就是 (c).

设 (c) 成立, $A_1 \in \sigma(X_n)$, $A_2 \in \sigma(X_1, \ldots, X_{n-1})$, $B \in \sigma(X_{n+1}, X_{n+2}, \ldots)$. 那么

$$\begin{aligned}
\int_{A_1 \cap A_2} E(I_B|X_n)dP &= \int_{A_1} I_{A_2}E(I_B|X_n)dP \\
&= \int_{A_1} E[I_{A_2}E(I_B|X_n)|X_n]dP
\end{aligned}$$

$$
\begin{aligned}
&= \int_{A_1} E(I_{A_2}|X_n)E(I_B|X_n)dP \\
&= \int_{A_1} E(I_{A_2}I_B|X_n)dP \\
&= P(A_1 \cap A_2 \cap B).
\end{aligned}
$$

因为如上给出的形如 $A_1 \cap A_2$ 的不相交并生成了 $\sigma(X_1, ..., X_n)$, 这说明 $E(I_B|X_n) = E(I_B|X_1, ..., X_n)$ a.s., 就是 (b) 成立. ∎

注意到, 命题 1.12 中的条件 (b) 可以表达为 "当给定现在时, 过去和未来条件独立", 这是任意一个马尔可夫链的性质. 更多关于马尔可夫链的讨论和应用参见 §4.1.4.

鞅、下鞅和上鞅

设 $\{X_n\}$ 是概率空间 $(\Omega, \mathcal{F}, P)$ 上的一列可积随机变量, $\mathcal{F}_1 \subset \mathcal{F}_2 \subset \cdots \subset \mathcal{F}$ 是一列 σ 域, 使得 $\sigma(X_n) \subset \mathcal{F}_n$, $n = 1, 2, ...$ 序列 $\{X_n, \mathcal{F}_n : n = 1, 2, ...\}$ 称为鞅, 当且仅当

$$
E(X_{n+1}|\mathcal{F}_n) = X_n \quad \text{a.s.}, \quad n = 1, 2, ...; \tag{1.69}
$$

称为下鞅, 当且仅当 (1.69) 中的 = 用 $\geqslant$ 代替时成立; 称为上鞅, 当且仅当 (1.69) 中的 = 用 $\leqslant$ 代替时成立. $\{X_n\}$ 称为鞅 (下鞅或者上鞅), 当且仅当 $\{X_n, \sigma(X_1, ..., X_n)\}$ 是鞅 (下鞅或者上鞅). 根据命题 1.10(v), 如果 $\{X_n, \mathcal{F}_n\}$ 是鞅 (下鞅或者上鞅), $\{X_n\}$ 也是.

鞅 (或者下鞅) $\{X_n, \mathcal{F}_n\}$ 有一个简单性质 (练习), $E(X_{n+j}|\mathcal{F}_n) = X_n$ a.s. (或者 $E(X_{n+j}|\mathcal{F}_n) \geqslant X_n$ a.s.) 且 $EX_1 = EX_j$, $j = 1, 2, ...$ (或者 $EX_1 \leqslant EX_2 \leqslant \cdots$).

对于任意概率空间 $(\Omega, \mathcal{F}, P)$ 和 σ 域 $\mathcal{F}_1 \subset \mathcal{F}_2 \subset \cdots \subset \mathcal{F}$, 我们通常可以利用可积随机变量 Y 来构造一个鞅 $\{E(Y|\mathcal{F}_n)\}$. 另一种构造鞅的方式是利用一列独立可积的随机变量 $\{\varepsilon_n\}$, 令 $X_n = \varepsilon_1 + \cdots + \varepsilon_n$, $n = 1, 2, ...$ 由于

$$
E(X_{n+1}|X_1, ..., X_n) = E(X_n + \varepsilon_{n+1}|X_1, ..., X_n) = X_n + E\varepsilon_{n+1} \quad \text{a.s.},
$$

所以当对于所有 n 有 $E\varepsilon_n = 0$ 时, $\{X_n\}$ 为鞅. 注意到, 例 1.24 中, 在 $\rho = 1$ 情形下, 曾证明 $\{X_n\}$ 是一个马尔可夫链.

下面给出鞅的另一个例子.

例 1.25 (似然比). 设 $(\Omega, \mathcal{F}, P)$ 是一个概率空间, Q 是 $\mathcal{F}$ 上的概率测度, $\mathcal{F}_1 \subset \mathcal{F}_2 \subset \cdots \subset \mathcal{F}$ 是一列 σ 域. 设 P_n 和 Q_n 分别是 P 和 Q 限制到 $\mathcal{F}_n$

上的测度, $n=1,2,\ldots$. 设 $Q_n \ll P_n$ 对任意 n 成立. 那么 $\{X_n,\mathcal{F}_n\}$ 是一个鞅, 其中 $X_n = dQ_n/dP_n$ (Q_n 关于 P_n 的 Radon-Nikodym 导数), $n=1,2,\ldots$ (练习). 假设 $\{Y_n\}$ 是 $(\Omega,\mathcal{F},P)$ 上的一列随机变量, $\mathcal{F}_n = \sigma(Y_1,\ldots,Y_n)$, 且存在一个 $\mathcal{F}_n$ 上的 σ 有限测度, 使得 $P_n \ll \nu_n$ 和 $\nu_n \ll P_n$, $n=1,2,\ldots$. 令 $p_n(Y_1,\ldots,Y_n) = dP_n/d\nu_n$, $q_n(Y_1,\ldots,Y_n) = dQ_n/d\nu_n$. 根据命题 1.7(iii), $X_n = q_n(Y_1,\ldots,Y_n)/p_n(Y_1,\ldots,Y_n)$, 这在统计学中称为似然比. ∎

下面的结果包含一些鞅和下鞅的有用性质.

命题 1.13. 设 φ 是 $\mathcal{R}$ 上的一个凸函数.

(i) 如果 $\{X_n,\mathcal{F}_n\}$ 是一个鞅, 对于所有 n, $\varphi(X_n)$ 是可积的, 则 $\{\varphi(X_n),\mathcal{F}_n\}$ 是一个下鞅.

(ii) 如果 $\{X_n,\mathcal{F}_n\}$ 是一个下鞅, 对于所有 n, $\varphi(X_n)$ 是可积的, 且 φ 是非降的, 那么 $\{\varphi(X_n),\mathcal{F}_n\}$ 是一个下鞅.

证明. (i) 注意到, 根据条件期望的 Jensen 不等式, $\varphi(X_n) = \varphi(E(X_{n+1}|\mathcal{F}_n)) \leqslant E[\varphi(X_{n+1}|\mathcal{F}_n)]$ a.s. (练习 89(c)).

(ii) 由于 φ 是非降的, 且 $\{X_n,\mathcal{F}_n\}$ 是一个下鞅, $\varphi(X_n) \leqslant \varphi(E(X_{n+1}|\mathcal{F}_n)) \leqslant E[\varphi(X_{n+1}|\mathcal{F}_n)]$ a.s. ∎

利用命题 1.13 可以证明, 如果 $\{X_n,\mathcal{F}_n\}$ 是一个下鞅, 那么 $\{(X_n)_+,\mathcal{F}_n\}$ 也是; 如果 $\{X_n,\mathcal{F}_n\}$ 是鞅, 那么 $\{|X_n|,\mathcal{F}_n\}$ 是下鞅, 同样地, $\{|X_n|^p,\mathcal{F}_n\}$ 也是下鞅, 其中 $p>1$ 为一个常数; 假设对于所有 n, $|X_n|^p$ 和 $|X_n|(\log|X_n|)_+$ 是可积的, 那么 $\{|X_n|(\log|X_n|)_+,\mathcal{F}_n\}$ 也是下鞅.

命题 1.14 (Doob 分解). 设 $\{X_n,\mathcal{F}_n\}$ 是一个下鞅. 那么 $X_n = Y_n + Z_n$, $n=1,2,\ldots$, 其中 $\{Y_n,\mathcal{F}_n\}$ 是鞅, $0 = Z_1 \leqslant Z_2 \leqslant \cdots$, 且对于所有 n 有 $EZ_n < \infty$. 进一步, 如果 $\sup_n E|X_n| < \infty$, 那么 $\sup_n E|Y_n| < \infty$ 且 $\sup_n EZ_n < \infty$.

证明. 定义 $\eta_1 = \xi_1$, $\zeta_1 = 0$, $\eta_n = X_n - X_{n-1} - E(X_n - X_{n-1}|\mathcal{F}_{n-1})$, 且 $\zeta_n = E(X_n - X_{n-1}|\mathcal{F}_{n-1})$, $n \geqslant 2$. 那么 $Y_n = \sum_{i=1}^n \eta_i$ 和 $Z_n = \sum_{i=1}^n \zeta_i$ 满足 $X_n = Y_n + Z_n$ 以及要求的条件 (练习).

假定 $\sup_n E|X_n| < \infty$. 由于对于任意 n 有 $EY_1 = EY_n$, 且 $Z_n \leqslant |X_n| - Y_n$, 所以 $EZ_n \leqslant E|X_n| - EY_1$. 因此 $\sup_n EZ_n < \infty$. 同样地, $|Y_n| \leqslant |X_n| + Z_n$. 因此 $\sup_n E|Y_n| < \infty$. ∎

下面由 Doob 提出的鞅收敛定理有很多的应用 (参见 §1.5.1 的例 1.27). 其证明参见 Billingsley (1986, pp. 490–491).

命题 1.15. 设 $\{X_n, \mathcal{F}_n\}$ 是一个下鞅. 如果 $c = \sup_n E|X_n| < \infty$, 那么 $\lim_{n\to\infty} X_n = X$ a.s., 其中 X 是一个随机变量, 满足 $E|X| \leqslant c$. ∎

1.5 渐近理论

渐近理论研究随机变量以及它们分布的极限行为. 这是统计学分析中的重要工具. 更加完整的统计学分析中的渐近理论参见 Serfling (1980), Shorack and Wellner (1986), Sen and Singer (1993), Barndorff-Nielsen and Cox (1994) 和 van der Vaart (1998).

1.5.1 收敛模式和随机次序

随机变量和向量存在多种收敛模式. 设 $r > 0$ 是一个常数. 对于任意 $c = (c_1, ..., c_k) \in \mathcal{R}^k$, 我们定义 $\|c\|_r = (\sum_{j=1}^k |c_j|^r)^{1/r}$. 如果 $r \geqslant 1$, 那么 $\|c\|_r$ 是 0 和 c 之间的 L_r 距离. 当 $r = 2$ 时, 下标 r 可以省略, $\|c\| = \|c\|_2 = \sqrt{c^\tau c}$.

定义 1.8. 设 $X, X_1, X_2, \ldots$ 是定义在一个概率空间上的 k 维随机向量.

(i) 我们称序列 $\{X_n\}$ 几乎处处收敛 (a.s.) 到 X, 记为 $X_n \to_{a.s.} X$, 当且仅当 $\lim_{n\to\infty} X_n = X$ a.s.

(ii) 我们称序列 $\{X_n\}$ 依概率收敛到 X, 记为 $X_n \to_p X$, 当且仅当对于每个固定的 $\epsilon > 0$,

$$\lim_{n\to\infty} P(\|X_n - X\| > \epsilon) = 0. \tag{1.70}$$

(iii) 我们称 $\{X_n\}$ L_r(或者 r 阶矩) 收敛到 X, 记作 $X_n \to_{L_r} X$, 当且仅当

$$\lim_{n\to\infty} E\|X_n - X\|_r^r = 0,$$

其中 $r > 0$ 是固定常数.

(iv) 设 F, F_n $(n = 1, 2, ...)$ 是 $\mathcal{R}^k$ 上的 c.d.f., P, P_n $(n = 1, ...)$ 是它们的概率测度. 我们称 $\{F_n\}$ 弱收敛到 F(或者 $\{P_n\}$ 弱收敛到 P), 记作 $F_n \to_w F$ (或者 $P_n \to_w P$), 当且仅当对于每个 F 的连续点 x,

$$\lim_{n\to\infty} F_n(x) = F(x).$$

我们称 $\{X_n\}$ 依分布收敛到 X, 记作 $X_n \to_d X$, 当且仅当 $F_{X_n} \to_w F_X$. ∎

在之前的章节中, 我们已经讨论过 a.s. 收敛的情况. 依概率收敛、L_r 收敛或者 a.s. 收敛, 表示的是当 n 足够大时, X_n 和 X 作为初始概率空间上的函数十分接近. 而定义 1.8(iv) 中的依分布收敛仅依赖分布 F_{X_n} 和 F_X (或者

概率测度 P_{X_n} 和 P_X), 并不要求 X_n 和 X 在某种意义上接近; 实际上, 甚至当 X 和 X_n 定义在不同的概率空间上时, 定义 1.8(iv) 仍有意义. 在定义 1.8(iv) 中, 不要求对于每个 x 都有 $\lim_{n\to\infty} F_n(x) = F(x)$. 但是, 如果 F 是一个连续函数, 我们可以得到下列更强的结果.

命题 1.16 (Pólya 定理). 如果 $F_n \to_w F$ 且 F 在 $\mathcal{R}^k$ 上连续, 那么

$$\lim_{n\to\infty} \sup_{x\in\mathcal{R}^k} |F_n(x) - F(x)| = 0. \quad ∎$$

下面的引理给出了 a.s. 收敛一个有用的特征.

引理 1.4. 对于概率空间上的 k 维随机向量 $X, X_1, X_2, \ldots$, $X_n \to_{a.s.} X$, 当且仅当对于每个 $\epsilon > 0$,

$$\lim_{n\to\infty} P\left(\bigcup_{m=n}^{\infty} \{\|X_m - X\| > \epsilon\}\right) = 0. \tag{1.71}$$

证明. 令 $A_j = \cup_{n=1}^{\infty} \cap_{m=n}^{\infty} \{\|X_m - X\| \leqslant j^{-1}\}$, $j = 1, 2, \ldots$. 根据命题 1.1(iii) 和 DeMorgan 定律, 对于每个 $\epsilon > 0$, (1.71) 成立当且仅当对于任意 j 有 $P(A_j) = 1$, 这等价于 $P(\cap_{j=1}^{\infty} A_j) = 1$. 所要证的结果可以由 $\cap_{j=1}^{\infty} A_j = \{\omega : \lim_{n\to\infty} X_n(\omega) = X(\omega)\}$ (练习) 推出. ∎

下面的结果阐述了定义 1.8 中四种收敛模式间的关系.

定理 1.8. 设 $X, X_1, X_2, \ldots$ 是 k 维随机向量.

(i) 如果 $X_n \to_{a.s.} X$, 那么 $X_n \to_p X$.

(ii) 如果对于 $r > 0$, 有 $X_n \to_{L_r} X$, 那么 $X_n \to_p X$.

(iii) 如果 $X_n \to_p X$, 那么 $X_n \to_d X$.

(iv) (Skorohod 定理). 如果 $X_n \to_d X$, 那么存在定义在公共概率空间上的随机向量 $Y, Y_1, Y_2, \ldots$, 使得 $P_Y = P_X$, $P_{Y_n} = P_{X_n}$, $n = 1, 2, \ldots$, 且 $Y_n \to_{a.s.} Y$.

(v) 如果对于每个 $\epsilon > 0$, 有 $\sum_{n=1}^{\infty} P(\|X_n - X\| \geqslant \epsilon) < \infty$, 那么 $X_n \to_{a.s.} X$.

(vi) 如果 $X_n \to_p X$, 那么存在一个子序列 $\{X_{n_j}, j = 1, 2, \ldots\}$, 使得当 $j \to \infty$ 时, $X_{n_j} \to_{a.s.} X$.

(vii) 如果 $X_n \to_d X$ 和 $P(X = c) = 1$, 其中 $c \in \mathcal{R}^k$ 是一个常数向量, 那么 $X_n \to_p c$.

(viii) 假设 $X_n \to_d X$, 那么对于任意 $r > 0$,

$$\lim_{n\to\infty} E\|X_n\|_r^r = E\|X\|_r^r < \infty \tag{1.72}$$

当且仅当 $\{\|X_n\|_r^r\}$ 是一致可积的, 即

$$\lim_{t\to\infty} \sup_n E\left(\|X_n\|_r^r I_{\{\|X_n\|_r > t\}}\right) = 0. \quad \blacksquare \tag{1.73}$$

定理 1.8 的证明将在下面的讨论和例子之后给出.

定理 1.8(i)、(ii) 或 (iii) 的逆命题通常不成立 (见例 1.26 和练习 116). 注意到, 定理 1.8(iv)(Skorohod 定理) 并不是 (i) 的逆命题, 但是它是概率论中的一个重要结果. 当 $X_n \to_d X$, 在我们研究与 F_{X_n} 和 F_X 有关的量的收敛性时, 该结果很有用 (参见定理 1.8 和 1.9 的证明). 定理 1.8(v) 说明 (i) 的逆命题在加上 $P(\|X_n - X\| \geqslant \epsilon)$ 以足够快的速度趋向 0 后成立. (vi) 提供了 (i) 的局部逆命题, 而 (vii) 是 (iii) 的局部逆命题. 定理 1.8(viii) 的一个推论是, 当 $X_n \to_p X$ 且 $\{\|X_n - X\|_r^r\}$ 一致可积时, $X_n \to_{L_r} X$; 即, 在一致可积的条件下, 定理 1.8(ii) 的逆命题成立. $\{\|X_n\|_r^r\}$ 一致可积的一个有用的充分条件是, 对于 $\delta > 0$,

$$\sup_n E\|X_n\|_r^{r+\delta} < \infty. \tag{1.74}$$

其他的一些充分条件参见练习 117—120.

例 1.26. 设 $\theta_n = 1 + n^{-1}$, X_n 是一个服从指数分布 $E(0, \theta_n)$(表 1.2) 的随机变量, $n = 1, 2, \ldots$. 设 X 是服从指数分布 $E(0, 1)$ 的随机变量. 对于任意 $x > 0$, 当 $n \to \infty$ 时,

$$F_{X_n}(x) = 1 - e^{-x/\theta_n} \to 1 - e^{-x} = F_X(x).$$

由于当 $x \leqslant 0$ 时, $F_{X_n}(x) \equiv 0 \equiv F_X(x)$, 所以我们证明了 $X_n \to_d X$.

那么, $X_n \to_p X$ 是否成立? 在没有更多关于随机变量 X 和 X_n 的信息时, 我们无法回答这个问题. 我们考虑两种情况, 会得到两种不同的答案. 第一, 假设 $X_n \equiv \theta_n X$ (那么 X_n 有给定的 c.d.f.). 注意到, $X_n - X = (\theta_n - 1)X = n^{-1}X$, 其 c.d.f. 为 $(1 - e^{-nx})I_{[0,\infty)}(x)$. 因此, 对于任意 $\epsilon > 0$,

$$P\left(|X_n - X| \geqslant \epsilon\right) = e^{-n\epsilon} \to 0,$$

实际上, 根据定理 1.8(v), $X_n \to_{a.s.} X$; 因为对于任意 $p > 0$, $E|X_n - X|^p = n^{-p}EX^p < \infty$, 所以对于任意 $p > 0$, $X_n \to_{L_p} X$. 接下来, 假设 X_n 和 X 是独

立的随机变量. 利用 (1.28), 以及 X_n 和 $-X$ 的 p.d.f. 分别为 $\theta_n^{-1}e^{-x/\theta_n}I_{(0,\infty)}(x)$ 和 $e^x I_{(-\infty,0)}(x)$, 我们可以得到

$$P(|X_n - X| \leqslant \epsilon) = \int_{-\epsilon}^{\epsilon}\int \theta_n^{-1}e^{-x/\theta_n}e^{y-x}I_{(0,\infty)}(x)I_{(-\infty,x)}(y)dxdy,$$

它收敛到 (根据控制收敛定理)

$$\int_{-\epsilon}^{\epsilon}\int e^{-x}e^{y-x}I_{(0,\infty)}(x)I_{(-\infty,x)}(y)dxdy = 1 - e^{-\epsilon}.$$

因此, 对于任意 $\epsilon > 0$, $P(|X_n - X| \geqslant \epsilon) \to e^{-\epsilon} > 0$, 因此 $\{X_n\}$ 不依概率收敛到 X. 前面的讨论也说明了在这个例子中如何构造定理 1.8(iv) 中的 Y_n 和 Y.
∎

以下著名的结果可以用于证明定理 1.8(v). 证明留给读者.

引理 1.5. (Borel-Cantelli 引理). 设 A_n $(n = 1, 2, \ldots)$ 是概率空间上的一列事件, $\limsup_n A_n = \cap_{n=1}^{\infty} \cup_{m=n}^{\infty} A_m$.

(i) 若 $\sum_{n=1}^{\infty} P(A_n) < \infty$, 则 $P(\limsup_n A_n) = 0$.

(ii) 若 $A_1, A_2, \ldots$ 两两独立且 $\sum_{n=1}^{\infty} P(A_n) = \infty$, 则 $P(\limsup_n A_n) = 1$.
∎

定理 1.8 的证明. (i) 由引理 1.4 可得结论, 因为 (1.71) 可以推出 (1.70).

(ii) 根据 Chebyshev 不等式可以得到结论, 其中 $\varphi(t) = |t|^r$.

(iii) 对于任意 $c = (c_1, \ldots, c_k) \in \mathcal{R}^k$, 定义 $(-\infty, c] = (-\infty, c_1] \times \cdots \times (-\infty, c_k]$. 设 x 是 F_X 上的连续点, 给定 $\epsilon > 0$, J_k 是分量全是 1 的 k 维向量, 那么 $\{X \in (-\infty, x - \epsilon J_k], X_n \notin (-\infty, x]\} \subset \{\|X_n - X\| > \epsilon\}$ 和

$$\begin{aligned}F_X(x - \epsilon J_k) &= P\big(X \in (-\infty, x - \epsilon J_k]\big)\\ &\leqslant P\big(X_n \in (-\infty, x]\big) + P\big(X \in (-\infty, x - \epsilon J_k], X_n \notin (-\infty, x]\big)\\ &\leqslant F_{X_n}(x) + P(\|X_n - X\| > \epsilon).\end{aligned}$$

令 $n \to \infty$, 可得 $F_X(x - \epsilon J_k) \leqslant \liminf_n F_{X_n}(x)$. 类似地, 我们可以证明 $F_X(x + \epsilon J_k) \geqslant \limsup_n F_{X_n}(x)$. 由于 ϵ 是任意的, 且 F_X 在点 x 处连续, 所以 $F_X(x) = \lim_{n\to\infty} F_{X_n}(x)$.

(iv) 该部分的证明参见 Billingsley(1986, pp. 399—402).

(v) 令 $A_n = \{\|X_n - X\| \geqslant \epsilon\}$. 由引理 1.4, 引理 1.5(i) 和命题 1.1(iii) 可以得出所要的结果.

(vi) 由定义中 (1.70) 可知, 对于每个 $j=1,2,\ldots$, 存在一个正整数 n_j, 使得 $P(\|X_{n_j}-X\|>2^{-j})<2^{-j}$. 对于任意 $\epsilon>0$, 存在 k_ϵ, 使得对于 $j\geqslant k_\epsilon$, $P(\|X_{n_j}-X\|>\epsilon)<P(\|X_{n_j}-X\|>2^{-j})$. 因为 $\sum_{j=1}^{\infty}2^{-j}=1$, 由 (v) 的结果可知, 当 $j\to\infty$ 时, $X_{n_j}\to_{a.s.}X$.

(vii) 证明留作练习.

(viii) 首先, 根据 (iv), 我们可以假定 $X_n\to_{a.s.}X$(为什么?). 假定 $\{\|X_n\|_r^r\}$ 一致可积, 那么 $\sup_n E\|X_n\|_r^r<\infty$ (为什么?). 根据 Fatou 引理 (定理 1.1(i)), $E\|X\|_r^r\leqslant\liminf_n E\|X_n\|_r^r<\infty$. 所以, 要证明 (1.72), 只需证明

$$\limsup_n E\|X_n\|_r^r\leqslant E\|X\|_r^r. \tag{1.75}$$

对于任意 $\epsilon>0$ 和 $t>0$, 设 $A_n=\{\|X_n-X\|_r\leqslant\epsilon\}$ 和 $B_n=\{\|X_n\|_r>t\}$. 那么

$$\begin{aligned}E\|X_n\|_r^r&=E(\|X_n\|_r^rI_{A_n^c\cap B_n})+E(\|X_n\|_r^rI_{A_n^c\cap B_n^c})+E(\|X_n\|_r^rI_{A_n})\\&\leqslant E(\|X_n\|_r^rI_{B_n})+t^rP(A_n^c)+E\|X_nI_{A_n}\|_r^r.\end{aligned}$$

对于 $r\leqslant 1$, $\|X_nI_{A_n}\|_r^r\leqslant(\|X_n-X\|_r^r+\|X\|_r^r)I_{A_n}$ 和

$$E\|X_nI_{A_n}\|_r^r\leqslant E[(\|X_n-X\|_r^r+\|X\|_r^r)I_{A_n}]\leqslant\epsilon^r+E\|X\|_r^r.$$

对于 $r>1$, 利用 Minkowski 不等式, 我们可以得到

$$\begin{aligned}E\|X_nI_{A_n}\|_r^r&=E\|(X_n-X)I_{A_n}+XI_{A_n}\|_r^r\\&\leqslant E\left[\|(X_n-X)I_{A_n}\|_r+\|XI_{A_n}\|_r\right]^r\\&\leqslant\left\{[E\|(X_n-X)I_{A_n}\|_r^r]^{1/r}+[E\|XI_{A_n}\|_r^r]^{1/r}\right\}^r\\&\leqslant\left\{\epsilon+[E\|X\|_r^r]^{1/r}\right\}^r.\end{aligned}$$

无论哪种情况, 由于 ϵ 是任意的, $\limsup_n E\|X_nI_{A_n}\|_r^r\leqslant E\|X\|_r^r$. 由这个结果和之前的不等式, 可以推出

$$\begin{aligned}\limsup_n E\|X_n\|_r^r&\leqslant\limsup_n E(\|X_n\|_r^rI_{B_n})+t^r\lim_{n\to\infty}P(A_n^c)\\&\quad+\limsup_n E\|X_nI_{A_n}\|_r^r\\&\leqslant\sup_n E(\|X_n\|_r^rI_{\{\|X_n\|_r>t\}})+E\|X\|_r^r,\end{aligned}$$

因为 $P(A_n^c)\to 0$. 又因为 $\{\|X_n\|_r^r\}$ 是一致可积的, 令 $t\to\infty$, 我们可以得到 (1.75).

现在假设 (1.72) 成立. 令 $\xi_n = \|X_n\|_r^r I_{B_n^c} - \|X\|_r^r I_{B_n^c}$. 那么 $\xi_n \to_{a.s.} 0$ 和 $|\xi_n| \leqslant t^r + \|X\|_r^r$, 它是一致可积的. 根据控制收敛定理, $E\xi_n \to 0$; 结合 (1.72) 可以推出

$$E(\|X_n\|_r^r I_{B_n}) - E(\|X\|_r^r I_{B_n}) \to 0.$$

根据 B_n 的定义, $B_n \subset \{\|X_n - X\|_r > t/2\} \cup \{\|X\|_r > t/2\}$. 由于 $E\|X\|_r^r < \infty$, 由控制收敛定理可知, 当 $n \to \infty$ 时, $E(\|X\|_r^r I_{\{\|X_n - X\|_r > t/2\}}) \to 0$. 因此,

$$\limsup_n E(\|X_n\|_r^r I_{B_n}) \leqslant \limsup_n E(\|X\|_r^r I_{B_n}) \leqslant E(\|X\|_r^r I_{\{\|X\|_r > t/2\}}).$$

令 $t \to \infty$, 同样根据控制收敛定理可知,

$$\lim_{t\to\infty} \limsup_n E(\|X_n\|_r^r I_{B_n}) \leqslant \lim_{t\to\infty} E(\|X\|_r^r I_{\{\|X\|_r > t/2\}}) = 0.$$

这就证明了 (1.73). ∎

例 1.27. 作为定理 1.8(viii) 和命题 1.15 应用, 我们可以再次考虑例 1.22 中的预测问题. 假设我们要用一个 n 维随机向量 $Y = (Y_1, ..., Y_n)$ 来预测一个随机变量 X. 例 1.22 中, 我们证明了当 $EX^2 < \infty$ 时, $X_n = E(X|Y_1, ..., Y_n)$ 是均方预测误差下最好的预测. 我们现在证明在 $\sigma(X) \subset \mathcal{F}_\infty = \sigma(Y_1, Y_2, ...)$ 的假设下 (即, 假设 X 没有提供比 $Y_1, Y_2, ...$ 更多的信息), 当 $n \to \infty$ 时, $X_n \to_{a.s.} X$.

从 §1.4.4 中的讨论可知, $\{X_n\}$ 是一个鞅. 同时, 我们也知道, $\sup_n E|X_n| \leqslant \sup_n E[E(|X||Y_1, ..., Y_n)] = E|X| < \infty$. 因此, 根据命题 1.15, 对于某个随机变量 Z, $X_n \to_{a.s.} Z$. 我们现在需要证明 $Z = X$ a.s. 因为 $\sigma(X) \subset \mathcal{F}_\infty$, 所以 $X = E(X|\mathcal{F}_\infty)$ a.s. 因此, 只需证明 $Z = E(X|\mathcal{F}_\infty)$ a.s. 由于 $EX_n^2 \leqslant EX^2 < \infty$ (为什么?), 所以对于序列 $\{|X_n|\}$, 条件 (1.74) 成立. 因此, $\{|X_n|\}$ 是一致可积的. 根据定理 1.8(viii), $E|X_n - Z| \to 0$, 由此可以推出对于任意事件 A, 都有 $\int_A X_n dP \to \int_A Z dP$. 注意到, 如果 $A \in \sigma(Y_1, ..., Y_m)$, 那么对于 $n \geqslant m$, $A \in \sigma(Y_1, ..., Y_n)$ 和 $\int_A X_n dP = \int_A X dP$. 这说明对于任意 $A \in \cup_{j=1}^\infty \sigma(Y_1, ..., Y_j)$, 都有 $\int_A X dP = \int_A Z dP$. 由于 $\cup_{j=1}^\infty \sigma(Y_1, ..., Y_j)$ 生成了 $\mathcal{F}_\infty$, 所以对于任意 $A \in \mathcal{F}_\infty$, 都有 $\int_A X dP = \int_A Z dP$, 因此 $Z = E(X|\mathcal{F}_\infty)$ a.s.

在上述证明中, 条件 $EX^2 < \infty$ 仅用于证明 $\{|X_n|\}$ 的一致可积性. 根据练习 120, 只要 $E|X| < \infty$, $\{|X_n|\}$ 一致可积. 因此, 将 $EX^2 < \infty$ 用 $E|X| < \infty$ 代替时, $X_n \to_{a.s.} X$ 依然成立. ∎

现在我们介绍记号 $O(\cdot)$, $o(\cdot)$ 以及随机的 $O(\cdot)$ 和 $o(\cdot)$. 在微积分学中, 两列实数, $\{a_n\}$ 和 $\{b_n\}$, 满足 $a_n = O(b_n)$ 当且仅当对于所有 n 和常数 c, $|a_n| \leqslant c|b_n|$; $a_n = o(b_n)$ 当且仅当 $n \to \infty$ 时, $a_n/b_n \to 0$.

定义 1.9. 设 $X_1, X_2, \ldots$ 是随机向量, $Y_1, Y_2, \ldots$ 是随机变量, 均定义在公共概率空间上.

(i) $X_n = O(Y_n)$ a.s., 当且仅当 $P(\|X_n\| = O(|Y_n|)) = 1$.

(ii) $X_n = o(Y_n)$ a.s., 当且仅当 $X_n/Y_n \to_{a.s.} 0$.

(iii) $X_n = O_p(Y_n)$, 当且仅当对于任意 $\epsilon > 0$, 存在常数 $C_\epsilon > 0$, 使得 $\sup_n P(\|X_n\| \geqslant C_\epsilon |Y_n|) < \epsilon$.

(iv) $X_n = o_p(Y_n)$, 当且仅当 $X_n/Y_n \to_p 0$. ∎

注意到, $X_n = o_p(Y_n)$ 能推出 $X_n = O_p(Y_n)$; $X_n = O_p(Y_n)$ 和 $Y_n = O_p(Z_n)$ 能推出 $X_n = O_p(Z_n)$; 但是 $X_n = O_p(Y_n)$ 推不出 $Y_n = O_p(X_n)$. 当 $O_p(\cdot)$ 和 $o_p(\cdot)$ 分别用 $O(\cdot)$ a.s. 和 $o(\cdot)$ a.s. 代替时, 我们可以得出同样的结论. 练习 127 给出了一些关于 O_p 的结果. 例如, 如果对于随机变量 X, 有 $X_n \to_d X$, 那么 $X_n = O_p(1)$. 由于 $a_n = O(1)$ 意味着 $\{a_n\}$ 有界, 所以如果 $X_n = O_p(1)$, 那么 $\{X_n\}$ 称为依概率有界.

1.5.2 弱收敛

我们现在进一步讨论分布的收敛性或者概率测度的弱收敛性. 我们称 $(\mathcal{R}^k, \mathcal{B}^k)$ 上的一列概率测度 $\{P_n\}$ 是紧的, 如果对于每个 $\epsilon > 0$, 有一个完备集 $C \subset \mathcal{R}^k$ 使得 $\inf_n P_n(C) > 1 - \epsilon$. 如果 $\{X_n\}$ 是一列 k 维随机向量, 那么 $\{P_{X_n}\}$ 的紧性等价于 $\{\|X_n\|\}$ 的依概率有界性. 下面结果的证明参见 Billingsley (1986, pp. 392–395).

命题 1.17. 设 $\{P_n\}$ 是 $(\mathcal{R}^k, \mathcal{B}^k)$ 上的一列概率测度.

(i) $\{P_n\}$ 紧性的一个充分必要条件是, 对于每个子列 $\{P_{n_i}\}$, 存在一个子子列 $\{P_{n_j}\} \subset \{P_{n_i}\}$ 和 $(\mathcal{R}^k, \mathcal{B}^k)$ 上的一个概率测度 P, 使得当 $j \to \infty$ 时, 有 $P_{n_j} \to_w P$.

(ii) 如果 $\{P_n\}$ 是紧的, 如果每个弱收敛的子列都收敛到同一个概率测度 P, 那么 $P_n \to_w P$. ∎

下面的结果给出了依分布收敛的一些充分必要条件.

定理 1.9. 设 $X, X_1, X_2, \ldots$ 为 k 维随机向量.

(i) $X_n \to_d X$ 等价于以下任意一个条件:

(a) 对于任意有界连续函数 h, $E[h(X_n)] \to E[h(X)]$;

(b) 对于任意闭集 $C \subset \mathcal{R}^k$,$\limsup_n P_{X_n}(C) \leqslant P_X(C)$;

(c) 对于任意开集 $O \subset \mathcal{R}^k$, $\liminf_n P_{X_n}(O) \geqslant P_X(O)$.

(ii) (Lévy-Cramér 连续定理). 设 $\phi_X, \phi_{X_1}, \phi_{X_2}, \ldots$ 分别为 $X, X_1, X_2, \ldots$ 的 ch.f. 那么, $X_n \to_d X$ 当且仅当对于所有 $t \in \mathcal{R}^k$, $\lim_{n\to\infty} \phi_{X_n}(t) = \phi_X(t)$.

(iii) (Cramér-Wold 的策略). $X_n \to_d X$ 当且仅当对于每个 $c \in \mathcal{R}^k$, $c^\tau X_n \to_d c^\tau X$.

证明. (i) 首先, 我们证明 $X_n \to_d X$ 可推出 (a). 根据定理 1.8(iv)(Skorohod 定理), 存在一列随机向量 $\{Y_n\}$ 和一个随机向量 Y, 使得对于所有 n, $P_{Y_n} = P_{X_n}$, $P_Y = P_X$, 且 $Y_n \to_{a.s.} Y$. 对于有界连续的 h, $h(Y_n) \to_{a.s.} h(Y)$, 根据控制收敛定理, $E[h(Y_n)] \to E[h(Y)]$. 因为对于所有 n, $E[h(X_n)] = E[h(Y_n)]$ 和 $E[h(X)] = E[h(Y)]$, 可得 (a).

接着我们证明 (a) 可推出 (b). 对闭集 C, 设 $f_C(x)=\inf\{\|x-y\|: y\in C\}$, 则 f_C 是连续的. 对于 $j = 1, 2, \ldots$, 定义 $\varphi_j(t) = I_{(-\infty,0]} + (1-jt)I_{(0,j^{-1}]}$. 那么 $h_j(x) = \varphi_j(f_C(x))$ 是连续有界的, $h_j \geqslant h_{j+1}$, $j = 1, 2, \ldots$, 且当 $j \to \infty$ 时, $h_j(x) \to I_C(x)$. 因此, 对于每个 j, $\limsup_n P_{X_n}(C) \leqslant \lim_{n\to\infty} E[h_j(X_n)] = E[h_j(X)]$(根据 (a)). 由控制收敛定理可知, $E[h_j(X)] \to E[I_C(X)] = P_X(C)$. 由此证明了 (b).

对于任意开集 O, O^c 是闭集. 因此, (b) 等价于 (c). 现在我们来证明 (b) 和 (c) 可以推出 $X_n \to_d X$. 对于 $x = (x_1, \ldots, x_k) \in \mathcal{R}^k$, 令 $(-\infty, x] = (-\infty, x_1] \times \cdots \times (-\infty, x_k]$ 和 $(-\infty, x) = (-\infty, x_1) \times \cdots \times (-\infty, x_k)$. 由 (b) 和 (c) 得出, $P_X\big((-\infty, x)\big) \leqslant \liminf_n P_{X_n}\big((-\infty, x)\big) \leqslant \liminf_n F_{X_n}(x) \leqslant \limsup_n F_{X_n}(x) = \limsup_n P_{X_n}\big((-\infty, x]\big) \leqslant P_X\big((-\infty, x]\big) = F_X(x)$. 如果 x 是 F_X 的一个连续点, 那么 $P_X\big((-\infty, x)\big) = F_X(x)$. 这证明了 $X_n \to_d X$, 并完成了 (i) 的证明.

(ii) 由 (i) 中的 (a) 可知, $X_n \to_d X$ 能推出 $\phi_{X_n}(t) \to \phi_X(t)$, 因为 $e^{\sqrt{-1}t^\tau x} = \cos(t^\tau x) + \sqrt{-1}\sin(t^\tau x)$, 且 $\cos(t^\tau x)$ 和 $\sin(t^\tau x)$ 对于任意固定的 t 都是有界连续函数.

现在假设 $k = 1$, 且对于每个 $t \in \mathcal{R}$, 有 $\phi_{X_n}(t) \to \phi_X(t)$. 根据 Fubini 定理, 对于任意 $u > 0$,

$$\frac{1}{u}\int_{-u}^{u}[1 - \phi_{X_n}(t)]dt = \int_{-\infty}^{\infty}\left[\frac{1}{u}\int_{-u}^{u}(1 - e^{\sqrt{-1}tx})dt\right]dP_{X_n}(x)$$

$$
\begin{aligned}
&= 2\int_{-\infty}^{\infty}\left(1-\frac{\sin ux}{ux}\right)dP_{X_n}(x) \\
&\geqslant 2\int_{\{|x|>2u^{-1}\}}\left(1-\frac{1}{|ux|}\right)dP_{X_n}(x) \\
&\geqslant P_{X_n}\left((-\infty,-2u^{-1})\cup(2u^{-1},\infty)\right).
\end{aligned}
$$

由于 ϕ_X 在 0 点是连续的且 $\phi_X(0)=1$, 所以对于任意 $\epsilon>0$, 存在一个 $u>0$ 使得 $u^{-1}\int_{-u}^{u}[1-\phi_X(t)]dt<\epsilon/2$. 因为 $\phi_{X_n}\to\phi_X$, 根据控制收敛定理, $\sup_n\{u^{-1}\int_{-u}^{u}[1-\phi_{X_n}(t)]dt\}<\epsilon$. 因此,

$$
\inf_n P_{X_n}\left([-2u^{-1},2u^{-1}]\right)\geqslant 1-\sup_n\left\{\frac{1}{u}\int_{-u}^{u}[1-\phi_{X_n}(t)]dt\right\}\geqslant 1-\epsilon,
$$

即 $\{P_{X_n}\}$ 是紧的. 设 $\{P_{X_{n_j}}\}$ 是任意收敛到概率测度 P 的子列. 根据第一部分的证明, $\phi_{X_{n_j}}\to\phi$, ϕ 是 P 的 ch.f. 由 ϕ_{X_n} 的收敛性可知, $\phi=\phi_X$. 根据定理 1.6(i), $P=P_X$. 由命题 1.17(ii) 可知, $X_n\to_d X$.

现在考虑 $k\geqslant 2$, $\phi_{X_n}\to\phi_X$ 的情况. 设 Y_{nj} 是 X_n 的第 j 个分量, Y_j 是 X 的第 j 个分量. 那么对于每个 j, $\phi_{Y_{nj}}\to\phi_{Y_j}$. 由 $k=1$ 时的证明可知, $Y_{nj}\to_d Y_j$. 根据命题 1.17(i), $\{P_{Y_{nj}}\}$ 是紧的, $j=1,...,k$. 这说明 $\{P_{X_n}\}$ 是紧的 (为什么?). 那么 $X_n\to_d X$ 的证明和 $k=1$ 的情况一样.

(iii) 根据 (1.52), 对于任意 $u\in\mathcal{R}$ 和 $c\in\mathcal{R}^k$, $\phi_{c^\tau X_n}(u)=\phi_{X_n}(uc)$ 和 $\phi_{c^\tau X}(u)=\phi_X(uc)$. 因此, ϕ_{X_n} 收敛到 ϕ_X 等价于, 对于每个 $c\in\mathcal{R}^k$, $\phi_{c^\tau X_n}$ 收敛到 $\phi_{c^\tau X}$. 利用 (ii) 就可以完成证明. ∎

例 1.28. 设 $X_1,...,X_n$ 是具有公共 c.d.f. 的独立随机变量, $T_n=X_1+\cdots+X_n$, $n=1,2,....$ 假设 $E|X_1|<\infty$. 根据 (1.56) 和微积分学中的结果可知, 当 $|t|\to 0$ 时, X_1 的 ch.f. 满足

$$
\phi_{X_1}(t)=\phi_{X_1}(0)+\sqrt{-1}\mu t+o(|t|),
$$

其中 $\mu=EX_1$. 根据 (1.52) 和 (1.58), 对于任意 $t\in\mathcal{R}$, 当 $n\to\infty$ 时, T_n/n 的 ch.f. 为

$$
\phi_{T_n/n}(t)=\left[\phi_{X_1}\left(\frac{t}{n}\right)\right]^n=\left[1+\frac{\sqrt{-1}\mu t}{n}+o\left(\frac{t}{n}\right)\right]^n.
$$

由于对于任何满足 $c_n\to c$ 的复数序列 $\{c_n\}$, $(1+c_n/n)^n\to e^c$, 所以 $\phi_{T_n/n}(t)\to e^{\sqrt{-1}\mu t}$, 即在 μ 处退化的分布的 ch.f. (即 μ 处的点质量概率测度; 见 (1.22)). 根据定理 1.9(ii), $T_n/n\to_d\mu$. 由定理 1.8(vii) 可知, 这也证明了 $T_n/n\to_p\mu$.

类似地, $\mu=0$ 以及 $\sigma^2=\mathrm{Var}(X_1)<\infty$ 能推出, 对于任意 $t\in\mathcal{R}$,

$$\phi_{T_n/\sqrt{n}}(t)=\left[1-\frac{\sigma^2t^2}{2n}+o\left(\frac{t^2}{n}\right)\right]^n,$$

这表明 $\phi_{T_n/\sqrt{n}}(t)\to e^{-\sigma^2t^2/2}$, 即 $N(0,\sigma^2)$ 的 ch.f. 因此 $T_n/\sqrt{n}\to_d N(0,\sigma^2)$. ($N(\mu,\sigma^2)$ 表示一个随机变量服从 $N(\mu,\sigma^2)$ 分布.) 如果 $\mu\neq 0$, 线性变换 $Y_i=X_i-\mu$ 可以推出 $(T_n-n\mu)/\sqrt{n}\to_d N(0,\sigma^2)$.

现在假设 $X_1,...,X_n$ 是 k 维随机向量, $\mu=EX_1$ 和 $\Sigma=\mathrm{Var}(X_1)$ 是有限的. 对于任意固定的 $c\in\mathcal{R}^k$, 根据之前的讨论, $(c^\tau T_n-nc^\tau\mu)/\sqrt{n}\to_d N(0,c^\tau\Sigma c)$. 用定理 1.9(iii) 以及正态分布的性质 (见练习 81), 我们可以推出, $(T_n-n\mu)/\sqrt{n}\to_d N_k(0,\Sigma)$. ▮

例 1.28 说明定理 1.9(ii) 和 ch.f 的一些性质可以用于证明独立随机变量 (向量) 和的分布的收敛性. 下面是另一个例子.

例 1.29. 设 $X_1,...,X_n$ 是独立随机变量, 具有公共 Lebesgue p.d.f. $f(x)=(1-\cos x)/(\pi x^2)$. 那么 X_1 的 ch.f 为 $\max\{1-|t|,0\}$(练习 73), $T_n/n=(X_1+\cdots+X_n)/n$ 的 ch.f. 为

$$\left(\max\left\{1-\frac{|t|}{n},0\right\}\right)^n\to e^{-|t|},\qquad t\in\mathcal{R}.$$

由于 $e^{-|t|}$ 是柯西分布 $C(0,1)$(表 1.2) 的 ch.f., 我们可以得出 $T_n/n\to_d X$, 其中 X 服从柯西分布 $C(0,1)$.

这个结果是否与例 1.28 中的结果相矛盾? ▮

另一些关于定理 1.9 应用的例子参见 §1.6 练习 135—140. 当 X 有 p.d.f. f, X_n 有 p.d.f. f_n 时, 下面的结果可以用来检验 $X_n\to_d X$ 是否成立.

命题 1.18 (Scheffé 定理). 设 $\{f_n\}$ 是 $\mathcal{R}^k$ 上的一列关于测度 ν 的 p.d.f. 假设 $\lim_{n\to\infty}f_n(x)=f(x)$ a.e. ν, 其中 $f(x)$ 是关于 ν 的一个 p.d.f., 那么 $\lim_{n\to\infty}\int|f_n(x)-f(x)|d\nu=0$.

证明. 令 $g_n(x)=[f(x)-f_n(x)]I_{\{f\geqslant f_n\}}(x)$, $n=1,2,....$ 那么

$$\int|f_n(x)-f(x)|d\nu=2\int g_n(x)d\nu.$$

由于对于所有 x, $0\leqslant g_n(x)\leqslant f(x)$, $g_n\to 0$ a.e. ν, 由控制收敛定理可得结果. ▮

作为一个例子, 考虑 t 分布 t_n 的 Lebesgue p.d.f. f_n, $n=1,2,\ldots$. 我们可以证明 (练习) $f_n \to f$, 其中 f 是标准正态分布的 p.d.f. 这是统计学中的一个重要结果.

1.5.3 变换的收敛性

变换是统计学中的一个重要工具. 对于以某种方式收敛到 X 的随机向量 X_n, 我们经常需要知道 $g(X_n)$ 是否以相同的方式收敛到 $g(X)$. 下面的结果给出了关于这个问题在很多情况下的答案. 证明留给读者.

定理 1.10. 设 $X, X_1, X_2, \ldots$ 是定义在概率空间上的 k 维随机向量, g 是 $(\mathcal{R}^k, \mathcal{B}^k)$ 到 $(\mathcal{R}^l, \mathcal{B}^l)$ 的可测函数. 假设 g 连续 a.s. P_X. 那么

(i) $X_n \to_{a.s.} X$ 能推出 $g(X_n) \to_{a.s.} g(X)$.

(ii) $X_n \to_p X$ 能推出 $g(X_n) \to_p g(X)$.

(iii) $X_n \to_d X$ 能推出 $g(X_n) \to_d g(X)$. ∎

例 1.30. (i) 设 $X_1, X_2, \ldots$ 是随机变量. 如果 $X_n \to_d X$, 其中 X 服从 $N(0,1)$ 分布, 那么 $X_n^2 \to_d Y$, 其中 Y 服从卡方分布 χ_1^2(例 1.14).

(ii) 设 (X_n, Y_n) 是 2 维随机变量, 满足 $(X_n, Y_n) \to_d (X, Y)$, 其中 X 和 Y 是服从 $N(0,1)$ 分布的独立随机变量, 那么 $X_n/Y_n \to_d X/Y$, 其分布为柯西分布 $C(0,1)$ (§1.3.1).

(iii) 在 (ii) 的条件下, $\max\{X_n, Y_n\} \to_d \max\{X, Y\}$, 其 c.d.f. 为 $[\Phi(x)]^2$ ($\Phi(x)$ 是 $N(0,1)$ 的 c.d.f.). ∎

例 1.30(ii) 和 (iii) 中, 条件 $(X_n, Y_n) \to_d (X, Y)$ 不能放松至 $X_n \to_d X$ 和 $Y_n \to_d Y$ (练习); 即, 我们需要 (X_n, Y_n) 联合 c.d.f. 的收敛性. 这不同于当 $\to_d$ 被 $\to_p$ 或者 $\to_{a.s.}$ 代替时的情形. 下面的结果在概率论和数理统计中扮演了重要的角色, 可以在不知道 (X_n, Y_n) 联合 c.d.f. 的信息时, 获得 $X_n + Y_n$ 或 $X_n Y_n$ 的依分布收敛性.

定理 1.11 (Slutsky 定理). 设 $X, X_1, X_2, \ldots, Y_1, Y_2, \ldots$ 是概率空间上的随机变量. 假设 $X_n \to_d X$ 和 $Y_n \to_p c$, 其中 c 是固定实数. 那么

(i) $X_n + Y_n \to_d X + c$.

(ii) $Y_n X_n \to_d cX$.

(iii) 如果 $c \neq 0$, 则 $X_n/Y_n \to_d X/c$.

证明. 我们仅证明 (i). (ii) 和 (iii) 的证明留作练习. 设 $t \in \mathcal{R}$, $\epsilon > 0$ 是固

定常数. 那么

$$\begin{aligned}F_{X_n+Y_n}(t) &= P(X_n + Y_n \leqslant t)\\ &\leqslant P(\{X_n + Y_n \leqslant t\} \cap \{|Y_n - c| < \epsilon\}) + P(|Y_n - c| \geqslant \epsilon)\\ &\leqslant P(X_n \leqslant t - c + \epsilon) + P(|Y_n - c| \geqslant \epsilon),\end{aligned}$$

类似地,

$$F_{X_n+Y_n}(t) \geqslant P(X_n \leqslant t - c - \epsilon) - P(|Y_n - c| \geqslant \epsilon).$$

如果 $t-c$, $t-c+\epsilon$ 和 $t-c-\epsilon$ 是 F_X 的连续点, 根据以上的两个不等式以及定理的假设, 可以得到

$$F_X(t-c-\epsilon) \leqslant \liminf_n F_{X_n+Y_n}(t) \leqslant \limsup_n F_{X_n+Y_n}(t) \leqslant F_X(t-c+\epsilon).$$

由于 ϵ 可以是任意的 (为什么?), 所以

$$\lim_{n\to\infty} F_{X_n+Y_n}(t) = F_X(t-c).$$

根据 $F_{X+c}(t) = F_X(t-c)$ 即可完成证明. ∎

利用定理 1.11 可以证明以下重要结果.

定理 1.12. 设 $X_1, X_2, \ldots$ 和 Y 是 k 维随机向量, 满足

$$a_n(X_n - c) \to_d Y, \tag{1.76}$$

其中 $c \in \mathcal{R}^k$, $\{a_n\}$ 是一列正数, 有 $\lim_{n\to\infty} a_n = \infty$. 设 g 是 $\mathcal{R}^k$ 到 $\mathcal{R}$ 的一个函数.

(i) 如果 g 在 c 处可微, 那么

$$a_n[g(X_n) - g(c)] \to_d [\nabla g(c)]^\tau Y, \tag{1.77}$$

其中 $\nabla g(x)$ 表示 g 在 x 处偏导的 k 维向量.

(ii) 假设 g 在 c 的一个邻域内存在 m 阶连续偏导, 其中 $m > 1$, 且所有的 j 阶偏导在 c 处等于 0, $1 \leqslant j \leqslant m-1$, 但是 m 阶偏导在 c 处不全等于 0. 那么

$$a_n^m[g(X_n) - g(c)] \to_d \frac{1}{m!}\sum_{i_1=1}^k \cdots \sum_{i_m=1}^k \left.\frac{\partial^m g}{\partial x_{i_1}\cdots\partial x_{i_m}}\right|_{x=c} Y_{i_1}\cdots Y_{i_m}, \tag{1.78}$$

其中 Y_j 是 Y 的第 j 个分量.

证明. 我们仅证明 (i). (ii) 的证明类似. 设

$$Z_n = a_n[g(X_n) - g(c)] - a_n[\nabla g(c)]^\tau (X_n - c).$$

如果我们能证明 $Z_n = o_p(1)$, 那么根据 (1.76)、定理 1.9(iii) 和定理 1.11(i), 可以得出 (1.77) 成立.

g 在 c 点的可导性表明, 对于任意 $\epsilon > 0$, 存在一个 $\delta_\epsilon > 0$, 对于任意满足 $\|x - c\| < \delta_\epsilon$ 的 x,

$$|g(x) - g(c) - [\nabla g(c)]^\tau (x - c)| \leqslant \epsilon \|x - c\|. \tag{1.79}$$

令 $\eta > 0$ 为一固定数, 根据 (1.79),

$$P(|Z_n| \geqslant \eta) \leqslant P(\|X_n - c\| \geqslant \delta_\epsilon) + P(a_n\|X_n - c\| \geqslant \eta/\epsilon).$$

因为 $a_n \to \infty$, 所以 (1.76) 和定理 1.11(ii) 能推出 $X_n \to_p c$. 根据定理 1.10(iii), (1.76) 能推出 $a_n\|X_n - c\| \to_d \|Y\|$. 不失一般性, 我们可以假定 η/ϵ 是 $F_{\|Y\|}$ 的连续点. 那么

$$\begin{aligned}\limsup_n P(|Z_n| \geqslant \eta) &\leqslant \lim_{n\to\infty} P(\|X_n - c\| \geqslant \delta_\epsilon) \\ &\quad + \lim_{n\to\infty} P(a_n\|X_n - c\| \geqslant \eta/\epsilon) \\ &= P(\|Y\| \geqslant \eta/\epsilon).\end{aligned}$$

由 ϵ 的任意性即可完成证明. ∎

在统计学中, 我们通常需要 $a_n[g(X_n) - g(c)]$ 的非退化极限分布, 使得当 (1.77) 成立时, 涉及 $a_n[g(X_n) - g(c)]$ 的概率可以通过 $[\nabla g(c)]^\tau Y$ 的 c.d.f. 来近似. 因此, 若 $\nabla g(c) = 0$, (1.77) 的结果不能用于这种情况, (1.78) 的结果也许可以使用.

统计学中一个有用的方法, 称为 delta *方法*, 是基于定理 1.12 的以下推论得到的.

推论 1.1. 假定定理 1.12 的条件, 如果 Y 服从 $N_k(0, \Sigma)$ 分布, 那么

$$a_n[g(X_n) - g(c)] \to_d N\left(0, [\nabla g(c)]^\tau \Sigma \nabla g(c)\right). \quad ∎$$

例 1.31. 设 $\{X_n\}$ 是一列随机变量, 满足 $\sqrt{n}(X_n - c) \to_d N(0, 1)$. 考虑函数 $g(x) = x^2$. 如果 $c \neq 0$, 利用推论 1.1 可得 $\sqrt{n}(X_n^2 - c^2) \to_d N(0, 4c^2)$. 如

果 $c=0$, 那么 g 在 0 点的一阶导数为 0, 二阶偏导为 $g\equiv 2$. 因此应用 (1.78), 可得 $nX_n^2 \to_d [N(0,1)]^2$, 其分布为卡方分布 χ_1^2(例 1.14). 最后一个结果也可以利用定理 1.10(iii) 得到. ∎

1.5.4 大数定律

大数定律关注的是独立随机变量之和的极限行为. 弱大数定律 (WLLN) 对应的是依概率收敛, 而强大数定律 (SLLN) 对应的是几乎处处收敛.

以下引理用于建立强大数定律. 证明留作练习.

引理 1.6. (Kronecker 引理). 设 $x_n \in \mathcal{R}$, $a_n \in \mathcal{R}$, $0 < a_n \leqslant a_{n+1}$, $n=1,2,...$, 且 $a_n \to \infty$. 若序列 $\sum_{n=1}^{\infty} x_n/a_n$ 收敛, 则 $a_n^{-1}\sum_{i=1}^{n} x_i \to 0$. ∎

我们的第一个结果给出了一列独立同分布 (i.i.d.) 随机变量的弱大数定律和强大数定律.

定理 1.13. 设 $X_1, X_2, ...$ 是独立同分布随机变量.

(i) (弱大数定律). 存在一列实数 $\{a_n\}$ 满足

$$\frac{1}{n}\sum_{i=1}^{n} X_i - a_n \to_p 0 \tag{1.80}$$

的充分必要条件是 $nP(|X_1|>n)\to 0$, 在这种情况下, 我们可以令 $a_n = E(X_1 I_{\{|X_1|\leqslant n\}})$.

(ii) (强大数定律). 存在一个常数 c 满足

$$\frac{1}{n}\sum_{i=1}^{n} X_i \to_{a.s.} c \tag{1.81}$$

的充分必要条件是 $E|X_1|<\infty$, 在这种情况下, $c = EX_1$, 且对于任意有界实数序列 $\{c_i\}$,

$$\frac{1}{n}\sum_{i=1}^{n} c_i(X_i - EX_1) \to_{a.s.} 0. \tag{1.82}$$

证明. (i) 我们仅证明充分性. 必要性的证明参见 Petrov (1975). 考虑 X_j 在 n 处截断后得到的一列随机变量: $Y_{nj} = X_j I_{\{|X_j|\leqslant n\}}$. 令 $T_n = X_1 + \cdots + X_n$ 和 $Z_n = Y_{n1} + \cdots + Y_{nn}$. 那么

$$P(T_n \neq Z_n) \leqslant \sum_{j=1}^{n} P(Y_{nj} \neq X_j) = nP(|X_1|>n) \to 0. \tag{1.83}$$

对于任意 $\epsilon > 0$, 根据 Chebyshev 不等式,

$$P\left(\left|\frac{Z_n - EZ_n}{n}\right| > \epsilon\right) \leqslant \frac{\mathrm{Var}(Z_n)}{\epsilon^2 n^2} = \frac{\mathrm{Var}(Y_{n1})}{\epsilon^2 n} \leqslant \frac{EY_{n1}^2}{\epsilon^2 n},$$

其中最后一个等式由 Y_{nj} $(j = 1, ..., n)$ 是独立同分布推出. 利用分部积分法,

$$\frac{EY_{n1}^2}{n} = \frac{1}{n}\int_{[0,n]} x^2 dF_{|X_1|}(x) = \frac{2}{n}\int_0^n xP(|X_1| > x)dx - nP(|X_1| > n),$$

其收敛到 0, 因为 $nP(|X_1| > n) \to 0$ (为什么?). 这说明 $(Z_n - EZ_n)/n \to_p 0$, 结合 (1.83) 和 $EY_{nj} = E(X_1 I_{\{|X_1| \leqslant n\}})$ 可以得到结果.

(ii) 关于充分性, 令 $Y_n = X_n I_{\{|X_n| \leqslant n\}}$, $n = 1, 2, ...$ 设 $m > 0$ 是一个小于 n 的整数. 对于 $i \geqslant m$, 如果我们定义 $c_i = i^{-1}$, $Z_1 = \cdots = Z_{m-1} = 0$, $Z_m = Y_1 + \cdots + Y_m$, $Z_i = Y_i$, $i = m+1, ..., n$, 并将 Hájek-Rènyi 不等式 (1.51) 应用于 Z_i, 那么我们可以得到, 对于任意 $\epsilon > 0$,

$$P\left(\max_{m \leqslant l \leqslant n} |\xi_l| > \epsilon\right) \leqslant \frac{1}{\epsilon^2 m^2}\sum_{i=1}^m \mathrm{Var}(Y_i) + \frac{1}{\epsilon^2}\sum_{i=m+1}^n \frac{\mathrm{Var}(Y_i)}{i^2}, \tag{1.84}$$

其中 $\xi_n = n^{-1}\sum_{i=1}^n (Z_i - EZ_i)$ $(= n^{-1}\sum_{i=1}^n (Y_i - EY_i)$ 若 $l \geqslant m)$. 注意到,

$$\begin{aligned}\sum_{n=1}^\infty \frac{EY_n^2}{n^2} &= \sum_{n=1}^\infty \sum_{j=1}^n \frac{E(X_1^2 I_{\{j-1<|X_1| \leqslant j\}})}{n^2} \\ &= \sum_{j=1}^\infty \sum_{n=j}^\infty \frac{E(X_1^2 I_{\{j-1<|X_1| \leqslant j\}})}{n^2} \\ &\leqslant \sum_{j=1}^\infty \sum_{n=j}^\infty \frac{jE(|X_1| I_{\{j-1<|X_1| \leqslant j\}})}{n^2} \\ &\leqslant \lambda \sum_{j=1}^\infty E(|X_1| I_{\{j-1<|X_1| \leqslant j\}}) \\ &= \lambda E|X_1|,\end{aligned}$$

其中最后一个不等式基于以下事实: $\sum_{n=j}^\infty n^{-2} \leqslant \lambda j^{-1}$ 对于一固定的 $\lambda > 0$ 和所有 $j = 1, 2, ...$ 成立. 接下来, 在 (1.84) 中, 首先令 $n \to \infty$, 然后令 $m \to \infty$, 可得

$$\begin{aligned}\lim_{m\to\infty} P\left(\bigcup_{l=m}^\infty \{|\xi_l| > \epsilon\}\right) &= \lim_{m\to\infty}\lim_{n\to\infty} P\left(\max_{m \leqslant l \leqslant n} |\xi_l| > \epsilon\right) \\ &\leqslant \lim_{m\to\infty} \frac{1}{\epsilon^2 m^2}\sum_{i=1}^m \mathrm{Var}(Y_i) \\ &= 0,\end{aligned}$$

其中最后一个等式由引理 1.6 推出. 根据引理 1.4, $\xi_n \to_{a.s.} 0$. 因为 $EY_n \to EX_1$, 所以 $n^{-1}\sum_{i=1}^n EY_i \to EX_1$. 因此, 当 (1.81) 中的 X_i 用 Y_i 代替且 $c = EX_1$ 时, 结果仍成立. 根据

$$\sum_{n=1}^{\infty} P(X_n \neq Y_n) = \sum_{n=1}^{\infty} P(|X_n| > n) = \sum_{n=1}^{\infty} P(|X_1| > n) < \infty$$

(练习 54) 和引理 1.5(i), 可以得到 $P\left(\cap_{n=1}^{\infty} \cup_{m=n}^{\infty} \{X_m \neq Y_m\}\right) = 0$, 即存在一个事件 A, 其中 $P(A) = 1$, 使得, 若 $\omega \in A$, 那么当 n 足够大时, $X_n(\omega) = Y_n(\omega)$. 这说明

$$\frac{1}{n}\sum_{i=1}^{n} X_i - \frac{1}{n}\sum_{i=1}^{n} Y_i \to_{a.s.} 0, \tag{1.85}$$

由此证明了充分性. (1.82) 的证明留作练习.

接下来证明必要性. 假设对于某个 $c \in \mathcal{R}$, (1.81) 成立. 那么

$$\frac{X_n}{n} = \frac{T_n}{n} - c - \frac{n-1}{n}\left(\frac{T_{n-1}}{n-1} - c\right) + \frac{c}{n} \to_{a.s.} 0.$$

根据练习 114, $X_n/n \to_{a.s.} 0$, 由 X_n 独立同分布的假设可以推出

$$\sum_{n=1}^{\infty} P(|X_n| \geqslant n) = \sum_{n=1}^{\infty} P(|X_1| \geqslant n) < \infty,$$

这表明 $E|X_1| < \infty$ (练习 54). 根据已经证明的充分性, 可以得出 $c = EX_1$. ∎

如果 $E|X_1| < \infty$, 那么 (1.80) 中的 a_n 收敛到 EX_1, 且 (1.80) 已在例 1.28 中以一种更加简单的方法建立了. 另一方面, 如果 $E|X_1| < \infty$, 则可以得到更强的结果 (1.81). $E|X_1| = \infty$ 情况下的一些结果参见 §1.6 练习 148 和 Chung(1974) 的定理 5.4.3.

下面的结果针对独立但不同分布随机变量序列.

定理 1.14. 设 $X_1, X_2, \ldots$ 是期望有限的独立随机变量.

(i) (强大数定律). 如果存在一个固定常数 $p \in [1, 2]$, 使得

$$\sum_{i=1}^{\infty} \frac{E|X_i|^p}{i^p} < \infty, \tag{1.86}$$

那么

$$\frac{1}{n}\sum_{i=1}^{n} (X_i - EX_i) \to_{a.s.} 0. \tag{1.87}$$

(ii) (弱大数定律). 如果存在一个固定常数 $p \in [1,2]$, 使得

$$\lim_{n\to\infty} \frac{1}{n^p} \sum_{i=1}^{n} E|X_i|^p = 0, \tag{1.88}$$

那么

$$\frac{1}{n}\sum_{i=1}^{n}(X_i - EX_i) \to_p 0. \tag{1.89}$$

证明. (i) 同样考虑截断的 X_n: $Y_n = X_n I_{\{|X_n|\leqslant n\}}$, $n = 1,2,\ldots$ 由于 $X_n^2 I_{\{|X_n|\leqslant n\}} \leqslant n^{2-p}|X_n|^p$,

$$\sum_{n=1}^{\infty} \frac{EY_n^2}{n^2} = \sum_{n=1}^{\infty} \frac{E(X_n^2 I_{\{|X_n|\leqslant n\}})}{n^2} \leqslant \sum_{n=1}^{\infty} \frac{E|X_n|^p}{n^p} < \infty.$$

根据定理 1.13(ii) 的证明, 可以推出 $n^{-1}\sum_{i=1}^{n}(Y_i - EY_i) \to_{a.s.} 0$. 又有,

$$\sum_{n=1}^{\infty} P(X_n \neq Y_n) = \sum_{n=1}^{\infty} P(|X_n| > n) \leqslant \sum_{n=1}^{\infty} \frac{E|X_n|^p}{n^p} < \infty.$$

因此, 由定理 1.13(ii) 的证明可知 (1.85) 成立. 最后,

$$\sum_{n=1}^{\infty} \frac{|E(X_n - Y_n)|}{n} = \sum_{n=1}^{\infty} \frac{E(|X_n| I_{\{|X_n|>n\}})}{n} \leqslant \sum_{n=1}^{\infty} \frac{E|X_n|^p}{n^p} < \infty,$$

结合引理 1.6 可以推出 $n^{-1}\sum_{i=1}^{n}|E(X_i - Y_i)| \to 0$, 因此 (1.87) 成立.

(ii) 对于任意 $\epsilon > 0$, 运用 Chebyshev 不等式和不等式 (1.44), 可以推出

$$P\left(\frac{1}{n}\left|\sum_{i=1}^{n}(X_i - EX_i)\right| > \epsilon\right) \leqslant \frac{C_p}{\epsilon^p n^p}\sum_{i=1}^{n} E|X_i - EX_i|^p,$$

它在 (1.88) 条件下收敛到 0. 即证明了 (1.89). ∎

可以发现, (1.86) 能推出 (1.88)(引理 1.6). 定理 1.14(i) 的结果在 $p = 2$ 时称为 Kolmogorov 强大数定律, 而 Marcinkiewicz 和 Zygmund 得出了 $1 \leqslant p < 2$ 情形下的结论. 当 $p \in (1,2]$ 时, (1.86) 成立的一个充分条件是 $\sup_n E|X_n|^p < \infty$.

对于不独立的随机变量, 关于 §1.4.4 中马尔可夫链结果的讨论参见 §4.1.4. 我们现在考虑 §1.4.4 中提到的鞅. 首先, 考虑弱大数定律. 当 X_i 的独立性假设用序列 $\{\sum_{i=1}^{n}(X_i - EX_i)\}$ 的鞅假设代替时, 不等式 (1.44) 仍然成立 (为什么?). 因此, 根据定理 1.44(ii) 的证明, 我们可以得出, 当定理 1.14 中 X_i 的独

立性假设用 $\{\sum_{i=1}^n (X_i - EX_i)\}$ 是鞅代替时, (1.89) 仍然成立. 定理 1.14 中的 SLLN 也有类似结论, 若 X_i 的独立性假设用序列 $\{\sum_{i=1}^n (X_i - EX_i)\}$ 是鞅代替, 而且条件 (1.86) 用

$$\sum_{n=2}^{\infty} \frac{E(|X_n|^p | X_1, ..., X_{n-1})}{n^p} < \infty \quad \text{a.s.}$$

替换, 当 X_i 独立时这与 (1.86) 相同. 鞅的强大数定律和其他形式的强大数定律以及弱大数定律的证明参见其他概率论教材, 例如, Chung (1974) 和 Loève (1977).

弱大数定律和强大数定律在概率论与数理统计中有很多的应用. 下面是一个例子. 其他例子可以在接下来的章节中找到.

例 1.32. 设 f 和 g 是 $[0,1]$ 上的连续函数, 满足对于所有 x, 有 $0 \leqslant f(x) \leqslant Cg(x)$, 其中 $C > 0$ 为常数. 我们现在证明

$$\lim_{n\to\infty} \int_0^1 \int_0^1 \cdots \int_0^1 \frac{\sum_{i=1}^n f(x_i)}{\sum_{i=1}^n g(x_i)} dx_1 dx_2 \cdots dx_n = \frac{\int_0^1 f(x)dx}{\int_0^1 g(x)dx} \tag{1.90}$$

(假定 $\int_0^1 g(x)dx \neq 0$). 设 $X_1, X_2, ...$ 是独立同分布的随机变量, 服从 $[0,1]$ 上的均匀分布. 根据定理 1.2, $E[f(X_1)] = \int_0^1 f(x)dx < \infty$ 和 $E[g(X_1)] = \int_0^1 g(x)dx < \infty$. 根据强大数定律 (定理 1.13(ii)),

$$\frac{1}{n}\sum_{i=1}^n f(X_i) \to_{a.s.} E[f(X_1)],$$

当 f 用 g 代替时, 也有相同的结果. 根据定理 1.10(i),

$$\frac{\sum_{i=1}^n f(X_i)}{\sum_{i=1}^n g(X_i)} \to_{a.s.} \frac{E[f(X_1)]}{E[g(X_1)]}. \tag{1.91}$$

由于 (1.91) 左边的随机变量以 C 为界, 根据控制收敛定理以及 (1.90) 左边是 (1.91) 左边随机变量的期望, 可以推出 (1.90). ∎

§1.3.2 中介绍的矩不等式在收敛定理的证明中起了重要的作用. 它们同样可以用于得到形如 $P\left(|n^{-1}\sum_{i=1}^n (X_i - EX_i)| > t\right)$ 尾部概率的收敛速率. 例如, 利用 Esseen-von Bahr, Marcinkiewicz-Zygmund 和 Chebyshev 不等式可得, 对于满足 $\sup_n E|X_n|^p < \infty$ 的独立随机变量 $X_1, ..., X_n$,

$$P\left(\left|\frac{1}{n}\sum_{i=1}^n (X_i - EX_i)\right| > t\right) \leqslant \begin{cases} O(n^{1-p}), & \text{若 } 1 < p < 2, \\ O(n^{-p/2}), & \text{若 } p \geqslant 2. \end{cases}$$

1.5.5 中心极限定理

弱大数定律和强大数定律可能不能用于获得 (标准化) 独立随机变量和的近似分布. 我们需要运用中心极限定理 (CLT), 这是统计学渐近理论的基础.

定理 1.15 (Lindeberg CLT). 设 $\{X_{nj}, j = 1, ..., k_n\}$ 是独立随机变量, $0 < \sigma_n^2 = \mathrm{Var}(\sum_{j=1}^{k_n} X_{nj}) < \infty$, $n = 1, 2, ...$, 且当 $n \to \infty$ 时, $k_n \to \infty$. 如果

$$\sum_{j=1}^{k_n} E\left[(X_{nj} - EX_{nj})^2 I_{\{|X_{nj}-EX_{nj}|>\epsilon\sigma_n\}}\right] = o(\sigma_n^2) \quad 对任意\ \epsilon > 0, \tag{1.92}$$

那么

$$\frac{1}{\sigma_n}\sum_{j=1}^{k_n}(X_{nj} - EX_{nj}) \to_d N(0, 1). \tag{1.93}$$

证明. 考虑 $(X_{nj}-EX_{nj})/\sigma_n$. 不失一般性, 在证明过程中, 假定 $EX_{nj} = 0$ 和 $\sigma_n^2 = 1$. 令 $t \in \mathcal{R}$ 给定. 根据不等式 $|e^{\sqrt{-1}tx} - (1 + \sqrt{-1}tx - t^2x^2/2)| \leqslant \min\{|tx|^2, |tx|^3\}$, X_{nj} 的 ch.f. 满足

$$\left|\phi_{X_{nj}}(t) - \left(1 - t^2\sigma_{nj}^2/2\right)\right| \leqslant E\left(\min\{|tX_{nj}|^2, |tX_{nj}|^3\}\right), \tag{1.94}$$

其中 $\sigma_{nj}^2 = \mathrm{Var}(X_{nj})$. 对于任意 $\epsilon > 0$, (1.94) 的右侧以 $E(|tX_{nj}|^3 I_{\{|X_{nj}|<\epsilon\}}) + E(|tX_{nj}|^2 I_{\{|X_{nj}|\geqslant\epsilon\}})$ 为界, 其以 $\epsilon|t|^3\sigma_{nj}^2 + t^2E(X_{nj}^2 I_{\{|X_{nj}|\geqslant\epsilon\}})$ 为界. 对 j 进行累加, 利用条件 (1.92), 我们可以得到

$$\sum_{j=1}^{k_n}\left|\phi_{X_{nj}}(t) - \left(1 - t^2\sigma_{nj}^2/2\right)\right| \to 0. \tag{1.95}$$

由条件 (1.92), 对任意 $\epsilon > 0$, $\max_{j\leqslant k_n}\sigma_{nj}^2 \leqslant \epsilon^2 + \max_{j\leqslant k_n} E(X_{nj}^2 I_{\{|X_{nj}|>\epsilon\}}) \to \epsilon^2$. 因此

$$\lim_{n\to\infty}\max_{j\leqslant k_n}\frac{\sigma_{nj}^2}{\sigma_n^2} = 0. \tag{1.96}$$

(注意到, 方便起见已假定 $\sigma_n^2 = 1$.) 这表明当 n 足够大时, $1 - t^2\sigma_{nj}^2$ 介于 0 和 1 之间. 对于任意复数 a_j 和 b_j, $|a_j| \leqslant 1$ 和 $|b_j| \leqslant 1$, $j = 1, ..., m$, 利用不等式

$$|a_1\cdots a_m - b_1\cdots b_m| \leqslant \sum_{j=1}^{m}|a_j - b_j|$$

可得

$$\left|\prod_{j=1}^{k_n} e^{-t^2\sigma_{nj}^2/2} - \prod_{j=1}^{k_n}\left(1-t^2\sigma_{nj}^2/2\right)\right| \leqslant \sum_{j=1}^{k_n}\left|e^{-t^2\sigma_{nj}^2/2} - \left(1-t^2\sigma_{nj}^2/2\right)\right|,$$

其小于等于 $t^4\sum_{j=1}^{k_n}\sigma_{nj}^4 \leqslant t^4\max_{j\leqslant k_n}\sigma_{nj}^2 \to 0$, 因为 $|e^x-1-x|\leqslant x^2/2$(若 $|x|\leqslant\frac{1}{2}$ 且 $\sum_{j=1}^{k_n}\sigma_{nj}^2=\sigma_n^2=1$). 又有,

$$\left|\prod_{j=1}^{k_n}\phi_{X_{nj}}(t) - \prod_{j=1}^{k_n}\left(1-t^2\sigma_{nj}^2/2\right)\right|$$

以 (1.95) 左边的量为界, 根据 (1.95) 其收敛到 0. 因此,

$$\prod_{j=1}^{k_n}\phi_{X_{nj}}(t) = \prod_{j=1}^{k_n} e^{-t^2\sigma_{nj}^2/2} + o(1) = e^{-t^2/2} + o(1).$$

这说明 $\sum_{j=1}^{k_n} X_{nj}$ 的 ch.f., 对于每个 t 收敛到 $N(0,1)$ 的 ch.f. 根据定理 1.9(ii) 可以得到结果. ∎

条件 (1.92) 称为 Lindeberg 条件. 由定理 1.15 的证明可知, Lindeberg 条件能推出 (1.96), 称为 Feller 条件. Feller 条件 (1.96) 意味着当 $n\to\infty$ 时, $\sigma_n^2=\sum_{j=1}^{k_n}\sigma_{nj}^2$ 中的每一项都是一致可以忽略的. 如果假定 Feller 条件, 那么 Lindeberg 条件是 (1.93) 的充分必要条件, 这就是著名的 Lindeberg-Feller 中心极限定理. 证明参见 Billingsley (1986, pp. 373–375). 注意到, Lindeberg 和 Feller 条件单独都不是 (1.93) 的必要条件 (练习 158).

Lindeberg 条件的一个充分条件是下面的 Liapounov 条件, 这个条件相对容易验证:

$$\sum_{j=1}^{k_n} E|X_{nj}-EX_{nj}|^{2+\delta} = o(\sigma_n^{2+\delta}) \quad 对某一\ \delta>0. \tag{1.97}$$

例 1.33. 设 $X_1, X_2, \ldots$ 是独立随机变量. 假设 X_i 服从二项分布 $Bi(p_i,1)$, $i=1,2,\ldots$, 当 $n\to\infty$ 时, $\sigma_n^2=\sum_{i=1}^n \mathrm{Var}(X_i)=\sum_{i=1}^n p_i(1-p_i)\to\infty$. 对于每个 i, $EX_i=p_i$, $E|X_i-EX_i|^3=(1-p_i)^3p_i+p_i^3(1-p_i)\leqslant 2p_i(1-p_i)$. 因此, $\sum_{i=1}^n E|X_i-EX_i|^3\leqslant 2\sigma_n^2$, 即 Liapounov 条件 (1.97) 当 $\delta=1$ 时成立. 根据定理 1.15,

$$\frac{1}{\sigma_n}\sum_{i=1}^n (X_i-p_i) \to_d N(0,1). \tag{1.98}$$

可以证明 (练习), 条件 $\sigma_n \to \infty$ 也是 (1.98) 的必要条件. ∎

下面为定理 1.15(以及定理 1.9(iii)) 的重要推论. 事实上, 例 1.28 中已经证明了推论 1.2. 推论 1.3 的证明留作练习.

推论 1.2 (多元中心极限定理). 设 $X_1, ..., X_n$ 是独立同分布的 k 维随机向量, 具有有限的 $\Sigma = \text{Var}(X_1)$. 那么

$$\frac{1}{\sqrt{n}}\sum_{i=1}^{n}(X_i - EX_1) \to_d N_k(0, \Sigma). \quad ∎$$

推论 1.3. 设 $X_{ni} \in \mathcal{R}^{m_i}$ 是独立随机向量, $i = 1, ..., k_n$, $m_i \leqslant m$(一个固定整数), 当 $n \to \infty$ 时, $k_n \to \infty$, 且 $\inf_{i,n} \lambda_-[\text{Var}(X_{ni})] > 0$, 其中 $\lambda_-[A]$ 是 A 的最小特征值. 设 $c_{ni} \in \mathcal{R}^{m_i}$ 是一个向量, 使得

$$\lim_{n\to\infty}\left(\max_{1\leqslant i\leqslant k_n}\|c_{ni}\|^2 \Big/ \sum_{i=1}^{k_n}\|c_{ni}\|^2\right) = 0.$$

(i) 假设对于某个 $\delta > 0$, $\sup_{i,n} E\|X_{ni}\|^{2+\delta} < \infty$, 那么

$$\sum_{i=1}^{k_n} c_{ni}^\tau (X_{ni} - EX_{ni}) \Big/ \left[\sum_{i=1}^{k_n}\text{Var}(c_{ni}^\tau X_{ni})\right]^{1/2} \to_d N(0, 1). \tag{1.99}$$

(ii) 假设只要 $m_i = m_j$, $1 \leqslant i < j \leqslant k_n$, $n = 1, 2, ...$, X_{ni} 和 X_{nj} 就具有相同的分布, 且 $E\|X_{ni}\|^2 < \infty$, 那么 (1.99) 成立. ∎

这些推论的应用参见之后的章节.

Lindeberg 中心极限定理的一个推广称为鞅中心极限定理. 在定理 1.15 中, 如果 X_{nj} 的独立性假设用 $\{Y_n\}$ 是鞅代替, $j = 1, ..., k_n$, 且

$$\frac{1}{\sigma_n^2}\sum_{j=1}^{k_n} E[(X_{nj} - EX_{nj})^2 | X_{n1}, ..., X_{n(j-1)}] \to_p 1,$$

其中 $Y_n = \sum_{j=1}^{k_n}(X_{nj} - EX_{nj})$ (若 $n \leqslant k_n$), $Y_n = Y_{k_n}$ (若 $n > k_n$), 且 X_{n0} 定义为 0, 那么 (1.93) 仍然成立 (参见 Billingsley (1986, p. 498) 和 Sen and Singer (1993, p. 120)).

更多关于中心极限定理的结果参见 Serfling (1980) 和 Shorack and Wellner (1986).

设 Y_n 是一列随机变量, $\{\mu_n\}$ 和 $\{\sigma_n\}$ 是一列实数, 使得对于所有 n, $\sigma_n > 0$, 且 $(Y_n-\mu_n)/\sigma_n \to_d N(0,1)$. 根据命题 1.16,

$$\lim_{n\to\infty}\sup_x |F_{(Y_n-\mu_n)/\sigma_n}(x)-\Phi(x)|=0, \tag{1.100}$$

其中 Φ 是 $N(0,1)$ 的 c.d.f. 这表明 $\lim_{n\to\infty}|P(Y_n\leqslant c_n)-\Phi\big(\frac{c_n-\mu_n}{\sigma_n}\big)|=0$ 对于任意实数序列 $\{c_n\}$ 成立, 即 $P(Y_n\leqslant c_n)$ 可以用 $\Phi\big(\frac{c_n-\mu_n}{\sigma_n}\big)$ 近似, 无论 $\{c_n\}$ 是否存在极限. 由于 $\Phi\big(\frac{t-\mu_n}{\sigma_n}\big)$ 是 $N(\mu_n,\sigma_n^2)$ 的 c.d.f., 所以 Y_n 称为近似服从 $N(\mu_n,\sigma_n^2)$ 或者简称为近似正态. 例如, 推论 1.3 中的 $\sum_{i=1}^{k_n}c_{ni}^\tau X_{ni}$ 是近似正态的. 这可以推广到随机向量上. 例如, 推论 1.2 中的 $\sum_{i=1}^n X_i$ 近似服从分布 $N_k(nEX_1,n\Sigma)$.

1.5.6 Edgeworth 和 Cornish-Fisher 展开

设 $\{Y_n\}$ 是一列随机变量, 满足 (1.100), $W_n=(Y_n-\mu_n)/\sigma_n$. (1.100) 的收敛速度可以用于评估 Φ 是否提供了一个对 c.d.f. F_{W_n} 好的近似. 再者, 有时候我们想找一个 F_{W_n} 的近似, 从收敛速度的角度来说优于 Φ. Edgeworth 展开就是这样一个很好的工具.

为了说明这个思想, 令 $W_n=n^{-1/2}\sum_{i=1}^n(X_i-\mu)/\sigma$, 其中 $X_1,X_2,\ldots$ 是独立同分布的随机变量, $EX_1=\mu$ 且 $\mathrm{Var}(X_1)=\sigma^2$. 假定 $Z=(X_1-\mu)/\sigma$ 的 m.g.f. 在 0 的一个邻域内是有限和正的. 根据 (1.55), Z 的累积量母函数可以展开为

$$\kappa(t)=\sum_{j=1}^\infty\frac{\kappa_j}{j!}t^j,$$

其中 κ_j 是 Z 的累积量, $j=1,2,\ldots$(例如, $\kappa_1=0$, $\kappa_2=1$, $\kappa_3=EZ^3$, 且 $\kappa_4=EZ^4-3$), W_n 的 m.g.f. 等于

$$\psi_n(t)=\big[\exp\{\kappa(t/\sqrt{n})\}\big]^n=\exp\left\{\frac{t^2}{2}+\sum_{j=3}^\infty\frac{\kappa_jt^j}{j!n^{(j-2)/2}}\right\},$$

其中 $\exp\{x\}$ 表示指数函数 e^x. 利用 $e^{t^2/2}$ 的级数展开,

$$\psi_n(t)=e^{t^2/2}+n^{-1/2}r_1(t)e^{t^2/2}+\cdots+n^{-j/2}r_j(t)e^{t^2/2}+\cdots, \tag{1.101}$$

其中 r_j 是依赖 $\kappa_3,\ldots,\kappa_{j+2}$ 的 $3j$ 次多项式, 但是与 n 无关, $j=1,2,\ldots$. 例如, 可以证明 (练习)

$$r_1(t)=\frac{1}{6}\kappa_3t^3,\quad r_2(t)=\frac{1}{24}\kappa_4t^4+\frac{1}{72}\kappa_3^2t^6. \tag{1.102}$$

由于 $\psi_n(t)=\int e^{tx}dF_{W_n}(x)$ 和 $e^{t^2/2}=\int e^{tx}d\Phi(x)$, (1.101) 展开提示了逆展开

$$F_{W_n}(x)=\Phi(x)+n^{-1/2}R_1(x)+\cdots+n^{-j/2}R_j(x)+\cdots,$$

其中函数 $R_j(x)$ 满足 $\int e^{tx}dR_j(x)=r_j(t)e^{t^2/2}$, $j=1,2,\ldots$. 设 $\nabla^j=\frac{d^j}{dx^j}$ 表示微分算子, $\nabla=\nabla^1$. 那么 $R_j(x)=r_j(-\nabla)\Phi(x)$, $j=1,2,\ldots$, 其中 $r_j(-\nabla)$ 是微分算子. 因此, 只要给出 r_j, 就能得到 R_j. 根据 (1.102), 可以得到 (练习)

$$R_1(x)=-\frac{1}{6}\kappa_3(x^2-1)\Phi'(x) \tag{1.103}$$

和

$$R_2(x)=-\left[\frac{1}{24}\kappa_4x(x^2-3)+\frac{1}{72}\kappa_3^2x(x^4-10x^2+15)\right]\Phi'(x). \tag{1.104}$$

对于更一般的 W_n, Edgeworth 展开的一个严格表述在下面的定理中给出, 证明参见 Hall (1992).

定理 1.16 (Edgeworth 展开). 设 m 是一个正整数, $X_1,X_2,\ldots$ 是具有有限 $m+2$ 阶矩的独立同分布 k 维随机向量. 考虑 $W_n=\sqrt{n}h(\bar{X})/\sigma_h$, 其中 $\bar{X}=n^{-1}\sum_{i=1}^n X_i$, h 是 $\mathcal{R}^k$ 上的在 $\mu=EX_1$ 的一个邻域内 $m+2$ 次连续可微的 Borel 函数, $h(\mu)=0$, 且 $\sigma_h^2=[\nabla h(\mu)]^\tau \mathrm{Var}(X_1)\nabla h(\mu)>0$. 假定

$$\limsup_{\|t\|\to\infty}|\phi_{X_1}(t)|<1, \tag{1.105}$$

其中 ϕ_{X_1} 是 X_1 的 ch.f. 那么, F_{W_n} 有 Edgeworth 展开

$$\sup_x\left|F_{W_n}(x)-\Phi(x)-\sum_{j=1}^m\frac{p_j(x)\Phi'(x)}{n^{j/2}}\right|=o\left(\frac{1}{n^{m/2}}\right), \tag{1.106}$$

其中 $p_j(x)$ 是最高次为 $3j-1$ 的多项式, 当 j 是偶数时它为奇数, 当 j 是奇数时它为偶数, $p_j(x)$ 的系数依赖 X_1 的前 $m+2$ 阶矩, $j=1,\ldots,m$. 特别地,

$$p_1(x)=-c_1\sigma_h^{-1}+6^{-1}c_2\sigma_h^{-3}(x^2-1), \tag{1.107}$$

其中, 常数 $c_1=2^{-1}\sum_{i=1}^k\sum_{j=1}^k a_{ij}\mu_{ij}$, $c_2=\sum_{i=1}^k\sum_{j=1}^k\sum_{l=1}^k a_ia_ja_l\mu_{ijl}+3\sum_{i=1}^k\sum_{j=1}^k\sum_{l=1}^k\sum_{h=1}^k a_ia_ja_{lh}\mu_{il}\mu_{jh}$, a_i 是 $\nabla h(\mu)$ 的第 i 个分量, a_{ij} 是 Hesse 矩阵 $\nabla^2h(\mu)$ 的第 (i,j) 个元素, $\mu_{ij}=E(Y_iY_j)$, $\mu_{ijl}=E(Y_iY_jY_l)$, Y_i 是 $X_1-\mu$ 的第 i 个分量. ∎

条件 (1.105) 是 Cramér 连续性条件. 如果 X_1 的一个分量存在 Lebesgue p.d.f., 则该条件满足. 利用得到 (1.103) 和 (1.104) 的方法, 可以求得多项式 p_j, $j \geqslant 2$, 但是推导通常很复杂 (参见 Hall (1992)).

在定理 1.16 的条件下, (1.100) 的收敛速度是 $O(n^{-1/2})$, 作为 F_{W_n} 的一个近似, $\Phi + \sum_{j=1}^{m} n^{-j/2} p_j \Phi'$ 优于 Φ, 因为它的收敛速度是 $o(n^{-m/2})$.

定理 1.16 的结果可以用于多种情况, 由下面的例子来说明.

例 1.34. 设 $\bar{X} = n^{-1}\sum_{i=1}^{n} X_i$, 其中 $X_1, X_2, \ldots$ 是独立同分布随机变量, 满足条件 (1.105). 首先, 考虑标准化随机变量 $W_n = \sqrt{n}(\bar{X} - \mu)/\sigma$, 其中 $\mu = EX_1$, $\sigma^2 = \mathrm{Var}(X_1)$. 那么, 可以应用定理 1.16, $h(x) = x - \mu$ 且 $\sigma_h^2 = \sigma^2$. 若 $E|X_1|^{m+2} < \infty$, 则 (1.106) 中的 Edgeworth 展开成立. 在这种情况下, (1.103) 和 (1.104) 能推出 $p_j(x) = R_j(x)/\Phi'(x)$, $j = 1, 2$.

接下来, 考虑 studentized 随机变量 $W_n = \sqrt{n}(\bar{X} - \mu)/\hat{\sigma}$, 其中 $\hat{\sigma}^2 = n^{-1}\sum_{i=1}^{n}(X_i - \bar{X})^2$. 假定 $EX_1^{2m+4} < \infty$, 对随机向量 (X_i, X_i^2), $i = 1, 2, \ldots$, $h(x, y) = (x - \mu)/\sqrt{(y - x^2)}$ 利用定理 1.16, 我们可以得到 Edgeworth 展开 (1.106), 其中 $\sigma_h = 1$,

$$p_1(x) = \frac{1}{6}\kappa_3(2x^2 + 1)$$

(练习). 进一步, Hall (1992, p. 73) 发现,

$$p_2(x) = \frac{1}{12}\kappa_4 x(x^2 - 3) - \frac{1}{18}\kappa_3^2 x(x^4 + 2x^2 - 3) - \frac{1}{4}x(x^2 + 3).$$

现在考虑随机变量 $\sqrt{n}(\hat{\sigma}^2 - \sigma^2)$. 定理 1.16 可以应用于随机向量 (X_i, X_i^2), $i = 1, 2, \ldots$, $h(x, y) = (y - x^2 - \sigma^2)$. 假定 $EX_1^{2m+4} < \infty$. 可以证明 (练习), (1.106) 中的 Edgeworth 展开成立, $W_n = \sqrt{n}(\hat{\sigma}^2 - \sigma^2)/\sigma_h$, $\sigma_h^2 = E(X_1 - \mu)^4 - \sigma^4$, 且

$$p_1(x) = (\nu_4 - 1)^{-1/2}\left[1 - \frac{1}{6}(\nu_4 - 1)^{-1}(\nu_6 - 3\nu_4 - 6\nu_3^2 + 2)(x^2 - 1)\right],$$

其中 $\nu_j = \sigma^{-j}E(X_1 - \mu)^j$, $j = 3, \ldots, 6$.

最后, 我们考虑 studentized 随机变量 $W_n = \sqrt{n}(\hat{\sigma}^2 - \sigma^2)/\hat{\tau}$, 其中 $\hat{\tau}^2 = n^{-1}\sum_{i=1}^{n}(X_i - \bar{X})^4 - \hat{\sigma}^4$. 定理 1.16 可以应用于随机向量 $(X_i, X_i^2, X_i^3, X_i^4)$, $i = 1, 2, \ldots$,

$$h(x, y, z, w) = (y - x^2 - \sigma^2)[w - y^2 - 4xz + 8x^2y - 4x^4]^{-1/2}.$$

假定 $EX_1^{4m+8} < \infty$. 可以证明 (练习), (1.106) 中的 Edgeworth 展开成立,

$\sigma_h^2 = 1$ 和

$$p_1(x) = -(\nu_4 - 1)^{-3/2}\left[\frac{1}{2}(4\nu_3^2 + \nu_4 - \nu_6) + \frac{1}{3}(3\nu_3^2 + 3\nu_4 - \nu_6 - 2)(x^2 - 1)\right]. \quad \blacksquare$$

逆 Edgeworth 展开称为 Cornish-Fisher 展开, 在统计学中非常有用 (参见 §7.4). 对于 $\alpha \in (0,1)$, 令 $z_\alpha = \Phi^{-1}(\alpha)$. 由于 c.d.f. F_{W_n} 可能不是严格递增和连续的, 我们定义 $w_{n\alpha} = \inf\{x : F_{W_n}(x) \geqslant \alpha\}$. 下面的结果参见 Hall (1992).

定理 1.17 (Cornish-Fisher 展开). 在定理 1.16 的条件下, $w_{n\alpha}$ 有 Cornish-Fisher 展开

$$\sup_{\epsilon<\alpha<1-\epsilon}\left|w_{n\alpha} - z_\alpha - \sum_{j=1}^{m}\frac{q_j(z_\alpha)}{n^{j/2}}\right| = o\left(\frac{1}{n^{m/2}}\right), \tag{1.108}$$

其中 ϵ 是 $(0, \frac{1}{2})$ 中任意的常数, q_j 是依赖 (1.106) 中 p_j 的多项式. $\blacksquare$

利用 (1.106) 和 (1.108), 可以确定 (1.108) 中的多项式. 通过求 q_1 和 q_2 举例说明. 不失一般性, 假定 $F_{W_n}(w_{n\alpha}) = \alpha$(为什么?). 利用 (1.106)、(1.108), 对 $\Phi(w_{n\alpha})$、$p_1(w_{n\alpha})\Phi'(w_{n\alpha})$ 和 $p_2(w_{n\alpha})\Phi'(w_{n\alpha})$ 在 z_α 处进行 Taylor 展开, 以及 $\Phi''(x) = -x\Phi'(x)$, 我们可以得到

$$\begin{aligned}
\alpha &= \Phi(w_{n\alpha}) + n^{-1/2}p_1(w_{n\alpha})\Phi'(w_{n\alpha}) + n^{-1}p_2(w_{n\alpha})\Phi'(w_{n\alpha}) \\
&= \Phi(z_\alpha) + \{n^{-1/2}q_1(z_\alpha) + n^{-1}q_2(z_\alpha) - \frac{1}{2}[n^{-1/2}q_1(z_\alpha)]^2 z_\alpha\}\Phi'(z_\alpha) \\
&\quad + n^{-1/2}\{p_1(z_\alpha) + n^{-1/2}q_1(z_\alpha)[p_1'(z_\alpha) - z_\alpha p_1(z_\alpha)]\}\Phi'(z_\alpha) \\
&\quad + n^{-1}p_2(z_\alpha)\Phi'(z_\alpha) + o(n^{-1}) \\
&= \alpha + n^{-1/2}[q_1(z_\alpha) + p_1(z_\alpha)]\Phi'(z_\alpha) + n^{-1}\{q_2(z_\alpha) - \frac{1}{2}z_\alpha[q_1(z_\alpha)]^2 \\
&\quad + q_1(z_\alpha)[p_1'(z_\alpha) - z_\alpha p_1(z_\alpha)] + p_2(z_\alpha)\}\Phi'(z_\alpha) + o(n^{-1}).
\end{aligned}$$

忽略阶数为 $o(n^{-1})$ 的项, 可知

$$q_1(x) = -p_1(x)$$

和

$$q_2(x) = p_1(x)p_1'(x) - \frac{1}{2}x[p_1(x)]^2 - p_2(x).$$

基于非独立同分布 X_i 或者其他独立变量, 定理 1.16 中 W_n 的 Edgeworth 和 Cornish-Fisher 展开参见 Hall (1992)、Barndorff-Nielsen and Cox (1994) 以及 Shao and Tu (1995).

1.6 练习

1. 设 A 和 B 是样本空间 Ω 上的两个非空真子集, $A \neq B$ 且 $A \cap B \neq \varnothing$. 求 $\sigma(\{A, B\})$, 即包含 A 和 B 的最小 σ 域.

2. 设 $\mathcal{C}$ 是 Ω 子集的集类, 令 $\Gamma = \{\mathcal{F} : \mathcal{F}$ 是 Ω 上的 σ 域, $\mathcal{C} \subset \mathcal{F}\}$. 证明 $\Gamma \neq \varnothing$ 和 $\sigma(\mathcal{C}) = \cap_{\mathcal{F} \in \Gamma} \mathcal{F}$.

3. 设 $(\Omega, \mathcal{F}_j)$ 是可测空间, $j = 1, 2, ...$, 有 $\mathcal{F}_j \subset \mathcal{F}_{j+1}$, $j = 1, 2, ...$ 那么 $\cup_j \mathcal{F}_j$ 是否为 σ 域?

4. 设 $\mathcal{C}$ 是形如 $(a, b]$ 的区间的集类, 其中 $-\infty < a < b < \infty$, 设 $\mathcal{D}$ 是 $\mathcal{R}$ 上闭集的集类. 证明 $\mathcal{B} = \sigma(\mathcal{C}) = \sigma(\mathcal{D})$, 其中 $\mathcal{B}$ 是 $\mathcal{R}$ 上的 Borel σ 域.

5. (π 系和 λ 系). Ω 子集的集类 $\mathcal{C}$ 称为 π 系, 当且仅当 $A \in \mathcal{C}$ 和 $B \in \mathcal{C}$ 能推出 $A \cap B \in \mathcal{C}$. Ω 子集的集类 $\mathcal{D}$ 称为 λ 系, 当且仅当 (i) $\Omega \in \mathcal{D}$, (ii) $A \in \mathcal{D}$ 能推出 $A^c \in \mathcal{D}$, (iii) 不相交的 $A_j \in \mathcal{D}$, $j = 1, 2, ...$, 能推出 $\cup_j A_j \in \mathcal{D}$.

(a) 证明, 如果 $\mathcal{C}$ 是 π 系, $\mathcal{D}$ 是 λ 系, 那么 $\mathcal{C} \subset \mathcal{D}$ 能推出 $\sigma(\mathcal{C}) \subset \mathcal{D}$;

(b) 证明, $\mathcal{D}$ 是 λ 系, 当且仅当以下条件成立: (i) $\Omega \in \mathcal{D}$, (ii) $A \in \mathcal{D}$, $B \in \mathcal{D}$, $A \subset B$ 能推出 $A^c \cap B \in \mathcal{D}$, (iii) $A_j \in \mathcal{D}$, $A_j \subset A_{j+1}$, $j = 1, 2, ...$, 能推出 $\cup_j A_j \in \mathcal{D}$.

6. 证明命题 1.1(ii) 和 (iii).

7. 设 ν_i 是 $(\Omega, \mathcal{F})$ 上的测度, $i = 1, 2, ...$, 且 a_i 是正数, $i = 1, 2, ...$ 证明 $a_1\nu_1 + a_2\nu_2 + \cdots$ 是 $(\Omega, \mathcal{F})$ 上的测度.

8. 设 $\{A_n\}$ 是概率空间 $(\Omega, \mathcal{F}, P)$ 上的一列事件. 定义 $\limsup_n A_n = \cap_{n=1}^{\infty} \cup_{i=n}^{\infty} A_i$, $\liminf_n A_n = \cup_{n=1}^{\infty} \cap_{i=n}^{\infty} A_i$. 证明 $P(\liminf_n A_n) \leqslant \liminf_n P(A_n)$ 和 $\limsup_n P(A_n) \leqslant P(\limsup_n A_n)$.

9. 证明命题 1.2.

10. 设 $F(x_1, ..., x_k)$ 是 $\mathcal{R}^k$ 上的 c.d.f. 证明:

(a) 当 $x_k \leqslant x_k'$ 时, $F(x_1, ..., x_{k-1}, x_k) \leqslant F(x_1, ..., x_{k-1}, x_k')$;

(b) 对于任意 $1 \leqslant i \leqslant k$, $\lim_{x_i \to -\infty} F(x_1, ..., x_k) = 0$;

(c) $F(x_1, ..., x_{k-1}, \infty) = \lim_{x_k \to \infty} F(x_1, ..., x_{k-1}, x_k)$ 是 $\mathcal{R}^{k-1}$ 上的 c.d.f.

11. 设 $(\Omega_i, \mathcal{F}_i) = (\mathcal{R}, \mathcal{B})$, $i = 1, ..., k$. 证明乘积 σ 域 $\sigma(\mathcal{F}_1 \times \cdots \times \mathcal{F}_k)$ 是由 $\mathcal{R}^k$ 上所有开集生成的 σ 域.

12. 设 ν 和 λ 是 $(\Omega,\mathcal{F})$ 上的两个测度, 对于任意 $A\in\mathcal{C}$, 有 $\nu(A)=\lambda(A)$, 其中 $\mathcal{C}\subset\mathcal{F}$, $\mathcal{C}$ 是 π 系 (即当 A 和 B 属于 $\mathcal{C}$ 时, $A\cap B\in\mathcal{C}$). 假定存在 $A_i\in\mathcal{C}$, $i=1,2,...$, $\cup A_i=\Omega$ 且 $\nu(A_i)<\infty$ 对所有 i 成立. 证明命题 1.3 的唯一性部分. (提示: 证明 $\{A\in\sigma(\mathcal{C}):\nu(A)=\lambda(A)\}$ 是 σ 域.)

13. 设 f 是 Ω 到 Λ 的一个函数. 证明:

(a) $f^{-1}(B^c)=(f^{-1}(B))^c$ 和 $f^{-1}(\cup B_i)=\cup f^{-1}(B_i)$;

(b) $\sigma(f^{-1}(\mathcal{C}))=f^{-1}(\sigma(\mathcal{C}))$, 其中 $\mathcal{C}$ 是 Λ 子集的集类.

14. 证明命题 1.4.

15. 证明 $\mathcal{R}$ 到 $\mathcal{R}$ 的单调函数是 Borel 函数, 且 $\mathcal{R}^k$ 上的 c.d.f. 是 Borel 函数.

16. 设 f 是 $(\Omega,\mathcal{F})$ 到 $(\Lambda,\mathcal{G})$ 的一个函数, $A_1,A_2,...$ 是 $\mathcal{F}$ 上的不相交事件, $\cup A_i=\Omega$. 设 f_n 是 $(A_n,\mathcal{F}_{A_n})$ 到 $(\Lambda,\mathcal{G})$ 的函数, 使得对于任意 $\omega\in A_n$, $n=1,2,...$, $f_n(\omega)=f(\omega)$. 证明 f 是 $(\Omega,\mathcal{F})$ 到 $(\Lambda,\mathcal{G})$ 的可测函数当且仅当对于每个 n, f_n 是 $(A_n,\mathcal{F}_{A_n})$ 到 $(\Lambda,\mathcal{G})$ 的可测函数.

17. 设 f 是 $(\Omega,\mathcal{F})$ 上的非负 Borel 函数. 证明 f 是 $(\Omega,\mathcal{F})$ 上一列简单函数 $\{\varphi_n\}$ 的极限, 其中 $0\leqslant\varphi_1\leqslant\varphi_2\leqslant\cdots\leqslant f$.

18. 设 $\prod_{i=1}^k(\Omega_i,\mathcal{F}_i)$ 是一个乘积可测空间.

(a) 设 π_i 是第 i 个映射, 即 $\pi_i(\omega_1,...,\omega_k)=\omega_i$, $\omega_i\in\Omega_i$, $i=1,...,k$. 证明 $\pi_1,...,\pi_k$ 是可测的;

(b) 设 f 是 $\prod_{i=1}^k\Omega_i$ 上的函数, $g_i(\omega_i)=f(\omega_1,...,\omega_i,...,\omega_k)$, 其中 ω_j 是 Ω_j 上的一个固定点, $j=1,...,k$, 但是 $j\neq i$, $i=1,...,k$. 证明, 如果 f 是 $\prod_{i=1}^k(\Omega_i,\mathcal{F}_i)$ 上的 Borel 函数, 那么 $g_1,...,g_k$ 是 Borel 函数;

(c) 在 (b) 中, 如果 $g_1,...,g_k$ 是 Borel 函数, f 是否为 Borel 函数?

19. 设 $\{f_n\}$ 是可测空间上的一列 Borel 函数. 证明:

(a) $\sigma(f_1,f_2,...)=\sigma\left(\cup_{j=1}^\infty\sigma(f_j)\right)=\sigma\left(\cup_{j=1}^\infty\sigma(f_1,...,f_j)\right)$;

(b) $\sigma(\limsup_n f_n)\subset\cap_{n=1}^\infty\sigma(f_n,f_{n+1},...)$.

20. (Egoroff 定理). 假设 $\{f_n\}$ 是测度空间 $(\Omega,\mathcal{F},\nu)$ 上的一列 Borel 函数, 对于 $\omega\in A$, 有 $f_n(\omega)\to f(\omega)$, $\nu(A)<\infty$. 证明对于任意 $\epsilon>0$, 存在一个 $B\subset A$, $\nu(B)<\epsilon$, 使得在 $A\cap B^c$ 上, $f_n(\omega)$ 一致收敛到 $f(\omega)$.

21. 证明例 1.5 中的 (1.14).

22. 证明命题 1.5 和命题 1.6(i).

23. 设 ν_i 是 $(\Omega,\mathcal{F})$ 上的测度, $i=1,2$, f 是 Borel 函数. 证明

$$\int fd(\nu_1+\nu_2)=\int fd\nu_1+\int fd\nu_2,$$

即如果等式其中一边有定义, 那么另一边也有定义, 且两边相等.

24. 设 f 是 $(\Omega,\mathcal{F},\nu)$ 上的可积 Borel 函数. 证明对于每个 $\epsilon>0$, 存在一个 δ_ϵ, 使得 $\nu(A)<\delta_\epsilon$ 且 $A\in\mathcal{F}$ 能推出 $\int_A|f|d\nu<\epsilon$.

25. 证明定理 1.1(i) 和 (iii) 是等价的.

26. 证明定理 1.2.

27. 证明定理 1.3. (提示: 首先考虑简单非负 f.)

28. 考虑例 1.9. 证明 (1.17) 对以下函数列不成立:

$$f(i,j)=\begin{cases}1, & i=j,\\ -1, & i=j-1,\\ 0, & \text{其他}.\end{cases}$$

这是否和 Fubini 定理相矛盾?

29. 设 f 是 $(\Omega,\mathcal{F},\nu)$ 上的非负 Borel 函数, 其中 ν 是 σ 有限的, $A=\{(\omega,x)\in\Omega\times\mathcal{R}:0\leqslant x\leqslant f(\omega)\}$, m 是 $(\mathcal{R},\mathcal{B})$ 上的 Lebesgue 测度. 证明 $A\in\sigma(\mathcal{F}\times\mathcal{B})$ 和 $\int_\Omega fd\nu=\nu\times m(A)$.

30. 对于任意 c.d.f. F 和任意 $a\geqslant 0$, 证明 $\int[F(x+a)-F(x)]dx=a$.

31. (分部积分法). 设 F 和 G 是 $\mathcal{R}$ 上的两个 c.d.f. 证明, 如果 F 和 G 在区间 $(a,b]$ 上没有公共的不连续点, 那么 $\int_{(a,b]}G(x)dF(x)=F(b)G(b)-F(a)G(a)-\int_{(a,b]}F(x)dG(x)$.

32. 设 f 是 $\mathcal{R}^2$ 上的 Borel 函数, 对每个 $x\in\mathcal{R}$ 存在 $\mathcal{R}$ 上的 Borel 集 C_x, $m(C_x)=0$, m 是 Lebesgue 测度, 有 $f(x,y)=0$ 对每个 $y\notin C_x$ 成立. 证明, 存在 $\mathcal{R}$ 上的 Borel 集 C, $m(C)=0$, 对于每个 $y\notin C$, 存在 $\mathcal{R}$ 上的 Borel 集 B_y, $m(B_y)=0$, 当 $x\notin B_y$ 时, 有 $f(x,y)=0$.

33. 考虑例 1.11. 证明如果 (1.21) 成立, 那么对于任意 Borel 集 A, $P(A)=\int_A f(x)dx$. (提示: $\mathcal{A}=\{A:P(A)=\int_A f(x)dx\}$ 是包含所有形如 $(-\infty,x]$ 集合的 σ 域.)

34. 证明命题 1.7.

35. 设 $\{a_n\}$ 是正数数列, 满足 $\sum_{n=1}^{\infty} a_n = 1$, 设 $\{P_n\}$ 是公共可测空间上的一列概率测度. 定义 $P = \sum_{n=1}^{\infty} a_n P_n$.

(a) 证明 P 是一个概率测度;

(b) 证明对于所有 n 和测度 ν, $P_n \ll \nu$, 当且仅当 $P \ll \nu$, 且当 $P \ll \nu$ 和 ν 是 σ 有限时, $\frac{dP}{d\nu} = \sum_{n=1}^{\infty} a_n \frac{dP_n}{d\nu}$;

(c) 当 P_n 是 gamma 分布 $\Gamma(\alpha, n^{-1})$(表 1.2) 且 $\alpha > 1$ 时, 求 P 的 Lebesgue p.d.f., 其中 a_n 与 $n^{-\alpha}$ 成比例.

36. 设 F_i 是一个 c.d.f., 对应的 Lebesgue p.d.f. 为 f_i, $i = 1, 2$. 假定存在 $c \in \mathcal{R}$, 使得 $F_1(c) < F_2(c)$. 定义

$$F(x) = \begin{cases} F_1(x), & -\infty < x < c, \\ F_2(x), & c \leqslant x < \infty. \end{cases}$$

证明, 对应于 F 的概率测度 P 满足 $P \ll m + \delta_c$, 并求 $dP/d(m + \delta_c)$, 其中 $m + \delta_c$ 在 (1.23) 中给出.

37. 设 (X, Y) 是一个 2 维随机向量, 具有如下 Lebesgue p.d.f.:

$$f(x, y) = \begin{cases} 8xy, & 0 \leqslant x \leqslant y \leqslant 1, \\ 0, & \text{其他}. \end{cases}$$

求 X 和 Y 的边际 p.d.f. X 和 Y 是否相互独立?

38. 设 (X, Y, Z) 是一个 3 维随机向量, 具有如下 Lebesgue p.d.f.:

$$f(x, y, z) = \begin{cases} \dfrac{1 - \sin x \sin y \sin z}{8\pi^3}, & 0 \leqslant x \leqslant 2\pi, 0 \leqslant y \leqslant 2\pi, 0 \leqslant z \leqslant 2\pi, \\ 0, & \text{其他}. \end{cases}$$

证明 X, Y 和 Z 不是相互独立的, 但两两独立.

39. 不使用定义 1.7 中独立性的定义证明引理 1.1.

40. 设 X 是一个随机变量, 有连续的 c.d.f. F. 证明 $Y = F(X)$ 服从均匀分布 $U(0, 1)$(表 1.2).

41. 设 U 是一个随机变量, 服从均匀分布 $U(0, 1)$, 且 F 是 c.d.f. 证明 $Y = F^{-1}(U)$ 的 c.d.f. 为 F, 其中 $F^{-1}(t) = \inf\{x \in \mathcal{R} : F(x) \geqslant t\}$.

42. 证明命题 1.8.

43. 设 $X = N_k(\mu, \Sigma)$, Σ 正定.

(a) 设 $Y = AX + c$, 其中 A 是 $l \times k$ 矩阵, 秩为 $l \leqslant k$, $c \in \mathcal{R}^l$. 证明 Y 服从 $N_l(A\mu + c, A\Sigma A^\tau)$ 分布;

(b) 证明 X 的各个分量相互独立, 当且仅当 Σ 是对角矩阵;

(c) 设 Λ 正定, $Y = N_m(\eta, \Lambda)$ 与 X 独立. 证明 $(X, Y) = N_{k+m}((\mu, \eta), D)$, 其中 D 是分块对角矩阵, 对角的两个分块分别为 Σ 和 Λ.

44. 设随机变量 X 有 Lebesgue p.d.f. $\frac{2x}{\pi^2} I_{(0,\pi)}(x)$. 求 $Y = \sin X$ 的 p.d.f.

45. 设 X_i $(i = 1, 2, 3)$ 是独立随机变量, 具有同样的 Lebesgue p.d.f. $f(x) = e^{-x} I_{(0,\infty)}(x)$. 求 (Y_1, Y_2, Y_3) 的联合 Lebesgue p.d.f., $Y_1 = X_1 + X_2 + X_3$, $Y_2 = X_1/(X_1 + X_2)$, $Y_3 = (X_1 + X_2)/(X_1 + X_2 + X_3)$. Y_i $(i = 1, 2, 3)$ 是否相互独立?

46. 设 X_1 和 X_2 是独立随机变量, 服从标准正态分布. 求 (Y_1, Y_2) 的联合 Lebesgue p.d.f., $Y_1 = \sqrt{X_1^2 + X_2^2}$, $Y_2 = X_1/X_2$. Y_1 和 Y_2 是否独立?

47. 设 $Y = X_1 + X_2$, X_1 和 X_2 独立. 证明 $F_Y(y) = \int F_{X_2}(y - x) dF_{X_1}(x)$.

48. 证明 (1.31) 和 (1.33) 给出的分别是 $\chi_n^2(\delta)$ 和 $F_{n_1,n_2}(\delta)$ 分布的 p.d.f.

49. 证明 (1.32) 给出的是 $t_n(\delta)$ 分布的 p.d.f.

50. 令 $X = N_n(\mu, I_n)$, A 是 $n \times n$ 对称矩阵. 证明, 如果 $X^\tau AX$ 服从 $\chi_r^2(\delta)$, 那么 $A^2 = A$, r 是 A 的秩, $\delta = \mu^\tau A\mu$.

51. 设 $X = N_n(\mu, I_n)$. 利用 Cochran 定理 (定理 1.5) 证明, 如果 $A^2 = A$, 那么 $X^\tau AX$ 服从非中心卡方分布 $\chi_r^2(\delta)$, 其中 A 是 $n \times n$ 对称矩阵, r 是 A 的秩, $\delta = \mu^\tau A\mu$.

52. 设 $X_i = N(0, \sigma_i^2)$ $(i = 1, ..., n)$ 相互独立, $\tilde{X} = \sum_{i=1}^n \sigma_i^{-2} X_i / \sum_{i=1}^n \sigma_i^{-2}$ 和 $\tilde{S}^2 = \sum_{i=1}^n \sigma_i^{-2}(X_i - \tilde{X})^2$. 利用 Cochran 定理证明, $\tilde{X}^2$ 与 $\tilde{S}^2$ 相互独立, 且 $\tilde{S}^2$ 服从卡方分布 χ_{n-1}^2.

53. 设 $X = N_n(\mu, I_n)$, A_i 是 $n \times n$ 对称矩阵, 满足 $A_i^2 = A_i$, $i = 1, 2$. 证明 $X^\tau A_1 X$ 与 $X^\tau A_2 X$ 独立的充分必要条件是 $A_1 A_2 = 0$.

54. 设 X 为随机变量, $a > 0$ 为一常数. 证明, $E|X|^a < \infty$ 当且仅当 $\sum_{n=1}^\infty n^{a-1} P(|X| \geqslant n) < \infty$.

55. 设 X 是随机变量. 证明

(a) 如果 EX 存在, 那么 $EX = \int_0^\infty P(X > x) dx - \int_{-\infty}^0 P(X \leqslant x) dx$;

(b) 如果 X 值域为 $\{0,1,2,...\}$, 那么 $EX=\sum_{n=1}^{\infty}P(X\geqslant n)$.

56. 设 T 是随机变量, 服从非中心 t 分布 $t_n(\delta)$. 证明

(a) 当 $n>1$ 时, $E(T)=\delta\Gamma((n-1)/2)\sqrt{n/2}/\Gamma(n/2)$;

(b) 当 $n>2$ 时, $\mathrm{Var}(T)=\frac{n(1+\delta^2)}{n-2}-\frac{\delta^2 n}{2}\left[\frac{\Gamma((n-1)/2)}{\Gamma(n/2)}\right]^2$.

57. 设 F 是随机变量, 服从非中心 F 分布 $F_{n_1,n_2}(\delta)$. 证明

(a) 当 $n_2>2$ 时, $E(\mathrm{F})=\frac{n_2(n_1+\delta)}{n_1(n_2-2)}$;

(b) 当 $n_2>4$ 时, $\mathrm{Var}(\mathrm{F})=\frac{2n_2^2[(n_1+\delta)^2+(n_2-2)(n_1+2\delta)]}{n_1^2(n_2-2)^2(n_2-4)}$.

58. 设 $X=N_k(\mu,\Sigma)$, Σ 正定.

(a) 证明 $EX=\mu$, $\mathrm{Var}(X)=\Sigma$;

(b) 设 A 是 $l\times k$ 矩阵, B 是 $m\times k$ 矩阵, 证明 AX 与 BX 独立, 当且仅当 $A\Sigma B^\tau=0$;

(c) 假设 $k=2$, $X=(X_1,X_2)$, $\mu=0$, $\mathrm{Var}(X_1)=\mathrm{Var}(X_2)=1$, 且 $\mathrm{Cov}(X_1,X_2)=\rho$. 证明 $E(\max\{X_1,X_2\})=\sqrt{(1-\rho)/\pi}$.

59. 设 X 是随机变量, g 和 h 是 $\mathcal{R}$ 上的非减函数. 证明当 $E|g(X)h(X)|<\infty$ 时, $\mathrm{Cov}(g(X),h(X))\geqslant 0$.

60. 设 X 是随机变量, $EX^2<\infty$, 令 $Y=|X|$. 假设 X 存在关于 0 对称的 Lebesgue p.d.f. 证明 X 和 Y 是不相关的, 但不是独立的.

61. 设 (X,Y) 是一个 2 维随机向量, 具有如下 Lebesgue p.d.f.:

$$f(x,y)=\begin{cases}\pi^{-1}, & x^2+y^2\leqslant 1,\\ 0, & x^2+y^2>1.\end{cases}$$

证明 X 和 Y 是不相关的, 但不是独立的.

62. 证明不等式 (1.41) 成立, 且有当 $0<E|X|^p<\infty$, $0<E|Y|^q<\infty$ 时, (1.40) 中的等式成立当且仅当对某些非零常数 α 和 β, $\alpha|X|^p=\beta|Y|^q$ a.s.

63. 证明以下不等式.

(a) Liapounov 不等式 (1.42);

(b) Minkowski 不等式 (1.43) (提示: 将 Hölder 不等式应用于随机变量 $|X+Y|^{p-1}$ 和 $|X|$);

(c) (C_r 不等式). $E|X+Y|^r \leqslant C_r(E|X|^r+E|Y|^r)$, 其中 X 和 Y 是随机变量, r 是正常数, $C_r=1$ 若 $0<r\leqslant 1$, $C_r=2^{r-1}$ 若 $r>1$;

(d) 设 X_i 是随机变量, $E|X_i|^p<\infty$, $i=1,...,n,p>1$ 是常数, 证明

$$E\left|\frac{1}{n}\sum_{i=1}^{n}X_i\right|^p \leqslant \min\left\{\frac{1}{n}\sum_{i=1}^{n}E|X_i|^p,\ \left[\frac{1}{n}\sum_{i=1}^{n}(E|X_i|^p)^{1/p}\right]^p\right\};$$

(e) 不等式 (1.44) (提示: 首先证明 $n=2$ 的情况, 再利用归纳法);

(f) 不等式 (1.49).

64. 证明以下关于 x 的函数是凸的, 并讨论它们是否是严格凸的.

(a) $|x-a|^p$, 其中 $p\geqslant 1$ 和 $a\in\mathcal{R}$;

(b) x^{-p}, $x\in(0,\infty)$, 其中 $p>0$;

(c) e^{cx}, 其中 $c\in\mathcal{R}$;

(d) $x\log x$, $x\in(0,\infty)$;

(e) $g(\varphi(x))$, $x\in(a,b)$, 其中 $-\infty\leqslant a<b\leqslant\infty$, φ 在 (a,b) 上是凸的, 且 g 在 φ 的值域上是凸的和非减的;

(f) $\varphi(x)=\sum_{i=1}^{k}c_i\varphi_i(x_i)$, $x=(x_1,...,x_k)\in\prod_{i=1}^{k}\mathscr{X}_i$, 其中 c_i 是正常数, 且 φ_i 在 $\mathscr{X}_i$ 上是凸的, $i=1,...,k$.

65. 设 $X=N_k(\mu,\Sigma)$, Σ 正定.

(a) 证明 X 的 m.g.f. 是 $e^{t^\tau\mu+t^\tau\Sigma t/2}$;

(b) 利用 (1.54), 证明 $EX=\mu$ 和 $\mathrm{Var}(X)=\Sigma$;

(c) 令 $k=1$ ($\Sigma=\sigma^2$), 证明 $EX=\psi_X'(0)=\mu$, $EX^2=\psi_X''(0)=\sigma^2+\mu^2$, $EX^3=\psi_X^{(3)}(0)=3\sigma^2\mu+\mu^3$, $EX^4=\psi_X^{(4)}(0)=3\sigma^4+6\sigma^2\mu^2+\mu^4$;

(d) 在 (c) 中, 证明, 如果 $\mu=0$, 那么当 p 是奇数时, $EX^p=0$, 当 p 是偶数时, $EX^p=(p-1)(p-3)\cdots 3\cdot 1\sigma^p$.

66. 设 X 是随机变量, 服从 gamma 分布 $\Gamma(\alpha,\gamma)$. 通过对 X 的 m.g.f. 微分, 求矩 EX^p, $p=1,2,....$

67. 设 X 是随机变量, 对于某个 $t\neq 0$, Ee^{tX} 和 Ee^{-tX} 有限. 证明对于任意 $a>0$, $E|X|^a<\infty$.

68. 设 X 是一个随机变量, 对于 0 的一个邻域内的 t, $\psi_X(t) < \infty$. 证明 X 的矩和累积量满足以下等式: $\mu_1 = \kappa_1$, $\mu_2 = \kappa_2 + \kappa_1^2$, $\mu_3 = \kappa_3 + 3\kappa_1\kappa_2 + \kappa_1^3$ 和 $\mu_4 = \kappa_4 + 3\kappa_2^2 + 4\kappa_1\kappa_3 + 6\kappa_1^2\kappa_2 + \kappa_1^4$, 其中 μ_i 和 κ_i 分别是 X 的 i 阶矩和累积量.

69. 设 X 是取值为 0,1,2,... 的离散随机变量. X 的概率母函数定义为 $\rho_X(t) = E(t^X)$. 证明

(a) $\rho_X(t) = \psi_X(\log t)$, 其中 ψ_X 是 X 的 m.g.f;

(b) 如果 ρ_X 在 1 的一个邻域内有限, 则对于任意正整数 p, $\frac{d^p\rho_X(t)}{dt^p}\Big|_{t=1} = E[X(X-1)\cdots(X-p+1)]$.

70. 设 Y 是一个随机变量, 服从非中心卡方分布 $\chi_k^2(\delta)$. 证明

(a) Y 的 ch.f. 是 $(1-2\sqrt{-1}t)^{-k/2}e^{\sqrt{-1}\delta t/(1-2\sqrt{-1}t)}$;

(b) $E(Y) = k + \delta$ 和 $\text{Var}(Y) = 2k + 4\delta$.

71. 设 ϕ 是 $\mathcal{R}^k$ 上的 ch.f. 证明 $|\phi| \leqslant 1$, 且 ϕ 在 $\mathcal{R}^k$ 上一致连续.

72. 对于一个复数 $z = a + \sqrt{-1}b$, 其中 a 和 b 是实数, $\bar{z}$ 定义为 $a - \sqrt{-1}b$. 证明 $\sum_{i=1}^n \sum_{j=1}^n \phi(t_i - t_j)z_i\bar{z}_j \geqslant 0$, 其中 ϕ 是 $\mathcal{R}^k$ 上的 ch.f., $t_1, ..., t_n$ 是 k 维向量, $z_1, ..., z_n$ 是复数.

73. 证明以下 $t \in \mathcal{R}$ 的函数是 ch.f., 其中 $a > 0$ 和 $b > 0$ 是常数:

(a) $a^2/(a^2+t^2)$;

(b) $(1 + ab - abe^{\sqrt{-1}t})^{-1/b}$;

(c) $\max\{1 - |t|/a, 0\}$;

(d) $2(1-\cos at)/(a^2t^2)$;

(e) $e^{-|t|^a}$, 其中 $0 < a \leqslant 2$;

(f) $|\phi|^2$, 其中 ϕ 是 $\mathcal{R}$ 上的 ch.f.;

(g) $\int \phi(ut)dG(u)$, 其中 ϕ 是 $\mathcal{R}$ 上的 ch.f., G 是 $\mathcal{R}$ 上的 c.d.f.

74. 设 ϕ_n 是概率测度 P_n 的 ch.f., $n = 1, 2, ...$ 令 $\{a_n\}$ 是一列非负数, $\sum_{n=1}^\infty a_n = 1$. 证明 $\sum_{n=1}^\infty a_n\phi_n$ 是一个 ch.f., 并求它对应的概率测度.

75. 设 X 是随机变量, ch.f. ϕ_X 满足 $\int |\phi_X(t)|dt < \infty$. 证明 X 的 Lebesgue p.d.f. 是 $(2\pi)^{-1}\int e^{-\sqrt{-1}xt}\phi_X(t)dt$.

76. 随机变量 X 或其分布是点阵类型的当且仅当

$$F_X(x) = \sum_{j=-\infty}^{\infty} p_j I_{\{a+jd\}}(x), \quad x \in \mathcal{R},$$

其中 a, d, p_j 是常数, $d > 0$, $p_j \geqslant 0$, 且 $\sum_{j=-\infty}^{\infty} p_j = 1$. 证明 X 是点阵类型的当且仅当其 ch.f. 满足对某个 $t \neq 0$, 有 $|\phi_X(t)| = 1$.

77. 设 ϕ 是 $\mathcal{R}$ 上的一个 ch.f. 证明

(a) 如果 $|\phi(t_1)| = |\phi(t_2)| = 1$, 且 t_1/t_2 是无理数, 则对于某个常数 a, $\phi(t) = e^{\sqrt{-1}at}$;

(b) 如果 $t_n \to 0$, $t_n \neq 0$, 且 $|\phi(t_n)| = 1$, 则 (a) 中的结果成立;

(c) $|\cos t|$ 不是 ch.f., 尽管 $\cos t$ 是 ch.f.

78. 设 $X_1, ..., X_k$ 是独立随机变量, $Y = X_1 + \cdots + X_k$. 利用定理 1.6 和结果 (1.58) 证明以下结果.

(a) 如果 X_i 服从二项分布 $Bi(p, n_i)$, $i = 1, ..., k$, 那么 Y 服从二项分布 $Bi(p, n_1 + \cdots + n_k)$;

(b) 如果 X_i 服从泊松分布 $P(\theta_i)$, $i = 1, ..., k$, 那么 Y 服从泊松分布 $P(\theta_1 + \cdots + \theta_k)$;

(c) 如果 X_i 服从负二项分布 $NB(p, r_i)$, $i = 1, ..., k$, 那么 Y 服从负二项分布 $NB(p, r_1 + \cdots + r_k)$;

(d) 如果 X_i 有指数分布 $E(0, \theta)$, $i = 1, ..., k$, 那么 Y 服从分布 $\Gamma(k, \theta)$;

(e) 如果 X_i 服从柯西分布 $C(0, 1)$, $i = 1, ..., k$, 则 Y/k 与 X_1 分布相同.

79. 找到关于随机变量 X 和 Y 的一个例子, 使得 X 和 Y 不独立, 但是它们的 ch.f. 满足, 对于所有 $t \in \mathcal{R}$, $\phi_X(t)\phi_Y(t) = \phi_{X+Y}(t)$.

80. 设 $X_1, X_2, ...$ 是独立随机变量, 服从指数分布 $E(0, \theta)$. 对于给定的 $t > 0$, 令 Y 是满足 $T_n \leqslant t$ 的最大 n, 其中 $T_0 = 0$ 和 $T_n = X_1 + \cdots + X_n$, $n = 1, 2, ...$ 证明 Y 服从泊松分布 $P(\theta t)$.

81. 设 Σ 是一个 $k \times k$ 非负定矩阵.

(a) 对于非奇异矩阵 Σ, 证明 X 服从 $N_k(\mu, \Sigma)$, 当且仅当对于任意 $c \in \mathcal{R}^k$, $c^\tau X$ 服从 $N(c^\tau\mu, c^\tau\Sigma c)$.

(b) 对于奇异矩阵 Σ, 定义 X 服从 $N_k(\mu, \Sigma)$, 当且仅当对于任意 $c \in \mathcal{R}^k$, $c^\tau X$ 服从 $N(c^\tau\mu, c^\tau\Sigma c)$ ($N(a, 0)$ 是 a 处点质量的 c.d.f.). 证明, 对于

$X = N_k(\mu, \Sigma)$ 和奇异矩阵 Σ, 练习 43(a)—(c), 练习 58(a)—(b) 和练习 65(a) 的结果仍然成立.

82. 设 (X_1, X_2) 服从 $N_k(\mu, \Sigma)$,

$$\Sigma = \begin{pmatrix} \Sigma_{11} & \Sigma_{12} \\ \Sigma_{21} & \Sigma_{22} \end{pmatrix}$$

是 $k \times k$ 正定矩阵, 其中 X_1 是 l 维随机向量, Σ_{11} 是 $l \times l$ 矩阵. 证明给定 $X_1 = x_1$ 时 X_2 的条件 Lebesgue p.d.f. 为

$$N_{k-l}\left(\mu_2 + \Sigma_{21}\Sigma_{11}^{-1}(x_1 - \mu_1), \Sigma_{22} - \Sigma_{21}\Sigma_{11}^{-1}\Sigma_{12}\right),$$

其中 $\mu_i = EX_i$, $i = 1, 2$. (提示: 考虑 $X_2 - \mu_2 - \Sigma_{21}\Sigma_{11}^{-1}(X_1 - \mu_1)$ 和 $X_1 - \mu_1$.)

83. 设 X 是可积随机变量, 对应的 Lebesgue p.d.f. 为 f_X, 令 $Y = g(X)$, 其中 g 是 $(0, \infty)$ 上导数大于 0 的函数, 且 $g(x) = g(-x)$. 求 $E(X|Y)$ 的表达式, 并验证它是条件期望.

84. 证明引理 1.2. (提示: 首先考虑简单函数.)

85. 证明命题 1.10. ((ix) 的提示: 首先证明 $0 \leqslant X_1 \leqslant X_2 \leqslant \cdots$ 和 $X_n \to_{a.s.} X$ 能推出 $E(X_n|\mathcal{A}) \to_{a.s.} E(X|\mathcal{A})$.)

86. 设 X 和 Y 是 $(\Omega, \mathcal{F}, P)$ 上的可积随机变量, $\mathcal{A} \subset \mathcal{F}$ 是 σ 域. 证明 $E[YE(X|\mathcal{A})] = E[XE(Y|\mathcal{A})]$, 即若其中一个积分存在, 另一个积分也存在, 且两者相等.

87. 设 $X, X_1, X_2, \ldots$ 是 $(\Omega, \mathcal{F}, P)$ 上的一列随机变量, $\mathcal{A} \subset \mathcal{F}$ 是 σ 域. 假设对于每个可积 (或者有界) 的随机变量 Y, $E(X_nY) \to E(XY)$. 证明对于每个可积 (有界) 的随机变量 Y, $E[E(X_n|\mathcal{A})Y] \to E[E(X|\mathcal{A})Y]$.

88. 设 X 是 $(\Omega, \mathcal{F}, P)$ 上的非负可积随机变量, $\mathcal{A} \subset \mathcal{F}$ 是 σ 域. 证明 $E(X|\mathcal{A}) = \int_0^\infty P\big(X > t|\mathcal{A}\big)dt$ a.s.

89. 设 X 和 Y 是 $(\Omega, \mathcal{F}, P)$ 上的随机变量, $\mathcal{A} \subset \mathcal{F}$ 是 σ 域. 证明以下关于条件期望的不等式.

(a) 如果对于常数 p 和 q, $E|X|^p < \infty$ 和 $E|Y|^q < \infty$, $p > 1$ 和 $p^{-1} + q^{-1} = 1$, 那么 $E(|XY||\mathcal{A}) \leqslant [E(|X|^p|\mathcal{A})]^{1/p}[E(|Y|^q|\mathcal{A})]^{1/q}$ a.s.;

(b) 如果对于一个常数 $p \geqslant 1$, $E|X|^p < \infty$ 和 $E|Y|^p < \infty$, 那么 $[E(|X + Y|^p|\mathcal{A})]^{1/p} \leqslant [E(|X|^p|\mathcal{A})]^{1/p} + [E(|Y|^p|\mathcal{A})]^{1/p}$ a.s.;

(c) 如果 f 是 $\mathcal{R}$ 上的凸函数, 那么 $f(E(X|\mathcal{A})) \leqslant E[f(X)|\mathcal{A}]$ a.s.

90. 设 X 和 Y 是概率空间上的随机变量, $Y = E(X|Y)$ a.s., 设 φ 是 $[0,\infty)$ 上的非减凸函数.

(a) 证明, 如果 $E\varphi(|X|) < \infty$, 那么 $E\varphi(|Y|) < \infty$;

(b) 找到一个例子使得 $E\varphi(|Y|) < \infty$, 但 $E\varphi(|X|) = \infty$;

(c) 设 $E\varphi(|X|)=E\varphi(|Y|) < \infty$, φ 严格凸且严格递增. 证明 $X = Y$ a.s.

91. 设 X, Y 和 Z 是概率空间上的随机变量. 假设 $E|X| < \infty$, $Y = h(Z)$, 其中 h 是 Borel 函数. 证明

(a) 若 X 和 Z 独立, 且 $E|Z| < \infty$, 则 $E(XZ|Y) = E(X)E(Z|Y)$ a.s.;

(b) 若对 $\mathcal{R}$ 上所有有界连续函数 f, $E[f(X)|Z] = f(Y)$, 则 $X = Y$ a.s.;

(c) 若对 $\mathcal{R}$ 上所有有界连续非降函数 f, $E[f(X)|Z] \geqslant f(Y)$, 则 $X \geqslant Y$ a.s.

92. 证明引理 1.3.

93. 证明随机变量 X_i $(i = 1, ..., n)$ 在定义 1.7 下相互独立, 当且仅当 (1.7) 成立, 其中 F 是 X_i 的联合 c.d.f., F_i 是 X_i 的边际 c.d.f.

94. 证明随机变量 X 与自身独立, 当且仅当 X 是常数 a.s. 对于一个 Borel 函数 f, X 是否可以与 $f(X)$ 相互独立?

95. 设 X, Y 和 Z 是概率空间上独立的随机变量, $U = X+Z$ 和 $V = Y+Z$. 证明给定 Z 时, U 和 V 是条件独立的.

96. 当 Y_2 与 X 独立, 但与 (X, Y_1) 不独立时, 证明命题 1.11 可能不成立.

97. 设 X 和 Y 是概率空间上的独立随机变量. 证明如果对于某个 $a \geqslant 1$, $E|X|^a < \infty$, 且 $E|Y| < \infty$, 那么 $E|X+Y|^a \geqslant E|X+EY|^a$.

98. 设 P_Y 是 $\{0,1,2,...\}$ 上的离散分布, $P_{X|Y=y}$ 是二项分布 $Bi(p,y)$. 设 (X,Y) 是随机向量, 对应的联合 c.d.f. 为 (1.66). 证明

(a) 若 Y 服从泊松分布 $P(\theta)$, 则 X 的边际分布为泊松分布 $P(p\theta)$;

(b) 若 $Y+r$ 服从负二项分布 $NB(\pi, r)$, 则 $X+r$ 的边际分布为负二项分布 $NB(\pi/[1-(1-p)(1-\pi)], r)$.

99. 设 $X_1, X_2, ...$ 是独立同分布的随机变量, Y 是取值为正整数的离散随机变量. 假定 Y 与 X_i 相互独立, 令 $Z = \sum_{i=1}^{Y} X_i$.

(a) 求 Z 的 ch.f.;

(b) 证明 $EZ = EYEX_1$;

(c) 证明 $\mathrm{Var}(Z) = EY\mathrm{Var}(X_1) + \mathrm{Var}(Y)(EX_1)^2$.

100. 设 X, Y 和 Z 是随机变量, 具有正的联合 Lebesgue p.d.f. 设 $f_{X|Y}(x|y)$ 和 $f_{X|Y,Z}(x|y,z)$ 分别是给定 Y 时 X 的条件 p.d.f. 和给定 (Y,Z) 时 X 的条件 p.d.f., 如 (1.61) 所定义. 证明 $\mathrm{Var}(1/f_{X|Y}(X|Y)|X) \leqslant \mathrm{Var}(1/f_{X|Y,Z}\ (X|Y,Z)|X)$ a.s., 其中对于任意随机变量 ξ 和 ζ, $E\xi^2 < \infty$, 定义 $\mathrm{Var}(\xi|\zeta) = E\{[\xi - E(\xi|\zeta)]^2|\zeta\}$.

101. 设 $\{X_n\}$ 是马尔可夫链. 证明, 若 g 是一对一 Borel 函数, 则 $\{g(X_n)\}$ 也是马尔可夫链. 举例说明, 在一般情况下 $\{g(X_n)\}$ 不是马尔可夫链.

102. 一列随机向量 $\{X_n\}$, 如果满足对于任意 $B \in \sigma(X_{n+1})$ 和 $n = r, r+1, ...$, $P(B|X_1, ..., X_n) = P(B|X_{n-r+1}, ..., X_n)$ a.s., 那么称为 r 阶马尔可夫链, 其中 r 是正整数.

(a) 设 $s > r$ 是两个正整数, 证明, 如果 $\{X_n\}$ 是 r 阶马尔可夫链, 那么它也是 s 阶马尔可夫链;

(b) 设 $\{X_n\}$ 是一列随机变量, $Y_n = (X_n, X_{n+1}, ..., X_{n+r-1})$, r 是正整数, 证明 $\{Y_n\}$ 是马尔可夫链, 当且仅当 $\{X_n\}$ 是 r 阶马尔可夫链;

(c) (r 阶自相关过程). 设 $\{\varepsilon_n\}$ 是一列独立随机变量, r 是正整数, 证明 $\{X_n\}$ 是 r 阶马尔可夫链, $X_n = \sum_{j=1}^r \rho_j X_{n-j} + \varepsilon_n$, 其中 ρ_j 是常数.

103. 证明, 如果 $\{X_n, \mathcal{F}_n\}$ 是鞅 (或者下鞅), 那么对于任意 $j = 1, 2, ...$, $E(X_{n+j}|\mathcal{F}_n) = X_n$ a.s. (或者 $E(X_{n+j}|\mathcal{F}_n) \geqslant X_n$ a.s.) 且 $EX_1 = EX_j$ (或者 $EX_1 \leqslant EX_2 \leqslant \cdots$).

104. 证明例 1.25 中的 $\{X_n\}$ 是鞅.

105. 设 $\{X_j\}$ 和 $\{Z_j\}$ 是两列随机变量, f_n 和 g_n 分别是 $Y_n = (X_1, ..., X_n)$ 和 $(Z_1, ..., Z_n)$ 的 Lebesgue p.d.f., $\lambda_n = -g_n(Y_n)/f_n(Y_n)I_{\{f_n(Y_n)>0\}}$, $n = 1, 2, ...$ 证明 $\{\lambda_n\}$ 是下鞅.

106. 设 $\{Y_n\}$ 是一列独立随机变量.

(a) 设对所有 n, $EY_n = 0$, $X_1 = Y_1$, $X_{n+1} = X_n + Y_{n+1}h_n(X_1, ..., X_n)$, $n \geqslant 2$, 其中 $\{h_n\}$ 是一列 Borel 函数, 证明 $\{X_n\}$ 是鞅;

(b) 设对所有 n, $EY_n = 0$, $\mathrm{Var}(Y_n) = \sigma^2$, $X_n = (\sum_{j=1}^n Y_j)^2 - n\sigma^2$, 证明 $\{X_n\}$ 是鞅;

(c) 设对所有 n, $Y_n > 0$, $EY_n = 1$, $X_n = Y_1 \cdots Y_n$, 证明 $\{X_n\}$ 是鞅.

107. 证明在命题 1.14 证明中的未证结论.

108. 证明每列可积随机变量是一个上鞅和一个下鞅的和.

109. 设 $\{X_n\}$ 是鞅. 证明, 若 $\{X_n\}$ 有上界或者下界, 则 $\sup_n E|X_n| < \infty$.

110. 设 $\{X_n\}$ 是鞅, 对于所有 n, 满足 $EX_1 = 0$ 和 $EX_n^2 < \infty$. 证明 $E(X_{n+m} - X_n)^2 = \sum_{j=1}^{m} E(X_{n+j} - X_{n+j-1})^2$, 且 $\{X_n\}$ a.s. 收敛.

111. 证明练习 104, 105 和 106(c) 中的 $\{X_n\}$ 几乎处处收敛到可积随机变量.

112. 证明命题 1.16.

113. 在引理 1.4 的证明中, 证明 $\{\omega : \lim_{n\to\infty} X_n(\omega) = X(\omega)\} = \cap_{j=1}^{\infty} A_j$.

114. 设 $\{X_n\}$ 是一列独立随机变量. 证明 $X_n \to_{a.s.} 0$, 当且仅当对于任意 $\epsilon > 0$, $\sum_{n=1}^{\infty} P(|X_n| \geqslant \epsilon) < \infty$.

115. 设 $X_1, X_2, \ldots$ 是一列同分布的随机变量, $E|X_1|$ 有限, 定义随机变量 $Y_n = n^{-1} \max_{i \leqslant n} |X_i|$. 证明

(a) $Y_n \to_{L_1} 0$;

(b) 假设 $EX_1^2 < \infty$ 或 X_i 互相独立, $Y_n \to_{a.s.} 0$.

116. 设 $X, X_1, X_2, \ldots$ 是随机变量. 分别找到满足以下情况的一个例子:

(a) $X_n \to_p X$, 但是 $\{X_n\}$ 不几乎处处收敛到 X;

(b) $X_n \to_p X$, 但是对于任意 $p > 0$, $\{X_n\}$ 不 L_p 收敛到 X;

(c) $X_n \to_d X$, 但是 $\{X_n\}$ 不依概率收敛到 X(不利用例 1.26);

(d) $X_n \to_p X$, 但是 $\{g(X_n)\}$ 不依概率收敛到 $g(X)$, g 是某个函数.

117. 设 $X_1, X_2, \ldots$ 是随机变量. 证明

(a) $\{|X_n|\}$ 一致可积当且仅当 $\sup_n E|X_n| < \infty$, 且对任意 $\epsilon > 0$, 存在 $\delta_\epsilon > 0$, 使得对任意满足 $P(A) < \delta_\epsilon$ 的事件 A, $\sup_n E(|X_n| I_A) < \epsilon$;

(b) 对于 $\delta > 0$, $\sup_n E|X_n|^{1+\delta} < \infty$ 能推出 $\{|X_n|\}$ 一致可积.

118. 设 $X, X_1, X_2, \ldots$ 是随机变量, 对于所有 n 和 $c > 0$, 满足 $P(|X_n| \geqslant c) \leqslant P(|X| \geqslant c)$. 证明, 如果 $E|X| < \infty$, 那么 $\{|X_n|\}$ 一致可积.

119. 设 $X_1, X_2, \ldots$ 和 $Y_1, Y_2, \ldots$ 是随机变量. 证明

(a) 如果 $\{|X_n|\}$ 和 $\{|Y_n|\}$ 一致可积, 那么 $\{|X_n + Y_n|\}$ 一致可积;

(b) 如果 $\{|X_n|\}$ 一致可积, 那么 $\{|n^{-1} \sum_{i=1}^{n} X_i|\}$ 一致可积.

120. 设 Y 是一可积随机变量, $\{\mathcal{F}_n\}$ 是一列 σ 域. 证明 $\{|E(Y|\mathcal{F}_n)|\}$ 一致可积.

121. 设 $X, Y, X_1, X_2, \ldots$ 是独立随机变量, 对于所有 n, $P(|X_n| \leqslant |Y|) = 1$, 且 $X_n \to_p X$. 证明, 若对某个 $r > 0$, $E|Y|^r < \infty$, 则 $X_n \to_{L_r} X$.

122. 设 $X_1, X_2, \ldots$ 是 k 维随机向量. 证明, 当 $n \to \infty$ 时, $X_n \to_p 0$ 当且仅当 $E[\|X_n\|/(1 + \|X_n\|)] \to 0$.

123. 设 X, $X_1, X_2, \ldots$ 是随机变量. 证明 $X_n \to_p X$, 当且仅当对于整数的任意子列 $\{n_k\}$, 存在一个子子列 $\{n_j\} \subset \{n_k\}$, 使得当 $j \to \infty$ 时, $X_{n_j} \to_{a.s.} X$.

124. 设 $X_1, X_2, \ldots$ 是一列随机变量, 对于所有 n, 满足 $|X_n| \leqslant C_1$ 和 $\mathrm{Var}(X_n) \geqslant C_2$, 其中 C_i 是正常数. 证明 $X_n \to_p 0$ 不成立.

125. 证明引理 1.5. ((ii) 的证明的提示: 利用 Chebyshev 不等式证明 $P(\sum_{n=1}^{\infty} I_{A_n} = \infty) = 1$, 这等价于 (ii) 的结果.)

126. 证明定理 1.8(vii).

127. 设 X, $X_1, X_2, \ldots$, $Y_1, Y_2, \ldots$, $Z_1, Z_2, \ldots$ 是随机变量. 证明以下结论.

(a) 如果 $X_n \to_d X$, 那么 $X_n = O_p(1)$;

(b) 如果 $X_n = O_p(Z_n)$, 那么 $X_n Y_n = O_p(Y_n Z_n)$;

(c) 如果 $X_n = O_p(Z_n)$ 和 $Y_n = O_p(Z_n)$, 那么 $X_n + Y_n = O_p(Z_n)$;

(d) 如果 $E|X_n| = O(a_n)$, 那么 $X_n = O_p(a_n)$, 其中 $a_n \in (0, \infty)$;

(e) 如果 $X_n \to_{a.s.} X$, 那么 $\sup_n |X_n| = O_p(1)$.

128. 设 $\{X_n\}$ 和 $\{Y_n\}$ 是两列随机变量, 使得 $X_n = O_p(1)$, 且对任意固定的 $t \in \mathcal{R}$ 和 $\epsilon > 0$, $P(X_n \leqslant t, Y_n \geqslant t + \epsilon) + P(X_n \geqslant t + \epsilon, Y_n \leqslant t) = o(1)$. 证明 $X_n - Y_n = o_p(1)$.

129. 设 $\{F_n\}$ 是 $\mathcal{R}$ 上的一列 c.d.f., $G_n(x) = F_n(a_n x + c_n)$, $H_n(x) = F_n(b_n x + d_n)$, 其中 $\{a_n\}$ 和 $\{b_n\}$ 是正数数列, $\{c_n\}$ 和 $\{d_n\}$ 是实数数列. 假设 $G_n \to_w G$ 和 $H_n \to_w H$, 其中 G 和 H 是非退化的 c.d.f. 证明 $a_n/b_n \to a > 0$, $(c_n - d_n)/a_n \to b \in \mathcal{R}$, 且对于所有 $x \in \mathcal{R}$, $H(ax + b) = G(x)$.

130. 设 $\{P_n\}$ 是 $(\mathcal{R}, \mathcal{B})$ 上的一列概率测度, f 是非负 Borel 函数, 使得 $\sup_n \int f dP_n < \infty$, 且当 $|x| \to \infty$ 时, $f(x) \to 0$. 证明 $\{P_n\}$ 是紧的.

131. 设 $P, P_1, P_2, \ldots$ 是 $(\mathcal{R}^k, \mathcal{B}^k)$ 上的概率测度. 证明, 如果对于每个 $\mathcal{R}$ 上的开集, $P_n(O) \to P(O)$, 那么对于每个 $B \in \mathcal{B}^k$, $P_n(B) \to P(B)$.

132. 设 $P, P_1, P_2, \ldots$ 是 $(\mathcal{R}, \mathcal{B})$ 上的概率测度. 证明 $P_n \to_w P$, 当且仅当存在一个 $\mathcal{R}$ 的稠密子集 D, 使得对于任意 $a < b$, $a \in D$ 和 $b \in D$, $\lim_{n\to\infty} P_n((a, b]) = P((a, b])$.

133. 设 F_n 是 c.d.f., $n = 0, 1, 2, \ldots$, 使得 $F_n \to_w F_0$. 令 $G_n(U) = \sup\{x : F_n(x) \leqslant U\}$, $n = 0, 1, 2, \ldots$, 其中 U 是服从均匀分布 $U(0, 1)$ 的随机变量. 证明 $G_n(U) \to_p G_0(U)$.

134. 设 $P, P_1, P_2, \ldots$ 是 $(\mathcal{R}, \mathcal{B})$ 上的概率测度. 假设 $P_n \to_w P$, $\{g_n\}$ 是 $\mathcal{R}$ 上的一列有界连续函数, 一致收敛到 g. 证明 $\int g_n dP_n \to \int g dP$.

135. 设 $X, X_1, X_2, \ldots$ 是 k 维随机向量, $Y, Y_1, Y_2, \ldots$ 是 l 维随机向量. 假设 $X_n \to_d X$, $Y_n \to_d Y$, 且对于每个 n, X_n 与 Y_n 相互独立. 证明 (X_n, Y_n) 依分布收敛到一个 $(k+l)$ 维随机向量.

136. 设 $X_1, X_2, \ldots$ 是独立随机变量, 满足 $P(X_n = \pm 2^{-n}) = \frac{1}{2}$, $n = 1, 2, \ldots$. 证明 $\sum_{i=1}^n X_i \to_d U$, 其中 U 服从均匀分布 $U(-1, 1)$.

137. 设 $\{X_n\}$ 和 $\{Y_n\}$ 是两列随机变量. 假设 $X_n \to_d X$, 且对于每列数 $\{x_n\}$, $P_{Y_n|X_n=x_n} \to_w P_Y$, 其中 X 和 Y 是独立随机变量. 证明 $X_n + Y_n \to_d X + Y$.

138. 设 $X_1, X_2, \ldots$ 是独立同分布随机变量, 当 $t \to 0$ 时, 具有形如 $1 - c|t|^a + o(|t|^a)$ 的 ch.f., 其中 $0 < a \leqslant 2$. 确定常数 b 和 u, 使得 $\sum_{i=1}^n X_i/(bn^u)$ 依分布收敛到具有 ch.f. $e^{-|t|^a}$ 的一个随机变量.

139. 设 $X, X_1, X_2, \ldots$ 是 k 维随机向量, $A_1, A_2, \ldots$ 是事件. 假设 $X_n \to_d X$. 证明 $X_n I_{A_n} \to_d X$, 当且仅当 $P(A_n) \to 1$.

140. 设 X_n 是服从 $N(\mu_n, \sigma_n^2)$ 的随机变量, $n = 1, 2, \ldots$, X 是服从 $N(\mu, \sigma^2)$ 的随机变量. 证明 $X_n \to_d X$, 当且仅当 $\mu_n \to \mu$ 和 $\sigma_n \to \sigma$.

141. 假设 X_n 是服从二项分布 $Bi(p_n, n)$ 的随机变量. 证明, 如果 $np_n \to \theta > 0$, 那么 $X_n \to_d X$, 其中 X 服从泊松分布 $P(\theta)$.

142. 设 f_n 是 t 分布 t_n 的 Lebesgue p.d.f., $n = 1, 2, \ldots$. 证明, 对于任意 $x \in \mathcal{R}$, $f_n(x) \to f(x)$, 其中 f 是标准正态分布的 Lebesgue p.d.f.

143. 证明定理 1.10.

144. 举例证明 $X_n \to_d X$ 和 $Y_n \to_d Y$ 不一定能推出 $g(X_n, Y_n) \to_d g(X, Y)$, 其中 g 是连续函数.

145. 证明定理 1.11(ii)—(iii) 和定理 1.12(ii). 将定理 1.12(i) 推广到 g 是 $\mathcal{R}^p$ 到 $\mathcal{R}^q$ 的函数 $(2 \leqslant q \leqslant p)$ 的情况.

146. 设 $U_1, U_2, \ldots$ 是独立同分布随机变量, 服从 $[0,1]$ 上的均匀分布, $Y_n = \left(\prod_{i=1}^n U_i\right)^{-1/n}$. 证明 $\sqrt{n}(Y_n - e) \to_d N(0, e^2)$.

147. 证明引理 1.6. (提示: $a_n^{-1}\sum_{i=1}^n x_i = b_n - a_n^{-1}\sum_{i=0}^{n-1} b_i(a_{i+1} - a_i)$, 其中 $b_n = \sum_{i=1}^n x_i/a_i$.)

148. 定理 1.13 中,

(a) 证明, 当 $E|X_1| < \infty$ 时, 对于有界的 $\{c_i\}$, (1.82) 成立;

(b) 证明, 如果 $EX_1 = \infty$, 那么 $n^{-1}\sum_{i=1}^n X_i \to_{a.s.} \infty$;

(c) 证明, 如果 $E|X_1| = \infty$, 那么对于大于 0 的固定常数 c, 有 $P(\limsup_n \{|\sum_{i=1}^n X_i| > cn\}) = P(\limsup_n \{|X_n| > cn\}) = 1$, 且 $\limsup_n |n^{-1}\sum_{i=1}^n X_i| = \infty$ a.s.

149. 设 $X_1, \ldots, X_n$ 是独立同分布随机变量, $P(X_1 = \pm x) = (2cx^2 \log x)^{-1}$, $x = 3, 4, \ldots$, 其中 $c = \sum_{x=3}^\infty x^{-2}/\log x$. 利用定理 1.13(i), 证明 $E|X_1| = \infty$, 但是 $n^{-1}\sum_{i=1}^n X_i \to_p 0$.

150. 设 $X_1, X_2, \ldots$ 是独立同分布随机变量, 满足 $P(X_1 = 2^j) = 2^{-j}$, $j = 1, 2, \ldots$. 证明, 对于 $\{X_n\}$, 弱大数定律不成立, 即, 对于任意 $\{a_n\}$, (1.80) 不成立.

151. 设 $X_1, X_2, \ldots$ 是独立随机变量. 对于 $n \to \infty$, $\sum_{i=1}^n P(|X_i| > n) \to 0$ 且 $n^{-2}\sum_{i=1}^n E(X_i^2 I_{\{|X_i| \leqslant n\}}) \to 0$. 证明 $(T_n - b_n)/n \to_p 0$, 其中 $T_n = \sum_{i=1}^n X_i$, $b_n = \sum_{i=1}^n E(X_i I_{\{|X_i| \leqslant n\}})$.

152. 设 $T_n = \sum_{i=1}^n X_i$, 其中 X_n 是相互独立的随机变量, $P(X_n = \pm n^\theta) = 0.5$, $\theta > 0$ 是常数. 证明

(a) 若 $\theta < 0.5$, $T_n/n \to_{a.s.} 0$;

(b) 若 $\theta \geqslant 1$, $T_n/n \to_p 0$ 不成立.

153. 设 $X_2, X_3, \ldots$ 是一列独立随机变量, 满足 $P(X_n = \pm\sqrt{n/\log n}) = 0.5$. 证明 (1.86) 对于 $p \in [1, 2]$ 不成立, 但是 (1.88) 对于 $p = 2$ 成立, 因此, (1.89) 成立.

154. 设 $X_1, ..., X_n$ 是独立同分布随机分布, 满足 $\mathrm{Var}(X_1) < \infty$. 证明 $[n(n+1)]^{-1}\sum_{j=1}^n jX_j \to_p EX_1$.

155. 设 $\{X_n\}$ 是一列随机变量, 令 $\bar{X} = \sum_{i=1}^n X_i/n$.

(a) 证明, 如果 $X_n \to_{a.s.} 0$, 那么 $\bar{X} \to_{a.s.} 0$;

(b) 证明, 如果 $X_n \to_{L_r} 0$, 那么 $\bar{X} \to_{L_r} 0$, 其中 $r \geqslant 1$ 是常数;

(c) 证明 (b) 中的结果对于 $r \in (0, 1)$ 不一定成立;

(d) 证明 $X_n \to_p 0$ 不一定能推出 $\bar{X} \to_p 0$.

156. 设 $X_1, ..., X_n$ 是随机变量, $\{\mu_n\}$, $\{\sigma_n\}$, $\{a_n\}$ 和 $\{b_n\}$ 是实数列, 满足 $\sigma_n \geqslant 0$ 和 $a_n \geqslant 0$. 假设 X_n 近似服从 $N(\mu_n, \sigma_n^2)$. 证明 $a_nX_n + b_n$ 近似服从 $N(\mu_n, \sigma_n^2)$, 当且仅当 $a_n \to 1$ 和 $[\mu_n(a_n - 1) + b_n]/\sigma_n \to 0$.

157. 证明 Liapounov 条件 (1.97) 能推出 Lindeberg 条件 (1.92).

158. 设 $X_1, X_2, ...$ 是一列独立随机变量, $\sigma_n^2 = \mathrm{Var}(\sum_{j=1}^n X_j)$.

(a) 证明, 如果 $X_n = N(0, 2^{-n})$, $n = 1, 2, ...$, 那么 Feller 条件 (1.96) 不成立, 但是 $\sum_{j=1}^n (X_j - EX_j)/\sigma_n \to_d N(0, 1)$;

(b) 证明, 如果 X_1 服从均匀分布 $U(-1, 1)$ 和 $X_n = N(0, 2^{n-1})$, $n = 2, 3, ...$, 那么 (a) 中的结果仍然成立.

159. 例 1.33 中, 证明

(a) 条件 $\sigma_n^2 \to \infty$ 对于 (1.98) 是必要的;

(b) 对于任意常数 $r > 0$, $n^{-1}\sum_{i=1}^n (X_i - p_i) \to_{L_r} 0$;

(c) $n^{-1}\sum_{i=1}^n (X_i - p_i) \to_{a.s.} 0$.

160. 证明推论 1.3.

161. 假设 X_n 是服从二项分布 $Bi(\theta, n)$ 的随机变量, 其中 $0 < \theta < 1$, $n = 1, 2, ...$ 定义 $Y_n = \log(X_n/n)$ 若 $X_n \geqslant 1$, $Y_n = 1$ 若 $X_n = 0$. 证明 $Y_n \to_{a.s.} \log\theta$ 和 $\sqrt{n}(Y_n - \log\theta) \to_d N\left(0, \frac{1-\theta}{\theta}\right)$. 当 X_n 服从泊松分布 $P(n\theta)$ 时, 试得出类似的结果.

162. 设 $X_1, X_2, ...$ 是独立随机变量, X_j 服从 $[-j, j]$ 上的均匀分布, $j = 1, 2, ...$ 证明 Lindeberg 条件成立, 并陈述中心极限定理.

163. 设 $X_1, X_2, ...$ 是独立随机变量, 对于 $j = 1, 2, ...$, $P(X_j = \pm j^a) = 6^{-1}j^{-2(a-1)}$ 和 $P(X_j = 0) = 1 - 3^{-1}j^{-2(a-1)}$, 其中 $a > 1$ 是常数. 证明 Lindeberg 条件成立当且仅当 $a < 1.5$.

164. 设 $X_1, X_2, ...$ 是独立随机变量, 满足 $P(X_j = \pm j^a) = P(X_j = 0) = 1/3$, 其中 $a > 0$, $j = 1, 2, ...$ 我们是否可对 $\{X_j\}$ 用检验 Liapounov 条件 (1.97) 来应用定理 1.15?

165. 设 $\{X_n\}$ 是一列独立随机变量. 假设 $\sum_{j=1}^n (X_j - EX_j)/\sigma_n \to_d N(0,1)$, 其中 $\sigma_n^2 = \text{Var}(\sum_{j=1}^n X_j)$. 证明 $n^{-1}\sum_{j=1}^n (X_j - EX_j) \to_p 0$ 当且仅当 $\sigma_n = o(n)$.

166. 考虑练习 152. 证明 $T_n/\sqrt{\text{Var}(T_n)} \to_d N(0,1)$, 且当 $0.5 \leqslant \theta < 1$ 时, $T_n/n \to_p 0$ 不成立.

167. 证明 (1.102)—(1.104).

168. 例 1.34 中, 证明对于 $\sqrt{n}(\bar{X} - \mu)/\hat{\sigma}$ 和 $\sqrt{n}(\hat{\sigma}^2 - \sigma^2)/\hat{\tau}$, $\sigma_h^2 = 1$, 并给出所有四种情况下 $p_1(x)$ 的表达式.

第 2 章 统计学基础

本章将介绍一些数理统计的基本概念. 这些概念是后面章节的基础.

2.1 总体、样本和模型

一个典型的统计问题可以有如下描述. 在一个或一系列随机试验中, 积累、收集了一些数据, 我们的任务是从这些数据中提炼出信息, 解释这些结果并得到一些结论. 本书不考虑实验设计和数据收集方面的问题, 而是关注已收集到的数据之统计分析.

通过描述性数据分析可得到一些数据的简单信息, 比如平均数、中位数、数据范围、标准差等, 以及一些图示, 比如直方图、箱线图等 (参见 Hogg and Tanis (1993)). 尽管这种分析简单且几乎不需要任何假设条件, 但它不能让我们得到对所考虑问题足够深入的了解. 因而, 我们关注更为复杂成熟的数据分析方法: 统计推断和决策理论.

2.1.1 总体和样本

在统计推断和决策理论中, 数据集是指定义在与随机试验有关的概率空间 $(\Omega, \mathcal{F}, P)$ 上的一个随机元素的实际观测结果. 概率测度 P 称为总体. 数据集或产生数据的随机元素称为 P 的样本, 数据集的大小称为样本量. 总体 P 是已知的当且仅当对每一事件 $A \in \mathcal{F}$, $P(A)$ 已知. 在统计问题中, 总体 P 至少是部分未知的, 而我们要基于已有的样本去推断 P 的一些性质.

例 2.1 (度量问题). 为了度量一个未知量 θ (比如距离、重量或温度), 在测量 θ 的实验中测得 n 个结果, $x_1, ..., x_n$. 如果 θ 的测量没有误差, 那么对所有 i, $x_i = \theta$; 否则, 每一个 x_i 都有可能的测量误差. 在描述性数据分析中, 可以计算一些综合衡量指标, 比如样本均值

$$\bar{x} = \frac{1}{n}\sum_{i=1}^{n} x_i$$

和样本方差

$$s^2 = \frac{1}{n-1}\sum_{i=1}^{n}(x_i - \bar{x})^2.$$

然而, $\bar{x}$ 和 θ 之间是什么关系? 它们在某种意义上接近吗 (如果两者不等)? 显然, 样本方差 s^2 是 x_i 与其均值间差值平方的平均值. 但 s^2 提供了什么信息呢? 为了衡量 θ, 只关注 $\bar{x}$ 和 s^2 就足够了吗? 描述性数据分析不能回答这些问题.

在统计推断和决策理论中, 数据集 $(x_1, ..., x_n)$ 可以看作是样本空间为 $\Omega = \mathcal{R}^n$ 的试验的一个结果. 我们通常假设 n 次独立试验得到 n 个测量值. 因此, 我们可以定义 $\prod_{i=1}^{n}(\mathcal{R}, \mathcal{B}, P)$ 上的 n 维随机向量 $X = (X_1, ..., X_n)$, 其观测值为 $(x_1, ..., x_n)$. 这里的总体是 P (注意, 乘积概率测度由 P 决定), 它至少是部分未知的. 随机向量 X 是一个样本, n 是样本量. 定义

$$\bar{X} = \frac{1}{n}\sum_{i=1}^{n} X_i \tag{2.1}$$

和

$$S^2 = \frac{1}{n-1}\sum_{i=1}^{n}(X_i - \bar{X})^2. \tag{2.2}$$

那么, $\bar{X}$ 和 S^2 为随机变量, 它们分别产生了观测值 $\bar{x}$ 和 s^2. 如果给定一些关于总体 P 的假设, 我们便可回答先前提出的问题. 之后将会讨论这一问题. ∎

在实际应用中, 样本 $(X_1, ..., X_n)$ 的分量经常是独立同分布 (i.i.d.) 的, 在这情形下总体由 X_i 的边际分布决定.

例 2.2 (寿命测试问题). 令 $x_1, ..., x_n$ 为电子元件观测到的寿命. 同样, 在统计推断和决策理论中, $x_1, ..., x_n$ 被视为独立随机变量 $X_1, ..., X_n$ 的实现值. 假设元件属于同一类型, 因此假定 $X_1, ..., X_n$ 有公共的 c.d.f. F 是合理的. 这里的总体是 F, 常常是未知的. 我们感兴趣的是 $1 - F(t)$, 其中 $t > 0$, 表示元

件在时间 t 未失效的概率. 有可能所有 x_i 都比 t 小 (或大). 假设 F 满足一些条件时, 基于数据 $x_1,...,x_n$ 能得到一些关于 $1-F(t)$ 的结论. ∎

例 2.3 (调查问题). 当人们无法观察到 $\mathcal{P}=\{y_1,...,y_N\}$ (包含 N 个属于 $\mathcal{R}^k$ 的值的集合, 其中 k 和 N 是有限正整数而 N 可能很大) 中的所有元素时, 我们通常进行抽样调查. 假设关心的是总体总值$Y=\sum_{i=1}^N y_i$. 在抽样调查中, 从 $\{1,...,N\}$ 中选出的 n 个元素构成子集 $\boldsymbol{s}$ 和 y_i, $i\in\boldsymbol{s}$. 能否基于数据 y_i $(i\in\boldsymbol{s})$ 得到一些关于 Y 的结论?

我们该如何定义产生抽样调查数据的随机变量? 首先, 我们需要确定如何选取 $\boldsymbol{s}$. 有如下一种常用的抽样方法. 假定 $\{1,...,N\}$ 中的每一元素最多选一次, 即无放回抽样. 令 $\mathcal{S}$ 是包含所有 $\{1,...,N\}$ 中 n 个不同元素构成的子集的集类, $\mathcal{F}_s$ 为 $\mathcal{S}$ 所有子集构成的集类, p 为 $(\mathcal{S},\mathcal{F}_s)$ 上的概率测度. 任意 $\boldsymbol{s}\in\mathcal{S}$ 以概率为 $p(\boldsymbol{s})$ 选取. 注意, 给定 $\boldsymbol{s}$, $p(\boldsymbol{s})$ 已知. 令 $X_1,...,X_n$ 为随机变量, 满足

$$P(X_1=y_{i_1},...,X_n=y_{i_n})=\frac{p(\boldsymbol{s})}{n!},\quad \boldsymbol{s}=\{i_1,...,i_n\}\in\mathcal{S}. \tag{2.3}$$

那么 $(y_i,i\in\boldsymbol{s})$ 可以看作是样本 $(X_1,...,X_n)$ 的实现值. 如果 $p(\boldsymbol{s})$ 为常数, 那么这种抽样方式称为 (无放回) 简单随机抽样, 且 $(X_1,...,X_n)$ 称为简单随机子样. 尽管 $X_1,...,X_n$ 同分布, 但是不一定独立. 因此, 与前两个例子不同, 这个问题中的总体不能由 X_i 的边际分布确定. 总体取决于 $\mathcal{P}$ 和已知的概率测度 p, 所以 $\mathcal{P}$ 常常被视为总体. 关于 Y 以及 $\mathcal{P}$ 的其他特征的结论可以从数据 y_i $(i\in\boldsymbol{s})$ 得到. 这在之后讨论. ∎

2.1.2 参数与非参数模型

对一给定问题, 关于总体 P 的统计模型 (一些假设) 常常是为了使分析数据变得可能或简便. 虽然检验假定的模型的正确性也是统计推断和决策理论的一部分, 但假设的模型往往是基于对问题的理解与认识.

定义 2.1. $(\Omega,\mathcal{F})$ 上的一个概率测度族 P_θ (参数为 $\theta\in\Theta$) 称为参数族当且仅当存在固定的正整数 d 使得 $\Theta\subset\mathcal{R}^d$, 且当 θ 已知时, 每个 P_θ 都是已知的概率测度. 集合 Θ 称为参数空间, d 是它的维数. ∎

参数模型是指假定总体 P 属于一个给定的参数族. 参数族 $\{P_\theta:\theta\in\Theta\}$ 称为可识别的, 当且仅当 $\theta_1\neq\theta_2$ 和 $\theta_i\in\Theta$ 能推出 $P_{\theta_1}\neq P_{\theta_2}$. 在大多数情况下, 可识别的参数族可通过重新参数化得到. 因此, 若无特别说明, 假定每一参数族均为可识别的.

令 $\mathcal{P}$ 是总体的一个分布族, ν 为 $(\Omega, \mathcal{F})$ 上的 σ 有限测度. 若对于所有 $P \in \mathcal{P}$, $P \ll \nu$, 则称 $\mathcal{P}$ 被 ν 控制, 此时 $\mathcal{P}$ 可由密度函数族 $\{\frac{dP}{d\nu} : P \in \mathcal{P}\}$ (或 $\{\frac{dP_\theta}{d\nu} : \theta \in \Theta\}$, 若考虑参数族) 确定.

§1.3.1 中表 1.1 和 1.2 给出了很多参数族. 所有表 1.1 和 1.2 中的参数族均被计数测度或 $\mathcal{R}$ 上的 Lebesgue 测度控制.

例 2.4 (k 维正态分布族). 考虑 (1.24) 给出的正态分布 $N_k(\mu, \Sigma)$, k 为固定的正整数. 统计中一个重要的参数族是正态分布族

$$\mathcal{P} = \{N_k(\mu, \Sigma) : \mu \in \mathcal{R}^k,\ \Sigma \in \mathcal{M}_k\},$$

其中 $\mathcal{M}_k$ 是 $k \times k$ 对称正定矩阵的集合. 正态分布族被 $\mathcal{R}^k$ 上的 Lebesgue 测度控制.

例 2.1 中, X_i 通常 i.i.d. 服从 $N(\mu, \sigma^2)$ 分布. 因此, 我们可用参数模型来描述总体, 即 $P \in \mathcal{P} = \{N(\mu, \sigma^2) : \mu \in \mathcal{R},\ \sigma^2 > 0\}$.

正态参数模型对于例 2.2 中的寿命测试问题可能不是一个好的模型, 因为显然对所有 i, $X_i \geqslant 0$. 在现实中, 如果对 μ 和 σ 做一些约束, 使 $P(X_i < 0)$ 可忽略, 那么正态分布族 $\{N(\mu, \sigma^2) : \mu \in \mathcal{R},\ \sigma^2 > 0\}$ 就能用于寿命测试问题. 寿命测试问题的常见参数模型有指数模型 (包含参数 θ 未知的指数分布 $E(0, \theta)$; 参见 §1.3.1 表 1.2)、Gamma 模型 (包含参数 α 和 γ 未知的 Gamma 分布 $\Gamma(\alpha, \gamma)$)、对数正态模型 (包含参数 μ 和 σ 未知的对数正态分布 $LN(\mu, \sigma^2)$)、Weibull 模型 (包含参数 α 和 θ 未知的 Weibull 分布 $W(\alpha, \theta)$) 以及这些参数族的子分布族 (例如, 包含一个参数已知而另一参数未知的 Gamma 分布的参数族).

例 2.3 的调查问题中, 正态分布族也并非一个好的选择. ∎

在给定问题中, 若 Θ 的维数很高, 则参数模型不那么有效. 例如, 例 2.3 中的调查问题有一个很自然的参数模型, 因为总体 $\mathcal{P}$ 依赖参数 $\theta = (y_1, ..., y_N)$. 若对 y 值没有约束, 那么参数空间的维数 kN 通常会远大于样本量 n. 若对 y 值做一些约束 (例如, y_i 是不大于固定整数 m 的非负整数), 则参数空间的维数最多为 $m+1$, 参数模型变得实用.

一个概率测度族称为*非参数的*, 当且仅当其不满足定义 2.1. *非参数模型*是指假定总体 P 属于一个给定的非参数族. 非参数族可以几乎不做任何假设, 例如, $(\mathcal{R}^k, \mathcal{B}^k)$ 上所有概率测度构成的分布族. 但在很多实际应用中, 我们可能会用到下面一种或几种假设去构造 $(\mathcal{R}^k, \mathcal{B}^k)$ 上的一个非参数族:

(1) 联合 c.d.f. 连续.

(2) 联合 c.d.f. 的 $\leqslant a$ 阶矩有限, a 是一个固定整数.

(3) 联合 c.d.f. 有 p.d.f. (例如, Lebesgue p.d.f.).

(4)$k=1$ 且 c.d.f. 对称.

举个例子, 例 2.1 中, 我们可以假定一个 c.d.f. 对称且连续的非参数模型. 对称性假设可能不适用于例 2.2 中的总体, 但连续性假设仍然是合理的.

在统计推断和决策理论中, 为参数模型而设计的方法称为*参数方法*, 而为非参数模型而设计的方法称为*非参数方法*. 然而, 当参数模型中参数方法无效时, 也可使用非参数方法, 例如当参数空间维数太大的时候 (例 2.3). 另一方面, 参数方法可应用于*半参数模型*, 即含有参数的非参数模型. §5.1.4 会给出具体例子.

2.1.3 指数和位置尺度分布族

本节我们讨论两类在统计推断和决策理论中特别重要的参数族.

定义 2.2 (指数分布族). 一个被 $(\Omega,\mathcal{F})$ 上 σ 有限测度 ν 控制的参数族 $\{P_\theta:\theta\in\Theta\}$ 称为*指数分布族*, 当且仅当

$$\frac{dP_\theta}{d\nu}(\omega)=\exp\big\{[\eta(\theta)]^\tau T(\omega)-\xi(\theta)\big\}h(\omega),\quad \omega\in\Omega, \tag{2.4}$$

其中 $\exp\{x\}=e^x$, T 是 p 维随机向量, p 是固定的正整数, η 是一个 Θ 到 $\mathcal{R}^p$ 的函数, h 是 $(\Omega,\mathcal{F})$ 上的一个非负 Borel 函数, 且

$$\xi(\theta)=\log\left\{\int_\Omega\exp\{[\eta(\theta)]^\tau T(\omega)\}h(\omega)d\nu(\omega)\right\}. \blacksquare$$

定义 2.2 中, T 和 h 只是 ω 的函数, 而 η 和 ξ 只是 θ 的函数. Ω 通常是 $\mathcal{R}^k$. 指数族的表达式 (2.4) 不唯一. 事实上, 当 D 为 $p\times p$ 非负定矩阵时, 做任意变换 $\tilde\eta(\theta)=D\eta(\theta)$ 可得到另外一种表达式 (用 $\tilde T=(D^\tau)^{-1}T$ 替换 T). 改变控制分布族的测度也会改变分布族的表达式. 例如, 如果对于任意 $A\in\mathcal{F}$, 定义 $\lambda(A)=\int_A hd\nu$, 那么我们得到的指数分布族的密度函数为

$$\frac{dP_\theta}{d\lambda}(\omega)=\exp\big\{[\eta(\theta)]^\tau T(\omega)-\xi(\theta)\big\}. \tag{2.5}$$

在指数分布族中, 考虑重新参数化 $\eta=\eta(\theta)$, 可得

$$f_\eta(\omega)=\exp\big\{\eta^\tau T(\omega)-\zeta(\eta)\big\}h(\omega),\quad \omega\in\Omega, \tag{2.6}$$

其中 $\zeta(\eta)=\log\big\{\int_\Omega\exp\{\eta^\tau T(\omega)\}h(\omega)d\nu(\omega)\big\}$. 这是该分布族的规范形式, 如之前所讲的, 它不是唯一的. 新的参数 η 称为*自然参数*. 新的参数空间 $\Xi=$

$\{\eta(\theta):\theta\in\Theta\}$ 是 $\mathcal{R}^p$ 的子集, 称为自然参数空间. 规范形式的指数分布族称为自然指数分布族. 若指数分布族的自然参数空间包含一个开集, 则称该分布族是满秩的.

例 2.5. 令 P_θ 是参数为 θ 的二项分布 $Bi(\theta,n)$, 其中 n 是固定正整数. 那么 $\{P_\theta:\theta\in(0,1)\}$ 是指数分布族, 因为 P_θ 关于计数测度的 p.d.f. 为

$$f_\theta(x)=\exp\left\{x\log\frac{\theta}{1-\theta}+n\log(1-\theta)\right\}\binom{n}{x}I_{\{0,1,\ldots,n\}}(x)$$

($T(x)=x$, $\eta(\theta)=\log\frac{\theta}{1-\theta}$, $\xi(\theta)=-n\log(1-\theta)$, 且 $h(x)=\binom{n}{x}I_{\{0,1,\ldots,n\}}(x)$). 若令 $\eta=\log\frac{\theta}{1-\theta}$, 则 $\Xi=\mathcal{R}$, 且 p.d.f. 为

$$f_\eta(x)=\exp\{x\eta-n\log(1+e^\eta)\}\binom{n}{x}I_{\{0,1,\ldots,n\}}(x)$$

的分布族是满秩的自然指数分布族. ∎

例 2.6. 正态分布族 $\{N(\mu,\sigma^2):\mu\in\mathcal{R},\sigma>0\}$ 是一个指数分布族, 因为 $N(\mu,\sigma^2)$ 的 Lebesgue p.d.f. 可写成

$$\frac{1}{\sqrt{2\pi}}\exp\left\{\frac{\mu}{\sigma^2}x-\frac{1}{2\sigma^2}x^2-\frac{\mu^2}{2\sigma^2}-\log\sigma\right\}.$$

因此, $T(x)=(x,-x^2)$, $\eta(\theta)=\left(\frac{\mu}{\sigma^2},\frac{1}{2\sigma^2}\right)$, $\theta=(\mu,\sigma^2)$, $\xi(\theta)=\frac{\mu^2}{2\sigma^2}+\log\sigma$, 且 $h(x)=1/\sqrt{2\pi}$. 令 $\eta=(\eta_1,\eta_2)=\left(\frac{\mu}{\sigma^2},\frac{1}{2\sigma^2}\right)$. 那么 $\Xi=\mathcal{R}\times(0,\infty)$, 我们可得一个满秩的自然指数分布族, 其中 $\zeta(\eta)=\eta_1^2/(4\eta_2)+\log(1/\sqrt{2\eta_2})$.

上述正态分布族的子族 $\{N(\mu,\mu^2):\mu\in\mathcal{R},\mu\neq 0\}$ 也是指数分布族, 自然参数为 $\eta=\left(\frac{1}{\mu},\frac{1}{2\mu^2}\right)$, 自然参数空间为 $\Xi=\{(x,y):y=2x^2,\,x\in\mathcal{R},\,y>0\}$. 但这个指数分布族不是满秩的. ∎

对指数分布族, (2.5) 说明存在一个非零测度 λ, 使得

$$\frac{dP_\theta}{d\lambda}(\omega)>0\quad 对所有\ \omega\ 和\ \theta. \tag{2.7}$$

我们可用这一性质说明一个分布族不是指数分布族. 例如, 考虑均匀分布族, 即 P_θ 为 $U(0,\theta)$, $\theta\in(0,\infty)$ 未知. 如果 $\{P_\theta:\theta\in(0,\infty)\}$ 是一个指数分布族, 那么如之前讨论, 存在非零测度 λ 使得 (2.7) 成立. 对任意 $t>0$, 存在 $\theta<t$ 使得 $P_\theta([t,\infty))=0$, 结合 (2.7) 能推出 $\lambda([t,\infty))=0$. 同样地, 对任意 $t\leqslant 0$, $P_\theta((-\infty,t])=0$, 结合 (2.7) 可得 $\lambda((-\infty,t])=0$. 由 t 的任意性, $\lambda\equiv 0$. 这一矛盾说明 $\{P_\theta:\theta\in(0,\infty)\}$ 不是一个指数分布族.

读者可验证表 1.1 和 1.2 中的哪些参数族是指数分布族. 作为另一个例子, 我们考虑一个包含多元离散分布的重要指数分布族.

例 2.7 (多项分布族). 考虑一个有 $k+1$ 个可能的结果的试验, 第 i 个结果发生的概率为 p_i, $i=0,1,...,k$, $\sum_{i=0}^k p_i = 1$. 在这个试验的 n 次独立重复试验中, 令 X_i 为第 i 个结果发生的次数, $i=0,1,...,k$. 那么 $(X_0,X_1,...,X_k)$ 的联合 p.d.f. (关于计数测度) 为

$$f_\theta(x_0,x_1,...,x_k) = \frac{n!}{x_0!x_1!\cdots x_k!} p_0^{x_0} p_1^{x_1} \cdots p_k^{x_k} I_B(x_0,x_1,...,x_k),$$

其中 $B=\{(x_0,x_1,...,x_k): x_i$ 都是 $\geqslant 0$ 的整数, $\sum_{i=0}^k x_i = n\}$, $\theta=(p_0,p_1,...,p_k)$. $(X_0,X_1,...,X_k)$ 的分布称为多项分布, 是二项分布的一个推广. 事实上, 每个 X_i 的边际 c.d.f. 均为二项分布 $Bi(p_i,n)$. 令 $\Theta=\{\theta\in\mathcal{R}^{k+1}: 0<p_i<1, \sum_{i=0}^k p_i = 1\}$. 参数族 $\{f_\theta: \theta\in\Theta\}$ 称为多项分布族. 令 $x=(x_0,x_1,...,x_k)$, $\eta=(\log p_0, \log p_1, ..., \log p_k)$, $h(x)=[n!/(x_0!x_1!\cdots x_k!)]I_B(x)$. 那么

$$f_\theta(x_0,x_1,...,x_k) = \exp\{\eta^\tau x\}\, h(x), \quad x\in\mathcal{R}^{k+1}. \tag{2.8}$$

因此, 多项分布族是自然参数为 η 的自然指数分布族. 然而, (2.8) 并不能得到满秩的指数分布族, 因为不存在包含于自然参数空间的 $\mathcal{R}^{k+1}$ 的开集. 重新参数化可以得到一个满秩的指数分布族. 由 $\sum_{i=0}^k X_i = n$ 和 $\sum_{i=0}^k p_i = 1$ 可知,

$$f_\theta(x_0,x_1,...,x_k) = \exp\{\eta_*^\tau x_* - \zeta(\eta_*)\}\, h(x), \quad x\in\mathcal{R}^{k+1}, \tag{2.9}$$

其中 $x_*=(x_1,...,x_k)$, $\eta_*=(\log(p_1/p_0),...,\log(p_k/p_0))$, $\zeta(\eta_*)=-n\log p_0$. η_* 参数空间为 $\mathcal{R}^k$. 因此, 密度函数为 (2.9) 的分布族是满秩的自然指数分布族. ∎

若 $X_1,...,X_m$ 为独立的随机向量且它们的 p.d.f. 属于指数分布族, 则 $(X_1,...,X_m)$ 的 p.d.f. 也属于指数分布族. 下面的结论总结了指数分布族其他的一些有用性质. 证明参见 Lehmann (1986).

定理 2.1. 设 $\mathcal{P}$ 是 (2.6) 给出的自然指数分布族.

(i) 令 $T=(Y,U)$, $\eta=(\vartheta,\varphi)$, 其中 Y 和 ϑ 的维数相同. 那么, Y 存在关于依赖 φ 的 σ 有限测度的 p.d.f.

$$f_\eta(y) = \exp\{\vartheta^\tau y - \zeta(\eta)\}.$$

特别地, T 的 p.d.f. 属于自然指数分布族. 此外, 给定 $U=u$ 时 Y 的条件分布的 p.d.f. (关于依赖 u 的 σ 有限测度) 是

$$f_{\vartheta,u}(y)=\exp\{\vartheta^\tau y-\zeta_u(\vartheta)\},$$

这也属于自然指数分布族, 参数为 ϑ.

(ii) 若 η_0 是自然参数空间的一个内点, 则 $P_{\eta_0}\circ T^{-1}$ 的矩母函数 ψ_{η_0} 在 0 的一个邻域内有限, 可表示为

$$\psi_{\eta_0}(t)=\exp\{\zeta(\eta_0+t)-\zeta(\eta_0)\}.$$

此外, 若 f 为 Borel 函数且满足 $\int|f|dP_{\eta_0}<\infty$, 则函数

$$\int f(\omega)\exp\{\eta^\tau T(\omega)\}h(\omega)d\nu(\omega)$$

在 η_0 的一个邻域内无限阶可微, 且对 η 求导可与积分交换计算. ∎

利用定理 2.1(ii) 和例 2.5 的结果, 二项分布 $Bi(p,n)$ 的矩母函数为

$$\begin{aligned}\psi_\eta(t)&=\exp\{n\log(1+e^{\eta+t})-n\log(1+e^\eta)\}\\&=\left(\frac{1+e^\eta e^t}{1+e^\eta}\right)^n\\&=(1-p+pe^t)^n,\end{aligned}$$

因为 $p=e^\eta/(1+e^\eta)$.

定义 2.3 (位置尺度分布族). 设 P 是 $(\mathcal{R}^k,\mathcal{B}^k)$ 上的一个已知概率测度, $\mathcal{V}\subset\mathcal{R}^k$, $\mathcal{M}_k$ 为 $k\times k$ 对称正定矩阵的集合. 分布族

$$\{P_{(\mu,\Sigma)}:\mu\in\mathcal{V},\ \Sigma\in\mathcal{M}_k\}\tag{2.10}$$

称为 ($\mathcal{R}^k$ 上) 位置尺度分布族, 其中

$$P_{(\mu,\Sigma)}(B)=P(\Sigma^{-1/2}(B-\mu)),\quad B\in\mathcal{B}^k,$$

$\Sigma^{-1/2}(B-\mu)=\{\Sigma^{-1/2}(x-\mu):x\in B\}\subset\mathcal{R}^k$, $\Sigma^{-1/2}$ 是 “平方根” 矩阵 $\Sigma^{1/2}$ 的逆, $\Sigma^{1/2}$ 满足 $\Sigma^{1/2}\Sigma^{1/2}=\Sigma$. 参数 μ 和 $\Sigma^{1/2}$ 分别称为位置和尺度参数. ∎

下面是一些重要的位置尺度分布族. 分布族 $\{P_{(\mu,I_k)}:\mu\in\mathcal{R}^k\}$ 称为位置分布族, 其中 I_k 是 $k\times k$ 单位阵. 分布族 $\{P_{(0,\Sigma)}:\Sigma\in\mathcal{M}_k\}$ 称为尺度

分布族. 在一些情况下, 我们考虑形如 $\{P_{(\mu,\sigma^2 I_k)} : \mu \in \mathcal{R}^k, \sigma > 0\}$ 的位置尺度分布族. 若 $X_1, ..., X_k$ 独立同分布, 其公共的分布属于位置尺度分布族 $\{P_{(\mu,\sigma^2)} : \mu \in \mathcal{R}, \sigma > 0\}$, 则向量 $(X_1, ..., X_k)$ 的联合分布属于位置尺度分布族 $\{P_{(\mu,\sigma^2 I_k)} : \mu \in \mathcal{V}, \sigma > 0\}$, 其中 $\mathcal{V} = \{(x, ..., x) \in \mathcal{R}^k : x \in \mathcal{R}\}$.

位置尺度分布族可用如下方式生成. 令 X 是 k 维随机向量, 分布为 P. 那么 $\Sigma^{1/2}X + \mu$ 的分布为 $P_{(\mu,\Sigma)}$. 另一方面, 若 X 是分布属于位置尺度分布族 (2.10) 的 k 维随机向量, 那么倘若 $D\mu + c \in \mathcal{V}$ 且 $D\Sigma D^\tau \in \mathcal{M}_k$, $DX + c$ 的分布也属于同样的分布族.

设 F 是 P 的 c.d.f., 那么 $P_{(\mu,\Sigma)}$ 的 c.d.f. 为 $F\left(\Sigma^{-1/2}(x-\mu)\right)$, $x \in \mathcal{R}^k$. 如果 F 存在 Lebesgue p.d.f. f, 那么 $P_{(\mu,\Sigma)}$ 的 Lebesgue p.d.f. 是 $\text{Det}(\Sigma^{-1/2})$ $f\left(\Sigma^{-1/2}(x-\mu)\right)$, $x \in \mathcal{R}^k$ (命题 1.8).

表 1.2 (§1.3.1) 中的很多分布对应的分布族是位置分布族、尺度分布族或位置尺度分布族. 例如, 指数分布 $E(a, \theta)$ 对应的分布族是 $\mathcal{R}$ 上的一个位置尺度分布族, 其中位置参数为 a, 尺度参数为 θ; 均匀分布 $U(0, \theta)$ 对应的分布族是 $\mathcal{R}$ 上的一个尺度分布族, 尺度参数为 θ. 例 2.4 中的 k 维正态分布族是 $\mathcal{R}^k$ 上的一个位置尺度分布族.

2.2 统计量、充分性和完备性

现在开始, 假定我们的数据集是样本 X (一个随机向量) 的实现值, 样本来自某概率空间上的一个未知总体.

2.2.1 统计量和它们的分布

一个 X 的可测函数 $T(X)$ 称为统计量, 若当 X 已知时 $T(X)$ 即为已知, 即函数 T 是一个已知函数. 为了不同目的, 统计分析基于各种统计量. 当然, X 本身就是一个统计量, 但它是一个平凡统计量. 非平凡统计量 $T(X)$ 的值域通常要比 X 的简单. 例如, X 为 n 维随机向量, 而 $T(X)$ 可为 p 维随机向量, p 远小于 n. 这是我们希望看到的, 因为 $T(X)$ 简化了原始数据.

从概率的角度来看, 统计量 $T(X)$ 中关于 X 的未知分布的“信息”包含于 σ 域 $\sigma(T(X))$. 假定 S 是另一统计量, 满足 $\sigma(S(X)) = \sigma(T(X))$. 由引理 1.2, S 是 T 的可测函数, T 也是 S 的可测函数. 因此, 当 S (或 T) 的值已知时, T (或 S) 的值也已知. 也就是说, 不是统计量的特定值包含了信息, 而是统计量所生成的 σ 域包含了信息. 统计量的值在其他原因下可能有重要作用.

注意, $\sigma(T(X)) \subset \sigma(X)$, 且两个 σ 域相等当且仅当 T 是一对一映射. 通

常 $\sigma(T(X))$ 简化了 $\sigma(X)$, 即统计量对 σ 域做了 "简化".

任一 $T(X)$ 都是随机元素. 如果 X 的分布未知, 那么 T 的分布也可能是未知的, 尽管 T 是一个已知函数. 求 T 的分布形式是统计推断和决策理论中的重要问题之一. 因为 T 是 X 的变换, 所以第 1 章中关于变换的工具在求 $T(X)$ 的分布或分布的近似时会有用.

例 2.8. 令 $X_1, ..., X_n$ 是独立同分布的随机变量, 公共的分布为 P, $X = (X_1, ..., X_n)$. (2.1) 和 (2.2) 定义的样本均值 $\bar{X}$ 和样本方差 S^2 是两个常见的统计量. 我们能找到 $\bar{X}$ 和 S^2 的联合或边际分布吗? 这取决于我们对 P 了解多少.

首先, 我们考虑 $\bar{X}$ 和 S^2 的矩. 假定 P 的均值有限, 记作 μ. 那么

$$E\bar{X} = \mu.$$

若 P 属于参数族 $\{P_\theta : \theta \in \Theta\}$, 则存在函数 $\mu(\cdot)$, $E\bar{X} = \int x dP_\theta = \mu(\theta)$. 即使 μ 的形式已知, 当 θ 未知时, $\mu(\theta)$ 仍可能未知. 假定 P 的方差有限, 记作 σ^2. 那么

$$\mathrm{Var}(\bar{X}) = \sigma^2/n,$$

若 P 属于参数族, 上式等于 $\sigma^2(\theta)/n$, $\sigma^2(\cdot)$ 是某一个函数. 当 $\sigma^2 = \mathrm{Var}(X_1)$ 有限时, 可得

$$ES^2 = \sigma^2.$$

当 $E|X_1|^3$ 有限时, 可得 $E(\bar{X})^3$ 和 $\mathrm{Cov}(\bar{X}, S^2)$; 当 $E|X_1|^4$ 有限时, 可得 $\mathrm{Var}(S^2)$ (练习).

接下来, 考虑 $\bar{X}$ 的分布. 如果 P 属于一个参数族, 我们总能找到 $\bar{X}$ 的分布. 参见例 1.20 和 §1.6 中的练习. 例如, 若 P 是 $N(\mu, \sigma^2)$, 则 $\bar{X}$ 的分布为 $N(\mu, \sigma^2/n)$; 若 P 是指数分布 $E(0, \theta)$, 则 $n\bar{X}$ 服从 Gamma 分布 $\Gamma(n, \theta)$. 若 P 不属于任何参数族, 则通常难以得到 $\bar{X}$ 的准确分布形式. 但是可以利用中心极限定理 (§1.5.4) 得到 $\bar{X}$ 的近似分布. 利用推论 1.2($k = 1$ 的情况), 我们可得

$$\sqrt{n}(\bar{X} - \mu) \to_d N(0, \sigma^2)$$

且根据 (1.100), $\bar{X}$ 的分布可由 $N(\mu, \sigma^2/n)$ 近似, 其中 μ 和 σ^2 分别是 P 的均值和方差, 假定均为有限的.

相比于 $\bar{X}$, S^2 的分布更难得到. 假定 P 是 $N(\mu, \sigma^2)$, 则可以证明 $(n-1)S^2/\sigma^2$ 是卡方分布 χ^2_{n-1} (见例 2.18). S^2 的近似分布可由 $\bar{X}$ 和 S^2 的联合分布近似得到. 下面将具体讨论.

假定 P 是 $N(\mu,\sigma^2)$, 可以证明 $\bar{X}$ 和 S^2 是独立的 (例 2.18). 因此, $(\bar{X},S^2)$ 的联合分布是前面得到的 $\bar{X}$ 和 S^2 边际分布的乘积. 没有正态假设, 近似联合分布可通过如下方式得到. 假定 $\mu=EX_1$, $\sigma^2=\mathrm{Var}(X_1)$ 和 $E|X_1|^4$ 有限. 令 $Y_i=(X_i-\mu,(X_i-\mu)^2)$, $i=1,...,n$. 那么 $Y_1,...,Y_n$ 是独立同分布的 2 维随机向量, 且 $EY_1=(0,\sigma^2)$, 协方差矩阵为

$$\Sigma=\begin{pmatrix}\sigma^2 & E(X_1-\mu)^3\\ E(X_1-\mu)^3 & E(X_1-\mu)^4-\sigma^4\end{pmatrix}.$$

注意到, $\bar{Y}=n^{-1}\sum_{i=1}^n Y_i=(\bar{X}-\mu,\tilde{S}^2)$, 其中 $\tilde{S}^2=n^{-1}\sum_{i=1}^n(X_i-\mu)^2$. 对 Y_i 使用中心极限定理 (推论 1.2), 可得

$$\sqrt{n}(\bar{X}-\mu,\tilde{S}^2-\sigma^2)\to_d N_2(0,\Sigma).$$

因为

$$S^2=\frac{n}{n-1}\left[\tilde{S}^2-(\bar{X}-\mu)^2\right]$$

且 $\bar{X}\to_{a.s.}\mu$ (SLLN, 定理 1.13), 由 Slutsky 定理 (定理 1.11) 可得,

$$\sqrt{n}(\bar{X}-\mu,S^2-\sigma^2)\to_d N_2(0,\Sigma).\quad ∎$$

例 2.9 (次序统计量). 设 $X=(X_1,...,X_n)$ 的各分量是独立同分布的随机变量, 令 $X_{(i)}$ 是 $X_1,...,X_n$ 中的第 i 小值. 统计量 $X_{(1)},...,X_{(n)}$ 称为次序统计量, 这是除了之前例子中样本均值和样本方差外又一重要的统计量. 假设 X_i 的 c.d.f. 为 F 且有 Lebesgue p.d.f. f. 那么 $X_{(1)},...,X_{(n)}$ 的联合 Lebesgue p.d.f. 为

$$g(x_1,x_2,...,x_n)=\begin{cases}n!f(x_1)f(x_2)\cdots f(x_n), & x_1<x_2<\cdots<x_n,\\ 0, & \text{其他}.\end{cases}$$

$X_{(i)}$ 和 $X_{(j)}$ $(1\leqslant i<j\leqslant n)$ 的联合 Lebesgue p.d.f. 为

$$g_{i,j}(x,y)=\begin{cases}\dfrac{n![F(x)]^{i-1}[F(y)-F(x)]^{j-i-1}[1-F(y)]^{n-j}f(x)f(y)}{(i-1)!(j-i-1)!(n-j)!}, & x<y,\\ 0, & \text{其他}.\end{cases}$$

$X_{(i)}$ 的 Lebesgue p.d.f. 为

$$g_i(x)=\frac{n!}{(i-1)!(n-i)!}[F(x)]^{i-1}[1-F(x)]^{n-i}f(x).\quad ∎$$

2.2.2 充分性和最小充分性

在已经讨论了利用统计量 $T(X)$ 简化 σ 域 $\sigma(X)$ 之后, 我们有这样的疑问: 简化是否会丢失与未知总体相关的信息? 如果统计量 $T(X)$ 包含和原始样本 X 一样完全的信息, 那么可以利用较 X 更为简单的 $T(X)$ 来做统计分析. 下面的概念描述了我们所说的完全的信息.

定义 2.4 (充分性). 设 X 是来自未知总体 $P \in \mathcal{P}$ 的一个样本, 其中 $\mathcal{P}$ 是一族总体. 统计量 $T(X)$ 对于 $P \in \mathcal{P}$ (或对 $\theta \in \Theta$, 当 $\mathcal{P} = \{P_\theta : \theta \in \Theta\}$ 是参数族时) 称为*充分的*, 当且仅当给定 T 时 X 的条件分布*已知* (不依赖 P 或 θ). ∎

定义 2.4 可做如下解释. 一旦我们观测到 X 并计算充分统计量 $T(X)$, 原始数据 X 不再包含更多有关未知总体 P 的信息 (因为条件分布和 P 无关), 故可舍弃. 充分统计量 $T(X)$ 包含了 X 中关于 P 的所有信息 (见 §3.6 练习 36, 它从另一角度解释了这一点), 且当 T 不是一对一映射时简化了数据. 因此, 例 2.1 中提出的问题可做如下解答: 如果 $(\bar{X}, S^2)$ 对于 P (或 θ, 当 θ 是唯一未知参数时) 是充分的, 则测量 θ 的问题只要关心 $\bar{x}$ 和 s^2 就足够了.

充分性的概念依赖给定的分布族 $\mathcal{P}$. 若 T 对于 $P \in \mathcal{P}$ 是充分的, 则 T 对于 $P \in \mathcal{P}_0 \subset \mathcal{P}$ 也是充分的, 但对于 $P \in \mathcal{P}_1 \supset \mathcal{P}$ 不一定是充分的.

例 2.10. 假设 $X = (X_1, ..., X_n)$, $X_1, ..., X_n$ 独立同分布来自二项分布, p.d.f. (关于计数测度) 为

$$f_\theta(z) = \theta^z (1-\theta)^{1-z} I_{\{0,1\}}(z), \quad z \in \mathcal{R}, \quad \theta \in (0,1).$$

对 X 的任意实现值 x, x 是一列 n 个取值为 1 或 0 的数. 考虑统计量 $T(X) = \sum_{i=1}^n X_i$, 等于 X 中 1 的个数. 在说明 T 是充分的之前, 直观上我们可看出 T 包含了关于 θ 的所有信息, 因为 θ 是 x 中取值为 1 的概率. 给定 $T = t$ (x 中 1 的个数), 数据集 x 中剩下的是关于 t 个 1 所在位置的多余信息. 因为这些随机变量是离散的, 不难计算当给定 $T = t$ 时 X 的条件分布. 注意到

$$P(X = x | T = t) = \frac{P(X = x, T = t)}{P(T = t)}$$

且 $P(T = t) = \binom{n}{t} \theta^t (1-\theta)^{n-t} I_{\{0,1,\ldots,n\}}(t)$. 令 x_i 是 x 的第 i 个分量. 若 $t \neq \sum_{i=1}^n x_i$, 则 $P(X = x, T = t) = 0$. 若 $t = \sum_{i=1}^n x_i$, 则

$$P(X = x, T = t) = \prod_{i=1}^n P(X_i = x_i) = \theta^t (1-\theta)^{n-t} \prod_{i=1}^n I_{\{0,1\}}(x_i).$$

令 $B_t = \{(x_1,...,x_n) : x_i = 0,1,\ \sum_{i=1}^n x_i = t\}$. 那么

$$P(X = x|T = t) = \frac{1}{\binom{n}{t}} I_{B_t}(x)$$

是一个已知的 c.d.f. 根据定义 2.4, 考虑分布族 $\{f_\theta : \theta \in (0,1)\}$, 可知统计量 $T(X)$ 对于 $\theta \in (0,1)$ 是充分的. ∎

通过定义找充分统计量并不简便, 因为需要猜出一个可能是充分的统计量 T, 并需要计算当给定 $T = t$ 时 X 的条件分布. 对于总体有 p.d.f. 的分布族, 寻找充分统计量一个简单的方法是使用因子分解定理. 我们首先证明下面的引理.

引理 2.1. 如果分布族 $\mathcal{P}$ 被一个 σ 有限的测度控制, 则 $\mathcal{P}$ 被概率测度 $Q = \sum_{i=1}^\infty c_i P_i$ 控制, 其中 c_i 为非负常数, $\sum_{i=1}^\infty c_i = 1$ 且 $P_i \in \mathcal{P}$.

证明. 假设 $\mathcal{P}$ 被有限测度 ν 所控制 (σ 有限测度 ν 的情况留作练习). 令 $\mathcal{P}_0$ 是所有形如 $\sum_{i=1}^\infty c_i P_i$ 构成的分布族, 其中 $P_i \in \mathcal{P}$, $c_i \geqslant 0$ 和 $\sum_{i=1}^\infty c_i = 1$. 那么, 只需证明存在一个 $Q \in \mathcal{P}_0$, 使得对所有 $P \in \mathcal{P}_0$, $Q(A) = 0$ 能推出 $P(A) = 0$. 令 $\mathcal{C}$ 为事件 C 的集类, 存在 $P \in \mathcal{P}_0$ 使得 $P(C) > 0$ 且 $dP/d\nu > 0$ 关于 C 上 ν a.e. 成立. 那么存在一列 $\{C_i\} \subset \mathcal{C}$, 使得 $\nu(C_i) \to \sup_{C\in\mathcal{C}} \nu(C)$. 令 C_0 是所有 C_i 的并集, $Q = \sum_{i=1}^\infty c_i P_i$, 其中 P_i 是对应 C_i 的概率测度. 那么 $C_0 \in \mathcal{C}$ (练习). 假设 $Q(A) = 0$. 令 $P \in \mathcal{P}_0$ 和 $B = \{x : dP/d\nu > 0\}$. 因为 $Q(A \cap C_0) = 0$, 所以 $\nu(A \cap C_0) = 0$ 和 $P(A \cap C_0) = 0$. 那么 $P(A) = P(A \cap C_0^c \cap B)$. 若 $P(A \cap C_0^c \cap B) > 0$, 则 $\nu(C_0 \cup (A \cap C_0^c \cap B)) > \nu(C_0)$, 这与 $\nu(C_0) = \sup_{C\in\mathcal{C}} \nu(C)$ 矛盾, 因为 $A \cap C_0^c \cap B$ 属于 $\mathcal{C}$ 且推得 $C_0 \cup (A \cap C_0^c \cap B)$ 属于 $\mathcal{C}$. 因此, 对所有 $P \in \mathcal{P}_0$, $P(A) = 0$. ∎

定理 2.2 (因子分解定理). 假设 X 是来自 $P \in \mathcal{P}$ 的一个样本, $\mathcal{P}$ 是 $(\mathcal{R}^n, \mathcal{B}^n)$ 上被 σ 有限测度 ν 控制的概率测度族. 那么 $T(X)$ 是 $P \in \mathcal{P}$ 的充分统计量, 当且仅当存在 $(\mathcal{R}^n, \mathcal{B}^n)$ 上的非负 Borel 函数 h (不依赖 P) 和定义在 T 的值域上的 g_P (依赖 P), 使得

$$\frac{dP}{d\nu}(x) = g_P\big(T(x)\big)h(x). \tag{2.11}$$

证明. (i) 假设 T 是 $P \in \mathcal{P}$ 的充分统计量. 那么, 对任意 $A \in \mathcal{B}^n$, $P(A|T)$ 不依赖 P. 令 Q 是引理 2.1 中的概率测度. 由 Fubini 定理和 §1.6 中练习 35

的结论可知, 对任意 $B \in \sigma(T)$,

$$\begin{aligned}Q(A \cap B) &= \sum_{j=1}^{\infty} c_j P_j(A \cap B) \\ &= \sum_{j=1}^{\infty} c_j \int_B P(A|T) dP_j \\ &= \int_B \sum_{j=1}^{\infty} c_j P(A|T) dP_j \\ &= \int_B P(A|T) dQ.\end{aligned}$$

因此, $P(A|T) = E_Q(I_A|T)$ a.s. Q, 其中 $E_Q(I_A|T)$ 表示当给定 T 时关于 Q 的 I_A 的条件概率. 令 $g_{_P}(T)$ 是空间 $(\mathcal{R}^n, \sigma(T), Q)$ 上的 Radon-Nikodym 导数 dP/dQ. 由命题 1.7 和 1.10 可知, 对任意 $A \in \mathcal{B}^n$,

$$\begin{aligned}P(A) &= \int P(A|T) dP \\ &= \int E_Q(I_A|T) g_{_P}(T) dQ \\ &= \int E_Q[I_A g_{_P}(T)|T] dQ \\ &= \int_A g_{_P}(T) \frac{dQ}{d\nu} d\nu.\end{aligned}$$

因此, (2.11) 成立, 其中 $h = dQ/d\nu$.

(ii) 假设 (2.11) 成立. 那么

$$\frac{dP}{dQ} = \frac{dP}{d\nu} \Big/ \sum_{i=1}^{\infty} c_i \frac{dP_i}{d\nu} = g_{_P}(T) \Big/ \sum_{i=1}^{\infty} g_{_{P_i}}(T) \quad \text{a.s. } Q, \tag{2.12}$$

其中第二个等式由 §1.6 练习 35 可得. 令 $A \in \sigma(X)$ 和 $P \in \mathcal{P}$. T 的充分性由下式可得

$$P(A|T) = E_Q(I_A|T) \quad \text{a.s. } P, \tag{2.13}$$

其中 $E_Q(I_A|T)$ 由证明的 (i) 部分给出. 这是因为 $E_Q(I_A|T)$ 不随 $P \in \mathcal{P}$ 而变化, 结论 (2.13) 和定理 1.7 可推出当给定 T 时 X 的条件分布由 $E_Q(I_A|T)$ $(A \in \sigma(X))$ 决定. 由条件概率的定义, (2.13) 由

$$\int_B I_A dP = \int_B E_Q(I_A|T) dP \tag{2.14}$$

对任意 $B \in \sigma(T)$ 成立而得. 令 $B \in \sigma(T)$. 根据 (2.12), dP/dQ 是 T 的 Borel 函数. 那么, 由命题 1.7(i)、命题 1.10(vi) 以及条件期望的定义, (2.14) 的右边等价于

$$\int_B E_Q(I_A|T)\frac{dP}{dQ}dQ = \int_B E_Q\left(I_A\frac{dP}{dQ}\middle|T\right)dQ = \int_B I_A\frac{dP}{dQ}dQ,$$

它等于 (2.14) 的左边. 这证明了对任意 $B \in \sigma(T)$, (2.14) 成立. 证毕. ∎

如果 $\mathcal{P}$ 是指数分布族, p.d.f. 为 (2.4), $X(\omega) = \omega$, 那么可以应用定理 2.2, 其中 $g_\theta(t) = \exp\{[\eta(\theta)]^\tau t - \xi(\theta)\}$, 而得知 T 是 $\theta \in \Theta$ 的充分统计量. 例 2.10 中 X 的联合分布属于指数分布族, $T(X) = \sum_{i=1}^n X_i$. 因此, 我们无需求解当给定 T 时 X 的条件分布就可知 T 是 $\theta \in (0,1)$ 的充分统计量.

例 2.11 (截断分布族). 设 $\phi(x)$ 是 $(\mathcal{R}, \mathcal{B})$ 上的正 Borel 函数, 满足对于任意 a 和 b 有 $\int_a^b \phi(x)dx < \infty$, $-\infty < a < b < \infty$. 令 $\theta = (a,b)$, $\Theta = \{(a,b) \in \mathcal{R}^2 : a < b\}$ 且

$$f_\theta(x) = c(\theta)\phi(x)I_{(a,b)}(x),$$

其中 $c(\theta) = \left[\int_a^b \phi(x)dx\right]^{-1}$. 那么 $\{f_\theta : \theta \in \Theta\}$ 称为截断分布族, 是被 $\mathcal{R}$ 上的 Lebesgue 测度所控制的参数族. 设 $X_1, \ldots, X_n$ 是独立随机变量, 其 p.d.f. 为 f_θ. 那么, $X = (X_1, \ldots, X_n)$ 的联合 p.d.f. 为

$$\prod_{i=1}^n f_\theta(x_i) = [c(\theta)]^n I_{(a,\infty)}(x_{(1)}) I_{(-\infty,b)}(x_{(n)}) \prod_{i=1}^n \phi(x_i), \tag{2.15}$$

其中 $x_{(i)}$ 是 $x_1, \ldots, x_n$ 中第 i 小值. 令 $T(X) = (X_{(1)}, X_{(n)})$, $g_\theta(t_1, t_2) = [c(\theta)]^n I_{(a,\infty)}(t_1) I_{(-\infty,b)}(t_2)$ 且 $h(x) = \prod_{i=1}^n \phi(x_i)$. 根据 (2.15) 和定理 2.2, $T(X)$ 是 $\theta \in \Theta$ 的充分统计量. ∎

例 2.12 (次序统计量). 设 $X = (X_1, \ldots, X_n)$, $X_1, \ldots, X_n$ 为独立同分布的随机变量, 分布为 $P \in \mathcal{P}$, 其中 $\mathcal{P}$ 是 $\mathcal{R}$ 上存在 Lebesgue p.d.f. 的分布族. 设 $X_{(1)}, \ldots, X_{(n)}$ 为例 2.9 中的次序统计量. 注意到, X 的联合 p.d.f. 为

$$f(x_1) \cdots f(x_n) = f(x_{(1)}) \cdots f(x_{(n)}).$$

因此, $T(X) = (X_{(1)}, \ldots, X_{(n)})$ 是 $P \in \mathcal{P}$ 的充分统计量. 当 $\mathcal{P}$ 不被任意 σ 有限测度所控制时, 次序统计量也可被证明是充分的, 但定理 2.2 不再适用 (见 §2.6 练习 31). ∎

给定分布族 $\mathcal{P}$, 存在很多充分统计量. 实际上, 若 T 是充分统计量且 $T=\psi(S)$, 其中 ψ 可测, S 为另一统计量, 那么 S 也是充分统计量. 若总体存在 p.d.f., 此结论可由定理 2.2 易得, 然而这也可由定义 2.4 直接证明 (练习 25). 举个例子, 例 2.10 中, $(\sum_{i=1}^m X_i, \sum_{i=m+1}^n X_i)$ 是 θ 的充分统计量, 其中 m 是 1 到 n 间的任意固定整数. 如果 T 是充分的且 $T=\psi(S)$, 其中可测函数 ψ 不是一对一映射, 那么 $\sigma(T)\subset\sigma(S)$, 且 T 比 S 更有用, 因为在不损失信息的情况下, T 对数据 (或 σ 域) 做了更多的简化. 是否存在一个充分统计量对数据做了"最大"简化?

在介绍下面概念之前, 我们需要下面的记号. 若某陈述在除了集合 A 外都成立, 且对所有 $P\in\mathcal{P}$ 有 $P(A)=0$, 则我们称该陈述成立 a.s. $\mathcal{P}$.

定义 2.5 (最小充分性). 令 T 是 $P\in\mathcal{P}$ 的充分统计量. T 称为最小充分统计量, 当且仅当对任意其他的对 $P\in\mathcal{P}$ 的充分统计量 S, 存在一个可测函数 ψ, 使得 $T=\psi(S)$ a.s. $\mathcal{P}$. ∎

如果 T 和 S 都是最小充分统计量, 根据定义, 存在一对一映射 ψ 使得 $T=\psi(S)$a.s. $\mathcal{P}$. 因此, 如果两个互为另一统计量一对一可测函数的统计量被看成为一个统计量, 那么最小充分统计量是唯一的.

例 2.13. 设 $X_1,...,X_n$ 是来自 P_θ 的 i.i.d. 随机变量, P_θ 为均匀分布 $U(\theta,\theta+1)$, $\theta\in\mathcal{R}$. 假设 $n>1$. $(X_1,...,X_n)$ 的联合 Lebesgue p.d.f. 为

$$f_\theta(x)=\prod_{i=1}^n I_{(\theta,\theta+1)}(x_i)=I_{(x_{(n)}-1,x_{(1)})}(\theta),\quad x=(x_1,...,x_n)\in\mathcal{R}^n,$$

其中 $x_{(i)}$ 表示 $x_1,...,x_n$ 中第 i 小值. 根据定理 2.2, $T=(X_{(1)},X_{(n)})$ 是 θ 的充分统计量. 注意到,

$$x_{(1)}=\sup\{\theta: f_\theta(x)>0\}\quad 且\quad x_{(n)}=1+\inf\{\theta: f_\theta(x)>0\}.$$

若 $S(X)$ 是 θ 的充分统计量, 由定理 2.2 可知, 存在 Borel 函数 h 和 g_θ, 使得 $f_\theta(x)=g_\theta(S(x))h(x)$. 对于满足 $h(x)>0$ 的 x,

$$x_{(1)}=\sup\{\theta: g_\theta(S(x))>0\}\quad 且\quad x_{(n)}=1+\inf\{\theta: g_\theta(S(x))>0\}.$$

因此, 当 $h(x)>0$ 时, 存在一个可测函数 ψ, 使得 $T(x)=\psi(S(x))$. 因为 $h>0$a.s. $\mathcal{P}$, 所以 T 为最小充分统计量. ∎

在一些较弱的假设下, 最小充分统计量存在, 例如, 假设 $\mathcal{P}$ 包含 $\mathcal{R}^k$ 上被

一个 σ 有限测度控制的分布函数 (Bahadur, 1957). 接下来的定理提供了一些寻找最小充分统计量的方法.

定理 2.3. 设 $\mathcal{P}$ 是 $\mathcal{R}^k$ 上的分布族.

(i) 假设 $\mathcal{P}_0 \subset \mathcal{P}$, 且 a.s. $\mathcal{P}_0$ 可推出 a.s. $\mathcal{P}$. 如果 T 是 $P \in \mathcal{P}$ 的充分统计量, 且是 $P \in \mathcal{P}_0$ 的最小充分统计量, 则 T 是 $P \in \mathcal{P}$ 的最小充分统计量.

(ii) 假设 $\mathcal{P}$ 包含关于 σ 有限测度的一列 p.d.f., $f_0, f_1, f_2, \ldots$. 令 $f_\infty(x) = \sum_{i=0}^{\infty} c_i f_i(x)$, 其中 $c_i > 0$ 对所有 i 成立, 且 $\sum_{i=0}^{\infty} c_i = 1$. 当 $f_\infty(x) > 0$ 时, 令 $T_i(x) = f_i(x)/f_\infty(x)$, $i = 0, 1, 2, \ldots$. 那么 $T(X) = (T_0, T_1, T_2, \ldots)$ 是 $P \in \mathcal{P}$ 的最小充分统计量. 此外, 若对所有 i, $\{x : f_i(x) > 0\} \subset \{x : f_0(x) > 0\}$, 则可用 f_0 替换 f_∞, 此时 $T(X) = (T_1, T_2, \ldots)$ 是 $P \in \mathcal{P}$ 的最小充分统计量.

(iii) 假设 $\mathcal{P}$ 包含关于 σ 有限测度的 p.d.f. f_P, 且存在一个充分统计量 $T(X)$, 使得对 X 的任意可能值 x 和 y, $f_P(x) = f_P(y)\phi(x, y)$ 对任意 P 成立可推出 $T(x) = T(y)$, 其中 ϕ 是一个可测函数. 那么 $T(X)$ 是 $P \in \mathcal{P}$ 的最小充分统计量.

证明. (i) 若 S 是 $P \in \mathcal{P}$ 的充分统计量, 则也是 $P \in \mathcal{P}_0$ 的充分统计量, 故有可测函数 ψ, $T = \psi(S)$ a.s. $\mathcal{P}_0$ 成立. 结论由 a.s. $\mathcal{P}_0$ 可推出 a.s. $\mathcal{P}$ 可得.

(ii) 注意到, $f_\infty > 0$ a.s. $\mathcal{P}$. 令 $g_i(T) = T_i$, $i = 0, 1, 2, \ldots$. 那么 $f_i(x) = g_i(T(x)) f_\infty(x)$ a.s. $\mathcal{P}$. 根据定理 2.2, T 是 $P \in \mathcal{P}$ 的充分统计量. 假设 $S(X)$ 是另一充分统计量. 由定理 2.2, 存在 Borel 函数 h 和 $\tilde{g}_i$, 使得 $f_i(x) = \tilde{g}_i(S(x))h(x)$, $i = 0, 1, 2, \ldots$. 那么 $T_i(x) = \tilde{g}_i(S(x)) / \sum_{j=0}^{\infty} c_j \tilde{g}_j(S(x))$ 对满足 $f_\infty(x) > 0$ 的 x 均成立. 根据定义 2.5, T 是 $P \in \mathcal{P}$ 最小充分统计量. 同理可证 f_0 替换 f_∞ 后的情况.

(iii) 根据 Bahadur (1957), 最小充分统计量 $S(X)$ 存在. 要证得结果只需证明对可测函数 ψ, $T(X) = \psi(S(X))$ a.s. $\mathcal{P}$. 根据定理 2.2, 存在 Borel 函数 g_P 和 h, 使得 $f_P(x) = g_P(S(x))h(x)$ 对所有 P 成立. 令 $A = \{x : h(x) = 0\}$. 那么对所有 P, $P(A) = 0$. 对满足 $S(x) = S(y)$, $x \notin A$ 和 $y \notin A$ 的 x 和 y,

$$
\begin{aligned}
f_P(x) &= g_P(S(x))h(x) \\
&= g_P(S(y))h(x)h(y)/h(y) \\
&= f_P(y)h(x)/h(y)
\end{aligned}
$$

对所有 P 成立. 因此 $T(x) = T(y)$. 这说明存在函数 ψ, 使得 $T(x) = \psi(S(x))$ 对除了 $x \in A$ 均成立. 尚需证明 ψ 是可测的. 因为 S 是最小充分统计量, 所

以有一可测函数 g, $g(T(X)) = S(X)$ a.s. $\mathcal{P}$. 因此 g 是一对一映射, $\psi = g^{-1}$. ψ 的可测性由 Parthasarathy (1967) 中的定理 3.9 可得. ∎

例 2.14. 令 $\mathcal{P} = \{f_\theta : \theta \in \Theta\}$ 是一个指数分布族, p.d.f. f_θ 由 (2.4) 给出, $X(\omega) = \omega$. 假设存在 $\Theta_0 = \{\theta_0, \theta_1, ..., \theta_p\} \subset \Theta$, 使得向量 $\eta_i = \eta(\theta_i) - \eta(\theta_0)$ $(i = 1, ..., p)$ 在 $\mathcal{R}^p$ 中线性独立. (这在分布族满秩时是必然成立的.) 我们已经证明 $T(X)$ 是 $\theta \in \Theta$ 的充分统计量. 现在我们要证明 T 实际上是 $\theta \in \Theta$ 的最小充分统计量. 令 $\mathcal{P}_0 = \{f_\theta : \theta \in \Theta_0\}$. 注意到, 集合 $\{x : f_\theta(x) > 0\}$ 不依赖 θ. 当 $f_\infty = f_{\theta_0}$ 时, 由定理 2.3(ii) 可得

$$S(X) = \big(\exp\{\eta_1^\tau T(x) - \xi_1\}, ..., \exp\{\eta_p^\tau T(x) - \xi_p\}\big)$$

是 $\theta \in \Theta_0$ 的最小充分统计量, 其中 $\xi_i = \xi(\theta_i) - \xi(\theta_0)$. 因为 η_i 线性独立, 所以存在一对一的可测函数 ψ, 使得 $T(X) = \psi(S(X))$ a.s. $\mathcal{P}_0$. 因此, T 是 $\theta \in \Theta_0$ 的最小充分统计量. 容易看出, a.s. $\mathcal{P}_0$ 可推出 a.s. $\mathcal{P}$. 因此, 根据定理 2.3(i), T 是 $\theta \in \Theta$ 的最小充分统计量. ∎

例 2.13 和 2.14 的结论也可由定理 2.3(iii) 证得 (练习 32).

充分性 (和最小充分性) 依赖总体 (统计模型) 的假定分布族 $\mathcal{P}$. 因此, 若假定的统计模型不正确或对所提出模型的正确性有怀疑, 它就不是一个有用的概念. 从本节的例子和 §2.6 中练习可发现, 对于很多不同模型, 统计量如 (2.1) 中的 $\bar{X}$, (2.2) 中的 S^2, 例 2.11 中的 $(X_{(1)}, X_{(n)})$ 和例 2.9 中的次序统计量都是充分的. 因此, 当真实模型是这些模型之一, 但不知道哪一个是真实模型时, 用这些统计量来简化和概括数据不会损失任何信息.

2.2.3 完备统计量

一个统计量 $V(X)$ 称为辅助的, 若它的分布不依赖总体 P; 称为一阶辅助的, 若 $E[V(X)]$ 不依赖 P. 一个平凡的辅助统计量是常数统计量 $V(X) \equiv c \in \mathcal{R}$. 若 $V(X)$ 是一个非平凡辅助统计量, 则 $\sigma(V(X)) \subset \sigma(X)$ 是一个非平凡的 σ 域, 它不包含任何有关 P 的信息. 因此, 如果 $S(X)$ 是一个统计量且 $V(S(X))$ 是一个非平凡的辅助统计量, 这表示 $\sigma(S(X))$ 包含了一个不包含任何有关 P 信息的非平凡 σ 域, 也就是说, "数据" $S(X)$ 可被进一步简化. 如果不存在 T 的非常值函数是辅助的或一阶辅助的, 则充分统计量 T 最成功地压缩了数据. 这引出了下面关于完备性的概念.

定义 2.6 (完备性). 统计量 $T(X)$ 称为对 $P \in \mathcal{P}$ 是完备的, 当且仅当对任一 Borel 函数 f, $E[f(T)] = 0$ 对所有 $P \in \mathcal{P}$ 成立可推出 $f(T) = 0$ a.s. $\mathcal{P}$. T 称为有界完备的, 当且仅当之前的叙述对任意有界 Borel 函数 f 成立. ∎

完备统计量是有界完备的. 若 T 是完备的 (或有界完备的) 且对可测 ψ 有 $S = \psi(T)$, 则 S 是完备的 (或有界完备的). 直观来说, 一个充分完备统计量应该是最小充分的, 这一结论由 Lehmann and Scheffé (1950) 和 Bahadur (1957) 证明 (见练习 48). 然而, 最小充分统计量不一定是完备的; 例如, 例 2.13 中的最小充分统计量 $(X_{(1)}, X_{(n)})$ 不是完备的 (练习 47).

命题 2.1. 若 P 属于满秩的指数分布族, p.d.f. 为 (2.6), 则 $T(X)$ 是 $\eta \in \Xi$ 的完备充分统计量.

证明. 我们已经证明了 T 是充分的. 假设存在一个函数 f, 使得 $E[f(T)] = 0$ 对所有 $\eta \in \Xi$ 成立. 由定理 2.1(i),

$$\int f(t) \exp\{\eta^\tau t - \zeta(\eta)\} d\lambda = 0 \quad 对所有\ \eta \in \Xi,$$

其中 λ 是 $(\mathcal{R}^p, \mathcal{B}^p)$ 上的一个测度. 令 η_0 是 Ξ 的一个内点. 那么

$$\int f_+(t) e^{\eta^\tau t} d\lambda = \int f_-(t) e^{\eta^\tau t} d\lambda \quad 对所有\ \eta \in N(\eta_0), \tag{2.16}$$

其中 $N(\eta_0) = \{\eta \in \mathcal{R}^p : \|\eta - \eta_0\| < \epsilon\}$, $\epsilon > 0$. 特别地,

$$\int f_+(t) e^{\eta_0^\tau t} d\lambda = \int f_-(t) e^{\eta_0^\tau t} d\lambda = c.$$

若 $c = 0$, 则 $f = 0$ a.e. λ. 若 $c > 0$, 则 $c^{-1} f_+(t) e^{\eta_0^\tau t}$ 和 $c^{-1} f_-(t) e^{\eta_0^\tau t}$ 是关于 λ 的 p.d.f., 且 (2.16) 表明它们的矩母函数在 0 的一个邻域内相同. 根据定理 1.6(ii), $c^{-1} f_+(t) e^{\eta_0^\tau t} = c^{-1} f_-(t) e^{\eta_0^\tau t}$, 即 $f = f_+ - f_- = 0$ a.e. λ. 因此 T 是完备的. ∎

当分布族为满秩的指数族时, 命题 2.1 可用来寻找完备充分统计量.

例 2.15. 假设 $X_1, ..., X_n$ 是独立同分布的随机变量, 服从 $N(\mu, \sigma^2)$ 分布, $\mu \in \mathcal{R}$, $\sigma > 0$. 由例 2.6 可以知道, $X_1, ..., X_n$ 的联合 p.d.f. 具有形式 $(2\pi)^{-n/2} \exp\{\eta_1 T_1 + \eta_2 T_2 - n\zeta(\eta)\}$, 其中 $T_1 = \sum_{i=1}^n X_i$, $T_2 = -\sum_{i=1}^n X_i^2$ 和 $\eta = (\eta_1, \eta_2) = \left(\frac{\mu}{\sigma^2}, \frac{1}{2\sigma^2}\right)$. 因此, $X = (X_1, ..., X_n)$ 的分布族为满秩的自然指数分布族 ($\Xi = \mathcal{R} \times (0, \infty)$). 根据命题 2.1, $T(X) = (T_1, T_2)$ 关于 η 是充分完备的. 因为 η 和 $\theta = (\mu, \sigma^2)$ 间存在一对一关系, 所以 T 关于 θ 也是充分完备的.

可以证明, 任意完备充分统计量的一对一可测函数也是充分完备的 (练习). 因此, $(\bar{X}, S^2)$ 关于 θ 是充分完备的, 其中 $\bar{X}$ 和 S^2 分别是 (2.1) 和 (2.2) 给出的样本均值和样本方差. ▮

下面的例子介绍了如何寻找非指数分布族的完备统计量.

例 2.16. 设 $X_1, ..., X_n$ 为独立同分布随机变量, 来自总体 P_θ 为均匀分布 $U(0,\theta)$, $\theta > 0$. 最大次序统计量 $X_{(n)}$ 是 $\theta \in (0,\infty)$ 的完备充分统计量. 由 $X_1, ..., X_n$ 的联合 Lebesgue p.d.f. 为 $\theta^{-n} I_{(0,\theta)}(x_{(n)})$ 可得 $X_{(n)}$ 的充分性. 根据例 2.9, $X_{(n)}$ 在 $\mathcal{R}$ 上的 Lebesgue p.d.f. 为 $(nx^{n-1}/\theta^n) I_{(0,\theta)}(x)$. 令 f 为在 $[0,\infty)$ 上的 Borel 函数, $E[f(X_{(n)})] = 0$ 对所有 $\theta > 0$ 均成立. 那么

$$\int_0^\theta f(x) x^{n-1} dx = 0 \quad 对所有\ \theta > 0.$$

令 $G(\theta)$ 表示上式的左侧. 利用对一积分求微分的结论 (参见 Royden (1968, §5.3)), 可得 $G'(\theta) = f(\theta)\theta^{n-1}$ a.e. m_+, 其中 m_+ 是 $([0,\infty), \mathcal{B}_{[0,\infty)})$ 上的 Lebesgue 测度. 因为 $G(\theta) = 0$ 对所有 $\theta > 0$ 成立, 故 $f(\theta)\theta^{n-1} = 0$ a.e. m_+. 因此, $f(x) = 0$ a.e. m_+. 所以 $X_{(n)}$ 是 $\theta \in (0,\infty)$ 的完备充分统计量. ▮

例 2.17. 例 2.12 中, 我们证明了 i.i.d. 随机变量 $X_1, ..., X_n$ 的次序统计量 $T(X) = (X_{(1)}, ..., X_{(n)})$ 是 $P \in \mathcal{P}$ 的充分统计量, 其中 $\mathcal{P}$ 是 $\mathcal{R}$ 上存在 Lebesgue p.d.f. 的所有分布形成的分布族. 我们现在说明 $T(X)$ 也是 $P \in \mathcal{P}$ 的完备统计量. 令 $\mathcal{P}_0$ 是 Lebesgue p.d.f. 为

$$f(x) = C(\theta_1, ..., \theta_n) \exp\{-x^{2n} + \theta_1 x + \theta_2 x^2 + \cdots + \theta_n x^n\}$$

的分布族, 其中 $\theta_j \in \mathcal{R}$, $C(\theta_1, ..., \theta_n)$ 是标准化常数, 使得 $\int f(x)dx = 1$. 那么 $\mathcal{P}_0 \subset \mathcal{P}$ 及 $\mathcal{P}_0$ 是满秩的指数分布族. 注意到, $X = (X_1, ..., X_n)$ 的联合分布也是满秩的指数分布族. 因此, 根据命题 2.1, $U = (U_1, ..., U_n)$ 是 $P \in \mathcal{P}_0$ 的完备统计量, 其中 $U_j = \sum_{i=1}^n X_i^j$. 因为 a.s. $\mathcal{P}_0$ 可推出 a.s. $\mathcal{P}$, 所以 $U(X)$ 也是 $P \in \mathcal{P}$ 的完备统计量.

要证明所要的结论, 我们现在只需证明 $T(X)$ 和 $U(X)$ 是一对一的. 令 $V_1 = \sum_{i=1}^n X_i$, $V_2 = \sum_{i<j} X_i X_j$, $V_3 = \sum_{i<j<k} X_i X_j X_k$,..., $V_n = X_1 \cdots X_n$. 由等式

$$U_k - V_1 U_{k-1} + V_2 U_{k-2} - \cdots + (-1)^{k-1} V_{k-1} U_1 + (-1)^k k V_k = 0,$$

$k=1,...,n$, 可知 $U(X)$ 和 $V(X)=(V_1,...,V_n)$ 间存在一对一关系. 由等式

$$(t-X_1)\cdots(t-X_n)=t^n-V_1t^{n-1}+V_2t^{n-2}-\cdots+(-1)^nV_n,$$

$V(X)$ 和 $T(X)$ 间存在一对一关系. 证明完成, 因此, $T(X)$ 是 $P\in\mathcal{P}$ 的充分完备统计量. 事实上, $U(X)$ 和 $V(X)$ 都是 $P\in\mathcal{P}$ 的充分完备统计量. ∎

辅助统计量和充分完备统计量之间的关系在下面的结果中给出.

定理 2.4 (Basu 定理). 设 V 和 T 是两个来自总体 $P\in\mathcal{P}$ 的 X 的统计量. 如果 V 是辅助的, T 关于 $P\in\mathcal{P}$ 是有界完备且充分的, 则关于任意 $P\in\mathcal{P}$, V 与 T 独立.

证明. 令 B 是 V 值域上的一个事件. 因为 V 是辅助的, 所以 $P(V^{-1}(B))$ 是一个常数. 因为 T 是充分的, 所以 $E[I_B(V)|T]$ 是 T 的函数 (不依赖 P). 又因为 $E\{E[I_B(V)|T]-P(V^{-1}(B))\}=0$ 对所有 $P\in\mathcal{P}$ 成立, 根据 T 的有界完备性, $P(V^{-1}(B)|T)=E[I_B(V)|T]=P(V^{-1}(B))$ a.s. $\mathcal{P}$. 令 A 是 T 值域上的一个事件. 那么, $P(T^{-1}(A)\cap V^{-1}(B))=E\{E[I_A(T)I_B(V)|T]\}=E\{I_A(T)E[I_B(V)|T]\}=E\{I_A(T)P(V^{-1}(B))\}=P(T^{-1}(A))P(V^{-1}(B))$. 因此, 关于任意 $P\in\mathcal{P}$, T 与 V 独立. ∎

Basu 定理对于证明两个统计量独立很有用.

例 2.18. 假设 $X_1,...,X_n$ 是独立同分布的随机变量, 服从 $N(\mu,\sigma^2)$ 分布, 其中 $\mu\in\mathcal{R}$, $\sigma>0$ 已知. 易知分布族 $\{N(\mu,\sigma^2):\mu\in\mathcal{R}\}$ 是一个满秩的指数分布族, 其自然参数为 $\eta=\mu/\sigma^2$. 根据命题 2.1, (2.1) 中的样本均值 $\bar{X}$ 是 η (和 μ) 的完备充分统计量. 令 S^2 是 (2.2) 给出的样本方差. 因为 $S^2=(n-1)^{-1}\sum_{i=1}^n(Z_i-\bar{Z})^2$, 其中 $Z_i=X_i-\mu$ 服从 $N(0,\sigma^2)$ 且 $\bar{Z}=n^{-1}\sum_{i=1}^n Z_i$, 所以 S^2 是一个辅助统计量 (σ^2 已知). 由 Basu 定理, $\bar{X}$ 和 S^2 关于 $N(\mu,\sigma^2)$ ($\mu\in\mathcal{R}$) 是独立的. 因为 σ^2 是任意的, 所以对任意 $\mu\in\mathcal{R}$ 和 $\sigma^2>0$, $\bar{X}$ 和 S^2 关于 $N(\mu,\sigma^2)$ 是独立的.

利用 $\bar{X}$ 和 S^2 的独立性, 我们现在证明 $(n-1)S^2/\sigma^2$ 服从卡方分布 χ^2_{n-1}. 注意到,

$$n\left(\frac{\bar{X}-\mu}{\sigma}\right)^2+\frac{(n-1)S^2}{\sigma^2}=\sum_{i=1}^n\left(\frac{X_i-\mu}{\sigma}\right)^2.$$

根据正态分布性质, $n(\bar{X}-\mu)^2/\sigma^2$ 有卡方分布 χ^2_1, 矩母函数为 $(1-2t)^{-1/2}$, 且 $\sum_{i=1}^n(X_i-\mu)^2/\sigma^2$ 服从卡方分布 χ^2_n, 矩母函数为 $(1-2t)^{-n/2}$, $t<1/2$. 根据

$\bar{X}$ 和 S^2 的独立性, $(n-1)S^2/\sigma^2$ 的矩母函数为

$$(1-2t)^{-n/2}/(1-2t)^{-1/2}=(1-2t)^{-(n-1)/2},$$

其中 $t<1/2$, 即卡方分布 χ^2_{n-1} 的矩母函数, 因此结论成立. ∎

2.3 统计决策理论

本节我们将介绍统计决策理论中的一些基本要素. 更多讨论在之后的章节做进一步介绍.

2.3.1 决策准则、损失函数和风险

设 X 是取自总体 $P\in\mathcal{P}$ 的一个样本. 统计决策是指我们观察 X 之后采取的行动, 例如, 关于 P 的结论或 P 的特征. 贯穿本节, 我们用 $\mathbb{A}$ 表示可允许行动的集合. 设 $\mathcal{F}_{\mathbb{A}}$ 是 $\mathbb{A}$ 上的 σ 域. 可测空间 $(\mathbb{A},\mathcal{F}_{\mathbb{A}})$ 称为行动空间. 设 $\mathscr{X}$ 是 X 的值域, $\mathcal{F}_{\mathscr{X}}$ 是 $\mathscr{X}$ 的一个 σ 域. 决策准则是 $(\mathscr{X},\mathcal{F}_{\mathscr{X}})$ 到 $(\mathbb{A},\mathcal{F}_{\mathbb{A}})$ 上的一个可测函数 (统计量)T. 如果决策准则 T 已选定, 则一旦观测到 X 我们就可采取行动 $T(X)\in\mathbb{A}$.

构造或选择一个决策准则离不开决策准则表现的判断标准. 统计决策理论中, 我们用损失函数 L 来设定一个标准. L 是 $\mathcal{P}\times\mathbb{A}$ 到 $[0,\infty)$ 的一个函数, 对每一固定的 $P\in\mathcal{P}$, 它是 $(\mathbb{A},\mathcal{F}_{\mathbb{A}})$ 上的 Borel 函数. 如果观测到 $X=x$ 且我们的决策准则是 T, 那么我们 (做决策) 的 "损失" 为 $L(P,T(x))$. 决策准则 T 的平均损失称为 T 的风险, 定义为

$$R_T(P)=E[L(P,T(X))]=\int_{\mathscr{X}}L(P,T(x))dP_X(x). \tag{2.17}$$

如果 $\mathcal{P}$ 是一个参数为 θ 的参数族, 那么损失函数和风险函数可表示为 $L(\theta,a)$ 和 $R_T(\theta)$. 我们希望得到一个损失小的决策准则. 但是很难比较两个决策准则 T_1 和 T_2 的损失函数 $L(P,T_1(X))$ 和 $L(P,T_2(X))$, 因为它们都是随机的. 为此, 引入风险函数 (2.17), 我们通过比较两个决策准则的风险来比较它们的优劣. 准则 T_1 不劣于另一准则 T_2 当且仅当

$$R_{T_1}(P)\leqslant R_{T_2}(P)\quad 对任意\ P\in\mathcal{P}, \tag{2.18}$$

T_1 优于T_2 当且仅当式 (2.18) 成立, 且至少存在一个 $P\in\mathcal{P}$ 有 $R_{T_1}(P)<R_{T_2}(P)$ 成立. 两个决策准则 T_1 和 T_2 是等价的当且仅当 $R_{T_1}(P)=R_{T_2}(P)$ 对

所有 $P \in \mathcal{P}$ 成立. 如果存在一个决策准则 T_* 不劣于 $\Im$ 中的任意准则, 其中 $\Im$ 为一可允许决策准则类, 则 T_* 称为 $\Im$ 最优的 (或最优的, 若 $\Im$ 包含所有可能的决策准则).

例 2.19. 考虑例 2.1 中的测量问题. 假设我们要基于样本 $X = (X_1, ..., X_n)$ 做一个关于 $\theta \in \mathcal{R}$ 值的决策. 若 Θ 是所有 θ 的可能值, 则应该考虑行动空间 $(\mathbb{A}, \mathcal{F}_{\mathbb{A}}) = (\Theta, \mathcal{B}_\Theta)$. 一个决策准则的例子是 $T(X) = \bar{X}$, (2.1) 定义的样本均值. 这个问题中常用的损失函数是*平方误差损失* $L(P, a) = (\theta - a)^2$, $a \in \mathbb{A}$. 那么决策规则 $\bar{X}$ 的损失是 $\bar{X}$ 与 θ 差的平方. 假定总体有均值 μ 和方差 $\sigma^2 < \infty$, 可得如下 $\bar{X}$ 的风险函数:

$$
\begin{aligned}
R_{\bar{X}}(P) &= E(\theta - \bar{X})^2 \\
&= (\theta - E\bar{X})^2 + E(E\bar{X} - \bar{X})^2 \\
&= (\theta - E\bar{X})^2 + \mathrm{Var}(\bar{X}) \qquad (2.19) \\
&= (\mu - \theta)^2 + \frac{\sigma^2}{n}, \qquad (2.20)
\end{aligned}
$$

其中 (2.20) 由例 2.8 中关于 $\bar{X}$ 之矩的结果可得. 若 θ 事实上是总体的均值, 那么 (2.20) 中右侧第一项是 0, 且风险是总体方差 σ^2 的增函数和样本量 n 的减函数.

考虑另一决策准则 $T_1(X) = (X_{(1)} + X_{(n)})/2$. 然而, 若对总体 P 没有进一步假设, 那么 $R_{T_1}(P)$ 没有显式. 假设 $P \in \mathcal{P}$. 那么, 对某些 $\mathcal{P}$, $\bar{X}$ (或 T_1) 优于 T_1 (或 $\bar{X}$) (练习), 而对某些 $\mathcal{P}$, $\bar{X}$ 和 T_1 均不优于彼此.

也可以考虑其他不同的损失函数. 例如, $L(P, a) = |\theta - a|$, 称为*绝对误差损失*. 但是, $R_{\bar{X}}(P)$ 和 $R_{T_1}(P)$ 没有显式, 除非 $\mathcal{P}$ 有某些特殊形式. ∎

例 2.19 中的问题是一般的估计问题的特殊情况, 其中行动空间是待估计的总体特征 ϑ 所有可能值的集合. 在估计问题中, 决策准则 T 称为*估计量*. 当 $\theta = \vartheta$ 且 $\bar{X}$ 被任意方差有限的估计量替换时, 结论 (2.19) 仍成立. 下面的例子描述了另一类重要问题, 称为*假设检验*.

例 2.20. 设 $\mathcal{P}$ 是一分布族, $\mathcal{P}_0 \subset \mathcal{P}$, $\mathcal{P}_1 = \{P \in \mathcal{P} : P \notin \mathcal{P}_0\}$. 假设检验问题可描述为确定下面两种说法哪一个为真:

$$
H_0 : P \in \mathcal{P}_0 \quad \text{对} \quad H_1 : P \in \mathcal{P}_1. \qquad (2.21)
$$

这里, H_0 称为*原假设*, 而 H_1 称为*备择假设*. 这个问题的行动空间仅有两个元素, 即, $\mathbb{A} = \{0, 1\}$, 其中 0 是接受 H_0 的行动, 而 1 是拒绝 H_0 的行动. 决策准则称为检验. 因为检验 $T(X)$ 是 $\mathscr{X}$ 到 $\{0,1\}$ 的函数, 它一定有形式 $I_C(X)$, 其中 $C \in \mathcal{F}_{\mathscr{X}}$ 称为 H_0 对 H_1 的拒绝域或临界域.

针对这个问题的一个简单的损失函数为 0–1 损失: $L(P,a)=0$ 若决策正确, 1 若决策错误, 即 $L(P,j)=0$ 若 $P \in \mathcal{P}_j$, 否则 $L(P,j)=1$, $j=0,1$. 在这个损失函数下, 风险为

$$R_T(P)=\begin{cases} P(T(X)=1)=P(X\in C), & P\in\mathcal{P}_0,\\ P(T(X)=0)=P(X\notin C), & P\in\mathcal{P}_1.\end{cases}$$

参见图 2.2 给出的一个例子, 表示的是对于某些 T 在 P 属于某个参数族时的风险函数 $R_T(\theta)$.

0–1 损失表示两种错误决策的损失 (接受 H_0 若 $P\in\mathcal{P}_1$, 拒绝 H_0 若 $P\in\mathcal{P}_0$) 相同. 在某些情况下, 可能会假定不相等的损失: $L(P,j)=0$ 若 $P\in\mathcal{P}_j$, $L(P,0)=c_0$ 若 $P\in\mathcal{P}_1$ 以及 $L(P,1)=c_1$ 若 $P\in\mathcal{P}_0$. ∎

下面例子中, 决策问题既不是估计问题也不是假设检验问题. 另一例子见 §2.6 练习 93.

例 2.21. 当受污染土壤中真实化学物质浓度 θ 高于给定水平 $\theta_0 \geqslant 0$ 时, 这个危险的有毒废料地点就需要清理. 由于资源有限, 要将我们的资金和努力更多地投在那些对公众健康有高风险的地方. 在获取土壤样本的某特定区域, 我们可采取下面三个行动中的一个: 完全清理 (a_1), 部分清理 (a_2) 和不清理 (a_3). 那么 $\mathbb{A}=\{a_1,a_2,a_3\}$. 假设完全清理的成本为 c_1, 部分清理的成本为 $c_2<c_1$; 对公众健康的风险为 $c_3(\theta-\theta_0)$ 若 $\theta>\theta_0$, 风险为 0 若 $\theta>\theta_0$; 完全清理可将毒物浓度降至 $\leqslant\theta_0$ 水平, 然而部分清理只能使毒物浓度下降一个固定量, 即在部分清理后毒物浓度变为 $\theta-t$, 其中 t 是一个已知常数. 那么损失函数为

$L(\theta,a)$	a_1	a_2	a_3
$\theta\leqslant\theta_0$	c_1	c_2	0
$\theta_0<\theta\leqslant\theta_0+t$	c_1	c_2	$c_3(\theta-\theta_0)$
$\theta>\theta_0+t$	c_1	$c_2+c_3(\theta-\theta_0-t)$	$c_3(\theta-\theta_0)$

一旦决策准则确定, 就可求得风险函数. 我们会在第 4 章再讨论这个例子. ∎

有时候考虑随机化决策准则会有用处. 例子在第 4 和 6 章以及 §2.3.2 中给出. 随机化决策准则是一个 $\mathscr{X}\times\mathcal{F}_{\mathbb{A}}$ 上的函数 δ, 使得对每个 $A\in\mathcal{F}_{\mathbb{A}}$, $\delta(\cdot,A)$

是一个 Borel 函数, 对每个 $x \in \mathscr{X}$, $\delta(x,\cdot)$ 是 $(\mathbb{A}, \mathcal{F}_{\mathbb{A}})$ 上的概率测度. 当使用随机化准则 δ 时, 为了从 $\mathbb{A}$ 中选择一个行动, 我们需要根据 $\delta(x,\cdot)$ 模拟一个 $\mathbb{A}$ 的拟随机元素. 因此, 另一种描述随机化准则的方法是对每个 $x \in \mathscr{X}$, 确定模拟 $\mathbb{A}$ 中行动的方法. 若 $\mathbb{A}$ 是欧几里得空间的子集, 则可利用定理 1.7(ii). 参见 §7.2.3.

之前讨论的非随机化决策准则 T 可看作特殊的随机化决策规则, 其中 $\delta(x,\{a\}) = I_{\{a\}}(T(x))$, $a \in \mathbb{A}$, $x \in \mathscr{X}$. 另一个随机化准则的例子是离散分布 $\delta(x,\cdot)$, 以概率 $p_j(x)$ 分配到非随机决策准则 $T_j(x)$, $j = 1, 2, \ldots$, 此时准则 δ 可等价定义为以概率 $p_j(x)$ 取值 $T_j(x)$ 的准则. 例子见练习 64.

随机化决策准则 δ 的损失函数定义为

$$L(P,\delta,x) = \int_{\mathbb{A}} L(P,a)d\delta(x,a),$$

当 δ 是非随机化准则时, 它退化为我们讨论过的损失函数. 随机化决策准则 δ 的风险函数为

$$R_\delta(P) = E[L(P,\delta,X)] = \int_{\mathscr{X}} \int_{\mathbb{A}} L(P,a)d\delta(x,a)dP_X(x). \tag{2.22}$$

2.3.2 容许性和最优性

考虑给定损失函数 $L(P,a)$ 下一个给定的决策问题.

定义 2.7 (容许性). 设 $\Im$ 是一决策准则类 (随机化或非随机化). 决策准则 $T \in \Im$ 称为 $\Im$ 容许的 (或许容的, 若 $\Im$ 包含所有可能的决策准则), 当且仅当不存在 (就风险而言) 优于 T 的 $S \in \Im$. ∎

如果决策准则 T 是不容许的, 那么存在一个比 T 更优的准则. 因此, 原则上不能使用 T. 然而, 可容许的决策准则不一定是好的. 例如, 在估计问题中一个简单无用的估计量 $T(X) \equiv$ 一常数可能是容许的 (练习 71).

容许性和 §2.3.1 中定义的最优性的关系可描述如下. 若 T_* 是 $\Im$ 最优的, 那么它是 $\Im$ 容许的; 若 T_* 是 $\Im$ 最优的且 T_0 是 $\Im$ 容许的, 那么 T_0 也是 $\Im$ 最优的, 且等价于 T_*; 若存在两个不等价的 $\Im$ 容许准则, 那么不存在任何 $\Im$ 最优准则.

假设 $T(X)$ 是 $P \in \mathcal{P}$ 的充分统计量. 直观上, 基于 §2.2.2 中的讨论, 我们的决策准则应该是 T 的函数. 这一般不成立, 但下面的结论说明, 如果允许随机化决策准则, 则结论成立.

命题 2.2. 假设 $\mathbb{A}$ 是 $\mathcal{R}^k$ 的子集. 设 $T(X)$ 是 $P \in \mathcal{P}$ 的充分统计量, 令 δ_0 是一个决策准则. 那么

$$\delta_1(t, A) = E[\delta_0(X, A)|T = t] \tag{2.23}$$

是一个仅依赖 T 的随机化决策准则, 在 $R_{\delta_0}(P) < \infty$ 对任意 $P \in \mathcal{P}$ 成立的条件之下它等价于 δ_0.

证明. 注意到, (2.23) 定义的 δ_1 是一个决策准则, 因为由 T 的充分性可知 δ_1 不依赖未知 P. 由 (2.22) 可知,

$$\begin{aligned}
R_{\delta_1}(P) &= E\left\{\int_{\mathbb{A}} L(P,a)d\delta_1(X,a)\right\} \\
&= E\left\{E\left[\int_{\mathbb{A}} L(P,a)d\delta_0(X,a)\middle|T\right]\right\} \\
&= E\left\{\int_{\mathbb{A}} L(P,a)d\delta_0(X,a)\right\} \\
&= R_{\delta_0}(P),
\end{aligned}$$

其中第二个等式的证明留给读者. ∎

注意到, 命题 2.2 不能推出 δ_0 是不容许的. 另外, 若 δ_0 是一个非随机化准则,

$$\delta_1(t, A) = E[I_A(\delta_0(X))|T = t] = P(\delta_0(X) \in A|T = t)$$

仍是一个随机化准则, 除非对某个 Borel 函数 h, $\delta_0(X) = h(T(X))$ a.s. P (练习 75). 因此, 命题 2.2 不适用于随机化准则不允许的情况.

下面结果告诉我们何时只需要考虑非随机化准则, 何时不是充分统计量函数的决策准则是不容许的.

定理 2.5. 假设 $\mathbb{A}$ 是 $\mathcal{R}^k$ 的一个凸子集, 且对任意 $P \in \mathcal{P}$, $L(P, a)$ 是 a 的凸函数.

(i) 令 δ 为一个随机化准则, 满足 $\int_{\mathbb{A}} \|a\| d\delta(x, a) < \infty$ 对任意 $x \in \mathscr{X}$ 成立. 令 $T_1(x) = \int_{\mathbb{A}} a d\delta(x, a)$. 那么 $L(P, T_1(x)) \leqslant L(P, \delta, x)$ (或 $L(P, T_1(x)) < L(P, \delta, x)$, 若 L 关于 a 严格凸) 对任意 $x \in \mathscr{X}$ 和 $P \in \mathcal{P}$ 均成立.

(ii) (Rao-Blackwell 定理). 设 T 是 $P \in \mathcal{P}$ 的一个充分统计量, $T_0 \in \mathcal{R}^k$ 是一个非随机化准则, 满足 $E\|T_0\| < \infty$. 令 $T_1 = E[T_0(X)|T]$. 那么 $R_{T_1}(P) \leqslant R_{T_0}(P)$ 对任意 $P \in \mathcal{P}$ 均成立. 若 L 关于 a 严格凸且 T_0 不是 T 的函数, 那么 T_0 是不容许的. ∎

定理 2.5 的证明是 Jensen 不等式 (1.47) 的一个应用, 具体证明留给读者.

容许性的概念帮助我们淘汰一些决策准则. 然而, 根据容许性和充分性淘汰一些准则后, 通常还有很多留下的准则. 尽管感兴趣的是 $\Im$ 最优准则, 但若 $\Im$ 太大或太小, 它常不存在. 下面举例说明.

例 2.22. 设 $X_1, ..., X_n$ 是来自总体 $P \in \mathcal{P}$ 的独立同分布随机变量, $\mathcal{P}$ 为有均值 μ 和有限方差 σ^2 的分布的分布族. 考虑平方误差损失下 μ 的估计 ($\mathbb{A} = \mathcal{R}$). 可以证明, 若 $\Im$ 是所有可能估计量构成的集合, 那么不存在 $\Im$ 最优准则 (练习). 接下来, 令 $\Im_1$ 是 $X = (X_1, ..., X_n)$ 的所有线性函数构成的集合, 即 $T(X) = \sum_{i=1}^n c_i X_i$, 其中 $c_i \in \mathcal{R}$ 已知, $i = 1, ..., n$. 由 (2.19) 和例 2.19 后的讨论可得

$$R_T(P) = \mu^2 \left(\sum_{i=1}^n c_i - 1 \right)^2 + \sigma^2 \sum_{i=1}^n c_i^2. \tag{2.24}$$

现在我们来证明不存在 $T_* = \sum_{i=1}^n c_i^* X_i$, 使得 $R_{T_*}(P) \leqslant R_T(P)$ 对任意 $P \in \mathcal{P}$ 和 $T \in \Im_1$ 均成立. 如果存在这样的 T_*, 那么 $(c_1^*, ..., c_n^*)$ 是使 (2.24) 右侧关于 $(c_1, ..., c_n)$ 的函数的最小值. 所以 $c_1^*, ..., c_n^*$ 相等且等于 $\mu^2/(\sigma^2 + n\mu^2)$, 这依赖 P. 因此 T_* 不是一个统计量. 这说明不存在 $\Im_1$ 最优准则.

考虑子类 $\Im_2 \subset \Im_1$, 对 c_i 加上满足 $\sum_{i=1}^n c_i = 1$ 之条件. 由 (2.24) 可知, 若 $T \in \Im_2$, $R_T(P) = \sigma^2 \sum_{i=1}^n c_i^2$. 在 $\sum_{i=1}^n c_i = 1$ 的约束下, 最小化 $\sigma^2 \sum_{i=1}^n c_i^2$ 可得 $c_i = n^{-1}$ 的最优解. 因此, 样本均值 $\bar{X}$ 是 $\Im_2$ 最优的.

若考虑一个较小的决策准则类, 可能不存在任何最优准则. 例如, 如果 $\Im_3$ 包含 $\Im_2$ 中除了 $\bar{X}$ 外的所有准则, 可证明不存在 $\Im_3$ 最优准则. ∎

例 2.23. 假定样本 X 服从二项分布 $Bi(\theta, n)$, $\theta \in (0, 1)$ 未知, $n > 1$ 是一个固定整数. 考虑例 2.20 中的 $H_0 : \theta \in (0, \theta_0]$ 对 $H_1 : \theta \in (\theta_0, 1)$ 的假设检验问题, 其中 $\theta_0 \in (0, 1)$ 是一个固定值. 假设我们仅关心下面的非随机化决策准则类: $\Im = \{T_j : j = 0, 1, ..., n-1\}$, 其中 $T_j(X) = I_{\{j+1,...,n\}}(X)$. 由例 2.20 可知, 0–1 损失函数下 T_j 的风险函数为

$$R_{T_j}(\theta) = P(X > j) I_{(0,\theta_0]}(\theta) + P(X \leqslant j) I_{(\theta_0,1)}(\theta).$$

对任意整数 k 和 j, $0 \leqslant k < j \leqslant n-1$,

$$R_{T_j}(\theta) - R_{T_k}(\theta) = \begin{cases} -P(k < X \leqslant j) < 0, & 0 < \theta \leqslant \theta_0, \\ P(k < X \leqslant j) > 0, & \theta_0 < \theta < 1. \end{cases}$$

因此, T_j 和 T_k 都不优于对方. 这表明每个 T_j 都是 $\Im$ 容许的, 因此, 不存在 $\Im$ 最优准则. ∎

鉴于最优准则常常不存在, 统计学家采取下面两种方法来选择决策准则. 第一个方法是定义一个满足一些好性质 (统计的且/或非统计的) 的决策准则类 $\Im$, 然后在 $\Im$ 中找到最好的准则. 例如, 在例 2.22 中, 任意 $\Im_2$ 中的估计量 T 有如下性质, T 关于 X 是线性的且 $E[T(X)] = \mu$. 在一般的估计问题中, 我们可以使用下面的概念.

定义 2.8 (无偏性). 在估计问题中, 未知总体实值参数 ϑ 的估计量 $T(X)$ 的*偏差*定义为 $b_T(P) = E[T(X)] - \vartheta$ (当 P 属于参数为 θ 的参数族时, 记作 $b_T(\theta)$). 估计量 $T(X)$ 称为关于 ϑ *无偏的*, 当且仅当 $b_T(P) = 0$ 对任意 $P \in \mathcal{P}$ 成立. ∎

因此, 例 2.22 中的 $\Im_2$ 是关于 X 线性的无偏估计类. 在第 3 章中, 我们讨论当 $\Im$ 是无偏估计类或关于 X 线性的无偏估计类时, 如何求 $\Im$ 最优估计量.

另一个决策准则类在引入*不变性*概念后可作定义.

定义 2.9 设 X 是来自 $P \in \mathcal{P}$ 的一个样本.

(i) X 的一对一变换构成的类 $\mathcal{G}$ 称为*群*, 当且仅当由 $g_i \in \mathcal{G}$ 可推出 $g_1 \circ g_2 \in \mathcal{G}$ 和 $g_i^{-1} \in \mathcal{G}$.

(ii) 我们称 $\mathcal{P}$ 在 $\mathcal{G}$ 下是*不变的*, 当且仅当对每一 $g \in \mathcal{G}$, $\bar{g}(P_X) = P_{g(X)}$ 是 $\mathcal{P}$ 到 $\mathcal{P}$ 上的一对一变换.

(iii) 决策问题称为*不变的*, 当且仅当 $\mathcal{P}$ 是在 $\mathcal{G}$ 下不变的且损失函数 $L(P, a)$ 是不变的, 即对每一 $g \in \mathcal{G}$ 和每一 $a \in \mathbb{A}$, 存在唯一的 $g(a) \in \mathbb{A}$, 使得 $L(P_X, a) = L\left(P_{g(X)}, g(a)\right)$. (注意, $g(X)$ 和 $g(a)$ 一般是不同的函数.)

(iv) 决策准则 $T(x)$ 称为*不变的*, 当且仅当对每一 $g \in \mathcal{G}$ 和每一 $x \in \mathscr{X}$, $T(g(x)) = g(T(x))$. ∎

不变性意味着决策准则不受数据的一对一变换影响.

当 X 的分布属于 $\mathcal{R}^k$ 上的位置尺度分布族 $\mathcal{P}$, 我们通常考虑数据 X 的位置尺度变换, 形如 $g(X) = AX + c$, 其中 $c \in \mathcal{C} \subset \mathcal{R}^k$, $A \in \mathcal{T}$ ($k \times k$ 可逆矩阵类). 假定, 如果 $A_i \in \mathcal{T}$, $i = 1, 2$, 那么 $A_i^{-1} \in \mathcal{T}$, $A_1 A_2 \in \mathcal{T}$, 且如果 $c_i \in \mathcal{C}$, $i = 1, 2$, 那么 $-c_i \in \mathcal{C}$, $Ac_1 + c_2 \in \mathcal{C}$ 对任意 $A \in \mathcal{T}$ 成立. 那么所有变换构成的集合是一个群. 下面的例子给出了一个特殊的情况.

例 2.24. 设 X 来自属于位置分布族 $\mathcal{P} = \{P_\mu : \mu \in \mathcal{R}\}$ 的总体, 其分

量独立同分布. 考虑位置变换 $g_c(X) = X + cJ_k$, 其中 $c \in \mathcal{R}$ 且 J_k 是分量均为 1 的 k 维向量. 变换构成的群是 $\mathcal{G} = \{g_c : c \in \mathcal{R}\}$, 它是一个位置尺度变换群, 其中 $\mathcal{T} = \{I_k\}$ 且 $\mathcal{C} = \{cJ_k : c \in \mathcal{R}\}$. $\mathcal{P}$ 是 $\mathcal{G}$ 下不变的, 其中 $\bar{g}_c(P_\mu) = P_{\mu+c}$. 在损失函数为 $L(\mu, a) = L(\mu - a)$ 下估计 μ, 其中 $L(\cdot)$ 是非负 Borel 函数, 决策问题是不变的, 其中 $g_c(a) = a + c$. 决策准则 T 是不变的当且仅当 $T(x + cJ_k) = T(x) + c$ 对每一 $x \in \mathcal{R}^k$ 和 $c \in \mathcal{R}$ 成立. 一个不变决策准则的例子是 $T(x) = l^\tau x$, $l \in \mathcal{R}^k$ 且 $l^\tau J_k = 1$. 注意到, 满足 $l^\tau J_k = 1$ 的 $T(x) = l^\tau x$ 属于例 2.22 中的 $\Im_2$. ▮

在 §4.2 和 §6.3 中, 我们将讨论当 $\Im$ 是不变决策准则类时找 $\Im$ 最优准则的问题.

第二个找一个好的决策准则的方法是对于任一给定的决策准则 T 来说, 考虑 $R_T(P)$ 的一些特征 R_T, 然后在 $T \in \Im$ 的约束下, 使 R_T 最小化. 下面是两种实现这个想法的常用方法. 第一个是考虑在 $P \in \mathcal{P}$ 上 $R_T(P)$ 的平均值:

$$r_{\scriptscriptstyle T}(\Pi) = \int_{\mathcal{P}} R_T(P) d\Pi(P),$$

其中 Π 是 $(\mathcal{P}, \mathcal{F}_{\mathcal{P}})$ 上已知的概率测度, $\mathcal{F}_{\mathcal{P}}$ 是一个合适的 σ 域. $r_{\scriptscriptstyle T}(\Pi)$ 称为 T 关于 Π 的 Bayes 风险. 若 $T_* \in \Im$ 及 $r_{\scriptscriptstyle T_*}(\Pi) \leqslant r_{\scriptscriptstyle T}(\Pi)$ 对任意 $T \in \Im$ 成立, 则 T_* 称为关于 Π 的 $\Im$-Bayes 准则 (或 Bayes 准则, 若 $\Im$ 包含所有可能的准则). 第二个方法是考虑最坏的情形, 即 $\sup_{P\in\mathcal{P}} R_T(P)$. 如果 $T_* \in \Im$ 且 $\sup_{P\in\mathcal{P}} R_{T_*}(P) \leqslant \sup_{P\in\mathcal{P}} R_T(P)$ 对任意 $T \in \Im$ 成立, 则 T_* 称为 $\Im$ 最小最大准则 (或最小最大准则, 若 $\Im$ 包含所有可能的准则). Bayes 准则和最小最大准则将在第 4 章讨论.

例 2.25. 我们经常在参数问题中试着找一个 Bayes 准则或最小最大准则, 其中 $P = P_\theta$ ($\theta \in \mathcal{R}^k$). 考虑 $k = 1$ 的特殊情况, 损失函数为平方误差损失 $L(\theta, a) = (\theta - a)^2$. 注意到,

$$r_{\scriptscriptstyle T}(\Pi) = \int_{\mathcal{R}} E[\theta - T(X)]^2 d\Pi(\theta),$$

这等价于 $E[\boldsymbol{\theta} - T(X)]^2$, 其中 $\boldsymbol{\theta}$ 是分布为 Π 的随机变量, 给定 $\boldsymbol{\theta} = \theta$, X 的条件分布为 P_θ. 那么, 这个问题可以看成用 X 的函数预测 $\boldsymbol{\theta}$ 的问题. 利用例 1.22 的结论, 最好的预测是 $E(\boldsymbol{\theta}|X)$, 这就是关于 Π 的 $\Im$-Bayes 准则, 其中 $\Im$ 是准则 $T(X)$ 构成的类, 满足 $E[T(X)]^2 < \infty$ 对任意 θ 成立.

作为一个更特殊的例子, 令 $X = (X_1, ..., X_n)$ 的分量独立同分布服从 $N(\mu, \sigma^2)$ 分布, $\mu = \theta \in \mathcal{R}$ 未知, σ^2 已知. 令 Π 是 $N(\mu_0, \sigma_0^2)$ 分布, μ_0 和

σ_0^2 已知. 那么给定 $X = x$, $\boldsymbol{\theta}$ 的条件分布为 $N(\mu_*(x), c^2)$, 其中

$$\mu_*(x) = \frac{\sigma^2}{n\sigma_0^2 + \sigma^2}\mu_0 + \frac{n\sigma_0^2}{n\sigma_0^2 + \sigma^2}\bar{x}, \quad c^2 = \frac{\sigma_0^2\sigma^2}{n\sigma_0^2 + \sigma^2} \tag{2.25}$$

(练习). 关于 Π 的 Bayes 准则是 $E(\boldsymbol{\theta}|X) = \mu_*(X)$.

在这个特例中, 我们可以证明样本均值 $\bar{X}$ 是 $\Im$ 最小最大的, 其中 $\Im$ 是所有决策准则构成的集类. 对于任意决策准则 T,

$$\begin{aligned}
\sup_{\theta\in\mathcal{R}} R_T(\theta) &\geqslant \int_{\mathcal{R}} R_T(\theta)d\Pi(\theta) \\
&\geqslant \int_{\mathcal{R}} R_{\mu_*}(\theta)d\Pi(\theta) \\
&= E\left\{[\boldsymbol{\theta} - \mu_*(X)]^2\right\} \\
&= E\left\{E\{[\boldsymbol{\theta} - \mu_*(X)]^2|X\}\right\} \\
&= E(c^2) \\
&= c^2,
\end{aligned}$$

其中 $\mu_*(X)$ 是 (2.25) 给出的 Bayes 准则, c^2 也由 (2.25) 给出. 因为这个结论对任意 $\sigma_0^2 > 0$ 成立, 且当 $\sigma_0^2 \to \infty$ 时 $c^2 \to \sigma^2/n$, 所以

$$\sup_{\theta\in\mathcal{R}} R_T(\theta) \geqslant \frac{\sigma^2}{n} = \sup_{\theta\in\mathcal{R}} R_{\bar{X}}(\theta),$$

其中等式成立是因为, 根据 (2.20), 平方误差损失下 $\bar{X}$ 的风险是 σ^2/n 且不依赖 $\theta = \mu$. 因此, $\bar{X}$ 是最小最大的.

一般情况下的最小最大准则可能难以得到. 在之前的讨论中, 如果 μ 和 σ^2 均未知, 则

$$\sup_{\theta\in\mathcal{R}\times(0,\infty)} R_{\bar{X}}(\theta) = \infty, \tag{2.26}$$

其中 $\theta = (\mu, \sigma^2)$. 因此, $\bar{X}$ 不可能是最小最大准则, 除非当 $\bar{X}$ 被任意决策准则替换时 (2.26) 仍成立, 但这样最小最大性没有意义. ∎

2.4 统计推断

损失函数在统计决策论中起到了决定性的作用. 损失函数可从效用分析 (Berger, 1985) 中得到, 但在很多问题中它们不得不由主观决定. 在统计推断中, 我们基于样本 X 用推断方法对未知总体做推断而不用任何损失函数, 尽管任何推断方法可用决策理论的术语铸造成一个决策准则.

三类主要的推断方法为: 点估计、假设检验和置信集.

2.4.1 点估计

关于估计一个未知总体的未知参数问题已在例 2.19 中做过介绍, 并作为一个特殊的统计决策问题进行了讨论. 然而在统计推断中, 参数的估计量的导出是基于一些原则 (例如无偏性、不变性、充分性、替代原理、似然原理、Bayes 原理等), 而不是基于损失函数和风险函数. 因为置信集有时也称为区间估计量或集估计量, 参数的估计量称为点估计.

从第 3 章到第 5 章, 我们考虑如何基于一些原则去导出一个 "好的" 点估计. 在这里我们关注如何评价点估计的好坏.

设 $\vartheta \in \tilde{\Theta} \subset \mathcal{R}$ 是待估计的参数, 其为未知总体 P 或 θ (若 P 属于参数族时) 的函数. 估计量是取值范围为 $\tilde{\Theta}$ 的统计量. 首先, 要知道对任意 ϑ 的估计量 $T(X)$, 当我们观察到 $X = x$ 时都有估计误差 $T(x) - \vartheta$. 这不仅是因为 $T(X)$ 是随机的. 在一些问题中, $T(x)$ 永远不等于 ϑ. 一个平凡的例子是当 $T(X)$ 有连续的 c.d.f. 时, $P(T(X) = \vartheta) = 0$. 作为一个不平凡的例子, 令 $X_1, ..., X_n$ 为独立同分布的 0–1 随机变量 (也称为 Bernoulli 变量), $P(X_i = 1) = p$, $P(X_i = 0) = 1 - p$. 之后的章节将会说明样本均值 $\bar{X}$ 是 $\vartheta = p$ 一个好的估计量, 但若 ϑ 不等于 j/n 中的一个, $j = 0, 1, ..., n$, $\bar{x}$ 永远不等于 ϑ. 因此, 我们无法通过一些特定的 x 值所对应的 $T(x)$ 值来评价 $T(X)$ 的好坏, 也不值得去这样做.

偏差 $b_T(P)$ 和点估计 $T(X)$ 的无偏性由定义 2.8 给出. $T(X)$ 的无偏性意味着 $T(X)$ 的均值等于 ϑ. 一个无偏估计 $T(X)$ 可以看作是一个没有 "系统" 误差的估计量, 因为, 平均而言, 它既没有高估 (即 $b_T(P) > 0$) 也没有低估 (即 $b_T(P) < 0$). 然而, 一个无偏估计 $T(X)$ 可能有较大的正和负误差 $T(x) - \vartheta$, $x \in \mathscr{X}$, 尽管这些误差在计算偏差时相互抵消, 其中偏差为均值 $\int [T(x) - \vartheta] dP_X(x)$.

因此, 对于无偏估计 $T(X)$, 我们希望 $T(x)$ 的值以 ϑ 为中心高度集中. $T(X)$ 的方差通常被用来度量 $T(X)$ 的离散程度. 作为 ϑ 的估计量 $T(X)$ 的均方误差 (mse) 定义为

$$\mathrm{mse}_T(P) = E[T(X) - \vartheta]^2 = [b_T(P)]^2 + \mathrm{Var}(T(X)), \tag{2.27}$$

若 P 属于参数族, 则记作 $\mathrm{mse}_T(\theta)$. $\mathrm{mse}_T(P)$ 等于方差 $\mathrm{Var}(T(X))$ 当且仅当 $T(X)$ 是无偏的. 注意到, 均方误差在统计决策理论中就是平方误差损失下 T 的风险.

除了方差和均方误差, 下面还有一些其他在点估计问题中被用来度量离散

程度的方法. 第一个是估计量 $T(X)$ 的平均绝对误差, 定义为 $E|T(X)-\vartheta|$. 第二个是落在 ϑ 的规定距离之外的概率, 即 $P(|T(X)-\vartheta|\geqslant\epsilon)$, 其中 $\epsilon>0$ 固定. 同样, 这两个对离散程度的度量在统计决策理论中分别是损失函数 $|\vartheta-a|$ 和 $I_{(\epsilon,\infty)}(|\vartheta-a|)$ 对应的风险函数.

对于偏差、方差、均方误差和平均绝对误差, 我们已经默认 $T(X)$ 的特定矩存在. 另一方面, 离散程度的度量 $P(|T(X)-\vartheta|\geqslant\epsilon)$ 依赖 ϵ 的选择. 有些估计量有可能在一种离散程度度量的意义下是好的, 但在另外一种方式下是不好的. 根据 (2.27), mse 是偏差和方差的函数, 在数学上容易处理, 因此在文献中很常用. 在本书中, 若没有特殊说明, 我们用均方误差评价和比较点估计.

例 2.19 和 2.22 给出了一些估计量和它们的偏差、方差和 mse 的例子. 下面是另两个例子.

例 2.26. 考虑例 2.2 中的寿命测试问题. 设 $X_1,...,X_n$ 是服从未知 c.d.f. F 的 i.i.d. 随机变量. 假设我们关心的参数是 $\vartheta=1-F(t)$, 其中 $t>0$ 固定. 若 F 不属于参数族, 那么 $F(t)$ 的一个非参数估计是经验 c.d.f.

$$F_n(t)=\frac{1}{n}\sum_{i=1}^{n}I_{(-\infty,t]}(X_i),\quad t\in\mathcal{R}. \tag{2.28}$$

因为 $I_{(-\infty,t]}(X_1),...,I_{(-\infty,t]}(X_n)$ 是 i.i.d. 的 0–1 随机变量, $P(I_{(-\infty,t]}(X_i)=1)=F(t)$, 所以随机变量 $nF_n(t)$ 服从二项分布 $Bi(F(t),n)$. 因此, $F_n(t)$ 是 $F(t)$ 的无偏估计且 $\mathrm{Var}(F_n(t))=\mathrm{mse}_{F_n(t)}(P)=F(t)[1-F(t)]/n$. 因为任意无偏估计量的线性组合对于以原参数的同一线性组合而得的参数是无偏的 (根据期望的线性性质), 所以 ϑ 的无偏估计是 $U(X)=1-F_n(t)$, 它的方差和均方误差与 $F_n(t)$ 相同.

如果有关于 F 的进一步信息, 可以就 mse 而言改进估计量 $U(X)=1-F_n(t)$. 假设 F 是指数分布 $E(0,\theta)$ 的 c.d.f., $\theta>0$ 未知. 那么 $\vartheta=e^{-t/\theta}$. 由 §2.2.2, 样本均值 $\bar{X}$ 是 $\theta>0$ 的充分统计量. 因为平方误差损失函数是严格凸的, 应用定理 2.5(ii) (Rao-Blackwell 定理), 可得估计量 $T(X)=E[1-F_n(t)|\bar{X}]$ 也是无偏的, 且在均方误差意义下比 $U(X)$ 更好. 图 2.1 展示了 $n=10$, $t=2$ 以及 $F(x)=(1-e^{-x/\theta})I_{(0,\infty)}(x)$ 条件下, $U(X)$ 和 $T(X)$ 作为 θ 函数的均方误差曲线. ∎

例 2.27. 考虑例 2.3 中的抽样调查问题, 抽样概率 $p(\boldsymbol{s})$ 为常数, y_i 是一维变量. 令 $\vartheta=Y=\sum_{i=1}^{N}y_i$ 为总体总值. 现在我们证明估计量 $\hat{Y}=\frac{N}{n}\sum_{i\in\boldsymbol{s}}y_i$ 是 Y 的一个无偏估计量. 令 $a_i=1$ 若 $i\in\boldsymbol{s}$, 否则 $a_i=0$. 因此, $\hat{Y}=$

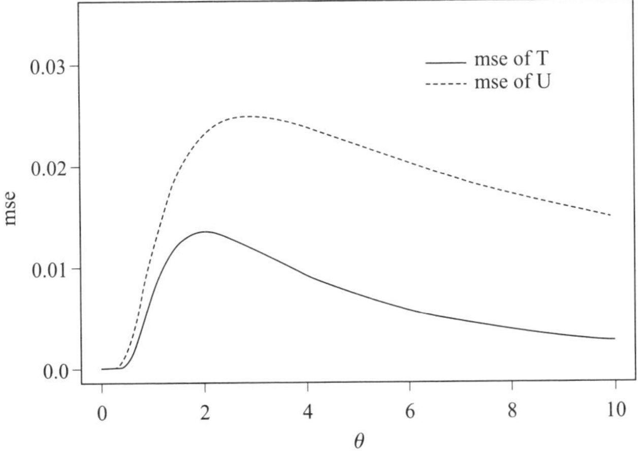

图 2.1 例 2.26 中 $U(X)$ 和 $T(X)$ 的均方误差 mse

$\frac{N}{n}\sum_{i=1}^{N} a_i y_i$. 因为 $p(\boldsymbol{s})$ 是常数, 所以 $E(a_i) = P(a_i = 1) = n/N$ 且

$$E(\hat{Y}) = E\left(\frac{N}{n}\sum_{i=1}^{N} a_i y_i\right) = \frac{N}{n}\sum_{i=1}^{N} y_i E(a_i) = \sum_{i=1}^{N} y_i = Y.$$

注意到,

$$\mathrm{Var}(a_i) = E(a_i) - [E(a_i)]^2 = \frac{n}{N}\left(1 - \frac{n}{N}\right)$$

且对于 $i \neq j$,

$$\mathrm{Cov}(a_i, a_j) = P(a_i = 1, a_j = 1) - E(a_i)E(a_j) = \frac{n(n-1)}{N(N-1)} - \frac{n^2}{N^2}.$$

因此, $\hat{Y}$ 的方差或 mse 为

$$\begin{aligned}
\mathrm{Var}(\hat{Y}) &= \frac{N^2}{n^2}\mathrm{Var}\left(\sum_{i=1}^{N} a_i y_i\right) \\
&= \frac{N^2}{n^2}\left[\sum_{i=1}^{N} y_i^2 \mathrm{Var}(a_i) + 2\sum_{1 \leqslant i < j \leqslant N} y_i y_j \mathrm{Cov}(a_i, a_j)\right] \\
&= \frac{N}{n}\left(1 - \frac{n}{N}\right)\left(\sum_{i=1}^{N} y_i^2 - \frac{2}{N-1}\sum_{1 \leqslant i < j \leqslant N} y_i y_j\right) \\
&= \frac{N^2}{n(N-1)}\left(1 - \frac{n}{N}\right)\sum_{i=1}^{N}\left(y_i - \frac{Y}{N}\right)^2. \quad \blacksquare
\end{aligned}$$

2.4.2　假设检验

例 2.20 已经介绍了假设检验问题中的基本要素. 在统计推断中, 对假设的检验建立在与估计问题相似的原则上. 第 6 章致力于导出对各种假设的检验. 这里讨论几个重要的想法.

检验 (2.21) 给出的假设 H_0 对 H_1, 我们只可能犯两类统计错误: 当 H_0 为真时拒绝 H_0 (称为第 I 类错误) 以及当 H_0 为假时接受 H_0 (称为第 II 类错误). 在统计推断中, 检验 T, 一个 $\mathscr{X}$ 到 $\{0,1\}$ 的统计量, 可由犯两类错误的概率来进行评价:

$$\alpha_T(P) = P(T(X)=1), \quad P \in \mathcal{P}_0 \tag{2.29}$$

和

$$1-\alpha_T(P) = P(T(X)=0), \quad P \in \mathcal{P}_1, \tag{2.30}$$

分别记作 $\alpha_T(\theta)$ 和 $1-\alpha_T(\theta)$, 若 P 是参数为 θ 的参数族. 注意到, 这些就是在决策理论中 0–1 损失函数下 T 的风险. 然而, 即使对一个很简单的问题和很简单的检验类, 最优决策准则 (检验) 不存在 (例 2.23). 也就是说, (2.29) 和 (2.30) 中的犯两种错误的概率不能同时最小化. 而且, 对固定的样本量, 这两类犯错误概率不能同时以一固定的 $\alpha \in (0,1)$ 为界.

因此, 寻找 "最优" 检验的通常办法是将犯其中一个错误的概率限定在一个小的界 α 内, 如 $\alpha_T(P)$, $P \in \mathcal{P}_0$, 然后试图最小化犯另一个错误的概率 $1-\alpha_T(P)$, $P \in \mathcal{P}_1$, 在以下约束条件下,

$$\sup_{P\in\mathcal{P}_0} \alpha_T(P) \leqslant \alpha. \tag{2.31}$$

上界 α 称为显著性水平. (2.31) 的左侧称为检验 T 的检验水准. 显著性水平应为正数, 否则除了简单无用检验 $T(X) \equiv 0$a.s. $\mathcal{P}$ 外, 没有检验满足 (2.31).

例 2.28. 设 $X_1, ..., X_n$ 是服从 $N(\mu,\sigma^2)$ 分布的独立同分布随机变量, 其中 $\mu \in \mathcal{R}$ 未知, σ^2 已知. 考虑假设

$$H_0: \mu \leqslant \mu_0 \quad 对 \quad H_1: \mu > \mu_0,$$

其中 μ_0 为固定常数. 因为样本均值 $\bar{X}$ 是 $\mu \in \mathcal{R}$ 的充分统计量, 考虑下面的检验类: $T_c(X) = I_{(c,\infty)}(\bar{X})$, 即若 $\bar{X} > c$ ($\bar{X} \leqslant c$) 则拒绝 (接受)H_0, 其中 $c \in \mathcal{R}$ 是固定常数. 令 Φ 是 $N(0,1)$ 的 c.d.f. 根据正态分布的性质,

$$\alpha_{T_c}(\mu) = P(T_c(X)=1) = 1-\Phi\left(\frac{\sqrt{n}(c-\mu)}{\sigma}\right). \tag{2.32}$$

图 2.2 给出了犯两种错误概率之图形的一个例子, 其中 $\mu_0 = 0$. 因为 $\Phi(t)$ 是 t 的增函数,

$$\sup_{P\in\mathcal{P}_0} \alpha_{T_c}(\mu) = 1 - \Phi\left(\frac{\sqrt{n}(c-\mu_0)}{\sigma}\right).$$

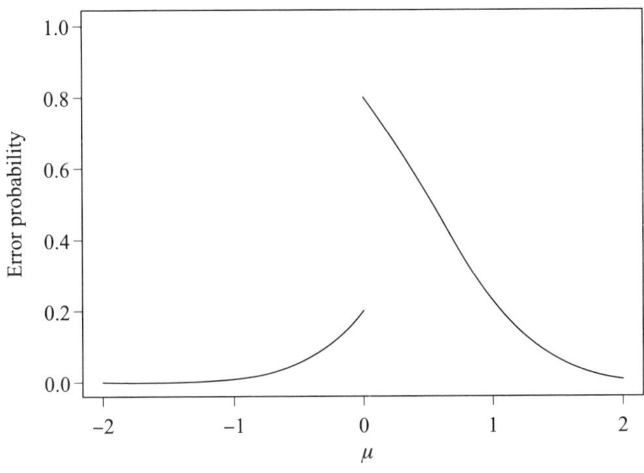

图 2.2　例 2.28 中的犯错误概率

事实上, 下式也成立

$$\sup_{P\in\mathcal{P}_1} [1 - \alpha_{T_c}(\mu)] = \Phi\left(\frac{\sqrt{n}(c-\mu_0)}{\sigma}\right).$$

若要取显著性水平为 α, 则最有效的方法是选择一个 c_α (一个检验 $T_{c_\alpha}(X)$) 使得

$$\alpha = \sup_{P\in\mathcal{P}_0} \alpha_{T_{c_\alpha}}(\mu),$$

此时 c_α 必须满足

$$1 - \Phi\left(\frac{\sqrt{n}(c_\alpha-\mu_0)}{\sigma}\right) = \alpha,$$

即 $c_\alpha = \sigma z_{1-\alpha}/\sqrt{n} + \mu_0$, 其中 $z_a = \Phi^{-1}(a)$. 在第 6 章中, 证明了对任意满足式 (2.31) 的检验 $T(X)$,

$$1 - \alpha_T(\mu) \geqslant 1 - \alpha_{T_{c_\alpha}}(\mu), \quad \mu > \mu_0. \quad \blacksquare$$

显著性水平 α 的选择通常带有或多或少的主观性. 在实际应用中, 对 T 可容忍的检验水准没有精确限制. 常常为了方便使用标准值, 如 0.10, 0.05 或 0.01.

对满足式 (2.31) 的检验, 小的 α 导致一个 "小的" 拒绝域. 一个好的实际应用中的做法是, 不仅确定对给定的 α 和所选的检验 T_α 而言是否拒绝 H_0, 而且确定可能的最小显著性水平使得 (在其之下) 在计算 $T_\alpha(x)$ 后 H_0 仍被拒绝, 即, $\hat{\alpha} = \inf\{\alpha \in (0,1) : T_\alpha(x) = 1\}$. 这样的一个 $\hat{\alpha}$, 依赖 x 和所选的检验, 是一个统计量, 称为检验 T_α 的 p 值.

例 2.29. 考虑例 2.28 中的问题. 让我们来计算 T_{c_α} 的 p 值. 注意到,

$$\alpha = 1 - \Phi\left(\frac{\sqrt{n}(c_\alpha - \mu_0)}{\sigma}\right) > 1 - \Phi\left(\frac{\sqrt{n}(\bar{x} - \mu_0)}{\sigma}\right)$$

当且仅当 $\bar{x} > c_\alpha$ (或 $T_{c_\alpha}(x) = 1$). 因此

$$1 - \Phi\left(\frac{\sqrt{n}(\bar{x} - \mu_0)}{\sigma}\right) = \inf\{\alpha \in (0,1) : T_{c_\alpha}(x) = 1\} = \hat{\alpha}(x)$$

是 T_{c_α} 的 p 值. 恰好有 $T_{c_\alpha}(x) = I_{(0,\alpha)}(\hat{\alpha}(x))$. ∎

由于 p 值所提供的额外信息, 在科学问题中利用 p 值通常比利用固定水平的检验更合适. 然而, 当接受或拒绝 H_0 是一个迫在眉睫的具体决定时, 固定的显著性水平不可避免. 更多有关 p 值的讨论可以参见 Lehmann (1986) 和 Weerahandi (1995).

在例 2.28 中, (2.31) 中的等号可以通过选择合适的 c 使其成立. 但是一般情况下不成立. 比如, 在例 2.23 中, 有可能找到一个 α 使得

$$\sup_{0<\theta\leqslant\theta_0} P(T_j(X) = 1) \neq \alpha$$

对所有 T_j 均成立. 在这种情况下, 我们可以考虑接下来要介绍的随机检验.

回顾一下, 对于任意固定 x, 随机决策准则是一个行动空间上的概率测度 $\delta(x,\cdot)$. 因为对于一个假设检验问题, 行动空间仅包含两个点, 0 和 1, 任意随机检验 $\delta(X,A)$ 等价于一个统计量 $T(X) \in [0,1]$, $T(x) = \delta(x,\{1\})$ 且 $1 - T(x) = \delta(x,\{0\})$. 一个非随机检验显然是其特例, 其中 $T(x)$ 不取 $(0,1)$ 中的任意值.

对于任意随机检验 $T(X)$, 我们定义犯第 I 类错误的概率为 $\alpha_T(P) = E[T(X)]$, $P \in \mathcal{P}_0$, 以及犯第 II 类错误的概率为 $1 - \alpha_T(P) = E[1 - T(X)]$, $P \in \mathcal{P}_1$. 对一类随机检验, 我们想在 (2.31) 的约束下使 $1 - \alpha_T(P)$ 最小化.

例 2.30. 考虑例 2.23 和下面的随机检验类:

$$T_{j,q}(X)=\begin{cases}1, & X>j,\\ q, & X=j,\\ 0, & X<j,\end{cases}$$

其中 $j=0,1,...,n-1$, $q\in[0,1]$. 那么

$$\alpha_{T_{j,q}}(\theta)=P(X>j)+qP(X=j),\quad 0<\theta\leqslant\theta_0$$

且

$$1-\alpha_{T_{j,q}}(\theta)=P(X<j)+(1-q)P(X=j),\quad \theta_0<\theta<1.$$

可以证明, 对任意 $\alpha\in(0,1)$, 存在一个整数 j 和 $q\in(0,1)$, 使得 $T_{j,q}$ 的检验水准为 α (练习). ∎

2.4.3 置信集

设 ϑ 是与未知总体 $P\in\mathcal{P}$ 有关的 k 维随机向量, $C(X)\in\mathcal{B}^k_{\tilde{\Theta}}$ 仅依赖样本 X, 其中 $\tilde{\Theta}\in\mathcal{B}^k$ 是 ϑ 的取值范围. 若

$$\inf_{P\in\mathcal{P}}P(\vartheta\in C(X))\geqslant 1-\alpha,\tag{2.33}$$

其中 α 是 $(0,1)$ 中的固定常数, 则 $C(X)$ 称为显著性水平$1-\alpha$ 下 ϑ 的置信集. (2.33) 的左侧称为 $C(X)$ 的置信系数, 是 $C(X)$ 可能的最高显著性水平. 置信集是以一定概率覆盖未知 ϑ 的随机元素. 若 (2.33) 成立, 则 $C(X)$ 的覆盖概率至少为 $1-\alpha$, 尽管一旦我们观察到 $X=x$, $C(x)$ 或包含了 ϑ, 或不包含 ϑ. 这里显著性水平和置信系数的概念分别与假设检验中的显著性水平和检验水准非常相似. 事实上, 第 7 章证明了一些置信集与假设检验有着很密切的关系.

考虑实值的 ϑ. 若 $C(X)=[\underline{\vartheta}(X),\overline{\vartheta}(X)]$, 其中 $\underline{\vartheta}$ 和 $\overline{\vartheta}$ 是一对实值统计量, 则 $C(X)$ 称为 ϑ 的置信区间. 若 $C(X)=(-\infty,\overline{\vartheta}(X)]$ (或 $[\underline{\vartheta}(X),\infty)$), 则 $\overline{\vartheta}$ (或 $\underline{\vartheta}$) 称为 ϑ 的置信上限 (或下限).

置信集 (或区间) 也称为 ϑ 的一个集 (或区间) 估计量, 尽管这与 (§2.4.1 中讨论的) 点估计很不一样.

例 2.31. 考虑例 2.28. 假设需要求 $\vartheta=\mu$ 的置信区间. 我们只需要考虑 $\underline{\vartheta}(\bar{X})$ 和 $\overline{\vartheta}(\bar{X})$, 因为样本均值 $\bar{X}$ 是充分的. 考虑形如 $[\bar{X}-c,\bar{X}+c]$ 的置信区间, 其中 $c\in(0,\infty)$ 固定. 注意到,

$$P\left(\mu\in[\bar{X}-c,\bar{X}+c]\right)=P\left(|\bar{X}-\mu|\leqslant c\right)=1-2\Phi\left(-\sqrt{n}c/\sigma\right)$$

不依赖 μ. 因此, $[\bar{X}-c,\bar{X}+c]$ 的置信系数为 $1-2\Phi\left(-\sqrt{n}c/\sigma\right)$, 这是 c 的增函数, 且当 $c\to\infty$ 时收敛到 1, 当 $c\to 0$ 时收敛到 0. 因此, 置信系数是正的且小于 1, 除了简单无用的置信区间 $[\bar{X},\bar{X}]$ 和 $(-\infty,\infty)$ 的情况. 我们可选择置信系数任意大的置信区间, 但是所得的置信区间可能太宽而没有实际用处.

若 σ^2 也未知, 那么 $[\bar{X}-c,\bar{X}+c]$ 的置信系数为 0, 因此不是一个好的推断过程. 在这种情况下, 可以得到 μ 的另一个不同的置信系数为正的置信区间 (§2.6 练习 97). ▮

这个例子告诉我们, 合理的方法是选择一个显著性水平 $1-\alpha\in(0,1)$ (就像假设检验中的显著性水平) 和一个满足 (2.33) 的置信区间或置信集. 在例 2.31 中, 当 σ^2 已知且 c 为 $\sigma z_{1-\alpha/2}/\sqrt{n}$, 其中 $z_a=\Phi^{-1}(a)$, 对于任意固定的 $\alpha\in(0,1)$, 置信区间 $[\bar{X}-c,\bar{X}+c]$ 的置信系数恰为 $1-\alpha$. 这是希望得到的, 因为对所有满足 (2.33) 的置信区间, 区间长度最小的置信区间是我们想要的.

对一般的置信区间 $[\underline{\vartheta}(X),\overline{\vartheta}(X)]$, 其长度为 $\overline{\vartheta}(X)-\underline{\vartheta}(X)$ 且是随机的. 我们可以考虑期望 (或平均) 长度 $E[\overline{\vartheta}(X)-\underline{\vartheta}(X)]$. 置信系数和期望长度是一对可用来评价置信区间好坏的指标. 正如假设检验中犯两类错误的概率, 我们不能同时使置信系数最大化并使长度 (或期望长度) 最小化. 普遍的方法是在 (2.33) 的约束下最小化长度 (或期望长度).

对于一个无界的置信区间, 其长度是 ∞. 因此我们不得不定义一些其他衡量指标. 对于置信上 (或下) 限, 我们可以考虑距离 $\overline{\vartheta}(X)-\vartheta$ (或 $\vartheta-\underline{\vartheta}(X)$) 或它们的期望.

我们用一个二维参数置信集的例子来结束本节. 第 7 章将进一步讨论一般情况下如何构造和评价置信集.

例 2.32. 设 $X_1,\ldots,X_n$ 是服从 $N(\mu,\sigma^2)$ 分布的独立同分布随机变量, $\mu\in\mathcal{R}$ 和 $\sigma^2>0$ 均未知. 令 $\theta=(\mu,\sigma^2)$, $\alpha\in(0,1)$ 给定. 令 $\bar{X}$ 为样本均值, S^2 为样本方差. 因为 $(\bar{X},S^2)$ 是充分的 (例 2.15), 我们关注 $(\bar{X},S^2)$ 的函数 $C(X)$. 由例 2.18 可知, $\bar{X}$ 和 S^2 是独立的, 且 $(n-1)S^2/\sigma^2$ 服从卡方分布 χ^2_{n-1}. 因为 $\sqrt{n}(\bar{X}-\mu)/\sigma$ 服从 $N(0,1)$ 分布 (§1.6 练习 43), 所以

$$P\left(-\tilde{c}_\alpha\leqslant\frac{\bar{X}-\mu}{\sigma/\sqrt{n}}\leqslant\tilde{c}_\alpha\right)=\sqrt{1-\alpha},$$

其中 $\tilde{c}_\alpha=\Phi^{-1}\left(\frac{1+\sqrt{1-\alpha}}{2}\right)$ (验证). 因为卡方分布 χ^2_{n-1} 是已知分布, 我们总能

找到两个常数 $c_{1\alpha}$ 和 $c_{2\alpha}$ 使得

$$P\left(c_{1\alpha} \leqslant \frac{(n-1)S^2}{\sigma^2} \leqslant c_{2\alpha}\right) = \sqrt{1-\alpha}.$$

那么

$$P\left(-\tilde{c}_\alpha \leqslant \frac{\bar{X}-\mu}{\sigma/\sqrt{n}} \leqslant \tilde{c}_\alpha, c_{1\alpha} \leqslant \frac{(n-1)S^2}{\sigma^2} \leqslant c_{2\alpha}\right) = 1-\alpha$$

或

$$P\left(\frac{n(\bar{X}-\mu)^2}{\tilde{c}_\alpha^2} \leqslant \sigma^2, \frac{(n-1)S^2}{c_{2\alpha}} \leqslant \sigma^2 \leqslant \frac{(n-1)S^2}{c_{1\alpha}}\right) = 1-\alpha. \qquad (2.34)$$

(2.34) 左侧定义了 $\theta = (\mu, \sigma^2)$ 取值范围内的一个集合, 它在两条直线 $\sigma^2 = (n-1)S^2/c_{i\alpha}$ $(i=1,2)$ 和曲线 $\sigma^2 = n(\bar{X}-\mu)^2/\tilde{c}_\alpha^2$ 之内 (见图 2.3 的阴影部分). 这个集合是置信系数为 $1-\alpha$ 的 θ 的置信集, 因为 (2.34) 对任意 θ 成立. ∎

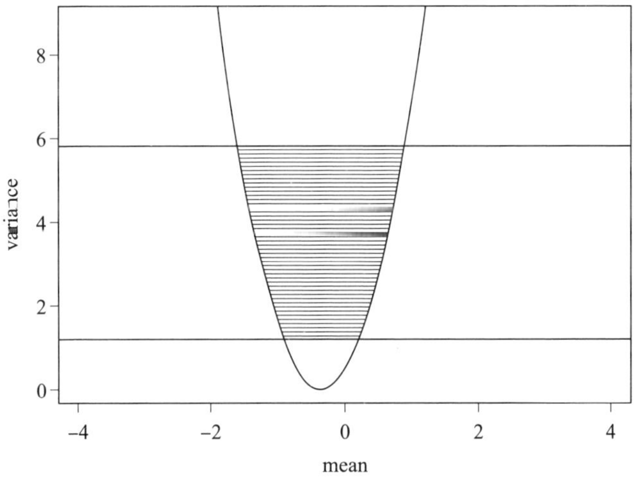

图 2.3 例 2.32 中的 θ 的置信集

2.5 渐近准则和推断

在统计决策理论和统计推断中, 找到一个好的决策准则或推断方法的关键在于找到各种统计量的矩和/或分布. 尽管已经给出很多这样的例子 (包括 §2.6 中的练习), 但是还有更多的情况下我们不能确切地找到所给统计量的矩或分布, 特别是非参数问题中 (见例 2.8 的讨论).

在实践中, 样本量 n 常常很大, 这允许我们利用 §1.5 讨论的渐近方法去近似那些得不到的矩和分布. 在渐近分析中, 我们考虑样本 $X=(X_1,...,X_n)$ 中的 n 不固定, 而是对应于 $n=n_0,n_0+1,...$ 的序列中的一个, 当 $n\to\infty$ 时, 得到一个适当地标准化的统计量或变量 $T_n(X)$ 分布的极限. 在 n 很大但实际是有限的情况下, 极限分布和它的矩用来近似 $T_n(X)$ 的分布和矩. 这就引出了一些渐近统计方法和评价这些方法的渐近准则, 将在本节介绍.

渐近方法不仅用于没有精确方法可用之时, 也提供了一个比基于精确方法 (考虑固定 n 的方法) 产生的推断方法更简单 (例如, 计算意义上的简单) 的推断方法. 后面章节会给出相关例子.

渐近方法除了能给出更多的理论结果和/或更简单的推断方法外, 它需要的数学假设相较于精确方法较弱. 例如, 在统计决策理论中得到的最优性结果在数学上的精准性倾向于遮盖了这些结果也是近似成立的事实, 如果我们意识到所需假定的模型和损失函数本质上都是近似的. 随着样本量的增加, 统计性质变得更少地依赖损失函数和模型. 然而, 渐近方法的一个主要不足是没有一个对渐近精度的好的估计, 因而, 我们不能确定具体问题中所给的一个固定的 n 是否足够大到能保证使用渐近结果是安全的. 为了克服这一难题, 渐近结果的使用经常与一些用来查验渐近方法在一些选取的 n 值的有限样本表现之数值/经验研究相结合.

2.5.1 一致性

如果有更多的关于未知总体的信息, 一个合理的点估计应该有更好的表现, 至少在平均意义上. 对于固定的模型假设和抽样方案, 更多的数据 (更大的样本量 n) 提供了关于未知总体更多的信息. 因此, 不合宜使用即使在抽样可无限制地继续情形下仍可能有非零估计误差的点估计 T_n, 尽管对任意固定的 n, T_n 的估计误差可能永远不等于 0(见 §2.4.1 中的讨论).

定义 2.10 (点估计的一致性). 设 $X=(X_1,...,X_n)$ 为来自 $P\in\mathcal{P}$ 的一个样本, 对于每个 n, $T_n(X)$ 是 ϑ 的点估计.

(i) $T_n(X)$ 称为对 ϑ 是一致的当且仅当 $T_n(X)\to_p\vartheta$ 对任意 $P\in\mathcal{P}$ 成立.

(ii) 令 $\{a_n\}$ 是一列发散到 ∞ 的正常数. $T_n(X)$ 称为对 ϑ 是 a_n 一致的当且仅当 $a_n[T_n(X)-\vartheta]=O_p(1)$ 对任意 $P\in\mathcal{P}$ 成立.

(iii) $T_n(X)$ 称为对 ϑ 是强一致的当且仅当 $T_n(X)\to_{a.s.}\vartheta$ 对任意 $P\in\mathcal{P}$ 成立.

(iv) $T_n(X)$ 称为对 ϑ 是 L_r 一致的当且仅当 $T_n(X)\to_{L_r}\vartheta$ 对任意 $P\in\mathcal{P}$

及某个固定的 $r>0$ 成立. ∎

事实上一致性是与一列估计量 $\{T_n, n=n_0, n_0+1, \ldots\}$ 有关的概念, 但为简单起见我们通常仅说 "T_n 的一致性". 定义 2.10 中的四种一致性描述了当 $n\to\infty$ 时, $T_n(X)$ 在某种意义下收敛到 ϑ. 定义 2.10(i) 中的一致性有时称为**弱一致性**, 因为它可由其他三种一致性推出, 是统计学中 T_n 收敛到 ϑ 最常用的概念. L_2 一致性也称为 **mse 一致性**, 是 L_r 一致性中最常用的一种.

例 2.33. 设 $X_1, \ldots, X_n$ 为 i.i.d. 来自 $P\in\mathcal{P}$. 如果 $\vartheta=\mu$, μ 是 P 的均值且假设有限, 由 SLLN(定理 1.13), 样本均值 $\bar{X}$ 对 μ 是强一致的, 故也是对 μ 一致的. 若进一步假设 P 的方差有限, 由 (2.20), $\bar{X}$ 是 mse 一致的, 也是 $\sqrt{n}$ 一致的. 在有限方差假设下, 由 SLLN, 样本方差 S^2 对 P 的方差是强一致的.

考虑形如 $T_n=\sum_{i=1}^n c_{ni}X_i$ 的估计量, 其中 $\{c_{ni}\}$ 是常值双数组. 若 P 的方差有限, 根据 (2.24), T_n 是 mse 一致的当且仅当 $\sum_{i=1}^n c_{ni}\to 1$ 且 $\sum_{i=1}^n c_{ni}^2\to 0$. 如果只假定 P 的均值存在, 则 T_n 满足 $c_{ni}=c_i/n$, $n^{-1}\sum_{i=1}^n c_i\to 1$ 和 $\sup_i|c_i|<\infty$ 是强一致的 (定理 1.13(ii)). ∎

大数定律、中心极限定理、Slutsky 定理 (定理 1.11) 和连续映射定理 (定理 1.10 和 1.12) 中的一种或几种常用于证明点估计的一致性. 特别地, 定理 1.10 表明若 T_n 是对 ϑ (强) 一致的且 g 是一个 ϑ 的连续函数, 那么 $g(T_n)$ 是对 $g(\vartheta)$ (强) 一致的. 例如, 例 2.33 中, 点估计 $\bar{X}^2$ 是对 μ^2 强一致的. 在 P 的方差 σ^2 有限的假设下, 为了证明 $\bar{X}^2$ 是 $\sqrt{n}$ 一致的, 我们可利用等式

$$\sqrt{n}(\bar{X}^2-\mu^2)=\sqrt{n}(\bar{X}-\mu)(\bar{X}+\mu)$$

和 $\bar{X}$ 对 μ 是 $\sqrt{n}$ 一致的以及 $\bar{X}+\mu=O_p(1)$. (注意到, $\bar{X}^2$ 不一定是 mse 一致的, 因为我们没有假定 P 的四阶矩有限.) 或者, 我们可以利用 $\sqrt{n}(\bar{X}^2-\mu^2)\to_d N(0,4\mu^2\sigma^2)$ (根据 CLT 和定理 1.12) 来说明 $\bar{X}^2$ 的 $\sqrt{n}$ 一致性.

下面的例子给出了另一种证明某些点估计量的一致性的方法.

例 2.34. 设 $X_1, \ldots, X_n$ 为 i.i.d. 来自未知总体 P, 其 c.d.f. F 连续并满足 $F(\theta)=1$ 对某个 $\theta\in\mathcal{R}$ 成立而 $F(x)<1$ 对任意 $x<\theta$ 成立. 考虑最大次序统计量 $X_{(n)}$. 对任意 $\epsilon>0$, $F(\theta-\epsilon)<1$ 且

$$P(|X_{(n)}-\theta|\geqslant\epsilon)=P(X_{(n)}\leqslant\theta-\epsilon)=[F(\theta-\epsilon)]^n,$$

这表明 (根据定理 1.8(v)) $X_{(n)}\to_{a.s.}\theta$, 即 $X_{(n)}$ 是对 θ 强一致的. 如果我们假设 F 在 θ 处的 i 阶左导数 $F^{(i)}(\theta-)$ 存在, 对任意 $i\leqslant m$ 为零且当 m 为非负

整数时 $F^{(m+1)}(\theta-)$ 存在且非零, 那么

$$1-F(X_{(n)})=\frac{(-1)^m F^{(m+1)}(\theta-)}{(m+1)!}(\theta-X_{(n)})^{m+1}+o\left(|\theta-X_{(n)}|^{m+1}\right)\quad \text{a.s.}$$

由这个结论与 $P\left(n[1-F(X_{(n)})]\geqslant s\right)=(1-s/n)^n$ 可推出 $(\theta-X_{(n)})^{m+1}=O_p(n^{-1})$, 即 $X_{(n)}$ 是 $n^{(m+1)^{-1}}$ 一致的. 若 $m=0$, 则 $X_{(n)}$ 是 n 一致的, 这是最普遍的情形. 若 $m=1$, 则 $X_{(n)}$ 是 $\sqrt{n}$ 一致的. $n^{(m+1)^{-1}}(X_{(n)}-\theta)$ 的极限分布可按如下方式得到. 令

$$h_n(\theta)=\left[\frac{(-1)^m(m+1)!}{nF^{(m+1)}(\theta-)}\right]^{(m+1)^{-1}}.$$

对 $t\leqslant 0$, 由 Slutsky 定理,

$$\begin{aligned}
\lim_{n\to\infty}P\left(\frac{X_{(n)}-\theta}{h_n(\theta)}\leqslant t\right)&=\lim_{n\to\infty}P\left(\left[\frac{\theta-X_{(n)}}{h_n(\theta)}\right]^{m+1}\geqslant(-t)^{m+1}\right)\\
&=\lim_{n\to\infty}P\left(n[1-F(X_{(n)})]\geqslant(-t)^{m+1}\right)\\
&=\lim_{n\to\infty}\left[1-(-t)^{m+1}/n\right]^n\\
&=e^{-(-t)^{m+1}}.\ \blacksquare
\end{aligned}$$

由之前的例子可见, 存在很多一致估计量. 如同统计决策理论中的容许性, 一致性是非常基本的要求, 在这个意义上, 不应该使用不一致的估计量, 但是一致估计量不一定是好的. 因此, 一致性应该与其他准则一起使用.

我们现在讨论一个寻找一致估计量为至关重要的情形. 假设 ϑ 的估计量 T_n 满足

$$c_n[T_n(X)-\vartheta]\to_d \sigma Y, \tag{2.35}$$

其中 Y 是服从已知分布的随机变量, $\sigma>0$ 是未知参数, $\{c_n\}$ 是一列常数. 例如, 在例 2.33 中, $\sqrt{n}(\bar{X}-\mu)\to_d N(0,\sigma^2)$; 在例 2.34 中, 当 $c_n=n^{(m+1)^{-1}}$ 且 $\sigma=[(-1)^m(m+1)!/F^{(m+1)}(\theta-)]^{(m+1)^{-1}}$ 时, (2.35) 成立. 如果可以找到 σ 的一个一致估计量 $\hat{\sigma}_n$, 那么根据 Slutsky 定理,

$$c_n[T_n(X)-\vartheta]/\hat{\sigma}_n\to_d Y.$$

因此, 我们可以用 Y 的已知分布近似 $c_n[T_n(X)-\vartheta]/\hat{\sigma}_n$ 的分布.

2.5.2 渐近偏差、方差和 mse

在 §2.3.2 和 §2.4.1 中讨论了无偏性作为评价点估计的准则. 然而有时候, 不存在无偏估计 (§2.6 练习 84). 而且, 有些情形下 "少量的" 偏差也不一定不好 (见 §2.6 练习 63). 设对于每个 n, $T_n(X)$ 均为 ϑ 的点估计. 若 ET_n 对每个 n 均存在且 $\lim_{n\to\infty} E(T_n - \vartheta) = 0$ 对任意 $P \in \mathcal{P}$ 成立, 则 T_n 称为近似无偏的.

存在很多合理的点估计量, 其期望无定义. 例如, 考虑来自二维正态分布的独立同分布随机向量 $(X_1, Y_1), ..., (X_n, Y_n)$, $\mu_x = EX_1$ 且 $\mu_y = EY_1 \neq 0$. 令 $\vartheta = \mu_x/\mu_y$, $T_n = \bar{X}/\bar{Y}$ (两个样本均值的比). 那么 ET_n 对任意 n 都没有定义. 为了满足需要, 对于那些期望无法定义的点估计, 需要定义它们渐近偏差的概念.

定义 2.11. (i) 设 $\xi, \xi_1, \xi_2, ...$ 是随机变量, $\{a_n\}$ 是满足 $a_n \to \infty$ 或 $a_n \to a > 0$ 的一列正数. 若 $a_n\xi_n \to_d \xi$ 且 $E|\xi| < \infty$, 则 $E\xi/a_n$ 称为 ξ_n 的渐近期望.

(ii) 对每个 n, 设 T_n 是 ϑ 的一个点估计. $T_n - \vartheta$ 的渐近期望如果存在, 称为 T_n 的渐近偏差, 记作 $\tilde{b}_{T_n}(P)$ (或 $\tilde{b}_{T_n}(\theta)$ 若 P 属于参数族). 若 $\lim_{n\to\infty} \tilde{b}_{T_n}(P) = 0$ 对任意 $P \in \mathcal{P}$ 成立, 则 T_n 称为渐近无偏的. ∎

如同一致性, 渐近期望 (或偏差) 是关于序列 $\{\xi_n\}$ 和 $\{E\xi/a_n\}$ (或 $\{T_n\}$ 和 $\{\tilde{b}_{T_n}(P)\}$) 的概念. 注意到, 精确的偏差 $b_{T_n}(P)$ 不一定和 $\tilde{b}_{T_n}(P)$ 一样, 当它们都存在时 (§2.6 练习 115). 下面的结论说明了定义 2.11 所定义的渐近期望本质上是唯一的.

命题 2.3. 设 $\{\xi_n\}$ 是一列随机变量. 假设 $E\xi/a_n$ 和 $E\eta/b_n$ 都是定义 2.11(i) 所定义的 ξ_n 的渐近期望. 那么, 下面三条必有一条成立: (a) $E\xi = E\eta = 0$; (b) $E\xi \neq 0$, $E\eta = 0$ 且 $b_n/a_n \to 0$; 或 $E\xi = 0$, $E\eta \neq 0$ 且 $a_n/b_n \to 0$; (c) $E\xi \neq 0$, $E\eta \neq 0$ 且 $(E\xi/a_n)/(E\eta/b_n) \to 1$.

证明. 由定义 2.11(i), $a_n\xi_n \to_d \xi$ 且 $b_n\xi_n \to_d \eta$.

(i) 如果 ξ 和 η 都是非退化的 c.d.f., 由 §1.6 练习 129 可得结论.

(ii) 假设 ξ 有非退化的 c.d.f. 而 η 是一常数. 若 $\eta \neq 0$, 由定理 1.11(iii), $a_n/b_n \to \xi/\eta$, 这又是不可能的, 因为 ξ 有非退化的 c.d.f. 若 $\eta = 0$, 由定理 1.11(ii), $b_n/a_n \to 0$.

(iii) 假设 ξ 和 η 都是常数. 若 $\xi = \eta = 0$, 结论可得. 若 $\xi \neq 0$ 且 $\eta = 0$, 则 $b_n/a_n \to 0$. 若 $\xi \neq 0$ 且 $\eta \neq 0$, 则 $b_n/a_n \to \eta/\xi$. ∎

如果 T_n 是 ϑ 的一个一致估计, 那么 $T_n = \vartheta + o_p(1)$, 根据定义 2.11(ii), T_n 是渐近无偏的, 尽管 T_n 可能不是近似无偏的; 事实上, 对任意连续函数 g, $g(T_n)$ 关于 $g(\vartheta)$ 都是渐近无偏的. 之前考虑的例子 $T_n = \bar{X}/\bar{Y}$, 由 SLLN 和定理 1.10 可知 $T_n \to_{a.s.} \mu_x/\mu_y$. 因此 T_n 是渐近无偏的, 尽管 ET_n 可能无定义. 例 2.34 中, $X_{(n)}$ 的渐近偏差为 $\tilde{b}_{X_{(n)}}(P) = h_n(\theta)EY$, 阶数为 $n^{-(m+1)^{-1}}$.

当 $a_n(T_n - \vartheta) \to_d Y$, $EY = 0$ (例如, 例 2.33 中 $T_n = \bar{X}^2$ 且 $\vartheta = \mu^2$), 可以得到一个更精确的 T_n 的渐近偏差的阶数 (为了从渐近偏差的意义上比较不同的估计量). 假设存在一列随机变量 $\{\eta_n\}$ 使得

$$a_n\eta_n \to_d Y \quad \text{和} \quad a_n^2(T_n - \vartheta - \eta_n) \to_d W, \tag{2.36}$$

其中 Y 和 W 是均值有限的随机变量, $EY = 0$, $EW \neq 0$. 那么我们可以定义 a_n^{-2} 是 $\tilde{b}_{T_n}(P)$ 的阶或定义 EW/a_n^2 是 T_n 的 a_n^{-2} 阶渐近偏差. 然而, (2.36) 中的 η_n 可能不唯一. 需要一些正则性条件使 T_n 渐近偏差的阶可唯一确定. 下面我们关注 $X_1, ..., X_n$ 是独立同分布 k 维随机向量的情形. 假设 T_n 有下列展开:

$$T_n - \vartheta = \frac{1}{n}\sum_{i=1}^n \phi(X_i) + \frac{1}{n^2}\sum_{i=1}^n\sum_{j=1}^n \psi(X_i, X_j) + o_p\left(\frac{1}{n}\right), \tag{2.37}$$

其中 ϕ 和 ψ 是依赖 P 的函数, $E\phi(X_1) = 0$, $E[\phi(X_1)]^2 < \infty$, $\psi(x,y) = \psi(y,x)$, $E\psi(x, X_1) = 0$ 对所有 x 成立, $E[\psi(X_i, X_j)]^2 < \infty$, $i \leqslant j$ 且 $E\psi(X_1, X_1) \neq 0$. 由 §3.5.3 中 V 统计量的结论 (定理 3.16 和 §3.6 练习 113),

$$\frac{1}{n}\sum_{i=1}^n\sum_{j=1}^n \psi(X_i, X_j) \to_d W,$$

其中 W 是随机变量, $EW = E\psi(X_1, X_1)$. 因此, (2.36) 成立, $a_n = \sqrt{n}$ 且 $\eta_n = n^{-1}\sum_{i=1}^n \phi(X_i)$. 所以, 我们可以定义 $E\psi(X_1, X_1)/n$ 是 T_n 的 n^{-1} 阶渐近偏差. 存在展开 (2.37) 的估计量的例子见 §3.5.3 和 §5.2.1. 下面我们考虑样本均值函数的特例.

设 $X_1, ..., X_n$ 是 k 维独立同分布的随机向量, $\Sigma = \text{Var}(X_1)$ 有限, $\bar{X} = n^{-1}\sum_{i=1}^n X_i$, $T_n = g(\bar{X})$, 其中 g 是 $\mathcal{R}^k$ 上的函数, 在 $\mu = EX_1 \in \mathcal{R}^k$ 处二阶可导. 考虑 $\vartheta = g(\mu)$ 的估计量 T_n. 利用 Taylor 展开, 可得 (2.37), $\phi(x) = [\nabla g(\mu)]^\tau (x - \mu)$, $\psi(x,y) = (x-\mu)^\tau \nabla^2 g(\mu)(y-\mu)/2$, 其中 k 维向量 ∇g 是 g 的偏导数, $k \times k$ 矩阵 $\nabla^2 g$ 是 g 的二阶偏导数. 根据 CLT 和定理 1.10(iii),

$$\frac{1}{n}\sum_{i=1}^n\sum_{j=1}^n \psi(X_i, X_j) = \frac{n}{2}(\bar{X} - \mu)^\tau \nabla^2 g(\mu)(\bar{X} - \mu) \to_d \frac{Z_\Sigma^\tau \nabla^2 g(\mu) Z_\Sigma}{2},$$

其中 $Z_\Sigma = N_k(0,\Sigma)$. 因此,

$$\frac{E[Z_\Sigma^\tau \nabla^2 g(\mu) Z_\Sigma]}{2n} = \frac{\operatorname{tr}(\nabla^2 g(\mu)\Sigma)}{2n} \tag{2.38}$$

是 $T_n = g(\bar{X})$ 的 n^{-1} 阶渐近偏差, 其中 $\operatorname{tr}(A)$ 表示矩阵 A 的迹. 注意到, 在对 g 的导数更严格的条件下, (2.38) 与 $T_n = g(\bar{X})$ 的精确偏差的首项相同 (见 Lehmann,1983, 定理 2.5.1).

例 2.35. 设 $X_1, ..., X_n$ 是独立同分布的 0–1 随机变量, $P(X_i = 1) = p$, 其中 $p \in (0,1)$ 未知. 首先考虑 $\vartheta = p(1-p)$ 的估计量. 因为 $\operatorname{Var}(\bar{X}) = p(1-p)/n$, 根据 (2.38) 且 $g(x) = x(1-x)$, $T_n = \bar{X}(1-\bar{X})$ 的 n^{-1} 阶渐近偏差是 $-p(1-p)/n$. 另一方面, 通过计算表明 $E[\bar{X}(1-\bar{X})] = E\bar{X} - E\bar{X}^2 = p - (E\bar{X})^2 - \operatorname{Var}(\bar{X}) = p(1-p) - p(1-p)/n$. 因此, T_n 的精确偏差与 n^{-1} 阶渐近偏差相同.

接下来考虑 $\vartheta = p^{-1}$ 的估计量. 在这种情况下, 不存在 p^{-1} 的无偏估计 (§2.6 练习 84). 令 $T_n = \bar{X}^{-1}$. 根据 (2.38) 且 $g(x) = x^{-1}$, T_n 的 n^{-1} 阶渐近偏差为 $(1-p)/(p^2 n)$. 另一方面, 对每个 n, $ET_n = \infty$. ▮

与偏差一样, ϑ 的估计量 T_n 的均方误差, $\operatorname{mse}_{T_n}(P) = E(T_n - \vartheta)^2$, 若 T_n 的二阶矩不存在就没有定义. 现在我们定义一种*渐近均方误差* (amse) 以及一个评价共同参数不同点估计的方法.

定义 2.12. 设对于每个 n, T_n 都是 ϑ 的估计量, $\{a_n\}$ 是满足 $a_n \to \infty$ 或 $a_n \to a > 0$ 的一列正数. 假定 $a_n(T_n - \vartheta) \to_d Y$, 其中 $0 < EY^2 < \infty$.

(i) T_n 的渐近均方误差, 记作 $\operatorname{amse}_{T_n}(P)$ 或 $\operatorname{amse}_{T_n}(\theta)$ (若 P 在参数为 θ 的参数族中), 定义为 $(T_n - \vartheta)^2$ 的渐近期望, 即 $\operatorname{amse}_{T_n}(P) = EY^2/a_n^2$. T_n 的渐近方差定义为 $\sigma^2_{T_n}(P) = \operatorname{Var}(Y)/a_n^2$.

(ii) 令 T_n' 是 ϑ 的另一估计量. T_n' 关于 T_n 的*渐近相对效率*定义为 $e_{T_n',T_n}(P)$
$= \operatorname{amse}_{T_n}(P)/\operatorname{amse}_{T_n'}(P)$.

(iii) T_n 称为比 T_n' *渐近更有效*当且仅当 $\limsup_n e_{T_n',T_n}(P) \leqslant 1$ 对任意 P 成立, 且对某个 P 有 < 1 成立. ▮

渐近均方误差和渐近方差相等当且仅当 $EY = 0$. 根据命题 2.3, T_n 的渐近均方误差或渐近方差本质上是唯一的, 因此, 定义 2.12(ii)—(iii) 中渐近相对效率有明确定义.

例 2.33 中, $\text{amse}_{\bar{X}^2}(P) = \sigma^2_{\bar{X}^2}(P) = 4\mu^2\sigma^2/n$. 在例 2.34 中, $\sigma^2_{X_{(n)}}(P) = [h_n(\theta)]^2\text{Var}(Y)$ 且 $\text{amse}_{X_{(n)}}(P) = [h_n(\theta)]^2 EY^2$.

当 $\text{mse}_{T_n}(P)$ 和 $\text{mse}_{T_n'}(P)$ 都存在时, 比较 T_n 和 T_n' 可通过衡量相对效率 $\text{mse}_{T_n}(P)/\text{mse}_{T_n'}(P)$. 然而, 比较结果可能与用定义 2.12(ii) 中渐近相对效率所得结果不同, 因为估计量的均方误差和渐近均方误差可能不同 (§2.6 练习 115). 下面的结果说明, 当 T_n 的精确均方误差存在时, 它不会小于 T_n 的渐近均方误差. 它也提供了精确均方误差和渐近均方误差相同所需的条件.

命题 2.4. 设对每个 n, T_n 是 ϑ 的估计量, $\{a_n\}$ 是满足 $a_n \to \infty$ 或 $a_n \to a > 0$ 的一列正数. 假设 $a_n(T_n - \vartheta) \to_d Y$, 其中 $0 < EY^2 < \infty$. 则

(i) $EY^2 \leqslant \liminf_n E[a_n^2(T_n - \vartheta)^2]$ 且

(ii) $EY^2 = \lim_{n\to\infty} E[a_n^2(T_n - \vartheta)^2]$ 当且仅当 $\{a_n^2(T_n - \vartheta)^2\}$ 一致可积.

证明. (i) 由定理 1.10(iii),

$$\min\{a_n^2(T_n - \vartheta)^2, t\} \to_d \min\{Y^2, t\}$$

对任意 $t > 0$ 成立. 因为 $\min\{a_n^2(T_n - \vartheta)^2, t\}$ 被 t 所限制, 所以

$$\lim_{n\to\infty} E(\min\{a_n^2(T_n - \vartheta)^2, t\}) = E(\min\{Y^2, t\})$$

(定理 1.8(viii)). 那么

$$\begin{aligned} EY^2 &= \lim_{t\to\infty} E(\min\{Y^2, t\}) \\ &= \lim_{t\to\infty} \lim_{n\to\infty} E(\min\{a_n^2(T_n - \vartheta)^2, t\}) \\ &= \liminf_{t,n} E(\min\{a_n^2(T_n - \vartheta)^2, t\}) \\ &\leqslant \liminf_{n} E[a_n^2(T_n - \vartheta)^2], \end{aligned}$$

其中第三个等式是因为 $E(\min\{a_n^2(T_n - \vartheta)^2, t\})$ 对任意固定 n 关于 t 非减.

(ii) 由定理 1.8(viii) 可得. ∎

例 2.36. 设 $X_1, ..., X_n$ 为 i.i.d., 来自泊松分布 $P(\theta)$, $\theta > 0$ 未知. 考虑 $\vartheta = P(X_i = 0) = e^{-\theta}$ 的估计. 令 $T_{1n} = F_n(0)$, 其中 F_n 是 (2.28) 定义的经验 c.d.f. 那么 T_{1n} 无偏, 且 $\text{mse}_{T_{1n}}(\theta) = e^{-\theta}(1 - e^{-\theta})/n$. 根据 CLT, $\sqrt{n}(T_{1n} - \vartheta) \to_d N(0, e^{-\theta}(1 - e^{-\theta}))$. 因此, 在这种情况下 $\text{amse}_{T_{1n}}(\theta) = \text{mse}_{T_{1n}}(\theta)$.

接下来考虑 $T_{2n} = e^{-\bar{X}}$. 注意到 $ET_{2n} = e^{n\theta(e^{-1/n}-1)}$. 因此 $nb_{T_{2n}}(\theta) \to \theta e^{-\theta}/2$. 利用定理 1.12 和 CLT, 可以证明 $\sqrt{n}(T_{2n} - \vartheta) \to_d N(0, e^{-2\theta}\theta)$. 由定

义 2.12(i), $\text{amse}_{T_{2n}}(\theta) = e^{-2\theta}\theta/n$. 因此, T_{1n} 关于 T_{2n} 的渐近相对效率为

$$e_{T_{1n},T_{2n}}(\theta) = \theta/(e^{\theta} - 1),$$

其总是小于 1. 这表明 T_{2n} 比 T_{1n} 渐近更有效. ∎

例 2.36 中 T_{2n} 的结论是下面结论的特例 $(U_n = \bar{X})$.

定理 2.6. 设 g 是 $\mathcal{R}^k$ 上的一个函数, 在 $\theta \in \mathcal{R}^k$ 处可微, 令 U_n 是满足 $a_n(U_n - \theta) \to_d Y$ 的一个 k 维统计向量, 其中 k 维随机向量 Y 满足 $0 < E\|Y\|^2 < \infty$, 正数列 $\{a_n\}$ 满足 $a_n \to \infty$. 令 $T_n = g(U_n)$ 是 $\vartheta = g(\theta)$ 的一个估计量. 那么, T_n 的渐近均方误差和渐近方差分别为 $E\{[\nabla g(\theta)]^{\tau} Y\}^2/a_n^2$ 和 $[\nabla g(\theta)]^{\tau}\text{Var}(Y)\nabla g(\theta)/a_n^2$. ∎

2.5.3 渐近推断

基于渐近准则和近似的统计推断称为渐近统计推断或简称为渐近推断. 我们之前已经考虑了渐近估计. 现在我们关注渐近假设检验和置信集.

定义 2.13. 设 $X = (X_1, ..., X_n)$ 是来自 $P \in \mathcal{P}$ 的样本, $T_n(X)$ 是针对 $H_0 : P \in \mathcal{P}_0$ 对 $H_1 : P \in \mathcal{P}_1$ 的检验.

(i) 若 $\limsup_n \alpha_{T_n}(P) \leqslant \alpha$ 对任意 $P \in \mathcal{P}_0$ 成立, 则 α 是 T_n 的渐近显著性水平.

(ii) 若 $\lim_{n\to\infty} \sup_{P\in\mathcal{P}_0} \alpha_{T_n}(P)$ 存在, 则它称为 T_n 的极限检验水准.

(iii) 称 T_n 为一致的当且仅当其犯第 II 类错误的概率收敛到 0, 即, $\lim_{n\to\infty}[1 - \alpha_{T_n}(P)] = 0$ 对任意 $P \in \mathcal{P}_1$ 成立.

(iv) 称 T_n 为 Chernoff 一致的当且仅当 T_n 是一致的且其犯第 I 类错误的概率收敛到 0, 即, $\lim_{n\to\infty} \alpha_{T_n}(P) = 0$ 对任意 $P \in \mathcal{P}_0$ 成立. 称 T_n 为强 Chernoff 一致的当且仅当 T_n 是一致的且 T_n 的极限检验水准为 0. ∎

显然, 如果对所有 n, T_n 的检验水准 (或显著性水平) 都是 α, 则它的极限检验水准 (或渐近显著性水平) 为 α. 如果 T_n 的极限检验水准是 $\alpha \in (0,1)$, 那么对任意 $\epsilon > 0$ 和所有 $n \geqslant n_0$, T_n 的检验水准为 $\alpha + \epsilon$, 其中 n_0 与 P 无关. 因此, 对任意 $n \geqslant n_0$, T_n 的显著性水平为 $\alpha + \epsilon$. 然而, 如果 $\mathcal{P}_0$ 不是参数族, T_n 的极限检验水准很可能为 1 (见例 2.37). 这就是在定义 2.13(i) 中考虑更弱的条件的原因. 若 T_n 的渐近显著性水平为 α, 则对任意 $\epsilon > 0$, $\alpha_{T_n}(P) < \alpha + \epsilon$ 对所有 $n \geqslant n_0(P)$ 成立, 但 $n_0(P)$ 依赖 $P \in \mathcal{P}_0$; 并且不能保证对任意 n, T_n 都有显著性水平为 $\alpha + \epsilon$.

定义 2.13(iii) 中的一致性只要求犯第 II 类错误的概率收敛到 0. 我们可定义一致的一致性为 $\lim_{n\to\infty}\sup_{P\in\mathcal{P}_1}[1-\alpha_{T_n}(P)]=0$, 但这在绝大多数问题中不能满足. 如果 $\alpha\in(0,1)$ 是预先设定的显著性水平, 那么渐近显著性水平为 α 的一致检验 T_n 称为渐近正确的. 极限检验水准为 α 的一致检验称为强渐近正确的.

定义 2.13(iv) 中的 Chernoff 一致性 (或强 Chernoff 一致性) 要求犯两类错误的概率都收敛到 0. 数学意义上, Chernoff 一致性 (或强 Chernoff 一致性) 比渐近正确性 (或强渐近正确性) 要好. 毕竟, 若不断地取样, 犯两类错误的概率都应该递减到 0. 然而, 如果 α 充分小, 而小于 α 的犯错概率可在实际意义下被当作 0, 则渐近正确性 (或强渐近正确性) 就能满足需求, 而且可能是更好的选择, 因为要求犯第 I 类错误的概率不必要地小通常导致犯第 II 类错误的概率不必要地增加, 如下例所示.

例 2.37. 考虑 $H_0:\mu\leqslant\mu_0$ 对 $H_1:\mu>\mu_0$ 的检验问题, 基于 i.i.d. $X_1,\ldots,X_n$, $EX_1=\mu\in\mathcal{R}$. 如果每个 X_i 都服从参数 σ^2 已知的 $N(\mu,\sigma^2)$ 分布, 则例 2.28 中的检验 T_{c_α} 的检验水准为 α, $c_\alpha=\sigma z_{1-\alpha}/\sqrt{n}+\mu_0$ 且 $\alpha\in(0,1)$ (因此, 极限检验水准为 α). 又根据 (2.32), 对任意 $\mu>\mu_0$, 当 $n\to\infty$ 时,

$$1-\alpha_{T_{c_\alpha}}(\mu)=\Phi\left(z_{1-\alpha}+\frac{\sqrt{n}(\mu_0-\mu)}{\sigma}\right)\to 0. \tag{2.39}$$

这表明 T_{c_α} 是一致的, 因此是强渐近正确的. (2.39) 中的收敛在 $\mu>\mu_0$ 上不是一致成立的, 但对任意固定的 $\mu_1>\mu_0$, 其在 $\mu>\mu_1$ 上一致成立.

因为对所有 n, T_{c_α} 的检验水准是 α, 所以 T_{c_α} 不是 Chernoff 一致的. 一个强 Chernoff 一致检验可通过如下方式得到. 令

$$\alpha_n=1-\Phi(\sqrt{n}a_n), \tag{2.40}$$

其中 a_n 是满足 $a_n\to 0$ 和 $\sqrt{n}a_n\to\infty$ 的正数. 对每个 n, 令 T_n 为 T_{c_α}, 其中 $\alpha=\alpha_n$. 那么, T_n 的检验水准为 α_n. 因为 $\alpha_n\to 0$, 所以 T_n 的极限检验水准为 0. 另一方面, 当 α 被 α_n 替换时, (2.39) 仍成立. 这是因为

$$z_{1-\alpha_n}+\frac{\sqrt{n}(\mu_0-\mu)}{\sigma}=\sqrt{n}\left(a_n+\frac{\mu_0-\mu}{\sigma}\right)\to-\infty$$

对任意 $\mu>\mu_0$ 均成立. 因此 T_n 是强 Chernoff 一致的. 然而, 如果 $\alpha_n<\alpha$, 根据 (2.39) 的左侧, $1-\alpha_{T_{c_\alpha}}(\mu)<1-\alpha_{T_n}(\mu)$ 对任意 $\mu>\mu_0$ 均成立.

我们现在考虑总体 P 不在一参数族里的情况. 我们仍然假设 $\sigma^2 = \mathrm{Var}(X_i)$ 已知. 利用 CLT, 我们可以证明, 对 $\mu > \mu_0$,

$$\lim_{n\to\infty}[1-\alpha_{T_{c_\alpha}}(\mu)] = \lim_{n\to\infty}\Phi\left(z_{1-\alpha}+\frac{\sqrt{n}(\mu_0-\mu)}{\sigma}\right)=0,$$

即 T_{c_α} 仍是一致的. 对 $\mu \leqslant \mu_0$,

$$\lim_{n\to\infty}\alpha_{T_{c_\alpha}}(\mu) = 1-\lim_{n\to\infty}\Phi\left(z_{1-\alpha}+\frac{\sqrt{n}(\mu_0-\mu)}{\sigma}\right),$$

等于 α 若 $\mu=\mu_0$, 等于 0 若 $\mu<\mu_0$. 因此, T_{c_α} 的渐近显著性水平为 α. 结合这两个结论, 我们可知 T_{c_α} 是渐近正确的. 但是, 如果 $\mathcal{P}$ 包含所有 $\mathcal{R}$ 上二阶矩有限的总体, 则可以证明 T_{c_α} 的极限检验水准为 1 (练习). 对于 (2.40) 定义的 α_n, 我们可以证明 $T_n = T_{c_\alpha}$ 是 Chernoff 一致的, 其中 $\alpha=\alpha_n$ (练习). 但是如果 $\mathcal{P}$ 包含所有 $\mathcal{R}$ 上二阶矩有限的总体时, T_n 不是强 Chernoff 一致的. ▮

定义 2.14. 设 $X=(X_1,\dots,X_n)$ 是来自 $P\in\mathcal{P}$ 的样本, ϑ 是与 P 有关的 k 维参数向量, $C(X)$ 是 ϑ 的置信集.

(i) 若 $\liminf_n P(\vartheta\in C(X)) \geqslant 1-\alpha$ 对任意 $P\in\mathcal{P}$ 成立, 则 $C(X)$ 的渐近显著性水平是 $1-\alpha$.

(ii) 若 $\lim_{n\to\infty}\inf_{P\in\mathcal{P}} P(\vartheta\in C(X))$ 存在, 则称其为 $C(X)$ 的极限置信系数. ▮

注意到, 置信集的渐近显著性水平和极限置信系数分别与检验的渐近显著性水平和极限检验水准非常相似. 一些结论也类似. 例如, 在参数问题中, 我们常常能找到一个极限置信系数为 $1-\alpha\in(0,1)$ 的置信集, 这表明对任意 $\epsilon>0$ 以及所有 $n\geqslant n_0$, $C(X)$ 的置信系数为 $1-\alpha-\epsilon$, 其中 n_0 与 P 无关; 在非参数问题中, $C(X)$ 的极限置信系数可能为 0, 而 $C(X)$ 的渐近显著性水平可能是 $1-\alpha\in(0,1)$, 但对于任意固定的 n, $C(X)$ 的置信系数可能为 0.

在例 2.31 中的置信区间, $c=\sigma z_{1-\alpha/2}/\sqrt{n}$ 以及例 2.32 中的置信集的置信系数为 $1-\alpha$ (对任意 n). 因此, 极限置信系数为 $1-\alpha$. 如果舍弃正态分布假设而假定 $EX_i^4<\infty$, 那么这些置信集的渐近显著性水平为 $1-\alpha$; 它们的极限置信系数可能为 0 (练习).

2.6 练习

1. 考虑例 2.3. 假设 $p(\boldsymbol{s})$ 为常数. 证明 X_i 和 X_j 相关, $i\neq j$. 因此 $X_1,\dots,X_n$ 是不独立的. 进一步, 当 y_i 为 0 或 1 时, 证明 $Z=\sum_{i=1}^n X_i$

服从超几何分布并计算 Z 的均值.

2. 考虑例 2.3. 假设我们不要求 $\boldsymbol{s}$ 中的元素不同, 即考虑有放回抽样. 定义一个概率测度 p 和样本 $(X_1,...,X_n)$ 使得 (2.3) 成立. 如果 $p(\boldsymbol{s})$ 是常数, 那么 $X_1,...,X_n$ 独立吗? 如果 $p(\boldsymbol{s})$ 是常数且 y_i 取 0 或 1, 那么 $Z=\sum_{i=1}^n X_i$ 的分布和均值是什么?

3. 证明 $\{P_\theta:\theta\in\Theta\}$ 是一个指数族并找到它的规范形式和自然参数空间, 当

(a) P_θ 是泊松分布 $P(\theta)$, $\theta\in\Theta=(0,\infty)$;

(b) P_θ 是负二项分布 $NB(\theta,r)$, 其中 r 固定, $\theta\in\Theta=(0,1)$;

(c) P_θ 是指数分布 $E(a,\theta)$, 其中 a 固定, $\theta\in\Theta=(0,\infty)$;

(d) P_θ 是 Gamma 分布 $\Gamma(\alpha,\gamma)$, $\theta=(\alpha,\gamma)\in\Theta=(0,\infty)\times(0,\infty)$;

(e) P_θ 是 Beta 分布 $B(\alpha,\beta)$, $\theta=(\alpha,\beta)\in\Theta=(0,1)\times(0,1)$;

(f) P_θ 是 Weibull 分布 $W(\alpha,\theta)$, 其中 $\alpha>0$ 固定, $\theta\in\Theta=(0,\infty)$.

4. 证明参数 a 和 θ 都未知的指数分布 $E(a,\theta)$ 构成的不是指数族.

5. 证明参数 p 和 r 都未知的负二项分布 $NB(p,r)$ 构成的不是指数族.

6. 证明参数 μ 和 σ 都未知的柯西分布 $C(\mu,\sigma)$ 构成的不是指数族.

7. 证明参数 α 和 θ 都未知的 Weibull 分布 $W(\alpha,\theta)$ 构成的不是指数族.

8. 参数 μ 和 σ^2 都未知的对数正态分布 $LN(\mu,\sigma^2)$ 构成的是指数族吗?

9. 证明参数 μ 和 θ 都未知的双指数分布 $DE(\mu,\theta)$ 构成的不是指数族, 但参数 μ 固定而 θ 未知的双指数分布 $DE(\mu,\theta)$ 构成的是指数族.

10. 证明例 2.4 中的 k 维正态分布族是指数族. 给出函数 T, η, ξ 和 h.

11. 求例 2.7 中 $(X_1,...,X_k)$ 的协方差矩阵, 用 (a) 定理 2.1(ii) 和 (b) 直接计算.

12. 利用定理 2.1(ii) 证明 Gamma 分布 $\Gamma(\alpha,\gamma)$ 的矩母函数为 $(1-\gamma t)^{-\alpha}$, $t<\gamma^{-1}$.

13. 一个离散随机变量 X 有

$$P(X=x)=\gamma(x)\theta^x/c(\theta),\quad x=0,1,2,...,$$

其中 $\gamma(x)\geqslant 0$, $\theta>0$ 且 $c(\theta)=\sum_{x=0}^\infty\gamma(x)\theta^x$, 则称其为服从幂级数分布的随机变量.

(a) 证明 $\{\gamma(x)\theta^x/c(\theta) : \theta > 0\}$ 是指数族;

(b) 假设 $X_1, ..., X_n$ i.i.d. 服从幂级数分布 $\gamma(x)\theta^x/c(\theta)$. 证明 $\sum_{i=1}^n X_i$ 服从幂级数分布 $\gamma_n(x)\theta^x/[c(\theta)]^n$, 其中 $\gamma_n(x)$ 是 $[c(\theta)]^n$ 幂级数展开中 θ^x 的系数.

14. 设 X 是一随机变量, 其 p.d.f. f_θ 属于指数族 $\{P_\theta : \theta \in \Theta\}$, 令 A 为一 Borel 集. 证明 X 被 A 截断的分布 (即给定 $X \in A$, X 的条件分布) 有属于指数族的 p.d.f. $f_\theta I_A/P_\theta(A)$.

15. 设 $\{P_{(\mu,\Sigma)} : \mu \in \mathcal{R}^k, \Sigma \in \mathcal{M}_k\}$ 是 $\mathcal{R}^k$ 上的位置尺度分布族. 假设 $P_{(0,I_k)}$ 有正的 Lebesgue p.d.f., 且 $P_{(0,I_k)}$ 的均值和协方差矩阵分别是 0 和 I_k. 证明 $P_{(\mu,\Sigma)}$ 的均值和协方差矩阵分别为 μ 和 Σ.

16. 证明, 若一个正随机变量 X 的分布属于尺度分布族, 则 $\log X$ 的分布属于位置分布族.

17. 设 X 是一个服从 Gamma 分布 $\Gamma(\alpha, \gamma)$ 的随机变量, α 已知, $\gamma > 0$ 未知, 令 $Y = \sigma \log X$.

(a) 证明若 $\sigma > 0$ 未知, 则 Y 的分布属于位置尺度分布族;

(b) 证明若 $\sigma > 0$ 已知, 则 Y 的分布属于一指数族.

18. 设 $X_1, ..., X_n$ 为 i.i.d. 随机变量且 $E|X_1|^4$ 有限, 令 $\bar{X}$ 和 S^2 是 (2.1) 和 (2.2) 定义的样本均值和样本方差. 用 $\mu_k = EX_1^k$ $(k = 1, 2, 3, 4)$ 表示 $E(\bar{X}^3)$, $\text{Cov}(\bar{X}, S^2)$ 和 $\text{Var}(S^2)$. 找到一个条件使得 $\bar{X}$ 和 S^2 不相关.

19. 设 $X_1, ..., X_n$ 为 i.i.d. 服从 Gamma 分布 $\Gamma(\alpha, \gamma_x)$ 的随机变量, $Y_1, ..., Y_n$ 是 i.i.d. 服从 Gamma 分布 $\Gamma(\alpha, \gamma_y)$ 的随机变量, 其中 $\alpha > 0$, $\gamma_x > 0$ 且 $\gamma_y > 0$. 假定 $X_1, ..., X_n$ 与 $Y_1, ..., Y_n$ 独立. 求统计量 $\bar{X}/\bar{Y}$ 的分布, 其中 $\bar{X}$ 和 $\bar{Y}$ 分别是 $X_1, ..., X_n$ 和 $Y_1, ..., Y_n$ 的样本均值.

20. 设 $X_1, ..., X_n$ 为 i.i.d. 服从指数分布 $E(a, \theta)$ 的随机变量, 其中 $a \in \mathcal{R}$ 且 $\theta > 0$. 证明最小次序统计量 $X_{(1)}$ 服从指数分布 $E(a, \theta/n)$, $2\sum_{i=1}^n (X_i - X_{(1)})/\theta$ 服从卡方分布 χ^2_{2n-2}.

21. 设 $(X_1, Y_1), ..., (X_n, Y_n)$ 为 i.i.d. 2 维随机向量. 假设 X_1 服从柯西分布 $C(0, 1)$, 给定 $X_1 = x$, Y_1 服从柯西分布 $C(\beta x, 1)$, 其中 $\beta \in \mathcal{R}$. 令 $\bar{X}$ 和 $\bar{Y}$ 分别为 $X_1, ..., X_n$ 和 $Y_1, ..., Y_n$ 的样本均值. 求 $\bar{Y}$, $\bar{Y} - \beta\bar{X}$ 和 $\bar{Y}/\bar{X}$ 的边际分布.

22. 设 $X_i = (Y_i, Z_i)$ $(i = 1, ..., n)$ 是 i.i.d. 的 2 维随机向量. 样本相关系数定义为

$$T(X) = \frac{1}{(n-1)\sqrt{S_Y^2 S_Z^2}} \sum_{i=1}^{n} (Y_i - \bar{Y})(Z_i - \bar{Z}),$$

其中 $\bar{Y} = n^{-1}\sum_{i=1}^{n} Y_i$, $\bar{Z} = n^{-1}\sum_{i=1}^{n} Z_i$, $S_Y^2 = (n-1)^{-1}\sum_{i=1}^{n}(Y_i - \bar{Y})^2$ 且 $S_Z^2 = (n-1)^{-1}\sum_{i=1}^{n}(Z_i - \bar{Z})^2$.

(a) 假定 $E|Y_i|^4 < \infty$ 且 $E|Z_i|^4 < \infty$. 证明

$$\sqrt{n}[T(X) - \rho] \to_d N(0, c^2),$$

其中 ρ 是 Y_1 与 Z_1 间的相关系数, c 是依赖未知参数的常数;

(b) 假定 Y_i 于 Z_i 独立且其分别服从 $N(\mu_1, \sigma_1^2)$ 和 $N(\mu_2, \sigma_2^2)$. 证明 T 的 Lebesgue p.d.f. 为

$$f(t) = \frac{\Gamma\left(\frac{n-1}{2}\right)}{\sqrt{\pi}\Gamma\left(\frac{n-2}{2}\right)}(1 - t^2)^{(n-4)/2} I_{(-1,1)}(t);$$

(c) 假定 (b) 中条件. 利用 Scheffé 定理 (命题 1.18) 得到 (a) 中的结论.

23. 设 $X_1, ..., X_n$ 是 i.i.d. 随机变量, $EX_1^4 < \infty$, $T = (Y, Z)$ 且 $T_1 = Y/\sqrt{Z}$, 其中 $Y = n^{-1}\sum_{i=1}^{n}|X_i|$, $Z = n^{-1}\sum_{i=1}^{n} X_i^2$.

(a) 证明 $\sqrt{n}(T - \theta) \to_d N_2(0, \Sigma)$ 和 $\sqrt{n}(T_1 - \vartheta) \to_d N(0, c^2)$. 并用 X_1 的矩表示 θ, Σ, ϑ 和 c^2;

(b) 当 X_1 服从正态分布 $N(0, \sigma^2)$ 时, 重复 (a);

(c) 当 X_1 服从双指数分布 $D(0, \sigma)$ 时, 重复 (a).

24. 证明例 2.9 关于次序统计量分布的结论.

25. 证明, 若 T 是一个充分统计量且 $T = \psi(S)$, 其中 ψ 可测, S 为另一统计量, 则 S 是充分的.

26. 引理 2.1 的证明中, 说明 $C_0 \in \mathcal{C}$. 并在 $\mathcal{P}$ 被一个 σ 有限测度控制的条件下证明引理 2.1.

27. 设 $X_1, ..., X_n$ 为来自 $P_\theta \in \{P_\theta : \theta \in \Theta\}$ 的 i.i.d. 随机变量. 在下列情况下, 找出 $\theta \in \Theta$ 的充分统计量, 其维数和 θ 相同.

(a) P_θ 服从泊松分布 $P(\theta)$, $\theta \in (0, \infty)$;

(b) P_θ 服从负二项分布 $NB(\theta, r)$, 其中 r 已知, $\theta \in (0, 1)$;

(c) P_θ 服从指数分布 $E(0,\theta)$, $\theta \in (0,\infty)$;

(d) P_θ 服从 Gamma 分布 $\Gamma(\alpha,\gamma)$, $\theta=(\alpha,\gamma)\in(0,\infty)\times(0,\infty)$;

(e) P_θ 服从 Beta 分布 $B(\alpha,\beta)$, $\theta=(\alpha,\beta)\in(0,1)\times(0,1)$;

(f) P_θ 服从对数正态分布 $LN(\mu,\sigma^2)$, $\theta=(\mu,\sigma^2)\in\mathcal{R}\times(0,\infty)$;

(g) P_θ 服从 Weibull 分布 $W(\alpha,\theta)$, 其中 $\alpha>0$ 已知, $\theta\in(0,\infty)$.

28. 设 $X_1,...,X_n$ 是来自 $P_{(a,\theta)}$ 的 i.i.d. 随机变量, 参数是 $(a,\theta)\in\mathcal{R}^2$. 在下列情况下, 找出 (a,θ) 的一个二维充分统计量.

(a) $P_{(a,\theta)}$ 服从指数分布 $E(a,\theta)$, 其中 $a\in\mathcal{R}$, $\theta\in(0,\infty)$;

(b) $P_{(a,\theta)}$ 服从 Pareto 分布 $Pa(a,\theta)$, 其中 $a\in(0,\infty)$, $\theta\in(0,\infty)$.

29. 例 2.11 中, 考虑固定 b (或 a) 的子分布族 $\{f_{(a,b)}: a<b\}$, 证明 $X_{(1)}$ (或 $X_{(n)}$) 是 a (或 b) 的充分统计量.

30. 设 X 和 Y 为两个随机变量, Y 服从二项分布 $Bi(\pi,N)$, 给定 $Y=y$, X 服从二项分布 $Bi(p,y)$.

(a) 假设 $p\in(0,1)$ 和 $\pi\in(0,1)$ 未知, 而 N 已知. 证明 (X,Y) 是 (p,π) 的最小充分统计量;

(b) 假设 π 和 N 已知, 而 $p\in(0,1)$ 未知, 证明 X 是否为 p 的充分统计量以及 Y 是否为 p 的充分统计量.

31. 设 $X_1,...,X_n$ 是 i.i.d. 随机变量, 服从分布 $P\in\mathcal{P}$, 其中 $\mathcal{P}$ 是 $\mathcal{R}$ 上存在连续 c.d.f. 的分布族. 令 $T=(X_{(1)},...,X_{(n)})$ 是由次序统计量构成的向量. 证明, 给定 T, $X=(X_1,...,X_n)$ 的条件分布是离散分布, 以概率 $1/n!$ 取 $n!$ 个点 $(X_{i_1},...,X_{i_n})\in\mathcal{R}^n$ 中的每一个, 其中 $\{i_1,...,i_n\}$ 是 $\{1,...,n\}$ 的一个置换; 因此, T 是 $P\in\mathcal{P}$ 的充分统计量.

32. 在例 2.13 和例 2.14 中, 利用定理 2.3(iii) 证明 T 是 θ 的最小充分统计量.

33. 一枚硬币正面出现的概率为 p, 反面出现的概率为 $1-p$, 其中 $p\in(0,1)$. 试验的第一阶段是投掷硬币已知的 M 次并记录正面出现的次数 X. 第二阶段, 投掷硬币直到反面出现 $X+1$ 次, 记录正面出现的次数 Y. 这个试验独立重复 n 次, 第 i 次试验结果记录为 (X_i,Y_i), $i=1,...,n$. 求 p 的最小充分统计量以及其分布.

34. 设 $X_1, ..., X_n$ 是 i.i.d. 随机变量, Lebesgue p.d.f. 为

$$f_\theta(x) = \exp\left\{-\left(\frac{x-\mu}{\sigma}\right)^4 - \xi(\theta)\right\},$$

其中 $\theta = (\mu, \sigma) \in \Theta = \mathcal{R} \times (0, \infty)$. 证明 $\mathcal{P} = \{P_\theta : \theta \in \Theta\}$ 是一个指数族, 其中 P_θ 是 $X_1, ..., X_n$ 的联合分布, 且统计量 $T = (\sum_{i=1}^n X_i, \sum_{i=1}^n X_i^2, \sum_{i=1}^n X_i^3, \sum_{i=1}^n X_i^4)$ 是 $\theta \in \Theta$ 的最小充分统计量.

35. 设 $X_1, ..., X_n$ 是 i.i.d. 随机变量, Lebesgue p.d.f. 为

$$f_\theta(x) = (2\theta)^{-1}\left[I_{(0,\theta)}(x) + I_{(2\theta,3\theta)}(x)\right].$$

求 $\theta \in (0, \infty)$ 的最小充分统计量.

36. 设 $X_1, ..., X_n$ 是 i.i.d. 服从柯西分布 $C(\mu, \sigma)$ 的随机变量, 其中参数 $\mu \in \mathcal{R}$ 和 $\sigma > 0$ 未知. 证明次序统计量构成的向量是 (μ, σ) 的最小充分统计量.

37. 设 $X_1, ..., X_n$ 是 i.i.d. 服从双指数分布 $DE(\mu, \theta)$ 的随机变量, 其中参数 $\mu \in \mathcal{R}$ 和 $\theta > 0$ 未知. 证明次序统计量构成的向量是 (μ, θ) 的最小充分统计量.

38. 设 $X_1, ..., X_n$ 是 i.i.d. 服从 Weibull 分布 $W(\alpha, \theta)$ 的随机变量, 其中参数 $\alpha > 0$ 和 $\theta > 0$ 未知. 证明次序统计量构成的向量是 (α, θ) 的最小充分统计量.

39. 设 $X_1, ..., X_n$ 是 i.i.d. 服从 beta 分布 $B(\beta, \beta)$ 的随机变量, 其中参数 $\beta > 0$ 未知. 找一个 β 的最小充分统计量.

40. 设 $X_1, ..., X_n$ 是 i.i.d. 随机变量, 总体 P 属于参数为 (θ, j) 的参数族, 其中 $\theta > 0$, $j = 1, 2$ 且 $n \geqslant 2$. 当 $j = 1$ 时, P 为 $N(0, \theta^2)$ 分布. 当 $j = 2$ 时, P 为双指数分布 $DE(0, \theta)$. 证明 $T = (\sum_{i=1}^n X_i^2, \sum_{i=1}^n |X_i|)$ 是 (θ, j) 的最小充分统计量.

41. 设 $X_1, ..., X_n$ 是 i.i.d. 随机变量, 总体 P 属于参数为 (θ, j) 的参数族, 其中 $\theta \in (0, 1)$, $j = 1, 2$ 且 $n \geqslant 2$. 当 $j = 1$ 时, P 为泊松分布 $P(\theta)$. 当 $j = 2$ 时, P 为二项分布 $Bi(\theta, 1)$.

(a) 证明 $T = \sum_{i=1}^n X_i$ 不是 (θ, j) 的充分统计量;

(b) 找一个 (θ, j) 的 2 维最小充分统计量.

42. 设 X 是来自 $P \in \mathcal{P} = \{f_{\theta,j} : \theta \in \Theta, j = 1, ..., k\}$ 的样本, 其中 $f_{\theta,j}$ 是关于一个公共 σ 有限测度的 p.d.f., Θ 是参数的集合. 假定 $\{x : f_{\theta,j}(x) > 0\} \subset \{x : f_{\theta,k}(x) > 0\}$ 对所有 θ 和 $j = 1, ..., k-1$ 都成立. 假设对每一个固定的 j, $T = T(X)$ 是 θ 的充分统计量.

(a) 求一个 (θ, j) 的 k 维充分统计量;

(b) 给出一个 T 是 (θ, j) 的最小充分统计量的充分条件.

43. 一个盒子里有未知的奇数个球, 依次标为 $-\theta, -(\theta-1), ..., -2, -1, 0, 1, 2, ..., (\theta-1), \theta$, 其中 θ 是一个未知的非负整数. $X_1, ..., X_n$ 为一不放回抽取到的简单随机样本, X_i 是第 i 个抽出的球的标号且 $n < 2\theta + 1$.

(a) 找一个 θ 的最小充分统计量并求其分布;

(b) 证明 (a) 中的最小充分统计量是完备的.

44. 设 $X_1, ..., X_n$ 是 i.i.d. 有 Lebesgue p.d.f. $\theta^{-1}e^{-(x-\theta)/\theta}I_{(\theta,\infty)}(x)$ 的随机变量, 其中 $\theta > 0$ 是一个未知参数.

(a) 找一个 θ 的最小充分统计量;

(b) 证明 (a) 中的最小充分统计量是否是完备的.

45. 设 $X_1, ..., X_n$ $(n \geqslant 2)$ 是 i.i.d. 随机变量, 当 $\theta = 0$ 时服从正态分布 $N(\theta, 2)$, 当 $\theta \in \mathcal{R}$ 且 $\theta \neq 0$ 时服从正态分布 $N(\theta, 1)$. 证明样本均值 $\bar{X}$ 是 θ 的完备统计量, 但不是 θ 的充分统计量.

46. 设 X 是一个随机变量, 其分布 P_θ 属于 $\{P_\theta : \theta \in \Theta\}$, f_θ 是 P_θ 的关于测度 ν 的 p.d.f., A 是一个事件, $\mathcal{P}_A = \{f_\theta I_A / P_\theta(A) : \theta \in \Theta\}$.

(a) 证明, 若 $T(X)$ 是 $P_\theta \in \mathcal{P}$ 的充分统计量, 则它是 $P_\theta \in \mathcal{P}_A$ 的充分统计量;

(b) 证明, 若 T 是 $P_\theta \in \mathcal{P}$ 的充分完备统计量, 则它是 $P_\theta \in \mathcal{P}_A$ 的完备统计量.

47. 证明例 2.13 中的 $(X_{(1)}, X_{(n)})$ 不是完备的.

48. 设 T 是一个完备 (或有界完备) 且充分的统计量. 假设存在最小充分统计量 S. 证明 T 是最小充分统计量且 S 是完备的 (或有界完备的).

49. 设 T 和 S 是两个统计量, 使得 $S = \psi(T)$, 其中 ψ 可测. 证明

(a) 若 T 是完备的, 则 S 是完备的;

(b) 若 T 是充分完备的且 ψ 是一对一的, 则 S 是充分完备的;

(c) 当完备替换为有界完备时, (a) 和 (b) 的结论仍成立.

50. 找出练习 27 和 28 中分布族的完备充分统计量.

51. 证明例 2.11 中的 $(X_{(1)}, X_{(n)})$ 是完备的.

52. 设 $(X_1, Y_1), ..., (X_n, Y_n)$ 是 i.i.d. 2 维随机向量, 其 Lebesgue p.d.f. 为

$$f_\theta(x, y) = (2\pi\gamma^2)^{-1} I_{(0,\gamma)}\left(\sqrt{(x-a)^2 + (y-b)^2}\right), \quad (x, y) \in \mathcal{R}^2,$$

其中 $\theta = (a, b, \gamma) \in \mathcal{R}^2 \times (0, \infty)$.

(a) 若 $a = 0$ 且 $b = 0$, 找一个 γ 的完备充分统计量;

(b) 若所有参数均未知, 证明样本点的凸包集是 θ 的充分统计量.

53. 设 X 是一个离散随机变量, 其 p.d.f. 为

$$f_\theta(x) = \begin{cases} \theta, & x = 0, \\ (1-\theta)^2\theta^{x-1}, & x = 1, 2, ..., \\ 0, & \text{其他}, \end{cases}$$

其中 $\theta \in (0, 1)$. 说明 X 有界完备但不完备.

54. 不使用命题 2.1, 证明例 2.10 中的充分统计量 T 也是完备的.

55. 设 $Y_1, ..., Y_n$ 是 i.i.d. 随机变量, 其 Lebesgue p.d.f. 为 $\lambda x^{\lambda-1} I_{(0,1)}(x)$, 其中 $\lambda > 0$ 未知, 设 $Z_1, ..., Z_n$ 是 i.i.d. 离散随机变量, 服从练习 13 中给出的幂级数分布, 其中 $\theta > 0$ 未知. 假定 $Y_1, ..., Y_n$ 与 $Z_1, ..., Z_n$ 独立. 令 $X_i = Y_i + Z_i$, $i = 1, ..., n$. 基于样本 $X = (X_1, ..., X_n)$ 构造一个未知参数 (θ, λ) 的充分完备统计量.

56. 假设 $(X_1, Y_1), ..., (X_n, Y_n)$ 是 i.i.d. 2 维随机向量且 X_i 和 Y_i 独立分别服从 $N(\mu, \sigma_X^2)$ 和 $N(\mu, \sigma_Y^2)$, 其中 $\theta = (\mu, \sigma_X^2, \sigma_Y^2) \in \mathcal{R} \times (0, \infty) \times (0, \infty)$. 令 $\bar{X}$ 和 S_X^2 分别是 (2.1) 和 (2.2) 给出的 $X_1, ..., X_n$ 的样本均值和样本方差, $\bar{Y}$ 和 S_Y^2 分别是 $Y_1, ..., Y_n$ 的样本均值和样本方差. 证明 $T = (\bar{X}, \bar{Y}, S_X^2, S_Y^2)$ 是 θ 的充分统计量但 T 不是有界完备的.

57. 设 $X_1, ..., X_n$ i.i.d. 服从 $N(\theta, \theta^2)$ 分布, 其中 $\theta > 0$ 为参数. 找 θ 的一个最小充分统计量并证明其是否完备.

58. 假设 $(X_1, Y_1), ..., (X_n, Y_n)$ 是 i.i.d. 2 维随机向量, 服从正态分布, $EX_1 = EY_1 = 0$, $\text{Var}(X_1) = \text{Var}(Y_1) = 1$ 且 $\text{Cov}(X_1, Y_1) = \theta \in (-1, 1)$.

(a) 找一个 θ 的最小充分统计量;

(b) 证明 (a) 中的最小充分统计量是否完备;

(c) 证明 $T_1=\sum_{i=1}^n X_i^2$ 和 $T_2=\sum_{i=1}^n Y_i^2$ 都是辅助的, 但 (T_1,T_2) 不是辅助的.

59. 设 $X_1,...,X_n$ 是 i.i.d. 随机变量, 服从指数分布 $E(a,\theta)$.

(a) 证明, 对任意 (a,θ), $\sum_{i=1}^n(X_i-X_{(1)})$ 与 $X_{(1)}$ 独立;

(b) 证明 $Z_i=(X_{(n)}-X_{(i)})/(X_{(n)}-X_{(n-1)})$, $i=1,...,n-2$, 与 $(X_{(1)}, \sum_{i=1}^n(X_i-X_{(1)}))$ 独立.

60. 设 $X_1,...,X_n$ 是 i.i.d. 随机变量, 服从 gamma 分布 $\Gamma(\alpha,\gamma)$. 证明, 对任意 (α,γ), $\sum_{i=1}^n X_i$ 与 $\sum_{i=1}^n[\log X_i-\log X_{(1)}]$ 独立.

61. 设 $X_1,...,X_n$ 是 i.i.d. 随机变量, 服从区间 (a,b) 上的均匀分布, 其中 $-\infty<a<b<\infty$. 证明, 对任意 a 和 b, $(X_{(i)}-X_{(1)})/(X_{(n)}-X_{(1)})$, $i=2,...,n-1$, 与 $(X_{(1)},X_{(n)})$ 独立.

62. 考虑例 2.19. 假定 $n>2$.

(a) 证明 $\bar{X}$ 比 T_1 好, 若 $P=N(\theta,\sigma^2)$, $\theta\in\mathcal{R}$, $\sigma>0$;

(b) 证明 T_1 比 $\bar{X}$ 好, 若 P 为区间 $(\theta-\frac{1}{2},\theta+\frac{1}{2})$ 上的均匀分布, $\theta\in\mathcal{R}$;

(c) 找一个分布族 $\mathcal{P}$, 使得 $\bar{X}$ 和 T_1 都不比对方更好.

63. 设 $X_1,...,X_n$ 是 i.i.d. 随机变量, 服从 $N(\mu,\sigma^2)$ 分布, 其中 $\mu\in\mathcal{R}$ 且 $\sigma>0$. 在平方误差损失下, 考虑 σ^2 的估计. 证明 $\frac{n-1}{n}S^2$ 比样本方差 S^2 好. 能否找到一个形如 cS^2 且比 $\frac{n-1}{n}S^2$ 更好的估计量, 其中 c 是非随机的?

64. 设 $X_1,...,X_n$ 是 i.i.d. 0–1 随机变量, $P(X_i=1)=\theta\in(0,1)$. 在平方误差损失下, 考虑估计 θ. 计算下列估计量的风险:

(a) 非随机化估计量 $\bar{X}$ (样本均值) 和

$$T_0(X)=\begin{cases}0, & \text{若多于一半的 } X_i \text{ 为 } 0,\\ 1, & \text{若多于一半的 } X_i \text{ 为 } 1,\\ \dfrac{1}{2}, & \text{若正好一半 } X_i \text{ 为 } 0;\end{cases}$$

(b) 随机化估计量

$$T_1(X)=\begin{cases}\bar{X}, & \text{以概率 } \dfrac{1}{2},\\ T_0, & \text{以概率 } \dfrac{1}{2}\end{cases}$$

和

$$T_2(X)=\begin{cases}\bar{X}, & \text{以概率 } \bar{X},\\ \dfrac{1}{2}, & \text{以概率 } 1-\bar{X}.\end{cases}$$

65. 设 $X_1,...,X_n$ 是 i.i.d. 随机变量, 服从指数分布 $E(0,\theta)$, $\theta\in(0,\infty)$. 在平方误差损失下, 考虑估计 θ. 计算样本均值 $\bar{X}$ 和 $cX_{(1)}$ 的风险, 其中 c 是一个正常数. 是否存在 c 使 $\bar{X}$ 比 $cX_{(1)}$ 好?

66. 在平方误差损失下, 考虑未知参数 $\theta\geqslant 0$ 的估计. 证明, 若 T 和 U 是满足 $T\leqslant U$ 和 $R_T(P)<R_U(P)$ 的两个估计量, 则 $R_{T_+}(P)<R_{U_+}(P)$, 其中 $R_T(P)$ 是估计量 T 的风险且 T_+ 表示 T 的正部.

67. 设 $X_1,...,X_n$ 是 i.i.d. 随机变量, 服从指数分布 $E(0,\theta)$, $\theta\in(0,\infty)$. 考虑假设

$$H_0:\theta\leqslant\theta_0 \quad \text{对} \quad H_1:\theta>\theta_0,$$

其中 $\theta_0>0$ 是一固定常数. 求检验准则 $T_c(X)=I_{(c,\infty)}(\bar{X})$ 在 0–1 损失下的风险函数 (关于 θ).

68. 设 $X_1,...,X_n$ 是 i.i.d. 随机变量, 服从柯西分布 $C(\mu,\sigma)$, 其中 $\mu\in\mathcal{R}$ 和 $\sigma>0$ 未知. 考虑假设

$$H_0:\mu\leqslant\mu_0 \quad \text{对} \quad H_1:\mu>\mu_0,$$

其中 μ_0 是固定的常数. 求检验准则 $T_c(X)=I_{(c,\infty)}(\bar{X})$ 在 0–1 损失下的风险函数.

69. 设 $X_1,...,X_n$ 是 i.i.d. 0–1 随机变量, $P(X_i=1)=\theta$, 其中 $\theta\in(0,1)$ 未知, n 是一个偶数. 考虑检验问题 $H_0:\theta\leqslant 0.5$ 对 $H_1:\theta>0.5$, 行动空间为 $\{0,1\}$ (0 表示接受 H_0, 而 1 表示接受 H_1). 令损失函数为 $L(\theta,a)=0$ 若 H_j 为真且 $a=j$, $j=0,1$; $L(\theta,0)=C_0$ (若 $\theta>0.5$); $L(\theta,1)=C_1$ (若 $\theta\leqslant 0.5$), 其中 $C_0>C_1>0$ 为常数. 计算下列随机化检验 (决策准则) 的风险函数:

$$T=\begin{cases}0, & \text{如果超过半数的 } X_i \text{ 为 } 0,\\ 1, & \text{如果超过半数的 } X_i \text{ 为 } 1,\\ \dfrac{1}{2}, & \text{如果正好半数的 } X_i \text{ 为 } 0.\end{cases}$$

70. 考虑例 2.21. 基于样本 $X=(X_1,...,X_n)$, 其分量 i.i.d. 服从 $N(\theta,1)$ 分布, $\theta>0$ 未知, 假设决策准则是

$$T(X)=\begin{cases} a_1, & b_1<\bar{X}, \\ a_2, & b_0<\bar{X}\leqslant b_1, \\ a_3, & \bar{X}\leqslant b_0. \end{cases}$$

用 θ 之函数表示 T 的风险.

71. 考虑估计问题, $\mathcal{P}=\{P_\theta:\theta\in\Theta\}$ (参数族), $\mathbb{A}=\Theta$ 以及平方误差损失. 若 $\theta_0\in\Theta$ 满足 $P_\theta\ll P_{\theta_0}$ 对任意 $\theta\in\Theta$ 成立, 证明估计量 $T\equiv\theta_0$ 是容许的.

72. 设 $\Im$ 是一类决策准则. 子类 $\Im_0\subset\Im$ 称为 $\Im$ 完备的当且仅当, 对任意 $T\in\Im$ 和 $T\notin\Im_0$, 存在 $T_0\in\Im_0$ 比 T 好; $\Im_0$ 称为 $\Im$ 最小完备的当且仅当 $\Im_0$ 是 $\Im$ 完备的且没有 $\Im_0$ 的子类是 $\Im$ 完备的. 证明, 如果存在一个 $\Im$ 最小完备类, 那么它就是 $\Im$ 容许准则类.

73. 设 $X_1,...,X_n$ 是 i.i.d. 随机变量, 分布为 $P\in\mathcal{P}$. 假定 $EX_1^2<\infty$. 在平方误差损失下, 考虑估计 $\mu=EX_1$.

(a) 证明任意形如 $a\bar{X}+b$ 的估计量是不容许的, 其中 $\bar{X}$ 是样本均值, a 和 b 是常数且 $a>1$;

(b) 证明任意形如 $\bar{X}+b$ 的估计量是不容许的, 其中 $b\neq 0$ 是常数.

74. 考虑 $\vartheta\in[c,d]\subset\mathcal{R}$ 的估计问题, 其中 c 和 d 已知. 假设行动空间为 $\mathbb{A}\supset[c,d]$, 损失函数为 $L(|\vartheta-a|)$, 其中 $L(\cdot)$ 是 $[0,\infty)$ 上的增函数. 证明任意有 $P(T(X)\notin[c,d])>0$ 对某一 $P\in\mathcal{P}$ 成立的决策准则 T 是不容许的.

75. 假设行动空间为 $(\Omega,\mathcal{B}_\Omega^k)$, 其中 $\Omega\in\mathcal{B}^k$. 设 X 为取自 $P\in\mathcal{P}$ 的一个样本, $\delta_0(X)$ 是一个非随机化准则, T 是 $P\in\mathcal{P}$ 的充分统计量. 证明, 若 $E[I_A(\delta_0(X))|T]$ 是一个非随机化准则, 即 $E[I_A(\delta_0(X))|T]=I_A(h(T))$ 对任意 $A\in\mathcal{B}_\Omega^k$ 成立, 其中 h 是 Borel 函数, 那么 $\delta_0(X)=h(T(X))$ a.s. P.

76. 设 T, δ_0 和 δ_1 由命题 2.2 给出. 证明

$$\int_{\mathbb{A}}L(P,a)d\delta_1(X,a)=E\left[\int_{\mathbb{A}}L(P,a)d\delta_0(X,a)\middle|T\right]\quad\text{a.s. } P.$$

77. 证明定理 2.5.

78. 练习 64 中, 利用定理 2.5 找一个比 T_j 更好的决策准则, $j = 0, 1, 2$.

79. 练习 65 中, 利用定理 2.5 找一个比 $cX_{(1)}$ 更好的决策准则.

80. 考虑例 2.22.

(a) 证明, 如果 $\Im$ 包含所有可能的估计量, 则不存在一个最优准则 (提示: 考虑常值估计量);

(b) 找一个 $\Im_2$ 最优准则, 若 $X_1, ..., X_n$ 为独立随机变量且有共同的均值 μ, $\text{Var}(X_i) = \sigma^2/a_i$, 其中 a_i 已知, $i = 1, ..., n$;

(c) 找一个 $\Im_2$ 最优准则, 若 $X_1, ..., X_n$ 同分布但相关, 相关系数均为 ρ.

81. 令 $X_{ij} = \mu + a_i + \epsilon_{ij}$, $i = 1, ..., m$, $j = 1, ..., n$, 所有 a_i 和 ϵ_{ij} 是独立的随机变量, $a_i = N(0, \sigma_a^2)$, $\epsilon_{ij} = N(0, \sigma_e^2)$, μ, σ_a^2 和 σ_e^2 是未知参数. 令 $\bar{X}_i = n^{-1}\sum_{j=1}^n X_{ij}$, $\bar{X} = m^{-1}\sum_{i=1}^m \bar{X}_i$, $\text{MSA} = n(m-1)^{-1}\sum_{i=1}^m(\bar{X}_i - \bar{X})^2$ 以及 $\text{MSE} = m^{-1}(n-1)^{-1}\sum_{i=1}^m\sum_{j=1}^n(X_{ij} - \bar{X}_i)^2$. 假定 $m(n-1) > 4$. 考虑下面 $\theta = \sigma_a^2/\sigma_e^2$ 的一类估计量:

$$\left\{\hat{\theta}(\delta) = \frac{1}{n}\left[(1-\delta)\frac{\text{MSA}}{\text{MSE}} - 1\right] : \delta \in \mathcal{R}\right\}.$$

(a) 证明 MSA 与 MSE 相互独立;

(b) 找一个 $\delta \in \mathcal{R}$, 使得 $\hat{\theta}(\delta)$ 对于 θ 无偏;

(c) 在平方误差损失下, 证明 $\hat{\theta}(\delta)$ 的风险是 (δ, θ) 的函数;

(d) 证明存在一个常数 δ^*, 使得对任意固定的 θ, $\hat{\theta}(\delta)$ 的风险关于 δ 严格递减若 $\delta < \delta^*$, 严格递增若 $\delta > \delta^*$;

(e) 证明 (b) 中所得的 θ 的无偏估计是不容许的.

82. 设 $T_0(X)$ 是 ϑ 的无偏估计. 证明 ϑ 的任意无偏估计量形如 $T(X) = T_0(X) - U(X)$, 其中 $U(X)$ 是 0 的 “无偏估计”.

83. 设 X 为离散随机变量,

$$P(X = -1) = p, \quad P(X = k) = (1-p)^2 p^k, \quad k = 0, 1, 2, ...,$$

其中 $p \in (0, 1)$ 未知.

(a) 证明 $U(X)$ 是 0 的无偏估计当且仅当 $U(k) = ak$ 对所有 $k = -1, 0, 1, 2, ...$ 及某个 a 成立;

(b) 证明 $T_0(X) = I_{\{0\}}(X)$ 是 $\vartheta = (1-p)^2$ 的无偏估计, 并证明在平方误差损失下, T_0 是 $\Im$ 最优准则, 其中 $\Im$ 是所有 ϑ 的无偏估计构成的类;

(c) 证明 $T_0(X) = I_{\{-1\}}(X)$ 是 $\vartheta = p$ 的无偏估计, 并证明在平方误差损失下, 不存在 $\Im$ 最优准则, 其中 $\Im$ 是所有 ϑ 的无偏估计构成的类.

84. (无偏估计不存在). 设 X 是一个服从二项分布 $Bi(p,n)$ 的随机变量, $p \in (0,1)$ 未知, n 已知. 考虑 $\vartheta = p^{-1}$ 的估计问题. 证明不存在 ϑ 的无偏估计.

85. 设 $X_1,...,X_n$ 是 i.i.d. 随机变量, 服从正态分布 $N(\theta,1)$, 其中 $\theta = 0$ 或 1. 考虑 θ 的估计.

(a) 令 $\Im$ 为非随机化准则 (估计量) 类, 即, 估计量仅取值 0 和 1. 证明 $\Im$ 中不存在 θ 的无偏估计;

(b) 在 $\Im$ 中找一个近似无偏的估计量.

86. 设 $X_1,...,X_n$ i.i.d. 服从泊松分布 $P(\theta)$, $\theta > 0$ 未知. 求作为 $\vartheta = e^{-a\theta}$ 的估计量 $T_n = (1-a/n)^{n\bar{X}}$ 的偏差和均方误差, 其中 $a \neq 0$ 为已知.

87. 设 $X_1,...,X_n$ i.i.d. $(n \geqslant 3)$ 服从 $N(\mu,\sigma^2)$, $\mu > 0$ 和 $\sigma > 0$ 为未知参数. 令 $T_1 = \bar{X}/S$ 为 μ/σ 的估计量, $T_2 = \bar{X}^2$ 为 μ^2 的估计量, 其中 $\bar{X}$ 和 S^2 分别为样本均值和样本方差. 计算 T_1 和 T_2 的均方误差.

88. 考虑 $\mathcal{R}^k$ 上的位置分布族 $\{P_\mu : \mu \in \mathcal{R}^k\}$, 其中 $P_\mu = P_{(\mu,I_k)}$ 由 (2.10) 给出. 令 $l_0 \in \mathcal{R}^k$ 为一固定向量, $L(P,a) = L(\|\mu - a\|)$, 其中 $a \in \mathbb{A} = \mathcal{R}^k$, $L(\cdot)$ 为 $[0,\infty)$ 上的非负 Borel 函数. 证明该分布族是不变的且在变换 $g(X) = X + cl_0$ 下决策问题是不变的, $c \in \mathcal{R}$. 并找到一个不变的决策准则.

89. 设 $X_1,...,X_n$ i.i.d. 服从 $N(\mu,\sigma^2)$ 分布, $\mu \in \mathcal{R}$ 和 $\sigma^2 > 0$ 未知. 考虑尺度变换 aX, $a \in (0,\infty)$.

(a) 对于损失函数 $L(P,a) = (1 - a/\sigma^2)^2$ 下估计 σ^2 的问题, 证明这个问题是不变的且样本方差 S^2 是不变的;

(b) 对于损失函数

$$L(P,0) = \frac{\mu}{\sigma} I_{(0,\infty)}(\mu) \quad \text{和} \quad L(P,1) = \frac{|\mu|}{\sigma} I_{(-\infty,0]}(\mu)$$

下的 $H_0 : \mu \leqslant 0$ 对 $H_1 : \mu > 0$ 的检验问题, 证明该问题是不变的且任意一个 $\bar{X}/\sqrt{S^2/n}$ 的函数的检验是不变的.

90. 设 $X_1, ..., X_n$ 是 i.i.d. 随机变量, 其 c.d.f. 为 $F(x-\theta)$, 其中 F 关于 0 对称, $\theta \in \mathcal{R}$ 未知.

(a) 证明 $\sum_{i=1}^n w_i X_{(i)} - \theta$ 的 c.d.f. 关于 0 对称, 其中 $X_{(i)}$ 是第 i 个次序统计量, w_i 是满足 $w_i = w_{n-i+1}$ 和 $\sum_{i=1}^n w_i = 1$ 的常数;

(b) 证明 (a) 中的 $\sum_{i=1}^n w_i X_{(i)}$ 是 θ 的无偏估计, 若 F 的均值存在;

(c) 证明 $\sum_{i=1}^n w_i X_{(i)}$ 是位置不变的, 若 $\sum_{i=1}^n w_i = 1$.

91. 例 2.25 中, 证明给定 $X = x$, $\boldsymbol{\theta}$ 的条件分布为 $N(\mu_*(x), c^2)$, 其中 $\mu_*(x)$ 和 c^2 由 (2.25) 给出.

92. 随机变量 Y (或其分布) 的中位数是任意满足 $P(Y \leqslant m) \geqslant \frac{1}{2}$ 和 $P(Y \geqslant m) \geqslant \frac{1}{2}$ 的 m.

(a) 证明中位数集合是闭区间 $[m_0, m_1]$;

(b) 假设 $E|Y| < \infty$. 如果 c 不是 Y 的中位数, 证明 $E|Y-c| \geqslant E|Y-m|$ 对任意 Y 的中位数 m 均成立;

(c) 设 X 是来自 P_θ 的一个样本, 其中 $\theta \in \Theta \subset \mathcal{R}$. 考虑绝对误差损失函数 $|a-\theta|$ 下 θ 的估计问题. 令 Π 是 Θ 上均值有限的给定分布. 找到一个关于 Π 的 $\Im$-Bayes 准则, 其中 $\Im$ 是所有准则构成的类.

93. (分类). 设 X 是一个样本, 有关于 σ 有限测度 ν 的 p.d.f. $f_j(x)$, 其中 j 未知且 $j \in \{1, ..., J\}$, 整数 $J \geqslant 2$ 已知. 考虑一个决策问题, 其行动空间为 $\mathbb{A} = \{1, ..., J\}$, 损失函数为

$$L(j, a) = \begin{cases} 0, & \text{若 } a = j, \\ 1, & \text{若 } a \neq j. \end{cases}$$

(a) 令 $\Im$ 是所有非随机化准则构成的类, 求 $\delta \in \Im$ 的风险;

(b) 令 Π 是 $\{1, ..., J\}$ 上的概率测度, $\Pi(\{j\}) = \pi_j$, $j = 1, ..., J$, 求 $\delta \in \Im$ 关于 Π 的 Bayes 风险;

(c) 求 (b) 中关于 Π 的 $\Im$-Bayes 准则;

(d) 假定 $J = 2$, $\pi_1 = \pi_2 = 0.5$ 且 $f_j(x) = \phi(x - \mu_j)$, 其中 $\phi(x)$ 是标准正态分布的 p.d.f. 且 μ_j 是已知常数, $j = 1, 2$. 求 (c) 中的 Bayes 准则并计算其 Bayes 风险;

(e) 求随机化决策准则的风险和 Bayes 风险 (关于 (b) 中的 Π);

(f) 求关于 Π 的一个 Bayes 准则;

(g) 求一个最小最大准则.

94. 设 $\hat{\theta}$ 是未知参数 $\theta \in \mathcal{R}$ 的无偏估计.

(a) 在平方误差损失下, 证明估计量 $\hat{\theta}+c$ 不是最小最大估计, 除非 $\sup_\theta R_T(\theta)=\infty$ 对任意估计量 T 均成立, 其中 $c \neq 0$ 为已知常数;

(b) 在平方误差损失下, 证明估计量 $c\hat{\theta}$ 不是最小最大估计, 除非 $\sup_\theta R_T(\theta)=\infty$ 对任意估计量 T 均成立, 其中 $c \in (0,1)$ 为已知常数;

(c) 考虑损失函数 $L(\theta,a)=(a-\theta)^2/\theta^2$ (假设 $\theta \neq 0$). 证明 $\hat{\theta}$ 不是最小最大估计, 除非 $\sup_\theta R_T(\theta)=\infty$ 对任意 T 均成立.

95. 设 X 为 0–1 观测值, $P(X=1)=\theta_1$ 或 θ_2, 其中 $0<\theta_1<\theta_2<1$ 已知. 考虑 θ 的估计问题, 其行动空间为 $\{a_1,a_2\}$, 损失函数为 $L(\theta_i,a_j)=l_{ij}$, 其中 $l_{21} \geqslant l_{12} > l_{11} = l_{22} = 0$. 对于决策准则 $\delta(X)$, 向量 $(R_\delta(\theta_1),R_\delta(\theta_2))$ 定义为其风险点.

(a) 证明所有决策准则的风险点构成的集合是所有非随机化准则的风险点构成的集合的凸包集;

(b) 找一个最小最大准则;

(c) 令 Π 为 $\{\theta_1,\theta_2\}$ 上的分布. 求所有关于 Π 的 Bayes 准则构成的类. 并讨论何时存在唯一的 Bayes 准则.

96. 考虑例 2.23 中的决策问题.

(a) 设 Π 是 $(0,1)$ 上的均匀分布, 证明 $T_{j^*}(X)$ 是一个关于 Π 的 $\Im$-Bayes 准则, 其中 j^* 是 $\{0,1,...,n-1\}$ 中满足 $B_{j+1,n-j+1}(\theta_0) \geqslant \frac{1}{2}$ 的最大整数, $B_{a,b}(\cdot)$ 表示 beta 分布 $B(a,b)$ 的 c.d.f.;

(b) 求一个 $\Im$ 最小最大准则.

97. 设 $X_1,...,X_n$ i.i.d. 服从 $N(\mu,\sigma^2)$ 分布, $\mu \in \mathcal{R}$ 和 $\sigma^2>0$ 未知. 为了检验假设

$$H_0:\mu \leqslant \mu_0 \quad 对 \quad H_1:\mu>\mu_0,$$

其中 μ_0 为固定常数, 考虑形如 $T_c(X)=I_{(c,\infty)}(T_{\mu_0})$ 的检验, 其中 $T_{\mu_0}=(\bar{X}-\mu_0)/\sqrt{S^2/n}$, c 为固定常数.

(a) 求 T_c 的检验水准 (提示: T_{μ_0} 服从 t 分布 t_{n-1}.);

(b) 若 α 是给定的显著性水平, 求 c_α 使得 T_{c_α} 的检验水准为 α;

(c) 计算 (b) 中 T_{c_α} 的 p 值;

(d) 求 c_α 使得 $[\bar{X} - c_\alpha\sqrt{S^2/n}, \bar{X} + c_\alpha\sqrt{S^2/n}]$ 是一个 μ 的置信系数为 $1-\alpha$ 的置信区间. 这个区间的期望长度为何?

98. 练习 67 中, 计算 $T_c(X)$ 的检验水准; 找一个 c_α 使得 T_{c_α} 的检验水准为给定的显著性水平 α; 并求 T_{c_α} 的 p 值.

99. 练习 68 中, 假定 σ 已知. 计算 $T_c(X)$ 的检验水准; 找一个 c_α 使得 T_{c_α} 的检验水准为给定的显著性水平 α; 并求 T_{c_α} 的 p 值.

100. 设 $\alpha \in (0,1)$ 给定, $T_{j,q}(X)$ 是例 2.30 所给的检验. 证明存在整数 j 和 $q \in (0,1)$ 使得 $T_{j,q}$ 的检验水准为 α.

101. 设 $X_1, ..., X_n$ i.i.d. 服从指数分布 $E(a,\theta)$, $a \in \mathcal{R}$ 和 $\theta > 0$ 未知. 令 $\alpha \in (0,1)$ 给定.

(a) 利用 $T_1(X) = \sum_{i=1}^n (X_i - X_{(1)})$ 构造一个置信系数为 $1-\alpha$ 的 θ 的置信区间, 并求其期望长度;

(b) 利用 $T_1(X)$ 和 $T_2(X) = X_{(1)}$ 构造一个置信系数为 $1-\alpha$ 的 a 的置信区间, 并求其期望长度;

(c) 利用例 2.32 中的方法, 构造一个置信系数为 $1-\alpha$ 的二维参数 (a,θ) 的置信集.

102. 设 X 是一个样本, 统计量 $T(X)$ 的分布属于位置分布族 $\{P_\mu : \mu \in \mathcal{R}\}$. 利用 $T(X)$, 构造一个显著性水平为 $1-\alpha$ 的 μ 的置信区间, 并求其期望长度. 证明, 若 $T(X)$ 的 c.d.f. 连续, 则对任意 $\alpha \in (0,1)$, 总能找到 μ 的一个置信系数为 $1-\alpha$ 的置信区间.

103. 设 $X = (X_1, ..., X_n)$ 是来自 P_θ 的样本, 其中 $\theta \in \{\theta_1, ..., \theta_k\}$, k 为固定整数. 令 $T_n(X)$ 是 θ 的估计量, 值域是 $\{\theta_1, ..., \theta_k\}$.

(a) 证明 $T_n(X)$ 是一致的当且仅当 $P_\theta(T_n(X) = \theta) \to 1$;

(b) 证明, 若 $T_n(X)$ 一致, 则对任意 $\{a_n\}$ 它是 a_n 一致的.

104. 设 $X_1, ..., X_n$ i.i.d. 服从 $(\theta - \frac{1}{2}, \theta + \frac{1}{2})$ 上的均匀分布, 其中 $\theta \in \mathcal{R}$ 未知. 证明 $(X_{(1)} + X_{(n)})/2$ 关于 θ 强一致, 也是 mse 一致的.

105. 设 $X_1, ..., X_n$ i.i.d. 来自 Lebesgue p.d.f. 为 $f_\theta(x) = 2^{-1}(1+\theta x)I_{(-1,1)}(x)$ 的总体, 其中 $\theta \in (-1,1)$ 是未知参数. 找 θ 的一个一致估计. 该估计量是 $\sqrt{n}$ 一致的吗?

106. 设 $X_1,...,X_n$ 为 i.i.d. 观测值. 假设 T_n 是 ϑ 基于 $X_1,...,X_n$ 的一个无偏估计, 使得对任意 n, $\mathrm{Var}(T_n)<\infty$ 且 $\mathrm{Var}(T_n)\leqslant \mathrm{Var}(U_n)$ 对任意其他基于 $X_1,...,X_n$ 的 ϑ 的无偏估计 U_n 成立. 证明 T_n 是 mse 一致的.

107. 考虑例 2.25 中的 Bayes 准则. 证明 $\mu_*(X)$ 是关于 μ 强一致的, $\sqrt{n}$ 一致的且 L_2 一致的. $\mu_*(X)$ 作为 μ 的估计量其偏差的阶数是多少?

108. 练习 21 中, 证明

(a) $\bar{Y}/\bar{X}$ 不是 β 的一致估计;

(b) $\hat{\beta}=Z_{(m)}$ 是 β 的一致估计, 其中 $m=n/2$ (若 n 为偶数), $m=(n+1)/2$ (若 n 为奇数), $Z_{(i)}$ 为 Y_i/X_i 中第 i 小的值, $i=1,...,n$.

109. 证明练习 64 中 θ 的估计量 T_0 是不一致的.

110. 设 $g_1, g_2,...$ 是 $(a,b)\subset\mathcal{R}$ 上的连续函数, 使得 $g_n(x)\to g(x)$ 对于 (a,b) 的闭子区间中的 x 一致成立. 令 T_n 为 $\theta\in(a,b)$ 的一致估计. 证明 $g_n(T_n)$ 为 $\vartheta=g(\theta)$ 的一致估计.

111. 设 $X_1,...,X_n$ i.i.d. 来自 P, 均值 $\mu\in\mathcal{R}$ 和方差 $\sigma^2>0$ 未知, 令 $g(\mu)=0$ 若 $\mu\neq 0$, $g(0)=1$. 找一个 $\vartheta=g(\mu)$ 的一致估计.

112. 与例 2.34 类似, 建立一个关于最小次序统计量 $X_{(1)}$ 的相关结论 (基于 i.i.d. 随机变量 $X_1,...,X_n$).

113. (有限总体的一致性). 例 2.27 中, 证明 $\hat{Y}\to_p Y$ 当 $n\to N$ 时, 对于任意固定 N 和总体. 若抽样是有放回的, 那么 $\hat{Y}$ 是否仍一致?

114. 假定 $X_i=\theta t_i+e_i$, $i=1,...,n$, 其中 $\theta\in\Theta$ 是未知参数, Θ 是 $\mathcal{R}$ 的闭子集, e_i 在 $[-\tau,\tau]$ 上 i.i.d., $\tau>0$ 未知, $Ee_i=0$, t_i 为固定常数. 令

$$T_n=S_n(\tilde{\theta}_n)=\min_{\gamma\in\Theta}S_n(\gamma),$$

其中

$$S_n(\gamma)=2\max_{i\leqslant n}|X_i-\gamma t_i|/\sqrt{1+\gamma^2}.$$

(a) 假定 $\sup_i|t_i|<\infty$ 且 $\sup_i t_i-\inf_i t_i>2\tau$, 证明序列 $\{\tilde{\theta}_n, n=1,2,...\}$ a.s. 有界;

(b) 令 $\theta_n\in\Theta$, $n=1,2,...$, 如果 $\theta_n\to\theta$, 证明

$$S_n(\theta_n)-S_n(\theta)=O(|\theta_n-\theta|)\ \text{a.s.};$$

(c) 在 (a) 的条件下, 证明 T_n 是 $\vartheta = \min_{\gamma\in\Theta} S(\gamma)$ 的强一致估计, 其中 $S(\gamma) = \lim_{n\to\infty} S_n(\gamma)$ a.s.

115. 设 $X_1, ..., X_n$ 是 i.i.d. 随机变量, $EX_1^2 < \infty$, $\bar{X}$ 为样本均值. 考虑 $\mu = EX_1$ 的估计问题.

(a) 令 $T_n = \bar{X} + \xi_n/\sqrt{n}$, 其中 ξ_n 是一个随机变量, $\xi_n = 0$ 的概率为 $1 - n^{-1}$, $\xi_n = n^{3/2}$ 的概率为 n^{-1}, 证明 $b_{T_n}(P) \neq \tilde{b}_{T_n}(P)$ 对任意 P 均成立;

(b) 令 $T_n = \bar{X} + \eta_n/\sqrt{n}$, 其中 η_n 是一个独立于 $X_1, ..., X_n$ 的随机变量, 其等于 0 的概率为 $1 - 2n^{-1}$, 等于 $\pm\sqrt{n}$ 的概率为 n^{-1}, 证明 $\text{amse}_{T_n}(P) = \text{amse}_{\bar{X}}(P) = \text{mse}_{\bar{X}}(P)$, 且 $\text{mse}_{T_n}(P) > \text{amse}_{T_n}(P)$ 对任意 P 均成立.

116. 设 $X_1, ..., X_n$ 是 i.i.d. 随机变量, $\theta = EX_1$ 和 $\text{Var}(X_1) = \theta$ 有限, 其中 $\theta > 0$ 未知. 考虑 $\vartheta = \sqrt{\theta}$ 的估计问题. 令 $T_{1n} = \sqrt{\bar{X}}$, $T_{2n} = \bar{X}/S$, 其中 $\bar{X}$ 和 S^2 为样本均值和样本方差.

(a) 根据 (2.38), 求 T_{1n} 和 T_{2n} 的 n^{-1} 阶渐近偏差;

(b) 求 T_{1n} 关于 T_{2n} 的渐近相对效率.

117. 设 $X_1, ..., X_n$ i.i.d. 服从 $N(\mu, 1)$ 分布, $\mu \in \mathcal{R}$ 未知. 对固定常数 c, 令 $\vartheta = P(X_1 \leqslant c)$. 考虑 ϑ 的下列估计量: $T_{1n} = F_n(c)$, 其中 F_n 是 (2.28) 定义的经验 c.d.f.; $T_{2n} = \Phi(c - \bar{X})$, 其中 Φ 是 $N(0, 1)$ 的 c.d.f.

(a) 根据 (2.38), 求 T_{2n} 的 n^{-1} 阶渐近偏差;

(b) 求 T_{1n} 关于 T_{2n} 的渐近相对效率.

118. 设 $X_1, ..., X_n$ i.i.d. 服从 $N(0, \sigma^2)$, $\sigma > 0$ 未知. 考虑 $\vartheta = \sigma$ 的估计问题. 求 $\sqrt{\pi/2}\sum_{i=1}^n |X_i|/n$ 关于 $(\sum_{i=1}^n X_i^2/n)^{1/2}$ 的渐近相对效率.

119. 设 $X_1, ..., X_n$ i.i.d. 来自 P, 均值 $\mu \in \mathcal{R}$ 和方差 $\sigma^2 > 0$ 未知, $EX_1^4 < \infty$. 考虑 $\vartheta = \mu^2$ 的估计问题和下面三个估计量: $T_{1n} = \bar{X}^2$, $T_{2n} = \bar{X}^2 - S^2/n$, $T_{3n} = \max\{0, T_{2n}\}$, 其中 $\bar{X}$ 和 S^2 分别是样本均值和样本方差. 证明 T_{jn} 的 amse 相同 (若 $\mu \neq 0$, $j = 1, 2, 3$), 但可能不相同若 $\mu = 0$. 当 $\mu = 0$ 时, 哪一个估计量是渐近相对效率意义下最优的?

120. 证明定理 2.6.

121. 设 $X_1, ..., X_n$ i.i.d., $EX_i = \mu$, $\text{Var}(X_i) = 1$ 且 $EX_i^4 < \infty$. 令 $T_{1n} = n^{-1}\sum_{i=1}^n X_i^2 - 1$ 和 $T_{2n} = \bar{X}^2 - n^{-1}$ 是 $\vartheta = \mu^2$ 的估计量.

(a) 求 T_{1n} 关于 T_{2n} 的渐近相对效率;

(b) 证明, 若 $X_i-\mu$ 的 c.d.f. 关于 0 对称且 $\mu\neq 0$, 则 $e_{T_{1n},T_{2n}}(P)\leqslant 1$;

(c) 找一个分布 P 满足 $e_{T_{1n},T_{2n}}(P)>1$.

122. 设 $X_1,...,X_n$ 是 i.i.d. 0–1 随机变量, $p=P(X_i=1)\in(0,1)$ 未知. 考虑 p 的估计问题. 令 a 和 b 是两个正常数. 求 $(a+n\bar{X})/(a+b+n)$ 关于 $\bar{X}$ 的渐近相对效率.

123. 设 $X_1,...,X_n$ i.i.d. 服从 $N(\mu,\sigma^2)$, $\mu\in\mathcal{R}$ 未知而 σ^2 已知. 令 $T_1=\bar{X}$ 为样本均值, $T_2=\mu_*(X)$ 为 (2.25) 给出的 Bayes 估计量. 设 $EX_1^4<\infty$.

(a) 计算两个估计量的精确均方误差. 由均方误差能否比较两个估计量的优劣?

(b) 求 T_1 关于 T_2 的渐近相对效率.

124. 例 2.37 中, 证明

(a) T_{c_α} 的极限检验水准为 1, 若 $\mathcal{P}$ 包含所有 $\mathcal{R}$ 上二阶矩有限的总体;

(b) $T_n=T_{c_\alpha}$ 是 Chernoff 一致的, $\alpha=\alpha_n$ (由 (2.40) 给出);

(c) (b) 中的 T_n 不是强 Chernoff 一致的, 若 $\mathcal{P}$ 包含所有 $\mathcal{R}$ 上二阶矩有限的总体.

125. 设 $X_1,...,X_n$ i.i.d., 均值 $\mu\in\mathcal{R}$ 和方差 $\sigma^2>0$ 未知. 为了检验 $H_0:\mu\leqslant\mu_0$ 对 $H_1:\mu>\mu_0$, 考虑练习 97(b) 中的检验 T_{c_α}.

(a) 证明 T_{c_α} 渐近显著性水平为 α, 且是一致的;

(b) 找一个 Chernoff 一致的检验.

126. 考虑例 2.23 中的检验 T_j. 对每一个 n, 找一个 $j=j_n$ 使得 T_{j_n} 的渐近显著性水平为 $\alpha\in(0,1)$.

127. 证明练习 98 中的检验 T_{c_α} 是一致的, 但练习 99 中的 T_{c_α} 不是一致的.

128. 例 2.31 中, 舍弃正态分布假设但假定 $\mu=EX_i$ 和 $\sigma^2=\mathrm{Var}(X_i)$ 有限.

(a) 证明当 σ^2 已知时, 置信区间 $[\bar{X}-c_\alpha,\bar{X}+c_\alpha]$ 的渐近显著性水平为 $1-\alpha$, 其中 $c_\alpha=\sigma z_{1-\alpha/2}/\sqrt{n}$, $z_a=\Phi^{-1}(a)$;

(b) 证明当 σ^2 已知时, (a) 中区间的极限置信系数可能为 0, 若 $\mathcal{P}$ 包含所有 $\mathcal{R}$ 上的总体;

(c) 证明练习 97(d) 中的置信区间的渐近显著性水平为 $1-\alpha$.

129. 设 $X_1, ..., X_n$ i.i.d., 均值 $\mu \in \mathcal{R}$ 和方差 $\sigma^2 > 0$ 未知, $EX_1^4 < \infty$. 利用样本方差 S^2, 构造一个 σ^2 的渐近显著性水平为 $1 - \alpha$ 的置信区间.

130. 考虑练习 22 中定义的样本相关系数 T. 构造一个 ρ 的渐近显著性水平为 $1 - \alpha$ 的置信区间, 假定 (Y_i, Z_i) 服从正态分布. (提示: 证明 T 的渐近方差为 $(1 - \rho^2)^2$.)

第 3 章　无偏估计

无偏或渐近无偏估计在点估计理论中扮演了重要的角色. 点估计的无偏性在 §2.3.2 中已经定义了. 本章, 我们将详细论述在不同情况下如何找出无偏估计, 更重要的是, 如何在不同情况下找出最好的无偏估计. 尽管无偏估计 (甚至是最好的无偏估计, 如果存在的话) 在均方误差的意义下不一定优于略有偏差的有偏估计 (参见 §2.6 练习 63), 在构造更优的估计中, 无偏估计可以作为 "建筑基石". 另外, 一个估计可以放弃精确的无偏性, 但是不能放弃渐近无偏性, 因为渐近无偏性对于一致性 (参见 §2.5.2) 是必要的. 在本章的最后一部分将研究渐近无偏估计的性质与构造.

3.1　UMVUE

设 X 是来自于未知总体 $P \in \mathcal{P}$ 的一个样本, ϑ 是与 P 有关的实值参数. 由前所述, ϑ 的估计量 $T(X)$ 称为无偏的当且仅当 $E[T(X)] = \vartheta$ 对任意 $P \in \mathcal{P}$ 成立. 如果对 ϑ 存在一个无偏估计, 则称 ϑ 为可估参数.

定义 3.1. ϑ 的无偏估计量 $T(X)$ 称为一致最小方差无偏估计 (UMVUE), 当且仅当对任意 $P \in \mathcal{P}$ 和 ϑ 的任何其他无偏估计 $U(X)$, 有 $\mathrm{Var}(T(X)) \leqslant \mathrm{Var}(U(X))$. ∎

因为任意无偏估计量的 mse 是它的方差, 所以 UMVUE 在 mse 意义上是 $\Im$ 最优的, $\Im$ 是所有无偏估计量集. 在统计决策理论中, 当我们用一个任意的损失替代与 mse 所对应的平方误差损失时, 可以类似地定义一致最小风险无偏估计量.

3.1.1 充分完备统计量

若存在 $P \in \mathcal{P}$ 的一个充分完备统计量, 那么推导出一个 UMVUE 相对简单.

定理 3.1 (Lehmann-Scheffé 定理). 假设 $P \in \mathcal{P}$ 存在一个充分完备统计量 $T(X)$. 如果 ϑ 是可估的, 那么 ϑ 存在唯一的形如 $h(T)$ 无偏估计, h 为 Borel 函数. (两个 a.s. $\mathcal{P}$ 相等的估计量看作是同一个估计量.) 进一步, $h(T)$ 是 ϑ 唯一的 UMVUE. ∎

这个定理是定理 2.5(ii) (Rao-Blackwell 定理) 的结论. 容易把这个定理推广到在任意关于 a 严格凸的损失函数 $L(P,a)$ 下的一致最小风险无偏估计的情形. UMVUE 的唯一性由 $T(X)$ 的完备性可得.

当存在充分完备统计量 T , 有两种推导 UMVUE 的典型方法. 第一种方法是当 T 的分布已知时求解 h. 下面是两个典型的例子.

例 3.1. 设 $X_1, ..., X_n$ 是 i.i.d. 来自 $(0,\theta)$ 上的均匀分布, $\theta > 0$. 令 $\vartheta = g(\theta)$, 其中 g 是 $(0,\infty)$ 上的可微函数. 由于充分完备统计量 $X_{(n)}$ 的 Lebesgue p.d.f. 为 $n\theta^{-n}x^{n-1}I_{(0,\theta)}(x)$, 所以 ϑ 的无偏估计 $h(X_{(n)})$ 必须满足

$$\theta^n g(\theta) = n\int_0^\theta h(x)x^{n-1}dx \quad \text{对一切 } \theta > 0.$$

对上式两边求微分, 并利用对积分求导的结果 (Royden (1968, §5.3)) 可得

$$n\theta^{n-1}g(\theta) + \theta^n g'(\theta) = nh(\theta)\theta^{n-1}.$$

因此, ϑ 的 UMVUE 是 $h(X_{(n)}) = g(X_{(n)}) + n^{-1}X_{(n)}g'(X_{(n)})$. 特别地, 若 $\vartheta = \theta$, 则 θ 的 UMVUE 是 $(1+n^{-1})X_{(n)}$. ∎

例 3.2. 设 $X_1, ..., X_n$ 是 i.i.d. 来自泊松分布 $P(\theta)$, $\theta > 0$ 是未知的. 那么 $T(X) = \sum_{i=1}^n X_i$ 对 $\theta > 0$ 是充分完备的, 且服从泊松分布 $P(n\theta)$. 假设 $\vartheta = g(\theta)$, 其中 g 是一个光滑函数满足 $g(x) = \sum_{j=0}^\infty a_j x^j$, $x > 0$. ϑ 的无偏估计 $h(T)$ 必须满足

$$\begin{aligned}\sum_{t=0}^\infty \frac{h(t)n^t}{t!}\theta^t &= e^{n\theta}g(\theta)\\ &= \sum_{k=0}^\infty \frac{n^k}{k!}\theta^k \sum_{j=0}^\infty a_j\theta^j\end{aligned}$$

$$= \sum_{t=0}^{\infty} \left(\sum_{j,k:j+k=t} \frac{n^k a_j}{k!} \right) \theta^t,$$

对任意 $\theta > 0$. 因此, 比较 θ^t 前的系数可得

$$h(t) = \frac{t!}{n^t} \sum_{j,k:j+k=t} \frac{n^k a_j}{k!},$$

即 $h(T)$ 是 ϑ 的 UMVUE. 特别地, 如果 $\vartheta = \theta^r$, $r \geqslant 1$ 为固定整数, 那么 $a_r = 1$, $a_k = 0$ 若 $k \neq r$, 且

$$h(t) = \begin{cases} 0, & t < r, \\ \dfrac{t!}{n^r (t-r)!}, & t \geqslant r. \end{cases}$$ ∎

当存在一个充分完备统计量 $T(X)$ 时, 推导 UMVUE 的第二种方法是求给定 T 的条件期望, 即若 $U(X)$ 是 ϑ 的任何无偏估计, 那么 $E[U(X)|T]$ 是 ϑ 的 UMVUE. 使用这个方法不需要 T 的分布, 但需要推算出条件期望 $E[U(X)|T]$. 由 UMVUE 的唯一性可知, 用哪一个 $U(X)$ 都没有关系, 因此, 我们应该选择使得推算 $E[U(X)|T]$ 尽可能容易的 $U(X)$.

例 3.3. 考虑例 2.26 中的估计问题, 其中 $\vartheta = 1 - F_\theta(t)$ 为待估参数, t 为一常数, $F_\theta(x) = (1 - e^{-x/\theta}) I_{(0,\infty)}(x)$. 由于 $\bar{X}$ 关于 $\theta > 0$ 是充分完备的, 并且 $I_{(t,\infty)}(X_1)$ 关于 ϑ 是无偏的, 所以

$$T(X) = E[I_{(t,\infty)}(X_1)|\bar{X}] = P(X_1 > t|\bar{X})$$

是 ϑ 的 UMVUE. 如果给定 $\bar{X}$ 下 X_1 的条件分布可知, 那么我们可以直接计算 $P(X_1 > t|\bar{X})$. 下面的技巧可以用来避免推导条件分布. 根据 Basu 定理 (定理 2.4), $X_1/\bar{X}$ 与 $\bar{X}$ 相互独立. 根据命题 1.10(vii),

$$P(X_1 > t|\bar{X} = \bar{x}) = P(X_1/\bar{X} > t/\bar{X}|\bar{X} = \bar{x}) = P(X_1/\bar{X} > t/\bar{x}).$$

为了推算以上无条件概率, 我们需要

$$X_1 \Big/ \sum_{i=1}^{n} X_i = X_1 \Big/ \left(X_1 + \sum_{i=2}^{n} X_i \right)$$

的分布. 利用 §1.3.1 中所讨论的变换技巧和 $\sum_{i=2}^n X_i$ 独立于 X_1 且服从 gamma 分布, 我们可以推导得到 $X_1/\sum_{i=1}^n X_i$ 的 Lebesgue p.d.f. 为 $(n-1)(1-$

$x)^{n-2}I_{(0,1)}(x)$. 因此

$$P(X_1 > t|\bar{X} = \bar{x}) = (n-1)\int_{t/(n\bar{x})}^{1}(1-x)^{n-2}dx = \left(1 - \frac{t}{n\bar{x}}\right)^{n-1}$$

且 ϑ 的 UMVUE 是

$$T(X) = \left(1 - \frac{t}{n\bar{X}}\right)^{n-1}. \quad \blacksquare$$

现在我们展示用这两个方法找 UMVUE 的更多例子.

例 3.4. 设 $X_1, ..., X_n$ i.i.d. 服从 $N(\mu, \sigma^2)$, $\mu \in \mathcal{R}$ 和 $\sigma^2 > 0$ 未知. 由例 2.18, $T = (\bar{X}, S^2)$ 关于 $\theta = (\mu, \sigma^2)$ 是充分完备的, 并且 $\bar{X}$ 与 $(n-1)S^2/\sigma^2$ 独立, 分别服从 $N(\mu, \sigma^2/n)$ 和卡方分布 χ_{n-1}^2. 用直接求解 h 的方法, 我们得到 μ 的 UMVUE 是 $\bar{X}$; μ^2 的 UMVUE 是 $\bar{X}^2 - S^2/n$; 当 $r > 1-n$ 时, σ^r 的 UMVUE 是 $k_{n-1,r}S^r$, 其中

$$k_{n,r} = \frac{n^{r/2}\Gamma(n/2)}{2^{r/2}\Gamma\left(\dfrac{n+r}{2}\right)}$$

(练习); 当 $n > 2$ 时, μ/σ 的 UMVUE 是 $k_{n-1,-1}\bar{X}/S$.

假设 ϑ 满足 $P(X_1 \leqslant \vartheta) = p$, $p \in (0,1)$ 固定. 令 Φ 为标准正态分布的 c.d.f., 那么 $\vartheta = \mu + \sigma\Phi^{-1}(p)$, 且它的 UMVUE 是 $\bar{X} + k_{n-1,1}S\Phi^{-1}(p)$.

令 c 是一个固定常数且 $\vartheta = P(X_1 \leqslant c) = \Phi\left(\frac{c-\mu}{\sigma}\right)$. 我们可使用推导条件期望的方法和例 3.3 所用的技巧求得 ϑ 的 UMVUE. 由于 $I_{(-\infty,c)}(X_1)$ 是 ϑ 的一个无偏估计, 那么 ϑ 的 UMVUE 是 $E[I_{(-\infty,c)}(X_1)|T] = P(X_1 \leqslant c|T)$. 根据 Basu 定理, 辅助统计量 $Z = Z(X) = (X_1 - \bar{X})/S$ 与 $T = (\bar{X}, S^2)$ 独立. 那么, 根据命题 1.10(vii),

$$\begin{aligned} P\left(X_1 \leqslant c|T = (\bar{x}, s^2)\right) &= P\left(Z \leqslant \frac{c-\bar{X}}{S}\middle|T = (\bar{x}, s^2)\right) \\ &= P\left(Z \leqslant \frac{c-\bar{x}}{s}\right). \end{aligned}$$

可以证明, Z 的 Lebesgue p.d.f. 为

$$f(z) = \frac{\sqrt{n}\Gamma\left(\dfrac{n-1}{2}\right)}{\sqrt{\pi}(n-1)\Gamma\left(\dfrac{n-2}{2}\right)}\left[1 - \frac{nz^2}{(n-1)^2}\right]^{(n/2)-2} I_{(0,(n-1)/\sqrt{n})}(|z|) \quad (3.1)$$

(练习). 因此, ϑ 的 UMVUE 是

$$P(X_1 \leqslant c|T) = \int_{-(n-1)/\sqrt{n}}^{(c-\bar{X})/S} f(z)dz, \quad (3.2)$$

其中 f 由 (3.1) 给出.

假设我们想要估计 $\vartheta = \frac{1}{\sigma}\Phi'\left(\frac{c-\mu}{\sigma}\right)$, 即 X_1 的 Lebesgue p.d.f. 在固定的 c 上的值, 其中 Φ' 是 Φ 的一阶导数. 通过 (3.2), 给定 $\bar{X}=\bar{x}$ 和 $S^2=s^2$, X_1 的条件 p.d.f. 是 $s^{-1}f\left(\frac{x-\bar{x}}{s}\right)$. 令 f_T 是 $T=(\bar{X},S^2)$ 的联合 p.d.f. 那么

$$\vartheta = \int\int \frac{1}{s}f\left(\frac{c-\bar{x}}{s}\right)f_T(t)dt = E\left[\frac{1}{S}f\left(\frac{c-\bar{X}}{S}\right)\right].$$

因此, ϑ 的 UMVUE 是

$$\frac{1}{S}f\left(\frac{c-\bar{X}}{S}\right). \quad \blacksquare$$

例 3.5. 设 $X_1,...,X_n$ 是 i.i.d. 来自一个幂级数分布 (见 §2.6 练习 13), 即

$$P(X_i=x)=\gamma(x)\theta^x/c(\theta), \quad x=0,1,2,...,$$

$\gamma(x)\geqslant 0$ 是一个已知函数, $\theta>0$ 是未知参数. 可以验证, $X=(X_1,...,X_n)$ 的联合分布属于指数族且具有充分完备统计量 $T(X)=\sum_{i=1}^n X_i$. 进一步, T 的分布也属于幂级数分布族, 即

$$P(T=t)=\gamma_n(t)\theta^t/[c(\theta)]^n, \quad t=0,1,2,...,$$

其中 $\gamma_n(t)$ 是 $[c(\theta)]^n$ 的幂级数展开式中 θ^t 的系数 (§2.6 练习 13). 这结果可以用来寻找 $\vartheta=g(\theta)$ 的 UMVUE. 例如, 通过比较

$$\sum_{t=0}^{\infty} h(t)\gamma_n(t)\theta^t = [c(\theta)]^{n-p}\theta^r$$

的两侧, 我们可得 $\theta^r/[c(\theta)]^p$ 的 UMVUE 是

$$h(T)=\begin{cases} 0, & T<r, \\ \dfrac{\gamma_{n-p}(T-r)}{\gamma_n(T)}, & T\geqslant r, \end{cases}$$

其中 r 和 p 是非负整数. 特别地, 对任意非负整数 r, $p=1$ 的情况推导出概率 $P(X_1=r)=\gamma(r)\theta^r/c(\theta)$ 的 UMVUE 为 $\gamma(r)h(T)$. $\blacksquare$

例 3.6. 设 $X_1,...,X_n$ i.i.d. 来自非参数分布族 $\mathcal{P}$ 中的一个未知总体 P. 我们在 §2.2 中做过讨论, 次序统计量向量 $T=(X_{(1)},...,X_{(n)})$ 在大多数情况下关于 $P\in\mathcal{P}$ 是充分完备的. 注意到, 估计量 $\varphi(X_1,...,X_n)$ 是 T 的函数当且仅当函数 φ 关于它的 n 个自变量是对称的. 因此, 如果 T 是充分完备的, 那么任意

可估的 ϑ 的对称无偏估计量就是 UMVUE. 例如, $\bar{X}$ 是 $\vartheta = EX_1$ 的 UMVUE; S^2 是 $\text{Var}(X_1)$ 的 UMVUE; $n^{-1}\sum_{i=1}^n X_i^2 - S^2$ 是 $(EX_1)^2$ 的 UMVUE; 对于任意固定 t, $F_n(t)$ 是 $P(X_1 \leqslant t)$ 的 UMVUE.

注意到, 如果 T 关于 $P \in \mathcal{P}$ 不是充分完备的, 那么这些结论不正确. 例如, 如果 $\mathcal{P}$ 包含所有存在 Lebesgue p.d.f. 及均值有限的对称分布, 那么 $\vartheta = EX_1$ 不存在 UMVUE (练习). ∎

非参数问题中 UMVUE 的更多讨论见 §3.2.

3.1.2 一个充分必要条件

当没有充分完备统计量可以利用时, 推导 UMVUE 通常是十分困难的. 在某些情况下, 如果我们有关于 0 的无偏估计的足够信息, 那么可以使用下面的结果.

定理 3.2. 设 $\mathcal{U}$ 是 0 的所有方差有限的无偏估计量的集合, T 是 ϑ 的一个无偏估计量, $E(T^2) < \infty$.

(i) $T(X)$ 是 ϑ 的 UMVUE 的充分必要条件是对任意 $U \in \mathcal{U}$ 和任意 $P \in \mathcal{P}$, $E[T(X)U(X)] = 0$.

(ii) 假设 $T = h(\tilde{T})$, 其中 $\tilde{T}$ 是 $P \in \mathcal{P}$ 的一个充分统计量, h 是一个 Borel 函数. 令 $\mathcal{U}_{\tilde{T}}$ 是包含 $\tilde{T}$ 的 Borel 函数的 $\mathcal{U}$ 的子集. 那么 T 是 ϑ 的 UMVUE 的充分必要条件是对任意 $U \in \mathcal{U}_{\tilde{T}}$ 和任意 $P \in \mathcal{P}$, $E[T(X)U(X)] = 0$.

证明. (i) 假设 T 是 ϑ 的一个 UMVUE. 那么 $T_c = T + cU$, 其中 $U \in \mathcal{U}$, c 是一个固定常数, 也是 ϑ 的无偏估计量, 因此

$$\text{Var}(T_c) \geqslant \text{Var}(T), \quad c \in \mathcal{R},\ P \in \mathcal{P},$$

这等价于

$$c^2\text{Var}(U) + 2c\text{Cov}(T, U) \geqslant 0, \quad c \in \mathcal{R},\ P \in \mathcal{P}.$$

这是不可能的, 除非对任意 $P \in \mathcal{P}$ 都有 $\text{Cov}(T, U) = E(TU) = 0$.

现在假设对任意 $U \in \mathcal{U}$ 和 $P \in \mathcal{P}$ 都有 $E(TU) = 0$. 令 T_0 是 ϑ 的另一个无偏估计量且 $\text{Var}(T_0) < \infty$. 那么 $T - T_0 \in \mathcal{U}$, 因此,

$$E[T(T - T_0)] = 0, \quad P \in \mathcal{P},$$

结合 $ET = ET_0$ 可推出

$$\text{Var}(T) = \text{Cov}(T, T_0), \quad P \in \mathcal{P}.$$

根据不等式 (1.37), $[\text{Cov}(T,T_0)]^2 \leqslant \text{Var}(T)\text{Var}(T_0)$. 因此, 对任意 $P\in\mathcal{P}$, $\text{Var}(T)\leqslant\text{Var}(T_0)$.

(ii) 只需证明对任意 $U\in\mathcal{U}_{\tilde{T}}$ 和 $P\in\mathcal{P}$, $E(TU)=0$ 能推出, 对任意 $U\in\mathcal{U}$ 和 $P\in\mathcal{P}$, $E(TU)=0$. 令 $U\in\mathcal{U}$. 那么 $E(U|\tilde{T})\in\mathcal{U}_{\tilde{T}}$. 由 $T=h(\tilde{T})$ 和

$$E(TU)=E[E(TU|\tilde{T})]=E[E(h(\tilde{T})U|\tilde{T})]=E[h(\tilde{T})E(U|\tilde{T})]$$

可得结论. ∎

定理 3.2 可以用来找 UMVUE, 验证一个特定的估计是否是 UMVUE 以及证明 UMVUE 不存在. 如果存在一个充分统计量, 那么由 Rao-Blackwell 定理, 我们只需要关注充分统计量的函数, 因此利用定理 3.2(ii) 更方便.

例 3.7. 设 $X_1,...,X_n$ i.i.d. 来自区间 $(0,\theta)$ 上的均匀分布. 例 3.1 中, 证明了若参数空间为 $\Theta=(0,\infty)$, $(1+n^{-1})X_{(n)}$ 是 θ 的 UMVUE. 现在假设 $\Theta=[1,\infty)$. 此时 $X_{(n)}$ 不是完备的, 尽管它对 θ 是充分的. 因此, 定理 3.1 无法应用. 现在我们说明如何利用定理 3.2(ii) 去寻找 θ 的 UMVUE. 令 $U(X_{(n)})$ 是 0 的无偏估计. 因为 $X_{(n)}$ 的 Lebesgue p.d.f. 为 $n\theta^{-n}x^{n-1}I_{(0,\theta)}(x)$, 所以

$$0=\int_0^1 U(x)x^{n-1}dx+\int_1^\theta U(x)x^{n-1}dx$$

对所有 $\theta\geqslant 1$. 这推出 $U(x)$ 在 $[1,\infty)$ 上等于 0 a.e. Lebesgue 测度, 并且

$$\int_0^1 U(x)x^{n-1}dx=0.$$

考虑 $T=h(X_{(n)})$. 为了满足 $E(TU)=0$, 我们必须使

$$\int_0^1 h(x)U(x)x^{n-1}dx=0.$$

因此, 我们可以考虑以下函数:

$$h(x)=\begin{cases} c, & 0\leqslant x\leqslant 1,\\ bx, & x>1,\end{cases}$$

其中 c 和 b 是某两个常数. 由之前的讨论可知,

$$E[h(X_{(n)})U(X_{(n)})]=0,\quad \theta\geqslant 1.$$

由于 $E[h(X_{(n)})]=\theta$, 我们得到

$$\begin{aligned}\theta &= cP(X_{(n)}\leqslant 1)+bE[X_{(n)}I_{(1,\infty)}(X_{(n)})]\\ &= c\theta^{-n}+[bn/(n+1)](\theta-\theta^{-n}).\end{aligned}$$

因此, $c=1$ 且 $b=(n+1)/n$. 那么 θ 的 UMVUE 是

$$T=\begin{cases}1, & 0\leqslant X_{(n)}\leqslant 1,\\ (1+n^{-1})X_{(n)}, & X_{(n)}>1.\end{cases}$$

这个估计量比 $(1+n^{-1})X_{(n)}$ 好, 后者当 $\Theta=(0,\infty)$ 时是 UMVUE, 但它没有使用关于 $\theta\geqslant 1$ 的信息. ∎

例 3.8. 设 X 是来自均匀分布 $U(\theta-\frac{1}{2},\theta+\frac{1}{2})$ (样本量为 1) 的一个样本, $\theta\in\mathcal{R}$. 我们现在利用定理 3.2 证明, 对任意非常值函数 g, $\vartheta=g(\theta)$ 的 UMVUE 不存在. 注意到 0 的无偏估计 $U(X)$ 必须满足

$$\int_{\theta-\frac{1}{2}}^{\theta+\frac{1}{2}}U(x)dx=0 \quad \text{对一切 } \theta\in\mathcal{R}.$$

上式两边求微分并利用对积分求导的结果可得, $U(x)=U(x+1)$ a.e. m, 其中 m 是 $\mathcal{R}$ 上的 Lebesgue 测度. 如果 T 是 $g(\theta)$ 的 UMVUE, 那么 $T(X)U(X)$ 关于 0 是无偏的, 因此 $T(x)U(x)=T(x+1)U(x+1)$ a.e. m, 其中 $U(X)$ 是 0 的任意无偏估计. 由于这对所有 U 都成立, 所以 $T(x)=T(x+1)$ a.e. m. 因为 T 对 $g(\theta)$ 是无偏的, 所以

$$g(\theta)=\int_{\theta-\frac{1}{2}}^{\theta+\frac{1}{2}}T(x)dx, \quad \text{对一切 } \theta\in\mathcal{R}.$$

上式两边求微分并利用对积分求导的结果, 我们得到

$$g'(\theta)=T\left(\theta+\frac{1}{2}\right)-T\left(\theta-\frac{1}{2}\right)=0 \quad \text{a.e. } m. \ ∎$$

作为定理 3.2 的推论, 我们有以下有用的结果.

推论 3.1. (i) 设 T_j 是 ϑ_j 的 UMVUE, $j=1,\dots,k$, 其中 k 是一个固定的正整数. 那么, $\sum_{j=1}^{k}c_jT_j$ 是 $\vartheta=\sum_{j=1}^{k}c_j\vartheta_j$ 的一个 UMVUE, 其中 $c_1,\dots,c_k$ 为任何固定常数.

(ii) 若 T_1 和 T_2 是 ϑ 的两个 UMVUE, 则对任意 $P\in\mathcal{P}$, $T_1=T_2$ a.s. P. ∎

3.1.3 信息不等式

假设所有 ϑ 的无偏估计量之方差有一个下界且存在 ϑ 的一个无偏估计 T, 其方差总是等于下界. 那么 T 就是 ϑ 的一个 UMVUE. 尽管这不是求 UMVUE 的有效方法 (与 §3.1.1 和 §3.1.2 中的方法相比), 但是它提供一种评估 UMVUE 效率的方法. 在某些情况下, 以下的结果给出了这样的一个下界.

定理 3.3 (Cramér-Rao 下界). 设 $X = (X_1, ..., X_n)$ 是来自 $P \in \mathcal{P} = \{P_\theta : \theta \in \Theta\}$ 的一个样本, 其中 Θ 是 $\mathcal{R}^k$ 上的一个开集. 假设 $T(X)$ 是 $E[T(X)] = g(\theta)$ 的一个估计, $g(\theta)$ 是 θ 的可微函数; 对于所有 $\theta \in \Theta$, P_θ 有关于测度 ν 的 p.d.f. f_θ, f_θ 作为 θ 的函数是可微的, 并满足

$$\frac{\partial}{\partial\theta}\int h(x)f_\theta(x)d\nu = \int h(x)\frac{\partial}{\partial\theta}f_\theta(x)d\nu, \quad \theta \in \Theta, \tag{3.3}$$

对于 $h(x) \equiv 1$ 且 $h(x) = T(x)$ 成立. 那么

$$\mathrm{Var}(T(X)) \geqslant \left[\frac{\partial}{\partial\theta}g(\theta)\right]^\tau [I(\theta)]^{-1}\frac{\partial}{\partial\theta}g(\theta), \tag{3.4}$$

其中对任意 $\theta \in \Theta$,

$$I(\theta) = E\left\{\frac{\partial}{\partial\theta}\log f_\theta(X)\left[\frac{\partial}{\partial\theta}\log f_\theta(X)\right]^\tau\right\} \tag{3.5}$$

且假定是正定的

证明. 我们仅证明单变量的情形 ($k = 1$). 多变量 ($k > 1$) 情形的证明留给读者. 当 $k = 1$ 时, (3.4) 简化为

$$\mathrm{Var}(T(X)) \geqslant \frac{[g'(\theta)]^2}{E\left[\frac{\partial}{\partial\theta}\log f_\theta(X)\right]^2}. \tag{3.6}$$

由不等式 (1.37) 可知, 我们只需证明

$$E\left[\frac{\partial}{\partial\theta}\log f_\theta(X)\right]^2 = \mathrm{Var}\left(\frac{\partial}{\partial\theta}\log f_\theta(X)\right)$$

和

$$g'(\theta) = \mathrm{Cov}\left(T(X), \frac{\partial}{\partial\theta}\log f_\theta(X)\right).$$

这两个结果是条件 (3.3) 的结论. ▮

(3.5) 中的 $k \times k$ 矩阵 $I(\theta)$ 称为 Fisher 信息矩阵. $I(\theta)$ 越大, 越容易区分 θ 与其邻近的值, 所以更能精确地估计 θ. 实际上, 如果 (3.6) 中等式对于 $g(\theta)$

的一个无偏估计 $T(X)$ 成立 (那么它就是 UMVUE), 则 $I(\theta)$ 越大, $\mathrm{Var}(T(X))$ 越小. 因此, $I(\theta)$ 是 X 包含关于未知 θ 信息的一种度量. (3.4) 和 (3.6) 中的不等式称为信息不等式.

以下结果对求 Fisher 信息矩阵有帮助.

命题 3.1. (i) 设 X 与 Y 相互独立, 其 Fisher 信息矩阵分别是 $I_X(\theta)$ 和 $I_Y(\theta)$. 那么 (X,Y) 中包含的关于 θ 的 Fisher 信息矩阵是 $I_X(\theta)+I_Y(\theta)$. 特别地, 若 $X_1,...,X_n$ i.i.d., 且 $I_1(\theta)$ 是单个 X_i 中包含的关于 θ 的 Fisher 信息矩阵, 那么 $X_1,...,X_n$ 中包含的关于 θ 的 Fisher 信息矩阵是 $nI_1(\theta)$.

(ii) 假设 X 具有关于 θ 的两阶可微的 p.d.f. f_θ, 且用 $\partial f_\theta/\partial\theta$ 代替 f_θ 时, (3.3) 当 $h(x)\equiv 1$ 时依然成立. 那么

$$I(\theta)=-E\left[\frac{\partial^2}{\partial\theta\partial\theta^\tau}\log f_\theta(X)\right]. \tag{3.7}$$

证明. 结论 (i) 由 X 与 Y 的独立性和 Fisher 信息的定义推出. 结论 (ii) 由下列等式可得,

$$\frac{\partial^2}{\partial\theta\partial\theta^\tau}\log f_\theta(X)=\frac{\frac{\partial^2}{\partial\theta\partial\theta^\tau}f_\theta(X)}{f_\theta(X)}-\frac{\partial}{\partial\theta}\log f_\theta(X)\left[\frac{\partial}{\partial\theta}\log f_\theta(X)\right]^\tau. \quad \blacksquare$$

以下的例子提供多种有二维参数 θ 的参数族中分布的 Fisher 信息矩阵的公式.

例 3.9. 设 $X_1,...,X_n$ i.i.d., 其 Lebesgue p.d.f. 为 $\frac{1}{\sigma}f\left(\frac{x-\mu}{\sigma}\right)$, 其中 $f(x)>0$ 且 $f'(x)$ 对于所有 $x\in\mathcal{R}$ 存在, $\mu\in\mathcal{R}$ 和 $\sigma>0$ (位置尺度分布族). 令 $\theta=(\mu,\sigma)$. 那么 $X_1,...,X_n$ 包含的关于 θ 的 Fisher 信息量是 (练习)

$$I(\theta)=\frac{n}{\sigma^2}\begin{pmatrix}\displaystyle\int\frac{[f'(x)]^2}{f(x)}dx & \displaystyle\int\frac{x[f'(x)]^2}{f(x)}dx\\ \displaystyle\int\frac{x[f'(x)]^2}{f(x)}dx & \displaystyle\int\frac{[xf'(x)+f(x)]^2}{f(x)}dx\end{pmatrix}. \quad \blacksquare$$

注意到, $I(\theta)$ 依赖特定的参数化形式. 如果 $\theta=\psi(\eta)$ 且 ψ 可微, 那么 X 包含的关于 η 的 Fisher 信息量是

$$\frac{\partial}{\partial\eta}\psi(\eta)I(\psi(\eta))\left[\frac{\partial}{\partial\eta}\psi(\eta)\right]^\tau.$$

然而, 容易看出, (3.4) 或 (3.6) 中的 Cramér-Rao 下界不受任何一对一参数转化的影响.

若我们用不等式 (3.4) 或 (3.6) 找到 UMVUE $T(X)$, 则我们同时也能得到 $\text{Var}(T(X))$ 的公式. 另一方面, (3.4) 或 (3.6) 中的 Cramér-Rao 下界经常不够锐利. 在某些正则性条件下, Cramér-Rao 下界能够达到当且仅当 f_θ 属于指数族; 参见命题 3.2 和 3.3 以及 Lehmann (1983, p. 123) 中的讨论. 我们也可以得到一些改进的信息不等式 (参见 Lehmann (1983, 2.6 和 2.7 节)).

命题 3.2. 假设 X 的分布来自指数族 $\{f_\theta : \theta \in \Theta\}$, 即 X 关于 σ 有限测度的 p.d.f. 是

$$f_\theta(x) = \exp\big\{[\eta(\theta)]^\tau T(x) - \xi(\theta)\big\}c(x) \tag{3.8}$$

(见 §2.1.3), 其中 Θ 是 $\mathcal{R}^k$ 上的一个开子集.

(i) 对满足 $E|h(X)| < \infty$ 的任意 h, 正则性条件 (3.3) 成立且等式 (3.7) 成立.

(ii) 若 $\underline{I}(\eta)$ 是自然参数 η 的 Fisher 信息矩阵, 则方差协方差矩阵 $\text{Var}(T) = \underline{I}(\eta)$.

(iii) 若 $\overline{I}(\vartheta)$ 是参数 $\vartheta = E[T(X)]$ 的 Fisher 信息矩阵, 则 $\text{Var}(T) = [\overline{I}(\vartheta)]^{-1}$.

证明. (i) 这是定理 2.1 的一个直接结论.

(ii) 根据 (2.6), 自然参数 η 下的 p.d.f. 是

$$f_\eta(x) = \exp\{\eta^\tau T(x) - \zeta(\eta)\}\, c(x).$$

由定理 2.1 和 §1.3.3 中的结果 (1.54), $E[T(X)] = \frac{\partial}{\partial\eta}\zeta(\eta)$. 结论得自

$$\frac{\partial}{\partial\eta}\log f_\eta(x) = T(x) - \frac{\partial}{\partial\eta}\zeta(\eta).$$

(iii) 因为 $\vartheta = E[T(X)] = \frac{\partial}{\partial\eta}\zeta(\eta)$, 所以

$$\underline{I}(\eta) = \frac{\partial\vartheta}{\partial\eta}\overline{I}(\vartheta)\left(\frac{\partial\vartheta}{\partial\eta}\right)^\tau = \frac{\partial^2}{\partial\eta\partial\eta^\tau}\zeta(\eta)\overline{I}(\vartheta)\left[\frac{\partial^2}{\partial\eta\partial\eta^\tau}\zeta(\eta)\right]^\tau.$$

由定理 2.1, 结果 (1.54) 以及 (ii) 中的结果, $\frac{\partial^2}{\partial\eta\partial\eta^\tau}\zeta(\eta) = \text{Var}(T) = \underline{I}(\eta)$. 因此,

$$\overline{I}(\vartheta) = [\underline{I}(\eta)]^{-1}\underline{I}(\eta)[\underline{I}(\eta)]^{-1} = [\underline{I}(\eta)]^{-1} = [\text{Var}(T)]^{-1}. \quad ∎$$

推论 3.2(ii) 的一个直接结论是 (3.8) 中 T 的任何线性函数的方差能达到 Cramér-Rao 下界. 下面的结果给出了估计 $U(X)$ 的 $\text{Var}(U(X))$ 能达到 Cramér-Rao 下界的一个必要条件.

命题 3.3. 假设定理 3.3 中的条件在用 $U(X)$ 取代 $T(X)$ 后成立, 且 $\Theta \subset \mathcal{R}$.

(i) 如果 $\mathrm{Var}(U(X))$ 能到达 (3.6) 中的 Cramér-Rao 下界, 那么

$$a(\theta)[U(X) - g(\theta)] = g'(\theta)\frac{\partial}{\partial\theta}\log f_\theta(X) \quad \text{a.s. } P_\theta$$

对某个函数 $a(\theta)$ 成立, $\theta \in \Theta$.

(ii) 设 f_θ 和 T 由 (3.8) 给出. 假设 $\mathrm{Var}(U(X))$ 能达到 Cramér-Rao 下界, 那么 $U(X)$ 是 $T(X)$ 的线性函数 a.s. P_θ, $\theta \in \Theta$. ∎

例 3.10. 设 $X_1, ..., X_n$ i.i.d. 来自 $N(\mu, \sigma^2)$, $\mu \in \mathcal{R}$ 未知而 σ^2 已知. 令 f_μ 是 $X = (X_1, ..., X_n)$ 的联合分布. 那么

$$\frac{\partial}{\partial\mu}\log f_\mu(X) = \sum_{i=1}^n (X_i - \mu)/\sigma^2.$$

因此, $I(\mu) = n/\sigma^2$. 显然 $\mathrm{Var}(\bar{X})$ 能达到 (3.6) 中的 Cramér-Rao 下界. 现在考虑 $\vartheta = \mu^2$ 的估计. 由于 $E\bar{X}^2 = \mu^2 + \sigma^2/n$, ϑ 的 UMVUE 是 $h(\bar{X}) = \bar{X}^2 - \sigma^2/n$. 通过直接计算可得

$$\mathrm{Var}(h(\bar{X})) = \frac{4\mu^2\sigma^2}{n} + \frac{2\sigma^4}{n^2}.$$

另一方面, 在这种情况下的 Cramér-Rao 下界是 $4\mu^2\sigma^2/n$. 因此, $\mathrm{Var}(h(\bar{X}))$ 不能达到 Cramér-Rao 下界. 差值为 $2\sigma^4/n^2$. ∎

条件 (3.3) 是定理 3.3 和命题 3.3 中关键的正则性条件. 如果 f_θ 不属于指数族, 那么必须要验证 (3.3). 典型的, 如果集合 $\{x : f_\theta(x) > 0\}$ 依赖 θ, 那么 (3.3) 不成立 (练习 37). 更多的讨论参见 Pitman (1979).

3.1.4 UMVUE 的渐近性质

UMVUE 通常是一致的 (参见 §2.6 练习 106). 如果存在一个 ϑ 的无偏估计, 其 mse 是 a_n^{-2} 阶, 其中 $\{a_n\}$ 是一列发散到 ∞ 的正数, 那么 ϑ 的 UMVUE (如果它存在) 的 mse 是 a_n^{-2} 阶, 并且是 a_n 一致的. 例如, 在例 3.3 中, $U(X) = 1 - F_n(t)$ 的 mse 是 $F_\theta(t)[1 - F_\theta(t)]/n$; 因此, UMVUE $T(X)$ 是 $\sqrt{n}$ 一致的, 并且它的 mse 是 n^{-1} 阶的.

UMVUE 是精确无偏的, 因此不需要讨论它们的渐近偏差. 它们的方差 (或者 mse) 是有限的, 但是, 如果 mse 的精确形式很难获得的话, amse 可用于评估它们的表现. 在许多情况下, 尽管 UMVUE T_n 的方差没有达到 Cramér-Rao 下界, 但是 T_n 的 amse (或 mse) 与 Cramér-Rao 下界 (如果它不为 0) 的

比值的极限是 1. 例如, 例 3.10 中, 若 $\mu \neq 0$,

$$\frac{\operatorname{Var}(\bar{X}^2 - \sigma^2/n)}{\text{Cramér-Rao 下界}} = 1 + \frac{\sigma^2}{2\mu^2 n} \to 1.$$

一般地, 在定理 3.3 条件下, 若 $T_n(X)$ 对 $g(\theta)$ 是无偏的, 且若对任意 $\theta \in \Theta$,

$$T_n(X) - g(\theta) = \left[\frac{\partial}{\partial\theta} g(\theta)\right]^{\tau} [I(\theta)]^{-1} \frac{\partial}{\partial\theta} \log f_\theta(X) \,[1 + o_p(1)] \quad \text{a.s. } P_\theta, \quad (3.9)$$

那么, 只要 Cramér-Rao 下界不为 0, 都有

$$\text{amse}_{T_n}(\theta) = \text{Cramér-Rao 下界}. \qquad (3.10)$$

注意到, 我们对 Cramér-Rao 下界为 0 的情况并不感兴趣, 因为下界 0 对估计的表现并不提供任何信息.

考虑例 3.3 中 $e^{-t/\theta}$ 的 UMVUE $T_n = \left(1 - \frac{t}{n\bar{X}}\right)^{n-1}$. 由于

$$\log(1 - x) = -\sum_{j=1}^{\infty} \frac{x^j}{j}, \quad |x| \leqslant 1,$$

我们得到

$$T_n - e^{-t/\bar{X}} = O_p\left(n^{-1}\right).$$

利用 Taylor 展开,

$$e^{-t/\bar{X}} - e^{-t/\theta} = g'(\theta)(\bar{X} - \theta)[1 + o_p(1)],$$

其中 $g(\theta) = e^{-t/\theta}$. 另一方面,

$$[I(\theta)]^{-1} \frac{\partial}{\partial\theta} \log f_\theta(X) = \bar{X} - \theta.$$

因此 (3.9) 和 (3.10) 成立. 注意到, T_n 的精确方差难以得到. 在这个例子中, 可以证明 $\{n[T_n - g(\theta)]^2\}$ 是一致可积的, 因此,

$$\begin{aligned}
\lim_{n\to\infty} n\operatorname{Var}(T_n) &= \lim_{n\to\infty} n[\text{amse}_{T_n}(\theta)] \\
&= \lim_{n\to\infty} n[g'(\theta)]^2[I(\theta)]^{-1} \\
&= \frac{t^2 e^{-2t/\theta}}{\theta^2}.
\end{aligned}$$

在第 4 章中证明了, 如果 (3.10) 成立, 那么 T_n 在某种意义下是渐近最优的. 因此, 满足 (3.9) 的 UMVUE 是渐近最优的, 而这往往是对的, 尽管它们在精确的 mse 的意义下可能可以进一步改进.

3.2 U 统计量

设 $X_1, ..., X_n$ i.i.d. 来自非参数族 $\mathcal{P}$ 中的一个未知总体 P. 在例 3.6 中我们讨论过, 如果次序统计向量关于 $P \in \mathcal{P}$ 是充分完备的, 那么任意可估的 ϑ 的对称无偏估计是 ϑ 的 UMVUE. 在一大类问题中, 要估计参数的形式是

$$\vartheta = E[h(X_1, ..., X_m)],$$

其中 m 是正整数, Borel 函数 h 是对称函数且满足 $E|h(X_1, ..., X_m)| < \infty$, 对任意 $P \in \mathcal{P}$. 容易看出, ϑ 的一个对称无偏估计是

$$U_n = \binom{n}{m}^{-1} \sum_c h(X_{i_1}, ..., X_{i_m}), \tag{3.11}$$

其中 $\sum_c$ 表示对全部组和数 $\binom{n}{m}$ 个有不同元素的 $\{i_1, ..., i_m\} \subset \{1, ..., n\}$ 求和.

定义 3.2. 式 (3.11) 中统计量 U_n 称为具有 m 阶核 h 的 U 统计量. ∎

3.2.1 一些例子

利用 U 统计量是获得无偏估计的一个有效方法. 在非参数问题中, U 统计量常常是 UMVUE, 而在参数问题中, U 统计量能够用作初始估计量而推导得到更有效的估计.

假设 $m = 1$, (3.11) 中 U_n 是样本均值的一种. 例子包括, (2.28) 给出的在特定 t 处的经验 c.d.f. 和对于正整数 k 的样本矩 $n^{-1}\sum_{i=1}^n X_i^k$. 我们现在考虑 $m > 1$ 的一些例子.

考虑参数 $\vartheta = \mu^m$ 的估计, 其中 $\mu = EX_1$, m 是一个正整数. 利用 $h(x_1, ..., x_m) = x_1 \cdots x_m$, 我们得到关于 $\vartheta = \mu^m$ 的无偏的 U 统计量:

$$U_n = \binom{n}{m}^{-1} \sum_c X_{i_1} \cdots X_{i_m}. \tag{3.12}$$

下面考虑 $\vartheta = \sigma^2 = \text{Var}(X_1)$ 的估计. 由于

$$\sigma^2 = [\text{Var}(X_1) + \text{Var}(X_2)]/2 = E[(X_1 - X_2)^2/2],$$

我们得到以下的具有核 $h(x_1, x_2) = (x_1 - x_2)^2/2$ 的 U 统计量:

$$U_n = \frac{2}{n(n-1)} \sum_{1 \leqslant i < j \leqslant n} \frac{(X_i - X_j)^2}{2} = \frac{1}{n-1}\left(\sum_{i=1}^n X_i^2 - n\bar{X}^2\right) = S^2,$$

这就是 (2.2) 中的样本方差.

在有些情形下, 我们想要估计 $\vartheta = E|X_1 - X_2|$, 一个集中程度的衡量. 利用核 $h(x_1, x_2) = |x_1 - x_2|$, 我们得到 $\vartheta = E|X_1 - X_2|$ 的无偏的 U 统计量:

$$U_n = \frac{2}{n(n-1)} \sum_{1 \leqslant i < j \leqslant n} |X_i - X_j|,$$

这就是 Gini 平均差.

设 $\vartheta = P(X_1 + X_2 \leqslant 0)$. 利用核 $h(x_1, x_2) = I_{(-\infty,0]}(x_1 + x_2)$, 我们得到 ϑ 的无偏的 U 统计量:

$$U_n = \frac{2}{n(n-1)} \sum_{1 \leqslant i < j \leqslant n} I_{(-\infty,0]}(X_i + X_j),$$

这就是单样本 Wilcoxon 统计量.

设 $T_n = T_n(X_1, ..., X_n)$ 是给定的统计量, 令 r 和 d 为两个正整数使得 $r + d = n$. 对任意的 $\boldsymbol{s} = \{i_1, ..., i_r\} \subset \{1, ..., n\}$, 定义

$$T_{r,\boldsymbol{s}} = T_r(X_{i_1}, ..., X_{i_r}),$$

即为在从原来样本中删去 X_i, $i \notin \boldsymbol{s}$, 后计算出的统计量 T_n. 令

$$U_n = \binom{n}{r}^{-1} \sum_c \frac{r}{d}(T_{r,\boldsymbol{s}} - T_n)^2. \tag{3.13}$$

那么 U_n 是具有核

$$h_n(x_1, ..., x_r) = \frac{r}{d}[T_r(x_1, ..., x_r) - T_n(x_1, ..., x_n)]^2$$

的 U 统计量. 不同于前面例子中的核, 这个例子中的核依赖 n. 核的阶数 r 可能也依赖 n. 式 (3.13) 中的统计量 U_n 称为 T_n 的删除 d 个数据的 jackknife 方差估计 (参见 Shao and Tu (1995)), 因为常常有

$$E[h_n(X_1, ..., X_r)] \approx \mathrm{Var}(T_n).$$

可以证明, 如果 $T_n = \bar{X}$, 那么 (3.13) 中的 U_n 乘以 n 正好与样本方差 S^2 相同 (练习).

3.2.2 U 统计量的方差

假如 $E[h(X_1,...,X_m)]^2<\infty$, 那么 (3.11) 中具有核 h 的 U_n 的方差有一个明确的形式. 为了推导 $\mathrm{Var}(U_n)$, 我们需要一些标记. 对于 $k=1,...,m$, 令

$$\begin{aligned} h_k(x_1,...,x_k) &= E[h(X_1,...,X_m)|X_1=x_1,...,X_k=x_k] \\ &= E[h(x_1,...,x_k,X_{k+1},...,X_m)]. \end{aligned}$$

注意到 $h_m=h$. 可以证明

$$h_k(x_1,...,x_k)=E[h_{k+1}(x_1,...,x_k,X_{k+1})]. \tag{3.14}$$

定义

$$\tilde{h}_k=h_k-E[h(X_1,...,X_m)], \tag{3.15}$$

$k=1,...,m$, $\tilde{h}=\tilde{h}_m$. 那么, 对 (3.11) 定义的任意 U_n,

$$U_n-E(U_n)=\binom{n}{m}^{-1}\sum_c \tilde{h}(X_{i_1},...,X_{i_m}). \tag{3.16}$$

定理 3.4 (Hoeffding 定理). 对于 (3.11) 给出的具有 $E[h(X_1,...,X_m)]^2<\infty$ 的 U 统计量 U_n,

$$\mathrm{Var}(U_n)=\binom{n}{m}^{-1}\sum_{k=1}^{m}\binom{m}{k}\binom{n-m}{m-k}\zeta_k,$$

其中

$$\zeta_k=\mathrm{Var}(h_k(X_1,...,X_k)).$$

证明. 考虑从 $\{1,...,n\}$ 取出 m 个不同的整数的两个集合 $\{i_1,...,i_m\}$ 和 $\{j_1,...,j_m\}$, 它们恰有共同的 k 个整数. 这样的两个集合有 $\binom{n}{m}\binom{m}{k}\binom{n-m}{m-k}$ 种不同取法. 由 $\tilde{h}_m$ 的对称性和 $X_1,...,X_n$ 的独立性,

$$E[\tilde{h}(X_{i_1},...,X_{i_m})\tilde{h}(X_{j_1},...,X_{j_m})]=\zeta_k \tag{3.17}$$

对于 $k=1,...,m$ 成立 (练习). 那么根据 (3.16),

$$\begin{aligned} \mathrm{Var}(U_n) &= \binom{n}{m}^{-2}\sum_c\sum_c E[\tilde{h}(X_{i_1},...,X_{i_m})\tilde{h}(X_{j_1},...,X_{j_m})] \\ &= \binom{n}{m}^{-2}\sum_{k=1}^{m}\binom{n}{m}\binom{m}{k}\binom{n-m}{m-k}\zeta_k \end{aligned}$$

证毕. ∎

推论 3.2. 在定理 3.4 的条件下,

(i) $\frac{m^2}{n}\zeta_1 \leqslant \mathrm{Var}(U_n) \leqslant \frac{m}{n}\zeta_m$.

(ii) 对任意 $n > m$, $(n+1)\mathrm{Var}(U_{n+1}) \leqslant n\mathrm{Var}(U_n)$.

(iii) 对任意固定的 m 和 $k = 1, ..., m$, 若 $j < k$ 有 $\zeta_j = 0$, 而 $\zeta_k > 0$, 则

$$\mathrm{Var}(U_n) = \frac{k!\binom{m}{k}^2\zeta_k}{n^k} + O\left(\frac{1}{n^{k+1}}\right). \quad ∎$$

由推论 3.2 可知, U 统计量 U_n 作为其均值的估计量是 mse 一致的 (假定 h 二阶矩有限). 事实上, 对任意固定的 m, 如果对 $j < k$ 有 $\zeta_j = 0$ 以及 $\zeta_k > 0$, 那么 U_n 的 mse 是 n^{-k} 阶的, 因此 U_n 是 $n^{k/2}$ 一致的.

例 3.11. 首先考虑 $h(x_1, x_2) = x_1x_2$, 这可以得到 μ^2 的无偏 U 统计量, 其中 $\mu = EX_1$. 注意到, $h_1(x_1) = \mu x_1$, $\tilde{h}_1(x_1) = \mu(x_1 - \mu)$, $\zeta_1 = E[\tilde{h}_1(X_1)]^2 = \mu^2\mathrm{Var}(X_1) = \mu^2\sigma^2$, $\tilde{h}(x_1, x_2) = x_1x_2 - \mu^2$ 以及 $\zeta_2 = \mathrm{Var}(X_1X_2) = E(X_1X_2)^2 - \mu^4 = (\mu^2 + \sigma^2)^2 - \mu^4$. 根据定理 3.4, 对于 $U_n = \binom{n}{2}^{-1}\sum_{1\leqslant i<j\leqslant n} X_iX_j$,

$$\begin{aligned}\mathrm{Var}(U_n) &= \binom{n}{2}^{-1}\left[\binom{2}{1}\binom{n-2}{1}\zeta_1 + \binom{2}{2}\binom{n-2}{0}\zeta_2\right]\\ &= \frac{2}{n(n-1)}\left[2(n-2)\mu^2\sigma^2 + (\mu^2+\sigma^2)^2 - \mu^4\right]\\ &= \frac{4\mu^2\sigma^2}{n} + \frac{2\sigma^4}{n(n-1)}.\end{aligned}$$

比较 U_n 与例 3.10 中的 $\bar{X}^2 - \sigma^2/n$, 后者在正态假定和 σ^2 已知时是 UMVUE, 我们求得

$$\mathrm{Var}(U_n) - \mathrm{Var}(\bar{X}^2 - \sigma^2/n) = \frac{2\sigma^4}{n^2(n-1)}.$$

接下来考虑 $h(x_1, x_2) = I_{(-\infty,0]}(x_1 + x_2)$, 这可以推出单样本 Wilcoxon 统计量. 注意到 $h_1(x_1) = P(x_1 + X_2 \leqslant 0) = F(-x_1)$, 其中 F 是 P 的 c.d.f. 那么 $\zeta_1 = \mathrm{Var}(F(-X_1))$. 令 $\vartheta = E[h(X_1, X_2)]$, 则 $\zeta_2 = \mathrm{Var}(h(X_1, X_2)) = \vartheta(1-\vartheta)$. 因此, 作为单样本 Wilcoxon 统计量的 U_n,

$$\mathrm{Var}(U_n) = \frac{2}{n(n-1)}\left[2(n-2)\zeta_1 + \vartheta(1-\vartheta)\right].$$

如果 F 连续且关于 0 是对称的, 那么 ζ_1 能简化成

$$\zeta_1 = \mathrm{Var}(F(-X_1)) = \mathrm{Var}(1 - F(X_1)) = \mathrm{Var}(F(X_1)) = \frac{1}{12},$$

因为 $F(X_1)$ 是 $[0,1]$ 上的均匀分布.

最后, 考虑 $h(x_1,x_2)=|x_1-x_2|$, 这可以得出 Gini 平均差. 注意到

$$h_1(x_1)=E|x_1-X_2|=\int|x_1-y|dP(y)$$

和

$$\zeta_1=\mathrm{Var}(h_1(X_1))=\int\left[\int|x-y|dP(y)\right]^2dP(x)-\vartheta^2,$$

其中 $\vartheta=E|X_1-X_2|$. ∎

3.2.3　投影法

因为 $\mathcal{P}$ 是非参数的, 所以任意 U 统计量的精确分布很难推导出来. 在本节中我们用投影法研究 U 统计量的渐近分布.

定义 3.3. 令 T_n 是基于 $X_1,...,X_n$ 的一个给定的统计量. T_n 在 k_n 个随机元素 $Y_1,...,Y_{k_n}$ 上的投影定义为

$$\check{T}_n=E(T_n)+\sum_{i=1}^{k_n}[E(T_n|Y_i)-E(T_n)]. \quad ∎$$

令 $\psi_n(X_i)=E(T_n|X_i)$. 假设 T_n (作为 $X_1,...,X_n$ 的函数) 是对称的, 那么 $\psi_n(X_1),...,\psi_n(X_n)$ 为 i.i.d., 均值为 $E[\psi_n(X_i)]=E[E(T_n|X_i)]=E(T_n)$. 如果 $E(T_n^2)<\infty$ 且 $\mathrm{Var}(\psi_n(X_i))>0$, 那么根据 CLT,

$$\frac{1}{\sqrt{n\mathrm{Var}(\psi_n(X_1))}}\sum_{i=1}^n[\psi_n(X_i)-E(T_n)]\to_d N(0,1). \tag{3.18}$$

令 $\check{T}_n$ 是 T_n 在 $X_1,...,X_n$ 上的投影. 那么

$$T_n-\check{T}_n=T_n-E(T_n)-\sum_{i=1}^n[\psi_n(X_i)-E(T_n)]. \tag{3.19}$$

若我们能证明 $T_n-\check{T}_n$ 之量可忽略, 那么可以通过 (3.18)—(3.19) 和 Slutsky 定理推导出 T_n 的渐近分布. $T_n-\check{T}_n$ 之量大小可以利用下面的引理得到.

引理 3.1. 对于每个 n, 设 T_n 是一个对称统计量, $\mathrm{Var}(T_n)<\infty$, $\check{T}_n$ 是 T_n 在 $X_1,...,X_n$ 上的投影. 那么 $E(T_n)=E(\check{T}_n)$ 且

$$E(T_n-\check{T}_n)^2=\mathrm{Var}(T_n)-\mathrm{Var}(\check{T}_n).$$

证明. 由于 $E(T_n) = E(\check{T}_n)$,

$$E(T_n - \check{T}_n)^2 = \mathrm{Var}(T_n) + \mathrm{Var}(\check{T}_n) - 2\mathrm{Cov}(T_n, \check{T}_n).$$

根据定义 3.3, $Y_i = X_i$, $k_n = n$,

$$\mathrm{Var}(\check{T}_n) = n\mathrm{Var}(E(T_n|X_i)).$$

则所要的结果可由下式推出:

$$\begin{aligned}
\mathrm{Cov}(T_n, \check{T}_n) &= E(T_n\check{T}_n) - [E(T_n)]^2 \\
&= nE[T_n E(T_n|X_i)] - n[E(T_n)]^2 \\
&= nE\{E[T_n E(T_n|X_i)|X_i]\} - n[E(T_n)]^2 \\
&= nE\{[E(T_n|X_i)]^2\} - n[E(T_n)]^2 \\
&= n\mathrm{Var}(E(T_n|X_i)) \\
&= \mathrm{Var}(\check{T}_n). \quad \blacksquare
\end{aligned}$$

这个推导 T_n 渐近分布的方法称为投影法, 对于 U 统计量尤其有效. 对于 (3.11) 给出的 U 统计量 U_n, 可以证明 (练习)

$$\check{U}_n = E(U_n) + \frac{m}{n}\sum_{i=1}^{n}\tilde{h}_1(X_i), \tag{3.20}$$

其中 $\check{U}_n$ 是 U_n 在 $X_1, ..., X_n$ 上的投影, $\tilde{h}_1$ 由 (3.15) 定义. 因此

$$\mathrm{Var}(\check{U}_n) = m^2\zeta_1/n,$$

根据推论 3.2 和引理 3.1,

$$E(U_n - \check{U}_n)^2 = O(n^{-2}).$$

假如 $\zeta_1 > 0$, 那么 (3.18) 成立且 $\psi_n(X_i) = mh_1(X_i)$, 这可以推导出之后陈述的定理 3.5(i) 中的结果.

如果 $\zeta_1 = 0$, 那么 $\tilde{h}_1 \equiv 0$, 我们不得不利用 U_n 的另一个投影. 对于整数 $k > 1$, 假设 $\zeta_1 = \cdots = \zeta_{k-1} = 0$ 且 $\zeta_k > 0$. 考虑 U_n 在 $\binom{n}{k}$ 个随机向量 $\{X_{i_1}, ..., X_{i_k}\}$ 上的投影 $\check{U}_{kn}$, $1 \leqslant i_1 < \cdots < i_k \leqslant n$. 我们能够给出一个类似于引理 3.1 的结果 (练习), 并且证明

$$E(U_n - \check{U}_n)^2 = O(n^{-(k+1)}).$$

也可参见 Serfling (1980, §5.3.4).

基于这些结果, 我们得到下面的定理.

定理 3.5. 设 U_n 由 (3.11) 给出且 $E[h(X_1,...,X_m)]^2 < \infty$.

(i) 如果 $\zeta_1 > 0$, 那么

$$\sqrt{n}[U_n - E(U_n)] \to_d N(0, m^2\zeta_1).$$

(ii) 如果 $\zeta_1 = 0$ 而 $\zeta_2 > 0$, 那么

$$n[U_n - E(U_n)] \to_d \frac{m(m-1)}{2}\sum_{j=1}^{\infty}\lambda_j(\chi_{1j}^2 - 1), \tag{3.21}$$

其中 χ_{1j}^2 是 i.i.d. 服从卡方分布 χ_1^2 的随机变量, λ_j 是满足 $\sum_{j=1}^{\infty}\lambda_j^2 = \zeta_2$ 的一些常数 (可能依赖 P). ∎

我们实际上已经证明了定理 3.5(i). 定理 3.5(ii) 的证明见 Serfling (1980, §5.5.2). 我们也可以推导 $\zeta_2 = 0$ 的结果, 但是 $\zeta_1 > 0$ 或 $\zeta_2 > 0$ 的情形是应用中最感兴趣的.

如果 $\zeta_1 > 0$, 由定理 3.5(i) 和推论 3.2(iii) 可得 $\text{amse}_{U_n}(P) = m^2\zeta_1/n = \text{Var}(U_n) + O(n^{-2})$. 根据命题 2.4(ii), $\{n[U_n - E(U_n)]^2\}$ 是一致可积的.

如果 $\zeta_1 = 0$ 而 $\zeta_2 > 0$, 由定理 3.5(ii) 可得 $\text{amse}_{U_n}(P) = EY^2/n^2$, 其中 Y 表示 (3.21) 右侧的随机变量. 下面的结果给出了 EY^2 的值.

引理 3.2. 设 Y 是 (3.21) 右侧的随机变量. 那么 $EY^2 = \frac{m^2(m-1)^2}{2}\zeta_2$.

证明. 定义

$$Y_k = \frac{m(m-1)}{2}\sum_{j=1}^{k}\lambda_j(\chi_{1j}^2 - 1), \quad k = 1, 2, ...$$

可以证明 (练习), $\{Y_k^2\}$ 是一致可积的. 由于当 $k \to \infty$ 时, $Y_k \to_d Y$, 所以 $\lim_{k\to\infty} EY_k^2 = EY^2$ (定理 1.8(viii)). 因为 χ_{1j}^2 是独立的卡方随机变量, $E\chi_{1j}^2 = 1$, $\text{Var}(\chi_{1j}^2) = 2$, 所以对任意 k 有 $EY_k = 0$, 而且

$$\begin{aligned} EY_k^2 &= \frac{m^2(m-1)^2}{4}\sum_{j=1}^{k}\lambda_j^2\text{Var}(\chi_{1j}^2) \\ &= \frac{m^2(m-1)^2}{4}\left(2\sum_{j=1}^{k}\lambda_j^2\right) \\ &\to \frac{m^2(m-1)^2}{2}\zeta_2. \end{aligned}$$

∎

由推论 3.2(iii) 和引理 3.2 可知, 若 $\zeta_1 = 0$, 则 $\text{amse}_{U_n}(P) = \frac{m^2(m-1)^2}{2}\zeta_2/n^2 = \text{Var}(U_n) + O(n^{-3})$. 同样, 根据命题 2.4(ii), 序列 $\{n^2[U_n - E(U_n)]^2\}$ 是一致可积的.

现在我们将定理 3.5 应用于例 3.11 中讨论的一些 U 统计量. 对于 $U_n = \frac{2}{n(n-1)}\sum_{1\leqslant i<j\leqslant n} X_iX_j$, 有 $\zeta_1 = \mu^2\sigma^2$. 因此, 如果 $\mu \neq 0$, 那么定理 3.5(i) 中结论成立且 $\zeta_1 = \mu^2\sigma^2$. 如果 $\mu = 0$, 那么 $\zeta_1 = 0$, $\zeta_2 = \sigma^4 > 0$, 并且可以应用定理 3.5(ii). 然而, 利用定理 3.5(ii) 求 U_n 的极限分布并不方便. 我们可以利用下面的方法推导出此极限分布, 这方法在 §3.5 中进一步讨论. 根据 CLT 和定理 1.10, 当 $\mu = 0$ 时,

$$n\bar{X}^2/\sigma^2 \to_d \chi_1^2,$$

其中 χ_1^2 是服从卡方分布 χ_1^2 的随机变量. 注意到

$$\frac{n\bar{X}^2}{\sigma^2} = \frac{1}{\sigma^2 n}\sum_{i=1}^n X_i^2 + \frac{(n-1)U_n}{\sigma^2}.$$

根据 SLLN, $\frac{1}{\sigma^2 n}\sum_{i=1}^n X_i^2 \to_{a.s.} 1$. 利用 Slutsky 定理可推出

$$nU_n/\sigma^2 \to_d \chi_1^2 - 1.$$

由于 $\mu = 0$, 这表示 (3.21) 右侧是 $\sigma^2(\chi_1^2 - 1)$, 即 $\lambda_1 = \sigma^2$ 且当 $j > 1$ 时, $\lambda_j = 0$.

对于单样本 Wilcoxon 统计量, $\zeta_1 = \text{Var}(F(-X_1)) > 0$ 除非 F 是退化的. 类似地, 对于 Gini 平均差, $\zeta_1 > 0$ 除非 F 是退化的. 因此定理 3.5(i) 适用于这两种情形.

如果核的阶 r 依赖 n 并且当 $n \to \infty$ 时发散到 ∞, 那么定理 3.5 不适用于 (3.13) 定义的 U_n. 我们考虑一简单的情形, 对某个 R_n,

$$T_n = \frac{1}{n}\sum_{i=1}^n \psi(X_i) + R_n \tag{3.22}$$

成立, 且 $E(R_n^2) = o(n^{-1})$. 注意到, 若 T_n 本身是一 U 统计量, 则 (3.22) 成立 (练习). 假定 r/d 有界. 令 $S_\psi^2 = (n-1)^{-1}\sum_{i=1}^n[\psi(X_i) - n^{-1}\sum_{i=1}^n \psi(X_i)]^2$. 那么 (练习)

$$nU_n = S_\psi^2 + o_p(1). \tag{3.23}$$

在 (3.22) 下, 如果 $0 < E[\psi(X_i)]^2 < \infty$, 那么 $\text{amse}_{T_n}(P) = E[\psi(X_i)]^2/n$. 因此 (3.13) 中的 jackknife 估计 U_n 提供了 $\text{amse}_{T_n}(P)$ 的一个一致估计, 即 $U_n/\text{amse}_{T_n}(P) \to_p 1$.

3.3 线性模型中的 LSE

对于非 i.i.d. 数据, 在应用中最有用的统计模型之一是以下的一般线性模型

$$X_i = \beta^\tau Z_i + \varepsilon_i, \quad i = 1, ..., n, \tag{3.24}$$

其中 X_i 是第 i 个观察, 常常称为第 i 个响应变量; β 是 p 维未知参数向量, $p < n$; Z_i 是一个 p 维解释变量 (或协变量) 向量的第 i 个值; $\varepsilon_1, ..., \varepsilon_n$ 是随机误差. 在这种情况下, 我们的数据是 $(X_1, Z_1), ..., (X_n, Z_n)$ (并没有观察到 $\varepsilon_1, ..., \varepsilon_n$). 在本书中, Z_i 被认为是非随机的或 p 维随机向量的给定值, 在后者情况下, 我们的分析是建立在给定 $Z_1, ..., Z_n$ 值的条件下的. 每一个 ε_i 可看作是, 当协变量等于 Z_i 时, 度量 X_i 的未知均值时的随机测量误差. 主要感兴趣的参数是 β. 本节会提供模型 (3.24) 更具体的例子. 其他例子和模型 (3.24) 中得到的数据的例子可以在许多标准的线性模型教材书中找到, 例如, Draper and Smith (1981) 和 Searle (1971).

3.3.1 LSE 和可估性

设 $X = (X_1, ..., X_n)$, $\varepsilon = (\varepsilon_1, ..., \varepsilon_n)$, 以及 Z 为 $n \times p$ 矩阵, 其第 i 行是向量 Z_i, $i = 1, ..., n$. 那么, 模型 (3.24) 的矩阵形式是

$$X = Z\beta + \varepsilon. \tag{3.25}$$

定义 3.4. 假设模型 (3.25) 中 β 的值域是 $B \subset \mathcal{R}^p$. β 的最小二乘估计 (LSE) 定义为任意 $\hat{\beta} \in B$, 使得

$$\|X - Z\hat{\beta}\|^2 = \min_{b \in B} \|X - Zb\|^2. \tag{3.26}$$

对于任意固定的 $l \in \mathcal{R}^p$, $l^\tau \hat{\beta}$ 称为 $l^\tau \beta$ 的 LSE. ∎

在本书中, 除非另有说明, 我们考虑 $B = \mathcal{R}^p$. 对 $\|X - Zb\|^2$ 关于 b 求微分, 我们得到

$$Z^\tau Z b = Z^\tau X \tag{3.27}$$

的任何解是 β 的 LSE. 如果矩阵 Z 的秩是 p, 在此情况下 $(Z^\tau Z)^{-1}$ 存在且 Z 称为是满秩的, 那么存在唯一的 LSE, 就是

$$\hat{\beta} = (Z^\tau Z)^{-1} Z^\tau X. \tag{3.28}$$

假如 Z 不是满秩的, 那么存在无限多个 β 的 LSE. 可以证明 (练习), β 的任意 LSE 形如

$$\hat{\beta}=(Z^{\tau}Z)^{-}Z^{\tau}X, \tag{3.29}$$

其中 $(Z^{\tau}Z)^{-}$ 称为 $Z^{\tau}Z$ 的广义逆, 它满足

$$Z^{\tau}Z(Z^{\tau}Z)^{-}Z^{\tau}Z=Z^{\tau}Z.$$

广义逆矩阵不唯一, 除非 Z 是满秩的, 在满秩情况下 $(Z^{\tau}Z)^{-}=(Z^{\tau}Z)^{-1}$, 且 (3.28) 简化为 (3.29).

为了研究 β 的 LSE 的性质, 我们需要在 X 的分布上作一些假设. 由于 Z_i 是非随机的, X 分布上的假设可以用 ε 分布上的假设来表示. 一些常用的假设如下.

假设 A1: ε 服从 $N_n(0,\sigma^2I_n)$, $\sigma^2>0$ 未知.

假设 A2: $E(\varepsilon)=0$, $\mathrm{Var}(\varepsilon)=\sigma^2I_n$, $\sigma^2>0$ 未知.

假设 A3: $E(\varepsilon)=0$, $\mathrm{Var}(\varepsilon)$ 是一个未知矩阵.

假设 A1 是最强的, 带来了一个参数模型. 我们可以作稍许更一般一点的假设, 即 ε 服从 $N_n(0,\sigma^2D)$, σ^2 未知但 D 是已知的正定矩阵. 令 $D^{-1/2}$ 是 D 的平方根矩阵的逆. 如果我们将 X, Z 和 ε 分别替换为 $\tilde{X}=D^{-1/2}X$, $\tilde{Z}=D^{-1/2}Z$ 和 $\tilde{\varepsilon}=D^{-1/2}\varepsilon$, 则基于假设 A1 的模型 (3.25) 成立. 对于假设 A2 也有类似的结论.

在假设 A1 下, X 的分布是 $N_n(Z\beta,\sigma^2I_n)$, 属于指数族 $\mathcal{P}$ 且参数为 $\theta=(\beta,\sigma^2)\in\mathcal{R}^p\times(0,\infty)$. 然而, 如果矩阵 Z 不是满秩的, 那么 $\mathcal{P}$ 是不可识别的 (见 §2.1.2), 因为 $Z\beta_1=Z\beta_2$ 不能推出 $\beta_1=\beta_2$.

假设 Z 的秩是 $r\leqslant p$. 那么存在一个 Z 的 $n\times r$ 的子矩阵 Z_*, 使得

$$Z=Z_*Q \tag{3.30}$$

且 Z_* 的秩为 r, 其中 Q 是一个固定的 $r\times p$ 矩阵. 那么

$$Z\beta=Z_*Q\beta$$

而且如果我们考虑重新参数化后的参数 $\tilde{\beta}=Q\beta$, 那么 $\mathcal{P}$ 是可识别的. 注意到, 新的参数 $\tilde{\beta}$ 在 $\mathcal{R}^p$ 的一个 r 维子空间中.

在许多应用中, 我们感兴趣的是估计 β 的某个线性函数, 即 $\vartheta=l^{\tau}\beta$, 对于某个固定的 $l\in\mathcal{R}^p$. 但是, 从前面的讨论可知, $l^{\tau}\beta$ 的估计是没有意义的, 除非

对某一 $c \in \mathcal{R}^r$ 有 $l = Q^\tau c$ 成立, 从而

$$l^\tau \beta = c^\tau Q\beta = c^\tau \tilde{\beta}.$$

下面的结论证明, 若 $l = Q^\tau c$, 则 $l^\tau \beta$ 是可估的, 而这条件在假设 A1 下对于 $l^\tau \beta$ 的可估计性也是必要的.

定理 3.6. 假定模型 (3.25) 满足假设 A3.

(i) $l \in \mathcal{R}^p$ 等于 $Q^\tau c$ 对某个 $c \in \mathcal{R}^r$ 成立之充分必要条件是 $l \in \mathcal{R}(Z) = \mathcal{R}(Z^\tau Z)$, 其中 Q 由 (3.30) 给出, $\mathcal{R}(A)$ 是包含 A 的所有行的最小线性子空间.

(ii) 如果 $l \in \mathcal{R}(Z)$, 那么 $l^\tau \beta$ 的 LSE $l^\tau \hat{\beta}$ 是唯一且无偏的.

(iii) 如果 $l \notin \mathcal{R}(Z)$ 且假设 A1 成立, 那么 $l^\tau \beta$ 是不可估的.

证明. (i) 注意到 $a \in \mathcal{R}(A)$ 当且仅当 $a = A^\tau b$ 对某个向量 b 成立. 如果 $l = Q^\tau c$, 那么

$$l = Q^\tau c = Q^\tau Z_*^\tau Z_* (Z_*^\tau Z_*)^{-1} c = Z^\tau [Z_* (Z_*^\tau Z_*)^{-1} c].$$

因此 $l \in \mathcal{R}(Z)$. 反之, 如果 $l \in \mathcal{R}(Z)$, 那么对某个 ζ, $l = Z^\tau \zeta$, 且对 $c = Z_*^\tau \zeta$

$$l = (Z_* Q)^\tau \zeta = Q^\tau c.$$

(ii) 如果 $l \in \mathcal{R}(Z) = \mathcal{R}(Z^\tau Z)$, 那么对某个 ζ, $l = Z^\tau Z \zeta$, 并且根据 (3.29),

$$\begin{aligned} E(l^\tau \hat{\beta}) &= E[l^\tau (Z^\tau Z)^- Z^\tau X] \\ &= \zeta^\tau Z^\tau Z (Z^\tau Z)^- Z^\tau Z \beta \\ &= \zeta^\tau Z^\tau Z \beta \\ &= l^\tau \beta. \end{aligned}$$

如果 $\bar{\beta}$ 是 β 的任意其他 LSE, 那么由 (3.27),

$$l^\tau \hat{\beta} - l^\tau \bar{\beta} = \zeta^\tau (Z^\tau Z)(\hat{\beta} - \bar{\beta}) = \zeta^\tau (Z^\tau X - Z^\tau X) = 0.$$

(iii) 在假设 A1 下, 如果存在 $l^\tau \beta$ 的一个无偏估计 $h(X, Z)$, 那么

$$l^\tau \beta = \int_{\mathcal{R}^n} h(x, Z)(2\pi)^{-n/2} \sigma^{-n} \exp\left\{ -\frac{1}{2\sigma^2} \|x - Z\beta\|^2 \right\} dx.$$

关于 β 求微分并利用定理 2.1,

$$l^\tau = Z^\tau \int_{\mathcal{R}^n} h(x, Z)(2\pi)^{-n/2} \sigma^{-n-2} (x - Z\beta) \exp\left\{ -\frac{1}{2\sigma^2} \|x - Z\beta\|^2 \right\} dx,$$

这说明了 $l \in \mathcal{R}(Z)$. ∎

定理 3.6 证明了 LSE 对可估参数 $l^\tau\beta$ 是无偏的. 如果 Z 满秩, 那么 $\mathcal{R}(Z) = \mathcal{R}^p$, 因而, 对于任意 $l \in \mathcal{R}^p$, $l^\tau\beta$ 是可估的.

例 3.12 (简单线性回归). 设 $\beta = (\beta_0, \beta_1) \in \mathcal{R}^2$, 且 $Z_i = (1, t_i)$, $t_i \in \mathcal{R}$, $i = 1, ..., n$. 那么模型 (3.24) 或 (3.25) 称为简单线性回归模型. 可知

$$Z^\tau Z = \begin{pmatrix} n & \sum_{i=1}^n t_i \\ \sum_{i=1}^n t_i & \sum_{i=1}^n t_i^2 \end{pmatrix}.$$

这矩阵是可逆的当且仅当有些 t_i 是不同的. 因此, 如果某些 t_i 不同, 那么对任意 $l \in \mathcal{R}^2$, $l^\tau\beta$ 唯一的无偏 LSE 是 $l^\tau(Z^\tau Z)^{-1}Z^\tau X$, 且其有正态分布若假设 A1 成立.

此结果能容易地推广到 p 阶多项回归, 其中 $\beta = (\beta_0, \beta_1, ..., \beta_{p-1})$, $Z_i = (1, t_i, ..., t_i^{p-1})$. ∎

例 3.13 (单因子 ANOVA). 设 $n = \sum_{j=1}^m n_j$, $n_1, ..., n_m$ 是 m 个正整数, 及

$$X_i = \mu_j + \varepsilon_i, \quad i = k_{j-1}+1, ..., k_j,\ j = 1, ..., m,$$

其中 $k_0 = 0$, $k_j = \sum_{l=1}^j n_l$, $j = 1, ..., m$, $(\mu_1, ..., \mu_m) = \beta$. 令 J_m 为 m 维分量均为 1 的向量. 在这种情况下, 矩阵 Z 是分块对角矩阵, J_{n_j} 是其第 j 个对角列. 因此, $Z^\tau Z$ 是一个 $m \times m$ 对角矩阵, 其第 j 个对角线元素是 n_j. 所以, $Z^\tau Z$ 是可逆的并且 β 唯一的 LSE 是 m 维向量, 其第 j 个分量是 $n_j^{-1}\sum_{i=k_{j-1}+1}^{k_j} X_i$, $j = 1, ..., m$.

有时候, 使用下列标记更方便:

$$X_{ij} = X_{k_{i-1}+j},\ \varepsilon_{ij} = \varepsilon_{k_{i-1}+j} \quad (j = 1, ..., n_i, i = 1, ..., m)$$

和

$$\mu_i = \mu + \alpha_i, \quad i = 1, ..., m.$$

那么我们的模型变成

$$X_{ij} = \mu + \alpha_i + \varepsilon_{ij}, \quad j = 1, ..., n_i, i = 1, ..., m, \tag{3.31}$$

这称为单因子方差分析 (ANOVA) 模型. 在模型 (3.31) 下, $\beta = (\mu, \alpha_1, ..., \alpha_m) \in \mathcal{R}^{m+1}$. 在模型 (3.31) 下的矩阵 Z 不是满秩的 (练习). 在模型 (3.31) 下, β 的 LSE 是

$$\hat\beta = \left(\bar X, \bar X_{1\cdot} - \bar X, ..., \bar X_{m\cdot} - \bar X\right),$$

其中 $\bar{X}$ 仍表示 X_{ij} 的样本均值, $\bar{X}_{i\cdot}$ 是第 i 组 $\{X_{ij}, j=1,...,n_i\}$ 的样本均值. 在模型 (3.31) 下求解 $l \in \mathcal{R}(Z)$ 之形式的问题留作练习. ∎

模型 (3.31) 中使用的记号允许我们在被称为因子试验的问题下, 把单因子 ANOVA 模型推广到任意 s 因子 ANOVA 模型, s 为正整数. 下面的例子是二因子 ANOVA 模型.

例 3.14 (二因子平衡 ANOVA). 假设

$$X_{ijk} = \mu + \alpha_i + \beta_j + \gamma_{ij} + \varepsilon_{ijk}, \quad i=1,...,a, j=1,...,b, k=1,...,c, \quad (3.32)$$

其中 a, b 和 c 是固定正整数. 模型 (3.32) 称为二因子平衡 ANOVA 模型. 如果我们把模型 (3.32) 看作模型 (3.25) 的特殊情况, 那么参数向量 β 是

$$\beta = (\mu, \alpha_1, ..., \alpha_a, \beta_1, ..., \beta_b, \gamma_{11}, ..., \gamma_{1b}, ..., \gamma_{a1}, ..., \gamma_{ab}). \quad (3.33)$$

我们可以求得矩阵 Z 并证明它是 $n \times p$ 矩阵, 其中 $n = abc$ 及 $p = 1+a+b+ab$, 并且它的秩是 $ab < p$ (练习). 也可以证明 (练习), β 的 LSE 就是 (3.33) 的右侧中用 $\hat{\mu}$, $\hat{\alpha}_i$, $\hat{\beta}_j$ 和 $\hat{\gamma}_{ij}$ 分别替代 μ, α_i, β_j 和 γ_{ij}, 其中 $\hat{\mu} = \bar{X}_{\cdots}$, $\hat{\alpha}_i = \bar{X}_{i\cdot\cdot} - \bar{X}_{\cdots}$, $\hat{\beta}_j = \bar{X}_{\cdot j\cdot} - \bar{X}_{\cdots}$, $\hat{\gamma}_{ij} = \bar{X}_{ij\cdot} - \bar{X}_{i\cdot\cdot} - \bar{X}_{\cdot j\cdot} + \bar{X}_{\cdots}$, 记号点用于表示所注明的脚标上的平均值, 例如, 固定 j,

$$\bar{X}_{\cdot j\cdot} = \frac{1}{ac}\sum_{i=1}^{a}\sum_{k=1}^{c} X_{ijk}. \quad ∎$$

3.3.2 UMVUE 和 BLUE

现在研究模型 (3.25) 在假设 A1 下的 UMVUE.

定理 3.7. 在假设 A1 下考虑模型 (3.25).
(i) 对任意可估的 $l^\tau\beta$, LSE $l^\tau\hat{\beta}$ 是 $l^\tau\beta$ 的 UMVUE.
(ii) σ^2 的 UMVUE 是 $\hat{\sigma}^2 = (n-r)^{-1}\|X - Z\hat{\beta}\|^2$, 其中 r 是 Z 的秩.

证明. (i) 令 $\hat{\beta}$ 是 β 的一个 LSE. 根据 (3.27),

$$(X - Z\hat{\beta})^\tau Z(\hat{\beta} - \beta) = (X^\tau Z - X^\tau Z)(\hat{\beta} - \beta) = 0.$$

进而,

$$\begin{aligned}\|X - Z\beta\|^2 &= \|X - Z\hat{\beta} + Z\hat{\beta} - Z\beta\|^2 \\ &= \|X - Z\hat{\beta}\|^2 + \|Z\hat{\beta} - Z\beta\|^2 \\ &= \|X - Z\hat{\beta}\|^2 - 2\beta^\tau Z^\tau X + \|Z\beta\|^2 + \|Z\hat{\beta}\|^2.\end{aligned}$$

利用此结果和假设 A1, 我们获得以下 X 的联合 Lebesgue p.d.f.:

$$(2\pi\sigma^2)^{-n/2}\exp\left\{\frac{\beta^\tau Z^\tau x}{\sigma^2}-\frac{\|x-Z\hat{\beta}\|^2+\|Z\hat{\beta}\|^2}{2\sigma^2}-\frac{\|Z\beta\|^2}{2\sigma^2}\right\}.$$

根据命题 2.1 和 $Z\hat{\beta}=Z(Z^\tau Z)^- Z^\tau X$ 是 $Z^\tau X$ 的函数, $(Z^\tau X, \|X-Z\hat{\beta}\|^2)$ 对 $\theta=(\beta,\sigma^2)$ 是充分完备的. 注意到, $\hat{\beta}$ 是 $Z^\tau X$ 的函数, 因此它是充分完备统计量的函数. 如果 $l^\tau\beta$ 是可估的, 那么 $l^\tau\hat{\beta}$ 对 $l^\tau\beta$ 是无偏的 (定理 3.6), 因此 $l^\tau\hat{\beta}$ 是 $l^\tau\beta$ 的 UMVUE.

(ii) 由 $\|X-Z\beta\|^2=\|X-Z\hat{\beta}\|^2+\|Z\hat{\beta}-Z\beta\|^2$ 和 $E(Z\hat{\beta})=Z\beta$ (定理 3.6) 得

$$\begin{aligned}
E\|X-Z\hat{\beta}\|^2 &= E(X-Z\beta)^\tau(X-Z\beta)-E(\beta-\hat{\beta})^\tau Z^\tau Z(\beta-\hat{\beta})\\
&=\mathrm{tr}\left(\mathrm{Var}(X)-\mathrm{Var}(Z\hat{\beta})\right)\\
&=\sigma^2[n-\mathrm{tr}\left(Z(Z^\tau Z)^- Z^\tau Z(Z^\tau Z)^- Z^\tau\right)]\\
&=\sigma^2[n-\mathrm{tr}\left((Z^\tau Z)^- Z^\tau Z\right)].
\end{aligned}$$

因为 Z 的每一行 $\in \mathcal{R}(Z)$, $Z\hat{\beta}$ 不依赖 $\hat{\beta}=(Z^\tau Z)^- Z^\tau X$ 中 $(Z^\tau Z)^-$ 的选择 (定理 3.6). 因此, 我们能够用特定的 $(Z^\tau Z)^-$ 来计算 $\mathrm{tr}\left((Z^\tau Z)^- Z^\tau Z\right)$. 由线性代数的理论可知, 存在一个 $p\times p$ 矩阵 C, 使得 $CC^\tau=I_p$ 且

$$C^\tau(Z^\tau Z)C=\begin{pmatrix}\Lambda & 0\\ 0 & 0\end{pmatrix},$$

其中 Λ 是 $r\times r$ 对角矩阵, 它的对角线元素是正的. 那么, $(Z^\tau Z)^-$ 的一个特定选择是

$$(Z^\tau Z)^- = C\begin{pmatrix}\Lambda^{-1} & 0\\ 0 & 0\end{pmatrix}C^\tau \tag{3.34}$$

且

$$(Z^\tau Z)^- Z^\tau Z = C\begin{pmatrix}I_r & 0\\ 0 & 0\end{pmatrix}C^\tau,$$

其迹为 r. 因此, $\hat{\sigma}^2$ 是 σ^2 的 UMVUE, 因为它是完备充分统计量的函数, 且

$$E\hat{\sigma}^2=(n-r)^{-1}E\|X-Z\hat{\beta}\|^2=\sigma^2. \quad \blacksquare$$

一般来讲,

$$\mathrm{Var}(l^\tau\hat{\beta})=l^\tau(Z^\tau Z)^- Z^\tau\mathrm{Var}(\varepsilon)Z(Z^\tau Z)^- l. \tag{3.35}$$

如果 $l \in \mathcal{R}(Z)$ 且 $\mathrm{Var}\,(\varepsilon) = \sigma^2 I_n$ (假设 A2), 那么在 (3.34) 中使用广义逆矩阵能推出 $\mathrm{Var}(l^\tau \hat{\beta}) = \sigma^2 l^\tau (Z^\tau Z)^- l$, 这在假设 A1 下能达到 Cramér-Rao 下界 (命题 3.2).

向量 $X - Z\hat{\beta}$ 称为残差向量, $\|X - Z\hat{\beta}\|^2$ 称为残差平方和, 并记作 SSR. 估计量 $\hat{\sigma}^2$ 等于 $SSR/(n-r)$.

因为 $X - Z\hat{\beta} = [I_n - Z(Z^\tau Z)^- Z^\tau]X$ 和 $l^\tau \hat{\beta} = l^\tau (Z^\tau Z)^- Z^\tau X$ 关于 X 是线性的, 所以在假设 A1 下它们有正态分布. 进而, 利用 (3.34) 中的广义逆矩阵, 我们得到

$$[I_n - Z(Z^\tau Z)^- Z^\tau]Z(Z^\tau Z)^- = Z(Z^\tau Z)^- - Z(Z^\tau Z)^- Z^\tau Z(Z^\tau Z)^- = 0,$$

这说明 $\hat{\sigma}^2$ 和 $l^\tau \hat{\beta}$ 是独立的 (§1.6 练习 58), 对任意可估的 $l^\tau \beta$ 而言. 进一步,

$$[Z(Z^\tau Z)^- Z^\tau]^2 = Z(Z^\tau Z)^- Z^\tau$$

(即 $Z(Z^\tau Z)^- Z^\tau$ 是一个投影矩阵) 并且

$$SSR = X^\tau [I_n - Z(Z^\tau Z)^- Z^\tau]X.$$

矩阵 $Z(Z^\tau Z)^- Z^\tau$ 的秩是 $\mathrm{tr}(Z(Z^\tau Z)^- Z^\tau) = r$. 类似地可得到, 投影矩阵 $I_n - Z(Z^\tau Z)^- Z^\tau$ 的秩是 $n - r$. 由

$$X^\tau X = X^\tau [Z(Z^\tau Z)^- Z^\tau]X + X^\tau [I_n - Z(Z^\tau Z)^- Z^\tau]X$$

和定理 1.5(Cochran 定理) 可知, SSR/σ^2 服从卡方分布 $\chi^2_{n-r}(\delta)$, 其中

$$\delta = \sigma^{-2}\beta^\tau Z^\tau [I_n - Z(Z^\tau Z)^- Z^\tau]Z\beta = 0.$$

因此, 我们已经证明了以下结果.

定理 3.8. 在假设 A1 下考虑模型 (3.25). 对任意可估参数 $l^\tau \beta$, UMVUE $l^\tau \hat{\beta}$ 和 $\hat{\sigma}^2$ 是独立的; $l^\tau \hat{\beta}$ 的分布是 $N(l^\tau \beta, \sigma^2 l^\tau (Z^\tau Z)^- l)$; 而 $(n-r)\hat{\sigma}^2/\sigma^2$ 服从卡方分布 χ^2_{n-r}. ∎

例 3.15. 例 3.12—3.14 中, 在假设 A1 下, 可估 $l^\tau \beta$ 的 UMVUE 是 LSE $l^\tau \hat{\beta}$. 例 3.13 中,

$$SSR = \sum_{i=1}^{m} \sum_{j=1}^{n_i} (X_{ij} - \bar{X}_{i\cdot})^2;$$

例 3.14 中, 如果 $c > 1$, 那么

$$SSR = \sum_{i=1}^{a}\sum_{j=1}^{b}\sum_{k=1}^{c}(X_{ijk} - \bar{X}_{ij\cdot})^2. \quad \blacksquare$$

我们现在研究在假设 A2 下 $l^\tau\hat{\beta}$ 和 $\hat{\sigma}^2$ 的性质, 即 ε 不假定为正态的. 由定理 3.6 和定理 3.7(ii) 的证明可知, $l^\tau\hat{\beta}$ ($l \in \mathcal{R}(Z)$) 和 $\hat{\sigma}^2$ 在没有正态性假设下仍然是无偏的. 除无偏性之外, 在什么意义下 $l^\tau\hat{\beta}$ 和 $\hat{\sigma}^2$ 仍是最优的? 关于 LSE $l^\tau\hat{\beta}$, 我们有以下的结论. 一些关于 $\hat{\sigma}^2$ 的讨论可以譬如在 Rao (1973, p. 228) 中找到.

定理 3.9. 在假设 A2 下考虑模型 (3.25).

(i) 存在 $l^\tau\beta$ 的线性无偏估计 (即 X 的线性函数且为无偏估计) 的充分必要条件是 $l \in \mathcal{R}(Z)$.

(ii) (Gauss-Markov 定理). 如果 $l \in \mathcal{R}(Z)$, 那么 LSE $l^\tau\hat{\beta}$ 是 $l^\tau\beta$ 的最优线性无偏估计 (BLUE), 即它是在 $l^\tau\beta$ 的线性无偏估计类中方差最小的.

证明. (i) 定理 3.6 已经给出了充分性. 现在假设 X 的线性函数 $c^\tau X$ 对 $l^\tau\beta$ 是无偏的, $c \in \mathcal{R}^n$. 那么

$$l^\tau\beta = E(c^\tau X) = c^\tau EX = c^\tau Z\beta.$$

因为等式对于所有的 β 成立, 所以 $l = Z^\tau c$, 即 $l \in \mathcal{R}(Z)$.

(ii) 令 $l \in \mathcal{R}(Z) = \mathcal{R}(Z^\tau Z)$. 根据 (3.27), 对于某个 ζ, $l = (Z^\tau Z)\zeta$ 且 $l^\tau\hat{\beta} = \zeta^\tau(Z^\tau Z)\hat{\beta} = \zeta^\tau Z^\tau X$. 设 $c^\tau X$ 是 $l^\tau\beta$ 的任一线性无偏估计. 由 (i) 的证明, $Z^\tau c = l$. 那么

$$\begin{aligned}
\mathrm{Cov}(\zeta^\tau Z^\tau X, c^\tau X - \zeta^\tau Z^\tau X) &= E(X^\tau Z\zeta c^\tau X) - E(X^\tau Z\zeta\zeta^\tau Z^\tau X) \\
&= \sigma^2\mathrm{tr}(Z\zeta c^\tau) + \beta^\tau Z^\tau Z\zeta c^\tau Z\beta \\
&\quad - \sigma^2\mathrm{tr}(Z\zeta\zeta^\tau Z^\tau) - \beta^\tau Z^\tau Z\zeta\zeta^\tau Z^\tau Z\beta \\
&= \sigma^2\zeta^\tau l + (l^\tau\beta)^2 - \sigma^2\zeta^\tau l - (l^\tau\beta)^2 \\
&= 0.
\end{aligned}$$

因此,

$$\begin{aligned}
\mathrm{Var}(c^\tau X) &= \mathrm{Var}(c^\tau X - \zeta^\tau Z^\tau X + \zeta^\tau Z^\tau X) \\
&= \mathrm{Var}(c^\tau X - \zeta^\tau Z^\tau X) + \mathrm{Var}(\zeta^\tau Z^\tau X) \\
&\quad + 2\mathrm{Cov}(\zeta^\tau Z^\tau X, c^\tau X - \zeta^\tau Z^\tau X)
\end{aligned}$$

$$= \mathrm{Var}(c^\tau X - \zeta^\tau Z^\tau X) + \mathrm{Var}(l^\tau \hat{\beta})$$
$$\geqslant \mathrm{Var}(l^\tau \hat{\beta}). \quad \blacksquare$$

3.3.3 LSE 的稳健性

现在在假设 A3 下考虑模型 (3.25). 一个有意思的问题是, $\mathrm{Var}(\varepsilon)$ 满足什么条件能使 $l^\tau \beta$ 的 LSE 仍然是 BLUE , $l \in \mathcal{R}(Z)$. 若 $l^\tau \hat{\beta}$ 仍为 BLUE, 则可以说 $l^\tau \hat{\beta}$ 作为 BLUE 对违反假设 A2 而言是稳健的. 一般地, 在一个假设下具有某些特定性质的统计方法称为对违反这个假设而言是稳健的, 当且仅当假设 (稍许) 不满足时, 这个统计方法仍然具有同样的性质. 例如, $l^\tau \beta$, $l \in \mathcal{R}(Z)$, 的 LSE 作为一个无偏估计对违反假设 A1 或 A2 而言是稳健的, 因为 LSE 是无偏的只要 $E(\varepsilon) = 0$ 成立, 而这是不失一般性的假设. 另一方面, LSE 作为 UMVUE 对违反假设 A1 而言可能不是稳健的 (参见 §3.5).

定理 3.10. 在假设 A3 下考虑模型 (3.25). 下面的陈述是等价的.

(a) 对任意 $l \in \mathcal{R}(Z)$, $l^\tau \hat{\beta}$ 是 $l^\tau \beta$ 的 BLUE.

(b) 对任意 $l \in \mathcal{R}(Z)$ 和任意满足 $E(\eta^\tau X) = 0$ 的固定 η, $E(l^\tau \hat{\beta} \eta^\tau X) = 0$.

(c) $Z^\tau \mathrm{Var}(\varepsilon) U = 0$, 其中 U 是一矩阵使得 $Z^\tau U = 0$ 且 $\mathcal{R}(U^\tau) + \mathcal{R}(Z^\tau) = \mathcal{R}^n$.

(d) $\mathrm{Var}(\varepsilon) = Z\Lambda_1 Z^\tau + U\Lambda_2 U^\tau$ 对某 Λ_1 和 Λ_2 成立.

(e) 矩阵 $Z(Z^\tau Z)^- Z^\tau \mathrm{Var}(\varepsilon)$ 是对称的.

证明. 我们首先证明 (a) 和 (b) 是等价的, 这类似于定理 3.2(i). 假设 (b) 成立. 令 $l \in \mathcal{R}(Z)$. 如果 $c^\tau X$ 关于 $l^\tau \beta$ 是无偏的, 那么 $E(\eta^\tau X) = 0$, 其中 $\eta = c - Z(Z^\tau Z)^- l$. 因此,

$$\begin{aligned}
\mathrm{Var}(c^\tau X) &= \mathrm{Var}(c^\tau X - l^\tau \hat{\beta} + l^\tau \hat{\beta}) \\
&= \mathrm{Var}(c^\tau X - l^\tau (Z^\tau Z)^- Z^\tau X + l^\tau \hat{\beta}) \\
&= \mathrm{Var}(\eta^\tau X + l^\tau \hat{\beta}) \\
&= \mathrm{Var}(\eta^\tau X) + \mathrm{Var}(l^\tau \hat{\beta}) + 2\mathrm{Cov}(\eta^\tau X, l^\tau \hat{\beta}) \\
&= \mathrm{Var}(\eta^\tau X) + \mathrm{Var}(l^\tau \hat{\beta}) + 2E(l^\tau \hat{\beta} \eta^\tau X) \\
&= \mathrm{Var}(\eta^\tau X) + \mathrm{Var}(l^\tau \hat{\beta}) \\
&\geqslant \mathrm{Var}(l^\tau \hat{\beta}).
\end{aligned}$$

现在假设, 存在 $l \in \mathcal{R}(Z)$ 和 η 使得 $E(\eta^\tau X) = 0$, 但 $\delta = E(l^\tau \hat{\beta} \eta^\tau X) \neq 0$. 令

$c_t = t\eta + Z(Z^\tau Z)^- l$. 从之前的证明可知,

$$\mathrm{Var}(c_t^\tau X) = t^2 \mathrm{Var}(\eta^\tau X) + \mathrm{Var}(l^\tau \hat{\beta}) + 2\delta t.$$

只要 $\delta \neq 0$, 就存在一个 t 使得 $\mathrm{Var}(c_t^\tau X) < \mathrm{Var}(l^\tau \hat{\beta})$. 这证明了 $l^\tau \hat{\beta}$ 不可能是 BLUE, 因而, (a) 可以推出 (b).

接下来, 我们证明 (b) 能推出 (c). 假设 (b) 成立. 因为 $l \in \mathcal{R}(Z)$, 所以, 对某个 γ , $l = Z^\tau \gamma$. 令 $\eta \in \mathcal{R}(U^\tau)$. 那么 $E(\eta^\tau X) = \eta^\tau Z\beta = 0$, 因而

$$0 = E(l^\tau \hat{\beta} \eta^\tau X) = E[\gamma^\tau Z(Z^\tau Z)^- Z^\tau X X^\tau \eta] = \gamma^\tau Z(Z^\tau Z)^- Z^\tau \mathrm{Var}(\varepsilon)\eta.$$

由于此等式对所有 $l \in \mathcal{R}(Z)$ 均成立, 所以它对所有 γ 也成立. 因此,

$$Z(Z^\tau Z)^- Z^\tau \mathrm{Var}(\varepsilon) U = 0,$$

这能推出

$$Z^\tau Z(Z^\tau Z)^- Z^\tau \mathrm{Var}(\varepsilon) U = Z^\tau \mathrm{Var}(\varepsilon) U = 0,$$

因为 $Z^\tau Z(Z^\tau Z)^- Z^\tau = Z^\tau$. 因此, (c) 成立.

为了证明 (c) 可以推出 (d), 我们需要用下列线性代数理论: 存在一个非奇异矩阵 C 使得 $\mathrm{Var}(\varepsilon) = CC^\tau$ 且 $C = ZC_1 + UC_2$ 对某矩阵 C_j 成立 (因为 $\mathcal{R}(U^\tau) + \mathcal{R}(Z^\tau) = \mathcal{R}^n$). 令 $\Lambda_1 = C_1 C_1^\tau$, $\Lambda_2 = C_2 C_2^\tau$, 及 $\Lambda_3 = C_1 C_2^\tau$. 则

$$\mathrm{Var}(\varepsilon) = Z\Lambda_1 Z^\tau + U\Lambda_2 U^\tau + Z\Lambda_3 U^\tau + U\Lambda_3^\tau Z^\tau \tag{3.36}$$

以及 $Z^\tau \mathrm{Var}(\varepsilon) U = Z^\tau Z \Lambda_3 U^\tau U$, 这等于 0 若 (c) 成立. 因此, (c) 能推出

$$0 = Z(Z^\tau Z)^- Z^\tau Z \Lambda_3 U^\tau U (U^\tau U)^- U^\tau = Z\Lambda_3 U^\tau,$$

这与 (3.36) 一起可推出 (d).

若 (d) 成立, 则 $Z(Z^\tau Z)^- Z^\tau \mathrm{Var}(\varepsilon) = Z\Lambda_1 Z^\tau$, 这是对称的. 因此 (d) 推出了 (e). 为完成证明, 我们还需证明 (e) 推出 (b), 这留作习题. ∎

作为这个定理的推论, 下面的结果证明了在假设 A1 之下模型 (3.25) 中的 UMVUE 何时是对违反假设 $\mathrm{Var}(\varepsilon) = \sigma^2 I_n$ 而言稳健的.

推论 3.3. 考虑模型 (3.25), Z 为满秩, $\varepsilon = N_n(0, \Sigma)$, 其中 Σ 是未知的正定矩阵. 那么, 对任意 $l \in \mathcal{R}^p$, $l^\tau \hat{\beta}$ 是 $l^\tau \beta$ 的 UMVUE 当且仅当定理 3.10 中 (b)—(e) 任一条件成立. ∎

例 3.16. 考虑模型 (3.25), 其中的 β 被一个与 ε 独立的随机向量 $\boldsymbol{\beta}$ 替换. 称这种模型为带有随机系数的线性模型. 设 $\mathrm{Var}(\varepsilon)=\sigma^2 I_n$ 和 $E(\boldsymbol{\beta})=\beta$. 则

$$X=Z\beta+Z(\boldsymbol{\beta}-\beta)+\varepsilon=Z\beta+e, \tag{3.37}$$

其中 $e=Z(\boldsymbol{\beta}-\beta)+\varepsilon$ 满足 $E(e)=0$ 和

$$\mathrm{Var}(e)=Z\mathrm{Var}(\boldsymbol{\beta})Z^\tau+\sigma^2 I_n.$$

由于

$$Z(Z^\tau Z)^- Z^\tau \mathrm{Var}(e)=Z\mathrm{Var}(\boldsymbol{\beta})Z^\tau+\sigma^2 Z(Z^\tau Z)^- Z^\tau$$

是对称的, 根据定理 3.10, 模型 (3.37) 中的 LSE $l^\tau\hat{\beta}$ 是 $l^\tau\beta$ 的 BLUE, $l\in\mathcal{R}(Z)$. 假如 Z 满秩而且 ε 是正态的, 那么根据推论 3.3, 对任意 $l\in\mathcal{R}^p$, $l^\tau\hat{\beta}$ 是 $l^\tau\beta$ 的 UMVUE. ∎

例 3.17 (随机效应模型). 假设

$$X_{ij}=\mu+A_i+e_{ij},\quad j=1,...,n_i, i=1,...,m, \tag{3.38}$$

其中 $\mu\in\mathcal{R}$ 是未知参数, $A_1,...,A_m$ 是 i.i.d. 随机变量, 其均值为 0, 方差为 σ_a^2, 所有的 e_{ij} 为 i.i.d. 随机误差, 其均值为 0, 方差为 σ^2 且所有的 A_i 与 e_{ij} 相互独立. 模型 (3.38) 称为单因子随机效应模型, A_i 是不可观测的随机效应. 令 $\varepsilon_{ij}=A_i+e_{ij}$. 那么 (3.38) 是一般模型 (3.25) 的特殊情况且

$$\mathrm{Var}(\varepsilon)=\sigma_a^2\Sigma+\sigma^2 I_n,$$

其中 Σ 是分块对角矩阵, 其第 i 块对角矩阵是 $J_{n_i}J_{n_i}^\tau$, J_k 是分量均为 1 的 k 维向量. 基于此模型, $Z=J_n$, $n=\sum_{i=1}^m n_i$ 且 $Z(Z^\tau Z)^- Z^\tau=n^{-1}J_n J_n^\tau$. 注意到,

$$J_n J_n^\tau \Sigma=\begin{pmatrix} n_1 J_{n_1}J_{n_1}^\tau & n_2 J_{n_1}J_{n_2}^\tau & \cdots & n_m J_{n_1}J_{n_m}^\tau \\ n_1 J_{n_2}J_{n_1}^\tau & n_2 J_{n_2}J_{n_2}^\tau & \cdots & n_m J_{n_2}J_{n_m}^\tau \\ \vdots & \vdots & & \vdots \\ n_1 J_{n_m}J_{n_1}^\tau & n_2 J_{n_m}J_{n_2}^\tau & \cdots & n_m J_{n_m}J_{n_m}^\tau \end{pmatrix},$$

这是对称的当且仅当 $n_1=n_2=\cdots=n_m$. 因为 $J_n J_n^\tau\mathrm{Var}(\varepsilon)$ 对称当且仅当 $J_n J_n^\tau\Sigma$ 对称, 所以 μ 的 LSE 是 BLUE 的充分必要条件是所有的 n_i 相等. 当 ε_{ij} 为正态时, 这也是 μ 的 LSE 是 UMVUE 的充分必要条件. ∎

在有些情况下, 我们感兴趣的是 β 的一些 (并非所有) 线性函数. 例如, 考虑 $l^\tau\beta$, $l\in\mathcal{R}(H)$, 其中 H 是一个 $n\times p$ 矩阵满足 $\mathcal{R}(H)\subset\mathcal{R}(Z)$. 我们有以下结论.

命题 3.4. 在假设 A3 下考虑模型 (3.25). 假设 H 是一个矩阵使得 $\mathcal{R}(H)\subset\mathcal{R}(Z)$. 对任意 $l\in\mathcal{R}(H)$, LSE $l^\tau\hat{\beta}$ 是 $l^\tau\beta$ 的 BLUE 的充分必要条件是 $H(Z^\tau Z)^-Z^\tau\mathrm{Var}(\varepsilon)U=0$, 其中 U 与定理 3.10(c) 中的相同. ∎

例 3.18. 在假设 A3 下考虑模型 (3.25), $Z=(H_1\ H_2)$, 其中 $H_1^\tau H_2=0$. 在简化模型

$$X=H_1\beta_1+\varepsilon$$

下, 假设 $l^\tau\hat{\beta}_1$ 是任意 $l^\tau\beta_1$ 的 BLUE, $l\in\mathcal{R}(H_1)$, 而在简化模型

$$X=H_2\beta_2+\varepsilon$$

下, $l^\tau\hat{\beta}_2$ 并不是某些 $l^\tau\beta_2$ 的 BLUE, $l\in\mathcal{R}(H_2)$, 其中 $\beta=(\beta_1,\beta_2)$, $\hat{\beta}_j$ 是简化模型下的 LSE. 令 $H=(H_1\ 0)$ 为 $n\times p$ 矩阵. 注意到,

$$H(Z^\tau Z)^-Z^\tau\mathrm{Var}(\varepsilon)U=H_1(H_1^\tau H_1)^-H_1^\tau\mathrm{Var}(\varepsilon)U,$$

根据定理 3.10, 这等于 0, 其中 U 由定理 3.10(c) 给出, 并且

$$Z(Z^\tau Z)^-Z^\tau\mathrm{Var}(\varepsilon)U=H_2(H_2^\tau H_2)^-H_2^\tau\mathrm{Var}(\varepsilon)U,$$

根据定理 3.10, 这不等于 0. 这说明, 某些 LSE $l^\tau\hat{\beta}$ 不是 $l^\tau\beta$ 的 BLUE, 但是如果 $l\in\mathcal{R}(H)$, 那么 $l^\tau\hat{\beta}$ 是 $l^\tau\beta$ 的 BLUE. ∎

最后, 我们考虑模型 (3.25), $\mathrm{Var}(\varepsilon)$ 是对角矩阵, 其第 i 个对角线元素是 σ_i^2, 即 ε_i 不相关但方差不同. 通过直接的计算可以证明, 定理 3.10 中条件 (e) 成立当且仅当对一切 $i\neq j$, 只有当 $h_{ij}=0$ 时 $\sigma_i^2\neq\sigma_j^2$, 其中 h_{ij} 是投影矩阵 $Z(Z^\tau Z)^-Z^\tau$ 的第 (i,j) 元素. 因此, 一般来说 LSE 不是 BLUE, 尽管它关于可估的 $l^\tau\beta$ 是无偏的.

假设 ε_i 不等的方差是由一些小波动造成的, 即 $\varepsilon_i=e_i+u_i$, 其中 $\mathrm{Var}(e_i)=\sigma^2$, $\mathrm{Var}(u_i)=\delta_i$ 及 e_i 与 u_i 独立, 因此 $\sigma_i^2=\sigma^2+\delta_i$. 根据 (3.35),

$$\mathrm{Var}(l^\tau\hat{\beta})=l^\tau(Z^\tau Z)^-\sum_{i=1}^n\sigma_i^2Z_iZ_i^\tau(Z^\tau Z)^-l.$$

如果对一切 i, $\delta_i = 0$ (没有波动), 那么假设 A2 成立且 $l^\tau\hat{\beta}$ 是任意可估 $l^\tau\beta$ 的 BLUE, 且 $\mathrm{Var}(l^\tau\hat{\beta}) = \sigma^2 l^\tau(Z^\tau Z)^- l$. 假设 $0 < \delta_i \leqslant \sigma^2\delta$. 那么

$$\mathrm{Var}(l^\tau\hat{\beta}) \leqslant (1+\delta)\sigma^2 l^\tau(Z^\tau Z)^- l.$$

这说明, LSE 对稍有违反等方差的假设而言, 在方差增加少许 (δ 较小) 的意义下是稳健的.

3.3.4 LSE 的渐近性质

首先, 我们考虑 LSE $l^\tau\hat{\beta}$ 的一致性, 其中 $l \in \mathcal{R}(Z)$ 对于每一个 n 成立.

定理 3.11. 在假设 A3 下考虑模型 (3.25). 设 $\sup_n \lambda_+[\mathrm{Var}(\varepsilon)] < \infty$, 其中 $\lambda_+[A]$ 是矩阵 A 的最大特征值, 且设 $\lim_{n\to\infty}\lambda_+[(Z^\tau Z)^-] = 0$. 那么对任意 $l \in \mathcal{R}(Z)$, $l^\tau\hat{\beta}$ 是 mse 一致的.

证明. 结论可由 $l^\tau\hat{\beta}$ 的无偏性和以下结果得到:

$$\begin{aligned}\mathrm{Var}(l^\tau\hat{\beta}) &= l^\tau(Z^\tau Z)^- Z^\tau \mathrm{Var}(\varepsilon) Z(Z^\tau Z)^- l \\ &\leqslant \lambda_+[\mathrm{Var}(\varepsilon)] l^\tau(Z^\tau Z)^- l. \quad \blacksquare\end{aligned}$$

没有 ε 的正态性假设, $l^\tau\hat{\beta}$ 的精确分布很难获得. $l^\tau\hat{\beta}$ 的渐近分布在以下结果中导出.

定理 3.12. 在假设 A3 下考虑模型 (3.25). 设 $0 < \inf_n \lambda_-[\mathrm{Var}(\varepsilon)]$, 其中 $\lambda_-[A]$ 是矩阵 A 的最小特征值, 且设

$$\lim_{n\to\infty}\max_{1\leqslant i\leqslant n} Z_i^\tau(Z^\tau Z)^- Z_i = 0. \tag{3.39}$$

进一步假设 $n = \sum_{j=1}^k m_j$, k 和 m_j 为固定整数, $j = 1, ..., k$, 且 m_j 以一固定整数 m 为上界, $\varepsilon = (\xi_1, ..., \xi_k)$, $\xi_j \in \mathcal{R}^{m_j}$ 以及所有 ξ_j 相互独立.

(i) 如果 $\sup_i E|\varepsilon_i|^{2+\delta} < \infty$, 那么对任意 n 满足 $l \in \mathcal{R}(Z)$ 之固定 l, 有

$$l^\tau(\hat{\beta}-\beta)\Big/\sqrt{\mathrm{Var}(l^\tau\hat{\beta})} \to_d N(0,1). \tag{3.40}$$

(ii) 假设当 $m_i = m_j$ 时, ξ_i 和 ξ_j 分布相同, $1 \leqslant i < j \leqslant k$. 那么对任意 n 满足 $l \in \mathcal{R}(Z)$ 之固定 l, 结论 (3.40) 成立.

证明. 令 $l \in \mathcal{R}(Z)$ 对任意 n 成立. 则

$$l^\tau(Z^\tau Z)^- Z^\tau Z\beta - l^\tau\beta = 0$$

且

$$l^\tau(\hat{\beta}-\beta)=l^\tau(Z^\tau Z)^- Z^\tau\varepsilon=\sum_{j=1}^k c_{nj}^\tau\xi_j,$$

其中 c_{nj} 是 m_j 维向量, 其分量为 $l^\tau(Z^\tau Z)^- Z_i$, $i=k_{j-1}+1,...,k_j$, $k_0=0$, $k_j=\sum_{t=1}^j m_t$, $j=1,...,k$. 注意到

$$\sum_{j=1}^k \|c_{nj}\|^2 = l^\tau(Z^\tau Z)^- Z^\tau Z(Z^\tau Z)^- l = l^\tau(Z^\tau Z)^- l. \tag{3.41}$$

又有

$$\begin{aligned}\max_{1\leqslant j\leqslant k}\|c_{nj}\|^2 &\leqslant m\max_{1\leqslant i\leqslant n}[l^\tau(Z^\tau Z)^- Z_i]^2\\ &\leqslant ml^\tau(Z^\tau Z)^- l\max_{1\leqslant i\leqslant n}Z_i^\tau(Z^\tau Z)^- Z_i,\end{aligned}$$

这与 (3.41) 以及条件 (3.39) 一起能推出

$$\lim_{n\to\infty}\left(\max_{1\leqslant j\leqslant k}\|c_{nj}\|^2\Big/\sum_{j=1}^k\|c_{nj}\|^2\right)=0.$$

根据推论 1.3, 可得结论. ∎

在定理 3.12 的条件下, $\mathrm{Var}(\varepsilon)$ 是一个分块对角矩阵, $\mathrm{Var}(\xi_j)$ 是其第 j 个对角块, 独立的 $\varepsilon_1,...,\varepsilon_n$ 是其特殊情况.

以下的引理告诉我们如何验证条件 (3.39).

引理 3.3. 下面是 (3.39) 的充分条件.

(a) 当 $n\to\infty$ 时, $\lambda_+[(Z^\tau Z)^-]\to 0$ 且 $Z_n^\tau(Z^\tau Z)^- Z_n\to 0$.

(b) 存在一个递增序列 $\{a_n\}$, 使得 $a_n\to\infty$, $a_n/a_{n+1}\to 1$, 且 $Z^\tau Z/a_n$ 收敛到一个正定矩阵. ∎

如果在简单线性回归模型 (例 3.12) 中, $n^{-1}\sum_{i=1}^n t_i^2\to c$ 且 $n^{-1}\sum_{i=1}^n t_i\to d$, 其中 c 是正数, 那么引理 3.3 的条件 (b) 满足 $a_n=n$, 因而定理 3.12 可用. 在单因子方差分析模型 (例 3.13) 中,

$$\max_{1\leqslant i\leqslant n}Z_i^\tau(Z^\tau Z)^- Z_i=\lambda_+[(Z^\tau Z)^-]=\max_{1\leqslant j\leqslant m}n_j^{-1}.$$

因此, 定理 3.12 中与 Z 有关的条件满足当且仅当 $\min_j n_j\to\infty$. 二因子方差分析模型 (例 3.14) 中可以推出类似的结论.

3.4 调查问题中的无偏估计

本节, 我们考虑在应用中常常遇到的另一类非独立同分布数据的无偏估计问题: 来自有限总体的调查数据. 关于这类问题的描述在 §2.1.1 的例 2.3 中给出. 抽样调查的例子和更完整的理论内容可以在 Cochran (1977) 和 Särndal, Swensson and Wretman (1992) 中找到.

3.4.1 总体总值的 UMVUE

我们使用例 2.3 中的记号. 设 $X = (X_1, ..., X_n)$ 是一个来自有限总体 $\mathcal{P} = \{y_1, ..., y_N\}$ 的样本,

$$P(X_1 = y_{i_1}, ..., X_n = y_{i_n}) = p(\boldsymbol{s})/n!,$$

其中 $\boldsymbol{s} = \{i_1, ..., i_n\}$ 是 $\{1, ..., N\}$ 中不同元素构成的一个子集, p 是给定的抽样概率. 我们考虑一维变量 y_i, 尽管我们的大多数结论对多维变量 y_i 仍然成立. 在许多调查问题中, 要估计的参数是总体总值 $Y = \sum_{i=1}^N y_i$.

例 2.27 中已经证明, 如果 $p(\boldsymbol{s})$ 是常数 (简单随机抽样), 那么 $\hat{Y} = N\bar{X} = \frac{N}{n}\sum_{i\in\boldsymbol{s}} y_i$ 对 Y 是无偏的; 也给出了 $\mathrm{Var}(\hat{Y})$ 的公式. 我们现在证明, 在简单随机抽样下, $\hat{Y}$ 事实上是 Y 的 UMVUE. 设 $\mathcal{Y}$ 是 y_i 的值域, $\theta = (y_1, ..., y_N)$ 和 $\Theta = \prod_{i=1}^N \mathcal{Y}$. 在简单随机抽样下, 所考虑的总体是一个参数为 $\theta \in \Theta$ 的参数族.

定理 3.13. (i) (Watson-Royall 定理). 如果对一切 $\boldsymbol{s}$, 有 $p(\boldsymbol{s}) > 0$, 那么次序统计量 $X_{(1)} \leqslant \cdots \leqslant X_{(n)}$ 的向量关于 $\theta \in \Theta$ 是完备的.

(ii) 在简单随机抽样中, 次序统计量的向量关于 $\theta \in \Theta$ 是充分的.

(iii) 在简单随机抽样中, 对于 θ 的任何可估函数, 其唯一的 UMVUE 是无偏估计 $g(X_1, ..., X_n)$, 其中 g 关于它的 n 个变量是对称的.

证明. (i) 设 $h(X)$ 是一个次序统计量的函数. 那么 h 关于其 n 个变量是对称的. 我们需要证明, 如果

$$E[h(X)] = \sum_{\boldsymbol{s}=\{i_1,...,i_n\}\subset\{1,...,N\}} p(\boldsymbol{s})h\left(y_{i_1}, ..., y_{i_n}\right)/n! = 0 \tag{3.42}$$

对一切 $\theta \in \Theta$ 成立, 那么对一切 $y_{i_1}, ..., y_{i_n}$, 有 $h(y_{i_1}, ..., y_{i_n}) = 0$. 首先, 设 θ 的所有 N 个元素都等于 $a \in \mathcal{Y}$. 那么 (3.42) 能推出 $h(a, ..., a) = 0$. 其次, 设 θ 中的 $N-1$ 个元素等于 a 而另一个元素是 $b > a$. 那么 (3.42) 简化为

$$q_1 h(a, ..., a) + q_2 h(a, ..., a, b),$$

其中 q_1 和 q_2 介于 $(0,1)$ 之间且已知. 由于 $h(a,...,a)=0$ 和 $q_2\neq 0$, 所以 $h(a,...,a,b)=0$. 用同样的讨论, 我们能够证明对任意 k 个 a 和 $n-k$ 个 b, 有 $h(a,...,a,b,...,b)=0$. 接下来假设 θ 的元素等于 a, b 或 c, $a<b<c$. 我们能够证明, 对任意 k 个 a, l 个 b 和 $n-k-l$ 个 c, 有 $h(a,...,a,b,...,b,c,...,c)=0$. 继续归纳, 我们可知对一切可能的 $y_1,...,y_n$, $h(y_1,...,y_n)=0$. 证毕.

(ii) 该结果可根据因式分解定理 (定理 2.2), 简单随机抽样中 $p(\boldsymbol{s})$ 是常数, 及

$$P(X_1=y_{i_1},...,X_n=y_{i_n})=P(X_{(1)}=y_{(i_1)},...,X_{(n)}=y_{(i_n)})/n!$$

推出, 其中 $y_{(i_1)}\leqslant\cdots\leqslant y_{(i_n)}$ 是 $y_{i_1},...,y_{i_n}$ 排序后所得.

(iii) 该结论可直接由 (i) 和 (ii) 推出. ∎

请注意以下两个有意义的事实: (1) 尽管在简单随机抽样下的问题为参数问题, 但是充分完备统计量与非参数问题中的是相同的 (例 2.17). (2) 对于次序统计量的完备性, 我们不需要假定简单随机抽样.

例 3.19. 由例 2.27 可知, $\hat{Y}=N\bar{X}$ 对 Y 是无偏的. 由于 $\hat{Y}$ 关于其变量对称, 它是 Y 的 UMVUE. 现在我们推导 $\mathrm{Var}(\hat{Y})$ 的 UMVUE. 由例 2.27,

$$\mathrm{Var}(\hat{Y})=\frac{N^2}{n}\left(1-\frac{n}{N}\right)\sigma^2, \tag{3.43}$$

其中

$$\sigma^2=\frac{1}{N-1}\sum_{i=1}^{N}\left(y_i-\frac{Y}{N}\right)^2.$$

可以证明 (练习), $E(S^2)=\sigma^2$, 其中 S^2 是样本方差

$$S^2=\frac{1}{n-1}\sum_{i=1}^{n}(X_i-\bar{X})^2=\frac{1}{n-1}\sum_{i\in\boldsymbol{s}}\left(y_i-\frac{\hat{Y}}{N}\right)^2.$$

由于 S^2 关于其变量对称, $\frac{N^2}{n}\left(1-\frac{n}{N}\right)S^2$ 是 $\mathrm{Var}(\hat{Y})$ 的 UMVUE. ∎

简单随机抽样非常简单且容易使用, 但其效率低下, 除非总体关于 y_i 相当均匀. 实践中常用的抽样计划是*分层抽样计划*, 如下所述. 总体 $\mathcal{P}$ 被划分成不重叠的子总体 $\mathcal{P}_1,...,\mathcal{P}_H$ 称作层; 从每一层 $\mathcal{P}_h$ 中抽出样本, 层间样本独立. 分层有许多理由: (1) 当不均匀总体被划分成层时, 每一层内部是均匀的, 这样在参数估计中可以产生精度的提高; (2) 在总体的不同部分中, 抽样问题可能不同; (3) 基于管理方面的考虑也可能促使分层. 更多的讨论能在 Cochran (1977) 中找到.

在分层抽样中, 如果简单随机样本 (无放回) $X_h = (X_{h1}, ..., X_{hn_h})$ 是从每一层中取出, 其中 n_h 是第 h 层的样本量, 那么 $X = (X_1, ..., X_H)$ 的联合分布属于一个参数为 $\theta = (\theta_1, ..., \theta_H)$ 的参数族, 其中 $\theta_h = (y_i, i \in \mathcal{P}_h)$, $h = 1, ..., H$. 设 $\mathcal{Y}_h$ 是第 h 层中 y_i 的值域且 $\Theta_h = \prod_{i=1}^{N_h} \mathcal{Y}_h$, 其中 N_h 是 $\mathcal{P}_h$ 的元数量. 我们设参数空间为 $\Theta = \prod_{i=1}^{H} \Theta_h$. 以下结果类似于定理 3.13.

定理 3.14. 设 X 是采用之前描述的分层简单随机抽样所获得的样本.

(i) 对每个 h, 令 Z_h 是第 h 层中的样本经排序后的向量. 那么 $(Z_1, ..., Z_H)$ 关于 $\theta \in \Theta$ 是充分完备的.

(ii) 对 θ 的任意可估函数, 且唯一的 UMVUE 是无偏估计 $g(X)$, 它的前 n_1 个变量对称, 之后的 n_2 个变量对称,..., 最后的 n_H 个变量对称. ∎

例 3.20. 考虑总体总值 Y 的估计, 基于通过分层简单随机抽样得到的样本 $X = (X_{hi}, i = 1, ..., n_h, h = 1, ..., H)$. 令 Y_h 是第 h 层总体总值, $\hat{Y}_h = N_h \bar{X}_{h\cdot}$, 其中 $\bar{X}_{h\cdot}$ 是第 h 层的样本均值, $h = 1, ..., H$. 由例 2.27, 每个 $\hat{Y}_h$ 都是 Y_h 的无偏估计. 令

$$\hat{Y}_{st} = \sum_{h=1}^{H} \hat{Y}_h = \sum_{h=1}^{H} \sum_{i=1}^{n_h} \frac{N_h}{n_h} X_{hi}.$$

那么, 根据定理 3.14, $\hat{Y}_{st}$ 是 Y 的 UMVUE. 由于 $\hat{Y}_1, ..., \hat{Y}_H$ 是独立的, 所以由 (3.43) 可知

$$\operatorname{Var}(\hat{Y}_{st}) = \sum_{h=1}^{H} \frac{N_h^2}{n_h} \left(1 - \frac{n_h}{N_h}\right) \sigma_h^2, \tag{3.44}$$

其中 $\sigma_h^2 = (N_h - 1)^{-1} \sum_{i \in \mathcal{P}_h} (y_i - Y_h/N_h)^2$. 通过与例 3.19 类似的推导, 可以证明 $\operatorname{Var}(\hat{Y}_{st})$ 的 UMVUE 是

$$S_{st}^2 = \sum_{h=1}^{H} \frac{N_h^2}{n_h} \left(1 - \frac{n_h}{N_h}\right) S_h^2, \tag{3.45}$$

其中 S_h^2 是基于 $X_{h1}, ..., X_{hn_h}$ 的样本方差.

有意义的是比较 UMVUE $\hat{Y}_{st}$ 的 mse 与简单随机抽样 (例 3.19) 中 UMVUE $\hat{Y}$ 的 mse. 令 σ^2 在 (3.43) 中给出. 那么

$$(N-1)\sigma^2 = \sum_{h=1}^{H} (N_h - 1)\sigma_h^2 + \sum_{h=1}^{H} N_h (\mu_h - \mu)^2,$$

其中 $\mu_h = Y_h/N_h$ 是第 h 层的总体均值, $\mu = Y/N$ 是整个总体均值. 根据

(3.43), (3.44) 及 (3.45), $\mathrm{Var}(\hat{Y}) \geqslant \mathrm{Var}(\hat{Y}_{st})$ 当且仅当

$$\sum_{h=1}^{H}\frac{N^2N_h}{n(N-1)}\left(1-\frac{n}{N}\right)(\mu_h-\mu)^2 \geqslant \sum_{h=1}^{H}\left[\frac{N_h^2}{n_h}\left(1-\frac{n_h}{N_h}\right)-\frac{N^2(N_h-1)}{n(N-1)}\left(1-\frac{n}{N}\right)\right]\sigma_h^2.$$

这意味着, 如果偏差 $\mu_h-\mu$ 充分大, 那么分层简单随机抽样比简单随机抽样要好. 假如 $\frac{n_h}{N_h}\equiv\frac{n}{N}$ (按比例分配), 那么这条件简化为

$$\sum_{h=1}^{H}N_h(\mu_h-\mu)^2 \geqslant \sum_{h=1}^{H}\left(1-\frac{N_h}{N}\right)\sigma_h^2, \tag{3.46}$$

当 μ_h 不等以及一些 N_h 较大时, 这通常是正确的.

注意到, 方差 $\mathrm{Var}(\hat{Y})$ 和 $\mathrm{Var}(\hat{Y}_{st})$ 是在不同的获得 $\hat{Y}$ 和 $\hat{Y}_{st}$ 的抽样方案下得到的. ∎

3.4.2 Horvitz-Thompson 估计

如果有限总体 $\mathcal{P}$ 的一些元素是子单元组 (称为群), 那么从 $\mathcal{P}$ 中的抽样是*整群抽样*. 通常采用整群抽样是因为方便管理或者出于经济考虑. 虽然有时候最初的意图是用子单元作为抽样单元, 但后来发现总体中不具有可靠的子单元列表. 例如, 许多国家并没有在某一区域内完整的人或房屋的列表. 然而从该区域的地图中, 它能划分为各个群, 如城市或者城市中的区块.

在整群抽样中, 通过采用与群大小成比例的抽样概率, 可以很大程度上提高估计的精度. 因此, 常常使用不等概率抽样.

假设得到一些群样本. 如果选取的群中的子单元相似, 那么测量它们全体非常不经济. 在任何选取的群中, 可以选取子单元的样本. 这称为两阶段抽样. 我们可以继续这个过程从而获得一个多阶段抽样 (例如, 城市 → 区 → 房屋 → 人). 当然, 在每一阶段都可以采用分层抽样和/或不等概率抽样.

当抽样计划非常复杂时, 观测值的结构同样也复杂. 现在我们引入一种求总体总值的无偏估计的一般方法, 称为 Horvitz-Thompson 估计.

定理 3.15. 令 $X=\{y_i, i\in \boldsymbol{s}\}$ 表示从 $\mathcal{P}=\{y_1,...,y_N\}$ 中用某种方法无放回抽取的一个样本. 定义

$$\pi_i = \ i\in \boldsymbol{s} \text{ 的概率}, \quad i=1,...,N.$$

(i) (Horvitz-Thompson). 如果对 $i=1,...,N$, 有 $\pi_i>0$, 且当 $i\in\boldsymbol{s}$ 时, π_i 已知, 那么 $\hat{Y}_{ht}=\sum_{i\in\boldsymbol{s}}y_i/\pi_i$ 是总体总值 Y 的一个无偏估计.

(ii) 定义

$$\pi_{ij} = \ i \in \boldsymbol{s} \text{ 和 } j \in \boldsymbol{s} \text{ 的概率}, \quad i = 1, ..., N,\ j = 1, ..., N.$$

那么

$$\mathrm{Var}(\hat{Y}_{ht}) = \sum_{i=1}^{N} \frac{1-\pi_i}{\pi_i} y_i^2 + 2\sum_{i=1}^{N}\sum_{j=i+1}^{N} \frac{\pi_{ij}-\pi_i\pi_j}{\pi_i\pi_j} y_i y_j \tag{3.47}$$

$$= \sum_{i=1}^{N}\sum_{j=i+1}^{N} (\pi_i\pi_j - \pi_{ij}) \left(\frac{y_i}{\pi_i} - \frac{y_j}{\pi_j}\right)^2. \tag{3.48}$$

证明. (i) 令 $a_i = 1$ 若 $i \in \boldsymbol{s}$, $a_i = 0$ 若 $i \notin \boldsymbol{s}$, $i = 1, ..., N$. 则 $E(a_i) = \pi_i$ 且

$$E(\hat{Y}_{ht}) = E\left(\sum_{i=1}^{N} \frac{a_i y_i}{\pi_i}\right) = \sum_{i=1}^{N} y_i = Y.$$

(ii) 由于 $a_i^2 = a_i$,

$$\mathrm{Var}(a_i) = E(a_i) - [E(a_i)]^2 = \pi_i(1-\pi_i).$$

对于 $i \neq j$,

$$\mathrm{Cov}(a_i, a_j) = E(a_i a_j) - E(a_i)E(a_j) = \pi_{ij} - \pi_i\pi_j.$$

那么

$$\begin{aligned}
\mathrm{Var}(\hat{Y}_{ht}) &= \mathrm{Var}\left(\sum_{i=1}^{N} \frac{a_i y_i}{\pi_i}\right) \\
&= \sum_{i=1}^{N} \frac{y_i^2}{\pi_i^2} \mathrm{Var}(a_i) + 2\sum_{i=1}^{N}\sum_{j=i+1}^{N} \frac{y_i y_j}{\pi_i\pi_j} \mathrm{Cov}(a_i, a_j) \\
&= \sum_{i=1}^{N} \frac{1-\pi_i}{\pi_i} y_i^2 + 2\sum_{i=1}^{N}\sum_{j=i+1}^{N} \frac{\pi_{ij}-\pi_i\pi_j}{\pi_i\pi_j} y_i y_j.
\end{aligned}$$

因此可得 (3.47). 要证明 (3.48), 注意到

$$\sum_{i=1}^{N} \pi_i = n \quad \text{和} \quad \sum_{j=1,...,N, j\neq i} \pi_{ij} = (n-1)\pi_i,$$

这推导出

$$\sum_{j=1,...,N, j\neq i} (\pi_{ij} - \pi_i\pi_j) = (n-1)\pi_i - \pi_i(n-\pi_i) = -\pi_i(1-\pi_i).$$

因此

$$\sum_{i=1}^{N}\frac{1-\pi_i}{\pi_i}y_i^2=\sum_{i=1}^{N}\sum_{j=1,\dots,N,j\neq i}(\pi_i\pi_j-\pi_{ij})\frac{y_i^2}{\pi_i^2}$$
$$=\sum_{i=1}^{N}\sum_{j=i+1}^{N}(\pi_i\pi_j-\pi_{ij})\left(\frac{y_i^2}{\pi_i^2}+\frac{y_j^2}{\pi_j^2}\right),$$

根据 (3.47), 可得

$$\mathrm{Var}(\hat{Y}_{ht})=\sum_{i=1}^{N}\sum_{j=i+1}^{N}(\pi_{ij}-\pi_i\pi_j)\left(\frac{y_i^2}{\pi_i^2}+\frac{y_j^2}{\pi_j^2}-\frac{2y_iy_j}{\pi_i\pi_j}\right)$$
$$=\sum_{i=1}^{N}\sum_{j=i+1}^{N}(\pi_i\pi_j-\pi_{ij})\left(\frac{y_i}{\pi_i}-\frac{y_j}{\pi_j}\right)^2. \quad ∎$$

利用同样的想法, 我们能够得到 $\mathrm{Var}(\hat{Y}_{ht})$ 的无偏估计量. 假设对所有 i 和 j, $\pi_{ij}>0$, 并且当 $i\in\boldsymbol{s}$ 和 $j\in\boldsymbol{s}$ 时, π_{ij} 已知. 根据 (3.47), $\mathrm{Var}(\hat{Y}_{ht})$ 的一个无偏估计是

$$v_1=\sum_{i\in\boldsymbol{S}}\frac{1-\pi_i}{\pi_i^2}y_i^2+2\sum_{i\in\boldsymbol{S}}\sum_{j\in\boldsymbol{S},j>i}\frac{\pi_{ij}-\pi_i\pi_j}{\pi_i\pi_j\pi_{ij}}y_iy_j. \tag{3.49}$$

由 (3.48), $\mathrm{Var}(\hat{Y}_{ht})$ 的一个无偏估计是

$$v_2=\sum_{i\in\boldsymbol{S}}\sum_{j\in\boldsymbol{S},j>i}\frac{\pi_i\pi_j-\pi_{ij}}{\pi_{ij}}\left(\frac{y_i}{\pi_i}-\frac{y_j}{\pi_j}\right)^2. \tag{3.50}$$

方差的估计量 v_1 和 v_2 一般说来不相同, 但是在某些特殊情况 (习题 92) 下它们是相同的. 一个更严重问题是它们可能取负值. 有关推导 $\mathrm{Var}(\hat{Y}_{ht})$ 更好的估计参见 Cochran (1977, Chapter 9A).

以下考虑定理 3.15 的一些特殊情况.

简单随机抽样下, $\pi_i=n/N$. 故例 3.19 中 $\hat{Y}$ 是 Horvitz-Thompson 估计.

分层简单随机抽样中, 如果第 i 单元在第 h 层, 那么 $\pi_i=n_h/N_h$. 因此, 例 3.20 中的估计 $\hat{Y}_{st}$ 是 Horvitz-Thompson 估计.

现在假设每个 $y_i\in\mathcal{P}$ 是一个群, 即 $y_i=(y_{i1},\dots,y_{iM_i})$, 其中 M_i 是第 i 群的大小, $i=1,\dots,N$. 那么 $\mathcal{P}$ 中的单元总数是 $M=\sum_{i=1}^{N}M_i$. 考虑单阶段抽样方案, 即如果选定 y_i, 那么每一个 y_{ij} 都被观测到. 如果采用简单随机抽样, 那么 $\pi_i=k/N$, 其中 k 是第一阶段样本量大小 (整体样本量大小是

$n = \sum_{i=1}^{k} M_i$), 并且 Horvitz-Thompson 估计是

$$\hat{Y}_s = \frac{N}{k} \sum_{i \in \boldsymbol{s}_1} \sum_{j=1}^{M_i} y_{ij} = \frac{N}{k} \sum_{i \in \boldsymbol{s}_1} Y_i,$$

其中 $\boldsymbol{s}_1$ 是第一阶段抽样群的指标集, Y_i 是第 i 群的总值. 在这种情况下,

$$\mathrm{Var}(\hat{Y}_s) = \frac{N^2}{k(N-1)} \left(1 - \frac{k}{N}\right) \sum_{i=1}^{N} \left(Y_i - \frac{Y}{N}\right)^2.$$

若抽样概率与群大小成正比, 则 $\pi_i = kM_i/M$ 且 Horvitz-Thompson 估计是

$$\hat{Y}_{pps} = \frac{M}{k} \sum_{i \in \boldsymbol{s}_1} \frac{1}{M_i} \sum_{j=1}^{M_i} y_{ij} = \frac{M}{k} \sum_{i \in \boldsymbol{s}_1} \frac{Y_i}{M_i}$$

其方差由 (3.47) 或 (3.48) 给出. 通常 $\mathrm{Var}(\hat{Y}_{pps})$ 比 $\mathrm{Var}(\hat{Y}_s)$ 小; 参见 Cochran (1977, Chapter 9A) 中的讨论.

接下来考虑一个两阶段抽样, 其中选取了 k 个第一阶段群, 并且从抽出的每个群 y_i 中选取样本量大小为 m_i 的简单随机样本, 其中不同的群内抽样是独立的. 如果第一阶段抽样方案是简单随机抽样, 那么 $\pi_i = km_i/(NM_i)$ 且 Horvitz-Thompson 估计是

$$\hat{Y}_s = \frac{N}{k} \sum_{i \in \boldsymbol{s}_1} \frac{M_i}{m_i} \sum_{j \in \boldsymbol{s}_{2i}} y_{ij},$$

其中 $\boldsymbol{s}_{2i}$ 表示从第 i 个群取出的第二阶段样本. 如果第一阶段抽样概率与群大小成正比, 那么 $\pi_i = km_i/M$ 且 Horvitz-Thompson 估计是

$$\hat{Y}_{pps} = \frac{M}{k} \sum_{i \in \boldsymbol{s}_1} \frac{1}{m_i} \sum_{j \in \boldsymbol{s}_{2i}} y_{ij}.$$

最后, 我们考虑另一种流行的抽样方法, 称为系统抽样. 假设 $\mathcal{P} = \{y_1, ..., y_N\}$, 总体元素量为 $N = nk$, n 和 k 是两个正整数. 为选取一个样本量为 n 的样本, 我们首先从 $\{1, ..., k\}$ 中随机地抽取 j. 之后我们的样本是

$$\{y_j, y_{j+k}, y_{j+2k}, ..., y_{j+(n-1)k}\}.$$

采用此种系统抽样主要是因为较容易取出一个系统样本, 并且通常实施起来比较容易且不犯错误. 系统抽样很可能比简单随机抽样或者甚至分层抽样提供

更有效的点估计, 因为抽样单元更均匀地遍及总体. 在系统抽样中, 对每个 i, $\pi_i = k^{-1}$ 且总体总值的 Horvitz-Thompson 估计是

$$\hat{Y}_{sy} = k\sum_{t=1}^{n} y_{j+(t-1)k}.$$

这估计的无偏性是定理 3.15 的一个直接结论, 但是也可以很容易地通过如下方式证明. 由于 j 以概率 k^{-1} 从 $i \in \{1, ..., k\}$ 中取值, 所以

$$E(\hat{Y}_{sy}) = k\left(\frac{1}{k}\sum_{i=1}^{k}\sum_{t=1}^{n} y_{i+(t-1)k}\right) = \sum_{i=1}^{N} y_i = Y.$$

$\hat{Y}_{sy}$ 的方差是

$$\mathrm{Var}(\hat{Y}_{sy}) = \frac{N^2}{k}\sum_{i=1}^{k}(\mu_i - \mu)^2,$$

其中 $\mu_i = n^{-1}\sum_{t=1}^{n} y_{i+(t-1)k}$, $\mu = k^{-1}\sum_{i=1}^{k}\mu_i = Y/N$. 设 σ^2 由 (3.43) 给出且

$$\sigma_{sy}^2 = \frac{1}{k(n-1)}\sum_{i=1}^{k}\sum_{t=1}^{n}(y_{i+(t-1)k} - \mu_i)^2.$$

那么

$$(N-1)\sigma^2 = n\sum_{i=1}^{k}(\mu_i - \mu)^2 + \sum_{i=1}^{k}\sum_{t=1}^{n}(y_{i+(t-1)k} - \mu_i)^2.$$

因此,

$$(N-1)\sigma^2 = N^{-1}\mathrm{Var}(\hat{Y}_{sy}) + k(n-1)\sigma_{sy}^2$$

且

$$\mathrm{Var}(\hat{Y}_{sy}) = N(N-1)\sigma^2 - N(N-k)\sigma_{sy}^2.$$

因为由 (3.43), 简单随机抽样中总体总值的 Horvitz-Thompson 估计的方差是

$$\frac{N^2}{n}\left(1 - \frac{n}{N}\right)\sigma^2 = N(k-1)\sigma^2,$$

所以系统抽样下 Horvitz-Thompson 估计具有一个较小的方差当且仅当 $\sigma_{sy}^2 > \sigma^2$.

3.5　渐近无偏估计

如 §2.5 中所讨论的, 我们常常需要考虑有偏但是渐近无偏的估计. 像这样的一大类非常有用的估计是某些精确无偏估计, 比如 UMVUE, U 统计量, LSE 和 Horvitz-Thompson 估计的光滑函数. 本节也会介绍其他构造渐近无偏估计的方法.

3.5.1　无偏估计的函数

如果要估计的参数是 $\vartheta = g(\theta)$, 其中 θ 是一参数向量, U_n 为分量是 θ 的分量的无偏估计向量 (即 $EU_n = \theta$), 那么 $T_n = g(U_n)$ 往往关于 ϑ 是渐近无偏的. 假定 g 可微且 $c_n(U_n - \theta) \to_d Y$. 则

$$\mathrm{amse}_{T_n}(P) = E\{[\nabla g(\theta)]^\tau Y\}^2 / c_n^2$$

(定理 2.6). 因此, 如果 U_n 在 mse 意义下是最优的 (如 UMVUE), 那么 T_n 在 amse 意义下具有良好的表现.

下面是一些例子.

例 3.21 (比值估计). 设 $(X_1, Y_1), ..., (X_n, Y_n)$ 为 i.i.d. 2 维向量且 $EX_1 = \mu_x$ 和 $EY_1 = \mu_y$. 考虑估计两个总体均值之比: $\vartheta = \mu_y/\mu_x$ ($\mu_x \neq 0$). 样本均值向量 $(\bar{Y}, \bar{X})$ 对 (μ_y, μ_x) 是无偏的. 在一些统计模型 (§3.1 和 §3.2) 中, 样本均值是 UMVUE, 更一般情况下它是 BLUE (例 2.22). 比值估计是 $T_n = \bar{Y}/\bar{X}$. 假定 $\sigma_x^2 = \mathrm{Var}(X_1)$, $\sigma_y^2 = \mathrm{Var}(Y_1)$ 和 $\sigma_{xy} = \mathrm{Cov}(X_1, Y_1)$ 存在. 根据 (2.38), 通过直接计算可得 T_n 的 n^{-1} 阶渐近偏差是

$$\tilde{b}_{T_n}(P) = \frac{\vartheta \sigma_x^2 - \sigma_{xy}}{\mu_x^2 n}$$

(验证). 利用 CLT 和 delta 方法 (推论 1.1), 我们可得

$$\sqrt{n}(T_n - \vartheta) \to_d N\left(0, \frac{\sigma_y^2 - 2\vartheta\sigma_{xy} + \vartheta^2 \sigma_x^2}{\mu_x^2}\right)$$

(验证), 这推出

$$\mathrm{amse}_{T_n}(P) = \frac{\sigma_y^2 - 2\vartheta\sigma_{xy} + \vartheta^2 \sigma_x^2}{\mu_x^2 n}.$$

在有些问题中, 我们对比值并不感兴趣, 而是用比值估计去改善边际均值的估计. 例如, 假设 μ_x 已知而我们想要估计 μ_y. 考虑以下估计:

$$\hat{\mu}_y = (\bar{Y}/\bar{X})\mu_x.$$

估计量 $\hat{\mu}_y$ 不是无偏的; 根据 (2.38), 其 n^{-1} 阶渐近偏差是

$$\tilde{b}_{\hat{\mu}_y}(P) = \frac{\vartheta\sigma_x^2 - \sigma_{xy}}{\mu_x n};$$

且

$$\text{amse}_{\hat{\mu}_y}(P) = \frac{\sigma_y^2 - 2\vartheta\sigma_{xy} + \vartheta^2\sigma_x^2}{n}.$$

比较 $\hat{\mu}_y$ 与无偏估计 $\bar{Y}$, 我们发现 $\hat{\mu}_y$ 是渐近更有效的当且仅当

$$2\vartheta\sigma_{xy} > \vartheta^2\sigma_x^2,$$

这意味着 $\hat{\mu}_y$ 是一个更好的估计当且仅当 X_1 和 Y_1 之间的相关性足够大以至于可以补偿由于使用 $\mu_x/\bar{X}$ 所引起的额外波动. ∎

另一个有关二元样本的例子是 §2.6 练习 22 中所定义的样本相关系数.

例 3.22. 考虑 p 阶多项式回归:

$$X_i = \beta^\tau Z_i + \varepsilon_i, \quad i = 1, ..., n,$$

其中 $\beta = (\beta_0, \beta_1, ..., \beta_{p-1})$, $Z_i = (1, t_i, ..., t_i^{p-1})$ 以及 $\varepsilon_1, ..., \varepsilon_n$ i.i.d., 均值为 0, 方差为 $\sigma^2 > 0$. 假设要估计的参数是 $t_\beta \in \mathcal{T} \subset \mathcal{R}$, 使得

$$\sum_{j=0}^{p-1} \beta_j t_\beta^j = \max_{t \in \mathcal{T}} \sum_{j=0}^{p-1} \beta_j t^j.$$

注意到 $t_\beta = g(\beta)$ 对某个函数 g 成立. 令 $\hat{\beta}$ 是 β 的 LSE. 那么估计 $\hat{t}_\beta = g(\hat{\beta})$ 是渐近无偏的, 且在某些条件下可求得其 amse (练习 98). ∎

例 3.23. 研究系统元件的可靠性时, 我们假设

$$X_{ij} = \boldsymbol{\theta}_i^\tau z(t_j) + \varepsilon_{ij}, \quad i = 1, ..., k, \ j = 1, ..., m.$$

这里 X_{ij} 是时间 t_j 时第 i 个样本元件的测量值; $z(t)$ 是一个 q 维向量, 其分量为时间 t 的已知函数; $\boldsymbol{\theta}_1, ..., \boldsymbol{\theta}_k$ 是不可观察的随机 q 维向量, i.i.d. 服从 $N_q(\theta, \Sigma)$, 其中 θ 和 Σ 未知; 所有 ε_{ij} 是均值为 0 方差为 σ^2 的 i.i.d. 测量误差; 所有 $\boldsymbol{\theta}_i$, ε_{ij} 相互独立. 作为 t 的函数, $\boldsymbol{\theta}^\tau z(t)$ 对于特定的元件是衰减曲线, 且 $\theta^\tau z(t)$ 是均值衰减曲线. 假设若 $\boldsymbol{\theta}^\tau z(t) <$ 一个给定的临界值 η, 则元件失效. 假定 $\boldsymbol{\theta}^\tau z(t)$ 是 t 的一个递减函数. 那么一个元件的可靠性函数是

$$R(t) = P(\boldsymbol{\theta}^\tau z(t) > \eta) = \Phi\left(\frac{\theta^\tau z(t) - \eta}{s(t)}\right),$$

其中 $s(t)=\sqrt{[z(t)]^\tau\Sigma z(t)}$, Φ 是标准正态分布函数. 对于固定的 t, $R(t)$ 的估计量可以通过估计 θ 和 Σ 得到, 因为 Φ 是一个已知函数. 能够证明 (练习), θ 的 BLUE 是 LSE

$$\hat{\theta}=(Z^\tau Z)^{-1}Z^\tau\bar{X},$$

其中 Z 是 $m\times q$ 矩阵, 其第 j 行是向量 $z(t_j)$, $X_i=(X_{i1},...,X_{im})$ 及 $\bar{X}$ 是所有 X_i 的样本均值. Σ 的估计比较困难. 可以证明 (练习), Σ 的一致估计 (当 $k\to\infty$ 时) 是

$$\hat{\Sigma}=\frac{1}{k}\sum_{i=1}^{k}(Z^\tau Z)^{-1}Z^\tau(X_i-\bar{X})(X_i-\bar{X})^\tau Z(Z^\tau Z)^{-1}-\hat{\sigma}^2(Z^\tau Z)^{-1},$$

其中

$$\hat{\sigma}^2=\frac{1}{k(m-q)}\sum_{i=1}^{k}[X_i^\tau X_i-X_i^\tau Z(Z^\tau Z)^{-1}Z^\tau X_i].$$

因此, $R(t)$ 的一个估计是

$$\hat{R}(t)=\Phi\left(\frac{\hat{\theta}^\tau z(t)-\eta}{\hat{s}(t)}\right),$$

其中

$$\hat{s}(t)=\sqrt{[z(t)]^\tau\hat{\Sigma}z(t)}.$$

如果我们定义 $Y_{i1}=X_i^\tau Z(Z^\tau Z)^{-1}z(t)$, $Y_{i2}=[X_i^\tau Z(Z^\tau Z)^{-1}z(t)]^2$, $Y_{i3}=[X_i^\tau X_i-X_i^\tau Z(Z^\tau Z)^{-1}Z^\tau X_i]/(m-q)$ 和 $Y_i=(Y_{i1},Y_{i2},Y_{i3})$, 那么显然, $\hat{R}(t)$ 能写成 $g(\bar{Y})$, 其中

$$g(y_1,y_2,y_3)=\Phi\left(\frac{y_1-\eta}{\sqrt{y_2-y_1^2-y_3[z(t)]^\tau(Z^\tau Z)^{-1}z(t)}}\right).$$

假设 ε_{ij} 的四阶矩有限, 这保证了 $\mathrm{Var}(Y_i)$ 存在. $\hat{R}(t)$ 的 amse 可以求得 (练习). ▮

3.5.2 矩方法

矩方法是求点估计的最古老的方法. 它几乎总会产生一些渐近无偏估计量, 尽管它们可能不是最优估计量.

考虑一个参数问题, 其中 $X_1,...,X_n$ 是来自 P_θ 的 i.i.d. 随机变量, $\theta \in \Theta \subset \mathcal{R}^k$ 且 $E|X_1|^k < \infty$. 令 $\mu_j = EX_1^j$ 是 P 的第 j 阶矩, 且令

$$\hat{\mu}_j = \frac{1}{n}\sum_{i=1}^{n} X_i^j$$

为 j 阶样本矩, 它是 μ_j 的无偏估计, $j = 1,...,k$. 通常, 会有 $\mathcal{R}^k$ 上的某些函数 h_j, 使得

$$\mu_j = h_j(\theta), \quad j = 1,...,k. \tag{3.51}$$

在 (3.51) 的等式左侧用样本矩 $\hat{\mu}_j$ 代替 μ_j, 我们得到矩估计 $\hat{\theta}$, 即 $\hat{\theta}$ 满足

$$\hat{\mu}_j = h_j(\hat{\theta}), \quad j = 1,...,k.$$

这是 (3.51) 的样本类似物. 这个推导估计的方法称为*矩方法*. 注意到, 这里使用了一个重要的统计原则, *替换原则*.

令 $\hat{\mu} = (\hat{\mu}_1,...,\hat{\mu}_k)$ 和 $h = (h_1,...,h_k)$. 那么 $\hat{\mu} = h(\hat{\theta})$. 如果逆函数 h^{-1} 存在, 那么 θ 唯一的矩估计是 $\hat{\theta} = h^{-1}(\hat{\mu})$. 若 h^{-1} 不存在 (即, h 不是一对一的), 那么 $\hat{\mu} = h(\hat{\theta})$ 的任意解都是 θ 的矩估计; 如果可能的话, 我们总是选择参数空间 Θ 内的解 $\hat{\theta}$. 然而, 在有些情况下矩估计不存在 (见习题 111).

假定 $\hat{\theta} = g(\hat{\mu})$ 对于某函数 g 成立. 如果 h^{-1} 存在, 那么 $g = h^{-1}$. 如果 g 在 $\mu = (\mu_1,...,\mu_k)$ 处连续, 那么 $\hat{\theta}$ 关于 θ 是强一致的, 因为根据 SLLN 有 $\hat{\mu}_j \to_{a.s.} \mu_j$. 如果 g 关于 μ 可微且 $E|X_1|^{2k} < \infty$, 那么根据 CLT 和定理 1.12, $\hat{\theta}$ 是渐近正态的, 且

$$\mathrm{amse}_{\hat{\theta}}(\theta) = n^{-1}[\nabla g(\mu)]^\tau V_\mu \nabla g(\mu),$$

其中 V_μ 是 $k \times k$ 矩阵, 其 (i,j) 元素是 $\mu_{i+j} - \mu_i\mu_j$. 进一步, 由 (2.38) 可知, $\hat{\theta}$ 的 n^{-1} 阶渐近偏差是

$$(2n)^{-1}\mathrm{tr}\left(\nabla^2 g(\mu) V_\mu\right).$$

例 3.24. 设 $X_1,...,X_n$ 为 i.i.d. 随机变量来自参数为 $\theta = (\mu,\sigma^2)$ 的总体 P_θ, 其中 $\mu = EX_1 \in \mathcal{R}$, $\sigma^2 = \mathrm{Var}(X_1) \in (0,\infty)$. 这包括比如正态分布族, 双指数分布族或 logistic 分布族 (表 1.2). 因为 $EX_1 = \mu$ 和 $EX_1^2 = \mathrm{Var}(X_1) + (EX_1)^2 = \sigma^2 + \mu^2$, 令 $\hat{\mu}_1 = \mu$ 和 $\hat{\mu}_2 = \sigma^2 + \mu^2$, 我们得到矩估计

$$\hat{\theta} = \left(\bar{X},\ \frac{1}{n}\sum_{i=1}^{n}(X_i - \bar{X})^2\right) = \left(\bar{X},\ \frac{n-1}{n}S^2\right).$$

注意到, $\bar{X}$ 是无偏的, 而 $\frac{n-1}{n}S^2$ 不是. 如果 X_i 是正态的, 那么 $\hat{\theta}$ 是充分的且几乎与最优估计相同, 如 UMVUE. 另一方面, 如果 X_i 来自双指数分布或 logistic 分布, 那么 $\hat{\theta}$ 不是充分的, 通常可以被改进.

现在我们考虑 $\mu = 0$ 已知时 σ^2 的估计. 显然, 我们不能用等式 $\hat{\mu}_1 = \mu$ 来解决问题. 利用 $\hat{\mu}_2 = \mu_2 = \sigma^2$, 我们得到矩估计 $\hat{\sigma}^2 = \hat{\mu}_2 = n^{-1}\sum_{i=1}^n X_i^2$. 当 X_i 是正态时, 这仍是一个好的估计, 但是当 X_i 来自双指数分布时, 它就不是充分统计量的函数. 对于双指数的情况, 可以争辩我们该先作一个变换 $Y_i = |X_i|$, 进而得到基于变换后数据的矩估计; 基于变换后的数据, σ^2 的矩估计是 $\bar{Y}^2 = (n^{-1}\sum_{i=1}^n |X_i|)^2$, 它关于 σ^2 是充分的. 注意到, 基于绝对矩方程也能得到这个估计. ∎

例 3.25. 设 $X_1, ..., X_n$ i.i.d. 来自 (θ_1, θ_2) 上的均匀分布, 其中 $-\infty < \theta_1 < \theta_2 < \infty$. 注意到

$$EX_1 = (\theta_1 + \theta_2)/2$$

和

$$EX_1^2 = (\theta_1^2 + \theta_2^2 + \theta_1\theta_2)/3.$$

令 $\hat{\mu}_1 = EX_1$ 和 $\hat{\mu}_2 = EX_1^2$, 并且用 $2\hat{\mu}_1 - \theta_2$ (第一个等式) 代替第二个等式中的 θ_1, 我们得到

$$(2\hat{\mu}_1 - \theta_2)^2 + \theta_2^2 + (2\hat{\mu}_1 - \theta_2)\theta_2 = 3\hat{\mu}_2,$$

这与下式是一样的

$$(\theta_2 - \hat{\mu}_1)^2 = 3(\hat{\mu}_2 - \hat{\mu}_1^2).$$

因为 $\theta_2 > EX_1$, 我们得到

$$\hat{\theta}_2 = \hat{\mu}_1 + \sqrt{3(\hat{\mu}_2 - \hat{\mu}_1^2)} = \bar{X} + \sqrt{\frac{3(n-1)}{n}S^2}$$

和

$$\hat{\theta}_1 = \hat{\mu}_1 - \sqrt{3(\hat{\mu}_2 - \hat{\mu}_1^2)} = \bar{X} - \sqrt{\frac{3(n-1)}{n}S^2}.$$

这些估计并不是充分完备统计量 $(X_{(1)}, X_{(n)})$ 的函数. ∎

例 3.26. 设 $X_1, ..., X_n$ i.i.d. 来自二项分布 $Bi(p, k)$, 参数 $k \in \{1, 2, ...\}$ 和 $p \in (0, 1)$ 未知. 由于

$$EX_1 = kp$$

和

$$EX_1^2 = kp(1-p) + k^2p^2,$$

我们得到矩估计

$$\hat{p} = (\hat{\mu}_1 + \hat{\mu}_1^2 - \hat{\mu}_2)/\hat{\mu}_1 = 1 - \frac{n-1}{n}S^2/\bar{X}$$

和

$$\hat{k} = \hat{\mu}_1^2/(\hat{\mu}_1 + \hat{\mu}_1^2 - \hat{\mu}_2) = \bar{X}\bigg/\left(1 - \frac{n-1}{n}S^2/\bar{X}\right).$$

估计 $\hat{p}$ 在 $(0,1)$ 范围内. 但是 $\hat{k}$ 可能不是整数. 这个估计量可以通过对 $\hat{k}$ 取整于最接近的正整数而得一改进的估计量. ∎

例 3.27. 假设 $X_1,...,X_n$ i.i.d. 来自 Pareto 分布 $Pa(a,\theta)$, $a>0$ 和 $\theta>2$ 未知 (表 1.2). 注意到

$$EX_1 = \theta a/(\theta-1)$$

和

$$EX_1^2 = \theta a^2/(\theta-2).$$

由矩方程可得,

$$\frac{(\theta-1)^2}{\theta(\theta-2)} = \hat{\mu}_2/\hat{\mu}_1^2.$$

注意到 $\frac{(\theta-1)^2}{\theta(\theta-2)} = 1 - \frac{1}{\theta(\theta-2)}$. 因此

$$\theta(\theta-2) = \hat{\mu}_1^2/(\hat{\mu}_2 - \hat{\mu}_1^2).$$

因为 $\theta>2$, 所以参数空间中存在唯一解:

$$\hat{\theta} = 1 + \sqrt{\hat{\mu}_2/(\hat{\mu}_2 - \hat{\mu}_1^2)} = 1 + \sqrt{1 + \frac{n}{n-1}\bar{X}^2/S^2}$$

和

$$\begin{aligned}\hat{a} &= \frac{\hat{\mu}_1(\hat{\theta}-1)}{\hat{\theta}}\\ &= \bar{X}\sqrt{1+\frac{n}{n-1}\bar{X}^2/S^2}\bigg/\left(1+\sqrt{1+\frac{n}{n-1}\bar{X}^2/S^2}\right).\end{aligned}$$ ∎

矩方法也能应用于非参数问题. 比如, 考虑估计中心矩

$$c_j = E(X_1-\mu_1)^j, \quad j=2,...,k.$$

由于

$$c_j = \sum_{t=0}^{j} \binom{j}{t} (-\mu_1)^t \mu_{j-t},$$

所以 c_j 的矩估计是

$$\hat{c}_j = \sum_{t=0}^{j} \binom{j}{t} (-\bar{X})^t \hat{\mu}_{j-t},$$

其中 $\hat{\mu}_0 = 1$. 可以证明 (练习),

$$\hat{c}_j = \frac{1}{n} \sum_{i=1}^{n} (X_i - \bar{X})^j, \quad j = 2, ..., k, \tag{3.52}$$

这就是样本中心矩. 根据 SLLN, $\hat{c}_j$ 是强一致的. 如果 $E|X_1|^{2k} < \infty$, 那么

$$\sqrt{n}\,(\hat{c}_2 - c_2, ..., \hat{c}_k - c_k) \to_d N_{k-1}(0, D) \tag{3.53}$$

(练习), 其中 $(k-1) \times (k-1)$ 矩阵 D 的第 (i,j) 元素是

$$c_{i+j+2} - c_{i+1}c_{j+1} - (i+1)c_i c_{j+2} - (j+1)c_{i+2}c_j + (i+1)(j+1)c_i c_j c_2.$$

3.5.3 V 统计量

设 $X_1, ..., X_n$ i.i.d. 来自于 P. 对 (3.11) 中定义的作为 $\vartheta = E[h(X_1, ..., X_m)]$ 的估计的每一个 U 统计量 U_n, 存在一个非常有关的 V 统计量, 其定义为

$$V_n = \frac{1}{n^m} \sum_{i_1=1}^{n} \cdots \sum_{i_m=1}^{n} h(X_{i_1}, ..., X_{i_m}). \tag{3.54}$$

作为 ϑ 的估计, V_n 是有偏的, 但是下列结论表明渐近偏差很小. 对于固定的样本量 n, 在 mse 意义下, V_n 可能优于 U_n. 比如, 考虑 §3.2.1 中的核 $h(x_1, x_2) = (x_1 - x_2)^2/2$, 可得 $\vartheta = \sigma^2 = \mathrm{Var}(X_1)$ 和 $U_n = S^2$, 即样本方差. 对应的 V 统计量是

$$\frac{1}{n^2} \sum_{i=1}^{n} \sum_{j=1}^{n} \frac{(X_i - X_j)^2}{2} = \frac{1}{n^2} \sum_{1 \leqslant i < j \leqslant n} (X_i - X_j)^2 = \frac{n-1}{n} S^2,$$

这就是例 3.24 中讨论的 σ^2 的矩估计. 在 §2.6 练习 63 中, 当 X_i 是正态分布时, 可以证明 $\frac{n-1}{n}S^2$ 比 S^2 的 mse 更小. 当然, 也存在 U 统计量优于其相应的 V 统计量的情况.

下面的结论提供作为 ϑ 估计的 V 统计量的偏差的量级和方差.

命题 3.5. 设 V_n 由 (3.54) 定义.

(i) 假定对所有 $1 \leqslant i_1 \leqslant \cdots \leqslant i_m \leqslant m$, $E|h(X_{i_1},...,X_{i_m})| < \infty$. 那么 V_n 的偏差满足

$$b_{V_n}(P) = O(n^{-1}).$$

(ii) 假定对所有 $1 \leqslant i_1 \leqslant \cdots \leqslant i_m \leqslant m$, $E[h(X_{i_1},...,X_{i_m})]^2 < \infty$. 那么 V_n 的方差满足

$$\mathrm{Var}(V_n) = \mathrm{Var}(U_n) + O(n^{-2}),$$

其中 U_n 由 (3.11) 给出.

证明. (i) 注意到

$$U_n - V_n = \left[1 - \frac{n!}{n^m(n-m)!}\right](U_n - W_n), \tag{3.55}$$

其中 W_n 是所有项 $h(X_{i_1},...,X_{i_m})$ 的平均值且至少有一个等式 $i_m = i_l$, $m \neq l$. 结果可由 $E(U_n - W_n) = O(1)$ 推出.

(ii) 结果可由 $E(U_n - W_n)^2 = O(1)$, $E[W_n(U_n - \vartheta)] = O(n^{-1})$ (练习) 以及 (3.55) 推出. ∎

为了研究 V 统计量的渐近表现, 我们考虑 (3.54) 中 V_n 的下列表示方法:

$$V_n = \sum_{j=1}^{m} \binom{m}{j} V_{nj},$$

其中

$$V_{nj} = \vartheta + \frac{1}{n^j} \sum_{i_1=1}^{n} \cdots \sum_{i_j=1}^{n} g_j(X_{i_1},...,X_{i_j})$$

是一个 "V 统计量", 满足

$$\begin{aligned} g_j(x_1,...,x_j) = {} & h_j(x_1,...,x_j) - \sum_{i=1}^{j} \int h_j(x_1,...,x_j)dP(x_i) \\ & + \sum_{1\leqslant i_1<i_2\leqslant j} \int\int h_j(x_1,...,x_j)dP(x_{i_1})dP(x_{i_2}) - \cdots \\ & + (-1)^j \int\cdots\int h_j(x_1,...,x_j)dP(x_1)\cdots dP(x_j) \end{aligned}$$

并且 $h_j(x_1,...,x_j) = E[h(x_1,...,x_j,X_{j+1},...,X_m)]$. 用类似于定理 3.4 的证明的推导, 我们可以证明 (练习)

$$EV_{nj}^2 = O(n^{-j}), \quad j = 1,...,m, \tag{3.56}$$

倘若对所有 $1 \leqslant i_1 \leqslant \cdots \leqslant i_m \leqslant m$, $E[h(X_{i_1},...,X_{i_m})]^2 < \infty$. 因此,

$$V_n - \vartheta = mV_{n1} + \frac{m(m-1)}{2}V_{n2} + o_p(n^{-1}), \tag{3.57}$$

这可以推导出以下类似于定理 3.5 的结果.

定理 3.16. 设 V_n 由 (3.54) 给出, 且对所有 $1 \leqslant i_1 \leqslant \cdots \leqslant i_m \leqslant m$, $E[h(X_{i_1},...,X_{i_m})]^2 < \infty$.

(i) 如果 $\zeta_1 = \mathrm{Var}(h_1(X_1)) > 0$, 那么

$$\sqrt{n}(V_n - \vartheta) \to_d N(0, m^2\zeta_1).$$

(ii) 如果 $\zeta_1 = 0$ 而 $\zeta_2 = \mathrm{Var}(h_2(X_1, X_2)) > 0$, 那么

$$n(V_n - \vartheta) \to_d \frac{m(m-1)}{2}\sum_{j=1}^{\infty}\lambda_j\chi_{1j}^2,$$

其中 χ_{1j}^2 和 λ_j 与 (3.21) 中的相同. ∎

结论 (3.57) 和定理 3.16 说明 V_n 有展开式 (2.37), 因而 V_n 的 n^{-1} 阶渐近偏差是 $E[g_2(X_1, X_1)]/n = nEV_{n2} = m(m-1)\sum_{j=1}^{\infty}\lambda_j/(2n)$ (练习).

定理 3.16 证明了, 如果 $\zeta_1 > 0$, 那么 U_n 和 V_n 的 amse 相同. 如果 $\zeta_1 = 0$ 而 $\zeta_2 > 0$, 那么类似于引理 3.2 的证明中的推导可得

$$\begin{aligned}\mathrm{amse}_{V_n}(P) &= \frac{m^2(m-1)^2\zeta_2}{2n^2} + \frac{m^2(m-1)^2}{4n^2}\left(\sum_{j=1}^{\infty}\lambda_j\right)^2 \\ &= \mathrm{amse}_{U_n}(P) + \frac{m^2(m-1)^2}{4n^2}\left(\sum_{j=1}^{\infty}\lambda_j\right)^2\end{aligned}$$

(参见引理 3.2). 因此, 除非 $\sum_{j=1}^{\infty}\lambda_j = 0$, U_n 比 V_n 渐近更有效. 从技术上讲, V_n 渐近结果的证明也比 U_n 的需要更强的矩条件.

例 3.28. 考虑 μ^2 的估计, 其中 $\mu = EX_1$. 从 §3.2 中的结论可知, U 统计量 $U_n = \frac{1}{n(n-1)}\sum_{1\leqslant i<j\leqslant n}X_iX_j$ 关于 μ^2 是无偏的. 其相应的 V 统计量就是 $V_n = \bar{X}^2$. 如果 $\mu \neq 0$, 那么 $\zeta_1 \neq 0$ 且 V_n 关于 U_n 的渐近相对效率是 1. 如果 $\mu = 0$, 那么

$$nV_n \to_d \sigma^2\chi_1^2 \quad \text{和} \quad nU_n \to_d \sigma^2(\chi_1^2 - 1),$$

其中 χ_1^2 是服从卡方分布 χ_1^2 的一个随机变量. 因此, V_n 关于 U_n 的渐近相对效率是

$$E(\chi_1^2 - 1)^2/E(\chi_1^2)^2 = 2/3. \ ∎$$

3.5.4 加权 LSE

在线性模型 (3.25) 中, 当 $\mathrm{Var}(\varepsilon)$ 不是 $\sigma^2 I_n$ 且 LSE 不是 BLUE 时, $l^\tau\beta$ 的无偏 LSE 可以用一个稍许有偏的估计来改进.

假定 (3.25) 中 Z 满秩, 因此每个 $l^\tau\beta$ 都是可估的. 简单起见, 用 V 表示 $\mathrm{Var}(\varepsilon)$. 如果 V 已知, 那么 $l^\tau\beta$ 的 BLUE 是 $l^\tau\breve{\beta}$, 其中

$$\breve{\beta} = (Z^\tau V^{-1} Z)^{-1} Z^\tau V^{-1} X \tag{3.58}$$

(参见 §3.3.1 中假设 A3 陈述后的讨论). 如果 V 未知且 $\hat{V}$ 是 V 的一个估计, 那么应用替换原则可导出*加权最小二乘估计*

$$\hat{\beta}_w = (Z^\tau \hat{V}^{-1} Z)^{-1} Z^\tau \hat{V}^{-1} X. \tag{3.59}$$

加权 LSE 关于 X 不是线性的, 对 β 也不一定是无偏的. 如果 ε 的分布关于 0 对称, 并且当 ε 变成 $-\varepsilon$ 时 $\hat{V}$ 保持不变 (例 3.29 和例 3.30), 那么 $\hat{\beta}_w - \beta$ 的分布关于 0 对称, 并且如果 $E\hat{\beta}_w$ 有定义, 那么 $\hat{\beta}_w$ 对 β 是无偏的. 在此情况下, LSE $l^\tau\hat{\beta}$ 可能不是一个 UMVUE (当 ε 正态时), 因为 $\mathrm{Var}(l^\tau\hat{\beta}_w)$ 可能小于 $\mathrm{Var}(l^\tau\hat{\beta})$.

加权 LSE 的渐近性质依赖 $\hat{V}$ 的渐近表现. 我们称 $\hat{V}$ 对 V 是一致的当且仅当

$$\|\hat{V}^{-1} V - I_n\|_{\max} \to_p 0, \tag{3.60}$$

其中对任一第 (i,j) 元素是 a_{ij} 的矩阵 A, $\|A\|_{\max} = \max_{i,j}|a_{ij}|$.

定理 3.17. 考虑 Z 满秩的模型 (3.25). 令 $\breve{\beta}$ 和 $\hat{\beta}_w$ 分别由 (3.58) 和 (3.59) 定义, 且在 (3.60) 意义下 $\hat{V}$ 是一致的. 假定定理 3.12 中的条件. 那么

$$l^\tau(\hat{\beta}_w - \beta)/a_n \to_d N(0,1),$$

其中 $l \in \mathcal{R}^p$, $l \neq 0$ 及

$$a_n^2 = \mathrm{Var}(l^\tau\breve{\beta}) = l^\tau(Z^\tau V^{-1} Z)^{-1} l.$$

证明. 利用在定理 3.12 证明中同样的推导, 我们得到

$$l^\tau(\breve{\beta} - \beta)/a_n \to_d N(0,1).$$

根据 Slutsky 定理, 要证的结果由

$$l^\tau\hat{\beta}_w - l^\tau\breve{\beta} = o_p(a_n) \tag{3.61}$$

推出. 定义

$$\xi_n = l^\tau (Z^\tau \hat{V}^{-1} Z)^{-1} Z^\tau (\hat{V}^{-1} - V^{-1}) \varepsilon$$

和

$$\zeta_n = l^\tau [(Z^\tau \hat{V}^{-1} Z)^{-1} - (Z^\tau V^{-1} Z)^{-1}] Z^\tau V^{-1} \varepsilon.$$

那么

$$l^\tau \hat{\beta}_w - l^\tau \breve{\beta} = \xi_n + \zeta_n.$$

令 $B_n = (Z^\tau \hat{V}^{-1} Z)^{-1} Z^\tau V^{-1} Z - I_p$ 和 $C_n = \hat{V}^{1/2} V^{-1} \hat{V}^{1/2} - I_n$. 根据 (3.60), $\|C_n\|_{\max} = o_p(1)$. 对任何矩阵 A, 用 $\|A\|$ 表示 $\sqrt{\mathrm{tr}(A^\tau A)}$. 那么

$$\begin{aligned}
\|B_n\|^2 &= \|(Z^\tau \hat{V}^{-1} Z)^{-1} Z^\tau \hat{V}^{-1/2} C_n \hat{V}^{-1/2} Z\|^2 \\
&= \mathrm{tr}\left((Z^\tau \hat{V}^{-1} Z)^{-1} (Z^\tau \hat{V}^{-1/2} C_n \hat{V}^{-1/2} Z)^2 (Z^\tau \hat{V}^{-1} Z)^{-1}\right) \\
&\leqslant \|C_n\|_{\max}^2 \,\mathrm{tr}\left((Z^\tau \hat{V}^{-1} Z)^{-1} (Z^\tau \hat{V}^{-1} Z)^2 (Z^\tau \hat{V}^{-1} Z)^{-1}\right) \\
&= o_p(1) \mathrm{tr}(I_p).
\end{aligned}$$

这证明了 $\|B_n\|_{\max} = o_p(1)$. 令 $A_n = V^{1/2} \hat{V}^{-1} V^{1/2} - I_n$. 利用不等式 (1.37) 和前面的结果, 我们得到

$$\begin{aligned}
\xi_n^2 &= [l^\tau (Z^\tau \hat{V}^{-1} Z)^{-1} Z^\tau V^{-1/2} A_n V^{-1/2} \varepsilon]^2 \\
&\leqslant \varepsilon V^{-1} \varepsilon^\tau l^\tau (Z^\tau \hat{V}^{-1} Z)^{-1} Z^\tau V^{-1/2} A_n^2 V^{-1/2} Z (Z^\tau \hat{V}^{-1} Z)^{-1} l \\
&\leqslant O_p(1) \|A_n\|_{\max}^2 l^\tau (Z^\tau \hat{V}^{-1} Z)^{-1} Z^\tau V^{-1} Z (Z^\tau \hat{V}^{-1} Z)^{-1} l \\
&= o_p(1) l^\tau (B_n + I_p)^2 (Z^\tau V^{-1} Z)^{-1} l \\
&= o_p(a_n).
\end{aligned}$$

由于 $E\|(Z^\tau V^{-1} Z)^{-1/2} Z^\tau V^{-1} \varepsilon\|^2 = p$, 所以 $\|(Z^\tau V^{-1} Z)^{-1/2} Z^\tau V^{-1} \varepsilon\| = O_p(1)$. 定义 $B_{1n} = (Z^\tau \hat{V}^{-1} Z)^{1/2} B_n (Z^\tau \hat{V}^{-1} Z)^{-1/2}$. 那么

$$\begin{aligned}
B_{1n} &= (Z^\tau \hat{V}^{-1} Z)^{-1/2} Z^\tau \hat{V}^{-1/2} C_n \hat{V}^{-1/2} Z (Z^\tau \hat{V}^{-1} Z)^{-1/2} \\
&\leqslant \|C_n\|_{\max} (Z^\tau \hat{V}^{-1} Z)^{-1/2} Z^\tau \hat{V}^{-1} Z (Z^\tau \hat{V}^{-1} Z)^{-1/2} \\
&= o_p(1) I_p.
\end{aligned}$$

令 $B_{2n} = (Z^\tau V^{-1}Z)^{1/2}(Z^\tau \hat{V}^{-1}Z)^{-1/2}$. 因为

$$\begin{aligned}\|B_{2n}\|^2 &= \mathrm{tr}\left((Z^\tau V^{-1}Z)^{1/2}(Z^\tau \hat{V}^{-1}Z)^{-1}(Z^\tau V^{-1}Z)^{1/2}\right)\\&= \mathrm{tr}\left((Z^\tau \hat{V}^{-1}Z)^{-1}Z^\tau V^{-1}Z\right)\\&= \mathrm{tr}(B_n + I_p)\\&= p + o_p(1),\end{aligned}$$

我们得到

$$\|B_{2n}B_{1n}B_{2n}^\tau\| = o_p(1).$$

那么

$$\begin{aligned}\zeta_n^2 &= [l^\tau B_n(Z^\tau V^{-1}Z)^{-1}Z^\tau V^{-1}\varepsilon]^2\\&= [l^\tau(Z^\tau V^{-1}Z)^{-1/2}B_{2n}B_{1n}B_{2n}^\tau(Z^\tau V^{-1}Z)^{-1/2}Z^\tau V^{-1}\varepsilon]^2\\&\leqslant l^\tau(Z^\tau V^{-1}Z)^{-1}l\|B_{2n}B_{1n}B_{2n}^\tau\|^2\|(Z^\tau V^{-1}Z)^{-1/2}Z^\tau V^{-1}\varepsilon\|^2\\&= o_p(a_n^2).\end{aligned}$$

这证明了 (3.61), 由此完成了证明. ∎

定理 3.17 说明了, 只要在 (3.60) 意义下 $\hat{V}$ 是一致的, 那么加权 LSE $\hat{\beta}_w$ 与 $\breve{\beta}$ 一样渐近有效, 当 V 已知时后者是 BLUE. 如果 V 已知且 ε 是正态的, 那么 $\mathrm{Var}(l^\tau\breve{\beta})$ 能达到 Cramér-Rao 下界 (命题 3.2), 因而 (3.10) 成立且 $T_n = l^\tau\hat{\beta}_w$.

根据定理 3.12 和 3.17, LSE $l^\tau\hat{\beta}$ 关于加权 LSE $l^\tau\hat{\beta}_w$ 的渐近相对效率是

$$\frac{l^\tau(Z^\tau V^{-1}Z)^{-1}l}{l^\tau(Z^\tau Z)^{-1}Z^\tau VZ(Z^\tau Z)^{-1}l},$$

它总是小于 1, 等于 1 如果 $l^\tau\hat{\beta}$ 是 BLUE (在此情况下, $\hat{\beta} = \breve{\beta}$).

当 V 有某些特定结构时, 找到一致的 $\hat{V}$ 是可能的. 我们考虑三个例子.

例 3.29. 考虑模型 (3.25). 假设 $V = \mathrm{Var}(\varepsilon)$ 是一个分块对角矩阵, 其第 i 个对角块是

$$\sigma^2 I_{m_i} + U_i\Sigma U_i^\tau, \quad i = 1, ..., k, \tag{3.62}$$

其中 m_i 是以一个固定整数 m 为上界的整数, $\sigma^2 > 0$ 是一个未知参数, Σ 是未知的 $q\times q$ 非负定矩阵, U_i 是 $m_i \times q$ 满秩矩阵, 其列属于 $\mathcal{R}(W_i)$, $q < \inf_i m_i$, 且 W_i 是 $p\times m_i$ 矩阵, 使得 $Z^\tau = (\ W_1\ W_2\ ...\ W_k\ )$. 在 (3.62) 下, 如果我们能够得到 σ^2 和 Σ 的一致估计, 那么就能得到一致的 $\hat{V}$.

设 $X = (Y_1, ..., Y_k)$, 其中 Y_i 是一个 m_i 维向量, 令 R_i 是列为 W_i 的线性独立行的矩阵. 那么

$$\hat{\sigma}^2 = \frac{1}{n-kq} \sum_{i=1}^{k} Y_i^\tau [I_{m_i} - R_i(R_i^\tau R_i)^{-1} R_i^\tau] Y_i \tag{3.63}$$

是 σ^2 的一个无偏估计. 假定 Y_i 是独立的, 并对某个 $\delta > 0$, $\sup_i E|\varepsilon_i|^{2+\delta} < \infty$. 那么 $\hat{\sigma}^2$ 关于 σ^2 是一致的 (练习). 令 $r_i = Y_i - W_i^\tau \hat{\beta}$, 并且

$$\hat{\Sigma} = \frac{1}{k} \sum_{i=1}^{k} \left[(U_i^\tau U_i)^{-1} U_i^\tau r_i r_i^\tau U_i (U_i^\tau U_i)^{-1} - \hat{\sigma}^2 (U_i^\tau U_i)^{-1} \right]. \tag{3.64}$$

可以证明 (练习), 在 $\|\hat{\Sigma} - \Sigma\|_{\max} \to_p 0$ 或等价的 $\|\hat{\Sigma} - \Sigma\| \to_p 0$ 意义下, $\hat{\Sigma}$ 对 Σ 是一致的 (参见练习 116). ∎

例 3.30. 假设 V 是分块对角矩阵, 其第 i 个对角块矩阵是 V_{m_i}, $i = 1, ..., k$, 其中 V_t 是未知的 $t \times t$ 矩阵, $m_i \in \{1, ..., m\}$, m 是固定的正整数. 因此, 我们需要得到至多 m 个不同矩阵 $V_1, ..., V_m$ 的一致估计. 可以证明 (练习), 以下的估计

$$\hat{V}_t = \frac{1}{k_t} \sum_{i \in B_t} r_i r_i^\tau, \quad t = 1, ..., m,$$

是 V_t 的一致估计, 其中 r_i 与例 3.29 中的相同, B_t 是使得 $m_i = t$ 的 i 的集合, k_t 是 B_t 中 i 的个数, 且当 $k \to \infty$ 时 $k_t \to \infty$. ∎

例 3.31. 假设 V 是对角矩阵, 其第 i 个对角元素是 $\sigma_i^2 = \psi(Z_i)$, 其中 ψ 是一个未知函数. 最简单的情形是 $\psi(t) = \theta_0 + \theta_1 v(Z_i)$, 函数 v 已知, θ_0 和 θ_1 未知. 通过利用 "模型"

$$Er_i^2 = \theta_0 + \theta_1 v(Z_i) \quad (i = 1, ..., n) \tag{3.65}$$

下 θ_0 和 θ_1 的 LSE, 我们能够得到一致估计 $\hat{V}$, 其中 $r_i = X_i - Z_i^\tau \hat{\beta}$ (练习). 如果 ψ 是非线性的或非参数的, 一些结果可见 Carroll (1982) 和 Müller and Stadrmüller (1987). ∎

最后, 如果 $\hat{V}$ 不是一致的 (即 (3.60) 不成立), 那么加权 LSE $l^\tau \hat{\beta}_w$ 也可以是一致且渐近正态的, 但它的渐近方差不是 $l^\tau (Z^\tau V^{-1} Z)^{-1} l$; 事实上, $l^\tau \hat{\beta}_w$ 可能不如 LSE $l^\tau \hat{\beta}$ 渐近有效 (Carroll and Cline, 1988; Chen and Shao, 1993). 例如, 如果

$$\|\hat{V}^{-1} U - I_n\|_{\max} \to_p 0,$$

其中 U 是正定的, $0 < \inf_n \lambda_-[U] \leqslant \sup_n \lambda_+[U] < \infty$, 并且 $U \neq V$ (即 $\hat{V}$ 关于 V 是不一致的), 那么, 利用定理 3.17 的证明中相同的推导, 我们可以证明 (练习), 对于任意 $l \neq 0$

$$l^\tau(\hat{\beta}_w - \beta)/b_n \to_d N(0,1), \tag{3.66}$$

其中 $b_n^2 = l^\tau(Z^\tau U^{-1}Z)^{-1}Z^\tau U^{-1}VU^{-1}Z(Z^\tau U^{-1}Z)^{-1}l$. 因此, LSE $l^\tau\hat{\beta}$ 关 $l^\tau\hat{\beta}_w$ 的渐近相对效率可以小于 1 或大于 1.

3.6 练习

1. 设 $X_1, ..., X_n$ 是 i.i.d. 0–1 随机变量, $P(X_i = 1) = p \in (0,1)$.

(a) 求 p^m 的 UMVUE, $m \leqslant n$;

(b) 求 $P(X_1 + \cdots + X_m = k)$ 的 UMVUE, 其中 m 和 k 是小于 n 的正整数;

(c) 求 $P(X_1 + \cdots + X_{n-1} > X_n)$ 的 UMVUE.

2. 设 $X_1, ..., X_n$ i.i.d. 服从正态分布 $N(\mu, \sigma^2)$, $\mu \in \mathcal{R}$ 未知, $\sigma^2 > 0$ 已知.

(a) 求 μ^3 和 μ^4 的 UMVUE;

(b) 对于固定的 $t \in \mathcal{R}$, 求 $P(X_1 \leqslant t)$ 和 $\frac{d}{dt}P(X_1 \leqslant t)$ 的 UMVUE.

3. 在例 3.4 中,

(a) 证明 σ^r 的 UMVUE 是 $k_{n-1,r}S^r$, 其中 $r > 1 - n$;

(b) 证明 $(X_1 - \bar{X})/S$ 具有 (3.1) 给出的 p.d.f.;

(c) 利用 (i) SLLN 和 (ii) Scheffé's 定理 (命题 1.18), 证明 $(X_1 - \bar{X})/S \to_d N(0,1)$.

4. 令 $X_1, ..., X_m$ 为 i.i.d. 服从正态分布 $N(\mu_x, \sigma_x^2)$, $Y_1, ..., Y_n$ 为 i.i.d. 服从 $N(\mu_y, \sigma_y^2)$. 假定所有的 X_i 与 Y_j 相互独立.

(a) 假定 $\mu_x \in \mathcal{R}$, $\mu_y \in \mathcal{R}$, $\sigma_x^2 > 0$ 和 $\sigma_y^2 > 0$, 求 $\mu_x - \mu_y$ 和 $(\sigma_x/\sigma_y)^r$ 的 UMVUE, 其中 $0 < r < n$;

(b) 假定 $\mu_x \in \mathcal{R}$, $\mu_y \in \mathcal{R}$, 且 $\sigma_x^2 = \sigma_y^2 > 0$, 求 σ_x^2 和 $(\mu_x - \mu_y)/\sigma_x$ 的 UMVUE;

(c) 假定 $\mu_x = \mu_y \in \mathcal{R}$, $\sigma_x^2 > 0$, $\sigma_y^2 > 0$, 且 $\sigma_x^2/\sigma_y^2 = \gamma$ 为已知, 求 μ_x 的 UMVUE;

(d) 假定 $\mu_x = \mu_y \in \mathcal{R}$, $\sigma_x^2 > 0$, 且 $\sigma_y^2 > 0$, 证明 μ_x 的 UMVUE 不存在;

(e) 假定 $\mu_x \in \mathcal{R}$, $\mu_y \in \mathcal{R}$, $\sigma_x^2 > 0$, 且 $\sigma_y^2 > 0$, 求 $P(X_1 \leqslant Y_1)$ 的 UMVUE;

(f) 在 $\sigma_x = \sigma_y$ 的假设下, 重复 (e).

5. 设 $X_1, ..., X_n$ i.i.d. 服从区间 $(\theta_1 - \theta_2, \theta_1 + \theta_2)$ 上的均匀分布, 其中 $\theta_1 \in \mathcal{R}$, $\theta_2 > 0$, 且 $n > 2$. 求 θ_j, $j = 1, 2$, 和 θ_1/θ_2 的 UMVUE.

6. 设 $X_1, ..., X_n$ i.i.d. 服从指数分布 $E(a, \theta)$, 参数为 $\theta > 0$ 和 $a \in \mathcal{R}$.

(a) 当 θ 已知时, 求 a 的 UMVUE;

(b) 当 a 已知时, 求 θ 的 UMVUE;

(c) 求 θ 和 a 的 UMVUE;

(d) 假定 θ 已知. 对于固定的 $t > a$, 求 $P(X_1 \geqslant t)$ 和 $\frac{d}{dt}P(X_1 \geqslant t)$ 的 UMVUE;

(e) 对于固定的 $t > a$, 求 $P(X_1 \geqslant t)$ 的 UMVUE.

7. 设 $X_1, ..., X_n$ i.i.d. 服从 Pareto 分布 $Pa(a, \theta)$, $\theta > 0$ 且 $a > 0$.

(a) 当 a 已知时, 求 θ 的 UMVUE;

(b) 当 θ 已知时, 求 a 的 UMVUE;

(c) 求 a 和 θ 的 UMVUE.

8. 考虑 §2.6 练习 52(a). 求 γ 的 UMVUE.

9. 设 $X_1, ..., X_m$ i.i.d. 服从指数分布 $E(a_x, \theta_x)$, $\theta_x > 0$, $a_x \in \mathcal{R}$; $Y_1, ..., Y_n$ i.i.d. 服从指数分布 $E(a_y, \theta_y)$, $\theta_y > 0$, $a_y \in \mathcal{R}$. 假定所有的 X_i 与 Y_j 相互独立.

(a) 求 $a_x - a_y$ 和 θ_x/θ_y 的 UMVUE;

(b) 假设 $\theta_x = \theta_y$ 但未知. 求 θ_x 和 $(a_x - a_y)/\theta_x$ 的 UMVUE;

(c) 假设 $a_x = a_y$ 但未知. 证明 a_x 的 UMVUE 不存在;

(d) 假设 $n = m$ 和 $a_x = a_y = 0$, 我们的样本是 $(Z_1, \Delta_1), ..., (Z_n, \Delta_n)$, 其中 $Z_i = \min\{X_i, Y_i\}$, $\Delta_i = 1$ 若 $X_i \geqslant Y_i$, 否则 Δ_i 为 0, $i = 1, ..., n$. 求 $\theta_x - \theta_y$ 的 UMVUE.

10. 设 $X_1, ..., X_m$ i.i.d. 服从均匀分布 $U(0, \theta_x)$, $Y_1, ..., Y_n$ i.i.d. 服从均匀分布 $U(0, \theta_y)$. 假设所有的 X_i 与 Y_j 相互独立且 $\theta_x > 0$ 和 $\theta_y > 0$. 当 $n > 1$ 时, 求 θ_x/θ_y 的 UMVUE.

11. 设 X 是服从负二项分布 $NB(p, r)$ 的随机变量, $p \in (0, 1)$ 未知, r 已知.

(a) 求 p^t 的 UMVUE, $t < r$;

(b) 求 $\mathrm{Var}(X)$ 的 UMVUE;

(c) 求 $\log p$ 的 UMVUE.

12. 设 $X_1, ..., X_n$ 是 i.i.d. 服从在 0 处截尾的泊松分布 $P(\theta)$ 的随机变量, 即 $P(X_i = x) = (e^\theta - 1)^{-1}\theta^x/x!$, $x = 1, 2, ...$, $\theta > 0$. 当 $n = 1, 2$ 时, 求 θ 的 UMVUE.

13. 设 X 是服从在 r 处截尾的负二项分布 $NB(p, r)$ 的随机变量, 其中 r 已知, $p \in (0, 1)$ 未知. 令 k 是固定 $> r$ 的正整数. 对于 $r = 1, 2, 3$, 求 p^k 的 UMVUE.

14. 设 $X_1, ..., X_n$ i.i.d 服从对数分布 $L(p)$, $p \in (0, 1)$ 未知. 令 k 是固定的正整数.

(a) 对于 $n = 1, 2, 3$, 求 p^k 的 UMVUE;

(b) 对于 $n = 1, 2, 3$, 求 $P(X = k)$ 的 UMVUE.

15. 考虑 §2.6 练习 43.

(a) 证明估计 $U = 2(|X_1| - \frac{1}{4})I_{\{X_1 \neq 0\}}$ 是 θ 的无偏估计;

(b) 求 θ 的 UMVUE.

16. 求 §2.6 练习 33 中 p 的 UMVUE.

17. §2.6 练习 55 中, 基于数据 $X_1, ..., X_n$, 求 θ 和 λ 的 UMVUE.

18. 假设 $(X_0, X_1, ..., X_k)$ 服从例 2.7 中的多项分布, $p_i \in (0, 1)$, $\sum_{j=0}^k p_j = 1$. 求 $p_0^{r_0} \cdots p_k^{r_k}$ 的 UMVUE, 其中 r_j 是满足 $r_0 + \cdots + r_k \leqslant n$ 的非负整数.

19. 设 $Y_1, ..., Y_n$ i.i.d. 来自均匀分布 $U(0, \theta)$, $\theta \in (1, \infty)$ 未知.

(a) 假设我们仅仅观测到

$$X_i = \begin{cases} Y_i, & 若\ Y_i \geqslant 1, \\ 1, & 若\ Y_i < 1, \end{cases} \qquad i = 1, ..., n,$$

求 θ 的 UMVUE;

(b) 假设我们仅仅观测到

$$X_i = \begin{cases} Y_i, & \text{若 } Y_i \leqslant 1, \\ 1, & \text{若 } Y_i > 1, \end{cases} \quad i = 1, ..., n,$$

求概率 $P(Y_1 > 1)$ 的 UMVUE.

20. 设 $(X_1, Y_1), ..., (X_n, Y_n)$ 是独立的 2 维随机向量, 服从二元正态分布, $EX_i = EY_i = \beta z_i$, $\mathrm{Var}(X_i) = \mathrm{Var}(Y_i) = \sigma^2$ 且 $\mathrm{Cov}\ (X_i, Y_i) = \rho\sigma^2$, $i = 1, ..., n$, 其中 $\beta \in \mathcal{R}$, $\sigma > 0$ 和 $\rho \in (-1, 1)$ 是未知参数, 且 z_i 是已知的常数.

(a) 求 β 的 UMVUE 并计算其方差;

(b) 求 σ^2 的 UMVUE 并计算其方差.

21. 设 $(X_1, Y_1), ..., (X_n, Y_n)$ 是 i.i.d. 来自某一总体 $P \in \mathcal{P}$ 的 2 维随机向量, $\mathcal{P}$ 是所有存在 Lebesgue p.d.f. 的二维总体的分布族.

(a) 证明, 根据它们的第一个元素排序的 n 对 (X_i, Y_i) 值构成了一个 $P \in \mathcal{P}$ 的充分完备统计量;

(b) 统计量 T 是一个充分完备统计量的函数, 当且仅当 T 在 n 对的置换下是不变的;

(c) 证明 $(n-1)^{-1}\sum_{i=1}^n (X_i - \bar{X})(Y_i - \bar{Y})$ 是 $\mathrm{Cov}(X_1, Y_1)$ 的 UMVUE;

(d) 求 $P(X_i \leqslant Y_i)$ 和 $P(X_i \leqslant X_j \text{ 和} Y_i \leqslant Y_j)$ 的 UMVUE, $i \neq j$.

22. 设 $X_1, ..., X_n$ i.i.d. 来自总体 $P \in \mathcal{P}$, $\mathcal{P}$ 包含了所有均值有限且在 $\mathcal{R}$ 上存在 Lebesgue p.d.f. 的对称 c.d.f. 证明当 $n > 1$ 时, $\mu = EX_1$ 不存在 UMVUE.

23. 证明推论 3.1.

24. 假设 T 是未知参数 ϑ 的一个 UMVUE. 证明 T^k 是 $E(T^k)$ 的一个 UMVUE, 其中 k 是任意满足 $E(T^{2k}) < \infty$ 的正整数.

25. 考虑 §2.6 练习 83 中的问题. 使用定理 3.2, 证明 $I_{\{0\}}(X)$ 是 $(1-p)^2$ 的一个 UMVUE, 并证明 p 的 UMVUE 不存在.

26. 设 $X_1, ..., X_n$ i.i.d. 来自一个离散分布,

$$P(X_i = \theta - 1) = P(X_i = \theta) = P(X_i = \theta + 1) = \frac{1}{3},$$

其中 θ 是一个未知整数. 证明 θ 的非常数函数不存在 UMVUE.

27. 设 X 是一个随机变量, 具有 Lebesgue p.d.f.

$$[(1-\theta)+\theta/(2\sqrt{x})]I_{(0,1)}(x),$$

其中 $\theta \in [0,1]$. 证明 θ 的 UMVUE 不存在.

28. 设 X 是一个离散随机变量, $P(X=-1)=2p(1-p)$ 且 $P(X=k)=p^k(1-p)^{3-k}$, $k=0,1,2,3$, 其中 $p\in(0,1)$.

(a) 判断是否存在 p 的 UMVUE;

(b) 判断是否存在 $p(1-p)$ 的 UMVUE.

29. 设 $X_1,...,X_n$ 是 i.i.d. 观测值. 在下列情况下求 a 的 UMVUE.

(a) X_i 服从指数分布 $E(a,\theta)$, θ 已知, $a\leqslant 0$ 未知;

(b) X_i 服从 Pareto 分布 $Pa(a,\theta)$, $\theta>1$ 已知, $a\in(0,1]$ 未知.

30. §2.6 练习 41 中, 求 θ 的 UMVUE, 并证明它是 a.s. 唯一的.

31. 证明多元情况 ($k>1$) 下的定理 3.3.

32. 设 X 是来自 P_θ 的单一样本. 在下列情况下, 求 Fisher 信息量 $I(\theta)$.

(a) P_θ 是 $N(\mu,\sigma^2)$ 分布, $\theta=\mu\in\mathcal{R}$;

(b) P_θ 是 $N(\mu,\sigma^2)$ 分布, $\theta=\sigma^2>0$;

(c) P_θ 是 $N(\mu,\sigma^2)$ 分布, $\theta=\sigma>0$;

(d) P_θ 是 $N(\sigma,\sigma^2)$ 分布, $\theta=\sigma>0$;

(e) P_θ 是 $N(\mu,\sigma^2)$ 分布, $\theta=(\mu,\sigma^2)\in\mathcal{R}\times(0,\infty)$;

(f) P_θ 是负二项分布 $NB(\theta,r)$, $\theta\in(0,1)$;

(g) P_θ 是 gamma 分布 $\Gamma(\alpha,\gamma)$, $\theta=(\alpha,\gamma)\in(0,\infty)\times(0,\infty)$;

(h) P_θ 是 beta 分布 $B(\alpha,\beta)$, $\theta=(\alpha,\beta)\in(0,1)\times(0,1)$.

33. 求 θ 的一个函数, 其信息量不依赖 θ, 当 P_θ 是

(a) 泊松分布 $P(\theta)$, $\theta>0$;

(b) 二项分布 $Bi(\theta,r)$, $\theta\in(0,1)$;

(c) gamma 分布 $\Gamma(\alpha,\theta)$, $\theta>0$.

34. 证明例 3.9 的结论.

35. 求出下列随机变量的 Fisher 信息矩阵

(a) 柯西分布 $C(\mu,\sigma)$, $\mu\in\mathcal{R}$, $\sigma>0$;

(b) 双指数分布 $DE(\mu,\theta)$, $\mu\in\mathcal{R}$, $\theta>0$;

(c) logistic 分布 $LG(\mu,\sigma)$, $\mu\in\mathcal{R}$, $\sigma>0$;

(d) c.d.f. $F_r\left(\frac{x-\mu}{\sigma}\right)$, 其中 F_r 是 t 分布 t_r 的 c.d.f., r 已知, $\mu\in\mathcal{R}$, $\sigma>0$;

(e) Lebesgue p.d.f. $f_\theta(x)=(1-\epsilon)\phi(x-\mu)+\frac{\epsilon}{\sigma}\phi\left(\frac{x-\mu}{\sigma}\right)$, $\theta=(\mu,\sigma,\epsilon)\in\mathcal{R}\times(0,\infty)\times(0,1)$, 其中 ϕ 是标准正态分布的 p.d.f.

36. 设 X 是一样本, 其 p.d.f. 满足定理 3.3 的条件, 其中 θ 是未知参数的 k 维向量, 并设 $T(X)$ 是一个统计量. 如果 T 的 p.d.f. g_θ 满足定理 3.3 中的条件, 那么我们定义 $I_T(\theta)=E\{\frac{\partial}{\partial\theta}\log g_\theta(T)[\frac{\partial}{\partial\theta}\log g_\theta(T)]^\tau\}$ 是包含在 T 中关于 θ 的 Fisher 信息量.

(a) 证明 $I_X(\theta)-I_T(\theta)$ 非负定, 其中 $I_X(\theta)$ 是包含在 X 中关于 θ 的 Fisher 信息量;

(b) 如果 T 关于 θ 是充分的, 证明 $I_X(\theta)=I_T(\theta)$.

37. 设 $X_1,...,X_n$ i.i.d. 来自均匀分布 $U(0,\theta)$, $\theta>0$.

(a) 对于 $h(X)=X_{(n)}$, 证明 (3.3) 不成立;

(b) 对于 θ 的 UMVUE, 证明 (3.6) 中的不等式不成立.

38. 证明命题 3.3.

39. 设 X 是来自双指数分布 $DE(\mu,\theta)$ 的单一样本, $\mu=0$, $\theta>0$. 求下列参数的 UMVUE, 并在每一种情况下判断 UMVUE 的方差是否能达到 Cramér-Rao 下界.

(a) $\vartheta=\theta$;

(b) $\vartheta=\theta^r$, 其中 $r>1$;

(c) $\vartheta=(1+\theta)^{-1}$.

40. 设 $X_1,...,X_n$ 是 i.i.d. 0–1 随机变量, $P(X_i=1)=p\in(0,1)$.

(a) 证明 $p(1-p)$ 的 UMVUE 是 $T_n=n\bar{X}(1-\bar{X})/(n-1)$;

(b) 证明 $\mathrm{Var}(T_n)$ 不能达到 Cramér-Rao 下界;

(c) 证明 (3.10) 成立.

41. 设 $X_1, ..., X_n$ i.i.d. 服从泊松分布 $P(\theta)$, $\theta > 0$. 求 $e^{-t\theta}$ 的 UMVUE 的 amse, 其中 $t > 0$ 固定, 并证明 (3.10) 成立.

42. 设 $X_1, ..., X_n$ i.i.d. 服从 $N(\mu, \sigma^2)$ 分布, $\mu \in \mathcal{R}$ 未知, $\sigma^2 > 0$ 已知.

(a) 求 $\vartheta = e^{t\mu}$ 的 UMVUE, $t \neq 0$ 固定;

(b) 判断 (a) 中 UMVUE 的方差是否能达到 Cramér-Rao 下界;

(c) 证明 (3.10) 成立.

43. 证明, 如果 $X_1, ..., X_n$ 是 i.i.d. 0–1 随机变量, 那么 (3.12) 中的 U_n 等于 $T(T-1)\cdots(T-m+1)/[n(n-1)\cdots(n-m+1)]$, 其中 $T = \sum_{i=1}^n X_i$.

44. 证明, 如果 $T_n = \bar{X}$, 那么 (3.13) 中的 U_n 与 (2.2) 中的样本方差 S^2 相同. 对于 (3.22) 中给出的 T_n 且 $E(R_n^2) = o(n^{-1})$, 证明 (3.23) 成立.

45. 证明 (3.14), (3.16) 和 (3.17).

46. 设 ζ_k 由定理 3.4 给出. 证明 $\zeta_1 \leqslant \zeta_2 \leqslant \cdots \leqslant \zeta_m$.

47. 证明推论 3.2.

48. 证明 (3.20), 并证明 $U_n - \check{U}_n$ 也是一个 U 统计量.

49. 设 T_n 是一个对称的统计量, 对于任意 n, 满足 $\mathrm{Var}(T_n) < \infty$, $\check{T}_n$ 是基于 $\binom{n}{k}$ 个随机向量 $\{X_{i_1}, ..., X_{i_k}\}$ 的 T_n 的投影, $1 \leqslant i_1 < \cdots < i_k \leqslant n$. 证明 $E(T_n) = E(T_n)$, 并计算 $E(T_n - \check{T}_n)^2$.

50. 设 Y_k 由引理 3.2 定义. 证明 $\{Y_k^2\}$ 是一致可积的.

51. 在 $E(R_n^2) = o(n^{-1})$ 的情况下, 证明 (3.22) 对于满足 $E[h(X_1, ..., X_m)]^2 < \infty$ 的 U 统计量 T_n 成立.

52. 设 S^2 是 (2.2) 给出的样本方差, 也是一个 U 统计量 (§3.2.1). 找出相应的 h_1, h_2, ζ_1 和 ζ_2. 讨论在此情况下如何应用定理 3.5.

53. 设 $h(x_1, x_2, x_3) = I_{(-\infty,0)}(x_1 + x_2 + x_3)$. 定义带有这个核函数的 U 统计量, 并求 h_k 和 ζ_k, $k = 1, 2, 3$.

54. 设 $X_1, ..., X_n$ 是 i.i.d. 随机变量, $\mu = EX_1$ 和 $\bar{\mu} = EX_1^{-1}$ 有限. 求一个是 $\mu\bar{\mu}$ 无偏估计的 U 统计量, 并推导其方差和渐近分布.

55. 证明 $\hat{\beta}$ 是 β 的 LSE 当且仅当它由 (3.29) 给出.

56. 在例 3.11 中的简单线性回归模型中, 假定某些 t_i 是不同的, 求 β_j 的 LSE, $j = 0, 1$, 和 SSR 的具体形式.

57. 考虑多项式模型

$$X_i = \beta_0 + \beta_1 t_i + \beta_2 t_i^2 + \varepsilon_i, \quad i = 1, ..., n.$$

假定某些 t_i 是不同的, 求 β_j 的 LSE, $j = 0, 1, 2$, 和 SSR 的具体形式.

58. 假设

$$X_{ij} = \alpha_i + \beta t_{ij} + \varepsilon_{ij}, \quad i = 1, ..., a, j = 1, ..., b.$$

求 β, α_i, $i - 1, ..., a$, 的 LSE 和 SSR 的具体形式.

59. 考虑多项式模型

$$X_i = \beta_0 + \beta_1 t_i + \beta_2 t_i^2 + \beta_3 t_i^3 + \varepsilon_i, \quad i = 1, ..., n,$$

其中 ε_i i.i.d. 来自 $N(0, \sigma^2)$. 假设 $n = 12$, $t_i = -1$, $i = 1, ..., 4$, $t_i = 0$, $i = 5, ..., 8$, 和 $t_i = 1$, $i = 9, ..., 12$.

(a) 当这个多项式模型看作是模型 (3.24) 的特殊情况时, 求矩阵 $Z^\tau Z$;

(b) 说明下列参数是否可估: $\beta_0 + \beta_2$, β_1, $\beta_0 - \beta_1$, $\beta_1 + \beta_3$ 和 $\beta_0 + \beta_1 + \beta_2 + \beta_3$.

60. 在单因子 ANOVA 模型 (3.31) 下, 求矩阵 Z, $Z^\tau Z$ 和 $l \in \mathcal{R}(Z)$ 的形式.

61. 在二因子平衡 ANOVA 模型 (3.32) 下, 求矩阵 Z. 证明 Z 的秩是 ab. 验证例 3.14 给出的 β 的 LSE 的形式. 求 $l \in \mathcal{R}(Z)$ 的形式.

62. 考虑以下作为模型 (3.25) 的特殊情况的模型:

$$X_{ijk} = \mu + \alpha_i + \beta_j + \varepsilon_{ijk}, \quad i = 1, ..., a, j = 1, ..., b, k = 1, ..., c.$$

求矩阵 Z, 向量参数 β 和 β 的 LSE 的形式. 并讨论使得 $l \in \mathcal{R}(Z)$ 的条件.

63. 考虑满足假设 A1 的模型 (3.25), 对于可估的 $l^\tau\beta$, 求 $(l^\tau\beta)^2$, $l^\tau\beta/\sigma$, 和 $(l^\tau\beta/\sigma)^2$ 的 UMVUE.

64. 验证例 3.15 中 SSR 的形式.

65. 考虑例 3.17 中的单因子随机效应模型. 假定对于所有的 i, $n_i = n$, 并假定 A_i 和 e_{ij} 都服从正态分布. 证明总体分布族是一个指数分布族, 其充分完备统计量是 $\bar{X}_{\cdot\cdot}$, $S_A = n\sum_{i=1}^m (\bar{X}_{i\cdot} - \bar{X}_{\cdot\cdot})^2$ 和 $S_E = \sum_{i=1}^m \sum_{j=1}^n (X_{ij} - \bar{X}_{i\cdot})^2$. 求 μ, σ_a^2 和 σ^2 的 UMVUE.

66. 考虑模型 (3.25). 假设 $\varepsilon_1, ..., \varepsilon_n$ i.i.d., $E\varepsilon_i = 0$ 且 Lebesgue p.d.f. 为 $\sigma^{-1}f(x/\sigma)$, 其中 f 是一个已知的 Lebesgue p.d.f., $\sigma > 0$ 未知.

(a) 证明 X 来自由 (2.10) 给出的一个位置尺度分布族;

(b) 求包含在 X_i 中关于 (β, σ) 的 Fisher 信息量;

(c) 求包含在 X 中关于 (β, σ) 的 Fisher 信息量.

67. 考虑满足假设 A2 的模型 (3.25). 设 $c \in \mathcal{R}^p$. 证明, 如果方程 $c = Z^\tau y$ 有解, 那么对于任意 $c = Z^\tau y$ 的其他解, 存在唯一解 $y_0 \in \mathcal{R}(Z^\tau)$ 使得 $\text{Var}(y_0^\tau X) \leqslant \text{Var}(y^\tau X)$.

68. 考虑模型 (3.25). 证明均值为 0 的 X 的独立线性函数的个数是 $n - r$, 其中 r 是 Z 的秩.

69. 考虑满足假设 A2 的模型 (3.25). 设 $\hat{X}_i = Z_i^\tau \hat{\beta}$, 称为 X_i 的最小二乘预测. 令 h_{ij} 是 $Z(Z^\tau Z)^- Z^\tau$ 的第 (i, j) 个元素且 $h_i = h_{ii}$. 证明

(a) $\text{Var}(\hat{X}_i) = \sigma^2 h_i$;

(b) $\text{Var}(X_i - \hat{X}_i) = \sigma^2(1 - h_i)$;

(c) $\text{Cov}(\hat{X}_i, \hat{X}_j) = \sigma^2 h_{ij}$;

(d) $\text{Cov}(X_i - \hat{X}_i, X_j - \hat{X}_j) = -\sigma^2 h_{ij}$, $i \neq j$;

(e) $\text{Cov}(\hat{X}_i, X_j - \hat{X}_j) = 0$.

70. 考虑满足假设 A2 的模型 (3.25). 设 $Z = (Z_1, Z_2)$ 和 $\beta = (\beta_1, \beta_2)$, 其中 Z_j 是 $n \times p_j$ 矩阵, β_j 是 p_j 维向量, $j = 1, 2$. 假定 $(Z_1^\tau Z_1)^{-1}$ 和 $[Z_2^\tau Z_2 - Z_2^\tau Z_1(Z_1^\tau Z_1)^{-1} Z_1^\tau Z_2]^{-1}$ 存在.

(a) 用 Z_1, Z_2 和 X 表示 β 的 LSE;

(b) 设 $\hat{\beta} = (\hat{\beta}_1, \hat{\beta}_2)$ 是 (a) 中的 LSE, 计算 $\hat{\beta}_1$ 与 $\hat{\beta}_2$ 的协方差;

(c) 假设已知 $\beta_2 = 0$. 在简化的模型 $X = Z_1\beta_1 + \varepsilon$ 下, 令 $\tilde{\beta}_1$ 是 β_1 的 LSE. 对于任意的 $l \in \mathcal{R}^{p_1}$, 证明在 mse 的意义下, $l^\tau \tilde{\beta}_1$ 优于 $l^\tau \hat{\beta}_1$.

71. 证明定理 3.10 中的 (e) 能推出 (b).

72. 证明定理 3.10 中的 (a) 等价于

(f) 对于某个矩阵 B, $\text{Var}(\varepsilon)Z = ZB$ 或

(g) $\mathcal{R}(Z^\tau)$ 是由 $\text{Var}(\varepsilon)$ 的 r 个特征向量生成的, 其中 r 是 Z 的秩.

73. 证明推论 3.3.

74. 假设

$$X = \mu J_n + H\xi + e,$$

其中 $\mu \in \mathcal{R}$ 是未知参数, J_n 是分量均为 1 的 n 维向量, H 是已知的 $n \times p$ 满秩矩阵, ξ 是 p 维随机向量, $E(\xi) = 0$ 且 $\text{Var}(\xi) = \sigma_\xi^2 I_p$, e 是 n 维随机向量, $E(e) = 0$ 且 $\text{Var}(e) = \sigma^2 I_n$ 以及 ξ 与 e 相互独立. 证明 μ 的 LSE 是 BLUE, 当且仅当 HH^τ 的行和是相同的.

75. 考虑模型 (3.25) 的一个特殊情况:

$$X_{ij} = \mu + \alpha_i + \beta_j + \varepsilon_{ij}, \quad i = 1, ..., a, j = 1, ..., b,$$

μ, α_i 和 β_j 是未知参数, $E(\varepsilon_{ij}) = 0$, $\text{Var}(\varepsilon_{ij}) = \sigma^2$, $\text{Cov}(\varepsilon_{ij}, \varepsilon_{i'j'}) = 0$ 若 $i \neq i'$, $\text{Cov}(\varepsilon_{ij}, \varepsilon_{ij'}) = \sigma^2\rho$ 若 $j \neq j'$. 证明 $l^\tau\beta$ 对于任意 $l \in \mathcal{R}(Z)$ 的 LSE 是 BLUE.

76. 基于假设 A3, 考虑模型 (3.25), $\text{Var}(\varepsilon)$ 是一个分块对角矩阵, 其第 i 个对角块 V_i 是 $n_i \times n_i$ 的, 且有一个特征值 λ_i, 其相应的特征向量为 J_{n_i} (分量均为 1 的 n_i 维向量) 和重复次数为 $n_i - 1$ 的特征值 ρ_i, $i = 1, ..., k$, $\sum_{i=1}^k n_i = n$. 设 U 是 $n \times k$ 矩阵, 其第 i 列是 U_i, 其中 $U_1 = (J_{n_1}^\tau, 0, ..., 0)$, $U_2 = (0, J_{n_2}^\tau, ..., 0)$,..., $U_k = (0, 0, ..., J_{n_k}^\tau)$.

(a) 如果 $\mathcal{R}(Z^\tau) \subset \mathcal{R}(U^\tau)$ 且 $\lambda_i \equiv \lambda$, 证明 $l^\tau\hat{\beta}$ 是 $l^\tau\beta$ 的 BLUE, 对于任意 $l \in \mathcal{R}(Z)$;

(b) 如果 $Z^\tau U_i = 0$ 对于所有 i 成立, 且 $\rho_i \equiv \rho$, 证明 $l^\tau\hat{\beta}$ 是 $l^\tau\beta$ 的 BLUE, 对于任意 $l \in \mathcal{R}(Z)$.

77. 证明命题 3.4.

78. 证明条件 $\sup_n \lambda_+[\text{Var}(\varepsilon)] < \infty$ 等价于条件 $\sup_i \text{Var}(\varepsilon_i) < \infty$.

79. 求使得 $l^\tau\hat{\beta}$ 的 mse 是 n^{-1} 阶的条件. 并将其应用到练习 56, 58 和 60—62.

80. 考虑模型 (3.25), $\varepsilon_1, ..., \varepsilon_n$ i.i.d. 且满足 $E(\varepsilon_i) = 0$ 和 $\text{Var}(\varepsilon_i) = \sigma^2$. 令 $\hat{X}_i = Z_i^\tau\hat{\beta}$ 和 $h_i = Z_i^\tau(Z^\tau Z)^- Z_i$.

(a) 对任意 $\epsilon > 0$, 证明

$$P(|\hat{X}_i - E\hat{X}_i| \geqslant \epsilon) \geqslant \min\{P(\varepsilon_i \geqslant \epsilon/h_i), P(\varepsilon_i \leqslant -\epsilon/h_i)\}$$

(提示: 对于两个独立的随机变量 X 和 Y, $P(|X+Y| \geqslant \epsilon) \geqslant P(X \geqslant \epsilon)P(Y \geqslant 0) + P(X \leqslant -\epsilon)P(Y < 0)$);

(b) 证明 $\hat{X}_i - E\hat{X}_i \to_p 0$ 当且仅当 $h_i \to 0$.

81. 证明引理 3.3, 并证明条件 (a) 可由 $\{\|Z_i\|\}$ 有界和 $\lambda_+(Z^\tau Z)^- \to 0$ 推出.

82. 考虑练习 58. 假设 $\{t_{ij}\}$ 有界. 求使得 (3.39) 成立的条件.

83. 例 3.14 的二因子 ANOVA 模型和练习 62 中, 求 (3.39) 的充分条件.

84. 考虑例 3.17 中的单因子随机效应模型. 假定 $\{n_i\}$ 有界且 $E|e_{ij}|^{2+\delta} < \infty$ 对于某个 $\delta > 0$ 成立. 证明 μ 的 LSE $\hat{\mu}$ 是渐近正态的, 并推导出 $\mathrm{Var}(\hat{\mu})$ 的具体形式.

85. 假设

$$X_i = \rho t_i + \varepsilon_i, \quad i = 1, ..., n,$$

其中 $\rho \in \mathcal{R}$ 是未知参数, t_i 已知并在 (a, b) 中, a 和 b 是已知的正常数, ε_i 是独立的随机变量, 满足 $E(\varepsilon_i) = 0$ 和 $E|\varepsilon_i|^{2+\delta} < \infty$ 对某个 $\delta > 0$ 成立, 而且 $\mathrm{Var}(\varepsilon_i) = \sigma^2 t_i$, $\sigma^2 > 0$ 未知.

(a) 求 ρ 的 LSE;

(b) 求 ρ 的 BLUE;

(c) 证明 LSE 与 BLUE 都是渐近正态的, 并求 BLUE 关于 LSE 的渐近相对效率.

86. 例 3.19 中, 证明 $E(S^2) =$ (3.43) 给出的 σ^2.

87. 假设 $X = (X_1, ..., X_n)$ 是来自有限总体 $\mathcal{P} = \{y_1, ..., y_N\}$ 的一个简单随机样本 (无放回), 其中 y_i 是单变量的.

(a) 证明 $h(\theta)$ 可估的必要条件是 h 关于它的 N 个变量对称;

(b) 求 Y^m 的 UMVUE, 其中 m 是 $< n$ 的固定正整数, Y 是总体总值;

(c) 求 $P(X_i \leqslant X_j)$ 的 UMVUE, $i \neq j$;

(d) 求 $\mathrm{Cov}(X_i, X_j)$ 的 UMVUE, $i \neq j$.

88. 证明定理 3.14.

89. 基于 §3.4.1 中描述的分层简单随机抽样, 证明所有 X_{hi} 经排序后的值构成的向量关于 $\theta \in \Theta$ 既不是充分的也不是完备的.

90. 设 $\mathcal{P} = \{y_1, ..., y_N\}$ 是一个总体, y_i 是单变量的. 定义总体 c.d.f. 为 $F(t) = N^{-1} \sum_{i=1}^{N} I_{(-\infty,t]}(y_i)$. 求 $F(t)$ 的 UMVUE, 基于 (a) 简单随机抽样和 (b) 简单分层随机抽样.

91. 考虑上一个练习中 $F(t)$ 的估计. 假设以概率 $\pi_i > 0$ 选取了样本量为 n 的一个样本. 求 $F(t)$ 的 Horvitz-Thompson 估计. 它是否是一个 c.d.f.?

92. 证明 (3.49) 中的 v_1 和 (3.50) 中的 v_2 是 $\text{Var}(\hat{Y}_{ht})$ 的无偏估计. 并证明 $v_1 = v_2$ 基于 (a) 简单随机抽样和 (b) 简单分层随机抽样.

93. 考虑下列二阶段分层抽样方案. 第一阶段, 总体被分为 H 层, 从第 h 层以正比于群大小的概率抽取 k_h 个群, 其中层间抽样是独立的. 第二阶段, 从第 h 层中的第 i 个群中抽取含 m_{hi} 个单元的样本, 其中群间抽样是独立的. 求 π_i 和总体总值的 Horvitz-Thompson 估计 $\hat{Y}_{ht}$.

94. 在上一个练习中, 直接证明 $\hat{Y}_{ht}$ 的无偏性 (不使用定理 3.15).

95. 在系统抽样中, 证明 $\text{Var}(\hat{Y}_{sy})$ 等于

$$\left(1 - \frac{1}{N}\right) \frac{\sigma^2}{n} + \frac{2}{nN} \sum_{i=1}^{k} \sum_{1 \leqslant t < u \leqslant n} \left(y_{i+(t-1)k} - \frac{Y}{N}\right) \left(y_{i+(u-1)k} - \frac{Y}{N}\right).$$

96. 练习 91 中, 讨论如何求 $F(t)$ 的一个一致 (当 $n \to N$ 时) 估计 $\hat{F}(t)$, 使得 $\hat{F}$ 是一个 c.d.f.

97. 求 §2.6 练习 22 中所定义的样本相关系数的 n^{-1} 阶渐近偏差.

98. 例 3.22 中, 假定 $\sum_{j=0}^{p-1} \beta_j t^j$ 关于 $t \in \mathcal{T}$ 是凸的, 求 $\hat{t}_\beta$ 的 n^{-1} 阶渐近偏差和 amse.

99. 考虑例 3.23.

(a) 证明 $\hat{\theta}$ 是 θ 的 BLUE;

(b) 证明 $\hat{\sigma}^2$ 对 σ^2 是无偏的;

(c) 证明 $\hat{\Sigma}$ 对 Σ 是一致的, 当 $k \to \infty$;

(d) 求 $\hat{R}(t)$ 的 amse, 当 $k \to \infty$.

100. 设 $X_1, ..., X_n$ i.i.d. 来自 $N(\mu, \sigma^2)$, 其中 $\mu \in \mathcal{R}$ 且 $\sigma^2 > 0$. 考虑 $\vartheta = E\Phi(a + bX_1)$ 的估计, 其中 Φ 是标准正态分布的 c.d.f., a 和 b 是已知常数. 求函数 $g(\mu, \sigma^2) = \vartheta$ 的具体形式, 并求得 $\hat{\vartheta} = g(\bar{X}, S^2)$ 的 amse.

101. 设 $X_1, ..., X_n$ i.i.d., 均值为 μ, 方差为 σ^2, 且 $\mu_j = EX_1^j$ 有限, $j = 2, 3, 4$. 样本变异系数定义为 $S/\bar{X}$, 其中 S 是样本方差 S^2 的平方根.

(a) 如果 $\mu \neq 0$, 证明 $\sqrt{n}(S/\bar{X} - \sigma/\mu) \to_d N(0, \tau)$, 并求 τ 为 μ, σ^2 和 μ_j 的函数之具体形式;

(b) 如果 $\mu = 0$, 证明 $n^{-1/2}S/\bar{X} \to_d [N(0,1)]^{-1}$.

102. 证明 (3.52) 和 (3.53).

103. 设 $X_1, ..., X_n$ i.i.d. 来自属于参数族的 P. 在下列情况下, 求参数的矩估计.

(a) P 是 gamma 分布 $\Gamma(\alpha, \gamma)$, $\alpha > 0$, $\gamma > 0$;

(b) P 是指数分布 $E(a, \theta)$, $a \in \mathcal{R}$, $\theta > 0$;

(c) P 是 beta 分布 $B(\alpha, \beta)$, $\alpha > 0$, $\beta > 0$;

(d) P 是对数正态分布 $LN(\mu, \sigma^2)$, $\mu \in \mathcal{R}$, $\sigma > 0$;

(e) P 是均匀分布 $U(\theta - \frac{1}{2}, \theta + \frac{1}{2})$, $\theta \in \mathcal{R}$;

(f) P 是负二项分布 $NB(p, r)$, $p \in (0, 1)$, $r = 1, 2, ...$;

(g) P 是对数分布 $L(p)$, $p \in (0, 1)$;

(h) P 是对数正态分布 $LN(\mu, \sigma^2)$, $\mu \in \mathcal{R}$, $\sigma = 1$;

(i) P 是卡方分布 χ_k^2, $k = 1, 2, ...$, 未知.

104. §2.6 练习 55 中, 基于数据 $X_1, ..., X_n$, 求 λ 和 p 的矩估计.

105. 练习 103(a), (c), (e) 和 (g) 中, 求矩估计的渐近分布, 并在练习 103(b) 和 (h) 中, 求矩估计关于 UMVUE 的渐近相对效率.

106. 练习 19(a) 中, 求 θ 的矩估计, 并推导它的渐近分布. 练习 19(b) 中, 求 θ^{-1} 的矩估计, 并推导它关于 θ^{-1} 的 UMVUE 的渐近相对效率.

107. 假设 $X_1, ..., X_n$ 是 i.i.d. 随机变量, 具有 Lebesgue p.d.f. $f_{\alpha,\beta}(x) = \alpha\beta^{-\alpha}x^{\alpha-1}I_{(0,\beta)}(x)$, 其中 $\alpha > 0$ 和 $\beta > 0$ 未知.

(a) 求 α 和 β 的矩估计;

(b) 求 (a) 中求得的 α 和 β 的矩估计的渐近分布.

108. 设 $X_1, ..., X_n$ i.i.d. 来自下列离散分布:

$$P(X_1 = 1) = \frac{2(1-\theta)}{2-\theta}, \quad P(X_1 = 2) = \frac{\theta}{2-\theta},$$

其中 $\theta \in (0,1)$ 未知.

(a) 利用矩方法, 求 θ 的估计;

(b) 求 (a) 中矩估计的 amse.

109. 设 $X_1, ..., X_n$ ($n > 1$) i.i.d. 来自一个总体, 具有 Lebesgue p.d.f.

$$f_\theta(x) = (1-\epsilon)\phi(x-\mu) + \frac{\epsilon}{\sigma}\phi\left(\frac{x-\mu}{\sigma}\right),$$

其中 ϕ 是标准正态分布的 p.d.f., $\theta = (\mu, \sigma) \in \mathcal{R} \times (0, \infty)$ 未知, $\epsilon \in (0,1)$ 是一个已知常数.

(a) 利用矩方法, 求 θ 的估计;

(b) 求 (a) 中矩估计的渐近分布.

110. 设 $X_1, ..., X_n$ 是 i.i.d. 随机变量, 具有 Lebesgue p.d.f.

$$f_{\theta_1,\theta_2}(x) = \begin{cases} (\theta_1+\theta_2)^{-1}e^{-x/\theta_1}, & x > 0, \\ (\theta_1+\theta_2)^{-1}e^{x/\theta_2}, & x \leqslant 0, \end{cases}$$

其中 $\theta_1 > 0$ 和 $\theta_2 > 0$ 未知.

(a) 利用矩方法, 求 (θ_1, θ_2) 的估计;

(b) 求 (a) 中矩估计的渐近分布.

111. (矩估计的不存在性). §2.6 练习 41 中, 考虑 $X_1, ..., X_n$ 和参数为 $(\theta, j) \in (0,1) \times \{1,2\}$ 的参数族. 令 $h_i(\theta, j) = EX_1^i$, $i = 1, 2$. 当 X_i 来自泊松分布 $P(\theta)$ 时, 证明, 当 $n \to \infty$ 时,

$$P(\hat{\mu}_i = h_i(\theta, j) \text{ 有一个解}) \to 0.$$

112. 在命题 3.5 的证明中, 证明 $E[W_n(U_n - \vartheta)] = O(n^{-1})$.

113. 假定定理 3.16 的条件.

(a) 证明 (3.56);

(b) 证明 $E[g_2(X_1, X_1)]/n = nEV_{n2} = m(m-1)\sum_{j=1}^{\infty}\lambda_j/(2n)$.

114. 设 $X_1, ..., X_n$ i.i.d. 且具有 c.d.f. F, U_n 和 V_n 分别是基于核函数 $\int[I_{(-\infty,y]}(x_1) - F_0(y)][I_{(-\infty,y]}(x_2) - F_0(y)]dF_0$ 的 U 和 V 统计量, 其中 F_0 是已知的 c.d.f.

(a) 当 $F \neq F_0$ 时, 求 U_n 和 V_n 的渐近分布;

(b) 当 $F = F_0$ 时, 求 U_n 关于 V_n 的渐近相对效率.

115. 设 $X_1, ..., X_n$ i.i.d. 且具有 6 阶矩有限的 c.d.f. F. 考虑 μ^3 的估计, 其中 $\mu = EX_1$. 当 $\mu = 0$, 求 $\text{amse}_{\bar{X}^3}(P)/\text{amse}_{U_n}(P)$, 其中 $U_n = \binom{n}{3}^{-1} \sum_{1 \leqslant i<j<k \leqslant n} X_i X_j X_k$.

116. 设 A_n 是一列 $k \times k$ 矩阵, $n = 1, 2, \ldots$, 其中 k 是一个固定整数.

(a) 证明 $\|A_n\|_{\max} \to 0$, 当且仅当 $\|A_n\| \to 0$, 其中 $\|A_n\|_{\max}$ 由 (3.60) 定义, $\|A_n\|^2 = \text{tr}(A_n^\tau A_n)$;

(b) 证明, 如果 A_n 非负定, 那么 $\|A_n\| \to 0$ 当且仅当 $\lambda_+[A_n] \to 0$, 其中 $\lambda_+[A_n]$ 是 A_n 的最大特征值;

(c) 证明, 如果 k 随着 n 不同, 那么 (a) 中的结论不一定正确.

117. 考虑模型 (3.25) 满足 (3.62) 和 $\sup_i E|\varepsilon_i|^{2+\delta} < \infty$ 对某个 $\delta > 0$ 成立. 证明 (3.63) 中的 $\hat{\sigma}^2$ 关于 σ^2 是无偏且一致的. 在同样的条件下, 证明, 在 $\|\hat{\Sigma} - \Sigma\|_{\max} \to_p 0$ 的意义下, (3.64) 中的 $\hat{\Sigma}$ 对 Σ 是一致的.

118. 例 3.30 中, 证明 $\hat{V}_t$ 关于 V_t 是一致的, 若当 $k \to \infty$ 时 $k_t \to \infty$.

119. 说明如何利用等式 (3.65) 求 θ_0 和 θ_1 的一致估计.

120. 在 §3.5.4 假定的条件下, 证明 (3.66).

第 4 章　参数模型中的估计

在本章里我们讨论参数模型中的点估计方法. 估计方法的一种, 矩方法, 已经在 §3.5.2 中介绍. 本章中, 假设样本 X 是来自属于参数族 $\mathcal{P} = \{P_\theta : \theta \in \Theta\}$ 的一个总体, 其中 $\Theta \subset \mathcal{R}^k$, $k \geqslant 1$ 是一个固定的整数.

4.1　Bayes 决策和估计

Bayes 准则在 §2.3.2 中已经做过介绍, 是指关于 Θ 上一个给定的概率测度 Π, 使得平均风险最小的决策准则. 但是, Bayes 准则是 Bayes 方法中的最优准则, 而 Bayes 方法与我们到此为止采用的经典频率方法有根本上的不同.

4.1.1　Bayes 解

在 Bayes 方法中, θ 被看作是随机向量 $\boldsymbol{\theta}$ 的一个实现值, 其中 $\boldsymbol{\theta}$ 的先验分布是 Π. 先验分布基于过去的经验、数据或者统计学家的信念, 因此可能非常主观. 样本 X 来自 $P_\theta = P_{x|\theta}$, 被看作是给定 $\boldsymbol{\theta} = \theta$ 时 X 的条件分布. 样本 $X = x$ 用来得到更新过的先验分布, 称为*后验分布*, 可以通过如下方法得到后验分布. 根据定理 1.7, X 和 $\boldsymbol{\theta}$ 的联合分布是 $\mathscr{X} \times \Theta$ 上的一个概率测度, 由

$$P(A \times B) = \int_B P_{x|\theta}(A) d\Pi(\theta), \quad A \in \mathcal{B}_{\mathscr{X}},\ B \in \mathcal{B}_\Theta,$$

确定, 其中 $\mathscr{X}$ 是 X 的值域. 给定 $X = x$, $\boldsymbol{\theta}$ 的后验分布是条件分布 $P_{\theta|x}$, 其对于几乎所有 $x \in \mathscr{X}$ 的存在性由定理 1.7 保证. 当 $P_{x|\theta}$ 存在 p.d.f. 时, 下面的结果给出了后验分布 $P_{\theta|x}$ 的 p.d.f. 公式.

定理 4.1 (Bayes 公式). 假设 $\mathcal{P}=\{P_{x|\theta}:\theta\in\Theta\}$ 被一个 σ 有限测度 ν 控制, $f_\theta(x)=\frac{dP_{x|\theta}}{d\nu}(x)$ 是 $(\mathscr{X}\times\Theta,\sigma(\mathcal{B}_{\mathscr{X}}\times\mathcal{B}_\Theta))$ 上的一个 Borel 函数. Π 是 Θ 上的一个先验分布. 假定 $m(x)=\int_\Theta f_\theta(x)d\Pi>0$.

(i) 后验分布 $P_{\theta|x}\ll\Pi$ 且

$$\frac{dP_{\theta|x}}{d\Pi}=\frac{f_\theta(x)}{m(x)}.$$

(ii) 如果 $\Pi\ll\lambda$ 对于一个 σ 有限测度 λ 成立, 且有 $\frac{d\Pi}{d\lambda}=\pi(\theta)$, 则

$$\frac{dP_{\theta|x}}{d\lambda}=\frac{f_\theta(x)\pi(\theta)}{m(x)}. \tag{4.1}$$

证明. 结果 (ii) 可以由结果 (i) 和命题 1.7(iii) 推出. 为了证明 (i), 我们首先证明 $m(x)<\infty$ a.e. ν. 注意到

$$\int_{\mathscr{X}}m(x)d\nu=\int_{\mathscr{X}}\int_\Theta f_\theta(x)d\Pi d\nu=\int_\Theta\int_{\mathscr{X}}f_\theta(x)d\nu d\Pi=1, \tag{4.2}$$

其中第二个等式由 Fubini 定理推出. 因此, $m(x)$ 是关于 ν 可积的且 $m(x)<\infty$ a.e. ν.

对于满足 $m(x)<\infty$ 的 $x\in\mathscr{X}$, 定义

$$P(B,x)=\frac{1}{m(x)}\int_B f_\theta(x)d\Pi,\quad B\in\mathcal{B}_\Theta.$$

那么 $P(\cdot,x)$ 是 Θ 上的概率测度 a.e. ν. 根据定理 1.7, 还需要证明

$$P(B,x)=P(\boldsymbol{\theta}\in B|X=x).$$

根据 Fubini 定理, $P(B,\cdot)$ 是 x 的一个可测函数. 定义 $P_{x,\theta}$ 是 $(X,\boldsymbol{\theta})$ 的"联合"分布. 对于任意 $A\in\sigma(X)$,

$$\begin{aligned}\int_{A\times\Theta}I_B(\theta)dP_{x,\theta}&=\int_A\int_B f_\theta(x)d\Pi d\nu\\&=\int_A\left[\int_B\frac{f_\theta(x)}{m(x)}d\Pi\right]\left[\int_\Theta f_\theta(x)d\Pi\right]d\nu\\&=\int_\Theta\int_A\left[\int_B\frac{f_\theta(x)}{m(x)}d\Pi\right]f_\theta(x)d\nu d\Pi\\&=\int_{A\times\Theta}P(B,x)dP_{x,\theta},\end{aligned}$$

其中第三个等式由 Fubini 定理推出. 证毕. ∎

因为 (4.2), $m(x)$ 称为 X 关于 ν 的边际 p.d.f. 如果对于 $x \in \mathscr{X}$ 有 $m(x) = 0$, 那么 $f_\theta(x) = 0$ a.s. Π. 因此, 要么 x 应该从 $\mathscr{X}$ 中除去, 或者先验 Π 分布不正确而需要指定一个新的先验分布. 因此, 我们可以说定理 4.1 中的假设 $m(x) > 0$ 总可以满足.

如果 X 和 $\boldsymbol{\theta}$ 都是离散的, 且 ν 和 λ 都是计数测度, 那么 (4.1) 变成

$$P(\boldsymbol{\theta} = \theta | X = x) = \frac{P(X = x|\boldsymbol{\theta} = \theta)P(\boldsymbol{\theta} = \theta)}{\sum_{\theta \in \Theta} P(X = x|\boldsymbol{\theta} = \theta)P(\boldsymbol{\theta} = \theta)},$$

即出现在基础概率论中的 Bayes 公式.

Bayes 方法中, 后验分布 $P_{\theta|x}$ 包含了我们拥有的所有关于 θ 的信息, 因此统计决策和推断应该基于 $P_{\theta|x}$, 以观测到的 $X = x$ 为条件. 在估计 θ 的问题中, $P_{\theta|x}$ 可以作为 §2.3 中讨论过的随机决策准则.

定义 4.1. 设 $\mathbb{A}$ 是决策问题中的一个行动空间, $L(\theta, a) \geqslant 0$ 是一个损失函数. 对于任意 $x \in \mathscr{X}$, 关于 Π 的 Bayes 解 (行动) 是指任意的 $\delta(x) \in \mathbb{A}$ 使得

$$E[L(\boldsymbol{\theta}, \delta(x))|X = x] = \min_{a \in \mathbb{A}} E[L(\boldsymbol{\theta}, a)|X = x], \tag{4.3}$$

其中期望关于后验分布 $P_{\theta|x}$. ∎

在损失函数和行动空间的一些条件下, 可以讨论 Bayes 解的存在性和唯一性.

命题 4.1. 假设定理 4.1 中的条件成立; 对于固定的 θ, $L(\theta, a)$ 关于 a 是凸的; 对于每个 $x \in \mathscr{X}$, 有某些 a 有 $E[L(\boldsymbol{\theta}, a)|X = x] < \infty$.

(i) 对于某个整数 $p \geqslant 1$, 如果 $\mathbb{A}$ 是 $\mathcal{R}^p$ 的紧子集, 那么对于每个 $x \in \mathscr{X}$, Bayes 解 $\delta(x)$ 存在.

(ii) 如果 $\mathbb{A} = \mathcal{R}^p$ 且在满足 $\Pi(\Theta_0) > 0$ 的 $\theta \in \Theta_0 \subset \Theta$ 内, 当 $\|a\| \to \infty$ 时, $L(\theta, a)$ 一致趋向 ∞, 那么对于每个 $x \in \mathscr{X}$, Bayes 解 $\delta(x)$ 存在.

(iii) 在 (i) 或 (ii) 中, 如果对于固定的 θ, $L(\theta, a)$ 关于 a 是严格凸的, 那么 Bayes 解是唯一的.

证明. 损失函数的凸性意味着对于任意固定 x, $E[L(\boldsymbol{\theta}, a)|X = x]$ 作为 a 的函数的凸性和连续性. 那么, (i) 的结果可由任意紧集上连续函数可以取到其最小值这个结果推出. 在 (ii) 中假设的条件下, (ii) 的结果由

$$\lim_{\|a\| \to \infty} E[L(\boldsymbol{\theta}, a)|X = x] \geqslant \lim_{\|a\| \to \infty} \int_{\Theta_0} L(\theta, a) dP_{\theta|x} = \infty$$

推出. 最后, 在假设条件下, (iii) 可由对于固定的 x, $E[L(\boldsymbol{\theta},a)|X=x]$ 是关于 a 严格凸的这个结果推出. ▮

其他有关 Bayes 解的存在性的一些对 L 的条件参见 Lehmann (1983, §1.6 and §4.1).

例 4.1. 对于满足 $\int_\Theta [g(\theta)]^2 d\Pi < \infty$ 的实值函数 g, 考虑 $\vartheta = g(\theta)$ 的估计. 假设 $\mathbb{A} = g(\theta)$ 的值域, $L(\theta,a) = [g(\theta)-a]^2$ (平方误差损失). 利用例 1.22 中的方法, 我们得到 Bayes 解

$$\delta(x) = \frac{\int_\Theta g(\theta) f_\theta(x) d\Pi}{m(x)} = \frac{\int_\Theta g(\theta) f_\theta(x) d\Pi}{\int_\Theta f_\theta(x) d\Pi}, \tag{4.4}$$

它是给定 $X=x$, $g(\boldsymbol{\theta})$ 的后验期望.

更具体一点, 我们考虑 $g(\theta)=\theta^j$ 的情形, 其中 $j \geqslant 1$ 为固定整数, $f_\theta(x) = e^{-\theta}\theta^x I_{\{0,1,2,\ldots\}}(x)/x!$ (泊松分布), 其中 $\theta>0$, Π 的 Lebesgue p.d.f. 是 $\pi(\theta) = \theta^{\alpha-1}e^{-\theta/\gamma}I_{(0,\infty)}(\theta)/[\Gamma(\alpha)\gamma^\alpha]$ (gamma 分布 $\Gamma(\alpha,\gamma)$, $\alpha>0$ 和 $\gamma>0$ 已知). 那么, 对于 $x=0,1,2,\ldots$,

$$\frac{f_\theta(x)\pi(\theta)}{m(x)} = c(x)\theta^{x+\alpha-1}e^{-\theta(\gamma+1)/\gamma}I_{(0,\infty)}(\theta), \tag{4.5}$$

其中 $c(x)$ 是 x 的某个函数. 根据定理 4.1 并比较 (4.5) 的右侧和 gamma 分布的 p.d.f., 我们可以知道后验分布是 gamma 分布 $\Gamma(x+\alpha,\gamma/(\gamma+1))$. 因此, 不需要实际算出积分 $m(x)$, 我们就可以知道 $c(x) = (1+\gamma^{-1})^{x+\alpha}/\Gamma(x+\alpha)$. 那么

$$\delta(x) = c(x)\int_0^\infty \theta^{j+x+\alpha-1}e^{-\theta(\gamma+1)/\gamma}d\theta.$$

注意到被积函数是与 gamma 分布 $\Gamma(j+x+\alpha,\gamma/(\gamma+1))$ 的 p.d.f. 成比例的. 那么

$$\begin{aligned}\delta(x) &= c(x)\Gamma(j+x+\alpha)/(1+\gamma^{-1})^{j+x+\alpha}\\ &= (j+x+\alpha-1)\cdots(x+\alpha)/(1+\gamma^{-1})^j.\end{aligned}$$

特别地, 当 $j=1$ 时, $\delta(x) = (x+\alpha)\gamma/(\gamma+1)$. ▮

例 4.1 中有一个有趣的现象是, 先验和后验分布属于同一个参数分布族. 这样的先验称为共轭先验. 在共轭先验下, 当损失函数比较简单时, Bayes 解经常有显式 (关于 x). 一个先验是否是共轭先验取决于一对分布族, 一个是分布族 $\mathcal{P} = \{f_\theta : \theta \in \Theta\}$, 另一个是选出 Π 的那个分布族. 例 4.1 说明了泊松分布

和 gamma 分布产生了共轭先验. 可以证明 (练习), 表 1.1 和表 1.2 中的许多对分布族都可以产生共轭先验.

通常, 计算 (4.4) 中的积分或者一般损失函数下的 Bayes 解必须利用数值计算方法. 即使在共轭先验下, 若 (4.4) 中的积分涉及一个一般的 g, 它可能不存在显式. 更多关于 Bayes 解的讨论会在 §4.1.4 中给出.

在一般的决策问题中, 作为得到 Bayes 解的一个例子, 我们考虑例 2.21.

例 4.2. 考虑例 2.21 中的决策问题. 给定 $X = x$, 令 $P_{\theta|x}$ 是 $\boldsymbol{\theta}$ 的后验分布. 在这个问题中, $\mathbb{A} = \{a_1, a_2, a_3\}$, 它在 $\mathcal{R}$ 中是紧的. 根据命题 4.1, 如果 $P_{\theta|x}$ 的均值有限, 那么存在 Bayes 解. 令 $E_{\theta|x}$ 是关于 $P_{\theta|x}$ 的期望. 因为 $\mathbb{A}$ 仅包含三个元素, Bayes 解可以通过比较

$$E_{\theta|x}[L(\theta, a_j)] = \begin{cases} c_1, & j = 1, \\ c_2 + c_3 E_{\theta|x}[\psi(\boldsymbol{\theta}, t)], & j = 2, \\ c_3 E_{\theta|x}[\psi(\boldsymbol{\theta}, 0)], & j = 3 \end{cases}$$

得到, 其中 $\psi(\theta, t) = (\theta - \theta_0 - t) I_{(\theta_0 + t, \infty)}(\theta)$. ∎

(4.3) 的最小值问题与

$$\int_\Theta L(\theta, \delta(x)) f_\theta(x) d\Pi = \min_{a \in \mathbb{A}} \int_\Theta L(\theta, a) f_\theta(x) d\Pi \tag{4.6}$$

是一样的. (4.6) 的最小值问题仍然有定义, 即使 Π 不是概率测度而是 Θ 上的 σ-有限测度, 在这种情况下, $m(x)$ 可能不是有限的. 如果 $\Pi(\Theta) \neq 1$, Π 称为*非正常先验*. 满足 $\Pi(\Theta) = 1$ 的先验就称为正常先验. 非正常先验下满足 (4.6) 的解 $\delta(x)$ 称为*广义 Bayes 解*.

下面是为什么我们需要讨论非正常先验和广义 Bayes 解的一个原因. 许多情况下, 我们并没有过去的信息, 不得不主观地选择先验. 在这种情况下, 我们更愿意选择一个*无信息先验*, 公平的对待 Θ 中的所有参数值. 无信息先验通常都是非正常的. 在这里我们只提供一个例子. 更多运用非正常先验的详细讨论参见 Jeffreys (1939, 1948, 1961), Box and Tiao (1973) 和 Berger (1985).

例 4.3. 假设 $X = (X_1, ..., X_n)$, 其分量服从 $N(\mu, \sigma^2)$ 且 i.i.d., 其中 $\mu \in \Theta \subset \mathcal{R}$ 未知而 σ^2 已知. 在平方误差损失下考虑 $\vartheta = \mu$ 的估计. 如果 $\Theta = [a, b]$, $-\infty < a < b < \infty$, 那么公平地对待所有参数值的无信息先验就是 $[a, b]$ 上的均匀分布. 然而, 如果 $\Theta = \mathcal{R}$, 相应的 "均匀分布" 就是 $\mathcal{R}$ 上的 Lebesgue 测度, 它就是一个非正常先验. 如果 Π 是 $\mathcal{R}$ 上的 Lebesgue 测度, 那

么

$$(2\pi\sigma^2)^{-n/2}\int_{-\infty}^{\infty}\mu^2\exp\left\{-\sum_{i=1}^n\frac{(x_i-\mu)^2}{2\sigma^2}\right\}d\mu<\infty.$$

对

$$(2\pi\sigma^2)^{-n/2}\int_{-\infty}^{\infty}(\mu-a)^2\exp\left\{-\sum_{i=1}^n\frac{(x_i-\mu)^2}{2\sigma^2}\right\}d\mu$$

中的 a 微分并利用 $\sum_{i=1}^n(x_i-\mu)^2=\sum_{i=1}^n(x_i-\bar{x})^2+n(\bar{x}-\mu)^2$, 其中 $\bar{x}$ 是观测值 $x_1,...,x_n$ 的样本均值, 可以得到

$$\delta(x)=\frac{\int_{-\infty}^{\infty}\mu\exp\{-n(\bar{x}-\mu)^2/(2\sigma^2)\}\,d\mu}{\int_{-\infty}^{\infty}\exp\{-n(\bar{x}-\mu)^2/(2\sigma^2)\}\,d\mu}=\bar{x}.$$

因此, 样本均值是平方误差损失下的广义 Bayes 解. 由例 2.25 和 §2.6 练习 91 可知, 如果 Π 是 $N(\mu_0,\sigma_0^2)$, 那么 Bayes 解就是 (2.25) 中的 $\mu_*(x)$. 注意到在这种情况下, $\bar{x}$ 是当 $\sigma_0^2\to\infty$ 时 $\mu_*(x)$ 的极限. ▮

4.1.2 经验和多层 Bayes 方法

依赖所选先验的 Bayes 解可能依赖一些称为超参数的参数. §4.1.1 中, 超参数都设为已知. 如果超参数未知, 解决问题的一个方式就是利用数据 $x_1,...,x_n$ 进行估计超参数; 这样得到的 Bayes 解称为经验 Bayes 解.

最简单的经验 Bayes 方法是估计先验参数, 通过视 $x=(x_1,...,x_n)$ 为来自边际分布

$$P_{x|\xi}(A)=\int_\Theta P_{x|\theta}(A)d\Pi_{\theta|\xi},\quad A\in\mathcal{B}_{\mathscr{X}},$$

的一个 “样本” 来进行, 其中 $\Pi_{\theta|\xi}$ 是依赖一个未知超参数向量 ξ 的先验, 或者如果 $P_{x|\theta}$ 存在 p.d.f. f_θ, 它就来自 (4.2) 中的边际 p.d.f. $m(x)$. 例如, §3.5.3 中介绍的矩方法可以用来估计 ξ. 我们考虑一个例子.

例 4.4. 令 $X=(X_1,...,X_n)$, 分量 i.i.d. 来自 $N(\mu,\sigma^2)$, 其中 $\mu\in\mathcal{R}$ 未知而 σ^2 已知. 考虑先验 $\Pi_{\mu|\xi}=N(\mu_0,\sigma_0^2)$, 其中 $\xi=(\mu_0,\sigma_0^2)$. 为了得到 ξ 的矩估计, 我们需要计算

$$\int_{\mathcal{R}^n}x_1m(x)dx \quad 和 \quad \int_{\mathcal{R}^n}x_1^2m(x)dx,$$

其中 $x=(x_1,...,x_n)$. 这两个积分可以不通过计算 $m(x)$ 得到. 注意到

$$\int_{\mathcal{R}^n}x_1m(x)dx=\int_{\mathcal{R}^n}\int_\Theta x_1f_\mu(x)dxd\Pi_{\mu|\xi}=\int_{\mathcal{R}}\mu d\Pi_{\mu|\xi}=\mu_0$$

和

$$\int_{\mathcal{R}^n} x_1^2 m(x)dx = \int_{\mathcal{R}^n}\int_{\Theta} x_1^2 f_\mu(x)dxd\Pi_{\mu|\xi} = \sigma^2 + \int_{\mathcal{R}} \mu^2 d\Pi_{\mu|\xi} = \sigma^2 + \mu_0^2 + \sigma_0^2.$$

因此, 把 $x_1, ..., x_n$ 看作来自 $m(x)$ 的一个样本, 我们得到矩估计

$$\hat{\mu}_0 = \bar{x} \quad 和 \quad \hat{\sigma}_0^2 = \frac{1}{n}\sum_{i=1}^n (x_i - \bar{x})^2 - \sigma^2,$$

其中 $\bar{x}$ 是 $x_1, ..., x_n$ 的样本均值. 公式 (2.25)(例 2.25) 中, 用 $\hat{\mu}_0$ 和 $\hat{\sigma}_0^2$ 分别代替 μ_0 和 σ_0^2, 我们可以发现, 平方误差损失下的经验 Bayes 解就是样本均值 $\bar{x}$ (它也是广义 Bayes 解, 见例 4.3). ∎

注意到例 4.4 中的 $\hat{\sigma}_0^2$ 可以是负的. 我们可以找到更好的经验 Bayes 方法, 例如 Berger (1985, §4.5). 接下来的方法, 称为*多层 Bayes 法*, 通常来说比经验 Bayes 法更好.

在多层 Bayes 方法中, 我们不是估计超参数, 而是在超参数上放一个先验. 令 $\Pi_{\theta|\xi}$ 为依赖超参数向量 ξ 的 (第一阶段) 先验, Λ 是 ξ 的值域 Ξ 上的一先验分布. 那么 θ 的 "边际" 先验定义为

$$\Pi(B) = \int_{\Xi} \Pi_{\theta|\xi}(B)d\Lambda(\xi), \quad B \in \mathcal{B}_\Theta. \tag{4.7}$$

如果第二阶段先验 Λ 也依赖一些未知的超参数, 我们可以考虑继续用一个第三阶段先验. 然而, 在大多数的实际应用中, 二阶段先验已经足够, 因为错误地设定一个第二阶段先验, 这不比错误地设定一个第一阶段先验严重得多 (Berger, 1985, §4.6). 另外, 第二阶段先验可以选择为无信息的 (非正常的).

Bayes 解可以使用先验 (4.7) 和与之前相同的方式而获得. 因此, 多层 Bayes 方法仅就是有多层先验的 Bayes 法而已. 然而, 经验 Bayes 方法与 Bayes 方法有所背离, 因为它用 $x_1, ..., x_n$ 来估计超参数.

假设 X 存在关于 σ 有限测度 ν 的 p.d.f. $f_\theta(x)$, $\Pi_{\theta|\xi}$ 存在关于 σ 有限测度 κ 的 p.d.f. $\pi_{\theta|\xi}(\theta)$. 那么 (4.7) 中的先验 Π 存在关于 κ 的 p.d.f.

$$\pi(\theta) = \int_{\Xi} \pi_{\theta|\xi}(\theta)d\Lambda(\xi)$$

以及

$$m(x) = \int_{\Theta}\int_{\Xi} f_\theta(x)\pi_{\theta|\xi}(\theta)d\Lambda d\kappa.$$

令 $P_{\theta|x,\xi}$ 是给定 x 和 ξ(或者假定 ξ 已知) 后 $\boldsymbol{\theta}$ 的后验分布, 并且

$$m_{x|\xi}(x)=\int_{\Theta}f_\theta(x)\pi_{\theta|\xi}(\theta)d\kappa,$$

它是给定 ξ(或者假定 ξ 已知) 后 X 的边际. 那么后验分布 $P_{\theta|x}$ 存在 p.d.f.

$$\begin{aligned}\frac{dP_{\theta|x}}{d\kappa}&=\frac{f_\theta(x)\pi(\theta)}{m(x)}\\&=\int_{\Xi}\frac{f_\theta(x)\pi_{\theta|\xi}(\theta)}{m(x)}d\Lambda(\xi)\\&=\int_{\Xi}\frac{f_\theta(x)\pi_{\theta|\xi}(\theta)}{m_{x|\xi}(x)}\frac{m_{x|\xi}(x)}{m(x)}d\Lambda(\xi)\\&=\int_{\Xi}\frac{dP_{\theta|x,\xi}}{d\kappa}dP_{\xi|x},\end{aligned}$$

其中 $P_{\xi|x}$ 是给定 x 后 ξ 的后验分布. 因此, 考虑例 4.1 中的估计问题, (多层) Bayes 解就是

$$\delta(x)=\int_{\Xi}\delta(x,\xi)dP_{\xi|x},\tag{4.8}$$

其中 $\delta(x,\xi)$ 是 ξ 已知时的 Bayes 解. 与 (4.8) 类似的结果在引理 4.1 中给出.

例 4.5. 继续考虑例 4.4. 假设第一阶段先验 $N(\mu_0,\sigma_0^2)$ 中的一个参数 μ_0 未知而 σ_0^2 已知. 第二阶段对 $\xi=\mu_0$ 的先验是 $\mathcal{R}$ 上的 Lebesgue 测度 (非正常先验). 从例 2.25 可知,

$$\delta(x,\xi)=\frac{\sigma^2}{n\sigma_0^2+\sigma^2}\xi+\frac{n\sigma_0^2}{n\sigma_0^2+\sigma^2}\bar{x}.$$

为了得到 Bayes 解 $\delta(x)$, 只需要计算 $E_{\xi|x}(\xi)$, 其中期望是关于 $P_{\xi|x}$ 的. 注意到 $P_{\xi|x}$ 的 p.d.f. 与

$$\psi(\xi)=\int_{-\infty}^{\infty}\exp\left\{-\frac{n(\bar{x}-\mu)^2}{2\sigma^2}-\frac{(\mu-\xi)^2}{2\sigma_0^2}\right\}d\mu$$

成比例. 利用正态分布的性质, 可以证明

$$\begin{aligned}\psi(\xi)&=C_1\exp\left\{\left(\frac{n}{2\sigma^2}+\frac{1}{2\sigma_0^2}\right)^{-1}\left(\frac{n\bar{x}}{2\sigma^2}+\frac{\xi}{2\sigma_0^2}\right)^2-\frac{\xi^2}{2\sigma_0^2}\right\}\\&=C_2\exp\left\{-\frac{n\xi^2}{2(n\sigma_0^2+\sigma^2)}+\frac{n\bar{x}\xi}{n\sigma_0^2+\sigma^2}\right\}\\&=C_3\exp\left\{-\frac{n(\xi-\bar{x})^2}{2(n\sigma_0^2+\sigma^2)}\right\},\end{aligned}$$

其中 C_1, C_2 和 C_3 是不依赖 ξ 的量. 因此, $E_{\xi|x}(\xi) = \bar{x}$. 从而, (多层) 广义 Bayes 解就是

$$\delta(x) = \frac{\sigma^2}{n\sigma_0^2 + \sigma^2} E_{\xi|x}(\xi) + \frac{n\sigma_0^2}{n\sigma_0^2 + \sigma^2} \bar{x} = \bar{x}. \quad \blacksquare$$

4.1.3 Bayes 准则和估计

§4.1.1 和 §4.1.2 中的讨论比点估计更具一般性, 它采用了与本书中其他部分采用的频率学派不同的方法. 在频率学派方法中, 如果 Bayes 解 $\delta(x)$ 是 x 的可测函数, 那么 $\delta(X)$ 是一个非随机决策准则. 可以证明 (练习), 定义 4.1 中定义的 $\delta(X)$ (对于满足 $\int_\Theta P_\theta(A)d\Pi = 1$ 的 $X = x \in A$, 如果其存在) 也使得 Bayes 风险

$$r_{_T}(\Pi) = \int_\Theta R_T(\theta)d\Pi$$

对所有决策准则 T (随机或者非随机) 来说达到最小, 其中 $R_T(\theta)$ 是 (2.22) 中定义的 T 的风险函数. 因此, $\delta(X)$ 是一个 Bayes 准则 (§2.3.2). 在估计问题中, Bayes 准则称为 Bayes 估计.

广义 Bayes 风险, 广义 Bayes 准则 (或者估计) 和经验 Bayes 准则 (或者估计) 可以类似地定义.

根据 §2.3.2 中的讨论, 即使我们不采用 Bayes 方法, §4.1.1 中描述的方法也可以用来产生决策准则. 这一节, 我们研究 Bayes 准则或估计的风险 (以及 Bayes 估计的偏差和一致性).

Bayes 准则通常是容许的, 因为如果有一个比 Bayes 准则更好的准则, 那么这个准则有与 Bayes 准则一样的 Bayes 风险, 因此它本身也是 Bayes 准则. 这事实上证明了接下来这个结果的 (i) 部分. 以下结果的其他部分证明留作练习.

定理 4.2. 在一个决策问题中, 令 $\delta(X)$ 为关于 Π 的一个 Bayes 准则.

(i) 如果 $\delta(X)$ 是唯一的 Bayes 准则, 那么 $\delta(X)$ 是容许的.

(ii) 如果 Θ 是一个可数集, Bayes 风险 $r_{_\delta}(\Pi) < \infty$, 且 Π 对于每个 $\theta \in \Theta$ 给出正概率, 那么 $\delta(X)$ 是容许的.

(iii) 令 $\Im$ 为有连续风险函数的决策准则类. 如果 $\delta(X) \in \Im$, $r_{_\delta}(\Pi) < \infty$, 且 Π 对于任意 Θ 的开子集给出正概率, 那么 $\delta(X)$ 是 $\Im$ 容许的. $\blacksquare$

广义 Bayes 准则或估计并不一定是容许的. 许多广义 Bayes 准则是 Bayes 准则的极限 (见例 4.3 和 4.7). Bayes 准则的极限通常是容许的 (Farrell,

1968a,b). 接下来这个结果给出了运用广义 Bayes 风险的极限来证明容许性的方法.

定理 4.3. 假设 Θ 是 $\mathcal{R}^k$ 上的一个开集. 在决策问题中, $\Im$ 是有连续风险函数的决策准则类. 决策准则 $T \in \Im$ 是 $\Im$ 容许的, 若存在一个 (可能是非正常的) 先验分布序列 $\{\Pi_j\}$ 使得 (a) 广义 Bayes 风险 $r_{_T}(\Pi_j)$ 对于所有 j 是有限的; (b) 对于任意的 $\theta_0 \in \Theta$ 及 $\eta > 0$,

$$\lim_{j\to\infty} \frac{r_{_T}(\Pi_j) - r_j^*(\Pi_j)}{\Pi_j(O_{\theta_0,\eta})} = 0,$$

其中 $r_j^*(\Pi_j) = \inf_{T\in\Im} r_{_T}(\Pi_j)$, $O_{\theta_0,\eta} = \{\theta \in \Theta : \|\theta - \theta_0\| < \eta\}$, 且对于所有的 j, $\Pi_j(O_{\theta_0,\eta}) < \infty$.

证明. 假设 T 不是 $\Im$ 容许的. 那么存在 $T_0 \in \Im$, 使得对于所有的 θ, $R_{T_0}(\theta) \leqslant R_T(\theta)$, 且对于某个 $\theta_0 \in \Theta$, $R_{T_0}(\theta_0) < R_T(\theta_0)$. 根据风险函数的连续性, 对于所有的 $\theta \in O_{\theta_0,\eta}$ 和常数 $\epsilon > 0$ 及 $\eta > 0$, $R_{T_0}(\theta) < R_T(\theta) - \epsilon$. 那么, 对于任意 j,

$$\begin{aligned} r_{_T}(\Pi_j) - r_j^*(\Pi_j) &\geqslant r_{_T}(\Pi_j) - r_{_{T_0}}(\Pi_j) \\ &\geqslant \int_{O_{\theta_0,\eta}} [R_T(\theta) - R_{T_0}(\theta)] d\Pi_j(\theta) \\ &\geqslant \epsilon \Pi_j(O_{\theta_0,\eta}), \end{aligned}$$

这与条件 (b) 相互矛盾. 因此, T 是 $\Im$ 容许的. ∎

例 4.6. 考虑例 4.3 和平方误差损失下 μ 的估计. 根据定理 2.1, 如果风险是有限的, 任何决策准则的风险函数关于 μ 是连续的. 现在我们利用定理 4.3 来证明样本均值 $\bar{X}$ 是容许的. 令 $\Pi_j = N(0, j)$. 因为 $R_{\bar{X}}(\mu) = \sigma^2/n$, 所以对于任意的 j 有 $r_{\bar{X}}(\Pi_j) = \sigma^2/n$. 因此, 定理 4.3 的条件 (a) 满足. 从例 2.25 可知, 关于 Π_j 的 Bayes 估计是 $\delta_j(X) = \frac{nj}{nj+\sigma^2}\bar{X}$ (见公式 (2.25)). 因此,

$$R_{\delta_j}(\mu) = \frac{\sigma^2 nj^2 + \sigma^4\mu^2}{(nj + \sigma^2)^2}$$

且

$$r_j^*(\Pi_j) = \int R_{\delta_j}(\mu) d\Pi_j = \frac{\sigma^2 j}{nj + \sigma^2}.$$

对于任意 $O_{\mu_0,\eta} = \{\mu : |\mu - \mu_0| < \eta\}$,

$$\Pi_j(O_{\mu_0,\eta}) = \Phi\left(\frac{\mu_0 + \eta}{\sqrt{j}}\right) - \Phi\left(\frac{\mu_0 - \eta}{\sqrt{j}}\right) = \frac{2\eta\Phi'(\xi_j)}{\sqrt{j}}$$

对于满足 $(\mu_0-\eta)/\sqrt{j}\leqslant\xi_j\leqslant(\mu_0+\eta)/\sqrt{j}$ 的某些 ξ_j 成立, 其中 Φ 是标准正态的 c.d.f., Φ' 是其导数. 当 $j\to\infty$ 时, 因为 $\Phi'(\xi_j)\to\Phi'(0)=(2\pi)^{-1/2}$,

$$\frac{r_{\bar{X}}(\Pi_j)-r_j^*(\Pi_j)}{\Pi_j(O_{\mu_0,\eta})}=\frac{\sigma^4\sqrt{j}}{2\eta\Phi'(\xi_j)n(nj+\sigma^2)}\to 0.$$

因此定理 4.3 的条件 (b) 满足. 从而, 样本均值 $\bar{X}$ 是容许的. ∎

更多关于可容许性的结果可以在 §4.2 和 §4.3 中找到.

接下来的结果涉及 Bayes 估计的偏差.

命题 4.2. 设 $\delta(X)$ 是平方误差损失下 $\vartheta=g(\theta)$ 的 Bayes 估计. 那么 $\delta(X)$ 不是无偏的, 除非 Bayes 风险 $r_\delta(\Pi)=0$.

证明. 假设 $\delta(X)$ 是无偏的, 即 $E[\delta(X)|\boldsymbol{\theta}]=g(\boldsymbol{\theta})$. 计算给定 $\boldsymbol{\theta}$ 的条件期望并利用命题 1.10, 我们得到

$$E[g(\boldsymbol{\theta})\delta(X)]=E\{g(\boldsymbol{\theta})E[\delta(X)|\boldsymbol{\theta}]\}=E[g(\boldsymbol{\theta})]^2.$$

因为 $\delta(X)=E[g(\boldsymbol{\theta})|X]$, 计算给定 X 的条件期望并运用命题 1.10, 我们得到

$$E[g(\boldsymbol{\theta})\delta(X)]=E\{\delta(X)E[g(\boldsymbol{\theta})|X]\}=E[\delta(X)]^2.$$

那么

$$r_\delta(\Pi)=E[\delta(X)-g(\boldsymbol{\theta})]^2=E[\delta(X)]^2+E[g(\boldsymbol{\theta})]^2-2E[g(\boldsymbol{\theta})\delta(X)]=0.$$ ∎

因为 $r_\delta(\Pi)=0$ 仅在一些平凡的情况下发生, 所以 Bayes 估计通常不是无偏的. 因此, 命题 4.2 可以用来检验一个估计是否是平方误差损失下关于某个先验的 Bayes 估计. 然而, 广义 Bayes 估计可能是无偏的, 见例 4.3 和 4.7.

Bayes 估计通常是一致的和近似无偏的. 在具体的某个问题中, 通常很容易直接检验 Bayes 估计是否是一致的和近似无偏的 (例 4.7—4.9), 尤其当 Bayes 估计有显式时. Bayes 估计也有其他一些好的渐近性质, 我们会在 §4.5.3 中讨论.

让我们考虑一些例子.

例 4.7. 设 $X=(X_1,...,X_n)$, 分量 i.i.d. 服从指数分布 $E(0,\theta)$, $\theta>0$ 未知. 取先验分布使得 θ^{-1} 服从 gamma 分布 $\Gamma(\alpha,\gamma)$, $\alpha>0$ 和 $\gamma>0$ 已知. 则 $\omega=\theta^{-1}$ 的后验分布为 gamma 分布 $\Gamma(n+\alpha,(n\bar{X}+\gamma^{-1})^{-1})$(验证), 其中 $\bar{X}$ 是样本均值.

首先考虑 $\theta=\omega^{-1}$ 的估计. 在平方误差损失下, θ 的 Bayes 估计是

$$\delta(X)=\frac{(n\bar{X}+\gamma^{-1})^{n+\alpha}}{\Gamma(n+\alpha)}\int_0^\infty \omega^{n+\alpha-2}e^{-(n\bar{X}+\gamma^{-1})\omega}d\omega=\frac{n\bar{X}+\gamma^{-1}}{n+\alpha-1}.$$

$\delta(X)$ 的偏差是

$$\frac{n\theta+\gamma^{-1}}{n+\alpha-1}-\theta=\frac{\gamma^{-1}-(\alpha-1)\theta}{n+\alpha-1}=O\left(\frac{1}{n}\right).$$

显而易见, $\delta(X)$ 是一致的. 知 θ 的 UMVUE 是 $\bar{X}$. 因为 $\mathrm{Var}(\bar{X})=\theta^2/n$, 所以对任意 Π, $r_{\bar{X}}(\Pi)>0$. 因此, $\bar{X}$ 不是 Bayes 估计. 在这种情况下, $\bar{X}$ 是关于非正常先验 $\frac{d\Pi}{d\omega}=I_{(0,\infty)}(\omega)$ 的广义 Bayes 估计. 也是当 $\alpha\to 1$ 且 $\gamma\to\infty$ 时, Bayes 估计 $\delta(X)$ 的极限 (练习).$\delta(X)$ 的可容许性在练习 32 和 80 中考虑.

其次考虑 $e^{-t/\theta}=e^{-t\omega}$ 的估计 (见例 2.26 和 3.3). 平方误差损失下的 Bayes 估计是

$$\begin{aligned}\delta_t(X)&=\frac{(n\bar{X}+\gamma^{-1})^{n+\alpha}}{\Gamma(n+\alpha)}\int_0^\infty \omega^{n+\alpha-1}e^{-(n\bar{X}+\gamma^{-1}+t)\omega}d\omega\\&=\left(1+\frac{t}{n\bar{X}+\gamma^{-1}}\right)^{-(n+\alpha)}.\end{aligned}$$

同样, 这个估计是有偏的, 显然当 $n\to\infty$ 时 $\delta_t(X)$ 是一致的. 这种情况下, 例 3.3 中给的 UMVUE 既不是 Bayes 估计, 也不是 $\delta_t(X)$ 的极限. ∎

例 4.8. 设 $X=(X_1,\ldots,X_n)$, 分量 i.i.d. 服从 $N(\mu,\sigma^2)$, $\mu\in\mathcal{R}$ 和 $\sigma^2>0$ 未知. 设 $\omega=(2\sigma^2)^{-1}$ 的先验分布为 gamma 分布 $\Gamma(\alpha,\gamma)$, α 和 γ 已知; 并设 μ 的先验分布为 $N(\mu_0,\sigma_0^2/\omega)$ (在给定 ω 的条件下). 那么 (μ,ω) 的后验 p.d.f. 是与

$$\omega^{(n+1)/2+\alpha-1}\exp\left\{-\left[\gamma^{-1}+Y+n(\bar{X}-\mu)^2+\frac{(\mu-\mu_0)^2}{2\sigma_0^2}\right]\omega\right\}$$

成比例的, 其中 $Y=\sum_{i=1}^n(X_i-\bar{X})^2$, $\bar{X}$ 是样本均值. 注意到

$$n(\bar{X}-\mu)^2+\frac{(\mu-\mu_0)^2}{2\sigma_0^2}=\left(n+\frac{1}{2\sigma_0^2}\right)\mu^2-2\left(n\bar{X}+\frac{\mu_0}{2\sigma_0^2}\right)\mu+n\bar{X}^2+\frac{\mu_0^2}{2\sigma_0^2}.$$

因此, (μ,ω) 的 p.d.f. 是与

$$\omega^{(n+1)/2+\alpha-1}\exp\left\{-\left[\gamma^{-1}+W+\left(n+\frac{1}{2\sigma_0^2}\right)(\mu-\zeta(X))^2\right]\omega\right\}$$

成比例的, 其中

$$\zeta(X)=\frac{n\bar{X}+\frac{\mu_0}{2\sigma_0^2}}{n+\frac{1}{2\sigma_0^2}}\quad 和\quad W=Y+n\bar{X}^2+\frac{\mu_0^2}{2\sigma_0^2}-\left(n+\frac{1}{2\sigma_0^2}\right)[\zeta(X)]^2.$$

因此, ω 的后验分布为 gamma 分布 $\Gamma(n/2+\alpha,(\gamma^{-1}+W)^{-1})$, μ 的后验 (给定 ω 和 X 的条件下) 为 $N\big(\zeta(X),[(2n+\sigma_0^{-2})\omega]^{-1}\big)$. 在平方误差损失下, μ 的 Bayes 估计是 $\zeta(X)$,$\sigma^2=(2\omega)^{-1}$ 的 Bayes 估计是 $(\gamma^{-1}+W)/(n+2\alpha-2)$, 倘若 $n+2\alpha>2$. 显然, 这些 Bayes 估计都是有偏的, 但是偏差都是 n^{-1} 阶的; 当 $n\to\infty$ 时, 它们都是一致的. ∎

考虑最后一个例子, 我们需要下面这个有用的引理, 它的证明与结果 (4.8) 的证明类似.

引理 4.1. 假设 X 存在关于 σ 有限测度 ν 的 p.d.f. $f_\theta(x)$. 假设 $\theta=(\theta_1,\theta_2)$, $\theta_j\in\Theta_j$, 且先验分布的 p.d.f. 为

$$\pi(\theta)=\pi_{\theta_1|\theta_2}(\theta_1)\pi_{\theta_2}(\theta_2),$$

其中 $\pi_{\theta_2}(\theta_2)$ 是 Θ_2 上关于 σ 有限测度 ν_2 的一个 p.d.f., 对于任意给定的 θ_2, $\pi_{\theta_1|\theta_2}(\theta_1)$ 是 Θ_1 上关于 σ 有限测度 ν_1 的一个 p.d.f. 进一步假设, 如果 θ_2 给定, 在平方误差损失下 $h(\theta_1)=g(\theta_1,\theta_2)$ 的 Bayes 估计是 $\delta(X,\theta_2)$. 那么, 平方误差损失下 $g(\theta_1,\theta_2)$ 的 Bayes 估计是 $\delta(X)$,

$$\delta(x)=\int_{\Theta_2}\delta(x,\theta_2)p_{\theta_2|x}(\theta_2)d\nu_2,$$

其中 $p_{\theta_2|x}(\theta_2)$ 是给定 $X=x$ 后 $\boldsymbol{\theta}_2$ 的后验 p.d.f. ∎

例 4.9. 考虑线性模型

$$X_{ij}=\beta^\tau Z_i+\varepsilon_{ij},\quad j=1,...,n_i,\ i=1,...,k,$$

其中 $\beta\in\mathcal{R}^p$ 未知, Z_i 是已知向量, 所有 ε_{ij} 相互独立, 且 ε_{ij} 服从 $N(0,\sigma_i^2)$, $j=1,...,n_i$, $i=1,...,k$. 设 X 是包含所有 X_{ij} 的样本向量. 参数向量是 $\theta=(\beta,\omega)$, 其中 $\omega=(\omega_1,...,\omega_k)$, $\omega_i=(2\sigma_i^2)^{-1}$. 假定 θ 的先验分布有 Lebesgue p.d.f.

$$c\,\pi(\beta)\prod_{i=1}^k\omega_i^\alpha e^{-\omega_i/\gamma},\tag{4.9}$$

其中 $\alpha>0$, $\gamma>0$ 和 $c>0$ 是已知常数,$\pi(\beta)$ 是 $\mathcal{R}^p$ 上已知的 Lebesgue p.d.f. 那么 θ 的后验 p.d.f. 与

$$h(X,\theta)=\pi(\beta)\prod_{i=1}^k\omega_i^{n_i/2+\alpha}e^{-[\gamma^{-1}+v_i(\beta)]\omega_i}$$

成比例, 其中 $v_i(\beta)=\sum_{j=1}^{n_i}(X_{ij}-\beta^\tau Z_i)^2$. 如果 β 已知, 在平方误差损失下 σ_i^2 的 Bayes 估计是

$$\int \frac{1}{2\omega_i}\frac{h(X,\theta)}{\int h(X,\theta)d\omega}d\omega=\frac{\gamma^{-1}+v_i(\beta)}{2\alpha+n_i}.$$

根据引理 4.1, σ_i^2 的 Bayes 估计是

$$\hat{\sigma}_i^2=\int \frac{\gamma^{-1}+v_i(\beta)}{2\alpha+n_i}f_{\beta|X}(\beta)d\beta, \tag{4.10}$$

其中

$$\begin{aligned}
f_{\beta|X}(\beta)&\propto \int h(X,\theta)d\omega\\
&\propto \pi(\beta)\prod_{i=1}^k\int \omega_i^{\alpha+n_i/2}e^{-[\gamma^{-1}+v_i(\beta)]\omega_i}d\omega_i\\
&\propto \pi(\beta)\prod_{i=1}^k\left[\gamma^{-1}+v_i(\beta)\right]^{-(\alpha+1+n_i/2)}
\end{aligned} \tag{4.11}$$

是 β 的后验 p.d.f. 对于任意 $l\in\mathcal{R}^p$, $l^\tau\beta$ 的 Bayes 估计是 $l^\tau\beta$ 关于 p.d.f. $f_{\beta|X}(\beta)$ 的后验均值.

这个问题中, Bayes 估计并没有显式. 数值方法 (比如 §4.1.4 中的一种) 可以用来求 Bayes 估计的值 (见例 4.10).

设 $\bar{X}_{i\cdot}$ 和 S_i^2 是 X_{ij}, $j=1,...,n_i$, 的样本均值和方差 (若 $n_i=1$, S_i^2 定义为 0). 令 $\sigma_0^2=(2\alpha\gamma)^{-1}$ (σ_i^2 的先验均值). 那么 (4.10) 中的 Bayes 估计 $\hat{\sigma}_i^2$ 可以写成

$$\frac{2\alpha}{2\alpha+n_i}\sigma_0^2+\frac{n_i-1}{2\alpha+n_i}S_i^2+\frac{n_i}{2\alpha+n_i}\int(\bar{X}_{i\cdot}-\beta^\tau Z_i)^2 f_{\beta|X}(\beta)d\beta. \tag{4.12}$$

(4.12) 中的 Bayes 估计是先验信息, "组内" 方差及平均平方 "残差" 的加权平均.

若 $n_i\to\infty$, 那么 (4.12) 的第一项收敛到 0, (4.12) 的第二项对 σ_i^2 是一致的, 且近似无偏. 因此 $\hat{\sigma}_i^2$ 的 Bayes 估计对 σ_i^2 是一致的且近似无偏, 若 (4.12) 最后一项的均值趋于 0, 这在一定条件下 (比如, 见练习 36) 是成立的. 显然, 关于 $(X,\boldsymbol{\theta})$ 的联合分布 $\hat{\sigma}_i^2$ 对 σ_i^2 是一致的且近似无偏, 因为 (4.12) 中最后一项的关于 $(X,\boldsymbol{\theta})$ 的均值以 σ_0^2/n_i 为上界. ∎

4.1.4　马尔可夫链蒙特卡罗

我们之前讨论过, Bayes 解或估计在很多情况下不得不利用数值计算. 通常, 我们需要计算以下形式的积分

$$E_p(g) = \int_\Theta g(\theta)p(\theta)d\nu,$$

其中 g 是某个函数, $p(\theta)$ 是 $(\Theta, \mathcal{B}_\Theta)$ 上关于 σ 有限测度 ν 的一个 p.d.f., $\Theta \subset \mathcal{R}^k$. 例如, g 是 $A \in \mathcal{B}_\Theta$ 的示性函数, $p(\theta)$ 是给定 $X = x$ 后 θ 的后验 p.d.f., 那么 $E_p(g)$ 是 A 的后验概率; 在平方误差损失下, 如果 $p(\theta)$ 是后验 p.d.f, $E_p(g)$ 是 Bayes 解 (4.4).

有许多计算积分 $E_p(g)$ 的数值方法; 例如, §4.5.3 和 Berger (1985, §4.9). 这一节中, 我们讨论*马尔可夫链蒙特卡罗* (MCMC) 方法, 它不仅是 Bayes 计算中, 也是一般统计计算中强有力的数值方法 (例如, 见 §4.4.1).

我们从简单的蒙特卡罗方法开始, 它是 MCMC 的一个特例. 假设我们从关于 ν 的 p.d.f. $h(\theta) > 0$ 中产生 i.i.d. 的 $\theta^{(1)}, ..., \theta^{(m)}$. 根据 SLLN (定理 1.13(ii)), 当 $m \to \infty$ 时,

$$\hat{E}_p(g) = \frac{1}{m}\sum_{j=1}^m \frac{g(\theta^{(j)})p(\theta^{(j)})}{h(\theta^{(j)})} \to_{a.s.} \int_\Theta \frac{g(\theta)p(\theta)}{h(\theta)} h(\theta)d\nu = E_p(g).$$

因此, $\hat{E}_p(g)$ 可以作为 $E_p(g)$ 的数值近似. 根据 h 生成 $\theta^{(j)}$ 的过程称为*重要性抽样*, $h(\theta)$ 称为*重要性函数*. 更多关于重要性抽样的讨论参见 Berger (1985), Geweke (1989), Shao (1989) 和 Tanner (1996). 当 $p(\theta)$ 没有显式或复杂时, 通常很难选择函数 h 使得重要性抽样足够简单, 且使得 $\hat{E}_p(g)$ 能够快速收敛.

然而, 当 Θ 的维度 k 很大时, 简单的蒙特卡罗方法可能不是很有效. 这是因为, 当 k 很大时, $\hat{E}_p(g)$ 的收敛需要非常大的 m; 就算可能, 从 k 维分布中产生随机向量通常非常昂贵. 更复杂的 MCMC 方法与简单的蒙特卡罗有两方面不同: 可以利用有很低于 k 的维度的分布产生随机向量; 以及 $\theta^{(1)}, ..., \theta^{(m)}$ 不相互独立但形成一个马尔可夫链.

令 $\{Y^{(t)} : t = 0, 1, ...\}$ 为一个取值于 $\mathscr{Y} \subset \mathcal{R}^k$ 的马尔可夫链 (§1.4.4). $\{Y^{(t)}\}$ 是齐次的, 当且仅当对于任意的 t

$$P(Y^{(t+1)} \in A|Y^{(t)}) = P(Y^{(1)} \in A|Y^{(0)}).$$

对于一个齐次马尔可夫链 $\{Y^{(t)}\}$, 定义

$$P(y, A) = P(Y^{(1)} \in A|Y^{(0)} = y), \quad y \in \mathscr{Y}, A \in \mathcal{B}_{\mathscr{Y}},$$

它称为马尔可夫链的转移核. 注意到, 对于每个 $y \in \mathscr{Y}$, $P(y, \cdot)$ 是概率测度; 对于每个 $A \in \mathcal{B}_{\mathscr{Y}}$, $P(\cdot, A)$ 是 Borel 函数; 齐次马尔可夫链的分布取决于 $P(y, A)$ 和 $Y^{(0)}$ 的分布 (初始分布). MCMC 方法用基于马尔可夫链 $\{Y^{(t)} : t = 0, 1, ...\}$ 的 $m^{-1}\sum_{t=1}^m g(Y^{(t)})$ 来近似形如 $\int_{\mathscr{Y}} g(y)p(y)d\nu$ 的积分. MCMC 近似的基本原理由下面的结果给出.

定理 4.4. 设 $p(y)$ 为 $\mathscr{Y}$ 上关于 σ 有限测度 ν 的一个 p.d.f., g 是 $\mathscr{Y}$ 上的一个 Borel 函数, 使得 $\int_{\mathscr{Y}} |g(y)|p(y)d\nu < \infty$. $\{Y^{(t)} : t = 0, 1, ...\}$ 是取值于 $\mathscr{Y} \subset \mathcal{R}^k$ 的齐次马尔可夫链, 转移核为 $P(y, A)$. 那么

$$\frac{1}{m}\sum_{t=1}^{m} g(Y^{(t)}) \to_{a.s.} \int_{\mathscr{Y}} g(y)p(y)d\nu \tag{4.13}$$

以及当 $t \to \infty$ 时,

$$P^t(y, A) = P(Y^{(t)} \in A | Y^{(0)} = y) \to_{a.s.} \int_A p(y)d\nu, \tag{4.14}$$

如果以下条件成立:

(a) 马尔可夫链是非周期的, 也就是说, 不存在 $\mathcal{B}_{\mathscr{Y}}$ 上的 $d \geqslant 2$ 个非空不相交事件 $A_0, ..., A_{d-1}$, 使得对于所有的 $i = 0, ..., d-1$ 和所有的 $y \in A_i$, $P(y, A_j) = 1$, $j = i + 1 \pmod d$;

(b) 马尔可夫链是 p 不变的, 即对于所有 $A \in \mathcal{B}_{\mathscr{Y}}$, $\int P(y, A)p(y)d\nu = \int_A p(y)d\nu$;

(c) 马尔可夫链是 p 不可约的, 即对于任意 $y \in \mathscr{Y}$ 和任意满足 $\int_A p(y)d\nu > 0$ 的 A, 存在一个正整数 t, 使得 (4.14) 中的 $P^t(y, A)$ 是正的;

(d) 马尔可夫链是 Harris 常返的, 也就是说, 对于任意满足 $\int_A p(y)d\nu > 0$ 的 A, 对于所有 y, $P\left(\sum_{t=1}^{\infty} I_A(Y^{(t)}) = \infty | Y^{(0)} = y\right) = 1$. ∎

这些结果的证明超出了本书的范围, 因此被省略. 它可以在 Nummelin (1984), Chan (1993) 和 Tierney (1994) 中找到. 定理 4.4 中满足条件 (a)—(d) 的齐次马尔可夫链称为遍历的且存在平稳分布 p. 结果 (4.13) 意味着 MCMC 近似是一致的, 结果 (4.14) 说明 p 是马尔可夫链的极限 p.d.f. .

MCMC 中一个关键问题是核 $P(y, A)$ 的选择. $P(y, A)$ 的首要要求是满足定理 4.4 的条件 (a)—(d). 对于给定的 $P(y, A)$, 条件 (a) 通常很容易检验. 接下来, 我们考虑两个有名且常用的满足条件 (a)—(d) 的 MCMC 方法.

Gibbs 抽样

一种构造 p 不变的齐次马尔可夫链的方法是利用条件概率. 假设 Y 存在 p.d.f. $p(y)$. Y_i (或 y_i) 是 Y (或 y) 的第 i 个分量, Y_{-i} (或 y_{-i}) 是包含 Y (或 y) 除 Y_i (或 y_i) 外所有分量的 $(k-1)$ 维向量. 那么, 对于任意 i,

$$P_i(y_{-i}, A) = P(Y \in A | Y_{-i} = y_{-i})$$

是转移核. 利用核的 MCMC 方法称为单点 Gibbs 抽样. 注意到

$$\int P_i(y_{-i}, A) p(y) d\nu = E[P(Y \in A | Y_{-i})] = P(Y \in A) = \int_A p(y) d\nu,$$

因此, 核 $P_i(y_{-i}, A)$ 的链是 p 不变的. 然而, 这个链不是 p 不可约的, 因为 $P_i(y_{-i}, \cdot)$ 把它所有的密度放在集合 $\psi_i^{-1}(y_{-i})$ 上, 其中 $\psi_i(y) = y_{-i}$. Gelfand and Smith (1990) 考虑了系统扫描 Gibbs 抽样, 它的核 $P(y, A)$ 是 k 个核 $P_i(y_{-i}, A)$ 的复合, $i = 1, ..., k$. 更确切地说, 这个链如下定义. 给定 $Y^{(t-1)} = y^{(t-1)}$, 我们从 $P_1(y_2^{(t-1)}, ..., y_k^{(t-1)}, \cdot)$ 中产生 $y_1^{(t)}$,..., 从 $P_j(y_1^{(t)}, ..., y_{j-1}^{(t)}, y_{j+1}^{(t-1)}, ..., y_k^{(t-1)}, \cdot)$ 中产生 $y_j^{(t)}$,..., 从 $P_k(y_1^{(t)}, ..., y_{k-1}^{(t)}, \cdot)$ 中产生 $y_k^{(t)}$. 可以证明这个马尔可夫链仍然是 p 不变的. 我们用 $k = 2$ 的情况举例说明. 注意到 $Y_1^{(1)}$ 产生于 $P_2(y_2^{(0)}, \cdot)$, 即给定 $Y_2 = y_2^{(0)}$ 时 Y 的条件分布. 因此 $(Y_1^{(1)}, Y_2^{(0)})$ 存在 p.d.f. p. 类似地, 我们可以证明 $Y^{(1)} = (Y_1^{(1)}, Y_2^{(1)})$ 存在 p.d.f. p. 从而,

$$\begin{aligned}
\int P(y, A) p(y) d\nu &= \int P(Y^{(1)} \in A | Y^{(0)} = y) p(y) d\nu \\
&= E[P(Y^{(1)} \in A | Y^{(0)})] \\
&= P(Y^{(1)} \in A) \\
&= \int_A p(y) d\nu.
\end{aligned}$$

如果对于所有的 $y \in \mathscr{Y}$ 有 $p(y) > 0$, 这个马尔可夫链也是 p 不可约的和非周期的, 参见 Chan (1993). 最后, 如果对于所有 $y \in \mathscr{Y}$, $p(y) > 0$, 那么, 对于所有 y, $P(y, A) \ll$ p.d.f. p 的分布, 且根据 Tierney (1994) 的推论 1, 这个马尔可夫链是 Harris 常返的. 从而, 定理 4.4 可以应用, (4.13) 和 (4.14) 成立.

显然, 之前的 Gibbs 抽样可以推广到 y_i 是 y 的子向量 (可能有不同维度) 的情况.

我们现在回到 Bayes 计算并考虑下面这个例子.

例 4.10. 考虑例 4.9. 在给定的 $\theta = (\beta, \omega)$ 的先验下, 很难直接从给定 $X = x$ 的后验 p.d.f.(没有熟悉的形式) 产生随机向量. 为了应用 Gibbs 抽样, 其中 $y = \theta$, $y_1 = \beta$ 和 $y_2 = \omega$, 我们需要从给定 x 和 ω 的 β 的后验和给定 x 和 β 的 ω 的后验中产生随机向量. 由 (4.9) 和 (4.11) 可知, 给定 x 和 β, $\omega = (\omega_1, ..., \omega_k)$ 的后验是 ω_i 的边际分布的乘积, 即 gamma 分布 $\Gamma(\alpha + 1 + n_i/2, [\gamma^{-1} + v_i(\beta)]^{-1})$ 的乘积, $i = 1, ..., k$. 现在假定 $\pi(\beta) \equiv 1$ (β 的无信息先验). 由 (4.9) 可知, 给定 x 和 ω, β 的后验 p.d.f. 与

$$\prod_{i=1}^{k} e^{-\omega_i v_i(\beta)} \propto e^{-\|W^{1/2}Z\beta - W^{1/2}X\|^2}$$

成比例, 其中 W 是分块对角矩阵, 第 i 个对角块是 $\omega_i I_{n_i}$. 令 $n = \sum_{i=1}^{k} n_i$. 那么, 给定 X 和 ω, $W^{1/2}Z\beta$ 的后验是 $N_n(W^{1/2}X, 2^{-1}I_n)$; 给定 X 和 ω, β 的后验是 $N_p((Z^\tau WZ)^{-1}Z^\tau WX, 2^{-1}(Z^\tau WZ)^{-1})$ (简单起见, $Z^\tau WZ$ 假定是满秩的), 因为 $\beta = [(Z^\tau WZ)^{-1}Z^\tau W^{1/2}]W^{1/2}Z\beta$. 注意到, 利用这两个后验分布随机产生向量相当简单. ∎

Metropolis 算法

MCMC 方法的一大类是利用 Metropolis 算法 (Metropolis et al., 1953). 我们介绍这个算法的 Hastings 版本. 令 $Q(y, A)$ 是齐次马尔可夫链的转移核, 对于 $\mathscr{Y} \times \mathscr{Y}$ 上的可测函数 $q(y, z) \geqslant 0$ 和 $(\mathscr{Y}, \mathcal{B}_{\mathscr{Y}})$ 上的 σ 有限测度 ν, 满足

$$Q(y, A) = \int_A q(y, z) d\nu(z).$$

不失一般性, 假定 $\int_{\mathscr{Y}} p(y) d\nu = 1$ 且 p 不集中于某一个点. 定义

$$\alpha(y, z) = \begin{cases} \min\left\{\dfrac{p(z)q(z, y)}{p(y)q(y, z)}, 1\right\}, & p(y)q(y, z) > 0, \\ 1, & p(y)q(y, z) = 0 \end{cases}$$

和

$$p(y, z) = \begin{cases} q(y, z)\alpha(y, z), & y \neq z, \\ 0, & y = z. \end{cases}$$

Metropolis 核 $P(y, A)$ 定义为

$$P(y, A) = \int_A p(y, z) d\nu(z) + r(y)\boldsymbol{\delta}_y(A), \tag{4.15}$$

其中 $r(y) = 1 - \int p(y, z) d\nu(z)$, $\boldsymbol{\delta}_y$ 是 (1.22) 中定义的 y 的单点分布. 对应的马尔可夫链如下描述. 如果此链当前在点 $Y^{(t)} = y$, 那么它从 $Q(y, \cdot)$ 中产生下一

个位置 $Y^{(t+1)}$ 的备选值 z. 以概率 $\alpha(y,z)$, 此链转移到 $Y^{(t+1)}=z$. 否则, 此链停留在 $Y^{(t+1)}=y$.

注意到这个算法仅通过 $p(y)/p(z)$ 依赖 $p(y)$. 因此, 当 $p(y)$ 是一未知常数乘以一已知函数时, 这个算法仍可使用, 而这种情形在 Bayes 分析中常发生.

我们现在证明有 Metropolis 核 $P(y,A)$ 的马尔可夫链是 p 不变的. 首先, 根据 $p(y,z)$ 和 $\alpha(y,z)$ 的定义, 对于任意 y 和 z,

$$p(y)p(y,z)=p(z)p(z,y).$$

那么, 对于任意 $A\in\mathcal{B}_{\mathscr{Y}}$,

$$\begin{aligned}\int P(y,A)p(y)d\nu &= \int\left[\int_A p(y,z)d\nu(z)\right]p(y)d\nu(y)+\int r(y)\delta_y(A)p(y)d\nu(y)\\ &= \int_A\left[\int p(y,z)p(y)d\nu(y)\right]d\nu(z)+\int_A r(y)p(y)d\nu(y)\\ &= \int_A\left[\int p(z,y)p(z)d\nu(y)\right]d\nu(z)+\int_A r(y)p(y)d\nu(y)\\ &= \int_A[1-r(z)]p(z)d\nu(z)+\int_A r(z)p(z)d\nu(z)\\ &= \int_A p(z)d\nu(z).\end{aligned}$$

如果一个马尔可夫链有如 (4.15) 定义的 Metropolis 核是 p 不可约的而且 $\int_{r(y)>0}p(y)d\nu>0$, 那么, 根据 Nummelin (1984, §2.4) 的结论, 这个马尔可夫链是非周期的; 根据 Tierney (1994) 推论 2, 这个马尔可夫链是 Harris 常返的. 因此, 对有 Metropolis 核的马尔可夫链中应用定理 4.4, 只要证明马尔可夫链是 p 不可约的就足够了.

引理 4.2. 假设 $Q(y,A)$ 是 p 不可约的齐次马尔可夫链的转移核, 且设对于所有的 y 和 z 有 $q(y,z)>0$, 或对于所有的 y 和 z 有 $q(y,z)=q(z,y)$. 那么, (4.15) 中 Metropolis 核 $p(y,A)$ 的马尔可夫链是 p 不可约的.

证明. 可以证明 (练习), 如果 Q 是齐次马尔可夫链的任一转移核, 那么

$$Q^t(y,A)=\int_A\int\cdots\int\prod_{j=1}^{t}q(z_{n-j+1},z_{n-j})d\nu(z_{n-j}),\tag{4.16}$$

其中 $z_n=y$, $y\in\mathscr{Y}$, $A\in\mathcal{B}_{\mathscr{Y}}$. 令 $y\in\mathscr{Y}$, $A\in\mathcal{B}_{\mathscr{Y}}$ 满足 $\int_A p(z)d\nu>0$, 且

$B_y = \{z : \alpha(y,z) = 1\}$. 如果 $\int_{A\cap B_y^c} p(z)d\nu > 0$, 那么

$$P(y,A) \geqslant \int_{A\cap B_y^c} q(y,z)\alpha(y,z)d\nu(z) = \int_{A\cap B_y^c} \frac{q(z,y)p(z)}{p(y)} d\nu(z) > 0,$$

这由 B_y^c 上 $q(z,y) > 0$ 或 $q(z,y) = q(y,z) > 0$ 可得. 如果 $\int_{A\cap B_y^c} p(z)d\nu = 0$, 那么 $\int_{A\cap B_y} p(z)d\nu > 0$. 从 $Q(y,A)$ 的不可约性可知, 存在一个 $t \geqslant 1$, 使得 $Q^t(y, A\cap B_y) > 0$. 从而, 根据 (4.15) 和 (4.16),

$$P^t(y,A) \geqslant P^t(y, A\cap B_y) \geqslant Q^t(y, A\cap B_y) > 0. \quad \blacksquare$$

Tierney (1994) 给出的两个关于 $q(y,z)$ 的例子是 $q(y,z) = f(z-y)$, 其中 f 是 $\mathcal{R}^k$ 上的一个 Lebesgue p.d.f., 这对应于随机游走链; 以及 $q(y,z) = f(z)$, f 是一个 p.d.f., 这对应于独立链, 与之前讨论的重要性抽样密切相关.

尽管 MCMC 方法被采用了超过 50 年, 关于 MCMC 的理论研究依旧很活跃. 其中重要的课题包括 MCMC 转移核的选择, (4.13) 的收敛速率, 蒙特卡罗量 m 的选择以及由蒙特卡罗引起的误差估计. 更多的结果和讨论参见 Tierney (1994), Basag et al. (1995), Tanner (1996) 以及其中的参考文献.

4.2 不变性

不变性的概念在 §2.3.2 (定义 2.9) 介绍过. 这一节, 我们研究最优不变估计和它们在单参数位置族 (§4.2.1), 单参数尺度族 (§4.2.2) 和一般位置尺度族 (§4.2.3) 中的性质. 不变估计也被称为同变估计.

4.2.1 单参数位置族

假定样本 $X = (X_1, ..., X_n)$ 的联合分布是 P_μ, 有 Lebesgue p.d.f.

$$f(x_1 - \mu, ..., x_n - \mu), \tag{4.17}$$

其中 f 已知, $\mu \in \mathcal{R}$ 是未知的位置参数. 分布族 $\mathcal{P} = \{P_\mu : \mu \in \mathcal{R}\}$ 称为单参数位置族, 它是定义 2.3 中描述的一般的位置尺度族的特殊情况. 它在位置变换 $g_c(X) = (X_1 + c, ..., X_n + c)$ 下是不变的, $c \in \mathcal{R}$.

作为统计决策问题考虑 μ 的估计, 行动空间为 $\mathbb{A} = \mathcal{R}$, 损失函数为 $L(\mu, a)$. 很自然就会考虑行动空间中的相同变换, 即如果 X_i 变换到 $X_i + c$, 那么行动 a 变换到 $a + c$. 因此, 决策问题在位置变换下是不变的当且仅当

$$L(\mu, a) = L(\mu + c, a + c) \quad 对所有\ c \in \mathcal{R},$$

其等价于

$$L(\mu, a) = L(a - \mu) \tag{4.18}$$

对一 $\mathcal{R}$ 上的 Borel 函数 $L(\cdot)$ 成立.

根据定义 2.9 (也可以见例 2.24), μ 的估计 T (决策准则) 是位置不变的当且仅当

$$T(X_1 + c, ..., X_n + c) = T(X_1, ..., X_n) + c. \tag{4.19}$$

μ 的许多估计, 比如样本均值和次序统计量的加权平均, 都是位置不变的. 下面的结果给出了位置不变估计的一个特征.

命题 4.3. 设 T_0 是 μ 的一个位置不变估计. 令 $d_i = x_i - x_n, i = 1, ..., n-1$, 且 $d = (d_1, ..., d_{n-1})$. 估计 T 是位置不变的充分必要条件是存在一个 $\mathcal{R}^{n-1}$ 上的 Borel 函数 u (若 $n = 1$, $u \equiv$ 某常数), 使得

$$T(x) = T_0(x) - u(d) \quad \text{对所有 } x \in \mathcal{R}^n. \tag{4.20}$$

证明. 显然, (4.20) 给出的 T 满足 (4.19), 因此它是位置不变的. 假设 T 是位置不变的. 对于任意 $x \in \mathcal{R}^n$, 令 $\tilde{u}(x) = T(x) - T_0(x)$. 那么

$$\begin{aligned}\tilde{u}(x_1 + c, ..., x_n + c) &= T(x_1 + c, ..., x_n + c) - T_0(x_1 + c, ..., x_n + c)\\ &= T(x_1, ..., x_n) - T_0(x_1, ..., x_n)\end{aligned}$$

对于所有 $c \in \mathcal{R}$ 和 $x_i \in \mathcal{R}$ 成立. 取 $c = -x_n$, 那么

$$\tilde{u}(x_1 - x_n, ..., x_{n-1} - x_n, 0) = T(x) - T_0(x), \quad x \in \mathcal{R}^n.$$

结果由 $u(d_1, ..., d_{n-1}) = \tilde{u}(x_1 - x_n, ..., x_{n-1} - x_n, 0)$ 推出. ∎

因此, 只要我们有 μ 的一个位置不变估计 T_0, μ 的任意其他位置不变估计可以通过取 T_0 与辅助统计量 $D = (X_1 - X_n, ..., X_{n-1} - X_n)$ 的一个 Borel 函数的差来构造.

接下来的结果阐述了位置不变估计的一个重要性质.

命题 4.4. 设 X 服从 p.d.f. 为 (4.17) 的分布,T 是 (4.18) 给出的损失函数下 μ 的一个位置不变估计. 如果 T 的偏差、方差和风险有定义, 那么它们都是

常数 (不依赖 μ).

证明. 偏差的结论由下式可得

$$\begin{aligned} b_T(\mu) &= \int T(x)f(x_1-\mu,...,x_n-\mu)dx-\mu \\ &= \int T(x_1+\mu,...,x_n+\mu)f(x)dx-\mu \\ &= \int [T(x)+\mu]f(x)dx-\mu \\ &= \int T(x)f(x)dx. \end{aligned}$$

方差或风险的结论之证明留作练习. ∎

这个结论的一个重要推论是, 寻找最优位置不变估计的问题从比较风险函数简化为比较常数. 接下来的这个定义不仅在位置不变估计中可以采用, 在一般的不变估计中也可以使用.

定义 4.2. 考虑不变估计问题, 其中所有不变估计有常数风险. 不变估计 T 称为最小风险不变估计 (MRIE), 当且仅当 T 在所有的不变估计中有最小的风险. ∎

定理 4.5. 设 X 服从 p.d.f. 为 (4.17) 的分布, 考虑 (4.18) 给出的损失函数下 μ 的估计. 假设存在 μ 的一个位置不变估计 T_0. 令 $D=(X_1-X_n,...,X_{n-1}-X_n)$.

(i) 假定对于每个 d, 存在一个 $u_*(d)$ 使得

$$h(d)=E_0[L(T_0(X)-u(d))|D=d]$$

在所有函数 u 下达到最小值, 其中 E_0 是假定 X 的 p.d.f. 为 $f(x_1,...,x_n)$ 之下的条件期望. 那么 MRIE 存在且由下式给出

$$T_*(X)=T_0(X)-u_*(D).$$

(ii) 如果 $L(t)$ 是凸的且不是单调的, 则 (i) 中的函数 u_* 存在; 如果 L 是严格凸的, 则函数 u_* 是唯一的.

(iii) 如果 T_0 与 D 相互独立, 那么 u_* 是一个常数, 使得 $E_0[L(T_0(X)-u)]$ 达到最小. 另外, 如果 T_0 的分布是关于 μ 对称的且 L 是凸的偶函数, 那么

$u_* = 0$.

证明. 根据定理 1.7 和命题 4.3 及 4.4,

$$R_T(\mu) = E_0[h(D)],$$

其中 $T(X) = T_0(X) - u(D)$. 这证明了 (i). 如果 L 是 (严格) 凸的且不是单调的, 那么 $E_0[L(T_0(x) - a)|D = d]$ 是关于 a(严格) 凸的且不是单调的 (练习). 因此, $\lim_{|a|\to\infty} E_0[L(T_0(x) - a)|D = d] = \infty$. 这证明了 (ii). (iii) 的证明留作练习. ∎

定理 4.6. 假定定理 4.5 的条件满足且损失是平方误差损失.

(i) μ 唯一的 MRIE 是

$$T_*(X) = \frac{\int_{-\infty}^{\infty} tf(X_1 - t, ..., X_n - t)dt}{\int_{-\infty}^{\infty} f(X_1 - t, ..., X_n - t)dt},$$

它是众所周知的 μ 的 Pitman 估计.

(ii) μ 的 MRIE 是无偏的.

证明. (i) 在平方误差损失下,

$$u_*(d) = E_0[T_0(X)|D = d] \tag{4.21}$$

(练习). 令 $T_0(X) = X_n$ (第 n 个观测值). 那么 X_n 是位置不变的. 如果存在 μ 的一个位置不变估计, 其风险有限, 那么 $E_0(X_n|D = d)$ 有限 a.s. $\mathcal{P}$ (练习). 根据命题 1.8, 当 $\mu = 0$ 时, (D, X_n) 以 $f(d_1 + x_n, ..., d_{n-1} + x_n, x_n)$, $d = (d_1, ..., d_{n-1})$, 为联合 Lebesgue p.d.f. 给定 $D = d$, X_n 的条件 p.d.f. 是

$$\frac{f(d_1 + x_n, ..., d_{n-1} + x_n, x_n)}{\int_{-\infty}^{\infty} f(d_1 + t, ..., d_{n-1} + t, t)dt}$$

(见 (1.61)). 根据命题 1.9, 取 $u = x_n - t$,

$$\begin{aligned}
E_0(X_n|D = d) &= \frac{\int_{-\infty}^{\infty} tf(d_1 + t, ..., d_{n-1} + t, t)dt}{\int_{-\infty}^{\infty} f(d_1 + t, ..., d_{n-1} + t, t)dt} \\
&= \frac{\int_{-\infty}^{\infty} tf(x_1 - x_n + t, ..., x_{n-1} - x_n + t, t)dt}{\int_{-\infty}^{\infty} f(x_1 - x_n + t, ..., x_{n-1} - x_n + t, t)dt} \\
&= x_n - \frac{\int_{-\infty}^{\infty} uf(x_1 - u, ..., x_n - u)du}{\int_{-\infty}^{\infty} f(x_1 - u, ..., x_n - u)du},
\end{aligned}$$

结论 (i) 由 $T_*(X) = X_n - E(X_n|D)$ (定理 4.5) 可得.

(ii) 设 b 是 T_*(命题 4.4) 的常数偏差. 那么 $T_1(X) = T_*(X) - b$ 是 μ 的一个位置不变估计, 且

$$R_{T_1} = E[T_*(X) - b - \mu]^2 = \mathrm{Var}(T_*) \leqslant \mathrm{Var}(T_*) + b^2 = R_{T_*}.$$

因为 T_* 是 MRIE, 所以 $b = 0$, 即 T_* 是无偏的. ∎

定理 4.6(ii) 说明, 为了寻找 MRIE, 如果损失是平方误差损失, 我们仅需要考虑无偏位置不变估计. 特别地, 位置不变的 UMVUE 是 MRIE.

例 4.11. 设 $X_1, ..., X_n$ i.i.d. 服从 $N(\mu, \sigma^2)$, $\mu \in \mathcal{R}$ 未知而 σ^2 已知. 注意到 $\bar{X}$ 是位置不变的. 因为 $\bar{X}$ 是 μ 的 UMVUE(§2.1), 所以它在平方误差损失下是 MRIE. 因为 $\bar{X}$ 的分布是关于 μ 对称的且 $\bar{X}$ 与 D 相互独立 (Basu 定理), 由定理 4.5(iii) 可知, $\bar{X}$ 是 MRIE 如果 L 是凸的偶函数. ∎

例 4.12. 设 $X_1, ..., X_n$ i.i.d. 服从指数分布 $E(\mu, \theta)$, 其中 θ 已知, $\mu \in \mathcal{R}$ 未知. 因为 $X_{(1)} - \theta/n$ 是位置不变的且是 μ 的 UMVUE, 所以它是平方误差损失下的 MRIE. 注意到 $X_{(1)}$ 与 D 相互独立 (Basu 定理). 根据定理 4.5(iii), MRIE 形如 $X_{(1)} - u_*$, u_* 是常数. 在绝对误差损失下, $X_{(1)} - \theta \log 2/n$ 是一个 MRIE(练习). ∎

例 4.13. 设 $X_1, ..., X_n$ i.i.d. 服从 $(\mu - \frac{1}{2}, \mu + \frac{1}{2})$ 上的均匀分布, $\mu \in \mathcal{R}$ 未知. 考虑平方误差损失. 注意到

$$f(x_1 - \mu, ..., x_n - \mu) = \begin{cases} 1, & \mu - \dfrac{1}{2} \leqslant x_{(1)} \leqslant x_{(n)} \leqslant \mu + \dfrac{1}{2}, \\ 0, & \text{其他}. \end{cases}$$

根据定理 4.6(i), μ 的 MRIE 是

$$T_*(X) = \int_{X_{(n)}-\frac{1}{2}}^{X_{(1)}+\frac{1}{2}} t dt \Big/ \int_{X_{(n)}-\frac{1}{2}}^{X_{(1)}+\frac{1}{2}} dt = \frac{X_{(1)} + X_{(n)}}{2}.$$ ∎

我们以单参数位置问题下 MRIE 的容许性的简要讨论来结束这一节. 在平方误差损失下, MRIE (Pitman 估计) 是容许的, 若存在一个位置不变估计 T_0 且 $E|T_0(X)|^3 < \infty$ (Stein, 1959). 在一般的损失函数下, MRIE 是容许的, 若它是唯一的 MRIE (在一些其他次要条件下). 更多讨论见参 Farrell (1964), Brown (1966) 和 Brown and Fox (1974).

4.2.2　单参数尺度族

假定样本 $X = (X_1, ..., X_n)$ 有联合分布 P_σ, 其 Lebesgue p.d.f. 是

$$\frac{1}{\sigma^n} f\left(\frac{x_1}{\sigma}, ..., \frac{x_n}{\sigma}\right), \tag{4.22}$$

其中 f 已知, $\sigma > 0$ 是未知的尺度参数. 参数族 $\mathcal{P} = \{P_\sigma : \sigma > 0\}$ 称为单参数尺度族, 是定义 2.3 中一般位置尺度族的特殊情况. 这个参数族在尺度变换 $g_r(X) = rX$ 下是不变的, $r > 0$.

我们考虑 σ^h 的估计, $\mathbb{A} = [0, \infty)$, 其中 h 是非零常数. 变换 g_r 导出变换 $g_r(\sigma^h) = r^h \sigma^h$. 因此, 损失函数 L 是尺度不变的当且仅当

$$L(r\sigma, r^h a) = L(\sigma, a) \quad 对所有\ r > 0,$$

其等价于

$$L(\sigma, a) = L\left(\frac{a}{\sigma^h}\right) \tag{4.23}$$

对一 $[0, \infty)$ 上的 Borel 函数 $L(\cdot)$ 成立. 一个满足 (4.23) 的损失函数的例子是

$$L(\sigma, a) = \left|\frac{a}{\sigma^h} - 1\right|^p = \frac{|a - \sigma^h|^p}{\sigma^{ph}}, \tag{4.24}$$

其中 $p \geqslant 1$ 是一个常数. 然而, 平方误差损失不满足 (4.23).

σ^h 的一个估计 T 是尺度不变的当且仅当

$$T(rX_1, ..., rX_n) = r^h T(X_1, ..., X_n).$$

尺度不变估计的例子包括样本方差 S^2(对于 $h = 2$)、样本标准差 $S = \sqrt{S^2}$ (对于 $h = 1$)、样本间距 $X_{(n)} - X_{(1)}$ (对于 $h = 1$) 以及样本平均偏差 $n^{-1} \sum_{i=1}^n |X_i - \bar{X}|$ (对于 $h = 1$).

接下来的结果与命题 4.3 类似. 它的证明留作练习.

命题 4.5. 设 T_0 是 σ^h 的一个尺度不变估计. 估计 T 是尺度不变的充分必要条件是存在 $\mathcal{R}^n$ 上的一个正 Borel 函数 u, 使得

$$T(x) = T_0(x)/u(z) \quad 对所有\ x \in \mathcal{R}^n,$$

其中 $z = (z_1, ..., z_n)$, $z_i = x_i/x_n$, $i = 1, ..., n-1$, $z_n = x_n/|x_n|$. ∎

以下结果与命题 4.4 类似. 它可以应用于定义 2.9 所定义的任意不变问题. 我们用定义 2.9 的记号.

定理 4.7. 设 $\mathcal{P}$ 是 $\mathcal{G}$ (变换群) 下的一个不变分布族. 假设损失函数是不变的, T 是一个不变的决策准则. 那么 T 的风险函数是一个常数. ∎

证明留作练习. 定理 4.7 的一个特殊情况是 σ^h 的任意尺度不变估计有常数风险, 因此 σ^h 的 MRIE (定义 4.2) 通常是存在的. 然而, 命题 4.4 并不是定理 4.7 的一个特例, 因为一般而言, 尺度不变估计的偏差可能不是常数. 比如, 样本标准差的偏差是 σ 的函数.

接下来的结果和它的证明与定理 4.5 类似.

定理 4.8. 设 X 服从的分布有 p.d.f. (4.22). 考虑 (4.23) 给出的损失函数下 σ^h 的估计. 设存在 σ^h 的尺度不变估计 T_0, 其风险有限. 设 $Z = (Z_1, ..., Z_n)$, $Z_i = X_i/X_n$, $i = 1, ..., n-1$, $Z_n = X_n/|X_n|$.

(i) 假定对于每个 z 存在一个 $u_*(z)$, 使得

$$E_1[L(T_0(X)/u(z))|Z = z]$$

在所有正 Borel 函数 u 下达到最小值, 其中 E_1 是假定 X 的 p.d.f. 为 $f(x_1, ..., x_n)$ 之下的条件期望. 那么 MRIE 存在且由下式给出

$$T_*(X) = T_0(X)/u_*(Z).$$

(ii) 若 $\gamma(t) = L(e^t)$ 是凸的且不是单调的, 则 (i) 中的函数 u_* 存在; 若 $\gamma(t)$ 是严格凸的, 则函数 u_* 是唯一的. ∎

(4.24) 给出的损失函数满足定理 4.8(ii) 的条件. 在这个问题中, 与平方误差损失对应的损失函数是 (4.24) 中 $p = 2$ 的损失函数. 我们有下面与定理 4.6 类似的结果 (证明留作练习).

推论 4.1. 在定理 4.8 的条件下, 且损失函数由 (4.24), $p = 2$ 给定, 则 σ^h 唯一的 MRIE 是

$$T_*(X) = \frac{T_0(X)E_1[T_0(X)|Z]}{E_1\{[T_0(X)]^2|Z\}} = \frac{\int_0^\infty t^{n+h-1} f(tX_1, ..., tX_n)dt}{\int_0^\infty t^{n+2h-1} f(tX_1, ..., tX_n)dt},$$

它是众所周知的 σ^h Pitman 估计. ∎

例 4.14. 设 $X_1, ..., X_n$ i.i.d. 服从 $N(0, \sigma^2)$, 考虑 σ^2 的估计. $T_0 = \sum_{i=1}^n X_i^2$ 是尺度不变的. 根据 Basu 定理, T_0 与 Z 相互独立. 因此定理 4.8 中的 u_* 是一个常数, 使得 $E_1[L(T_0/u)]$ 在 $u > 0$ 上达到最小值. 当损失为 (4.24), $p = 2$

时, 根据推论 4.1, MRIE (Pitman 估计) 是

$$T_*(X) = \frac{T_0(X)E_1[T_0(X)]}{E_1[T_0(X)]^2} = \frac{1}{n+2}\sum_{i=1}^{n} X_i^2,$$

因为当 $\sigma = 1$ 时 T_0 服从卡方分布 χ_n^2. 注意到, σ^2 的 UMVUE 是 T_0/n, 其与 MRIE 不同. ∎

例 4.15. 设 $X_1, ..., X_n$ i.i.d. 服从 $(0, \sigma)$ 上的均匀分布, 考虑 σ 的估计. 根据 Basu 定理, 尺度不变估计 $X_{(n)}$ 与 Z 相互独立. 因此, 定理 4.8 的 u_* 是一个常数, 使得 $E_1[L(X_{(n)}/u)]$ 在 $u > 0$ 上达到最小值. 当损失是 (4.24), $p = 2$ 时, 根据推论 4.1, MRIE (Pitman 估计) 是

$$T_*(X) = \frac{X_{(n)}E_1X_{(n)}}{E_1X_{(n)}^2} = \frac{(n+2)X_{(n)}}{n+1}. \quad ∎$$

4.2.3　一般位置尺度族

假定 $X = (X_1, ..., X_n)$ 有联合分布 P_θ, 其 Lebesgue p.d.f. 是

$$\frac{1}{\sigma^n} f\left(\frac{x_1 - \mu}{\sigma}, ..., \frac{x_n - \mu}{\sigma}\right), \tag{4.25}$$

其中 f 已知, $\theta = (\mu, \sigma) \in \Theta$, $\Theta = \mathcal{R} \times (0, \infty)$. 分布族 $\mathcal{P} = \{P_\theta : \theta \in \Theta\}$ 是定义 2.3 所定义的位置尺度族, 它在形如 $g_{c,r}(X) = (rX_1 + c, ..., rX_n + c)$ 的位置尺度变换下不变, $c \in \mathcal{R}$, $r > 0$, 这推导出了 Θ 上类似的变换: $g_{c,r}(\theta) = (r\mu + c, r\sigma)$, $c \in \mathcal{R}$, $r > 0$.

在损失函数 (4.23) 下, 考虑 σ^h 的估计, $h \neq 0$ 固定, 它在位置尺度变换 $g_{c,r}$ 下是不变的. σ^h 的估计 T 是位置尺度不变的当且仅当

$$T(rX_1 + c, ..., rX_n + c) = r^h T(X_1, ..., X_n). \tag{4.26}$$

根据定理 4.7, 任意位置尺度不变的 T 有常数风险. 在 (4.26) 中, 令 $r = 1$, 我们得到

$$T(X_1 + c, ..., X_n + c) = T(X_1, ..., X_n)$$

对于所有 $c \in \mathcal{R}$ 成立. 因此 T 是 $D = (D_1, ..., D_{n-1})$ 的一个函数, $D_i = X_i - X_n$, $i = 1, ..., n-1$. 从 (4.25) 可知, D 的联合 Lebesgue p.d.f. 是

$$\frac{1}{\sigma^{n-1}} \int_{-\infty}^{\infty} f\left(\frac{d_1}{\sigma} + t, ..., \frac{d_{n-1}}{\sigma} + t, t\right) dt, \tag{4.27}$$

它是从 (4.22) 中 n 由 $n-1$ 代替, x_i 由 d_i 代替而得. 根据定理 4.8, 如果 $T_0(D)$ 是 σ^h 基于 D 任意的一个有限风险尺度不变估计, 那么 σ^h 的一个 MRIE 是

$$T_*(D) = T_0(D)/u_*(W), \tag{4.28}$$

其中 $W = (W_1, ..., W_{n-1})$, $W_i = D_i/D_{n-1}$, $i = 1, ..., n-2$, $W_{n-1} = D_{n-1}/|D_{n-1}|$, $u_*(w)$ 是任意一个值, 使得 $\tilde{E}_1[L(T_0(D)/u(w))|W = w]$ 在所有正 Borel 函数 u 上达到最小值, $\tilde{E}_1$ 是假设 D 的 p.d.f. 由 (4.27) 式及 $\sigma = 1$ 给定之下的条件期望.

接下来考虑 μ 的估计. 在位置尺度变换 $g_{c,r}$ 下, 可以证明 (练习) 损失函数是不变的当且仅当它有如下形式

$$L\left(\frac{a-\mu}{\sigma}\right). \tag{4.29}$$

μ 的估计 T 是位置尺度不变的当且仅当

$$T(rX_1 + c, ..., rX_n + c) = rT(X_1, ..., X_n) + c.$$

同样, 根据定理 4.7, 不变的 T 的风险是常数.

接下来的结果与命题 4.3 或 4.5 类似.

命题 4.6. 设 T_0 是 μ 的任意一个在位置尺度变换下不变的估计, T_1 是 σ 的任意一个估计, 满足当 $h = 1$ 时的 (4.26) 式, 且 $T_1 > 0$. 那么 μ 的一个估计 T 是位置尺度不变的当且仅当存在 $\mathcal{R}^{n-1}$ 上的一个 Borel 函数 u, 使得

$$T(X) = T_0(X) - u(W)T_1(X),$$

其中 W 由 (4.28) 给出. ∎

命题 4.6 和与定理 4.5 或 4.8 的类似的以下结果的证明留作练习.

定理 4.9. 设 X 服从的分布有 p.d.f. (4.25), 考虑 (4.29) 给出的损失函数下 μ 的估计. 假设存在 μ 的位置尺度不变估计 T_0, 其风险有限. 令 T_1 由命题 4.6 给出. 那么 μ 的一个 MRIE 是

$$T_*(X) = T_0(X) - u_*(W)T_1(X),$$

其中 W 由 (4.28) 给出, $u_*(w)$ 是任意值, 使得

$$E_{0,1}[L(T_0(X) - u(w)T_1(X))|W = w]$$

在所有 Borel 函数 u 上达到最小值, $E_{0,1}$ 假设 X 的 p.d.f. 由当 $\mu=0$ 及 $\sigma=1$ 时的 (4.25) 式给出之下的条件期望. ∎

推论 4.2. 在定理 4.9 的条件下, 若损失函数是 $(a-\mu)^2/\sigma^2$, 则定理 4.9 中的 $u_*(w)$ 等价于

$$u_*(w)=\frac{E_{0,1}[T_0(X)T_1(X)|W=w]}{E_{0,1}\{[T_1(X)]^2|W=w\}}. \quad ∎$$

例 4.16. 设 $X_1,...,X_n$ i.i.d. 服从 $N(\mu,\sigma^2)$, 其中 $\mu\in\mathcal{R}$ 和 $\sigma^2>0$ 未知. 首先考虑损失函数 (4.23) 下 σ^2 的估计. 样本方差 S^2 是位置尺度不变的, 且与 (4.28) 中的 W 相互独立 (Basu 定理). 因此, 根据 (4.28), S^2/u_* 是 MRIE, 其中 u_* 是一个常数, 使得 $\tilde{E}_1[L(S^2/u)]$ 在所有 $u>0$ 上达到最小值. 如果损失函数是 (4.24), $p=2$, 那么根据推论 4.1, σ^2 的 MRIE 是

$$T_*(X)=\frac{S^2\tilde{E}_1(S^2)}{\tilde{E}_1(S^2)^2}=\frac{S^2}{(n^2-1)/(n-1)^2}=\frac{1}{n+1}\sum_{i=1}^{n}(X_i-\bar{X})^2,$$

因为当 $\sigma=1$ 时 $(n-1)S^2$ 服从卡方分布 χ^2_{n-1}.

其次, 考虑损失函数 (4.29) 下 μ 的估计. 因为 $\bar{X}$ 是 μ 的位置尺度不变估计, 且与 (4.28) 中的 W 相互独立 (Basu 定理), 根据定理 4.9, μ 的一个 MRIE 是

$$T_*(X)=\bar{X}-u_*S^2,$$

其中 u_* 是一个常数. 如果 (4.29) 中的 L 是凸的偶函数, 那么 $u_*=0$ (见定理 4.5(iii)), 因此 $\bar{X}$ 是 μ 的一个 MRIE. ∎

例 4.17. 设 $X_1,...,X_n$ i.i.d. 服从 $(\mu-\frac{1}{2}\sigma,\mu+\frac{1}{2}\sigma)$ 上的均匀分布, 其中 $\mu\in\mathcal{R}$ 和 $\sigma>0$ 未知. 首先考虑 $p=2$ 时损失函数 (4.24) 下的 σ 的估计. 样本间距 $X_{(n)}-X_{(1)}$ 是 σ 的位置尺度不变估计, 且与 (4.28) 中的 W 相互独立 (Basu 定理). 根据 (4.28) 和推论 4.1, σ 的一个 MRIE 是

$$T_*(X)=\frac{(X_{(n)}-X_{(1)})\tilde{E}_1(X_{(n)}-X_{(1)})}{\tilde{E}_1(X_{(n)}-X_{(1)})^2}=\frac{(n+2)(X_{(n)}-X_{(1)})}{n}.$$

现在考虑损失函数 (4.29) 下 μ 的估计. 因为 $(X_{(1)}+X_{(n)})/2$ 是 μ 的位置尺度不变估计, 且与 (4.28) 中的 W 相互独立 (Basu 定理), 根据定理 4.9, μ 的一个 MRIE 是

$$T_*(X)=\frac{X_{(1)}+X_{(n)}}{2}-u_*(X_{(n)}-X_{(1)}),$$

其中 u_* 是一个常数. 如果 (4.29) 的 L 是凸的偶函数, 那么 $u_* = 0$ (见定理 4.5(iii)), 因此 $(X_{(1)} + X_{(n)})/2$ 是 μ 的一个 MRIE. ∎

在其他各种位置尺度族中, 在变换 $AX + c$ 下寻找 MRIE 可以采用类似的方法, 其中 $A \in \mathcal{T}$, $c \in \mathcal{C}$, $\mathcal{T}$ 和 $\mathcal{C}$ 给定. 我们只提供两个重要情况下的一些简要讨论. 第一个情况是两样本位置尺度问题, 两样本是 $X = (X_1, ..., X_m)$ 和 $Y = (Y_1, ..., Y_n)$, 服从的分布有 Lebesgue p.d.f.

$$\frac{1}{\sigma_x^m \sigma_y^n} f\left(\frac{x_1 - \mu_x}{\sigma_x}, ..., \frac{x_m - \mu_x}{\sigma_x}, \frac{y_1 - \mu_y}{\sigma_y}, ..., \frac{y_n - \mu_y}{\sigma_y}\right), \tag{4.30}$$

其中 f 已知, $\mu_x \in \mathcal{R}$ 和 $\mu_y \in \mathcal{R}$ 是未知的位置参数, $\sigma_x > 0$ 和 $\sigma_y > 0$ 是未知的尺度参数. 这个分布族在变换

$$g(X, Y) = (rX_1 + c, ..., rX_m + c, r'Y_1 + c', ..., r'Y_n + c'), \tag{4.31}$$

下是不变的, 其中 $r > 0$, $r' > 0$, $c \in \mathcal{R}$ 和 $c' \in \mathcal{R}$. 这个问题中要估计的参数通常是 $\Delta = \mu_y - \mu_x$ 和 $\eta = (\sigma_y/\sigma_x)^h$, $h \neq 0$ 固定. 如果 X 和 Y 来自两个总体, Δ 和 η 是两个总体间差异的度量. 为了估计 η, 可以得到与这节类似的结论. 为了估计 Δ, 在一定条件下可以得到 MRIE . 见练习 63—65.

第二个情况是一般的线性模型 (3.25), 设所有 ε_i i.i.d. 有 p.d.f. $\sigma^{-1} f(x/\sigma)$, 其中 f 是已知的 Lebesgue p.d.f. 这个总体的分布族在变换

$$g(X) = rX + Zc, \quad r \in (0, \infty), \ c \in \mathcal{R}^p \tag{4.32}$$

下是不变的 (练习). $l^\tau \beta$ 的估计, $l \in \mathcal{R}(Z)$, 在损失函数 $L\left(\frac{a - l^\tau \beta}{\sigma}\right)$ 下是不变的, 且 LSE $l^\tau \hat{\beta}$ 是 $l^\tau \beta$ 的不变估计 (练习). 当 f 是正态分布时, 可以利用例 4.16 中类似的方法得到以下的结果.

定理 4.10. 考虑模型 (3.25), 满足假设 A1.

(i) 在变换 (4.32) 下, 且损失函数为 $L\left(\frac{a - l^\tau \beta}{\sigma}\right)$, 其中 L 是凸的偶函数, 那么对于任意 $l \in \mathcal{R}(Z)$, LSE $l^\tau \hat{\beta}$ 是 $l^\tau \beta$ 的一个 MRIE.

(ii) 在变换 (4.32) 下, 且损失函数为 $(a - \sigma^2)^2/\sigma^4$, 那么 σ^2 的一个 MRIE 是 $SSR/(n - r + 2)$, 其中 SSR 由 (3.25) 给出, r 是 Z 的秩. ∎

多维 θ 参数族中的 MRIE 通常是不容许的. 更多讨论参见 Lehmann (1983, p. 285).

4.3 最小最大和容许性

在给定的损失函数下，考虑基于来自 P_θ, $\theta \in \Theta$ 的样本 X 的实值参数 $\vartheta = g(\theta)$ 的估计. 最小最大估计使得最大风险 $\sup_{\theta\in\Theta} R_T(\theta)$ 在所有估计 T 上达到最小值 (见 §2.3.2).

唯一的最小最大估计是容许的, 因为任意一个比最小最大估计好的估计都是最小最大的. 这说明我们应该一起考虑最小最大和容许性. 这情况和 UMVUE (或 MRIE) 是不同的, 因为如果 UMVUE (或 MRIE) 是不容许的, 则它劣于一个不是无偏的 (或不变的) 估计.

4.3.1 常数风险估计

通过最小化最大风险, 最小最大估计试着尽可能地控制最差的情况. 这样的一个估计可能令人非常不满意. 然而, 如果最小最大估计有一些其他好的性质 (比如, 它是一个 Bayes 估计), 那么它通常是一个合理的估计. 在此我们研究拥有常数风险 (比如 MRIE) 的估计何时是最小最大的.

定理 4.11. 设 Π 是 Θ 上的一个正常先验分布, δ 是 ϑ 关于 Π 的一个 Bayes 估计. 令 $\Theta_\Pi = \{\theta : R_\delta(\theta) = \sup_{\theta\in\Theta} R_\delta(\theta)\}$. 如果 $\Pi(\Theta_\Pi) = 1$, 那么 δ 是最小最大的. 此外, 如果 δ 是关于 Π 唯一 Bayes 估计, 那么它是唯一的最小最大估计.

证明. 设 T 是 ϑ 的任意其他一个估计. 那么

$$\sup_{\theta\in\Theta} R_T(\theta) \geqslant \int_{\Theta_\Pi} R_T(\theta)d\Pi \geqslant \int_{\Theta_\Pi} R_\delta(\theta)d\Pi = \sup_{\theta\in\Theta} R_\delta(\theta).$$

如果 δ 是唯一的 Bayes 估计, 那么上式第二个不等式应该由 $>$ 代替, 因此 δ 是唯一的最小最大估计. ∎

定理 4.11 的条件本质上意味着 δ 有常数风险. 因此, 拥有常数风险的 Bayes 估计是最小最大的.

例 4.18. 设 $X_1, ..., X_n$ 是 i.i.d. 0–1 随机变量, $P(X_1 = 1) = p \in (0, 1)$. 在平方误差损失下考虑 p 的估计. UMVUE $\bar{X}$ 的风险 $p(1-p)/n$ 并不是常数. 事实上, $\bar{X}$ 不是最小最大的 (练习 67). 为了利用定理 4.11 找最小最大估计, 我们考虑关于 beta 分布 $B(\alpha, \beta)$ 的 Bayes 估计, α 和 β 为已知 (练习 1):

$$\delta(X) = (\alpha + n\bar{X})/(\alpha + \beta + n).$$

通过直接计算可以证明

$$R_\delta(p) = [np(1-p) + (\alpha - \alpha p - \beta p)^2]/(\alpha+\beta+n)^2.$$

为了利用定理 4.11, 我们需要找到 $\alpha > 0$ 和 $\beta > 0$ 的值, 使得 $R_\delta(p)$ 是常数. 可以证明, $R_\delta(p)$ 是常数当且仅当 $\alpha = \beta = \sqrt{n}/2$, 这推出唯一的最小最大估计是

$$T(X) = (n\bar{X} + \sqrt{n}/2)/(n+\sqrt{n}).$$

T 的风险是 $R_T = 1/[4(1+\sqrt{n})^2]$.

注意到 T 是一个 Bayes 估计, 它有一些好的性质. 比较 T 和 $\bar{X}$ 的风险, 我们发现 T 有更小的风险当且仅当

$$p \in \left(\frac{1}{2} - \frac{1}{2}\sqrt{1 - \frac{n}{(1+\sqrt{n})^2}},\ \frac{1}{2} + \frac{1}{2}\sqrt{1 - \frac{n}{(1+\sqrt{n})^2}}\right). \tag{4.33}$$

因此, 对于一个较小的 n, 对大多数的 p 来说 (图 4.1), T 比 $\bar{X}$ 更好 (可以好很多). 当 $n \to \infty$ 时, (4.33) 中的区间收缩到 $\frac{1}{2}$. 因此, 对于较大的 (甚至中等的) n, 对大多数的 p 来说 (图 4.1), $\bar{X}$ 比 T 更好. T 关于 $\bar{X}$ 渐近相对效率的极限是 $4p(1-p)$, 当 $p \neq \frac{1}{2}$ 时它总是小于 1, 当 $p = \frac{1}{2}$ 时它等于 1.

最小最大估计非常依赖损失函数. 为了观察到这个, 我们考虑损失函数 $L(p,a) = (a-p)^2/[p(1-p)]$. 在这个损失函数下, $\bar{X}$ 有常数风险且是关于 $(0,1)$ 上均匀先验分布的唯一的 Bayes 估计. 根据定理 4.11, $\bar{X}$ 是唯一的最小最大估计. 另一方面, T 的风险等于 $1/[4(1+\sqrt{n})^2 p(1-p)]$, 是无界的. ∎

在很多情况下, 常数风险估计并不是 Bayes 估计 (比如, 平方误差损失下的无偏估计), 而是关于先验分布序列的 Bayes 估计的极限. 接下来的结果可以用来寻找最小最大估计.

定理 4.12. 设 Π_j, $j = 1, 2, \ldots$ 是一个先验分布序列, r_j 是 ϑ 关于 Π_j 的 Bayes 估计的 Bayes 风险. 设 T 是 ϑ 的常数风险估计. 如果 $\liminf_j r_j \geqslant R_T$, 那么 T 是最小最大的. ∎

这个定理的证明与定理 4.11 的类似. 尽管在寻找最小最大估计时定理 4.12 比定理 4.11 更普遍, 但它不能提供最小最大估计的唯一性, 甚至当关于每一个 Π_j 都存在唯一的 Bayes 估计时也不能.

例 2.25 中, 在平方误差损失下, $X_1, \ldots, X_n$ i.i.d. 服从正态分布, $\sigma^2 = \mathrm{Var}(X_1)$ 已知, 我们实际上利用了定理 4.12 中的结论来证明 $\bar{X}$ 作为 $\mu = EX_1$

的估计的最小最大性. 在这种情况下, 当 σ^2 未知时, 为了讨论 $\bar{X}$ 的最小最大性, 我们需要如下引理.

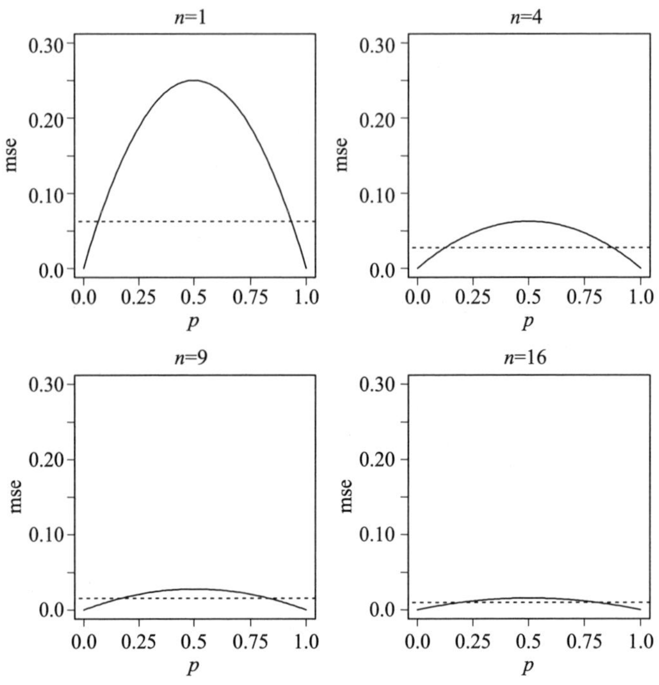

图 4.1　例 4.18 中 $\bar{X}$ 的均方误差 (曲线) 和 $T(X)$ 的均方误差 (直线)

引理 4.3. 设 Θ_0 是 Θ 的一个子集, T 是当 Θ_0 为参数空间时 ϑ 的最小最大估计. 那么 T 是最小最大估计, 若

$$\sup_{\theta\in\Theta} R_T(\theta) = \sup_{\theta\in\Theta_0} R_T(\theta).$$

证明. 如果存在一个估计 T_0 满足 $\sup_{\theta\in\Theta} R_{T_0}(\theta) < \sup_{\theta\in\Theta} R_T(\theta)$, 那么

$$\sup_{\theta\in\Theta_0} R_{T_0}(\theta) \leqslant \sup_{\theta\in\Theta} R_{T_0}(\theta) < \sup_{\theta\in\Theta} R_T(\theta) = \sup_{\theta\in\Theta_0} R_T(\theta),$$

当 Θ_0 是参数空间时, 这与 T 的最小最大性相矛盾. 因此, 当 Θ 是参数空间时, T 是最小最大的. ▮

例 4.19. 设 $X_1, ..., X_n$ i.i.d. 服从 $N(\mu, \sigma^2)$, $\theta = (\mu, \sigma^2)$ 未知. 在平方误差损失下, 考虑 μ 的估计. 首先假设 $\Theta = \mathcal{R} \times (0, c]$, $c > 0$ 是一个常数. 设

$\Theta_0 = \mathcal{R} \times \{c\}$. 从例 2.25 可知, 当 Θ_0 是参数空间时, $\bar{X}$ 是 μ 的一个最小最大估计. 由引理 4.3, 当 $\Theta = \mathcal{R} \times (0, c]$ 是参数空间时, $\bar{X}$ 也是最小最大的. 尽管 σ^2 假定以 c 为上界, 但是最小最大估计 $\bar{X}$ 不依赖 c.

接下来考虑 $\Theta = \mathcal{R} \times (0, \infty)$, 即 σ^2 无界. 设 T 是 μ 的任意一个估计. 对于任意固定的 σ^2,

$$\frac{\sigma^2}{n} \leqslant \sup_{\mu \in \mathcal{R}} R_T(\theta),$$

因为 σ^2/n 是 $\bar{X}$ 的风险, 当 σ^2 已知时 $\bar{X}$ 是最小最大的 (例 2.25). 令 $\sigma^2 \to \infty$, 我们可知 $\sup_\theta R_T(\theta) = \infty$, 对于任意估计 T 成立. 因此, 最小最大性是无意义的 (任意估计都是最小最大的). ∎

定理 4.13. 假设 T 作为 ϑ 的估计有常数风险, 且是容许的. 那么 T 是最小最大的. 如果损失函数是严格凸的, 那么 T 是唯一的最小最大估计.

证明. 根据 T 的容许性, 如果存在另一个估计 T_0 满足 $\sup_\theta R_{T_0}(\theta) \leqslant R_T$, 那么对于所有 θ 有 $R_{T_0}(\theta) = R_T$. 这证明了 T 是最小最大的. 如果损失函数是严格凸的, 且 T_0 是另一个最小最大估计, 那么对于所有 θ 有

$$R_{(T+T_0)/2}(\theta) < (R_{T_0} + R_T)/2 = R_T,$$

因此, T 是非容许的. 这证明了, 若损失函数是严格凸的, 则 T 是唯一的. ∎

与定理 4.7 一起, 定理 4.13 告诉我们, 如果一个 MRIE 是容许的, 那么它是最小最大的. 从 §4.2.1 结尾的讨论可知, 单参数位置族中的 MRIE (比如 Pitman 估计) 通常是最小最大的.

4.3.2 单参数指数族中的结果

当总体 P_θ 属于一个单参数指数族时, 以下的结果提供了一类估计容许性的充分条件. 利用这个结论和定理 4.13, 我们可得到一类最小最大估计. 这个结果的证明是 §3.1.3 中信息不等式的一个应用.

定理 4.14. 假设 X 存在关于 σ 有限测度 ν 的 p.d.f. $c(\theta)e^{\theta T(x)}$, 其中 $T(x)$ 是实值的, $\theta \in (\theta_-, \theta_+) \subset \mathcal{R}$. 在平方误差损失下, 考虑 $\vartheta = E[T(X)]$ 的估计. 设 $\lambda \geqslant 0$ 和 γ 是已知的常数, $T_{\lambda,\gamma}(X) = (T + \gamma\lambda)/(1+\lambda)$. 那么 $T_{\lambda,\gamma}$ 容许性的充分条件是

$$\int_{\theta_0}^{\theta_+} \frac{e^{-\gamma\lambda\theta}}{[c(\theta)]^\lambda} d\theta = \int_{\theta_-}^{\theta_0} \frac{e^{-\gamma\lambda\theta}}{[c(\theta)]^\lambda} d\theta = \infty, \tag{4.34}$$

其中 $\theta_0 \in (\theta_-, \theta_+)$.

证明. 根据定理 2.1, $\vartheta = E[T(X)] = -c'(\theta)/c(\theta)$, $\frac{d\vartheta}{d\theta} = \mathrm{Var}(T) = I(\theta)$, 即 (3.5) 定义的 Fisher 信息量. 假设存在 ϑ 的估计 δ, 使得对于所有 θ,

$$R_\delta(\theta) \leqslant R_{T_{\lambda,\gamma}}(\theta) = [I(\theta) + \lambda^2(\vartheta - \gamma)^2]/(1+\lambda)^2.$$

设 $b_\delta(\theta)$ 是 δ 的偏差. 从 (3.6) 的信息不等式可知,

$$R_\delta(\theta) \geqslant [b_\delta(\theta)]^2 + [I(\theta) + b'_\delta(\theta)]^2/I(\theta).$$

令 $h(\theta) = b_\delta(\theta) - \lambda(\gamma - \vartheta)/(1+\lambda)$. 那么

$$[h(\theta)]^2 - \frac{2\lambda h(\theta)(\vartheta - \gamma) + 2h'(\theta)}{1+\lambda} + \frac{[h'(\theta)]^2}{I(\theta)} \leqslant 0,$$

这说明

$$[h(\theta)]^2 - \frac{2\lambda h(\theta)(\vartheta - \gamma) + 2h'(\theta)}{1+\lambda} \leqslant 0. \tag{4.35}$$

令 $a(\theta) = h(\theta)[c(\theta)]^\lambda e^{\gamma\lambda\theta}$. $a(\theta)$ 的微分使 (4.35) 简化为

$$\frac{[a(\theta)]^2 e^{-\gamma\lambda\theta}}{[c(\theta)]^\lambda} + \frac{2a'(\theta)}{1+\lambda} \leqslant 0. \tag{4.36}$$

假设对于某个 $\theta_0 \in (\theta_-, \theta_+)$, $a(\theta_0) < 0$. 从 (4.36) 可知, 对于所有 θ, $a'(\theta) \leqslant 0$. 因此, 对于所有 $\theta \geqslant \theta_0$, $a(\theta) < 0$; 对于 $\theta > \theta_0$, (4.36) 可以写成

$$\frac{d}{d\theta}\left[\frac{1}{a(\theta)}\right] \geqslant \frac{(1+\lambda)e^{-\gamma\lambda\theta}}{2[c(\theta)]^\lambda}.$$

两边从 θ_0 到 θ 求积分, 可得

$$\frac{1+\lambda}{2}\int_{\theta_0}^{\theta} \frac{e^{-\gamma\lambda\theta}}{[c(\theta)]^\lambda} d\theta \leqslant \frac{1}{a(\theta)} - \frac{1}{a(\theta_0)} \leqslant -\frac{1}{a(\theta_0)}.$$

令 $\theta \to \theta_+$, 根据条件 (4.34), 上式左边离散到 ∞, 这是不可能的. 这说明了对于所有 θ, $a(\theta) \geqslant 0$. 类似地, 我们可以证明对于所有 θ, $a(\theta) \leqslant 0$. 因此, 对于所有 θ, $a(\theta) = 0$. 这意味着, 对于所有 θ, $h(\theta) = 0$ 且 $b'_\delta(\theta) = -\lambda\vartheta'/(1+\lambda) = -\lambda I(\theta)/(1+\lambda)$, 因而 $R_\delta(\theta) \equiv R_{T_{\lambda,\gamma}}(\theta)$. 这证明了 $T_{\lambda,\gamma}$ 的容许性. ∎

考虑 $T_{\lambda,\gamma}$ 的原因是它通常是关于某些先验的 Bayes 估计, 比如例 2.25, 4.1, 4.7 和 4.8. 为了寻找最小最大估计, 我们可以利用接下来的结果.

推论 4.3. 假定 X 存在定理 4.14 中描述的 p.d.f., $\theta_- = -\infty$, $\theta_+ = \infty$.

(i) 作为 $\vartheta = E(T)$ 的估计,$T(X)$ 在平方误差损失和损失 $(a-\vartheta)^2/\mathrm{Var}(T)$ 下是容许的.

(ii) 在损失 $(a-\vartheta)^2/\mathrm{Var}(T)$ 下, T 是 ϑ 的唯一的最小最大估计.

证明. (i) 在 $\lambda = 0$ 时, 条件 (4.34) 显然满足. 因此, 在平方误差损失下可以应用定理 4.14. T 在损失 $(a-\vartheta)^2/\mathrm{Var}(T)$ 下的容许性由 T 在平方误差损失下是容许的且 $\mathrm{Var}(T) \neq 0$ 而得到.

(ii) 这是 (i) 和定理 4.13 的一个结果. ∎

例 4.20. 设 $X_1, ..., X_n$ i.i.d. 服从 $N(0, \sigma^2)$, $\sigma^2 > 0$ 未知. 令 $Y = \sum_{i=1}^n X_i^2$. 从例 4.14 可知, $Y/(n+2)$ 是 σ^2 的 MRIE 且在损失 $(a-\sigma^2)^2/\sigma^4$ 下有常数风险. 我们现在应用定理 4.14 来证明 $Y/(n+2)$ 是容许的. 注意到, $X_1, ..., X_n$ 的联合 p.d.f. 形如 $c(\theta)e^{\theta T(x)}$, $\theta = -n/(4\sigma^2)$, $c(\theta) = (-2\theta/n)^{n/2}$, $T(X) = 2Y/n$, $\theta_- = -\infty$ 及 $\theta_+ = 0$. 根据定理 4.14, 在平方误差损失下, 估计量 $T_{\lambda,\gamma} = (T + \gamma\lambda)/(1+\lambda)$ 是容许的, 如果

$$\int_{-\infty}^{-c} e^{-\gamma\lambda\theta} \left(\frac{-2\theta}{n}\right)^{-n\lambda/2} d\theta = \int_0^c e^{\gamma\lambda\theta}\theta^{-n\lambda/2} d\theta = \infty$$

对于某个 $c > 0$ 成立. 这意味着如果 $\gamma = 0$ 及 $\lambda = 2/n$, 或者如果 $\gamma > 0$ 及 $\lambda \geqslant 2/n$, $T_{\lambda,\gamma}$ 是容许的. 特别地, 在平方误差损失下, $2Y/(n+2)$ 对于估计 $E(T) = 2E(Y)/n = 2\sigma^2$ 是容许的. 显然, 在平方误差损失和损失函数 $(a-\sigma^2)^2/\sigma^4$ 下, $Y/(n+2)$ 是 σ^2 的容许估计. 因此, $Y/(n+2)$ 在损失 $(a-\sigma^2)^2/\sigma^4$ 下是最小最大的.

注意到, 我们不能直接应用推论 4.3, 因为 $\theta_+ = 0$. ∎

例 4.21. 设 $X_1, ..., X_n$ i.i.d. 服从泊松分布 $P(\theta)$, $\theta > 0$ 未知. $X_1, ..., X_n$ 关于计数测度的联合 p.d.f. 是 $(x_1! \cdots x_n!)^{-1}e^{-n\theta}e^{n\bar{x}\log\theta}$. 对于 $\eta = n\log\theta$, 推论 4.3 的条件满足, $T(X) = \bar{X}$. 因为 $E(T) = \theta$ 及 $\mathrm{Var}(T) = \theta/n$, 根据推论 4.3, $\bar{X}$ 是损失函数 $(a-\theta)^2/\theta$ 下 θ 的唯一的最小最大估计. ∎

4.3.3 联合估计和收缩估计

本章 (以及第三章的大部分) 我们主要集中考虑实值 ϑ 的估计. 利用决策理论方法, 向量值 ϑ 的估计问题称为联合估计. 实值 ϑ 下的很多结论可以直接推广到联合估计.

设 ϑ 是一个 p 维参数向量 (θ 的函数), 值域是 $\tilde{\Theta}$. 向量值估计 $T(X)$ 可以看作是一个决策准则, 在行动空间 $\mathbb{A} = \tilde{\Theta}$ 中取值. 设 $L(\theta, a)$ 是 $\Theta \times \mathbb{A}$ 上给定

的非负损失函数. 平方损失误差很自然的一个推广就是

$$L(\theta,a)=\|a-\vartheta\|^2=\sum_{i=1}^{p}(a_i-\vartheta_i)^2, \tag{4.37}$$

其中 a_i 和 ϑ_i 分别是 a 和 ϑ 的第 i 个分量.

向量值估计 T 是无偏的, 当且仅当, 对于所有的 $\theta\in\Theta$ 有 $E(T)=\vartheta$. 如果存在一个 ϑ 的无偏估计, 那么 ϑ 称为可估的. 可以看出定理 3.1 的结论可以推广到向量值 ϑ, 其中 L 关于 a 严格凸. 如果损失函数由 (4.37) 给出, 且对于每个 i, T_i 是 ϑ_i 的 UMVUE, 那么 $T=(T_1,...,T_p)$ 是 ϑ 的 UMVUE. 如果 θ 存在充分完备统计量 $U(X)$, 那么根据定理 2.5(Rao-Blackwell 定理), T 一定是 $U(X)$ 的函数, 且是 ϑ 唯一的最优无偏估计.

例 4.22. 考虑一般线性模型 (3.25), 满足假设 A1, Z 满秩. 设 $\vartheta=\beta$. β 的一个无偏估计是 LSE $\hat{\beta}$. 从定理 3.7 的证明可知, $\hat{\beta}$ 是 $\theta=(\beta,\sigma^2)$ 的充分完备统计量的函数. 因此, 在任意严格凸的损失函数下, $\hat{\beta}$ 是 ϑ 唯一的最优无偏估计. 特别地, 在损失函数 (4.37) 下, $\hat{\beta}$ 是 β 的 UMVUE. ∎

接下来, 我们考虑 ϑ 的 Bayes 估计, 它仍旧定义为 Bayes 解中 x 由 X 替换后, 作为 X 的函数. 在损失函数 (4.37) 下, Bayes 估计仍旧由 (4.4) 给出, 其中 $g(\theta)=\vartheta$ 是向量值.

例 4.23. 设 $X=(X_0,X_1,...,X_k)$ 服从例 2.7 给出的多项分布. 考虑向量 $\theta=(p_0,p_1,...,p_k)$ 在损失函数 (4.37) 下的估计, θ 的 Dirichlet 先验分布有 Lebesgue p.d.f.

$$\frac{\Gamma(\alpha_0+\cdots+\alpha_k)}{\Gamma(\alpha_0)\cdots\Gamma(\alpha_k)}p_0^{\alpha_0-1}\cdots p_k^{\alpha_k-1}I_A(\theta), \tag{4.38}$$

其中 α_j 是已知正常数, $A=\{\theta:0\leqslant p_j,\sum_{j=0}^{k}p_j=1\}$. 因为 Dirichlet 先验是共轭的, 所以给定 $X=x$, θ 的后验也是 Dirichlet 分布, p.d.f. 由 (4.38) 给出, 其中 α_j 由 α_j+x_j 代替, $j=0,1,...,k$. 因此, θ 的 Bayes 估计是 $\delta=(\delta_0,\delta_1,...,\delta_k)$,

$$\delta_j(X)=\frac{\alpha_j+X_j}{\alpha_0+\alpha_1+\cdots+\alpha_k+n},\quad j=0,1,...,k. \ ∎$$

定义合适的变换类后, §4.2 中关于不变估计和 MRIE 的结论仍旧成立. 由下面的例子举例说明.

例 4.24. 设 X 是来自 Lebesgue p.d.f. $f(x-\theta)$ 的一个样本, 其中 f 是 $\mathcal{R}^p$ 上已知的 Lebesgue p.d.f., 二阶矩有限, $\theta\in\mathcal{R}^p$ 是位置参数. 考虑损失函

数 (4.37) 下 θ 的估计. 这个问题在位置变换 $g(X) = X + c$ 下是不变的, 其中 $c \in \mathcal{R}^p$. θ 的不变估计形如 $X + l$, $l \in \mathcal{R}^p$. 易证, 任意不变估计有常数偏差和风险 (命题 4.4 的推广), 以及 θ 的 MRIE 是无偏不变估计. 特别地, 如果 f 是 $N_p(0, I_p)$ 的 p.d.f., 那么 MRIE 是 X. ∎

最小最大估计的定义也同样可以应用.

例 4.25. 设 X 是来自 $N_p(\theta, I_p)$ 的一个样本, $\theta \in \mathcal{R}^p$ 未知. 考虑损失函数 (4.37) 下 θ 的估计. 在 θ 的分量有独立先验分布的条件下, 修改定理 4.12 的证明可以证明 X 是 θ 的最小最大估计 (练习). ∎

例 4.26. 考虑例 4.23. 如果我们选择 $\alpha_0 = \cdots = \alpha_k = \sqrt{n}/(k+1)$, 那么例 4.23 中 θ 的 Bayes 估计有常数风险. 运用定理 4.11 证明中同样的方法, 我们可以证明这个 Bayes 估计是最小最大的. ∎

之前联合估计的结论都是实值 ϑ 情况下的直接推广. 然而, 联合估计容许性的结论则非常不同. 根据 Stein (1956), 一个令人惊讶的结论是, 在估计有正态分布的 p 维向量 X(例 4.25) 的向量均值 $\theta = EX$ 问题中, 当 $p \geqslant 3$ 时, X 在损失函数 (4.37) 下是不容许的, 尽管 X 是 UMVUE, MRIE (例 4.24) 以及最小最大估计 (例 4.25). 因为任意比最小最大估计好的估计也是最小最大估计, 所以当 $p \geqslant 3$ 时, 例 4.25 存在许多 (实际上, 无限多) 最小最大估计, 这与当 $p = 1$ 时 X 有唯一的容许的最小最大估计不同 (例 4.6 和定理 4.13).

我们从简单的情况开始, X 来自 $N_p(\theta, I_p)$, $\theta \in \mathcal{R}^p$ 未知. James and Stein (1961) 提出下面这个 $\vartheta = \theta$ 的估计类, 当损失函数由 (4.37) 给出及当 $p \geqslant 3$ 时, 它们比 X 的风险更小:

$$\delta_c = X - \frac{p-2}{\|X-c\|^2}(X-c), \tag{4.39}$$

其中 $c \in \mathcal{R}^p$ 固定.c 的选择会在接下来以及本节最后讨论.

在证明 (4.39) 中的 δ_c 比 X 更好之前, 我们试着从两个观点来解释. 首先, 假设可能的先验是 $\theta = c$, 尽管不确定. 然后我们首先检验假设 $H_0 : \theta = c$, 如果接受 H_0 则用 c 估计 θ, 否则用 X 估计 θ. 最优拒绝域的形式是 $\|X - c\|^2 > t$, $t > 0$ 是某常数 (见第 6 章), 因此我们可以用

$$I_{(t,\infty)}(\|X-c\|^2)X + [1 - I_{(t,\infty)}(\|X-c\|^2)]c$$

来估计 θ. (4.39) 中的 δ_c 是这个估计的平滑版本, 因为

$$\delta_c = \psi(\|X-c\|^2)X + [1 - \psi(\|X-c\|^2)]c \tag{4.40}$$

对于某个函数 ψ 成立. 任意形如 (4.40) 右侧的估计使估计值收缩到给定点 c, 因此称为收缩估计.

其次, (4.40) 中的 δ_c 可以看作是经验 Bayes 估计 (§4.1.2). 考虑到例 2.25 中的 (2.25), θ 的 Bayes 估计的形式是

$$\delta = (1-B)X + Bc,$$

其中 c 是 θ 的先验均值, B 与先验方差有关. 如果 $1-B$ 由 $\psi(\|X-c\|^2)$"估计", 那么 δ_c 是经验 Bayes 估计.

定理 4.15. 假设 X 服从 $N_p(\theta, I_p)$, $p \geqslant 3$. 那么, 在损失函数 (4.37) 下, θ 的估计

$$\delta_{c,r} = X - \frac{r(p-2)}{\|X-c\|^2}(X-c) \tag{4.41}$$

的风险是

$$R_{\delta_{c,r}}(\theta) = p - (2r-r^2)(p-2)^2 E(\|X-c\|^{-2}), \tag{4.42}$$

其中 $c \in \mathcal{R}^p$ 和 $r \in \mathcal{R}$ 已知.

证明. 令 $Z = X - c$. 那么

$$R_{\delta_{c,r}}(\theta) = E\|\delta_{c,r} - E(X)\|^2 = E\left\|\left[1 - \frac{r(p-2)}{\|Z\|^2}\right]Z - E(Z)\right\|^2.$$

因此, 我们只需要证明 $c=0$ 的情况. 令 $h(\theta) = R_{\delta_{0,r}}(\theta)$, $g(\theta)$ 为 (4.42) 的右侧, $c=0$, $\pi_\alpha(\theta) = (2\pi\alpha)^{-p/2}e^{-\|\theta\|^2/(2\alpha)}$, 即 $N_p(0, \alpha I_p)$ 的 p.d.f. 注意到, X 的分布可以看作给定 $\boldsymbol{\theta} = \theta$ 后 X 的条件分布, 其中 $\boldsymbol{\theta}$ 有 Lebesgue p.d.f. $\pi_\alpha(\theta)$. 那么

$$\begin{aligned}
\int_{\mathcal{R}^p} g(\theta)\pi_\alpha(\theta)d\theta &= p - (2r-r^2)(p-2)^2 E[E(\|X\|^{-2}|\boldsymbol{\theta})] \\
&= p - (2r-r^2)(p-2)^2 E(\|X\|^{-2}) \\
&= p - (2r-r^2)(p-2)/(\alpha+1),
\end{aligned}$$

其中上式第二行的期望是关于 $(X, \boldsymbol{\theta})$ 的联合分布, 最后一个等式是因为 X 的边际分布是 $N_p(0, (\alpha+1)I_p)$, $\|X\|^2/(\alpha+1)$ 服从卡方分布 χ_p^2, 因此, $E(\|X\|^{-2}) =$

$1/[(p-2)(\alpha+1)]$. 令 $B=1/(\alpha+1)$ 及 $\hat{B}=r(p-2)/\|X\|^2$. 那么

$$\begin{aligned}\int_{\mathcal{R}^p} h(\theta)\pi_\alpha(\theta)d\theta &= E\|(1-\hat{B})X-\boldsymbol{\theta}\|^2\\ &= E\{E[\|(1-\hat{B})X-\boldsymbol{\theta}\|^2|X]\}\\ &= E\{E[\|\boldsymbol{\theta}-E(\boldsymbol{\theta}|X)\|^2|X]\\ &\quad +\|E(\boldsymbol{\theta}|X)-(1-\hat{B})X\|^2\}\\ &= E\{p(1-B)+(\hat{B}-B)^2\|X\|^2\}\\ &= E\{p(1-B)+B^2\|X\|^2\\ &\quad -2Br(p-2)+r^2(p-2)^2\|X\|^{-2}\}\\ &= p-(2r-r^2)(p-2)B,\end{aligned}$$

其中第四个等式是因为给定 X, $\boldsymbol{\theta}$ 的条件分布是 $N_p\big((1-B)X,(1-B)I_p\big)$, 最后一个等式由 $E\|X\|^{-2}=B/(p-2)$ 和 $E\|X\|^2=p/B$ 可得. 这证明了

$$\int_{\mathcal{R}^p} g(\theta)\pi_\alpha(\theta)d\theta=\int_{\mathcal{R}^p} h(\theta)\pi_\alpha(\theta)d\theta,\quad \alpha>0. \tag{4.43}$$

注意到, $h(\theta)$ 和 $g(\theta)$ 是 $\|X\|^2$, $\theta^\tau X$ 和 $\|\theta\|^2$ 的函数的期望. 可对 X 做正交变换到 Y 使得 $Y_1=\theta^\tau X/\|\theta\|$, $EY_j=0$ 若 $j>1$, $\mathrm{Var}(Y)=I_p$. 则 $h(\theta)$ 和 $g(\theta)$ 是 Y_1, $\sum_{j=2}^p Y_j^2$ 和 $\|\theta\|^2$ 的函数的期望. 因此, h 和 g 都是 $\|\theta\|^2$ 的函数.

对于 p.d.f. 分布族 $\{\pi_\alpha(\theta):\alpha>0\}$, $\|\theta\|^2$ 是充分完备 "统计量". 因此, (4.43) 及 h 和 g 都是 $\|\theta\|^2$ 的函数说明关于 Lebesgue 测度 $h(\theta)=g(\theta)$ a.e. 根据定理 2.1, h 和 g 都是 $\|\theta\|^2$ 的连续函数, 因此对于所有 $\theta\in\mathcal{R}^p$ 有 $h(\theta)=g(\theta)$. 证毕. ∎

从定理 4.15 可知, 当 $p\geqslant 3$ 和 $0<r<2$ 时, $\delta_{c,r}$ 的风险比 X (对于 θ 的每个值) 小, 因为损失函数 (4.37) 下, X 的风险是 p. 从例 4.6 可知, 当 $p=1$ 时, X 是容许的. 当 $p=2$ 时, X 仍旧是容许的 (Stein, 1956). 但是我们已经证明, 当 $p\geqslant 3$ 时, X 是不容许的.

(4.39) 中的 James-Stein 估计 δ_c, 是 (4.41) 中 $r=1$ 的特殊情况, 比 (4.41) 中 $r\neq 1$ 的任意一个 $\delta_{c,r}$ 都好, 因为当且仅当 $r=1$ 时, $2r-r^2$ 取到最大值 1. 为了看出 δ_c 从风险而言对 X 可以有实质性改善, 考虑 $\theta=c$ 的特殊情况. 当 $\theta=c$ 时, $\|X-c\|^2$ 服从卡方分布 χ_p^2, 所以 $E\|X-c\|^{-2}=(p-2)^{-1}$ 且 (4.42) 的右边等于 2. 因此, 当 $\theta=c$ 时, 比率 $R_X(\theta)/R_{\delta_c}(\theta)$ 等于 $p/2$, 从而, 当 p 较大时, 在 $\theta=c$ 附近此比率可以远大于 1.

因为 X 是最小最大的 (例 4.25), 当 $p \geqslant 3$ 和 $0 < r < 2$ 时, 任意 (4.41) 形式的收缩估计都是最小最大的.

不幸的是, 对于任意 c, James-Stein 估计是不容许的. 它被下面的估计改善:

$$\delta_c^+ = X - \min\left\{1, \frac{p-2}{\|X-c\|^2}\right\}(X-c); \tag{4.44}$$

参见 Lehmann (1983, Theorem 4.6.2). 然而, 这个估计也是不容许的. Strawderman (1971) 给出了形如 (4.40) 容许估计的例子, 见 Lehmann (1983, p. 304). 尽管 James-Stein 估计 δ_c 和 (4.44) 的 δ_c^+ 都不是容许的, 但是对 δ_c^+ 不可能有实质性改善 (Efron and Morris, 1973).

为了把定理 4.15 推广到一般的 $\operatorname{Var}(X)$, 我们考虑 $\operatorname{Var}(X) = \sigma^2 D$ 的情况, 其中 $\sigma^2 > 0$ 未知, 正定矩阵 D 已知. 如果 σ^2 已知, 那么推广的 James-Stein 估计就是

$$\tilde{\delta}_{c,r} = X - \frac{r(p-2)\sigma^2}{\|D^{-1}(X-c)\|^2} D^{-1}(X-c). \tag{4.45}$$

可以证明 (练习), 在损失函数 (4.37) 下, $\tilde{\delta}_{c,r}$ 的风险是

$$\sigma^2\left[\operatorname{tr}(D) - (2r - r^2)(p-2)^2\sigma^2 E(\|D^{-1}(X-c)\|^{-2})\right]. \tag{4.46}$$

当 σ^2 未知时, 我们假定存在一个统计量 S_0^2, 使得 S_0^2 与 X 独立, S_0^2/σ^2 服从卡方分布 χ_m^2 (见例 4.27). (4.45) 中用 $\hat{\sigma}^2 = tS_0^2$ 代替 $r\sigma^2$, $t > 0$ 是一个常数, 可得到下面推广的 James-Stein 估计:

$$\tilde{\delta}_c = X - \frac{(p-2)\hat{\sigma}^2}{\|D^{-1}(X-c)\|^2} D^{-1}(X-c). \tag{4.47}$$

根据 (4.46) 和 $\hat{\sigma}^2$ 与 X 的独立性, $\tilde{\delta}_c$ 的风险 (作为 $\vartheta = EX$ 的一个估计) 是

$$\begin{aligned}
R_{\tilde{\delta}_c}(\theta) &= E\left[E(\|\tilde{\delta}_c - \vartheta\|^2|\hat{\sigma}^2)\right] \\
&= E\left[E(\|\tilde{\delta}_{c,(\hat{\sigma}^2/\sigma^2)} - \vartheta\|^2|\hat{\sigma}^2)\right] \\
&= \sigma^2 E\left\{\operatorname{tr}(D) - [2(\hat{\sigma}^2/\sigma^2) - (\hat{\sigma}^2/\sigma^2)^2](p-2)^2\sigma^2\kappa(\theta)\right\} \\
&= \sigma^2\left\{\operatorname{tr}(D) - [2E(\hat{\sigma}^2/\sigma^2) - E(\hat{\sigma}^2/\sigma^2)^2](p-2)^2\sigma^2\kappa(\theta)\right\} \\
&= \sigma^2\left\{\operatorname{tr}(D) - [2tm - t^2m(m+2)](p-2)^2\sigma^2\kappa(\theta)\right\},
\end{aligned}$$

其中 $\theta = (\vartheta, \sigma^2)$, $\kappa(\theta) = E(\|D^{-1}(X-c)\|^{-2})$. 因为 $2tm - t^2m(m+2)$ 在 $t = 1/(m+2)$ 处达到最大值, 用 $1/(m+2)$ 代替 t 得到

$$R_{\tilde{\delta}_c}(\theta) = \sigma^2\left[\operatorname{tr}(D) - m(m+2)^{-1}(p-2)^2\sigma^2 E(\|D^{-1}(X-c)\|^{-2})\right].$$

因此, 当 $p \geqslant 3$ 时, 对于任意固定的 θ, (4.47) 中推广的 James-Stein 估计的风险比 X 的更小.

例 4.27. 考虑一般线性模型 (3.25), 满足假定 A1, $p \geqslant 3$, Z 满秩以及 $\vartheta = \beta$ 在损失函数 (4.37) 下的估计. 从定理 3.8 可知, LSE $\hat{\beta}$ 服从 $N(\beta, \sigma^2 D)$, $D = (Z^\tau Z)^{-1}$ 是已知的矩阵; $S_0^2 = SSR$ 与 $\hat{\beta}$ 相互独立; S_0^2/σ^2 服从卡方分布 χ^2_{n-p}. 因此, 从之前的讨论可知, 对于任意 β 和 σ^2, 收缩估计

$$\hat{\beta} - \frac{(p-2)\hat{\sigma}^2}{\|Z^\tau Z(\hat{\beta} - c)\|^2} Z^\tau Z(\hat{\beta} - c)$$

的风险比 $\hat{\beta}$ 的小, 其中 $c \in \mathcal{R}^p$ 固定, $\hat{\sigma}^2 = SSR/(n-p+2)$. ∎

从之前的讨论可知, 当收缩到接近 $\vartheta = EX$ 的向量 c 时, James-Stein 估计对 X 有实质改善. 当然, 这不可能实现, 因为 ϑ 未知. 我们可考虑收缩到观测值的均值, 而不是一个给定的点, 也就是我们在 (4.39) 或 (4.47) 中用 $\bar{X} J_p$ 代替 c, 其中 $\bar{X} = p^{-1} \sum_{i=1}^p X_i$, J_p 是分量均为 1 的 p 维向量, 从而得到一收缩估计. 然而, 我们必须在 (4.39) 或 (4.47) 中用 $p-3$ 代替 $p-2$. 这得到收缩估计

$$X - \frac{p-3}{\|X - \bar{X} J_p\|^2}(X - \bar{X} J_p) \tag{4.48}$$

和

$$X - \frac{(p-3)\hat{\sigma}^2}{\|D^{-1}(X - \bar{X} J_p)\|^2} D^{-1}(X - \bar{X} J_p). \tag{4.49}$$

在损失函数 (4.37) 下, 当 $p \geqslant 4$ 时, 这些估计比 X 更好 (因此, 是最小最大的) (练习).

这一节讨论的关于正态均值向量联合估计的结果, 可以推广到损失函数不是由 (4.37) 给出的各种各样的情况 (Brown, 1966). 这些结论也已经推广到指数族和一般位置尺度参数族. 比如, Berger (1976) 研究了位置向量的广义 Bayes 估计的不容许性, Berger (1980) 考虑了 gamma 尺度参数的联合估计, Tsui (1981) 研究了几个泊松参数的联合估计. 更多文献参见 Lehmann (1983, pp. 320–330).

4.4 极大似然方法

目前为止, 我们已经研究了参数族中利用决策理论的估计方法. 接下来介绍的极大似然方法, 在不利用损失函数情况下, 是统计推断中寻求估计最流行的方法.

4.4.1 似然函数和 MLE

为了介绍根本想法, 我们考虑一个例子.

例 4.28. 设 X 是从 $\{0,1,2\}$ 中根据 P_θ 取值的单一观测值, 其中 $\theta=\theta_0$ 或 θ_1,$P_{\theta_j}(\{i\})$ 的值由下表给出:

	$x=0$	$x=1$	$x=2$
$\theta=\theta_0$	0.8	0.1	0.1
$\theta=\theta_1$	0.2	0.3	0.5

如果观测到 $X=0$, 那么它来自 P_{θ_0} 是非常合理的, 因为 $P_{\theta_0}(\{0\})$ 比 $P_{\theta_1}(\{0\})$ 大得多. 所以我们用 θ_0 估计 θ. 另一方面, 如果 $X=1$ 或 2, 那么它来自 P_{θ_1} 是比较合理的, 尽管这种情况下概率之间的差别不像 $X=0$ 的情况下那么大. 这就建议了下面这个 θ 的估计:

$$T(X)=\begin{cases}\theta_0, & X=0,\\ \theta_1, & X\neq 0.\end{cases}\quad\blacksquare$$

例 4.28 中的想法可以很容易地推广到 P_θ 是离散分布的情况, $\theta\in\Theta\subset\mathcal{R}^k$. 如果观测到 $X=x$, θ_1 比 θ_2 更合理当且仅当 $P_{\theta_1}(\{x\})>P_{\theta_2}(\{x\})$. 我们就用 $\theta\in\Theta$ 上使得 $P_\theta(\{x\})$ 最大的 $\hat\theta$ 来估计 θ, 如果这样的 $\hat\theta$ 存在. 用 “合理” 这个词而不是用 “可能” 是因为 θ 是看作非随机的, P_θ 并不是 θ 的分布. 在用 $\{\theta_1,...,\theta_m\}$ 上离散均匀分布作先验的 Bayes 方法下, $P_\theta(\{x\})$ 与后验概率成比例, 那我们可以说 θ_1 比 θ_2 更可能, 若 $P_{\theta_1}(\{x\})>P_{\theta_2}(\{x\})$.

注意到, 之前讨论的 $P_\theta(\{x\})$ 是关于计数测度的 p.d.f. 因此, 很自然可以把这个想法推广到连续 (或任意)X 的情况, 即在 X 的值域 $\mathscr{X}$ 上, 利用 X 关于 σ 有限测度的 p.d.f. 这就有了下面的定义.

定义 4.3. 设 $X\in\mathscr{X}$ 是来自关于 σ 有限测度 ν 的 p.d.f. f_θ 的一个样本, 其中 $\theta\in\Theta\subset\mathcal{R}^k$.

(i) 对于每个 $x\in\mathscr{X}$, $f_\theta(x)$ 作为 θ 的函数称为似然函数, 并记作 $\ell(\theta)$.

(ii) 设 $\bar\Theta$ 是 Θ 的闭包. 当 $X=x$ 固定时, 满足 $\ell(\hat\theta)=\max_{\theta\in\bar\Theta}\ell(\theta)$ 的 $\hat\theta\in\bar\Theta$ 称为 θ 的极大似然估计值 (MLE). 如果 $\hat\theta$ 是 X 的一个 Borel 函数 a.e. ν, 那么 $\hat\theta$ 称为 θ 的极大似然估计量 (MLE).

(iii) 设 g 是从 Θ 到 $\mathcal{R}^p$ 的 Borel 函数, $p\leqslant k$. 如果 $\hat\theta$ 是 θ 的一个 MLE, 那么 $\hat\vartheta=g(\hat\theta)$ 定义为 $\vartheta=g(\theta)$ 的一个 MLE . ∎

注意到, MLE 的定义是利用 $\bar{\Theta}$ 而不是 Θ. 这是因为当 Θ 是开集时, $\ell(\theta)$ 的最大值可能不存在 (例 4.29 和 4.30). 作为一个估计量, MLE 有定义 a.e. ν. 定义 4.3(iii) 是基于 §4.6 练习 95 中的事实.

如果参数空间 Θ 包含有限多个点, 那么 $\bar{\Theta}=\Theta$ 且 MLE 总是可以通过比较有限多个值 $\ell(\theta), \theta\in\Theta$, 而得到. 如果 $\ell(\theta)$ 在 Θ 的内点集 Θ° 上可微, 那么 MLE 可能的 $\theta\in\Theta^\circ$ 值必需满足

$$\frac{\partial\ell(\theta)}{\partial\theta}=0, \tag{4.50}$$

这称为*似然方程*. 注意到, 满足 (4.50) 的 θ 可能是局部或全局最小、局部或全局最大或者就是简单的稳定点. 另外, 极值可能出现在 Θ 的边界或者当 $\|\theta\|\to\infty$ 时. 此外, 如果 $\ell(\theta)$ 不总是可微的, 那么极值可能出现在 $\ell(\theta)$ 的不可微或不连续点上. 因此, 分析整个似然函数来找到其最大值是很重要的.

因为 $\log x$ 是严格递增的, 且不失一般性可以假定 $\ell(\theta)$ 总是正的, 故 $\hat{\theta}$ 是 MLE 当且仅当它使得对数似然函数 $\log\ell(\theta)$ 达到最大值. 通常, 处理 $\log\ell(\theta)$ 以及与 (4.50) 类似的下式 (称为对数似然方程或简称似然方程) 更方便:

$$\frac{\partial\log\ell(\theta)}{\partial\theta}=0. \tag{4.51}$$

例 4.29. 设 $X_1,...,X_n$ 是 i.i.d. 的 0–1 随机变量, $P(X_1=1)=p\in\Theta=(0,1)$. 当观测到 $(X_1,...,X_n)=(x_1,...,x_n)$ 时, 似然函数是

$$\ell(p)=\prod_{i=1}^n p^{x_i}(1-p)^{1-x_i}=p^{n\bar{x}}(1-p)^{n(1-\bar{x})},$$

其中 $\bar{x}=n^{-1}\sum_{i=1}^n x_i$. 注意到 $\bar{\Theta}=[0,1]$, $\Theta^\circ=\Theta$. 似然方程 (4.51) 变成

$$\frac{n\bar{x}}{p}-\frac{n(1-\bar{x})}{1-p}=0.$$

如果 $0<\bar{x}<1$, 那么这个方程有唯一解 $\bar{x}$. $\log\ell(p)$ 的二阶导数是

$$-\frac{n\bar{x}}{p^2}-\frac{n(1-\bar{x})}{(1-p)^2},$$

它总是负的. 当 p 趋于 0 或 1(Θ 的边界) 时, $\ell(p)\to 0$. 因此, $\bar{x}$ 是 p 唯一的 MLE.

当 $\bar{x}=0$ 时, $\ell(p)=(1-p)^n$ 是 p 的严格递减函数, 因此它唯一的最大值点是 0. 类似地, 当 $\bar{x}=1$ 时, MLE 是 1. 与之前的结论相结合, 我们可知 p 的 MLE 是 $\bar{x}$.

当 $\bar{x}=0$ 或 1 时, $\ell(p)$ 的最大值在 $\Theta=(0,1)$ 上不存在, 尽管 $\sup_{p\in(0,1)}\ell(p)=1$; MLE 在 Θ 外取值, 因此, 不是一个合理的估计. 然而, 如果 $p\in(0,1)$, 当 $n\to\infty$ 时, $\bar{x}=0$ 或 1 的概率很快趋于 0. ∎

例 4.29 表明, 对于较小的 n, $\ell(\theta)$ 的最大值在 Θ 上可能不存在, MLE 可能是一个不合理的估计; 然而, 当 n 较大时这不太可能发生. 当我们研究 MLE 的渐近性质时, 会在 §4.5.2 给出这一类严格的结论.

例 4.30. 设 $X_1,...,X_n$ i.i.d. 服从 $N(\mu,\sigma^2)$, $\theta=(\mu,\sigma^2)$ 未知, 其中 $n\geqslant 2$. 首先考虑 $\Theta=\mathcal{R}\times(0,\infty)$ 的情况. 当观测到 $(X_1,...,X_n)=(x_1,...,x_n)$ 时, 对数似然函数是

$$\log\ell(\theta)=-\frac{1}{2\sigma^2}\sum_{i=1}^n(x_i-\mu)^2-\frac{n}{2}\log\sigma^2-\frac{n}{2}\log(2\pi).$$

似然方程 (4.51) 变成

$$\frac{1}{\sigma^2}\sum_{i=1}^n(x_i-\mu)=0 \quad 和 \quad \frac{1}{\sigma^4}\sum_{i=1}^n(x_i-\mu)^2-\frac{n}{\sigma^2}=0. \tag{4.52}$$

对 μ 解 (4.52) 中的第一个方程, 得到唯一解 $\bar{x}=n^{-1}\sum_{i=1}^n x_i$, (4.52) 的第二个方程中用 $\bar{x}$ 代替 μ, 得到唯一解 $\hat{\sigma}^2=n^{-1}\sum_{i=1}^n(x_i-\bar{x})^2$. 为了证明 $\hat{\theta}=(\bar{x},\hat{\sigma}^2)$ 是一个 MLE, 首先注意到 Θ 是一个开集, $\ell(\theta)$ 处处可微; 当 θ 趋于 Θ 的边界或 $\|\theta\|\to\infty$ 时,$\ell(\theta)$ 趋于 0;

$$\frac{\partial^2\log\ell(\theta)}{\partial\theta\partial\theta^\tau}=-\begin{pmatrix}\dfrac{n}{\sigma^2} & \dfrac{1}{\sigma^4}\displaystyle\sum_{i=1}^n(x_i-\mu)\\ \dfrac{1}{\sigma^4}\displaystyle\sum_{i=1}^n(x_i-\mu) & \dfrac{1}{\sigma^6}\displaystyle\sum_{i=1}^n(x_i-\mu)^2-\dfrac{n}{2\sigma^4}\end{pmatrix}$$

是负定的, 若 $\mu=\bar{x}$ 且 $\sigma^2=\hat{\sigma}^2$. 因此 $\hat{\theta}$ 是唯一的 MLE. 有时我们可以避免计算二阶导数. 例如, 在这个例子中, 我们知道 $\ell(\theta)$ 是有界的且 $\ell(\theta)\to 0$, 若 $\|\theta\|\to\infty$ 或 θ 趋于 Θ 的边界; 因此 (4.52) 的唯一解一定是 MLE. 证明 $\hat{\theta}$ 是 MLE 的另一种方式在下面的讨论中指出.

其次考虑 $\Theta=(0,\infty)\times(0,\infty)$ 的情况, 即已知 μ 是正的. 似然函数在 $\Theta^\circ=\Theta$ 和 $\bar{\Theta}=[0,\infty)\times[0,\infty)$ 上可微. 如果 $\bar{x}>0$, 那么与上述推导同样的过程可以用来证明 $(\bar{x},\hat{\sigma}^2)$ 是 MLE. 如果 $\bar{x}\leqslant 0$, 那么 (4.52) 的第一个方程没有在 Θ 里的解. 然而, 函数 $\log\ell(\theta)=\log\ell(\mu,\sigma^2)$ 对于固定的 σ^2 是关于 μ 严格递减. 因此, $\log\ell(\mu,\sigma^2)$ 的最大值点是 $\mu=0$, 它不依赖 σ^2. 那么, MLE 是

$(0,\tilde{\sigma}^2)$, 其中 $\tilde{\sigma}^2$ 是 $\sigma^2 \geqslant 0$ 上使得 $\log \ell(0,\sigma^2)$ 最大的值. 在函数 $\log \ell(0,\sigma^2)$ 中应用 (4.51), 得到 $\tilde{\sigma}^2 = n^{-1}\sum_{i=1}^n x_i^2$. 因此, MLE 是

$$\hat{\theta} = \begin{cases} (\bar{x},\hat{\sigma}^2), & \bar{x} > 0, \\ (0,\tilde{\sigma}^2), & \bar{x} \leqslant 0. \end{cases}$$

如果 $\bar{x} \leqslant 0$, 再次出现 MLE 不在 Θ 内的情形. 我们可以证明, 当 $\bar{x} \leqslant 0$ 时, $\ell(\theta)$ 的最大值点在 Θ 上不存在. ▮

例 4.31. 设 $X_1,...,X_n$ i.i.d. 服从区间 $\mathcal{I}_\theta$ 上的均匀分布, θ 未知. 首先, 考虑 $\mathcal{I}_\theta = (0,\theta)$ 和 $\theta > 0$ 的情况. 似然函数是 $\ell(\theta) = \theta^{-n} I_{(x_{(n)},\infty)}(\theta)$, 它并不总是可微的. 在这个情况下, $\Theta^\circ = (0,x_{(n)}] \cup (x_{(n)},\infty)$. 但是, 在 $(0,x_{(n)})$ 上, $\ell \equiv 0$; 在 $(x_{(n)},\infty)$ 上, $\ell'(\theta) = -n\theta^{n-1} < 0$ 对于所有的 θ 成立. 因此, 似然方程的办法在这个问题不适用. 因为 $\ell(\theta)$ 在 $(x_{(n)},\infty)$ 上严格递减, 且在 $(0,x_{(n)})$ 上为 0, 所以 $\ell(\theta)$ 的唯一最大值点是 $x_{(n)}$, 是 $\ell(\theta)$ 的不连续点. 这说明 θ 的 MLE 是最大次序统计量 $X_{(n)}$.

其次, 我们考虑 $\mathcal{I}_\theta = (\theta - \frac{1}{2}, \theta + \frac{1}{2})$ 的情况, $\theta \in \mathcal{R}$. 似然函数是 $\ell(\theta) = I_{(x_{(n)}-\frac{1}{2},x_{(1)}+\frac{1}{2})}(\theta)$. 同样, 似然方程的方法不适用. 然而, 从定义 4.3 可知, 任意满足 $x_{(n)} - \frac{1}{2} \leqslant T(x) \leqslant x_{(1)} + \frac{1}{2}$ 的统计量 $T(X)$ 是 θ 的 MLE. 这个例子说明 MLE 可能不是唯一的, 也可能是不合理的. ▮

例 4.32. 设 X 是来自超几何分布 $HG(r,n,\theta - n)$ (表 1.1) 的一个观测值, r 和 n 已知, $\theta = n+1, n+2, ...$ 未知. 在这个情况下, 似然方程定义在正整数上, 似然方程的方法当然不适用. 注意到

$$\frac{\ell(\theta)}{\ell(\theta-1)} = \frac{(\theta-r)(\theta-n)}{\theta(\theta-n-r+x)},$$

其大于 1 当且仅当 $\theta < rn/x$; 小于 1 当且仅当 $\theta > rn/x$. 因此, $\ell(\theta)$ 的最大值点 $\theta = rn/x$ 的整数部分, 也就是 θ 的 MLE. ▮

例 4.33. 设 $X_1,...,X_n$ i.i.d. 服从 gamma 分布 $\Gamma(\alpha,\gamma)$, $\alpha > 0$ 和 $\gamma > 0$ 未知. 对数似然函数是

$$\log \ell(\theta) = -n\alpha \log \gamma - n \log \Gamma(\alpha) + (\alpha - 1)\sum_{i=1}^n \log x_i - \frac{1}{\gamma}\sum_{i=1}^n x_i,$$

似然方程 (4.51) 变成

$$-n \log \gamma - \frac{n\Gamma'(\alpha)}{\Gamma(\alpha)} + \sum_{i=1}^n \log x_i = 0$$

和

$$-\frac{n\alpha}{\gamma}+\frac{1}{\gamma^2}\sum_{i=1}^n x_i=0.$$

第二个方程得到 $\gamma=\bar{x}/\alpha$. 把 $\gamma=\bar{x}/\alpha$ 代入第一个方程, 得到

$$\log\alpha-\frac{\Gamma'(\alpha)}{\Gamma(\alpha)}+\frac{1}{n}\sum_{i=1}^n\log x_i-\log\bar{x}=0.$$

在这个情况下, 似然方程没有显式解, 尽管可以证明 (练习) 几乎必然存在解, 且是唯一的 MLE. 对于任意给定的观测值 $x_1,...,x_n$, 可以用数值方法计算 MLE. ∎

这些例子说明我们需要用不同方法来求 MLE. 在应用中, 多数情形下 MLE 没有解析形式, 不得不用一些数值方法来计算 MLE. 普遍运用的数值方法是 Newton-Raphson 迭代法, 就是重复计算

$$\hat{\theta}^{(t+1)}=\hat{\theta}^{(t)}-\left[\left.\frac{\partial^2\log\ell(\theta)}{\partial\theta\partial\theta^\tau}\right|_{\theta=\hat{\theta}^{(t)}}\right]^{-1}\left.\frac{\partial\log\ell(\theta)}{\partial\theta}\right|_{\theta=\hat{\theta}^{(t)}},\tag{4.53}$$

$t=0,1,...$, 其中 $\hat{\theta}^{(0)}$ 是初始值, $\partial^2\log\ell(\theta)/\partial\theta\partial\theta^\tau$ 对于每个 $\theta\in\Theta$ 假定满秩. 在每次迭代中, 如果我们用其期望值 $E[\partial^2\log\ell(\theta)/\partial\theta\partial\theta^\tau]$ 代替 (4.53) 中的 $\partial^2\log\ell(\theta)/\partial\theta\partial\theta^\tau$, 其中期望是关于 P_θ 的, 那么这个方法就是 Fisher-scoring 法. 如果迭代收敛, 那么 $\hat{\theta}^{(\infty)}$ 或 t 充分大时的 $\hat{\theta}^{(t)}$ 是似然方程 (4.51) 解的数值近似.

以下的例子说明 §4.1.4 中讨论的 MCMC 方法在计算 MLE 时也非常有用.

例 4.34. 设 X 是一个 k 维随机向量, 来自总体 P_θ, 它有关于 σ 有限测度 ν 的以下 p.d.f.:

$$f_\theta(x)=\int f_\theta(x,y)d\nu(y),$$

其中 $f_\theta(x,y)$ 是一个关于 $\nu\times\nu$ 的联合 p.d.f. 这类分布称为混合分布. 因此, 似然函数 $\ell(\theta)=f_\theta(x)$ 涉及 k 维积分. 在很多情况下, 必须计算这个积分从而求得 θ 的 MLE.

设 $\tilde{\ell}_m(\theta)$ 是 $\ell(\theta)$ 的 MCMC 近似, 基于 §4.1.4 描述的某一种 MCMC 方法及长度为 m 的马尔可夫链. 在定理 4.4 的条件下, 对于每个固定的 θ 和 x, $\tilde{\ell}_m(\theta)\to_{a.s.}\ell(\theta)$. 假设, 对于每个 m, 存在 $\tilde{\theta}_m$ 使得在 $\theta\in\Theta$ 上 $\tilde{\ell}_m(\theta)$ 达到最大值. Geyer (1994) 研究了 $\tilde{\theta}_m$ 趋于 MLE 的收敛性. ∎

在 mse 方面, MLE 并不一定比 UMVUE 或 Bayes 估计更好. 同样, MLE 经常是不容许的. 这并不奇怪, 因为 MLE 并不是在给定的损失函数下推导得到的. MLE 的主要的理论性质和支持在 §4.5 的渐近效率理论中给出.

4.4.2 广义线性模型中的 MLE

假设 X 的分布来自自然指数族, 因此似然函数是

$$\ell(\eta) = \exp\{\eta^{\tau} T(x) - \zeta(\eta)\} h(x),$$

其中 $\eta \in \Xi$ 是未知参数向量. 那么似然方程 (4.51) 是

$$\frac{\partial \log \ell(\eta)}{\partial \eta} = T(x) - \frac{\partial \zeta(\eta)}{\partial \eta} = 0,$$

其存在唯一解 $T(x) = \partial\zeta(\eta)/\partial\eta$, 若 $T(x)$ 在 $\partial\zeta(\eta)/\partial\eta$ 的值域中. 注意到

$$\frac{\partial^2 \log \ell(\eta)}{\partial\eta\partial\eta^{\tau}} = -\frac{\partial^2 \zeta(\eta)}{\partial\eta\partial\eta^{\tau}} = -\text{Var}(T) \tag{4.54}$$

(见命题 3.2 的证明). 因为 Var(T) 是正定的, 所以 $-\log \ell(\eta)$ 关于 η 是凸的, 且 $T(x)$ 是关于参数 $\mu(\eta) = \partial\zeta(\eta)/\partial\eta$ 唯一的 MLE. 同样, 根据 (4.54), 函数 $\mu(\eta)$ 是一对一的, 因此逆函数 μ^{-1} 存在. 根据定义 4.3, η 的 MLE 是 $\hat{\eta} = \mu^{-1}(T(x))$.

如果 X 的分布属于一般指数族, 似然函数是

$$\ell(\theta) = \exp\{[\eta(\theta)]^{\tau} T(x) - \xi(\theta)\} h(x),$$

那么 θ 的 MLE 是 $\hat{\theta} = \eta^{-1}(\hat{\eta})$, 若 η^{-1} 存在且 $\hat{\eta}$ 在 $\eta(\theta)$ 的值域内. 当然, $\hat{\theta}$ 也是下列似然方程的解

$$\frac{\partial \log \ell(\theta)}{\partial \theta} = \frac{\partial \eta(\theta)}{\partial \theta} T(x) - \frac{\partial \xi(\theta)}{\partial \theta} = 0.$$

指数族的结论引出了在一类有着非常广泛应用的模型中的估计方法. 这些模型就是 §3.3.1—§3.3.2 讨论的正态线性模型 (模型 (3.25) 且满足假定 A1) 的推广, 因此, 被命名为广义线性模型 (GLM).

GLM 有如下的结构. 样本 $X = (X_1, ..., X_n) \in \mathcal{R}^n$ 各分量独立, X_i 的关于 σ 有限测度 ν 的 p.d.f. 为

$$\exp\left\{\frac{\eta_i x_i - \zeta(\eta_i)}{\phi_i}\right\} h(x_i, \phi_i), \quad i = 1, ..., n, \tag{4.55}$$

其中 η_i 和 ϕ_i 未知, $\phi_i > 0$,

$$\eta_i \in \Xi = \left\{\eta:\ 0 < \int h(x,\phi)e^{\eta x/\phi}d\nu(x) < \infty\right\} \subset \mathcal{R},$$

$i = 1, ..., n$, ζ 和 h 是已知函数, 且假定对于所有的 $\eta \in \Xi^\circ$, 有 $\zeta''(\eta) > 0$, Ξ° 为 Ξ 的内点集. 若 ϕ_i 已知, (4.55) 中的 p.d.f. 属于指数族. 因此,

$$E(X_i) = \zeta'(\eta_i) \quad \text{和} \quad \mathrm{Var}(X_i) = \phi_i\zeta''(\eta_i), \quad i = 1, ..., n. \tag{4.56}$$

定义 $\mu(\eta) = \zeta'(\eta)$. 假定 η_i 通过下式与一个 p 维向量的协变量的第 i 个值 Z_i 有关 (见 (3.24)),

$$g(\mu(\eta_i)) = \beta^\tau Z_i, \quad i = 1, ..., n, \tag{4.57}$$

其中 β 是未知参数的 p 维向量, g 称为关联函数, 是 $\{\mu(\eta) : \eta \in \Xi^\circ\}$ 上已知的一对一的且三阶连续可微的函数. 如果 $\mu = g^{-1}$, 那么 $\eta_i = \beta^\tau Z_i$, 及 g 称为规范或自然关联函数. 如果 g 不是规范的, 我们假定对于所有的 η, $\frac{d}{d\eta}(g \circ \mu)(\eta) \neq 0$.

在 GLM 中, 所感兴趣的参数是 β. 我们总是假定 β 的值域是 $B = \{\beta : (g \circ \mu)^{-1}(\beta^\tau z) \in \Xi^\circ$ 对所有 $z \in \mathcal{Z}\}$, 其中 $\mathcal{Z}$ 是 Z_i 的值域. 参数 ϕ_i 称为分散度参数, 通常被考虑为冗余 (有妨碍但无用) 的参数. 经常假定

$$\phi_i = \phi/t_i, \quad i = 1, ..., n, \tag{4.58}$$

$\phi > 0$ 未知, t_i 已知且是正的.

如我们之前的讨论, 满足 $\varepsilon_i = N(0, \phi)$ 的线性模型 (3.24) 是特殊的 GLM. 此结论可以通过取 $g(\mu) \equiv \mu$ 和 $\zeta(\eta) = \eta^2/2$ 来验证. GLM 的用处是它包括了当 $E(X_i)$ 和 Z_i 的关系为非线性或 X_i 为离散变量的情况 (这些情况下线性模型 (3.24) 显然不合适). 下面就是一个例子.

例 4.35. 设 $X_1, ..., X_n$ 为独立离散随机变量, 取值 $\{0, 1, ..., m\}$, 其中 m 是已知正整数. 首先, 假设 X_i 服从二项分布 $Bi(p_i, m)$, $p_i \in (0, 1)$ 未知, $i = 1, ..., n$. 设 $\eta_i = \log\frac{p_i}{1-p_i}$, $\zeta(\eta_i) = m\log(1 + e^{\eta_i})$. 那么 X_i 的 p.d.f. (关于计数测度) 由 (4.55) 给出, $\phi_i = 1$, $h(x_i, \phi_i) = \binom{m}{x_i}$, $\Xi = \mathcal{R}$. 在 (4.57) 及 logit 关联 (规范关联) 函数 $g(t) = \log\frac{t}{m-t}$ 下,

$$E(X_i) = mp_i = \frac{me^{\eta_i}}{1 + e^{\eta_i}} = \frac{me^{\beta^\tau Z_i}}{1 + e^{\beta^\tau Z_i}}.$$

这个问题中另一个很流行的关联函数是 probit 关联函数 $g(t) = \Phi^{-1}(t/m)$, 其中 Φ 是标准正态的 c.d.f. 在 probit 关联下, $E(X_i) = m\Phi(\beta^\tau Z_i)$.

在假定的二项分布下, X_i 的方差是 $mp_i(1-p_i)$. 这个假定在应用中经常不满足, 而出现过度分散, 即 X_i 的方差超过二项分布的方差 $mp_i(1-p_i)$. 过度分散可能因为多种原因产生, 最普遍的就是总体中的聚类. 家庭、户和窝是聚类普遍的例子. 比如, 假设 $X_i=\sum_{j=1}^m X_{ij}$, 其中 X_{ij} 是拥有共同分布的 0–1 随机变量. 如果 $X_{i1},...,X_{im}$ 相互独立, 那么 X_i 服从二项分布. 然而, 如果 X_{ij} 来自同一个类 (家族或家庭), 那么它们通常是正相关的. 假设 X_{ij} 和 X_{il}, $j\neq l$, 间的相关系数 (§1.3.2) 是 $\rho_i>0$. 那么

$$\mathrm{Var}(X_i)=mp_i(1-p_i)+m(m-1)\rho_i p_i(1-p_i)=\phi_i mp_i(1-p_i),$$

其中 $\phi_i=1+(m-1)\rho_i$ 是分散度参数. 当然, 在这种情况下, 过度分散仅当 $m>1$ 时发生.

由此, 我们在 GLM (4.55)—(4.57) 中考虑分散度参数 ϕ_i. 如果 X_i 有 p.d.f. (4.55), $\zeta(\eta_i)=m\log(1+e^{\eta_i})$, 那么

$$E(X_i)=\frac{me^{\eta_i}}{1+e^{\eta_i}} \quad 和 \quad \mathrm{Var}(X_i)=\phi_i\frac{me^{\eta_i}}{(1+e^{\eta_i})^2},$$

这就是 (4.56). 当然, X_i 的分布不再是二项分布, 除非 $\phi_i=1$. ∎

现在我们在假定 (4.58) 下的 GLM 中推导 β 的 MLE. 令 $\theta=(\beta,\phi)$, $\psi=(g\circ\mu)^{-1}$. 那么对数似然函数是

$$\log\ell(\theta)=\sum_{i=1}^n\left[\log h(x_i,\phi/t_i)+\frac{\psi(\beta^\tau Z_i)x_i-\zeta(\psi(\beta^\tau Z_i))}{\phi/t_i}\right],$$

似然方程是

$$\frac{\partial\log\ell(\theta)}{\partial\beta}=\frac{1}{\phi}\sum_{i=1}^n\{[x_i-\mu(\psi(\beta^\tau Z_i))]\psi'(\beta^\tau Z_i)t_iZ_i\}=0 \tag{4.59}$$

和

$$\frac{\partial\log\ell(\theta)}{\partial\phi}=\sum_{i=1}^n\left\{\frac{\partial\log h(x_i,\phi/t_i)}{\partial\phi}-\frac{t_i[\psi(\beta^\tau Z_i)x_i-\zeta(\psi(\beta^\tau Z_i))]}{\phi^2}\right\}=0.$$

从第一个方程 (4.59) 可知, β 的 MLE 如果存在, 不通过估计 ϕ 就可以得到. 然而, 第二个方程通常很难解. 很多研究者建议使用 ϕ 的一些其他估计. 参见 McCullagh and Nelder(1989).

假设方程 (4.59) 存在一个解 $\hat{\beta} \in B$. ($\hat{\beta}$ 的存在性在 §4.5.2 中研究.) 我们现在研究此解 $\hat{\beta}$ 是否是 β 的一个 MLE. 令

$$M_n(\beta) = \sum_{i=1}^{n} [\psi'(\beta^\tau Z_i)]^2 \zeta''(\psi(\beta^\tau Z_i)) t_i Z_i Z_i^\tau \tag{4.60}$$

和

$$R_n(\beta) = \sum_{i=1}^{n} [x_i - \mu(\psi(\beta^\tau Z_i))] \psi''(\beta^\tau Z_i) t_i Z_i Z_i^\tau. \tag{4.61}$$

那么

$$\mathrm{Var}\left(\frac{\partial \log \ell(\theta)}{\partial \beta} \right) = M_n(\beta)/\phi \tag{4.62}$$

和

$$\frac{\partial^2 \log \ell(\theta)}{\partial \beta \partial \beta^\tau} = [R_n(\beta) - M_n(\beta)]/\phi. \tag{4.63}$$

首先考虑规范关联函数 g 这种简单的情况. 那么 $\psi'' \equiv 0$ 且 $R_n \equiv 0$. 如果对于所有 β, $M_n(\beta)$ 是正定的, 那么对于固定的 ϕ, $-\log \ell(\theta)$ 关于 β 是严格凸的; 因此, $\hat{\beta}$ 是 β 的唯一 MLE. 对于不规范关联函数 g 的情况, $R_n(\beta) \neq 0$ 且 $\hat{\beta}$ 不一定是 MLE. 如果 $R_n(\beta)$ 被 $M_n(\beta)$ 控制 (即在某种意义上 $[M_n(\beta)]^{-1/2} R_n(\beta)$ $[M_n(\beta)]^{-1/2} \to 0$), 那么对于较大的 n, $-\log \ell(\theta)$ 是凸的且 $\hat{\beta}$ 是 MLE; 更多的细节见 §4.5.2 中关于定理 4.18 的证明.

例 4.36. 考虑 GLM(4.55), 满足 $\zeta(\eta) = \eta^2/2$, $\eta \in \mathcal{R}$. 如果 (4.57) 的 g 是规范关联函数, 那么这个模型相同于相互独立的 $\varepsilon_1, ..., \varepsilon_n$, ε_i 服从 $N(0, \phi_i)$ 条件下的模型 (3.24). 如果 (4.58) 成立且 $t_i \equiv 1$, 那么 (4.59) 就是方程 (3.27). 如果 Z 是满秩的, 那么 $M_n(\beta) = Z^\tau Z$ 是正定的. 因此, 我们证明了 (3.28) 给出的 LSE $\hat{\beta}$ 事实上是 β 的唯一 MLE.

现在假设 g 非规范, 但 (4.58) 仍旧满足且 $t_i \equiv 1$. 模型简化为 $X_1, ..., X_n$ 相互独立且

$$X_i = N\left(g^{-1}(\beta^\tau Z_i), \phi \right), \quad i = 1, ..., n. \tag{4.64}$$

这类模型称为非线性回归模型 (有正态误差), 且这个模型下 β 的 MLE 也称为非线性 LSE, 因为最大化对应于 (4.64) 的对数似然函数等价于最小化平方和 $\sum_{i=1}^n [X_i - g^{-1}(\beta^\tau Z_i)]^2$. 在一定条件下, 矩阵 $R_n(\beta)$ 被 $M_n(\beta)$ 控制, β 的 MLE 存在. 更多细节见 §4.5.2. ∎

例 4.37 (泊松模型). 考虑 GLM(4.55), 满足 $\zeta(\eta) = e^\eta$, $\eta \in \mathcal{R}$. 如果 $\phi_i \equiv 1$, 那么 X_i 服从均值为 e^{η_i} 的泊松分布. 假定 (4.58) 成立. 在规范关联

$g(t) = \log t$ 下,

$$M_n(\beta) = \sum_{i=1}^{n} e^{\beta^\tau Z_i} t_i Z_i Z_i^\tau,$$

它是正定的, 若 $\inf_i e^{\beta^\tau Z_i} > 0$ 且矩阵 $(\sqrt{t}_1 Z_1, ..., \sqrt{t}_n Z_n)$ 是满秩的.

有一个非规范关联函数值得注意. 假设我们选择一个关联函数, 使得 $[\psi'(t)]^2\zeta''(\psi(t)) \equiv 1$. 那么 $M_n(\beta) \equiv \sum_{i=1}^n t_i Z_i Z_i^\tau$ 不依赖 β. 在 §4.5.2 中, 将证明 MLE $\hat{\beta}$ 的渐近方差是 $\phi[M_n(\beta)]^{-1}$. $M_n(\beta)$ 不依赖 β 的事实使得渐近方差的估计 (因而, 统计推断) 非常简单. 在泊松模型下, $\zeta''(t) = e^t$, 因此我们需要解微分方程 $[\psi'(t)]^2 e^{\psi(t)} = 1$. 其中一个解是 $\psi(t) = 2\log(t/2)$, 这给出了关联函数 $g(\mu) = 2\sqrt{\mu}$. ∎

在 GLM 中, MLE $\hat{\beta}$ 通常没有显式. 其计算不得不采用数值方法, 比如 Newton-Raphson 或者 Fisher-scoring 方法. 利用 Newton-Raphson 方法, 我们有下面的迭代过程:

$$\hat{\beta}^{(t+1)} = \hat{\beta}^{(t)} - [R_n(\hat{\beta}^{(t)}) - M_n(\hat{\beta}^{(t)})]^{-1} s_n(\hat{\beta}^{(t)}), \quad t = 0, 1, ...,$$

其中 $s_n(\beta) = \phi\partial \log \ell(\theta)/\partial\beta$. 注意到 $E[R_n(\beta)] = 0$, 若 β 是参数的真值且 x_i 被 X_i 代替. 这意味着 Fisher-scoring 方法用下面的迭代过程:

$$\hat{\beta}^{(t+1)} = \hat{\beta}^{(t)} + [M_n(\hat{\beta}^{(t)})]^{-1} s_n(\hat{\beta}^{(t)}), \quad t = 0, 1, ...$$

如果采用规范关联函数, 那么这两个方法是一样的.

4.4.3 准似然和条件似然

我们现在介绍使用似然函数的两种变异方法.

考虑 GLM(4.55)—(4.57). 假定 (4.58) 在应用中通常是不实际的. 如果对 ϕ_i 没有限制, 那么存在太多的参数, β 的 MLE 可能不存在. (注意到, 假定 (4.58) 使 n 个冗余参数缩减为一个.) 一种解决这个问题的方式是假定 $\phi_i = \hbar(Z_i, \xi)$, 函数 $\hbar$ 已知, 参数向量 ξ (可能包含 β 作为其子向量) 未知. 令 $\theta = (\beta, \xi)$. 我们可以尝试解似然方程 $\partial \log \ell(\theta)/\partial\theta = 0$ 来得到 β 且/或 ξ 的 MLE. 我们在这里忽略掉细节, 它可在 Smyth (1989) 中找到.

假设我们不在 ϕ_i 上做任何假定, 但仍旧通过解以下方程来估计 β:

$$\tilde{s}_n(\beta) = \sum_{i=1}^{n} \{[x_i - \mu(\psi(\beta^\tau Z_i))]\psi'(\beta^\tau Z_i) t_i Z_i\} = 0. \tag{4.65}$$

注意到 (4.65) 并不是似然方程, 除非 (4.58) 成立. 在例 4.36 这个特例中, $X_i = N(\beta^\tau Z_i, \phi_i)$, $i = 1, ..., n$, (4.65) 的解就是 β 的 LSE, 它的性质在 §3.3.3 结尾已经讨论过. 通过解方程 (4.65) 估计 β 由下面事实作为引由. 首先, 如果 (4.58) 成立, 那么我们的估计是 MLE. 其次, 如果 (4.58) 稍微被违背一点, 我们估计的表现会几乎和假定 (4.58) 下的 MLE 一样 (见 §3.3.3 结尾讨论的稳健性). 最后, 通过解 (4.65) 得到的估计量通常自己有好的渐近性质. 作为 §5.4 中一般结论的一个特例, (4.65) 的解在一些正则性条件下是渐近正态的.

一般而言, 一个如同 (4.65) 的方程称为准似然方程, 当且仅当一些假定成立时它是似然方程. 与准似然方程对应的 “似然函数” 称为准似然函数, 准似然函数的最大值点称为极大准似然估计 (MQLE). 因此, (4.65) 的解是一个 MQLE.

注意到 (4.65) 是似然方程, 当且仅当 (4.55) 和 (4.58) 都成立. 不满足 X_i 服从正态之假定的 LSE (§3.3) 就是不满足 (4.55) 的 MQLE 的一个简单例子. 没有假定 (4.55), 所考虑的模型通常是非参数的, 因此, MQLE 在 §5.4 中研究.

准似然是被用来放松我们模型中的假定, 而接下来讨论的条件似然主要用在 MLE 很难计算的情形. 我们考虑两种情况. 第一种情况, $\theta = (\theta_1, \theta_2)$, θ_1 是感兴趣的主要参数向量, 而 θ_2 是冗余参数向量. 假设存在一个统计量 $T_2(X)$, 对于每个固定的 θ_1, 对 θ_2 是充分的. 根据充分性, 给定 T_2, X 的条件分布不依赖 θ_2. 给定 T_2, 与 X 的条件 p.d.f. 相对应的似然函数称为条件似然函数. θ_1 的条件 MLE 可以通过最大化条件似然函数得到. 这个方法可以应用在 θ 的维度比 θ_1 的大很多的情况, 因而计算 θ 的非条件 MLE 比计算 θ_1 的条件 MLE 困难得多. 注意到, 条件 MLE 通常与非条件 MLE 不同.

作为一个更具体的例子, 假设 X 的 p.d.f. 属于指数族:

$$f_\theta(x) = \exp\{\theta_1^\tau T_1(x) + \theta_2^\tau T_2(x) - \zeta(\theta)\}h(x).$$

那么, 对于任意给定的 θ_1, T_2 对 θ_2 是充分的. 这类问题来自比较两个二项分布或者两个泊松分布 (练习 119—120).

第二种情况是, 我们的样本 $X = (X_1, ..., X_n)$ 来自一个一阶自回归时间序列模型:

$$X_t - \mu = \rho(X_{t-1} - \mu) + \varepsilon_t, \quad t = 2, ..., n,$$

其中 $\mu \in \mathcal{R}$ 和 $\rho \in (-1, 1)$ 未知, $\varepsilon_1, ..., \varepsilon_n$ i.i.d. 服从 $N(0, \sigma^2)$, $\sigma^2 > 0$ 未知. 这个模型通常是经济模型中误差时间序列非常好的表示, 是时间序列分析中最简

单、最多使用的模型 (Fuller, 1996). 设 $\theta = (\mu, \rho, \sigma^2)$. 对数似然函数是

$$\log \ell(\theta) = -\frac{n}{2}\log(2\pi) - \frac{n}{2}\log\sigma^2 + \frac{1}{2}\log(1-\rho^2)$$
$$-\frac{1}{2\sigma^2}\left\{(x_1-\mu)^2(1-\rho^2) + \sum_{t=2}^{n}[x_t - \mu - \rho(x_{t-1}-\mu)]^2\right\}.$$

如果我们考虑给定 $X_1 = x_1$ 的条件似然, MLE 的计算会大大简化:

$$\log \ell(\theta|x_1) = -\frac{n-1}{2}\log(2\pi) - \frac{n-1}{2}\log\sigma^2 - \frac{1}{2\sigma^2}\sum_{t=2}^{n}[x_t - \mu - \rho(x_{t-1}-\mu)]^2.$$

设 $(\bar{x}_{-1}, \bar{x}_0) = (n-1)^{-1}\sum_{t=2}^{n}(x_{t-1}, x_t)$. 如果

$$\hat{\rho} = \sum_{t=2}^{n}(x_t - \bar{x}_0)(x_{t-1} - \bar{x}_{-1}) \Big/ \sum_{t=2}^{n}(x_{t-1} - \bar{x}_{-1})^2$$

在 -1 和 1 之间, 那么它是 ρ 的条件 MLE, μ 和 σ^2 的条件 MLE 分别是

$$\hat{\mu} = (\bar{x}_0 - \hat{\rho}\bar{x}_{-1})/(1-\hat{\rho})$$

和

$$\hat{\sigma}^2 = \frac{1}{n-1}\sum_{t=2}^{n}[x_t - \bar{x}_0 - \hat{\rho}(x_{t-1} - \bar{x}_{-1})]^2.$$

显然, 这个结论可以推广到 X 来自 p 阶自回归时间序列模型的情况:

$$X_t - \mu = \rho_1(X_{t-1} - \mu) + \cdots + \rho_p(X_{t-p} - \mu) + \varepsilon_t, \quad t = p+1, ..., n, \tag{4.66}$$

其中 ρ_j 是未知参数, 满足多项式 $x^p - \rho_1 x^{p-1} - \cdots - \rho_p = 0$ 的根 (可能为复数) 的绝对值小于 1 这个限制条件 (练习).

其他一些基于似然的方法在 §5.1.4 中介绍. 尽管他们可以在参数模型中应用, 但 §5.1.4 的这些方法在非参数模型中更有用.

4.5 渐近有效估计

这一节, 我们考虑参数模型中点估计的渐近最优性. 我们利用渐近均方误差 (amse, 见 §2.5.2) 或者它在多元情形下的推广来衡量估计量的表现. 考虑渐近分析的原因已经在 §2.5 中讨论过.

我们主要关注渐近正态的估计量, 因为它包含了大多数的情况. 渐近非正态估计量的一些情形见 §4.6 练习 111—114.

4.5.1 渐近最优性

设 $\{\hat{\theta}_n\}$ 是 θ 的估计序列, 基于样本序列 $\{X=(X_1,...,X_n):n=1,2,...\}$, 其分布属于参数族且 θ 为 k 维参数. 假设当 $n\to\infty$ 时,

$$[V_n(\theta)]^{-1/2}(\hat{\theta}_n-\theta)\to_d N_k(0,I_k), \tag{4.67}$$

其中对于每个 n, $V_n(\theta)$ 是依赖 θ 的一个 $k\times k$ 正定矩阵. 如果 θ 是一维的 $(k=1)$, 那么 $V_n(\theta)$ 是渐近方差, 也是 $\hat{\theta}_n$ 的 amse (§2.5.2). 当 $k>1$ 时, $V_n(\theta)$ 称为 $\hat{\theta}_n$ 的渐近协方差矩阵, 可以用来衡量估计量的渐近表现. 如果 $\hat{\theta}_{jn}$ 满足 (4.67), 渐近协方差矩阵是 $V_{jn}(\theta)$, $j=1,2$, 且对于所有 $\theta\in\Theta$ 有 $V_{1n}(\theta)\leqslant V_{2n}(\theta)$ (即 $V_{2n}(\theta)-V_{1n}(\theta)$ 是非负定的), 那么 $\hat{\theta}_{1n}$ 可以说比 $\hat{\theta}_{2n}$ 渐近更有效. 当然, 一些估计量序列在这个准则下是不可以比较的. 又有, 因为渐近协方差矩阵只有在极限意义上是唯一的, 所以我们必须基于它们的极限来做比较. 当 $X_1,...,X_n$ 为 i.i.d., $V_n(\theta)$ 通常形如 $n^{-\delta}V(\theta)$, 对某个 $\delta>0$ (大多数情况下 $=1$) 且正定矩阵 $V(\theta)$ 不依赖 n.

注意到, (4.67) 说明 $\hat{\theta}_n$ 是 θ 的一个渐近无偏估计. 如果 $V_n(\theta)=\mathrm{Var}(\hat{\theta}_n)$, 那么在一些正则性条件下, 根据定理 3.3,

$$V_n(\theta)\geqslant[I_n(\theta)]^{-1}, \tag{4.68}$$

其中对于每个 n, $I_n(\theta)$ 是样本量为 n 的 X 的 Fisher 信息矩阵 (见 (3.5)).(注意到 (4.68) 成立当且仅当对于每个 $l\in\mathcal{R}^k$ 有 $l^\tau V_n(\theta)l\geqslant l^\tau[I_n(\theta)]^{-1}l$.) 不幸的是, 当 $V_n(\theta)$ 是渐近协方差矩阵时,(4.68) 可能不成立 (甚至在极限意义上), 即使定理 3.3 的正则性条件满足.

例 4.38 (Hodges). 设 $X_1,...,X_n$ i.i.d. 服从 $N(\theta,1)$, $\theta\in\mathcal{R}$. 那么 $I_n(\theta)=n$. 定义

$$\hat{\theta}_n=\begin{cases}\bar{X}, & |\bar{X}|\geqslant n^{-1/4},\\ t\bar{X}, & |\bar{X}|<n^{-1/4},\end{cases}$$

其中 t 是一个固定常数. 根据命题 3.2, 定理 3.3 的所有条件都满足. 可以证明 (练习) 结论 (4.67) 成立且 $V_n(\theta)=V(\theta)/n$, 其中 $V(\theta)=1$ 若 $\theta\neq0$, $V(\theta)=t^2$ 若 $\theta=0$. 如果 $t^2<1$, 当 $\theta=0$ 时, (4.68) 不成立. ∎

然而, 接下来属于 Le Cam (1953) 的结果, 证明了对于 i.i.d. 的 $X_1,...,X_n$, 除了在一个 Lebesgue 测度为 0 的集合中的一些 θ, 结论 (4.68) 成立.

定理 4.16. 设 $X_1,...,X_n$ i.i.d. 来自 $(\mathcal{R},\mathcal{B})$ 上关于 σ 有限测度 ν 的一个 p.d.f. f_θ, 其中 $\theta\in\Theta$ 且 Θ 是 $\mathcal{R}^k$ 上的一个开集. 假设对于每个在 X_1 值域内的 x, $f_\theta(x)$ 关于 θ 二阶连续可微且满足

$$\frac{\partial}{\partial\theta}\int\psi_\theta(x)d\nu=\int\frac{\partial}{\partial\theta}\psi_\theta(x)d\nu$$

对于 $\psi_\theta(x)=f_\theta(x)$ 和 $=\partial f_\theta(x)/\partial\theta$ 成立; Fisher 信息矩阵

$$I_1(\theta)=E\left\{\frac{\partial}{\partial\theta}\log f_\theta(X_1)\left[\frac{\partial}{\partial\theta}\log f_\theta(X_1)\right]^\tau\right\}$$

正定; 对于任意给定的 $\theta\in\Theta$, 存在正常数 c_θ 和一个正函数 h_θ, 使得 $E[h_\theta(X_1)]<\infty$, 且对于所有 X_1 值域内的 x,

$$\sup_{\gamma:\|\gamma-\theta\|<c_\theta}\left\|\frac{\partial^2\log f_\gamma(x)}{\partial\gamma\partial\gamma^\tau}\right\|\leqslant h_\theta(x),\tag{4.69}$$

其中对于任意矩阵 A, $\|A\|=\sqrt{\operatorname{tr}(A^\tau A)}$. 如果 $\hat\theta_n$ 是 θ 的一个估计量 (基于 $X_1,...,X_n$) 且满足 (4.67), $V_n(\theta)=V(\theta)/n$, 那么存在 Lebesgue 测度为 0 的 $\Theta_0\subset\Theta$, 使得若 $\theta\notin\Theta_0$ 则 (4.68) 成立.

证明. 我们采用 Bahadur (1964) 给出的证明, 且只证单变量 θ 的情况. 多元 θ 的证明类似, 可以在 Bahadur (1964) 中找到. 设 $x=(x_1,...,x_n)$, $\theta_n=\theta+n^{-1/2}\in\Theta$,

$$K_n(x,\theta)=[\log\ell(\theta_n)-\log\ell(\theta)+I_1(\theta)/2]/[I_1(\theta)]^{1/2}.$$

在假定的条件下, 可以证明 (练习)

$$K_n(X,\theta)\to_d N(0,1).\tag{4.70}$$

在假定 X_1 有 p.d.f. f_{θ_n} (或 f_θ) 之下, 令 P_{θ_n} (或 P_θ) 为 X 的分布. 定义 $g_n(\theta)=|P_\theta(\hat\theta_n\leqslant\theta)-\frac{1}{2}|$. 设 Φ 表示标准正态的 c.d.f. 或它的概率测度. 根据控制收敛定理 (定理 1.1(iii)), 当 $n\to\infty$ 时,

$$\int g_n(\theta_n)d\Phi(\theta)=\int g_n(\theta)e^{n^{-1/2}\theta-(2n)^{-1}}d\Phi(\theta)\to 0,$$

因为, 在 (4.67) 下, $g_n(\theta)\to 0$. 根据定理 1.8(ii) 和 (vi), 存在序列 $\{n_k\}$ 使得 $g_{n_k}(\theta_{n_k})\to_{a.s.}0$ 关于概率 Φ. 因为 Φ 等价于 Lebesgue 测度, 我们可以说, 存在一个 Lebesgue 测度为 0 的 $\Theta_0\subset\Theta$, 使得

$$\lim_{k\to\infty}g_{n_k}(\theta_{n_k})=0,\quad \theta\notin\Theta_0.\tag{4.71}$$

假定 $\theta \notin \Theta_0$. 那么, 对于任意 $t > [I_1(\theta)]^{1/2}$,

$$\begin{aligned}
P_{\theta_n}(K_n(X,\theta) \leqslant t) &= \int_{K_n(x,\theta)\leqslant t} \ell(\theta_n) d\nu \times \cdots \times d\nu \\
&= \int_{K_n(x,\theta)\leqslant t} \frac{\ell(\theta_n)}{\ell(\theta)} dP_\theta(x) \\
&= e^{-I_1(\theta)/2} \int_{K_n(x,\theta)\leqslant t} e^{[I_1(\theta)]^{1/2} K_n(x,\theta)} dP_\theta(x) \\
&= e^{-I_1(\theta)/2} \int_{-\infty}^{t} e^{[I_1(\theta)]^{1/2} z} dH_n(z) \\
&= e^{-I_1(\theta)/2} \int_{-\infty}^{t} e^{[I_1(\theta)]^{1/2} z} d\Phi(z) + o(1) \\
&= \Phi\left(t - [I_1(\theta)]^{1/2}\right) + o(1),
\end{aligned}$$

其中 H_n 表示 $K_n(X,\theta)$ 的分布, 倒数第二个等式由 (4.70) 和控制收敛定理可得. 这个结果和结论 (4.71) 推出存在序列 $\{n_j\}$ 使得对于 $j = 1, 2, ...$,

$$P_{\theta_{n_j}}(\hat{\theta}_{n_j} \leqslant \theta_{n_j}) < P_{\theta_{n_j}}(K_{n_j}(X,\theta) \leqslant t). \tag{4.72}$$

根据 Neyman-Pearson 引理 (§6.1.1 中的定理 6.1), (4.72) 能推出, 对于 $j = 1, 2, \ldots$,

$$P_\theta(\hat{\theta}_{n_j} \leqslant \theta_{n_j}) < P_\theta(K_{n_j}(X,\theta) \leqslant t). \tag{4.73}$$

(读者应该在阅读 §6.1.1 后返回这里.) 从 (4.70) 和 (4.67), $V_n(\theta) = V(\theta)/n$, 可知, (4.73) 能推出

$$\Phi\big([V(\theta)]^{-1/2}\big) \leqslant \Phi(t).$$

因此 $[V(\theta)]^{-1/2} \leqslant t$. 因为 $I_n(\theta) = nI_1(\theta)$ (命题 3.1(i)) 且 t 是任意的但 $> [I_1(\theta)]^{1/2}$, 我们可知 (4.68) 成立. ∎

使 (4.68) 不成立的点称为超有效点. 在一些正则性条件下, 超有效点集合的 Lebesgue 测度为 0, 由此引出了下面的定义.

定义 4.4. 假定 Fisher 信息矩阵 $I_n(\theta)$ 有定义且对于每个 n 是正定的. 满足 (4.67) 的估计序列 $\{\hat{\theta}_n\}$ 称为渐近有效的或者渐近最优的, 当且仅当 $V_n(\theta) = [I_n(\theta)]^{-1}$. ∎

假设我们感兴趣的是估计 $\vartheta = g(\theta)$, 其中 g 是从 Θ 到 $\mathcal{R}^p$ 的可微函数, $1 \leqslant p \leqslant k$. 如果 $\hat{\theta}_n$ 满足 (4.67), 那么根据定理 1.12(i), $\hat{\vartheta}_n = g(\hat{\theta}_n)$ 渐近服从

$N_p(\vartheta, [\nabla g(\theta)]^\tau V_n(\theta)\nabla g(\theta))$. 因此, 不等式 (4.68) 变成

$$[\nabla g(\theta)]^\tau V_n(\theta)\nabla g(\theta) \geqslant [\tilde{I}_n(\vartheta)]^{-1},$$

其中 $\tilde{I}_n(\vartheta)$ 是包含在 X 中关于 ϑ 的 Fisher 信息矩阵. 如果 $p = k$ 且 g 是一对一的, 那么

$$[\tilde{I}_n(\vartheta)]^{-1} = [\nabla g(\theta)]^\tau [I_n(\theta)]^{-1}\nabla g(\theta),$$

因此, $\hat{\vartheta}_n$ 是渐近有效的当且仅当 $\hat{\theta}_n$ 是渐近有效的. 因为这个原因, 在 $p < k$ 的情况下, $\hat{\vartheta}_n$ 被考虑为渐近有效的当且仅当 $\hat{\theta}_n$ 是渐近有效的, 而我们仅需关注 θ 的估计.

4.5.2 MLE 和 RLE 的渐近有效性

我们现在证明, 在一些正则性条件下, 似然方程的根 (RLE), 作为 MLE 的候选, 是渐近有效的.

定理 4.17. 假定定理 4.16 的条件满足.

(i) 存在估计序列 $\{\hat{\theta}_n\}$ 使得

$$P\big(s_n(\hat{\theta}_n) = 0\big) \to 1 \quad \text{和} \quad \hat{\theta}_n \to_p \theta, \tag{4.74}$$

其中 $s_n(\gamma) = \partial \log \ell(\gamma)/\partial\gamma$.

(ii) 任意对 θ 一致的 RLE 序列 $\tilde{\theta}_n$ 是渐近有效的.

证明. (i) 对于 $c > 0$, 令 $B_n(c) = \{\gamma : \|[I_n(\theta)]^{1/2}(\gamma - \theta)\| \leqslant c\}$. 因为 Θ 是开集, 对于每个 $c > 0$ 和充分大的 n, $B_n(c) \subset \Theta$. 因为当 $n \to \infty$ 时, $B_n(c)$ 收缩到 $\{\theta\}$, 满足 (4.74) 的 $\hat{\theta}_n$ 的存在性可由下面这个事实得到: 对于任意的 $\epsilon > 0$, 存在 $c > 0$ 和 $n_0 > 1$ 使得

$$P\big(\log \ell(\gamma) - \log \ell(\theta) < 0 \quad \text{对所有}\gamma \in \partial B_n(c)\big) \geqslant 1 - \epsilon, \quad n \geqslant n_0, \tag{4.75}$$

其中 $\partial B_n(c)$ 是 $B_n(c)$ 的边界点集. (关于 $\hat{\theta}_n$ 的可测性的证明, 参见 Serfling (1980, pp. 147–148).) 对于 $\gamma \in \partial B_n(c)$, 利用 Taylor 展开

$$\begin{aligned}\log \ell(\gamma) - \log \ell(\theta) = {} & c\lambda^\tau [I_n(\theta)]^{-1/2} s_n(\theta) \\ & + (c^2/2)\lambda^\tau [I_n(\theta)]^{-1/2}\nabla s_n(\gamma^*)[I_n(\theta)]^{-1/2}\lambda,\end{aligned} \tag{4.76}$$

其中 $\lambda = [I_n(\theta)]^{1/2}(\gamma - \theta)/c$ 满足 $\|\lambda\| = 1$, $\nabla s_n(\gamma) = \partial s_n(\gamma)/\partial\gamma$, γ^* 位于 γ

和 θ 之间. 注意到

$$\begin{aligned}E\frac{\|\nabla s_n(\gamma^*)-\nabla s_n(\theta)\|}{n}&\leqslant E\max_{\gamma\in B_n(c)}\frac{\|\nabla s_n(\gamma)-\nabla s_n(\theta)\|}{n}\\&\leqslant E\max_{\gamma\in B_n(c)}\left\|\frac{\partial^2\log f_\gamma(X_1)}{\partial\gamma\partial\gamma^\tau}-\frac{\partial^2\log f_\theta(X_1)}{\partial\theta\partial\theta^\tau}\right\|\\&\to 0,\end{aligned}\tag{4.77}$$

这是因为 (a) 对于任意固定的 x, $\partial^2\log f_\gamma(x)/\partial\gamma\partial\gamma^\tau$ 在 θ 的一个邻域内是连续的; (b) $B_n(c)$ 收缩到 $\{\theta\}$; 且 (c) 在条件 (4.69) 下, 对于充分大的 n,

$$\max_{\gamma\in B_n(c)}\left\|\frac{\partial^2\log f_\gamma(X_1)}{\partial\gamma\partial\gamma^\tau}-\frac{\partial^2\log f_\theta(X_1)}{\partial\theta\partial\theta^\tau}\right\|\leqslant 2h_\theta(X_1).$$

根据 SLLN (定理 1.13) 和命题 3.1, 我们得到 $n^{-1}\nabla s_n(\theta)\to_{a.s.}-I_1(\theta)$ (即 $\|n^{-1}\nabla s_n(\theta)+I_1(\theta)\|\to_{a.s.}0$). 这些结论和 (4.76) 一起, 说明

$$\log\ell(\gamma)-\log\ell(\theta)=c\lambda^\tau[I_n(\theta)]^{-1/2}s_n(\theta)-[1+o_p(1)]c^2/2.\tag{4.78}$$

注意到 $\max_\lambda\{\lambda^\tau[I_n(\theta)]^{-1/2}s_n(\theta)\}=\|[I_n(\theta)]^{-1/2}s_n(\theta)\|$. 因此, (4.75) 可由 (4.78) 和下式而得:

$$\begin{aligned}P\big(\|[I_n(\theta)]^{-1/2}s_n(\theta)\|<c/4\big)&\geqslant 1-(4/c)^2E\|[I_n(\theta)]^{-1/2}s_n(\theta)\|^2\\&=1-k(4/c)^2\\&\geqslant 1-\epsilon,\end{aligned}$$

其中最后的不等式通过选择充分大的 c 得到. 这完成了 (i) 的证明.

(ii) 对于 $\epsilon>0$, 令 $A_\epsilon=\{\gamma:\|\gamma-\theta\|\leqslant\epsilon\}$. 因为 Θ 是开集, 所以对于充分小的 ϵ, $A_\epsilon\subset\Theta$. 设 $\{\tilde\theta_n\}$ 是对 θ 一致的 RLE 序列, 即对于任意 $\epsilon>0$, $P(s_n(\tilde\theta_n)=0$ 和 $\tilde\theta_n\in A_\epsilon)\to 1$. 因此, 我们只需关注 $s_n(\tilde\theta_n)=0$ 和 $\tilde\theta_n\in A_\epsilon$ 成立的集合. 根据向量函数的中值定理,

$$-s_n(\theta)=\left[\int_0^1\nabla s_n\big(\theta+t(\tilde\theta_n-\theta)\big)dt\right](\tilde\theta_n-\theta).$$

注意到

$$\frac{1}{n}\left\|\int_0^1\nabla s_n\big(\theta+t(\tilde\theta_n-\theta)\big)dt-\nabla s_n(\theta)\right\|\leqslant\max_{\gamma\in A_\epsilon}\frac{\|\nabla s_n(\gamma)-\nabla s_n(\theta)\|}{n}.$$

利用证明 (4.77) 的方法以及对于任意 $\epsilon>0$ 有 $P(\tilde\theta_n\in A_\epsilon)\to 1$ 的事实, 我们得到

$$\frac{1}{n}\left\|\int_0^1\nabla s_n\big(\theta+t(\tilde\theta_n-\theta)\big)dt-\nabla s_n(\theta)\right\|\to_p 0.$$

因为 $n^{-1}\nabla s_n(\theta) \to_{a.s.} -I_1(\theta)$ 且 $I_n(\theta) = nI_1(\theta)$, 所以

$$-s_n(\theta) = -I_n(\theta)(\tilde{\theta}_n - \theta) + o_p\big(\|I_n(\theta)(\tilde{\theta}_n - \theta)\|\big).$$

这个结果以及 Slutsky 定理 (定理 1.11) 说明, $\sqrt{n}(\tilde{\theta}_n - \theta)$ 与下式有相同的极限分布:

$$\sqrt{n}[I_n(\theta)]^{-1}s_n(\theta) = n^{-1/2}[I_1(\theta)]^{-1}s_n(\theta) \to_d N_k\big(0, [I_1(\theta)]^{-1}\big)$$

其中依分布收敛由 CLT (推论 1.2) 和 $\mathrm{Var}(s_n(\theta)) = I_n(\theta)$ 推出. ∎

定理 4.17(i) 证明了一致的 RLE 序列的渐近存在性, 定理 4.17(ii) 证明了任意一致的 RLE 序列的渐近存在性. 然而, 对于给定的 RLE 序列, 必须检验其一致性, 除非对于充分大的 n, RLE 是唯一的, 在这种情况下, RLE 的一致性由定理 4.17(i) 保证.

RLE 并不一定是 MLE. 我们仍旧需要利用 §4.4 讨论的技巧来检验 RLE 是否是 MLE. 然而根据定理 4.17, 当 RLE 序列一致时, 它是渐近有效的, 因此, 如果渐近有效性是唯一选择估计量的标准, 我们可以不需要寻找 MLE. 通过在 $\gamma \in \Theta$ 上解 $s_n(\gamma) = 0$ 来估计 θ 的方法称为计分 (scoring), 函数 $s_n(\gamma)$ 称为计分函数.

例 4.39. 假设 X_i 属于自然指数族, 即 X_i 的 p.d.f. 是

$$f_\eta(x_i) = \exp\{\eta^\tau T(x_i) - \zeta(\eta)\}h(x_i). \tag{4.79}$$

因为 $\partial^2 \log f_\eta(x_i)/\partial\eta\partial\eta^\tau = -\partial^2\zeta(\eta)/\partial\eta\partial\eta^\tau$, 所以条件 (4.69) 满足. 根据命题 3.2, 定理 4.16 的其他条件也满足. 对于 i.i.d. 的 $X_1, ..., X_n$,

$$s_n(\eta) = \sum_{i=1}^n \left[T(X_i) - \frac{\partial\zeta(\eta)}{\partial\eta}\right].$$

如果 $\hat{\theta}_n = n^{-1}\sum_{i=1}^n T(X_i) \in \Theta$, Θ 是 $\theta = g(\eta) = \partial\zeta(\eta)/\partial\eta$ 的值域, 那么 $\hat{\theta}_n$ 是 θ 唯一的 RLE, 也是 θ 唯一的 MLE, 因为 $\partial^2\zeta(\eta)/\partial\eta\partial\eta^\tau = \mathrm{Var}(T(X_i))$ 是正定的. 又, $\eta = g^{-1}(\theta)$ 存在且 η 唯一的 RLE (MLE) 是 $\hat{\eta}_n = g^{-1}(\hat{\theta}_n)$.

然而, $\hat{\theta}_n$ 可能不属于 Θ, 那么前面的论述不奏效 (e.g., 例 4.29). 定理 4.17 告诉我们的是, 这种情况下, 当 $n \to \infty$ 时, $P(\hat{\theta}_n \in \Theta) \to 1$, 因此在极限意义上, $\hat{\theta}_n$ (或 $\hat{\eta}_n$) 是 θ (或 η) 唯一的渐近有效 RLE (MLE).

像这样的情况, 利用 $\hat{\theta}_n \to_{a.s.} E[T(X_1)] = g(\eta)$ (SLLN), 我们也可以直接证明 $P(\hat{\theta}_n \in \Theta) \to 1$. ∎

接下来的定理给出了 GLM (§4.4.2) 中的 MLE 或 RLE 之类似的结论.

定理 4.18. 考虑 GLM (4.55)—(4.58), t_i 在固定区间 (t_0, t_∞) 内, $0 < t_0 \leqslant t_\infty < \infty$. 假定 (4.57) 中未知参数 β 的值域是一个 $\mathcal{R}^p$ 的开子集; 在参数真值 β 处, $0 < \inf_i \varphi(\beta^\tau Z_i) \leqslant \sup_i \varphi(\beta^\tau Z_i) < \infty$, 其中 $\varphi(t) = [\psi'(t)]^2\zeta''(\psi(t))$; 当 $n \to \infty$ 时, $\max_{i\leqslant n} Z_i^\tau(Z^\tau Z)^{-1}Z_i \to 0$ 和 $\lambda_-[Z^\tau Z] \to \infty$, 其中 Z 是 $n \times p$ 矩阵, 其第 i 行是向量 Z_i, $\lambda_-[A]$ 是矩阵 A 的最小特征根.

(i) 存在唯一的估计量 $\{\hat{\beta}_n\}$ 序列, 使得

$$P\big(s_n(\hat{\beta}_n) = 0\big) \to 1 \quad 和 \quad \hat{\beta}_n \to_p \beta, \tag{4.80}$$

其中 $s_n(\gamma)$ 是计分函数, 由 (4.59) 左侧以 γ 代 β 而定义.

(ii) 令 $I_n(\beta) = \mathrm{Var}(s_n(\beta))$. 那么

$$[I_n(\beta)]^{1/2}(\hat{\beta}_n - \beta) \to_d N_p(0, I_p). \tag{4.81}$$

(iii) 如果 (4.58) 中的 ϕ 已知或者 (4.55) 中参数为 $\theta = (\beta, \phi)$ 的 p.d.f. 满足定理 4.16 中 f_θ 的条件, 那么 $\hat{\beta}_n$ 是渐近有效的.

证明. (i) 满足 (4.80) 的 $\hat{\beta}_n$ 之存在性的证明与定理 4.17(i) 中 $\theta = \beta$ 的情况一样, 除了我们仍需要证明

$$\max_{\gamma \in B_n(c)} \big\|[I_n(\beta)]^{-1/2}\nabla s_n(\gamma)[I_n(\beta)]^{-1/2} + I_p\big\| \to_p 0,$$

其中 $B_n(c) = \{\gamma : \|[I_n(\beta)]^{1/2}(\gamma - \beta)\| \leqslant c\}$. 从 (4.62) 和 (4.63) 可知, $I_n(\beta) = M_n(\beta)/\phi$ 且 $\nabla s_n(\gamma) = [R_n(\gamma) - M_n(\gamma)]/\phi$, 其中 $M_n(\gamma)$ 和 $R_n(\gamma)$ 由 (4.60)—(4.61) 以 γ 代 β 而定义. 因此, 只要证明, 对于任意 $c > 0$,

$$\max_{\gamma \in B_n(c)} \big\|[M_n(\beta)]^{-1/2}[M_n(\gamma) - M_n(\beta)][M_n(\beta)]^{-1/2}\big\| \to 0 \tag{4.82}$$

且

$$\max_{\gamma \in B_n(c)} \big\|[M_n(\beta)]^{-1/2}R_n(\gamma)[M_n(\beta)]^{-1/2}\big\| \to_p 0. \tag{4.83}$$

(4.82) 的左侧有上界

$$\sqrt{p} \max_{\gamma \in B_n(c), i \leqslant n} \big|1 - \varphi(\gamma^\tau Z_i)/\varphi(\beta^\tau Z_i)\big|,$$

其收敛到 0, 因为 φ 是连续的, 而且在假定条件下, 对于 $\gamma \in B_n(c)$,

$$\begin{aligned}|\gamma^\tau Z_i - \beta^\tau Z_i|^2 &= |(\gamma-\beta)^\tau [I_n(\beta)]^{1/2}[I_n(\beta)]^{-1/2} Z_i|^2 \\ &\leqslant \|[I_n(\beta)]^{1/2}(\gamma-\beta)\|^2 \|[I_n(\beta)]^{-1/2} Z_i\|^2 \\ &\leqslant c^2 \max_{i\leqslant n} Z_i^\tau [I_n(\beta)]^{-1} Z_i \\ &\leqslant c^2 \phi\big[t_0 \inf_i \varphi(\beta^\tau Z_i)\big]^{-1} \max_{i\leqslant n} Z_i^\tau (Z^\tau Z)^{-1} Z_i \\ &\to 0.\end{aligned}$$

这证明了 (4.82).

令 $e_i = X_i - \mu(\psi(\beta^\tau Z_i))$,

$$U_n(\gamma) = \sum_{i=1}^n [\mu(\psi(\beta^\tau Z_i)) - \mu(\psi(\gamma^\tau Z_i))]\psi''(\gamma^\tau Z_i) t_i Z_i Z_i^\tau,$$

$$V_n(\gamma) = \sum_{i=1}^n e_i [\psi''(\gamma^\tau Z_i) - \psi''(\beta^\tau Z_i)] t_i Z_i Z_i^\tau$$

且

$$W_n(\beta) = \sum_{i=1}^n e_i \psi''(\beta^\tau Z_i) t_i Z_i Z_i^\tau.$$

那么 $R_n(\gamma) = U_n(\gamma) + V_n(\gamma) + W_n(\beta)$. 利用证明 (4.82) 同样的方法, 我们可以证明

$$\max_{\gamma\in B_n(c)} \big\|[M_n(\beta)]^{-1/2} U_n(\gamma) [M_n(\beta)]^{-1/2}\big\| \to 0.$$

注意到 $\big\|[M_n(\beta)]^{-1/2} V_n(\gamma) [M_n(\beta)]^{-1/2}\big\|$ 的一个上界是

$$[M_n(\beta)]^{-1/2} \sum_{i=1}^n |e_i| t_i Z_i Z_i^\tau [M_n(\beta)]^{-1/2} = O_p(1)$$

和

$$\max_{\gamma\in B_n(c), i\leqslant n} \big|\psi''(\gamma^\tau Z_i) - \psi''(\beta^\tau Z_i)\big|$$

的乘积, 利用证明 (4.82) 同样的方法, 可以证明它是 $o(1)$. 因此,

$$\max_{\gamma\in B_n(c)} \big\|[M_n(\beta)]^{-1/2} V_n(\gamma) [M_n(\beta)]^{-1/2}\big\| \to_p 0,$$

而 (4.83) 由下式可得

$$\big\|[M_n(\beta)]^{-1/2} W_n(\beta) [M_n(\beta)]^{-1/2}\big\| \to_p 0.$$

为了证明此结果, 我们利用定理 1.14(ii). 因为 $E(e_i)=0$ 且 $e_1,...,e_n$ 相互独立, 只要证明对于某个 $\delta\in(0,1)$,

$$\sum_{i=1}^{n} E\left|e_i\psi''(\beta^\tau Z_i)t_i Z_i^\tau[M_n(\beta)]^{-1}Z_i\right|^{1+\delta}\to 0. \tag{4.84}$$

注意到 $\sup_i E|e_i|^{1+\delta}<\infty$. 因此, 存在一个常数 $C>0$ 使得 (4.84) 的左侧以下式为上界

$$C\sum_{i=1}^{n}\left|Z_i^\tau(Z^\tau Z)^{-1}Z_i\right|^{1+\delta}\leqslant pC\max_{i\leqslant n}|Z_i^\tau(Z^\tau Z)^{-1}Z_i|^{\delta}\to 0.$$

因此, 由定理 1.14(ii) 可得 (4.84). 这证明了 (4.80). $\hat{\beta}_n$ 的唯一性由 (4.83) 和 $M_n(\gamma)$ 在 β 的一个邻域内正定可得. (i) 的证明完成.

(ii) 结论 (ii) 的证明与定理 4.17(ii) 的类似. 利用 (i) 中证明的结果和 Taylor 展开, 可以得到 (练习)

$$[I_n(\beta)]^{1/2}(\hat{\beta}_n-\beta)=[I_n(\beta)]^{-1/2}s_n(\beta)+o_p(1). \tag{4.85}$$

利用 CLT (如推论 1.3) 和定理 1.9(iii), 可以证明 (练习)

$$[I_n(\beta)]^{-1/2}s_n(\beta)\to_d N_p(0,I_p). \tag{4.86}$$

结论 (4.81) 由 (4.85)—(4.86) 和 Slutsky 定理可得.

(iii) 如果 ϕ 已知, 那么结论显然. 当 ϕ 未知时, 由 (4.59) 可知

$$\frac{\partial}{\partial\phi}\left[\frac{\partial\log\ell(\theta)}{\partial\beta}\right]=-\frac{s_n(\beta)}{\phi}.$$

因为 $E[s_n(\beta)]=0$, 所以关于 $\theta=(\beta,\phi)$ 的 Fisher 信息矩阵是

$$I_n(\beta,\phi)=-E\left[\frac{\partial^2\log\ell(\theta)}{\partial\theta\partial\theta^\tau}\right]=\begin{pmatrix} I_n(\beta) & 0\\ 0 & \tilde{I}_n(\phi)\end{pmatrix},$$

其中 $\tilde{I}_n(\phi)$ 是关于 ϕ 的 Fisher 信息矩阵. 结论由 (4.81) 和 §4.5.1 结尾的讨论可得. ▮

4.5.3 其他渐近有效估计量

研究其他渐近有效估计量, 我们从位置尺度族的 MRIE 出发. 因为 MLE 和 RLE 是不变的 (见 §4.6 的练习 109), 所以 MRIE 通常是渐近有效的; 参见 Stone (1974).

假定定理 4.16 的条件满足, 令 $s_n(\gamma)$ 为计分函数. 设 $\hat{\theta}_n^{(0)}$ 是 θ 一个可能不是渐近有效的估计. 估计量

$$\hat{\theta}_n^{(1)} = \hat{\theta}_n^{(0)} - [\nabla s_n(\hat{\theta}_n^{(0)})]^{-1} s_n(\hat{\theta}_n^{(0)}) \tag{4.87}$$

是以 $\hat{\theta}_n^{(0)}$ 作为初始值而使用 Newton-Raphson 迭代法计算 MLE (或 RLE) 时的第一次迭代 (见 (4.53)), 因此称为一步 MLE. 不再进行任何更多的迭代, $\hat{\theta}_n^{(1)}$ 可以用作 MLE 或 RLE 的数值近似; 下面的结果表明, $\hat{\theta}_n^{(1)}$ 本身在一些条件下是渐近有效的.

定理 4.19. 假定定理 4.16 的条件成立, 且 $\hat{\theta}_n^{(0)}$ 对 θ 是 $\sqrt{n}$ 一致的 (定义 2.10).

(i) 一步 MLE $\hat{\theta}_n^{(1)}$ 是渐近有效的.

(ii) 在 (4.87) 中, 用期望值 $-I_n(\gamma)$ 代替 $\nabla s_n(\gamma)$ (Fisher-scoring 法) 而得到的一步 MLE 是渐近有效的.

证明. 因为 $\hat{\theta}_n^{(0)}$ 是 $\sqrt{n}$ 一致的, 对于充分小的 ϵ 使得 $A_\epsilon \subset \Theta$, 我们只需关注事件 $\hat{\theta}_n^{(0)} \in A_\epsilon = \{\gamma : \|\gamma - \theta\| \leqslant \epsilon\}$. 由中值定理,

$$s_n(\hat{\theta}_n^{(0)}) = s_n(\theta) + \left[\int_0^1 \nabla s_n\big(\theta + t(\hat{\theta}_n^{(0)} - \theta)\big)dt\right](\hat{\theta}_n^{(0)} - \theta).$$

代入 (4.87) 中, 我们得到

$$\hat{\theta}_n^{(1)} - \theta = -[\nabla s_n(\hat{\theta}_n^{(0)})]^{-1} s_n(\theta) + [I_k - G_n(\hat{\theta}_n^{(0)})](\hat{\theta}_n^{(0)} - \theta),$$

其中

$$G_n(\hat{\theta}_n^{(0)}) = [\nabla s_n(\hat{\theta}_n^{(0)})]^{-1} \int_0^1 \nabla s_n\big(\theta + t(\hat{\theta}_n^{(0)} - \theta)\big)dt.$$

由 (4.77) 可知, $\|[I_n(\theta)]^{1/2}[\nabla s_n(\hat{\theta}_n^{(0)})]^{-1}[I_n(\theta)]^{1/2} + I_k\| \to_p 0$. 利用证明 (4.77) 和 (4.82) 中的类似方法, 可以证明 $\|G_n(\hat{\theta}_n^{(0)}) - I_k\| \to_p 0$. 这些结论和 $\sqrt{n}(\hat{\theta}_n^{(0)} - \theta) = O_p(1)$ 能推出

$$\sqrt{n}(\hat{\theta}_n^{(1)} - \theta) = \sqrt{n}[I_n(\theta)]^{-1} s_n(\theta) + o_p(1).$$

这证明了 (i). 结论 (ii) 的证明类似. ∎

例 4.40. 设 $X_1, ..., X_n$ i.i.d. 服从 Weibull 分布 $W(\theta, 1)$, 其中 $\theta > 0$ 未知. 注意到

$$s_n(\theta) = \frac{n}{\theta} + \sum_{i=1}^n \log X_i - \sum_{i=1}^n X_i^\theta \log X_i$$

和

$$\nabla s_n(\theta) = -\frac{n}{\theta^2} - \sum_{i=1}^{n} X_i^{\theta}(\log X_i)^2.$$

因此, θ 的一步 MLE 是

$$\hat{\theta}_n^{(1)} = \hat{\theta}_n^{(0)} \left[1 + \frac{n + \hat{\theta}_n^{(0)} \left(\sum_{i=1}^{n} \log X_i - \sum_{i=1}^{n} X_i^{\hat{\theta}_n^{(0)}} \log X_i \right)}{n + (\hat{\theta}_n^{(0)})^2 \sum_{i=1}^{n} X_i^{\hat{\theta}_n^{(0)}} (\log X_i)^2} \right].$$

通常我们可以利用矩估计 (§3.5.2) 作为初始估计 $\hat{\theta}_n^{(0)}$. 这个例子中, θ 的一个矩估计是 $\bar{X} = \Gamma(\theta^{-1}+1)$ 的解. ∎

在非 i.i.d. 情况中可以得到与定理 4.19 类似的结论, 比如 §4.4.2 讨论的 GLM (练习); 也可见 §5.4.

按照我们 §4.1.3 中讨论的, Bayes 估计通常是一致的. 根据 Bickel and Yahav (1969) 和 Ibragimov and Has'minskii (1981), 下面的结论说明, 当 $X_1, ..., X_n$ 为 i.i.d. 时, Bayes 估计是渐近有效的.

定理 4.20. 假定定理 4.16 的条件成立. 设 $\pi(\gamma)$ 是 Θ 上关于 Lebesgue 测度的一个先验 p.d.f. (可能是非正常的), 给定 $X_1, ..., X_n$, $p_n(\gamma)$ 是后验 p.d.f., $n = 1, 2, ...$ 假定存在 n_0, 使得对于所有的 $\gamma \in \Theta$, $p_{n_0}(\gamma)$ 是连续的且是正的, $\int p_{n_0}(\gamma)d\gamma = 1$, $\int \|\gamma\| p_{n_0}(\gamma)d\gamma < \infty$. 进一步假设, 对于任意 $\epsilon > 0$, 存在一个 $\delta > 0$ 使得

$$\lim_{n\to\infty} P\left(\sup_{\|\gamma-\theta\|\geqslant\epsilon} \frac{\log \ell(\gamma) - \log \ell(\theta)}{n} > -\delta \right) = 0 \tag{4.88}$$

且

$$\lim_{n\to\infty} P\left(\sup_{\|\gamma-\theta\|\leqslant\delta} \frac{\|\nabla s_n(\gamma) - \nabla s_n(\theta)\|}{n} \geqslant \epsilon \right) = 0, \tag{4.89}$$

其中 $\ell(\gamma)$ 是似然方程, $s_n(\gamma)$ 是计分函数.

(i) 设 $p_n^*(\gamma)$ 是 $\sqrt{n}(\gamma - T_n)$ 的后验 p.d.f., 其中 $T_n = \theta + [I_n(\theta)]^{-1}s_n(\theta)$, θ 是参数真值. 令 $\psi(\gamma)$ 是 $N_k(0, [I_1(\theta)]^{-1})$ 的 p.d.f. 那么

$$\int (1 + \|\gamma\|) \left| p_n^*(\gamma) - \psi(\gamma) \right| d\gamma \to_p 0. \tag{4.90}$$

(ii) 在平方误差损失下, θ 的 Bayes 估计是渐近有效的. ∎

定理 4.20 的证明非常长, 故而被省略掉了; 单变量 θ 情况下的证明可参见 Lehmann (1983, §6.7).

从定理 4.20 可以得到几个结论. 首先, 结论 (4.90) 说明后验 p.d.f. 是近似正态的, 均值为 $\theta+[I_n(\theta)]^{-1}s_n(\theta)$, 协方差矩阵为 $[I_n(\theta)]^{-1}$. 这个结论在 Bayes 计算中很有用, 参见 Berger (1985, §4.9.3). 其次, (4.90) 说明后验分布和它的一阶矩分别收敛到 θ 处的退化分布和其一阶矩, 这说明了 Bayes 估计, 比如后验均值, 的一致性和渐近无偏性. 第三, 平方误差损失下的 Bayes 估计是渐近有效的, 这对之前的建议, Bayes 方法是一种产生估计量有用的方法, 提供了额外的证据. 最后, 此结论的成立不依赖先验, 说明先验的影响随着 n 的增加而下降到可忽略.

除了定理 4.16 的正则性条件之外, 定理 4.20 还需要其他两个重要的正则性条件, (4.88) 和 (4.89). 接下来我们在自然指数族 (例 4.39) 中验证这些条件, 即 $X_1,...,X_n$ 为 i.i.d. 且 p.d.f. 是 (4.79). 因为 $\nabla s_n(\eta)=-n\partial^2\zeta(\eta)/\partial\eta\partial\eta^\tau$, 由 ζ 二阶导数的连续性可得 (4.89). 为了证明 (4.88), 首先考虑单变量 η 的情况. 不失一般性, 我们假定 $\gamma>\eta$. 注意到

$$\frac{\log\ell(\gamma)-\log\ell(\eta)}{n}=\left[\bar{T}-\zeta'(\eta)+\zeta'(\eta)-\frac{\zeta(\gamma)-\zeta(\eta)}{\gamma-\eta}\right](\gamma-\eta),\qquad(4.91)$$

其中 $\bar{T}$ 是 $T(X_1),...,T(X_n)$ 的平均. 因为 $\zeta(\gamma)$ 是严格凸的, 所以 $\gamma>\eta$ 说明了 $\zeta'(\eta)<[\zeta(\gamma)-\zeta(\eta)]/(\gamma-\eta)$. 另外, $\bar{T}\to_{a.s.}\zeta'(\eta)$. 因此, 以趋于 1 的概率, (4.91) 右侧 $(\gamma-\eta)$ 前面的因子是负的. 所以, (4.88) 成立,

$$\delta=\frac{\epsilon}{2}\inf_{\gamma\geqslant\eta+\epsilon}\left[\frac{\zeta(\gamma)-\zeta(\eta)}{\gamma-\eta}-\zeta'(\eta)\right].$$

为了说明如何推广到多元 η 的情况, 考虑双变量 η 的情况. 令 η_j, γ_j 和 ξ_j 分别为 η, γ 和 $\bar{T}-\nabla\zeta(\eta)$ 的第 j 个分量. 假定 $\gamma_1>\eta_1$, $\gamma_2>\eta_2$. 设 ζ_j' 是 ζ 关于 η 的第 j 个分量的导数. 那么 (4.91) 的左侧是

$$(\gamma_1-\eta_1)\xi_1-[\zeta(\eta_1,\gamma_2)-\zeta(\eta_1,\eta_2)-(\gamma_2-\eta_2)\zeta_2'(\eta_1,\eta_2)]$$

和

$$(\gamma_2-\eta_2)\xi_2-[\zeta(\gamma_1,\gamma_2)-\zeta(\eta_1,\gamma_2)-(\gamma_1-\eta_1)\zeta_1'(\eta_1,\eta_2)]$$

的和, 其中后一个量以下面的量为上界:

$$(\gamma_2-\eta_2)\xi_2-[\zeta(\gamma_1,\gamma_2)-\zeta(\eta_1,\gamma_2)-(\gamma_1-\eta_1)\zeta_1'(\eta_1,\gamma_2)],$$

因为 $\zeta_1'(\eta_1,\eta_2)\leqslant\zeta_1'(\eta_1,\gamma_2)$. 证明的其余部分与单变量 η 的情况相同.

当 Bayes 估计在某个具体的先验下有显式时, 通常很容易直接证明 Bayes 估计的渐近有效性. 比如例 4.7 中, θ 的 Bayes 估计是

$$\frac{n\bar{X}+\gamma^{-1}}{n+\alpha-1}=\bar{X}+\frac{\gamma^{-1}-(\alpha-1)\bar{X}}{n+\alpha-1}=\bar{X}+O\left(\frac{1}{n}\right)\ \text{a.s.},$$

其中 $\bar{X}$ 是 θ 的 MLE. 因此, 根据 Slutsky 定理, Bayes 估计是渐近有效的. 对例 4.7 中 Bayes 估计 $\delta_t(X)$ 有类似的结果. 然而, 当 Bayes 估计没有显式且/或先验没有详细指定时, 定理 4.20 很有用. 这样的例子见例 4.40 中的问题 (练习 153 和 154).

4.6 练习

1. 证明下列情况下的先验是共轭先验:

(a) $X_1,...,X_n$ 为 i.i.d. 服从 $N_k(\theta,I_k)$, $\theta\in\mathcal{R}^k$, $\Pi=N_k(\mu_0,\Sigma_0)$ (正态族);

(b) $X_1,...,X_n$ 为 i.i.d. 服从二项分布 $Bi(\theta,k)$, $\theta\in(0,1)$, $\Pi=B(\alpha,\beta)$ (Beta 族);

(c) $X_1,...,X_n$ 为 i.i.d. 服从均匀分布 $U(0,\theta)$, $\theta>0$, $\Pi=Pa(a,b)$ (Pareto 族);

(d) $X_1,...,X_n$ 为 i.i.d. 服从指数分布 $E(0,\theta)$, $\theta>0$, $\Pi=$ 逆 gamma 分布 $\Gamma^{-1}(\alpha,\gamma)$ (随机变量 Y 服从逆 gamma 分布 $\Gamma^{-1}(\alpha,\gamma)$ 当且仅当 Y^{-1} 服从 gamma 分布 $\Gamma(\alpha,\gamma)$);

(e) X_1 服从二项分布 $B_i(p,\theta)$, 其中 p 已知, $\theta=1,2,...$, 且 $\pi=P(\lambda)$ (Poisson 族).

2. 练习 1 中, 在每种情况下求后验均值和方差.

3. 设 $X_1,...,X_n$ 为 i.i.d. 服从 $N(\theta,1)$, 先验为双指数分布 $DE(0,1)$. 求后验均值.

4. 设 $X_1,...,X_n$ 为 i.i.d. 服从均匀分布 $U(0,\theta)$, 其中 $\theta>0$ 未知. θ 的先验为对数正态分布 $LN(\mu_0,\sigma_0^2)$, 其中 $\mu_0\in\mathcal{R}$ 和 $\sigma_0>0$ 是已知常数.

(a) 求 $\vartheta=\log\theta$ 的后验 p.d.f.;

(b) 求 θ 的 r 阶后验矩;

(c) 求使得 θ 后验 p.d.f. 最大的值.

5. 求证, 如果 $T(X)$ 是 $\theta \in \Theta$ 的一个充分统计量, 那么 (4.3) 中的 Bayes 解 $\delta(x)$ 是 $T(x)$ 的函数.

6. 设 $\bar{X}$ 是来自 $N(\theta, \sigma^2)$ 的 n 个 i.i.d. 观测的样本均值, $\sigma > 0$ 已知, $\theta \in \mathcal{R}$ 未知. $\pi(\theta)$ 是 $\mathcal{R}$ 上关于 σ 有限测度的一个先验 p.d.f.

(a) 给定 $\bar{X} = x$, 证明 θ 的后验均值有如下形式

$$\delta(x) = x + \frac{\sigma^2}{n}\frac{d\log(p(x))}{dx},$$

其中 $p(x)$ 是 $\bar{X}$ 的边际 p.d.f., 不依赖 θ;

(b) 将 θ 的后验方差 (给定 $\bar{X} = x$) 表示成 $\log(p(x))$ 关于 x 前两阶导数的函数;

(c) 设先验以概率 $1-\epsilon$ 为 $N(\mu_0, \sigma_0^2)$, 以概率 ϵ 为 μ_1 处的已知质点, 其中 μ_0, μ_1 和 σ_0^2 是已知常数. 求 (a) 中 $p(x)$ 和 $\delta(x)$ 的明确表达式.

7. 设 $X_1, ..., X_n$ 是 i.i.d. 的 0–1 随机变量, $P(X_1 = 1) = p \in (0,1)$. 在损失 $L(p,a) = (p-a)^2/[p(1-p)]$ 下的估计 p 的问题中, 求关于 $[0,1]$ 上均匀先验的 Bayes 解.

8. §2.6 练习 41 中, 在平方误差损失下, 考虑 θ 的估计. 假设 θ 的先验是均匀分布 $U(0,1)$, j 的先验是 $P(j=1) = P(j=2) = \frac{1}{2}$, (θ, j) 的联合先验是两个边际先验的乘积概率. 证明 Bayes 解是

$$\delta(x) = \frac{H(x)B(t+1) + G(t+1)}{H(x)B(t) + G(t)},$$

其中 $x = (x_1, ..., x_n)$ 是观测值向量, $t = x_1 + \cdots + x_n$, $B(t) = \int_0^1 \theta^t(1-\theta)^{n-t}d\theta$, $G(t) = \int_0^1 \theta^t e^{-n\theta}d\theta$, $H(x)$ 是取值范围为 $\{0,1\}$ 的 x 的函数.

9. 损失函数 $L(\theta,a) = w(\theta)[g(\theta)-a]^2$ 下, 在例 4.1 中考虑估计问题, 其中 $w(\theta) \geqslant 0$ 且 $\int_\Theta w(\theta)[g(\theta)]^2 d\Pi < \infty$. 证明 Bayes 解是

$$\delta(x) = \frac{\int_\Theta w(\theta)g(\theta)f_\theta(x)d\Pi}{\int_\Theta w(\theta)f_\theta(x)d\Pi}.$$

10. 设 X 是来自 P_θ 的样本, $\theta \in \Theta \subset \mathcal{R}$. 在损失函数 $L(|\theta - a|)$ 下, 考虑 θ 的估计, 其中 L 是 $[0,\infty)$ 上的递增函数. 给定 $X = x$, $\pi(\theta|x)$ 是 θ 的后验 p.d.f. 假设 $\pi(\theta|x)$ 关于 $\theta_0 \in \Theta$ 对称, 对于 $\theta \leqslant \theta_0$, $\pi(\theta|x)$ 单调不减,

对于 $\theta \geqslant \theta_0$, $\pi(\theta|x)$ 单调不增. 假定所有涉及的积分有限, 证明 $\delta(x)$ 满足 $\pi(\delta|x) = \sup_{\theta\in\Theta} \pi(\theta|x)$ 是 Bayes 解.

11. 设 X 是来自几何分布 $G(p)$ 样本量为 1 的一个样本, $p \in (0, 1]$ 未知. 考虑 p 的估计, $\mathbb{A} = [0, 1]$, 损失函数 $L(p, a) = (p - a)^2/p$.

(a) 证明 δ 是关于先验分布 Π 的 Bayes 解, 当且仅当 $\delta(x) = 1 - \int(1 - p)^x d\Pi(p)/\int(1 - p)^{x-1} d\Pi(p)$, $x = 1, 2, ...$;

(b) 设 δ_0 是一个准则, 使得对于所有的 $x > 1$ 有 $\delta_0(1) = 1/2$ 和 $\delta_0(x) = 0$. 证明 δ_0 是 Bayes 解的极限;

(c) 设 δ_0 是一个准则, 使得对于所有的 $x > 1$ 有 $\delta_0(x) = 0$, $\delta_0(1)$ 任意取值. 证明 δ_0 是广义 Bayes 解.

12. 设 X 是来自 $N(\mu, \sigma^2)$ 的单一观测值, σ^2 已知, $\mu > 0$ 未知. 在平方误差损失和无信息先验 $\Pi = (0, \infty)$ 上的 Lebesgue 测度下, 考虑 μ 的估计. 证明当 $X = x$ 时, $\delta(x) = x + \sigma\Phi'(x/\sigma)/[1 - \Phi(-x/\sigma)]$ 是广义 Bayes 解, 其中 Φ 是标准正态分布的 c.d.f., Φ' 是其导数.

13. 设 X 是来自 P_θ 的一个样本, P_θ 关于 ν 的 p.d.f. 是 $h(x)\exp\{\theta^\tau x - \zeta(\theta)\}$. 设 Π 是 $\Theta = \mathcal{R}^p$ 上的 Lebesgue 测度. 证明损失 $L(\theta, a) = \|E(X) - a\|^2$ 下, 当 $X = x$ 时, 广义 Bayes 解是 $\delta(x) = x$.

14. 设 $X_1, ..., X_n$ 是 i.i.d. 的随机变量, 来自分布有 Lebesgue p.d.f. $\sqrt{2/\pi}e^{-(x-\theta)^2/2}I_{(\theta,\infty)}(x)$, 其中 $\theta \in \mathcal{R}$ 未知. 在平方误差损失下, 当 θ 的 (非正常) 先验是 $\mathcal{R}$ 上的 Lebesgue 测度时, 求广义 Bayes 解.

15. 设 $X_1, ..., X_n$ 为 i.i.d. 服从 $N(\mu, \sigma^2)$, $\pi(\mu, \sigma^2) = \sigma^{-2}I_{(0,\infty)}(\sigma^2)$ 是 $\mathcal{R}^2$ 上关于 Lebesgue 测度 (μ, σ^2) 的一个非正常先验.

(a) 给定 $x = (x_1, ..., x_n)$, 证明 (μ, σ^2) 的后验 p.d.f. 是 $\pi(\mu, \sigma^2|x) = \pi_1(\mu|\sigma^2, x)\pi_2(\sigma^2|x)$, 其中 $\pi_1(\mu|\sigma^2, x)$ 是 $N(\bar{x}, \sigma^2/n)$ 的 p.d.f., $\pi_2(\sigma^2|x)$ 是逆 gamma 分布 $\Gamma^{-1}((n-1)/2, [\sum_{i=1}^n (x_i - \bar{x})^2/2]^{-1})$ (见练习 1(d)) 的 p.d.f.;

(b) 给定 x, 证明 μ 的边际后验 p.d.f. 是 $f\left(\frac{\mu-\bar{x}}{\tau}\right)$, 其中 $\tau^2 = \sum_{i=1}^n (x_i - \bar{x})^2/[n(n-1)]$, f 是 t 分布 t_{n-1} 的 p.d.f.;

(c) 在平方误差损失下估计 μ/σ, 求广义 Bayes 解.

16. 考虑例 3.13. 在平方误差损失下估计 $\theta = \sigma^{-2}\sum_{i=1}^m n_i(\mu_i - \bar{\mu})^2$, 其中 $\bar{\mu} = n^{-1}\sum_{i=1}^m n_i\mu_i$. 对有非正常 Lebesgue 密度 $\pi(\mu_1, ..., \mu_m, \sigma^2) = \sigma^{-2}$

的先验, 求广义 Bayes 解.

17. 设 X 是来自 Lebesgue p.d.f. $e^{-x+\theta}I_{(\theta,\infty)}(x)$ 的单一观测值, 其中 $\theta>0$ 是未知参数. 考虑

$$\vartheta=\begin{cases}j, & \theta\in(j-1,j],\ j=1,2,3,\\ 4, & \theta>3\end{cases}$$

的估计, 其中损失为 $L(i,j)$, $1\leqslant i,j\leqslant 4$, 由下列矩阵给出:

$$\begin{pmatrix}0&1&1&2\\1&0&2&2\\1&2&0&2\\3&3&3&0\end{pmatrix}.$$

当 $X=4$ 时, 先验有 Lebesgue p.d.f. $e^{-\theta}I_{(0,\infty)}(\theta)$, 求 Bayes 解.

18. (Bayes 假设检验). 设 X 是来自 P_θ 的一个样本, 其中 $\theta\in\Theta$. 设 $\Theta_0\subset\Theta$, $\Theta_1=\Theta_0^c$, 即 Θ_0 的余集. 考虑检验问题 $H_0:\theta\in\Theta_0$ 对 $H_1:\theta\in\Theta_1$, 损失为

$$L(\theta,a_i)=\begin{cases}0, & \theta\in\Theta_i,\\ C_i, & \theta\notin\Theta_i,\end{cases}$$

其中 $C_i>0$ 是已知参数, $\{a_0,a_1\}$ 是行动空间. 给定 $X=x$, $\Pi_{\theta|x}$ 是 θ 关于先验分布 Π 的后验分布. 证明 Bayes 解 $\delta(x)=a_1$ 当且仅当 $\Pi_{\theta|x}(\Theta_1)\geqslant C_1/(C_0+C_1)$.

19. 练习 1 的 (b)—(d) 中, 假定先验的参数未知. 运用矩方法, 在平方误差损失下求经验 Bayes 解.

20. 例 4.5 中, 假定关于 μ 的先验中 μ_0 和 σ_0^2 均未知. 设 (μ_0,σ_0^2) 的二阶段联合先验是 $N(a,v^2)$ 和 $(0,\infty)$ 上 Lebesgue 测度的乘积, 其中 a 和 v 已知. 在平方误差损失下, 用一维积分的形式表示多层 Bayes 解.

21. 设 $X_1,...,X_n$ 是来自均匀分布 $U(0,\theta)$ 的 i.i.d. 随机变量, 其中 $\theta>0$ 未知. 设 $\pi(\theta)=ba^b\theta^{-(b+1)}I_{(a,\infty)}(\theta)$ 是关于 Lebesgue 测度的先验 p.d.f., 其中 $b>1$ 已知, 但 $a>0$ 是未知的超参数. 在平方误差损失下, 考虑 θ 的估计.

(a) 在经验 Bayes 方法中运用矩方法, 证明得到的经验 Bayes 解是 $\delta(\hat a)$, 其中 $\delta(a)=\frac{b+n}{b+n-1}\max\{a,X_{(n)}\}$, $\hat a=\frac{2(b-1)}{bn}\sum_{i=1}^n X_i$, $X_{(n)}$ 是最大次序统计量;

(b) 设 $h(a) = a^{-1}I_{(0,\infty)}(a)$ 是 a 的非正常 Lebesgue 先验密度. 求多层广义 Bayes 解.

22. 设 X 是一个样本, 对于任意固定的 $X = x \in A$, $\delta(X)$ 是 Bayes 解, 其中 δ 是可测函数, $\int_\Theta P_\theta(A)d\Pi = 1$. 证明 $\delta(X)$ 是 §2.3.2 中定义的 Bayes 准则.

23. 设 $X_1, ..., X_n$ 是 i.i.d. 随机变量, 其分布有 Lebesgue p.d.f. $f_\theta(x) = \sqrt{2\theta/\pi}e^{-\theta x^2/2}I_{[0,\infty)}(x)$, 其中 $\theta > 0$ 未知. 设 θ 的先验是 gamma 分布 $\Gamma(\alpha,\gamma)$, α 和 γ 已知. 在损失函数 $L(\theta,a) = (a-\theta)^2/\theta$ 下, 求 $f_\theta(0)$ 的 Bayes 估计以及它的 Bayes 风险.

24. 设 X 是来自 $N(\theta,\theta^2)$ 的单一观测值, 考虑关于 Lebesgue 测度的先验 p.d.f. $\pi_\xi(\theta) = c(\alpha,\mu,\tau)|\theta|^{-\alpha}e^{-(\theta^{-1}-\mu)^2/(2\tau^2)}$, 其中 $\xi = (\alpha,\mu,\tau)$ 是超参数向量, $c(\alpha,\mu,\tau)$ 保证了 $\pi_\xi(\theta)$ 是一个 p.d.f.

(a) 确定超参数值上的限制, 使得 $\pi_\xi(\theta)$ 是一个正常先验;

(b) 给定 $X = x$, 证明后验 p.d.f. 是 $\pi_{\xi_*}(\theta)$ 并确定 ξ_*;

(c) 将 $|\theta|$ 的 Bayes 估计及其 Bayes 风险表示成 c 和 ξ_* 的函数, 并写出所需要的对超参数值其他的限制.

25. 设 $X_1, X_2, ...$ i.i.d. 服从指数分布 $E(0,1)$. 假设我们观测到 $T = X_1 + \cdots + X_\theta$, 其中 θ 是未知整数 $\geqslant 1$. 在损失函数为 $L(\theta,a) = (\theta-a)^2/\theta$ 及 θ 的先验为几何分布 $G(p)$ 之下考虑 θ 的估计, 其中 $p \in (0,1)$ 已知.

(a) 证明后验损失期望是

$$E[L(\theta,a)|T=t] = 1 + \xi - 2a + (1-e^{-\xi})a^2/\xi,$$

其中 $\xi = (1-p)t$;

(b) 求 θ 的 Bayes 估计并证明其后验损失期望是 $1 - \xi\sum_{m=1}^\infty e^{-m\xi}$;

(c) 求不以 θ 为条件的 $(1-p)T$ 的边际分布;

(d) 求 (b) 中 Bayes 估计的 Bayes 风险的显式.

26. 证明定理 4.2(ii) 和 (iii).

27. 设 $X_1, ..., X_n$ 是 i.i.d. 的 0–1 随机变量, $P(X_1 = 1) = p \in (0,1)$.

(a) 在损失函数 $(a-p)^2/[p(1-p)]$ 下, 证明 $\bar{X}$ 是 p 的容许估计;

(b) 在平方误差损失下, 证明 $\bar{X}$ 是 p 的容许估计.

28. 设 X 是来自 $N(\mu,1)$ 的一个样本 (样本量为 1). 在损失函数 $L(\mu,a)=|\mu-a|$ 下, 考虑 μ 的估计. 证明 X 是容许估计.

29. 练习 1 中, 在每种情况下, 考虑对应参数的后验均值作为 Bayes 估计.

(a) 证明 Bayes 估计的偏差收敛到 0, 若 $n\to\infty$;

(b) 证明 Bayes 估计是一致的;

(c) 讨论 Bayes 估计是否是容许的.

30. 设 $X_1,...,X_n$ 是 i.i.d. 的 0–1 随机变量, $P(X_1=1)=p\in(0,1)$.

(a) 在平方误差损失下, 关于 $\Pi=$ beta 分布 $B(\alpha,\beta)$, α 和 β 已知, 求 $p(1-p)$ 的 Bayes 估计;

(b) 比较 (a) 中的 Bayes 估计和 $p(1-p)$ 的 UMVUE;

(c) 讨论 (a) 中 Bayes 估计的偏差, 一致性和容许性;

(d) 设 $\pi(p)=[p(1-p)]^{-1}I_{(0,1)}(p)$ 是 p 的非正常 Lebesgue 先验密度; 给定 $X_1,...,X_n$, 证明 p 的后验是一个 p.d.f., 若样本均值 $\bar{X}\in(0,1)$;

(e) 在平方误差损失下, 求关于 (d) 中非正常先验 $p(1-p)$ 的广义 Bayes 估计.

31. 设 X 是来自负二项分布 $NB(p,r)$ 的一个观测值, 其中 r 已知, $p\in(0,1)$ 未知.

(a) 在平方误差损失下, 关于 $\Pi=$ beta 分布 $B(\alpha,\beta)$, α 和 β 已知, 求 p 和 p^{-1} 的 Bayes 估计;

(b) 证明 (a) 中的 Bayes 估计是一致的, 当 $r\to\infty$ 时.

32. 例 4.7 中, 证明

(a) $\bar{X}$ 是 θ 关于非正常先验 $\frac{d\Pi}{d\omega}=I_{(0,\infty)}(\omega)$ 的广义 Bayes 估计, 且是 Bayes 估计的极限 (当 $\alpha\to 1$ 和 $\gamma\to\infty$ 时);

(b) 在 $\alpha>2$ 下 Bayes 估计 θ 是容许的;

(c) 在 $\alpha<2$ 下 Bayes 估计 θ 是不容许的. (与定理 4.2(i) 矛盾吗?)

33. 考虑例 4.8. 在平方误差损失下, 证明样本均值 $\bar{X}$ 是 μ 的广义 Bayes 估计, 并利用 (a) 定理 4.3 和 (b) 例 4.6 的结论, 证明 $\bar{X}$ 是容许的.

34. 设 X 是来自 gamma 分布 $\Gamma(\alpha,\theta)$ 的一个观测值, α 已知, $\theta>0$ 未知. 在平方误差损失下, 用定理 4.3 证明 $X/(\alpha+1)$ 是 θ 的一个容许估计.

35. 设 $X_1, ..., X_n$ i.i.d. 服从均匀分布 $U(\theta, \theta+1)$, $\theta \in \mathcal{R}$. 在平方误差损失下, 考虑 θ 的估计.

(a) 设 $\pi(\theta)$ 是 $\mathcal{R}$ 上一个连续且正的 Lebesgue p.d.f. 求关于先验 π 的 Bayes 估计并证明它是 θ 的一个一致估计;

(b) 证明 $(X_{(1)} + X_{(n)} - 1)/2$ 是 θ 的一个容许估计并求其风险, 其中 $X_{(j)}$ 是第 j 个次序统计量.

36. 考虑正态线性模型 $X = N_n(Z\beta, \sigma^2 I_n)$, 其中 Z 是已知的 $n \times p$ 满秩矩阵, $p < n$, $\beta \in \mathcal{R}^p$, $\sigma^2 > 0$.

(a) 假定 σ^2 已知, β 的先验分布是 $N_p(\beta_0, \sigma^2 V)$, $\beta_0 \in \mathcal{R}^p$ 已知且 V 是已知的正定矩阵, 求 β 的后验分布; 在平方误差损失下, 求 $l^\tau \beta$ 的 Bayes 估计, 其中 $l \in \mathcal{R}^p$ 已知;

(b) 假定 $Z^\tau Z$ 的最小特征根 $\to \infty$, 证明 (a) 中的 Bayes 估计是容许的且一致的, 当 $n \to \infty$ 时;

(c) 当 σ^2 未知且有逆 gamma 分布 $\Gamma^{-1}(\alpha, \gamma)$ (见练习 1(d)), 其中 α 和 γ 已知, 重复 (a) 和 (b);

(d) 在 (c) 中, 在平方误差损失下, 求 σ^2 和 $l^\tau \beta/\sigma$ 的 Bayes 估计并证明它们在 (b) 的条件下是一致的.

37. 例 4.9 中, 假设 ε_{ij} 有 Lebesgue p.d.f.

$$\kappa(\delta)\sigma_i^{-1} \exp\left\{-c(\delta)|x/\sigma_i|^{2/(1+\delta)}\right\},$$

其中

$$c(\delta) = \left[\frac{\Gamma\left(\frac{3(1+\delta)}{2}\right)}{\Gamma\left(\frac{1+\delta}{2}\right)}\right]^{\frac{1}{1+\delta}}, \quad \kappa(\delta) = \frac{\left[\Gamma\left(\frac{3(1+\delta)}{2}\right)\right]^{1/2}}{(1+\delta)\left[\Gamma\left(\frac{1+\delta}{2}\right)\right]^{3/2}},$$

$-1 < \delta \leqslant 1$, $\sigma_i > 0$.

(a) 假定 δ 已知. 令 $\omega_i = c(\delta)\sigma_i^{-2/(1+\delta)}$, 在平方误差损失和与例 4.9 中相同的先验下, 证明 σ_i^2 的 Bayes 估计是

$$q_i(\delta) \int \left[\frac{1}{\gamma} + \sum_{j=1}^{n_i} |x_{ij} - \beta^\tau Z_i|^{2/(1+\delta)}\right]^{1+\delta} f(\beta|x,\delta) d\beta,$$

其中 $q_i(\delta) = [c(\delta)]^{1+\delta}\Gamma\left(\frac{1+\delta}{2}n_i + \alpha - \delta\right)/\Gamma\left(\frac{1+\delta}{2}n_i + \alpha + 1\right)$ 且

$$f(\beta|x,\delta) \propto \pi(\beta) \prod_{i=1}^{k} \left[\frac{1}{\gamma} + \sum_{j=1}^{n_i} |x_{ij} - \beta^\tau Z_i|^{2/(1+\delta)}\right]^{-(\alpha+1+\frac{1+\delta}{2}n_i)};$$

(b) 假定 δ 有先验 p.d.f. $f(\delta)$, 给定 δ, ω_i 仍旧有 (a) 中相同的先验. 求 σ_i^2 的 Bayes 估计 (与 (a) 中类似) 的公式.

38. 假设我们有观测

$$X_{ij} = \mu_i + \varepsilon_{ij}, \quad i = 1, ..., k,\ j = 1, ..., m,$$

其中所有 ε_{ij} i.i.d. 服从 $N(0, \sigma_\varepsilon^2)$, μ_i i.i.d. 服从 $N(\mu, \sigma_\mu^2)$, 所有 ε_{ij} 与 μ_i 相互独立. 假设 σ_ε^2 的分布是逆 gamma 分布 $\Gamma^{-1}(\alpha_1, \beta_1)$ (见练习 1(d)); σ_μ^2 的分布是逆 gamma 分布 $\Gamma^{-1}(\alpha_2, \beta_2)$; μ 的分布是 $N(\mu_0, \sigma_0^2)$; σ_ε, σ_μ 与 μ 相互独立. 描述 Gibbs 抽样并求下列的显式

(a) μ 的分布, 给定 X_{ij}, μ_i, σ_ε^2 和 σ_μ^2;

(b) μ_i 的分布, 给定 X_{ij}, μ, σ_ε^2 和 σ_μ^2;

(c) σ_ε^2 的分布, 给定 X_{ij}, μ_i, μ 和 σ_μ^2;

(d) σ_μ^2 的分布, 给定 X_{ij}, μ_i, μ 和 σ_ε^2.

39. 证明 (4.16).

40. 考虑 Lebesgue p.d.f. $p(y) \propto (2+y)^{125}(1-y)^{38}y^{34}I_{(0,1)}(y)$. 利用 Metropolis 核 $q(y, z) = N(y, r^2)$ 的 p.d.f., y 给定, 产生长度为 10,000 的马尔可夫链并计算 $\int yp(y)dy$ 的近似值, 其中 (a) $r = 0.001$; (b) $r = 0.05$; (c) $r = 0.12$.

41. 对于方差和风险的情况, 证明命题 4.4.

42. 在定理 4.5 的证明中, 证明, 如果 L 是 (严格) 凸的但不是单调的, 那么 $E[L(T_0(x) - a)|D = d]$ 是 (严格) 凸的但不是关于 a 单调的.

43. 证明定理 4.5(iii).

44. 在定理 4.5 的条件下, 损失函数 $L(\mu, a) = |\mu - a|$, 当 $\mu = 0$ 时, 在给定 $D = d$ 后 X 的条件分布下, 证明定理 4.5 中的 $u_*(d)$ 是 $T_0(X)$ 的任意中位数 (§2.6 练习 92).

45. 证明, 如果存在均值有限的 μ 的位置不变估计 T_0, 那么对于任意位置不变估计 T, $E_0[T(X)|D = d]$ 是有限的 a.s. $\mathcal{P}$.

46. 在平方误差损失下, 证明 (4.21).

47. 练习 14 中, 在平方误差损失下, 求 θ 的 MRIE.

48. 例 4.12 中,

(a) 在绝对误差损失 $L(\mu-a)=|\mu-a|$ 下, 证明 $X_{(1)}-\theta\log 2/n$ 是 μ 的 MRIE;

(b) 在损失函数 $L(\mu-a)=I_{(t,\infty)}(|\mu-a|)$ 下, 证明 $X_{(1)}-t$ 是 μ 的 MRIE.

49. 例 4.13 中, 证明 T_* 也是 μ 的 MRIE, 如果损失函数是凸的偶函数. (提示: 给定 D, $T_*(X)$ 的分布仅依赖 $X_{(n)}-X_{(1)}$, 且当 $\mu=0$ 时是关于 0 对称的.)

50. 设 $X_1,...,X_n$ i.i.d. 服从双指数分布 $DE(\mu,1)$, $\mu\in\mathcal{R}$ 未知. 在平方误差损失下, 求 μ 的 MRIE. (提示: 对于 $x_1<\cdots<x_n$ 和 $x_k<t<x_{k+1}$, $\sum_{i=1}^n|x_i-t|=\sum_{i=k+1}^n x_i-\sum_{i=1}^k x_i+(2k-n)t$.)

51. 例 4.11 中, 在损失函数

$$L(\mu-a)=\begin{cases}-\alpha(\mu-a), & \mu<a,\\ \beta(\mu-a), & \mu\geqslant a\end{cases}$$

下求 μ 的 MRIE, 其中 α 和 β 是正常数. (提示: 证明, 如果 Y 是一个随机变量有 c.d.f. F, 那么对于任意满足 $F(u)=\beta/(\alpha+\beta)$ 的 u, $E[L(Y-u)]$ 达到最小值.)

52. 设 T 是单参数位置问题中 μ 的一个位置不变估计. 在平方误差损失下, 证明 T 是 MRIE 当且仅当 T 是无偏的, 且对于任意的 c, 任意满足 $U(x_1+c,...,x_n+c)=U(x)$ 的 $U(X)$ 有 $E[T(X)U(X)]=0$, 以及对于任意的 μ, $E[U(X)]=0$, $\mathrm{Var}(U)<\infty$.

53. 假定定理 4.6 的条件. 设 T 是 μ 的一个充分统计量. 证明 Pitman 估计是 T 的函数.

54. 证明命题 4.5, 定理 4.7 和 4.8 及推论 4.1.

55. 在定理 4.8 的条件下, 损失函数为 (4.24), $p=1$, 证明 $u_*(z)$ 是任意满足

$$\int_0^c xdP_{x|z}=\int_c^\infty xdP_{x|z}$$

的常数 $c>0$, 其中 $P_{x|z}$ 是当 $\sigma=1$ 时给定 $Z=z$ 下 X 的条件分布.

56. 例 4.15 中, 当损失由 (4.24) 给出, $p=1$, 证明 MRIE 是 $2^{(n+1)^{-1}}X_{(n)}$.

57. 设 $X_1, ..., X_n$ i.i.d. 服从指数分布 $E(0,\theta)$, $\theta > 0$ 未知.

(a) 在损失 (4.24) 下, $p = 2$, 求 θ 的 MRIE;

(b) 在损失 (4.24) 下, $p = 1$, 求 θ 的 MRIE;

(c) 在损失 (4.24) 下, $p = 2$, 求 θ^2 的 MRIE.

58. 设 $X_1, ..., X_n$ i.i.d. 有 Lebesgue p.d.f. $(2/\sigma)[1-(x/\sigma)]I_{(0,\sigma)}(x)$, 其中 $\sigma > 0$ 是未知尺度参数. 求 σ^h 的 Pitman 估计, $n = 2, 3$ 和 4.

59. 设 $X_1, ..., X_n$ i.i.d. 服从 Pareto 分布 $Pa(\sigma,\alpha)$, 其中 $\sigma > 0$ 是未知参数, $\alpha > 2$ 已知. 损失函数为 (4.24), $p = 2$, 求 σ 的 MRIE.

60. 假定样本 X 的联合 Lebesgue p.d.f. 由 (4.25) 给出. 证明, 在位置尺度变换 $g_{c,r}(X) = (rX_1 + c, ..., rX_n + c)$ 下, $r > 0$, $c \in \mathcal{R}$, 估计 μ 的损失函数是不变的, 当且仅当它形如 $L\left(\frac{a-\mu}{\sigma}\right)$.

61. 证明命题 4.6、定理 4.9 和推论 4.2.

62. 设 $X_1, ..., X_n$ i.i.d. 服从指数分布 $E(\mu,\sigma)$, 其中 $\mu \in \mathcal{R}$ 和 $\sigma > 0$ 未知.

(a) 在损失 (4.24) 下, $p = 1$ 或 2, 求 σ 的 MRIE;

(b) 在损失函数 $(a-\mu)^2/\sigma^2$ 下, 求 μ 的 MRIE;

(c) 计算 (b) 中 μ 的 MRIE 的偏差.

63. 假设 X 和 Y 是两个样本, p.d.f. 由 (4.30) 给出.

(a) 假设 $\mu_x = \mu_y = 0$, 考虑 $\eta = (\sigma_y/\sigma_x)^h$ 的估计, $h \neq 0$ 固定, 损失为 $L(a/\eta)$. 证明这个问题在变换 $g(X,Y) = (rX, r'Y)$ 下是不变的, $r > 0$, $r' > 0$. 将命题 4.5、定理 4.8 和推论 4.1 推广到这个问题;

(b) 将 (a) 中的结论推广到变换 (4.31) 下且 μ_x 和 μ_y 未知的情况.

64. 在之前练习 (a) 的条件下, 损失函数为 $(a-\eta)^2/\eta^2$, 在以下情况中求 η 的 MRIE:

(a) $m = n = 1$, X 与 Y 相互独立, X 服从 gamma 分布 $\Gamma(\alpha_x,\gamma)$, α_x 已知, $\gamma = \sigma_x > 0$ 未知, Y 服从 gamma 分布 $\Gamma(\alpha_y,\gamma)$, α_y 已知, $\gamma = \sigma_y > 0$ 未知;

(b) X 服从 $N_m(0,\sigma_x^2 I_m)$, Y 服从 $N_n(0,\sigma_y^2 I_n)$, X 与 Y 相互独立;

(c) X 与 Y 相互独立, X 的分量 i.i.d. 服从均匀分布 $U(0,\sigma_x)$, Y 的分量 i.i.d. 服从均匀分布 $U(0,\sigma_y)$.

65. 设 $X_1, ..., X_m$ 和 $Y_1, ..., Y_n$ 是两个独立的样本, 其中 $X_1, ..., X_m$ i.i.d. 来自 p.d.f. $\sigma_x^{-1} f\left(\frac{x-\mu_x}{\sigma_x}\right)$, $\mu_x \in \mathcal{R}$, $\sigma_x > 0$; $Y_1, ..., Y_n$ i.i.d. 来自 p.d.f. $\sigma_y^{-1} f\left(\frac{x-\mu_y}{\sigma_y}\right)$, $\mu_y \in \mathcal{R}$, $\sigma_y > 0$. 在损失函数 $(a-\eta)^2/\eta^2$ 下, 变换为 (4.31), 求 $\eta = \sigma_y/\sigma_x$ 的 MRIE, 当

(a) f 是 $N(0,1)$ 的 p.d.f.;

(b) f 是指数分布 $E(0,1)$ 的 p.d.f.;

(c) f 是均匀分布 $U\left(-\frac{1}{2}, \frac{1}{2}\right)$ 的 p.d.f.;

(d) (a)—(c) 中, 假定 $\sigma_x = \sigma_y = \sigma$, 损失函数为 $(a-\Delta)^2/\sigma^2$, 求 $\Delta = \mu_y - \mu_x$ 的 MRIE.

66. 考虑一般线性模型 (3.25), 假定 $\varepsilon_1, ..., \varepsilon_n$ i.i.d. 有 p.d.f. $\sigma^{-1} f(x/\sigma)$, 其中 f 是已知的 Lebesgue p.d.f.

(a) 证明总体分布族在变换 (4.32) 下是不变的;

(b) 设损失函数为 $L\left(\frac{a-l^\tau\beta}{\sigma}\right)$, 证明 $l^\tau\beta$ 的估计是不变的, $l \in \mathcal{R}(Z)$;

(c) 证明 LSE $l^\tau\hat{\beta}$ 是 $l^\tau\beta$ 的不变估计, $l \in \mathcal{R}(Z)$;

(d) 证明定理 4.10.

67. 例 4.18 中, 设 T 是 p 的随机估计, 以概率 $n/(n+1)$ 为 $\bar{X}$, 以概率 $1/(n+1)$ 为 $\frac{1}{2}$. 证明 T 存在常数风险且比 $\bar{X}$ 的最大风险小.

68. 设 X 是来自几何分布 $G(p)$ 的一个单一样本, $p \in (0,1)$ 未知. 在损失函数 $(a-p)^2/[p(1-p)]$ 下, 证明 $I_{\{1\}}(X)$ 是 p 的最小最大估计.

69. 例 4.19 中, 当损失函数为 $(a-\mu)^2/\sigma^2$, $\Theta = \mathcal{R} \times (0,\infty)$ 时, 证明 $\bar{X}$ 是 μ 的最小最大估计.

70. 设 T 是平方误差损失下 ϑ 的一个最小最大 (或容许的) 估计. 证明 $c_1T + c_0$ 是平方误差损失下 $c_1\vartheta + c_0$ 的一个最小最大 (或容许的) 估计, 其中 c_1 和 c_0 是常数.

71. 设 X 是来自 P_θ 的一个样本, $\theta = (\theta_1, \theta_2)$ 未知, 其中 $\theta_j \in \Theta_j$, $j = 1, 2$, Π_2 是 Θ_2 上的概率测度. 假设估计量 T_0 使 $\sup_{\theta_1 \in \Theta_1} \int R_T(\theta) d\Pi_2(\theta_2)$ 对所有估计量 T 来说达到最小值, 且满足 $\sup_{\theta_1 \in \Theta_1} \int R_{T_0}(\theta) d\Pi_2(\theta_2) = \sup_{\theta_1 \in \Theta_1, \theta_2 \in \Theta_2} R_{T_0}(\theta)$. 证明 T_0 是一个最小最大估计.

72. 设 $X_1, ..., X_m$ i.i.d. 服从 $N(\mu_x, \sigma_x^2)$, $Y_1, ..., Y_n$ i.i.d. 服从 $N(\mu_y, \sigma_y^2)$. 假定 $X_1, ..., X_m$ 与 $Y_1, ..., Y_n$ 相互独立. 在平方误差损失下, 考虑 $\Delta = \mu_y - \mu_x$ 的估计.

(a) 当 σ_x 和 σ_y 已知时, 证明 $\bar{Y} - \bar{X}$ 是 Δ 的最小最大估计, 其中 $\bar{X}$ 和 $\bar{Y}$ 分别是基于 $X_1, ..., X_m$ 和 $Y_1, ..., Y_n$ 的样本均值;

(b) 当 $\sigma_x \in (0, c_x]$ 和 $\sigma_y \in (0, c_y]$ 时, 证明 $\bar{Y} - \bar{X}$ 是 Δ 的最小最大估计, 其中 c_x 和 c_y 是常数.

73. 考虑一般线性模型 (3.25) 满足假定 A1. 在平方误差损失下, 考虑 $l^\tau \beta$ 的估计, 其中 $l \in \mathcal{R}(Z)$. 证明 LSE $l^\tau \hat{\beta}$ 是最小最大的, 若 $\sigma^2 \in (0, c]$, c 是常数.

74. 设 X 是一随机变量, 服从超几何分布 $HG(r, \theta, N - \theta)$ (表 1.1), N 和 r 已知, θ 未知. 在平方误差损失下考虑 θ/N 的估计.

(a) 证明估计量 $T(X) = \alpha X/r + \beta$ 的风险函数是常数, 其中 $\alpha = \{1 + \sqrt{(N - r)/[r(N - 1)]}\}^{-1}$, $\beta = (1 - \alpha)/2$;

(b) 证明 (a) 中的 T 是 θ/N 的最小最大估计, 也是关于先验

$$\Pi(\{\theta\}) = \frac{\Gamma(2c)}{[\Gamma(c)]^2} \int_0^1 \binom{N}{\theta} t^{\theta+c-1}(1-t)^{N-\theta+c-1} dt, \quad \theta = 1, ..., N,$$

的 Bayes 估计, 其中 $c = \beta/(\alpha/r - 1/N)$.

75. 设 X 是来自 $N(\mu, 1)$ 的单一观测值, μ 的非正常 Lebesgue 先验密度是 $\pi(\mu) = e^\mu$. 在平方误差损失下, 证明 μ 的广义 Bayes 估计是 $X + 1$, 它既不是最小最大的也不是容许的.

76. 设 X 是一随机变量, 服从泊松分布 $P(\theta)$, $\theta > 0$ 未知. 在平方误差损失下, 考虑 θ 的估计.

(a) 对于任意估计量 $T = T(X)$, 证明 $\sup_\theta R_T(\theta) = \infty$;

(b) 设 $\Im = \{aX + b : a \in \mathcal{R}, b \in \mathcal{R}\}$. 证明 0 是 θ 的一个 $\Im$ 容许估计.

77. 设 $X_1, ..., X_n$ i.i.d. 服从指数分布 $E(a, \theta)$, θ 已知, $a \in \mathcal{R}$ 未知. 在平方误差损失下, 证明 $X_{(1)} - \theta/n$ 是 a 唯一的最小最大估计.

78. 设 $X_1, ..., X_n$ i.i.d. 服从均匀分布 $U(\mu - \frac{1}{2}, \mu + \frac{1}{2})$, $\mu \in \mathcal{R}$ 未知. 在平方误差损失下, 证明 $(X_{(1)} + X_{(n)})/2$ 是 μ 唯一的最小最大估计.

79. 设 $X_1, ..., X_n$ i.i.d. 服从双指数分布 $DE(\mu, 1)$, $\mu \in \mathcal{R}$ 未知. 在平方误差损失下, 求 μ 的一个最小最大估计.

80. 考虑例 4.7. 证明, 在平方误差损失下, 对于任意的常数 $b \geqslant 0$, $(n\bar{X} + b)/(n+1)$ 是 θ 的一个容许估计; 在损失函数 $L(\theta, a) = (a-\theta)^2/\theta^2$ 下, 证明 $n\bar{X}/(n+1)$ 是 θ 的最小最大估计.

81. 设 $X_1, ..., X_n$ 是 i.i.d. 的 0–1 随机变量, $P(X_1 = 1) = p \in (0, 1)$. 在平方误差损失下, 考虑 p 的估计. 利用定理 4.14, 证明 $\bar{X}$ 和 $(\bar{X}+\gamma\lambda)/(1+\lambda)$ 是容许的, $\lambda > 0$ 且 $0 \leqslant \gamma \leqslant 1$.

82. 设 X 是一个单一观测值. 利用定理 4.14, 求 α 和 β 的值, 使得 $\alpha X + \beta$ 在平方误差损失下对于估计 EX 是容许的, 当

(a) X 服从泊松分布 $P(\theta)$, $\theta > 0$ 未知;

(b) X 服从负二项分布 $NB(p, r)$, r 已知, $p \in (0, 1)$ 未知.

83. 设 X 是一个单一观测值, 有 Lebesgue p.d.f. $\frac{1}{2}c(\theta)e^{\theta x - |x|}$, $|\theta| < 1$.

(a) 证明 $c(\theta) = 1 - \theta^2$;

(b) 证明, 如果 $0 \leqslant \alpha \leqslant \frac{1}{2}$, 那么 $\alpha X + \beta$ 在平方误差损失下对于估计 $E(X)$ 是容许的.

84. 设 X 是来自离散 p.d.f. $f_\theta(x) = [x!(1-e^{-\theta})]^{-1}\theta^x e^{-\theta} I_{\{1,2,...\}}(x)$ 的一个单一观测值, 其中 $\theta > 0$ 未知. 在平方误差损失下, 考虑 $\vartheta = \theta/(1-e^{-\theta})$ 的估计.

(a) 证明估计 X 是容许的;

(b) 证明 X 不是最小最大的, 除非 $\sup_\theta R_T(\theta) = \infty$ 对于任意估计 $T = T(X)$ 成立;

(c) 找一个损失函数, 使得 X 是最小最大的且容许的.

85. 例 4.23 中, 在损失函数 (4.37) 下, 求 $\theta = (p_1, ..., p_k)$ 的 UMVUE.

86. 设 X 是来自 P_θ 的一个样本, $\theta \in \Theta \subset \mathcal{R}^p$. 考虑 θ 的估计, 损失为 $(\theta - a)^\tau Q(\theta - a)$, 其中 $a \in \mathbb{A} = \Theta$, Q 是已知的正定矩阵. 证明 Bayes 解就是后验均值 $E(\theta|X = x)$, 假定所有涉及的积分有限.

87. 例 4.24 中, 损失函数为 (4.37), 证明 X 是 θ 的 MRIE, 如果

(a) $f(x-\theta) = \prod_{j=1}^p f_j(x_j - \theta_j)$, 其中每个 f_j 是一个已知的 Lebesgue p.d.f., 均值为 0;

(b) $f(x-\theta)=f(\|x-\theta\|)$ 且 $\int xf(\|x\|)dx=0$.

88. 在损失函数 (4.37) 下, 证明例 4.25 中的 X 是 θ 的一个最小最大估计.

89. 设 $X_1,...,X_k$ 是独立的随机变量, 其中 X_i 服从二项分布 $Bi(p_i,n_i)$, $p_i\in(0,1)$ 未知, n_i 已知. 在损失 (4.37) 下估计 $\theta=(p_1,...,p_k)$, 求 θ 的最小最大估计, 并判断它是否是容许的.

90. 证明 (4.42) 中的风险函数当 $\|\theta\|\to\infty$ 时趋于 p.

91. 假设 X 服从 $N_p(\theta,I_p)$. 考虑 θ 的估计, 损失函数为 $(a-\theta)^\tau Q(a-\theta)$, 其中 $p\times p$ 矩阵 Q 是正定的. 证明估计

$$\delta_{c,r}^Q=X-\frac{r(p-2)}{\|Q^{-1/2}(X-c)\|^2}Q^{-1}(X-c)$$

的风险等于

$$\operatorname{tr}(Q)-(2r-r^2)(p-2)^2E(\|Q^{-1/2}(X-c)\|^{-2}).$$

92. 证明, 在损失函数 (4.37) 下, (4.45) 中 $\tilde{\delta}_{c,r}$ 的风险由 (4.46) 给出.

93. 假设 X 服从 $N_p(\theta,V)$, $p\geqslant 4$. 在损失函数 (4.37) 下, 考虑 θ 的估计.

(a) 若 $V=I_p$, 证明 (4.48) 中估计的风险是 $p-(p-3)^2E(\|X-\bar{X}J_p\|^{-2})$;

(b) 若 $V=\sigma^2D$, $\sigma^2>0$ 未知, 矩阵 D 已知, 证明对于任意 θ 和 σ^2, (4.49) 中估计的风险函数比 X 的小.

94. 设 X 是来自 p.d.f. f_θ 的一个样本, $T(X)$ 是 θ 的充分统计量. 证明, 如果 MLE 存在, 那么它是 T 的函数, 但对于 θ 可能不是充分的.

95. 设 $\{f_\theta:\theta\in\Theta\}$ 是关于 σ 有限测度的一族 p.d.f., 其中 $\Theta\subset\mathcal{R}^k$; h 是 Θ 到 $\Lambda\subset\mathcal{R}^p$ 的一个 Borel 函数, $1\leqslant p\leqslant k$; 设 $\tilde{\ell}(\lambda)=\sup_{\theta:h(\theta)=\lambda}\ell(\theta)$ 是变换过的参数 λ 的似然函数. 证明, 如果 $\hat{\theta}\in\Theta$ 是 θ 的 MLE, 那么 $\hat{\lambda}=h(\hat{\theta})$ 使 $\tilde{l}(\lambda)$ 达到最大.

96. 设 $X_1,...,X_n$ 为 i.i.d. 有 p.d.f. f_θ. 求下列各种情况下 θ 的 MLE.

(a) $f_\theta(x)=\theta^{-1}I_{\{1,\ldots,\theta\}}(x)$, θ 是介于 1 和 θ_0 之间的一个整数;

(b) $f_\theta(x)=e^{-(x-\theta)}I_{(\theta,\infty)}(x)$, $\theta>0$;

(c) $f_\theta(x)=\theta(1-x)^{\theta-1}I_{(0,1)}(x)$, $\theta>1$;

(d) $f_\theta(x)=\frac{\theta}{1-\theta}x^{(2\theta-1)/(1-\theta)}I_{(0,1)}(x)$, $\theta\in(\frac{1}{2},1)$;

(e) $f_\theta(x) = 2^{-1}e^{-|x-\theta|}$, $\theta \in \mathcal{R}$;

(f) $f_\theta(x) = \theta x^{-2} I_{(\theta,\infty)}(x)$, $\theta > 0$;

(g) $f_\theta(x) = \theta^x(1-\theta)^{1-x} I_{\{0,1\}}(x)$, $\theta \in [\frac{1}{2}, \frac{3}{4}]$;

(h) $f_\theta(x)$ 是 $N(\theta, \theta^2)$ 的 p.d.f., $\theta \in \mathcal{R}$, $\theta \neq 0$;

(i) $f_\theta(x)$ 是指数分布 $E(\mu, \sigma)$ 的 p.d.f., $\theta = (\mu, \sigma) \in \mathcal{R} \times (0, \infty)$;

(j) $f_\theta(x)$ 是对数正态分布 $LN(\mu, \sigma^2)$ 的 p.d.f., $\theta = (\mu, \sigma^2) \in \mathcal{R} \times (0, \infty)$;

(k) $f_\theta(x) = I_{(0,1)}(x)$, 若 $\theta = 0$; $f_\theta(x) = (2\sqrt{x})^{-1} I_{(0,1)}(x)$, 若 $\theta = 1$;

(l) $f_\theta(x) = \beta^{-\alpha}\alpha x^{\alpha-1} I_{(0,\beta)}(x)$, $\theta = (\alpha, \beta) \in (0, \infty) \times (0, \infty)$;

(m) $f_\theta(x) = \binom{\theta}{x} p^x (1-p)^{\theta - x} I_{\{0,1,\dots,\theta\}}(x)$, $\theta = 1, 2, \dots$, 其中 $p \in (0,1)$ 已知;

(n) $f_\theta(x) = \frac{1}{2}(1-\theta^2)e^{\theta x - |x|}$, $\theta \in (-1, 1)$.

97. 练习 14 中, 当 (a) $\theta \in \mathcal{R}$ 和 (b) $\theta \leqslant 0$ 时, 求 θ 的 MLE.

98. 假设 n 个观测值取自 $N(\mu, 1)$, μ 未知. 我们不记录所有的观测值, 而是只记录观测值是否小于 0. 求 μ 的 MLE.

99. §2.6 练习 43 中, 求 θ 的 MLE.

100. 设 $(Y_1, Z_1), \dots, (Y_n, Z_n)$ 是 i.i.d. 的随机 2 维向量, Y_1 和 Z_1 相互独立且分别服从指数分布 $E(0, \lambda)$ 和 $E(0, \mu)$, 其中 $\lambda > 0$ 且 $\mu > 0$.

(a) 求 (λ, μ) 的 MLE;

(b) 假设我们只观测到 $X_i = \min\{Y_i, Z_i\}$ 和 $\Delta_i = 1$ 若 $X_i = Y_i$, $\Delta_i = 0$ 若 $X_i = Z_i$. 求 (λ, μ) 的 MLE.

101. 例 4.33 中, 证明似然方程几乎必然存在唯一解, 就是 $\theta = (\alpha, \gamma)$ 的 MLE. 在这个例子中, 求迭代方程 (4.53). 讨论在这个例子中如何运用 Fisher-scoring 方法.

102. 设 $X_1, \dots, X_n$ i.i.d. 来自练习 84 中的离散 p.d.f., $\theta > 0$ 未知. 证明, 当样本均值 > 1 时, 似然方程有唯一的根, 并说明这个根是 θ 的 MLE.

103. 设 $X_1, \dots, X_n$ i.i.d. 服从 logistic 分布 $LG(\mu, \sigma)$ (表 1.2).

(a) 当 $\mu \in \mathcal{R}$ 和 σ 已知时, 说明如何求 μ 的 MLE;

(b) 当 $\sigma > 0$ 和 μ 已知时, 说明如何求 σ 的 MLE.

104. 设 $(X_1,Y_1),...,(X_n,Y_n)$ i.i.d. 服从二维正态分布, $E(X_1)=E(Y_1)=0$, $\mathrm{Var}(X_1)=\mathrm{Var}(Y_1)=1$, 相关系数 $\rho\in(-1,1)$ 未知. 证明似然方程是 ρ 的三次方程, 且当 $n\to\infty$ 时, 它有唯一根的概率趋于 1.

105. 设 $X_1,...,X_n$ i.i.d. 服从 Weibull 分布 $W(\alpha,\theta)$ (表 1.2), $\alpha>0$ 和 $\theta>0$ 为未知参数. 证明似然方程等价于 $h(\alpha)=n^{-1}\sum_{i=1}^n\log x_i$ 和 $\theta=n^{-1}\sum_{i=1}^n x_i^\alpha$, 其中 $h(\alpha)=(\sum_{i=1}^n x_i^\alpha)^{-1}\sum_{i=1}^n x_i^\alpha\log x_i-\alpha^{-1}$, 且似然方程有唯一解.

106. 考虑例 3.17 中的随机效应模型. 假定 $\mu=0$, 且对于所有的 i 有 $n_i=n_0$. 给出对 X_{ij} 的条件, 使得 (σ_a^2,σ^2) 存在唯一的 MLE, 并求此 MLE.

107. 设 $X_1,...,X_n$ i.i.d. 有 p.d.f. $\theta f(\theta x)$, 其中 f 是 $(0,\infty)$ 上的或是 $\mathcal{R}$ 上关于 0 对称的 Lebesgue p.d.f., $\theta>0$ 是未知参数. 证明似然方程有唯一解, 若 $xf'(x)/f(x)$ 关于 x 连续且在 $x>0$ 上严格递减. 若 f 是柯西分布 $C(0,1)$ 的 p.d.f., 验证此条件满足.

108. 设 $X_1,...,X_n$ i.i.d. 有 Lebesgue p.d.f. $f_\theta(x)=\theta f_1(x)+(1-\theta)f_2(x)$, 其中 f_j 是已知的两个不同的 Lebesgue p.d.f., $\theta\in(0,1)$ 未知.

(a) 给出似然方程存在唯一解的充分必要条件, 并证明如果存在一个解, 它就是 θ 的 MLE;

(b) 当似然方程没有解时, 求 θ 的 MLE.

109. 考虑 §4.2.1 中的位置族和 §4.2.2 中的尺度族. 在每种情况下, 证明参数的 MLE 或 RLE (似然方程的根), 如果存在, 是不变的.

110. 设 X 是来自 P_θ 的一个样本, $\theta\in\mathcal{R}$. 假设 P_θ 存在关于 σ 有限测度的 p.d.f. f_θ, $\{x:f_\theta(x)>0\}$ 不依赖 θ. 进一步假定 θ 的估计 $\hat\theta$ 能达到 Cramér-Rao 下界, 且定理 3.3 的条件对于 $\hat\theta$ 成立. 证明 $\hat\theta$ 是 θ 唯一的 MLE.

111. 设 X_{ij}, $j=1,...,r>1$, $i=1,...,n$, 独立且服从分布 $N(\mu_i,\sigma^2)$. 求 $(\mu_1,...,\mu_n,\sigma^2)$ 的 MLE. 证明 σ^2 的 MLE 不是一个一致估计 (当 $n\to\infty$ 时).

112. 设 $X_1,...,X_n$ i.i.d. 服从均匀分布 $U(0,\theta)$, 其中 $\theta>0$ 未知. 设 $\hat\theta$ 是 θ 的 MLE, T 是一个 UMVUE.

(a) 求比率 $\mathrm{mse}_T(\theta)/\mathrm{mse}_{\hat\theta}(\theta)$, 并证明当 $n\geqslant 2$ 时, MLE 是不容许的;

(b) 设 $Z_{a,\theta}$ 是一个随机变量, 服从指数分布 $E(a,\theta)$. 证明 $n(\theta-\hat{\theta})\to_d Z_{0,\theta}$ 和 $n(\theta-T)\to_d Z_{-\theta,\theta}$. 求 $\hat{\theta}$ 关于 T 的渐近相对效率.

113. 设 $X_1,...,X_n$ i.i.d. 服从指数分布 $E(a,\theta)$, a 和 θ 未知. 求 a (或 θ) 的 MLE 关于 a (或 θ) 的 UMVUE 的渐近相对效率.

114. 设 $X_1,...,X_n$ i.i.d. 服从 Pareto 分布 $Pa(a,\theta)$, a 和 θ 未知.

(a) 求 (a,θ) 的 MLE;

(b) 求 a 的 MLE 关于 a 的 UMVUE 的渐近相对效率.

115. 在 §2.6 的练习 40 和 41 中,

(a) 求 (θ,j) 的 MLE;

(b) 说明 (a) 中 j 的 MLE 是否是一致的;

(c) 证明 θ 的 M LE 是一致的, 并求它的非退化渐近分布.

116. 例 4.36 中, 在规范关联函数下, 假定 (4.58), 但 $t_i\neq 1$, 求 β 的 MLE.

117. 考虑例 4.35 的 GLM, $\phi_i\equiv 1$ 且采用规范关联函数. 假定 $\sum_{i=1}^n Z_iZ_i^\tau$ 正定, $n\geqslant n_0$. 证明当 $n\geqslant n_0$ 时似然方程最多有一个解, 且解存在的概率趋于 1.

118. 考虑线性模型 (3.25), $\varepsilon=N_n(0,V)$, 其中 V 是未知的正定矩阵. 证明 (3.29) 定义的 LSE $\hat{\beta}$ 是 MQLE, 且 $\hat{\beta}$ 是 MLE 当且仅当定理 3.10(a)—(e) 中的一个成立.

119. 设 X_j 是一随机变量, 服从二项分布 $Bi(p_j,n_j)$, n_j 已知, $p_j\in(0,1)$ 未知, $j=1,2$. 假定 X_1 和 X_2 相互独立. 给定 X_1+X_2, 求比值比 $\theta=\frac{p_1}{1-p_1}\Big/\frac{p_2}{1-p_2}$ 的条件似然函数.

120. 设 X_1 与 X_2 相互独立, 分别服从泊松分布 $P(\mu_1)$ 和 $P(\mu_2)$. 假设我们感兴趣的是 $\theta_1=\mu_1/\mu_2$. 求 θ_1 的条件似然函数, 利用 (a) $\theta_2=\mu_1$; (b) $\theta_2=\mu_1+\mu_2$; 和 (c) $\theta_2=\mu_1\mu_2$.

121. 假定模型 (4.66), $p=2$, 所有的 ε_t 为 i.i.d. 服从正态分布. 给定 $(X_1,X_2)=(x_1,x_2)$, 求条件似然函数.

122. 证明例 4.38 中的结果.

123. 证明 (4.70). (提示: 利用 (4.77) 中的方法, 对任意满足 $|\xi_n-\theta|\leqslant|\theta-\theta_n|$ 的随机变量, 证明 ξ_n 有 $n^{-1}|\frac{\partial^2}{\partial\theta^2}\log\ell(\xi_n)-\frac{\partial^2}{\partial\theta^2}\log\ell(\theta)|=o_p(1)$.)

124. 设 $X_1, ..., X_n$ i.i.d. 来自截断 $N(\mu, 1)$ 分布, 截断点为已知的两点 $\alpha < \beta$, 即 X_i 的 Lebesgue p.d.f. 是

$$\{\sqrt{2\pi}[\Phi(\beta-\mu)-\Phi(\alpha-\mu)]\}^{-1}e^{-(x-\mu)^2/2}I_{(\alpha,\beta)}(x).$$

(a) 为了估计 $\theta = EX_1$, 证明样本均值 $\bar{X}$ 是渐近有效的;

(b) 证明 $\bar{X}$ 是 θ 唯一的 MLE.

125. 设 $X_1, ..., X_n$ i.i.d. 来自离散 p.d.f.

$$f_\theta(x) = [1-(1-\theta)^m]^{-1}\binom{m}{x}\theta^x(1-\theta)^{m-x}I_{\{1,2,\ldots,m\}}(x),$$

其中 $\theta \in (0,1)$ 未知, $m \geqslant 2$ 是已知的整数;

(a) 当样本均值 $\bar{X} = m$ 时, 证明 $\bar{X}/m$ 是 θ 的 MLE;

(b) 当 $1 < \bar{X} < m$ 时, 证明似然方程至少有一个解;

(c) 证明定理 4.16 的正则性条件满足, 并求 θ 的一致估计量 RLE 的渐近方差.

126. 练习 96 中, 对于 (b), (c), (d), (e), (g), (h), (j) 和 (n), 检验定理 4.16 的正则性条件是否满足. 对于可以应用定理 4.17 的情况, 求 RLE 的非退化渐近分布.

127. 设 $X_1, ..., X_n$ 是 i.i.d. 的随机变量, 使得 $\log X_i$ 服从 $N(\theta, \theta)$,$\theta > 0$ 未知.

(a) 求似然方程并证明似然方程的其中一个解是 θ 唯一的 MLE;

(b) 利用定理 4.17, 求 θ 的 MLE 的渐近分布.

128. 在 §3.6 的练习 107 中, 求 α 和 β 的 MLE, 并求它们的非退化渐近联合分布.

129. 例 4.30 中, 证明 θ 的 MLE (或 RLE) 是渐近有效的, 通过 (a) 利用定理 4.17 和 (b) 直接求 MLE 的渐近分布.

130. 例 4.23 中, 证明存在 $\theta = (p_1, ..., p_k)$ 唯一的渐近有效 RLE. 讨论 RLE 是否是 MLE.

131. 设 $X_1, ..., X_n$ i.i.d., $P(X_1 = 0) = 6\theta^2 - 4\theta + 1$, $P(X_1 = 1) = \theta - 2\theta^2$, $P(X_1 = 2) = 3\theta - 4\theta^2$, 其中 $\theta \in (0, \frac{1}{2})$ 未知. 利用定理 4.17 求 θ 的 RLE 的渐近分布.

132. 设 $X_1, ..., X_n$ 为 i.i.d. 来自 $N(\mu, 1)$ 的随机变量, 其中 $\mu \in \mathcal{R}$ 未知. 设 $\theta = P(X_1 \leqslant c)$, 其中 c 是已知常数. 求 θ 的 MLE 关于下列估计的渐近相对效率: (a) θ 的 UMVUE; (b) 估计 $n^{-1}\sum_{i=1}^{n} I_{(-\infty,c]}(X_i)$.

133. §3.6 练习 19 中, 求 θ 和 $\vartheta = P(Y_1 > 1)$ 的 MLE, 并求 ϑ 的 MLE 关于 (b) 中 ϑ 的 UMVUE 的渐近相对效率.

134. 设 $(X_1, Y_1), ..., (X_n, Y_n)$ 是 i.i.d. 的 2 维随机向量. 假设 X_1 和 Y_1 都是 0–1 随机变量, $P(X_1 = 1) = \frac{1}{2}$, $P(Y_1 = 1|X_1 = 0) = e^{-a\theta}$, $P(Y_1 = 1|X_1 = 0) = e^{-b\theta}$, 其中 $\theta > 0$ 未知, $a > 0$ 和 $b > 0$ 是已知常数.

(a) 假设观测到 (X_i, Y_i), $i = 1, ..., n$. 求 θ 的 MLE 和它的非退化渐近分布;

(b) 假设只观测到 $Y_1, ..., Y_n$. 求 θ 的 MLE 和它的非退化渐近分布;

(c) 计算 (a) 中 MLE 关于 (b) 中 MLE 的渐近相对效率. 在 $a = b$ 的特殊情况下, 损失了多少效率?

135. §3.6 练习 110 中, 求

(a) (θ_1, θ_2) 的 MLE;

(b) (θ_1, θ_2) 的 MLE 的非退化渐近分布;

(c) MLE 关于 §3.6 练习 110 中的矩估计的渐近相对效率.

136. 练习 104 中, 证明 ρ 的 RLE 的渐近分布是 $N\big(\rho, (1-\rho^2)^2/[n(1+\rho^2)]\big)$.

137. 练习 107 中, 当 f 是柯西分布 $C(0, 1)$ 的 p.d.f. 时, 求 θ 的 RLE 的非退化渐近分布.

138. 设 $X_1, ..., X_n$ i.i.d. , 服从 logistic 分布 $LG(\mu, \sigma)$, $\mu \in \mathcal{R}$ 和 $\sigma > 0$ 未知. 求 (μ, σ) 的 RLE 的非退化渐近分布.

139. 练习 105 中, 证明定理 4.16 的条件满足.

140. 设 $X_1, ..., X_n$ 是 i.i.d. 的 0–1 随机变量, $P(X_1 = 1) = p$, $p \in (0, 1)$ 未知. 设 $\hat{\vartheta}_n$ 是 $\vartheta = p(1-p)$ 的 MLE.

(a) 当 $p \neq \frac{1}{2}$ 时, 证明 $\hat{\vartheta}_n$ 是渐近正态的;

(b) 当 $p = \frac{1}{2}$ 时, 利用适当的标准化, 求 $\hat{\vartheta}_n$ 的非退化渐近分布.

141. 设 $(X_1, Y_1), ..., (X_n, Y_n)$ 是 i.i.d. 的 2 维随机向量, 满足 $0 \leqslant X_1 \leqslant 1$, $0 \leqslant Y_1 \leqslant 1$,

$$P(X_1 > x, Y_1 > y) = (1-x)(1-y)(1-\max\{x, y\})^{\theta}$$

对 $0 \leqslant x \leqslant 1, 0 \leqslant y \leqslant 1$ 成立, 其中 $\theta \geqslant 0$ 未知.

(a) 求似然函数和似然方程;

(b) 证明 θ 的 RLE 是渐近正态的, 并求它的 amse.

142. 假定定理 4.16 的条件. 假设 $\theta = (\theta_1, ..., \theta_k)$, 存在一个正整数 $p < k$, 使得对于任意的 $i \leqslant p < j$, $\partial \log \ell(\theta)/\partial\theta_i$ 与 $\partial \log \ell(\theta)/\partial\theta_j$ 是不相关的. 证明 $(\theta_1, ..., \theta_p)$ 的 RLE 的渐近分布不受 $\theta_{p+1}, ..., \theta_k$ 是否已知影响.

143. 设 $X_1, ..., X_n$ 是 i.i.d. 来自 $N_p(\mu, \Sigma)$ 的 p 维随机向量, μ 和 Σ 未知. 求 μ 和 Σ 的 MLE, 并求它们的非退化渐近分布.

144. 设 $X_1, ..., X_n$ 是 i.i.d. 的 2 维正态随机向量, 均值为 0, 未知的协方差矩阵的对角线元素是 σ_1^2 和 σ_2^2, 非对角线元素是 $\sigma_1\sigma_2\rho$. 设 $\theta = (\sigma_1^2, \sigma_2^2, \rho)$. 求 $I_n(\theta)$ 和 $[I_n(\theta)]^{-1}$, 并求 θ 的 MLE 的非退化渐近分布.

145. 设 $X_1, ..., X_n$ i.i.d., 每个 X_i 都以概率 p 服从 $N(\mu, \sigma^2)$, 以概率 $1-p$ 服从 $N(\eta, \tau^2)$, 其中 $\theta = (\mu, \eta, \sigma^2, \tau^2, p)$ 未知.

(a) 证明定理 4.16 的条件满足;

(b) 证明似然函数是无界的;

(c) 证明 MLE 可能是不一致的估计.

146. 设 $X_1, ..., X_n$ 和 $Y_1, ..., Y_n$ 是独立的, 分别服从 $N(\mu, \sigma^2)$ 和 $N(\mu, \tau^2)$, $\theta = (\mu, \sigma^2, \tau^2)$ 未知. 求 θ 的 MLE, 并证明它是渐近有效的.

147. 练习 106 中, 求 (σ_a^2, σ^2) 的 MLE 的非退化渐近分布.

148. 在定理 4.18 的条件下, 证明 (4.85) 和 (4.86).

149. 假定线性模型 (3.25), $\varepsilon = N_n(0, \sigma^2 I_n)$, Z 满秩. 利用定理 4.18, 证明 LSE $\hat{\beta}$ 是渐近有效的. 并与定理 3.12 中的结果做比较.

150. 利用定理 4.18, 求下列情况下 β 的 RLE 的渐近分布: (a) 例 4.35; (b) 例 4.37.

151. 设 $X_1, ..., X_n$ i.i.d. 服从 logistic 分布 $LG(\mu, \sigma)$, $\mu \in \mathcal{R}$, $\sigma > 0$. 利用 Newton-Raphson 和 Fisher-scoring 方法, 求

(a) μ 的一步 MLE, 当 σ 已知时;

(b) σ 的一步 MLE, 当 μ 已知时;

(c) (μ, σ) 的一步 MLE;

(d) (a)—(c) 中 $\sqrt{n}$ 一致的初始估计.

152. 在 GLM (4.55)—(4.58) 下,

(a) 如果初始估计为 $\hat{\beta}_n^{(0)}$, 说明如何求 β 的一步 MLE;

(b) 在定理 4.18 的条件下, 证明一步 MLE 满足 (4.81), 若初始估计 $\hat{\beta}_n^{(0)}$ 满足 $\|[I_n(\beta)]^{1/2}(\hat{\beta}_n^{(0)}-\beta)\| = O_p(1)$.

153. 例 4.40 中, 证明定理 4.20 中关于似然函数的条件满足.

154. 设 $X_1, ..., X_n$ i.i.d. 服从 logistic 分布 $LG(\mu, \sigma)$, $\mu \in \mathcal{R}$ 和 $\sigma > 0$ 未知. 证明定理 4.20 中关于似然函数的条件满足.

第 5 章　非参数模型中的估计

本章我们要学习的估计方法不仅在非参数模型中有用, 而且在参数模型中也是很有用的, 例如参数模型假设可能被违背 (因此需要稳健的估计) 或者未知参数个数特别大. 第 3 章中已经介绍了一些这样的方法; 比如, 在非参数模型中生成 UMVUE, U 统计量和 V 统计量, LSE 和 BLUE, Horvitz-Thompson 估计和样本 (中心) 矩的方法.

然而, 相较参数模型, 非参数模型中估计的理论根据更多的依赖渐近性. 这意味着非参数方法的应用通常要求大样本量. 此外, 在参数模型正确的情况下, 使用参数方法求得的估计比使用非参数方法得到的渐近更有效. 因此, 选择参数方法还是非参数方法, 需要我们平衡要求较弱的模型假设 (稳健性) 之优势和丢失一些效率使得所需样本量更大之缺陷.

本章, 我们假定样本 $X = (X_1, ..., X_n)$ 来自一个属于非参数族的总体, 其中 X_i 是随机向量.

5.1　分布估计

在许多应用中, X_i 的 c.d.f. 由 $\mathcal{R}^d$ 上的单个 c.d.f. F 决定; 例如, $X_1, ..., X_n$ 是 i.i.d. d 维随机向量. 在对 F 做极少假定的非参数模型下, 本节考虑 F 的估计或者对于数个 t 考虑 $F(t)$ 的估计.

5.1.1　i.i.d. 情况下的经验 c.d.f.

对于 i.i.d. 随机变量 $X_1, ..., X_n$, 经验分布函数 F_n 由 (2.28) 定义. 对于 $X_i \in \mathcal{R}^d$ 的情况, 基于 $X = (X_1, ..., X_n)$ 经验 c.d.f. 有如下类似的定义:

$$F_n(t) = \frac{1}{n}\sum_{i=1}^{n} I_{(-\infty,t]}(X_i), \quad t \in \mathcal{R}^d, \tag{5.1}$$

其中对于任意 $a = (a_1, ..., a_d) \in \mathcal{R}^d$, $(-\infty, a] = (-\infty, a_1] \times \cdots \times (-\infty, a_d]$. 与 $d = 1$ (例 2.26) 的情况类似, $F(t)$ 的估计 $F_n(t)$ 有如下性质. 对任意 $t \in \mathcal{R}^d$, $nF_n(t)$ 服从二项分布为 $Bi(F(t), n)$; $F_n(t)$ 无偏, 方差为 $F(t)[1 - F(t)]/n$; 在一些非参数模型中, $F_n(t)$ 是 UMVUE; $F_n(t)$ 对 $F(t)$ 是 $\sqrt{n}$ 一致的. 对于 $\mathcal{R}^d$ 上任意 m 个固定的不同的点 $t_1, ..., t_m$, 由多元 CLT (推论 1.2) 和 (5.1) 可知, 当 $n \to \infty$ 时,

$$\sqrt{n}\big[\big(F_n(t_1), ..., F_n(t_m)\big) - \big(F(t_1), ..., F(t_m)\big)\big] \to_d N_m(0, \Sigma), \tag{5.2}$$

其中 Σ 是 $m \times m$ 矩阵, 矩阵的 (i, j) 个元素是

$$P\big(X_1 \in (-\infty, t_i] \cap (-\infty, t_j]\big) - F(t_i)F(t_j).$$

注意到, 这些结论不需要对 F 进行任何假设就能成立.

作为 t 的一个函数, F_n 是取值于 $\mathscr{F}$ 的随机元素, $\mathscr{F}$ 为 $\mathcal{R}^d$ 上所有 c.d.f. 的集合. 当 $n \to \infty$ 时, $\sqrt{n}(F_n - F)$ 在某种意义上收敛到一个定义在某个概率空间上的随机元素. 关于这个结论更多细节的讨论超出了本书的范围, 参见 Shorack and Wellner(1986). 为了讨论 F_n 作为 $F \in \mathscr{F}$ 的估计量更全局的性质, 我们需要定义一个 $\mathscr{F}$ 上元素 (c.d.f.) 间接近程度的衡量.

定义 5.1. 令 $\mathscr{F}_0$ 为以 $\mathcal{R}^d$ 上 c.d.f. 为元素的集合.

(i) 从 $\mathscr{F}_0 \times \mathscr{F}_0$ 到 $[0, \infty)$ 的函数 ϱ 称为 $\mathscr{F}_0$ 上的距离或度量, 当且仅当对于属于 $\mathscr{F}_0$ 的任意 G_j, $j = 1, 2, 3$, (a) $\varrho(G_1, G_2) = 0$ 当且仅当 $G_1 = G_2$; (b) $\varrho(G_1, G_2) = \varrho(G_2, G_1)$; 和 (c) $\varrho(G_1, G_2) \leqslant \varrho(G_1, G_3) + \varrho(G_3, G_2)$.

(ii) 令 $\mathscr{D} = \{c(G_1 - G_2) : c \in \mathcal{R},\ G_j \in \mathscr{F}_0,\ j = 1, 2\}$. 从 $\mathscr{D}$ 到 $[0, \infty)$ 的函数 $\|\cdot\|$ 称为 $\mathscr{D}$ 上的范数, 当且仅当 (a) $\|\Delta\| = 0$ 当且仅当 $\Delta = 0$; (b) 对于任意 $\Delta \in \mathscr{D}$ 和 $c \in \mathcal{R}$, $\|c\Delta\| = |c|\|\Delta\|$; 和 (c) 对于任意 $\Delta_j \in \mathscr{D}$, $j = 1, 2$, $\|\Delta_1 + \Delta_2\| \leqslant \|\Delta_1\| + \|\Delta_2\|$. ∎

任意 $\mathscr{D}$ 上的范数 $\|\cdot\|$ 引出了距离 $\varrho(G_1, G_2) = \|G_1 - G_2\|$. 最常用的距

离是上确界范数距离 ϱ_∞, 即由上确界范数引出的距离

$$\|G_1 - G_2\|_\infty = \sup_{t \in \mathcal{R}^d} |G_1(t) - G_2(t)|, \quad G_j \in \mathscr{F}. \tag{5.3}$$

接下来的结论考虑 F_n 和 F 之间的上确界范数距离, 由 Dvoretzky, Kiefer, and Wolfowitz (1956) 得出.

引理 5.1. (DKW 不等式) 设 F_n 是经验 c.d.f., 基于来自 $\mathcal{R}^d$ 上的一个 c.d.f. F 的 i.i.d. $X_1, ..., X_n$.

(i) 当 $d = 1$ 时, 存在一个正常数 C (不依赖 F) 使得

$$P\big(\varrho_\infty(F_n, F) > z\big) \leqslant Ce^{-2nz^2}, \quad z > 0, n = 1, 2, ...$$

(ii) 当 $d \geqslant 2$ 时, 对任意 $\epsilon > 0$, 存在一个正常数 $C_{\epsilon,d}$ (不依赖 F) 使得

$$P\big(\varrho_\infty(F_n, F) > z\big) \leqslant C_{\epsilon,d}e^{-(2-\epsilon)nz^2}, \quad z > 0, n = 1, 2, ... \quad ∎$$

此引理的证明省略. 以下这个在统计中有用的结果由引理 5.1 直接推出.

定理 5.1. 令 F_n 为经验 c.d.f., 基于来自 $\mathcal{R}^d$ 上的一个 c.d.f. F 的 i.i.d. $X_1, ..., X_n$. 那么

(i) 当 $n \to \infty$ 时, $\varrho_\infty(F_n, F) \to_{a.s.} 0$.

(ii) 对于任意 $s > 0$, $E[\sqrt{n}\varrho_\infty(F_n, F)]^s = O(1)$.

证明: (i) 根据 DKW 不等式,

$$\sum_{n=1}^{\infty} P\big(\varrho_\infty(F_n, F) > z\big) < \infty.$$

结果由定理 1.8(v) 可得.

(ii) 将 $z = y^{1/s}/\sqrt{n}$ 代入 DKW 不等式, 利用 §1.6 中习题 55 的结论, 我们可得

$$\begin{aligned} E[\sqrt{n}\varrho_\infty(F_n, F)]^s &= \int_0^\infty P\big(\sqrt{n}\varrho_\infty(F_n, F) > y^{1/s}\big)dy \\ &\leqslant C_{\epsilon,d}\int_0^\infty e^{-(2-\epsilon)y^{2/s}}dy \\ &= O(1), \end{aligned}$$

只要 $2 - \epsilon > 0$. ∎

定理 5.1(i) 意味着 $F_n(t) \to_{a.s.} F(t)$ 对于 $t \in \mathcal{R}^d$ 一致成立, 这是一个比对于每一个 t 有 $F_n(t)$ 强一致性更强的结果. 定理 5.1(ii) 说明 $\sqrt{n}\varrho_\infty(F_n, F) = O_p(1)$, 是一个比 $F_n(t)$ 的 $\sqrt{n}$ 一致性更强的结论. 这些结论的成立不需要对 F 加任何条件.

令 $p \geqslant 1$ 和 $\mathscr{F}_p = \{G \in \mathscr{F} : \int \|t\|^p dG < \infty\}$, 其中 $\mathscr{F}_p$ 是 p 阶矩有限的 $\mathscr{F}$ 中的 c.d.f. 构成的子集. $\mathscr{F}_p$ 上 G_1 和 G_2 之间的 Mallows 距离定义为

$$\varrho_{M_p}(G_1, G_2) = \inf(E\|Y_1 - Y_2\|^p)^{1/p}, \tag{5.4}$$

其中下确界取在每一对 Y_1 和 Y_2 上, Y_1 和 Y_2 分别有 c.d.f. G_1 和 G_2. 令 $\{G_j : j = 0, 1, 2, ...\} \subset \mathscr{F}_p$. 那么当 $j \to \infty$ 时, $\varrho_{M_p}(G_j, G_0) \to 0$ 当且仅当在使得 G_0 连续的每个 $t \in \mathcal{R}^d$ 处, $\int \|t\|^p dG_j \to \int \|t\|^p dG_0$ 和 $G_j(t) \to G_0(t)$. 由定理 5.1 和 SLLN (定理 1.13) 可知, 若 $F \in \mathscr{F}_p$, 则 $\varrho_{M_p}(F_n, F) \to_{a.s.} 0$.

当 $d = 1$ 时, 另一个衡量 F_n 和 F 之间接近程度的距离是 L_p 距离 ϱ_{L_p}, 由 L_p 范数 ($p \geqslant 1$) 引出:

$$\|G_1 - G_2\|_{L_p} = \left[\int |G_1(t) - G_2(t)|^p dt\right]^{1/p}, \quad G_j \in \mathscr{F}_1. \tag{5.5}$$

下面给出一个类似于定理 5.1 的结果.

定理 5.2. 设 F_n 是经验 c.d.f., 基于来自 $\mathcal{R}^d$ 上的一个 c.d.f. F 的 i.i.d. 随机向量 $X_1, ..., X_n$. 那么

(i) $\varrho_{L_p}(F_n, F) \to_{a.s.} 0$.

(ii) 如果 $1 \leqslant p < 2$ 和 $\int \{F(t)[1 - F(t)]\}^{p/2} dt < \infty$ 或者 $p \geqslant 2$, 那么 $E[\sqrt{n}\varrho_{L_p}(F_n, F)] = O(1)$.

证明. (i) 因为 $[\varrho_{L_p}(F_n, F)]^p \leqslant [\varrho_\infty(F_n, F)]^{p-1}[\varrho_{L_1}(F_n, F)]$, 根据定理 5.1, $\varrho_\infty(F_n, F) \to_{a.s.} 0$. 因此, 我们只需证明当 $p = 1$ 时的结论即可. 令 $Y_i = \int_{-\infty}^0 [I_{(-\infty,t]}(X_i) - F(t)]dt$, 那么 $Y_1, ..., Y_n$ i.i.d. 且

$$E|Y_i| \leqslant \int E|I_{(-\infty,t]}(X_i) - F(t)|dt = 2\int F(t)[1 - F(t)]dt,$$

它在 $F \in \mathscr{F}_1$ 的条件下是有限的. 根据 SLLN,

$$\int_{-\infty}^0 [F_n(t) - F(t)]dt = \frac{1}{n}\sum_{i=1}^n Y_i \to_{a.s.} E(Y_1) = 0. \tag{5.6}$$

因为 $[F_n(t)-F(t)]_-\leqslant F(t)$ 和 $\int_{-\infty}^0 F(t)dt<\infty$ (§1.6 中习题 55), 由定理 5.1 和控制收敛定理可知, $\int_{-\infty}^0 [F_n(t)-F(t)]_- dt\to_{a.s.} 0$, 这与 (5.6) 一起可推出

$$\int_{-\infty}^0 |F_n(t)-F(t)|dt\to_{a.s.} 0. \tag{5.7}$$

我们可以类似地证明, (5.7) 仍成立若 $\int_{-\infty}^0$ 被 $\int_0^\infty$ 替代. 所以结论成立.

(ii) 当 $1\leqslant p<2$ 时, 结论由下式可知

$$\begin{aligned}
E[\varrho_{L_p}(F_n,F)] &\leqslant \left\{\int E|F_n(t)-F(t)|^p dt\right\}^{1/p}\\
&\leqslant \left\{\int [E|F_n(t)-F(t)|^2]^{p/2} dt\right\}^{1/p}\\
&= n^{-1/2}\left\{\int \{F(t)[1-F(t)]\}^{p/2} dt\right\}^{1/p}\\
&= O(n^{-1/2}),
\end{aligned}$$

其中两个不等式由 Jensen 不等式得到. 当 $p\geqslant 2$ 时,

$$\begin{aligned}
E[\varrho_{L_p}(F_n,F)] &\leqslant E\left\{[\varrho_\infty(F_n,F)]^{1-2/p}[\varrho_{L_2}(F_n,F)]^{2/p}\right\}\\
&\leqslant \left\{E[\varrho_\infty(F_n,F)]^{(1-2/p)q}\right\}^{1/q}\left\{E[\varrho_{L_2}(F_n,F)]^2\right\}^{1/p}\\
&= \left\{O(n^{-(1-2/p)q/2})\right\}^{1/q}\left\{E\int |F_n(t)-F(t)|^2 dt\right\}^{1/p}\\
&= O(n^{-(1-2/p)/2})\left\{\frac{1}{n}\int F(t)[1-F(t)]dt\right\}^{1/p}\\
&= O(n^{-1/2}),
\end{aligned}$$

其中 $\frac{1}{q}+\frac{1}{p}=1$, 第二个不等式由 Hölder 不等式 (见 §1.3.2 中 (1.40)) 推出, 第一个等式根据定理 5.1(ii) 可得. ∎

5.1.2 经验似然

在 §4.4 和 §4.5 中我们已经表明了, 使用似然方法可以得到一些渐近有效的估计量. 现在我们介绍一些非参模型中的似然. 这不仅提供了另一个对 (5.1) 中经验 c.d.f. 的理论支持, 也给出了一种在各种 (可能是非 i.i.d.) 情况下中求估计量的有效方法, 其中的一些方法将在本章中稍后进行讨论.

设 $X_1,...,X_n$ i.i.d. 有分布 $F\in\mathscr{F}$, P_G 是对应于 $G\in\mathscr{F}$ 的概率测度. 给

定 $X_1 = x_1, ..., X_n = x_n$, 非参数似然函数定义为如下从 $\mathscr{F}$ 到 $[0, \infty)$ 的泛函:

$$\ell(G) = \prod_{i=1}^{n} P_G(\{x_i\}), \quad G \in \mathscr{F}. \tag{5.8}$$

显然, 若至少有一个 i 使得 $P_G(\{x_i\}) = 0$, 那么 $\ell(G) = 0$. 接下来的结论, 由 Kiefer and Wolfowitz (1956) 提出, 证明了经验 c.d.f. F_n 是 F 的非参数极大似然估计.

定理 5.3. 设 $X_1, ..., X_n$ i.i.d. 有分布 $F \in \mathscr{F}$, $\ell(G)$ 由 (5.8) 定义. 那么 F_n 在 $G \in \mathscr{F}$ 上最大化 $\ell(G)$.

证明. 我们仅需考虑使得 $\ell(G) > 0$ 的 $G \in \mathscr{F}$. 令 $c \in (0, 1]$, $\mathscr{F}(c)$ 为 $\mathscr{F}$ 的子集, 其包含满足 $p_i = P_G(\{x_i\}) > 0$ 的 G, $i = 1, ..., n$, 且 $\sum_{i=1}^n p_i = c$. 利用拉格朗日乘子法解决在 $G \in \mathscr{F}(c)$ 上最大化 $\ell(G)$ 的问题. 定义

$$H(p_1, ..., p_n, \lambda) = \prod_{i=1}^{n} p_i + \lambda \left(\sum_{i=1}^{n} p_i - c \right),$$

其中 λ 是拉格朗日乘子. 令

$$\frac{\partial H}{\partial \lambda} = \sum_{i=1}^{n} p_i - c = 0, \quad \frac{\partial H}{\partial p_j} = p_j^{-1} \prod_{i=1}^{n} p_i + \lambda = 0, \quad j = 1, ..., n.$$

解为 $p_i = c/n$, $i = 1, ..., n$, $\lambda = -(c/n)^{n-1}$. 可以证明 (练习), 这个解就是在 $p_i > 0$, $i = 1, ..., n$, $\sum_{i=1}^n p_i = c$ 上最大化 $H(p_1, ..., p_n, \lambda)$. 这证明了

$$\max_{G \in \mathscr{F}(c)} \ell(G) = (c/n)^n,$$

而对于任意固定的 n, 此式在 $c = 1$ 时取最大值. 给定 $X_i = x_i$, $i = 1, ..., n$, $P_{F_n}(\{x_i\}) = n^{-1}$. 由此得出结论. ∎

根据定理 5.3 的证明, F_n 在 $p_i > 0$, $i = 1, ..., n$, $\sum_{i=1}^n p_i = 1$ 上最大化 (5.8) 中的似然 $\ell(G)$, 其中 $p_i = P_G(\{x_i\})$. 这种求 F 估计量的方法可以推广到不同的情况, 对 (5.8) 进行一些修改和/或给 p_i 加上一些限制. 修改了的 (5.8) 中的似然称为经验似然 (Owen, 1988, 2001; Qin and Lawless, 1994). 通过最大化经验似然获得的估计量称为极大经验似然估计 (MELE). 现在我们讨论一些经验似然方法的应用.

首先考虑带有的附加信息 (和 i.i.d. $X_1, ..., X_n$) 的 F 的估计. 例如, 假设存在一个已知的从 $\mathcal{R}^d$ 到 $\mathcal{R}^s$ 的 Borel 函数 u 使得

$$\int u(x) dF = 0 \tag{5.9}$$

(即 F 均值的一些部分为 0). 因此有理由预期 F 的任意估计量 $\hat{F}$ 满足性质 (5.9), 即 $\int u(x)d\hat{F}=0$, 但这对于 (5.1) 中的经验 c.d.f. F_n 是不成立的, 因为

$$\int u(x)dF_n=\frac{1}{n}\sum_{i=1}^n u(X_i)\neq 0$$

即使 $E[u(X_1)]=0$. 利用经验似然的方法, 一种自然的解法是在最大化似然的过程中增加另外一个限制条件. 也就是说, 我们最大化 (5.8) 中的 $\ell(G)$ 使得

$$p_i>0,\quad i=1,...,n,\quad \sum_{i=1}^n p_i=1 \quad 且 \quad \sum_{i=1}^n p_i u(x_i)=0, \tag{5.10}$$

其中 $p_i=P_G(\{x_i\})$. 利用拉格朗日乘子法和类似于定理 5.3 证明的方法, 可以证明 (练习) F 的一个 MELE 是

$$\hat{F}(t)=\sum_{i=1}^n \hat{p}_i I_{(-\infty,t]}(X_i), \tag{5.11}$$

其中记号 $(-\infty,t]$ 与 (5.1) 中的相同,

$$\hat{p}_i=n^{-1}[1+\lambda_n^\tau u(X_i)]^{-1},\quad i=1,...,n, \tag{5.12}$$

且 $\lambda_n\in\mathcal{R}^s$ 是朗格朗日乘子, 满足

$$\sum_{i=1}^n \hat{p}_i u(X_i)=\frac{1}{n}\sum_{i=1}^n\frac{u(X_i)}{1+\lambda_n^\tau u(X_i)}=0. \tag{5.13}$$

注意到, 若 $u\equiv 0$, $\hat{F}$ 简化到 F_n.

为了看出 (5.13) 渐近地有一个解, 注意到

$$\frac{\partial}{\partial\lambda}\left[\frac{1}{n}\sum_{i=1}^n\log\big(1+\lambda^\tau u(X_i)\big)\right]=\frac{1}{n}\sum_{i=1}^n\frac{u(X_i)}{1+\lambda^\tau u(X_i)}$$

和

$$\frac{\partial^2}{\partial\lambda\partial\lambda^\tau}\left[\frac{1}{n}\sum_{i=1}^n\log\big(1+\lambda^\tau u(X_i)\big)\right]=-\frac{1}{n}\sum_{i=1}^n\frac{u(X_i)[u(X_i)]^\tau}{[1+\lambda^\tau u(X_i)]^2},$$

若 $\mathrm{Var}(u(X_1))$ 是正定时, 它是负定的. 另外,

$$E\left\{\frac{\partial}{\partial\lambda}\left[\frac{1}{n}\sum_{i=1}^n\log\big(1+\lambda^\tau u(X_i)\big)\right]\bigg|_{\lambda=0}\right\}=E[u(X_1)]=0.$$

因此, 利用与定理 4.18 证明相同的方法, 我们可以证明, 存在唯一的 $\{\lambda_n(X)\}$, 使得当 $n \to \infty$ 时,

$$P\left(\frac{1}{n}\sum_{i=1}^{n}\frac{u(X_i)}{1+\lambda_n^\tau u(X_i)}=0\right)\to 1 \quad 且 \quad \lambda_n \to_p 0. \tag{5.14}$$

定理 5.4. 设 $X_1,...,X_n$ i.i.d. 有分布 $F \in \mathscr{F}$, u 是 $\mathcal{R}^d$ 上满足 (5.9) 的 Borel 函数, $\hat{F}$ 由 (5.11)—(5.13) 给出. 假设 $U = \mathrm{Var}(u(X_1))$ 正定. 那么对 $\mathcal{R}^d$ 上任意固定的 m 个不同的 $t_1,...,t_m$,

$$\sqrt{n}[(\hat{F}(t_1),...,\hat{F}(t_m)) - (F(t_1),...,F(t_m))] \to_d N_m(0,\Sigma_u), \tag{5.15}$$

其中

$$\Sigma_u = \Sigma - W^\tau U^{-1} W,$$

Σ 由 (5.2) 给出, $W=(W(t_1),...,W(t_m))$, $W(t_j)=E[u(X_1)I_{(-\infty,t_j]}(X_1)]$, 且记号 $(-\infty,t]$ 与 (5.1) 中的相同.

证明. 我们证明 $m=1$ 的情况. $m \geqslant 2$ 的情况留作练习. 令 $\bar{u} = n^{-1}\sum_{i=1}^n u(X_i)$. 由 (5.13), (5.14) 和 Taylor 展开可知,

$$\bar{u} = \frac{1}{n}\sum_{i=1}^{n} u(X_i)[u(X_i)]^\tau \lambda_n[1+o_p(1)].$$

根据 SLLN 和 CLT,

$$U^{-1}\bar{u} = \lambda_n + o_p(n^{-1/2}).$$

使用 Taylor 展开并再次利用 SLLN, 我们得到

$$\begin{aligned}
\frac{1}{n}\sum_{i=1}^{n} I_{(-\infty,t]}(X_i)(n\hat{p}_i - 1) &= \frac{1}{n}\sum_{i=1}^{n} I_{(-\infty,t]}(X_i)\left[\frac{1}{1+\lambda_n^\tau u(X_i)} - 1\right] \\
&= -\frac{1}{n}\sum_{i=1}^{n} I_{(-\infty,t]}(X_i)\lambda_n^\tau u(X_i) + o_p(n^{-1/2}) \\
&= -\lambda_n^\tau W(t) + o_p(n^{-1/2}) \\
&= -\bar{u}^\tau U^{-1} W(t) + o_p(n^{-1/2}).
\end{aligned}$$

因此,

$$\begin{aligned}\hat{F}(t)-F(t)&=F_n(t)-F(t)+\frac{1}{n}\sum_{i=1}^{n}I_{(-\infty,t]}(X_i)(n\hat{p}_i-1)\\&=F_n(t)-F(t)-\bar{u}^{\tau}U^{-1}W(t)+o_p(n^{-1/2})\\&=\frac{1}{n}\sum_{i=1}^{n}\big\{I_{(-\infty,t]}(X_i)-F(t)-[u(X_i)]^{\tau}U^{-1}W(t)\big\}+o_p(n^{-1/2}).\end{aligned}$$

结论由 CLT 和以下事实可得:

$$\begin{aligned}\mathrm{Var}\big([W(t)]^{\tau}U^{-1}u(X_i)\big)&=[W(t)]^{\tau}U^{-1}UU^{-1}W(t)\\&=[W(t)]^{\tau}U^{-1}W(t)\\&=E\{[W(t)]^{\tau}U^{-1}u(X_i)I_{(-\infty,t]}(X_i)\}\\&=\mathrm{Cov}\big(I_{(-\infty,t]}(X_i),[W(t)]^{\tau}U^{-1}u(X_i)\big).\quad\blacksquare\end{aligned}$$

比较 (5.15) 和 (5.2), 我们可知 $\hat{F}$ 比 F_n 渐近更有效.

例 5.1 (调查问题). 一个有 (5.9) 的附加信息的例子就是调查问题 (例 2.3), 其中总体 $\mathcal{P}=\{y_1,...,y_N\}$ 包含 2 维 y_j, $y_j=(y_{1j},y_{2j})$, 且总体均值 $\bar{Y}_2=N^{-1}\sum_{j=1}^{N}y_{2j}$ 已知. 例如, 假设 y_{1j} 是总体中单元 j 的当年收入, y_{2j} 是去年收入. 在许多应用中, 总体总值或 y_{2j} 的均值是已知的, 例如通过退税单获得. 令 $X_1,...,X_n$ 是从 $\mathcal{P}$ 中有放回抽出的一个简单随机样本 (见例 2.3). 那么 $X_1,...,X_n$ 是 i.i.d. 二维随机变量, 且 c.d.f. 为

$$F(t)=\frac{1}{N}\sum_{j=1}^{N}I_{(-\infty,t]}(y_j),\tag{5.16}$$

其中记号 $(-\infty,t]$ 与 (5.1) 中的相同. 如果 $\bar{Y}_2$ 已知, 那么它可以表示成 (5.9), $u(x_1,x_2)=x_2-\bar{Y}_2$. 在调查问题中, X_i 常常是通过无放回抽样选出的, 因此 $X_1,...,X_n$ 不是 i.i.d. 然而, 对于一个无放回抽出的简单随机样本, 当给定 X_i 时, (5.8) 依然可以看作是经验似然. 注意到, 不论 X_i 是否是有放回地抽样, (5.16) 中的 F 都是 X_i 的分布函数.

若 $X=(X_1,...,X_n)$ 不是一个简单随机样本, 则似然 (5.8) 需要修改. 设 π_i 是第 i 个单元被选中的概率 (见定理 3.15). 给定 $X=\{y_i,i\in\boldsymbol{s}\}$, 经验似然是

$$\ell(G)=\prod_{i\in\boldsymbol{S}}[P_G(\{y_i\})]^{1/\pi_i}=\prod_{i\in\boldsymbol{S}}p_i^{1/\pi_i},\tag{5.17}$$

其中 $p_i = P_G(\{y_i\})$. 加上附加信息 (5.9), (5.16) 中 F 的 MELE 可以通过最大化 (5.17) 中的 $\ell(G)$ 加上 (5.10) 而获得. 此情况下, F 可能不是 X_i 的 c.d.f., 但 X_i 的 c.d.f. 由 F 和 π_i 决定. 可以证明 (练习), MELE 由 (5.11) 给出, 且

$$\hat{p}_i = \frac{1}{\pi_i[1+\lambda_n^\tau u(y_i)]} \Big/ \sum_{i\in \boldsymbol{S}} \frac{1}{\pi_i} \tag{5.18}$$

和

$$\sum_{i\in \boldsymbol{S}} \frac{u(y_i)}{\pi_i[1+\lambda_n^\tau u(y_i)]} = 0. \tag{5.19}$$

如果 π_i 是一个常数, 那么 MELE 简化为 (5.11)—(5.13). 如果 $u(x)=0$ (没有附加信息), 那么 MELE 是

$$\hat{F}(t) = \sum_{i\in \boldsymbol{S}} \frac{1}{\pi_i} I_{(-\infty,t]}(y_i) \Big/ \sum_{i\in \boldsymbol{S}} \frac{1}{\pi_i},$$

它是两个 Horvitz-Thompson 估计量 (§3.4.2) 的比. 一些有关 MELE $\hat{F}$ 的性质参见 Chen and Qin (1993). ∎

例 5.1 的第二部分说明了如何在非 i.i.d. 问题中使用经验似然. 非 i.i.d. 问题中经验似然的应用通常是 i.i.d. 情况下的直接推广. 下面是另一个例子.

例 5.2 (有偏抽样). 有偏抽样在实际问题中经常使用. 假设 $n = n_1 + \cdots + n_k$, $k \geqslant 2$; $X_1, ..., X_n$ 是独立的随机变量; $X_1, ..., X_{n_1}$ i.i.d. 有分布 F; 且 $X_{n_1+\cdots+n_j+1}, ..., X_{n_1+\cdots+n_{j+1}}$ i.i.d. 有分布

$$\int_{-\infty}^t w_{j+1}(s)dF(s) \Big/ \int_{-\infty}^\infty w_{j+1}(s)dF(s),$$

$j=1,...,k-1$, 其中 w_j 是非负 Borel 函数. 一个简单的例子是, 从 F 中抽取 $X_1, ..., X_{n_1}$, $X_{n_1+1}, ..., X_{n_1+n_2}$ 也从 F 中抽样, 但条件是每个抽样的值超过一个给定的值 x_0 (即 $w_2(s) = I_{(x_0,\infty)}(s)$). 例如, X_i 是血压测量值; $X_1, ..., X_{n_1}$ 是从普通人中抽样所得, $X_{n_1+1}, ..., X_{n_1+n_2}$ 是从那些血压高于 x_0 的病人中抽样. 有偏抽样这个名字是因为样本选择中存在偏差这一事实.

简单起见, 我们只考虑 $k=2$ 的情况, 因为推广到 $k \geqslant 3$ 的情况很直接. 用 w 表示 w_2. 经验似然为

$$\begin{aligned} \ell(G) &= \prod_{i=1}^{n_1} P_G(\{x_i\}) \prod_{i=n_1+1}^{n} \frac{w(x_i)P_G(\{x_i\})}{\int w(s)dG(s)} \\ &= \left[\sum_{i=1}^n p_i w(x_i)\right]^{-n_2} \prod_{i=1}^n p_i \prod_{i=n_1+1}^n w(x_i), \end{aligned} \tag{5.20}$$

其中 $p_i = P_G(\{x_i\})$. F 的一个 MELE 可以通过最大化经验似然 (5.20) 加上约束 $p_i > 0$, $i = 1, ..., n$ 和 $\sum_{i=1}^n p_i = 1$ 而获得. 使用拉格朗日乘子法, 我们可以证明 (练习), $\hat{F}$ 的一个 MELE 由 (5.11) 给出, 且

$$\hat{p}_i = [n_1 + n_2 w(X_i)/\hat{w}]^{-1}, \quad i = 1, ..., n, \tag{5.21}$$

其中 $\hat{w}$ 满足

$$\hat{w} = \sum_{i=1}^n \frac{w(X_i)}{n_1 + n_2 w(X_i)/\hat{w}}.$$

可以建立一个类似于定理 5.4 的渐近结果 (Vardi,1985; Qin,1993).

如果函数 w 依赖未知参数 θ, 那么可以利用截面 (profile) 经验似然方法 (见 §5.1.4). ∎

我们最后一个例子关注生存分析中的一个重要应用.

例 5.3 (删失数据). 设 $T_1, ..., T_n$ 为生存时间, 是来自 c.d.f. F 的 i.i.d. 非负随机变量, 且 $C_1, ..., C_n$ 是独立于 T_i 的 i.i.d. 非负随机变量. 在很多生物统计和寿命测量的应用中, 我们只能观测到 T_i 和 C_i 中的较小值和一个显示哪一个变量更小的指标:

$$X_i = \min\{T_i, C_i\}, \quad \delta_i = I_{(0,C_i)}(T_i), \quad i = 1, ..., n.$$

这称为随机删失模型, C_i 称为删失时间. 我们考虑生存分布 F 的估计, 其他处理删失数据的问题参见 Kalbfleisch and Prentice(1980).

F 的 MELE 可以通过如下方法获得. 令 $x_{(1)} \leqslant \cdots \leqslant x_{(n)}$ 为 X_i 值的排序后的值, $\delta_{(i)}$ 是与 $x_{(i)}$ 有关的 δ 值. 考虑把质量分配到点 $x_{(1)}, ..., x_{(n)}$ 和区间 $(x_{(n)}, \infty)$ 的 c.d.f. G. 令 $p_i = P_G(\{x_{(i)}\})$, $i = 1, ..., n$, 且 $p_{n+1} = 1 - G(x_{(n)})$. F 的 MELE 可通过最大化

$$\ell(G) = \prod_{i=1}^n p_i^{\delta_{(i)}} \left(\sum_{j=i+1}^{n+1} p_j \right)^{1-\delta_{(i)}} \tag{5.22}$$

加上约束

$$p_i \geqslant 0, \quad i = 1, ..., n+1, \quad \sum_{i=1}^{n+1} p_i = 1 \tag{5.23}$$

而得. 可以证明 (练习), MELE 就是

$$\hat{F}(t) = \sum_{i=1}^{n+1} \hat{p}_i I_{[0,t]}(X_{(i)}), \tag{5.24}$$

其中 $X_{(0)}=0$, $X_{(n+1)}=\infty$, $X_{(1)}\leqslant\cdots\leqslant X_{(n)}$ 是次序统计量, 且

$$\hat{p}_i=\frac{\delta_{(i)}}{n-i+1}\prod_{j=1}^{i-1}\left(1-\frac{\delta_{(j)}}{n-j+1}\right),\quad i=1,...,n,\quad \hat{p}_{n+1}=1-\sum_{j=1}^{n}\hat{p}_j.$$

(5.24) 中的 $\hat{F}$ 也可写成 (练习)

$$\hat{F}(t)=1-\prod_{X_{(i)}\leqslant t}\left(1-\frac{\delta_{(i)}}{n-i+1}\right),\tag{5.25}$$

这是非常著名的 Kaplan-Meier(1958) 乘积极限估计. 一些关于 (5.25) 中 $\hat{F}$ 的渐近结果参见 Shorack and Wellner(1986). ∎

5.1.3 密度估计

假设 $X_1,...,X_n$ 是来自 F 的 i.i.d. 随机变量, F 未知但存在 Lebesgue p.d.f. f. F 的估计可以通过估计 f 来完成, 这称为密度估计. 注意到, §5.1.1 和 §5.1.2 中求得的 F 的估计量不存在 Lebesgue p.d.f.

因为 $f(t)=F'(t)$ a.e., $f(t)$ 的一个简单估计量是差商

$$f_n(t)=\frac{F_n(t+\lambda_n)-F_n(t-\lambda_n)}{2\lambda_n},\quad t\in\mathcal{R},\tag{5.26}$$

其中 F_n 是由 (2.28) 或给定 $d=1$ 的 (5.1) 给出的经验 c.d.f., $\{\lambda_n\}$ 是一列正常数序列. 因为 $2n\lambda_n f_n(t)$ 服从二项分布 $Bi(F(t+\lambda_n)-F(t-\lambda_n),n)$, 所以

$$E[f_n(t)]\to f(t)\quad (\text{若当}n\to\infty\text{ 时}\lambda_n\to 0)$$

和

$$\mathrm{Var}\big(f_n(t)\big)\to 0\quad (\text{若当}n\lambda_n\to\infty\text{ 时}\lambda_n\to 0).$$

因此, 我们应该选择收敛到 0 的速度小于 n^{-1} 的 λ_n. 如果我们假定 $\lambda_n\to 0$, $n\lambda_n\to\infty$, 且 f 在 t 处连续可微, 那么可以证明 (练习)

$$\mathrm{mse}_{f_n(t)}(F)=\frac{f(t)}{2n\lambda_n}+o\left(\frac{1}{n\lambda_n}\right)+O(\lambda_n^2),\tag{5.27}$$

并且如果 $n\lambda_n^3\to 0$, 那么

$$\sqrt{n\lambda_n}[f_n(t)-f(t)]\to_d N\left(0,\frac{1}{2}f(t)\right).\tag{5.28}$$

一类有用的估计量是核密度估计的集合, 形如

$$\hat{f}(t)=\frac{1}{n\lambda_n}\sum_{i=1}^{n}w\left(\frac{t-X_i}{\lambda_n}\right),\tag{5.29}$$

其中 w 是 $\mathcal{R}$ 上已知的 Lebesgue p.d.f., 称为核. 如果选择 $w(t)=\frac{1}{2}I_{[-1,1]}(t)$, 那么 (5.29) 中的 $\hat{f}(t)$ 本质上与直方图是一样的. (5.29) 中 $\hat{f}(t)$ 的偏差是

$$\begin{aligned}E[\hat{f}(t)]-f(t)&=\frac{1}{\lambda_n}\int w\left(\frac{t-z}{\lambda_n}\right)f(z)dz-f(t)\\&=\int w(y)[f(t-\lambda_n y)-f(t)]dy.\end{aligned}$$

如果 f 是有界的且在 t 处连续, 那么根据控制收敛定理 (定理 1.1(iii)), 当 $\lambda_n\to 0$ 时, $\hat{f}(t)$ 的偏差收敛到 0; 如果 f' 是有界的, 在 t 处连续, 且 $\int|t|w(t)dt<\infty$, 那么 $\hat{f}(t)$ 的偏差是 $O(\lambda_n)$. $\hat{f}(t)$ 的方差是

$$\begin{aligned}\mathrm{Var}\big(\hat{f}(t)\big)&=\frac{1}{n\lambda_n^2}\mathrm{Var}\left(w\left(\frac{t-X_1}{\lambda_n}\right)\right)\\&=\frac{1}{n\lambda_n^2}\int\left[w\left(\frac{t-z}{\lambda_n}\right)\right]^2f(z)dz\\&\quad-\frac{1}{n}\left[\frac{1}{\lambda_n}\int w\left(\frac{t-z}{\lambda_n}\right)f(z)dz\right]^2\\&=\frac{1}{n\lambda_n}\int[w(y)]^2f(t-\lambda_n y)dy+O\left(\frac{1}{n}\right)\\&=\frac{w_0f(t)}{n\lambda_n}+o\left(\frac{1}{n\lambda_n}\right)\end{aligned}$$

若 f 是有界的且在 t 处连续, 且 $w_0=\int[w(t)]^2dt<\infty$. 因此, 如果 $\lambda_n\to 0$, $n\lambda_n\to\infty$, 且 f' 是有界的且在 t 处连续, 那么

$$\mathrm{mse}_{\hat{f}(t)}(F)=\frac{w_0f(t)}{n\lambda_n}+O(\lambda_n^2).$$

利用 CLT (定理 1.15), 可以证明 (练习), 如果 $\lambda_n\to 0$, $n\lambda_n\to\infty$ 且 f 有界, 在 t 处连续, 那么

$$\sqrt{n\lambda_n}\{\hat{f}(t)-E[\hat{f}(t)]\}\to_d N\big(0,w_0f(t)\big).\tag{5.30}$$

进一步, 如果 f' 有界且在 t 处连续, $\int|t|w(t)dt<\infty$ 且 $n\lambda_n^3\to 0$, 那么

$$\sqrt{n\lambda_n}\{E[\hat{f}(t)]-f(t)\}=O\left(\sqrt{n\lambda_n}\lambda_n\right)\to 0,$$

因而当 $E[\hat{f}(t)]$ 被 $f(t)$ 代替时, (5.30) 成立.

类似于 c.d.f. 的估计, 我们可以利用合适定义的 f 和它的密度估计量之间的距离, 来研究 f_n 或 $\hat{f}$ 作为密度曲线 f 的估计量的性质. 例如, 我们可以研究

$\sup_{t\in\mathcal{R}} |\hat{f}(t) - f(t)|$ 或 $\int |\hat{f}(t) - f(t)|^2 dt$ 的收敛. 更多的细节参见 Silverman (1986).

例 5.4. 一个样本量为 $n = 200$ 的 i.i.d. 样本从 $N(0,1)$ 中产生. 密度曲线估计 (5.26) 和 (5.29) 以及真实 p.d.f. 的曲线见图 5.1. 对于核密度估计量 (5.29), $w(t) = \frac{1}{2}e^{-|t|}$, $\lambda_n = 0.4$. 根据图 5.1, 核估计 (5.29) 比估计 (5.26) 好得多. ▮

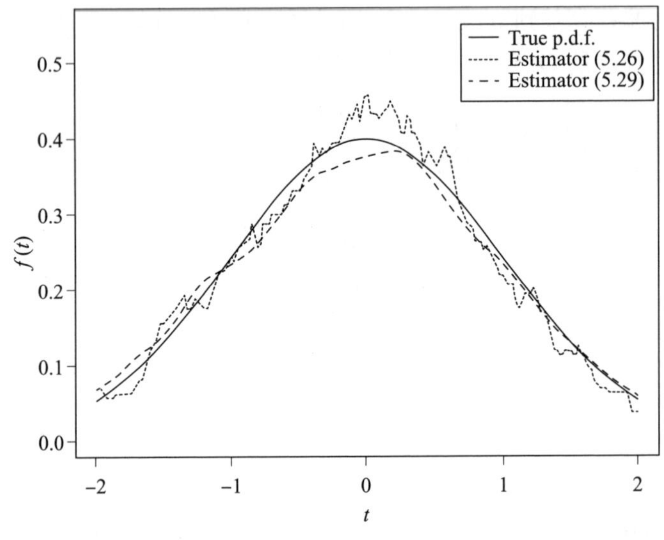

图 5.1 例 5.4 中的密度估计

还有很多其他的密度估计方法, 例如, 最近邻法 (Stone, 1977), 平滑样条 (Wahba, 1990) 和 §5.1.2 描述的经验似然方法 (例如, e.g., Jones (1991)), 它产生的估计形如

$$\hat{f}(t) = \frac{1}{\lambda_n} \sum_{i=1}^{n} \hat{p}_i w\left(\frac{t - X_i}{\lambda_n}\right).$$

5.1.4 半参数方法

假设样本 X 是来自参数为 (θ, ξ) 的分布族中的一个总体, 其中 θ 是参数向量, 即 $\theta \in \Theta \subset \mathcal{R}^k$, k 是一个固定的正整数, 但 ξ 不是向量值, 例如 ξ 是一个 c.d.f. 这样的模型常称为半参数模型, 尽管根据 §2.1.2 中的定义它是非参的. 半参数方法指的是一种统计推断方法, 它结合参数方法和非参数方法做关于参数 θ 和非参数元素 ξ 的推断. 接下来, 我们考虑两个半参数方法的重要例子.

部分似然和成比例风险模型

部分 (partial) 似然 (Cox,1972) 的想法与 §4.4.3 介绍的条件似然相似. 为了阐明这一想法, 我们假定 X 有 p.d.f. $f_{\theta,\xi}$, ξ 也是一个向量值参数. 假设 X 可以转化为 $(V_1,U_1),...,(V_m,U_m)$ 序列, 使得

$$f_{\theta,\xi}(x)=\left[\prod_{i=1}^{m}g_\theta(u_i|v_1,u_1,...,u_{i-1},v_i)\right]\left[\prod_{i=1}^{m}h_{\theta,\xi}(v_i|v_1,u_1,...,v_{i-1},u_{i-1})\right],$$

其中 $g_\theta(\cdot|v_1,u_1,...,u_{i-1},v_i)$ 是给定 $V_1=v_1,U_1=u_1,...,U_{i-1}=u_{i-1},V_i=v_i$ 时 U_i 的条件 p.d.f., 它不依赖 ξ, 且 $h_{\theta,\xi}(\cdot|v_1,u_1,...,v_{i-1},u_{i-1})$ 是给定 $V_1=v_1,U_1=u_1,...,V_{i-1}=v_{i-1},U_{i-1}=u_{i-1}$ 时 V_i 的条件 p.d.f. 上一个关于 $f_{\theta,\xi}(x)$ 的表达式中的第一个乘积称为 θ 的部分似然.

当 ξ 是非参数元素时, θ 的部分似然可类似定义, 在这种情况下, 全似然 $f_{\theta,\xi}(x)$ 应该被非参数似然或经验似然代替. 只要给定 $V_1,U_1,...,U_{i-1},V_i$, $i=1,...,m$, U_i 的条件分布属于参数族 (参数为 θ), 部分似然就是参数的.

半参数估计方法包含估计 θ 的参数方法 (典型的是 §4.4 中的极大似然估计) 和估计 ξ 的非参数方法.

为了阐明部分似然方法的应用, 我们考虑例 5.3 随机删失模型中的生存数据 c.d.f. 的估计. 遵循例 5.3 中的记号, 假定 $\{T_1,...,T_n\}$ (生存时间) 和 $\{C_1,...,C_n\}$ (删失时间) 是两个非负独立随机变量的集合, $X_i=\min\{T_i,C_i\}$ 和 $\delta_i=I_{(0,C_i)}(T_i)$ 是独立观测值, $i=1,...,n$. 另外, 我们假定存在一个协变量值的 p 维向量 Z_i 与 X_i 和 δ_i 有关. 例 5.3 考虑的情况可以看作 Z_i 恒等于一个常数的特例.

当协变量向量等于 z 时, 生存函数定义为 $S_z(t)=1-F_z(t)$, 其中 F_z 是生存时间 T 的 c.d.f., T 与 T_i 有相同的分布. 假定对于所有 $t>0$, $f_z(t)=F'_z(t)$ 存在. 当协变量向量等于 z 时, 函数 $\lambda_z(t)=f_z(t)/S_z(t)$ 称为危险函数, 函数 $\Lambda_z(t)=\int_0^t\lambda_z(s)ds$ 称为累积危险函数. 针对 λ_z 通常采用的模型是下面的成比例风险模型:

$$\lambda_z(t)=\lambda_0(t)\phi(\beta^\tau z),\tag{5.31}$$

其中 ϕ 是一个已知函数 (典型地, $\phi(x)=e^x$), z 是 p 维协变量向量的值, $\beta\in\mathcal{R}^p$ 是未知的参数向量, $\lambda_0(t)$ 是协变量向量为 0 时未知的危险函数, 命名为底线危险函数. 在模型 (5.31) 下,

$$1-F_z(t)=\exp\{-\Lambda_z(t)\}=\exp\{-\phi(\beta^\tau z)\Lambda_0(t)\}.$$

因此, c.d.f. F_z 或生存函数 S_z 的估计可以通过估计模型 (5.31) 的参数部分 β 和模型 (5.31) 的非参数部分 Λ_0 来完成.

首先考虑利用部分似然方法估计 β. 假设在时间 $T_{(1)} < \cdots < T_{(l)}$ 处有 l 个观测到的失败, 其中 (i) 是根据失败时间排序的第 i 次失败的指标. (注意到, 当 $\delta_i = 1$ 时, 失败发生.) 假设在 $T_{(i)}$ 之后但在 $T_{(i+1)}$ 之前有 m_i 项删失, 发生于 $T_{(i,1)}, ..., T_{(i,m_i)}$ (设定 $T_{(0)} = 0$). 令 $U_i = (i)$, $V_i = (T_{(i)}, T_{(i-1,1)}, ..., T_{(i-1,m_{i-1})})$, $i = 1, ..., l$. 那么部分似然是

$$\prod_{i=1}^{l} P(U_i = (i)|V_1, U_1, ..., U_{i-1}, V_i).$$

因为 $\lambda_z(t) = \lim_{\Delta>0,\Delta\to 0} \Delta^{-1} P_z(t \leqslant T < t + \Delta | T > t)$, 其中 P_z 表示当协变量等于 z 时 T 的概率测度,

$$P(U_i = (i)|V_1, U_1, ..., U_{i-1}, V_i) = \frac{\lambda_{Z_{(i)}}(t_i)}{\sum_{j\in R_i} \lambda_{Z_j}(t_i)} = \frac{\phi(\beta^\tau Z_{(i)})}{\sum_{j\in R_i} \phi(\beta^\tau Z_j)},$$

其中 t_i 是 $T_{(i)}$ 的观测值, $R_i = \{j : X_j \geqslant t_i\}$ 称为风险集, 最后一个等式由假设 (5.31) 可知. 这推出了部分似然

$$\ell(\beta) = \prod_{i=1}^{l} \frac{\phi(\beta^\tau Z_{(i)})}{\sum_{j\in R_i} \phi(\beta^\tau Z_j)} = \prod_{i=1}^{n} \left[\frac{\phi(\beta^\tau Z_i)}{\sum_{j\in R_i} \phi(\beta^\tau Z_j)}\right]^{\delta_i},$$

给定观测数据, 它是参数 β 的函数. §4.4 中介绍的关于参数模型的极大似然方法可以用来获得 β 的极大部分似然估计 $\hat{\beta}$. Tsiatis (1981) 中证明了 $\hat{\beta}$ 对 β 是一致的, 且在一些正则性条件下是渐近正态的.

我们现在考虑 Λ_0 的估计. 首先, 假定协变量向量 Z_i 是随机的, 随机向量 (T_i, C_i, Z_i), $i = 1, ..., n$, 为 i.i.d., 给定 Z_i, T_i 与 C_i 条件独立. 令 (T, C, Z) 是与 (T_i, C_i, Z_i) 分布相同的随机向量, $X = \min\{T, C\}$, 且 $\delta = I_{(0,C)}(T)$. 在假设 (5.31) 下, 可以证明 (练习)

$$Q(t) = P(X > t, \delta = 1) = \iint_t^\infty \lambda_0(s)\phi(\beta^\tau z)H(s|z)dsdG(z), \tag{5.32}$$

其中 $H(s|z) = P(X > s|Z = z)$, G 是 Z 的 c.d.f. 那么

$$\frac{dQ(t)}{dt} = -\lambda_0(t) \int \phi(\beta^\tau z)H(t|z)dG(z) \tag{5.33}$$

和

$$\lambda_0(t) = -\frac{dQ(t)}{dt} \frac{1}{K(t)}, \tag{5.34}$$

其中 $K(t) = E[\phi(\beta^\tau Z)I_{(t,\infty)}(X)]$ (练习). 因此,

$$\Lambda_0(t) = \int_0^t \lambda_0(s)ds = -\int_0^t \frac{dQ(s)}{K(s)}.$$

Λ_0 的估计量可以通过在此表达式中用下列估计值分别代替 Q 和 K 而获得,

$$\hat{Q}(t) = \frac{1}{n}\sum_{i=1}^n I_{\{X_i>t,\delta_i=1\}}$$

和

$$\hat{K}(t) = \frac{1}{n}\sum_{i=1}^n \phi(\hat{\beta}^\tau Z_i)I_{(t,\infty)}(X_i). \tag{5.35}$$

这个估计量就是 Breslow 估计. 当 $Z_1,...,Z_n$ 非随机时, 我们仍可以使用 Breslow 估计. 它的渐近性质参见 Fleming and Harrington(1991).

截面似然

设 $\ell(\theta,\xi)$ 是一个似然 (或经验似然), 其中 θ 和 ξ 并不一定是向量值. 同时在 θ 和 ξ 上最大化似然 $\ell(\theta,\xi)$ 可能很困难. 对每一个固定的 θ, 令 $\xi(\theta)$ 满足

$$\ell(\theta,\xi(\theta)) = \sup_\xi \ell(\theta,\xi).$$

函数

$$\ell_P(\theta) = \ell(\theta,\xi(\theta))$$

称为 θ 的截面似然函数. 假设 $\hat{\theta}_P$ 最大化 $\ell_P(\theta)$. 那么 $\hat{\theta}_P$ 称为 θ 的极大截面似然估计. 注意到, $\hat{\theta}_P$ 可能与 θ 的 MLE 不一样. 尽管这一想法可以应用到参数模型中, 但是它在非参数模型中更有用, 特别当 θ 是参数部分时.

例如, 考虑 (5.8) 中的经验似然, 满足限制 (5.10). 有时候, 允许 (5.10) 中的函数 u 依赖一个未知参数向量 $\theta\in\mathcal{R}^k$ 会更方便, 其中 $k\leqslant s$. 这就引出了 (5.8) 中的经验似然 $\ell(G)$ 满足限制 (5.10), 其中 $u(x)$ 被 $\psi(x,\theta)$ 代替, ψ 是一个从 $\mathcal{R}^d\times\mathcal{R}^k$ 到 $\mathcal{R}^s$ 的已知函数. 最大化这个经验似然等价于最大化

$$\ell(p_1,...,p_n,\omega,\lambda,\theta) = \prod_{i=1}^n p_i + \omega\left(1-\sum_{i=1}^n p_i\right) + \sum_{i=1}^n p_i\lambda^\tau\psi(x_i,\theta),$$

其中 ω 和 λ 都是拉格朗日乘子. 由 (5.12) 和 (5.13) 可知, $\omega = n$, $\tilde{p}_i(\theta) = n^{-1}\{1+[\lambda_n(\theta)]^\tau\psi(x_i,\theta)\}^{-1}$ 对于任意固定的 θ 最大化 $\ell(p_1,...p_n,\omega,\lambda,\theta)$, $\lambda_n(\theta)$ 满足

$$\frac{1}{n}\sum_{i=1}^n \frac{\psi(x_i,\theta)}{1+[\lambda_n(\theta)]^\tau\psi(x_i,\theta)} = 0.$$

在 $\ell(p_1,...p_n,\omega,\lambda,\theta)$ 中用 $\sum_{i=1}^n \tilde{p}_i = 1$ 代替 $\tilde{p}_i$, 可得以下 θ 的截面经验似然:

$$\ell_P(\theta) = \prod_{i=1}^n \frac{1}{n\{1+[\lambda_n(\theta)]^\tau \psi(x_i,\theta)\}}. \tag{5.36}$$

如果 $\hat{\theta}$ 最大化 (5.36) 中的 $\ell_P(\theta)$, 那么 $\hat{\theta}$ 是 θ 的极大截面经验似然估计, 且 p_i 对应的估计量是 $\tilde{p}_i(\hat{\theta})$. 在某些 ψ 的条件下, 类似于定理 5.4 和 $\hat{\theta}$ 的渐近正态性的结论参见 Qin and Lawless(1994).

另一个例子是有偏抽样问题中的经验似然 (5.20), 函数为 $w(x) = w_\theta(x)$ 依赖未知的 $\theta \in \mathcal{R}^k$. 那么 θ 的截面经验似然是

$$\ell_P(\theta) = \hat{w}_\theta^{-n_2} \prod_{i=1}^n \frac{1}{n_1 + n_2 w_\theta(x_i)/\hat{w}_\theta} \prod_{i=n_1+1}^n w_\theta(x_i),$$

其中 $\hat{w}_\theta$ 满足

$$\hat{w}_\theta = \sum_{i=1}^n \frac{w_\theta(x_i)}{n_1 + n_2 w_\theta(x_i)/\hat{w}_\theta}.$$

最后, 我们考虑缺失数据的问题. 假定 $X_1,...,X_n$ i.i.d. 来自未知 c.d.f. F, 但部分 X_i 缺失. 令 $\delta_i = 1$ 若 X_i 被观测到, $\delta_i = 0$ 若 X_i 缺失. 假设 (X_i,δ_i) 为 i.i.d. 令

$$\pi(x) = P(\delta_i = 1 | X_i = x).$$

如果 X_i 与 δ_i 相互独立, 即 $\pi(x) \equiv \pi$ 不依赖 x, 那么基于观测到的数据的经验 c.d.f., 即在每一观测到的 X_i 上的有概率 r^{-1} 的经验 c.d.f. 是 F 无偏且一致的估计量, 若 $\pi > 0$, 其中 r 是观测到 X_i 的个数. 另一方面, 如果 $\pi(x)$ 依赖 x, 那么基于观测到数据的经验 c.d.f. 是有偏的且不是 F 的一致估计量. 事实上可以证明 (练习), 基于观测到数据的经验 c.d.f. 是 $P(X_i \leqslant x|\delta_i = 1)$ 的一个无偏估计量, 它通常与无条件概率 $F(x) = P(X_i \leqslant x)$ 不同.

如果 π 和 F 都属于参数模型, 那么我们可以利用极大似然方法. 例如, 如果 $\pi(x) = \pi_\theta(x)$ 且 $F(x) = F_\vartheta(x)$ 有 p.d.f. f_ϑ, 其中 θ 和 ϑ 是未知的参数向量, 那么 (θ,ϑ) 的参数似然是

$$\ell(\theta,\vartheta) = \prod_{i=1}^n [\pi_\theta(x_i) f_\vartheta(x_i)]^{\delta_i} (1-\pi)^{1-\delta_i},$$

其中 $\pi = \int \pi\theta(x)dF(x)$. 现在假设 $\pi(x) = \pi_\theta(x)$ 是参数部分, F 是非参数部分. 那么经验似然可以定义为

$$\ell(\theta,G) = \prod_{i=1}^n [\pi_\theta(x_i) P_G(\{x_i\})]^{\delta_i} (1-\pi)^{1-\delta_i},$$

满足限制 $p_i \geqslant 0$, $\sum_{i=1}^n \delta_i p_i = 1$, $\sum_{i=1}^n \delta_i p_i[\pi_\theta(x_i)-\pi] = 0$, 其中 $p_i = P_G(\{x_i\})$, $i = 1, ..., n$.

可以证明 (练习), (θ, π) 的对数截面经验似然 (带有拉格朗日乘子) 是

$$\sum_{i=1}^n \left\{\delta_i \log\left(\pi_\theta(x_i)\right) + (1-\delta_i)\log(1-\pi) - \delta_i \log\left(1+\lambda[\pi_\theta(x_i)-\pi]\right)\right\}. \tag{5.37}$$

在一些正则性条件下, Qin, Leung, and Shao (2002) 证明了, 通过最大化 (5.37) 中的似然得到的估计量 $\hat{\theta}$, $\hat{\pi}$ 和 $\hat{\lambda}$ 是一致且渐近正态的, 并且对于在每个观测到的 X_i 取概率 $\hat{p}_i = r^{-1}\{1 + \hat{\lambda}[\pi_{\hat{\theta}}(X_i) - \hat{\pi}]\}^{-1}$ 的经验 c.d.f. 对 F 是一致的. 这一结果也可以推广到对于所有 i, 协变量向量 Z_i 与相关的 X_i 都观测到的情况.

5.2 统计泛函

在很多非参数问题中, 我们感兴趣的是未知总体某些特征值 (参数) 的估计, 而不是整个总体. 在这一节我们假定 $X_1, ..., X_n$ i.i.d. 来自 $\mathcal{R}^d$ 上未知 c.d.f. F. 分布 F 的大多数特征值可以写成 $\mathtt{T}(F)$, 其中 $\mathtt{T}$ 是从 $\mathscr{F}$ 到 $\mathcal{R}^s$ 的泛函. 如果我们用 (5.1) 中的经验 c.d.f. F_n 来估计 F, 那么很自然 $\mathtt{T}(F)$ 的一个估计量是 $\mathtt{T}(F_n)$, 称为*统计泛函*.

许多常用的统计量可以写成对于某个 $\mathtt{T}$ 的 $\mathtt{T}(F_n)$. 下面是两个简单的例子. 令 $\mathtt{T}(F) = \int \psi(x)dF(x)$, ψ 为可积函数, 则 $\mathtt{T}(F_n) = \int \psi(x)dF_n(x) = n^{-1}\sum_{i=1}^n \psi(X_i)$. §3.5.2 中讨论的样本矩就是这种统计泛函的一个特例. 对于 $d = 1$, 令 $\mathtt{T}(F) = F^{-1}(p) = \inf\{x : F(x) \geqslant p\}$, 其中 $p \in (0, 1)$ 是一个固定常数. $F^{-1}(p)$ 称为 F 的 p 分位数. 统计泛函 $\mathtt{T}(F_n) = F_n^{-1}(p)$ 称为 p 样本分位数. 更多统计泛函的例子见 §5.2.1 和 §5.2.2.

本节, 我们将讨论 $\mathtt{T}(F_n)$ 的渐近分布. 我们关注实值 $\mathtt{T}$ $(s = 1)$ 的情况, 因为很直接可以推广到 $s \geqslant 2$ 的情况.

5.2.1 可微性和渐近正态性

注意到, $\mathtt{T}(F_n)$ 是 “统计量” F_n 的一个泛函. 定理 1.12(和 §3.5.1) 中我们已经研究了如何利用 Taylor 展开来确定渐近正态统计量的可微函数的渐近正态性. 这引出了运用一些针对泛函的广义 Taylor 展开和 §5.1.1 中 F_n 的渐近性质来确定 $\mathtt{T}(F_n)$ 的渐近正态性的方法.

首先, 我们需要适当定义 $\mathtt{T}$ 的微分. 下面给出了几种版本微分的定义.

定义 5.2. 设 T 是 $\mathscr{F}_0$ 上的一个泛函, $\mathscr{F}_0$ 是 $\mathcal{R}^d$ 上 c.d.f. 的一个集合, 令 $\mathscr{D} = \{c(G_1 - G_2) : c \in \mathcal{R},\ G_j \in \mathscr{F}_0,\ j = 1, 2\}$.

(i) $\mathscr{F}_0$ 上的一个泛函 T 在 $G \in \mathscr{F}_0$ 处 Gâteaux 可微, 当且仅当存在一个 $\mathscr{D}$ 上的线性函数 L_G (即 $\mathrm{L}_G(c_1\Delta_1 + c_2\Delta_2) = c_1\mathrm{L}_G(\Delta_1) + c_2\mathrm{L}_G(\Delta_2)$, 对于任意 $\Delta_j \in \mathscr{D}$ 和 $c_j \in \mathcal{R}$) 使得 $\Delta \in \mathscr{D}$ 和 $G + t\Delta \in \mathscr{F}_0$ 能推出

$$\lim_{t \to 0} \left[\frac{\mathrm{T}(G + t\Delta) - \mathrm{T}(G)}{t} - \mathrm{L}_G(\Delta) \right] = 0.$$

(ii) 令 ϱ 是由 $\mathscr{D}$ 上的范数 $\|\cdot\|$ 定义的 $\mathscr{F}_0$ 上的一个距离. $\mathscr{F}_0$ 上的泛函 T 在 $G \in \mathscr{F}_0$ 处 ϱ -Hadamard 可微, 当且仅当存在一个 $\mathscr{D}$ 上的线性泛函 L_G 使得对任意数字序列 $t_j \to 0$ 和满足 $\|\Delta_j - \Delta\| \to 0$ 以及 $G + t_j\Delta_j \in \mathscr{F}_0$ 的 $\{\Delta, \Delta_j, j = 1, 2, ...\} \subset \mathscr{D}$, 有

$$\lim_{j \to \infty} \left[\frac{\mathrm{T}(G + t_j\Delta_j) - \mathrm{T}(G)}{t_j} - \mathrm{L}_G(\Delta_j) \right] = 0.$$

(iii) 令 ϱ 是 $\mathscr{F}_0$ 上的一个距离. $\mathscr{F}_0$ 上的泛函 T 在 $G \in \mathscr{F}_0$ 处 ϱ -Fréchet 可微, 当且仅当存在一个 $\mathscr{D}$ 上的线性泛函 L_G 使得对于任意满足 $G_j \in \mathscr{F}_0$ 和 $\varrho(G_j, G) \to 0$ 的序列 $\{G_j\}$, 有

$$\lim_{j \to \infty} \frac{\mathrm{T}(G_j) - \mathrm{T}(G) - \mathrm{L}_G(G_j - G)}{\varrho(G_j, G)} = 0. \quad \blacksquare$$

泛函 L_G 称为 T 在 G 处的微分. 如果我们定义 $h(t) = \mathrm{T}(G + t\Delta)$, 那么 Gâteaux 可微性等价于函数 $h(t)$ 在 $t = 0$ 处的可微性, 并且 $\mathrm{L}_G(\Delta)$ 就是 $h'(0)$. 令 $\boldsymbol{\delta}_x$ 表示在点 x 处退化的 d 维 c.d.f. 且 $\phi_G(x) = \mathrm{L}_G(\boldsymbol{\delta}_x - G)$. 那么 $\phi_F(x)$ 称为 T 在 F 处的影响函数, 它是稳健统计学中的一个重要工具 (参见 Hampel (1974)).

如果 T 在 F 处 Gâteaux 可微, 那么有下列展开 (取 $t = n^{-1/2}$ 和 $\Delta = \sqrt{n}(F_n - F)$):

$$\sqrt{n}[\mathrm{T}(F_n) - \mathrm{T}(F)] = \mathrm{L}_F\big(\sqrt{n}(F_n - F)\big) + R_n. \tag{5.38}$$

因为 L_F 是线性的, 根据 CLT,

$$\mathrm{L}_F\big(\sqrt{n}(F_n - F)\big) = \frac{1}{\sqrt{n}} \sum_{i=1}^{n} \phi_F(X_i) \to_d N(0, \sigma_F^2) \tag{5.39}$$

若

$$E[\phi_F(X_1)] = 0 \quad 和 \quad \sigma_F^2 = E[\phi_F(X_1)]^2 < \infty \tag{5.40}$$

(当 ϕ_F 有界或 F 一些限矩有限时这通常成立). 根据 Slutsky 定理和 (5.39), 如果 (5.38) 的 R_n 是 $o_p(1)$, 则

$$\sqrt{n}[\mathtt{T}(F_n) - \mathtt{T}(F)] \to_d N(0, \sigma_F^2). \tag{5.41}$$

不幸的是, Gâteaux 太弱而不能用来确定 $R_n = o_p(1)$ (或 (5.41)). 这就是为什么我们需要其他类型的可微性. Hadamard 可微性, 也称为紧致可微性, 显然比 Gâteaux 可微性来得强, 但是比 Fréchet 可微性弱 (练习). 对于一个给定的泛函 T, 我们首先可以通过对 $h(t) = \mathtt{T}(G + t\Delta)$ 在 $t = 0$ 处求微分找到 $\mathtt{L}_G$, 然后对于给定的 ϱ, 检查 T 是否是 ϱ-Hadamard (或 ϱ-Fréchet) 可微的. $\mathscr{F}_0$ 上最常用的距离是上确界范数距离 ϱ_∞ 和 L_p 距离 ϱ_{L_p}. 它们对应的范数分别由 (5.3) 和 (5.5) 给出.

定理 5.5. 设 $X_1, ..., X_n$ i.i.d. 来自 $\mathcal{R}^d$ 上的一个 c.d.f. F.

(i) 如果 T 在 F 处 ϱ_∞-Hadamard 可微, 那么 (5.38) 中的 R_n 是 $o_p(1)$.

(ii) 如果 T 在 F 处 ϱ-Fréchet 可微, 距离 ϱ 满足

$$\sqrt{n}\varrho(F_n, F) = O_p(1), \tag{5.42}$$

那么 (5.38) 中的 R_n 是 $o_p(1)$.

(iii) 在 (i) 或 (ii) 中, 如果 (5.40) 也满足, 那么 (5.41) 成立.

证明. (iii) 直接由 (i) 或 (ii) 可得. (i) 的证明涉及一些高级的数学, 故而省略; 比如, 参见 Fernholz (1983). 我们现在证明 (ii). 根据定义 5.2(iii), 对于任意 $\epsilon > 0$, 存在一个 $\delta > 0$ 使得 $|R_n| < \epsilon\sqrt{n}\varrho(F_n, F)$, 只要 $\varrho(F_n, F) < \delta$ 成立. 那么对于任意 $\eta > 0$,

$$P\left(|R_n| > \eta\right) \leqslant P\left(\sqrt{n}\varrho(F_n, F) > \eta/\epsilon\right) + P\left(\varrho(F_n, F) \geqslant \delta\right).$$

这说明

$$\limsup_n P\left(|R_n| > \eta\right) \leqslant \limsup_n P\left(\sqrt{n}\varrho(F_n, F) > \eta/\epsilon\right).$$

结论由 (5.42) 和 ϵ 可以取任意小而得. ∎

因为 ϱ-Fréchet 可微性能推出 ϱ-Hadamard 可微性, 所以当 ϱ 不是上确界范数距离时可以使用定理 5.5(ii). 有一些泛函并不是 ϱ_∞-Hadamard 可微的 (因此不是 ϱ_∞-Fréchet 可微的). 比如, 如果 $d = 1$ 且 $\mathtt{T}(G) = g(\int x dG)$, g 是一个可微函数, 那么 T 并不一定是 ϱ_∞-Hadamard 可微的, 但是是 ϱ_{L_1}-Fréchet 可微的 (练习).

根据定理 5.2, 在定理 5.1 F 的矩条件下, 条件 (5.42) 对于 ϱ_{L_p} 成立.

注意到, 如果 ϱ 和 $\tilde{\varrho}$ 是 $\mathscr{F}_0$ 上的两个距离, 对于一个常数 c 和所有的 $G_j \in \mathscr{F}_0$ 满足 $\tilde{\varrho}(G_1, G_2) \leqslant c\varrho(G_1, G_2)$, 那么 $\tilde{\varrho}$-Hadamard (Fréchet) 可微性能推出 ϱ-Hadamard (Fréchet) 可微性. 这建议使用距离 $\varrho_{\infty+p} = \varrho_\infty + \varrho_{L_p}$, 它在定理 5.2 的矩条件下也满足 (5.42). 距离 $\varrho_{\infty+p}$ 在一些情况下很有用 (定理 5.6).

拥有有界且连续的影响函数 ϕ_F 的 ϱ_∞-Hadamard 可微的 $\mathtt{T}$ 在 Hampel 之意义上是稳健的 (如见 Huber (1981)). 这是由于 $\mathtt{T}(F_n)$ 的渐近行为由 $\mathtt{L}_F(F_n - F)$ 决定, 而且样本上的一点小变动, 即所有 x_i 上的小变动 (取整, 分组) 或者一些 x_i 上的大变动 (重大误差, 错误), 只引起 $\mathtt{T}(F_n)$ 的小变动当且仅当 ϕ_F 有界且连续.

我们现在考虑一些例子. 对于与形如 $\mathtt{T}(G) = \int \psi(x)dG(x)$ 的泛函有关的样本矩, 显然 $\mathtt{T}$ 是一个线性泛函. 对于任意 ϱ, 任何线性泛函是 ϱ-Fréchet 可微的. 其次, 如果 F 是一维的且对于所有 x 有 $F'(x) > 0$, 那么分位数泛函 $\mathtt{T}(G) = G^{-1}(p)$ 在 F 处 ϱ_∞-Hadamard 可微 (Fernholz, 1983). 因此, 定理 5.5 可以应用在这些泛函上. 然而, 样本分位数的渐近正态性可以在更弱的条件下得到, 这在 §5.3.1 中研究.

例 5.5 (卷积泛函). 假设 F 定义在 $\mathcal{R}$ 上, 而且对于固定的 $z \in \mathcal{R}$,

$$\mathtt{T}(G) = \int G(z-y)dG(y), \quad G \in \mathscr{F}.$$

如果 X_1 和 X_2 i.i.d. 有 c.d.f. G, 那么 $\mathtt{T}(G)$ 是 $X_1 + X_2$ 的 c.d.f. (§1.6 练习 47), 也称为 G 的卷积在 z 的值. 对于 $t_j \to 0$ 和 $\|\Delta_j - \Delta\|_\infty \to 0$,

$$\mathtt{T}(G + t_j\Delta_j) - \mathtt{T}(G) = 2t_j \int \Delta_j(z-y)dG(y) + t_j^2 \int \Delta_j(z-y)d\Delta_j(y)$$

(对于 $\Delta = c_1G_1 + c_2G_2$, $G_j \in \mathscr{F}_0$ 和 $c_j \in \mathcal{R}$, $d\Delta$ 表示 $c_1dG_1 + c_2dG_2$). 利用引理 5.2, 可以证明 (练习)

$$\int \Delta_j(z-y)d\Delta_j(y) = O(1). \tag{5.43}$$

因此 $\mathtt{T}$ 在任意 $G \in \mathscr{F}$ 处 ϱ_∞-Hadamard 可微, $\mathtt{L}_G(\Delta) = 2\int \Delta(z-y)dG(y)$. 影响函数 $\phi_F(x) = 2\int(\delta_x - F)(z-y)dF(y)$ 是一个有界函数, 显然满足 (5.40). 因此, (5.41) 成立. 如果 F 连续, 那么 $\mathtt{T}$ 在 Hampel 意义下是稳健的 (练习). ∎

在 §5.2.2 中将研究三个重要的统计泛函类, 即 L 估计量, M 估计量以及秩统计量和 R 估计量.

引理 5.2. 设 $\Delta \in \mathscr{D}$ 且 h 是 $\mathcal{R}$ 上使得 $\int h(x)d\Delta(x)$ 有限的一个连续函数. 那么

$$\left|\int h(x)d\Delta(x)\right| \leqslant \|h\|_V \|\Delta\|_\infty,$$

其中 $\|h\|_V$ 为变差范数, 由

$$\|h\|_V = \lim_{a\to-\infty, b\to\infty}\left[\sup\sum_{j=1}^{m}|h(x_j)-h(x_{j-1})|\right]$$

定义, 上确界在区间 $[a,b]$ 的所有划分 $a = x_0 < \cdots < x_m = b$ 上取. ∎

引理 5.2 的证明参见 Natanson (1961, p. 232).

定义 5.2 中的微分是一阶微分. 对于一些泛函, 我们也可以考虑它们的二阶微分, 这提供了一种通过展开式 (2.37) 定义渐近偏差阶数的方法.

定义 5.3. 设 $\mathtt{T}$ 是 $\mathscr{F}_0$ 上的一个泛函, ϱ 是 $\mathscr{F}_0$ 上的一个距离.

(i) $\mathtt{T}$ 在 $G \in \mathscr{F}_0$ 处二阶 ϱ-Hadamard 可微, 当且仅当存在一个 $\mathscr{D}$ 上的泛函 $\mathtt{Q}_G$, 使得对于任意数字序列 $t_j \to 0$ 与满足 $\|\Delta_j - \Delta\| \to 0$ 和 $G + t_j\Delta_j \in \mathscr{F}_0$ 的 $\{\Delta, \Delta_j, j = 1, 2, ...\} \subset \mathscr{D}$, 有

$$\lim_{j\to\infty}\frac{\mathtt{T}(G+t_j\Delta_j)-\mathtt{T}(G)-\mathtt{Q}_G(t_j\Delta_j)}{t_j^2}=0,$$

其中 $\mathtt{Q}_G(\Delta) = \int\int \psi_G(x,y)d(G+\Delta)(x)d(G+\Delta)(y)$, 函数 ψ_G 满足 $\psi_G(x,y) = \psi_G(y,x)$ 和 $\int\int \psi_G(x,y)dG(x)dG(y) = 0$, $\mathscr{D}$ 和 $\|\cdot\|$ 与定义 5.2(ii) 中的相同.

(ii) $\mathtt{T}$ 在 $G \in \mathscr{F}_0$ 处二阶 ϱ-Fréchet 可微, 当且仅当对于任意满足 $G_j \in \mathscr{F}_0$ 和 $\varrho(G_j, G) \to 0$ 的序列 $\{G_j\}$, 有

$$\lim_{j\to\infty}\frac{T(G_j)-T(G)-\mathtt{Q}_G(G_j-G)}{[\varrho(G_j,G)]^2}=0,$$

其中 $\mathtt{Q}_G$ 与 (i) 中的一样. ∎

对于一个二阶可微的 $\mathtt{T}$, 我们有以下展开:

$$n[\mathtt{T}(F_n)-\mathtt{T}(F)] = nV_n + R_n, \tag{5.44}$$

其中

$$V_n = \mathtt{Q}_F(F_n - F) = \int\int \psi_F(x,y)dF_n(x)dF_n(y) = \frac{1}{n^2}\sum_{j=1}^{n}\sum_{i=1}^{n}\psi_F(X_i, X_j)$$

是一个 "V 统计量" (§3.5.3), 它的渐近性质由定理 3.16 给出. 如果 (5.44) 中的 R_n 是 $o_p(1)$, 那么 $\mathtt{T}(F_n) - \mathtt{T}(F)$ 的渐近行为与 V_n 的相同.

命题 5.1. 设 $X_1, ..., X_n$ i.i.d. 来自 F.

(i) 如果 T 在 F 处二阶 ϱ_∞-Hadamard 可微, 那么 (5.44) 中的 R_n 是 $o_p(1)$.

(ii) 如果 T 在 F 处二阶 ϱ-Fréchet 可微, 距离 ϱ 满足 (5.42), 那么 (5.44) 中的 R_n 是 $o_p(1)$. ∎

结合命题 5.1 和定理 3.16 可得, 如果

$$\zeta_1 = \mathrm{Var}\left(\int \psi_F(X_1, y) dF(y)\right) > 0,$$

那么 (5.41) 成立, $\sigma_F^2 = 4\zeta_1$ 且 $\mathrm{amse}_{T(F_n)}(P) = \sigma_F^2/n$; 如果 $\zeta_1 = 0$, 那么

$$n[\mathtt{T}(F_n) - \mathtt{T}(F)] \to_d \sum_{j=1}^{\infty} \lambda_j \chi_{1j}^2$$

且 $\mathrm{amse}_{T(F_n)}(P) = \{2\mathrm{Var}(\psi_F(X_1, X_2)) + [E\psi_F(X_1, X_1)]^2\}/n^2$. 在任何情况下, 展开式 (2.37) 成立且 $T(F_n)$ 的 n^{-1} 阶渐近偏差是 $E\psi_F(X_1, X_1)/n$.

如果 T 也是一阶可微的, 可以证明 (练习),

$$\phi_F(x) = 2\int \psi_F(x, y) dF(y). \tag{5.45}$$

那么 $\zeta_1 = 4^{-1}\mathrm{Var}(\phi_F(X_1))$, 且 $\zeta_1 = 0$ 对应 $\phi_F(x) \equiv 0$ 的情况. 但是, 二阶 ϱ-Hadamard (Fréchet) 可微性不能推出一阶 ϱ-Hadamard (Fréchet) 可微性 (练习).

本节的技巧可以利用在非 i.i.d. $X_1, ..., X_n$ 的情况, 当其分布可由一个未知 c.d.f. F 决定, 又有类似 (5.39) 和 (5.42) (F_n 由其他一些估计量 $\hat{F}$ 代替) 的结果时.

5.2.2 L, M 和 R 估计量及秩统计量

本节研究基于 i.i.d. $X_1, ..., X_n$ 的三个统计泛函类.

L 估计量

设 $J(t)$ 是 $[0,1]$ 上的一个 Borel 函数. 一个 L 泛函定义为

$$\mathtt{T}(G) = \int xJ(G(x))dG(x), \quad G \in \mathscr{F}_0, \tag{5.46}$$

其中 $\mathscr{F}_0$ 包含所有 $\mathcal{R}$ 上使得 $\mathtt{T}$ 有定义的 c.d.f. 对于来自 $F \in \mathscr{F}_0$ 的 i.i.d. $X_1, ..., X_n$, $\mathtt{T}(F_n)$ 称为 $\mathtt{T}(F)$ 的一个 L 估计量.

例 5.6. 下面是一些经常使用的 L 估计量的例子.

(i) 当 $J \equiv 1$ 时, $\mathtt{T}(F_n) = \bar{X}$, 即样本均值.

(ii) 当 $J(t) = 4t - 2$ 时, $\mathtt{T}(F_n)$ 与 Gini 平均差成比例.

(iii) 当 $J(t) = (\beta - \alpha)^{-1} I_{(\alpha,\beta)}(t)$, 对于两个常数 $\alpha < \beta$, $\mathtt{T}(F_n)$ 称为截尾样本均值. ∎

对于一个 L 泛函 $\mathtt{T}$, 可以证明 (练习),

$$\mathtt{T}(G) - \mathtt{T}(F) = \int \phi_F(x) d(G - F)(x) + R(G, F), \tag{5.47}$$

其中

$$\phi_F(x) = -\int (\boldsymbol{\delta}_x - F)(y) J(F(y)) dy, \tag{5.48}$$

$$R(G, F) = -\int W_G(x)[G(x) - F(x)] dx$$

和

$$W_G(x) = \begin{cases} [G(x) - F(x)]^{-1} \int_{F(x)}^{G(x)} J(t) dt - J(F(x)), & G(x) \neq F(x), \\ 0, & G(x) = F(x). \end{cases}$$

在这种情况下, (5.40) 的充分条件是 J 有界且 F 方差有限 (练习). 但是, 如果 ϕ_F 有界, (5.40) 也满足. 在关于 J 的一些条件下, 可以证实 $\mathtt{T}$ 的可微性.

定理 5.6. 设 $\mathtt{T}$ 是 (5.46) 定义的一个 L 泛函.

(i) 假设 J 有界, 当 $t \in [0, \alpha] \cup [\beta, 1]$ 时 $J(t) = 0$, $\alpha < \beta$ 为常数, 而且集合 $D = \{x : J$ 在 $F(x)$ 处间断 $\}$ 的 Lebesgue 测度为 0. 那么 $\mathtt{T}$ 在 F 处 ϱ_∞-Fréchet 可微, 影响函数 ϕ_F 由 (5.48) 给出, ϕ_F 有界连续且满足 (5.40).

(ii) 假设 J 有界, (i) 中集合 D 的 Lebesgue 测度为 0, J 在 $[0, \alpha] \cup [\beta, 1]$ 上连续, $\alpha < \beta$ 为常数. 那么 $\mathtt{T}$ 在 F 处 $\varrho_{\infty+1}$-Fréchet 可微.

(iii) 假设 $|J(t) - J(s)| \leqslant C|t - s|^{p-1}$, 其中 $C > 0$ 和 $p > 1$ 是常数. 那么 $\mathtt{T}$ 在 F 处 ϱ_{L_p}-Fréchet 可微.

(iv) 在 (i) 中的条件下, 如果 J' 在 $[\alpha, \beta]$ 上连续, 那么 $\mathtt{T}$ 在 F 处二阶 ϱ_∞-Fréchet 可微,

$$\psi_F(x, y) = \phi_F(x) + \phi_F(y) - \int (\boldsymbol{\delta}_x - F)(z)(\boldsymbol{\delta}_y - F)(z) J'(F(z)) dz.$$

(v) 假设 J' 在 $[0,1]$ 上连续. 那么 $\mathtt{T}$ 在 F 处二阶 ϱ_{L_2}-Fréchet 可微, ψ_F 与 (iv) 中的相同.

证明. 我们证明 (i)—(iii). (iv) 和 (v) 的证明类似, 留给读者.

(i) 设 $G_j \in \mathscr{F}$ 和 $\varrho_\infty(G_j, F) \to 0$. 令 c 和 d 是两个常数, 使得 $F(c) > \beta$ 且 $F(d) < \alpha$. 那么, 对于充分大的 j, $G_j(x) \in [0,\alpha] \cup [\beta, 1]$, 若 $x > c$ 或 $x < d$. 因此, 对于充分大的 j,

$$
\begin{aligned}
|R(G_j, F)| &= \left| \int_d^c W_{G_j}(x)(G_j - F)(x) dx \right| \\
&\leqslant \varrho_\infty(G_j, F) \int_d^c |W_{G_j}(x)| dx.
\end{aligned}
$$

当 $x \notin D$ 且 D 的 Lebesgue 测度为 0 时, 因为 J 在 $F(x)$ 处连续, 所以 $W_{G_j}(x) \to 0$ a.e. Lebesgue 测度. 根据控制收敛定理, $\int_d^c |W_{G_j}(x)| dx \to 0$. 这证明了 $\mathtt{T}$ 是 ϱ_∞-Fréchet 可微的. ϕ_F 上的结论可以通过下式证明

$$
\phi_F(x) = -\int_d^c (\boldsymbol{\delta}_x - F)(y) J(F(y)) dy.
$$

(ii) 从 (i) 的证明可知, 我们只需要证明

$$
\left| \int_A W_{G_j}(x)(G_j - F)(x) dx \right| \bigg/ \varrho_{\infty+1}(G_j, F) \to 0, \tag{5.49}
$$

其中 $A = \{x : F(x) \leqslant \alpha \text{ 或 } F(x) > \beta\}$. (5.49) 左侧的量以 $\sup_{x \in A} |W_{G_j}(x)|$ 为上界, 它收敛到 0 若 J 在 $[0,\alpha] \cup [\beta, 1]$ 上连续. 因此可得 (5.49).

(iii) 结论由

$$
|R(G, F)| \leqslant C \int |G(x) - F(x)|^p dx = O\left([\varrho_{L_p}(G, F)]^p \right)
$$

和 $p > 1$ 可得. ∎

当 $t \in [0,\alpha] \cup [\beta, 1]$ 时, 满足 $J(t) = 0$ 的 L 估计量称为截尾 L 估计量. 定理 5.6(i) 说明了截尾 L 估计量满足 (5.41), 且在 Hampel 意义上是稳健的. 在定理 5.6 的 (ii) 和 (iii) 情况下, 如果 $\mathrm{Var}(X_1) < \infty$, 则 (5.41) 成立, 但是 $\mathtt{T}(F_n)$ 在 Hampel 意义上可能不是稳健的. 可以证明 (练习), 定理 5.6(i)—(v) 中的一个或几个可以应用在例 5.6 中的每个 L 估计量上.

M 估计量

设 $\rho(x,t)$ 是 $\mathcal{R}^d\times\mathcal{R}$ 上的一个 Borel 函数, Θ 是 $\mathcal{R}$ 的一个开子集. 一个 M 泛函定义为

$$\int \rho(x,\mathtt{T}(G))dG(x)=\min_{t\in\Theta}\int \rho(x,t)dG(x),\quad G\in\mathscr{F}_0, \tag{5.50}$$

的一个解, 其中 $\mathscr{F}_0$ 包含 $\mathcal{R}^d$ 上所有使得 (5.50) 中的积分有定义的 c.d.f. 对于来自 $F\in\mathscr{F}_0$ 的 i.i.d. $X_1,...,X_n$, $\mathtt{T}(F_n)$ 称为 $\mathtt{T}(F)$ 的 M 估计量. 假定 $\psi(x,t)=\partial\rho(x,t)/\partial t$ 存在 a.e. 且

$$\lambda_G(t)=\int\psi(x,t)dG(x)=\frac{\partial}{\partial t}\int\rho(x,t)dG(x). \tag{5.51}$$

那么 $\lambda_G(\mathtt{T}(G))=0$.

例 5.7. 下面是几个 M 估计量的例子.

(i) 如果 $\rho(x,t)=(x-t)^2/2$, 那么 $\psi(x,t)=t-x$; $\mathtt{T}(G)=\int xdG(x)$ 是均值泛函; $\mathtt{T}(F_n)=\bar{X}$ 是样本均值.

(ii) 如果 $\rho(x,t)=|x-t|^p/p$, 其中 $p\in[1,2)$, 那么

$$\psi(x,t)=\begin{cases}|x-t|^{p-1}, & x\leqslant t,\\ -|x-t|^{p-1}, & x>t.\end{cases}$$

当 $p=1$ 时, $\mathtt{T}(F_n)$ 是样本中位数. 当 $1<p<2$ 时, $T(F_n)$ 称为第 p 最小绝对偏差估计或最小 L_p 距离估计.

(iii) 设 $\mathscr{F}_0=\{f_\theta:\theta\in\Theta\}$ 是 p.d.f. 的一个参数族, $\Theta\subset\mathcal{R}$ 且 $\rho(x,t)=-\log f_t(x)$. 那么 $\mathtt{T}(F_n)$ 是一个 MLE. 这说明 M 估计量是参数模型中 MLE 的推广.

(iv) 设 $C>0$ 是一个常数. Huber (1964) 考虑了

$$\rho(x,t)=\begin{cases}\frac{1}{2}(x-t)^2, & |x-t|\leqslant C,\\ \frac{1}{2}C^2, & |x-t|>C\end{cases}$$

且有

$$\psi(x,t)=\begin{cases}t-x, & |x-t|\leqslant C,\\ 0, & |x-t|>C.\end{cases}$$

对应的 $\mathtt{T}(F_n)$ 是截尾样本均值的一种.

(v) 设 $C>0$ 是一个常数. Huber (1964) 考虑了

$$\rho(x,t)=\begin{cases}\frac{1}{2}(x-t)^2, & |x-t|\leqslant C,\\ C|x-t|-\frac{1}{2}C^2, & |x-t|>C\end{cases}$$

且有

$$\psi(x,t)=\begin{cases}C, & t-x>C,\\ t-x, & |x-t|\leqslant C,\\ -C, & t-x<-C.\end{cases}$$

对应的 $\mathtt{T}(F_n)$ 是样本均值的一种.

(vi) Hampel (1974) 考虑了 $\psi(x,t)=\psi_0(t-x)$, $\psi_0(s)=-\psi_0(-s)$ 且

$$\psi_0(s)=\begin{cases}s, & 0\leqslant s\leqslant a,\\ a, & a<s\leqslant b,\\ \dfrac{a(c-s)}{c-b}, & b<s\leqslant c,\\ 0, & s>c,\end{cases}$$

其中 $0<a<b<c$ 是常数. ψ_0 的一个平滑版本是

$$\psi_1(s)=\begin{cases}\sin(as), & 0\leqslant s<\pi/a,\\ 0, & s>\pi/a.\end{cases}$$ ∎

对于有界连续的 ψ, 接下来的结果说明了 T 是 ϱ_∞-Hadamard 可微的, 且影响函数有界连续, 因而 $\mathtt{T}(F_n)$ 满足 (5.41), 而且在 Hampel 意义下是稳健的.

定理 5.7. 设 T 是 (5.50) 定义的一个 M 估计量. 假定 ψ 是 $\mathcal{R}^d\times\mathcal{R}$ 上一个有界连续函数, $\lambda_F(t)$ 在 $\mathtt{T}(F)$ 处连续可微且 $\lambda_F'(\mathtt{T}(F))\neq 0$. 那么 T 在 F 处 ϱ_∞-Hadamard 可微, 且

$$\phi_F(x)=-\psi(x,\mathtt{T}(F))/\lambda_F'(\mathtt{T}(F)).$$

证明. 设 $t_j\to 0$, $\Delta_j\in\mathscr{D}$, $\|\Delta_j-\Delta\|_\infty\to 0$ 且 $G_j=F+t_j\Delta_j\in\mathscr{F}$. 因为 $\lambda_G(\mathtt{T}(G))=0$, 根据 $\|\Delta_j-\Delta\|_\infty\to 0$ 和 ψ 的有界性,

$$|\lambda_F(\mathtt{T}(G_j))-\lambda_F(\mathtt{T}(F))|=\left|t_j\int\psi(x,\mathtt{T}(G_j))d\Delta_j(x)\right|\to 0.$$

注意到 $\lambda_F'(\mathtt{T}(F))\neq 0$. 因此, $\lambda_F(t)$ 的逆存在, 且在 $0=\lambda_F(\mathtt{T}(F))$ 的一个邻域内连续. 因此,

$$\mathtt{T}(G_j)-\mathtt{T}(F)\to 0. \tag{5.52}$$

令 $h_F(\mathtt{T}(F)) = \lambda'_F(\mathtt{T}(F))$, $h_F(t) = [\lambda_F(t) - \lambda_F(\mathtt{T}(F))]/[t - \mathtt{T}(F)]$ 若 $t \neq \mathtt{T}(F)$,

$$R_{1j} = \int \psi(x, \mathtt{T}(F)) d\Delta_j(x) \left[\frac{1}{\lambda'_F(\mathtt{T}(F))} - \frac{1}{h_F(\mathtt{T}(G_j))} \right],$$

$$R_{2j} = \frac{1}{h_F(\mathtt{T}(G_j))} \int [\psi(x, \mathtt{T}(G_j)) - \psi(x, \mathtt{T}(F))] d\Delta_j(x)$$

和

$$\mathtt{L}_F(\Delta) = -\frac{1}{\lambda'_F(\mathtt{T}(F))} \int \psi(x, \mathtt{T}(F)) d\Delta(x), \quad \Delta \in \mathscr{D}.$$

那么

$$\mathtt{T}(G_j) - \mathtt{T}(F) = -\mathtt{L}_F(t_j \Delta_j) + t_j (R_{1j} - R_{2j}).$$

根据 (5.52), $\|\Delta_j - \Delta\|_\infty \to 0$ 和 ψ 的有界性, $R_{j1} \to 0$. 结论由 $R_{2j} \to 0$ 可得, 而这由 $\|\Delta_j - \Delta\|_\infty \to 0$ 和 ψ 的连续性可得 (练习). ∎

例 5.7 中的一些 ψ 函数满足定理 5.7 的条件 (练习). 在 ψ 的更多的条件下, 可以证明 M 泛函在 F 处 ϱ_∞-Fréchet 可微 (Clarke, 1986; Shao, 1993). 满足 (5.41) 但不是可微泛函的一些 M 估计量在 §5.4 中研究.

秩统计量和 R 估计量

假定 $X_1, ..., X_n$ i.i.d. 来自 $\mathcal{R}$ 上的一个 c.d.f. F. X_i 在 $X_1, ..., X_n$ 中的秩记作 R_i, 定义为满足 $X_j \leqslant X_i$ 的 X_j 的个数, $i = 1, ..., n$. $|X_i|$ 在 $|X_1|, ..., |X_n|$ 中的秩可以类似定义, 记作 $\tilde{R}_i$. $R_1, ..., R_n$ 或 $\tilde{R}_1, ..., \tilde{R}_n$ 函数的统计量称为秩统计量. 对于 $G \in \mathscr{F}$, 令

$$\tilde{G}(x) = G(x) - G\big((-x)-\big), \quad x > 0,$$

其中 $g(x-)$ 表示函数 g 在 x 处的左极限. 通过

$$\mathtt{T}(G) = \int_0^\infty J(\tilde{G}(x)) dG(x), \quad G \in \mathscr{F}, \tag{5.53}$$

定义一个泛函 T, 其中 J 是 $[0,1]$ 上的一个有有界导函数 J' 的函数. 那么

$$\mathtt{T}(F_n) = \int_0^\infty J(\tilde{F}_n(x)) dF_n(x) = \frac{1}{n} \sum_{i=1}^n J\left(\frac{\tilde{R}_i}{n}\right) I_{(0,\infty)}(X_i)$$

是一个 (单样本) 符号秩统计量. 如果 $J(t) = t$, 那么 $\mathtt{T}(F_n)$ 就是著名的 Wilcoxon 符号秩检验统计量 (§6.5.1).

基于秩 (或符号秩) 的统计量对于 x_i 值的变化是稳健的, 但是可能无法提供有效率的推断过程, 因为 x_i 的值在秩 (或符号秩) 决定之后就被丢弃.

可以证明 (练习), (5.53) 中的 $\mathtt{T}$ 在 F 处 ϱ_∞-Hadamard 可微, 微分为

$$\mathtt{L}_F(\Delta) = \int_0^\infty J'(\tilde{F}(x))\tilde{\Delta}(x)dF(x) + \int_0^\infty J(\tilde{F}(x))d\Delta(x), \tag{5.54}$$

其中 $\Delta \in \mathscr{D}$ 且 $\tilde{\Delta}(x) = \Delta(x) - \Delta((-x)-)$.

这些结论可以推广到 $X_1, ..., X_n$ i.i.d. 来自 $\mathcal{R}^2$ 上一个 c.d.f. F 的情况. 对于任意 $\mathcal{R}^2$ 上的一个 c.d.f. G, J 为 $[0,1]$ 上的一个函数, $J(1-t) = -J(t)$ 且 J' 有界,

$$\bar{G}(y) = [G(y,\infty) + G(\infty,y)]/2, \quad y \in \mathcal{R},$$

定义

$$\mathtt{T}(G) = \int J(\bar{G}(y))dG(y,\infty). \tag{5.55}$$

令 $X_i = (Y_i, Z_i)$, R_i 为 Y_i 的秩, U_i 是满足 $Z_j \leqslant Y_i$ 的 Z_j 的个数, $i = 1, ..., n$. 那么

$$\mathtt{T}(F_n) = \int J(\bar{F}_n(y))dF_n(y,\infty) = \frac{1}{n}\sum_{i=1}^n J\left(\frac{R_i + U_i}{2n}\right)$$

称为两样本线性秩统计量. 可以证明 (练习), (5.55) 中的 $\mathtt{T}$ 在 F 处 ϱ_∞-Hadamard 可微, 微分为

$$\mathtt{L}_F(\Delta) = \int J'(\bar{F}(y))\bar{\Delta}(y)dF(y,\infty) + \int J(\bar{F}(y))d\Delta(y,\infty), \tag{5.56}$$

其中 $\bar{\Delta}(y) = [\Delta(y,\infty) + \Delta(\infty,y)]/2$.

秩统计量 (单样本或两样本) 是渐近正态的, 而且在 Hampel 意义下是稳健的 (练习). 这些结论在检验假设时很有用 (§6.5).

设 F 是 $\mathcal{R}$ 上的一个连续 c.d.f., 关于一个未知参数 $\theta \in \mathcal{R}$ 对称. 可以按照如下方式得到一个与秩统计量密切相关的 θ 的估计. 令 $X_1, ..., X_n$ i.i.d. 来自 F, 对于固定的 $t \in \mathcal{R}$, $W_i = (X_i, 2t - X_i)$. (5.55) 中的泛函 $\mathtt{T}$ 在 W_i 的 c.d.f. 处的值等于

$$\lambda_F(t) = \int J\left(\frac{F(x) + 1 - F(2t - x)}{2}\right)dF(x). \tag{5.57}$$

如果 J 严格递增且 F 在 θ 的一个邻域内严格递增, 那么 $\lambda_F(t) = 0$ 当且仅当 $t = \theta$ (练习). 对于 $G \in \mathscr{F}$, 定义 $\mathtt{T}(G)$ 是下式的一个解

$$\int J\left(\frac{G(x) + 1 - G(2\mathtt{T}(G) - x)}{2}\right)dG(x) = 0. \tag{5.58}$$

$\mathtt{T}(F_n)$ 称为 $\mathtt{T}(F)=\theta$ 的一个 R 估计量. 当 $J(t)=t-\frac{1}{2}$ (与 Wilcoxon 符号秩检验相关) 时, $\mathtt{T}(F_n)$ 就是著名的 Hodges-Lehmann 估计量, 等于值 $(X_i+X_j)/2$, $i=1,...,n$, $j=1,...,n$, 的两个中间点之间的任意值.

定理 5.8. 设 $\mathtt{T}$ 是 (5.58) 定义的泛函. 假设 F 连续且关于 θ 对称, 导数 F' 和 J' 存在, J' 有界. 那么 $\mathtt{T}$ 在 F 处 ϱ_∞-Hadamard 可微, 影响函数为

$$\phi_F(x)=\frac{J(F(x))}{\int J'(F(x))F'(x)dF(x)}.$$

证明. 因为 F 关于 θ 对称, 所以 $F(x)+F(2\theta-x)=1$. 在假定的条件下, $\lambda_F(t)$ 连续且 $\int J'(F(x))F'(x)dF(x)=-\lambda'_F(\theta)\neq 0$ (练习). 因此, λ_F 的逆存在且在 $0=\lambda_F(\theta)$ 处连续. 假设 $t_j\to 0$, $\Delta_j\in\mathscr{D}$, $\|\Delta_j-\Delta\|_\infty\to 0$ 且 $G_j=F+t_j\Delta_j\in\mathscr{F}$. 那么

$$\int[J(G_j(x,t))-J(F(x,t))]dG_j(x)\to 0$$

关于 t 一致收敛, 其中 $G(x,t)=[G(x)+1-G(2t-x)]/2$, 而且

$$\int J(F(x,t))d(G_j-F)(x)=\int(F-G_j)(x)J'(F(x,t))dF(x,t)\to 0$$

关于 t 一致收敛. 设 $\lambda_G(t)$ 由 (5.57) 定义, 其中 F 被 G 代替. 那么

$$\lambda_{G_j}(t)-\lambda_F(t)\to 0$$

关于 t 一致收敛. 因此, $\lambda_F(\mathtt{T}(G_j))\to 0$, 这说明

$$\mathtt{T}(G_j)\to\mathtt{T}(F)=\theta. \tag{5.59}$$

令 $\xi_G(t)=\int J(F(x,t))dG(x)$, $h_F(t)=[\lambda_F(t)-\lambda_F(\theta)]/(t-\theta)$ 若 $t\neq\theta$, $h_F(\theta)=\lambda'_F(\theta)$. 那么 $\mathtt{T}(G_j)-\mathtt{T}(F)-\int\phi_F(x)d(G_j-F)(x)$ 等于

$$\xi_{G_j}(\theta)\left[\frac{1}{\lambda'_F(\theta)}-\frac{1}{h_F(\mathtt{T}(G_j))}\right]+\frac{\lambda_F(\mathtt{T}(G_j))-\xi_{G_j}(\theta)}{h_F(\mathtt{T}(G_j))}. \tag{5.60}$$

注意到

$$\xi_{G_j}(\theta)=\int J(F(x))dG_j(x)=t_j\int J(F(x))d\Delta_j(x).$$

根据 (5.59), 引理 5.2 和 $\|\Delta_j-\Delta\|_\infty\to 0$, (5.60) 的第一项是 $o(t_j)$. (5.60) 的第二项是下面两个式子的和,

$$-\frac{t_j}{h_F(\mathtt{T}(G_j))}\int[J(F(x,\mathtt{T}(G_j)))-J(F(x))]d\Delta_j(x) \tag{5.61}$$

与

$$\frac{1}{h_F(\mathtt{T}(G_j))}\int[J(F(x,\mathtt{T}(G_j)))-J(G_j(x,\mathtt{T}(G_j)))]dG_j(x). \tag{5.62}$$

根据 J 和 F 的连续性, (5.61) 中的量是 $o(t_j)$. 类似地, (5.62) 中的量等于

$$\frac{1}{h_F(\mathtt{T}(G_j))}\int[J(F(x,\mathtt{T}(G_j)))-J(G_j(x,\mathtt{T}(G_j)))]dF(x)+o(t_j). \tag{5.63}$$

根据 Taylor 展开, (5.59) 和 $\|\Delta_j-\Delta\|_\infty\to 0$, (5.63) 中的量等于

$$\frac{t_j}{h_F(\mathtt{T}(G_j))}\int J'(F(x))\Delta(x,\theta)dF(x)+o(t_j). \tag{5.64}$$

因为 $J(1-t)=-J(t)$, 所以 (5.64) 中的积分为 0. 这说明 (5.60) 中的第二项是 $o(t_j)$, 因此得到结论. ∎

显然, 如果 J 和 F 连续, R 估计量的影响函数 ϕ_F 是有界连续的. 因此, R 估计量满足 (5.41), 且在 Hampel 意义上是稳健的.

例 5.8. 令 $J(t)=t-\frac{1}{2}$. 那么 $\mathtt{T}(F_n)$ 是 Hodges-Lehmann 估计量. 根据定理 5.8, $\phi_F(x)=[F(x)-\frac{1}{2}]/\gamma$, 其中 $\gamma=\int F'(x)dF(x)$. 因为 $F(X_1)$ 是 $[0,1]$ 上的均匀分布, 所以 $\phi_F(X_1)$ 均值为 0, 方差为 $(12\gamma^2)^{-1}$. 因此, $\sqrt{n}[\mathtt{T}(F_n)-\mathtt{T}(F)]\to_d N(0,(12\gamma^2)^{-1})$. ∎

5.3 次序统计量的线性函数

本节, 我们研究基于独立随机变量 $X_1,...,X_n$ 的次序统计量 $X_{(1)}\leqslant\cdots\leqslant X_{(n)}$ 的线性函数 (在 §5.3.1 和 §5.3.2 中, 假定 $X_1,...,X_n$ i.i.d.). 例 2.9 中介绍的次序统计量对于非参数族 (例 2.12 和 2.14) 通常是充分完备的 (或最小充分的).

§5.2.2 中定义的 L 估计事实上是次序统计量的线性函数. 如果 T 由 (5.46) 给出, 那么

$$\mathtt{T}(F_n)=\int xJ(F_n(x))dF_n(x)=\frac{1}{n}\sum_{i=1}^{n}J\left(\frac{i}{n}\right)X_{(i)}, \tag{5.65}$$

因为 $F_n(X_{(i)})=i/n$, $i=1,...,n$. 如果 J 是一个光滑函数, 比如例 5.6 中给出的函数或者满足定理 5.6 条件的函数, 对应的 L 估计量通常称为光滑 L 估计量. 光滑 L 估计量的渐近性可以利用定理 5.6 和 §5.2.1 的结论获得. 与 (5.65) 有细微的差异的 L 估计量的结论参见 Serfling (1980, Chapter 8).

在 §5.3.1 中, 我们考虑另一个次序统计量的线性函数类, 即 §5.2 开始时描述的样本分位数. 在 §5.3.2 中, 我们研究次序统计量的稳健线性函数 (在 Hampel 意义上) 以及它们关于样本均值 $\bar{X}$ (一个有效但不稳健的估计量) 的相对效率. §5.3.3 中讨论在线性模型上的推广.

5.3.1 样本分位数

对于 $\mathcal{R}$ 上的任意 c.d.f. G, $G^{-1}(p)$ 定义为 $\inf\{x : G(x) \geqslant p\}$, 其中 $p \in (0,1)$ 是一个固定的常数. 对于来自 F 的 i.i.d. $X_1, ..., X_n$, 设 $\theta_p = F^{-1}(p)$ 和 $\hat{\theta}_p = F_n^{-1}(p)$ 分别表示 F 的 p 分位数和样本 p 分位数. 那么,

$$\hat{\theta}_p = c_{np}X_{(m_p)} + (1 - c_{np})X_{(m_p+1)}, \tag{5.66}$$

其中 m_p 是 np 的整数部分, $c_{np} = 1$ 若 np 是整数, $c_{np} = 0$ 若 np 不是整数. 因此, $\hat{\theta}_p$ 是次序统计量的线性函数.

注意到, $F(\theta_p-) \leqslant p \leqslant F(\theta_p)$, F 在 θ_p 的邻域内不为常数, 当且仅当对任意 $\epsilon > 0$, $p < F(\theta_p + \epsilon)$.

定理 5.9. 设 $X_1, ..., X_n$ 是来自 c.d.f. F 的 i.i.d. 随机变量. 对任意 $\epsilon > 0$, $p < F(\theta_p + \epsilon)$. 那么, 对每一个 $\epsilon > 0$ 和 $n = 1, 2, ...$,

$$P\big(|\hat{\theta}_p - \theta_p| > \epsilon\big) \leqslant 2Ce^{-2n\delta_\epsilon^2}, \tag{5.67}$$

其中 δ_ϵ 是 $F(\theta_p + \epsilon) - p$ 和 $p - F(\theta_p - \epsilon)$ 中的较小值, C 是与引理 5.1(i) 中相同的常值.

证明. 令 $\epsilon > 0$ 固定. 对任意 $\mathcal{R}$ 上的 c.d.f. G, $G(x) \geqslant t$ 当且仅当 $x \geqslant G^{-1}(t)$ (练习). 因此

$$\begin{aligned} P\big(\hat{\theta}_p > \theta_p + \epsilon\big) &= P\big(p > F_n(\theta_p + \epsilon)\big) \\ &= P\big(F(\theta_p + \epsilon) - F_n(\theta_p + \epsilon) > F(\theta_p + \epsilon) - p\big) \\ &\leqslant P\big(\varrho_\infty(F_n, F) > \delta_\epsilon\big) \\ &\leqslant Ce^{-2n\delta_\epsilon^2}, \end{aligned}$$

其中最后一个不等式由 DKW 不等式 (引理 5.1(i)) 可得. 类似地,

$$P\big(\hat{\theta}_p < \theta_p - \epsilon\big) \leqslant Ce^{-2n\delta_\epsilon^2}.$$

这就证明了 (5.67). ∎

结果 (5.67) 可推出 $\hat{\theta}_p$ 是 θ_p 的强一致估计 (练习), 而且如果 $F'(\theta_p-)$ 和 $F'(\theta_p+)$ (F 在 θ_p 点左导和右导) 存在 (练习), 则 $\hat{\theta}_p$ 对 θ_p 是 $\sqrt{n}$ 一致的.

$\hat{\theta}_p$ 的精确分布可以通过如下方法获得. 因为对任意 $t \in \mathcal{R}$, $nF_n(t)$ 服从二项分布 $Bi(F(t), n)$, 所以

$$\begin{aligned}P\big(\hat{\theta}_p \leqslant t\big) &= P\big(F_n(t) \geqslant p\big)\\&= \sum_{i=l_p}^{n} \binom{n}{i} [F(t)]^i [1-F(t)]^{n-i},\end{aligned} \tag{5.68}$$

其中 $l_p = np$ 若 np 是整数, $l_p = 1 + np$ 的整数部分若 np 不是整数. 如果 F 有 Lebesgue p.d.f. f, 那么 $\hat{\theta}_p$ 有 Lebesgue p.d.f.

$$\varphi_n(t) = n\binom{n-1}{l_p-1}[F(t)]^{l_p-1}[1-F(t)]^{n-l_p} f(t). \tag{5.69}$$

接下来的结论给出了 $\sqrt{n}(\hat{\theta}_p - \theta_p)$ 的渐近分布.

定理 5.10. 设 $X_1, ..., X_n$ 是来自 F 的 i.i.d. 随机变量.

(i) 如果 $F(\theta_p) = p$, 那么 $P(\sqrt{n}(\hat{\theta}_p - \theta_p) \leqslant 0) \to \Phi(0) = \frac{1}{2}$, 其中 Φ 是标准正态的 c.d.f.

(ii) 如果 F 在 θ_p 点连续且存在 $F'(\theta_p-) > 0$, 那么

$$P\big(\sqrt{n}(\hat{\theta}_p - \theta_p) \leqslant t\big) \to \Phi(t/\sigma_F^-), \quad t < 0,$$

其中 $\sigma_F^- = \sqrt{p(1-p)}/F'(\theta_p-)$.

(iii) 如果 F 在 θ_p 点连续且存在 $F'(\theta_p+) > 0$, 那么

$$P\big(\sqrt{n}(\hat{\theta}_p - \theta_p) \leqslant t\big) \to \Phi(t/\sigma_F^+), \quad t > 0,$$

其中 $\sigma_F^+ = \sqrt{p(1-p)}/F'(\theta_p+)$.

(iv) 如果 $F'(\theta_p)$ 存在且为正, 那么

$$\sqrt{n}(\hat{\theta}_p - \theta_p) \to_d N(0, \sigma_F^2), \tag{5.70}$$

其中 $\sigma_F = \sqrt{p(1-p)}/F'(\theta_p)$.

证明. (i) 的证明留作练习. (iv) 是 (i)—(iii) 直接的结果, (ii) 和 (iii) 的证明类似. 因此, 我们仅给出 (iii) 的证明.

令 $t>0$, $p_{nt}=F(\theta_p+t\sigma_F^+n^{-1/2})$, $c_{nt}=\sqrt{n}(p_{nt}-p)/\sqrt{p_{nt}(1-p_{nt})}$, 且 $Z_{nt}=[B_n(p_{nt})-np_{nt}]/\sqrt{np_{nt}(1-p_{nt})}$, 其中 $B_n(q)$ 表示服从二项分布 $Bi(q,n)$ 的随机变量. 那么

$$\begin{aligned}P\big(\hat{\theta}_p\leqslant\theta_p+t\sigma_F^+n^{-1/2}\big)&=P\big(p\leqslant F_n(\theta_p+t\sigma_F^+n^{-1/2})\big)\\&=P\big(Z_{nt}\geqslant -c_{nt}\big).\end{aligned}$$

在关于 F 的假定的条件下, $p_{nt}\to p$ 和 $c_{nt}\to t$. 因此, 结果由下式可得,

$$P\big(Z_{nt}<-c_{nt}\big)-\Phi(-c_{nt})\to 0.$$

而这个式子由 CLT (例 1.33) 和 Pólya 定理 (命题 1.16) 可得. ∎

如果 $F'(\theta_p-)$ 和 $F'(\theta_p+)$ 都存在且为正, 但 $F'(\theta_p-)\neq F'(\theta_p+)$, 那么 $\sqrt{n}(\hat{\theta}_p-\theta_p)$ 的渐近分布有 c.d.f. $\Phi(t/\sigma_F^-)I_{(-\infty,0)}(t)+\Phi(t/\sigma_F^+)I_{[0,\infty)}(t)$, 即两个正态分布的混合. 当 $p=\frac{1}{2}$ 时, 这种情况的一个例子是

$$F(x)=xI_{[0,\frac{1}{2})}(x)+\left(2x-\frac{1}{2}\right)I_{[\frac{1}{2},\frac{3}{4})}(x)+I_{[\frac{3}{4},\infty)}(x).$$

当 $F'(\theta_p-)=F'(\theta_p+)=F'(\theta_p)>0$ 时, (5.70) 说明 $\sqrt{n}(\hat{\theta}_p-\theta_p)$ 的渐近分布和 $\sqrt{n}[F_n(\theta_p)-F(\theta_p)]/F'(\theta_p)$ 的相同 (见 (5.2)). 接下来的结论揭示了样本分位数与经验 c.d.f. 之间更强的关系.

定理 5.11 (Bahadur 表示). 设 $X_1,...,X_n$ 是来自 F 的 i.i.d. 随机变量. 假设 $F'(\theta_p)$ 存在且为正. 那么

$$\hat{\theta}_p=\theta_p+\frac{F(\theta_p)-F_n(\theta_p)}{F'(\theta_p)}+o_p\left(\frac{1}{\sqrt{n}}\right). \tag{5.71}$$

证明. 令 $t\in\mathcal{R}$, $\theta_{nt}=\theta_p+tn^{-1/2}$, $Z_n(t)=\sqrt{n}[F(\theta_{nt})-F_n(\theta_{nt})]/F'(\theta_p)$ 和 $U_n(t)=\sqrt{n}[F(\theta_{nt})-F_n(\hat{\theta}_p)]/F'(\theta_p)$. 可以证明 (练习)

$$Z_n(t)-Z_n(0)=o_p(1). \tag{5.72}$$

注意到 $|p-F_n(\hat{\theta}_p)|\leqslant n^{-1}$. 那么

$$\begin{aligned}U_n(t)&=\sqrt{n}[F(\theta_{nt})-p+p-F_n(\hat{\theta}_p)]/F'(\theta_p)\\&=\sqrt{n}[F(\theta_{nt})-p]/F'(\theta_p)+O(n^{-1/2})\\&\to t.\end{aligned} \tag{5.73}$$

令 $\xi_n = \sqrt{n}(\hat{\theta}_p - \theta_p)$. 那么, 对任意 $t \in \mathcal{R}$ 和 $\epsilon > 0$,

$$\begin{aligned} P\big(\xi_n \leqslant t, Z_n(0) \geqslant t+\epsilon\big) &= P\big(Z_n(t) \leqslant U_n(t), Z_n(0) \geqslant t+\epsilon\big) \\ &\leqslant P\big(|Z_n(t) - Z_n(0)| \geqslant \epsilon/2\big) \\ &\quad + P\big(|U_n(t) - t| \geqslant \epsilon/2\big) \\ &\to 0 \end{aligned} \tag{5.74}$$

根据 (5.72) 和 (5.73). 类似地,

$$P\big(\xi_n \geqslant t+\epsilon, Z_n(0) \leqslant t\big) \to 0. \tag{5.75}$$

由 §1.6 中习题 128 的结果可知

$$\xi_n - Z_n(0) = o_p(1),$$

这与 (5.71) 相同. ∎

如果 F 的 Lebesgue p.d.f. 为正, 那么 $\hat{\theta}_p$ 作为统计泛函 (§5.2) 在 F 处 ϱ_∞-Hadamard 可微 (Fernholz,1983), 影响函数为

$$\phi_F(x) = [F(\theta_p) - I_{(-\infty,\theta_p]}(x)]/F'(\theta_p).$$

这可以推出结果 (5.71). 注意到 ϕ_F 是有界的, 除了 $x = \theta_p$ 处外都是连续的.

推论 5.1. 设 $X_1, ..., X_n$ 是来自 F 的 i.i.d. 随机变量, F 在 θ_{p_j} 处导数为正, 其中 $0 < p_1 < \cdots < p_m < 1$ 是固定常数. 那么

$$\sqrt{n}[(\hat{\theta}_{p_1}, ..., \hat{\theta}_{p_m}) - (\theta_{p_1}, ..., \theta_{p_m})] \to_d N_m(0, D),$$

其中 D 是 $m \times m$ 对称矩阵, 它的第 (i, j) 个元素是

$$p_i(1-p_j)/[F'(\theta_{p_i})F'(\theta_{p_j})], \quad i \leqslant j. \ \blacksquare$$

这一推论的证明留给读者.

例 5.9 (四分位差). 推论 5.1 的一个应用是推导四分位差 $\hat{\theta}_{0.75} - \hat{\theta}_{0.25}$ 的渐近分布. 四分位差可以作为 X_i 值之间变化性的衡量. 可以证明 (练习)

$$\sqrt{n}[(\hat{\theta}_{0.75} - \hat{\theta}_{0.25}) - (\theta_{0.75} - \theta_{0.25})] \to_d N(0, \sigma_F^2)$$

且

$$\sigma_F^2 = \frac{3}{16[F'(\theta_{0.75})]^2} + \frac{3}{16[F'(\theta_{0.25})]^2} - \frac{1}{8F'(\theta_{0.75})F'(\theta_{0.25})}. \quad \blacksquare$$

关于使用极端次序统计量, 如 $X_{(1)}$ 和 $X_{(n)}$, 也有一些应用, 其中一个例子见例 2.34. 其他的一些例子参见 Serfling (1980, pp. 89–91).

5.3.2 稳健性和有效性

设 F 是 $\mathcal{R}$ 上的一个 c.d.f., 关于 $\theta \in \mathcal{R}$ 对称, $F'(\theta) > 0$. 那么 $\theta = \theta_{0.5}$, 称为 F 的中位数. 如果 F 均值有限, 那么 θ 也等于均值. 本节, 我们考虑 θ 的估计, 基于来自 F 的 i.i.d. $X_1, ..., X_n$.

如果 F 是正态分布, 前面的章节已经证明样本均值 $\bar{X}$ 是 θ 的 UMVUE, MRIE 和 MLE, 且是渐近有效的. 另一方面, 如果 F 是柯西分布 $C(\theta, 1)$ 的 c.d.f., 由 §1.6 中习题 78 可知, $\bar{X}$ 与 X_1 有相同的分布, 即 $\bar{X}$ 与 X_1 有一样的变化性, 并且作为 θ 的估计量是不一致的.

为什么 $\bar{X}$ 表现会如此不同? 正态和柯西 p.d.f. 之间一个重要差异是, 当 $|x| \to \infty$ 时, 前者以速率 $e^{-x^2/2}$ 趋于 0, 而后者以慢得多的速率 x^{-2} 趋于 0, 这使得 $\int |x| dF(x) = \infty$. 在柯西情况下 $\bar{X}$ 的糟糕表现是因为取到极端观测值的概率大, 以及 $\bar{X}$ 对于少数 X_i 有较大变化时很敏感. (注意到, $\bar{X}$ 在 Hampel 意义下不稳健, 因为泛函 $\int x dG(x)$ 在 F 处的影响函数无界.) 这就建议使用一个舍弃一些极端观测值的稳健估计量. 样本中位数, 定义为 §5.3.1 中描述的 50% 样本中位数 $\hat{\theta}_{0.5}$, 它对 F 当 $|x| \to \infty$ 时的表现不敏感.

因为样本均值和样本中位数都可以用来估计 θ, 一个很自然的问题就是什么时候一个比另一个好, 例如使用 amse 的准则. 不幸的是, 不存在一般的答案, 因为这两个估计量之间的渐近相对效率取决于未知的分布 F. 如果 F 无有限的方差, 那么 $\mathrm{Var}(\bar{X}) = \infty$, $\bar{X}$ 可能是不一致的. 在这样的情况中, 样本中位数当然是首选, 因为只要 $F'(\theta) > 0$, $\hat{\theta}_{0.5}$ 是一致且渐近正态的及可能存在有限的方差 (练习 60). 接下来的例子在一些情况下比较了样本均值和中位数, 说明了即使 $\mathrm{Var}(X_1) < \infty$, 样本中位数也可能会比较好.

例 5.10. 假设 $\mathrm{Var}(X_1) < \infty$. 根据 CLT,

$$\sqrt{n}(\bar{X} - \theta) \to_d N(0, \mathrm{Var}(X_1)).$$

根据定理 5.10(iv),

$$\sqrt{n}(\hat{\theta}_{0.5} - \theta) \to_d N(0, [2F'(\theta)]^{-2}).$$

因此, $\hat{\theta}_{0.5}$ 关于 $\bar{X}$ 的渐近相对效率是

$$e(F) = 4[F'(\theta)]^2\text{Var}(X_1).$$

(i) 如果 F 是 $N(\theta,\sigma^2)$ 的 c.d.f., 那么 $\text{Var}(X_1)=\sigma^2$, $F'(\theta)=(\sqrt{2\pi}\sigma)^{-1}$, 且 $e(F)=2/\pi=0.637$.

(ii) 如果 F 是 logistic 分布 $LG(\theta,\sigma)$ 的 c.d.f., 那么 $\text{Var}(X_1)=\sigma^2\pi^2/3$, $F'(\theta)=(4\sigma)^{-1}$, 且 $e(F)=\pi^2/12=0.822$.

(iii) 如果 $F(x)=F_0(x-\theta)$, F_0 是 t 分布 t_ν 的 c.d.f., $\nu\geqslant 3$, 那么 $\text{Var}(X_1)=\nu/(\nu-2)$, $F'(\theta)=\Gamma(\frac{\nu+1}{2})/[\sqrt{\nu\pi}\Gamma(\frac{\nu}{2})]$, $e(F)=1.62$ 若 $\nu=3$, $e(F)=1.12$ 若 $\nu=4$, $e(F)=0.96$ 若 $\nu=5$.

(iv) 如果 F 是双指数分布 $DE(\theta,\sigma)$ 的 c.d.f., 则 $F'(\theta)=(2\sigma)^{-1}$, $e(F)=2$.

(v) 考虑 Tukey 模型

$$F(x)=(1-\epsilon)\Phi\left(\frac{x-\theta}{\sigma}\right)+\epsilon\Phi\left(\frac{x-\theta}{\tau\sigma}\right), \tag{5.76}$$

其中 $\sigma>0$, $\tau>0$, 且 $0<\epsilon<1$. 那么 $\text{Var}(X_1)=(1-\epsilon)\sigma^2+\epsilon\tau^2\sigma^2$, $F'(\theta)=(1-\epsilon+\epsilon/\tau)/(\sqrt{2\pi}\sigma)$, 且 $e(F)=2(1-\epsilon+\epsilon\tau^2)(1-\epsilon+\epsilon/\tau)^2/\pi$. 注意到, $\lim_{\epsilon\to 0}e(F)=2/\pi$, $\lim_{\tau\to\infty}e(F)=\infty$. ∎

因为样本中位数至多使用了 x_i 的两个实际值, 它在舍弃观测值方面可能太过分, 导致缺乏有效性. 例 5.6(iii) 中介绍的截尾样本均值是样本均值和中位数之间的一个妥协. 因为 F 是对称的, 我们在截尾均值中考虑 $\beta=1-\alpha$ 而得到下面的 L 估计量:

$$\bar{X}_\alpha=\frac{1}{(1-2\alpha)n}\sum_{j=m_\alpha+1}^{n-m_\alpha}X_{(j)}, \tag{5.77}$$

其中 m_α 是 $n\alpha$ 的整数部分, $\alpha\in(0,\frac{1}{2})$. (5.77) 中的估计量称为 α 截尾样本均值. 它舍弃了 m_α 个最小的和 m_α 个最大的观测值. 样本均值和中位数可以分别看作 $\alpha\to 0$ 和 $\frac{1}{2}$ 时 $\bar{X}_\alpha$ 的两种极端情况.

由定理 5.6 可知, 如果 $F(x)=F_0(x-\theta)$, 其中 F_0 关于 0 对称, 且在 X_1 的值域内 Lebesgue p.d.f. 为正, 那么

$$\sqrt{n}(\bar{X}_\alpha-\theta)\to_d N(0,\sigma_\alpha^2), \tag{5.78}$$

其中

$$\sigma_\alpha^2=\frac{2}{(1-2\alpha)^2}\left\{\int_0^{F_0^{-1}(1-\alpha)}x^2dF_0(x)+\alpha[F_0^{-1}(1-\alpha)]^2\right\}.$$

Lehmann (1983,§5.4) 给出了渐近相对效率 $e_{\bar{X}_\alpha,\bar{X}}(F) = \mathrm{Var}(X_1)/\sigma_\alpha^2$ 的各种值. 例如, 当 $F(x) = F_0(x-\theta)$, F_0 是 t 分布 t_3 的 c.d.f. 时, 对于 $\alpha = 0.05$, 0.125 和 0.25, $e_{\bar{X}_\alpha,\bar{X}}(F) = 1.70$, 1.91 和 1.97. 当 F 由 (5.76) 给出, $\tau = 3$ 及 $\epsilon = 0.05$ 时, 对于 $\alpha = 0.05$, 0.125 和 0.25, $e_{\bar{X}_\alpha,\bar{X}}(F) = 1.20$, 1.19 和 1.09; 当 F 由 (5.76) 给出, $\tau = 3$ 及 $\epsilon = 0.01$ 时, 对于 $\alpha = 0.05$, 0.125 和 0.25, $e_{\bar{X}_\alpha,\bar{X}}(F) = 1.04$, 0.98 和 0.89.

其他 L 估计量的稳健性和有效性可以类似地讨论. 对于一个 L 估计量 $\mathtt{T}(F_n)$, $\mathtt{T}$ 由 (5.46) 给出, 如果定理 5.6(i)—(iii) 其中的一个条件满足, 那么 (5.41) 成立,

$$\sigma_F^2 = \int_{-\infty}^{\infty}\int_{-\infty}^{\infty} J(F(x))J(F(y))[F(\min\{x,y\}) - F(x)F(y)]dxdy, \qquad (5.79)$$

倘若 $\sigma_F^2 < \infty$ (练习). 如果 F 关于 θ 对称, J 关于 $\frac{1}{2}$ 对称, 且 $\int_0^1 J(t)dt = 1$, 那么 $\mathtt{T}(F) = \theta$ (练习), 因此, $\mathtt{T}(F_n)$ 关于 $\bar{X}$ 的渐近相对效率是 $\mathrm{Var}(X_1)/\sigma_F^2$.

5.3.3 线性模型中的 L 估计量

本节, 我们将 L 估计量推广到下面的线性模型中:

$$X_i = \beta^\tau Z_i + \varepsilon_i, \quad i = 1, ..., n, \qquad (5.80)$$

$\varepsilon_1, ..., \varepsilon_n$ 为 i.i.d. 有未知的 c.d.f. F_0, Z 满秩, 其第 i 行是向量 Z_i. 注意到 X_i 的 c.d.f. 是 $F_0(x - \beta^\tau Z_i)$. 代替假定 $E(\varepsilon_i) = 0$ (我们在第 3 章的假定), 假定

$$\int xJ(F_0(x))dF_0(x) = 0, \qquad (5.81)$$

其中 J 是一个 $[0,1]$ 上的 Borel 函数 (与 (5.46) 中的一样). 注意到 (5.81) 在不需要任何 $E(\varepsilon_i)$ 存在的假设下可能成立. 例如, 如果 F_0 关于 0 对称, J 关于 $\frac{1}{2}$ 对称, 且 $\int_0^1 J(t)dt = 1$, 则 (5.81) 成立 (练习 69).

因为 $X_1, ..., X_n$ 不是同分布的, 基于它们的次序统计量和经验 c.d.f. 的使用可能并不合适. 作为替代, 我们考虑残差 $r_i = X_i - Z_i^\tau \hat{\beta}$ 的排序值, $i = 1, ..., n$, 和一些基于残差的经验 c.d.f., 其中 $\hat{\beta} = (Z^\tau Z)^{-1}Z^\tau X$ 是 β (§3.3.1) 的 LSE.

为了阐明这一想法, 我们从 β 和 Z_i 是单变量的情况开始. 首先假定对于所有 i, $Z_i \geqslant 0$ (或对于所有 i, $Z_i \leqslant 0$). 设 $\hat{F}_0$ 是在 r_i 处概率为 $Z_i/\sum_{i=1}^n Z_i$ 的 c.d.f., $i = 1, ..., n$. β 的 L 估计量定义为

$$\hat{\beta}_L = \hat{\beta} + \int xJ(\hat{F}_0(x))d\hat{F}_0(x)\sum_{i=1}^n Z_i \Big/ \sum_{i=1}^n Z_i^2.$$

当 $J(t)=(1-2\alpha)^{-1}I_{(\alpha,1-\alpha)}(t)$, $\alpha\in(0,\frac{1}{2})$, $\hat{\beta}_L$ 与 i.i.d. 情况下的 α 截尾样本均值类似.

如果不是所有的 Z_i 都有相同的符号, 我们可以如下定义 L 估计量. 令 $Z_i^+=\max\{Z_i,0\}$ 和 $Z_i^-=Z_i^+-Z_i$. 令 $\hat{F}_0^{\pm}$ 为在 r_i 处概率为 $Z_i^{\pm}/\sum_{i=1}^n Z_i^{\pm}$ 的 c.d.f., $i=1,...,n$. β 的一个 L 估计量定义为

$$\hat{\beta}_L=\hat{\beta}+\int xJ(\hat{F}_0^+(x))d\hat{F}_0^+(x)\sum_{i=1}^n Z_i^+\Big/\sum_{i=1}^n Z_i^2$$
$$-\int xJ(\hat{F}_0^-(x))d\hat{F}_0^-(x)\sum_{i=1}^n Z_i^-\Big/\sum_{i=1}^n Z_i^2.$$

对于一般的 p 维向量 Z_i, 设 z_{ij} 为 Z_i 的第 j 个分量, $j=1,...,p$. 令 $z_{ij}^+=\max\{z_{ij},0\}$, $z_{ij}^-=z_{ij}^+-z_{ij}$, $\hat{F}_{0j}^{\pm}$ 是在 r_i 处概率为 $z_{ij}^{\pm}/\sum_{i=1}^n z_{ij}^{\pm}$ 的 c.d.f., $i=1,...,n$. 对于任意 j, 如果对所有 i, $z_{ij}\geqslant 0$ (或者对所有 i, $z_{ij}\leqslant 0$), 那么我们设定 $\hat{F}_{0j}^+\equiv 0$ (或者 $\hat{F}_{0j}^-\equiv 0$). β 的一个 L 估计量定义为

$$\hat{\beta}_L=\hat{\beta}+(Z^\tau Z)^{-1}(A^+-A^-), \tag{5.82}$$

其中

$$A^{\pm}=\left(\int xJ(\hat{F}_{01}^{\pm}(x))d\hat{F}_{01}^{\pm}(x)\sum_{i=1}^n z_{i1}^{\pm},...,\int xJ(\hat{F}_{0p}^{\pm}(x))d\hat{F}_{0p}^{\pm}(x)\sum_{i=1}^n z_{ip}^{\pm}\right).$$

显然, 当 β 和 Z_i 是单变量时, (5.82) 中的 $\hat{\beta}_L$ 简化为前面定义的 $\hat{\beta}_L$.

定理 5.12. 假设模型 (5.80), J 给定, $\varepsilon_1,...,\varepsilon_n$ i.i.d. 来自满足 (5.81) 的 c.d.f. F_0. 假设 F_0 在 ε_1 的值域内一致连续, 为正, 导数有界. 进一步假设定理 3.12 中关于 Z_i 的条件满足.

(i) 如果函数 J 在 (α_1,α_2) 上连续, 且在 $[0,\alpha_1]\cup[\alpha_2,1]$ 上等于 0, 其中 $0<\alpha_1<\alpha_2<1$ 是常数, 那么

$$\sigma_{F_0}^{-1}(Z^\tau Z)^{1/2}(\hat{\beta}_L-\beta)\to_d N_p(0,I_p), \tag{5.83}$$

其中 $\sigma_{F_0}^2$ 由 (5.79) 给出, $F=F_0$.

(ii) 如果 J' 在 $[0,1]$ 上有界, $E|\varepsilon_1|<\infty$, 且 $\sigma_{F_0}^2$ 是有限的, 那么结论 (5.83) 也成立. ∎

这一定理的证明可以在 Bickel (1973) 中找到. LSE $\hat{\beta}$ 和 L 估计量 $\hat{\beta}_L$ 之间稳健性和有效性的比较可以类似于 §5.3.2 中的来进行.

5.4 广义估计方程

广义估计方程 (GEE) 方法是求点估计强有力且广泛的方法, 许多之前描述的方法都是它的特殊情况. 为阐明想法, 在 §5.4.1 中我们首先描述这种方法, 并讨论它与其他已经研究过的方法间的关系. 广义估计方程求得的估计量的一致性和渐近正态性在 §5.4.2 和 §5.4.3 中研究.

贯穿本节, 我们假定 $X_1, ..., X_n$ 是独立的 (分布不一定相同) 的随机变量, 其中 X_i 的维度是 d_i, $i = 1, ..., n$ ($\sup_i d_i < \infty$), 我们感兴趣的是估计 θ, 一个与未知总体有关的 k 维未知参数.

5.4.1 GEE 以及它与其他方法的关系

样本均值和更一般的线性模型的 LSE 是以下形式方程的解,

$$\sum_{i=1}^{n}(X_i - \gamma^\tau Z_i)Z_i = 0.$$

同样, §4.4 中的 MLE (或 RLE) 和更一般的 §5.2.2 中的 M 估计量是以下形式方程的解,

$$\sum_{i=1}^{n}\psi(X_i, \gamma) = 0.$$

这引出了接下来这个一般化的估计方法. 令 $\Theta \subset \mathcal{R}^k$ 为 θ 的值域, ψ_i 是从 $\mathcal{R}^{d_i} \times \Theta$ 到 $\mathcal{R}^k$ 的 Borel 函数, $i = 1, ..., n$,

$$s_n(\gamma) = \sum_{i=1}^{n}\psi_i(X_i, \gamma), \quad \gamma \in \Theta. \tag{5.84}$$

如果 θ 由满足 $s_n(\hat{\theta}) = 0$ 的 $\hat{\theta} \in \Theta$ 来估计, 那么 $\hat{\theta}$ 称为 GEE 估计量. 方程 $s_n(\gamma) = 0$ 称为 GEE. 显然, LSE, RLE, MQLE 和 M 估计量都是 GEE 估计量的特殊情况.

通常选择 GEE 使得

$$E[s_n(\theta)] = \sum_{i=1}^{n}E[\psi_i(X_i, \theta)] = 0, \tag{5.85}$$

如果精确的期望不存在, 那么期望 E 可以被 §2.5.2 定义的渐近期望代替. 如果这个成立, 那么用 $\hat{\theta}$ 来估计 θ 是因为 $s_n(\hat{\theta}) = 0$ 是 $E[s_n(\theta)] = 0$ 的一个样本类似物.

为进一步支持此想法, 我们研究 GEE 方法和其他已经介绍过的方法之间的关系.

M 估计量

在 §5.2.2 中定义的 i.i.d. 情况下的一维 $\theta = \mathtt{T}(F)$ 的 M 估计量是 GEE 估计量的特例. Huber (1981) 也考虑了在线性模型 (5.80) 中的回归 M 估计量. β 的回归 M 估计量定义为以下 GEE 的解,

$$\sum_{i=1}^{n} \psi(X_i - \gamma^\tau Z_i) Z_i = 0,$$

其中 ψ 是例 5.7 给出的一个函数.

线性和非线性回归模型中的 LSE

假设

$$X_i = f(Z_i, \theta) + \varepsilon_i, \quad i = 1, ..., n, \tag{5.86}$$

其中 Z_i 与 (5.80) 中的一样, θ 是未知的 k 维参数向量, f 是已知函数, $\varepsilon_1, ..., \varepsilon_n$ 是独立随机变量. 如果 f 关于 θ 线性, 模型 (5.86) 和模型 (5.80) 相同, 否则称为非线性回归模型. 注意到, 模型 (4.64) 是模型 (5.86) 的特殊情况. 模型 (5.86) 下的 LSE 是 Θ 中在 $\gamma \in \Theta$ 上最小化 $\sum_{i=1}^{n}[X_i - f(Z_i, \gamma)]^2$ 的任意点. 如果 f 可微, 那么 LSE 是以下 GEE 的解,

$$\sum_{i=1}^{n} [X_i - f(Z_i, \gamma)] \frac{\partial f(Z_i, \gamma)}{\partial \gamma} = 0.$$

准似然

这节将接着介绍 §4.4.3 中的准似然. 首先假定 X_i 是一维的 ($d_i \equiv 1$). 如果 X_i 服从 GLM, 即 X_i 有 (4.55) 中的 p.d.f. 且 (4.57) 成立, 且如果 (4.58) 成立, 那么似然方程 (4.59) 可以写成

$$\sum_{i=1}^{n} \frac{x_i - \mu_i(\gamma)}{v_i(\gamma)} G_i(\gamma) = 0, \tag{5.87}$$

其中 $\mu_i(\gamma) = \mu(\psi(\gamma^\tau Z_i))$, $G_i(\gamma) = \partial \mu_i(\gamma)/\partial \gamma$, $v_i(\gamma) = \mathrm{Var}(X_i)/\phi$, 并且我们用了下面的结论:

$$\psi'(t) = (\mu^{-1})'(g^{-1}(t))(g^{-1})'(t) = (g^{-1})'(t)/\zeta''(\psi(t)).$$

若 X_i 不一定有 (4.55) 中的 p.d.f. 或者 (4.58) 不一定成立, 那么方程 (5.87) 是准似然方程. 这推广了 §4.4.3 中的讨论. 如果 X_i 没有 (4.55) 中的 p.d.f., 那么

这个问题通常是非参的. 令 $s_n(\gamma)$ 为 (5.87) 的左侧. 那么 $s_n(\gamma)=0$ 是 GEE. 只要满足 (4.56) 中的第一个条件, 即 $E(X_i)=\mu_i(\beta)$, 则 $E[s_n(\beta)]=0$ 成立.

对于一般的 d_i, 令 $X_i=(X_{i1},...,X_{id_i})$, $i=1,...,n$, 其中每一个 X_{it} 满足 (4.56) 和 (4.57), 即

$$E(X_{it})=\mu(\eta_{it})=g^{-1}(\beta^\tau Z_{it}) \quad 和 \quad \mathrm{Var}(X_{it})=\phi_i\mu'(\eta_{it}),$$

Z_{it} 是 k 维协变量的值. 在生物统计和寿命测试问题中, X_i 的分量为对个体 i 在不同时间点的重复测量值, 称为纵向数据. 尽管假定 X_i 独立, 但对于每个 i, X_{it} 很可能不独立. 令 R_i 是 $d_i\times d_i$ 相关矩阵, 它的第 (t,l) 个元素是 X_{it} 和 X_{il} 之间的相关系数. 那么

$$\mathrm{Var}(X_i)=\phi_i[D_i(\beta)]^{1/2}R_i[D_i(\beta)]^{1/2}, \tag{5.88}$$

其中 $D_i(\gamma)$ 是 $d_i\times d_i$ 对角矩阵, 第 t 个对角元素是 $(g^{-1})'(\gamma^\tau Z_{it})$. 如果 (5.88) 中的 R_i 已知, 那么 (5.87) 在多元 x_i 情形下的推广是

$$\sum_{i=1}^n G_i(\gamma)\{[D_i(\gamma)]^{1/2}R_i[D_i(\gamma)]^{1/2}\}^{-1}[x_i-\mu_i(\gamma)]=0, \tag{5.89}$$

其中 $\mu_i(\gamma)=(\mu(\psi(\gamma^\tau Z_{i1})),...,\mu(\psi(\gamma^\tau Z_{id_i})))$, $G_i(\gamma)=\partial\mu_i(\gamma)/\partial\gamma$. 在大多数应用中, R_i 未知且难以构建它的模型. 令 $\tilde{R}_i$ 是一个已知的相关矩阵 (称为作业相关矩阵). (5.89) 中用 $\tilde{R}_i$ 代替 R_i, 可得到准似然方程

$$\sum_{i=1}^n G_i(\gamma)\{[D_i(\gamma)]^{1/2}\tilde{R}_i[D_i(\gamma)]^{1/2}\}^{-1}[x_i-\mu_i(\gamma)]=0. \tag{5.90}$$

例如, 我们可以假定 X_i 的分量独立而取 $\tilde{R}_i=I_{d_i}$. 尽管作业相关矩阵 $\tilde{R}_i$ 可能和真实的未知相关矩阵 R_i 不一样, 由 (5.90) 获得的 MQLE 仍然是一致和渐近正态的 (§5.4.2 和 §5.4.3). 当然, 如果 $\tilde{R}_i$ 更接近 R_i, 则 MQLE 渐近更有效. 即使 $\tilde{R}_i=R_i$ 和 $\phi_i\equiv\phi$, (5.90) 仍然是准似然方程, 因为 X_i 的协方差矩阵不能决定 X_i 的分布, 除非 X_i 是正态向量.

由于 $\tilde{R}_i$ 更接近 R_i 可以得到更好的 MQLE, 有时会建议在 (5.90) 中用 R_i 的估计量 (Liang and Zeger,1986) $\hat{R}_i$ 代替 $\tilde{R}_i$. 得到的方程称为拟似然方程. 只要当 $n\to\infty$ 时, $\max_{i\leqslant n}\|\hat{R}_i-U_i\|\to_p 0$, 其中对于矩阵 A, $\|A\|=\sqrt{\mathrm{tr}(A^\tau A)}$, U_i 是相关矩阵 (不一定和 R_i 相同), $i=1,...,n$, MQLE 就是一致和渐近正态的.

经验似然

前面的讨论说明 GEE 方法与求 M 估计量, LSE, MLE 或 MQLE 的方法一致. 以下的讨论揭示 GEE 方法也与 §5.1.4 介绍的经验似然方法密切有关.

假定 $X_1, ..., X_n$ i.i.d. 来自 $\mathcal{R}^d$ 上 c.d.f. F, 对所有的 i, $\psi_i = \psi$. 那么条件 (5.85) 简化为 $E[\psi(X_1, \theta)] = 0$. 因此我们可以考虑经验似然

$$\ell(G) = \prod_{i=1}^{n} P_G(\{x_i\}), \quad G \in \mathscr{F},$$

约束条件为

$$p_i \geqslant 0, \quad \sum_{i=1}^{n} p_i = 1 \quad 和 \quad \sum_{i=1}^{n} p_i \psi(x_i, \theta) = 0, \tag{5.91}$$

其中 $p_i = P_G(\{x_i\})$. 然而在这种情况下, 函数 ψ 的维度与参数 θ 的维度相同, 因此 (5.91) 中最后一个等式对 p_i 并没有加任何的限制. 由定理 5.3 可知, 对任意固定的 θ, $(p_1, ..., p_n) = (n^{-1}, ..., n^{-1})$ 最大化 $\ell(G)$. 将 $p_i = n^{-1}$ 带入 (5.91) 最后一个等式可得

$$\frac{1}{n} \sum_{i=1}^{n} \psi(x_i, \theta) = 0,$$

即 θ 的任意 MELE $\hat{\theta}$ 是一个 GEE 估计量.

5.4.2 GEE 估计量的一致性

我们现在研究在什么条件下 (除了 (5.85) 之外) GEE 估计量是一致的. 对每个 n, 令 $\hat{\theta}_n$ 为 GEE 估计量, 即 $s_n(\hat{\theta}_n) = 0$, 其中 $s_n(\gamma)$ 由 (5.84) 定义.

首先, 定理 5.7 和它的证明可以直接推广到多维 T 的情况. 因此我们有接下来的结果.

命题 5.2. 假设 $X_1, ..., X_n$ i.i.d. 来自 F, $\psi_i \equiv \psi$ 为一从 $\mathcal{R}^d \times \Theta$ 到 $\mathcal{R}^k$ 的连续有界函数. 令 $\Psi(t) = \int \psi(x, t) dF(x)$. 假设 $\Psi(\theta) = 0$ 且 $\partial \Psi(t)/\partial t$ 存在并在 $t = \theta$ 处满秩. 那么 $\hat{\theta}_n \to_p \theta$. ∎

对 i.i.d. 场合下无界的 ψ, 有接下来的结果, 其证明参见 Qin and Lawless (1994).

命题 5.3. 假设 $X_1, ..., X_n$ i.i.d. 来自 F, $\psi_i \equiv \psi$. 假定 $\varphi(x, \gamma) = \partial \psi(x, \gamma)/\partial \gamma$ 在 θ 的一个邻域 N_θ 内存在, 且在 θ 处连续; 存在一个函数 $h(x)$, 使得 $\sup_{\gamma \in N_\theta} \|\varphi(x, \gamma)\| \leqslant h(x)$, $\sup_{\gamma \in N_\theta} \|\psi(x, \gamma)\|^3 \leqslant h(x)$, $E[h(X_1)] < \infty$;

$E[\varphi(X_1,\theta)]$ 满秩; $E\{\psi(X_1,\theta)[\psi(X_1,\theta)]^\tau\}$ 正定; 且 (5.85) 成立. 那么, 存在一列随机向量 $\{\hat{\theta}_n\}$ 使得

$$P\left(s_n(\hat{\theta}_n)=0\right)\to 1 \quad \text{和} \quad \hat{\theta}_n \to_p \theta. \ \blacksquare \tag{5.92}$$

接下来, 我们考虑非 i.i.d. 的 $X_1,...,X_n$.

命题 5.4. 假设 $X_1,...,X_n$ 独立, θ 是一维的. 假定对于所有的 i, $\psi_i(x,\gamma)$ 为实值的且关于 γ 非增; 存在一个 $\delta>0$, 使得对于任意 θ 的邻域 N_θ 内的 γ, $\sup_i E|\psi_i(X_i,\gamma)|^{1+\delta}<\infty$ (当 $X_1,...,X_n$ i.i.d. 且 $\psi_i\equiv\psi$ 时, 这个条件可以用对于任意 N_θ 内的 γ 有 $E|\psi(X_1,\gamma)|<\infty$ 代替); $\psi_i(x,\gamma)$ 在 N_θ 内连续; (5.85) 成立; 且对于任意 $\epsilon>0$,

$$\limsup_n E[\Psi_n(\theta+\epsilon)]<0<\liminf_n E[\Psi_n(\theta-\epsilon)], \tag{5.93}$$

其中 $\Psi_n(\gamma)=n^{-1}s_n(\gamma)$. 那么, 存在一列随机变量 $\{\hat{\theta}_n\}$, 使得 (5.92) 成立. 此外, 任意满足 $s_n(\hat{\theta}_n)=0$ 的序列 $\{\hat{\theta}_n\}$ 都满足 (5.92).

证明. 因为 ψ_i 非增, 所以函数 $\Psi_n(\gamma)$ 和 $E[\Psi_n(\gamma)]$ 也非增. 令 $\epsilon>0$ 固定, 使得 $\theta\pm\epsilon\in N_\theta$. 在假定条件下,

$$\Psi_n(\theta\pm\epsilon)-E[\Psi_n(\theta\pm\epsilon)]\to_p 0$$

(定理 1.14(ii)). 根据条件 (5.93),

$$P\big(\Psi_n(\theta+\epsilon)<0<\Psi_n(\theta-\epsilon)\big)\to 1.$$

证明的剩余部分留作练习. $\blacksquare$

为了建立接下来的结果, 我们需要下面的引理. 首先, 我们需要以下的概念. 从 $\mathcal{R}^k$ 到 $\mathcal{R}^k$ 的函数序列 $\{g_i\}$ 称为在开集 $\mathscr{O}\subset\mathcal{R}^k$ 上同等连续的, 当且仅当对于任意 $\epsilon>0$, 存在一个 $\delta_\epsilon>0$, 每当 $t\in\mathscr{O}$, $s\in\mathscr{O}$ 且 $\|t-s\|<\delta_\epsilon$ 时, $\sup_i\|g_i(t)-g_i(s)\|<\epsilon$. 因为在紧集上的连续函数是一致连续的, 所以比如 $g_i(\gamma)=g(t_i,\gamma)$ 的函数构成了 $\mathscr{O}$ 上的一个同等连续序列, 若 t_i 在一个包含 $\mathscr{O}$ 的紧集内变化, 且 $g(t,\gamma)$ 关于 (t,γ) 是一个连续函数.

引理 5.3. 假设 Θ 是 $\mathcal{R}^k$ 的一个紧子集. 令 $h_i(X_i)=\sup_{\gamma\in\Theta}\|\psi_i(X_i,\gamma)\|$, $i=1,2,....$ 假设对于某个 $\delta>0$, $\sup_i E|h_i(X_i)|^{1+\delta}<\infty$ 和 $\sup_i E\|X_i\|^\delta<\infty$ (当 $X_1,...,X_n$ i.i.d. 且 $\psi_i\equiv\psi$ 时, 这个条件可以用 $E|h(X_1)|<\infty$ 代替). 进

一步假设对于任意 $c>0$ 和满足 $\|x_i\|\leqslant c$ 的序列 $\{x_i\}$, 函数序列 $\{g_i(\gamma)=\psi_i(x_i,\gamma)\}$ 在 Θ 的任意开子集上是同等连续的. 那么

$$\sup_{\gamma\in\Theta}\left\|\frac{1}{n}\sum_{i=1}^{n}\{\psi_i(X_i,\gamma)-E[\psi_i(X_i,\gamma)]\}\right\|\to_p 0.$$

证明. 因为我们仅需考虑 ψ_i 的分量, 不失一般性, 可以假定 ψ_i 是从 $\mathcal{R}^{d_i}\times\Theta$ 到 $\mathcal{R}$ 的函数. 对于任意 $c>0$,

$$\sup_n E\left[\frac{1}{n}\sum_{i=1}^{n}h_i(X_i)I_{(c,\infty)}(\|X_i\|)\right]\leqslant\sup_i E[h_i(X_i)I_{(c,\infty)}(\|X_i\|)].$$

令 $c_0=\sup_i E|h_i(X_i)|^{1+\delta}$ 和 $c_1=\sup_i E\|X_i\|^{\delta}$. 根据 Hölder 不等式, 对于所有的 i,

$$\begin{aligned}E[h_i(X_i)I_{(c,\infty)}(\|X_i\|)]&\leqslant\left[E|h_i(X_i)|^{1+\delta}\right]^{1/(1+\delta)}[P(\|X_i\|>c)]^{\delta/(1+\delta)}\\&\leqslant c_0^{1/(1+\delta)}c_1^{\delta/(1+\delta)}c^{-\delta^2/(1+\delta)}.\end{aligned}$$

对于 $\epsilon>0$ 和 $\tilde{\epsilon}>0$, 选择一个 c 使得 $c_0^{1/(1+\delta)}c_1^{\delta/(1+\delta)}c^{-\delta^2/(1+\delta)}<\epsilon\tilde{\epsilon}/2$. 那么对于任意 $\mathscr{O}\subset\Theta$, 概率

$$P\left(\frac{1}{n}\sum_{i=1}^{n}\left\{\sup_{\gamma\in\mathscr{O}}\psi_i(X_i,\gamma)-\inf_{\gamma\in\mathscr{O}}\psi_i(X_i,\gamma)\right\}I_{(c,\infty)}(\|X_i\|)>\frac{\epsilon}{2}\right)\tag{5.94}$$

以 $\tilde{\epsilon}$ 为上界 (练习). 由 $\{\psi_i(x_i,\gamma)\}$ 的同等连续性可知, 存在一个 $\delta_\epsilon>0$, 使得对于充分大的 n,

$$\frac{1}{n}\sum_{i=1}^{n}\left\{\sup_{\gamma\in\mathscr{O}_\epsilon}\psi_i(X_i,\gamma)-\inf_{\gamma\in\mathscr{O}_\epsilon}\psi_i(X_i,\gamma)\right\}I_{[0,c]}(\|X_i\|)<\frac{\epsilon}{2},$$

其中 $\mathscr{O}_\epsilon$ 表示任意 $\mathcal{R}^k$ 上半径小于 δ_ϵ 的开球. 这些结果和定理 1.14(ii) 以及 $\|\psi_i(X_i,\gamma)\|\leqslant h_i(X_i)$ 可推出

$$P\left(\frac{1}{n}\sum_{i=1}^{n}\left\{\sup_{\gamma\in\mathscr{O}_\epsilon}\psi_i(X_i,\gamma)-E\left[\inf_{\gamma\in\mathscr{O}_\epsilon}\psi_i(X_i,\gamma)\right]\right\}>\epsilon\right)\to 0.\tag{5.95}$$

令 $H_n(\gamma)=n^{-1}\sum_{i=1}^{n}\{\psi_i(X_i,\gamma)-E[\psi_i(X_i,\gamma)]\}$. 那么

$$\sup_{\gamma\in\mathscr{O}_\epsilon}H_n(\gamma)\leqslant\frac{1}{n}\sum_{i=1}^{n}\left\{\sup_{\gamma\in\mathscr{O}_\epsilon}\psi_i(X_i,\gamma)-E\left[\inf_{\gamma\in\mathscr{O}_\epsilon}\psi_i(X_i,\gamma)\right]\right\},$$

这和 (5.95) 可推出

$$P\big(H_n(\gamma) > \epsilon \text{ 对所有 } \gamma \in \mathscr{O}_\epsilon\big) = P\left(\sup_{\gamma\in\mathscr{O}_\epsilon} H_n(\gamma) > \epsilon\right) \to 0.$$

类似地, 我们可以证明

$$P\big(H_n(\gamma) < -\epsilon \text{ 对所有 } \gamma \in \mathscr{O}_\epsilon\big) \to 0.$$

因为 Θ 是紧集, 所以存在 m_ϵ 个开球 $\mathscr{O}_{\epsilon,j}$ 使得 $\Theta \subset \cup\mathscr{O}_{\epsilon,j}$. 那么结论由下式可得:

$$P\left(\sup_{\gamma\in\Theta} |H_n(\gamma)| > \epsilon\right) \leqslant \sum_{j=1}^{m_\epsilon} P\left(\sup_{\gamma\in\mathscr{O}_{\epsilon,j}} |H_n(\gamma)| > \epsilon\right) \to 0. \quad \blacksquare$$

例 5.11. 考虑准似然方程 (5.90). 令 $\{\tilde{R}_i\}$ 是一列作业相关矩阵,

$$\psi_i(x_i,\gamma) = G_i(\gamma)\{[D_i(\gamma)]^{1/2}\tilde{R}_i[D_i(\gamma)]^{1/2}\}^{-1}[x_i - \mu_i(\gamma)]. \tag{5.96}$$

可以证明 (练习), 当 Θ 是紧集且 $\sup_i \|Z_i\| < \infty$ 时, $\psi_1, ..., \psi_n$ 满足引理 5.3 的条件. $\blacksquare$

命题 5.5. 假定 (5.85) 和引理 5.3 的条件 (Θ 被参数空间的任意紧子集替代). 假设函数 $\Delta_n(\gamma) = E[n^{-1}s_n(\gamma)]$ 有如下性质: $\lim_{n\to\infty}\Delta_n(\gamma) = 0$ 当且仅当 $\gamma = \theta$. (如果 Δ_n 收敛到函数 Δ, 那么这个条件和 (5.85) 可推出 Δ 在 θ 处唯一等于 0.) 假设 $\{\hat{\theta}_n\}$ 是一列 GEE 估计量, 且 $\hat{\theta}_n = O_p(1)$. 那么 $\hat{\theta}_n \to_p \theta$.

证明. 首先, 假定 Θ 是 $\mathcal{R}^k$ 的一个紧子集. 由引理 5.3 和 $s_n(\hat{\theta}_n) = 0$ 可知, $\Delta_n(\hat{\theta}_n) \to_p 0$. 根据定理 1.8(vi), 存在一个子列 $\{n_i\}$, 使得

$$\Delta_{n_i}(\hat{\theta}_{n_i}) \to_{a.s.} 0. \tag{5.97}$$

设 $x_1, x_2, ...$ 是使得 (5.97) 成立的固定序列, θ_0 是 $\{\hat{\theta}_n\}$ 的一个极限点. 因为 Θ 是紧集, 所以 $\theta_0 \in \Theta$, 且存在一个子子列 $\{m_j\} \subset \{n_i\}$ 使得 $\hat{\theta}_{m_j} \to \theta_0$. 使用引理 5.3 的证明中的推导, 可以证明 (练习) $\{\Delta_n(\gamma)\}$ 在 Θ 的任意开子集上是同等连续的. 那么

$$\Delta_{m_j}(\hat{\theta}_{m_j}) - \Delta_{m_j}(\theta_0) \to 0,$$

这和 (5.97) 可推出 $\Delta_{m_j}(\theta_0) \to 0$. 在假定的条件下, $\theta_0 = \theta$. 因为对于 $\{\hat{\theta}_n\}$ 的任意有限点这都是对的, 所以 $\hat{\theta}_n \to_p \theta$.

接下来, 考虑一般的 Θ. 对于任意 $\epsilon > 0$, 存在一个 $M_\epsilon > 0$, 使得 $P(\|\hat{\theta}_n\| \leqslant M_\epsilon) > 1-\epsilon$. 根据前面的证明, 把 $\Theta \cap \{\gamma : \|\gamma\| \leqslant M_\epsilon\}$ 的闭集作为参数空间, 就可得到结论. ▮

命题 5.5 的条件 $\hat{\theta}_n = O_p(1)$ 显然对于 $\hat{\theta}_n$ 的一致性是必须的. 它在任意特定问题中都必须检验.

如果 GEE 在某些条件下是一个似然方程, 那么利用与定理 4.17 或 4.18 证明类似的方法, 可以证明存在 GEE 估计量的一个一致序列.

命题 5.6. 假设对某个函数 ℓ_n, $s_n(\gamma) = \partial \log \ell_n(\gamma)/\partial\gamma$; $D_n(\theta) = \mathrm{Var}(s_n(\theta)) \to 0$; $\varphi_i(x,\gamma) = \partial\psi_i(x,\gamma)/\partial\gamma$ 存在, 且函数序列 $\{\varphi_{ij}, i = 1,2,...\}$ 满足引理 5.3 的条件, Θ 被 θ 的一个紧邻域代替, 其中 φ_{ij} 是 φ_i 的第 j 行, $j = 1,...,k$; $-\liminf_n [D_n(\theta)]^{1/2} E[\nabla s_n(\theta)][D_n(\theta)]^{1/2}$ 是正定的, 其中 $\nabla s_n(\gamma) = \partial s_n(\gamma)/\partial\gamma$; 而且 (5.85) 成立. 那么, 存在满足 (5.92) 的估计量序列 $\{\hat{\theta}_n\}$. ▮

命题 5.6 的证明类似于定理 4.17 或定理 4.18 的证明, 留作练习.

例 5.12. 考虑准似然方程 (5.90), 对于所有 i, $\tilde{R}_i = I_{d_i}$. 那么在 GLM (§4.4.2) 假定下, GEE 是一个似然方程. 可以证明 (练习), 如果 $\sup_i \|Z_i\| < \infty$, 那么命题 5.6 的条件满足. ▮

5.4.3 GEE 估计量的渐近正态性

GEE 估计量的一致序列的渐近正态性在一定条件下成立. 我们首先考虑一个特殊情况: θ 是一维的, 且 $X_1, ..., X_n$ i.i.d.

定理 5.13. 设 $X_1, ..., X_n$ i.i.d. 来自 F, $\psi_i \equiv \psi$, 且 $\theta \in \mathcal{R}$. 假设 $\Psi(\gamma) = \int \psi(x,\gamma) dF(x) = 0$ 当且仅当 $\gamma = \theta$, $\Psi'(\theta)$ 存在且 $\Psi'(\theta) \neq 0$.

(i) 假定 $\psi(x,\gamma)$ 关于 γ 非增, $\int [\psi(x,\gamma)]^2 dF(x)$ 在 θ 的邻域内对于 γ 是有限的, 且在 θ 处连续. 那么任意 GEE 估计量 (M 估计量) 序列 $\{\hat{\theta}_n\}$ 满足

$$\sqrt{n}(\hat{\theta}_n - \theta) \to_d N(0, \sigma_F^2), \tag{5.98}$$

其中

$$\sigma_F^2 = \int [\psi(x,\theta)]^2 dF(x) / [\Psi'(\theta)]^2.$$

(ii) 假定 $\int [\psi(x,\theta)]^2 dF(x) < \infty$, 对任一 γ, $\psi(x,\gamma)$ 是 x 的连续函数, 且 $\lim_{\gamma\to\theta} \|\psi(\cdot,\gamma) - \psi(\cdot,\theta)\|_V = 0$, 其中 $\|\cdot\|_V$ 是引理 5.2 定义的变差范数. 那

么, 任意 GEE 估计量的一致序列 $\{\hat{\theta}_n\}$ 满足 (5.98).

证明. (i) 令 $\Psi_n(\gamma) = n^{-1}s_n(\gamma)$. 因为 Ψ_n 非增, 所以对于任意 $t \in \mathcal{R}$,

$$P(\Psi_n(t) < 0) \leqslant P(\hat{\theta}_n \leqslant t) \leqslant P(\Psi_n(t) \leqslant 0).$$

那么, (5.98) 由下式可得,

$$\lim_{n\to\infty} P\big(\Psi_n(t_n) < 0\big) = \lim_{n\to\infty} P\big(\Psi_n(t_n) \leqslant 0\big) = \Phi(t)$$

对于所有 $t \in \mathcal{R}$, 其中 $t_n = \theta + t\sigma_F n^{-1/2}$. 令 $s_{t,n}^2 = \mathrm{Var}(\psi(X_1, t_n))$ 和 $Y_{ni} = [\psi(X_i, t_n) - \Psi(t_n)]/s_{t,n}$. 只要证明对于所有 t,

$$\lim_{n\to\infty} P\left(\frac{1}{\sqrt{n}}\sum_{i=1}^n Y_{ni} \leqslant -\frac{\sqrt{n}\Psi(t_n)}{s_{t,n}}\right) = \Phi(t).$$

在假定的条件下, $\sqrt{n}\Psi(t_n) \to \Psi'(\theta)t\sigma_F$ 和 $s_{t,n} \to -\Psi'(\theta)\sigma_F$. 因此, 只要证明

$$\frac{1}{\sqrt{n}}\sum_{i=1}^n Y_{ni} \to_d N(0,1).$$

注意到 $Y_{n1}, ..., Y_{nn}$ 是 i.i.d. 随机变量. 因此我们可以运用 Lindeberg CLT (定理 1.15). 在这种情况下, Lindeberg 条件 (1.92) 可由对任意 $\epsilon > 0$ 成立的下式推出:

$$\lim_{n\to\infty} \int_{|\psi(x,t_n)|>\sqrt{n}\epsilon} [\psi(x,t_n)]^2 dF(x) = 0.$$

对任意 $\eta > 0$, $\psi(x, \theta+\eta) \leqslant \psi(x, t_n) \leqslant \psi(x, \theta-\eta)$ 对于所有 x 和充分大的 n 成立. 令 $u(x) = \max\{|\psi(x,\theta-\eta)|, |\psi(x,\theta+\eta)|\}$. 那么

$$\int_{|\psi(x,t_n)|>\sqrt{n}\epsilon} [\psi(x,t_n)]^2 dF(x) \leqslant \int_{u(x)>\sqrt{n}\epsilon} [u(x)]^2 dF(x),$$

这收敛到 0, 因为 $\int [\psi(x,\gamma)]^2 dF(x)$ 在 θ 的邻域内对于 γ 是有限的. 这就证明了 (i).

(ii) 令 $\phi_F(x) = -\psi(x,\theta)/\Psi'(\theta)$. 根据定理 5.7 的证明, 我们有

$$\sqrt{n}(\hat{\theta}_n - \theta) = \frac{1}{\sqrt{n}}\sum_{i=1}^n \phi_F(X_i) + R_{1n} - R_{2n},$$

其中

$$R_{1n} = \frac{1}{\sqrt{n}}\sum_{i=1}^n \psi(X_i,\theta)\left[\frac{1}{\Psi'(\theta)} - \frac{1}{h_F(\hat{\theta}_n)}\right],$$

$$R_{2n} = \frac{\sqrt{n}}{h_F(\hat{\theta}_n)} \int [\psi(x, \hat{\theta}_n) - \psi(x, \theta)] d(F_n - F)(x),$$

h_F 在定理 5.7 的证明过程中定义, $\Psi = \lambda_F$. 根据 CLT 和 $\hat{\theta}_n$ 的一致性, $R_{1n} = o_p(1)$. 因此, 如果我们能够证明 $R_{2n} = o_p(1)$, 则结论成立. 根据引理 5.2,

$$|R_{2n}| \leqslant \sqrt{n} |h_F(\hat{\theta}_n)|^{-1} \varrho_\infty(F_n, F) \|\psi(\cdot, \hat{\theta}_n) - \psi(\cdot, \theta)\|_V.$$

结论由对 ψ 假定的条件和 $\sqrt{n}\varrho_\infty(F_n, F) = O_p(1)$ (定理 5.1) 可得. ∎

注意到, 定理 5.13 的结论与定理 5.7 和 (5.41) 的结论一致.

例 5.13. 基于 i.i.d. 随机变量 $X_1, ..., X_n$, 考虑例 5.7 给出的 M 估计量. 如果 ψ 连续有界, 那么可以应用定理 5.7 且 (5.98) 成立. 对于情况 (ii), $\psi(x, \gamma)$ 不是有界的但关于 γ 非增 ($-\psi(x, \gamma)$ 关于 γ 非增). 因此定理 5.13 可以应用到这个情况中.

考虑例 5.7(v) 给出的 Huber ψ. 假定 F 在 $\theta - C$ 和 $\theta + C$ 处连续. 那么

$$\Psi(\gamma) = \int_{\gamma - C}^{\gamma + C} (\gamma - x) dF(x) - CF(\gamma - C) + C[1 - F(\gamma + C)]$$

在 θ 处可微 (练习); 如果 F 关于 θ 对称, $\Psi(\theta) = 0$ (练习);

$$\int [\psi(x, \gamma)]^2 dF(x) = \int_{\gamma - C}^{\gamma + C} (\gamma - x)^2 dF(x) + C^2 F(\gamma - C) + C^2[1 - F(\gamma + C)]$$

在 θ 处连续 (练习). 因此, (5.98) 成立,

$$\sigma_F^2 = \frac{\int_{\theta - C}^{\theta + C} (\theta - x)^2 dF(x) + C^2 F(\theta - C) + C^2 [1 - F(\theta + C)]}{[F(\theta + C) - F(\theta - C)]^2}$$

(练习). 注意到 Huber M 估计量在 Hampel 意义上是稳健的. 可以求得 $\hat{\theta}_n$ 对于样本均值 $\bar{X}$ 的渐近相对效率 (练习). ∎

接下来的结论针对一般的 θ 和独立的 $X_1, ..., X_n$.

定理 5.14. 假设 $\varphi_i(x, \gamma) = \partial\psi_i(x, \gamma)/\partial\gamma$ 存在, 且函数序列 $\{\varphi_{ij}, i = 1, 2, ...\}$ 满足引理 5.3 的条件, Θ 被 θ 的一个紧邻域替代, 其中 φ_{ij} 是 φ_i 第 j 行; 对于某个 $\delta > 0$, $\sup_i E\|\psi_i(X_i, \theta)\|^{2+\delta} < \infty$ (如果 $X_1, ..., X_n$ i.i.d. 且 $\psi_i \equiv \psi$, 这一条件可被 $E\|\psi(X_1, \theta)\|^2 < \infty$ 替代); $E[\psi_i(X_i, \theta)] = 0$; $\liminf_n \lambda_-[n^{-1}\text{Var}(s_n(\theta))] > 0$ 和 $\liminf_n \lambda_-[n^{-1}M_n(\theta)] > 0$, 其中 $M_n(\theta) =$

$-E[\nabla s_n(\theta)]$, $\lambda_-[A]$ 是矩阵 A 的最小特征值. 如果 $\{\hat{\theta}_n\}$ 是 GEE 估计量的一致序列, 那么

$$V_n^{-1/2}(\hat{\theta}_n-\theta)\to_d N_k(0,I_k), \tag{5.99}$$

其中

$$V_n=[M_n(\theta)]^{-1}\mathrm{Var}(s_n(\theta))[M_n(\theta)]^{-1}. \tag{5.100}$$

证明. 此证明与定理 4.17 的类似. 根据 $\hat{\theta}_n$ 的一致性, 我们可以只关注事件 $\{\hat{\theta}_n\in A_\epsilon\}$, 其中 $\epsilon>0$ 给定, $A_\epsilon=\{\gamma:\|\gamma-\theta\|\leqslant\epsilon\}$. 对充分小的 ϵ, 利用与引理 5.3 证明类似的方法, 可以证明 (练习)

$$\max_{\gamma\in A_\epsilon}\frac{\|\nabla s_n(\gamma)-\nabla s_n(\theta)\|}{n}=o_p(1). \tag{5.101}$$

根据中值定理和 $s_n(\hat{\theta}_n)=0$,

$$-s_n(\theta)=\left[\int_0^1\nabla s_n\big(\theta+t(\hat{\theta}_n-\theta)\big)dt\right](\hat{\theta}_n-\theta).$$

由 (5.101) 可知,

$$\frac{1}{n}\left\|\int_0^1\nabla s_n\big(\theta+t(\hat{\theta}_n-\theta)\big)dt-\nabla s_n(\theta)\right\|=o_p(1).$$

又根据定理 1.14(ii),

$$n^{-1}\|\nabla s_n(\theta)+M_n(\theta)\|=o_p(1).$$

这和 $\liminf_n\lambda_-[n^{-1}M_n(\theta)]>0$ 能推出

$$[M_n(\theta)]^{-1}s_n(\theta)=[1+o_p(1)](\hat{\theta}_n-\theta).$$

要证明结论, 只要证明

$$V_n^{-1/2}[M_n(\theta)]^{-1}s_n(\theta)\to_d N_k(0,I_k). \tag{5.102}$$

对于任意非零的 $l\in\mathcal{R}^k$,

$$\frac{1}{(l^\tau V_n l)^{1+\delta/2}}\sum_{i=1}^n E|l^\tau[M_n(\theta)]^{-1}\psi_i(X_i,\theta)|^{2+\delta}\to 0, \tag{5.103}$$

因为 $\liminf_n\lambda_-[n^{-1}\mathrm{Var}(s_n(\theta))]>0$ 和 $\sup_i E\|\psi_i(X_i,\theta)\|^{2+\delta}<\infty$ (练习). 运用 CLT (定理 1.15) 和 Liapounov 条件 (5.103), 对于任意 l,

$$l^\tau[M_n(\theta)]^{-1}s_n(\theta)/\sqrt{l^\tau V_n l}\to_d N(0,1), \tag{5.104}$$

这能推出 (5.102)(练习). ∎

GEE 估计量的渐近正态性可在多种其他条件下建立, 参见 Serfling (1980, Chapter 7) 和 He and Shao (1996).

如果 $X_1,...,X_n$ i.i.d. 且 $\psi_i \equiv \psi$, (5.100) 中的渐近协方差矩阵简化为

$$V_n = n^{-1}\{E[\varphi(X_1,\theta)]\}^{-1}E\{\psi(X_1,\theta)[\psi(X_1,\theta)]^\tau\}\{E[\varphi(X_1,\theta)]\}^{-1},$$

其中 $\varphi(x,\gamma) = \partial\psi(x,\gamma)/\partial\gamma$. 当 θ 是一维的, V_n 进一步简化为

$$V_n = n^{-1}E[\psi(X_1,\theta)]^2/\{E[\varphi(X_1,\theta)]\}^2.$$

在定理 5.14 的条件下,

$$E[\varphi(X_1,\theta)] = \int \frac{\partial\psi(x,\theta)}{\partial\theta}dF(x) = \frac{\partial}{\partial\theta}\int \psi(x,\theta)dF(x).$$

因此, 定理 5.14 的结论与定理 5.13 的一致.

例 5.14. 考虑 (5.90) 中的准似然方程和 (5.96) 中的 ψ_i. 如果 $\sup_i \|Z_i\| < \infty$, 那么 ψ_i 满足定理 5.14 的条件 (练习). 令 $\tilde{V}_n(\gamma) = [D_i(\gamma)]^{1/2}\tilde{R}_i[D_i(\gamma)]^{1/2}$. 那么

$$\mathrm{Var}(s_n(\theta)) = \sum_{i=1}^n G_i(\theta)[\tilde{V}_n(\theta)]^{-1}\mathrm{Var}(X_i)[\tilde{V}_n(\theta)]^{-1}[G_i(\theta)]^\tau$$

和

$$M_n(\theta) = \sum_{i=1}^n G_i(\theta)[\tilde{V}_n(\theta)]^{-1}[G_i(\theta)]^\tau.$$

如果对所有 i, $\tilde{R}_i = R_i$ (真正的相关矩阵), 那么

$$\mathrm{Var}(s_n(\theta)) = \sum_{i=1}^n \phi_i G_i(\theta)[\tilde{V}_n(\theta)]^{-1}[G_i(\theta)]^\tau.$$

如果还有 $\phi_i \equiv \phi$, 那么

$$V_n = [M_n(\theta)]^{-1}\mathrm{Var}(s_n(\theta))[M_n(\theta)]^{-1} = \phi[M_n(\theta)]^{-1}.$$ ∎

5.5 方差估计

在统计推断中, 点估计的精确性通常由它的 mse 或 amse 评定. 如果估计量的偏差或渐近偏差关于它的 mse 或 amse 是 (渐近) 可以忽略的, 那么评定

mse 或 amse 等价于评定方差或渐近方差. 因为方差或渐近方差通常依赖未知的总体, 为了获得点估计量的精确度我们必须估计它们. 方差估计是统计推断中重要的组成部分, 不仅是为了评定准确性, 而且是为了构造第 6 和第 7 章讨论的统计推断过程. 也可以见 §2.5.1 末的讨论.

令 θ 为感兴趣的参数, $\hat{\theta}_n$ 为它的估计值. 假设当样本量 $n \to \infty$ 时,

$$V_n^{-1/2}(\hat{\theta}_n - \theta) \to_d N_k(0, I_k), \tag{5.105}$$

其中 V_n 是协方差矩阵或 $\hat{\theta}_n$ 的渐近协方差矩阵. 方差估计中必要的渐近要求是根据下面定义的方差估计量的一致性. 也可见 (3.60) 和 §3.6 中练习 116.

定义 5.4. 令 $\{V_n\}$ 为一列 $k \times k$ 正定矩阵, 对于每个 n, $\hat{V}_n$ 是 V_n 的一个正定矩阵估计量. 那么 $\{\hat{V}_n\}$ 或 $\hat{V}_n$ 称为对 V_n 一致的 (或强一致的) 当且仅当

$$\|V_n^{-1/2}\hat{V}_n V_n^{-1/2} - I_k\| \to_p 0 \tag{5.106}$$

(或当 $\to_p$ 被 $\to_{a.s.}$ 代替时, (5.106) 成立). ∎

注意到, (5.106) 不同于 $\|\hat{V}_n - V_n\| \to_p 0$, 因为在大多数应用中 $\|V_n\| \to 0$. 可以证明 (练习 93), (5.106) 成立当且仅当对于任意非零向量序列 $\{l_n\} \subset \mathcal{R}^k$, $l_n^\tau \hat{V}_n l_n / l_n^\tau V_n l_n \to_p 1$. 如果 (5.105) 和 (5.106) 成立, 那么

$$\hat{V}_n^{-1/2}(\hat{\theta}_n - \theta) \to_d N_k(0, I_k)$$

(练习), 这是第 6 和第 7 章中关于渐近推断的一个有用的结论.

如果未知总体属于参数为 θ 的参数族, 那么 V_n 是一个 θ 的函数, 记为 $V_n = V_n(\theta)$, 很自然的可用 $V_n(\hat{\theta}_n)$ 来估计 $V_n(\theta)$. 根据定义 5.4, $V_n(\hat{\theta}_n)$ 的一致性通常可以直接确定. 因此, 参数问题中的方差估计常常很简单. 在非参数问题中, V_n 可能依赖除 θ 外其他未知的量, 所以在非参数问题中方差估计复杂得多.

本节我们将介绍三种常用的方差估计方法, 替代法, 刀切法 (jackknife) 和自助法 (bootstrap).

5.5.1 替代法

假设我们可以获得 (5.105) 中协方差或渐近协方差矩阵 V_n 的表示形式. 那么方差估计一个直接的方法是在方差公式中用某个估计量替代未知量. 举例来说, 考虑最简单的情况: $X_1, ..., X_n$ 是 i.i.d. d 维随机变量, $E\|X_1\|^2 < \infty$,

$\theta = g(\mu)$, $\mu = EX_1$, $\hat{\theta}_n = g(\bar{X})$, g 是从 $\mathcal{R}^d$ 到 $\mathcal{R}^k$ 的函数. 假设 g 在 μ 处可微. 根据 CLT 和定理 1.12(i), (5.105) 成立且

$$V_n = [\nabla g(\mu)]^\tau \text{Var}(X_1) \nabla g(\mu)/n, \tag{5.107}$$

它依赖未知的量 μ 和 $\text{Var}(X_1)$. V_n 的一个替代估计量是

$$\hat{V}_n = [\nabla g(\bar{X})]^\tau S^2 \nabla g(\bar{X})/n, \tag{5.108}$$

其中

$$S^2 = \frac{1}{n-1}\sum_{i=1}^{n}(X_i - \bar{X})(X_i - \bar{X})^\tau$$

是样本协方差矩阵, 即样本方差对多维 X_i 的一个推广.

根据 SLLN, $\bar{X} \to_{a.s.} \mu$ 和 $S^2 \to_{a.s.} \text{Var}(X_1)$. 因此, (5.108) 中的 $\hat{V}_n$ 关于 (5.107) 中的 V_n 是强一致的, 倘若 $\nabla g(\mu) \neq 0$ 且 ∇g 在 μ 处连续.

例 5.15. 设 $Y_1, ..., Y_n$ 是 i.i.d. 随机变量, $\mu_y = EY_1$, $\sigma_y^2 = \text{Var}(Y_1)$, $\gamma_y = EY_1^3$ 和 $\kappa_y = EY_1^4$ 有限. 考虑 $\theta = (\mu_y, \sigma_y^2)$ 的估计. 令 $\hat{\theta}_n = (\bar{X}, \hat{\sigma}_y^2)$, 其中 $\hat{\sigma}_y^2 = n^{-1}\sum_{i=1}^n (Y_i - \bar{Y})^2$. 如果 $X_i = (Y_i, Y_i^2)$, 那么 $\hat{\theta}_n = g(\bar{X})$, $g(x) = (x_1, x_2 - x_1^2)$. 因此 (5.105) 成立且

$$\text{Var}(X_1) = \begin{pmatrix} \sigma_y^2 & \gamma_y - \mu_y(\sigma_y^2 + \mu_y^2) \\ \gamma_y - \mu_y(\sigma_y^2 + \mu_y^2) & \kappa_y - (\sigma_y^2 + \mu_y^2)^2 \end{pmatrix}$$

和

$$\nabla g(x) = \begin{pmatrix} 1 & 0 \\ -2x_1 & 1 \end{pmatrix}.$$

(5.108) 中的估计量 $\hat{V}_n$ 是强一致的, 因为 $\nabla g(x)$ 显然是一个连续函数. ∎

对于例 3.21, 3.23 以及 §3.6 习题 100, 101, 我们可以得到类似的结果.

之前讨论的关键步骤是通过 Taylor 展开 (定理 1.12) 和 CLT 求得 $\hat{\theta}_n = g(\bar{X})$ 的渐近协方差矩阵的公式 (5.107). 因此, 这一想法可以应用到可微统计泛函 $\hat{\theta}_n = \mathtt{T}(F_n)$ 的情况中.

我们仍然考虑来自 F 的 i.i.d. d 维随机向量 $X_1, ..., X_n$. 设 $\mathtt{T}$ 是一个向量值的泛函, 其分量在 F 处 ϱ-Hadamard 可微, 其中 ϱ 是 ϱ_∞ 或者满足 (5.42) 的距离. 令 ϕ_F 为 $\mathtt{T}$ 的分量的影响函数向量. 若 ϕ_F 的分量满足 (5.40), 则 (5.105) 成立且 $\theta = \mathtt{T}(F)$, $\hat{\theta}_n = \mathtt{T}(F_n)$, $F_n = $ (5.1) 中的经验 c.d.f.,

$$V_n = \frac{\text{Var}(\phi_F(X_1))}{n} = \frac{1}{n}\int \phi_F(x)[\phi_F(x)]^\tau dF(x). \tag{5.109}$$

公式 (5.109) 引出了一个很自然的替代方差估计量

$$\hat{V}_n = \frac{1}{n}\int \phi_{F_n}(x)[\phi_{F_n}(x)]^\tau dF_n(x) = \frac{1}{n^2}\sum_{i=1}^n \phi_{F_n}(X_i)[\phi_{F_n}(X_i)]^\tau, \quad (5.110)$$

倘若 $\phi_{F_n}(x)$ 有定义, 即对于充分大的 n, T 的分量在 F_n 处 Gâteaux 可微. 在关于 ϕ_{F_n} 更多的条件下, 我们可以建立 (5.110) 中 $\hat{V}_n$ 的一致性.

定理 5.15. 设 $X_1, ..., X_n$ 是来自 F 的 i.i.d. d 维随机向量, T 是一个向量值泛函, 其分量在 F 和 F_n 处 Gâteaux 可微, ϕ_F 是 T 的分量的影响函数向量. 假设对于任意 $c > 0$, $\sup_{\|x\|\leqslant c} \|\phi_{F_n}(x) - \phi_F(x)\| = o_p(1)$, 并且存在一个常数 $c_0 > 0$ 和函数 $h(x) \geqslant 0$, 使得 $E[h(X_1)] < \infty$ 和 $P\big($对所有 $\|x\| \geqslant c_0$, $\|\phi_{F_n}(x)\|^2 \leqslant h(x)\ \big) \to 1$. 那么 (5.110) 中的 $\hat{V}_n$ 对 (5.109) 中的 V_n 是一致的.

证明. 令 $\zeta(x) = \phi_F(x)[\phi_F(x)]^\tau$ 和 $\zeta_n(x) = \phi_{F_n}(x)[\phi_{F_n}(x)]^\tau$. 根据 SLLN,

$$\frac{1}{n}\sum_{i=1}^n \zeta(X_i) \to_{a.s.} \int \zeta(x) dF(x).$$

故而所要结论由下式可得:

$$\left\| \frac{1}{n}\sum_{i=1}^n [\zeta_n(X_i) - \zeta(X_i)] \right\| = o_p(1).$$

利用假定的条件和引理 5.3 证明中的方法, 我们可以证明, 对任意 $\epsilon > 0$, 存在 $c > 0$, 使得对于充分大的 n,

$$P\left(\frac{1}{n}\sum_{i=1}^n \|\zeta_n(X_i) - \zeta(X_i)\| I_{(c,\infty)}(\|X_i\|) > \frac{\epsilon}{2}\right) \leqslant \epsilon$$

和

$$P\left(\frac{1}{n}\sum_{i=1}^n \|\zeta_n(X_i) - \zeta(X_i)\| I_{[0,c]}(\|X_i\|) > \frac{\epsilon}{2}\right) \leqslant \epsilon.$$

证毕. ▮

例 5.16. 考虑 (5.46) 中定义的 L 泛函和 L 估计量 $\hat{\theta}_n = \mathrm{T}(F_n)$. 定理 5.6 证明了 T 在一些 J 的条件下在 F 处 Hadamard 可微. 可以证明 (练习), T 在 F_n 处 Gâteaux 可微, $\phi_{F_n}(x)$ 由 (5.48) 给出 (F 被 F_n 代替). 那么差值 $\phi_{F_n}(x) - \phi_F(x)$ 等于

$$\int (F_n - F)(y) J(F_n(y)) dy + \int (F - \delta_x)(y)[J(F_n(y)) - J(F(y))] dy.$$

如果定理 5.6(i) 或 (ii) (有 $E|X_1| < \infty$) 的条件成立, 可以证明 (练习) 定理 5.15 的条件满足. ∎

M 估计量和 U 统计量的替代方差估计量也可以求得 (练习).

替代法显然可以应用在非 i.i.d. 情形. 例如, 在线性模型 (3.25) 中, Z 满秩且 $\varepsilon_1, ..., \varepsilon_n$ i.i.d., LSE $\hat{\beta}$ 有 $\mathrm{Var}(\hat{\beta}) = \sigma^2(Z^\tau Z)^{-1}$, 其中 $\sigma^2 = \mathrm{Var}(\varepsilon_1)$. $\mathrm{Var}(\hat{\beta})$ 的一致的替代估计量可以通过在 $\mathrm{Var}(\hat{\beta})$ 的公式中把 σ^2 替代成它的一致估计量, 如 $SSR/(n-p)$ (见 (3.35)), 而得到.

我们现在考虑 §5.4.1 描述的 GEE 估计量的方差估计. 根据定理 5.14, GEE 估计量 $\hat{\theta}_n$ 的渐近协方差矩阵由 (5.100) 给出, 其中

$$\mathrm{Var}(s_n(\theta)) = \sum_{i=1}^n E\{\psi_i(X_i, \theta)[\psi_i(X_i, \theta)]^\tau\},$$

$$M_n(\theta) = \sum_{i=1}^n E[\varphi_i(X_i, \theta)]$$

和 $\varphi_i(x, \gamma) = \partial\psi_i(x, \gamma)/\partial\gamma$. 用 $\hat{\theta}_n$ 替代 θ, 用经验类似物替代期望, 我们得到替代估计量 $\hat{V}_n = \hat{M}_n^{-1}\widehat{\mathrm{Var}}(s_n)\hat{M}_n^{-1}$, 其中

$$\widehat{\mathrm{Var}}(s_n) = \sum_{i=1}^n \psi_i(X_i, \hat{\theta}_n)[\psi_i(X_i, \hat{\theta}_n)]^\tau$$

和

$$\hat{M}_n = \sum_{i=1}^n \varphi_i(X_i, \hat{\theta}_n).$$

下面结论的证明留作练习.

定理 5.16. 设 $X_1, ..., X_n$ 独立, $\{\hat{\theta}_n\}$ 是一列 GEE 估计量. 假定定理 5.14 的条件. 进一步假设函数序列 $\{h_{ij}, i = 1, 2, ...\}$ 满足引理 5.3 的条件, 而 Θ 由 θ 的一个紧邻域替换, 其中 $h_{ij}(x, \gamma)$ 是 $\psi_i(x, \gamma)[\psi_i(x, \gamma)]^\tau$ 的第 j 行, $j = 1, ..., k$. 令 V_n 由 (5.100) 给出. 那么 $\hat{V}_n = \hat{M}_n^{-1}\widehat{\mathrm{Var}}(s_n)\hat{M}_n^{-1}$ 对 V_n 是一致的. ∎

5.5.2 刀切法

应用替代法需要求得点估计的协方差矩阵或渐近协方差矩阵的公式. 有一些方差估计方法可以不需要真正推导这样的一个公式 (只需假定协方差矩阵或渐近协方差矩阵存在), 但是以大计算量为代价. 这些方法称为重抽样方法, 复制方法或数据重用方法. 这里介绍的刀切法 (jackknife) 和 §5.5.3 中的自助法 (bootstrap) 是最流行的重抽样方法.

刀切法由 Quenouille (1949) 和 Tukey (1958) 提出. 令 $\hat{\theta}_n$ 为基于独立 $X_1, ..., X_n$ 的向量值估计量, 其中每个 X_i 为 d_i 维随机向量且 $\sup_i d_i < \infty$. 令 $\hat{\theta}_{-i}$ 是同样的估计量但是基于 $X_1, ..., X_{i-1}, X_{i+1}, ..., X_n$, $i = 1, ..., n$. 注意到, $\hat{\theta}_{-i}$ 也依赖 n 但下标 n 为简单起见被省略. 因为 $\hat{\theta}_n$ 和 $\hat{\theta}_{-1}, ..., \hat{\theta}_{-n}$ 是相同量的估计值, 所以 "样本协方差矩阵"

$$\frac{1}{n-1}\sum_{i=1}^{n}\left(\hat{\theta}_{-i}-\bar{\theta}_n\right)\left(\hat{\theta}_{-i}-\bar{\theta}_n\right)^{\tau} \tag{5.111}$$

可以用来衡量 $\hat{\theta}_n$ 的变化, 其中 $\bar{\theta}_n$ 是 $\hat{\theta}_{-1}, ..., \hat{\theta}_{-n}$ 的平均.

(5.111) 和之前讨论的样本协方差矩阵 S^2 之间有两个主要的区别. 首先, $\hat{\theta}_{-1}, ..., \hat{\theta}_{-n}$ 不独立. 其次, $\hat{\theta}_{-i} - \hat{\theta}_{-j}$ 通常以较快的速度 (如 n^{-1}) 收敛到 0. 因此, 为了估计 $\hat{\theta}_n$ 的渐近协方差矩阵, (5.111) 中的量应该乘以矫正因子 c_n. 如果 $\hat{\theta}_n = \bar{X}$ ($d_i \equiv d$), 那么 $\hat{\theta}_{-i} - \bar{\theta}_n = (n-1)^{-1}(\bar{X} - X_i)$ 且 (5.111) 中的量简化为

$$\frac{1}{(n-1)^3}\sum_{i=1}^{n}\left(X_i-\bar{X}\right)\left(X_i-\bar{X}\right)^{\tau} = \frac{1}{(n-1)^2}S^2,$$

其中 S^2 是样本协方差矩阵. 因此矫正因子 c_n 在 $\hat{\theta}_n = \bar{X}$ 的情况下是 $(n-1)^2/n$, 因为根据 SLLN , S^2/n 关于 $\mathrm{Var}(\bar{X})$ 是强一致的.

事实上, 相同的矫正因子对许多其他估计量同样可用. 这引出了下面 $\hat{\theta}_n$ 的刀切法方差估计量:

$$\hat{V}_J = \frac{n-1}{n}\sum_{i=1}^{n}\left(\hat{\theta}_{-i}-\bar{\theta}_n\right)\left(\hat{\theta}_{-i}-\bar{\theta}_n\right)^{\tau}. \tag{5.112}$$

定理 5.17. 设 $X_1, ..., X_n$ 是来自 F 的 i.i.d. d 维随机向量, $\mu = E(X_1)$ 和 $\mathrm{Var}(X_1)$ 有限, $\hat{\theta}_n = g(\bar{X})$. 假设 ∇g 在 μ 处连续, $\nabla g(\mu) \neq 0$. 那么 (5.112) 中的刀切法方差估计量 $\hat{V}_J$ 对 (5.110) 中的 V_n 是强一致的.

证明. 我们证明 g 是实值的情况, 一般的情况的证明留给读者. 令 $\bar{X}_{-i}$ 是基于 $X_1, ..., X_{i-1}, X_{i+1}, ..., X_n$ 的样本均值. 根据中值定理, 我们有

$$\begin{aligned}\hat{\theta}_{-i} - \hat{\theta}_n &= g(\bar{X}_{-i}) - g(\bar{X}) \\ &= [\nabla g(\xi_{n,i})]^{\tau}(\bar{X}_{-i} - \bar{X}) \\ &= [\nabla g(\bar{X})]^{\tau}(\bar{X}_{-i} - \bar{X}) + R_{n,i},\end{aligned}$$

其中 $R_{n,i} = \left[\nabla g(\xi_{n,i}) - \nabla g(\bar{X})\right]^{\tau}(\bar{X}_{-i} - \bar{X})$, $\xi_{n,i}$ 是 $\bar{X}_{-i}$ 和 $\bar{X}$ 之间线段上的一个点. 由 $\bar{X}_{-i} - \bar{X} = (n-1)^{-1}(\bar{X} - X_i)$ 可知, $\sum_{i=1}^{n}(\bar{X}_{-i} - \bar{X}) = 0$ 和

$$\frac{1}{n}\sum_{i=1}^{n}(\hat{\theta}_{-i} - \hat{\theta}_n) = \frac{1}{n}\sum_{i=1}^{n} R_{n,i} = \bar{R}_n.$$

根据 (5.112) 中刀切法方差估计量的定义,

$$\hat{V}_J = A_n + B_n + 2C_n,$$

其中

$$A_n = \frac{n-1}{n}[\nabla g(\bar{X})]^{\tau}\sum_{i=1}^{n}(\bar{X}_{-i} - \bar{X})(\bar{X}_{-i} - \bar{X})^{\tau}\nabla g(\bar{X}),$$

$$B_n = \frac{n-1}{n}\sum_{i=1}^{n}(R_{n,i} - \bar{R}_n)^2$$

和

$$C_n = \frac{n-1}{n}\sum_{i=1}^{n}(R_{n,i} - \bar{R}_n)[\nabla g(\bar{X})]^{\tau}(\bar{X}_{-i} - \bar{X}).$$

根据 $\bar{X}_{-i} - \bar{X} = (n-1)^{-1}(\bar{X} - X_i)$, SLLN 和 ∇g 在 μ 处的连续性,

$$A_n/V_n \to_{a.s.} 1.$$

又有,

$$(n-1)\sum_{i=1}^{n}\|\bar{X}_{-i} - \bar{X}\|^2 = \frac{1}{n-1}\sum_{i=1}^{n}\|X_i - \bar{X}\|^2 = O(1) \quad \text{a.s.} \tag{5.113}$$

因此

$$\max_{i\leqslant n}\|\bar{X}_{-i} - \bar{X}\|^2 \to_{a.s.} 0,$$

它和 ∇g 在 μ 处的连续性以及 $\|\xi_{n,i} - \bar{X}\| \leqslant \|\bar{X}_{-i} - \bar{X}\|$ 可推出

$$u_n = \max_{i\leqslant n}\|\nabla g(\xi_{n,i}) - \nabla g(\bar{X})\| \to_{a.s.} 0.$$

由 (5.107) 和 (5.113) 可知, $\sum_{i=1}^{n}\|\bar{X}_{-i} - \bar{X}\|^2/V_n = O(1)$ a.s. 因此

$$\frac{B_n}{V_n} \leqslant \frac{n-1}{V_n n}\sum_{i=1}^{n} R_{n,i}^2 \leqslant \frac{u_n}{V_n}\sum_{i=1}^{n}\|\bar{X}_{-i} - \bar{X}\|^2 \to_{a.s.} 0.$$

根据 Cauchy-Schwarz 不等式, $(C_n/V_n)^2 \leqslant (A_n/V_n)(B_n/V_n) \to_{a.s.} 0$. 这就证明了所要的结果. ∎

定理 5.17 证明的关键步骤是 $\hat{\theta}_{-i}-\hat{\theta}_n$ 可以用 $[\nabla g(\bar{X})]^\tau(\bar{X}_{-i}-\bar{X})$ 近似, 并且剩余部分 $R_{n,1},...,R_{n,n}$ 的贡献足够小, 即 $B_n/V_n \to_{a.s.} 0$. 这说明刀切法方差估计量 (5.112) 对可以用线性统计量很好近似的 $\hat{\theta}_n$ 之方差是一致的. 事实上, 当 $\hat{\theta}_n$ 是 U 统计量时 (Arvesen,1969), 或者当 $\hat{\theta}_n$ 是在 F 处是 Hadamard 可微且连续 Gâteaux 可微的统计泛函 (这包含一些特定类型的 L 统计量和 M 统计量) 时, 可以证明刀切法方差估计量 (5.112) 是一致的. 更多细节参见 Shao and Tu (1995, Chapter 2).

刀切法可以应用于非 i.i.d. 的问题. 在抽样调查问题中使用刀切法的细节讨论参见 Shao and Tu (1995, Chapter 6). 我们现在考虑线性模型 (3.25) 下 LSE $\hat{\beta}$ 的刀切法方差估计量. 简单起见, 假设 Z 满秩. 同时假定 $\varepsilon_1,...,\varepsilon_n$ 独立, $E(\varepsilon_i)=0$, $\mathrm{Var}(\varepsilon_i)=\sigma_i^2$. 那么

$$\mathrm{Var}(\hat{\beta})=(Z^\tau Z)^{-1}\sum_{i=1}^n \sigma_i^2 Z_i Z_i^\tau (Z^\tau Z)^{-1}.$$

令 $\hat{\beta}_{-i}$ 为基于删掉第 i 组 (X_i,Z_i) 数据的 β 的 LSE. 利用对于矩阵 A 和向量 c, $(A+cc^\tau)^{-1}=A^{-1}-A^{-1}cc^\tau A^{-1}/(1+c^\tau A^{-1}c)$ 的结果, 我们可以证明 (练习)

$$\hat{\beta}_{-i}=\hat{\beta}-r_i Z_i/(1-h_i), \tag{5.114}$$

其中 $r_i=X_i-Z_i^\tau\hat{\beta}$ 是第 i 项残差, $h_i=Z_i^\tau(Z^\tau Z)^{-1}Z_i$. 因此

$$\hat{V}_J=\frac{n-1}{n}(Z^\tau Z)^{-1}\left[\sum_{i=1}^n \frac{r_i^2 Z_i Z_i^\tau}{(1-h_i)^2}-\frac{1}{n}\sum_{i=1}^n \frac{r_i Z_i}{1-h_i}\sum_{i=1}^n \frac{r_i Z_i^\tau}{1-h_i}\right](Z^\tau Z)^{-1}.$$

Wu (1986) 提出了下面的加权刀切法方差估计量, 它改善了 $\hat{V}_J$:

$$\hat{V}_{WJ}=\sum_{i=1}^n(1-h_i)\left(\hat{\beta}_{-i}-\hat{\beta}\right)\left(\hat{\beta}_{-i}-\hat{\beta}\right)^\tau=(Z^\tau Z)^{-1}\sum_{i=1}^n \frac{r_i^2 Z_i Z_i^\tau}{1-h_i}(Z^\tau Z)^{-1}.$$

定理 5.18. 假设定理 3.12 的条件, 且 $\varepsilon_1,...,\varepsilon_n$ 独立. 那么 $\hat{V}_J$ 和 $\hat{V}_{WJ}$ 对 $\mathrm{Var}(\hat{\beta})$ 都是一致的.

证明. 设 $l_n\in\mathcal{R}^p$ 为非零向量, $n=1,2,...$, $l_i=l_n^\tau(Z^\tau Z)^{-1}Z_i$. 因为 $\max_{i\leqslant n}h_i\to 0$, 所以关于 $\hat{V}_{WJ}$ 的结果由

$$\sum_{i=1}^n l_i^2 r_i^2 \Big/ \sum_{i=1}^n l_i^2\sigma_i^2 \to_p 1 \tag{5.115}$$

(见练习 93) 可得. 根据 WLLN (定理 1.14(ii)) 和 $\max_{i\leqslant n} h_i \to 0$,

$$\sum_{i=1}^n l_i^2\varepsilon_i^2 \Big/ \sum_{i=1}^n l_i^2\sigma_i^2 \to_p 1.$$

注意到 $r_i = \varepsilon_i + Z_i^\tau(\beta - \hat{\beta})$ 和

$$\max_{i\leqslant n}[Z_i^\tau(\beta-\hat{\beta})]^2 \leqslant \|Z(\beta-\hat{\beta})\|^2 \max_{i\leqslant n} h_i = o_p(1).$$

因此 (5.115) 成立.

$\hat{V}_J$ 的一致性由 (5.115) 和下式可得

$$\frac{n-1}{n^2}\left(\sum_{i=1}^n \frac{l_i r_i}{1-h_i}\right)^2 \Big/ \sum_{i=1}^n l_i^2\sigma_i^2 = o_p(1). \tag{5.116}$$

(5.116) 的证明留作练习. ∎

最后, 我们考虑 §5.4.1 中 GEE 估计量的刀切法方差估计量. 在命题 5.5 或 5.6 的条件下, 可以证明

$$\max_{i\leqslant n}\|\hat{\theta}_{-i} - \hat{\theta}\| = o_p(1), \tag{5.117}$$

其中 $\hat{\theta}_{-i}$ 是 $s_{ni}(\gamma) = 0$ 的一个根且

$$s_{ni}(\gamma) = \sum_{j\neq i, j\leqslant n} \psi_j(X_j, \gamma).$$

假定 $\psi_i(x,\gamma)$ 关于 γ 在 θ 的邻域内连续可微. 使用 Taylor 展开, $s_{ni}(\hat{\theta}_{-i}) = 0$ 和 $s_n(\hat{\theta}_n) = 0$, 我们得到

$$\psi_i(X_i, \hat{\theta}_{-i}) = \left[\int_0^1 \nabla s_n\big(\hat{\theta}_n + t(\hat{\theta}_{-i} - \hat{\theta}_n)\big)dt\right](\hat{\theta}_{-i} - \hat{\theta}_n).$$

由定理 5.14 的证明可知

$$\hat{V}_J = [M_n(\theta)]^{-1}\sum_{i=1}^n \psi_i(X_i, \hat{\theta}_{-i})[\psi_i(X_i, \hat{\theta}_{-i})]^\tau [M_n(\theta)]^{-1} + R_n,$$

其中 R_n 满足 $\|V_n^{-1/2}R_nV_n^{-1/2}\| = o_p(1)$, 对于 (5.100) 中的 V_n. 在定理 5.16 的条件下, 由 (5.117) 可知 $\hat{V}_J$ 是一致的.

如果 $\hat{\theta}_n$ 是通过迭代的方法求得, 那么 $\hat{V}_J$ 的计算要求 n 步额外的迭代过程. 我们可以利用一步 MLE 的想法来减少计算量. 对于每个 i, 令

$$\hat{\theta}_{-i} = \hat{\theta}_n - [\nabla s_{ni}(\hat{\theta}_n)]^{-1}s_{ni}(\hat{\theta}_n), \tag{5.118}$$

当运用 Newton-Raphson 方法来计算 $s_{ni}(\gamma)=0$ 的根且 $\hat{\theta}_n$ 作为初始点时, 这就是第一次迭代的结果. 注意到 (5.118) 中的 $\hat{\theta}_{-i}$ 满足 (5.117)(练习). 如果刀切法方差估计量基于 (5.118) 中的 $\hat{\theta}_{-i}$, 那么

$$\hat{V}_J=[M_n(\theta)]^{-1}\sum_{i=1}^n\psi_i(X_i,\hat{\theta}_n)[\psi_i(X_i,\hat{\theta}_n)]^\tau[M_n(\theta)]^{-1}+\tilde{R}_n,$$

其中 $\tilde{R}_n$ 满足 $\|V_n^{-1/2}\tilde{R}_nV_n^{-1/2}\|=o_p(1)$. 这些结论概括在下面的定理中.

定理 5.19. 假定定理 5.14 和 5.16 的条件. 进一步假定 $\hat{\theta}_{-i}$ 由 (5.118) 给出或者 GEE 估计量满足 (5.117). 那么刀切法方差估计量 $\hat{V}_J$ 对 (5.100) 中的 V_n 是一致的. ∎

5.5.3 自助法

自助法的基本理念描述如下. 假设 P 是产生样本 X 的一个总体或模型, 我们需要估计 $\text{Var}(\hat{\theta})$, 其中 $\hat{\theta}=\hat{\theta}(X)$ 是一个估计量, 即一个基于 X 的统计量. 进一步假设未知的总体 P 由基于样本 X 的 $\hat{P}$ 估计. 令 X^* 为一个来自估计的总体 $\hat{P}$ 的样本 (称为自助 (bootstrap) 样本), 产生或抽样 X^* 的方式或过程与得到 X 的相同或相似, 又令 $\hat{\theta}^*=\hat{\theta}(X^*)$, 除了用 X^* 替换 X, 这与 $\hat{\theta}$ 相同. 如果我们相信 $P=\hat{P}$ (即我们对总体有一个完美的估计), 那么 $\text{Var}(\hat{\theta})=\text{Var}_*(\hat{\theta}^*)$, 其中 Var_* 是给定 X 的情况下关于生成 X^* 的随机性的条件方差. 一般而言, $P\neq\hat{P}$, 因此 $\text{Var}(\hat{\theta})\neq\text{Var}_*(\hat{\theta}^*)$. 但 $\hat{V}_B=\text{Var}_*(\hat{\theta}^*)$ 是 $\text{Var}(\hat{\theta})$ 的经验类似, 可以作为 $\text{Var}(\hat{\theta})$ 的估计.

在少数情况下, 我们可以获得 $\hat{V}_B=\text{Var}_*(\hat{\theta}^*)$ 明确的显式. 首先, 考虑来自 $\mathcal{R}^d$ 上 c.d.f. F 的 i.i.d. $X_1,...,X_n$. 总体由 F 决定. 假设我们用 (5.1) 中的经验 c.d.f. F_n 估计 F, 且 $X_1^*,...,X_n^*$ i.i.d. 来自 F_n. 对于 $\hat{\theta}=\bar{X}$, 它的自助类似为 $\hat{\theta}^*=\bar{X}^*$, 即 $X_1^*,...,X_n^*$ 的平均值. 那么

$$\hat{V}_B=\text{Var}_*(\bar{X}^*)=\frac{1}{n^2}\sum_{i=1}^n(X_i-\bar{X})(X_i-\bar{X})^\tau=\frac{n-1}{n^2}S^2,$$

其中 S^2 是样本协方差矩阵. 在这样的情况下, $\hat{V}_B=\text{Var}_*(\bar{X}^*)$ 是 $\text{Var}(\bar{X})$ 的强一致估计量. 接下来, 考虑来自 $\mathcal{R}$ 上 c.d.f. F 的 i.i.d. 随机变量 $X_1,...,X_n$, 且 $\hat{\theta}=F_n^{-1}(\frac{1}{2})$, 即样本中位数. 假设 $n=2l-1$ 对某整数 l 成立. 令 $X_1^*,...,X_n^*$ i.i.d. 来自 F_n, $\hat{\theta}^*$ 为基于 $X_1^*,...,X_n^*$ 的样本中位数. 那么

$$\hat{V}_B=\text{Var}_*(\hat{\theta}^*)=\sum_{j=1}^n p_j\left(X_{(j)}-\sum_{i=1}^n p_iX_{(i)}\right)^2,$$

其中 $X_{(1)} \leqslant \cdots \leqslant X_{(n)}$ 是次序统计量, $p_j = P(\hat{\theta}^* = X_{(j)}|X)$. 可以证明 (练习)

$$p_j = \sum_{t=0}^{l-1} \binom{n}{t} \frac{(j-1)^t(n-j+1)^{n-t} - j^t(n-j)^{n-t}}{n^n}. \tag{5.119}$$

然而在大数情况下, $\hat{V}_B$ 并没有一个简单的显式. 当 P 已知时, §4.1.4 描述的蒙特卡罗方法可以用来近似 $\mathrm{Var}(\hat{\theta})$. 也就是说, 我们从 P 中反复地产生新数据集, 然后使用新数据集求得多个 $\hat{\theta}$ 值, 利用基于这些 $\hat{\theta}$ 值的样本协方差矩阵作为 $\mathrm{Var}(\hat{\theta})$ 的近似数值估计. 这个想法可以用来近似 $\hat{V}_B$, 既然 $\hat{P}$ 是已知总体. 也就是说, 从 $\hat{P}$ (给定 X 的条件下) 中产生 m 个独立的自助数据集 $X^{*1}, ..., X^{*m}$, 计算 $\hat{\theta}^{*j} = \hat{\theta}(X^{*j})$, $j = 1, ..., m$, 并用

$$\hat{V}_B^m = \frac{1}{m} \sum_{j=1}^{m} \left(\hat{\theta}^{*j} - \bar{\theta}^*\right) \left(\hat{\theta}^{*j} - \bar{\theta}^*\right)^\tau$$

来近似 $\hat{V}_B$, 其中 $\bar{\theta}^*$ 是 $\hat{\theta}^{*1}, ..., \hat{\theta}^{*m}$ 的平均值. 因为每个 X^{*j} 是自 $\hat{P}$ 产生的数据集, 所以 $\hat{V}_B^m$ 是一个重抽样估计量. 根据 SLLN, 当 $m \to \infty$ 时, 在给定 X 的条件下, $\hat{V}_B^m \to_{a.s.} \hat{V}_B$. $\hat{V}_B$ 和它的蒙特卡罗渐近 $\hat{V}_B^m$ 都称为 $\hat{\theta}$ 的自助法方差估计量. $\hat{V}_B^m$ 在实际应用中更有用, 而在理论研究中我们主要关注 $\hat{V}_B$.

自助法方差估计量 $\hat{V}_B$ 的一致性是比 §5.5.2 中刀切法方差估计量的一致性更复杂的问题. 可以在 Shao and Tu (1995, §3.2.2) 中找到一些例子.

自助法也可以用来估计除 $\mathrm{Var}(\hat{\theta})$ 之外的量. 例如, 令 $K(t) = P(\hat{\theta} \leqslant t)$ 为实值估计量 $\hat{\theta}$ 的 c.d.f. 从之前的讨论可知, $K(t)$ 的自助法估计量是条件概率 $P(\hat{\theta}^* \leqslant t|X)$, 它可以用蒙特卡罗近似 $m^{-1}\sum_{j=1}^m I_{(-\infty,t]}(\hat{\theta}^{*j})$ 来近似. 在 §7.4 中我们将研究自助法分布估计量在构造置信集问题中的重要应用. 这里, 我们研究利用自助法分布估计量来构造关于实值估计量 $\hat{\theta}$ 的渐近方差的一致估计量.

假设

$$\sqrt{n}(\hat{\theta} - \theta) \to_d N(0, v), \tag{5.120}$$

其中 v 已知. $H_n(t)$ 为 $\sqrt{n}(\hat{\theta} - \theta)$ 的 c.d.f., 且

$$\hat{H}_B(t) = P(\sqrt{n}(\hat{\theta}^* - \hat{\theta}) \leqslant t|X) \tag{5.121}$$

是 $H_n(t)$ 的自助法估计量. 如果对于任意 t,

$$\hat{H}_B(t) - H_n(t) \to_p 0,$$

那么根据 (5.120),

$$\hat{H}_B(t) - \Phi\left(t/\sqrt{v}\right) \to_p 0,$$

这可以推出 (练习 112), 对于任意 $\alpha \in (0,1)$,

$$\hat{H}_B^{-1}(\alpha) \to_p \sqrt{v} z_\alpha$$

其中 $z_\alpha = \Phi^{-1}(\alpha)$. 那么, 对于 $\alpha \neq \frac{1}{2}$,

$$\hat{H}_B^{-1}(1-\alpha) - \hat{H}_B^{-1}(\alpha) \to_p \sqrt{v}(z_{1-\alpha} - z_\alpha).$$

因此, v/n, $\hat{\theta}$ 的渐近方差, 的一个一致估计量是

$$\tilde{V}_B = \frac{1}{n}\left[\frac{\hat{H}_B^{-1}(1-\alpha) - \hat{H}_B^{-1}(\alpha)}{z_{1-\alpha} - z_\alpha}\right]^2.$$

下面的结论给出了一些使得 $\hat{H}_B(t) - H_n(t) \to_p 0$ 的条件. (i) 的证明省略. (ii) 的证明见 §5.6 练习 113—115.

定理 5.20. 假设 $X_1, ..., X_n$ i.i.d. 来自 $\mathcal{R}^d$ 上的 c.d.f. F. 令 $\hat{\theta} = \mathtt{T}(F_n)$, 其中 $\mathtt{T}$ 是实值泛函, $\hat{\theta}^* = \mathtt{T}(F_n^*)$, 其中 F_n^* 是基于来自 F_n 的 i.i.d. 自助样本 $X_1^*, ..., X_n^*$ 的经验 c.d.f. 令 $\hat{H}_B$ 由 (5.121) 给出.

(i) 如果 $\mathtt{T}$ 在 F 处 ϱ_∞-Hadamard 可微且 (5.40) 成立, 那么

$$\varrho_\infty(\hat{H}_B, H_n) \to_p 0. \tag{5.122}$$

(ii) 如果 $d=1$, $\mathtt{T}$ 在 F 处 ϱ_{L_p}-Fréchet 可微且 (5.40) 成立 (若 $1 \leqslant p < 2$, 又设 $\int \{F(t)[1-F(t)]\}^{p/2} dt < \infty$), 那么 (5.122) 成立. ∎

自助法在非 i.i.d. 情况下的应用参见 Efron and Tibshirani (1993), Hall (1992) 以及 Shao and Tu (1995).

5.6 练习

1. 设 ϱ_∞ 为上确界范数距离. 找一个 c.d.f. 序列 $\{G_n\}$, 使得对于 c.d.f. G 满足 $G_n \to_w G$, 但是 $\varrho_\infty(G_n, G)$ 不收敛到 0.

2. 设 $X_1, ..., X_n$ 为 i.i.d. d 维随机向量, c.d.f. 为 F, F_n 为 (5.1) 定义的经验 c.d.f. 证明对于任意 $t > 0$ 和 $\epsilon > 0$, 存在 $C_{\epsilon,d}$ 使得当 $n = 1, 2, ...$ 时,

$$P\left(\sup_{m \geqslant n} \varrho_\infty(F_m, F) > t\right) \leqslant \frac{C_{\epsilon,d} e^{-(2-\epsilon)t^2 n}}{1 - e^{-(2-\epsilon)t^2}}.$$

3. 证明 (5.4) 定义的 ϱ_{M_p} 是 $\mathscr{F}_p$ 上的距离, $p \geqslant 1$.

4. 证明对于任意 $p \geqslant 1$, (5.5) 中的 $\|\cdot\|_{L_p}$ 是一个范数.

5. 设 $\mathscr{F}_1$ 是 $\mathcal{R}$ 上均值有限的 c.d.f. 构成的集合.

(a) 证明 $\varrho_{M_1}(G_1, G_2) = \int_0^1 |G_1^{-1}(z) - G_2^{-1}(z)|dz$, 其中对于任意 $G \in \mathscr{F}$, $G^{-1}(z) = \inf\{t : G(t) \geqslant z\}$;

(b) 证明 $\varrho_{M_1}(G_1, G_2) = \varrho_{L_1}(G_1, G_2)$.

6. 找一个序列 $\{G_j\} \subset \mathscr{F}$, 使得

(a) $\lim_{j\to\infty} \varrho_\infty(G_j, G_0) = 0$, 但是 $\varrho_{M_2}(G_j, G_0)$ 不收敛到 0;

(b) $\lim_{j\to\infty} \varrho_{M_2}(G_j, G_0) = 0$, 但是 $\varrho_\infty(G_j, G_0)$ 不收敛到 0.

7. 用 ϱ_{L_2} 代替 ϱ_{M_2}, 重复前一个练习.

8. 设 X 为一个随机变量, 其 c.d.f. 为 F. 证明

(a) $E|X|^2 < \infty$ 能推出对于 $p \in (1,2)$, $\int \{F(t)[1-F(t)]\}^{p/2} dt < \infty$;

(b) 对某个 $\delta > 0$, $E|X|^{2+\delta} < \infty$ 能推出 $\int \{F(t)[1-F(t)]\}^{1/2} dt < \infty$.

9. 对任意一维的 $G_j \in \mathscr{F}_1$, $j = 1, 2$, 其中 $\mathscr{F}_1$ 是均值有限的一维 c.d.f. 的集合, 证明 $\varrho_{L_1}(G_1, G_2) \geqslant |\int x dG_1 - \int x dG_2|$.

10. 在定理 5.3 的证明中, 证明 $p_i = c/n$, $i = 1, ..., n$, $\lambda = -(c/n)^{n-1}$ 是函数 $H(p_1, ..., p_n, \lambda)$ 在 $p_i > 0$, $i = 1, ..., n$, $\sum_{i=1}^n p_i = c$ 之下的最大值.

11. 证明 (5.11)—(5.13) 是 (5.8) 中的 $\ell(G)$ 关于 (5.10) 最大化问题的解.

12. 在定理 5.4 的证明中, 证明 $m \geqslant 2$ 的情况.

13. 证明 (5.17) 中的 $\ell(G)$ 关于 (5.10) 的最大值问题由 (5.11) 给出, 其中 $\hat{p}_i$ 由 (5.18) 和 (5.19) 定义.

14. 在例 5.2 中, 证明 MELE 由 (5.11) 给出, 其中 $\hat{p}_i$ 由 (5.21) 定义.

15. 在例 5.3 中, 证明

(a) 关于 (5.23) 最大化 (5.22) 等价于最大化

$$\prod_{i=1}^n q_i^{\delta_{(i)}} (1 - q_i)^{n-i+1-\delta_{(i)}},$$

其中 $q_i = p_i / \sum_{j=i}^{n+1} p_j$, $i = 1, ..., n$;

(b) (5.24) 中的 $\hat{F}$ 在约束 (5.23) 下最大化了 (5.22) (提示: 利用 (a) 以及 $p_i = q_i \prod_{j=1}^{i-1}(1-q_j)$);

(c) (5.25) 中的 $\hat{F}$ 与 (5.24) 中的一样;

(d) 如果对于所有 i, $\delta_i = 1$ (没有删失), 那么 (5.25) 中的 $\hat{F}$ 与 (5.1) 中的经验 c.d.f. 相同.

16. 设 f_n 由 (5.26) 给出.

(a) 证明 f_n 是 $\mathcal{R}$ 上的 Lebesgue p.d.f.;

(b) 假设 f 在 t 处连续可微, $\lambda_n \to 0$, 且 $n\lambda_n \to \infty$. 证明 (5.27) 成立;

(c) 在 $n\lambda_n^3 \to 0$ 和 (b) 的条件下, 证明 (5.28) 成立;

(d) 假设 f 在 $[a,b]$ 上连续, $-\infty < a < b < \infty$, $\lambda_n \to 0$, 且 $n\lambda_n \to \infty$. 证明 $\int_a^b f_n(t)dt \to_p \int_a^b f(t)dt$.

17. 设 $\hat{f}$ 由 (5.29) 给出.

(a) 证明 $\hat{f}$ 是 $\mathcal{R}$ 上的 Lebesgue p.d.f.;

(b) 在 $\lambda_n \to 0$, $n\lambda_n \to \infty$, f 有界且在 t 处连续, $\int [w(t)]^2 dt < \infty$ 的条件下, 证明 (5.30) (提示: 验证 Lindeberg 条件并且运用定理 1.15);

(c) 假定 $\lambda_n \to 0$, $n\lambda_n \to \infty$, w 有界, 且 f 在 $[a,b]$ 上连续有界, $-\infty < a < b < \infty$. 证明 $\int_a^b \hat{f}(t)dt \to_p \int_a^b f(t)dt$.

18. 在 §5.1.4 描述的条件下, 证明 (5.32)—(5.34).

19. 假定 $\hat{\beta} \to_p \beta$, ϕ 是 $\mathcal{R}$ 上的连续函数, (X_i, Z_i), $i = 1, ..., n$, 为 i.i.d., 且 $\|Z_i\| \leqslant c$, $c > 0$ 是一个常数, 证明 (5.35) 中的 $\hat{K}(t)$ 是 (5.34) 中 $K(t)$ 的一致估计量.

20. 设 $\ell(\theta, \xi)$ 是一个似然函数. 如果对于固定的 θ, 最大化 $\sup_\xi \ell(\theta, \xi)$ 的 $\xi(\theta)$ 不依赖 θ, 证明 θ 的极大截面似然估计 $\hat{\theta}$ 是 MLE.

21. 设 $X_1, ..., X_n$ i.i.d. 服从 $N(\mu, \sigma^2)$. 求 μ 或 σ^2 的截面似然函数. 在每种情况下讨论极大截面似然估计是否与 MLE 一致.

22. 在 (5.36) 和 (5.37) 中求截面经验似然估计.

23. 设 $X_1, ..., X_n$ 是来自 c.d.f. F 的 i.i.d. 随机变量, 令 $\pi(x) = P(\delta_i = 1|X_i = x)$, 其中 $\delta_i = 1$ 若 X_i 被观察到; $\delta_i = 0$ 若 X_i 缺失. 假定 $0 < \pi = \int \pi(x)dF(x) < 1$.

(a) 令 $F_1(x) = P(X_i \leqslant x|\delta_i = 1)$, 证明 F 和 F_1 是一样的当且仅当 $\pi(x) \equiv \pi$;

(b) 令 $\hat{F}$ 为在每个观测到的 X_i 上概率为 r^{-1} 的 c.d.f., 其中 r 是观测到的 X_i 的个数, 证明 $\hat{F}(x)$ 对 $F_1(x)$ 是无偏且一致的, $x \in \mathcal{R}$;

(c) 当 $\pi(x) \equiv \pi$ 时, 证明 (b) 中的 $\hat{F}(x)$ 对 $F(x)$, $x \in \mathcal{R}$, 是无偏且一致的. 当 $\pi(x)$ 不是常数时, 证明 $\hat{F}(x)$ 对 $F(x)$ 是有偏且不一致的, $x \in \mathcal{R}$.

24. 证明 ϱ-Fréchet 可微可以推出 ϱ-Hadamard 可微.

25. 假设泛函 $\mathtt{T}$ 在 F 处 Gâteaux 可微, 在 $\varrho_\infty(\Delta_j, \Delta) \to 0$ 可以推出 $\mathtt{L}_F(\Delta_j) \to \mathtt{L}_F(\Delta)$ 这个意义上, $\mathtt{L}_F$ 是连续的微分. 证明 ϕ_F 有界.

26. 假设泛函 $\mathtt{T}$ 在 F 处 Gâteaux 可微, 影响函数 ϕ_F 有界连续. 在前面练习中的意义上, 证明微分 $\mathtt{L}_F$ 是连续的.

27. 设 $\mathtt{T}(G) = g(\int x dG)$ 是定义在 $\mathscr{F}_1$ 上的泛函, $\mathscr{F}_1$ 是均值有限的一维 c.d.f. 的集合.

(a) 找到一个可微函数 g 使得 $\mathtt{T}$ 在 F 处不是 ϱ_∞-Hadamard 可微的;

(b) 证明, 如果 g 是一个可微函数, 那么 $\mathtt{T}$ 在 F 处是 ϱ_{L_1}-Fréchet 可微的. (提示: 利用练习 9 的结论.)

28. 在例 5.5 中, 证明 (5.43) 成立. (提示: 对于 $\Delta = c(G_1 - G_2)$, 证明 $\|\Delta\|_V \leqslant |c|(\|G_1\|_V + \|G_2\|_V) = 2|c|$.)

29. 在例 5.5 中, 如果 F 连续, 证明 ϕ_F 也连续.

30. 在例 5.5 中, 证明 $\mathtt{T}$ 在 F 处不是 ϱ_∞-Fréchet 可微的.

31. 证明命题 5.1(ii).

32. 假设 $\mathtt{T}$ 在 F 处一阶和二阶 ϱ-Hadamard 可微. 证明 (5.45).

33. 找一个二阶 ϱ-Fréchet 可微泛函 $\mathtt{T}$, 但它不是一阶 ϱ-Hadamard 可微的.

34. 证明 (5.47); 如果 J 有界且 F 的方差有限, 证明对于一个 L 泛函, (5.40) 满足.

35. 证明定理 5.6(iv) 和 (v).

36. 讨论定理 5.6(i)—(v) 中的哪些可以应用到例 5.6 中的每一个 L 估计量中.

37. 在例 5.6 中, 找出 L 估计量的影响函数的明确显式, 并讨论其中哪些是连续有界的.

38. 给出一个例子使得 (5.46) 给出的 L 泛函 T 在 F 处不是 ϱ_∞-Hadamard 可微的. (提示: 考虑不截尾的 J.)

39. 讨论例 5.7(i)—(vi) 定义的哪些 M 泛函满足定理 5.7 的条件.

40. 在定理 5.7 的证明中, 证明 $R_{2j} \to 0$.

41. 证明当 ψ 是有界 Borel 函数时, (5.51) 中的第二个等式成立.

42. 证明 (5.53) 中的泛函 T 在 F 处 ϱ_∞ -Hadamard 可微, 微分由 (5.54) 给出. 求 ϕ_F 的影响函数, 并证明若 F 是连续的, 则 ϕ_F 是有界连续的.

43. 证明 (5.55) 中的泛函 T 在 F 处是 ϱ_∞-Hadamard 可微的, 微分由 (5.56) 给出. 求影响函数 ϕ_F, 并证明若 $F(y,\infty)$ 和 $F(\infty,z)$ 连续, 则 ϕ_F 有界连续.

44. 设 F 为 $\mathcal{R}$ 上的连续 c.d.f. 假设 F 关于 θ 对称, 且在 θ 的邻域内严格增加. 证明 $\lambda_F(t)=0$ 当且仅当 $t=\theta$, 其中 $\lambda_F(t)$ 由 (5.57) 定义, J 严格增加且满足 $J(1-t)=-J(t)$.

45. 证明 (5.57) 中的 $\lambda_F(t)$ 在 θ 处可微, $\lambda'_F(\theta) = -\int J'(F(x))F'(x)dF(x)$.

46. 设 $\mathtt{T}(F_n)$ 是满足定理 5.8 条件的 R 估计量. 证明 (5.41) 成立,

$$\sigma_F^2 = \int_0^1 [J(t)]^2 dt \bigg/ \left[\int_{-\infty}^{\infty} J'(F(x))F'(x)dF(x)\right]^2.$$

47. 计算例 5.8 中 Hodges-Lehmann 估计量对于基于来自 F 的 i.i.d. 样本的样本均值的渐近相对效率, 当

(a) F 是 $N(\mu,\sigma^2)$ 的 c.d.f.;

(b) F 是 logistic 分布 $LG(\mu,\sigma)$ 的 c.d.f.;

(c) F 是双指数分布 $DE(\mu,\sigma)$ 的 c.d.f.;

(d) $F(x)=F_0(x-\theta)$, 其中 $F_0(x)$ 是 t 分布的 c.d.f., $\nu \geqslant 3$.

48. 设 G 是 $\mathcal{R}$ 上的 c.d.f. 证明 $G(x) \geqslant t$ 当且仅当 $x \geqslant G^{-1}(t)$.

49. 证明 (5.67) 能推出 $\hat{\theta}_p$ 对 θ_p 具有强一致性, 并且如果 $F'(\theta_p-)$ 和 $F'(\theta_p+)$ 存在且为正数, 它对 θ_p 是 $\sqrt{n}$ 一致的.

50. 在定理 5.9 的条件下, 对于 $\rho_\epsilon = e^{-2\delta_\epsilon^2}$, 证明

$$P\left(\sup_{m\geqslant n} |\hat{\theta}_p - \theta_p| > \epsilon\right) \leqslant \frac{2C\rho_\epsilon^n}{1-\rho_\epsilon}, \quad n=1,2,\dots.$$

51. 当 F 的 Lebesgue p.d.f. 为 f 时, 证明 (5.69) 中的 $\varphi_n(t)$ 是 p 样本分位数 $\hat{\theta}_p$ 的 Lebesgue p.d.f., 通过

(a) 对 (5.68) 中 $\hat{\theta}_p$ 的 c.d.f. 求微分;

(b) 利用 (5.66) 和例 2.9 中的结论.

52. 设 $X_1, ..., X_n$ 是 i.i.d. 随机变量, 来自均值有限的 F. 证明对于充分大的 n, $\hat{\theta}_p$ 存在有限的 j 阶矩, $j = 1, 2, ...$

53. 证明定理 5.10(i).

54. 假设 c.d.f. F 的 Lebesgue p.d.f. 为 f, 它在 F 的 p 分位数处连续, $p \in (0, 1)$. 利用 (5.69) 中的 p.d.f. 和 Scheffé 定理 (命题 1.1) 证明定理 5.10(iv).

55. 设 $\{k_n\}$ 是一列整数, 满足 $k_n/n = p + o(n^{-1/2})$, $p \in (0, 1)$, 令 $X_1, ..., X_n$ 是来自 c.d.f. F 的 i.i.d. 随机变量, $F'(\theta_p) > 0$. 证明

$$\sqrt{n}(X_{(k_n)} - \theta_p) \to_d N(0, p(1-p)/[F'(\theta_p)]^2).$$

56. 在定理 5.11 的证明中, 证明 (5.72), (5.75) 和不等式 (5.74).

57. 证明推论 5.1.

58. 证明例 5.9 中的结论.

59. 令 $T(G) = G^{-1}(p)$ 为 p 分位数泛函. 假设 F 在 $\theta = F^{-1}(p)$ 的邻域内有正的导数 F'. 证明 T 在 F 处 Gâteaux 可微并求其影响函数.

60. 设 $X_1, ..., X_n$ 为来自柯西分布 $C(0, 1)$ 的 i.i.d. 随机变量.

(a) 证明 $E(X_{(j)})^2 < \infty$ 当且仅当 $3 \leqslant j \leqslant n-2$;

(b) 证明 $E(\hat{\theta}_{0.5})^2 < \infty$, 对于 $n \geqslant 5$ 成立.

61. 假设 F 是来自均匀分布 $U(\theta - \frac{1}{2}, \theta + \frac{1}{2})$ 的 c.d.f., $\theta \in \mathcal{R}$. 基于来自 F 的样本量为 n 的 i.i.d. 样本, 求样本中位数关于样本均值的渐近相对效率.

62. 设 $F(x) = F_0(x - \theta)$, F_0 是柯西分布 $C(0, 1)$ 在 c 和 $-c$ 处截尾的 c.d.f., 即 F_0 的 Lebesgue p.d.f. 为 $(1 + x^2)^{-1} I_{(-c,c)}(x) / \int_{-c}^{c} (1 + x^2)^{-1} dx$. 基于来自 F 的样本量为 n 的 i.i.d. 样本, 求样本中位数关于样本均值的渐近相对效率.

63. 设 $X_1, ..., X_n$ i.i.d. 来自 c.d.f. $(1-\epsilon)\Phi\left(\frac{x-\mu}{\sigma}\right)+\epsilon D\left(\frac{x-\mu}{\sigma}\right)$, 其中 $\epsilon \in (0,1)$ 是一个已知常数, Φ 是标准正态分布的 c.d.f., D 是双指数分布 $D(0,1)$ 的 c.d.f., $\mu \in \mathcal{R}$ 和 $\sigma > 0$ 是未知参数. 考虑 μ 的估计. 求样本中位数关于样本均值的渐近相对效率.

64. 设 $X_1, ..., X_n$ i.i.d. 有 Lebesgue p.d.f. $2^{-1}(1-\theta^2)e^{\theta x-|x|}$, 其中 $\theta \in (-1,1)$ 未知.

(a) 证明 X_1 分布的中位数是 $m(\theta) = (1-\theta)^{-1}\log(1+\theta)$ 若 $\theta \geqslant 0$ 或 $m(\theta) = -m(-\theta)$ 若 $\theta < 0$;

(b) 证明 X_1 分布的均值是 $\mu(\theta) = 2\theta/(1-\theta^2)$;

(c) 证明 $m(\theta)$ 和 $\mu(\theta)$ 的反函数存在. 求 $m^{-1}(\hat{m})$ 关于 $\mu^{-1}(\bar{X})$ 的渐近相对效率, 其中 $\hat{m}$ 是样本中位数, $\bar{X}$ 是样本均值;

(d) 在 (c) 中的 $\mu^{-1}(\bar{X})$ 作为 θ 的估计渐近有效吗?

65. 证明 (5.77) 中的 $\bar{X}_\alpha$ 是与例 5.6(iii) 中给出的 J 函数对应的 L 估计量, $\beta = 1-\alpha$.

66. 设 $X_1, ..., X_n$ 是来自 F 的 i.i.d. 随机变量, 其中 F 关于 θ 对称.

(a) 证明 $X_{(j)} - \theta$ 和 $\theta - X_{(n-j+1)}$ 有相同的分布;

(b) 如果 w_i 非随机, 满足 $\sum_{i=1}^n w_i = 1$ 和对于所有 j, $w_j = w_{n-j+1}$. 证明 $\sum_{j=1}^n w_j X_{(j)}$ 有关于 θ 对称的 c.d.f.;

(c) 证明截尾样本均值 $\bar{X}_\alpha$ 有关于 θ 对称的 c.d.f.

67. 在定理 5.6(i)—(iii) 之一的条件下, 如果 $\sigma_F^2 < \infty$, 证明 (5.41) 对于 $\mathtt{T}(F_n)$ 成立, 其中 σ_F^2 由 (5.79) 给出.

68. 在假定的条件下证明 (5.78).

69. 对于 (5.46) 给出的泛函 $\mathtt{T}$, 如果 F 关于 θ 对称, J 关于 $\frac{1}{2}$ 对称, 且 $\int_0^1 J(t)dt = 1$, 证明 $\mathtt{T}(F) = \theta$.

70. 求截尾样本均值 $\bar{X}_\alpha$ 关于样本均值的渐近相对效率, 基于来自双指数分布 $DE(\theta,1)$ 且样本量为 n 的 i.i.d. 样本, 其中 $\theta \in \mathcal{R}$ 未知.

71. 求截尾样本均值 $\bar{X}_\alpha$ 关于样本均值的渐近相对效率, 基于来自柯西分布 $C(\theta,1)$ 且样本量为 n 的 i.i.d. 样本, 其中 $\theta \in \mathcal{R}$ 未知.

72. 考虑 (5.77) 定义的 α 截尾样本均值. 当 F_0 关于 0 对称时, 证明 (5.78) 中的 σ_α^2 与 (5.79) 中的 σ_F^2 相同, $J(t) = (1-2\alpha)^{-1}I_{(\alpha,1-\alpha)}(t)$, $F(x) = F_0(x-\theta)$.

73. 对于 (5.78) 中的 σ_α^2, 证明

(a) 如果 $F_0'(0)$ 存在且为正数, 那么 $\lim_{\alpha\to\frac{1}{2}}\sigma_\alpha^2 = 1/[2F_0'(0)]^2$;

(b) 如果 $\sigma^2 = \int x^2 dF_0(x) < \infty$, 那么 $\lim_{\alpha\to 0}\sigma_\alpha^2 = \sigma^2$.

74. 证明, 如果 $J \equiv 1$, 那么 (5.79) 中的 σ_F^2 等于 c.d.f. F 的方差.

75. 计算 (5.79) 中的 σ_F^2, $J(t) = 4t-2$ 且 F 为双指数分布 $DE(\theta,1)$, $\theta \in \mathcal{R}$.

76. 考虑例 3.12 中的简单线性模型, t_i 为正. 求 (5.82) 定义的 β 的 L 估计量, J 关于 $\frac{1}{2}$ 对称, 并与 β 的 LSE 比较.

77. 考虑例 3.13 中的单因子 ANOVA 模型. 求 (5.82) 定义的 β 的 L 估计量, 当 (a) J 关于 $\frac{1}{2}$ 对称; (b) $J(t) = (1-2\alpha)^{-1}I_{(\alpha,1-\alpha)}(t)$. 将这些 L 估计量与 β 的 LSE 做比较.

78. 证明 §3.5.2 中的矩方法是 GEE 方法的一种特殊情况.

79. 完成命题 5.4 的证明.

80. 在引理 5.3 的证明中, 证明 (5.94) 的概率以 ϵ 为上界.

81. 在例 5.11 中, 如果 Θ 是紧集且 $\sup_i \|Z_i\| < \infty$, 证明 $\{\psi_i\}$ 满足引理 5.3 的条件.

82. 在命题 5.5 的证明中, 证明 $\{\Delta_n(\gamma)\}$ 在 Θ 的任意开子集中是同等连续的.

83. 证明命题 5.6.

84. 证明例 5.12 的结论.

85. 证明例 5.13 的结论.

86. 对于例 5.13 中讨论的 Huber M 估计量, 当 F 由 (5.76) 给出时, 求 $\hat{\theta}_n$ 关于 $\bar{X}$ 的渐近相对效率 $e(F)$ 的表示形式. 证明 $\lim_{\tau\to\infty} e(F) = \infty$. 当 $\epsilon = 0$, $\sigma = 1$ 和 $C = 1.5$ 时, 求 $e(F)$ 的值.

87. 考虑例 5.7(ii) 中的函数 ψ. 在 F 的一些条件下, 证明 ψ 满足定理 5.13(i) 或 (ii) 中给出的条件. 在此情形下求 (5.98) 中的 σ_F^2 .

88. 在定理 5.14 的证明中, 证明

(a) (5.101) 成立;

(b) (5.103) 成立;

(c) (5.104) 能推出 (5.102). (提示: 利用定理 1.9(iii).)

89. 假设一些必要的矩条件, 证明例 5.14 的结论.

90. 假定 $X_i = (X_{i1}, ..., X_{id_i})$, $E(X_{it}) = me^{\eta_i}/(1+e^{\eta_i})$, $\mathrm{Var}(X_{it}) = m\phi_i e^{\eta_i}/(1+e^{\eta_i})^2$ 和 (4.57) 成立, 其中 $g(t) = \log\frac{t}{1-t}$. 求 MQLE (基于 (5.90) 的 GEE 估计量) 的渐近分布.

91. 重复上一个练习, 假定 $E(X_{it}) = e^{\eta_i}$, $\mathrm{Var}(X_{it}) = \phi_i e^{\eta_i}$ 和 (4.57) 成立, 其中 $g(t) = \log t$ 或 $g(t) = 2\sqrt{t}$.

92. 在定理 5.14 中, 如果 $\tilde{R}_i$ 被满足 $\max_{i\leqslant n}\|\hat{R}_i - U_i\| = o_p(1)$ 的估计量 $\hat{R}_i$ 替代, 证明结论 (5.99) 仍然成立, 其中 U_i 是相关矩阵.

93. 证明 (5.106) 成立当且仅当以下一项满足:

(a) $\lambda_- \to_p 1$ 和 $\lambda_+ \to_p 1$, 其中 λ_- 和 λ_+ 分别是 $V_n^{-1/2}\hat{V}_n V_n^{-1/2}$ 的最小和最大的特征值;

(b) $l_n^\tau \hat{V}_n l_n / l_n^\tau V_n l_n \to_p 1$, 其中 $\{l_n\}$ 是 $\mathcal{R}^k$ 上任何非零向量序列.

94. 证明 (5.105) 和 (5.106) 能推出 $\hat{V}_n^{-1/2}(\hat{\theta}_n - \theta) \to_d N_k(0, I_k)$.

95. 设 $X_1, ..., X_n$ 为独立 (不一定同分布) d 维随机向量, 对于所有 i, $E(X_i) = \mu$. 假设对于某个 $\delta > 0$, $\sup_i E\|X_i\|^{2+\delta} < \infty$. 令 $\mu = E(X_1)$, $\theta = g(\mu)$, 和 $\hat{\theta}_n = g(\bar{X})$. 证明

(a) (5.105) 成立, 其中 $V_n = n^{-2}[\nabla g(\mu)]^\tau \sum_{i=1}^n \mathrm{Var}(X_i)\nabla g(\mu)$;

(b) (5.108) 中的 $\hat{V}_n$ 对 (a) 中的 V_n 是一致的.

96. 考虑例 3.21 中的比值估计. 求 (5.108) 给出的估计量 $\hat{V}_n$, 并证明 $\hat{V}_n$ 对比值估计的渐近方差是一致的.

97. 求例 3.23 中 $\hat{R}(t)$ 的一致方差估计.

98. 证明例 5.16 中的结论.

99. 设 $\sigma^2_{F_n}$ 由 (5.79) 给出, 其中 F 被经验 c.d.f. F_n 代替.

(a) 对于影响函数为 ϕ_F 的 L 估计量, 证明 $\sigma^2_{F_n}/n$ 与 (5.110) 中的 $\hat{V}_n$ 相同;

(b) 在定理 5.6(i) 或 (ii) (加上 $EX_1^2 < \infty$) 的条件下, 直接证明 (不利用定理 5.15) $\sigma^2_{F_n} \to_{a.s.}$ (5.79) 中的 σ^2_F.

100. 求满足定理 3.5(i) 条件的 U 统计量的一致方差估计.

101. 求例 5.13 中讨论的 Huber M 估计量的一致方差估计.

102. 假定定理 5.8 的条件. 令 $r \in (0, \frac{1}{2})$.

(a) 证明 $n^r \lambda_F(\mathtt{T}(F_n) + n^{-r}) \to_p \lambda_F(\mathtt{T}(F))$;

(b) 证明 $n^r[\lambda_{F_n}(\mathtt{T}(F_n) + n^{-r}) - \lambda_F(\mathtt{T}(F_n) + n^{-r})] \to_p 0$;

(c) 利用 (a) 和 (b) 的结论, 求 $\mathtt{T}(F_n)$ 的渐近方差的一致估计量.

103. 证明定理 5.16.

104. 设 $X_1, ..., X_n$ 为随机变量, $\hat{\theta} = \bar{X}^2$. 证明 (5.112) 中的刀切法方差估计等于 $\frac{4\bar{X}^2\hat{c}_2}{n-1} - \frac{4\bar{X}\hat{c}_3}{(n-1)^2} + \frac{\hat{c}_4 - \hat{c}_2^2}{(n-1)^3}$, 其中 $\hat{c}_j$ 是 (3.52) 定义的样本中心距.

105. 对于 g 是从 $\mathcal{R}^d$ 到 $\mathcal{R}^k$ 且 $k \geqslant 2$ 的情况, 证明定理 5.17.

106. 证明 (5.114).

107. 在定理 5.18 的证明中, 证明 (5.116).

108. 在定理 5.14 条件下, 证明 (5.118) 中的 $\hat{\theta}_{-i}$ 满足 (5.117).

109. 证明定理 5.19.

110. 证明 (5.119).

111. 设 $X_1, ..., X_n$ 为随机变量, $\hat{\theta} = \bar{X}^2$. 证明基于来自 F_n 的 i.i.d. $X_1^*, ..., X_n^*$ 的自助法方差估计等于 $\hat{V}_B = \frac{4\bar{X}^2\hat{c}_2}{n} + \frac{4\bar{X}\hat{c}_3}{n^2} + \frac{\hat{c}_4 - \hat{c}_2^2}{n^3}$, 其中 $\hat{c}_j$ 是 (3.52) 定义的样本中心距.

112. 设 G, G_1, G_2,..., 为 $\mathcal{R}$ 上的 c.d.f. 假设当 $j \to \infty$ 时, $\varrho_\infty(G_j, G) \to 0$, $G'(x)$ 存在并对于所有 $x \in \mathcal{R}$ 为正的. 对于 $p \in (0,1)$, 证明 $G_j^{-1}(p) \to G^{-1}(p)$.

113. 设 $X_1, ..., X_n$ i.i.d. 来自 $\mathcal{R}^d$ 上的 c.d.f. F, 方差 $\mathrm{Var}(X_1)$ 有限. 设 $X_1^*, ..., X_n^*$ i.i.d. 来自经验 c.d.f. F_n. 证明对于几乎所有给定的序列 $X_1, X_2, ...$, $\sqrt{n}(\bar{X}^* - \bar{X}) \to_d N_d(0, \mathrm{Var}(X_1))$. (提示: 验证 Lindeberg 条件.)

114. 设 $X_1, ..., X_n$ i.i.d. 来自 $\mathcal{R}^d$ 上的 c.d.f. F, $X_1^*, ..., X_n^*$ i.i.d. 来自经验 c.d.f. F_n, 令 F_n^* 是基于 $X_1^*, ..., X_n^*$ 的经验 c.d.f. 利用 DKW 不等式 (引理 5.1), 证明

(a) $\varrho_\infty(F_n^*, F) \to_{a.s.} 0$;

(b) $\varrho_\infty(F_n^*, F) = O_p(n^{-1/2})$;

(c) 在定理 5.20(ii) 的条件下, $\varrho_{L_p}(F_n^*, F) = O_p(n^{-1/2})$.

115. 利用前两个练习的结论, 证明定理 5.20(ii).

116. 在定理 5.11 的条件下, 求自助法样本分位数 $\hat{\theta}_p^*$ 的 Bahadur 表示.

第 6 章　假设检验

本章将介绍假设检验的一般理论. 设 X 是来自总体族 $\mathcal{P}$ 中总体 P 的一个样本. 基于观测到的 X, 我们检验给定的假设 $H_0: P \in \mathcal{P}_0$ 对 $H_1: P \in \mathcal{P}_1$, 其中 $\mathcal{P}_0$ 和 $\mathcal{P}_1$ 是两个不相交的 $\mathcal{P}$ 的子集, $\mathcal{P}_0 \cup \mathcal{P}_1 = \mathcal{P}$. 在本章我们沿用例 2.20 和 §2.4.2 给出的符号和基本概念 (例如两类错误, 显著性水平和检验水准等).

6.1　UMP 检验

一个假设的检验是一个取值为 $[0,1]$ 的统计量 $T(X)$. 当观测值 $X = x$ 时, 我们以 $T(x)$ 的概率拒绝 H_0, 以 $1 - T(x)$ 的概率接受 H_0. 若 $T(X) = 1$ 或 0 a.s. $\mathcal{P}$, 则 $T(X)$ 是一个非随机化检验. 否则 $T(X)$ 是一个随机化检验. 对于给定的检验 $T(X)$, 它的势函数定义为

$$\beta_T(P) = E[T(X)], \quad P \in \mathcal{P}. \tag{6.1}$$

若 $P \in \mathcal{P}_0$, 它是 $T(X)$ 的犯第 I 类错误的概率; 若 $P \in \mathcal{P}_1$, 它是 $T(X)$ 的犯第 II 类错误的概率.

如 §2.4.2 所述, 当样本量固定时, 我们不能同时使犯两类错误的概率达到最小. 我们的办法是在所有 $P \in \mathcal{P}_1$ 和所有满足下面条件的 T 上最大化势函数 $\beta_T(P)$ (即最小化犯第 II 类错误的概率),

$$\sup_{P \in \mathcal{P}_0} \beta_T(P) \leqslant \alpha, \tag{6.2}$$

其中 $\alpha \in [0,1]$ 是给定的显著性水平. 注意到之前我们定义了 (6.2) 的左侧为 T 的检验水准 (size).

定义 6.1. 检验水准为 α 的检验 T_* 是一致最优势 (UMP) 检验, 当且仅当对所有 $P \in \mathcal{P}_1$ 和显著水平为 α 的 T, $\beta_{T_*}(P) \geqslant \beta_T(P)$. ∎

如果 $U(X)$ 是一个关于 $P \in \mathcal{P}$ 的充分统计量, 那么对于任意检验 $T(X)$, $E(T|U)$ 和 T 的势函数相同, 因此, 为了找 UMP 检验, 我们可以只考虑那些是 U 的函数的检验.

本节将研究 UMP 检验的存在性和一些特征.

6.1.1 Neyman-Pearson 引理

一个假设 H_0 (或 H_1) 称为简单的当且仅当 $\mathcal{P}_0$ (或 $\mathcal{P}_1$) 仅包含一个总体. 以下非常有用的结果, 曾经在定理 4.16 的证明中用过, 给出了 H_0 和 H_1 均为简单的情况下的 UMP 检验的形式.

定理 6.1 (Neyman-Pearson 引理). 假设 $\mathcal{P}_0 = \{P_0\}$ 和 $\mathcal{P}_1 = \{P_1\}$. 设 f_j 是 P_j 关于 σ 有限测度 ν 的 p.d.f. (例如 $\nu = P_0 + P_1$), $j = 0, 1$.

(i) (UMP 检验的存在性). 对于每个 α, 存在一个检验水准为 α 的 UMP 检验, 它等于

$$T_*(X) = \begin{cases} 1, & f_1(X) > cf_0(X), \\ \gamma, & f_1(X) = cf_0(X), \\ 0, & f_1(X) < cf_0(X), \end{cases} \tag{6.3}$$

其中 $\gamma \in [0,1]$ 和 $c \geqslant 0$ 是常数, 使得当 $P = P_0$ 时 $E[T_*(X)] = \alpha$(允许 $c = \infty$).

(ii) (唯一性). 如果 T_{**} 是一个检验水准为 α 的 UMP 检验, 那么

$$T_{**}(X) = \begin{cases} 1, & f_1(X) > cf_0(X), \\ 0, & f_1(X) < cf_0(X) \end{cases} \quad \text{a.s. } \mathcal{P}. \tag{6.4}$$

证明. $\alpha = 0$ 或 1 情况下的证明留作练习. 现在假定 $0 < \alpha < 1$.

(i) 我们首先说明存在 γ 和 c, 使得 $E_0[T_*(X)] = \alpha$, 其中 E_j 是关于 P_j 的期望. 令 $\gamma(t) = P_0(f_1(X) > tf_0(X))$, 那么 $\gamma(t)$ 是非增的, $\gamma(0) = 1$ 且 $\gamma(\infty) = 0$ (为什么?). 因此, 存在 $c \in (0, \infty)$ 使得 $\gamma(c) \leqslant \alpha \leqslant \gamma(c-)$. 令

$$\gamma = \begin{cases} \dfrac{\alpha - \gamma(c)}{\gamma(c-) - \gamma(c)}, & \gamma(c-) \neq \gamma(c), \\ 0, & \gamma(c-) = \gamma(c). \end{cases}$$

注意到 $\gamma(c-)-\gamma(c)=P(f_1(X)=cf_0(X))$. 那么

$$E_0[T_*(X)]=P_0\big(f_1(X)>cf_0(X)\big)+\gamma P_0\big(f_1(X)=cf_0(X)\big)=\alpha.$$

接下来, 我们证明 (6.3) 中的 T_* 是一个 UMP 检验. 假设 $T(X)$ 是一个满足 $E_0[T(X)]\leqslant\alpha$ 的检验. 如果 $T_*(x)-T(x)>0$, 则 $T_*(x)>0$, 因此, $f_1(x)\geqslant cf_0(x)$. 如果 $T_*(x)-T(x)<0$, 则 $T_*(x)<1$, 因此, $f_1(x)\leqslant cf_0(x)$. 在任何情况下, $[T_*(x)-T(x)][f_1(x)-cf_0(x)]\geqslant 0$, 因而,

$$\int[T_*(x)-T(x)][f_1(x)-cf_0(x)]d\nu\geqslant 0,$$

即

$$\int[T_*(x)-T(x)]f_1(x)d\nu\geqslant c\int[T_*(x)-T(x)]f_0(x)d\nu. \tag{6.5}$$

(6.5) 的左侧是 $E_1[T_*(X)]-E_1[T(X)]$, 右侧是 $c\{E_0[T_*(X)]-E_0[T(X)]\}=c\{\alpha-E_0[T(X)]\}\geqslant 0$. 这证明了 (i) 中的结论.

(ii) 设 $T_{**}(X)$ 是一个检验水准为 α 的 UMP 检验. 定义

$$A=\{x:T_*(x)\neq T_{**}(x),\quad f_1(x)\neq cf_0(x)\}.$$

那么

$$\begin{aligned}[T_*(x)-T_{**}(x)][f_1(x)-cf_0(x)] &> 0 \text{ 若 } x\in A,\\ &= 0 \text{ 若 } x\in A^c.\end{aligned}$$

因为 T_* 和 T_{**} 都是检验水准为 α 的 UMP 检验, 所以

$$\int[T_*(x)-T_{**}(x)][f_1(x)-cf_0(x)]d\nu=0.$$

根据命题 1.6(ii), $\nu(A)=0$. 这证明了 (6.4). ∎

定理 6.1 证明了, 若 H_0 和 H_1 都是简单的, 则存在一个 UMP 检验, 它可由 (6.4) 唯一确定 (a.s. $\mathcal{P}$), 除了在集合 $B=\{x:f_1(x)=cf_0(x)\}$ 上. 如果 $\nu(B)=0$, 那么有唯一的非随机化 UMP 检验; 否则 UMP 检验在集合 B 上是随机的, 且随机化对于 UMP 检验的给定检验水准 α 是必要的; 而且我们总能选择一个 UMP 检验它在 B 上等于一个常数.

例 6.1. 假设 X 是一个样本量为 1 的样本, $\mathcal{P}_0=\{P_0\}$ 且 $\mathcal{P}_1=\{P_1\}$, 其中 P_0 是 $N(0,1)$, P_1 是双指数分布 $DE(0,2)$, 其 p.d.f. 为 $4^{-1}e^{-|x|/2}$. 因为

$P(f_1(X) = cf_0(X)) = 0$, 所以存在唯一的非随机化 UMP 检验. 由 (6.3), UMP 检验 $T_*(x) = 1$ 当且仅当 $\frac{\pi}{8}e^{x^2-|x|} > c^2$ 对某个 $c > 0$ 成立, 这等价于 $|x| > t$ 或 $|x| < 1 - t$, 对某个 $t > \frac{1}{2}$ 成立. 假设 $\alpha < \frac{1}{3}$. 为了确定 t, 我们利用

$$\alpha = E_0[T_*(X)] = P_0(|X| > t) + P_0(|X| < 1 - t). \tag{6.6}$$

若 $t \leqslant 1$, 则 $P_0(|X| > t) \geqslant P_0(|X| > 1) = 0.3374 > \alpha$. 因此 t 应该大于 1, 且 (6.6) 变为

$$\alpha = P_0(|X| > t) = \Phi(-t) + 1 - \Phi(t).$$

因此, $t = \Phi^{-1}(1 - \alpha/2)$ 和 $T_*(X) = I_{(t,\infty)}(|X|)$. 注意到并不需要找出具体的 c.

直观上来说, 这个例子中当 $|X|$ 很大时 UMP 检验拒绝 H_0, 其原因是在 H_1 下得到较大 $|X|$ 的概率高得多 (即 P 是双指数分布 $DE(0, 2)$).

当 $P \in \mathcal{P}_1$ 时, T_* 的势函数是

$$E_1[T_*(X)] = P_1(|X| > t) = 1 - \frac{1}{4}\int_{-t}^{t} e^{-|x|/2}dx = e^{-t/2}. \quad \blacksquare$$

例 6.2. 设 $X_1, ..., X_n$ 是 i.i.d. 的 0–1 随机变量, 其中 $p = P(X_1 = 1)$. 假设 $H_0 : p = p_0$ 和 $H_1 : p = p_1$, 其中 $0 < p_0 < p_1 < 1$. 根据定理 6.1, 一个检验水准为 α 的 UMP 检验是

$$T_*(Y) = \begin{cases} 1, & \lambda(Y) > c, \\ \gamma, & \lambda(Y) = c, \\ 0, & \lambda(Y) < c, \end{cases}$$

其中 $Y = \sum_{i=1}^n X_i$ 且

$$\lambda(Y) = \left(\frac{p_1}{p_0}\right)^Y \left(\frac{1 - p_1}{1 - p_0}\right)^{n-Y}.$$

因为 $\lambda(Y)$ 关于 Y 递增, 所以存在一个整数 $m > 0$ 使得

$$T_*(Y) = \begin{cases} 1, & Y > m, \\ \gamma, & Y = m, \\ 0, & Y < m, \end{cases}$$

其中 m 和 γ 满足 $\alpha = E_0[T_*(Y)] = P_0(Y > m) + \gamma P_0(Y = m)$. 因为 Y 服从二项分布 $Bi(p, n)$, 我们可以由下式确定 m 和 γ,

$$\alpha = \sum_{j=m+1}^{n} \binom{n}{j} p_0^j (1 - p_0)^{n-j} + \gamma \binom{n}{m} p_0^m (1 - p_0)^{n-m}. \tag{6.7}$$

除非对某个整数 m 有

$$\alpha = \sum_{j=m+1}^{n} \binom{n}{j} p_0^j (1-p_0)^{n-j},$$

我们可令 $\gamma = 0$, 不然 UMP 检验 T_* 是一个随机化检验. ∎

例 6.2 中一个有意义的现象是, UMP 检验 T_* 不依赖 p_1. 而在此情形下, T_* 实际上是一个关于 $H_0: p = p_0$ 对 $H_1: p > p_0$ 的 UMP 检验.

引理 6.1. 假设存在一个检验水准为 α 的检验 T_*, 使得对每个 $P_1 \in \mathcal{P}_1$, T_* 是一个关于 H_0 对假设 $P = P_1$ 的 UMP 检验. 那么 T_* 是一个关于 H_0 对 H_1 的 UMP 检验.

证明. 对于任意水平为 α 的检验 T, 任取 $P_1 \in \mathcal{P}_1$, T 也是一个水平为 α 的关于 H_0 对假设 $P = P_1$ 的检验. 因此 $\beta_{T^*}(P_1) \geqslant \beta_T(P_1)$. ∎

我们以下面的广义 Neyman-Pearson 引理来结束本节. 其证明留给读者. 其他关于 Neyman-Pearson 引理的推广可见 §6.6 中的练习 8 和 9.

命题 6.1. 设 $f_1, ..., f_{m+1}$ 是 $\mathcal{R}^p$ 上的 Borel 函数, 关于 σ 有限测度 ν 可积. 对于给定的常数 $t_1, ..., t_m$, 令 $\mathcal{T}$ 为一类 Borel 函数 ϕ (从 $\mathcal{R}^p$ 到 $[0,1]$) 构成的集合, 满足

$$\int \phi f_i d\nu \leqslant t_i, \quad i = 1, ..., m, \tag{6.8}$$

且 $\mathcal{T}_0$ 是 $\mathcal{T}$ 中 ϕ 构成的集合, 满足 (6.8) 且其中所有的不等号都替换为等号. 若存在常数 $c_1, ..., c_m$ 使得

$$\phi_*(x) = \begin{cases} 1, & f_{m+1}(x) > c_1 f_1(x) + \cdots + c_m f_m(x), \\ 0, & f_{m+1}(x) < c_1 f_1(x) + \cdots + c_m f_m(x) \end{cases} \tag{6.9}$$

属于 $\mathcal{T}_0$, 那么 ϕ_* 为在 $\phi \in \mathcal{T}_0$ 之中最大化 $\int \phi f_{m+1} d\nu$ 的函数. 如果 $c_i \geqslant 0$ 对所有 i 成立, 则 ϕ_* 为在 $\phi \in \mathcal{T}$ 之中最大化 $\int \phi f_{m+1} d\nu$ 的函数. ∎

式 (6.9) 中常数 c_i 的存在性由下面的引理给出, 其证明参见 Lehmann (1986, pp. 97–99).

引理 6.2. 设 $f_1, ..., f_m$ 和 ν 由命题 6.1 给出. 那么 $\mathcal{R}^m$ 空间上的子集 $M = \{(\int \phi f_1 d\nu, ..., \int \phi f_m d\nu):\ \phi$ 是从 $\mathcal{R}^p$ 到 $[0,1]$ 的 Borel 函数$\}$ 是凸的闭集. 若 $(t_1, ..., t_m)$ 是 M 的内点, 则存在常数 $c_1, ..., c_m$, 使得 (6.9) 所定义的函数属于 $\mathcal{T}_0$. ∎

6.1.2 单调似然比

H_0 和 H_1 都是简单的情况主要是理论研究所感兴趣的. 如果一个假设不是简单的, 则称为复合的. 如 §6.1.1 中所述, 关于复合 H_1 的 UMP 检验在例 6.2 所讨论的问题中存在. 现在我们将这个结果推广到似然函数满足一个特定性质的一类参数问题.

定义 6.2. 假设 X 的分布属于 $\mathcal{P} = \{P_\theta : \theta \in \Theta\}$, 一个参数为实值 θ 的参数族, 且 $\mathcal{P}$ 被一个 σ 有限测度 ν 所控制. 令 $f_\theta = dP_\theta/d\nu$. 分布族 $\mathcal{P}$ 有关于 $Y(X)$ (一个实值统计量) 的单调似然比, 当且仅当对任意 $\theta_1 < \theta_2$, $f_{\theta_2}(x)/f_{\theta_1}(x)$ 是 $Y(x)$ 的非减函数, 其中在 x 为任意使得 $f_{\theta_1}(x)$ 和 $f_{\theta_2}(x)$ 至少有一个为正的点. ∎

下面的引理给出了一个在有单调似然比分布族时的有用结果.

引理 6.3. 假设 X 的分布属于参数为实值 θ 的参数族 $\mathcal{P}$, 且 $\mathcal{P}$ 有关于 $Y(X)$ 的单调似然比. 如果 ψ 是一个 Y 的非减函数, 则 $g(\theta) = E[\psi(Y)]$ 是 θ 的非减函数.

证明. 令 $\theta_1 < \theta_2$, $A = \{x : f_{\theta_1}(x) > f_{\theta_2}(x)\}$, $a = \sup_{x\in A}\psi(Y(x))$, $B = \{x : f_{\theta_1}(x) < f_{\theta_2}(x)\}$ 且 $b = \inf_{x\in B}\psi(Y(x))$. 因为 $\mathcal{P}$ 有关于 $Y(X)$ 的单调似然比, 且 ψ 是 Y 的非减函数, $b \geqslant a$. 那么结论由下式可得:

$$\begin{aligned} g(\theta_2) - g(\theta_1) &= \int \psi(Y(x))(f_{\theta_2} - f_{\theta_1})(x)d\nu \\ &\geqslant a\int_A (f_{\theta_2} - f_{\theta_1})(x)d\nu + b\int_B (f_{\theta_2} - f_{\theta_1})(x)d\nu \\ &= (b-a)\int_B (f_{\theta_2} - f_{\theta_1})(x)d\nu \\ &\geqslant 0. \end{aligned}$$ ∎

在讨论有单调似然比分布族的 UMP 检验之前, 我们考虑一些这种分布族的例子.

例 6.3. 令 θ 是实值的, $\eta(\theta)$ 是 θ 的非减函数. 那么单参数指数族

$$f_\theta(x) = \exp\{\eta(\theta)Y(x) - \xi(\theta)\}h(x) \tag{6.10}$$

有关于 $Y(X)$ 的单调似然比. 由表 1.1—1.2 (§1.3.1) 可知, 这包含了二项分布族 $\{Bi(\theta, r)\}$, 泊松分布族 $\{P(\theta)\}$, 负二项分布族 $\{NB(\theta, r)\}$, 对数分布族

$\{L(\theta)\}$, 正态分布族 $\{N(\theta, c^2)\}$ 或 $\{N(c, \theta)\}$, 指数分布族 $\{E(c, \theta)\}$, gamma 分布族 $\{\Gamma(\theta, c)\}$ 或 $\{\Gamma(c, \theta)\}$, beta 分布族 $\{B(\theta, c)\}$ 或 $\{B(c, \theta)\}$ 以及双指数分布族 $\{DE(c, \theta)\}$, 其中 r 或 c 已知. ∎

例 6.4. 设 $X_1, ..., X_n$ i.i.d. 来自 $(0, \theta)$ 上的均匀分布, 其中 $\theta > 0$. $X = (X_1, ..., X_n)$ 的 Lebesgue p.d.f. 是 $f_\theta(x) = \theta^{-n} I_{(0,\theta)}(x_{(n)})$, 其中 $x_{(n)}$ 是最大次序统计量 $X_{(n)}$ 的值. 对于 $\theta_1 < \theta_2$,

$$\frac{f_{\theta_2}(x)}{f_{\theta_1}(x)} = \frac{\theta_1^n}{\theta_2^n} \frac{I_{(0,\theta_2)}(x_{(n)})}{I_{(0,\theta_1)}(x_{(n)})},$$

对于使得 $f_{\theta_1}(x)$ 和 $f_{\theta_2}(x)$ 至少一个为正的 x, 即 $x_{(n)} < \theta_2$, 这是 $x_{(n)}$ 的非减函数. 因此, X 的分布族有关于 $X_{(n)}$ 的单调似然比. ∎

例 6.5. 下列分布族有单调似然比:

(a) 双指数分布族 $\{DE(\theta, c)\}$, 其中 c 已知;

(b) 指数分布族 $\{E(\theta, c)\}$, 其中 c 已知;

(c) logistic 分布族 $\{LG(\theta, c)\}$, 其中 c 已知;

(d) 均匀分布族 $\{U(\theta, \theta + 1)\}$;

(e) 超几何分布族 $\{HG(r, \theta, N - \theta)\}$, 其中 r 和 N 已知 (表 1.1).

一个不存在单调似然比的分布族的例子是柯西分布族 $\{C(\theta, c)\}$, 其中 c 已知. ∎

对于任意给定的常数 θ_0, 形如 $H_0 : \theta \leqslant \theta_0$ (或 $H_0 : \theta \geqslant \theta_0$) 对 $H_1 : \theta > \theta_0$ (或 $H_1 : \theta < \theta_0$) 的假设称为单边假设. 当 X 的分布属于一个有单调似然比的参数族时, 下面结果给出了单边假设的 UMP 检验.

定理 6.2. 假设 X 的分布属于 $\mathcal{P} = \{P_\theta : \theta \in \Theta\}$ $(\Theta \subset \mathcal{R})$, 它有关于 $Y(X)$ 的单调似然比. 考虑检验问题 $H_0 : \theta \leqslant \theta_0$ 对 $H_1 : \theta > \theta_0$, 其中 θ_0 是一个给定常数.

(i) 存在一个由下式给定的检验水准为 α 的 UMP 检验:

$$T_*(X) = \begin{cases} 1, & Y(X) > c, \\ \gamma, & Y(X) = c, \\ 0, & Y(X) < c, \end{cases} \tag{6.11}$$

其中 c 和 γ 由 $\beta_{T_*}(\theta_0) = \alpha$ 决定, $\beta_T(\theta) = E[T(X)]$ 是检验 T 的势函数.

(ii) 对于所有满足 $0 < \beta_{T_*}(\theta) < 1$ 的 θ, $\beta_{T_*}(\theta)$ 严格递增.

(iii) 对于任意 $\theta < \theta_0$, 在所有满足 $\beta_T(\theta_0) = \alpha$ 的检验 T 之中, T_* 最小化了 $\beta_T(\theta)$ (T 犯第 I 类错误的概率).

(iv) 假定对于任意 $\theta > \theta_0$ 和 $c \geqslant 0$, $P_\theta(f_\theta(X) = cf_{\theta_0}(X)) = 0$, 其中 f_θ 是 P_θ 的 p.d.f. 若 T 是一个满足 $\beta_T(\theta_0) = \beta_{T_*}(\theta_0)$ 的检验, 那么对于任意 $\theta > \theta_0$, $\beta_T(\theta) < \beta_{T_*}(\theta)$ 或者 $T = T_*$ a.s. P_θ.

(v) 对于任意固定的 θ_1, T_* 是检验问题 $H_0 : \theta \leqslant \theta_1$ 对 $H_1 : \theta > \theta_1$ 检验水准为 $\beta_{T_*}(\theta_1)$ 的 UMP 检验.

证明. (i) 任取 $\theta_1 > \theta_0$, 考虑假设 $\theta = \theta_0$ 对 $\theta = \theta_1$. 由定理 6.1, UMP 检验由 (6.3) 给出, 其中 $f_j =$ 是 P_{θ_j} 的 p.d.f., $j = 0, 1$. 因为 $\mathcal{P}$ 有关于 $Y(X)$ 的单调似然比, 所以这个 UMP 检验可以取成与 (6.11) 中的 T_* 相同, 其中满足 $\beta_{T_*}(\theta_0) = \alpha$ 的 c 和 γ 可能不同. 因为 T_* 不依赖 θ_1, 由引理 6.1 可知, T_* 是检验假设 $\theta = \theta_0$ 对 H_1 的 UMP 检验.

注意到, 如果 T_* 是检验 $\theta = \theta_0$ 对 H_1 的 UMP 检验, 那么也是检验 H_0 对 H_1 的 UMP 检验, 倘若 $\beta_{T_*}(\theta) \leqslant \alpha$ 对任意 $\theta \leqslant \theta_0$ 成立, 即 T_* 的检验水准为 α. 但这由引理 6.3 可得, 即 $\beta_{T_*}(\theta)$ 关于 θ 非减. 这证明了 (i).

(ii) 见 §6.6 中的练习 2.

(iii) 该结论可利用定理 6.1 把所有不等式颠倒证得.

(iv) (iv) 的证明留作练习.

(v) (v) 的证明与 (i) 的类似. ∎

通过颠倒所有不等式, 我们可以得到检验 $H_0 : \theta \geqslant \theta_0$ 对 $H_1 : \theta < \theta_0$ 的 UMP 检验.

定理 6.2 的一个重要应用是单参数指数族问题.

推论 6.1. 假设 X 关于 σ 有限测度的 p.d.f. 由 (6.10) 给出, 其中 η 是 θ 的严格单调函数. 如果 η 是递增的, 则 (6.11) 所给的 T_* 是检验 $H_0 : \theta \leqslant \theta_0$ 对 $H_1 : \theta > \theta_0$ 的 UMP 检验, 其中 γ 和 c 由 $\beta_{T_*}(\theta_0) = \alpha$ 所决定. 如果 η 是递减的或 $H_0 : \theta \geqslant \theta_0$ ($H_1 : \theta < \theta_0$), 则把 (6.11) 中的不等式颠倒后, 该结论仍成立. ∎

例 6.6. 设 $X_1, ..., X_n$ i.i.d. 来自 $N(\mu, \sigma^2)$ 分布, 其中 $\mu \in \mathcal{R}$ 未知, σ^2 已知. 考虑 $H_0 : \mu \leqslant \mu_0$ 对 $H_1 : \mu > \mu_0$, 其中 μ_0 是一个固定常数. $X = (X_1, ..., X_n)$ 的 p.d.f. 形如 (6.10), 其中 $Y(X) = \bar{X}$ 且 $\eta(\mu) = n\mu/\sigma^2$. 根据推论 6.1 以及 $\bar{X}$ 服从 $N(\mu, \sigma^2/n)$, UMP 检验为 $T_*(X) = I_{(c_\alpha, \infty)}(\bar{X})$, 其中 $c_\alpha = \sigma z_{1-\alpha}/\sqrt{n} + \mu_0$ 且 $z_a = \Phi^{-1}(a)$ (又见例 2.28). ∎

当 X 的 p.d.f. 为 (6.10) 时, 为了得到 $H_0: \theta \leqslant \theta_0$ 对 $H_1: \theta > \theta_0$ 的 UMP 检验, 关键要知道 $Y(X)$ 的分布. 如果 Y 的分布函数是连续的, 则通常可以得到非随机化检验; 否则, UMP 检验是随机的.

例 6.7. 设 $X_1, ..., X_n$ 是 i.i.d. 的 0–1 随机变量, $p = P(X_1 = 1)$. $X = (X_1, ..., X_n)$ 的 p.d.f. 形如 (6.10), 其中 $Y = \sum_{i=1}^n X_i$, $\eta(p) = \log \frac{p}{1-p}$. 注意到, $\eta(p)$ 是 p 的严格递增函数. 根据推论 6.1, $H_0: p \leqslant p_0$ 对 $H_1: p > p_0$ 的 UMP 检验由 (6.11) 给出, 其中 c 和 γ 由 (6.7) 给出, $c = m$. ∎

例 6.8. 设 $X_1, ..., X_n$ 是 i.i.d. 来自泊松分布 $P(\theta)$ 的随机变量, $\theta > 0$ 未知. $X = (X_1, ..., X_n)$ 的 p.d.f. 形如 (6.10), 其中 $Y(X) = \sum_{i=1}^n X_i$ 且 $\eta(\theta) = \log \theta$. 注意到, Y 服从泊松分布 $P(n\theta)$. 根据推论 6.1, $H_0: \theta \leqslant \theta_0$ 对 $H_1: \theta > \theta_0$ 的 UMP 检验由 (6.11) 给出, 其中 c 和 γ 满足

$$\alpha = \sum_{j=c+1}^{\infty} \frac{e^{n\theta_0}(n\theta_0)^j}{j!} + \gamma \frac{e^{n\theta_0}(n\theta_0)^c}{c!}. \quad ∎$$

例 6.9. 设 $X_1, ..., X_n$ 是 i.i.d. 来自均匀分布 $U(0, \theta)$ 的随机变量, $\theta > 0$. 考虑假设 $H_0: \theta \leqslant \theta_0$ 和 $H_1: \theta > \theta_0$. 因为 $X = (X_1, ..., X_n)$ 的 p.d.f. 属于有关于 $Y(X) = X_{(n)}$ 的单调似然比的分布族 (例 6.4), 根据定理 6.2, UMP 检验形如 (6.11). 因为 $X_{(n)}$ 的 Lebesgue p.d.f. 为 $n\theta^{-n}x^{n-1}I_{(0,\theta)}(x)$, 所以 (6.11) 中的 UMP 检验是非随机的, 且

$$\alpha = \beta_{T_*}(\theta_0) = \frac{n}{\theta_0^n} \int_c^{\theta_0} x^{n-1} dx = 1 - \frac{c^n}{\theta_0^n}.$$

因此 $c = \theta_0(1-\alpha)^{1/n}$. 当 $\theta > \theta_0$ 时, T_* 的势函数是

$$\beta_{T_*}(\theta) = \frac{n}{\theta^n} \int_c^{\theta} x^{n-1} dx = 1 - \frac{\theta_0^n(1-\alpha)}{\theta^n}.$$

但是, 这个问题中的 UMP 检验不唯一. (注意到, 定理 6.2(iv) 中的条件 $P_\theta(f_\theta(X) = cf_{\theta_0}(X)) = 0$ 不满足.) 可以证明 (练习), 下面的检验也是检验水准为 α 的 UMP 检验:

$$T(X) = \begin{cases} 1, & X_{(n)} > \theta_0, \\ \alpha, & X_{(n)} \leqslant \theta_0. \end{cases} \quad ∎$$

6.1.3 双边假设的 UMP 检验

下面的假设称为双边假设:

$$H_0:\ \theta \leqslant \theta_1\ \text{ 或 }\ \theta \geqslant \theta_2 \quad \text{对} \quad H_1:\ \theta_1 < \theta < \theta_2, \tag{6.12}$$

$$H_0:\ \theta_1 \leqslant \theta \leqslant \theta_2 \quad \text{对} \quad H_1:\ \theta < \theta_1\ \text{ 或 }\ \theta > \theta_2, \tag{6.13}$$

$$H_0:\ \theta = \theta_0 \quad \text{对} \quad H_1:\ \theta \neq \theta_0, \tag{6.14}$$

其中 θ_0, θ_1 和 θ_2 是给定的常数, $\theta_1 < \theta_2$.

定理 6.3. 假设 X 关于 σ 有限测度的 p.d.f. 由 (6.10) 给出, 其中 η 是 θ 的严格递增函数.

(i) 对检验假设 (6.12), 检验水准为 α 的 UMP 检验为

$$T_*(X) = \begin{cases} 1, & c_1 < Y(X) < c_2, \\ \gamma_i, & Y(X) = c_i,\ i = 1, 2, \\ 0, & Y(X) < c_1 \text{ or } Y(X) > c_2, \end{cases} \tag{6.15}$$

其中 c_1, c_2, γ_1 和 γ_2 由下面二式决定:

$$\beta_{T_*}(\theta_1) = \beta_{T_*}(\theta_2) = \alpha. \tag{6.16}$$

(ii) (6.15) 定义的检验在所有满足 $\beta_T(\theta_1) = \beta_T(\theta_2) = \alpha$ 的 T 之中对所有满足 $\theta < \theta_1, \theta > \theta_2$ 的 θ 最小化了 $\beta_T(\theta)$.

(iii) 若 T_* 和 T_{**} 是两个满足 (6.15) 和 $\beta_{T_*}(\theta_1) = \beta_{T_{**}}(\theta_1)$ 的检验且 $\{T_{**} = 1\}$ 在 $\{T_* = 1\}$ 的右侧, 则对于 $\theta > \theta_1$, $\beta_{T_*}(\theta) < \beta_{T_{**}}(\theta)$; 对于 $\theta < \theta_1$, $\beta_{T_*}(\theta) > \beta_{T_{**}}(\theta)$. 若 T_* 和 T_{**} 都满足 (6.15) 和 (6.16), 则 $T_* = T_{**}$ a.s. $\mathcal{P}$.

证明. (i) Y 的分布有 p.d.f.

$$g_\theta(y) = \exp\{\eta(\theta)y - \xi(\theta)\} \tag{6.17}$$

(定理 2.1). 因为 Y 是 θ 的充分统计量, 我们只需考虑形如 $T(Y)$ 的检验. 令 $\theta_1 < \theta_3 < \theta_2$. 考虑检验问题 $\theta = \theta_1$ 或 $\theta = \theta_2$ 对 $\theta = \theta_3$. 显然, (α, α) 是所有点 $(\beta_T(\theta_1), \beta_T(\theta_2))$ 构成的集合的内点, 其中 T 为所有形如 $T(Y)$ 的检验. 根据 (6.17) 和引理 6.2, 存在常数 $\tilde{c}_1$ 和 $\tilde{c}_2$ 使得

$$T_*(Y) = \begin{cases} 1, & a_1 e^{b_1 Y} + a_2 e^{b_2 Y} < 1, \\ 0, & a_1 e^{b_1 Y} + a_2 e^{b_2 Y} > 1 \end{cases}$$

满足 (6.16), 其中 $a_i = \tilde{c}_i e^{\xi(\theta_3)-\xi(\theta_i)}$ 和 $b_i = \eta(\theta_i) - \eta(\theta_3)$, $i = 1, 2$. 显然, a_i 不能都 $\leqslant 0$. 如果 a_i 中的一个 $\leqslant 0$ 而另一个 > 0, 则 $a_1 e^{b_1 Y} + a_2 e^{b_2 Y}$ 是严格单调的 (因为 $b_1 < 0 < b_2$), 且 T_* 或 $1 - T_*$ 形如 (6.11), 它的势函数是严格单调的 (定理 6.2), 因此, 不会满足 (6.16). 所以, a_i 均为正. 那么, T_* 形如 (6.15) (因为 $b_1 < 0 < b_2$), 而且由命题 6.1 可得, T_* 是检验 $\theta = \theta_1$ 或 $\theta = \theta_2$ 对 $\theta = \theta_3$ 的 UMP 检验. 因为 T_* 不依赖 θ_3, 由引理 6.1 可得, T_* 是检验 $\theta = \theta_1$ 或 $\theta = \theta_2$ 对 H_1 的 UMP 检验.

为了证明 T_* 是一个检验 H_0 对 H_1 的检验水准为 α 的 UMP 检验, 还需要说明对于 $\theta \leqslant \theta_1$ 或 $\theta \geqslant \theta_2$, $\beta_{T_*}(\theta) \leqslant \alpha$. 利用本定理 (ii), 比较 T_* 和 $T(Y) \equiv \alpha$ 可得此结果.

(ii) 证明与 (i) 类似, 留作练习.

(iii) (iii) 中的第一部分由引理 6.4 可得, 因为函数 $T_{**} - T_*$ 的符号只改变了一次. (iii) 的第二部分由第一部分可得. ∎

引理 6.4. 假设 X 的 p.d.f. 属于 $\{f_\theta(x) : \theta \in \Theta\}$, 一个关于 $\mathcal{R}$ 上的 σ 有限测度 ν 的 p.d.f. 的参数族, 其中 $\Theta \subset \mathcal{R}$. 假设这个分布族有关于 X 的单调似然比. 设 ψ 是符号只改变一次的函数.

(i) 存在 $\theta_0 \in \Theta$ 使得, 对于 $\theta < \theta_0$, $E_\theta[\psi(X)] \leqslant 0$, 对于 $\theta > \theta_0$, $E_\theta[\psi(X)] \geqslant 0$, 其中 E_θ 是关于 f_θ 的期望.

(ii) 假设对于所有 x 和 θ, $f_\theta(x) > 0$; 对于 $\theta < \theta_1$, $f_{\theta_1}(x)/f_\theta(x)$ 关于 x 严格递增, 且 $\nu(\{x : \psi(x) \neq 0\}) > 0$. 如果 $E_{\theta_0}[\psi(X)] = 0$, 那么对于 $\theta < \theta_0$, $E_\theta[\psi(X)] < 0$; 对于 $\theta > \theta_0$, $E_\theta[\psi(X)] > 0$.

证明. (i) 假设存在一个 $x_0 \in \mathcal{R}$ 使得, 对于 $x < x_0$, $\psi(x) \leqslant 0$; 对于 $x > x_0$, $\psi(x) \geqslant 0$. 令 $\theta_1 < \theta_2$. 我们先证明 $E_{\theta_1}[\psi(X)] > 0$ 可推出 $E_{\theta_2}[\psi(X)] \geqslant 0$. 如果 $f_{\theta_2}(x_0)/f_{\theta_1}(x_0) = \infty$, 那么对于 $x \geqslant x_0$, $f_{\theta_1}(x) = 0$. 因此 $E_{\theta_1}[\psi(X)] \leqslant 0$. 所以必有 $f_{\theta_2}(x_0)/f_{\theta_1}(x_0) = c < \infty$. 那么在集合 $A = \{x : f_{\theta_1}(x) = 0$ 且 $f_{\theta_2}(x) > 0\}$ 上 $\psi(x) \geqslant 0$. 因此,

$$\begin{aligned} E_{\theta_2}[\psi(X)] &\geqslant \int_{A^c} \psi \frac{f_{\theta_2}}{f_{\theta_1}} f_{\theta_1} d\nu \\ &\geqslant \int_{x<x_0} c\psi f_{\theta_1} d\nu + \int_{x \geqslant x_0} c\psi f_{\theta_1} d\nu \\ &= cE_{\theta_1}[\psi(X)]. \end{aligned} \tag{6.18}$$

令 $\theta_0 = \inf\{\theta : E_\theta[\psi(X)] > 0\}$ 可得结论.

(ii) 在假设条件下, $f_{\theta_2}(x_0)/f_{\theta_1}(x_0) = c < \infty$. 所要结论可如下推出: 在 (i) 中的证明中, 把 θ_1 替换为 θ_0 以及在假设条件下, (6.18) 中的 $\geqslant$ 应该可替换为 $>$. ∎

定理 6.3(iii) 表明 c_i 和 γ_i 由 (6.15) 和 (6.16) 唯一确定. 这也说明了如何选择 c_i 和 γ_i. 我们可以从一些测试值 $c_1^{(0)}$ 和 $\gamma_1^{(0)}$ 开始, 寻找 $c_2^{(0)}$ 和 $\gamma_2^{(0)}$ 使得 $\beta_{T_*}(\theta_1) = \alpha$, 并计算 $\beta_{T_*}(\theta_2)$. 如果 $\beta_{T_*}(\theta_2) < \alpha$, 根据定理 6.3(iii), 正确的拒绝域 $\{T_* = 1\}$ 在所选值的右侧, 因此可以尝试 $c_1^{(1)} > c_1^{(0)}$ 或 $c_1^{(1)} = c_1^{(0)}$ 和 $\gamma_1^{(1)} < \gamma_1^{(0)}$; 如果 $\beta_{T_*}(\theta_2) > \alpha$, 则逆过程成立.

例 6.10. 设 $X_1, ..., X_n$ i.i.d. 服从 $N(\theta, 1)$. 根据定理 6.3, 检验 (6.12) 的 UMP 检验为 $T_*(X) = I_{(c_1,c_2)}(\bar{X})$, 其中 c_1 和 c_2 由下式确定

$$\Phi\big(\sqrt{n}(c_2 - \theta_1)\big) - \Phi\big(\sqrt{n}(c_1 - \theta_1)\big) = \alpha$$

和

$$\Phi\big(\sqrt{n}(c_2 - \theta_2)\big) - \Phi\big(\sqrt{n}(c_1 - \theta_2)\big) = \alpha. \quad ∎$$

当 X 的分布不是 (6.10) 所给的, 检验假设 (6.12) 的 UMP 检验在某些情况下仍存在 (见练习 17 和 26). 不幸的是, 检验假设 (6.13) 或 (6.14) 的 UMP 检验通常不存在 (练习 28 和 29). 这一现象的关键原因是单边假设的 UMP 检验在检验 (6.12) 时水平达不到 α, 但是在检验 (6.13) 或 (6.14) 时水平为 α, 而且不存在一个比所有单边假设的 UMP 检验更优的检验.

6.2 UMP 无偏检验

当 UMP 检验不存在时, 我们可以用估计问题中所用的方法, 即对检验做一些合理的约束, 并在约束下找出最优检验. 估计问题中有两类这样的约束, 无偏性和不变性. 本节我们考虑无偏检验. §6.3 研究不变检验类.

6.2.1 无偏性、相似性和 Neyman 结构

检验水准为 α 的 UMP 检验 T 有下面的性质

$$\beta_T(P) \leqslant \alpha, \quad P \in \mathcal{P}_0 \qquad 和 \quad \beta_T(P) \geqslant \alpha, \quad P \in \mathcal{P}_1. \tag{6.19}$$

这意味着 T 至少和简单无用检验 $T \equiv \alpha$ 一样好. 因此我们有以下定义.

定义 6.3. 设 α 是给定的显著性水平. 关于 $H_0 : P \in \mathcal{P}_0$ 对 $H_1 : P \in \mathcal{P}_1$ 的检验 T 称为在水平 α 下为无偏的, 当且仅当 (6.19) 成立. 检验水准为 α 的

检验称为一致最优势无偏检验 (UMPU), 当且仅当它在水平为 α 的无偏检验类中是 UMP. ∎

因为 UMP 检验是 UMPU, 检验无偏性的讨论仅在 UMP 检验不存在时有用. 在 UMP 检验不存在的一大类问题中, 存在 UMPU 检验.

假设 U 是 $P \in \mathcal{P}$ 的一个充分统计量. 那么, 与寻找 UMP 检验类似, 为了寻找 UMPU 检验, 我们只需要考虑 U 的函数, 因为对任意无偏检验 $T(X)$, $E(T|U)$ 是无偏的, 且与 T 有相同的势函数.

在本节中, 我们考虑以下假设:

$$H_0 : \theta \in \Theta_0 \quad 对 \qquad H_1 : \theta \in \Theta_1, \tag{6.20}$$

其中 $\theta = \theta(P)$ 是 $\mathcal{P}$ 到 Θ 的泛函, Θ_0 和 Θ_1 是两个不相交的 Borel 集, $\Theta_0 \cup \Theta_1 = \Theta$. 注意到, $\mathcal{P}_j = \{P : \theta \in \Theta_j\}$, $j = 0, 1$. 举个例子, $X_1, ..., X_n$ i.i.d. 来自 F, 但我们感兴趣的是检验 $H_0 : \theta \leqslant 0$ 对 $H_1 : \theta > 0$, 其中 $\theta = EX_1$ 或 F 的中位数.

定义 6.4. 考虑 (6.20) 所给的假设. 设 α 是给定的显著性水平, $\bar{\Theta}_{01}$ 是 Θ_0 和 Θ_1 的共同边界, 即 Θ_0 和 Θ_1 的点或极限点 θ 构成的集合. 检验 T 在 $\bar{\Theta}_{01}$ 上是相似的 (similar), 当且仅当

$$\beta_T(P) = \alpha, \quad \theta \in \bar{\Theta}_{01}. \ ∎ \tag{6.21}$$

当假设为 (6.20) 时, (6.21) 比 (6.19) 更方便于研究和运用. 因此, 下面的引理很有用. 对于给定的检验 T, 势函数 $\beta_T(P)$ 称为关于 θ 连续的当且仅当对任意 $\{\theta_j : j = 0, 1, 2, ...\} \subset \Theta$, $\theta_j \to \theta_0$ 可推出 $\beta_T(P_j) \to \beta_T(P_0)$, 其中 $P_j \in \mathcal{P}$ 满足 $\theta(P_j) = \theta_j$, $j = 0, 1, ...$ 注意到, 若 β_T 是 θ 的函数, 则这个连续性就是函数 $\beta_T(\theta)$ 的连续性.

引理 6.5. 考虑假设 (6.20). 设对于每个 T, $\beta_T(P)$ 关于 θ 是连续的. 如果 T_* 是所有满足 (6.21) 的检验中检验水准为 α 的 UMP 检验, 则 T_* 是一个 UMPU 检验.

证明. 在 β_T 的连续假设下, 满足 (6.21) 的检验构成的类包含了满足 (6.19) 的检验构成的类. 因为 T_* 一致地至少与检验 $T \equiv \alpha$ 同样有效, 所以 T_* 是无偏的. 因此 T_* 是一个 UMPU 检验. ∎

当 X 的 p.d.f. 由 (6.10) 给出而属于单参数指数族时, 利用引理 6.5 我们可以求得 (6.13) 或 (6.14) 所给假设的 UMPU 检验. (注意到, UMP 检验在这些

情况下不存在.) 这里我们不详细说明, 因为单参数指数族的结论是下面 §6.2.2 中多参数指数族的特例. 为 §6.2.2 做准备, 我们介绍下面的这个结果, 它在存在一个对 $P \in \bar{\mathcal{P}} = \{P : \theta(P) \in \bar{\Theta}_{01}\}$ 为完备充分统计量时, 简化了 (6.21).

设 $U(X)$ 是 $P \in \bar{\mathcal{P}}$ 的充分统计量, 令 $\bar{\mathcal{P}}_U$ 为让 P 在 $\bar{\mathcal{P}}$ 中变化时得到的 U 的分布构成的分布族. 如果 T 是一个满足

$$E[T(X)|U] = \alpha \quad \text{a.s. } \bar{\mathcal{P}}_U, \tag{6.22}$$

的检验, 那么

$$E[T(X)] = E\{E[T(X)|U]\} = \alpha, \quad P \in \bar{\mathcal{P}},$$

即 T 在 $\bar{\Theta}_{01}$ 上是相似的. 满足 (6.22) 的检验称为关于 U 有 Neyman 结构. 如果所有 $\bar{\Theta}_{01}$ 上的相似检验有关于 U 的 Neyman 结构, 则 (6.21) 和 (6.22) 的作用一样.

引理 6.6. 设 $U(X)$ 是 $P \in \bar{\mathcal{P}}$ 的充分统计量. 所有 $\bar{\Theta}_{01}$ 上的相似检验有关于 U 的 Neyman 结构的充分必要条件是, U 是对 $P \in \bar{\mathcal{P}}$ 有界完备的.

证明. (i) 假设 U 对于 $P \in \bar{\mathcal{P}}$ 是有界完备的. 令 $T(X)$ 是 $\bar{\Theta}_{01}$ 上的相似检验. 那么对于所有 $P \in \bar{\mathcal{P}}$, $E[T(X)-\alpha] = 0$. 由 $T(X)$ 的有界, 得到 $E[T(X)|U]$ 是有界的 (命题 1.10). 因为对于所有的 $P \in \bar{\mathcal{P}}$, 有 $E\{E[T(X)|U] - \alpha\} = E[T(X) - \alpha] = 0$, 所以 (6.22) 成立.

(ii) 假设 U 对于 $P \in \bar{\mathcal{P}}$ 不是有界完备的. 那么存在函数 h 使得 $|h(u)| \leqslant C$, 对于所有 $P \in \bar{\mathcal{P}}$ 有 $E[h(U)] = 0$, 且对于某个 $P \in \bar{\mathcal{P}}$, $h(U) \neq 0$ 的概率为正. 令 $T(X) = \alpha + ch(U)$, 其中 $c = \min\{\alpha, 1-\alpha\}/C$. 由于 T 是 $\bar{\Theta}_{01}$ 上相似的, 但却没有关于 U 的 Neyman 结构, 这与假设的条件矛盾. 因此必须有 U 对于 $P \in \bar{\mathcal{P}}$ 是有界完备的. ∎

6.2.2 指数族中的 UMPU 检验

设 X 的分布属于多参数自然指数族 (§2.1.3), 其关于一个 σ 有限测度的 p.d.f. 如下:

$$f_{\theta,\varphi}(x) = \exp\left\{\theta Y(x) + \varphi^{\tau} U(x) - \zeta(\theta, \varphi)\right\}, \tag{6.23}$$

其中 θ 是实值参数, φ 是向量值参数, Y (实值) 和 U (向量值) 都是统计量. 由定理 2.1(i) 可知, (Y, U) 的 p.d.f. (关于一个 σ 有限测度) 属于一个自然指数族, 形如 $\exp\{\theta y + \varphi^{\tau} u - \zeta(\theta, \varphi)\}$, 且给定 $U = u$, Y 的条件分布的 p.d.f. (关于一个 σ 有限测度 ν_u) 形如 $\exp\{\theta y - \zeta_u(\theta)\}$, 属于一个自然指数族.

定理 6.4. 假设 X 的分布属于 (6.23) 所给的多参数自然指数族.

(i) 对假设 $H_0: \theta \leqslant \theta_0$ 对 $H_1: \theta > \theta_0$, 一个检验水准为 α 的 UMPU 检验是

$$T_*(Y,U) = \begin{cases} 1, & Y > c(U), \\ \gamma(U), & Y = c(U), \\ 0, & Y < c(U), \end{cases} \tag{6.24}$$

其中 $c(u)$ 和 $\gamma(u)$ 是 Borel 函数, 对于每个 u, 由下式决定:

$$E_{\theta_0}[T_*(Y,U)|U=u] = \alpha \tag{6.25}$$

且 E_{θ_0} 是关于 $f_{\theta_0,\varphi}$ 的期望.

(ii) 对假设 (6.12), 一个检验水准为 α 的 UMPU 检验是

$$T_*(Y,U) = \begin{cases} 1, & c_1(U) < Y < c_2(U), \\ \gamma_i(U), & Y = c_i(U),\ i=1,2, \\ 0, & Y < c_1(U) \text{ 或 } Y > c_2(U), \end{cases} \tag{6.26}$$

其中 $c_i(u)$ 和 $\gamma_i(u)$, $i=1,2$, 为 Borel 函数, 对于每个 u, 由下式决定:

$$E_{\theta_1}[T_*(Y,U)|U=u] = E_{\theta_2}[T_*(Y,U)|U=u] = \alpha. \tag{6.27}$$

(iii) 对假设 (6.13), 一个检验水准为 α 的 UMPU 检验是

$$T_*(Y,U) = \begin{cases} 1, & Y < c_1(U) \text{ 或 } Y > c_2(U), \\ \gamma_i(U), & Y = c_i(U),\ i=1,2, \\ 0, & c_1(U) < Y < c_2(U), \end{cases} \tag{6.28}$$

其中 $c_i(u)$ 和 $\gamma_i(u)$, $i=1,2$, 为 Borel 函数, 对于每个 u, 由 (6.27) 决定.

(iv) 对假设 (6.14), 一个检验水准为 α 的 UMPU 检验由 (6.28) 给出, 其中 $c_i(u)$ 和 $\gamma_i(u)$, $i=1,2$, 为 Borel 函数, 对于每个 u, 由 (6.25) 和下式决定:

$$E_{\theta_0}[T_*(Y,U)Y|U=u] = \alpha E_{\theta_0}(Y|U=u). \tag{6.29}$$

证明. 因为 (Y,U) 关于 (θ,φ) 是充分的, 所以我们只需要考虑 (Y,U) 函数的检验. (i)—(iv) 中的假设形如 (6.20), 其中 $\bar{\Theta}_{01} = \{(\theta,\varphi): \theta = \theta_0\}$ 或 $= \{(\theta,\varphi): \theta = \theta_i, i=1,2\}$. 在 (i) 或 (iv) 中, U 对于 $P \in \bar{\mathcal{P}}$ 是充分完备的, 因此可以利用引理 6.6. 在 (ii) 或 (iii) 中, 对于每个 $\{(\theta,\varphi): \theta = \theta_i\}$ 应用引理

6.6, 可知 (6.21) 和 (6.22) 是一样的. 根据定理 2.1, 所有检验的势函数是连续的, 因此可以利用引理 6.5. 所以, 对于 (i)—(iii), 我们只需要证明 T_* 在所有满足以 T 替换 T_* 后的 (6.25) (对于 (i)) 或 (6.27) (对于 (ii) 或 (iii)) 的检验 T 之中是 UMP. 对于 (iv), 任意无偏的 T 应该满足以 T 替换 T_* 后的 (6.25), 且

$$\frac{\partial}{\partial\theta}E_{\theta,\varphi}[T(Y,U)]=0,\quad \theta\in\bar{\Theta}_{01}. \tag{6.30}$$

根据定理 2.1, 可在期望符号下求微分. 因此, 可以证明 (练习) (6.30) 等价于

$$E_{\theta,\varphi}[T(Y,U)Y-\alpha Y]=0,\quad \theta\in\bar{\Theta}_{01}. \tag{6.31}$$

利用引理 6.6 证明中的方法, 可以证明 (练习)(6.31) 等价于以 T 替换 T_* 后的 (6.29). 因此, 为了证明 (iv), 我们只需要证明 T_* 在所有满足以 T 替换 T_* 后的 (6.25) 和 (6.29) 的检验 T 之中是 UMP.

注意到, 任意检验 $T(Y,U)$ 的势函数是

$$\beta_T(\theta,\varphi)=\int\left[\int T(y,u)dP_{Y|U=u}(y)\right]dP_U(u).$$

因此, 只要证明对每个固定的 u 和 $\theta\in\Theta_1$, T_* 在对所有满足给定的条件的 T 之中最大化了

$$\int T(y,u)dP_{Y|U=u}(y).$$

因为 $P_{Y|U=u}$ 属于单参数指数族, 所以 (i) 和 (ii) 中的结论分别由推论 6.1 和定理 6.3 可得. 考虑 $1-T_*$, 其中 T_* 由 (6.15) 给出, (iii) 由定理 6.3(ii) 可得. 为了证明 (iv), 只要证明, 如果 Y 的 p.d.f. 由 (6.10) 给出, 且 U 在 (6.25), (6.28) 和 (6.29) 中被视为常数, 那么 (6.28) 中的 T_* 在条件 (6.25) 和 (6.29) 的约束下的检验构成的类中是 UMP 检验. 我们在下面 (iv) 的证明中忽略 U, 这与定理 6.3 的证明类似. 首先, $(\alpha,\alpha E_{\theta_0}(Y))$ 是点 $(E_{\theta_0}[T(Y)],E_{\theta_0}[T(Y)Y])$ 所构成集合的内点, 其中 T 取自所有形如 $T(Y)$ 的检验 (练习). 根据引理 6.2 和命题 6.1, 对假设 $\theta=\theta_0$ 对 $\theta=\theta_1$, UMP 检验等于 1 若

$$(k_1+k_2y)e^{\theta_0 y}<C(\theta_0,\theta_1)e^{\theta_1 y}, \tag{6.32}$$

其中 k_i 和 $C(\theta_0,\theta_1)$ 是常数. 注意到, (6.32) 等价于

$$a_1+a_2y<e^{by}$$

对于常数 a_1, a_2 和 b. 这个区域是单边的, 或者在一个区间之外. 由定理 6.2(ii) 可知, 单边检验有严格单调的势函数, 因此不满足 (6.29). 因此, 这一检验一

定形如 (6.28). 因为 (6.28) 中的 T_* 不依赖 θ_1, 根据引理 6.1, 它在所有满足 (6.25) 和 (6.29) 的检验中是 UMP; 特别地, 这个检验优于 $T \equiv \alpha$. 因此, T_* 是 UMPU.

最后, 可以证明 (i)—(iv) 中所有的 c 和 γ 函数都是 Borel 函数 (参见 Lehmann (1986, p. 149)). ∎

例 6.11. 在很多不同背景下都会提出的一个问题是两种处理的比较. 若观察值是整数, 这个问题常常简化为检验两个泊松分布 (例如比较两种物质的放射性或两个城市的车祸率) 或两个二项分布 (当观察值是针对每一处理方案的试验中的成功次数时) 是否相同.

首先考虑泊松问题, 其中 X_1 和 X_2 相互独立, 分别服从泊松分布 $P(\lambda_1)$ 和 $P(\lambda_2)$. $X = (X_1, X_2)$ 关于 $\{(i,j) : i = 0,1,2,..., j = 0,1,2,...\}$ 上计数测度的 p.d.f. 是

$$\frac{e^{-(\lambda_1+\lambda_2)}}{x_1!x_2!} \exp\{x_2 \log(\lambda_2/\lambda_1) + (x_1 + x_2) \log \lambda_1\}. \tag{6.33}$$

令 $\theta = \log(\lambda_2/\lambda_1)$. 那么 $\lambda_1 = \lambda_2$ 和 $\lambda_1 \geqslant \lambda_2$ 分别等价于 $\theta = 0$ 和 $\theta \leqslant 0$. (6.33) 中的 p.d.f. 形如 (6.23), 其中 $\varphi = \log \lambda_1$, $Y = X_2$ 和 $U = X_1 + X_2$. 因此, 可以应用定理 6.4. 为了得到定理 6.4 中的各种检验, 只需要求出给定 $U = X_1 + X_2 = u$ 下 $Y = X_2$ 的条件分布. 因为 $X_1 + X_2$ 服从泊松分布 $P(\lambda_1 + \lambda_2)$, 可以证明

$$P(Y = y|U = u) = \binom{u}{y} p^y (1-p)^{u-y} I_{\{0,1,...,u\}}(y), \quad u = 0,1,2,...,$$

其中 $p = \lambda_2/(\lambda_1 + \lambda_2) = e^\theta/(1 + e^\theta)$. 这是二项分布 $Bi(p, u)$. 在边界 $\bar{\Theta}_{01}$ 上, $\theta = \theta_j$ (已知量), 则分布 $P_{Y|U=u}$ 已知.

显然, 之前的结果可以推广到下面情形, 其中两个独立样本 $X_{i1}, ..., X_{in_i}$, $i = 1, 2$, i.i.d. 分别服从泊松分布 $P(\lambda_i)$, $i = 1, 2$.

接下来考虑二项分布问题, 其中 X_j 相互独立, $j = 1, 2$, 分别服从二项分布 $Bi(p_j, n_j)$, $j = 1, 2$, 其中 n_j 已知, 而 p_j 未知. $X = (X_1, X_2)$ 关于 $\{(i,j) : i = 0,1,...,n_1,\ j = 0,1,...,n_2\}$ 上计数测度的 p.d.f. 是

$$\binom{n_1}{x_1}\binom{n_2}{x_2}(1-p_1)^{n_1}(1-p_2)^{n_2} \exp\left\{x_2 \log\frac{p_2(1-p_1)}{p_1(1-p_2)} + (x_1+x_2)\log\frac{p_1}{(1-p_1)}\right\}.$$

这个 p.d.f. 形如 (6.23), 其中 $\theta = \log\frac{p_2(1-p_1)}{p_1(1-p_2)}$, $Y = X_2$ 和 $U = X_1 + X_2$. 因此, 可以应用定理 6.4. 注意到 $p_1 = p_2$ 和 $p_1 \geqslant p_2$ 分别等价于 $\theta = 0$ 和 $\theta \leqslant 0$. 利

用 (X_1, X_2) 的联合函数, 可以证明 (练习)

$$P(Y=y|U=u) = K_u(\theta)\binom{n_1}{u-y}\binom{n_2}{y}e^{\theta y}I_A(y), \qquad u=0,1,...,n_1+n_2,$$

其中 $A=\{y: y=0,1,...,\min\{u,n_2\}, u-y\leqslant n_1\}$ 和

$$K_u(\theta) = \left[\sum_{y\in A}\binom{n_1}{u-y}\binom{n_2}{y}e^{\theta y}\right]^{-1}. \tag{6.34}$$

如果 $\theta=0$, 这个分布简化为一个已知的分布: 超几何分布 $HG(u,n_2,n_1)$ (表 1.1). ∎

例 6.12 (2×2 列联表). 设 A 和 B 是与随机试验相关的概率空间上的两个不同事件. 假设进行了 n 次独立试验, 我们观察到了事件 $A\cap B$, $A\cap B^c$, $A^c\cap B$ 和 $A^c\cap B^c$ 发生的频率. 结果总结在下面 2×2 列联表中:

	A	A^c	总和
B	X_{11}	X_{12}	n_1
B^c	X_{21}	X_{22}	n_2
总和	m_1	m_2	n

$X=(X_{11},X_{12},X_{21},X_{22})$ 的分布是多项分布 (例 2.7), 概率为 p_{11}, p_{12}, p_{21} 和 p_{22}, 其中 $p_{ij}=E(X_{ij})/n$. 因此, X 关于其值域上计数测度的 p.d.f. 是

$$\frac{n!}{x_{11}!x_{12}!x_{21}!x_{22}!}p_{22}^n \exp\left\{x_{11}\log\frac{p_{11}}{p_{22}} + x_{12}\log\frac{p_{12}}{p_{22}} + x_{21}\log\frac{p_{21}}{p_{22}}\right\}.$$

显然, 这个 p.d.f. 形如 (6.23). 根据定理 6.4, 我们可以得到任意形如

$$\theta = a_0\log\frac{p_{11}}{p_{22}} + a_1\log\frac{p_{12}}{p_{22}} + a_2\log\frac{p_{21}}{p_{22}}$$

的参数的 UMPU 检验, 其中 a_i 是给定的常数. 特别地, 检验 A 与 B 的独立性等价于检验假设 $H_0:\theta=0$ 对 $H_1:\theta\neq 0$, 当 $a_0=1$ 和 $a_1=a_2=-1$ 时 (练习).

对于 θ 的假设, $a_0=1$ 且 $a_1=a_2=-1$, X 的 p.d.f. 可表示为 (6.23), 其中 $Y=X_{11}$ 和 $U=(X_{11}+X_{12}, X_{11}+X_{21})$. 通过直接计算可以得到 $P(Y=y|X_{11}+X_{12}=n_1, X_{11}+X_{21}=m_1)$ 等于

$$K_{m_1}(\theta)\binom{n_1}{y}\binom{n_2}{m_1-y}e^{\theta(m_1-y)}I_A(y),$$

其中 $A=\{y: y=0,1,...,\min\{m_1,n_1\}, m_1-y\leqslant n_2\}$, $K_u(\theta)$ 由 (6.34) 给出. 当 $\theta=\theta_j$ 已知时, 这个分布已知. 特别地, 对于检验 A 与 B 的独立性, $\theta=0$

可推出 $P_{Y|U=u}$ 服从超几何分布 $HG(m_1,n_1,n_2)$, 且定理 6.4(iv) 中的 UMPU 检验就是众所周知的 Fisher 精确检验.

假设 2×2 列联表中的 X_{ij} 来自两个二项分布, 即, X_{i1} 来自二项分布 $Bi(p_i,n_i)$, $X_{i2}=n_i-X_{i1}$, $i=1,2$, 且 X_{11} 和 X_{21} 相互独立. 那么之前得到的关于 A 与 B 独立性的 UMPU 检验就是例 6.11 中 $p_1=p_2$ 的 UMPU 检验. 唯一的区别是, 检验两个二项分布相同时, n_i 是固定的; 而检验 A 与 B 独立时, n_i 是随机的. 这对于 §6.4.3 中一般的 $r\times c$ 列联表也成立. ∎

6.2.3 正态族中的 UMPU 检验

定理 6.4 在有连续分布的指数族中的一个重要应用是求正态族中的 UMPU 检验. 这里给出的结论是基础教材中考虑的关于正态族参数的检验的基本理论支持.

我们从下面的引理开始, 它当 X 来自在正态族中的总体时特别有用.

引理 6.7. 假设 X 的 p.d.f. 为 (6.23), 当 $\theta=\theta_j$ 时, $V(Y,U)$ 是一个与 U 独立的统计量, 其中 θ_j 是定理 6.4(i)—(iv) 中给出的已知值.

(i) 若 $V(y,u)$ 对于每个 u 关于 y 递增, 则定理 6.4(i)—(iii) 中的 UMPU 检验等价于在 (6.24)—(6.28) 中 Y 和 (Y,U) 替换为 V, $c_i(U)$ 和 $\gamma_i(U)$ 分别替换为常数 c_i 和 γ_i 之后所定义的检验.

(ii) 若存在 Borel 函数 $a(u)>0$ 和 $b(u)$ 使得 $V(y,u)=a(u)y+b(u)$, 则定理 6.4(iv) 中的 UMPU 检验等价于在 (6.25), (6.28) 和 (6.29) 中 Y 和 (Y,U) 替换为 V, $c_i(U)$ 和 $\gamma_i(U)$ 分别替换为常数 c_i 和 γ_i 之后所定义的检验.

证明. (i) 因为 V 关于 y 递增, 所以 $Y>c_i(u)$ 等价于 $V>d_i(u)$ 对于某个 d_i. 结论由下面的事实可得: V 独立于 U, 因此当 Y 替换为 V 之后, d_i 和 γ_i 不依赖 u.

(ii) 因为 $V=a(U)Y+b(U)$, 所以定理 6.4(iv) 中的 UMPU 检验等价于

$$T_*(V,U)=\begin{cases}1, & V<c_1(U) \text{ 或 } V>c_2(U),\\ \gamma_i(U), & V=c_i(U),\ i=1,2,\\ 0, & c_1(U)<V<c_2(U),\end{cases}\tag{6.35}$$

约束条件为 $E_{\theta_0}[T_*(V,U)|U=u]=\alpha$ 和

$$E_{\theta_0}\left[T_*(V,U)\frac{V-b(U)}{a(U)}\middle|U\right]=\alpha E_{\theta_0}\left[\frac{V-b(U)}{a(U)}\middle|U\right].\tag{6.36}$$

在 $E_{\theta_0}[T_*(V,U)|U=u]=\alpha$ 之下, (6.36) 式等价于 $E_{\theta_0}[T_*(V,U)V|U]=\alpha E_{\theta_0}(V|U)$. 因为当 $\theta=\theta_0$ 时, V 与 U 独立, 所以 $c_i(u)$ 和 $\gamma_i(u)$ 不依赖 u, 因而 (6.35) 中的 T_* 不依赖 U. ∎

如果引理 6.7 的条件满足, 则 UMPU 检验可通过计算 V 的分布而不是 $P_{Y|U=u}$ 得到. 在指数族中, 常由 Basu 定理 (定理 2.4) 可找到独立于 U 的 $V(Y,U)$.

当我们考虑正态族时, γ_i 可取 0, 因为给定 $U=u$ 时 Y 的 c.d.f. 或 V 的 c.d.f. 是连续的.

单样本问题

设 $X_1,...,X_n$ i.i.d. 来自 $N(\mu,\sigma^2)$, $\mu\in\mathcal{R}$ 和 $\sigma^2>0$ 未知, 其中 $n\geqslant 2$. $X=(X_1,...,X_n)$ 的联合 p.d.f. 为

$$\frac{1}{(2\pi\sigma^2)^{n/2}}\exp\left\{-\frac{1}{2\sigma^2}\sum_{i=1}^n x_i^2+\frac{\mu}{\sigma^2}\sum_{i=1}^n x_i-\frac{n\mu^2}{2\sigma^2}\right\}.$$

首先考虑关于 σ^2 的假设. X 的 p.d.f. 形如 (6.23), 其中 $\theta=-(2\sigma^2)^{-1}$, $\varphi=n\mu/\sigma^2$, $Y=\sum_{i=1}^n X_i^2$ 和 $U=\bar{X}$. 根据 Basu 定理, $V=(n-1)S^2$ 独立于 $U=\bar{X}$ (例 2.18), 其中 S^2 是样本方差. 另外,

$$\sum_{i=1}^n X_i^2=(n-1)S^2+n\bar{X}^2,$$

即 $V=Y-nU^2$. 因此, 引理 6.7 的条件满足. 因为 V/σ^2 服从卡方分布 χ^2_{n-1} (例 2.18), 所以对定理 6.4(i)—(iii) 中的假设的检验里的 c_i 值与 χ^2_{n-1} 的分位数有关. 对于检验 $H_0:\theta=\theta_0$ 对 $H_1:\theta\neq\theta_0$ (这等价于检验 $H_0:\sigma^2=\sigma_0^2$ 对 $H_1:\sigma^2\neq\sigma_0^2$), $d_i=c_i/\sigma_0^2$, $i=1,2$, 取决于

$$\int_{d_1}^{d_2} f_{n-1}(v)dv=1-\alpha \quad 和 \quad \int_{d_1}^{d_2} vf_{n-1}(v)dv=(n-1)(1-\alpha),$$

其中 f_m 是卡方分布 χ^2_m 的 Lebesgue p.d.f. 因为 $vf_{n-1}(v)=(n-1)f_{n+1}(v)$, 所以 d_1 和 d_2 取决于

$$\int_{d_1}^{d_2} f_{n-1}(v)dv=\int_{d_1}^{d_2} f_{n+1}(v)dv=1-\alpha.$$

若 $n-1\approx n+1$, 则 d_1 和 d_2 分别接近 χ^2_{n-1} 的 $(\alpha/2)$ 和 $(1-\alpha/2)$ 分位数, 此时定理 6.4(iv) 中的 UMPU 检验等于初级教材中 H_0 的“等尾”卡方检验.

接下来考虑关于 μ 的假设. 可以得到, X 的 p.d.f. 形如 (6.23), 其中 $Y=\bar{X}$, $U=\sum_{i=1}^{n}(X_i-\mu_0)^2$, $\theta=n(\mu-\mu_0)/\sigma^2$ 和 $\varphi=-(2\sigma^2)^{-1}$. 为了检验假设 $H_0:\mu\leqslant\mu_0$ 对 $H_1:\mu>\mu_0$, 令 V 为 $t(X)=\sqrt{n}(\bar{X}-\mu_0)/S$. 根据 Basu 定理, 当 $\mu=\mu_0$ 时, $t(X)$ 独立于 U. 因此, 满足引理 6.7(i) 的条件. 由例 1.16 和 2.18 可知, 当 $\mu=\mu_0$ 时, $t(X)$ 服从 t 分布 t_{n-1}. 因此, 定理 6.4(i) 中的 $c(U)$ 是 t_{n-1} 的 $(1-\alpha)$ 分位数. 对于双边假设 $H_0:\mu=\mu_0$ 对 $H_1:\mu\neq\mu_0$, 统计量 $V=(\bar{X}-\mu_0)/\sqrt{U}$ 满足引理 6.7(ii) 的条件, 且当 $\mu=\mu_0$ 时分布关于 0 对称. 那么定理 6.4(iv) 中的 UMPU 检验当 $|V|>d$ 时拒绝 H_0, 其中当 $\mu=\mu_0$ 时 d 满足 $P(|V|>d)=\alpha$. 因为

$$t(X)=\sqrt{(n-1)n}V(X)/\sqrt{1-n[V(X)]^2},$$

所以 UMPU 检验拒绝 H_0 当且仅当 $|t(X)|>t_{n-1,\alpha/2}$, 其中 $t_{n-1,\alpha}$ 是 t_{n-1} 的 $(1-\alpha)$ 分位数. 这里得到的 UMPU 检验在初级教材中称为单样本 t 检验.

单样本 t 检验的势函数与 §1.3.1 中介绍的非中心 t 分布有关 (见练习 36).

两样本问题

比较两个正态分布参数的问题会出现在比较两种治疗、产品等情况下 (见例 6.11). 假设我们有两个独立样本, $X_{i1},\dots,X_{in_i}$, $i=1,2$, i.i.d. 分别来自 $N(\mu_i,\sigma_i^2)$, $i=1,2$, 其中 $n_i\geqslant 2$. 所有 X_{ij} 的联合 p.d.f. 为

$$C(\mu_1,\mu_2,\sigma_1^2,\sigma_2^2)\exp\left\{-\sum_{i=1}^{2}\frac{1}{2\sigma_i^2}\sum_{j=1}^{n_i}x_{ij}^2+\sum_{i=1}^{2}\frac{n_i\mu_i}{\sigma_i^2}\bar{x}_i\right\},$$

其中 $\bar{x}_i$ 是基于 $x_{i1},\dots,x_{in_i}$ 的样本均值, $C(\cdot)$ 是已知函数.

首先考虑假设 $H_0:\sigma_2^2/\sigma_1^2\leqslant\Delta_0$ 或 $H_0:\sigma_2^2/\sigma_1^2=\Delta_0$. 所有 X_{ij} 的联合 p.d.f. 形如 (6.23), 其中

$$\theta=\frac{1}{2\Delta_0\sigma_1^2}-\frac{1}{2\sigma_2^2},\quad \varphi=\left(-\frac{1}{2\sigma_1^2},\frac{n_1\mu_1}{\sigma_1^2},\frac{n_2\mu_2}{\sigma_2^2}\right),$$

$$Y=\sum_{j=1}^{n_2}X_{2j}^2,\quad U=\left(\sum_{j=1}^{n_1}X_{1j}^2+\frac{1}{\Delta_0}\sum_{j=1}^{n_2}X_{2j}^2,\ \bar{X}_1,\ \bar{X}_2\right).$$

为了应用引理 6.7, 考虑

$$V=\frac{(n_2-1)S_2^2/\Delta_0}{(n_1-1)S_1^2+(n_2-1)S_2^2/\Delta_0}=\frac{(Y-n_2U_3)/\Delta_0}{U_1-n_1U_2-n_2U_3/\Delta_0},$$

其中 S_i^2 是基于 $X_{i1},...,X_{in_i}$ 的样本方差, U_j 是 U 的第 j 个分量. 根据 Basu 定理, 当 $\theta=0$ 时, V 与 U 相互独立 ($\sigma_2^2=\Delta_0\sigma_1^2$). 因为 V 关于 Y 递增且线性, 所以引理 6.7 的条件满足. 因此, UMPU 检验当 $V>c_0$ 时拒绝 $H_0:\theta\leqslant 0$ (这等价于 $H_0:\sigma_2^2/\sigma_1^2\leqslant\Delta_0$), 其中当 $\theta=0$ 时 c_0 满足 $P(V>c_0)=\alpha$; UMPU 检验当 $V<c_1$ 或 $V>c_2$ 时拒绝 $H_0:\theta=0$ (这等价于 $H_0:\sigma_2^2/\sigma_1^2=\Delta_0$), 其中当 $\theta=0$ 时 c_i 满足 $P(c_1<V<c_2)=1-\alpha$ 和 $E[VT_*(V)]=\alpha E(V)$. 注意到,

$$V=\frac{(n_2-1)\mathtt{F}}{n_1-1+(n_2-1)\mathtt{F}},\quad \text{其中}\quad \mathtt{F}=\frac{S_2^2/\Delta_0}{S_1^2}.$$

由例 1.16 可得, 当 $\theta=0$ 时 $\mathtt{F}$ 服从 F 分布 F_{n_2-1,n_1-1} (表 1.2). 因为 V 是 $\mathtt{F}$ 的严格递增函数, 所以 UMPU 检验当 $\mathtt{F}>F_{n_2-1,n_1-1,\alpha}$ 时拒绝 $H_0:\theta\leqslant 0$, 其中 $F_{a,b,\alpha}$ 是 F 分布 $F_{a,b}$ 的 $(1-\alpha)$ 分位数. 这就是初级教材中的 F 检验.

当 $\theta=0$ 时, V 服从 beta 分布 $B((n_2-1)/2,(n_1-1)/2)$ 且 $E(V)=(n_2-1)/(n_1+n_2-2)$ (表 1.2). 那么, 当 $\theta=0$ 时 $E[VT_*(V)]=\alpha E(V)$ 等于

$$\frac{(1-\alpha)(n_2-1)}{n_1+n_2-2}=\int_{c_1}^{c_2}vf_{(n_2-1)/2,(n_1-1)/2}(v)dv,$$

其中 $f_{a,b}$ 是 beta 分布 $B(a,b)$ 的 p.d.f. 利用 $vf_{(n_2-1)/2,(n_1-1)/2}(v)=(n_1+n_2-2)^{-1}(n_2-1)f_{(n_2+1)/2,(n_1-1)/2}(v)$, 可得 UMPU 检验当 $V<c_1$ 或 $V>c_2$ 时拒绝 $H_0:\theta=0$, 其中 c_1 和 c_2 取决于

$$1-\alpha=\int_{c_1}^{c_2}vf_{(n_2-1)/2,(n_1-1)/2}(v)dv=\int_{c_1}^{c_2}f_{(n_2+1)/2,(n_1-1)/2}(v)dv.$$

若 $n_2-1\approx n_2+1$ (即 n_2 很大), 则 UMPU 检验可由当且仅当 $\mathtt{F}<F_{n_2-1,n_1-1,1-\alpha/2}$ 或 $\mathtt{F}>F_{n_2-1,n_1-1,\alpha/2}$ 时拒绝 $H_0:\theta=0$ 的 F 检验近似.

接下来考虑假设 $H_0:\mu_1\geqslant\mu_2$ 或 $H_0:\mu_1=\mu_2$. 如果 $\sigma_1^2\neq\sigma_2^2$, 这个问题就是所谓的 Behrens-Fisher 问题, 且本节所介绍的方法不适用. 我们现在假定 $\sigma_1^2=\sigma_2^2=\sigma^2$, 但 σ^2 仍未知. 所有 X_{ij} 的联合 p.d.f. 为

$$C(\mu_1,\mu_2,\sigma^2)\exp\left\{-\frac{1}{2\sigma^2}\sum_{i=1}^{2}\sum_{j=1}^{n_i}x_{ij}^2+\frac{n_1\mu_1}{\sigma^2}\bar{x}_1+\frac{n_2\mu_2}{\sigma^2}\bar{x}_2\right\},$$

这形如 (6.23), 且

$$\theta=\frac{\mu_2-\mu_1}{(n_1^{-1}+n_2^{-1})\sigma^2},\quad \varphi=\left(\frac{n_1\mu_1+n_2\mu_2}{(n_1+n_2)\sigma^2},\ -\frac{1}{2\sigma^2}\right),$$

$$Y = \bar{X}_2 - \bar{X}_1, \quad U = \left(n_1\bar{X}_1 + n_2\bar{X}_2,\ \sum_{i=1}^{2}\sum_{j=1}^{n_i} X_{ij}^2 \right).$$

对于检验 $H_0: \theta \leqslant 0$ (即 $\mu_1 \geqslant \mu_2$) 对 $H_1: \theta > 0$, 令引理 6.7 中的 V 为

$$t(X) = \frac{(\bar{X}_2 - \bar{X}_1)/\sqrt{n_1^{-1} + n_2^{-1}}}{\sqrt{[(n_1-1)S_1^2 + (n_2-1)S_2^2]/(n_1+n_2-2)}}. \tag{6.37}$$

当 $\theta = 0$ 时, $t(X)$ 独立于 U (Basu 定理), 且满足引理 6.7(i) 的条件; $t(X)$ 的分子和分母 (除以 σ 之后) 相互独立, 分别服从 $N(0,1)$ 和卡方分布 $\chi^2_{n_1+n_2-2}$. 因此 $t(X)$ 服从 t 分布 $t_{n_1+n_2-2}$, 且 UMPU 检验当 $t(X) > t_{n_1+n_2-2,\alpha}$ 时拒绝 H_0, 其中 $t_{n_1+n_2-2,\alpha}$ 是 t 分布 $t_{n_1+n_2-2}$ 的 $(1-\alpha)$ 分位数. 这就是 (单边) 两样本 t 检验.

对于检验 $H_0: \theta = 0$ (即, $\mu_1 = \mu_2$) 对 $H_1: \theta \neq 0$, 利用与 (双边) 单样本 t 检验类似的推导, UMPU 检验当 $|t(X)| > t_{n_1+n_2-2,\alpha/2}$ 时拒绝 H_0 (练习). 这就是 (双边) 两样本 t 检验.

两样本 t 检验的势函数与非中心 t 分布有关.

正态线性模型

考虑线性模型 (3.25), 满足假设 A1, 即

$$X = (X_1, ..., X_n) \text{ 是 } N_n(Z\beta, \sigma^2 I_n), \tag{6.38}$$

其中 β 是未知参数的 p 维向量, Z 是 $n \times p$ 矩阵, 其第 i 行是向量 Z_i, Z_i 是 p 维协变量向量的值, $\sigma^2 > 0$ 是未知参数. 假定 $n > p$ 且 Z 的秩是 $r \leqslant p$. 令 $l \in \mathcal{R}(Z)$ (Z 的行向量生成的线性空间) 且 θ_0 是一个固定常数. 我们考虑假设

$$H_0: l^\tau\beta \leqslant \theta_0 \quad \text{对} \quad H_1: l^\tau\beta > \theta_0 \tag{6.39}$$

或

$$H_0: l^\tau\beta = \theta_0 \quad \text{对} \quad H_1: l^\tau\beta \neq \theta_0. \tag{6.40}$$

因为 $H = Z(Z^\tau Z)^- Z^\tau$ 是秩为 r 的投影矩阵, 所以存在一个 $n \times n$ 正交矩阵 Γ 使得

$$\Gamma = (\Gamma_1 \ \ \Gamma_2) \quad \text{和} \quad H\Gamma = (\Gamma_1 \ \ 0), \tag{6.41}$$

其中 Γ_1 是 $n \times r$ 的, Γ_2 是 $n \times (n-r)$ 的. 令 $Y_j = \Gamma_j^\tau X$, $j = 1, 2$. 考虑变换 $(Y_1, Y_2) = \Gamma^\tau X$. 因为 $\Gamma^\tau\Gamma = I_n$ 且 X 是 $N_n(Z\beta, \sigma^2 I_n)$, 所以 (Y_1, Y_2) 是 $N_n(\Gamma^\tau Z\beta, \sigma^2 I_n)$. 由 (6.41) 可得

$$E(Y_2) = E(\Gamma_2^\tau X) = \Gamma_2^\tau Z\beta = \Gamma_2^\tau HZ\beta = 0.$$

令 $\eta = \Gamma_1^\tau Z\beta = E(Y_1)$. 那么 (Y_1, Y_2) 的 p.d.f. 为

$$\frac{1}{(2\pi\sigma^2)^{n/2}} \exp\left\{\frac{\eta^\tau Y_1}{\sigma^2} - \frac{\|Y_1\|^2 + \|Y_2\|^2}{2\sigma^2} - \frac{\|\eta\|^2}{2\sigma^2}\right\}. \tag{6.42}$$

因为 (6.39) 或 (6.40) 中的 l 属于 $\mathcal{R}(Z)$, 所以存在 $\lambda \in \mathcal{R}^n$ 使得 $l = Z^\tau \lambda$. 那么

$$l^\tau \hat{\beta} = \lambda^\tau H X = \lambda^\tau \Gamma\Gamma^\tau H X = \lambda^\tau \Gamma_1 \Gamma_1^\tau X = \lambda^\tau \Gamma_1 Y_1, \tag{6.43}$$

其中 $\hat{\beta}$ 是 (3.27) 定义的 LSE. 根据 (6.43) 和定理 3.6(ii),

$$E(l^\tau \hat{\beta}) = l^\tau \beta = \lambda^\tau \Gamma_1 E(Y_1) = a^\tau \eta,$$

其中 $a = \Gamma_1^\tau \lambda$. 令 $\eta = (\eta_1, ..., \eta_r)$ 和 $a = (a_1, ..., a_r)$. 不失一般性, 我们假定 $a_1 \neq 0$. 那么 (6.42) 中的 p.d.f. 形如 (6.23), 且

$$\theta = \frac{a^\tau \eta - \theta_0}{a_1 \sigma^2}, \quad \varphi = \left(-\frac{1}{2\sigma^2}, \frac{\eta_2}{\sigma^2}, ..., \frac{\eta_r}{\sigma^2}\right), \quad Y = Y_{11},$$

$$U = \left(\|Y_1\|^2 + \|Y_2\|^2 - \frac{2\theta_0 Y_{11}}{a_1}, Y_{12} - \frac{a_2 Y_{11}}{a_1}, ..., Y_{1r} - \frac{a_r Y_{11}}{a_1}\right),$$

其中 Y_{1j} 是 Y_1 的第 j 个分量. 根据 Basu 定理, 当 $a^\tau \eta = l^\tau \beta = \theta_0$ 时,

$$t(X) - \frac{\sqrt{n-r}(a^\tau Y_1 - \theta_0)}{\|Y_2\|\,\|a\|}$$

独立于 U. 注意到 $\|Y_2\|^2 =$ (3.35) 中的 SSR, 且 $\|a\|^2 = \lambda^\tau \Gamma_1 \Gamma_1^\tau \lambda = \lambda^\tau H \lambda = l^\tau (Z^\tau Z)^- l$. 因此, 根据 (6.43),

$$t(X) = \frac{l^\tau \hat{\beta} - \theta_0}{\sqrt{l^\tau (Z^\tau Z)^- l}\sqrt{SSR/(n-r)}},$$

这服从 t 分布 t_{n-r} (定理 3.8). 利用与单样本或双样本 t 检验中相同的推导, 可推得 (6.39) 中假设的 UMPU 检验当 $t(X) > t_{n-r,\alpha}$ 时拒绝 H_0 以及 (6.40) 中假设的 UMPU 检验当 $|t(X)| > t_{n-r,\alpha/2}$ 时拒绝 H_0.

二维正态分布族的独立性检验

假设 $X_1, ..., X_n$ i.i.d. 服从二维正态分布, 即 $X = (X_1, ..., X_n)$ 的 p.d.f. 为

$$\frac{1}{(2\pi\sigma_1\sigma_2\sqrt{1-\rho^2})^n} \exp\left\{-\frac{\|Y_1-\mu_1\|^2}{2\sigma_1^2(1-\rho^2)} + \frac{\rho(Y_1-\mu_1)^\tau(Y_2-\mu_2)}{\sigma_1\sigma_2(1-\rho^2)} - \frac{\|Y_2-\mu_2\|^2}{2\sigma_2^2(1-\rho^2)}\right\}, \tag{6.44}$$

其中 $Y_j = (X_{1j}, ..., X_{nj})$, X_{ij} 是 X_i 的第 j 个分量, $j = 1, 2$.

X_1 的两个分量 (或 Y_1 和 Y_2) 的独立性检验等价于检验 $H_0 : \rho = 0$ 对 $H_1 : \rho \neq 0$. 有些情况下, 我们可能也对单边假设 $H_0 : \rho \leqslant 0$ 对 $H_1 : \rho > 0$ 感兴趣. 可以证明 (练习), (6.44) 中的 p.d.f. 形如 (6.23), 其中 $\theta = \frac{\rho}{\sigma_1\sigma_2(1-\rho^2)}$,

$$Y = \sum_{i=1}^{n} X_{i1}X_{i2}, \quad U = \left(\sum_{i=1}^{n} X_{i1}^2, \sum_{i=1}^{n} X_{i2}^2, \sum_{i=1}^{n} X_{i1}, \sum_{i=1}^{n} X_{i2} \right).$$

假设 $H_0 : \rho \leqslant 0$ 等价于 $H_0 : \theta \leqslant 0$. 样本相关系数为

$$R = \sum_{i=1}^{n} (X_{i1} - \bar{X}_1)(X_{i2} - \bar{X}_2) \bigg/ \left[\sum_{i=1}^{n} (X_{i1} - \bar{X}_1)^2 \sum_{i=1}^{n} (X_{i2} - \bar{X}_2)^2 \right]^{1/2},$$

其中 $\bar{X}_j$ 是 $X_{1j}, ..., X_{nj}$ 的样本均值, 且当 $\rho = 0$ 时它与 U 独立 (Basu 定理), $j = 1, 2$. 为了应用引理 6.7, 我们考虑

$$V = \sqrt{n-2}R/\sqrt{1-R^2}. \tag{6.45}$$

可以证明 (练习), R 关于 Y 是线性的, 且当 $\rho = 0$ 时 V 服从 t 分布 t_{n-2}. 因此, 关于 $H_0 : \rho \leqslant 0$ 对 $H_1 : \rho > 0$ 的 UMPU 检验当 $V > t_{n-2,\alpha}$ 时拒绝 H_0; 关于 $H_0 : \rho = 0$ 对 $H_1 : \rho \neq 0$ 的 UMPU 检验当 $|V| > t_{n-2,\alpha/2}$ 时拒绝 H_0, 其中 $t_{n-2,\alpha}$ 是 t 分布 t_{n-2} 的 $(1-\alpha)$ 分位数.

6.3 UMP 不变检验

上一节中, 当 UMP 检验不存在时, 我们考虑利用无偏性原则来得到无偏检验类中的一个最优检验. 本节, 我们研究同样的问题, 用给定变换群下的不变性代替无偏性. 无偏性和不变性原则通常是互补的, 一种原则常在另一种原则不可行的情况下可行.

6.3.1 不变性和 UMPI 检验

这里考虑的不变性原则与 §2.3.2(定义 2.9) 和 §4.2 中介绍的类似. 尽管一个假设检验问题可以看作是一个特别的统计决策问题 (例 2.20), 但在接下来的定义中我们定义不变检验不用任何在统计决策理论中为基本元素的损失函数. 然而, 推荐读者对定义 2.9 与接下来的定义进行比较.

定义 6.5. 设 X 是来自 $P \in \mathcal{P}$ 的一个样本, $\mathcal{G}$ 是 X 的一个一对一变换群 (定义 2.9(i)).

(i) 我们称检验问题 $H_0: P \in \mathcal{P}_0$ 对 $H_1: P \in \mathcal{P}_1$ 在 $\mathcal{G}$ 下是不变的, 当且仅当 $\mathcal{P}_0$ 和 $\mathcal{P}_1$ 从定义 2.9(ii) 的意义上来说在 $\mathcal{G}$ 下是不变的.

(ii) 在一个不变检验问题中, 检验 $T(X)$ 在 $\mathcal{G}$ 下称为不变的, 当且仅当

$$T(g(x)) = T(x) \quad \text{对于所有的 } x \text{ 和 } g. \tag{6.46}$$

(iii) 检验水准为 α 的检验称为一致最优势不变 (UMPI) 检验, 当且仅当在 $\mathcal{G}$ 下, 它在水平为 α 的不变检验类中是 UMP.

(iv) 统计量 $M(X)$ 在 $\mathcal{G}$ 下称为最大不变的, 当且仅当 (6.46) 在 T 由 M 代替后成立且

$$M(x_1) = M(x_2) \quad \text{能推出 } x_1 = g(x_2) \text{ 对于某个 } g \in \mathcal{G}. \ ▮ \tag{6.47}$$

接下来的结论说明不变性使得数据 X 简化为一个最大不变统计量 $M(X)$, 它的分布可能仅依赖一个 P 的泛函从而压缩了 $\mathcal{P}$.

命题 6.2. 设 $M(X)$ 在 $\mathcal{G}$ 下是最大不变的.

(i) 检验 $T(X)$ 在 $\mathcal{G}$ 下是不变的, 当且仅当存在一个函数 h, 使得 $T(x) = h(M(x))$ 对于所有 x 成立.

(ii) 假设存在 $\mathcal{P}$ 上的一个泛函 $\theta(P)$, 对于所有 $g \in \mathcal{G}$ 和 $P \in \mathcal{P}$, 满足 $\theta(\bar{g}(P)) = \theta(P)$, 且

$$\theta(P_1) = \theta(P_2) \quad \text{能推出 } P_1 = \bar{g}(P_2) \text{ 对于某个 } g \in \mathcal{G}$$

(即 $\theta(P)$ 是 "最大不变的"), 其中 $\bar{g}(P_X) = P_{g(X)}$ 由定义 2.9(ii) 给出. 那么 $M(X)$ 的分布仅依赖 $\theta(P)$.

证明. (i) 若对于所有 x 有 $T(x) = h(M(x))$, 那么 $T(g(x)) = h(M(g(x))) = h(M(x)) = T(x)$, 因此 T 是不变的. 反之, 若 T 是不变的且 $M(x_1) = M(x_2)$, 那么对于某个 g 有 $x_1 = g(x_2)$ 和 $T(x_1) = T(g(x_2)) = T(x_2)$. 因此 T 是 M 的一个函数.

(ii) 假设 $\theta(P_1) = \theta(P_2)$. 那么对于某个 $g \in \mathcal{G}$ 有 $P_2 = \bar{g}(P_1)$, 且对于 $M(X)$ 值域内的任意事件 B,

$$\begin{aligned} P_2\big(M(X) \in B\big) &= \bar{g}(P_1)\big(M(X) \in B\big) \\ &= P_1\big(M(g(X)) \in B\big) \\ &= P_1\big(M(X) \in B\big). \end{aligned}$$

因此, $M(X)$ 的分布仅依赖 $\theta(P)$. ∎

在实际应用中, 最大不变 $M(X)$ 和 $\theta=\theta(P)$ 经常是实值的. 如果感兴趣的假设可以用 θ 表示, 那么在这些仅依赖 $M(X)$ (例如, 当 $M(X)$ 的分布属于一个有单调似然比的参数族时) 的检验中, 可能存在一个 UMP 检验. 这样的检验就是一个 UMPI 检验.

例 6.13 (位置尺度族). 设 X 有 Lebesgue p.d.f. $f_{i,\mu}(x)=f_i(x_1-\mu,...,x_n-\mu)$, 其中 $n\geqslant 2$, $\mu\in\mathcal{R}$ 未知, f_i 是已知的 Lebesgue p.d.f., $i=0,1$. 我们考虑检验问题

$$H_0:X\text{ 来自 }f_{0,\mu}\quad\text{对}\quad H_1:X\text{ 来自 }f_{1,\mu}. \tag{6.48}$$

考虑 $\mathcal{G}=\{g_c:c\in\mathcal{R}\}$, $g_c(x)=(x_1+c,...,x_n+c)$. 对于任意 $g_c\in\mathcal{G}$, 引出了一个变换 $\bar{g}_c(f_{i,\mu})=f_{i,\mu+c}$, 而 (6.48) 中的检验问题 H_0 对 H_1 在 $\mathcal{G}$ 下是不变的.

我们现在说明 $\mathcal{G}$ 下的一个最大不变统计量是 $D(X)=(D_1,...,D_{n-1})=(X_1-X_n,...,X_{n-1}-X_n)$. 首先, 很容易可以看出 $D(X)$ 在 $\mathcal{G}$ 下是不变的. 令 $x=(x_1,...,x_n)$ 和 $y=(y_1,...,y_n)$ 是 X 值域内的两点. 假设 $x_i-x_n=y_i-y_n$, $i=1,...,n-1$. 令 $c=y_n-x_n$, 则对于所有 i, $y_i=x_i+c$. 因此, $D(X)$ 在 $\mathcal{G}$ 下是最大不变的.

根据命题 1.8, 在 H_i 下 D 有 p.d.f. $\int f_i(d_1+t,...,d_{n-1}+t,t)dt$, $i=0,1$, 这不依赖 μ. 实际上在这种情况下, 可以应用命题 6.2, $M(X)=D(X)$ 且 $\theta(f_{i,\mu})=i$. 如果我们考虑是 $D(X)$ 函数的检验, 那么检验 (6.48) 中假设问题变成简单假设对简单假设的一个检验问题. 根据定理 6.1, $D(X)$ 函数中的 UMP 检验, 也就是 UMPI 检验, 拒绝 (6.48) 中的 H_0 若

$$\frac{\int f_1(d_1+t,...,d_{n-1}+t,t)dt}{\int f_0(d_1+t,...,d_{n-1}+t,t)dt}=\frac{\int f_1(x_1+t,...,x_n+t)dt}{\int f_0(x_1+t,...,x_n+t)dt}>c,$$

其中 c 取决于 UMPI 检验的检验水准.

上一个结论可以推广到位置尺度族的情况, 其中 X 的 p.d.f. 是 $f_{i,\mu,\sigma}=\frac{1}{\sigma^n}f_i\left(\frac{x_1-\mu}{\sigma},...,\frac{x_n-\mu}{\sigma}\right)$ 中的一个, $i=0,1$, $f_{i,\mu,\sigma}$ 关于 μ 对称, 感兴趣的假设由 (6.48) 给出, 其中 $f_{i,\mu}$ 被 $f_{i,\mu,\sigma}$ 代替, 且 $\mathcal{G}=\{g_{c,r}:c\in\mathcal{R},r\neq 0\}$, $g_{c,r}(x)=(rx_1+c,...,rx_n+c)$. 当 $n\geqslant 3$ 时可以证明, $\mathcal{G}$ 下的一个最大不变统计量是 $W(X)=(W_1,...,W_{n-2})$, $W_i=(X_i-X_n)/(X_{n-1}-X_n)$, 而且 W 的 p.d.f. 不依赖 (μ,σ). 那么就可以得到一个 UMPI 检验 (练习). ∎

下一个例子考虑在非位置尺度族问题中寻找一个最大不变统计量.

例 6.14. 设 $\mathcal{G}$ 是 $x \in \mathcal{R}^n$ 分量的 $n!$ 个置换构成的集合. 那么一个最大不变统计量是次序统计量的向量. 这是因为 x 分量的置换不改变这些分量的值, 且两个拥有相同的排序分量集合的 x 可以相互之间通过坐标的置换得到.

假设 $\mathcal{P}$ 包含 $\mathcal{R}^n$ 上的连续的 c.d.f. 令 $\mathcal{G}$ 是形如 $g(x) = (\psi(x_1), ..., \psi(x_n))$ 的所有变换类, 其中 ψ 连续且严格递增. 对于 $x = (x_1, ..., x_n)$, 令 $R(x) = (R_1, ..., R_n)$ 是秩向量 (§5.2.2), 即 $x_i = x_{(R_i)}$, 其中 $x_{(j)}$ 是 x_i 的第 j 小值. 显然, 对于任意 $g \in \mathcal{G}$, $R(g(x)) = R(x)$. 对于 $\mathcal{R}^n$ 中满足 $R(x) = R(y)$ 的任意 x 和 y, 定义 $\psi(t)$ 在 $x_{(j)}$ 和 $x_{(j+1)}$ 之间是线性的, $j = 1, ..., n-1$, 对于 $t \leqslant x_{(1)}$ 有 $\psi(t) = t + (y_{(1)} - x_{(1)})$, 且对于 $t \geqslant x_{(n)}$ 有 $\psi(t) = t + (y_{(n)} - x_{(n)})$. 那么, $\psi(x_i) = \psi(y_i)$, $i = 1, ..., n$. 这说明次序统计量的向量是最大不变的. ∎

当存在充分统计量 $U(X)$ 时, 一个可行的做法是在利用不变性之前先把数据简化到 $U(X)$. 如果在所有只依赖 U 的不变检验中, 存在一个 UMP 检验 $T(U)$, 我们想推出 $T(U)$ 是一个 UMPI 检验. 不幸的是, 一般来说这个不一定对, 因为对于任意基于 X 的不变检验, 是否存在一个只基于 $U(X)$ 的等价不变检验这点并不清楚. 接下来的结论提供了一个充分条件, 在这个条件下考虑只依赖 $U(X)$ 的不变检验就足够了. 它的证明省略了, 可在 Lehmann (1986, pp. 297–302) 中找到.

命题 6.3. 设 $\mathcal{G}$ 是 $\mathscr{X}$ (X 的值) 上的变换群, $(\mathcal{G}, \mathcal{B}_{\mathcal{G}}, \lambda)$ 是一个测度空间, λ 是 σ 有限的. 假设考虑的检验问题在 $\mathcal{G}$ 上是不变的, 对于任意集合 $A \in \mathcal{B}_{\mathscr{X}}$, 使得 $g(x) \in A$ 的点 (x, g) 的集合属于 $\sigma(\mathcal{B}_{\mathscr{X}} \times \mathcal{B}_{\mathcal{G}})$, 并假设对于所有 $g \in \mathcal{G}$, $\lambda(B) = 0$ 能推出 $\lambda(\{h \circ g : h \in B\}) = 0$. 进一步假设存在一个对于 $P \in \mathcal{P}$ 的充分统计量 $U(X)$, 而且对于所有 $g \in \mathcal{G}$, $U(x_1) = U(x_2)$ 能推出 $U(g(x_1)) = U(g(x_2))$, 因此 $\mathcal{G}$ 通过 $g_U(U(x)) = U(g(x))$ 引出了 U 值域上的变换群 $\mathcal{G}_U$. 那么, 对于任意 $\mathcal{G}$ 下不变的检验 $T(X)$, 存在基于 $U(X)$ 的一个检验, 在 $\mathcal{G}$ (和 $\mathcal{G}_U$) 下是不变的, 且与 $T(X)$ 有相同的势函数. ∎

在很多问题中, $g(x) = \psi(x, g)$, 其中 g 在属于 $\mathcal{R}^m$ 的一个集合 $\mathcal{G}$ 上取值, ψ 是 $\mathcal{R}^{n+m}$ 上的一个 Borel 函数. 那么通过选择 $\mathcal{B}_{\mathcal{G}}$ 成为 $\mathcal{G}$ 上的 Borel σ 域, 命题 6.3 的可测性条件可以满足. 在这种情况下, 通常不难找到一个满足命题 6.3 条件的可测 λ.

例 6.15. 设 $X_1, ..., X_n$ i.i.d. 来自 $N(\mu, \sigma^2)$, $\mu \in \mathcal{R}$ 和 $\sigma^2 > 0$ 未知. 检验问题 $H_0 : \sigma^2 \geqslant \sigma_0^2$ 对 $H_1 : \sigma^2 < \sigma_0^2$ 在 $\mathcal{G} = \{g_c : c \in \mathcal{R}\}$ 下是不变的, $g_c(x) = (x_1 + c, ..., x_n + c)$. 可以证明 (练习), $\mathcal{G}$ 和充分统计量 $U = (\bar{X}, S^2)$

满足命题 6.3 的条件, $\mathcal{G}_U = \{h_c : c \in \mathcal{R}\}$ 且 $h_c(u_1, u_2) = (u_1 + c, u_2)$, 并且可以证明 S^2 在 $\mathcal{G}_U$ 下是最大不变的. 由命题 6.3, 推论 6.1 和当 $\sigma^2 = \sigma_0^2$ 时 $(n-1)S^2/\sigma_0^2$ 服从卡方分布 χ_{n-1}^2 可知, 检验水准为 α 的 UMPI 检验当 $(n-1)S^2/\sigma_0^2 \leqslant \chi_{n-1,1-\alpha}^2$ 时拒绝 H_0, 其中 $\chi_{n-1,\alpha}^2$ 是卡方分布 χ_{n-1}^2 的 $(1-\alpha)$ 分位数. 这个检验与 §6.2.3 给出的 UMPU 检验一致. ∎

例 6.16. 设 $X_{i1}, ..., X_{in_i}$ 是两个独立样本, $i=1,2$, i.i.d. 分别来自 $N(\mu_i, \sigma_i^2)$, $i = 1, 2$. 检验问题 $H_0 : \sigma_2^2/\sigma_1^2 \leqslant \Delta_0$ 对 $H_1 : \sigma_2^2/\sigma_1^2 > \Delta_0$ 在

$$\mathcal{G} = \{g_{c_1,c_2,r} : c_i \in \mathcal{R}, i = 1, 2, r > 0\}$$

下是不变的,

$$g_{c_1,c_2,r}(x_1, x_2) = (rx_{11} + c_1, ..., rx_{1n_1} + c_1, rx_{21} + c_2, ..., rx_{2n_2} + c_2).$$

可以证明 (练习), 充分统计量 $U = (\bar{X}_1, \bar{X}_2, S_1^2, S_2^2)$ 和 $\mathcal{G}$ 满足命题 6.3 的条件,

$$\mathcal{G}_U = \{h_{c_1,c_2,r} : c_i \in \mathcal{R}, i = 1, 2, r > 0\}$$

且

$$h_{c_1,c_2,r}(u_1, u_2, u_3, u_4) = (ru_1 + c_1, ru_2 + c_2, ru_3, ru_4).$$

$\mathcal{G}_U$ 下的一个最大不变统计量是 S_2/S_1. 令 $\Delta = \sigma_2^2/\sigma_1^2$. 那么 $(S_2^2/S_1^2)/\Delta$ 服从 F 分布, 因此 $V = S_2^2/S_1^2$ 有形如

$$f_\Delta(v) = C(\Delta)v^{(n_2-3)/2}[\Delta + (n_2-1)v/(n_1-1)]^{-(n_1+n_2-2)/2}I_{(0,\infty)}(v)$$

的 Lebesgue p.d.f., 其中 $C(\Delta)$ 是 Δ 的一个已知函数. 可以证明 (练习), 分布族 $\{f_\Delta : \Delta > 0\}$ 有关于 V 的单调似然比, 因此检验水准为 α 的 UMPI 检验当 $V > F_{n_2-1,n_1-1,\alpha}$ 时拒绝 H_0, 其中 $F_{a,b,\alpha}$ 是 F 分布 $F_{a,b}$ 的 $(1-\alpha)$ 分位数. 同样, 这个 UMPI 检验与 §6.2.3 给出的 UMPU 检验一致. ∎

接下来的结论说明, 例 6.15 和 6.16 中 UMPI 检验和 UMPU 检验一致并不是一个简单的巧合.

命题 6.4. 考虑 $\mathcal{G}$ 下不变的检验问题. 如果存在一个检验水准为 α 的 UMPI 检验, 那么它是无偏的. 如果也存在一个检验水准为 α 的 UMPU 检验, 它在 $\mathcal{G}$ 下是不变的, 那么这两个检验在 $P \in \mathcal{P}_1$ 上有相同的势函数. 如果

UMPI 检验或者 UMPU 检验是唯一的 a.s. $\mathcal{P}$, 那么这两个检验是相等的 a.s. $\mathcal{P}$.

证明. 我们只需要证明检验水准为 α 的 UMPI 检验是无偏的. 这由检验 $T \equiv \alpha$ 在 $\mathcal{G}$ 下是不变的可知. ∎

下一个例子给出了不变性在 UMPU 检验不存在情况下的应用.

例 6.17. 设 $X_1, ..., X_n$ i.i.d. 来自 $N(\mu, \sigma^2)$, μ 和 σ^2 未知. 令 $\theta = (\mu - u)/\sigma$, 其中 u 是一个已知常数. 考虑检验问题 $H_0 : \theta \leqslant \theta_0$ 对 $H_1 : \theta > \theta_0$. 注意到, 对于一个已知常数 $p_0 = \Phi(-\theta_0)$, H_0 与 $P(X_1 \leqslant u) \geqslant p_0$ 是一样的. 不失一般性, 我们考虑 $u = 0$ 的情况.

这个问题在 $\mathcal{G} = \{g_r : r > 0\}$ 下是不变的, $g_r(x) = rx$. 根据命题 6.3, 我们可以只考虑是充分统计量 $(\bar{X}, S^2)$ 函数的检验. $\mathcal{G}$ 下的一个最大不变统计量是 $t(X) = \sqrt{n}\bar{X}/S$. 为了寻找 UMPI 检验, 只需要找到所有为 $t(X)$ 的函数的检验之中的一个 UMP 检验.

从 §1.3.1 的讨论可知, $t(X)$ 服从非中心 t 分布 $t_{n-1}(\sqrt{n}\theta)$. 设 $f_\theta(t)$ 是 $t(X)$ 的 Lebesgue p.d.f., 即 f_θ 由 (1.32) 给出, 其中 n 由 $n-1$ 代替, 且 $\delta = \sqrt{n}\theta$. 可以证明 (练习), p.d.f. $\{f_\theta(t) : \theta \in \mathcal{R}\}$ 的分布族有关于 t 的单调似然比. 因此根据定理 6.2, 检验水准为 α 的 UMPI 检验当 $t(X) > c$ 时拒绝 H_0, 其中 c 是 $t_{n-1}(\sqrt{n}\theta_0)$ 的 $(1-\alpha)$ 分位数.

在一些问题中, 我们可能不得不一起应用无偏性和不变性原则. 比如, 假设在目前这个问题中, 我们想检验 $H_0 : \theta = \theta_0$ 对 $H_1 : \theta \neq \theta_0$. 这个问题在 $\mathcal{G}$ 下仍旧是不变的. 由前面的讨论可知, 我们只需要考虑是 $t(X)$ 函数的检验. 但是在这个情况下, 所有是 $t(X)$ 函数的检验之中的 UMP 检验不存在. 所有水平为 α 且是 $t(X)$ 函数的无偏检验中的 UMP 检验当 $t(X) < c_1$ 或 $t(X) > c_2$ 时拒绝 H_0, 其中 c_1 和 c_2 取决于

$$\int_{c_1}^{c_2} f_{\theta_0}(t)dt = 1 - \alpha \quad \text{和} \quad \frac{d}{d\theta}\left[\int_{c_1}^{c_2} f_\theta(t)dt\right]\bigg|_{\theta=\theta_0} = 0$$

(见练习 26). 那么这个检验在所有水平为 α 的不变且无偏的检验中是 UMP 检验. 没有不变检验的限制, 它是否也是 UMPU 是一个未解决的问题. ∎

6.3.2 正态线性模型中的 UMPI 检验

考虑正态线性模型 (6.38):

$$X = N_n(Z\beta, \sigma^2 I_n),$$

其中 β 是未知参数的 p 维向量, $\sigma^2>0$ 未知, Z 是一个固定的 $n\times p$ 矩阵, 秩为 $r\leqslant p<n$. §6.2.3 中, 已经得到了检验 (6.39) 或 (6.40) 的 UMPU 检验. 实际中经常遇到的问题是检验

$$H_0: L\beta=0 \quad 对 \quad H_1: L\beta\neq 0, \tag{6.49}$$

其中 L 是 $s\times p$ 矩阵, 秩为 $s\leqslant r$, L 的所有行属于 $\mathcal{R}(Z)$. 但是, 如果 $s>1$, 对于 (6.49) 的 UMPU 检验不存在. 我们现在来求对于检验问题 (6.49) 的 UMPI 检验. 我们利用但不证明下面这个线性代数中的结论: 存在一个正交矩阵 Γ, 使得 (6.49) 等价于

$$H_0: \eta_1=0 \quad 对 \quad H_1: \eta_1\neq 0, \tag{6.50}$$

其中 η_1 是包含 η 的前 s 个分量的 s 维向量, η 是包含 $\Gamma Z\beta$ 的前 r 个分量的 r 维向量, 且 $\Gamma Z\beta$ 的后 $n-r$ 个分量为 0. 令 $Y=\Gamma X$. 那么 $Y=N_n((\eta,0),\sigma^2 I_n)$, 其 p.d.f. 由 (6.42) 给出. 令 $Y=(Y_1,Y_2)$, 其中 Y_1 是 r 维向量, 令 $Y_1=(Y_{11},Y_{12})$, 其中 Y_{11} 是 s 维向量. 定义

$$\mathcal{G}=\{g_{\Lambda,c,\gamma}: c\in\mathcal{R}^{r-s},\ \gamma>0,\ \Lambda \text{ 是一个 } s\times s \text{ 正交矩阵}\}$$

且

$$g_{\Lambda,c,\gamma}(Y)=\gamma(\Lambda Y_{11}, Y_{12}+c, Y_2).$$

检验问题 (6.50) 在 $\mathcal{G}$ 下是不变的. 根据命题 6.3, 我们可以把注意力限制在充分统计量 $U=(Y_1,\|Y_2\|^2)$ 上. 统计量

$$M(U)=\|Y_{11}\|^2/\|Y_2\|^2 \tag{6.51}$$

在 U 值域上的变换群 $\mathcal{G}_U$ 下是不变的, 变换由 $\tilde{g}_{\Lambda,c,\gamma}(U(Y))=U(g_{\Lambda,c,\gamma}(Y))$ 定义. 我们现在证明 $M(U)$ 在 $\mathcal{G}_U$ 下是最大不变的. 设 $l_i\in\mathcal{R}^s$, $l_i\neq 0$ 和 $t_i\in(0,\infty)$, $i=1,2$. 如果 $\|l_1\|^2/t_1^2=\|l_2\|^2/t_2^2$, 那么 $t_1=\gamma t_2$, $\gamma=\|l_1\|/\|l_2\|$. 因为 $l_1/\|l_1\|$ 和 $l_2/\|l_2\|$ 是与原点有相同距离的两个点, 所以存在一个正交矩阵 Λ, 使得 $l_1/\|l_1\|=\Lambda l_2/\|l_2\|$, 即 $l_1=\gamma\Lambda l_2$. 这说明了, 如果 $M(u^{(1)})=M(u^{(2)})$ 且 $u^{(j)}=(y_{11}^{(j)},y_{12}^{(j)},t_j^2)$, 那么对于某个 $\gamma>0$ 和正交矩阵 Λ, $y_{11}^{(1)}=\gamma\Lambda y_{11}^{(2)}$ 且 $t_1=\gamma t_2$. 因此 $u^{(1)}=\tilde{g}_{\Lambda,c,\gamma}(u^{(2)})$, $c=\gamma^{-1}y_{12}^{(1)}-y_{12}^{(2)}$. 所以, $M(U)$ 在 $\mathcal{G}_U$ 下是最大不变的.

可以证明 (练习), $W=M(U)(n-r)/s$ 服从非中心 F 分布 $F_{s,n-r}(\theta)$, $\theta=\|\eta_1\|^2/\sigma^2$ (见 §1.3.1). 令 $f_\theta(w)$ 是 W 的 Lebesgue p.d.f., 即 f_θ 由 (1.33)

给出, $n_1 = s$, $n_2 = n - r$ 且 $\delta = \theta$. 注意到, 在 H_0 下, $\theta = 0$ 且 f_θ 简化为中心 F 分布 $F_{s,n-r}$ 的 p.d.f. (表 1.2). 同样, 我们可以证明 (练习), 对于任意给定 $\theta_1 > 0$, 比率 $f_{\theta_1}(w)/f_0(w)$ 是 w 的一个递增函数. 根据定理 6.1, 对于检验问题 $H_0 : \theta = 0$ 对 $H_1 : \theta = \theta_1$, 检验水准为 α 的 UMPI 检验当 $W > F_{s,n-r,\alpha}$ 时拒绝 H_0, 其中 $F_{s,n-r,\alpha}$ 是 F 分布 $F_{s,n-r}$ 的 $(1-\alpha)$ 分位数. 因为这个检验不依赖 θ_1, 根据引理 6.1, 对于检验问题 $H_0 : \theta = 0$ 对 $H_1 : \theta > 0$, 这等价于检验 (6.50), 它也是一个检验水准为 α 的 UMPI 检验.

实际问题中, 通过找到正交矩阵 Γ 来用这个检验非常不方便. 因此, 我们现在用 X 的函数来表示统计量 W. 因为 $Y = \Gamma X$ 和 $E(Y) = \Gamma E(X) = \Gamma Z\beta$, 所以

$$\|Y_1 - \eta\|^2 + \|Y_2\|^2 = \|X - Z\beta\|^2,$$

故而

$$\min_\eta \|Y_1 - \eta\|^2 + \|Y_2\|^2 = \min_\beta \|X - Z\beta\|^2,$$

这与

$$\|Y_2\|^2 = \|X - Z\hat{\beta}\|^2 = SSR$$

是一样的, 其中 $\hat{\beta}$ 是 (3.27) 定义的 LSE. 类似地,

$$\|Y_{11}\|^2 + \|Y_2\|^2 = \min_{\beta:L\beta=0} \|X - Z\beta\|^2.$$

如果我们定义 $\hat{\beta}_{H_0}$ 是下式的一个解:

$$\|X - Z\hat{\beta}_{H_0}\|^2 = \min_{\beta:L\beta=0} \|X - Z\beta\|^2,$$

这也称为 H_0 下 β 的 LSE 或者满足 $L\beta = 0$ 的 β 的 LSE, 那么

$$W = \frac{(\|X - Z\hat{\beta}_{H_0}\|^2 - \|X - Z\hat{\beta}\|^2)/s}{\|X - Z\hat{\beta}\|^2/(n-r)}. \tag{6.52}$$

因此, 不用找到 Γ 就可以用对于 (6.49) 的 UMPI 检验.

当 $s = 1$ 时, 这里得到的 UMPI 检验与 §6.2.3 中对于 (6.40) 的 UMPU 检验相同.

例 6.18. 考虑例 3.13 中的单因子 ANOVA 模型:

$$X_{ij} = N(\mu_i, \sigma^2), \quad j = 1, ..., n_i,\ i = 1, ..., m,$$

且 X_{ij} 相互独立. 实际中常见的检验问题是均值的相同性检验, 即

$$H_0 : \mu_1 = \cdots = \mu_m \quad 对 \quad H_1 : \mu_i \neq \mu_k \text{ 对于某个 } i \neq k. \tag{6.53}$$

我们很容易就可以找到一个矩阵 L, 使得 (6.53) 等价于 (6.49). 但是并不一定要找到这样的一个矩阵来计算定义 UMPI 检验的统计量 W. 注意到, $(\mu_1, ..., \mu_m)$ 的 LSE 是 $(\bar{X}_{1\cdot}, ..., \bar{X}_{m\cdot})$, 其中 $\bar{X}_{i\cdot}$ 是基于 $X_{i1}, ..., X_{in_i}$ 的样本均值, H_0 下的 LSE 就是基于所有 X_{ij} 的样本均值 $\bar{X}$. 因此,

$$SSR = \|X - Z\hat{\beta}\|^2 = \sum_{i=1}^{m}\sum_{j=1}^{n_i}(X_{ij} - \bar{X}_{i\cdot})^2,$$

$$SST = \|X - Z\hat{\beta}_{H_0}\|^2 = \sum_{i=1}^{m}\sum_{j=1}^{n_i}(X_{ij} - \bar{X})^2$$

和

$$SSA = SST - SSR = \sum_{i=1}^{m} n_i(\bar{X}_{i\cdot} - \bar{X})^2.$$

那么

$$W = \frac{SSA/(m-1)}{SSR/(n-m)},$$

其中 $n = \sum_{i=1}^{m} n_i$.ANOVA 这个名字来自 UMPI 检验是通过比较有不同来源的两种变化量来实现的: 每个组内观测值的变化量 (用 SSR 衡量) 和 m 个组间的差异 (用 SSA 衡量), 而 $SSA + SSR = SST$ 是整个数据集总的变化量.

在这种情况下, W 的分布也可以利用 Cochran 定理 (定理 1.5) 得到. 见练习 75. ∎

例 6.19. 考虑例 3.14 中的二因子平衡 ANOVA 模型:

$$X_{ijk} = N(\mu_{ij}, \sigma^2), \quad i = 1, ..., a,\ j = 1, ..., b,\ k = 1, ..., c,$$

其中 $\mu_{ij} = \mu + \alpha_i + \beta_j + \gamma_{ij}$, $\sum_{i=1}^{a}\alpha_i = \sum_{j=1}^{b}\beta_j = \sum_{i=1}^{a}\gamma_{ij} = \sum_{j=1}^{b}\gamma_{ij} = 0$, 且所有 X_{ijk} 相互独立. 通常感兴趣的是下列假设:

$$H_0 : \alpha_i = 0 \text{ 对于所有 } i \quad 对 \quad H_1 : \alpha_i \neq 0 \text{ 对于某个 } i, \tag{6.54}$$

$$H_0 : \beta_j = 0 \text{ 对于所有 } j \quad 对 \quad H_1 : \beta_j \neq 0 \text{ 对于某个 } j, \tag{6.55}$$

和

$$H_0 : \gamma_{ij} = 0 \text{ 对于所有 } i, j \quad 对 \quad H_1 : \gamma_{ij} \neq 0 \text{ 对于某个 } i, j. \tag{6.56}$$

在实际应用中, α_i 是因子 A 的效应 (取有限多个值的变量), β_j 是因子 B 的效应, γ_{ij} 是因子 A 和 B 交互作用的效应. 因此, 检验 (6.54), (6.55) 和 (6.56) 中的假设分别与检验因子 A, 因子 B 和因子 A 与 B 之间的交互作用是一样的.

已知 (例 3.14) μ, α_i, β_j 和 γ_{ij} 的 LSE 是 $\hat{\mu} = \bar{X}_{\cdots}$, $\hat{\alpha}_i = \bar{X}_{i\cdot\cdot} - \bar{X}_{\cdots}$, $\hat{\beta}_j = \bar{X}_{\cdot j\cdot} - \bar{X}_{\cdots}$ 和 $\hat{\gamma}_{ij} = \bar{X}_{ij\cdot} - \bar{X}_{i\cdot\cdot} - \bar{X}_{\cdot j\cdot} + \bar{X}_{\cdots}$, 其中下标处的点表示的是对该下标取的均值. 令

$$SSR = \sum_{i=1}^{a}\sum_{j=1}^{b}\sum_{k=1}^{c}(X_{ijk} - \bar{X}_{ij\cdot})^2,$$

$$SSA = bc\sum_{i=1}^{a}(\bar{X}_{i\cdot\cdot} - \bar{X}_{\cdots})^2,$$

$$SSB = ac\sum_{j=1}^{b}(\bar{X}_{\cdot j\cdot} - \bar{X}_{\cdots})^2$$

和

$$SSC = c\sum_{i=1}^{a}\sum_{j=1}^{b}(\bar{X}_{ij\cdot} - \bar{X}_{i\cdot\cdot} - \bar{X}_{\cdot j\cdot} + \bar{X}_{\cdots})^2.$$

那么可以证明 (练习), 对于检验问题 (6.54), (6.55) 和 (6.56), (6.52) 中的统计量 W (针对 UMPI 检验) 分别是

$$\frac{SSA/(a-1)}{SSR/[(c-1)ab]}, \quad \frac{SSB/(b-1)}{SSR/[(c-1)ab]} \quad 和 \quad \frac{SSC/[(a-1)(b-1)]}{SSR/[(c-1)ab]}. \quad \blacksquare$$

在以下平衡单因子随机效应模型 (例 3.17) 中, 我们用针对随机效应检验的讨论来结束本节:

$$X_{ij} = \mu + A_i + e_{ij}, \quad i = 1, ..., a, j = 1, ..., b, \tag{6.57}$$

其中 μ 是一个未知参数, A_i 是来自 $N(0, \sigma_a^2)$ 的 i.i.d. 随机效应, e_{ij} 是来自 $N(0, \sigma^2)$ 的 i.i.d. 测量误差, 且所有的 A_i 与 e_{ij} 相互独立. 对于给定的 Δ_0, 考虑检验问题

$$H_0 : \sigma_a^2/\sigma^2 \leqslant \Delta_0 \quad 对 \qquad H_1 : \sigma_a^2/\sigma^2 > \Delta_0. \tag{6.58}$$

当 Δ_0 较小时, (6.58) 中的假设 H_0 意味着随机效应相对于测量误差是可以忽略的.

令 $(Y_{i1},...,Y_{ib})=\Gamma(X_{i1},...,X_{ib})$, 其中 Γ 是一个 $b\times b$ 正交矩阵, 其第一行的元素都等于 $1/\sqrt{b}$. 那么

$$Y_{i1}=\sqrt{b}\bar{X}_{i\cdot}=\sqrt{b}(\mu+A_i+\bar{e}_{i\cdot}),\quad i=1,...,a,$$

i.i.d. 来自 $N(\sqrt{b}\mu,\sigma^2+b\sigma_a^2)$, Y_{ij}, $i=1,...,a,j=2,...,b$, i.i.d. 来自 $N(0,\sigma^2)$ 且所有的 Y_{ij} 相互独立. 当 $j>1$ 时, $E(Y_{ij})=0$ 是因为 Γ 的第 j 行与 Γ 的第一行正交.

令 Λ 是一个 $a\times a$ 正交矩阵, 其第一行元素都等于 $1/\sqrt{a}$, $(U_{11},...,U_{a1})=\Lambda(Y_{11},...,Y_{a1})$. 那么 $U_{11}=\sqrt{a}\bar{Y}_{\cdot 1}$ 服从 $N(\sqrt{ab}\mu,\sigma^2+b\sigma_a^2)$, U_{i1} 来自 $N(0,\sigma^2+b\sigma_a^2)$, $i=2,...,a$, 且所有 U_{i1} 相互独立. 对于 $j=2,...,b$, $i=1,...,a$, 令 $U_{ij}=Y_{ij}$.

在从 U_{11} 变换到 $rU_{11}+c$ 和从 U_{ij} 变换到 rU_{ij} 的变换群下, $(i,j)\neq(1,1)$, 检验问题 (6.58) 是不变的, 其中 $r>0$ 和 $c\in\mathcal{R}$. 可以证明 (练习), 这个变换群下的最大不变统计量是 SSA/SSR, 其中

$$SSA=\sum_{i=2}^{a}U_{i1}^2\quad 和\quad SSR=\sum_{i=1}^{a}\sum_{j=2}^{b}U_{ij}^2.$$

注意到, (6.58) 中的 H_0 等价于 $(\sigma^2+b\sigma_a^2)/\sigma^2\leqslant 1+b\Delta_0$. 又 $SSA/(\sigma^2+b\sigma_a^2)$ 服从卡方分布 χ^2_{a-1}, SSR/σ^2 服从卡方分布 $\chi^2_{a(b-1)}$. 因此, 统计量

$$W=\frac{1}{1+b\Delta_0}\frac{SSA/(a-1)}{SSR/[a(b-1)]}$$

的 Lebesgue p.d.f. 属于一个有关于 W 的单调似然比的参数族 (其参数为 $(\sigma^2+b\sigma_a^2)/\sigma^2$). 因此, 对于检验问题 (6.58), 检验水准为 α 的 UMPI 检验当 $W>F_{a-1,a(b-1),\alpha}$ 时拒绝 H_0, 其中 $F_{a-1,a(b-1),\alpha}$ 是 F 分布 $F_{a-1,a(b-1)}$ 的 $(1-\alpha)$ 分位数.

还需要用 X_{ij} 来表示 W. 注意到,

$$SSR=\sum_{i=1}^{a}\sum_{j=2}^{b}Y_{ij}^2=\sum_{i=1}^{a}\left(\sum_{j=1}^{b}e_{ij}^2-b\bar{e}_{i\cdot}^2\right)=\sum_{i=1}^{a}\sum_{j=1}^{b}(X_{ij}-\bar{X}_{i\cdot})^2$$

和

$$SSA=\sum_{i=1}^{a}U_{i1}^2-U_{11}^2=\sum_{i=1}^{a}Y_{i1}^2-a\bar{Y}_{\cdot 1}^2=b\sum_{i=1}^{a}(\bar{X}_{i\cdot}-\bar{X}_{\cdot\cdot})^2.$$

当对于所有的 i 有 $n_i=b$ 和 $m=a$ 时, 这里得到的 SSR 和 SSA 与例 6.18 中的相同. 也可以看到, 如果 $\Delta_0=0$, 那么检验 (6.58) 等价于检验 $H_0:\sigma_a^2=0$

对 $H_1: \sigma_a^2 > 0$, 并且得到的 UMPI 检验恰好与例 6.18 中的相同, 尽管检验问题在这两种情况下不一样.

推广到平衡二因子随机效应模型的结果参见 Lehmann (1986, §7.12).

6.4 参数模型中的检验

UMP, UMPU 或者 UMPI 检验在特定问题中常不存在. 在本章剩下部分中, 我们研究一些具有直观吸引力且经常与最优检验 (UMP 或 UMPU 检验) 存在时不谋而合的构造检验的方法. 本节, 我们考虑参数模型中的检验, 非参模型中的检验见 §6.5.

如果假设 H_0 不是简单的, 通常很难甚至不可能得到恰好给定的检验水准为 α 的检验, 因为很难找到一个总体 P, 在所有 $P \in \mathcal{P}_0$ 上使得检验的势函数达到最大. 这种情况下最普遍的做法是寻找一个渐近显著性水平为 α (定义 2.13) 的检验. 这涉及在 $P \in \mathcal{P}_0$ 上寻找检验的势的极限, 这会在本节和 §6.5 研究.

贯穿整节, 我们假定样本 X 来自 $P \in \mathcal{P} = \{P_\theta : \theta \in \Theta\}$, $\Theta \subset \mathcal{R}^k$, 对于所有 θ, 存在关于 σ 有限测度 ν 的 $f_\theta = \frac{dP_\theta}{d\nu}$, 检验问题是

$$H_0 : \theta \in \Theta_0 \quad 对 \quad H_1 : \theta \in \Theta_1, \tag{6.59}$$

其中 $\Theta_0 \cup \Theta_1 = \Theta$ 和 $\Theta_0 \cap \Theta_1 = \varnothing$.

6.4.1 似然比检验

如果 H_0 和 H_1 都是简单的 (即 $\Theta_0 = \{\theta_0\}$ 和 $\Theta_1 = \{\theta_1\}$ 都是单点集), 利用定理 6.1, 对于某个 $c_0 > 0$ 当

$$\frac{f_{\theta_1}(X)}{f_{\theta_0}(X)} > c_0 \tag{6.60}$$

时, UMP 检验拒绝 H_0. 当 $c_0 \geqslant 1$ 时, (6.60) 等价于 (练习)

$$\frac{f_{\theta_0}(X)}{\max\{f_{\theta_0}(X), f_{\theta_1}(X)\}} < c \tag{6.61}$$

对于某个 $c \in (0, 1]$ 成立. 接下来的定义是这个想法的一个很自然的推广.

定义 6.6. 设 $\ell(\theta) = f_\theta(X)$ 是似然函数. 对于检验问题 (6.59), 似然比 (LR) 检验是当且仅当 $\lambda(X) < c$ 时拒绝 H_0 的任意检验, 其中 $c \in [0, 1]$, $\lambda(X)$

是如下定义的似然比

$$\lambda(X)=\frac{\sup\limits_{\theta\in\Theta_0}\ell(\theta)}{\sup\limits_{\theta\in\Theta}\ell(\theta)}.\quad\blacksquare$$

如果 $\lambda(X)$ 有定义, 那么 $\lambda(X)\leqslant 1$. LR 检验的基本原理是, 当 H_0 为真时, $\lambda(X)$ 趋向接近 1, 然而当 H_1 为真时, $\lambda(X)$ 趋向远离 1. 如果存在一个充分统计量, 那么 $\lambda(X)$ 仅依赖充分统计量. LR 检验与 §4.4 中的 MLE 一样有广泛应用, 事实上, 它与 MLE 非常有关. 如果 $\hat{\theta}$ 是 θ 的 MLE, $\hat{\theta}_0$ 是满足 $\theta\in\Theta_0$ (即 Θ_0 看作是参数空间) 的 θ 的 MLE, 那么

$$\lambda(X)=\ell(\hat{\theta}_0)/\ell(\hat{\theta}).$$

对于一个给定的 $\alpha\in(0,1)$, 如果存在一个 $c_\alpha\in[0,1]$ 使得

$$\sup_{\theta\in\Theta_0}P_\theta(\lambda(X)<c_\alpha)=\alpha,\tag{6.62}$$

那么可以得到一个检验水准为 α 的 LR 检验. 甚至当 $\lambda(X)$ 的 c.d.f. 连续或者引进随机 LR 检验时, 仍旧可能不存在满足 (6.62) 的 c_α.

当存在 UMP 或者 UMPU 检验时, LR 检验通常与这个最优检验相同. 对于实值 θ, 我们有如下结果.

命题 6.5. 假设 X 关于 σ 有限测度 ν 的 p.d.f. 由 (6.10) 给出, 其中 η 是 θ 的一个严格递增且可微的函数.

(i) 对于检验问题 $H_0:\theta\leqslant\theta_0$ 对 $H_1:\theta>\theta_0$, 存在一个拒绝域与 (6.11) 中的 UMP 检验 T_* 相同的 LR 检验.

(ii) 对于检验问题 (6.12), 存在一个拒绝域与 (6.15) 中 UMP 检验 T_* 相同的 LR 检验.

(iii) 对于检验问题 (6.13) 或 (6.14), 存在一个拒绝域等价于 $Y(X)<c_1$ 或 $Y(X)>c_2$ 的 LR 检验, c_1 和 c_2 是两个常数.

证明. (i) 设 $\hat{\theta}$ 是 θ 的 MLE. 注意到, 当 $\theta\leqslant\hat{\theta}$ 时, $\ell(\theta)$ 递增; 当 $\theta>\hat{\theta}$ 时, $\ell(\theta)$ 递减. 因此,

$$\lambda(X)=\begin{cases}1, & \hat{\theta}\leqslant\theta_0,\\ \dfrac{\ell(\theta_0)}{\ell(\hat{\theta})}, & \hat{\theta}>\theta_0.\end{cases}$$

那么 $\lambda(X)<c$ 等价于 $\hat{\theta}>\theta_0$ 和 $\ell(\theta_0)/\ell(\hat{\theta})<c$. 从 §4.4.2 的讨论可知, $\hat{\theta}$ 是一个关于 Y 严格递增的函数. 可以证明, 当 $\hat{\theta}>\theta_0$ 时 $\log\ell(\hat{\theta})-\log\ell(\theta_0)$ 关于 Y

严格递增, 当 $\hat{\theta} < \theta_0$ 时关于 Y 严格递减 (练习). 因此, 对于任意 $d \in \mathcal{R}$, 对于某个 $c \in (0,1)$, $\hat{\theta} > \theta_0$ 和 $\ell(\theta_0)/\ell(\hat{\theta}) < c$ 等价于 $Y > d$.

(ii) 证明与 (i) 的证明类似. 注意到

$$\lambda(X) = \begin{cases} 1, & \hat{\theta} < \theta_1 \text{ 或 } \hat{\theta} > \theta_2, \\ \dfrac{\max\{\ell(\theta_1), \ell(\theta_2)\}}{\ell(\hat{\theta})}, & \theta_1 \leqslant \hat{\theta} \leqslant \theta_2. \end{cases}$$

因此, $\lambda(X) < c$ 等价于 $c_1 < Y < c_2$.

(iii) (iii) 的证明留作练习. ∎

命题 6.5 可以在单参数指数族问题中应用, 比如二项、泊松、负二项和正态 (一个参数已知) 分布族. 接下来的例子说明, 在命题 6.5 不能应用的情况下, 仍有同样的结论.

例 6.20. 考虑检验问题 $H_0 : \theta = \theta_0$ 对 $H_1 : \theta \neq \theta_0$, 基于来自均匀分布 $U(0,\theta)$ 的 i.i.d. $X_1, ..., X_n$. 我们现在说明练习 19(c) 中拒绝域为 $X_{(n)} > \theta_0$ 或 $X_{(n)} \leqslant \theta_0 \alpha^{1/n}$ 的 UMP 检验是一个 LR 检验. 注意到 $\ell(\theta) = \theta^{-n} I_{(X_{(n)},\infty)}(\theta)$. 因此

$$\lambda(X) = \begin{cases} (X_{(n)}/\theta_0)^n, & X_{(n)} \leqslant \theta_0, \\ 0, & X_{(n)} > \theta_0 \end{cases}$$

且 $\lambda(X) < c$ 等价于 $X_{(n)} > \theta_0$ 或 $X_{(n)}/\theta_0 < c^{1/n}$. 取 $c = \alpha$ 保证了 LR 检验的检验水准为 α. ∎

更多这种例子见 §6.6. 接下来的例子考虑了多维 θ.

例 6.21. 考虑正态线性模型 (6.38) 以及 (6.49) 中的假设. 这个问题中的似然函数是

$$\ell(\theta) = \left(\frac{1}{2\pi\sigma^2}\right)^{n/2} \exp\left\{-\frac{1}{2\sigma^2}\|X - Z\beta\|^2\right\},$$

其中 $\theta = (\beta, \sigma^2)$. 令 $\hat{\beta}$ 是 (3.27) 定义的 LSE. 因为对于任意 β, $\|X - Z\beta\|^2 \geqslant \|X - Z\hat{\beta}\|^2$, 所以

$$\ell(\theta) \leqslant \left(\frac{1}{2\pi\sigma^2}\right)^{n/2} \exp\left\{-\frac{1}{2\sigma^2}\|X - Z\hat{\beta}\|^2\right\}.$$

把上式右侧当作 σ^2 的函数, 很容易证明它在 $\sigma^2 = \hat{\sigma}^2 = \|X - Z\hat{\beta}\|^2/n$ 处达到最大值, 因此,

$$\sup_{\theta\in\Theta} \ell(\theta) = (2\pi\hat{\sigma}^2)^{-n/2} e^{-n/2}.$$

类似地, 令 $\hat{\beta}_{H_0}$ 是 H_0 下的 LSE, $\hat{\sigma}^2_{H_0} = \|X - Z\hat{\beta}_{H_0}\|^2/n$. 那么

$$\sup_{\theta\in\Theta_0} \ell(\theta) = (2\pi\hat{\sigma}^2_{H_0})^{-n/2}e^{-n/2}.$$

因此,

$$\lambda(X) = (\hat{\sigma}^2/\hat{\sigma}^2_{H_0})^{n/2} = \left(\frac{\|X - Z\hat{\beta}\|^2}{\|X - Z\hat{\beta}_{H_0}\|^2}\right)^{n/2} = \left(\frac{sW}{n-r} + 1\right)^{-n/2},$$

其中 W 由 (6.52) 给出. 这说明 LR 检验与 §6.3.2 得到的 UMPI 检验相同.

§6.2.3 得到的单样本或两样本双边 t 检验是 LR 检验的特殊情况. 对于单样本问题, 我们定义 $\beta = \mu$, $Z = J_n$, 即分量均为 1 的 n 维向量. 注意到 $\hat{\beta} = \bar{X}$, $\hat{\sigma}^2 = (n-1)S^2/n$, $\hat{\beta}^2_{H_0} = 0$ ($H_0 : \beta = 0$) 和 $\hat{\sigma}^2_{H_0} = \|X\|^2/n = (n-1)S^2/n + \bar{X}^2$. 因此

$$\lambda(X) = \left[1 + \frac{n\bar{X}^2}{(n-1)S^2}\right]^{-n/2} = \left(1 + \frac{[t(X)]^2}{n-1}\right)^{-n/2},$$

其中 $t(X) = \sqrt{n}\bar{X}/S$ 在 H_0 下服从 t 分布 t_{n-1}. 因此, $\lambda(X) < c$ 等价于 $|t(X)| > c_0$, 这就是单样本双边 t 检验的拒绝域.

对于两样本问题, 我们令 $n = n_1 + n_2$, $\beta = (\mu_1, \mu_2)$ 和

$$Z = \begin{pmatrix} J_{n_1} & 0 \\ 0 & J_{n_2} \end{pmatrix}.$$

检验 $H_0 : \mu_1 = \mu_2$ 对 $H_1 : \mu_1 \neq \mu_2$ 与检验 (6.49) 相同, 其中 $L = (\ 1 \ \ {-1}\ )$. 因为 $\hat{\beta}_{H_0} = \bar{X}$ 和 $\hat{\beta} = (\bar{X}_1, \bar{X}_2)$, 其中 $\bar{X}_1$ 和 $\bar{X}_2$ 分别是基于 $X_1, ..., X_{n_1}$ 和 $X_{n_1+1}, ..., X_n$ 的样本均值, 所以我们有

$$n\hat{\sigma}^2 = \sum_{i=1}^{n_1}(X_i - \bar{X}_1)^2 + \sum_{i=n_1+1}^{n}(X_i - \bar{X}_2)^2 = (n_1 - 1)S_1^2 + (n_2 - 1)S_2^2$$

和

$$n\hat{\sigma}^2_{H_0} = (n-1)S^2 = n^{-1}n_1n_2(\bar{X}_1 - \bar{X}_2)^2 + (n_1 - 1)S_1^2 + (n_2 - 1)S_2^2.$$

因此, $\lambda(X) < c$ 等价于 $|t(X)| > c_0$, 其中 $t(X)$ 由 (6.37) 给出, 且 LR 检验与 §6.2.3 中的两样本双边 t 检验相同. ∎

6.4.2 基于似然函数的渐近检验

从命题 6.5 和前面的例子可以看出, LR 检验通常等价于基于统计量 $Y(X)$ 的某个检验, 其中 $Y(X)$ 在 H_0 下的分布可以用来决定检验水准为 α 的 LR 检验的拒绝域. 当这个方法不奏效时, 很难甚至不可能找到一个检验水准为 α 的 LR 检验, 甚至当 $\lambda(X)$ 的 c.d.f. 连续时也不可能. 接下来的结论说明, 在 i.i.d. 的情况下, 我们可以得到似然比 $\lambda(X)$ (在 H_0 下) 的渐近分布, 从而可以得到渐近显著性水平为 α 的 LR 检验. 假定 Θ_0 取决于

$$H_0 : \theta = g(\vartheta), \tag{6.63}$$

其中 ϑ 是未知参数的 $(k-r)$ 维向量, g 是 $\mathcal{R}^{k-r}$ 到 $\mathcal{R}^k$ 上的一个连续可微函数, $\partial g(\vartheta)/\partial\vartheta$ 满秩. 例如, 如果 $\Theta = \mathcal{R}^2$ 和 $\Theta_0 = \{(\theta_1,\theta_2) \in \Theta : \theta_1 = 0\}$, 那么 $\vartheta = \theta_2$, $g_1(\vartheta) = 0$ 和 $g_2(\vartheta) = \vartheta$.

定理 6.5. 假定定理 4.16 的条件. 设 H_0 由 (6.63) 决定. 在 H_0 下, $-2\log\lambda_n \to_d \chi_r^2$, 其中 $\lambda_n = \lambda(X)$ 且 χ_r^2 是服从卡方分布 χ_r^2 的一个随机变量. 因此, 拒绝域为 $\lambda_n < e^{-\chi_{r,\alpha}^2/2}$ 的 LR 检验的渐近显著性水平为 α, 其中 $\chi_{r,\alpha}^2$ 是卡方分布 χ_r^2 的 $(1-\alpha)$ 分位数.

证明. 不失一般性, 我们假定存在一个 MLE $\hat\theta$ 和 H_0 下的 MLE $\hat\vartheta$, 使得

$$\lambda_n = \frac{\sup_{\theta\in\Theta_0}\ell(\theta)}{\sup_{\theta\in\Theta}\ell(\theta)} = \frac{\ell(g(\hat\vartheta))}{\ell(\hat\theta)}.$$

根据 §4.5.2 中定理 4.17 的证明,

$$\sqrt{n}I_1(\theta)(\hat\theta-\theta) = n^{-1/2}s_n(\theta) + o_p(1),$$

其中 $s_n(\theta) = \partial\log\ell(\theta)/\partial\theta$, $I_1(\theta)$ 是 X_1 中包含的关于 θ 的 Fisher 信息量, 并且

$$2[\log\ell(\hat\theta) - \log\ell(\theta)] = n(\hat\theta-\theta)^\tau I_1(\theta)(\hat\theta-\theta) + o_p(1).$$

那么

$$2[\log\ell(\hat\theta) - \log\ell(\theta)] = n^{-1}[s_n(\theta)]^\tau[I_1(\theta)]^{-1}s_n(\theta) + o_p(1).$$

类似地, 在 H_0 下,

$$2[\log\ell(g(\hat\vartheta)) - \log\ell(g(\vartheta))] = n^{-1}[\tilde s_n(\vartheta)]^\tau[\tilde I_1(\vartheta)]^{-1}\tilde s_n(\vartheta) + o_p(1),$$

其中 $\tilde{s}_n(\vartheta) = \partial \log \ell(g(\vartheta))/\partial\vartheta = D(\vartheta)s_n(g(\vartheta))$, $D(\vartheta) = \partial g(\vartheta)/\partial\vartheta$, $\tilde{I}_1(\vartheta)$ 是 (在 H_0 下) X_1 中包含的关于 ϑ 的 Fisher 信息量. 结合这些结论, 在 H_0 下,

$$\begin{aligned}
-2\log\lambda_n &= 2[\log\ell(\hat{\theta}) - \log\ell(g(\hat{\vartheta}))] \\
&= n^{-1}[s_n(g(\vartheta))]^\tau B(\vartheta)s_n(g(\vartheta)) + o_p(1),
\end{aligned}$$

其中

$$B(\vartheta) = [I_1(g(\vartheta))]^{-1} - [D(\vartheta)]^\tau[\tilde{I}_1(\vartheta)]^{-1}D(\vartheta).$$

根据 CLT, $n^{-1/2}[I_1(\theta)]^{-1/2}s_n(\theta) \to_d Z$, 其中 $Z = N_k(0, I_k)$. 那么, 由定理 1.10(iii) 可知, 在 H_0 下,

$$-2\log\lambda_n \to_d Z^\tau[I_1(g(\vartheta))]^{1/2}B(\vartheta)[I_1(g(\vartheta))]^{1/2}Z.$$

令 $D = D(\vartheta)$, $B = B(\vartheta)$, $A = I_1(g(\vartheta))$ 和 $C = \tilde{I}_1(\vartheta)$. 那么

$$\begin{aligned}
(A^{1/2}BA^{1/2})^2 &= A^{1/2}BABA^{1/2} \\
&= A^{1/2}(A^{-1} - D^\tau C^{-1}D)A(A^{-1} - D^\tau C^{-1}D)A^{1/2} \\
&= (I_k - A^{1/2}D^\tau C^{-1}DA^{1/2})(I_k - A^{1/2}D^\tau C^{-1}DA^{1/2}) \\
&= I_k - 2A^{1/2}D^\tau C^{-1}DA^{1/2} + A^{1/2}D^\tau C^{-1}DAD^\tau C^{-1}DA^{1/2} \\
&= I_k - A^{1/2}D^\tau C^{-1}DA^{1/2} \\
&= A^{1/2}BA^{1/2},
\end{aligned}$$

其中第四个等式由 $C = DAD^\tau$ 可得. 这说明 $A^{1/2}BA^{1/2}$ 是一个投影矩阵. $A^{1/2}BA^{1/2}$ 的秩是

$$\begin{aligned}
\mathrm{tr}(A^{1/2}BA^{1/2}) &= \mathrm{tr}(I_k - D^\tau C^{-1}DA) \\
&= k - \mathrm{tr}(C^{-1}DAD^\tau) \\
&= k - \mathrm{tr}(C^{-1}C) \\
&= k - (k - r) \\
&= r.
\end{aligned}$$

因此, 根据 §1.6 练习 51, $Z^\tau[I_1(g(\vartheta))]^{1/2}B(\vartheta)[I_1(g(\vartheta))]^{1/2}Z = \chi_r^2$. ∎

作为一个例子, 定理 6.5 可以应用在例 4.33 的检验问题中, 在这个问题中很难得到检验水准为 α 的 LR 检验的精确拒绝域, 但是可以通过数值计算得到似然比 λ_n.

利用渐近理论构造拒绝域的检验 (这些检验的渐近显著性水平为 α) 称为渐近检验. 当一个精确检验水准为 α 的检验很难找到时这很有用. 有两种流行的基于似然函数的渐近检验, 它们都渐近等价于 LR 检验. 注意到, (6.63) 中的假设等价于一组 $r \leqslant k$ 个等式:

$$H_0 : R(\theta) = 0, \tag{6.64}$$

其中 $R(\theta)$ 是 $\mathcal{R}^k$ 到 $\mathcal{R}^r$ 上的一个连续可微函数. Wald (1943) 介绍了一种检验, 它在

$$W_n = [R(\hat{\theta})]^\tau \{[C(\hat{\theta})]^\tau [I_n(\hat{\theta})]^{-1} C(\hat{\theta})\}^{-1} R(\hat{\theta})$$

的值较大时拒绝 H_0, 其中 $C(\theta) = \partial R(\theta)/\partial\theta$, $I_n(\theta)$ 是基于 $X_1, ..., X_n$ 的 Fisher 信息矩阵, $\hat{\theta}$ 是 θ 的 MLE 或 RLE. 对检验问题 $H_0 : \theta = \theta_0$, 其中 θ_0 已知, $R(\theta) = \theta - \theta_0$ 且 W_n 简化为

$$W_n = (\hat{\theta} - \theta_0)^\tau I_n(\hat{\theta})(\hat{\theta} - \theta_0).$$

Rao (1947) 介绍了一种计分 (score) 检验, 它在

$$R_n = [s_n(\tilde{\theta})]^\tau [I_n(\tilde{\theta})]^{-1} s_n(\tilde{\theta})$$

的值较大时拒绝 H_0, 其中 $s_n(\theta) = \partial \log \ell(\theta)/\partial\theta$ 是计分函数, $\tilde{\theta}$ 是 θ 在 (6.64) 中 H_0 下的 MLE 或 RLE.

定理 6.6. 假定定理 4.16 的条件.

(i) 在 (6.64) 给出的 H_0 下, $W_n \to_d \chi_r^2$, 因此, 当且仅当 $W_n > \chi_{r,\alpha}^2$ 时拒绝 H_0 的检验的渐近显著性水平为 α, 其中 $\chi_{r,\alpha}^2$ 是卡方分布 χ_r^2 的 $(1-\alpha)$ 分位数.

(ii) 用 R_n 代替 W_n, (i) 中的结论仍旧成立.

证明. (i) 利用定理 1.12 和 4.17,

$$\sqrt{n}[R(\hat{\theta}) - R(\theta)] \to_d N_r\left(0, [C(\theta)]^\tau [I_1(\theta)]^{-1} C(\theta)\right),$$

其中 $I_1(\theta)$ 是包含在 X_1 中关于 θ 的 Fisher 信息量. 在 H_0 下, $R(\theta) = 0$, 因此

$$n[R(\hat{\theta})]^\tau \{[C(\theta)]^\tau [I_1(\theta)]^{-1} C(\theta)\}^{-1} R(\hat{\theta}) \to_d \chi_r^2$$

(定理 1.10). 那么由 Slutsky 定理 (定理 1.11), $\hat{\theta} \to_p \theta$ 且 $I_1(\theta)$ 以及 $C(\theta)$ 在 θ 处的连续性可推得结论.

(ii) 由拉格朗日乘子可知, $\tilde{\theta}$ 满足

$$s_n(\tilde{\theta}) + C(\tilde{\theta})\lambda_n = 0 \quad \text{和} \quad R(\tilde{\theta}) = 0.$$

利用 Taylor 展开, 可以证明 (练习) 在 H_0 下,

$$[C(\theta)]^\tau(\tilde{\theta} - \theta) = o_p(n^{-1/2}) \tag{6.65}$$

和

$$s_n(\theta) - I_n(\theta)(\tilde{\theta} - \theta) + C(\theta)\lambda_n = o_p(n^{1/2}), \tag{6.66}$$

其中 $I_n(\theta) = nI_1(\theta)$. 在 (6.66) 左侧乘上 $[C(\theta)]^\tau[I_n(\theta)]^{-1}$ 并利用 (6.65), 我们得到

$$[C(\theta)]^\tau[I_n(\theta)]^{-1}C(\theta)\lambda_n = -[C(\theta)]^\tau[I_n(\theta)]^{-1}s_n(\theta) + o_p(n^{-1/2}), \tag{6.67}$$

这说明

$$\lambda_n^\tau[C(\theta)]^\tau[I_n(\theta)]^{-1}C(\theta)\lambda_n \to_d \chi_r^2 \tag{6.68}$$

(练习). 结论由 (6.68), $C(\tilde{\theta})\lambda_n = -s_n(\tilde{\theta})$, $I_n(\theta) = nI_1(\theta)$ 以及 $I_1(\theta)$ 在 θ 处的连续性可得. ∎

因此, Wald 检验、Rao 计分检验以及 LR 检验都是渐近等价的. 注意到, Wald 检验需要计算 $\hat{\theta}$ 而不需 $\tilde{\theta} = g(\hat{\vartheta})$, 而 Rao 计分检验需要计算 $\tilde{\theta}$ 但不需 $\hat{\theta}$. 另一方面, LR 检验需要计算 $\hat{\theta}$ 和 $\tilde{\theta}$ (或者解两个最大值问题). 因此, 在实际应用中, 我们可以选择这些检验中计算比较简单的一种.

定理 6.5 和 6.6 的结论可以推广到非 i.i.d. 情况 (例如, §4.4.2 中的 GLM). 我们接下来给出一个结果, 但不提供证明.

定理 6.7. 假定定理 4.18 的条件. 考虑 (6.64) 中的检验问题 H_0 (或等价的 (6.63)), $\theta = (\beta, \phi)$. 那么定理 6.5 和 6.6 的结论仍旧成立. ∎

例 6.22. 考虑 GLM (4.55)—(4.58), t_i 属于固定的区间 (t_0, t_∞), $0 < t_0 \leqslant t_\infty < \infty$. 那么 Fisher 信息矩阵为

$$I_n(\theta) = \begin{pmatrix} \phi^{-1}M_n(\beta) & 0 \\ 0 & \tilde{I}_n(\beta, \phi) \end{pmatrix},$$

其中 $M_n(\beta)$ 由 (4.60) 给出, $\tilde{I}_n(\beta, \phi)$ 是关于 ϕ 的 Fisher 信息量.

考虑检验问题 $H_0: \beta = \beta_0$ 对 $H_1: \beta \neq \beta_0$, 其中 β_0 是一个固定向量. 那么 $R(\beta, \phi) = \beta - \beta_0$. 令 $(\hat{\beta}, \hat{\phi})$ 是 (β, ϕ) 的 MLE (或 RLE). 那么 Wald 检验基于

$$W_n = \hat{\phi}^{-1}(\hat{\beta} - \beta_0)^\tau M_n(\hat{\beta})(\hat{\beta} - \beta_0),$$

Rao 计分检验基于

$$R_n = \tilde{\phi}[\tilde{s}_n(\beta_0)]^\tau [M_n(\beta_0)]^{-1} \tilde{s}_n(\beta_0),$$

其中 $\tilde{s}_n(\beta)$ 由 (4.65) 给出, $\tilde{\phi}$ 是 $\partial \log \ell(\beta_0, \phi)/\partial \phi = 0$ 的解. 由定理 4.18 可知, W_n 和 R_n 在 H_0 下都渐近服从 χ_p^2. 根据 Slutsky 定理, 我们可以用任意 ϕ 的一致估计代替 $\hat{\phi}$ 或 $\tilde{\phi}$. ∎

根据定义 2.13(iii), Wald 检验、Rao 计分检验和 LR 检验都是一致的. 如果选择 $\alpha = \alpha_n$ 使得当 $n \to \infty$ 时 $\alpha_n \to 0$ 且 $\chi^2_{r,\alpha_n} = o(n)$, 那么它们也是 Chernoff 一致的 (定义 2.13(iv))(练习). 这些检验其他的渐近最优性质在 Wald (1943) 中有讨论; 也可以参见 Serfling (1980, Chapter 10).

6.4.3 χ^2 检验

对检验由多项分布中的单元概率构成的假设, 与 §6.4.2 中描述的渐近检验相关的检验就是 χ^2 检验. 考虑 n 个独立试验的序列, 每个试验有 k 个可能的结果. 设 $p_j > 0$ 是任意一个给定试验中第 j 个结果出现的单元概率, X_j 是 n 个试验中第 j 个结果出现的次数. 那么 $X = (X_1, ..., X_k)$ 服从多项分布 (例 2.7), 参数为 $\boldsymbol{p} = (p_1, ..., p_k)$. 令 $\xi_i = (0, ..., 0, 1, 0, ..., 0)$, 其中唯一的非零分量 1 位于第 j 个位置若第 i 个试验得到第 j 个结果. 那么 $\xi_1, ..., \xi_n$ i.i.d. 且 $X/n = \bar{\xi} = \sum_{i=1}^n \xi_i/n$. 根据 CLT,

$$Z_n(\boldsymbol{p}) = \sqrt{n}\left(\frac{X}{n} - \boldsymbol{p}\right) = \sqrt{n}(\bar{\xi} - \boldsymbol{p}) \to_d N_k(0, \Sigma), \tag{6.69}$$

其中 $\Sigma = \mathrm{Var}(X/\sqrt{n})$ 是对称的 $k \times k$ 矩阵, 其第 i 个对角线元素是 $p_i(1 - p_i)$, 第 (i, j) 个非对角线元素是 $-p_i p_j$.

考虑检验问题

$$H_0: \boldsymbol{p} = \boldsymbol{p}_0 \quad 对 \quad H_1: \boldsymbol{p} \neq \boldsymbol{p}_0, \tag{6.70}$$

其中 $\boldsymbol{p}_0 = (p_{01}, ..., p_{0k})$ 是已知的单元概率的向量. 对于 (6.70), 一个流行的检验基于以下 χ^2 统计量:

$$\chi^2 = \sum_{j=1}^k \frac{(X_j - np_{0j})^2}{np_{0j}} = \|D(\boldsymbol{p}_0) Z_n(\boldsymbol{p}_0)\|^2, \tag{6.71}$$

其中 $Z_n(\boldsymbol{p})$ 由 (6.69) 给出, $D(c)$ 是 $k \times k$ 对角矩阵, 其第 j 个对角线元素是 $c_j^{-1/2}$, $c = (c_1, ..., c_k)$. 另一个流行的检验基于以下修正过的 χ^2 统计量:

$$\tilde{\chi}^2 = \sum_{j=1}^{k} \frac{(X_j - np_{0j})^2}{X_j} = \|D(X/n)Z_n(\boldsymbol{p}_0)\|^2. \tag{6.72}$$

注意到, X/n 是 $\mathbf{p}$ 的无偏估计.

定理 6.8. 设 $\phi = (\sqrt{p_1}, ..., \sqrt{p_k})$, Λ 是一个 $k \times k$ 投影矩阵.

(i) 如果 $\Lambda\phi = a\phi$, 那么

$$[Z_n(\mathbf{p})]^\tau D(\mathbf{p})\Lambda D(\mathbf{p}) Z_n(\mathbf{p}) \to_d \chi_r^2,$$

其中 χ_r^2 服从卡方分布 χ_r^2, $r = \mathrm{tr}(\Lambda) - a$.

(ii) 如果 (i) 中 $D(\mathbf{p})$ 由 $D(X/n)$ 代替, 同样的结论成立.

证明. (i) 令 $D = D(\mathbf{p})$, $Z_n = Z_n(\mathbf{p})$, $Z = N_k(0, I_k)$. 由 (6.69) 和定理 1.10,

$$Z_n^\tau D\Lambda D Z_n \to_d Z^\tau A Z, \quad \text{其中} \quad A = \Sigma^{1/2} D\Lambda D \Sigma^{1/2}.$$

从 §1.6 练习 51 可知, 如果我们能证明 $A^2 = A$ (即 A 是一个投影矩阵) 且 $r = \mathrm{tr}(A)$, 那么 (i) 中的结果成立. 因为 Λ 是一个投影矩阵且 $\Lambda\phi = a\phi$, 所以 a 不是 0 就是 1. 注意到 $D\Sigma D = I_k - \phi\phi^\tau$. 那么

$$\begin{aligned}
A^3 &= \Sigma^{1/2} D\Lambda D\Sigma D\Lambda D\Sigma D\Lambda D\Sigma^{1/2} \\
&= \Sigma^{1/2} D(\Lambda - a\phi\phi^\tau)(\Lambda - a\phi\phi^\tau)\Lambda D\Sigma^{1/2} \\
&= \Sigma^{1/2} D(\Lambda - 2a\phi\phi^\tau + a^2\phi\phi^\tau)\Lambda D\Sigma^{1/2} \\
&= \Sigma^{1/2} D(\Lambda - a\phi\phi^\tau)\Lambda D\Sigma^{1/2} \\
&= \Sigma^{1/2} D\Lambda D\Sigma D\Lambda D\Sigma^{1/2} \\
&= A^2,
\end{aligned}$$

这说明 A 的特征值肯定是 0 或 1. 因此, $A^2 = A$. 另外,

$$\mathrm{tr}(A) = \mathrm{tr}[\Lambda(D\Sigma D)] = \mathrm{tr}(\Lambda - a\phi\phi^\tau) = \mathrm{tr}(\Lambda) - a.$$

(ii) (ii) 的结论由 (i) 和 $X/n \to_p \mathbf{p}$ 可得. ∎

式 (6.71) 中的 χ^2 统计量和 (6.72) 中修正过的 χ^2 统计量分别是定理 6.8(i) 和 (ii) 的特殊情况, 其中 $\Lambda = I_k$ 满足 $\Lambda\phi = \phi$. 因此, 对于检验问题 (6.70), 当

$\chi^2 > \chi^2_{k-1,\alpha}$ (或 $\tilde{\chi}^2 > \chi^2_{k-1,\alpha}$) 时拒绝 H_0 是渐近显著性水平为 α 的检验, 其中 $\chi^2_{k-1,\alpha}$ 是 χ^2_{k-1} 的 $(1-\alpha)$ 分位数. 这些检验称为 (渐近) χ^2 检验.

例 6.23 (拟合优度检验). 设 $Y_1,...,Y_n$ i.i.d. 来自 F. 考虑检验问题

$$H_0: F = F_0 \quad \text{对} \quad H_1: F \neq F_0, \tag{6.73}$$

其中 F_0 是一个已知的 c.d.f. 比如, $F_0 = N(0,1)$. 一种检验 (6.73) 的方式是把 Y_1 的取值范围划分成 k 个不相交事件 $A_1,...,A_k$, 检验 (6.70), 其中 $p_j = P_F(A_j)$ 和 $p_{0j} = P_{F_0}(A_j)$, $j=1,...,k$. 令 X_j 是 Y_i 属于 A_j 的个数, $j=1,...,k$. 基于 $X_1,...,X_k$, 之前讨论的 χ^2 检验可以用在这个问题上, 称为拟合优度检验. ∎

例 6.23 中讨论的拟合优度检验中, H_0 中的 F_0 已知, 因此可以计算所有的 p_{0j}. 在一些情况下, 我们需要检验与 (6.73) 中的假设有些不同的如下假设:

$$H_0: F = F_\theta \quad \text{对} \quad H_1: F \neq F_\theta, \tag{6.74}$$

其中 θ 是 $\Theta \subset \mathcal{R}^s$ 上的未知参数. 比如, $F_\theta = N(\mu,\sigma^2)$, $\theta = (\mu,\sigma^2)$. 如果我们仍旧想用检验 (6.70), 其中 $p_j = P_{F_\theta}(A_j)$, $j=1,...,k$, 那么无法应用例 6.23 中的结论, 因为 $\boldsymbol{p}$ 在 H_0 下仍未知. 利用下面的结果, 我们可以得到对于 (6.74) 的广义 χ^2 检验. 设 $\boldsymbol{p}(\theta) = (p_1(\theta),...,p_k(\theta))$ 是一个以 $\theta \in \Theta \subset \mathcal{R}^s$ 的已知函数为分量的 k 维向量, $s < k$. 考虑检验问题

$$H_0: \boldsymbol{p} = \boldsymbol{p}(\theta) \quad \text{对} \qquad H_1: \boldsymbol{p} \neq \boldsymbol{p}(\theta). \tag{6.75}$$

注意到, (6.70) 是 (6.75) 的特殊情况, 其中 $s=0$, 即 θ 已知. 令 $\hat{\theta}$ 是 H_0 下 θ 的 MLE. 那么, 根据定理 6.5, 当 $-2\log\lambda_n > \chi^2_{k-s-1,\alpha}$ 时拒绝 H_0 的 LR 检验的渐近显著性水平为 α, 其中 $\chi^2_{k-s-1,\alpha}$ 是 χ^2_{k-s-1} 的 $(1-\alpha)$ 分位数, 且

$$\lambda_n = \prod_{j=1}^k [p_j(\hat{\theta})]^{X_j} \Big/ (X_j/n)^{X_j}.$$

利用在 H_0 下有 $p_j(\hat{\theta})/(X_j/n) \to_p 1$, 且

$$\log(1+x) = x - x^2/2 + o(|x|^2) \quad \text{当 } |x| \to 0 \text{ 时},$$

我们得到

$$-2\log\lambda_n = -2\sum_{j=1}^k X_j \log\left(1 + \frac{p_j(\hat{\theta})}{X_j/n} - 1\right)$$

$$
\begin{aligned}
&= -2\sum_{j=1}^{k} X_j\left(\frac{p_j(\hat{\theta})}{X_j/n}-1\right)+\sum_{j=1}^{k} X_j\left(\frac{p_j(\hat{\theta})}{X_j/n}-1\right)^2+o_p(1)\\
&= \sum_{j=1}^{k}\frac{[X_j-np_j(\hat{\theta})]^2}{X_j}+o_p(1)\\
&= \sum_{j=1}^{k}\frac{[X_j-np_j(\hat{\theta})]^2}{np_j(\hat{\theta})}+o_p(1),
\end{aligned}
$$

其中第三个等式由 $\sum_{j=1}^{k} p_j(\hat{\theta}) = \sum_{j=1}^{k} X_j/n = 1$ 可得. 定义广义 χ^2 统计量 χ^2 和 $\tilde{\chi}^2$ 分别为 (6.71) 和 (6.72) 中的 χ^2 和 $\tilde{\chi}^2$ 但 p_{0j} 由 $p_j(\hat{\theta})$ 代替. 那么我们就有了如下结果.

定理 6.9. 在 (6.75) 给出的 H_0 下, 广义 χ^2 统计量依分布收敛到 χ^2_{k-s-1}. 拒绝域为 $\chi^2 > \chi^2_{k-s-1,\alpha}$ (或 $\tilde{\chi}^2 > \chi^2_{k-s-1,\alpha}$) 的 χ^2 检验的渐近显著性水平为 α, 其中 $\chi^2_{k-s-1,\alpha}$ 是 χ^2_{k-s-1} 的 $(1-\alpha)$ 分位数. ∎

定理 6.9 可以用来求对于假设 (6.74) 的拟合优度检验. 但是, 必须明确表示出 (6.75), 并在 $H_0: \mathbf{p} = \mathbf{p}(\theta)$ 下求出 θ 的 MLE, 这与 $H_0: F = F_\theta$ 下的 MLE 是不同的, 除非 (6.74) 和 (6.75) 一样; 参见 Moore and Spruill (1975). 下面的例子是定理 6.9 的主要应用.

例 6.24 ($r \times c$ 列联表). 下面的 $r \times c$ 列联表是例 6.12 中 2×2 列联表的一个很自然的推广:

	A_1	A_2	$\cdots$	A_c	总和
B_1	X_{11}	X_{12}	$\cdots$	X_{1c}	n_1
B_2	X_{21}	X_{22}	$\cdots$	X_{2c}	n_2
$\cdots$	$\cdots$	$\cdots$	$\cdots$	$\cdots$	$\cdots$
B_r	X_{r1}	X_{r2}	$\cdots$	X_{rc}	n_r
总和	m_1	m_2	$\cdots$	m_c	n

其中 $A_1, ..., A_c$ 是不相交事件, $A_1 \cup \cdots \cup A_c = \Omega$ (随机试验的样本空间), $B_1, ..., B_r$ 是不相交事件, $B_1 \cup \cdots \cup B_r = \Omega$, X_{ij} 是观测到结果在 $A_j \cap B_i$ 中的频率. 与例 6.12 中讨论的 2×2 列联表类似, 在这个问题中有两个重要应用. 我们首先考虑 $\{A_j : j = 1, ..., c\}$ 和 $\{B_i : i = 1, ..., r\}$ 的独立性检验, 考虑假设

$$
H_0: p_{ij} = p_{i\cdot}p_{\cdot j} \text{ 对于所有 } i, j \text{ 对 } H_1: p_{ij} \neq p_{i\cdot}p_{\cdot j} \text{ 对于某个 } i, j,
$$

其中 $p_{ij} = P(A_j \cap B_i) = E(X_{ij})/n$, $p_{i\cdot} = P(B_i)$, $p_{\cdot j} = P(A_j)$, $i = 1, ..., r$, $j = 1, ..., c$. 在这种情况下, $X = (X_{ij}, i = 1, ..., r, j = 1, ..., c)$ 服从多项分

布, 参数为 p_{ij}, $i=1,...,r$, $j=1,...,c$. 在 H_0 下, $p_{i\cdot}$ 和 $p_{\cdot j}$ 的 MLE 分别是 $\bar{X}_{i\cdot}=n_i/n$ 和 $\bar{X}_{\cdot j}=m_j/n$, $i=1,...,r$, $j=1,...,c$ (练习). 根据定理 6.9, χ^2 检验当 $\chi^2>\chi^2_{(r-1)(c-1),\alpha}$ 时拒绝 H_0, 其中

$$\chi^2=\sum_{i=1}^{r}\sum_{j=1}^{c}\frac{(X_{ij}-n\bar{X}_{i\cdot}\bar{X}_{\cdot j})^2}{n\bar{X}_{i\cdot}\bar{X}_{\cdot j}}, \tag{6.76}$$

$\chi^2_{(r-1)(c-1),\alpha}$ 是卡方分布 $\chi^2_{(r-1)(c-1)}$ 的 $(1-\alpha)$ 分位数 (练习). 在 (6.76) 的每个求和项中, 用 X_{ij} 代替 $n\bar{X}_{i\cdot}\bar{X}_{\cdot j}$, 我们也可以得到修正过的 χ^2 检验.

其次, 假设 $(X_{1j},...,X_{rj})$ 是 c 个服从多项分布的独立随机向量, $j=1,...,c$, 参数分别是 $(p_{1j},...,p_{rj})$, $j=1,...,c$. 考虑 c 个多项分布是否相同这个检验问题, 即

$$H_0: p_{ij}=p_{i1} \text{ 对于所有 } i,j \quad \text{对} \quad H_1: p_{ij}\neq p_{i1} \text{ 对于某个 } i,j.$$

可以证明, 定理 6.19 中给出的 χ^2 检验的拒绝域仍旧是 $\chi^2>\chi^2_{(r-1)(c-1),\alpha}$, 其中 χ^2 由 (6.76) 给出 (练习).

在这个问题中, 我们也可以得到 LR 检验. 当 $r=c=2$ 时, LR 检验等价于例 6.12 给出的 Fisher 精确检验, 它是一个 UMPU 检验. 然而, 当 $r>2$ 或 $c>2$ 时, 这个问题中不存在 UMPU 检验. ∎

6.4.4 Bayes 检验

对于检验 (6.59), LR 检验实际上是比较 $\sup_{\theta\in\Theta_0}\ell(\theta)$ 和 $\sup_{\theta\in\Theta_1}\ell(\theta)$. 我们可以用比较两个平均值替之, 比如 $\hat{\pi}_j=\int_{\Theta_j}\ell(\theta)d\Pi(\theta)/\int_{\Theta}\ell(\theta)d\Pi(\theta)$, $j=0,1$, 其中 $\Pi(\theta)$ 是 Θ 上的一个 c.d.f., 而且当 $\hat{\pi}_1>\hat{\pi}_0$ 时拒绝 H_0. 如果把 Π 看作是一个先验 c.d.f., 那么 $\hat{\pi}_j$ 是 Θ_j 的后验概率, 这个检验是一个特殊的 Bayes 解 (见 §4.6 练习 18), 称其为 Bayes 检验.

在 Bayes 分析中, 我们经常考虑 Bayes 因子, 定义为

$$\beta=\frac{\text{后验概率比值}}{\text{先验概率比值}}=\frac{\hat{\pi}_0/\hat{\pi}_1}{\pi_0/\pi_1},$$

其中 $\pi_j=\Pi(\Theta_j)$ 是 Θ_j 的先验概率.

显然, 如果存在 θ 的一个充分统计量, 那么 Bayes 检验和 Bayes 因子仅依赖充分统计量.

考虑 $\Theta_0=\{\theta_0\}$ 和 $\Theta_1=\{\theta_1\}$ 都是简单假设这个特殊情况. 对于给定的 $X=x$,

$$\hat{\pi}_j=\frac{\pi_j f_{\theta_j}(x)}{\pi_0 f_{\theta_0}(x)+\pi_1 f_{\theta_1}(x)}.$$

当 $\hat{\pi}_1 > \hat{\pi}_0$ 时拒绝 H_0 与下式成立时拒绝 H_0 是一样的:

$$\frac{f_{\theta_1}(x)}{f_{\theta_0}(x)} > \frac{\pi_0}{\pi_1}. \tag{6.77}$$

这等价于 (6.3) 中的 UMP 检验 T_*(定理 6.1), 其中 $c = \pi_0/\pi_1$, $\gamma = 0$. 这种情况下的 Bayes 因子是

$$\beta = \frac{\hat{\pi}_0 \pi_1}{\hat{\pi}_1 \pi_0} = \frac{f_{\theta_0}(x)}{f_{\theta_1}(x)}.$$

因此, (6.3) 中的 UMP 检验 T_* 等价于当 Bayes 因子较小时拒绝 H_0 的检验. 注意到, (6.77) 给出的拒绝域依赖先验概率, 但是 Bayes 因子不依赖.

然而, 如果 Θ_0 或 Θ_1 不是简单的, Bayes 因子也依赖先验 Π.

如果 Π 是一个非正常先验, 那么 Bayes 检验仍旧可以定义, 只要后验概率 $\hat{\pi}_j$ 有限. 然而, 当 Π 非正常时, Bayes 因子可能不是有定义的.

例 6.25. 设 $X_1, ..., X_n$ i.i.d. 来自 $N(\mu, \sigma^2)$, $\mu \in \mathcal{R}$ 未知, $\sigma^2 > 0$ 已知. 令 μ 的先验是 $N(\xi, \tau^2)$. 那么 μ 的后验是 $N(\mu_*(x), c^2)$, 其中

$$\mu_*(x) = \frac{\sigma^2}{n\tau^2 + \sigma^2}\xi + \frac{n\tau^2}{n\tau^2 + \sigma^2}\bar{x} \quad 和 \quad c^2 = \frac{\tau^2\sigma^2}{n\tau^2 + \sigma^2}$$

(见例 2.25). 首先考虑检验问题 $H_0 : \mu \leqslant \mu_0$ 对 $H_1 : \mu > \mu_0$. 令 Φ 是标准正态的 c.d.f. 那么 Θ_0 的后验概率和 Bayes 因子分别是

$$\hat{\pi}_0 = \Phi\left(\frac{\mu_0 - \mu_*(x)}{c}\right) \quad 和 \quad \beta = \frac{\Phi\left(\dfrac{\mu_0 - \mu_*(x)}{c}\right)\Phi\left(\dfrac{\xi - \mu_0}{\tau}\right)}{\Phi\left(\dfrac{\mu_*(x) - \mu_0}{c}\right)\Phi\left(\dfrac{\mu_0 - \xi}{\tau}\right)}.$$

有趣的是, 如果令 $\tau \to \infty$, 这与考虑非正常先验 $\Pi = \mathcal{R}$ 上的 Lebesgue 测度是相同的, 则

$$\hat{\pi}_0 \to \Phi\left(\frac{\mu_0 - \bar{x}}{\sigma/\sqrt{n}}\right),$$

这恰好是例 2.29 中得到的 p 值 $\hat{\alpha}(x)$.

其次考虑检验问题 $H_0 : \mu = \mu_0$ 对 $H_1 : \mu \neq \mu_0$. 在这种情况下, 先验 c.d.f. 在 μ_0 处不能是连续的. 我们考虑 $\Pi(\mu) = \pi_0 I_{[\mu_0,\infty)}(\mu) + (1 - \pi_0)\Phi(\frac{\mu-\xi}{\tau})$. 令 $\ell(\mu)$ 是基于 $\bar{x}$ 的似然函数. 那么

$$m_1(x) = \int_{\mu \neq \mu_0} \ell(\mu) d\Phi\left(\frac{\mu - \xi}{\tau}\right) = \frac{1}{\sqrt{\tau^2 + \sigma^2/n}}\Phi'\left(\frac{\bar{x} - \xi}{\sqrt{\tau^2 + \sigma^2/n}}\right),$$

其中 $\Phi'(t)$ 是标准正态分布的 p.d.f., 且

$$\hat{\pi}_0 = \frac{\pi_0 \ell(\mu_0)}{\pi_0 \ell(\mu_0) + (1 - \pi_0) m_1(x)} = \left(1 + \frac{1 - \pi_0}{\pi_0 \beta}\right)^{-1},$$

其中

$$\beta = \frac{\ell(\mu_0)}{m_1(x)} = \frac{\sqrt{n\tau^2+\sigma^2}\Phi'\left(\dfrac{\bar{x}-\mu_0}{\sigma/\sqrt{n}}\right)}{\sigma\Phi'\left(\dfrac{\bar{x}-\xi}{\sqrt{\tau^2+\sigma^2/n}}\right)}$$

是 Bayes 因子. ∎

更多关于 Bayes 假设检验的讨论参见 Berger (1985, §4.3.3).

6.5 非参数模型中的检验

在非参数问题中, UMP, UMPU 或 UMPI 检验通常不存在. 本节我们研究一些检验水准为 α、极限检验水准为 α 或渐近显著性水平为 α 的非参数检验. 也会讨论这些非参数检验的一致性 (定义 2.13).

非参数检验是用一些有直观吸引力的想法得到的. 俗称无分布假定检验, 因为在考虑的总体上几乎不做任何假定. 但是当参数模型正确时, 非参检验可能不如参数检验 (在势方面). 这与我们比较参数估计方法和非参估计方法时的情况非常类似.

6.5.1 符号、置换和秩检验

这里介绍三类流行常用的非参数检验. 第一种是符号检验类. 设 $X_1, ..., X_n$ 是来自 F 的 i.i.d. 随机变量, u 是一个固定常数, $p = F(u)$. 考虑检验问题 $H_0: p \leqslant p_0$ 对 $H_1: p > p_0$ 或者 $H_0: p = p_0$ 对 $H_1: p \neq p_0$, 其中 p_0 是 $(0,1)$ 中的一个固定常数. 令

$$\Delta_i = \begin{cases} 1, & X_i - u \leqslant 0, \\ 0, & X_i - u > 0, \end{cases} \quad i = 1, ..., n.$$

那么 $\Delta_1, ..., \Delta_n$ 是 i.i.d. 0–1 随机变量, $p = P(\Delta_i = 1)$. 考虑检验问题 $H_0: p \leqslant p_0$ 对 $H_1: p > p_0$, 由推论 6.1 可知, 检验

$$T_*(Y) = \begin{cases} 1, & Y > m, \\ \gamma, & Y = m, \\ 0, & Y < m \end{cases} \tag{6.78}$$

的检验水准为 α, 且在基于 Δ_i 的检验中是 UMP, 其中 $Y = \sum_{i=1}^n \Delta_i$, m 和 γ 满足 (6.7). 尽管 T_* 的检验水准为 α, 但我们不能直接断定 T_* 是一个 UMP 检验, 因为 $\Delta_1, ..., \Delta_n$ 对于 F 可能不是充分的. 但是在这个特殊情况下, 可以证

明 T_* 事实上是一个 UMP 检验 (Lehmann, 1986, pp. 106–107). 注意到, 对 F 没有做任何假定.

考虑检验问题 $H_0: p = p_0$ 对 $H_1: p \neq p_0$, 由定理 6.4 可知, 检验

$$T_*(Y) = \begin{cases} 1, & Y < c_1 \text{ 或 } Y > c_2, \\ \gamma_i, & Y = c_i,\ i = 1, 2, \\ 0, & c_1 < Y < c_2 \end{cases} \tag{6.79}$$

的检验水准为 α, 且在基于 Δ_i 的无偏检验中是 UMP, 其中选择 γ 和 c_i 使得当 $p = p_0$ 时 $E(T_*) = \alpha$ 且 $E(T_*Y) = \alpha n p_0$. 这个检验实际上是一个 UMPU 检验 (Lehmann, 1986, p. 166).

因为 Y 等于 $u - X_1, ..., u - X_n$ 中符号非负的个数, 所以 (6.78) 或 (6.79) 中基于 T_* 的检验称为符号检验. 很容易把符号检验推广到 $p = P(X_1 \in B)$, 其中 B 是任意固定事件的情况. 另一推广是观测到 i.i.d. $(X_1, Y_1), ..., (X_n, Y_n)$ (配对) 的情况. 通过使用 $\Delta_i = X_i - Y_i - u$, 我们可得到关于 $P(X_1 - Y_1 \leqslant u)$ 假设检验问题的符号检验.

接下来, 我们介绍置换检验类. 设 $X_{i1}, ..., X_{in_i}$ 分别来自 F_i 的两个独立样本, $i = 1, 2$, 其中 F_i 是 $\mathcal{R}$ 上的 c.d.f. 当 F_1 和 F_2 是方差相同的正态分布时, 关于它们的均值的假设检验问题, 在 §6.2.3 中我们证明了两样本 t 检验是 UMPU 检验. 这类检验问题出现在两种处理的比较上. 假设现在我们去掉正态性假定, 用更弱的假定替代, 即 F_i 属于包含 $\mathcal{R}$ 上所有连续 c.d.f. 的非参分布族 $\mathscr{F}$. 考虑检验问题

$$H_0: F_1 = F_2 \quad \text{对} \quad H_1: F_1 \neq F_2, \tag{6.80}$$

当 F_1 和 F_2 是方差相同的正态分布时, 这与检验它们的均值是否相等是一样的.

设 $X = (X_{ij}, j = 1, ..., n_i, i = 1, 2)$, $n = n_1 + n_2$, α 是一个给定的显著性水平. 满足

$$\frac{1}{n!} \sum_{z \in \pi(x)} T(z) = \alpha \tag{6.81}$$

的检验 $T(X)$ 称为置换检验, 其中 $\pi(x)$ 是在 $x \in \mathcal{R}^n$ 中通过置换 x 的分量得到的 $n!$ 个点的集合. 置换检验的检验水准为 α (练习). 假定 $F_1(x) = F_2(x - \theta)$ 以及 $F_1 \in \mathscr{F}$, $\mathscr{F}$ 包含所有 Lebesgue p.d.f. 是 a.e. 连续的 c.d.f., 这仍旧比假定 F_1 和 F_2 是方差相同的正态分布弱得多, 检验水准为 α 的置换检验类恰好与检验水准为 α 的无偏检验类是一样的; 比如, 参见 Lehmann (1986, p. 231).

不幸的是, 所有检验水准为 α 的置换检验中不存在 UMP 检验. 在实际应用中, 我们通常选择一个 Lebesgue p.d.f. h, 定义置换检验为

$$T(X)=\begin{cases}1, & h(X)>h_m,\\ \gamma, & h(X)=h_m,\\ 0, & h(X)<h_m,\end{cases} \tag{6.82}$$

其中 h_m 是集合 $\{h(z): z\in\pi(x)\}$ 的第 $(m+1)$ 个最大的值, m 是 $\alpha n!$ 的整数部分, $\gamma=\alpha n!-m$. 这个置换检验在某种意义上是最优的 (Lehmann, 1986, §5.11).

置换检验类是由无偏原则引出的, 这里介绍的第三类检验是由不变原则引出的.

首先考虑单样本问题: $X_1,...,X_n$ 是来自连续 c.d.f. F 的 i.i.d. 随机变量, 我们想检验

$$H_0: F \text{ 关于 } 0 \text{ 对称} \quad \text{对} \quad H_1: F \text{ 不关于 } 0 \text{ 对称}.$$

设 $\mathcal{G}$ 是变换类 $g(x)=(\psi(x_1),...,\psi(x_n))$, 其中 ψ 是连续, 严格递增的奇函数. 令 $\tilde{R}(X)$ 是 $|X_1|,...,|X_n|$ 秩的向量, $R_+(X)$ (或 $R_-(X)$) 是包含正 (或负) X_i 对应的秩的 $\tilde{R}(X)$ 的子向量. 可以证明 (练习) (R_+,R_-) 在 $\mathcal{G}$ 下是最大不变的. 此外, 充分性可以使 R_+ 和 R_- 简化到 R_+^o, 即 R_+ 排序过分量的向量. 基于 R_+^o 的检验称为 (单样本) *符号秩检验*.

与置换检验的情况类似, 符号秩检验类中没有 UMP 检验. 一般的选择是当 $W(R_+^o)$ 太大或太小时拒绝 H_0 的符号秩检验, 其中

$$W(R_+^o)=J(R_{+1}^o/n)+\cdots+J(R_{+n_*}^o/n), \tag{6.83}$$

J 是 $[0,1]$ 上一个连续且严格递增的函数, R_{+i}^o 是 R_+^o 的第 i 个分量, n_* 是正 X_i 的个数. 这是由于如果 (6.83) 中的 W 太大或太小, H_0 不太可能是真的. 注意到, W/n 等于 $\mathtt{T}(F_n)$, $\mathtt{T}$ 由 (5.53) 给出, $J(t)=t$, 基于 (6.83) 中 W 的检验就是著名的单样本 Wilcoxon 符号秩检验.

在 H_0 下, 对于每个 $y\in\mathcal{Y}$, $P(R_+^o=y)=2^{-n}$, 其中 $\mathcal{Y}$ 包含 2^n 个满足 $1\leqslant y_1<\cdots<y_{n_*}\leqslant n$ 的 n_* 元组 $y=(y_1,...,y_{n_*})$. 那么, 下面的符号秩检验的检验水准为 α:

$$T(X)=\begin{cases}1, & W(R_+^o)<c_1 \text{ 或 } W(R_+^o)>c_2,\\ \gamma, & W(R_+^o)=c_i, i=1,2,\\ 0, & c_1<W(R_+^o)<c_2,\end{cases} \tag{6.84}$$

其中 c_1 和 c_2 是集合 $\{W(y): y \in \mathcal{Y}\}$ 的第 $(m+1)$ 小和大值, m 是 $\alpha 2^n/2$ 的整数部分, $\gamma = \alpha 2^n/2 - m$.

接下来考虑两样本检验问题 (6.80), 基于两个 i.i.d. 分别来自 F_i 的独立样本 $X_{i1}, ..., X_{in_i}$, $i = 1, 2$. 设 $\mathcal{G}$ 是变换类 $g(x) = (\psi(x_{ij}), j = 1, ..., n_i, i = 1, 2)$, 其中 ψ 连续且严格递增. 令 $R(X)$ 是所有 X_{ij} 秩的向量. 例 6.14 中, 我们证明了 R 在 $\mathcal{G}$ 下是最大不变的. 同样, 充分性可以使 R 简化到 R_1^o, 即 $X_{11}, ..., X_{1n_1}$ 秩的排序值的向量. 针对 (6.80), 基于 R_1^o 的检验称为两样本秩检验. 在 H_0 下, 对于每个 $y \in \mathcal{Y}$, $P(R_1^o = y) = \binom{n}{n_1}^{-1}$, 其中 $\mathcal{Y}$ 包含 $\binom{n}{n_1}$ 个满足 $1 \leqslant y_1 < \cdots < y_{n_1} \leqslant n$ 的 n_1 元组 $y = (y_1, ..., y_{n_1})$. 令 $R_1^o = (R_{11}^o, ..., R_{1n_1}^o)$. 通常使用的两样本秩检验由 (6.83)—(6.84) 给出, R_{+i}^o, n_* 和 2^n 分别被 R_{1i}^o, n_1 和 $\binom{n}{n_1}$ 代替. 当 $n_1 = n_2$ 时, 统计量 W/n 等于 $\mathtt{T}(F_n)$, 其中 $\mathtt{T}$ 由 (5.55) 给出. 当 $J(t) = t - \frac{1}{2}$ 时, 简化为著名的两样本 Wilcoxon 秩检验.

前面介绍的排序和秩检验的共同特征是, 对于每个固定的样本量 n, 可以得到检验水准为 α 的检验, 但是当 n 较大时, 涉及拒绝域 $\{T(X) = 1\}$ 的计算可能非常难处理. 因此, 当 n 较大时, 可以考虑排序和秩检验的近似. 排序检验通常可以用 §6.2.3 中的两样本 t 检验近似 (Lehmann, 1986, §5.13). 利用 §5.2.2 中的结论, 我们现在求极限检验水准为 α 的单样本符号秩检验 (定义 2.13(ii)), 它可以看作是当 n 较大时, 检验水准近似为 α 的符号秩检验.

从 §5.2.2 的讨论可知, $W/n = \mathtt{T}(F_n)$, 其中 ϱ_∞-Hadamard 可微泛函 $\mathtt{T}$ 由 (5.53) 给出. 根据定理 5.5,

$$\sqrt{n}[W/n - \mathtt{T}(F)] \to_d N(0, \sigma_F^2),$$

其中 $\sigma_F^2 = E[\phi_F(X_1)]^2$,

$$\phi_F(x) = \int_0^\infty J'(\tilde{F}(y))(\tilde{\boldsymbol{\delta}}_x - \tilde{F})(y)dF(y) + J(\tilde{F}(x)) - \mathtt{T}(F)$$

(见 (5.54)), $\boldsymbol{\delta}_x$ 表示在 x 处退化的 c.d.f. 因为 F 是连续的, 所以 $\tilde{F}(x) = F(x) - F(-x)$. 在 H_0 下, $F(x) = 1 - F(-x)$. 因此, σ_F^2 在 H_0 下等于 $v_1 + v_2 + 2v_{12}$, 其中

$$\begin{aligned}
v_1 &= \mathrm{Var}\big(J(\tilde{F}(X_1))\big) = \frac{1}{2}\int_0^\infty [J(\tilde{F}(x))]^2 d\tilde{F}(x), \\
v_2 &= \mathrm{Var}\left(\int_0^\infty J'(\tilde{F}(y))(\tilde{\boldsymbol{\delta}}_{X_1} - \tilde{F})(y)dF(y)\right) \\
&= E\int_0^\infty\int_0^\infty J'(\tilde{F}(y))J'(\tilde{F}(z))(\tilde{\boldsymbol{\delta}}_{X_1} - \tilde{F})(y)(\tilde{\boldsymbol{\delta}}_{X_1} - \tilde{F})(z)dF(y)dF(z)
\end{aligned}$$

$$
\begin{aligned}
&= \frac{1}{4}\int_0^\infty\int_0^\infty J'(\tilde{F}(y))J'(\tilde{F}(z))[\tilde{F}(\min\{y,z\})-\tilde{F}(y)\tilde{F}(z)]d\tilde{F}(y)d\tilde{F}(z)\\
&= \frac{1}{2}\int_{0<z<y<\infty} J'(\tilde{F}(y))J'(\tilde{F}(z))\tilde{F}(z)[1-\tilde{F}(y)]d\tilde{F}(y)d\tilde{F}(z),\\
v_{12} &= \mathrm{Cov}\left(J(\tilde{F}(X_1)),\int_0^\infty J'(\tilde{F}(y))(\tilde{\boldsymbol{\delta}}_{X_1}-\tilde{F})(y)dF(y)\right)\\
&= E\int_0^\infty J(\tilde{F}(X_1))J'(\tilde{F}(y))(\tilde{\boldsymbol{\delta}}_{X_1}-\tilde{F})(y)dF(y)\\
&= \int_{-\infty}^\infty\int_0^\infty J(\tilde{F}(x))J'(\tilde{F}(y))(\boldsymbol{\delta}_{|x|}-\tilde{F})(y)dF(y)dF(x)\\
&= \frac{1}{2}\int_0^\infty\int_0^\infty J(\tilde{F}(x))J'(\tilde{F}(y))(\boldsymbol{\delta}_x-\tilde{F})(y)d\tilde{F}(y)d\tilde{F}(x).
\end{aligned}
$$

注意到在 H_0 下, W 的分布完全已知. 事实上, 令 $s=\tilde{F}(y)$ 和 $t=\tilde{F}(z)$, 可以得到 $\sigma_F^2=v_1+v_2+2v_{12}$ 和

$$
\mathtt{T}(F)=\int_0^\infty J(\tilde{F}(x))dF(x)=\frac{1}{2}\int_0^1 J(s)ds
$$

不依赖 F. 因此, 当

$$
\sqrt{n}|W/n-t_0|>\sigma_0 z_{1-\alpha/2} \tag{6.85}
$$

时拒绝 H_0 的符号秩检验 T 有如下性质:

$$
\begin{aligned}
\sup_{P\in\mathcal{P}_0}\beta_T(P) &= \sup_{P\in\mathcal{P}_0} P\left(\sqrt{n}|W/n-t_0|>\sigma_0 z_{1-\alpha/2}\right)\\
&= P_W\left(\sqrt{n}|W/n-t_0|>\sigma_0 z_{1-\alpha/2}\right)\\
&\to \alpha,
\end{aligned}
$$

即 T 的极限检验水准为 α, 其中 $z_a=\Phi^{-1}(a)$, $t_0=\mathtt{T}(F)$ 且 $\sigma_0^2=\sigma_F^2$ 在 H_0 下是已知常数.

可以类似得到极限检验水准为 α 的两样本秩检验 (练习).

6.5.2 Kolmogorov-Smirnov 和 Cramér-von Mises 检验

本节我们介绍两种关于 $\mathcal{R}$ 上连续 c.d.f. 假设的检验. 设 $X_1,...,X_n$ 是来自连续 c.d.f. F 的 i.i.d. 随机变量. 假设我们想检验假设 (6.73), 即 $H_0: F=F_0$ 对 $H_1: F\neq F_0$, 其中 F_0 固定. 令 F_n 为经验 c.d.f.,

$$
D_n(F)=\sup_{x\in\mathcal{R}}|F_n(x)-F(x)|, \tag{6.86}
$$

事实上这就是距离 $\varrho_\infty(F_n, F)$. 直观上, 当 H_0 为真时, $D_n(F_0)$ 应该很小. 从 §5.1.1 的结果可知, $D_n(F_0) \to_{a.s.} 0$ 当且仅当 H_0 为真. 统计量 $D_n(F_0)$ 称为 Kolmogorov-Smirnov 统计量. 拒绝域为 $D_n(F_0) > c$ 的检验称为 Kolmogorov-Smirnov 检验.

在一些情况下, 我们想检验"单边"假设 $H_0 : F = F_0$ 对 $H_1 : F \geqslant F_0,\ F \neq F_0$, 或者 $H_0 : F = F_0$ 对 $H_1 : F \leqslant F_0,\ F \neq F_0$. 对应的 Kolmogorov-Smirnov 统计量是 $D_n^+(F_0)$ 或 $D_n^-(F_0)$, 其中

$$D_n^+(F) = \sup_{x \in \mathcal{R}} [F_n(x) - F(x)] \tag{6.87}$$

和

$$D_n^-(F) = \sup_{x \in \mathcal{R}} [F(x) - F_n(x)].$$

单边 Kolmogorov-Smirnov 检验的拒绝域分别是 $D_n^+(F_0) > c$ 和 $D_n^-(F_0) > c$.

设 $X_{(1)} < \cdots < X_{(n)}$ 是次序统计量, 定义 $X_{(0)} = -\infty$ 和 $X_{(n+1)} = \infty$. 因为当 $X_{(i)} \leqslant x < X_{(i+1)}$ 时, $F_n(x) = i/n$, $i = 0, 1, ..., n$, 所以

$$\begin{aligned} D_n^+(F) &= \max_{0 \leqslant i \leqslant n} \sup_{X_{(i)} \leqslant x < X_{(i+1)}} \left[\frac{i}{n} - F(x) \right] \\ &= \max_{0 \leqslant i \leqslant n} \left[\frac{i}{n} - \inf_{X_{(i)} \leqslant x < X_{(i+1)}} F(x) \right] \\ &= \max_{0 \leqslant i \leqslant n} \left[\frac{i}{n} - F(X_{(i)}) \right]. \end{aligned}$$

当 F 连续时, $F(X_{(i)})$ 是来自均匀分布 $U(0,1)$ 样本量为 n 的一个样本的第 i 个次序统计量, 不论 F 是什么. 因此, 如果我们只关注 $\mathcal{R}$ 上连续的 c.d.f., 那么 $D_n^+(F)$ 的分布不依赖 F. 由对称性, $D_n^-(F)$ 的分布与 $D_n^+(F)$ 的一样 (练习). 因为

$$D_n(F) = \max\{D_n^+(F), D_n^-(F)\},$$

所以 $D_n(F)$ 的分布不依赖 F. 这意味着 Kolmogorov-Smirnov 统计量的分布在 H_0 下已知.

定理 6.10. 对于 $\mathcal{R}$ 上连续的 c.d.f. F, 设 $D_n(F)$ 和 $D_n^+(F)$ 分别由 (6.86) 和 (6.87) 定义.

(i) 对于任意固定的 n,

$$P\big(D_n^+(F)\leqslant t\big)=\begin{cases}0, & t\leqslant 0,\\ n!\displaystyle\prod_{i=1}^{n}\int_{\max\left\{0,\frac{n-i+1}{n}-t\right\}}^{u_{n-i+2}}du_1\cdots du_n, & 0<t<1,\\ 1, & t\geqslant 1\end{cases}$$

且

$$P\big(D_n(F)\leqslant t\big)=\begin{cases}0, & t\leqslant \frac{1}{2n},\\ n!\displaystyle\prod_{i=1}^{n}\int_{\max\left\{0,\frac{n-i+1}{n}-t\right\}}^{\min\left\{u_{n-i+2},\frac{n-i}{n}+t\right\}}du_1\cdots du_n, & \frac{1}{2n}<t<1,\\ 1, & t\geqslant 1,\end{cases}$$

其中 $u_{n+1}=1$.

(ii) 对于 $t>0$,

$$\lim_{n\to\infty}P\big(\sqrt{n}D_n^+(F)\leqslant t\big)=1-e^{-2t^2}$$

且

$$\lim_{n\to\infty}P\big(\sqrt{n}D_n(F)\leqslant t\big)=1-2\sum_{j=1}^{\infty}(-1)^{j-1}e^{-2j^2t^2}.\quad\blacksquare$$

定理 6.10(i) 的证明留作练习. 定理 6.10(ii) 的证明见 Kolmogorov (1933) 和 Smirnov (1944).

当 n 不是很大时, 检验水准为 α 的 Kolmogorov-Smirnov 检验可以利用定理 6.10(i) 的结论得到. 当 n 较大时, 利用定理 6.10(i) 的结论不方便. 我们可以利用定理 6.10(ii) 的结论得到极限检验水准为 α 的 Kolmogorov-Smirnov 检验.

另一个关于 $H_0: F=F_0$ 对 $H_1: F\neq F_0$ 的检验是 Cramér-von Mises 检验, 当 $C_n(F_0)>c$ 时拒绝 H_0, 其中

$$C_n(F)=\int[F_n(x)-F(x)]^2dF(x)\tag{6.88}$$

是 F_n 和 F 之间差异的另一种衡量. 与 $D_n(F)$ 类似, $C_n(F)$ 的分布不依赖 F (练习). 因此, 可以得到检验水准为 α 的 Cramér-von Mises 检验. 当 n 较大时, 利用极限检验水准为 α 的 Cramér-von Mises 检验更方便. 注意到, $C_n(F_0)$ 事实上是 V 统计量 (§3.5.3), 核是

$$h(x_1,x_2)=\int[\delta_{x_1}(y)-F_0(y)][\delta_{x_2}(y)-F_0(y)]dF_0(y)$$

且

$$h_1(x_1) = E[h(x_1, X_2)] = \int [\boldsymbol{\delta}_{x_1}(y) - F_0(y)][F(y) - F_0(y)]dF_0(y),$$

其中 $\boldsymbol{\delta}_x$ 表示在 x 处退化的 c.d.f. 由定理 3.16 可知, 如果 H_1 为真, 那么 $C_n(F_0)$ 是渐近正态的, 然而如果 H_0 为真, 那么 $h_1(x_1) \equiv 0$ 且

$$nC_n(F_0) \to_d \sum_{j=1}^{\infty} \lambda_j \chi_{1j}^2,$$

其中所有 χ_{1j}^2 i.i.d. 来自卡方分布 χ_1^2, λ_j 是常数. 在这种情况下, Durbin (1973) 证明了 $\lambda_j = j^{-2}\pi^{-2}$.

考虑检验问题 (6.73), 有必要比较一下例 6.23 中介绍的拟合优度检验与 Kolmogorov-Smirnov 检验 (或 Cramér-von Mises 检验). 前者需要对观测的取值范围进行划分, 通过划分可能会损失一些信息, 而后者要求 F 是连续且单变量的; 后者的检验水准为 α (或极限检验水准为 α), 而前者只是渐近显著性水平为 α; 前者可以进行修正, 允许在 H_0 下对未知参数进行估计 (即假设为 (6.74)), 而后者没有这种灵活性. 注意到, 拟合优度检验本质上是非参数的, 尽管 χ^2 检验是从参数模型中得到的.

Kolmogorov-Smirnov 检验可以推广到两样本问题, 用来检验 (6.80) 中的假设. 设 $X_{i1}, ..., X_{in_i}$ 是两个独立样本, $i = 1, 2$, i.i.d. 来自 $\mathcal{R}$ 上的 F_i, $i = 1, 2$; 令 F_{in_i} 是基于 $X_{i1}, ..., X_{in_i}$ 的经验 c.d.f. Kolmogorov-Smirnov 检验当 $D_{n_1,n_2} > c$ 时拒绝 H_0, 其中

$$D_{n_1,n_2} = \sup_{x \in \mathcal{R}} |F_{1n_1}(x) - F_{2n_2}(x)|.$$

极限检验水准为 α 的 Kolmogorov-Smirnov 检验可以利用下式得到

$$\lim_{n_1, n_2 \to \infty} P\left(\sqrt{n_1 n_2/(n_1 + n_2)} D_{n_1,n_2} \leqslant t\right) = \sum_{j=-\infty}^{\infty} (-1)^{j-1} e^{-2j^2 t^2}, \quad t > 0.$$

6.5.3 经验似然比检验

参数模型下, 似然比方法对于得到检验是很有用的. 在非参数问题中, 我们现在介绍一种基于 §5.1.2 和 §5.1.4 中经验似然函数的类似方法.

假设样本 X 来自一个取决于 c.d.f. $F \in \mathscr{F}$ 的总体, 其中 $\mathscr{F}$ 是 $\mathcal{R}^d$ 上的一类 c.d.f. 考虑检验问题

$$H_0 : \mathtt{T}(F) = t_0 \quad 对 \quad H_1 : \mathtt{T}(F) \neq t_0, \tag{6.89}$$

其中 $\mathtt{T}$ 是一个从 $\mathscr{F}$ 到 $\mathcal{R}^k$ 的泛函, t_0 是 $\mathcal{R}^k$ 上的一个固定向量. 令 $\ell(G)$ 为一个给定的经验似然, $G \in \mathscr{F}$, $\hat{F}$ 是 F 的一个 MELE, $\hat{F}_{H_0}$ 是 F 在 H_0 下的一个 MELE, 即 $\hat{F}_{H_0}$ 是 F 满足 $\mathtt{T}(F) = t_0$ 的一个 MELE. 那么经验似然比定义为

$$\lambda_n(X) = \ell(\hat{F}_{H_0})/\ell(\hat{F}).$$

拒绝域为 $\lambda_n(X) < c$ 的检验称为经验似然比检验.

作为一个特例, 当 $X = (X_1, ..., X_n)$, 分量为 i.i.d. 时, 考虑下面的经验似然 (或非参数似然):

$$\ell(G) = \prod_{i=1}^n p_i \quad \text{满足} \quad p_i \geqslant 0, \ \sum_{i=1}^n p_i = 1,$$

其中 $p_i = P_G(\{x_i\})$, $i = 1, ..., n$. 假设 $\mathtt{T}(G) = \int u(x)dG(x)$, 其中 $u(x)$ 是一个从 $\mathcal{R}^d$ 到 $\mathcal{R}^r$ 的已知函数. 那么 $\hat{F} = F_n$; 满足 $t_0 = 0$ 的 (6.89) 中的 H_0 与假定 (5.9) 成立的情况是一样的; $\hat{F}_{H_0}$ 是 (5.11) 给出的 MELE; 经验似然比是

$$\lambda_n(X) = n^n \prod_{i=1}^n \hat{p}_i, \tag{6.90}$$

其中 $\hat{p}_i$ 由 (5.12) 给出. 渐近显著性水平为 α 的经验似然比检验可以利用下面的结论得到.

定理 6.11. 假定定理 5.4 的条件. 在满足 $t_0 = 0$ 的 (6.89) 中假设 H_0 下 (即 (5.9) 成立),

$$-2\log\lambda_n \to_d \chi_r^2,$$

其中 $\lambda_n = \lambda_n(X)$ 由 (6.90) 给出, χ_r^2 服从卡方分布 χ_r^2. ∎

这个结论的证明参见 Owen (1988, 1990). 事实上, 对于一些泛函 $\mathtt{T}$, 比如中位数泛函, 定理 6.11 的结论成立.

我们也可以得到基于 §5.4.1 中讨论的截面经验似然函数的检验. 考虑经验似然

$$\ell(G) = \prod_{i=1}^n p_i \quad \text{满足} \quad p_i \geqslant 0, \ \sum_{i=1}^n p_i = 1, \ \sum_{i=1}^n p_i \psi(x_i, \theta) = 0,$$

其中 θ 是未知参数的一个 k 维向量, ψ 是一个已知函数. 令 $\theta = (\vartheta, \varphi)$, 其中 ϑ 是一个 r 维向量, φ 是一个 $(k-r)$ 维向量. 假设我们想检验

$$H_0 : \vartheta = \vartheta_0 \quad \text{对} \quad H_1 : \vartheta \neq \vartheta_0,$$

其中 ϑ_0 是一个固定的 r 维向量. 令 $\hat{\theta}$ 是 (5.36) 给出的截面经验似然 $\ell_P(\theta)$ 的最大值点, $\hat{\varphi}$ 是 $\ell_P(\varphi) = \ell_P(\vartheta_0, \varphi)$ 的最大值点. 那么当 $\lambda_n(X) < c$ 时, 截面经验似然比检验拒绝 H_0, 其中

$$\lambda_n(X) = \prod_{i=1}^{n} \frac{1 + [\xi_n(\hat{\theta})]^\tau \psi(x_i, \hat{\theta})}{1 + [\zeta_n(\vartheta_0, \hat{\varphi})]^\tau \psi(x_i, \vartheta_0, \hat{\varphi})}, \tag{6.91}$$

$\hat{\theta}$ 和 $\hat{\varphi}$ 是极大截面经验似然估计, $\xi_n(\hat{\theta})$ 满足

$$\sum_{i=1}^{n} \frac{\psi(x_i, \hat{\theta})}{1 + [\xi_n(\hat{\theta})]^\tau \psi(x_i, \hat{\theta})} = 0,$$

$\zeta_n(\vartheta_0, \hat{\varphi})$ 满足

$$\sum_{i=1}^{n} \frac{\psi(x_i, \vartheta_0, \hat{\varphi})}{1 + [\zeta_n(\vartheta_0, \hat{\varphi})]^\tau \psi(x_i, \vartheta_0, \hat{\varphi})} = 0.$$

从 §5.4.1 的讨论可知, 当 ψ 的维度是 k 时, $\hat{\theta}$ 是 GEE $\sum_{i=1}^{n} \psi(X_i, \theta) = 0$ 的解. 在一些正则性条件下 (例如命题 5.3 的条件), Qin and Lawless (1994) 证明了定理 6.11 的结论成立, 其中 $\lambda_n(X)$ 由 (6.91) 给出. 因此, 可以得到渐近显著性水平为 α 的一个截面经验似然比检验.

例 6.26. 设 $Y_1, ..., Y_n$ 是 i.i.d. 来自 F 的 2 维随机向量. 考虑检验问题 $H_0: \mu_1 = \mu_2$ 对 $H_1: \mu_1 \neq \mu_2$, 其中 $(\mu_1, \mu_2) = E(Y_1)$. 令 $Y_i = (Y_{i1}, Y_{i2})$, $X_{i1} = Y_{i1} - Y_{i2}$, $X_{i2} = Y_{i1} + Y_{i2}$ 和 $X_i = (X_{i1}, X_{i2})$, $i = 1, ..., n$. 那么 $X_1, ..., X_n$ i.i.d., $E(X_1) = \theta = (\vartheta, \varphi)$, 其中 $\vartheta = \mu_1 - \mu_2$ 和 $\varphi = \mu_1 + \mu_2$. 感兴趣的假设变成 $H_0: \vartheta = 0$ 对 $H_1: \vartheta \neq 0$.

为了利用截面经验似然方法, 我们定义 $\psi(x, \theta) = x - \theta$, $x \in \mathcal{R}^2$. 注意到, GEE $\sum_{i=1}^{n}(X_i - \theta) = 0$ 的一个解是样本均值 $\hat{\theta} = \bar{X}$. 截面经验似然比由下式给出

$$\lambda_n(X) = \prod_{i=1}^{n} \frac{1 + [\xi_n(\bar{X})]^\tau (X_i - \bar{X})}{1 + [\zeta_n(0, \hat{\varphi})]^\tau [X_i - (0, \hat{\varphi})]},$$

其中 $\xi_n(\bar{X})$, $\zeta_n(0, \hat{\varphi})$ 和 $\hat{\varphi}$ 满足

$$\sum_{i=1}^{n} \frac{X_i - \bar{X}}{1 + [\xi_n(\bar{X})]^\tau (X_i - \bar{X})} = 0,$$

$$\sum_{i=1}^{n} \frac{X_i - (0, \hat{\varphi})}{1 + [\zeta_n(0, \hat{\varphi})]^\tau [X_i - (0, \hat{\varphi})]} = 0$$

和 $\ell_P(0,\hat{\varphi}) = \max_\varphi \ell_P(0,\varphi)$,

$$\ell_P(0,\varphi) = \prod_{i=1}^{n} \frac{1}{n\{1+[\xi_n(0,\varphi)]^\tau[X_i-(0,\varphi)]\}}. \quad \blacksquare$$

在其他不同问题中的经验似然比检验或截面经验似然比检验参见 Owen (1988, 1990, 2001), Chen and Qin (1993), Qin (1993) 和 Qin and Lawless (1994).

6.5.4 渐近检验

我们现在介绍一种构造渐近检验 (即渐近显著性水平为 α 的检验) 的简单方法. 这种方法对几乎所有问题 (参数或非参数) 都有效, 问题之中被检验的假设为 $H_0:\theta=\theta_0$ 对 $H_1:\theta\neq\theta_0$, θ 是参数的一个向量, 且可以找到一个 θ 的渐近正态估计. 但是, 这个简单的方法可能无法给出这个问题最好或者甚至接近最好的解, 尤其是存在不同的 θ 的渐近正态估计时.

设 X 是来自总体 P 的样本量为 n 的一个样本, $\hat{\theta}_n$ 是 θ 的一个估计, θ 是与 P 有关的一个 k 维参数向量. 假设在 H_0 下,

$$V_n^{-1/2}(\hat{\theta}_n-\theta) \to_d N_k(0,I_k), \tag{6.92}$$

其中 V_n 是 $\hat{\theta}_n$ 的渐近协方差矩阵. 如果当 $\theta=\theta_0$ 时, V_n 已知, 那么拒绝域为

$$(\hat{\theta}_n-\theta_0)^\tau V_n^{-1}(\hat{\theta}_n-\theta_0) > \chi^2_{k,\alpha} \tag{6.93}$$

的检验的渐近显著性水平为 α, 其中 $\chi^2_{k,\alpha}$ 是卡方分布 χ^2_k 的 $(1-\alpha)$ 分位数. 如果在 H_0 下 $\hat{\theta}_n$ 的分布不依赖未知总体 P, 且 (6.92) 成立, 那么拒绝域为 (6.93) 的检验的极限检验水准为 α.

如果 (6.93) 中的 V_n 依赖未知总体 P, 甚至当 H_0 为真时 ($\theta=\theta_0$) 也是, 那么我们不得不将 (6.93) 中的 V_n 用估计 $\hat{V}_n$ 代替. 如果在 H_0 下, $\hat{V}_n$ 按照定义 5.4 是一致的, 那么以 $\hat{V}_n$ 替代 V_n 后拒绝域为 (6.93) 的检验的渐近显著性水平为 α. §5.5 中介绍的方差估计方法可以用来构造一致估计 $\hat{V}_n$.

在一些情况下, 结论 (6.92) 对于任意的 P 成立. 接下来的结论说明了, 拒绝域为 (6.93) 的检验是渐近正确的 (§2.5.3), 即它是一个一致渐近检验 (定义 2.13).

定理 6.12. 假定 (6.92) 对于任意的 P 成立, 且 $\lambda_+[V_n]\to 0$, 其中 $\lambda_+[V_n]$ 是 V_n 的最大特征值.

(i) 拒绝域为 (6.93) (V_n 已知, 或者 V_n 由在任意 P 之下的一致的估计 $\hat{V}_n$ 代替) 的检验是一致的.

(ii) 如果我们选择当 $n\to\infty$ 时, $\alpha=\alpha_n\to 0$ 和 $\chi^2_{k,1-\alpha_n}\lambda_+[V_n]=o(1)$, 那么 (i) 中的检验是 Chernoff 一致的.

证明. (ii) 的证明留作练习. 我们只证明 V_n 已知情况下的 (i). 令 $Z_n=V_n^{-1/2}(\hat{\theta}_n-\theta)$ 和 $l_n=V_n^{-1/2}(\theta-\theta_0)$. 那么 $\|Z_n\|=O_p(1)$, 当 $\theta\neq\theta_0$ 时有 $\|l_n\|=\|V_n^{-1/2}(\theta-\theta_0)\|\to\infty$. 结论由下面的事实可知, 当 $\theta\neq\theta_0$ 时,

$$
\begin{aligned}
(\hat{\theta}_n-\theta_0)^\tau V_n^{-1}(\hat{\theta}_n-\theta_0) &= \|Z_n\|^2+\|l_n\|^2+2l_n^\tau Z_n \\
&\geqslant \|Z_n\|^2+\|l_n\|^2-2\|l_n\|\|Z_n\| \\
&= O_p(1)+\|l_n\|^2[1-o_p(1)],
\end{aligned}
$$

因此,

$$
P\left((\hat{\theta}_n-\theta_0)^\tau V_n^{-1}(\hat{\theta}_n-\theta_0)>\chi^2_{k,\alpha}\right)\to 1. \quad \blacksquare
$$

例 6.27. 设 $X_1,\dots,X_n$ 是 i.i.d. 随机变量来自一个方差有限且 F' 为正的对称 c.d.f. F. 考虑检验问题 $H_0:F$ 关于 0 对称对 $H_1:F$ 不关于 0 对称. 在 H_0 下, 有很多估计满足 (6.92). 我们考虑下面的五个估计:

(1) $\hat{\theta}_n=\bar{X}$ 且 $\theta=E(X_1)$;

(2) $\hat{\theta}_n=\hat{\theta}_{0.5}$ (样本中位数) 且 $\theta=F^{-1}(\frac{1}{2})$ (F 的中位数);

(3) $\hat{\theta}_n=\bar{X}_a$ (由 (5.77)) 定义的 a 截尾样本均值) 且 $\theta=\mathtt{T}(F)$, 其中 $\mathtt{T}$ 由 (5.46) 给出, $J(t)=(1-2a)^{-1}I_{(a,1-a)}(t)$, $a\in(0,\frac{1}{2})$;

(4) $\hat{\theta}_n=$ Hodges-Lehmann 估计 (例 5.8) 且 $\theta=F^{-1}(\frac{1}{2})$;

(5) $\hat{\theta}_n=W/n-\frac{1}{2}$, W 由 (6.83) 给出, $J(t)=t$, $\theta=\mathtt{T}(F)-\frac{1}{2}$, $\mathtt{T}$ 由 (5.53) 给出.

尽管 (1)—(5) 中的 θ 一般来说是不同的, 但是所有情况下的 $\theta=0$ 等价于 H_0 成立的情况.

关于 $\bar{X}$, 对任意的 F, 由 CLT 可知, (6.92) 成立, $V_n=\sigma^2/n$, 其中 $\sigma^2=\mathrm{Var}(X_1)$. 由 SLLN 可知, 对于任意的 F, S^2/n 是 V_n 的一个一致估计. 因此, 拒绝域为 (6.93) 的检验是渐近正确的, 其中 $\hat{\theta}_n=\bar{X}$, 且 V_n 由 S^2/n 代替. 这个检验渐近等价于 §6.2.3 中得到的单样本 t 检验.

由定理 5.10 可知, 对任意的 F, $\hat{\theta}_{0.5}$ 满足有 $V_n=4^{-1}[F'(\theta)]^{-2}n^{-1}$ 的 (6.92). V_n 的一个一致估计可以利用 §5.5.3 中的自助法方法得到. 另一个 V_n

的一致估计可以利用 §7.4 中的 Woodruff 区间 (见 §7.6 练习 86) 得到. 拒绝域为 (6.93) 的检验是渐近正确的, 其中 $\hat{\theta}_n = \hat{\theta}_{0.5}$, 且 V_n 由一致估计代替.

由 §5.3.2 的讨论可知, 对于任意的 F, $\bar{X}_a$ 满足 (6.92). V_n 的一个一致估计可以利用公式 (5.110) 或者 §5.5.2 中的刀切法方法得到. 拒绝域为 (6.93) 的检验是渐近正确的, 其中 $\hat{\theta}_n = \bar{X}_a$, 且 V_n 由一致估计代替.

由例 5.8 可知, 对于任意的 F, Hodges-Lehmann 估计在 H_0 下满足 (6.92), $V_n = 12^{-1}\gamma^{-2}n^{-1}$, 其中 $\gamma = \int F'(x)dF(x)$. V_n 在 H_0 下的一个一致估计可以利用 §5.6 练习 102 中的结论得到. 拒绝域为 (6.93) 的检验是渐近正确的, 其中 $\hat{\theta}_n =$ Hodges-Lehmann 估计, 且 V_n 由一致估计代替.

注意到, 到目前为止所有讨论过的检验的极限检验水准并不是 α, 因为 $\hat{\theta}_n$ 的分布在 H_0 下仍旧未知.

拒绝域为 (6.93), $\hat{\theta}_n = W/n - \frac{1}{2}$ 且 $V_n = (12n)^{-1}$ 所定义的检验等价于单样本 Wilcoxon 符号秩检验, 而且它的极限检验水准为 α (§6.5.1). 另外, 对于任意的 F, (6.92) 满足 (§5.2.2). 尽管定理 6.12 不能应用, 修正过的定理 6.12 的证明可以用来证明这个检验的一致性 (练习).

这里讨论的五个检验中, 一般来说并不清楚哪个更好.

对于检验问题 $H_0 : \theta = 0$ 对 $H_1 : \theta \neq 0$, 不假定 F 对称, (1)—(3) 和 (5) 中关于 $\hat{\theta}_n$ 的结论仍旧成立. ∎

对于单边假设的渐近检验的例子见练习 123. §6.1—§6.4 中在参数模型下得到的大多数检验是渐近正确的, 甚至当参数模型假定被拿掉时. 例子见练习 121—123.

最后, 不同检验之间渐近有效性的研究参见 Serfling (1980, Chapter 10).

6.6 练习

1. 在 $\alpha = 0$ 或 1 的情况下证明定理 6.1.

2. 假定定理 6.1 的条件. 设 $\beta(P)$ 是检验水准为 $\alpha \in (0,1)$ 的一个 UMP 检验的势函数. 证明 $\alpha < \beta(P_1)$, 除非 $P_0 = P_1$.

3. 设 T_* 由 (6.3) 给出, 对于 $\alpha > 0$, $c = c(\alpha)$.

(a) 证明, 如果 $\alpha_1 < \alpha_2$, 那么 $c(\alpha_1) \geqslant c(\alpha_2)$;

(b) 证明, 如果 $\alpha_1 < \alpha_2$, 那么检验水准为 α_1 的 T_* 犯第 II 类错误的概率比检验水准为 α_2 的 T_* 的大.

4. 设 H_0 和 H_1 都是简单的, $\alpha \in (0,1)$. 考虑检验问题 H_0 对 H_1, 假设 T_* 是一个检验水准为 α 的 UMP 检验, $\beta < 1$, 其中 β 是 H_1 为真时 T_* 的势. 考虑检验问题 H_1 对 H_0, 证明 $1 - T_*$ 是一个检验水准为 $1-\beta$ 的 UMP 检验.

5. 设 X 是来自 Lebesgue p.d.f. f_θ 的一个样本量为 1 的样本. 考虑检验问题 $H_0 : \theta = \theta_0$ 对 $H_1 : \theta = \theta_1$, 求检验水准为 $\alpha \in (0, \frac{1}{2})$ 的 UMP 检验, 当

(a) $f_\theta(x) = 2\theta^{-2}(\theta - x)I_{(0,\theta)}(x)$, $\theta_0 < \theta_1$;

(b) $f_\theta(x) = 2[\theta x + (1-\theta)(1-x)]I_{(0,1)}(x)$, $0 \leqslant \theta_1 < \theta_0 \leqslant 1$;

(c) f_{θ_0} 是 $N(0,1)$ 的 p.d.f., f_{θ_1} 是柯西分布 $C(0,1)$ 的 p.d.f.;

(d) $f_{\theta_0}(x) = 4xI_{(0,\frac{1}{2})}(x) + 4(1-x)I_{(\frac{1}{2},1)}(x)$, $f_{\theta_1}(x) = I_{(0,1)}(x)$;

(e) f_θ 是柯西分布 $C(\theta, 1)$ 的 p.d.f., $\theta_i = i$;

(f) $f_{\theta_0}(x) = e^{-x}I_{(0,\infty)}(x)$, $f_{\theta_1}(x) = 2^{-1}x^2e^{-x}I_{(0,\infty)}(x)$.

6. 设 $X_1, ..., X_n$ i.i.d. 来自 Lebesgue p.d.f. f_θ. 考虑检验问题 $H_0 : \theta = \theta_0$ 对 $H_1 : \theta = \theta_1$, 在下列情况下, 求检验水准为 α 的 UMP 检验:

(a) $f_\theta(x) = e^{-(x-\theta)}I_{(\theta,\infty)}(x)$, $\theta_0 < \theta_1$;

(b) $f_\theta(x) = \theta x^{-2}I_{(\theta,\infty)}(x)$, $\theta_0 \neq \theta_1$.

7. 证明命题 6.1.

8. 设 $X \in \mathcal{R}^n$ 是一个样本, 有关于 σ 有限测度 ν 的 p.d.f. f. 考虑检验问题 $H_0 : f = f_\theta$ 对 $H_1 : f = g$, 其中 $\theta \in \Theta$, $f_\theta(x)$ 是 $(\mathcal{R}^n \times \Theta, \sigma(\mathcal{B}^n \times \mathcal{F}))$ 上的 Borel 函数, $(\Theta, \mathcal{F}, \Lambda)$ 是概率空间. 令 $c > 0$ 是一个常数, 且

$$\phi_*(x) = \begin{cases} 1, & g(x) \geqslant c\displaystyle\int_\Theta f_\theta(x)d\Lambda, \\ 0, & g(x) < c\displaystyle\int_\Theta f_\theta(x)d\Lambda. \end{cases}$$

假设对于任意 $\theta \in \Theta'$, $\int \phi_*(x)f_\theta(x)d\nu = \sup_{\theta\in\Theta}\int \phi_*(x)f_\theta(x)d\nu = \alpha$, 其中 $\Lambda(\Theta') = 1$. 证明 ϕ_* 是一个检验水准为 α 的 UMP 检验.

9. 设 f_0 和 f_1 是 $\mathcal{R}$ 上的关于 Lebesgue 测度可积函数, ϕ_* 是集合 $\{x : f_0(x) < 0\} \cup \{x : f_0(x) = 0, f_1(x) \geqslant 0\}$ 的示性函数. 证明 ϕ_* 在所有 $\mathcal{R}$ 上满足 $0 \leqslant \phi(x) \leqslant 1$ 和 $\int \phi(x)f_0(x)dx = \int \phi_*(x)f_0(x)dx$ 的 Borel 函数 ϕ 构成的类中使得 $\int \phi(x)f_1(x)dx$ 达到最小.

10. 设 F_1 和 F_2 是 $\mathcal{R}$ 上的两个 c.d.f. 证明, 对于所有 x 有 $F_1(x) \leqslant F_2(x)$ 当且仅当对于任意非减函数 g 有 $\int g(x)dF_2(x) \leqslant \int g(x)dF_1(x)$.

11. 证明例 6.5 中的结论.

12. 证明分布族 $\{f_\theta : \theta \in \mathcal{R}\}$ 有单调似然比, 其中 Lebesgue p.d.f. $f_\theta(x) = c(\theta)h(x)I_{(a(\theta),b(\theta))}(x)$, h 是一个正的关于 Lebesgue 测度可积函数, a 和 b 是 θ 的非减函数.

13. 证明定理 6.2 的 (iv) 和 (v).

14. 设 $X_1, ..., X_n$ i.i.d. 来自 Lebesgue p.d.f. f_θ, $\theta \in \Theta \subset \mathcal{R}$. 考虑检验问题 $H_0 : \theta \leqslant \theta_0$ 对 $H_1 : \theta > \theta_0$, 求检验水准为 α 的 UMP 检验, 当

(a) $f_\theta(x) = \theta^{-1}e^{-x/\theta}I_{(0,\infty)}(x)$, $\theta > 0$;

(b) $f_\theta(x) = \theta^{-1}x^{\theta-1}I_{(0,1)}(x)$, $\theta > 0$;

(c) $f_\theta(x)$ 是 $N(1,\theta)$ 的 p.d.f.;

(d) $f_\theta(x) = \theta^{-c}cx^{c-1}e^{-(x/\theta)^c}I_{(0,\infty)}(x)$, $\theta > 0$, 其中 $c > 0$ 已知.

15. 假设 X 的分布属于一个有关于 $Y(X)$ 的单调似然比的分布族, 其中 $Y(X)$ 的分布连续. 考虑检验问题 $H_0 : \theta \leqslant \theta_0$ 对 $H_1 : \theta > \theta_0$. 证明 UMP 检验的 p 值 (§2.4.2) 由 $P_{\theta_0}(Y \geqslant y)$ 给出, 其中 y 是 Y 的观测值.

16. 设 $X_1, ..., X_m$ i.i.d. 来自 $N(\mu_x, \sigma_x^2)$, $Y_1, ..., Y_n$ i.i.d. 来自 $N(\mu_y, \sigma_y^2)$. 假设所有的 X_i 与 Y_j 相互独立.

(a) 当 $\sigma_x = \sigma_y = 1$ 时, 考虑检验问题 $H_0 : \mu_x \leqslant \mu_y$ 对 $H_1 : \mu_x > \mu_y$, 求检验水准为 α 的 UMP 检验 (提示: 参见 Lehmann (1986, §3.9));

(b) 当 μ_x 和 μ_y 已知时, 考虑检验问题 $H_0 : \sigma_x \leqslant \sigma_y$ 对 $H_1 : \sigma_x > \sigma_y$, 求检验水准为 α 的 UMP 检验. (提示: 见 Lehmann (1986, §3.9).)

17. 设 F 和 G 是 $\mathcal{R}$ 上两个已知的 c.d.f., X 是单一观测值来自 c.d.f. $\theta F(x) + (1-\theta)G(x)$, 其中 $\theta \in [0, 1]$ 未知.

(a) 考虑检验问题 $H_0 : \theta \leqslant \theta_0$ 对 $H_1 : \theta > \theta_0$, 求检验水准为 α 的 UMP 检验;

(b) 考虑检验问题 $H_0 : \theta \leqslant \theta_1$ 或 $\theta \geqslant \theta_2$ 对 $H_1 : \theta_1 < \theta < \theta_2$, 证明检验 $T_*(X) \equiv \alpha$ 是一个检验水准为 α 的 UMP 检验.

18. 设 $X_1, ..., X_n$ i.i.d. 来自均匀分布 $U(\theta, \theta + 1)$, $\theta \in \mathcal{R}$. 假设 $n \geqslant 2$.

(a) 求 $X_{(1)}$ 和 $X_{(n)}$ 的联合分布;

(b) 考虑检验问题 $H_0:\theta\leqslant 0$ 对 $H_1:\theta>0$, 证明检验水准为 α 的 UMP 检验形如

$$T_*(X_{(1)},X_{(n)})=\begin{cases}0, & X_{(1)}<1-\alpha^{1/n},\ X_{(n)}<1,\\ 1, & \text{其他};\end{cases}$$

(c) $(X_{(1)},X_{(n)})$ 所有可能的分布组成的分布族是否有单调似然比? (提示: 参见 Lehmann (1986, p. 115).)

19. 假设 $X_1,...,X_n$ i.i.d. 来自离散均匀分布 $DU(1,...,\theta)$ (表 1.1), $\theta=1,2,...$ 未知.

(a) 考虑 $H_0:\theta\leqslant\theta_0$ 对 $H_1:\theta>\theta_0$, 证明

$$T_*(X)=\begin{cases}1, & X_{(n)}>\theta_0,\\ \alpha, & X_{(n)}\leqslant\theta_0\end{cases}$$

是一个检验水准为 α 的 UMP 检验;

(b) 考虑 $H_0:\theta=\theta_0$ 对 $H_1:\theta\neq\theta_0$, 证明

$$T_*(X)=\begin{cases}1, & X_{(n)}>\theta_0 \text{ 或 } X_{(n)}\leqslant\theta_0\alpha^{1/n},\\ 0, & \text{其他}\end{cases}$$

是一个检验水准为 α 的 UMP 检验;

(c) 如果离散均匀分布被均匀分布 $U(0,\theta)$ 代替, $\theta>0$, 证明 (a) 和 (b) 中的结果仍旧成立.

20. 设 $X_1,...,X_n$ i.i.d. 来自指数分布 $E(a,\theta)$, $a\in\mathcal{R}$, $\theta>0$.

(a) 当 θ 已知时, 考虑检验问题 $H_0:a=a_0$ 对 $H_1:a\neq a_0$, 求检验水准为 α 的 UMP 检验;

(b) 考虑检验问题 $H_0:a=a_0$ 对 $H_1:a=a_1<a_0$, 证明任意检验水准为 α 的 UMP 检验 T_* 满足 $\beta_{T_*}(a_1,\theta)=1-(1-\alpha)e^{-n(a_0-a_1)/\theta}$;

(c) 考虑检验问题 $H_0:a=a_0$ 对 $H_1:a=a_1<a_0$, 证明当 $Y\leqslant c_1$ 或 $Y\geqslant c_2$ 时拒绝 H_0 的任意检验水准为 α 检验的势与 (b) 中的相同, 其中 $Y=(X_{(1)}-a_0)/\sum_{i=1}^n(X_i-X_{(1)})$;

(d) 考虑检验问题 $H_0:a=a_0$ 对 $H_1:a\neq a_0$, 求检验水准为 α 的 UMP 检验;

(e) 考虑检验问题 $H_0: \theta=\theta_0, a=a_0$ 对 $H_1: \theta<\theta_0, a<a_0$, 求检验水准为 α 的 UMP 检验.

21. 设 $X_1, ..., X_n$ i.i.d. 来自 Pareto 分布 $Pa(a, \theta)$, $\theta>0$, $a>0$.

(a) 当 θ 已知时, 考虑检验问题 $H_0: a=a_0$ 对 $H_1: a \neq a_0$, 求检验水准为 α 的 UMP 检验;

(b) 考虑检验问题 $H_0: a=a_0, \theta=\theta_0$ 对 $H_1: \theta>\theta_0, a<a_0$, 求检验水准为 α 的 UMP 检验.

22. 在 §3.6 练习 19(a) 中, 考虑检验问题 $H_0: \theta \leqslant \theta_0$ 对 $H_1: \theta>\theta_0$, 其中 θ_0 已知, $\theta_0>(1-\alpha)^{-1/n}$, 求检验水准为 $\alpha \in(0,1)$ 的 UMP 检验.

23. 在 §2.6 练习 55 中, 基于数据 $X_1, ..., X_n$, 考虑检验问题 $H_0: \theta \geqslant \theta_0$ 对 $H_1: \theta<\theta_0$, 其中 $\theta_0>0$ 是一个固定的值, 求检验水准为 α 的 UMP 检验.

24. 证明定理 6.3(ii).

25. 考虑例 6.10. 假设 $\theta_2=-\theta_1$. 证明 $c_2=-c_1$, 并讨论如何找 c_2 的值.

26. 假设 X 的分布属于一个分布族, 其 p.d.f. 的参数为 θ; 存在一个实值充分统计量 $U(X)$, 使得对于 $\theta_1<\theta_2$, $f_{\theta_2}(u)/f_{\theta_1}(u)$ 关于 u 严格递增, 其中 $f_\theta(u)$ 是 $U(X)$ 的 Lebesgue p.d.f., 且对于每个 θ, 其关于 u 连续; 而且使得对于所有 $\theta_1<\theta_2<\theta_3$ 和 $u_1<u_2<u_3$, 有

$$\left|\begin{array}{lll}
f_{\theta_1}(u_1) & f_{\theta_1}(u_2) & f_{\theta_1}(u_3) \\
f_{\theta_2}(u_1) & f_{\theta_2}(u_2) & f_{\theta_2}(u_3) \\
f_{\theta_3}(u_1) & f_{\theta_3}(u_2) & f_{\theta_3}(u_3)
\end{array}\right|>0 .$$

证明定理 6.3 的结论仍旧成立.

27. (p 值). 假设 X 的分布为 P_θ, 其中 $\theta \in \mathcal{R}$ 未知. 对于 $H_0: \theta=\theta_0$ (或 $\theta \leqslant \theta_0$), 考虑水平为 α 的非随机检验族, 拒绝域为 C_α, 使得对于所有的 $0<\alpha<1$ 有 $P_{\theta_0}(X \in C_\alpha)=\alpha$, 对于所有的 $0<\alpha_1<1$ 有 $C_{\alpha_1}=\cap_{\alpha>\alpha_1} C_\alpha$.

(a) 证明 p 值是 $\hat{\alpha}(x)=\inf\{\alpha: x \in C_\alpha\}$;

(b) 证明当 $\theta=\theta_0$ 时, $\hat{\alpha}(X)$ 服从均匀分布 $U(0,1)$;

(c) 如果水平为 α, 拒绝域为 C_α 的检验都是无偏的, 证明在 H_1 下, $P_\theta(\hat{\alpha}(X) \leqslant \alpha) \geqslant \alpha$.

28. 假设 X 有 p.d.f. (6.10). 考虑假设 (6.13) 或 (6.14). 证明不存在 UMP 检验. (提示: 对于单边假设 $H_0 : \theta \geqslant \theta_1$ 和 $H_0 : \theta \leqslant \theta_2$, 考虑 UMP 检验可以得到结果.)

29. 考虑练习 17, 检验问题为 $H_0 : \theta \in [\theta_1, \theta_2]$ 对 $H_1 : \theta \notin [\theta_1, \theta_2]$, 其中 $0 < \theta_1 \leqslant \theta_2 < 1$.

(a) 证明不存在 UMP 检验;

(b) 求检验水准为 α 的 UMPU 检验.

30. 在定理 6.4 的证明中, 证明

(a) (6.30) 等价于 (6.31);

(b) 以 T 代替 T_* 后, (6.31) 等价于 (6.29);

(c) 当 $0 < \alpha < 1$ 时, $(\alpha, \alpha E_{\theta_0}(Y))$ 是当 T 取遍所有形如 $T = T(Y)$ 的检验时点 $(E_{\theta_0}(T), E_{\theta_0}(TY))$ 构成的集合的一个内点;

(d) UMPU 检验是唯一的 a.s. $\mathcal{P}$, 如果只考虑依赖 (Y, U) 的检验且 (Y, U) 有连续的 c.d.f.

31. 考虑例 2.20 中 0–1 损失的决策问题. 证明, 如果存在检验水准为 α 的 UMPU 检验且它是唯一的 (风险等价的决策准则看作是相同的), 那么它是容许的.

32. 设 $X_1, ..., X_n$ 是 i.i.d. 0–1 随机变量, $p = P(X_1 = 1)$.

(a) 考虑检验问题 $H_0 : p \leqslant 0.2$ 或 $p \geqslant 0.7$, 当 $\alpha = 0.1$ 和 $n = 15$ 时, 求 (6.15) 和 (6.16) 中的 c_i 和 γ_i, 当 $p = 0.4$ 时, 求 UMP 检验 (6.15) 的势;

(b) 考虑检验问题 $H_0 : p = p_0$ 对 $H_1 : p \neq p_0$, 当 $n = 10$, $\alpha = 0.05$ 和 $p_0 = 0.4$ 时, 求检验水准为 α 的 UMPU 检验.

33. 假设 X 服从泊松分布 $P(\theta)$, $\theta > 0$ 未知. 证明 (6.29) 简化到

$$\sum_{x=c_1+1}^{c_2-1} \frac{\theta_0^{x-1} e^{-\theta_0}}{(x-1)!} + \sum_{i=1}^{2} (1-\gamma_i) \frac{\theta_0^{c_i-1} e^{-\theta_0}}{(c_i-1)!} = 1 - \alpha,$$

倘若 $c_1 > 1$.

34. 设 X 是来自几何分布 $G(p)$ 的一个随机变量. 考虑检验问题 $H_0 : p = p_0$ 对 $H_1 : p \neq p_0$, 求检验水准为 α 的 UMPU 检验.

35. 在 §2.6 练习 33 中, 考虑检验问题 $H_0: p \leqslant \frac{1}{2}$ 对 $H_1: p > \frac{1}{2}$, 求检验水准为 $\alpha \in (0,1)$ 的 UMPU 检验.

36. 设 $X_1, ..., X_n$ i.i.d. 来自 $N(\mu, \sigma^2)$, μ 和 σ^2 未知.

(a) 说明单样本 t 检验的势是如何依赖一个非中心 t 分布;

(b) 若检验问题是 $H_0: \mu \leqslant \mu_0$ 对 $H_1: \mu > \mu_0$, 说明单样本 t 检验的势是 $(\mu - \mu_0)/\sigma$ 的一个递增函数; 若检验问题是 $H_0: \mu = \mu_0$ 对 $H_1: \mu \neq \mu_0$, 说明其是 $|\mu - \mu_0|/\sigma$ 的递增函数.

37. 设 $X_1, ..., X_n$ i.i.d. 来自 gamma 分布 $\Gamma(\theta, \gamma)$, θ 和 γ 未知.

(a) 考虑检验问题 $H_0: \theta \leqslant \theta_0$ 对 $H_1: \theta > \theta_0$ 和 $H_0: \theta = \theta_0$ 对 $H_1: \theta \neq \theta_0$, 证明存在基于 $V = \prod_{i=1}^n (X_i/\bar{X})$ 的拒绝域的 UMPU 检验;

(b) 考虑检验问题 $H_0: \gamma \leqslant \gamma_0$ 对 $H_1: \gamma > \gamma_0$, 证明当 $\sum_{i=1}^n X_i > C(\prod_{i=1}^n X_i)$ 时, UMPU 检验拒绝 H_0, 其中 C 是某个已知函数.

38. 设 X_1 和 X_2 独立且分别服从泊松分布 $P(\lambda_1)$ 和 $P(\lambda_2)$.

(a) 考虑检验问题 $H_0: \lambda_1 \geqslant \lambda_2$ 对 $H_1: \lambda_1 < \lambda_2$, 求检验水准为 α 的 UMPU 检验;

(b) 当 $\alpha = 0.1$, $(\lambda_1, \lambda_2) = (0.1, 0.2)$, (1,2),(10,20) 和 (0.1,0.4) 时, 计算 (a) 中 UMPU 检验的势.

39. 考虑例 6.11 中的二项问题.

(a) 证明关于 $P(Y = y|U = u)$ 的结论;

(b) 考虑检验问题 $H_0: p_1 \geqslant p_2$ 对 $H_1: p_1 < p_2$, 求检验水准为 α 的 UMPU 检验;

(c) 对于 $H_0: p_1 = p_2$ 对 $H_1: p_1 \neq p_2$, 重复 (b).

40. 设 X_1 和 X_2 独立且分别服从负二项分布 $NB(p_1, n_1)$ 和 $NB(p_2, n_2)$, 其中 n_i 已知, p_i 未知.

(a) 考虑检验问题 $H_0: p_1 \leqslant p_2$ 对 $H_1: p_1 > p_2$, 证明存在检验水准为 α 的 UMPU 检验;

(b) 当 $n_1 = n_2 = 1$ 时, 求定理 6.4 中的条件分布 $P_{Y|U=u}$.

41. 设 (X_0, X_1, X_2) 是一个服从多项分布 (例 2.7) 的随机向量, $k = 2$, $p_0 = 1 - p_1 - p_2$, $p_1 \in (0,1)$ 和 $p_2 \in (0,1)$ 未知. 考虑检验问题 $H_0: p_0 =$

p^2, $p_1 = 2p(1-p)$, $p_2 = (1-p)^2$ 对 $H_1 : H_0$ 非真, 其中 $p \in (0,1)$ 未知, 求检验水准为 α 的 UMPU 检验.

42. 考虑例 6.12.

(a) 证明 A 与 B 相互独立当且仅当 $\log \frac{p_{11}}{p_{22}} = \log \frac{p_{12}}{p_{22}} + \log \frac{p_{21}}{p_{22}}$;

(b) 考虑检验问题 $H_0 : P(A) = P(B)$ 对 $H_1 : P(A) \neq P(B)$, 求检验水准为 α 的 UMPU 检验.

43. 设 X_1 与 X_2 相互独立, 其分布的 p.d.f. 由 (6.10) 给出, 其中 ξ, η, θ, Y 和 h 分别用 $\xi_i, \eta_i, \theta_i, Y_i$ 和 h_i 代替, $i = 1, 2$. 证明存在一个检验水准为 α 的 UMPU 检验, 考虑检验问题

(a) $H_0 : \eta_2(\theta_2) - \eta_1(\theta_1) \leqslant \eta_0$ 对 $H_1 : \eta_2(\theta_2) - \eta_1(\theta_1) > \eta_0$;

(b) $H_0 : \eta_2(\theta_2) + \eta_1(\theta_1) \leqslant \eta_0$ 对 $H_1 : \eta_2(\theta_2) + \eta_1(\theta_1) > \eta_0$.

44. 设 X_j, $j = 1, 2, 3$, 独立且分别服从泊松分布 $P(\lambda_j)$, $j = 1, 2, 3$. 考虑检验问题 $H_0 : \lambda_1\lambda_2 \leqslant \lambda_3^2$ 对 $H_1 : \lambda_1\lambda_2 > \lambda_3^2$, 证明存在一个检验水准为 α 的 UMPU 检验.

45. 设 X_{ij}, $i = 1, 2$, $j = 1, 2$, 独立且分别服从泊松分布 $P(\lambda_i p_{ij})$, $i = 1, 2$, $j = 1, 2$, 其中 $\lambda_i > 0$, $0 < p_{ij} < 1$, $p_{i1} + p_{i2} = 0$. 考虑检验问题 $H_0 : p_{11} \leqslant p_{21}$ 对 $H_1 : p_{11} > p_{21}$. 求检验水准为 α 的 UMPU 检验.

46. 设 X_{ij}, $j = 1, ..., n_i$, $i = 1, 2$, 是独立随机变量, 满足 $P(X_{ij} = 0) = \theta_i$, $P(X_{ij} = k) = (1-\theta_i)(1-p_i)^{j-1}p_i$, $k = 1, 2, ...$, 其中 $0 < \theta_i < 1$, $0 < p_i < 1$, $j = 1, ..., n_i$, $i = 1, 2$. 考虑检验问题 $H_0 : p_1 \leqslant p_2$ 对 $H_1 : p_1 > p_2$. 求检验水准为 α 的 UMPU 检验.

47. 设 $X_{11}, ..., X_{1n_1}$ 和 $X_{21}, ..., X_{2n_2}$ 是两个独立样本, i.i.d. 分别来自 gamma 分布 $\Gamma(\theta_1, \gamma_1)$ 和 $\Gamma(\theta_2, \gamma_2)$.

(a) 假定 θ_1 和 θ_2 已知. 考虑检验问题 $H_0 : \gamma_1 \leqslant \gamma_2$ 对 $H_1 : \gamma_1 > \gamma_2$ 和 $H_0 : \gamma_1 = \gamma_2$ 对 $H_1 : \gamma_1 \neq \gamma_2$, 证明存在 UMPU 检验, 且拒绝域由 beta 分布决定;

(b) 如果 (a) 中 θ_i 未知, 证明存在 UMPU 检验, 并给出一般形式;

(c) 假定 $\gamma_1 = \gamma_2$ (未知). 考虑检验问题 $H_0 : \theta_1 \leqslant \theta_2$ 对 $H_1 : \theta_1 > \theta_2$ 和 $H_0 : \theta_1 = \theta_2$ 对 $H_1 : \theta_1 \neq \theta_2$, 证明存在 UMPU 检验, 并给出一般形式.

48. 设 N 是一个随机变量, 有如下的离散 p.d.f.:

$$P(N=n)=C(\lambda)a(n)\lambda^n I_{\{0,1,2,\dots\}}(n),$$

其中 $\lambda>0$ 未知, a 和 C 是已知函数. 假设给定 $N=n$, $X_1,\dots,X_n$ i.i.d. 来自 (6.10) 中的 p.d.f. 基于 $(N,X_1,\dots,X_N)$, 考虑检验问题 $H_0:\eta(\theta)\leqslant\eta_0$ 对 $H_1:\eta(\theta)>\eta_0$, 证明存在检验水准为 α 的 UMPU 检验.

49. 设 $X_{i1},\dots,X_{in_i}$, $i=1,2$, 是两个独立样本, i.i.d. 分别来自 $N(\mu_i,\sigma^2)$, $n_i\geqslant 2$. 考虑检验问题 $H_0:\mu_1=\mu_2$ 对 $H_1:\mu_1\neq\mu_2$, 证明检验水准为 α 的 UMPU 检验当 $|t(X)|>t_{n_1+n_2-1,\alpha/2}$ 时拒绝 H_0, 其中 $t(X)$ 由 (6.37) 给出, $t_{n_1+n_2-1,\alpha}$ 是 t 分布 $t_{n_1+n_2-1}$ 的 $(1-\alpha)$ 分位数. 求这个检验的势函数.

50. 在 §6.2.3 讨论的两样本问题中, 当 $n_1=n_2$ 时, 考虑检验问题 $H_0:\sigma_2^2=\Delta_0\sigma_1^2$ 对 $H_1:\sigma_2^2\neq\Delta_0\sigma_1^2$, 证明检验水准为 α 的 UMPU 检验当

$$\max\left\{\frac{S_2^2}{\Delta_0 S_1^2},\frac{\Delta_0 S_1^2}{S_2^2}\right\}>\frac{1-c}{c}$$

时拒绝 H_0, 其中 $\int_0^c f_{(n_1-1)/2,(n_1-1)/2}(v)dv=\alpha/2$, $f_{a,b}$ 是 beta 分布 $B(a,b)$ 的 p.d.f.

51. 假设 $X_i=\beta_0+\beta_1 t_i+\varepsilon_i$, 其中 t_i 是不完全相同的固定常数, $\varepsilon_1,\dots,\varepsilon_n$ i.i.d. 来自 $N(0,\sigma^2)$, β_0, β_1 和 σ^2 是未知参数. 求检验水准为 α 的 UMPU 检验, 考虑检验问题

(a) $H_0:\beta_0\leqslant\theta_0$ 对 $H_1:\beta_0>\theta_0$;

(b) $H_0:\beta_0=\theta_0$ 对 $H_1:\beta_0\neq\theta_0$;

(c) $H_0:\beta_1\leqslant\theta_0$ 对 $H_1:\beta_1>\theta_0$;

(d) $H_0:\beta_1=\theta_0$ 对 $H_1:\beta_1\neq\theta_0$.

52. 在上一个练习中, 用非中心 t 分布表示 (a)—(d) 中的 UMPU 检验的势函数.

53. 考虑 §6.2.3 中的正态线性模型 (即模型 (3.25), $\varepsilon=N_n(0,\sigma^2 I_n)$). 考虑检验问题 $H_0:\sigma^2\leqslant\sigma_0^2$ 对 $H_1:\sigma^2>\sigma_0^2$ 和 $H_0:\sigma^2=\sigma_0^2$ 对 $H_1:\sigma^2\neq\sigma_0^2$, 证明检验水准为 α 的 UMPU 检验是 SSR 的函数, 且其拒绝域可由卡方分布决定.

54. 在双变量正态族独立性检验问题中, 证明

(a) (6.44) 中的 p.d.f. 形如 (6.23), 并确定 φ;

(b) 当 $\rho=0$ 时, 样本相关系数 R 与 U 独立;

(c) R 关于 Y 线性, 且当 $\rho=0$ 时, (6.45) 中的 V 服从 t 分布 t_{n-2}.

55. 设 $X_1,...,X_n$ 为 i.i.d. 服从双变量正态分布, p.d.f. 由 (6.44) 给出, 令 $S_j^2=\sum_{i=1}^n(X_{ij}-\bar{X}_j)^2$ 和 $S_{12}=\sum_{i=1}^n(X_{i1}-\bar{X}_1)(X_{i2}-\bar{X}_2)$.

(a) 考虑检验问题 $H_0:\sigma_2/\sigma_1=\Delta_0$ 对 $H_1:\sigma_2/\sigma_1\neq\Delta_0$, 证明 UMPU 检验当

$$R=|\Delta_0^2S_1^2-S_2^2|\Big/\sqrt{(\Delta_0^2S_1^2+S_2^2)^2-4\Delta_0^2S_{12}^2}>c$$

时拒绝 H_0;

(b) 当 $\sigma_2/\sigma_1=\Delta_0$ 时, 求 (a) 中 R 的 p.d.f.;

(c) 假定 $\sigma_1=\sigma_2$. 考虑检验问题 $H_0:\mu_1=\mu_2$ 对 $H_1:\mu_1\neq\mu_2$, 证明 UMPU 检验当

$$V=|\bar{X}_2-\bar{X}_1|\Big/\sqrt{S_1^2+S_2^2-2S_{12}}>c$$

时拒绝 H_0;

(d) 当 $\mu_1=\mu_2$ 时, 求 (c) 中 V 的 p.d.f.

56. 设 $(X_1,Y_1),...,(X_n,Y_n)$ 是 i.i.d. 2 维随机向量, 服从双变量正态分布, $EX_1=EY_1=0$, $\text{Var}(X_1)=\sigma_x^2$, $\text{Var}(Y_1)=\sigma_y^2$, $\text{Cov}(X_1,Y_1)=\rho\sigma_x\sigma_y$, 其中 $\sigma_x>0$, $\sigma_y>0$ 和 $\rho\in[0,1)$ 未知. 考虑检验问题 $H_0:\rho=0$ 对 $H_1:\rho>0$, 求检验水准为 α 的 UMPU 检验的形式及其精确分布.

57. 设 $X_1,...,X_n$ i.i.d. 来自指数分布 $E(a,\theta)$, a 和 θ 未知. 令 $V=2\sum_{i=1}^n(X_i-X_{(1)})$, 其中 $X_{(1)}$ 是最小次序统计量.

(a) 考虑检验问题 $H_0:\theta=1$ 对 $H_1:\theta\neq1$, 证明检验水准为 α 的 UMPU 检验当 $V<c_1$ 或 $V>c_2$ 时拒绝 H_0, 其中 c_i 由

$$\int_{c_1}^{c_2}f_{2n-2}(v)dv=\int_{c_1}^{c_2}f_{2n}(v)dv=1-\alpha$$

决定, 且 $f_m(v)$ 是卡方分布 χ_m^2 的 p.d.f.

(b) 考虑检验问题 $H_0: a=0$ 对 $H_1: a\neq 0$, 证明检验水准为 α 的 UMPU 检验当 $X_{(1)}<0$ 或 $2nX_{(1)}/V>c$ 时拒绝 H_0, 其中 c 由下式决定

$$(n-1)\int_0^c (1+v)^{-n}dv = 1-\alpha.$$

58. 设 $X_1,...,X_n$ 是来自均匀分布 $U(\theta,\vartheta)$ 的 i.i.d. 随机变量, $-\infty<\theta<\vartheta<\infty$.

(a) 证明给定 $X_{(n)}=x$ 时, $X_{(1)}$ 的条件分布是来自均匀分布 $U(\theta,x)$ 样本量为 $n-1$ 的样本之最小值的分布;

(b) 考虑检验问题 $H_0:\theta\leqslant 0$ 对 $H_1:\theta>0$, 求检验水准为 α 的 UMPU 检验.

59. 设 $X_1,...,X_n$ 是独立随机变量, 分别服从二项分布 $Bi(p_i,k_i)$, $i=1,...,n$, 其中 $p_i=e^{a+bt_i}/(1+e^{a+bt_i})$, $(a,b)\in\mathcal{R}^2$ 未知, t_i 是已知的不完全相同的协变量值. 求检验水准为 α 的 UMPU 检验, 考虑检验问题

(a) $H_0: a\geqslant 0$ 对 $H_1: a<0$;

(b) $H_0: b\geqslant 0$ 对 $H_1: b<0$.

60. 上一个练习中, 考虑检验统计量的极限分布, 求 UMPU 检验的近似.

61. 设 $\mathscr{X}=\{x\in\mathcal{R}^n$: x 的所有分量非零$\}$, $\mathcal{G}$ 是变换群 $g(x)=(cx_1,...,cx_n)$, $c>0$. 证明 $(\text{sgn}(x_n), x_1/x_n,...,x_{n-1}/x_n)$ 是 $\mathcal{G}$ 下的最大不变统计量, 其中当 x 是正或负时, $\text{sgn}(x)$ 等于 1 或 -1.

62. 设 $X_1,...,X_n$ i.i.d., Lebesgue p.d.f. 为 $\sigma^{-1}f(x/\sigma)$, f_i 是 $\mathcal{R}$ 上两个已知的 Lebesgue p.d.f., $i=0,1$, 对于 $x<0$ 其等于 0 或者关于 0 对称. 考虑 $H_0: f=f_0$ 对 $H_1: f=f_1$, $\mathcal{G}=\{g_r: r>0\}$, $g_r(x)=rx$.

(a) 证明 UMPI 检验当

$$\frac{\int_0^\infty v^{n-1}f_1(vX_1)\cdots f_1(vX_n)dv}{\int_0^\infty v^{n-1}f_0(vX_1)\cdots f_0(vX_n)dv}>c$$

时拒绝 H_0;

(b) 如果 $f_0=N(0,1)$ 和 $f_1(x)=e^{-|x|}/2$, 证明 (a) 中的 UMPI 检验当 $(\sum_{i=1}^n X_i^2)^{1/2}/\sum_{i=1}^n|X_i|>c$ 时拒绝 H_0;

(c) 如果 $f_0(x)=I_{(0,1)}(x)$ 和 $f_1(x)=2xI_{(0,1)}(x)$, 证明 (a) 中的 UMPI 检验当 $X_{(n)}/(\prod_{i=1}^n X_i)^{1/n}<c$ 时拒绝 H_0;

(d) 当 UMPI 检验的检验水准为 α 时, 求 (c) 中 c 的值.

63. 考虑例 6.13 中的位置尺度族问题 (参数 μ 和 σ 未知).

(a) 给定 $\mathcal{G}$, 证明 W 是最大不变的;

(b) 证明可以应用命题 6.2, 并找出 $\theta(f_{i,\mu,\sigma})$ 的形式;

(c) 在 H_i 下, 求 $W(X)$ 的 p.d.f., $i=0,1$;

(d) 求一个 UMPI 检验.

64. 例 6.13 中, 求 UMPI 检验的拒绝域, 当 $X_1,...,X_n$ i.i.d. 且

(a) $f_{0,\mu,\sigma}$ 是 $N(\mu,\sigma^2)$,$f_{1,\mu,\sigma}$ 是均匀分布 $U(\mu-\frac{1}{2}\sigma,\mu+\frac{1}{2}\sigma)$ 的 p.d.f.;

(b) $f_{0,\mu,\sigma}$ 是 $N(\mu,\sigma^2)$, $f_{1,\mu,\sigma}$ 是指数分布 $E(\mu,\sigma)$ 的 p.d.f.;

(c) $f_{0,\mu,\sigma}$ 是 $U(\mu-\frac{1}{2}\sigma,\mu+\frac{1}{2}\sigma)$ 的 p.d.f., $f_{1,\mu,\sigma}$ 是 $E(\mu,\sigma)$ 的 p.d.f.;

(d) $f_{0,\mu}$ 是 $N(\mu,1)$, $f_{1,\mu}(x)=\exp\{-e^{x-\mu}+x-\mu\}$.

65. 证明例 6.15 中的结论.

66. 设 $X_1,...,X_n$ i.i.d. 来自 $N(\mu,\sigma^2)$, μ 和 σ^2 未知. 考虑检验问题 $H_0:\mu=0$ 对 $H_1:\mu\neq 0$ 以及变换群 $g_c(X_i)=cX_i$, $c\neq 0$.

(a) 证明检验问题在 $\mathcal{G}$ 下是不变的;

(b) 证明 §6.2.3 中的单样本双边 t 检验是一个 UMPI 检验.

67. 证明例 6.16 中的结论.

68. 考虑例 6.16, H_0 和 H_1 由 $H_0:\mu_1=\mu_2$ 和 $H_1:\mu_1\neq\mu_2$ 代替, $\mathcal{G}$ 变成 $\{g_{c_1,c_2,r}:c_1=c_2\in\mathcal{R},r\neq 0\}$.

(a) 证明检验问题在 $\mathcal{G}$ 下是不变的;

(b) 证明 §6.2.3 中的两样本双边 t 检验是一个 UMPI 检验.

69. 证明练习 37(a) 和练习 47(a) 中的 UMPU 检验在 $\mathcal{G}=\{g_r:r>0\}$ 下也是 UMPI 检验, $g_r(x)=rx$.

70. 例 6.17 中, 证明 $t(X)$ 服从非中心 t 分布 $t_{n-1}(\sqrt{n}\theta)$; 分布族 $\{f_\theta(t):\theta\in\mathcal{R}\}$ 有关于 t 的单调似然比; 考虑检验问题 $H_0:\theta=\theta_0$ 对 $H_1:\theta\neq\theta_0$, 证明基于 $t(X)$ 的所有水平为 α 的无偏检验中的 UMP 检验当 $t(X)<c_1$ 或 $t(X)>c_2$ 时拒绝 H_0. (提示: 考虑练习 26.)

71. 设 X_1 和 X_2 独立且分别服从指数分布 $E(0,\theta_i)$, $i=1,2$. 定义 $\theta=\theta_1/\theta_2$.

(a) 考虑检验问题 $H_0:\theta\leqslant 1$ 对 $\theta>1$, 在变换群 $g_c(x_1,x_2)=(cx_1,cx_2)$ 下, $c>0$, 证明这个问题是不变的; 并证明检验水准为 α 的 UMPI 检验当 $X_2/X_1>(1-\alpha)/\alpha$ 时拒绝 H_0;

(b) 考虑检验问题 $H_0:\theta=1$ 对 $\theta\neq 1$, 在 (a) 中的变换群和变换群 $g(x_1,x_2)=(x_2,x_1)$ 下, 证明这个问题是不变的; 并证明检验水准为 α 的 UMPI 检验当 $X_1/X_2>(2-\alpha)/\alpha$ 和 $X_2/X_1>(2-\alpha)/\alpha$ 时拒绝 H_0.

72. 设 $X_1,...,X_m$ 和 $Y_1,...,Y_n$ 是两个独立样本, i.i.d. 分别来自指数分布 $E(a_1,\theta_1)$ 和 $E(a_2,\theta_2)$. 令 $\mathcal{G}=\{g_{r,c,d}:r>0,\ c\in\mathcal{R},\ d\in\mathcal{R}\}$, $g_{r,c,d}(x,y)=(rx_1+c,...,rx_m+c,ry_1+d,...,ry_n+d)$.

(a) 考虑检验问题 $H_0:\theta_1/\theta_2\geqslant\Delta_0$ 对 $H_1:\theta_1/\theta_2<\Delta_0$, 证明检验水准为 α 的 UMPI 检验当 $\sum_{i=1}^n(Y_i-Y_{(1)})>c\sum_{i=1}^m(X_i-X_{(1)})$ 时拒绝 H_0, 其中 c 是某个常数;

(b) 求 (a) 中 c 的值;

(c) 证明 (a) 中的 UMPI 检验也是一个 UMPU 检验.

73. 设 $M(U)$ 由 (6.51) 给出, $W=M(U)(n-r)/s$.

(a) 证明 W 服从非中心 F 分布 $F_{s,n-r}(\theta)$;

(b) 对于任意给定 $\theta_1>0$, 证明 $f_{\theta_1}(w)/f_0(w)$ 是关于 w 的一个递增函数.

74. 考虑正态线性模型 (6.38). 证明

(a) §6.3.2 中对于检验问题 (6.49) 的 UMPI 检验与 §6.2.3 中对于检验问题 (6.40) 的 UMPU 检验是一样的, 其中 $s=1$ 和 $\theta_0=0$;

(b) 考虑检验问题 $H_0:L\beta=\theta_0$ 对 $H_1:L\beta\neq\theta_0$, 拒绝域为 $W>F_{s,n-r,\alpha}$ 的检验是一个检验水准为 α 的 UMPI 检验, 其中 W 由 (6.52) 给出, θ_0 是一个固定常数, L 与 (6.49) 中的相同, $F_{s,n-r,\alpha}$ 是 F 分布 $F_{s,n-r}$ 的 $(1-\alpha)$ 分位数.

75. 在例 6.18—6.19 中,

(a) 证明例 6.19 中的结论;

(b) 利用 Cochran 定理, 求 W 的分布.

76. (二因子可加性模型). 假定下列随机变量独立:

$$X_{ij} = N(\mu_{ij}, \sigma^2), \quad i = 1, ..., a,\ j = 1, ..., b,$$

其中 $\mu_{ij} = \mu + \alpha_i + \beta_j$ 和 $\sum_{i=1}^{a} \alpha_i = \sum_{j=1}^{b} \beta_j = 0$. 考虑检验问题 (6.54) 和 (6.55), 求 §6.3.2 中的 UMPI 检验的形式.

77. (三因子可加性模型). 假定下列随机变量独立:

$$X_{ijk} = N(\mu_{ijk}, \sigma^2), \quad i = 1, ..., a,\ j = 1, ..., b,\ k = 1, ..., c,$$

其中 $\mu_{ijk} = \mu + \alpha_i + \beta_j + \gamma_k$ 和 $\sum_{i=1}^{a} \alpha_i = \sum_{j=1}^{b} \beta_j = \sum_{k=1}^{c} \gamma_k = 0$. 考虑检验问题 $H_0 : \alpha_i = 0$ 对于所有 i 对 $H_1 : \alpha_i \neq 0$ 对于某个 i, 求 (6.52) 中基于 W 的 UMPI 检验.

78. 设 $X_1, ..., X_m$ 和 $Y_1, ..., Y_n$ 独立且服从正态分布, 方差 σ^2 未知, 均值

$$E(X_i) = \mu_x + \beta_x(u_i - \bar{u}), \quad E(Y_j) = \mu_y + \beta_y(v_j - \bar{v}),$$

其中 u_i 和 v_j 是已知常数, $\bar{u} = m^{-1} \sum_{i=1}^{m} u_i$, $\bar{v} = n^{-1} \sum_{i=1}^{n} v_i$ 以及 μ_x, μ_y, β_x 和 β_y 未知. 求 (6.52) 中基于 W 的 UMPI 检验, 考虑检验问题

(a) $H_0 : \beta_x = \beta_y$ 对 $H_1 : \beta_x \neq \beta_y$;

(b) $H_0 : \beta_x = \beta_y$ 且 $\mu_x = \mu_y$ 对 $H_1 : \beta_x \neq \beta_y$ 或 $\mu_x \neq \mu_y$.

79. 设 $(X_1, Y_1), ..., (X_n, Y_n)$ i.i.d. 来自双变量正态分布, 均值、方差及相关系数 ρ 未知.

(a) 证明检验问题 $H_0 : \rho \leqslant \rho_0$ 对 $H_1 : \rho > \rho_0$ 在包含变换 $rX_i + c$ 和 $sY_i + d$ 的 $\mathcal{G}$ 下是不变的, $i = 1, ..., n$, 其中 $r > 0$, $s > 0$, $c \in \mathcal{R}$ 和 $d \in \mathcal{R}$, 证明 UMPI 检验当 $R > c$ 时拒绝 H_0, 其中 R 是 (6.45) 中的样本相关系数 (提示: 参见 Lehmann (1986, p. 340));

(b) 证明检验问题 $H_0 : \rho = 0$ 对 $H_1 : \rho \neq 0$ (在 (a) 中变换之上增加) 变换 $g(X_i, Y_i) = (X_i, -Y_i)$ 下是不变的, $i = 1, ..., n$. 证明 UMPI 检验当 $|R| > c$ 时拒绝 H_0.

80. 在随机效应模型 (6.57) 下, 证明

(a) SSA/SSR 在 §6.3.2 描述的变换群下是最大不变的;

(b) §6.3.2 中关于 (6.58) 的 UMPI 检验也是一个 UMPU 检验.

81. 当 $c_0 \geqslant 1$, 证明 (6.60) 等价于 (6.61).

82. 命题 6.5 中,

(a) 当 $\hat{\theta} > \theta_0$ (或 $\hat{\theta} < \theta_0$) 时, 证明 $\log \ell(\hat{\theta}) - \log \ell(\theta_0)$ 关于 Y 严格递增 (或递减);

(b) 证明 (iii).

83. 在 §2.6 练习 40 和 41 中, 考虑 $H_0 : j = 1$ 对 $H_1 : j = 2$.

(a) 求似然比 $\lambda(X)$;

(b) 在 §2.6 练习 40 中, 求检验水准为 α 的 LR 检验.

84. 在练习 17 中, 求似然比 $\lambda(X)$, 当

(a) $H_0 : \theta \leqslant \theta_0$;

(b) $H_0 : \theta_1 \leqslant \theta \leqslant \theta_2$;

(c) $H_0 : \theta \leqslant \theta_1$ 或 $\theta \geqslant \theta_2$.

85. 设 $X_1, ..., X_n$ i.i.d. 来自 $\{1, ..., \theta\}$ 上的离散均匀分布, 其中 θ 是 $\geqslant 2$ 的整数. 求水平为 α 的 LR 检验, 考虑

(a) $H_0 : \theta \leqslant \theta_0$ 对 $H_1 : \theta > \theta_0$, 其中 θ_0 是 $\geqslant 2$ 的已知整数;

(b) $H_0 : \theta = \theta_0$ 对 $H_1 : \theta \neq \theta_0$.

86. 设 X 是来自 p.d.f. $2\theta^{-2}(\theta - x)I_{(0,\theta)}(x)$ 样本量为 1 的一个样本, 其中 $\theta > 0$ 未知. 考虑检验问题 $H_0 : \theta = \theta_0$ 对 $H_1 : \theta \neq \theta_0$, 求检验水准为 α 的 LR 检验.

87. 设 $X_1, ..., X_n$ i.i.d. 来自指数分布 $E(a, \theta)$.

(a) 假设 θ 已知. 考虑检验问题 $H_0 : a \leqslant a_0$ 对 $H_1 : a > a_0$, 求检验水准为 α 的 LR 检验;

(b) 假设 θ 已知, 考虑检验问题 $H_0 : a = a_0$ 对 $H_1 : a \neq a_0$, 求检验水准为 α 的 LR 检验;

(c) 在 θ 也未知的情况下, 重复 (a);

(d) 当 θ 和 a 未知时, 考虑检验问题 $H_0 : \theta = \theta_0$ 对 $H_1 : \theta \neq \theta_0$, 求检验水准为 α 的 LR 检验;

(e) 当 $a > 0$ 和 $\theta > 0$ 未知时, 考虑检验问题 $H_0 : a = \theta$ 对 $H_1 : a \neq \theta$, 求检验水准为 α 的 LR 检验.

88. 设 $X_1,...,X_n$ i.i.d. 来自 Pareto 分布 $Pa(\gamma,\theta)$, 其中 $\theta>0$ 和 $\gamma>0$ 未知. 考虑检验问题 $H_0:\theta=1$ 对 $H_1:\theta\neq 1$, 证明 LR 检验当 $Y<c_1$ 或 $Y>c_2$ 时拒绝 H_0, 其中 $Y=\log\left(\prod_{i=1}^n X_i/X_{(1)}^n\right)$, c_1 和 c_2 是正常数. 求 c_1 和 c_2 的值, 使得 LR 检验的检验水准为 α.

89. 设 $X_{i1},...,X_{in_i}$ 是两个独立样本, $i=1,2$, i.i.d. 分别来自均匀分布 $U(0,\theta_i)$, $i=1,2$, 其中 $\theta_1>0$ 和 $\theta_2>0$ 未知.

(a) 考虑检验问题 $H_0:\theta_1=\theta_2$ 对 $H_1:\theta_1\neq\theta_2$, 求检验水准为 α 的 LR 检验;

(b) 求 $-2\log\lambda$ 的极限分布, 其中 λ 是 (a) 中的似然比.

90. 设 $X_{i1},...,X_{in_i}$ 是两个独立样本, $i=1,2$, i.i.d. 分别来自 $N(\mu_i,\sigma_i^2)$, $i=1,2$, 其中 μ_i 和 σ_i^2 未知. 考虑检验问题 $H_0:\sigma_2^2/\sigma_1^2=\Delta_0$ 对 $H_1:\sigma_2^2/\sigma_1^2\neq\Delta_0$, 求检验水准为 α 的 LR 检验, 并与 §6.2.3 中得到的 UMPU 检验比较.

91. 设 $(X_{11},X_{12}),...,(X_{n1},X_{n2})$ i.i.d. 来自一个双变量正态分布, 均值和协方差矩阵未知. 考虑检验问题 $H_0:\rho=0$ 对 $H_1:\rho\neq 0$, 其中 ρ 是相关系数, 证明当 $|W|>c$ 时拒绝 H_0 的检验是一个 LR 检验, 其中

$$W=\sum_{i=1}^n(X_{i1}-\bar{X}_1)(X_{i2}-\bar{X}_2)\Bigg/\left[\sum_{i=1}^n(X_{i1}-\bar{X}_1)^2+\sum_{i=1}^n(X_{i2}-\bar{X}_2)^2\right].$$

求 W 的分布.

92. 设 X_1 和 X_2 独立且分别服从泊松分布 $P(\lambda_1)$ 和 $P(\lambda_2)$. 求显著性水平为 α 的 LR 检验, 考虑检验问题

(a) $H_0:\lambda_1=\lambda_2$ 对 $H_1:\lambda_1\neq\lambda_2$;

(b) $H_0:\lambda_1\geqslant\lambda_2$ 对 $H_1:\lambda_1<\lambda_2$.(这个检验是 UMPU 检验吗?)

93. 设 X_1 和 X_2 独立且分别服从二项分布 $Bi(p_1,n_1)$ 和 $Bi(p_2,n_2)$, 其中 n_i 已知, p_i 未知. 求显著性水平为 α 的 LR 检验, 考虑检验问题

(a) $H_0:p_1=p_2$ 对 $H_1:p_1\neq p_2$;

(b) $H_0:p_1\geqslant p_2$ 对 $H_1:p_1<p_2$. (这个检验是 UMPU 检验吗?)

94. 设 X_1 和 X_2 独立且分别服从负二项分布 $NB(p_1,n_1)$ 和 $NB(p_2,n_2)$, 其中 n_i 已知, p_i 未知. 求显著性水平为 α 的 LR 检验, 考虑检验问题

(a) $H_0:p_1=p_2$ 对 $H_1:p_1\neq p_2$;

(b) $H_0: p_1 \leqslant p_2$ 对 $H_1: p_1 > p_2$.

95. 设 X_1 和 X_2 独立且分别服从指数分布 $E(0,\theta_i)$, $i=1,2$. 定义 $\theta = \theta_1/\theta_2$. 求检验水准为 α 的 LR 检验, 考虑检验问题

(a) $H_0: \theta = 1$ 对 $H_1: \theta \neq 1$;

(b) $H_0: \theta \leqslant 1$ 对 $H_1: \theta > 1$.

96. 设 $X_{i1},...,X_{in_i}$, $i=1,2$, 独立且分别服从 beta 分布, 其 p.d.f. 为 $\theta_i x^{\theta_i - 1} I_{(0,1)}(x)$, $i=1,2$. 考虑检验问题 $H_0: \theta_1 = \theta_2$ 对 $H_1: \theta_1 \neq \theta_2$, 求 LR 检验、Wald 检验和 Rao 计分检验的形式.

97. 定理 6.6(ii) 的证明中, 证明 (6.65) 和 (6.66) 成立, 并证明 (6.67) 能推出 (6.68).

98. 设 $X_1,...,X_n$ i.i.d. 来自 $N(\mu,\sigma^2)$.

(a) 假设 $\sigma^2 = \gamma\mu^2$, $\gamma > 0$ 和 $\mu \in \mathcal{R}$ 未知. 考虑检验问题 $H_0: \gamma = 1$ 对 $H_1: \gamma \neq 1$, 求 LR 检验;

(b) 在 (a) 的检验问题下, 求 Wald 检验的 W_n 的形式和 Rao 计分检验的 R_n 的形式, 并讨论定理 6.5 和 6.6 是否能应用;

(c) 当 $\sigma^2 = \gamma\mu$ 且 $\gamma > 0$ 和 $\mu > 0$ 未知时, 重复 (a) 和 (b).

99. 假设 $X_1,...,X_n$ i.i.d. 来自 Weibull 分布, $\theta^{-1}\gamma x^{\gamma-1} e^{-x^\gamma/\theta} I_{(0,\infty)}(x)$ 为其 p.d.f., 其中 $\gamma > 0$ 和 $\theta > 0$ 未知. 考虑检验问题 $H_0: \gamma = 1$ 对 $H_1: \gamma \neq 1$.

(a) 求 LR 检验并讨论定理 6.5 是否能应用;

(b) 求 Wald 检验的 W_n 形式和 Rao 计分检验的 R_n 的形式.

100. 假设 $X = (X_1,...,X_k)$ 服从多项分布, 参数为 $\boldsymbol{p} = (p_1,...,p_k)$. 考虑检验问题 (6.70). 求 Wald 检验的 W_n 的形式和 Rao 计分检验的 R_n 的形式.

101. 在例 6.12 中, 考虑检验问题 $H_0: P(A) = P(B)$ 对 $H_1: P(A) \neq P(B)$.

(a) 求似然比 λ_n 和 $-2\log\lambda_n$ 在 H_0 下的极限分布;

(b) 求 Wald 检验的 W_n 的形式和 Rao 计分检验的 R_n 的形式.

102. 证明例 6.24 中的结论.

103. 考虑例 6.24 的 $r \times c$ 列联表中的独立性检验问题. 求 Wald 检验的 W_n 的形式和 Rao 计分检验的 R_n 的形式.

104. 在定理 6.5 和 6.6 的条件下, 如果选择 α 使得当 $n \to \infty$ 时有 $\alpha_n \to 0$ 且 $\chi^2_{r,\alpha_n} = o(n)$, 证明 Wald 检验是 Chernoff 一致的 (定义 2.13), 其中 $\chi^2_{r,\alpha}$ 是 χ^2_r 的 $(1-\alpha)$ 分位数.

105. 设 $X_1, ..., X_n$ 是 i.i.d. 0–1 随机变量, $\theta = P(X_1 = 1)$.

(a) 设先验 $\Pi(\theta)$ 是 beta 分布 $B(a, b)$ 的 c.d.f. 求 Bayes 因子和针对检验问题 $H_0 : \theta \leqslant \theta_0$ 对 $H_1 : \theta > \theta_0$ 的 Bayes 检验;

(b) 设先验 c.d.f. 为 $\pi_0 I_{[\theta_0,\infty)}(\theta) + (1-\pi_0)\Pi(\theta)$, 其中 Π 与 (a) 中的相同. 求 Bayes 因子和针对检验问题 $H_0 : \theta = \theta_0$ 对 $H_1 : \theta \neq \theta_0$ 的 Bayes 检验.

106. 设 $X_1, ..., X_n$ i.i.d. 来自泊松分布 $P(\theta)$.

(a) 设先验 c.d.f. 为 $\Pi(\theta) = (1 - e^{-\theta})I_{(0,\infty)}(\theta)$, 求 Bayes 因子和针对检验问题 $H_0 : \theta \leqslant \theta_0$ 对 $H_1 : \theta > \theta_0$ 的 Bayes 检验;

(b) 设先验 c.d.f. 为 $\pi_0 I_{[\theta_0,\infty)}(\theta) + (1-\pi_0)\Pi(\theta)$, 其中 Π 与 (a) 中的相同, 求 Bayes 因子和针对检验问题 $H_0 : \theta = \theta_0$ 对 $H_1 : \theta \neq \theta_0$ 的 Bayes 检验.

107. 设 X_i, $i = 1, 2$, 分别是来自 gamma 分布 $\Gamma(a, \gamma_1)$ 和 $\Gamma(a, \gamma_2)$ 的独立观测, 其中 $a > 0$ 已知, $\gamma_i > 0$ 未知, $i = 1, 2$. 在先验 c.d.f. $\Pi = \pi_0\Pi_0 + (1-\pi_0)\Pi_1$ 下, 求 Bayes 因子和针对检验问题 $H_0 : \gamma_1 = \gamma_2$ 对 $H_1 : \gamma_1 \neq \gamma_2$ 的 Bayes 检验, 其中 $\Pi_0(x_1, x_2) = G(\min\{x_1, x_2\})$,$\Pi_1(x_1, x_2) = G(x_1)G(x_2)$, $G(x)$ 是一个已知 gamma 分布的 c.d.f., π_0 是一个已知常数.

108. 寻找一个条件, 使得在 H_1 下的势函数的意义上, 例 6.17 中的 UMPI 检验比 (6.78) 中的符号检验更好.

109. 考虑检验问题 (6.80), 证明满足 (6.81) 的检验 T 的检验水准为 α, 并证明 (6.82) 中的检验满足 (6.81).

110. 设 $\mathcal{G}$ 是变换群 $g(x) = (\psi(x_1), ..., \psi(x_n))$, 其中 ψ 是连续、严格递增奇函数. 令 $\tilde{R}$ 是 $|x_1|, ..., |x_n|$ 秩的向量, R_+ (或 R_-) 是 $\tilde{R}$ 包含正 (或负) x_i 对应的秩的子向量. 证明 (R_+, R_-) 在 $\mathcal{G}$ 下是最大不变的. (提示: 见例 6.14.)

111. 在 H_0 下, 对于 Wilcoxon 符号秩检验, 当 $n = 3$ 或 4 时, 求 (6.83) 中 W 的分布.

112. 对于 Wilcoxon 符号秩检验, 证明 (6.85) 中的 t_0 和 σ_0^2 分别等于 $\frac{1}{4}$ 和 $\frac{1}{12}$.

113. 利用 §5.2.2 中的结论, 对于检验问题 (6.80), 求极限检验水准为 α 的两样本秩检验.

114. 证明定理 6.10(i), 并证明 $D_n^-(F)$ 和 $D_n^+(F)$ 的分布相同.

115. 证明单边和双边 Kolmogorov-Smirnov 检验根据定义 2.13 是一致的.

116. 对于任意 $\mathcal{R}$ 上连续的 c.d.f. F, 设 $C_n(F)$ 由 (6.88) 给出. 证明 $C_n(F)$ 的分布不随 F 变化.

117. 证明 Cramér-von Mises 检验是一致的.

118. 在例 6.27 中, 证明单样本 Wilcoxon 符号秩检验是一致的.

119. 设 $X_1, ..., X_n$ i.i.d. 来自 $\mathcal{R}^d$ 上的 c.d.f. F, $\theta = E(X_1)$.

(a) 求针对检验问题 $H_0 : \theta = \theta_0$ 对 $H_1 : \theta \neq \theta_0$ 的经验似然比;

(b) 令 $\theta = (\vartheta, \varphi)$. 求针对检验问题 $H_0 : \vartheta = \vartheta_0$ 对 $H_1 : \vartheta \neq \vartheta_0$ 的截面经验似然比.

120. 证明定理 6.12(ii).

121. 设 $X_{i1}, ..., X_{in_i}$, $i = 1, 2$, 分别是 i.i.d. 来自 $\mathcal{R}$ 上 F_i 的独立样本, $\mu_i = E(X_i)$, $i = 1, 2$.

(a) 考虑检验问题 $H_0 : \mu_1 = \mu_2$ 对 $H_1 : \mu_1 \neq \mu_2$, 如果 $n_1 \to \infty$, $n_1/n_2 \to c \in (0, 1)$, 且 $\sigma_1^2 = \sigma_2^2$, 证明 §6.2.3 得到的两样本 t 检验的渐近显著性水平为 α, 且是一致的;

(b) 假定 $\mu_2 \neq 0$, 考虑检验问题 $H_0 : \mu_1/\mu_2 = \Delta_0$ 对 $H_1 : \mu_1/\mu_2 \neq \Delta_0$, 求一个一致的渐近检验.

122. 考虑一般线性模型 (3.25), $\varepsilon_1, ..., \varepsilon_n$ i.i.d., $E(\varepsilon_i) = 0$ 和 $E(\varepsilon_i^2) = \sigma^2$.

(a) 在定理 3.12 的条件下, 考虑检验 $H_0 : l^\tau\beta = \theta_0$ 对 $H_1 : l^\tau\beta \neq \theta_0$, 求基于 LSE $l^\tau\hat{\beta}$ 的一致渐近检验, 其中 $l \in \mathcal{R}(Z)$;

(b) 证明例 6.21 中的 LR 检验的渐近显著性水平为 α, 且是一致的.

123. 设 $\hat{\theta}_n$ 是实值参数 θ 的一个估计, 使得 (6.92) 对于任意 θ 成立, 设 $\hat{V}_n$ 是 V_n 的一个一致估计. 假设 $V_n \to 0$.

(a) 考虑检验问题 $H_0 : \theta \leqslant \theta_0$ 对 $H_1 : \theta > \theta_0$, 证明拒绝域为 $\hat{V}_n^{-1/2}(\hat{\theta}_n - \theta_0) > z_{1-\alpha}$ 的检验是一个一致渐近检验;

(b) 利用 (a) 中的结论, 证明 §6.2.3 中的单样本单边 t 检验是一个一致渐近检验.

124. 设 $X_1, ..., X_n$ i.i.d. 来自 gamma 分布 $\Gamma(\theta, \gamma)$, 其中 $\theta > 0$ 和 $\gamma > 0$ 未知. 令 $T_n = n\sum_{i=1}^n X_i^2/(\sum_{i=1}^n X_i)^2$. 考虑检验问题 $H_0 : \theta = 1$ 对 $H_1 : \theta \neq 1$, 说明如何利用 T_n 得到一个渐近正确检验.

第 7 章　置信集

本章会介绍各种不同的构造置信集的方法，同时也研究置信集的性质. 贯穿本章, $X = (X_1, ..., X_n)$ 表示来自总体 $P \in \mathcal{P}$ 的一个样本; 对于固定的整数 k, $\theta = \theta(P)$ 表示从 $\mathcal{P}$ 到 $\Theta \subset \mathcal{R}^k$ 上的一个泛函; $C(X)$ 表示 θ 的一个置信集, 它是 $\mathcal{B}_\Theta$ (Θ 上的 Borel 集合类) 上只依赖 X 的一个集合. 我们采用 §2.4.3 中介绍的置信集的基本概念. 特别地, $\inf_{P\in\mathcal{P}} P(\theta \in C(X))$ 是 $C(X)$ 的置信系数, 如果对于固定的 $\alpha \in (0,1)$, $C(X)$ 的置信系数 $\geqslant 1-\alpha$, 则我们称 $C(X)$ 的显著性水平为 $1-\alpha$ 或 $C(X)$ 是水平为 $1-\alpha$ 的置信集.

7.1　置信集的构造

在这一节中, 对于任意固定的 n, 给定显著性水平 (或置信系数), 我们介绍一些构造置信集的基本方法. 置信集的性质以及比较在 §7.2 中给出.

7.1.1　枢轴量

构造置信集最流行的方法就是利用如下定义的枢轴量.

定义 7.1. 一个 (X, θ) 的已知 Borel 函数 $\Re$ 称为枢轴量当且仅当 $\Re(X,\theta)$ 的分布不依赖 P. ∎

注意到, 枢轴量通过 $\theta = \theta(P)$ 依赖 P. 枢轴量通常不是统计量, 尽管它的分布已知.

有了一个枢轴量 $\Re(X,\theta)$, 对于任意给定的 $\alpha \in (0,1)$, 水平为 $1-\alpha$ 的置

信集可以通过如下方式得到. 首先, 找两个常数 c_1 和 c_2 使得

$$P(c_1 \leqslant \Re(X,\theta) \leqslant c_2) \geqslant 1-\alpha. \tag{7.1}$$

其次, 定义

$$C(X) = \{\theta \in \Theta:\ c_1 \leqslant \Re(X,\theta) \leqslant c_2\}. \tag{7.2}$$

那么 $C(X)$ 是水平为 $1-\alpha$ 的置信集, 因为

$$\begin{aligned}\inf_{P\in\mathcal{P}} P\big(\theta \in C(X)\big) &= \inf_{P\in\mathcal{P}} P\big(c_1 \leqslant \Re(X,\theta) \leqslant c_2\big)\\ &= P\big(c_1 \leqslant \Re(X,\theta) \leqslant c_2\big)\\ &\geqslant 1-\alpha.\end{aligned}$$

注意到, $C(X)$ 的置信系数可能不是 $1-\alpha$. 如果 $\Re(X,\theta)$ 有连续的 c.d.f., 那么我们可以选择 c_i 使得 (7.1) 中的等式成立, 因而置信集 $C(X)$ 的置信系数为 $1-\alpha$.

在一个给定的问题中, 可能不存在任何枢轴量或者可能有很多不同的枢轴量. 当存在很多枢轴量时, 我们需要基于一些原则或者准则选择其中一个, 这在 §7.2 中讨论. 比如, 首选基于充分统计量的枢轴量. 在很多情况下, 我们也需要基于一些准则来选择 (7.1) 中的 c_i.

当选择了 $\Re(X,\theta)$ 和 c_i, 我们需要计算 (7.2) 中的置信集 $C(X)$. 这可以通过转化 $c_1 \leqslant \Re(X,\theta) \leqslant c_2$ 来得到. 比如, 如果 θ 是实值的, 且当 X 固定时 $\Re(X,\theta)$ 关于 θ 单调, 那么 $C(X) = \{\theta : \underline{\theta}(X) \leqslant \theta \leqslant \overline{\theta}(X)\}$ 对于某些 $\underline{\theta}(X) < \overline{\theta}(X)$ 成立, 即 $C(X)$ 是一个区间 (有限或无限的); 如果 $\Re(X,\theta)$ 不是单调的, 那么 $C(X)$ 可能是几个区间的并. 对于实值 θ, 相较几个区间的并这种复杂的集合, 置信区间通常是首选, 因为它很简单而且结果很容易解释. 当 θ 多元时, 转化 $c_1 \leqslant \Re(X,\theta) \leqslant c_2$ 可能很复杂. 在大多数情况下, $C(X)$ 的显式不存在, 但 $C(X)$ 仍旧可以用数值方法算出.

例 7.1 (位置尺度族). 假设 $X_1, ..., X_n$ i.i.d., Lebesgue p.d.f. 为 $\frac{1}{\sigma}f\left(\frac{x-\mu}{\sigma}\right)$, 其中 $\mu \in \mathcal{R}$, $\sigma > 0$, f 是一个已知的 Lebesgue p.d.f.

首先考虑 σ 已知且 $\theta = \mu$ 的情况. 对于任意固定的 i, $X_i - \mu$ 是枢轴量. $\bar{X} - \mu$ 也是枢轴量, 因为任意独立的枢轴量的函数也是枢轴量. 在大多数情况下, 首选 $\bar{X} - \mu$. 设 c_1 和 c_2 是常数, 使得 $P(c_1 \leqslant \bar{X} - \mu \leqslant c_2) = 1-\alpha$. 那么 (7.2) 中的 $C(X)$ 是

$$C(X) = \{\mu : c_1 \leqslant \bar{X} - \mu \leqslant c_2\} = \{\mu : \bar{X} - c_2 \leqslant \mu \leqslant \bar{X} - c_1\},$$

即 $C(X)$ 是区间 $[\bar{X}-c_2,\bar{X}-c_1]\subset\mathcal{R}=\Theta$. 这个区间的置信系数为 $1-\alpha$. c_i 的选择并不唯一. 在 §7.2 中讨论的一些准则可以用来选择 c_i. 实践中经常采用的一个选择是 (并一定是最好的选择) $c_1=-c_2$. 得到的 $C(X)$ 关于 $\bar{X}$ 对称, 如果 $\bar{X}$ 的分布关于 μ 对称, 则 $C(X)$ 也是一个等尾置信区间 (如果 $P(\theta<\underline{\theta})=P(\theta>\overline{\theta})$, 则置信区间 $[\underline{\theta},\overline{\theta}]$ 称为等尾的). 注意到, 例 2.31 中的置信区间是这里考虑的区间的一个特例.

接下来考虑 μ 已知且 $\theta=\sigma$ 的情况. 下面这些量都是枢轴量: $(X_i-\mu)/\sigma$, $i=1,...,n$, $\prod_{i=1}^n(X_i-\mu)/\sigma$, $(\bar{X}-\mu)/\sigma$ 和 S/σ, 其中 S^2 是样本方差. 考虑置信集 (7.2), $\Re=S/\sigma$. 选择 c_1 和 c_2 使得 $P(c_1\leqslant S/\sigma\leqslant c_2)=1-\alpha$. 如果 c_i 都是正的, 那么

$$C(X)=\{\sigma:S/c_2\leqslant\sigma\leqslant S/c_1\}=[S/c_2,S/c_1]$$

是一个有限区间. 类似地, 如果 $c_1=0$ $(0<c_2<\infty)$ 或者 $c_2=\infty$ $(0<c_1<\infty)$, 那么 $C(X)=[S/c_2,\infty)$ 或者 $(0,S/c_1]$.

当 $\theta=\sigma$ 和 μ 都未知时, S/σ 仍旧是枢轴量, 因此基于 S 的 σ 的置信区间仍旧有效. 注意到, 当 μ 未知时, $(\bar{X}-\mu)/\sigma$ 和 $\prod_{i=1}^n(X_i-\mu)/\sigma$ 不再是枢轴量.

最后, 考虑 μ 和 σ 都未知且 $\theta=\mu$ 的情况. 仍旧存在很多不同的枢轴量, 但是最常用的枢轴量是 $t(X)=\sqrt{n}(\bar{X}-\mu)/S$. $t(X)$ 的分布不依赖 (μ,σ). 当 f 是正态时, $t(X)$ 服从 t 分布 t_{n-1}. 枢轴量 $t(X)$ 通常称为 studentized 统计量或者 t 统计量, 尽管 $t(X)$ 并不是统计量, 而且当 f 不是正态时, $t(X)$ 并不是 t 分布. 基于 $t(X)$ 的 μ 的置信区间形如

$$\{\mu:c_1\leqslant\sqrt{n}(\bar{X}-\mu)/S\leqslant c_2\}=[\bar{X}-c_2S/\sqrt{n},\bar{X}-c_1S/\sqrt{n}],$$

其中 c_i 被选择使得 $P(c_1\leqslant t(X)\leqslant c_2)=1-\alpha$. ∎

例 7.2. 设 $X_1,...,X_n$ 是来自均匀分布 $U(0,\theta)$ 的 i.i.d. 随机变量. 考虑 θ 的置信集的问题. 注意到, 在这种情况下分布族 $\mathcal{P}$ 是一个尺度族, 因此例 7.1 中的结果能够使用. 但是可以基于充分完备统计量 $X_{(n)}$ 及 $X_{(n)}/\theta$ 是一个枢轴量而得到一个更好的置信区间 (见例 7.13). 注意到, $X_{(n)}/\theta$ 的 Lebesgue p.d.f. 为 $nx^{n-1}I_{(0,1)}(x)$. 因此 (7.1) 中的 c_i 应满足 $c_2^n-c_1^n=1-\alpha$, 所得到 θ 的置信区间是 $[c_2^{-1}X_{(n)},c_1^{-1}X_{(n)}]$. 如何选择 c_i 会在例 7.13 中讨论. ∎

例 7.3 (Fieller 区间). 设 (X_{i1},X_{i2}), $i=1,...,n$, i.i.d. 服从双变量正态分布, 其中 $\mu_j=E(X_{1j})$, $\sigma_j^2=\mathrm{Var}(X_{1j})$, $j=1,2$ 和 $\sigma_{12}=\mathrm{Cov}(X_{11},X_{12})$ 未

知. 设 $\theta = \mu_2/\mu_1$ 是感兴趣的参数 ($\mu_1 \neq 0$). 定义 $Y_i(\theta) = X_{i2} - \theta X_{i1}$. 那么 $Y_1(\theta), ..., Y_n(\theta)$ i.i.d. 来自 $N(0, \sigma_2^2 - 2\theta\sigma_{12} + \theta^2\sigma_1^2)$. 令

$$S^2(\theta) = \frac{1}{n-1}\sum_{i=1}^{n}[Y_i(\theta) - \bar{Y}(\theta)]^2 = S_2^2 - 2\theta S_{12} + \theta^2 S_1^2,$$

其中 $\bar{Y}(\theta)$ 是 $Y_1(\theta), ..., Y_n(\theta)$ 的平均值, S_j^2 和 S_{12} 是基于 X_{ij} ($i = 1, ..., n$, $j = 1, 2$) 的样本方差和协方差. 由例 1.16 和 2.18 可知, $\sqrt{n}\bar{Y}(\theta)/S(\theta)$ 服从 t 分布 t_{n-1}, 因此它是枢轴量. 令 $t_{n-1,\alpha}$ 是 t 分布 t_{n-1} 的 $(1-\alpha)$ 分位数. 那么

$$C(X) = \{\theta : n[\bar{Y}(\theta)]^2/S^2(\theta) \leqslant t_{n-1,\alpha/2}^2\}$$

是 θ 的置信系数为 $1-\alpha$ 的置信集. 注意到, $n[\bar{Y}(\theta)]^2 = t_{n-1,\alpha/2}^2 S^2(\theta)$ 定义了 θ 的一个抛物线. 取决于抛物线的根, $C(X)$ 可以是一个有限区间, 有限区间的余集或者整个实线 (练习). ∎

例 7.4. 考虑正态线性模型 $X = N_n(Z\beta, \sigma^2 I_n)$, 其中 $\theta = \beta$ 是未知参数的 p 维向量, Z 是一个已知的 $n \times p$ 满秩矩阵. 一个枢轴量是

$$\Re(X, \beta) = \frac{(\hat{\beta} - \beta)^\tau Z^\tau Z(\hat{\beta} - \beta)/p}{\|X - Z\hat{\beta}\|^2/(n-p)},$$

其中 $\hat{\beta}$ 是 β 的 LSE. 根据定理 3.8 和例 1.16, $\Re(X, \beta)$ 服从 F 分布 $F_{p,n-p}$. 那么我们可以得到置信集

$$C(X) = \{\beta : c_1 \leqslant \Re(X, \beta) \leqslant c_2\}.$$

注意到, $\{\beta : \Re(X, \beta) < c\}$ 是 $\mathcal{R}^p$ 上一个椭球的内部. ∎

接下来的结论说明在很多问题中枢轴量是存在的.

命题 7.1. 设 $T(X) = (T_1(X), ..., T_s(X))$, $T_1, ..., T_s$ 是独立的统计量. 假设每个 T_i 都有连续的 c.d.f. $F_{T_i,\theta}$, 参数为 θ. 那么 $\Re(X, \theta) = \prod_{i=1}^s F_{T_i,\theta}(T_i(X))$ 是一个枢轴量.

证明. 结论由 $F_{T_1,\theta}(T_1), ..., F_{T_s,\theta}(T_s)$ i.i.d. 来自均匀分布 $U(0, 1)$ 可得. ∎

当 $X_1, ..., X_n$ i.i.d. 来自一个参数为 θ 的参数族, 利用命题 7.1 最简单的方式就是取 $T(X) = X$. 然而, 这样得到的枢轴量可能不是最好的枢轴量. 比如, 例 7.2 中的枢轴量是利用命题 7.1 取 $T(X) = X_{(n)}$ ($s = 1$) 得到的枢轴量的函数, 这比取 $T(X) = X$ 得到的枢轴量来得好 (例 7.13).

甚至当总体 P 属于非参数族时, 命题 7.1 的结论仍成立, 但是在非参数问题中, 很难找到统计量 T, 其 c.d.f. 的参数恰为感兴趣的向量 θ.

当命题 7.1 中的 θ 和 T 是实值时, 我们可以利用接下来的结论构造 θ 的置信区间, 甚至当 T 的 c.d.f. 不连续时也可以.

定理 7.1. 假设 P 属于一个参数族, 参数为实值 θ. 设 $T(X)$ 是一个实值统计量, c.d.f. 为 $F_{T,\theta}(t)$, 设 α_1 和 α_2 是固定的正常数, 使得 $\alpha_1+\alpha_2=\alpha<\frac{1}{2}$.

(i) 假设 $F_{T,\theta}(t)$ 和 $F_{T,\theta}(t-)$ 对于每个固定的 t 关于 θ 是非增的. 定义

$$\overline{\theta}=\sup\{\theta: F_{T,\theta}(T)\geqslant\alpha_1\} \quad \text{和} \quad \underline{\theta}=\inf\{\theta: F_{T,\theta}(T-)\leqslant 1-\alpha_2\}.$$

那么 $[\underline{\theta}(T),\overline{\theta}(T)]$ 是 θ 的一个水平为 $1-\alpha$ 的置信区间.

(ii) 如果 $F_{T,\theta}(t)$ 和 $F_{T,\theta}(t-)$ 对于每个固定的 t 关于 θ 是非减的, 那么相同的结论成立

$$\underline{\theta}=\inf\{\theta: F_{T,\theta}(T)\geqslant\alpha_1\} \quad \text{和} \quad \overline{\theta}=\sup\{\theta: F_{T,\theta}(T-)\leqslant 1-\alpha_2\}.$$

(iii) 如果 $F_{T,\theta}$ 对于任意 θ 是一个连续 c.d.f., 那么 $F_{T,\theta}(T)$ 是一个枢轴量且 (i) 或 (ii) 中置信区间的置信系数为 $1-\alpha$.

证明. 我们只需要证明 (i). 在给定的条件下, $\theta>\overline{\theta}$ 可得出 $F_{T,\theta}(T)<\alpha_1$, $\theta<\underline{\theta}$ 可得出 $F_{T,\theta}(T-)>1-\alpha_2$. 因此,

$$P\big(\underline{\theta}\leqslant\theta\leqslant\overline{\theta}\big)\geqslant 1-P\big(F_{T,\theta}(T)<\alpha_1\big)-P\big(F_{T,\theta}(T-)>1-\alpha_2\big).$$

结论由下式可得:

$$P\big(F_{T,\theta}(T)<\alpha_1\big)\leqslant\alpha_1 \quad \text{且} \quad P\big(F_{T,\theta}(T-)>1-\alpha_2\big)\leqslant\alpha_2. \tag{7.3}$$

(7.3) 的证明留作练习. ∎

当定理 7.1 中的参数族有关于 $T(X)$ 的单调似然比时, 根据引理 6.3, 定理 7.1(i) 的条件成立; 事实上, 由 §6.6 的练习 2 可知, $F_{T,\theta}(t)$ 对于满足 $0<F_{T,\theta}(t)<1$ 的任意 t 是严格递减的. 如果 $F_{T,\theta}(t)$ 关于 θ 也是连续的, $\lim_{\theta\to\theta_-}F_{T,\theta}(t)>\alpha_1$, 且 $\lim_{\theta\to\theta_+}F_{T,\theta}(t)<\alpha_1$, 其中 θ_- 和 θ_+ 是参数空间的两个端点, 那么 $\overline{\theta}$ 是 $F_{T,\theta}(t)=\alpha_1$ 的唯一解. 对于 $\underline{\theta}$, 我们可以得到类似的结论.

在例 7.2 中利用定理 7.1 可以得到 θ 的置信区间 (练习). 接下来的例子考虑了离散的 $F_{T,\theta}$.

例 7.5. 设 $X_1, ..., X_n$ 是来自泊松分布 $P(\theta)$ 的 i.i.d. 随机变量, $\theta > 0$ 未知, $T(X) = \sum_{i=1}^n X_i$. 注意到, T 关于 θ 是充分完备的且服从泊松分布 $P(n\theta)$. 因此,

$$F_{T,\theta}(t) = \sum_{j=0}^{t} \frac{e^{-n\theta}(n\theta)^j}{j!}, \quad t = 0, 1, 2, ...$$

因为泊松分布有关于 T 的单调似然比, 且对于任意 t 有 $0 < F_{T,\theta}(t) < 1$, 所以 $F_{T,\theta}(t)$ 关于 θ 是严格递减的. $F_{T,\theta}(t)$ 关于 θ 也是连续的, 而且当 θ 趋于 0 和 ∞ 时, $F_{T,\theta}(t)$ 分别趋于 1 和 0. 因此, 定理 7.1 可以利用, $\overline{\theta}$ 是 $F_{T,\theta}(T) = \alpha_1$ 的唯一解. 因为对于 $t > 0$ 有 $F_{T,\theta}(t-) = F_{T,\theta}(t-1)$, 所以当 $T = t > 0$ 时, $\underline{\theta}$ 是 $F_{T,\theta}(t-1) = 1 - \alpha_2$ 的唯一解; 当 $T = 0$ 时, $\underline{\theta} = 0$. 事实上在本例的情况下, $\underline{\theta}$ 和 $\overline{\theta}$ 的显式可以通过下式得到,

$$\frac{1}{\Gamma(t)} \int_{\lambda}^{\infty} x^{t-1} e^{-x} dx = \sum_{j=0}^{t-1} \frac{e^{-\lambda}\lambda^j}{j!}, \quad t = 1, 2, ...$$

利用这个等式, 可以证明 (练习):

$$\overline{\theta} = (2n)^{-1}\chi^2_{2(T+1),\alpha_1} \quad 和 \quad \underline{\theta} = (2n)^{-1}\chi^2_{2T,1-\alpha_2}, \tag{7.4}$$

其中 $\chi^2_{r,\alpha}$ 是卡方分布 χ^2_r 的 $(1-\alpha)$ 分位数, $\chi^2_{0,a}$ 定义为 0. ∎

到目前为止, 我们已经考虑了参数问题中的例子. 非参数问题中, 枢轴量可能不存在, 我们不得不考虑近似枢轴量 (§7.3 和 §7.4). 接下来是非参数问题中的一个例子, 在这个例子中枢轴量是存在的.

例 7.6. 设 $X_1, ..., X_n$ 是来自 $F \in \mathscr{F}$ 的 i.i.d. 随机变量, $\mathscr{F}$ 包含 $\mathcal{R}$ 上所有连续且对称的分布. 假设 F 关于 θ 对称. 设 $\tilde{R}(\theta)$ 是 $|X_i - \theta|$ 秩的向量, $R_+(\theta)$ 是 $\tilde{R}(\theta)$ 包含正 $(X_i - \theta)$ 对应的秩的子向量. 那么, 任意 $R_+(\theta)$ 的实值 Borel 函数都是枢轴量 (见 §6.5.1 的讨论). 利用这些枢轴量, 我们可以构造不同的置信集. 更多的细节见例 7.10. ∎

7.1.2 转化检验的接受域

另一种流行的构造置信集的方法是利用置信集和假设检验之间的密切联系. 对于任何检验 T, 集合 $\{x : T(x) \neq 1\}$ 称为*接受域*. 注意到, 当 T 是一个随机检验时, 这个术语并不严谨.

定理 7.2. 对每个 $\theta_0 \in \Theta$, 设 T_{θ_0} 是假设 $H_0: \theta = \theta_0$ (对某个 H_1) 的一个检验, 显著性水平为 α, 接受域为 $A(\theta_0)$. 对每个在 X 取值范围内的 x, 定义

$$C(x) = \{\theta : x \in A(\theta)\}.$$

那么 $C(X)$ 是 θ 的一个水平为 $1-\alpha$ 的置信集. 如果对每个 θ_0, T_{θ_0} 是非随机的且检验水准为 α, 那么 $C(X)$ 的置信系数为 $1-\alpha$.

证明. 我们只证明第一个结论. 第二个结论的证明类似. 在给定的条件下,

$$\sup_{\theta=\theta_0} P\big(X \notin A(\theta_0)\big) = \sup_{\theta=\theta_0} P(T_{\theta_0} = 1) \leqslant \alpha,$$

这和下式是相同的:

$$1-\alpha \leqslant \inf_{\theta=\theta_0} P\big(X \in A(\theta_0)\big) = \inf_{\theta=\theta_0} P\big(\theta_0 \in C(X)\big).$$

因为此对于所有的 θ_0 都成立, 所以结论由下式可得:

$$\inf_{P\in\mathcal{P}} P\big(\theta \in C(X)\big) = \inf_{\theta_0\in\Theta} \inf_{\theta=\theta_0} P\big(\theta_0 \in C(X)\big) \geqslant 1-\alpha. \quad \blacksquare$$

定理 7.2 的逆命题部分正确, 这在接下来的结果中说明, 证明留作练习.

命题 7.2. 设 $C(X)$ 是 θ 的显著性水平 (或置信系数) 为 $1-\alpha$ 的一个置信集. 对任意 $\theta_0 \in \Theta$, 定义一个域 $A(\theta_0) = \{x : \theta_0 \in C(x)\}$. 那么针对 $H_0: \theta = \theta_0$ 对某个 H_1, 检验 $T(X) = 1 - I_{A(\theta_0)}(X)$ 的显著性水平为 α. $\blacksquare$

一般来说, 如果没有显式, 定理 7.2 中的 $C(X)$ 可用数值法得到. 定理 7.2 在如下情况可以得到最好的阐述: θ 是实值的, 对于实值统计量 $Y(X)$, $A(\theta) = \{Y : a(\theta) \leqslant Y \leqslant b(\theta)\}$, 且 $a(\theta)$ 和 $b(\theta)$ 是非减函数. 当我们观测到 $Y = y$ 时, $C(X)$ 是极限为 $\underline{\theta}$ 和 $\overline{\theta}$ 的区间, 这两个极限分别是水平线 $Y = y$ 和曲线 $Y = b(\theta)$ 与 $Y = a(\theta)$ 在交叉处 θ 的取值 (图 7.1). 如果 $y = b(\theta)$ (或 $y = a(\theta)$) 没有解或者不止一个解, 那么 $\underline{\theta} = \inf\{\theta : y \leqslant b(\theta)\}$ (或 $\overline{\theta} = \sup\{\theta : a(\theta) \leqslant y\}$). $C(X)$ 不包含 $\underline{\theta}$ (或 $\overline{\theta}$), 当且仅当 $b(\theta)$ (或 $a(\theta)$) 在 $\underline{\theta}$ (或 $\overline{\theta}$) 处只是左连续 (或右连续) 的.

例 7.7. 设 X 有属于单参数指数族的 p.d.f. $f_\theta(x) = \exp\{\eta(\theta)Y(x) - \xi(\theta)\}h(x)$, 其中 θ 是实值的, $\eta(\theta)$ 关于 θ 非减. 首先, 我们应用定理 7.2 到检验 $H_0: \theta = \theta_0$ 对 $H_1: \theta > \theta_0$. 根据定理 6.2, (6.11) 给出的检验水准为 α 的 UMP 检验的接受域是 $A(\theta_0) = \{x : Y(x) \leqslant c(\theta_0)\}$, 其中 $c(\theta_0) = c$, c 由

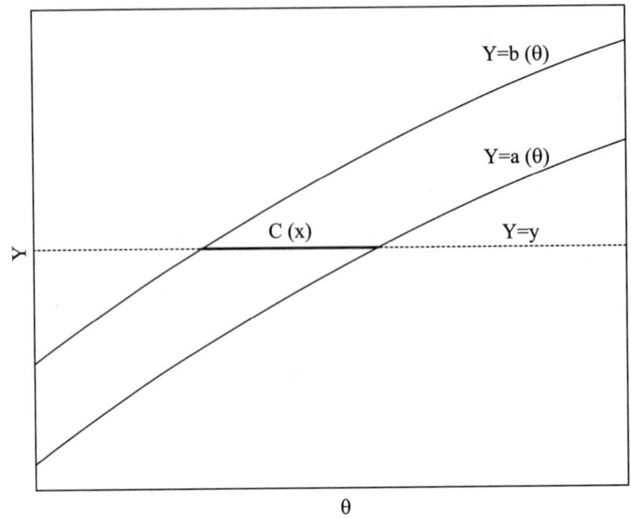

图 7.1 通过转化 $A(\theta)=[a(\theta),b(\theta)]$ 得到的置信区间

(6.11) 给出. 可以证明 (练习), $c(\theta)$ 关于 θ 非减. 根据图 7.1 转化 $A(\theta)$, 其中 $b(\theta)=c(\theta)$, 忽略 $a(\theta)$, 我们得到 $C(X)=[\underline{\theta}(X),\infty)$ 或 $(\underline{\theta}(X),\infty)$, θ 的显著性水平为 $1-\alpha$ 的一个单侧置信区间. (在 §2.4.3 中 $\underline{\theta}(X)$ 称为 θ 的置信下界.) 当 $Y(X)$ 的 c.d.f. 连续时, $C(X)$ 的置信系数为 $1-\alpha$.

在前面的推导中, 如果考虑 $H_0:\theta=\theta_0$ 对 $H_1:\theta<\theta_0$, 那么 $C(X)=\{\theta: Y(X)\geqslant c(\theta)\}$, 形如 $(-\infty,\overline{\theta}(X)]$ 或 $(-\infty,\overline{\theta}(X))$. ($\overline{\theta}(X)$ 称为 θ 的置信上界.)

接下来考虑 $H_0:\theta=\theta_0$ 对 $H_1:\theta\neq\theta_0$. 根据定理 6.4, (6.28) 中检验水准为 α 的 UMPU 检验的接受域由 $A(\theta_0)=\{x:c_1(\theta_0)\leqslant Y(x)\leqslant c_2(\theta_0)\}$ 给出, 其中 $c_i(\theta)$ 非减 (练习). 根据图 7.1 转化 $A(\theta)$ 可以得到一个置信区间, 其中 $a(\theta)=c_1(\theta)$, $b(\theta)=c_2(\theta)$.

让我们考虑一个特殊的例子, $X_1,...,X_n$ 为 i.i.d. 0–1 随机变量, $p=P(X_i=1)$. 注意到 $Y(X)=\sum_{i=1}^n X_i$. 假设我们需要一个 p 的置信下界, 所以我们考虑 $H_0:p=p_0$ 和 $H_1:p>p_0$. 从例 6.2 可知, 一个检验水准为 $\alpha\in(0,1)$ 的 UMP 检验的接受域是 $A(p_0)=\{y:y\leqslant m(p_0)\}$, 其中 $m(p_0)$ 是 0 和 n 之间的一个整数, 使得

$$\sum_{j=m(p_0)+1}^{n}\binom{n}{j}p_0^j(1-p_0)^{n-j}\leqslant\alpha<\sum_{j=m(p_0)}^{n}\binom{n}{j}p_0^j(1-p_0)^{n-j}.$$

因此, $m(p)$ 是一个取值整数的 p 的非减阶梯函数. 定义

$$\underline{p} = \inf\{p : m(p) \geqslant y\} = \inf\left\{p : \sum_{j=y}^{n} \binom{n}{j} p^j (1-p)^{n-j} \geqslant \alpha\right\}. \tag{7.5}$$

那么 p 的水平为 $1-\alpha$ 的置信区间是 $(\underline{p}, 1]$ (练习). 我们可以将这个置信区间与利用定理 7.1 得到的区间进行比较 (练习). 也可见例 7.16. ∎

例 7.8. 设 X 有 p.d.f. $f_{\theta,\varphi}(x) = \exp\{\theta Y(x) + \varphi^\tau U(x) - \zeta(\theta,\varphi)\}$, 属于多参数指数族. 根据定理 6.4, 针对 $H_0 : \theta = \theta_0$ 对 $H_1 : \theta > \theta_0$ 或 $H_0 : \theta = \theta_0$ 对 $H_1 : \theta \neq \theta_0$, 检验水准为 α 的 UMPU 检验的接受域是

$$A(\theta_0) = \{(y, u) : y \leqslant c_2(u, \theta_0)\}$$

或

$$A(\theta_0) = \{(y, u) : c_1(u, \theta_0) \leqslant y \leqslant c_2(u, \theta_0)\},$$

其中 $c_i(u,\theta)$ 是 θ 的非减函数, $i = 1, 2$. 那么对于任意观测到的 u, θ 的置信区间可以根据图 7.1 转化 $A(\theta)$ 得到, 其中 $b(\theta) = c_2(u,\theta)$, $a(\theta) = c_1(u,\theta)$ 或 $a(\theta) \equiv -\infty$.

考虑更具体的情况, X_1 和 X_2 独立服从泊松分布 $P(\lambda_1)$ 和 $P(\lambda_2)$, 我们需要求比率 $\rho = \lambda_2/\lambda_1$ 的置信下界. 从例 6.11 可知, 针对 $H_0 : \rho = \rho_0$ 对 $H_1 : \rho > \rho_0$, 检验水准为 α 的 UMPU 检验的接受域为 $A(\rho_0) = \{(y, u) : y \leqslant c(u, \rho_0)\}$, 其中 $c(u, \rho_0)$ 由给定 $U = X_1 + X_2 = u$ 时 $Y = X_2$ 的条件分布决定. 因为给定 $U = u$, Y 的条件分布是二项分布 $Bi(\rho/(1+\rho), u)$, 所以我们能利用例 7.7 中的结果, 即 $c(u, \rho)$ 与例 7.7 中的 $m(p)$ 相同, $n = u$, $p = \rho/(1+\rho)$. 那么 p 的水平为 $1-\alpha$ 的置信下界是 (7.5) 中的 $\underline{p}$, $n = u$. 因为 $\rho = p/(1-p)$ 是 p 的一个严格递增函数, 所以 ρ 的水平为 $1-\alpha$ 的置信下界是 $\underline{p}/(1-\underline{p})$. ∎

例 7.9. 考虑正态线性模型 $X = N_n(Z\beta, \sigma^2 I_n)$ 以及构造 $\theta = L\beta$ 置信集的问题, 其中 L 是一个 $s \times p$ 矩阵, 秩为 s, 所有 L 的行属于 $\mathcal{R}(Z)$. 由 §6.3.2 中的讨论和 §6.6 练习 74 可知, 针对 $H_0 : \theta = \theta_0$ 对 $H_1 : \theta \neq \theta_0$, 检验水准为 α 的非随机 UMPI 检验的接受域是

$$A(\theta_0) = \{X : W(X, \theta_0) \leqslant c_\alpha\},$$

其中 c_α 是 F 分布 $F_{s,n-r}$ 的 $(1-\alpha)$ 分位数,

$$W(X,\theta) = \frac{[\|X - Z\hat{\beta}(\theta)\|^2 - \|X - Z\hat{\beta}\|^2]/s}{\|X - Z\hat{\beta}\|^2/(n-r)},$$

r 是 Z 的秩, $r \geqslant s$, $\hat{\beta}$ 是 β 的 LSE, 且对于固定的 θ, $\hat{\beta}(\theta)$ 是下列方程的解

$$\|X - Z\hat{\beta}(\theta)\|^2 = \min_{\beta: L\beta=\theta} \|X - Z\beta\|^2.$$

转化 $A(\theta)$, 我们得到下列 θ 的置信系数为 $1-\alpha$ 的置信集: $C(X) = \{\theta : W(X,\theta) \leqslant c_\alpha\}$, 这形成了 $\mathcal{R}^s$ 上的一个封闭椭球. ∎

最后一个例子考虑在非参数问题中转化检验的接受域.

例 7.10. 考虑例 7.6 中的问题. 我们现在通过转化 (6.84) 给出的符号秩检验的接受域求 θ 的置信区间. 注意到, 检验 X_i 的 c.d.f. 是否关于 θ 对称等价于检验 $X_i - \theta$ 的 c.d.f. 是否关于 0 对称. 设 c_i 由 (6.84) 给出, W 由 (6.83) 给出, 对于每个 θ, 令 $R_+^o(\theta)$ 是例 7.6 中描述的 $R_+(\theta)$ 的排序分量的向量. θ 的水平为 $1-\alpha$ 的置信集是

$$C(X) = \{\theta : c_1 \leqslant W(R_+^o(\theta)) \leqslant c_2\}.$$

对于任意观测到的 X, 区域 $C(X)$ 可以用数值方法计算. 从例 7.6 的讨论可知, $W(R_+^o(\theta))$ 是一个枢轴量, 因此, $C(X)$ 与通过枢轴量得到的置信集相同. ∎

7.1.3 Bayes 方法

在 Bayes 分析中, 与置信集类似的称为可信集. 考虑来自参数族中某总体的一个样本 X, 该参数族的参数为 $\theta \in \Theta \subset \mathcal{R}^k$, 由一个 σ 有限测度控制. 设 $f_\theta(x)$ 是 X 的 p.d.f., $\pi(\theta)$ 是 $(\Theta, \mathcal{B}_\Theta)$ 上关于 σ 有限测度 λ 的一个先验 p.d.f. 令

$$p_x(\theta) = f_\theta(x)\pi(\theta)/m(x)$$

为关于 λ 的后验 p.d.f., 其中 x 是观测到的 X, $m(x) = \int_\Theta f_\theta(x)\pi(\theta)d\lambda$. 对于任意 $\alpha \in (0,1)$, θ 的水平为 $1-\alpha$ 的可信集是任意满足

$$P_{\theta|x}(\theta \in C) = \int_C p_x(\theta)d\lambda \geqslant 1-\alpha \tag{7.6}$$

的 $C \in \mathcal{B}_\Theta$. θ 的水平为 $1-\alpha$ 的最大后验密度 (HPD) 可信集定义为事件

$$C(x) = \{\theta : p_x(\theta) \geqslant c_\alpha\}, \tag{7.7}$$

其中 c_α 使得 $\int_{C(x)} p_x(\theta)d\lambda \geqslant 1-\alpha$. 当 $p_x(\theta)$ 有连续 c.d.f. 时, 我们可以用 $=$ 代替 (7.6) 和 (7.7) 中的 $\geqslant$. HPD 可信集通常是所有相同水平可信集中长度最短的区间 (练习 40).

就意义和解释而言, Bayes 可信集和目前为止我们已经讨论的置信集是非常不同的, 尽管有时候它们很类似. 在可信集中, x 固定, θ 认为是随机的, 且 (7.6) 中的概率是关于后验概率 $P_{\theta|x}$. 另一方面, 在置信集中, θ 是非随机的 (尽管未知), 但是 X 认为是随机的, 且显著性水平是关于 $P(\theta \in C(X))$, 一个与 X 的分布有关的概率. (7.7) 中的集合 $C(X)$ 并不一定是显著性水平为 $1-\alpha$ 的置信集.

当 $\pi(\theta)$ 是一个常数时, 这通常是一个非正常先验, (7.7) 中的 HPD 可信集 $C(x)$ 与极大似然 (§4.4 中介绍的一种非 Bayes 方法; 也可以见 §7.3.2) 的想法有关, 因为 $p_x(\theta) = f_\theta(x)/m(x)$ 与似然函数 $f_\theta(x) = \ell(\theta)$ 成比例. 在这种情况下, 由 (7.7) 定义的 $C(X)$ 可能是显著性水平为 $1-\alpha$ 的一个置信集.

例 7.11. 设 $X_1, ..., X_n$ i.i.d. 服从 $N(\theta, \sigma^2), \theta \in \mathcal{R}$ 未知, σ^2 已知. 设 $\pi(\theta)$ 是 $N(\mu_0, \sigma_0^2)$ 的 p.d.f., μ_0 和 σ_0^2 已知. 那么 $p_x(\theta)$ 是 $N(\mu_*(x), c^2)$ 的 p.d.f. (例 2.25), 其中 $\mu_*(x)$ 和 c^2 由 (2.25) 给出, (7.7) 中的 HPD 可信集是

$$
\begin{aligned}
C(x) &= \left\{\theta : e^{-[\theta-\mu_*(x)]^2/(2c^2)} \geqslant c_\alpha \sqrt{2\pi} c\right\} \\
&= \left\{\theta : |\theta - \mu_*(x)| \leqslant \sqrt{2} c[-\log(c_\alpha \sqrt{2\pi} c)]^{1/2}\right\}.
\end{aligned}
$$

设 Φ 是标准正态的 c.d.f. $\sqrt{2}c[-\log(c_\alpha\sqrt{2\pi}c)]^{1/2}$ 一定是 $cz_{1-\alpha/2}$, 其中 $z_a = \Phi^{-1}(a)$, 因为它使得当 $P_{\theta|x} = N(\mu_*(x), c^2)$ 时 $P_{\theta|x}(C(x)) = 1-\alpha$. 因此,

$$
C(x) = [\mu_*(x) - cz_{1-\alpha/2},\ \mu_*(x) + cz_{1-\alpha/2}].
$$

如果令 $\sigma_0^2 \to \infty$, 这等价于取 Lebesgue 测度作为 (非正常) 先验, 那么 $\mu_*(x) = \bar{x}$, $c^2 = \sigma^2/n$,

$$
C(x) = [\bar{x} - \sigma z_{1-\alpha/2}/\sqrt{n},\ \bar{x} + \sigma z_{1-\alpha/2}/\sqrt{n}],
$$

这与例 2.31 中 θ 的置信系数为 $1-\alpha$ 的置信区间相同. 尽管 Bayes 可信集与经典置信区间一致, 这通常在使用无信息先验的情况下发生, 但是它们的解释仍旧不同. ∎

更多关于 Bayes 可信集的细节参见 Berger (1985, §4.3).

7.1.4 预测集

在一些问题中, 感兴趣的量是随机变量 ξ 未来的 (或未观测到的) 值. 关于一个随机量而不是未知参数的推断过程称为预测. 如果 ξ 的分布已知, 那么 ξ

的水平为 $1-\alpha$ 的预测集是任意满足 $P_\xi(\xi \in C) \geqslant 1-\alpha$ 的事件 C. 然而在实际应用中, ξ 的分布通常未知.

假设 ξ 的分布与用来做预测的样本 X 的分布有关. 比如, $X=(X_1,...,X_n)$ 是观测到的样本, 要预测 $\xi = X_{n+1}$, 其中 $X_1,...,X_n,X_{n+1}$ 是 i.i.d. 随机变量. 只依赖样本 X 的集合 $C(X)$ 是 ξ 的一个水平为 $1-\alpha$ 的预测集, 若

$$\inf_{P\in\mathcal{P}} P\big(\xi \in C(X)\big) \geqslant 1-\alpha,$$

其中 P 是 (ξ, X) 的联合分布, $\mathcal{P}$ 包含了所有可能的 P.

注意到, 预测集与置信集非常类似且密切相关. 因此, 一些构造置信集的方法可以用来得到预测集. 比如, 如果 $\Re(X,\xi)$ 是一个枢轴量, 也就是说, 它的分布不依赖 P, 那么预测集可以通过转化 $c_1 \leqslant \Re(X,\xi) \leqslant c_2$ 得到. 接下来的例子阐述了这个想法.

例 7.12. 实际中遇到的很多预测问题可以表述如下. 要预测的变量 ξ 与一个取向量值的协变量 ζ (称为自变量) 相关, $E(\xi|\zeta) = \zeta^\tau\beta$, 其中 β 是未知参数的 p 维向量. 假设在 $\zeta = Z_i$ 处, 我们观测到 $\xi = X_i$, $i=1,...,n$, 且 $X_1,...,X_n$ 相互独立. 基于 $(X_1,Z_1),...,(X_n,Z_n)$, 当 $\zeta = Z_0 \in \mathcal{R}(Z)$ 时, 我们想构造 $\xi = X_0$ 值的预测集, 其中 Z 是 $n\times p$ 矩阵, 第 i 行是向量 Z_i. Z_i 是固定或随机的观测 (在后者情况下, 下面讨论中的所有概率和期望以 $Z_0, Z_1, ..., Z_n$ 为条件).

进一步假定 $X=(X_1,...,X_n) = N_n(Z\beta, \sigma^2 I_n)$ 来自正态线性模型, 且与 $X_0 = N(Z_0^\tau\beta, \sigma^2)$ 独立. 设 $\hat\beta$ 是 β 的 LSE, $\hat\sigma^2 = \|X - Z\hat\beta\|^2/(n-r)$, $\|Z_0\|_Z^2 = Z_0^\tau(Z^\tau Z)^- Z_0$, 其中 r 是 Z 的秩. 那么

$$\Re(X, X_0) = \frac{X_0 - Z_0^\tau\hat\beta}{\hat\sigma\sqrt{1+\|Z_0\|_Z^2}}$$

服从 t 分布 t_{n-r}, 因此它是一个枢轴量. 这是因为 X_0 与 $Z_0^\tau\hat\beta$ 独立服从正态分布,

$$E(X_0 - Z_0^\tau\hat\beta) = 0, \quad \mathrm{Var}(X_0 - Z_0^\tau\hat\beta) = \sigma^2(1+\|Z_0\|_Z^2),$$

$(n-r)\hat\sigma^2$ 服从卡方分布 χ^2_{n-r}, 且 X_0, $Z_0^\tau\hat\beta$ 与 $\hat\sigma^2$ 相互独立 (定理 3.8). X_0 的一个水平为 $1-\alpha$ 的预测区间是

$$\left[Z_0^\tau\hat\beta - t_{n-r,\alpha/2}\hat\sigma\sqrt{1+\|Z_0\|_Z^2},\ Z_0^\tau\hat\beta + t_{n-r,\alpha/2}\hat\sigma\sqrt{1+\|Z_0\|_Z^2}\right], \tag{7.8}$$

其中 $t_{n-r,\alpha}$ 是 t 分布 t_{n-r} 的 $(1-\alpha)$ 分位数.

为了比较预测集和置信集, 我们考虑 $E(X_0) = Z_0^\tau\beta$ 的置信区间. 利用枢轴量

$$\Re(X, Z_0^\tau\beta) = \frac{Z_0^\tau\beta - Z_0^\tau\hat{\beta}}{\hat{\sigma}\|Z_0\|_Z},$$

我们得到以下 $Z_0^\tau\beta$ 的置信系数为 $1-\alpha$ 的置信区间:

$$\left[Z_0^\tau\hat{\beta} - t_{n-r,\alpha/2}\hat{\sigma}\|Z_0\|_Z,\ Z_0^\tau\hat{\beta} + t_{n-r,\alpha/2}\hat{\sigma}\|Z_0\|_Z \right]. \tag{7.9}$$

因为随机变量比它的平均值 (一个位置参数) 更易变, 所以预测区间 (7.8) 总是比置信区间 (7.9) 更长, 尽管它们都以概率 $1-\alpha$ 覆盖感兴趣的量. 事实上, 当 $n\to\infty$ 有 $\|Z_0\|_Z^2 \to 0$ 时, 置信区间 (7.9) 的长度趋于 0 a.s., 然而预测区间 (7.8) 的长度趋于一个正常数 a.s. ∎

因为置信集与预测集之间的相似性, 本章剩余部分我们不详细讨论预测集. 一些例子见练习 30 和 31.

7.2 置信集的性质

本节中我们研究置信集的一些性质并介绍一些比较置信集的准则.

7.2.1 置信区间的长度

对于拥有相同置信系数的实值 θ 的置信区间, 显然可以用区间长度来衡量它们的表现. 优先选择更短的置信区间, 因为它们能提供更多的信息. 然而在大多数问题中, 最短长度的置信区间不存在. 一种普遍的做法是考虑一个合理的置信区间类 (拥有相同的置信系数), 然后在这个类中寻找长度最短的置信区间.

当置信区间是通过枢轴量或者转化检验的接受域构造的, 选择合理的置信区间类意味着选择好的枢轴量或者检验. 当存在充分统计量时, 可以使用充分统计量的函数. 在很多问题中, 枢轴量或者检验统计量与 θ 的一些点估计有关. 比如, 在位置族问题 (例 7.1) 中, $\theta=\mu$ 的置信区间通常形如 $[\hat{\theta}-c, \hat{\theta}+c]$, 其中 $\hat{\theta}$ 是 θ 的估计, c 是一个常数. 在这种情况下, θ 的一个更准确的估计直观上来说能得到一个更好的置信区间. 比如, 当 $X_1, ..., X_n$ i.i.d. 服从 $N(\mu, 1)$ 时, 可以证明 (练习) 区间 $[\bar{X}-c_1, \bar{X}+c_1]$ 比区间 $[X_1-c_2, X_1+c_2]$ 从长度上来说更好, 其中 c_i 选得使得置信区间的置信系数为 $1-\alpha$. 然而, 当 $X_1, ..., X_n$ 来自柯西分布 $C(\mu, 1)$ 时, 我们没有相同的结论 (练习 32). 接下来是另一个例子.

例 7.13. 设 $X_1, ..., X_n$ i.i.d. 来自均匀分布 $U(0,\theta)$, $\theta > 0$ 未知. 在例 7.2 中得到 θ 的一个形如 $[b^{-1}X_{(n)}, a^{-1}X_{(n)}]$ 的置信区间, 其中常数 a 和 b 选得使得置信区间的置信系数为 $1-\alpha$. 应用命题 7.1, $T=\tilde{X}$, 另一个置信区间形如 $[b_1^{-1}\tilde{X}, a_1^{-1}\tilde{X}]$, 其中 $\tilde{X} = (\prod_{i=1}^n X_i)^{1/n}$. 我们现在说明, 当 n 足够大时, 前者的长度比后者短. 注意到, $\sqrt{n}(\tilde{X}-\theta)/\theta \to_d N(0,1)$. 因此, 对于某两个常数 c 和 d,

$$P\left(\left(1+\frac{d}{\sqrt{n}}\right)^{-1}\tilde{X} \leqslant \theta \leqslant \left(1+\frac{c}{\sqrt{n}}\right)^{-1}\tilde{X}\right) = P\left(\frac{c}{\sqrt{n}} \leqslant \frac{\tilde{X}-\theta}{\theta} \leqslant \frac{d}{\sqrt{n}}\right) \to 1-\alpha.$$

这意味着 $a_1 \approx 1 + c/\sqrt{n}$, $b_1 \approx 1 + d/\sqrt{n}$ 和 $[b_1^{-1}\tilde{X}, a_1^{-1}\tilde{X}]$ 的长度以速率 $n^{-1/2}$ 收敛到 0 a.s. 另一方面, 对于某两个常数 c 和 d,

$$P\left(\left(1+\frac{d}{n}\right)^{-1}X_{(n)} \leqslant \theta \leqslant \left(1+\frac{c}{n}\right)^{-1}X_{(n)}\right) = P\left(\frac{c}{n} \leqslant \frac{X_{(n)}-\theta}{\theta} \leqslant \frac{d}{n}\right) \to 1-\alpha,$$

因为 $n(X_{(n)}-\theta)/\theta$ 有已知的极限分布 (例 2.34). 这意味着 $[b^{-1}X_{(n)}, a^{-1}X_{(n)}]$ 的长度以速率 n^{-1} 收敛到 0 a.s., 因此, 对于充分大的 n, $[b^{-1}X_{(n)}, a^{-1}X_{(n)}]$ 比 $[b_1^{-1}\tilde{X}, a_1^{-1}\tilde{X}]$ 更短 a.s.

类似地, 我们可以证明基于枢轴量 $\bar{X}/\theta$ 的置信区间从长度上来说不如 $[b^{-1}X_{(n)}, a^{-1}X_{(n)}]$ 好.

因此, 考虑形如 $[b^{-1}X_{(n)}, a^{-1}X_{(n)}]$ 且满足 $P(b^{-1}X_{(n)} \leqslant \theta \leqslant a^{-1}X_{(n)}) = 1-\alpha$ 的置信区间类是合理的. 这个类中最短的置信区间可以通过如下方式得到. 注意到, $X_{(n)}/\theta$ 的 Lebesgue p.d.f. 是 $nx^{n-1}I_{(0,1)}(x)$. 因此,

$$1-\alpha = P(b^{-1}X_{(n)} \leqslant \theta \leqslant a^{-1}X_{(n)}) = \int_a^b nx^{n-1}dx = b^n - a^n.$$

这说明 $1 \geqslant b > a \geqslant 0$ 和 $\frac{da}{db} = (\frac{b}{a})^{n-1}$. 因为区间 $[b^{-1}X_{(n)}, a^{-1}X_{(n)}]$ 的长度是 $\psi(a,b) = X_{(n)}(a^{-1}-b^{-1})$,

$$\frac{d\psi}{db} = X_{(n)}\left(\frac{1}{b^2} - \frac{1}{a^2}\frac{da}{db}\right) = X_{(n)}\frac{a^{n+1}-b^{n+1}}{b^2a^{n+1}} < 0.$$

因此, 最小值在 $b=1$ ($a=\alpha^{1/n}$) 处取到. 这说明了最短的置信区间是 $[X_{(n)}, \alpha^{-1/n}X_{(n)}]$. ∎

如例 7.13 说明的, 一旦选择了一个合理的置信区间类 (利用一些好的估计, 枢轴量或者检验), 在这个类中通过直接分析区间长度可能可以找到最短置信区间. 接下来的结果可以在一大类问题中使用.

定理 7.3. 设 θ 是实值参数, $T(X)$ 是一个实值统计量.

(i) 设 $U(X)$ 是一个正统计量. 假设 $(T-\theta)/U$ 是枢轴量, 有 Lebesgue p.d.f. f, f 在 $x_0 \in \mathcal{R}$ 处单峰, 也就是说, 对于 $x \leqslant x_0$, $f(x)$ 非减, 对于 $x \geqslant x_0$, $f(x)$ 非增. 考虑下列 θ 的置信区间类:

$$\mathcal{C}=\left\{[T-bU,T-aU]:\ a\in\mathcal{R},b\in\mathcal{R},\int_a^b f(x)dx=1-\alpha\right\}. \tag{7.10}$$

如果 $[T-b_*U,T-a_*U]\in\mathcal{C}$, $f(a_*)=f(b_*)>0$ 且 $a_*\leqslant x_0\leqslant b_*$, 那么区间 $[T-b_*U,T-a_*U]$ 在 $\mathcal{C}$ 中长度最短.

(ii) 假设 $T>0$, $\theta>0$, T/θ 是枢轴量, 有 Lebesgue p.d.f. f, $x^2f(x)$ 在 x_0 处单峰. 考虑下列 θ 的置信区间类:

$$\mathcal{C}=\left\{[b^{-1}T,a^{-1}T]:\ a>0,b>0,\int_a^b f(x)dx=1-\alpha\right\}. \tag{7.11}$$

如果 $[b_*^{-1}T,a_*^{-1}T]\in\mathcal{C}$, $a_*^2f(a_*)=b_*^2f(b_*)>0$, 且 $a_*\leqslant x_0\leqslant b_*$, 那么区间 $[b_*^{-1}T,a_*^{-1}T]$ 在 $\mathcal{C}$ 中长度最短.

证明. 我们只证明 (i). (ii) 的证明留作练习. 注意到, $\mathcal{C}$ 中区间的长度是 $(b-a)U$. 因此只要证明, 如果 $a<b$ 且 $b-a<b_*-a_*$, 那么 $\int_a^b f(x)dx<1-\alpha$. 假定 $a<b$, $b-a<b_*-a_*$, 且 $a\leqslant a_*$ ($a>a_*$ 的证明类似).

如果 $b\leqslant a_*$, 那么 $a\leqslant b\leqslant a_*\leqslant x_0$ 且

$$\int_a^b f(x)dx\leqslant f(a_*)(b-a)<f(a_*)(b_*-a_*)\leqslant\int_{a_*}^{b_*}f(x)dx=1-\alpha,$$

其中第一个不等式由 f 的单峰性可得, 严格不等式由 $b-a<b_*-a_*$ 和 $f(a_*)>0$ 可得, 最后一个不等式由 f 的单峰性和 $f(a_*)=f(b_*)$ 可得.

如果 $b>a_*$, 那么 $a\leqslant a_*<b<b_*$. 根据 f 的单峰性,

$$\int_a^{a_*}f(x)dx\leqslant f(a_*)(a_*-a)\quad 和\quad \int_b^{b_*}f(x)dx\geqslant f(b_*)(b_*-b).$$

那么

$$\begin{aligned}\int_a^b f(x)dx &= \int_{a_*}^{b_*} f(x)dx + \int_a^{a_*} f(x)dx - \int_b^{b_*} f(x)dx \\ &= 1-\alpha + \int_a^{a_*} f(x)dx - \int_b^{b_*} f(x)dx \\ &\leqslant 1-\alpha + f(a_*)(a_*-a) - f(b_*)(b_*-b) \\ &= 1-\alpha + f(a_*)[(a_*-a)-(b_*-b)] \\ &= 1-\alpha + f(a_*)[(b-a)-(b_*-a_*)] \\ &< 1-\alpha. \quad \blacksquare\end{aligned}$$

例 7.14. 设 $X_1, ..., X_n$ i.i.d. 来自 $N(\mu, \sigma^2)$, μ 和 σ^2 未知. 利用枢轴量 $\sqrt{n}(\bar{X}-\mu)/S$ 得到的 $\theta = \mu$ 的置信区间形成 (7.10) 中的类 $\mathcal{C}$, f 是 t 分布 t_{n-1} 的 p.d.f., 它在 $x_0 = 0$ 处单峰. 因此, 我们可应用定理 7.3(i). 因为 f 关于 0 对称, 所以 $f(a_*) = f(b_*)$ 得出 $a_* = -b_*$ (练习). 因此, 等尾置信区间

$$\left[\bar{X} - t_{n-1,\alpha/2}S/\sqrt{n}, \bar{X} + t_{n-1,\alpha/2}S/\sqrt{n}\right] \tag{7.12}$$

在 $\mathcal{C}$ 中长度最短.

如果 $\theta = \mu$ 且 σ^2 已知, 那么我们可以用 σ 代替 S, 用标准正态 p.d.f. 代替 f (即用枢轴量 $\sqrt{n}(\bar{X}-\mu)/\sigma$ 而不是 $\sqrt{n}(\bar{X}-\mu)/S$). 得到的置信区间是

$$\left[\bar{X} - \Phi^{-1}(1-\alpha/2)\sigma/\sqrt{n}, \bar{X} + \Phi^{-1}(1-\alpha/2)\sigma/\sqrt{n}\right], \tag{7.13}$$

它在形如 $[\bar{X}-b, \bar{X}-a]$ 的置信系数为 $1-\alpha$ 的置信区间中长度最短. 区间 (7.12) 和 (7.13) 的长度差别是一个随机变量, 因此我们不能分辨哪个更好. 但是区间 (7.13) 的期望长度总是比区间 (7.12) 的短 (练习). 这再次说明了选择合适枢轴量的重要性.

接下来考虑 $\theta = \sigma^2$ 的置信区间, 利用枢轴量 $(n-1)S^2/\sigma^2$ 形成了 (7.11) 中的类 $\mathcal{C}$, f 是卡方分布 χ^2_{n-1} 的 p.d.f. 注意到, $x^2 f(x)$ 是单峰的, 但不是对称的. 根据定理 7.3(ii), $\mathcal{C}$ 中长度最短的区间是

$$[b_*^{-1}(n-1)S^2, a_*^{-1}(n-1)S^2], \tag{7.14}$$

其中 a_* 和 b_* 是 $a_*^2 f(a_*) = b_*^2 f(b_*)$ 和 $\int_{a_*}^{b_*} f(x)dx = 1-\alpha$ 的解. 可以得到 a_* 和 b_* 的数值 (Tate and Klett, 1959). 注意到, 这个区间不是等尾的.

如果 $\theta=\sigma^2$ 且 μ 已知, 那么更好的枢轴量是 T/σ^2, $T=\sum_{i=1}^n(X_i-\mu)^2$. 可以证明 (练习), 如果我们用 T 代替 $(n-1)S^2$, 用卡方分布 χ_n^2 的 p.d.f. 代替 f, 那么得到的区间的期望长度比 (7.14) 中区间的短.

假设我们想得到 $\theta=\sigma$ 的置信区间, μ 未知. 考虑置信区间类

$$\left[b^{-1/2}\sqrt{n-1}\,S, a^{-1/2}\sqrt{n-1}\,S\right]$$

$\int_a^b f(x)dx=1-\alpha$, f 是 χ_{n-1}^2 的 p.d.f. 然而, 最短置信区间的端点并不等于区间 (7.14) 中端点的平方根 (练习 36(c)). ∎

注意到定理 7.3(ii) 无法应用到例 7.13, 除非 $n=1$, 因为 $X_{(n)}/\theta$ 的 p.d.f. 当 $n>1$ 时严格递增. 类似定理 7.3 的可以应用到例 7.13 的结果见练习 38.

定理 7.3 的结果也可用来支持 Bayes 分析中 HPD 可信集的想法 (练习 40).

如果一个置信区间在一类置信区间中长度最短, 则它的期望长度 (若有限) 在同一类中也是最短的. 在一个问题中, 如果最短置信区间不存在, 我们不得不用期望长度作为比较置信区间的准则. 比如, (7.13) 中区间的期望长度总是比 (7.12) 中区间的短, 然而对任意固定的 n, (7.12) 中区间比 (7.13) 中区间短的概率为正. 另一个例子是例 7.13 中的区间 $[X_{(n)},\alpha^{-1/n}X_{(n)}]$. 尽管我们不能说这个区间在所有 θ 的置信系数为 $1-\alpha$ 的置信区间中长度最短, 但是我们能利用定理 7.4 和 7.6(§7.2.2) 中的结论来证明其期望长度最短.

对于实值 θ 的单侧置信区间 (置信限), 他们的长度可以是无穷大. 我们可以利用置信限和 θ 间的距离作为比较置信限的准则, 这等价于比较置信限的紧凑性. 设 $\underline{\theta}_j$ 是 θ 的两个有相同置信系数的置信下界, $j=1,2$. 如果 $\underline{\theta}_1-\theta\geqslant\underline{\theta}_2-\theta$ 总是对的, 那么 $\underline{\theta}_1\geqslant\underline{\theta}_2$ 且 $\underline{\theta}_1$ 比 $\underline{\theta}_2$ 更紧凑 (更多信息). 再次, 因为 $\underline{\theta}_j$ 是随机的, 所以有时我们需考虑 $E(\underline{\theta}_j-\theta)$ 并选择 $\underline{\theta}_1$ 若 $E(\underline{\theta}_1)\geqslant E(\underline{\theta}_2)$. 作为一个特例, 考虑来自 $N(\theta,1)$ 的 i.i.d. $X_1,...,X_n$. 如果我们利用枢轴量 $\bar{X}-\mu$, 那么 $\underline{\theta}_1=\bar{X}-\Phi^{-1}(1-\alpha)/\sqrt{n}$. 如果我们利用枢轴量 $X_1-\mu$, 那么 $\underline{\theta}_2=X_1-\Phi^{-1}(1-\alpha)$. 显然, $E(\underline{\theta}_1)\geqslant E(\underline{\theta}_2)$. 尽管 $\underline{\theta}_1$ 是直观上的首选, 但是对于任意固定 $n>1$, $\underline{\theta}_1<\underline{\theta}_2$ 的概率为正.

之前讨论的一些想法可以推广到多维 θ 置信集的比较. 比如, 对于 $\mathcal{R}^k$ 中有界的置信集, 我们可以考虑它们的体积 (Lebesgue 测度). 然而在多维情况下, 很难比较不同形状的置信集的体积. 一些关于置信集期望体积的结论在定理 7.6 中给出.

7.2.2 UMA 和 UMAU 置信集

对于通过转化 UMP 或 UMPU 检验的接受域得到的置信集, 它们继承了一些最优性质.

定义 7.2. 设 $\theta \in \Theta$ 是一个未知参数, Θ' 是不包含参数真值 θ 的一个 Θ 的子集. θ 的置信系数为 $1-\alpha$ 的置信集 $C(X)$ 称为 Θ' 一致最精确的 (UMA), 当且仅当对于其他任意显著性水平为 $1-\alpha$ 的置信集 $C_1(X)$,

$$P\big(\theta' \in C(X)\big) \leqslant P\big(\theta' \in C_1(X)\big) \quad \text{对于所有 } \theta' \in \Theta'. \tag{7.15}$$

$C(X)$ 称为 UMA 当且仅当它是 Θ' UMA, 其中 $\Theta' = \{\theta\}^c$. ∎

(7.15) 中的概率是覆盖错误值的概率. 直观上, 首选覆盖错误参数值概率小的置信集. 有时需要考虑不同于 $\{\theta\}^c$ (包含所有错误值的集合) 的 Θ', 是因为对于一些置信集, 比如单侧置信区间, 我们没有必要担心覆盖一些错误值的概率. 比如, 若我们考虑实值 θ 的置信下界, 我们断言 θ 比一个特定的值大, 那么只需要担心覆盖太小的 θ 的值. 因此, $\Theta' = \{\theta' \in \Theta : \theta' < \theta\}$. 类似的讨论可以得到针对置信上界的 $\Theta' = \{\theta' \in \Theta : \theta' > \theta\}$.

定理 7.4. 设 $C(X)$ 是通过转化对假设 $H_0 : \theta = \theta_0$ 对 $H_1 : \theta \in \Theta_{\theta_0}$ 的非随机检验 T_{θ_0} 的接受域而得到的 θ 的一个置信集. 假设对于每个 θ_0, T_{θ_0} 是检验水准为 α 的 UMP. 那么 $C(X)$ 是 Θ' UMA, 且置信系数为 $1-\alpha$, 其中 $\Theta' = \{\theta' : \theta \in \Theta_{\theta'}\}$.

证明. 由定理 7.2 可得 $C(X)$ 的置信系数为 $1-\alpha$. 设 $C_1(X)$ 是另一个显著性水平为 $1-\alpha$ 的置信集. 根据命题 7.2, 考虑检验问题 $H_0 : \theta = \theta_0$ 对 $H_1 : \theta \in \Theta_{\theta_0}$, 检验 $T_{1\theta_0}(X) = 1 - I_{A_1(\theta_0)}(X)$, 则 $A_1(\theta_0) = \{x : \theta_0 \in C_1(x)\}$ 的显著性水平为 α. 对于任意 $\theta' \in \Theta'$, $\theta \in \Theta_{\theta'}$, 所以总体 P 属于 $H_1 : \theta \in \Theta_{\theta'}$ 定义的分布族. 因此,

$$\begin{aligned} P\big(\theta' \in C(X)\big) &= 1 - P\big(T_{\theta'}(X) = 1\big) \\ &\leqslant 1 - P\big(T_{1\theta'}(X) = 1\big) \\ &= P\big(\theta' \in C_1(X)\big), \end{aligned}$$

其中第一个等式由 $T_{\theta'}$ 的非随机性可得, 不等式由 $T_{\theta'}$ 是 UMP 可得. ∎

在总体属于有单调似然比的参数族的问题中, UMP 检验存在 (定理 6.2), 定理 7.4 可用来构造 UMA 置信限. 它也可应用在构造双侧 UMA 置信区间的

一些情况中. 比如, 例 7.13 中的置信区间 $[X_{(n)}, \alpha^{-1/n}X_{(n)}]$ 是 UMA(练习).

按我们在 §6.2 中讨论的, 许多问题中存在 UMPU 检验但不存在 UMP 检验. 这引出了下面的定义.

定义 7.3. 设 $\theta \in \Theta$ 是未知参数, Θ' 是 Θ 的一个不包含参数真值 θ 的子集, $1-\alpha$ 是给定的显著性水平.

(i) 水平为 $1-\alpha$ 的置信集 $C(X)$ 称为 Θ' *无偏的* (当 $\Theta' = \{\theta\}^c$ 时简称无偏的), 当且仅当对于所有 $\theta' \in \Theta'$, $P(\theta' \in C(X)) \leqslant 1-\alpha$.

(ii) 设 $C(X)$ 是一个置信系数为 $1-\alpha$ 的 Θ' 无偏置信集. 如果对于任意其他显著性水平为 $1-\alpha$ 的 Θ' 无偏置信集 $C_1(X)$, (7.15) 成立, 那么 $C(X)$ 是 Θ' *一致最精确无偏的* (UMAU). $C(X)$ 称为 UMAU 当且仅当它是 Θ' UMAU, 其中 $\Theta' = \{\theta\}^c$. ∎

定理 7.5. 设 $C(X)$ 是通过转化对假设 $H_0: \theta = \theta_0$ 对 $H_1: \theta \in \Theta_{\theta_0}$ 的非随机检验 T_{θ_0} 的接受域而得的 θ 的置信集. 如果对每个 θ_0, T_{θ_0} 是无偏且检验水准为 α, 则 $C(X)$ 有置信系数 $1-\alpha$ 且是 Θ' 无偏的, $\Theta' = \{\theta' : \theta \in \Theta_{\theta'}\}$; 如果对每个 θ_0, T_{θ_0} 也是 UMPU, 则 $C(X)$ 是 Θ' UMAU. ∎

定理 7.5 的证明与定理 7.4 的很类似.

由定理 7.5 和 §6.2 中的结论可得, (7.12), (7.13) 和 (7.14) 中的置信区间是 UMAU, 因为他们可以通过转化 UMPU 检验的接受域而得到 (练习 23).

例 7.15. 考虑例 7.9 中的正态线性模型, 参数为 $\theta = l^\tau\beta$, 其中 $l \in \mathcal{R}(Z)$. 从 §6.2.3 可知, 对于检验 $H_0: \theta = \theta_0$ 对 $H_1: \theta < \theta_0$, 接受域为

$$A(\theta_0) = \left\{X : l^\tau\hat{\beta} - \theta_0 > t_{n-r,\alpha}\sqrt{l^\tau(Z^\tau Z)^- l SSR/(n-r)}\right\}$$

的非随机检验是 UMPU, 检验水准为 α, 其中 $\hat{\beta}$ 是 β 的 LSE, $t_{n-r,\alpha}$ 是 t 分布 t_{n-r} 的 $(1-\alpha)$ 分位数. 转化 $A(\theta)$, 我们得到下列置信系数为 $1-\alpha$ 的 Θ' UMAU 置信上界, $\Theta' = (\theta, \infty)$:

$$\overline{\theta} = l^\tau\hat{\beta} - t_{n-r,\alpha}\sqrt{l^\tau(Z^\tau Z)^- l SSR/(n-r)}.$$

θ 的一个 UMAU 置信区间可以类似得到.

如果 $\theta = L\beta$, L 如例 7.9 中描述, $s > 1$, 那么 θ 是多维的. 可以证明, 例 7.9 中得到的置信集是无偏的 (练习), 但它可能不是 UMAU. ∎

当 $X = x$ 时, $\theta \in \mathcal{R}^k$ 的置信集 $C(X)$ 的体积定义为 $\mathrm{vol}(C(x)) = \int_{C(x)} d\theta'$, 它是集合 $C(x)$ 的 Lebesgue 测度, 可能是无限的. 特别地, 如果 θ 是实值的,

$C(X) = [\underline{\theta}(X), \overline{\theta}(X)]$ 是一个置信区间, 那么 $\mathrm{vol}(C(x))$ 就是 $C(x)$ 的长度. 接下来的结论揭示了期望体积 (长度) 和置信集 (区间) 覆盖错误值概率之间的关系.

定理 7.6 (Pratt 定理). 令 X 为来自 P 的样本, $C(X)$ 为 $\theta \in \mathcal{R}^k$ 的一个置信集. 设 $\mathrm{vol}(C(x)) = \int_{C(x)} d\theta'$ 是有限的 a.s. P. 那么 $C(X)$ 的期望体积是

$$E[\mathrm{vol}(C(X))] = \int_{\theta \neq \theta'} P\big(\theta' \in C(X)\big) d\theta'. \tag{7.16}$$

证明. 根据 Fubini 定理,

$$\begin{aligned}
E[\mathrm{vol}(C(X))] &= \int \mathrm{vol}(C(X)) dP \\
&= \int \left[\int_{C(x)} d\theta'\right] dP(x) \\
&= \int \int_{\theta' \in C(x)} d\theta' dP(x) \\
&= \int \left[\int_{\theta' \in C(x)} dP(x)\right] d\theta' \\
&= \int P\big(\theta' \in C(X)\big) d\theta' \\
&= \int_{\theta \neq \theta'} P\big(\theta' \in C(X)\big) d\theta'.
\end{aligned}$$

这就证明了结论. ∎

从定理 7.6 可知, 如果 $C(X)$ 是 UMA (或 UMAU), 置信系数为 $1-\alpha$, 那么它在所有显著性水平为 $1-\alpha$ 的置信集 (或所有无偏置信集) 中期望体积最小. 比如, 例 7.14 (当 σ^2 已知时) 中的置信区间 (7.13) 或者例 7.13 中的 $[X_{(n)}, \alpha^{-1/n} X_{(n)}]$, 在所有显著性水平为 $1-\alpha$ 的置信区间中期望长度最短; 置信区间 (7.12) 或者 (7.14) 在所有显著性水平为 $1-\alpha$ 的无偏置信区间中长度最短.

7.2.3 随机置信集

定理 7.4 和 7.5 的应用要求通过转化非随机检验的接受域得到 $C(X)$. 因此, 这些结果不能直接应用到离散问题. 事实上, 在离散问题中转化随机检验的接受域可能不能得到给定置信系数的置信集. 注意到, 在假设检验中随机化

是用来得到给定检验水准的检验. 因此, 同样的想法可以应用到置信集中, 即我们可以考虑随机置信集.

假设我们考虑转化随机检验 T_{θ_0} 的接受域, 当 $X=x$ 时, 检验 T_{θ_0} 以概率 $T_{\theta_0}(x)$ 拒绝 $H_0:\theta=\theta_0$. 设 U 是与 X 独立的一个随机变量, 它服从均匀分布 $U(0,1)$. 那么检验 $\tilde{T}_{\theta_0}(X,U)=I_{(U,1]}(T_{\theta_0})$ 与 T_{θ_0} 有相同的势函数, 且是 "非随机的", 如果 U 看作是样本的一部分. 设

$$A_U(\theta_0)=\{(x,U):U\geqslant T_{\theta_0}(x)\}$$

是 $\tilde{T}_{\theta_0}(X,U)$ 的接受域. 如果对于所有 θ_0, T_{θ_0} 的检验水准为 α, 那么转化 $A_U(\theta)$, 我们得到一个置信系数为 $1-\alpha$ 的置信集

$$C(X,U)=\{\theta:(X,U)\in A_U(\theta)\},$$

因为

$$P\big(\theta\in C(X,U)\big)=E\big[P\big(U\geqslant T_\theta(X)|X\big)\big]=E\big[1-T_\theta(X)\big].$$

如果对于每个 θ_0, T_{θ_0} 是 UMP (或 UMPU), 那么 $C(X,U)$ 是 UMA (或 UMAU). 然而, $C(X,U)$ 是一个随机置信集, 因为当我们观测到 $X=x$ 时, 它仍旧是随机的.

当 T_{θ_0} 是一个取整数值统计量的函数时, 我们可以利用下面例子中的方法来得到 $C(X,U)$.

例 7.16. 设 $X_1,\ldots,X_n$ 是 i.i.d. 0–1 随机变量, $p=P(X_i=1)$. 区间 $(\underline{p},1]$ 的置信系数可能不是 $1-\alpha$, 其中 $\underline{p}$ 由 (7.5) 给出.

从例 6.2 和之前的讨论可知, 可以基于 $Y=\sum_{i=1}^n X_i$ 和 U 来构造检验 $H_0:p=p_0$ 对 $H_1:p>p_0$ 的随机 UMP 检验, U 是一个与 Y 独立的随机变量, 服从均匀分布 $U(0,1)$. 因为 Y 是取整数值的, $U\in(0,1)$, 所以 $W=Y+U$ 等价于 (Y,U). 可以证明 (练习) W 的 Lebesgue p.d.f. 为:

$$f_p(w)=\binom{n}{[w]}p^{[w]}(1-p)^{n-[w]}I_{(0,n+1)}(w), \tag{7.17}$$

其中 $[w]$ 是 w 的整数部分, 分布族 $\{f_p:p\in(0,1)\}$ 有关于 W 的单调似然比. 考虑检验问题 $H_0:p=p_0$ 对 $H_1:p>p_0$, 由定理 6.2 可知, 检验 $\tilde{T}_{p_0}(Y,U)=I_{(c(p_0),n+1)}(W)$ 是检验水准为 α 的 UMP, 其中 $\alpha=\int_{c(p_0)}^{n+1}f_{p_0}(w)dw$. 因为 $\int_W^{n+1}f_p(w)dw$ 关于 p 递增 (引理 6.3), 转化 $\tilde{T}_p(Y,U)$ 的接受域可得 $C(X,U)=$

$\left\{p : \int_W^{n+1} f_p(w)dw \geqslant \alpha\right\} = [\underline{p}_1, 1]$, 其中 $\underline{p}_1$ 是

$$\int_{Y+U}^{n+1} \binom{n}{[w]} p^{[w]}(1-p)^{n-[w]}dw = \alpha$$

的解 ($\underline{p}_1 = 0$ 若 $Y = 0$ 且 $U < 1-\alpha$; $\underline{p}_1 = 1$ 若 $Y = 1$ 且 $U > 1-\alpha$). 置信下界 $\underline{p}_1$ 的置信系数为 $1-\alpha$, 且是 Θ' UMA, $\Theta' = (0, p)$. ∎

利用随机置信集, 我们可以得到给定置信系数的置信集, 也可以实现一些最优性, 比如 UMA, UMAU 或者期望长度最短. 另一方面, 在实际问题中随机化可能不是一个受欢迎的办法.

7.2.4 不变置信集

设 $C(X)$ 是 θ 的一个置信集, g 是 X 的一对一变换. 不变法则要求当 x 变换到 $g(x)$ 时, $C(x)$ 以特定的方式改变, 其中 $x \in \mathscr{X}$, $\mathscr{X}$ 是 X 的取值范围.

定义 7.4. 设 $\mathcal{G}$ 是 X 的一对一变换群, 使得 $\mathcal{P}$ 在 $\mathcal{G}$ 下是不变的 (定义 2.9). 设 $\theta = \theta(P)$ 是参数, 取值范围是 Θ. 假定 $\tilde{g}(\theta) = \theta(P_{g(X)})$ 对于任意 $g \in \mathcal{G}$ 有明确定义, 即 $\tilde{g}$ 是 Θ 上由 g 引出的变换 ($\tilde{g} = \bar{g}$ 在定义 2.9 中给出, 若 $\mathcal{P}$ 的参数为 θ).

(i) 置信集 $C(X)$ 在 $\mathcal{G}$ 下是不变的当且仅当对于每个 $x \in \mathscr{X}$, $\theta \in \Theta$ 和 $g \in \mathcal{G}$, $\theta \in C(x)$ 等价于 $\tilde{g}(\theta) \in C(g(x))$.

(ii) $C(X)$ 的置信系数为 $1-\alpha$, 且是 Θ' 一致最精确不变的 (UMAI), 当且仅当 $C(X)$ 的置信系数为 $1-\alpha$, 且是不变的, 并且对于任意其他显著性水平为 $1-\alpha$ 的不变置信集 $C_1(X)$, (7.15) 成立. $C(X)$ 是 UMAI 当且仅当它是 Θ' UMAI, 其中 $\Theta' = \{\theta\}^c$. ∎

例 7.17. 考虑例 7.14 中的置信区间. 设 $\mathcal{G} = \{g_{r,c} : r > 0, c \in \mathcal{R}\}$, $g_{r,c}(x) = (rx_1 + c, ..., rx_n + c)$. 设 $\theta = \mu$. 那么 $\bar{g}_{r,c}(\mu, \sigma^2) = (r\mu + c, r^2\sigma^2)$, $\tilde{g}(\mu) = r\mu + c$. 显然, 置信区间 (7.12) 在 $\mathcal{G}$ 下是不变的.

当 σ^2 已知, 参数族 $\mathcal{P}$ 在 $\mathcal{G}$ 下不是不变的, 我们考虑 $\mathcal{G}_1 = \{g_{1,c} : c \in \mathcal{R}\}$. 那么置信区间 (7.12) 和 (7.13) 在 $\mathcal{G}_1$ 下都是不变的.

现在假设 $\theta = \sigma^2$. 对于 $g_{r,c} \in \mathcal{G}$, $\tilde{g}(\sigma^2) = r^2\sigma^2$. 因此, 置信区间 (7.14) 在 $\mathcal{G}$ 下是不变的. ∎

如果置信集 $C(X)$ 是 UMA 和不变的, 那么它是 UMAI. 如果 $C(X)$ 是 UMAU 和不变的, 它是否是 UMAI 不是那么明显, 因为 UMAI 置信集 (如果

存在) 不一定是无偏的. 下面的结论可以用来构造 UMAI 置信集.

定理 7.7. 假设对于每个 $\theta_0 \in \Theta$, 考虑检验问题 $H_0 : \theta = \theta_0$ 对 $H_1 : \theta \in \Theta_{\theta_0}$, $A(\theta_0)$ 是 $\mathcal{G}_{\theta_0}$ 下检验水准为 α 的非随机 UMPI 检验的接受域, 并假设对于任意 θ_0 和 $g \in \mathcal{G}_{\theta_0}$, Θ 上由 g 引出的变换 $\tilde{g}$ 有明确定义. 如果 $C(X) = \{\theta : x \in A(\theta)\}$ 在 $\mathcal{G}$ 下是不变的, $\mathcal{G}$ 是包含 $\cup_{\theta\in\Theta}\mathcal{G}_\theta$ 的最小群, 那么它是 Θ' UMAI, 置信系数为 $1-\alpha$, 其中 $\Theta' = \{\theta' : \theta \in \Theta_{\theta'}\}$. ▮

定理 7.7 的证明和下面结论的证明留作练习.

命题 7.3. 设 $\mathcal{P}$ 是一个参数族, 参数为 θ, $\mathcal{G}$ 是一变换群, 使得 $\tilde{g}$ 通过 $P_{\tilde{g}(\theta)} = P_{g(X)}$ 明确定义. 假设对于任意 θ, $\theta' \in \Theta$, 存在一个 $g \in \mathcal{G}$ 使得 $\tilde{g}(\theta) = \theta'$. 则对于任意不变置信集 $C(X)$, $P(\theta \in C(X))$ 是一个常数. ▮

例 7.18. 设 $X_1, ..., X_n$ i.i.d. 来自 $N(\mu, \sigma^2)$, μ 和 σ^2 未知. 考虑求 $\theta = \mu/\sigma$ 置信下界的问题, $\mathcal{G} = \{g_r : r > 0\}$, $g_r(x) = rx$. 考虑检验问题 $H_0 : \theta = \theta_0$ 对 $H_1 : \theta > \theta_0$, 从例 6.17 可知, 检验水准为 α 的非随机 UMPI 检验的接受域为 $A(\theta_0) = \{x : t(x) \leqslant c(\theta_0)\}$, 其中 $t(X) = \sqrt{n}\bar{X}/S$, $c(\theta)$ 是非中心 t 分布 $t_{n-1}(\sqrt{n}\theta)$ 的 $(1-\alpha)$ 分位数. 利用定理 7.7, 对于所有 θ_0, $\mathcal{G}_{\theta_0} = \mathcal{G}$, 可以证明 (练习), $\int_{t(x)}^{\infty} f_\theta(u)du = \alpha$ 的解是 θ 的一个置信系数为 $1-\alpha$ 的 Θ' UMAI 置信下界, 其中 f_θ 是非中心 t 分布 $t_{n-1}(\sqrt{n}\theta)$ 的 Lebesgue p.d.f., $\Theta' = (-\infty, \theta)$. ▮

例 7.19. 再次考虑例 7.14 中的置信区间. 例 7.17 中, 证明了置信区间 (7.12) 在 $\mathcal{G} = \{g_{r,c} : r > 0, c \in \mathcal{R}\}$ 下是不变的, $g_{r,c}(x) = (rx_1 + c, ..., rx_n + c)$. 尽管置信区间 (7.12) 是 UMAU, 但它是否是 UMAI 并不明显. 这个区间可以通过转化 $A(\mu_0) = \{x : |\bar{X} - \mu_0| \leqslant t_{n-1,\alpha/2}S/\sqrt{n}\}$ 得到, 这是所有检验水准为 α 的无偏不变的检验中非随机的 UMP 检验的接受域 (练习), 若我们考虑检验问题 $H_0 : \mu = \mu_0$ 对 $H_1 : \mu \neq \mu_0$, $\mathcal{G}_{\mu_0} = \{h_{r,\mu_0} : r > 0\}$, $h_{r,\mu_0}(x) = (r(x_1 - \mu_0) + \mu_0, ..., r(x_n - \mu_0) + \mu_0)$ 的话. 注意到, 检验问题 $H_0 : \mu = \mu_0$ 对 $H_1 : \mu \neq \mu_0$ 在 $\mathcal{G}$ 下并不是不变的. 因为 $\mathcal{G}$ 是包含 $\cup_{\mu_0\in\mathcal{R}}\mathcal{G}_{\mu_0}$ 的最小群 (练习), 根据定理 7.7, 在 $\mathcal{G}$ 下, 区间 (7.12) 在所有置信系数为 $1-\alpha$ 的无偏不变的置信区间中是 UMA.

利用类似的推论可以证明 (练习), 分别在 $\mathcal{G}_1$ (例 7.17) 和 $\mathcal{G}$ 下, 置信区间 (7.13) 和 (7.14) 在所有置信系数为 $1-\alpha$ 的无偏不变的置信区间中都是 UMA. ▮

当 UMPI 检验是随机的, 我们可以利用定理 7.7 和 §7.2.3 中介绍的技巧来构造随机 UMAI 置信集.

7.3 渐近置信集

在一些问题中, 特别是非参数问题中, 很难找到一个给定置信系数或显著性水平 $1-\alpha$ 下合理的置信集. 普遍的做法是找一个置信集, 当样本量 n 较大时, 其置信系数或显著性水平接近 $1-\alpha$. 如果对于任意的 $P\in\mathcal{P}$, $\liminf_n P(\theta\in C(X))\geqslant 1-\alpha$, 那么 θ 的置信集 $C(X)$ 的渐近显著性水平为 $1-\alpha$ (定义 2.14). 如果对于任意 $P\in\mathcal{P}$, $\lim_{n\to\infty}P(\theta\in C(X))=1-\alpha$, 那么 $C(X)$ 是一个 $1-\alpha$ 渐近正确的置信集. 注意到, 渐近正确性和极限置信系数为 $1-\alpha$ (定义 2.14) 是不一样的.

7.3.1 渐近枢轴量

一个 (X,θ) 的已知 Borel 函数, $\Re_n(X,\theta)$, 称为渐近枢轴量当且仅当 $\Re_n(X,\theta)$ 的极限分布不依赖 P. 类似于给定置信系数或显著性水平构造置信集的枢轴量 (§7.1.1), 渐近枢轴量可以用来构造渐近正确置信集.

大多数渐近枢轴量的形式为 $\hat{V}_n^{-1/2}(\hat{\theta}_n-\theta)$, 其中 $\hat{\theta}_n$ 是渐近正态的 θ 的估计, 即

$$V_n^{-1/2}(\hat{\theta}_n-\theta)\to_d N_k(0,I_k), \tag{7.18}$$

$\hat{V}_n$ 是渐近协方差矩阵 V_n 的估计, 根据定义 5.4 它是一致的. 由此得到的 $1-\alpha$ 渐近正确置信集的形式为

$$C(X)=\{\theta:\|\hat{V}_n^{-1/2}(\hat{\theta}_n-\theta)\|^2\leqslant\chi^2_{k,\alpha}\}, \tag{7.19}$$

其中 $\chi^2_{k,\alpha}$ 是卡方分布 χ^2_k 的 $(1-\alpha)$ 分位数. 如果 θ 是实值的 $(k=1)$, 那么 (7.19) 中的 $C(X)$ 是一个 $1-\alpha$ 渐近正确置信区间. 当 $k>1$ 时, (7.19) 中的 $C(X)$ 是一个椭球.

例 7.20 (均值的函数). 假设 $X_1,\ldots,X_n$ 是 i.i.d. 随机向量, 其 $\mathcal{R}^d$ 上的 c.d.f. 为 F, 感兴趣的未知参数是 $\theta=g(\mu)$, 其中 $\mu=E(X_1)$, g 是从 $\mathcal{R}^d$ 到 $\mathcal{R}^k$ 上的已知可微函数, $k\leqslant d$. 根据 CLT, 定理 1.12 以及 §5.5.1 中的结论, 当 $\hat{\theta}_n=g(\bar{X})$ 且 $\hat{V}_n$ 由 (5.108) 给出时, (7.18) 成立. 因此, (7.19) 中的 $C(X)$ 是 θ 的一个 $1-\alpha$ 渐近正确置信集. ▮

例 7.21 (统计泛函). 假设 $X_1,\ldots,X_n$ 是 i.i.d. 随机向量, 其 $\mathcal{R}^d$ 上的 c.d.f.

为 F, 感兴趣的未知参数是 $\theta = \mathtt{T}(F)$, 其中 T 是一个 k 维向量值泛函. 设 F_n 是 (5.1) 定义的经验 c.d.f., $\hat{\theta}_n = \mathtt{T}(F_n)$. 假设 T 的每个元素都是 ϱ_∞-Hadamard 可微的, 其影响函数满足 (5.40), 并假设定理 5.15 的条件成立. 那么根据定理 5.5 和 5.15 以及 §5.2.1 中的讨论, (7.18) 成立, 其中 $\hat{V}_n$ 由 (5.110) 给出, 且 (7.19) 中的 $C(X)$ 是 θ 的一个 $1-\alpha$ 渐近正确置信集. ∎

例 7.22 (线性模型). 考虑线性模型 (3.25): $X = Z\beta + \varepsilon$, 其中 ε 的分量独立, 且均值为 0, 方差为 σ^2. 假定 Z 满秩且定理 3.12 的条件成立. 由定理 1.9(iii) 和定理 3.12 可知, (7.18) 成立, $\hat{\theta}_n = \hat{\beta}$, $\hat{V}_n = (n-p)^{-1}SSR(Z^\tau Z)^{-1}$ (见 §5.5.1). 因此, β 的一个 $1-\alpha$ 渐近正确置信集是

$$C(X) = \{\beta : (\hat{\beta}-\beta)^\tau (Z^\tau Z)(\hat{\beta}-\beta) \leqslant \chi^2_{p,\alpha} SSR/(n-p)\}.$$

注意到, 这个置信集与例 7.9 在 ε 的正态假设下得到的置信集是不同的. ∎

前面的三个例子都是非参数问题. 渐近枢轴量的方法也可以应用到参数问题. 注意到, 在未知参数 θ 是多维的参数问题中, 给定置信系数求 θ 的置信集可能很难或者不可能.

典型地, 一个给定问题中会存在多个不同的渐近枢轴量, 使得存在 θ 不同的 $1-\alpha$ 渐近正确置信集. 直观来说, 如果两个渐近置信集是利用 (7.18) 以及两个不同的估计 $\hat{\theta}_{1n}$ 和 $\hat{\theta}_{2n}$ 构造的, 而且 $\hat{\theta}_{1n}$ 比 $\hat{\theta}_{2n}$ 渐近更有效 (§4.5.1), 那么在某种意义上, 基于 $\hat{\theta}_{1n}$ 的置信集应该比基于 $\hat{\theta}_{2n}$ 的更好. 这正是下面的结果所述的.

命题 7.4. 设 $C_j(X)$, $j=1,2$, 是分别由 (7.19) 以 $\hat{\theta}_n = \hat{\theta}_{jn}$ 和 $\hat{V}_n = \hat{V}_{jn}$ 给出的两个置信集. 假设对于每个 j, (7.18) 对于 $\hat{\theta}_{jn}$ 成立, $\hat{V}_{jn}$ 对 $\hat{\theta}_{jn}$ 的渐近协方差矩阵 V_{jn} 是一致的. 如果对于充分大的 n, $\mathrm{Det}(V_{1n}) < \mathrm{Det}(V_{2n})$, 其中 $\mathrm{Det}(A)$ 是 A 的行列式, 那么

$$P\big(\mathrm{vol}(C_1(X)) < \mathrm{vol}(C_2(X))\big) \to 1.$$

证明. 该结论由 $\hat{V}_{jn}$ 的一致性和下列结果可得: (7.19) 定义的椭球 $C(X)$ 的体积等于

$$\mathrm{vol}(C(X)) = \frac{\pi^{k/2}(\chi^2_{k,\alpha})^{k/2}[\mathrm{Det}(\hat{V}_n)]^{1/2}}{\Gamma(1+k/2)}. \quad ∎$$

如果 $\hat{\theta}_{1n}$ 比 $\hat{\theta}_{2n}$ 渐近更有效 (§4.5.1), 那么 $\mathrm{Det}(V_{1n}) \leqslant \mathrm{Det}(V_{2n})$. 命题 7.4 说明, 就体积而言, 一个更有效的 θ 的估计可以得到形如 (7.19) 的一个更好的

置信集. 如果 $\hat{\theta}_n$ 是渐近有效的 (最优的, 从拥有最小渐近协方差矩阵的意义上来说; 见定义 4.4), 那么 (7.19) 中的置信集 $C(X)$ 在所有形如 (7.19) 的置信集中是渐近最优的 (就体积而言).

考虑检验问题 $H_0 : \theta = \theta_0$ 对某个 H_1, θ 的渐近正确置信集也可以通过转化渐近检验的接受域构造. 如果渐近检验是利用渐近枢轴量构造的 (见 §6.4.2, §6.4.3 和 §6.5.4), 那么得到的置信集几乎和基于渐近枢轴量得到的置信集一样.

7.3.2 基于似然函数的置信集

如 §7.3.1 中讨论的, 一个 $1-\alpha$ 渐近正确置信集在某种意义上是渐近最优的, 若它基于一个渐近有效的点估计. 在参数问题中, §4.5 证明了 MLE 或 RLE 是渐近有效的. 因此在这一节, 我们研究基于 MLE 和 RLE, 或者更一般的基于似然函数的渐近置信集.

考虑 $\mathcal{P} = \{P_\theta : \theta \in \Theta\}$ 是被 σ 有限测度控制的参数族的情况, 其中 $\Theta \subset \mathcal{R}^k$. 方便起见, 我们考虑 $\theta = (\vartheta, \varphi)$ 和 r 维 ϑ 的置信集. 设 $\ell(\theta)$ 是基于观测 $X = x$ 的似然函数. 当 $\Theta_0 = \{\theta : \vartheta = \vartheta_0\}$ 时, 在 §6.4.1 中定义的 LR 检验的接受域是

$$A(\vartheta_0) = \{x : \ell(\vartheta_0, \hat{\varphi}_{\vartheta_0}) \geqslant e^{-c_\alpha/2}\ell(\hat{\theta})\},$$

其中 $\ell(\hat{\theta}) = \sup_{\theta\in\Theta} \ell(\theta)$, $\ell(\vartheta, \hat{\varphi}_\vartheta) = \sup_\varphi \ell(\vartheta, \varphi)$, c_α 是一个与显著性水平 α 有关的常数. 在定理 6.5 的条件下, 如果 c_α 取值 $\chi^2_{r,\alpha}$, 即卡方分布 χ^2_r 的 $(1-\alpha)$ 分位数, 那么

$$C(X) = \{\vartheta : \ell(\vartheta, \hat{\varphi}_\vartheta) \geqslant e^{-c_\alpha/2}\ell(\hat{\theta})\} \tag{7.20}$$

是一个 $1-\alpha$ 渐近正确置信集. 注意此置信集与 (7.19) 给出的置信集不同.

在大多数情况下, $-\ell(\vartheta, \varphi)$ 是 ϑ 的一个凸函数, 因此 (7.20) 定义的集合是 $\mathcal{R}^k$ 中的一个有界集; 特别地, 若 $k = 1$, (7.20) 中的 $C(X)$ 是一个有界区间.

在 §6.4.2 中我们讨论了两个与 LR 检验密切相关的渐近检验: Wald 检验和 Rao 计分检验. 当 $\Theta_0 = \{\theta : \vartheta = \vartheta_0\}$ 时, Wald 检验的接受域为

$$A(\vartheta_0) = \{x : (\hat{\vartheta} - \vartheta_0)^\tau \{C^\tau [I_n(\hat{\theta})]^{-1} C\}^{-1} (\hat{\vartheta} - \vartheta_0) \leqslant \chi^2_{r,\alpha}\}, \tag{7.21}$$

其中 $\hat{\theta} = (\hat{\vartheta}, \hat{\varphi})$ 是 $\theta = (\vartheta, \varphi)$ 的一个 MLE 或 RLE, $I_n(\theta)$ 是基于 X 的 Fisher 信息矩阵, $C^\tau = (\ I_r\ \ 0\ )$, 0 是元素均为 0 的 $r \times (k-r)$ 矩阵. 根据定理 4.17 或 4.18, 通过转化 (7.21) 中 $A(\vartheta)$ 得到的置信集与 (7.19) 中的置信集是一样的, 其中 $\theta = \vartheta$, $\hat{V}_n = C^\tau [I_n(\hat{\theta})]^{-1} C$.

当 $\Theta_0 = \{\theta : \vartheta = \vartheta_0\}$ 时, Rao 计分检验的接受域为

$$A(\vartheta_0) = \{x : [s_n(\vartheta_0, \hat{\varphi}_{\vartheta_0})]^\tau [I_n(\vartheta_0, \hat{\varphi}_{\vartheta_0})]^{-1} s_n(\vartheta_0, \hat{\varphi}_{\vartheta_0}) \leqslant \chi^2_{r,\alpha}\}, \tag{7.22}$$

其中 $s_n(\theta) = \partial \log \ell(\theta)/\partial\theta$, $\hat{\varphi}_\vartheta$ 在 (7.20) 中定义. 通过转化 (7.22) 中 $A(\vartheta)$ 得到的置信集也是 $1-\alpha$ 渐近正确的. 为了阐述这些基于似然函数的置信集以及它们的不同之处, 我们考虑接下来的两个例子.

例 7.23. 设 $X_1, ..., X_n$ 是 i.i.d. 0–1 随机变量, $p = P(X_i = 1)$. 因为达到一给定置信系数的 p 的置信集通常必须是随机的 (§7.2.3), 所以在 n 较大时考虑渐近正确置信集.

检验 $H_0 : p = p_0$ 对 $H_1 : p \neq p_0$ 的似然比是

$$\lambda(Y) = p_0^Y (1-p_0)^{n-Y} / \hat{p}^Y (1-\hat{p})^{n-Y},$$

其中 $Y = \sum_{i=1}^n X_i$, $\hat{p} = Y/n$ 是 p 的 MLE, 那么置信集 (7.20) 等于

$$C_1(X) = \{p : p^Y (1-p)^{n-Y} \geqslant e^{-c_\alpha/2} \hat{p}^Y (1-\hat{p})^{n-Y}\}.$$

当 $0 < Y < n$ 时, $-p^Y(1-p)^{n-Y}$ 是严格凸的, 若 $p = 0$ 或 1, 其等于 0. 因此, $C_1(X) = [\underline{p}, \overline{p}]$, 其中 $0 < \underline{p} < \overline{p} < 1$. 当 $Y = 0$ 时, $(1-p)^n$ 是严格递减的, 因此 $C_1(X) = (0, \overline{p}]$, $0 < \overline{p} < 1$. 类似地, 当 $Y = n$ 时, $C_1(X) = [\underline{p}, 1)$, $0 < \underline{p} < 1$.

通过转化 Wald 检验的接受域得到的置信集是

$$C_2(X) = [\hat{p} - z_{1-\alpha/2}\sqrt{\hat{p}(1-\hat{p})/n}, \hat{p} + z_{1-\alpha/2}\sqrt{\hat{p}(1-\hat{p})/n}],$$

因为 $I_n(p) = n/[p(1-p)]$, $(\chi^2_{1,\alpha})^{1/2} = z_{1-\alpha/2}$, 即 $N(0,1)$ 的 $(1-\alpha/2)$ 分位数. 注意到,

$$s_n(p) = \frac{Y}{p} - \frac{n-Y}{1-p} = \frac{Y - pn}{p(1-p)}$$

和

$$[s_n(p)]^2 [I_n(p)]^{-1} = \frac{(Y-pn)^2}{p^2(1-p)^2} \frac{p(1-p)}{n} = \frac{n(\hat{p}-p)^2}{p(1-p)}.$$

因此, 通过转化 Rao 计分检验的接受域得到的置信集是

$$C_3(X) = \{p : n(\hat{p}-p)^2 \leqslant p(1-p)\chi^2_{1,\alpha}\}.$$

可以证明 (练习), $C_3(X) = [p_-, p_+]$, 其中

$$p_\pm = \frac{2Y + \chi^2_{1,\alpha} \pm \sqrt{\chi^2_{1,\alpha}[4n\hat{p}(1-\hat{p}) + \chi^2_{1,\alpha}]}}{2(n + \chi^2_{1,\alpha})}. \quad \blacksquare$$

例 7.24. 设 $X_1, ..., X_n$ i.i.d. 来自 $N(\mu, \varphi)$, $\theta = (\mu, \varphi)$ 未知. 考虑构造 θ 的 $1-\alpha$ 渐近正确置信集的问题. 对数似然函数为

$$\log \ell(\theta) = -\frac{1}{2\varphi}\sum_{i=1}^{n}(X_i-\mu)^2 - \frac{n}{2}\log\varphi - \frac{n}{2}\log(2\pi).$$

因为 $(\bar{X}, \hat{\varphi})$ 是 θ 的 MLE, 其中 $\hat{\varphi} = (n-1)S^2/n$, 所以基于 LR 检验的置信集是

$$C_1(X) = \left\{\theta : \frac{1}{\varphi}\sum_{i=1}^{n}(X_i-\mu)^2 + n\log\varphi \leqslant \chi^2_{2,\alpha} + n + n\log\hat{\varphi}\right\}.$$

注意到,

$$s_n(\theta) = \left(\frac{n(\bar{X}-\mu)}{\varphi}, \frac{1}{2\varphi^2}\sum_{i=1}^{n}(X_i-\mu)^2 - \frac{n}{2\varphi}\right)$$

和

$$I_n(\theta) = \begin{pmatrix} \frac{n}{\varphi} & 0 \\ 0 & \frac{n}{2\varphi^2} \end{pmatrix}.$$

因此, 基于 Wald 检验的置信集是

$$C_2(X) = \left\{\theta : \frac{(\bar{X}-\mu)^2}{\hat{\varphi}} + \frac{(\hat{\varphi}-\varphi)^2}{2\hat{\varphi}^2} \leqslant \frac{\chi^2_{2,\alpha}}{n}\right\},$$

这是 $\mathcal{R}^2$ 上的一个椭圆及其内部. 基于 Rao 计分检验的置信集是

$$C_3(X) = \left\{\theta : \frac{(\bar{X}-\mu)^2}{\varphi} + \frac{1}{2}\left[\frac{1}{n\varphi}\sum_{i=1}^{n}(X_i-\mu)^2 - 1\right]^2 \leqslant \frac{\chi^2_{2,\alpha}}{n}\right\}.$$

一般来说, $C_j(X)$, $j = 1, 2, 3$ 是不同的. 这三个置信集的一个例子见图 7.2, 其中 $n = 100$, $\mu = 0$, $\varphi = 1$.

现在考虑 μ 的置信集的构造. 可以证明 (练习), 基于 Wald 检验的置信集是 $C_2(X)$, 其中 φ 用 $\hat{\varphi}$ 代替, 而基于 LR 检验和 Rao 计分检验的置信集分别是 $C_1(X)$ 和 $C_3(X)$, 其中 φ 用 $n^{-1}\sum_{i=1}^{n}(X_i-\mu)^2$ 代替. ∎

在非参数问题中, 渐近置信集可以通过转化经验似然比检验或者截面经验似然比检验 (§6.5.3) 的接受域得到. 我们考虑下面的这个例子. 设 $X_1, ..., X_n$ i.i.d. 来自 F, $\theta = (\vartheta, \varphi)$ 是由 $E[\psi(X_1, \theta)] = 0$ 定义的未知参数的 k 维向量, 其中 ψ 是已知函数. 利用经验似然

$$\ell(G) = \prod_{i=1}^{n} p_i \quad \text{满足} \quad p_i \geqslant 0,\ \sum_{i=1}^{n} p_i = 1,\ \sum_{i=1}^{n} p_i\psi(x_i, \theta) = 0,$$

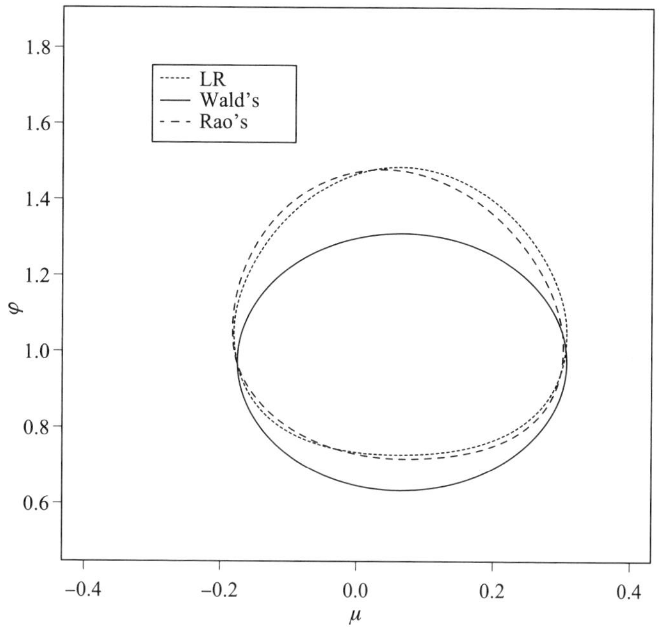

图 7.2 转化例 7.24 中的 LR, Wald 和 Rao 计分检验得到的置信集

基于 (6.91) 中的比 $\lambda_n(X)$, 我们可以通过转化截面经验似然比检验的接受域得到 ϑ 的一个置信集. 这得到了由下式定义的置信集

$$C(X) = \left\{ \vartheta : \prod_{i=1}^{n} \frac{1 + [\xi_n(\hat{\theta})]^{\tau} \psi(x_i, \hat{\theta})}{1 + [\zeta_n(\vartheta, \hat{\varphi})]^{\tau} \psi(x_i, \vartheta, \hat{\varphi})} \geqslant e^{-\chi^2_{r,\alpha}/2} \right\}, \tag{7.23}$$

其中记号与 (6.91) 中的相同,$\chi^2_{r,\alpha}$ 是卡方分布 χ^2_r 的 $(1-\alpha)$ 分位数, $r = \vartheta$ 的维数. 根据定理 6.11, 这个置信集是 $1-\alpha$ 渐近正确的. 转化 (7.23) 中 ϑ 的函数可能很复杂, 但是 $C(X)$ 通常可用数值计算. 更多关于基于经验似然的置信集的讨论参见 Owen (1988, 1990, 2001), Chen and Qin (1993), Qin (1993) 和 Qin and Lawless (1994).

7.3.3 分位数的置信区间

设 $X_1, ..., X_n$ i.i.d. 来自 $\mathcal{R}$ 上的一个连续 c.d.f. F, $\theta = F^{-1}(p)$ 是 F 的 p 分位数, $0 < p < 1$. 之前讨论的方法可以用来得到 θ 的置信集, 而这里介绍的方法特别针对分位数问题.

事实上, 对于任意给定的 α, 求 θ 的置信系数恰为 $1-\alpha$ 的置信区间 (或上下限) 是可能的 (练习 84), 但是这样的置信区间的数值计算可能非常烦琐. 我

们在此关注 θ 的渐近置信区间. 我们的结果基于 Bahadur (1966) 的以下结果. 证明省略.

定理 7.8. 设 $X_1, ..., X_n$ i.i.d. 来自 $\mathcal{R}$ 上的一个连续 c.d.f. F, 其在 $\theta = F^{-1}(p)$ 处二阶可微, $0 < p < 1$, $F'(\theta) > 0$. 设 $\{k_n\}$ 是一个整数序列, 满足 $1 \leqslant k_n \leqslant n$, 且对于某个 $\delta > 0$, $k_n/n = p + o\big((\log n)^\delta/\sqrt{n}\big)$. 设 F_n 是 (5.1) 中定义的经验 c.d.f., 那么

$$X_{(k_n)} = \theta + \frac{(k_n/n) - F_n(\theta)}{F'(\theta)} + O\left(\frac{(\log n)^{(1+\delta)/2}}{n^{3/4}}\right) \quad \text{a.s.} \quad \blacksquare$$

定理 7.8 的结论是定理 5.11 中 Bahadur 表达式的优化. 下面这个定理 7.8 的推论在统计中很有用. 设 $\hat{\theta}_n = F_n^{-1}(p)$ 是样本 p 分位数.

推论 7.1. 假定定理 7.8 的条件, 以及 $k_n/n = p + cn^{-1/2} + o(n^{-1/2})$, c 是一个常数. 那么

$$\sqrt{n}(X_{(k_n)} - \hat{\theta}_n) \to_{a.s.} c/F'(\theta). \quad \blacksquare$$

推论 7.1 的证明留作练习. 利用推论 7.1, 对于任意给定的 $\alpha \in (0, \frac{1}{2})$, 我们可以得到 θ 的一个极限置信系数为 $1 - \alpha$ (定义 2.14) 的置信区间.

推论 7.2. 假定定理 7.8 的条件. 设 $\{k_{1n}\}$ 和 $\{k_{2n}\}$ 是两个整数序列, 满足 $1 \leqslant k_{1n} < k_{2n} \leqslant n$,

$$k_{1n}/n = p - z_{1-\alpha/2}\sqrt{p(1-p)/n} + o(n^{-1/2})$$

和

$$k_{2n}/n = p + z_{1-\alpha/2}\sqrt{p(1-p)/n} + o(n^{-1/2}),$$

其中 $z_a = \Phi^{-1}(a)$. 那么置信区间 $C(X) = [X_{(k_{1n})}, X_{(k_{2n})}]$ 有以下性质: $P(\theta \in C(X))$ 不依赖 P,

$$\lim_{n\to\infty} \inf_{P\in\mathcal{P}} P\big(\theta \in C(X)\big) = \lim_{n\to\infty} P\big(\theta \in C(X)\big) = 1 - \alpha. \tag{7.24}$$

而且,

$$C(X)\text{的长度} = \frac{2z_{1-\alpha/2}\sqrt{p(1-p)}}{F'(\theta)\sqrt{n}} + o\left(\frac{1}{\sqrt{n}}\right) \quad \text{a.s.}$$

证明. 注意到, $P(X_{(k_{1n})} \leqslant \theta \leqslant X_{(k_{2n})}) = P(U_{(k_{1n})} \leqslant p \leqslant U_{(k_{2n})})$, 其中 $U_{(k)}$ 是基于 i.i.d. 来自均匀分布 $U(0,1)$ 的样本 $U_1, ..., U_n$ 的第 k 次序统计量 (练习 84). 因此, $P(\theta \in C(X))$ 不依赖 P 及 (7.24) 中的第一个等式成立.

根据推论 7.1, 定理 5.10 和 Slutsky 定理,

$$\begin{aligned} P(X_{(k_{1n})} > \theta) &= P\left(\hat{\theta}_n - z_{1-\alpha/2}\frac{\sqrt{p(1-p)}}{F'(\theta)\sqrt{n}} + o_p(n^{-1/2}) > \theta\right) \\ &= P\left(\frac{\sqrt{n}(\hat{\theta}_n - \theta)}{\sqrt{p(1-p)}/F'(\theta)} + o_p(1) > z_{1-\alpha/2}\right) \\ &\to 1 - \Phi(z_{1-\alpha/2}) \\ &= \alpha/2. \end{aligned}$$

类似地, $P(X_{(k_{2n})} < \theta) \to \alpha/2$. 因此 (7.24) 中的第二个等式成立. 关于 $C(X)$ 长度的结论直接由推论 7.1 可得. ∎

推论 7.2 中给出的置信区间 $[X_{(k_{1n})}, X_{(k_{2n})}]$ 称为 Woodruff (1952) 区间. 它的极限置信系数为 $1-\alpha$, 这个性质比 $1-\alpha$ 渐近正确性更强一点.

从定理 5.10 可知, 如果 $F'(\theta)$ 存在且为正, 那么

$$\sqrt{n}(\hat{\theta}_n - \theta) \to_d N\left(0, \frac{p(1-p)}{[F'(\theta)]^2}\right).$$

如果通过某些方法得到导数 $F'(\theta)$ 有一个一致估计 $\hat{d}_n$, 比如 §5.1.3 中介绍的方法, 那么 (7.18) 以 $\hat{V}_n = p(1-p)/\hat{d}_n^2$ 而成立, 而且 §7.3.1 中介绍的方法可以用来得到如下的 $1-\alpha$ 渐近正确置信区间:

$$C_1(X) = \left[\hat{\theta}_n - z_{1-\alpha/2}\frac{\sqrt{p(1-p)}}{\hat{d}_n\sqrt{n}}, \hat{\theta}_n + z_{1-\alpha/2}\frac{\sqrt{p(1-p)}}{\hat{d}_n\sqrt{n}}\right].$$

$C_1(X)$ 的长度渐近几乎与 Woodruff 区间相同. 然而, $C_1(X)$ 依赖导数的估计 $\hat{d}_n$, 而且通常很难得到一个很精确的估计 $\hat{d}_n$.

7.3.4 渐近置信集的精确性

在 §7.3.1(命题 7.4) 中, 我们用体积衡量 $1-\alpha$ 渐近正确置信集 $C(X)$. 通过考虑 $P(\theta \in C(X))$ 的收敛速度, 我们现在研究另一种评价 $C(X)$ 的方式.

定义 7.5. 一个 θ 的 $1-\alpha$ 渐近正确置信集 $C(X)$ 称为 l 阶 (渐近) 精确的当且仅当

$$P\big(\theta \in C(X)\big) = 1 - \alpha + O(n^{-l/2}),$$

其中 l 是一个正整数. ∎

我们关注 θ 是实值的情况. 对于 $\theta \in \mathcal{R}$, (7.19) 给出的置信集是双侧区间 $[\underline{\theta}_{\alpha/2}, \overline{\theta}_{\alpha/2}]$, 其中 $\underline{\theta}_\alpha = \hat{\theta}_n - z_{1-\alpha}\hat{V}_n^{1/2}$, $\overline{\theta}_\alpha = \hat{\theta}_n + z_{1-\alpha}\hat{V}_n^{1/2}$, $z_a = \Phi^{-1}(a)$. 假设

$\hat{V}_n^{-1/2}(\hat{\theta}_n-\theta)$ 的 c.d.f. 存在 Edgeworth 展开 (1.106), $m=1$. 那么

$$\begin{aligned}P(\theta \geqslant \underline{\theta}_\alpha) &= P\left(\hat{V}_n^{-1/2}(\hat{\theta}_n-\theta) \leqslant z_{1-\alpha}\right)\\&= \Phi(z_{1-\alpha}) + n^{-1/2}p_1(z_{1-\alpha})\Phi'(z_{1-\alpha}) + o(n^{-1/2})\\&= 1-\alpha+O(n^{-1/2}),\end{aligned}$$

即置信下界 $\underline{\theta}_\alpha$ 或单侧置信区间 $[\underline{\theta}_\alpha,\infty)$ 是一阶精确的. 类似地,

$$\begin{aligned}P(\theta \leqslant \overline{\theta}_\alpha) &= 1-P\left(\hat{V}_n^{-1/2}(\hat{\theta}_n-\theta) < -z_{1-\alpha}\right)\\&= 1-\Phi(-z_{1-\alpha}) - n^{-1/2}p_1(-z_{1-\alpha})\Phi'(-z_{1-\alpha}) + o(n^{-1/2})\\&= 1-\alpha+O(n^{-1/2}),\end{aligned}$$

即置信上界 $\overline{\theta}_\alpha$ 是一阶精确的. 根据这些结论以及 $\Phi'(x)$ 和 $p_1(x)$ 都是偶函数 (定理 1.16), 我们得到

$$P(\underline{\theta}_{\alpha/2} \leqslant \theta \leqslant \overline{\theta}_{\alpha/2}) = 1-\alpha+o(n^{-1/2}),$$

这说明 $[\underline{\theta}_{\alpha/2},\overline{\theta}_{\alpha/2}]$ 的覆盖概率以比 $n^{-1/2}$ 更快的速率收敛到 $1-\alpha$. 事实上, 如果我们假定 $\hat{V}_n^{-1/2}(\hat{\theta}_n-\theta)$ 的 c.d.f. 存在 Edgeworth 展开 (1.106), $m=2$, 那么

$$P(\underline{\theta}_{\alpha/2} \leqslant \theta \leqslant \overline{\theta}_{\alpha/2}) = 1-\alpha+2n^{-1}p_2(z_{1-\alpha/2})\Phi'(z_{1-\alpha/2})+o(n^{-1}), \quad (7.25)$$

即等尾双侧置信区间 $[\underline{\theta}_{\alpha/2},\overline{\theta}_{\alpha/2}]$ 是二阶精确的.

我们能得到一个比 $\underline{\theta}_\alpha$ (或 $\overline{\theta}_\alpha$) 更精确的置信集或者一个比 $[\underline{\theta}_{\alpha/2},\overline{\theta}_{\alpha/2}]$ 更精确的双侧置信区间吗? 如果存在更高阶的 Edgeworth 展开, 答案是肯定的. 对于一个整数 $m \geqslant 2$, 假定定理 6.16 的条件满足. 利用 (1.108) 中求多项式 q_j 的推导, 我们可以证明 (练习)

$$P\left(\hat{V}_n^{-1/2}(\hat{\theta}_n-\theta) \leqslant z_{1-\alpha} + \sum_{j=1}^{m-1}\frac{q_j(z_{1-\alpha})}{n^{j/2}}\right) = 1-\alpha+O(n^{-m/2}). \quad (7.26)$$

如果多项式 $q_1,\ldots,q_{m-1}$ 的系数已知, 那么

$$\hat{\theta}_n - \hat{V}_n^{-1/2}\left[z_{1-\alpha}+\sum_{j=1}^{m-1}\frac{q_j(z_{1-\alpha})}{n^{j/2}}\right]$$

是 θ 的一个 m 阶精确的置信下界. 然而一般来说, q_j 的一些系数是未知的. 设 $\hat{q}_j$ 是与 q_j 相同的多项式但 q_j 中的所有未知系数由它们的估计代替,

$j=1,...,m-1$. 假定 $\hat{q}_1(z_{1-\alpha})-q_1(z_{1-\alpha})=O_p(n^{-1/2})$, 即 $\hat{q}_1(z_{1-\alpha})$ 是 $\sqrt{n}$ 一致的. 那么, 置信下界

$$\underline{\theta}_{\alpha}^{(2)}=\hat{\theta}_n-\hat{V}_n^{1/2}[z_{1-\alpha}+n^{-1/2}\hat{q}_1(z_{1-\alpha})]$$

是二阶精确的 (Hall, 1992). 二阶精确置信上界 $\overline{\theta}_{\alpha/2}^{(2)}$ 可以类似定义. 然而, 双侧置信区间 $[\underline{\theta}_{\alpha/2}^{(2)},\overline{\theta}_{\alpha/2}^{(2)}]$ 仍旧仅是二阶精确的, 即以收敛速度来说, 它并没有改善置信区间 $[\underline{\theta}_{\alpha/2},\overline{\theta}_{\alpha/2}]$.

更高阶精确的置信限和双侧置信区间可以通过使用 Edgeworth 和 Cornish-Fisher 展开得到. 参见 Hall (1992).

例 7.25. 设 $X_1,...,X_n$ 是 i.i.d. d 维随机向量. 考虑求 $\theta=g(\mu)$ 的置信下界的问题, 其中 $\mu=EX_1$, g 是从 $\mathcal{R}^d$ 到 $\mathcal{R}$ 上五次连续可微的, $\nabla g(\mu)\neq 0$. 设 $\bar{X}$ 是样本均值, $\hat{\theta}_n=g(\bar{X})$. 那么 (7.19) 式中的估计量 $\hat{V}_n$ 可以取为 $n^{-2}(n-1)[\nabla g(\bar{X})]^{\tau}S^2\nabla g(\bar{X})$, 其中 S^2 是样本协方差矩阵. 设 X_{ij} 是 X_i 的第 j 个分量, Y_i 是包含形如 X_{ij} 和 $X_{ij}X_{ij'}$ 的一个向量, $j=1,...,d$, $j'\geqslant j$. 可以证明 (练习), $\hat{V}_n^{-1/2}(\hat{\theta}_n-\theta)$ 可以写成 $\sqrt{n}h(\bar{Y})/\sigma_h$, 其中 $\bar{Y}$ 是 $Y_1,...,Y_n$ 的均值, h 是五次连续可微的函数, $h(EY_1)=0$, $\sigma_h^2=[\nabla h(EY_1)]^{\tau}\mathrm{Var}(Y_1)\nabla h(EY_1)$. 假定 $E\|Y_1\|^4<\infty$ 且 Cramér 连续性条件 (1.105) 满足. 根据定理 1.16, $\hat{V}_n^{-1/2}(\hat{\theta}_n-\theta)$ 的分布存在 Edgeworth 展开 (1.106), 其中 $m=2$, $p_1(x)$ 由 (1.107) 给出. 因为 $q_1(x)=-p_1(x)$ (§1.5.6), 我们得到以下 θ 的二阶精确置信下界:

$$\underline{\theta}_{\alpha}^{(2)}=\hat{\theta}_n-\hat{V}_n^{1/2}\{z_{1-\alpha}+n^{-1/2}[\hat{c}_1\hat{\sigma}_h^{-1}-6^{-1}\hat{c}_2\hat{\sigma}_h^{-3}(z_{1-\alpha}^2-1)]\},$$

其中 $\hat{\sigma}_h^2=[\nabla h(\bar{Y})]^{\tau}S_Y^2\nabla h(\bar{Y})$, S_Y^2 是基于 $Y_1,...,Y_n$ 的样本协方差矩阵, $\hat{c}_j$ 是 (1.107) 中 c_j 的估计, 通过用相应的样本矩代替 Y_1 的矩而得到.

特别地, 如果 $d=1$ 且 $g(x)=x$, 那么从例 1.34 可知

$$\underline{\theta}_{\alpha}^{(2)}=\bar{X}-n^{-1/2}\hat{\sigma}[z_{1-\alpha}-6^{-1}n^{-1/2}\hat{\kappa}_3(2z_{1-\alpha}^2+1)],$$

其中 $\hat{\sigma}^2=n^{-1}\sum_{i=1}^n(X_i-\bar{X})^2$, $\hat{\kappa}_3=n^{-1}\sum_{i=1}^n(X_1-\bar{X})^3/\hat{\sigma}^3$ 对 $\kappa_3=E(X_1-\mu)^3/\sigma^3$ 是 $\sqrt{n}$ 一致的, $\sigma^2=\mathrm{Var}(X_1)$. σ^2 的一个二阶精确置信下界可以类似得到 (练习 89). ∎

7.4 自助法置信集

在本节中, 我们研究如何利用 §5.5.3 介绍的自助法 (bootstrap) 来构造渐近正确置信集. 利用自助法有两个主要的优点. 首先, 从前面几节的讨论可看

到, 构造有给定置信系数的置信集或渐近正确的置信集需要一些理论推导. 自助法用一些寻常的计算代替了这些推导. 其次, 利用自助法构造的置信区间 (特别是单侧置信区间) 可能是渐近二阶精确的 (§7.3.4).

我们沿用 §5.5.3 中的记号. 设 $X = (X_1, ..., X_n)$ 是来自 P 的一个样本. 我们关注 $X_1, ..., X_n$ 为 i.i.d. 的情况, 所以 P 由 $\mathcal{R}^d$ 上的一个 c.d.f. F 确定, 但这里讨论的一些结果可以推广到非 i.i.d. 的情况. 我们用 (5.1) 定义的经验 c.d.f. F_n 估计 F (这意味着不对 F 做假定, 所以这个问题是非参的), 那么 §5.5.3 中的 $\hat{P}$ 是与 F_n 对应的总体. 自助法样本 $X^* = (X_1^*, ..., X_n^*)$ 从 $\hat{P}$ 得到, 即 $X_1^*, ..., X_n^*$ i.i.d. 来自 F_n. 其他一些自助法抽样方法在练习 92 和练习 95—97 中有描述. 设 θ 是感兴趣的参数, $\hat{\theta}_n$ 是 θ 的估计, $\hat{\theta}_n^*$ 是 $\hat{\theta}_n$ 的自助法类似物, 即除 X 被自助法样本 X^* 代替之外, $\hat{\theta}_n^*$ 与 $\hat{\theta}_n$ 相同.

7.4.1 自助法置信区间的构造

我们现在介绍一些不同的构造实值 θ 的自助法置信区间的方法. 一些想法可以推广到多维 θ 的自助法置信集的构造上. 我们主要考虑置信下界. 置信上界可以类似地得到, 等尾双侧置信区间可以利用置信上下限得到.

自助法分位数

定义

$$K_B(x) = P_*(\hat{\theta}_n^* \leqslant x), \tag{7.27}$$

其中 P_* 表示在 X 条件下 X^* 的分布. 对于一个给定的 $\alpha \in (0, \frac{1}{2})$, 自助法分位数方法 (Efron, 1981) 给出了 θ 的以下置信下界:

$$\underline{\theta}_{BP} = K_B^{-1}(\alpha). \tag{7.28}$$

分位数这个名字来自 $K_B^{-1}(\alpha)$ 是 (7.27) 中自助法分布 K_B 的分位数的事实.

对于大多数的情况, $\underline{\theta}_{BP}$ 的计算需要数值近似, 比如 §5.5.3 描述的蒙特卡罗近似. 对自助法置信集的蒙特卡罗近似之描述可在 §7.4.3 中找到 (当讨论预枢轴自助法时).

我们现在给出使用自助法分位数方法的理由, 这能让我们看出自助法置信集良好表现所需要的假定. 假设存在一个递增变换 $\phi_n(x)$, 使得对于所有可能的 F (包括 $F = F_n$),

$$P\big(\hat{\phi}_n - \phi_n(\theta) \leqslant x\big) = \Psi(x) \tag{7.29}$$

成立, 其中 $\hat{\phi}_n = \phi_n(\hat{\theta}_n)$, Ψ 是连续严格递增且关于 0 对称的一个 c.d.f. 当 $\Psi =$ 为标准正态分布 c.d.f. Φ 时, 函数 ϕ_n 称为标准正态化方差稳定变换. 如果能够得到 ϕ_n 和 (7.29) 中的 Ψ, 那么以下 θ 的置信下界的置信系数为 $1-\alpha$:

$$\underline{\theta}_E = \phi_n^{-1}(\hat{\phi}_n + z_\alpha),$$

其中 $z_\alpha = \Psi^{-1}(\alpha)$.

我们现在证明 $\underline{\theta}_{BP} = \underline{\theta}_E$, 因此不用推导得到 ϕ_n 和 Ψ, 我们仍旧可以利用这个置信下界. 令 $w_n = \phi_n(\underline{\theta}_{BP}) - \hat{\phi}_n$. 由于 F 被 F_n 代替时假定 (7.29) 仍成立,

$$\Psi(w_n) = P_*(\hat{\phi}_n^* - \hat{\phi}_n \leqslant w_n) = P_*(\hat{\theta}_n^* \leqslant \underline{\theta}_{BP}) = \alpha,$$

其中 $\hat{\phi}_n^* = \phi_n(\hat{\theta}_n^*)$, 最后一个等式由 $\underline{\theta}_{BP}$ 的定义和对 Ψ 的假定可得. 因此 $w_n = z_\alpha = \Psi^{-1}(\alpha)$,

$$\underline{\theta}_{BP} = \phi_n^{-1}(\hat{\phi}_n + z_\alpha) = \underline{\theta}_E.$$

所以, 如果假定 (7.29) 对于所有 n 都成立, 那么对于所有 n, 自助法分位数置信下界 $\underline{\theta}_{BP}$ 的置信系数为 $1-\alpha$. 如果假定 (7.29) 对于较大的 n 近似成立, 那么 $\underline{\theta}_{BP}$ 是 $1-\alpha$ 渐近正确的 (见 §7.4.2 的定理 7.9), 而且它的表现依赖近似的好坏.

自助法偏差校正分位数

Efron (1981) 考虑了下面的假定, 这比假定 (7.29) 更一般:

$$P\big(\hat{\phi}_n - \phi_n(\theta) + z_0 \leqslant x\big) = \Psi(x), \tag{7.30}$$

其中 ϕ_n 和 Ψ 与 (7.29) 中的相同, z_0 是可能依赖 F 和 n 的一个常数. 当 $z_0 = 0$ 时, (7.30) 简化为 (7.29). 因为 $\Psi(0) = \frac{1}{2}$, 所以 z_0 是 $\hat{\phi}_n$ 的一种“偏差”. 如果可以得到 (7.30) 中的 ϕ_n, z_0 和 Ψ, 那么 θ 的一个置信系数为 $1-\alpha$ 的置信下界是

$$\underline{\theta}_E = \phi_n^{-1}(\hat{\phi}_n + z_\alpha + z_0).$$

在 $F = F_n$ 之下应用假定 (7.30), 我们可得到

$$K_B(\hat{\theta}_n) = P_*(\hat{\phi}_n^* - \hat{\phi}_n + z_0 \leqslant z_0) = \Psi(z_0),$$

其中 K_B 由 (7.27) 给出. 这说明

$$z_0 = \Psi^{-1}\big(K_B(\hat{\theta}_n)\big). \tag{7.31}$$

从 (7.30) 可知,

$$\begin{aligned}1-\alpha &= \Psi(-z_\alpha)\\ &= P_*\big(\hat{\phi}_n^* - \hat{\phi}_n + z_0 \leqslant -z_\alpha\big)\\ &= P_*\big(\hat{\theta}_n^* \leqslant \phi_n^{-1}(\hat{\phi}_n - z_\alpha - z_0)\big),\end{aligned}$$

这可得出

$$\phi_n^{-1}(\hat{\phi}_n - z_\alpha - z_0) = K_B^{-1}(1-\alpha).$$

因为这个等式对于任意的 α 成立, 这说明对于 $0<x<1$,

$$K_B^{-1}(x) = \phi_n^{-1}\big(\hat{\phi}_n + \Psi^{-1}(x) - z_0\big). \tag{7.32}$$

根据 $\underline{\theta}_E$ 的定义和 (7.32),

$$\underline{\theta}_E = K_B^{-1}\big(\Psi(z_\alpha + 2z_0)\big).$$

假定 Ψ 已知 (e.g., $\Psi=\Phi$), 利用 (7.31), Efron (1981) 得到了 θ 的自助法偏差校正分位数置信下界:

$$\underline{\theta}_{BC} = K_B^{-1}\Big(\Psi\big(z_\alpha + 2\Psi^{-1}(K_B(\hat{\theta}_n))\big)\Big), \tag{7.33}$$

这实际上是自助法分布 K_B 的一个分位数. 如果 $K_B(\hat{\theta}_n)=\frac{1}{2}$, 即 $\hat{\theta}_n$ 是自助法分布 K_B 的中位数, 那么 $\underline{\theta}_{BC}$ 简化为 $\underline{\theta}_{BP}$. 因此, 自助法偏差校正分位数方法是自助法分位数方法的偏差校正版本, 偏差校正由 $2\Psi^{-1}(K_B(\hat{\theta}_n))$ 表示. 如果 (7.30) 精确成立, 那么对于所有 n, $\underline{\theta}_{BC}$ 的置信系数为 $1-\alpha$. 如果 (7.30) 近似成立, 那么 $\underline{\theta}_{BC}$ 是 $1-\alpha$ 渐近正确的.

自助法偏差校正分位数通过考虑偏差改善了自助法分位数. 这由 §7.4.2 中的理论结果支持. 然而, 仍旧在很多情况下假定 (7.30) 不能很好地满足, 自助法偏差校正分位数方法不能奏效. Efron (1987) 提出了一种自助法加速偏差校正 (BC_a) 分位数方法 (见练习 93), 它改善了自助法偏差校正分位数. 然而, 自助法加速偏差校正分位数方法的应用涉及一些复杂的推导. 详细参见 Efron (1987) 和 Efron and Tibshirani (1993).

混合自助法

假设 $\hat{\theta}_n$ 渐近正态, 即 (7.18) 成立, $V_n=\sigma_F^2/n$. 设 H_n 是 $\sqrt{n}(\hat{\theta}_n-\theta)$ 的 c.d.f.,

$$\hat{H}_B(x) = P_*\big(\sqrt{n}(\hat{\theta}_n^* - \hat{\theta}_n) \leqslant x\big)$$

是它的由 (5.121) 定义的自助法估计. 根据定理 5.20 的结论, 对于任意 $t \in (0,1)$, $\hat{H}_B^{-1}(t) - H_n^{-1}(t) \to_p 0$. 把 $\hat{H}_B$ 的分位数看作是 H_n 的分位数, 我们得到以下 θ 的混合自助法置信下界:

$$\underline{\theta}_{HB} = \hat{\theta}_n - n^{-1/2}\hat{H}_B^{-1}(1-\alpha). \tag{7.34}$$

自助法-t

假设 (7.18) 成立, $V_n = \sigma_F^2/n$, $\hat{\sigma}_F^2$ 是 σ_F^2 的一个一致估计. 自助法–t 方法基于 $t(X,\theta) = \sqrt{n}(\hat{\theta}_n - \theta)/\hat{\sigma}_F$, 它通常被称为 studentized "统计量". 如果 $t(X,\theta)$ 的分布 G_n 已知 (即 $t(X,\theta)$ 是枢轴), 那么可以得到 θ 的一个置信系数为 $1-\alpha$ 的置信区间 (§7.1.1). 如果 G_n 未知, 则可以通过自助法估计

$$\hat{G}_B(x) = P_*\big(t(X^*,\hat{\theta}_n) \leqslant x\big)$$

来估计, 其中 $t(X^*,\hat{\theta}_n) = \sqrt{n}(\hat{\theta}_n^* - \hat{\theta}_n)/\hat{\sigma}_F^*$, $\hat{\sigma}_F^*$ 是 $\hat{\sigma}_F$ 的自助法类似物. 把 $\hat{G}_B$ 的分位数看作是 G_n 的分位数, 我们得到以下 θ 的自助法–t 置信下界:

$$\underline{\theta}_{BT} = \hat{\theta}_n - n^{-1/2}\hat{\sigma}_F\hat{G}_B^{-1}(1-\alpha). \tag{7.35}$$

尽管 §7.4.2 中证明了 (7.35) 中的 $\underline{\theta}_{BT}$ 比 (7.28) 中的 $\underline{\theta}_{BP}$, (7.33) 中的 $\underline{\theta}_{BC}$ 和 (7.34) 中的 $\underline{\theta}_{HB}$ 更准确, 但是利用自助法–t 方法需要一个一致方差估计 $\hat{\sigma}_F^2$.

7.4.2 渐近正确性和精确性

从混合自助法和自助法–t 置信限的构造可知, $\underline{\theta}_{HB}$ 是 $1-\alpha$ 渐近正确的, 若 $\varrho_\infty(\hat{H}_B, H_n) \to_p 0$, $\underline{\theta}_{BT}$ 是 $1-\alpha$ 渐近正确的, 若 $\varrho_\infty(\hat{G}_B, G_n) \to_p 0$. 另一方面, 自助法分位数 (有或没有偏差校正或者加速) 置信限的渐近正确性需要稍微多一点的条件.

定理 7.9. 假设 $\varrho_\infty(\hat{H}_B, H_n) \to_p 0$ 且

$$\lim_{n\to\infty} \rho_\infty(H_n, H) = 0, \tag{7.36}$$

其中 H 是 $\mathcal{R}$ 上的一个连续严格递增且关于 0 对称的 c.d.f. 那么 (7.28) 中的 $\underline{\theta}_{BP}$ 和 (7.33) 中的 $\underline{\theta}_{BC}$ 是 $1-\alpha$ 渐近正确的.

证明. 针对 $\underline{\theta}_{BP}$ 的结论由下式可得:

$$\begin{aligned}
P\big(\underline{\theta}_{BP} \leqslant \theta\big) &= P\big(\alpha \leqslant K_B(\theta)\big) \\
&= P\big(\alpha \leqslant H_B\big(\sqrt{n}(\theta - \hat{\theta}_n)\big)\big) \\
&= P\big(\sqrt{n}(\hat{\theta}_n - \theta) \leqslant -\hat{H}_B^{-1}(\alpha)\big) \\
&= P\big(\sqrt{n}(\hat{\theta}_n - \theta) \leqslant -H^{-1}(\alpha)\big) + o(1) \\
&= H\big(-H^{-1}(\alpha)\big) + o(1) \\
&= 1 - \alpha + o(1).
\end{aligned}$$

针对 $\underline{\theta}_{BC}$ 的结论由上面的结论和下式可得:

$$z_0 = \Psi^{-1}\big(K_B(\hat{\theta}_n)\big) = \Psi^{-1}\big(\hat{H}_B(0)\big) \to_p \Psi^{-1}\big(H(0)\big) = 0. \quad \blacksquare$$

显然, 定理 7.9 可以推广到置信上界和双侧置信区间的情况. 这个结论对于自助法加速偏差校正分位数置信区间也成立.

注意到, (7.36) 中的 H 和假定 (7.30) 中的 Ψ 不同. 通常, $H(x) = \Phi(x/\sigma_F)$ 对某一 $\sigma_F > 0$ 成立, 然而 $\Psi = \Phi$. 另外, 条件 (7.36) 比假定 (7.30) 弱得多, 因为后者要求方差稳定性.

在 §7.3.1 中介绍的所有自助法方法都生成了渐近正确的置信集, 但这并不奇怪. 为了比较不同的自助法置信区间和其他渐近置信区间, 现在考虑它们的渐近精确性 (定义 7.5).

考虑以下情况, $\theta = g(\mu)$, $\mu = EX_1$, $\hat{\theta}_n = g(\bar{X})$, 其中 $\bar{X}$ 是样本均值, g 是从 $\mathcal{R}^d$ 到 $\mathcal{R}$ 的五次连续可微函数, $\nabla g(\mu) \neq 0$. $\sqrt{n}(\hat{\theta}_n - \theta)$ 的渐近方差可以用 $\hat{\sigma}_F^2 = \frac{n-1}{n}[\nabla g(\bar{X})]^\tau S^2 \nabla g(\bar{X})$ 估计, 其中 S^2 是样本协方差矩阵. 设 G_n 是 $\sqrt{n}(\hat{\theta}_n - \theta)/\hat{\sigma}_F$ 的分布. 如果 G_n 已知, 那么 θ 的一个置信系数为 $1-\alpha$ 的置信下界是

$$\underline{\theta}_E = \hat{\theta}_n - n^{-1/2}\hat{\sigma}_F G_n^{-1}(1-\alpha), \tag{7.37}$$

但它当 G_n 未知时无法用.

假定 $E\|X_1\|^8 < \infty$ 且条件 (1.105) 满足. 那么 G_n 有 Edgeworth 展开 (1.106), $m = 2$; 根据定理 1.17, $G_n^{-1}(t)$ 有 Cornish-Fisher 展开

$$G_n^{-1}(t) = z_t + \frac{q_1(z_t, F)}{\sqrt{n}} + \frac{q_2(z_t, F)}{n} + o\left(\frac{1}{n}\right), \tag{7.38}$$

其中 $q_j(\cdot,F)$ 与定理 1.17 中的 $q_j(\cdot)$ 相同, 记号 $q_j(\cdot,F)$ 是用来强调多项式 q_j 的系数依赖 X_1 的 c.d.f. F. 设 $\hat{G}_B$ 是 §7.4.1 中定义的 G_n 的自助法估计. 在一些条件下 (Hall, 1992), 对几乎所有序列 $X_1,X_2,\ldots,\hat{G}_B^{-1}$ 有展开 (7.38), 其中 F 由经验 c.d.f. F_n 代替. 因此, (7.35) 中的自助法–t 置信下界可以写成

$$\underline{\theta}_{BT}=\hat{\theta}_n-\frac{\hat{\sigma}_F}{\sqrt{n}}\left[z_{1-\alpha}+\sum_{j=1}^{2}\frac{q_j(z_{1-\alpha},F_n)}{n^{j/2}}+o\left(\frac{1}{n}\right)\right]\quad\text{a.s.}\tag{7.39}$$

在一些矩的条件下, 对于每个 x, $q_j(x,F_n)-q_j(x,F)=O_p(n^{-1/2})$, $j=1,2$. 比较 (7.37), (7.38) 和 (7.39), 我们得到

$$\underline{\theta}_{BT}-\underline{\theta}_{E}=O_p(n^{-3/2}).\tag{7.40}$$

此外,

$$\begin{aligned}P(\underline{\theta}_{BT}\leqslant\theta)&=P\left(\frac{\hat{\theta}_n-\theta}{\hat{\sigma}_F/\sqrt{n}}\leqslant\hat{G}_B^{-1}(1-\alpha)\right)\\&=P\left(\frac{\hat{\theta}_n-\theta}{\hat{\sigma}_F/\sqrt{n}}\leqslant z_{1-\alpha}+\sum_{j=1}^{2}\frac{q_j(z_{1-\alpha},F_n)}{n^{j/2}}\right)+o\left(\frac{1}{n}\right)\\&=1-\alpha+\frac{\psi(z_{1-\alpha})\Phi'(z_{1-\alpha})}{n}+o\left(\frac{1}{n}\right),\end{aligned}\tag{7.41}$$

其中 $\psi(x)$ 是一个多项式, 其系数是 F 的矩的函数, 最后一个等式可以用较为复杂的推导来得到 (Hall, 1992).

根据定义 7.5, 结论 (7.41) 说明 $\underline{\theta}_{BT}$ 是二阶精确的. 对 θ 的自助法–t 置信上界和等尾双侧自助法–t 置信区间有相同的结论.

接下来, 我们考虑 (7.34) 给出的混合自助法置信下界 $\underline{\theta}_{HB}$. 设 $\tilde{H}_B$ 是 $\sqrt{n}(\hat{\theta}_n-\theta)/\sigma_F$ 的分布 $\tilde{H}_n$ 的自助法估计. 那么 $\hat{H}_B^{-1}(1-\alpha)=\hat{\sigma}_F\tilde{H}_B^{-1}(1-\alpha)$,

$$\underline{\theta}_{HB}=\hat{\theta}_n-n^{-1/2}\hat{\sigma}_F\tilde{H}_B^{-1}(1-\alpha),$$

它可以看作是下式的自助法近似

$$\underline{\theta}_{H}=\hat{\theta}_n-n^{-1/2}\hat{\sigma}_F\tilde{H}_n^{-1}(1-\alpha).$$

注意到, $\underline{\theta}_H$ 的置信系数并不是 $1-\alpha$, 因为它是通过混淆 $G_n^{-1}(1-\alpha)$ 和 $\tilde{H}_n^{-1}(1-\alpha)$ 而得到. 与 G_n^{-1} 类似, $\tilde{H}_n^{-1}$ 有 Cornish-Fisher 展开

$$\tilde{H}_n^{-1}(t)=z_t+\frac{\tilde{q}_1(z_t,F)}{\sqrt{n}}+\frac{\tilde{q}_2(z_t,F)}{n}+o\left(\frac{1}{n}\right),\tag{7.42}$$

对于几乎所有的 $X_1, X_2, ..., \tilde{H}_B^{-1}$ 有相同的展开 (7.42), 其中 F 由 F_n 代替. 那么

$$\underline{\theta}_{HB} = \hat{\theta}_n - \frac{\hat{\sigma}_F}{\sqrt{n}}\left[z_{1-\alpha} + \sum_{j=1}^{2}\frac{\tilde{q}_j(z_{1-\alpha}, F_n)}{n^{j/2}} + o\left(\frac{1}{n}\right)\right] \text{ a.s.} \tag{7.43}$$

根据 (7.37),

$$\underline{\theta}_{HB} - \underline{\theta}_E = O_p(n^{-1}), \tag{7.44}$$

因为 $q_1(x, F)$ 和 $\tilde{q}_1(x, F)$ 通常是不同的. 结论 (7.40) 和 (7.44) 说明, $\underline{\theta}_{HB}$ 不如 $\underline{\theta}_{BT}$ 更接近 $\underline{\theta}_E$. 与 (7.41) 类似, 我们可以证明 (Hall, 1992)

$$\begin{aligned} P(\underline{\theta}_{HB} \leqslant \theta) &= P\left(\frac{\hat{\theta}_n - \theta}{\hat{\sigma}_F/\sqrt{n}} \leqslant \tilde{H}_B^{-1}(1-\alpha)\right) \\ &= P\left(\frac{\hat{\theta}_n - \theta}{\hat{\sigma}_F/\sqrt{n}} \leqslant z_{1-\alpha} + \sum_{j=1}^{2}\frac{\tilde{q}_j(z_{1-\alpha}, F_n)}{n^{j/2}}\right) + o\left(\frac{1}{n}\right) \\ &= P\left(\frac{\hat{\theta}_n - \theta}{\hat{\sigma}_F/\sqrt{n}} \leqslant z_{1-\alpha} + \sum_{j=1}^{2}\frac{\tilde{q}_j(z_{1-\alpha}, F)}{n^{j/2}}\right) + O\left(\frac{1}{n}\right) \\ &= 1 - \alpha + \frac{\tilde{\psi}(z_{1-\alpha})\Phi'(z_{1-\alpha})}{\sqrt{n}} + O\left(\frac{1}{n}\right), \end{aligned} \tag{7.45}$$

其中 $\tilde{\psi}(x)$ 是一个偶多项式. 这说明当 $\tilde{\psi} \neq 0$ 时, 根据定义 7.5, $\underline{\theta}_{HB}$ 只是一阶精确的.

也可以得到混合自助法置信上界相同的结论. 然而, 等尾双侧混合自助法置信区间

$$[\underline{\theta}_{HB}, \overline{\theta}_{HB}] = [\hat{\theta}_n - n^{-1/2}\hat{H}_B^{-1}(1-\alpha), \hat{\theta}_n - n^{-1/2}\hat{H}_B^{-1}(\alpha)]$$

是二阶精确的 (且是 $1-2\alpha$ 渐近正确的), 等尾双侧自助法–t 置信区间也是, 因为根据 $\tilde{\psi}$ 和 Φ' 是偶函数且 $z_{1-\alpha} = -z_\alpha$, 我们可得

$$\begin{aligned} P(\underline{\theta}_{HB} \leqslant \theta \leqslant \overline{\theta}_{HB}) &= P(\theta \leqslant \overline{\theta}_{HB}) - P(\theta < \underline{\theta}_{HB}) \\ &= 1 - \alpha + n^{-1/2}\tilde{\psi}(z_{1-\alpha})\Phi'(z_{1-\alpha}) \\ &\quad - \alpha - n^{-1/2}\tilde{\psi}(z_\alpha)\Phi'(z_\alpha) + O(n^{-1}) \\ &= 1 - 2\alpha + O(n^{-1}). \end{aligned}$$

对于 (7.28) 中的自助法分位数置信下界,

$$\underline{\theta}_{BP} = K_B^{-1}(\alpha) = \hat{\theta}_n + n^{-1/2}\hat{H}_B^{-1}(\alpha).$$

将 $\underline{\theta}_{BP}$ 与 $\underline{\theta}_{BT}$ 和 $\underline{\theta}_{HB}$ 做比较, 我们发现自助法分位数方法不仅把 $\tilde{H}_B^{-1}(1-\alpha)$ 和 $\hat{G}_B^{-1}(1-\alpha)$ 混淆, 也把 $\hat{H}_B^{-1}(\alpha)$ 和 $-\hat{H}_B^{-1}(1-\alpha)$ 混淆. 如果 $\hat{H}_B$ 是关于 0 渐近对称的, 那么自助法分位数方法等价于混合自助法, 因此, 单侧自助法分位数置信区间只是一阶精确的, 等尾双侧自助法分位数置信区间是二阶精确的.

因为 $\hat{\theta}_n$ 是渐近正态的, 所以我们在自助法偏差校正分位数方法中可以用 $\Psi=\Phi$. 设 $\tilde{\alpha}_n=\Phi(z_\alpha+2z_0)$. 那么 (7.33) 给出的自助法偏差校正分位数置信下界正好是 (7.27) 中 K_B 的 $\tilde{\alpha}_n$ 分位数. 利用 Edgeworth 展开, 我们得到

$$K_B(\hat{\theta}_n)=\tilde{H}_B(0)=\Phi(0)+\frac{\tilde{q}(0,F_n)\Phi'(0)}{\sqrt{n}}+O_p\left(\frac{1}{n}\right),$$

$\tilde{q}$ 是某个函数, 因此

$$\tilde{\alpha}_n=\alpha+\frac{2\tilde{q}(0,F_n)\Phi'(z_\alpha)}{\sqrt{n}}+O_p\left(\frac{1}{n}\right).$$

这个结果和 $\tilde{H}_B^{-1}$ 的 Cornish-Fisher 展开能推出

$$\tilde{H}_B^{-1}(\tilde{\alpha}_n)=z_\alpha+\frac{2\tilde{q}(0,F_n)+\tilde{q}_1(z_\alpha,F_n)}{\sqrt{n}}+O_p\left(\frac{1}{n}\right).$$

那么从 (7.33) 和 $K_B^{-1}(\tilde{\alpha}_n)=\hat{\theta}_n+n^{-1/2}\hat{\sigma}_F\tilde{H}_B^{-1}(\tilde{\alpha}_n)$ 可知,

$$\underline{\theta}_{BC}=\hat{\theta}_n+\frac{\hat{\sigma}_F}{\sqrt{n}}\left[z_\alpha+\frac{2\tilde{q}(0,F_n)+\tilde{q}_1(z_\alpha,F_n)}{\sqrt{n}}+O_p\left(\frac{1}{n}\right)\right].\tag{7.46}$$

比较 (7.37) 和 (7.46) 可知,

$$\underline{\theta}_{BC}-\underline{\theta}_E=O_p(n^{-1}).$$

根据 (7.46),

$$P(\underline{\theta}_{BC}\leqslant\theta)=1-\alpha+\frac{\bar{\psi}(z_{1-\alpha})\Phi'(z_{1-\alpha})}{\sqrt{n}}+O\left(\frac{1}{n}\right),\tag{7.47}$$

$\bar{\psi}(x)$ 是一个偶多项式. 因此一般来说, $\underline{\theta}_{BC}$ 是一阶精确的. 事实上,

$$\underline{\theta}_{BC}-\underline{\theta}_{BP}=2\tilde{q}(0,F_n)\hat{\sigma}_F n^{-1}+O_p(n^{-3/2}).$$

因此自助法偏差校正分位数置信区间和自助法分位数置信区间有相同阶数的精确性. 然而, 从 (7.47) 中 $\bar{\psi}(z_{1-\alpha})$ 的绝对值比 (7.45) 中 $\tilde{\psi}(z_{1-\alpha})$ 的绝对值小这方面来说, 自助法偏差校正分位数方法是自助法分位数方法的局部改善 (见例 7.26).

虽然自助法偏差校正分位数方法就精确性阶数而言并没有改善自助法分位数方法, 但 Hall (1988) 证明了 Efron (1987) 中的自助法加速偏差校正分位数方法产生了二阶精确的单侧和双侧置信区间, 而且当 $\underline{\theta}_{BT}$ 由自助法加速偏差校正分位数置信下界代替后, (7.40) 成立.

我们已经考虑了 §7.4.1 中介绍的所有自助法置信区间渐近精确性的阶数. 总之, 所有双侧置信区间都是二阶精确的; 单侧自助法–t 和自助法加速偏差校正分位数置信区间是二阶精确的, 而单侧自助法分位数, 自助法偏差校正分位数和混合自助法置信区间只是一阶精确的; 但后三者比前二者更简单.

注意到, §7.3.4 中的结论说明了用 §7.3.1 中方法得到的渐近置信区间与混合自助法置信区间有相同的精确性阶数.

例 7.26. 设 $d=1$ 和 $g(x)=x$. 由 §1.5.6 中的结果可知, 展开 (7.38) 和 (7.42) 成立, $q_1(x,F)=-\gamma(2x^2+1)/6$, $q_2(x,F)=x[(x^2+3)/4-\kappa(x^2-3)/12+5\gamma^2(4x^2-1)/72]$, $\tilde{q}_1(x,F)=\gamma(x^2-1)/6$, $\tilde{q}_2(x,F)=x[\kappa(x^2-3)/24-\gamma^2(2x^2-5)/36]$, 其中 $\gamma=\kappa_3=E(X_1-\mu)^3/\sigma^3$ (偏度), $\sigma^2=\mathrm{Var}(X_1)$, $\kappa=E(X_1-\mu)^4/\sigma^4-3$ (峰度).

(7.41) 中的函数 ψ 等于 $x(1+2x^2)(\kappa-3\gamma^2/2)/6$; (7.45) 中的函数 $\tilde{\psi}$ 等于 $\gamma x^2/2$; (7.47) 中的函数 $\bar{\psi}(x)$ 等于 $\gamma(x^2+2)/6$ (参见 Liu and Singh (1987)). 如果 $\gamma\neq 0$, 那么 $\underline{\theta}_{HB}$, $\underline{\theta}_{BC}$ 和渐近置信下界 $\underline{\theta}_N=\hat{\theta}_n-n^{-1/2}\hat{\sigma}_F z_{1-\alpha}$ 都是一阶精确的. 在这个例子中, 我们仍旧用覆盖概率的收敛速度来比较它们的相对表现. 设

$$e(\underline{\theta})=P(\underline{\theta}\leqslant\theta)-(1-\alpha)$$

是置信下界 $\underline{\theta}$ 在覆盖概率上的误差. 可以证明 (练习)

$$|e(\underline{\theta}_{HB})|=|e(\underline{\theta}_N)|+C_n(z_\alpha,F)+o(n^{-1/2}) \tag{7.48}$$

和

$$|e(\underline{\theta}_N)|=|e(\underline{\theta}_{BC})|+C_n(z_\alpha,F)+o(n^{-1/2}), \tag{7.49}$$

其中 $C_n(x,F)=|\gamma|(x^2-1)\Phi'(x)/(6\sqrt{n})$. 假定 $\gamma\neq 0$. 实际应用中通常有 $z_\alpha^2>1$, 而 $C_n(z_\alpha,F)>0$, 因此, $\underline{\theta}_{BC}$ 比 $\underline{\theta}_N$ 更好, 而 $\underline{\theta}_N$ 比 $\underline{\theta}_{HB}$ 更好. 使用 $\underline{\theta}_N$ 需要方差估计 $\hat{\sigma}_F^2$, 但自助法偏差校正分位数和混合自助法方法不需要. 当存在一个方差估计时, 我们可以用自助法–t 置信下界, 即使当 $\gamma\neq 0$ 时, 它也是二阶精确的. ∎

7.4.3 高阶精确自助法置信集

§7.3.4 中的讨论说明了如何得到二阶精确置信区间. Hall (1992) 证明了如何用高阶 Edgeworth 和 Cornish-Fisher 展开得到高阶精确置信集. 然而, 高阶精确置信集的理论推导可能非常复杂 (见例 7.25). 自助法可以不需要任何理论推导就可以得到二阶或高阶精确置信集, 但是需要大量计算.

自助枢轴法和自助转化法

混合自助法和自助法–t 分别基于 $\sqrt{n}(\hat{\theta}_n-\theta)$ 和 $\sqrt{n}(\hat{\theta}_n-\theta)/\hat{\sigma}_F$ 的自助法分布估计. Beran (1987) 觉得自助法–t 比混合自助法好的原因是, 从 $\sqrt{n}(\hat{\theta}_n-\theta)/\hat{\sigma}_F$ 的分布更少地依赖未知 F 这个层面上来说, $\sqrt{n}(\hat{\theta}_n-\theta)/\hat{\sigma}_F$ 比 $\sqrt{n}(\hat{\theta}_n-\theta)$ 更枢轴. 然而, 自助法–t 方法需要一个方差估计 $\hat{\sigma}_F^2$. Beran (1987) 建议以下称为枢轴自助法的方法. 设 $\Re_n^{(0)}$ 是一个用来构造 $\theta\in\mathcal{R}^k$ 的置信集的随机函数 (比如 $\sqrt{n}(\hat{\theta}_n-\theta)$ 或 $\sqrt{n}(\hat{\theta}_n-\theta)/\hat{\sigma}_F$), $H_n^{(0)}$ 是 $\Re_n^{(0)}$ 的分布, 设 $\hat{H}_B^{(0)}$ 是 $H_n^{(0)}$ 的自助法估计. 定义

$$\Re_n^{(1)}=\hat{H}_B^{(0)}(\Re_n^{(0)}). \tag{7.50}$$

如果 $H_n^{(0)}$ 连续, 且我们用 $H_n^{(0)}$ 代替 (7.50) 中的 $\hat{H}_B^{(0)}$, 那么 $\Re_n^{(1)}$ 服从均匀分布 $U(0,1)$. 因此, 可以预期 $\Re_n^{(1)}$ 比 $\Re_n^{(0)}$ 更枢轴. 设 $\hat{H}_B^{(1)}$ 是 $\Re_n^{(1)}$ 的分布 $H_n^{(1)}$ 的自助法估计. 那么 $\Re_n^{(2)}=\hat{H}_B^{(1)}(\Re_n^{(1)})$ 比 $\Re_n^{(1)}$ 更枢轴. 一般来说, 设 $H_n^{(j)}$ 是 $\Re_n^{(j)}$ 的分布, $\hat{H}_B^{(j)}$ 是 $H_n^{(j)}$ 的自助法估计, $j=0,1,2,\dots$. 那么我们可以利用下面这个 θ 的置信集:

$$C_{PREB}^{(j)}(X)=\{\theta:\Re_n^{(j)}\leqslant(\hat{H}_B^{(j)})^{-1}(1-\alpha)\},\quad j=0,1,2,\dots. \tag{7.51}$$

注意到, 对于每个 j, $C_{PREB}^{(j)}(X)$ 是基于 $\Re_n^{(j)}$ 的一个混合自助法置信集. 因为 $\Re_n^{(j+1)}$ 比 $\Re_n^{(j)}$ 更枢轴, 所以我们得到一个精确性递增的置信集序列. Beran (1987) 证明了, 若 $\sqrt{n}(\hat{\theta}_n-\theta)$ 的分布有二项 Edgeworth 展开, 则基于 $\Re_n^{(0)}=\sqrt{n}(\hat{\theta}_n-\theta)$ 的单侧置信区间 $C_{PREB}^{(1)}(X)$ 是二阶精确的, 基于 $\Re_n^{(0)}=\sqrt{n}|\hat{\theta}_n-\theta|$ 的双侧置信区间 $C_{PREB}^{(1)}(X)$ 是三阶精确的. 因此, 一次迭代的自助枢轴法改善了混合自助法. 可以预期, 基于 $\Re_n^{(0)}=\sqrt{n}(\hat{\theta}_n-\theta)$ 的单侧置信区间 $C_{PREB}^{(2)}(X)$ 是三阶精确的, 即它比单侧自助法–t 或自助法加速偏差校正分位数置信区间更好. 更多详细的讨论参见 Beran (1987).

利用这种迭代的方法, 好像我们可以从 $\Re_n^{(0)}$ 开始, 得到一个我们想要的精确度的自助法置信集. 然而, 高阶自助枢轴法需要更多的计算, 因此以现在

的计算能力, 这种方法的实际应用很困难, 甚至不可能. 我们用基于 $\Re_n^{(0)} = \Re(X,F)$ 的 $C_{PREB}^{(1)}(X)$ 的计算来解释这个问题. 假设我们利用蒙特卡罗近似. 设 $\{X_{1b}^*,...,X_{nb}^*\}$ 是来自 F_n 的 i.i.d. 样本, $b=1,...,B_1$. 那么 $\hat{H}_B^{(0)}$ 用 $\{\Re_{nb}^{(0)*}: b=1,...,B_1\}$ 的经验 c.d.f. $\hat{H}_B^{(0,B_1)}$ 来近似, 其中 $\Re_{nb}^{(0)*} = \Re(X_{1b}^*,...,X_{nb}^*,F_n)$. 对于每个 b, 设 F_{nb}^* 是 $X_{1b}^*,...,X_{nb}^*$ 的经验 c.d.f., $\{X_{1bj}^{**},...,X_{nbj}^{**}\}$ 是来自 F_{nb}^* 的 i.i.d. 样本, $j=1,...,B_2$, H_b^* 是 $\{\Re_n(X_{1bj}^{**},...,X_{nbj}^{**},F_{nb}^*), j=1,...,B_2\}$ 的经验 c.d.f., $z_b^* = H_b^*(\Re_{nb}^{(0)*})$. 那么 $\hat{H}_B^{(1)}$ 可以用 $\{z_b^*, b=1,...,B_1\}$ 的经验 c.d.f. $\hat{H}_B^{(1,B_1B_2)}$ 近似, 置信集 $C_{PREB}^{(1)}(X)$ 可以用下式近似

$$\left\{\theta: \Re(X,F) \leqslant (\hat{H}_B^{(0,B_1)})^{-1}\left((\hat{H}_B^{(1,B_1B_2)})^{-1}(1-\alpha)\right)\right\}.$$

第二阶段的自助法抽样嵌套在第一阶段的自助法抽样中. 因此我们需要的自助法数据集总数是 B_1B_2, 这也就是为什么这种方法也称为双重自助法. 如果每个阶段需要 1 000 次自助法重复, 那么自助法重复的总数是 1 000 000! 类似地, 为了计算 $C_{PREB}^{(j)}(X)$, 我们需要 $(1\,000)^{j+1}$ 次自助法重复, $j=2,3,...$, 这限制了自助枢轴法的应用.

一种非常类似的方法, 自助转化法, 由 Hall (1992) 给出. 代替 (7.51) 的使用, 我们定义

$$C_{INVB}^{(j)}(X) = \{\theta: \Re_n^{(j)} \leqslant (\hat{H}_B^{(j)})^{-1}(1-\alpha)\}, \quad j=0,1,2,...,$$

其中

$$\Re_n^{(j)} = \Re_n^{(j-1)} - (\hat{H}_B^{(j-1)})^{-1}(1-\alpha), \quad j=1,2,...,$$

$\hat{H}_B^{(j)}$ 是 $\Re_n^{(j)}$ 分布的自助法估计. 对于每个 $j \geqslant 1$, $C_{INVB}^{(j)}(X)$ 和 (7.51) 中的 $C_{PREB}^{(j)}(X)$ 有相同的精确性阶数, 而且需要相同的计算量. 它们是 Hall and Martin (1988) 介绍的迭代自助法的特例. Hall (1992) 证明了, 与 $C_{PREB}^{(j)}(X)$ 有相同精确性阶数的置信集可以用 Edgeworth 和 Cornish-Fisher 展开得到. 因此, 自助法用大量的计算代替了 Edgeworth 和 Cornish-Fisher 展开的分析推导.

自助校正法

假设我们想要得到一个置信集 $C(X)$, 其置信系数为 $1-\alpha$, 称为设置水平. 自助校正法的基本想法是通过调整设置水平来改善 $C(X)$. 设 π_n 是 $C(X)$ 实际的覆盖概率. π_n 的值可以用自助法估计 $\hat{\pi}_n$ 来估计. 如果我们发现 $\hat{\pi}_n$ 与 $1-\alpha$ 差很多, 那么我们构造一个设置水平为 $1-\tilde{\alpha}$ 的置信集 $C_1(X)$, 使得

$C_1(X)$ 的覆盖概率比 π_n 更接近 $1-\alpha$. 自助校正法可以如下迭代使用. 估计 $C_1(X)$ 的真实覆盖概率; 如果 $1-\alpha$ 与 $C_1(X)$ 的估计覆盖概率之间差别仍旧很大, 我们可以再次调整设置水平, 构造一个新的调整过的置信集 $C_2(X)$.

自助校正法的关键是如何在每一步中确定新的设置水平 $1-\tilde{\alpha}$. 我们现在讨论 Loh (1987, 1991) 提出的方法, 基于用 §7.3.1 中的方法得到的一个初始置信集. 先考虑例 7.26 中的渐近置信下界 $\underline{\theta}_N = \hat{\theta}_n - n^{-1/2}\hat{\sigma}_F z_{1-\alpha}$. 覆盖概率 $\pi_n = P(\underline{\theta}_N \leqslant \theta)$ 可用以下自助法估计 (如有必要可用蒙特卡罗近似):

$$\hat{\pi}_n = \hat{G}_B(z_{1-\alpha}) = P_*\big(\sqrt{n}(\hat{\theta}_n^* - \hat{\theta}_n)/\hat{\sigma}_F^* \leqslant z_{1-\alpha}\big).$$

当自助法分布有 Edgeworth 展开 (1.106) 时, 其中 $m=3$, 我们有

$$\hat{\pi}_n = 1-\alpha + \left[\frac{q_1(z_{1-\alpha}, F_n)}{\sqrt{n}} + \frac{q_2(z_{1-\alpha}, F_n)}{n}\right]\Phi'(z_{1-\alpha}) + O_p\left(\frac{1}{n^{3/2}}\right).$$

设 h 是区间 $(0,1)$ 上任意递增, 无界且二阶可微的函数,

$$\tilde{\alpha} = 1 - h^{-1}\big(h(1-\alpha) - \delta\big),$$

其中

$$\begin{aligned}\delta &= h(\hat{\pi}_n) - h(1-\alpha)\\ &= \left[\frac{q_1(z_{1-\alpha}, F_n)}{\sqrt{n}} + \frac{q_2(z_{1-\alpha}, F_n)}{n}\right]\Phi'(z_{1-\alpha})h'(1-\alpha)\\ &\quad + \frac{[q_1(z_{1-\alpha}, F_n)\Phi'(z_{1-\alpha})]^2}{2n}h''(1-\alpha) + O_p\left(\frac{1}{n^{3/2}}\right).\end{aligned} \tag{7.52}$$

自助校正法的置信下界是

$$\underline{\theta}_{CLB} = \hat{\theta}_n - n^{-1/2}\hat{\sigma}_F z_{1-\tilde{\alpha}}.$$

根据 (7.52),

$$1-\tilde{\alpha} = 1-\alpha + \frac{q_1(z_{1-\alpha}, F_n)\Phi'(z_{1-\alpha})}{\sqrt{n}} + O_p\left(\frac{1}{n}\right) \tag{7.53}$$

和

$$z_{1-\tilde{\alpha}} = z_{1-\alpha} + \frac{q_1(z_{1-\alpha}, F_n)}{\sqrt{n}} + O_p\left(\frac{1}{n}\right) \tag{7.54}$$

(练习). 因此,

$$\underline{\theta}_{CLB} = \hat{\theta}_n - \frac{\hat{\sigma}_F}{\sqrt{n}}\left[z_{1-\alpha} + \frac{q_1(z_{1-\alpha}, F_n)}{\sqrt{n}} + O_p\left(\frac{1}{n}\right)\right]. \tag{7.55}$$

比较 (7.55) 和 (7.39), 我们发现

$$\underline{\theta}_{CLB} - \underline{\theta}_{BT} = O_p(n^{-3/2}).$$

因此, $\underline{\theta}_{CLB}$ 是二阶精确的.

我们可以把 $[\underline{\theta}_{CLB}, \overline{\theta}_{CLB}]$ 作为一个双侧置信区间, 它仍旧是二阶精确的. 通过直接调整等尾双侧置信区间

$$[\underline{\theta}_N, \overline{\theta}_N] = [\hat{\theta}_n - n^{-1/2}\hat{\sigma}_F z_{1-\alpha}, \hat{\theta}_n + n^{-1/2}\hat{\sigma}_F z_{1-\alpha}], \tag{7.56}$$

可以得到一个更高阶精确的置信区间. 设 $\hat{\pi}_n$ 是覆盖概率 $P(\underline{\theta}_N \leqslant \theta \leqslant \overline{\theta}_N)$ 的自助法估计, $\delta = h(\hat{\pi}_n) - h(1-2\alpha)$, $\tilde{\alpha} = [1 - h^{-1}\big(h(1-2\alpha) - \delta\big)]/2$. 那么双侧自助校正法置信区间是由 (7.56) 给出的区间, 其中 α 被 $\tilde{\alpha}$ 代替. Loh (1991) 证明了这个置信区间是四阶精确的. 这个区间的长度超过 (7.56) 中区间的长度, 超过量的阶数为 $O_p(n^{-3/2})$.

7.5 联合置信区间

到现在为止我们已经研究了实值 θ 或有限 k 维向量 θ 的置信集. 在一些应用中, 我们需要一类实值 θ_t 的置信集, $t \in \mathcal{T}$, 其中 $\mathcal{T}$ 是一个可能包含无限多元素的指标集, 比如, $\mathcal{T} = [0,1]$ 或 $\mathcal{T} = \mathcal{R}$.

定义 7.6. 设 X 是来自 $P \in \mathcal{P}$ 的一个样本, θ_t 是与 P 有关的实值参数, $t \in \mathcal{T}$, 设 $C_t(X), t \in \mathcal{T}$, 是 (单侧或双侧) 置信区间类.

(i) 区间 $C_t(X), t \in \mathcal{T}$, 是 $\theta_t, t \in \mathcal{T}$, 的水平为 $1-\alpha$ 的联合置信区间当且仅当

$$\inf_{P \in \mathcal{P}} P\big(\theta_t \in C_t(X) \text{ 对所有 } t \in \mathcal{T}\big) \geqslant 1 - \alpha. \tag{7.57}$$

(7.57) 的左侧是 $C_t(X), t \in \mathcal{T}$, 的置信系数.

(ii) 区间 $C_t(X), t \in \mathcal{T}$, 是 $\theta_t, t \in \mathcal{T}$, 的渐近显著性水平为 $1-\alpha$ 的联合置信区间当且仅当

$$\lim_{n \to \infty} P\big(\theta_t \in C_t(X) \text{ 对所有 } t \in \mathcal{T}\big) \geqslant 1 - \alpha. \tag{7.58}$$

区间 $C_t(X), t \in \mathcal{T}$, 是 $1-\alpha$ 渐近正确的当且仅当 (7.58) 中的等号成立. ▮

如果指标集 $\mathcal{T}$ 包含 $k < \infty$ 个元素, 那么 $\theta = (\theta_t, t \in \mathcal{T})$ 是一个 k 维向量, 之前几节研究的方法可以用来构造 θ 的一个水平为 $1-\alpha$ 的置信集 $C(X)$. 如

果 $C(X)$ 可以用一些区间 $C_t(X)$ 表示成 $\prod_{t\in\mathcal{T}} C_t(X)$, 那么 $C_t(X)$, $t\in\mathcal{T}$, 是一个水平为 $1-\alpha$ 的联合置信区间. 然而, 这个简单的方法不总奏效. 这一节, 我们介绍其他一些构造联合置信区间常用的方法.

7.5.1 Bonferroni 方法

当 $\mathcal{T}$ 包含 $k<\infty$ 个元素时, Bonferroni 方法是基于以下关于 k 个事件 $A_1,...,A_k$ 的简单不等式:

$$P\left(\bigcup_{i=1}^{k} A_i\right) \leqslant \sum_{i=1}^{k} P(A_i) \tag{7.59}$$

(见命题 1.1). 对于每个 $t\in\mathcal{T}$, 设 $C_t(X)$ 是 θ_t 的水平为 $1-\alpha_t$ 的置信区间. 如果选择 α_t 使得 $\sum_{t\in\mathcal{T}}\alpha_t=\alpha$ (例如, 对于所有 t, $\alpha_t=\alpha/k$), 那么 Bonferroni 联合置信区间是 $C_t(X)$, $t\in\mathcal{T}$. 可以证明 (练习), Bonferroni 区间的水平为 $1-\alpha$, 但是它们的置信系数并不是 $1-\alpha$, 甚至对于任意固定的 t, $C_t(X)$ 的置信系数为 $1-\alpha_t$ 时也不是. 注意到, Bonferroni 方法并不要求 $C_t(X)$, $t\in\mathcal{T}$, 相互独立.

例 7.27 (单因子 ANOVA 模型中的多重比较). 考虑例 6.18 中的单因子 ANOVA 模型. 如果 (6.53) 中的假设 H_0 被拒绝, 那么我们通常想比较 $\mu_1,...,\mu_m$. 一种比较它们的方式是考虑 $\mu_i-\mu_j$, $1\leqslant i<j\leqslant m$, 的联合置信区间. 因为所有的 X_{ij} 是独立正态的, 故样本均值 $\bar{X}_{i\cdot}$, $i=1,...,m$, 独立, 分别服从 $N(\mu_i,\sigma^2/n_i)$, $i=1,...,m$, 且与 $SSR=\sum_{i=1}^m\sum_{j=1}^{n_i}(X_{ij}-\bar{X}_{i\cdot})^2$ 独立. 因此, $(\bar{X}_{i\cdot}-\bar{X}_{j\cdot})/\sqrt{v_{ij}}$ 服从 t 分布 t_{n-m}, $1\leqslant i<j\leqslant m$, 其中 $v_{ij}=(n_i^{-1}+n_j^{-1})SSR/(n-m)$. 对于每个 (i,j), $\mu_i-\mu_j$ 置信系数为 $1-\alpha$ 的置信区间是

$$C_{ij,\alpha}(X)=[\,\bar{X}_{i\cdot}-\bar{X}_{j\cdot}-t_{n-m,\alpha/2}\sqrt{v_{ij}},\ \bar{X}_{i\cdot}-\bar{X}_{j\cdot}+t_{n-m,\alpha/2}\sqrt{v_{ij}}\,], \tag{7.60}$$

其中 $t_{n-m,\alpha}$ 是 t 分布 t_{n-m} 的 $(1-\alpha)$ 分位数. 可以证明, $C_{ij,\alpha}(X)$ 事实上就是 UMAU (练习). $\mu_i-\mu_j$, $1\leqslant i<j\leqslant m$, 的水平为 $1-\alpha$ 的 Bonferroni 联合置信区间是 $C_{ij,\alpha_*}(X)$, $1\leqslant i<j\leqslant m$, 其中 $\alpha_*=2\alpha/[m(m-1)]$. 当 m 较大时, 这些置信区间非常保守, 也就是说这些区间的置信系数可能比设置水平 $1-\alpha$ 大得多, 而且可能太宽而用处不大.

如果去掉正态的假设, 那么每个 $C_{ij,\alpha}(X)$ 是 $1-\alpha$ 渐近正确的, 当 $\min\{n_1,...,n_m\}\to\infty$ 且 $\max\{n_1,...,n_m\}/\min\{n_1,...,n_m\}\to c<\infty$ 时. 因此, $C_{ij,\alpha_*}(X)$, $1\leqslant i<j\leqslant m$, 是渐近显著性水平为 $1-\alpha$ 的联合置信区间.

对于例 6.19 中的二因子平衡 ANOVA 模型, 我们可以得到类似的结果 (练习). ∎

7.5.2 线性模型中的 Scheffé 方法

因为 ANOVA 模型 (或者, 更一般的线性模型) 中的多重比较是联合置信区间最重要的应用之一, 所以我们现在介绍线性模型中针对这个问题的 Scheffé 方法. 考虑正态线性模型

$$X = N_n(Z\beta, \sigma^2 I_n), \tag{7.61}$$

其中 β 是参数的一个 p 维向量, $\sigma^2 > 0$ 未知, Z 是一个已知的 $n \times p$ 矩阵, 秩为 $r \leqslant p$. 设 L 是一个 $s \times p$ 矩阵, 秩为 $s \leqslant r$. 假设 $\mathcal{R}(L) \subset \mathcal{R}(Z)$, 我们想构造 $t^\tau L\beta$ 的联合置信区间, 其中 $t \in \mathcal{T} = \mathcal{R}^s - \{0\}$.

设 $\hat{\beta}$ 是 β 的 LSE. 利用例 7.15 中的推导, 对于每个 $t \in \mathcal{T}$, 我们可以得到以下 $t^\tau L\beta$ 置信系数为 $1-\alpha$ 的置信区间:

$$\left[t^\tau L\hat{\beta} - t_{n-r,\alpha/2}\hat{\sigma}\sqrt{t^\tau Dt},\, t^\tau L\hat{\beta} + t_{n-r,\alpha/2}\hat{\sigma}\sqrt{t^\tau Dt} \right],$$

其中 $\hat{\sigma}^2 = \|X - Z\hat{\beta}\|^2/(n-r)$, $D = L(Z^\tau Z)^- L^\tau$, $t_{n-r,\alpha}$ 是 t 分布 t_{n-r} 的 $(1-\alpha)$ 分位数. 然而, 这些区间并不是 $t^\tau L\beta$, $t \in \mathcal{T}$, 的水平为 $1-\alpha$ 的联合置信区间.

构造 $t^\tau L\beta$, $t \in \mathcal{T}$, 的联合置信区间的 Scheffé(1959) 方法基于以下等式 (练习):

$$x^\tau A^{-1} x = \max_{y \in \mathcal{R}^k, y \neq 0} \frac{(y^\tau x)^2}{y^\tau A y}, \tag{7.62}$$

其中 $x \in \mathcal{R}^k$, A 是一个 $k \times k$ 正定矩阵.

定理 7.10. 假定正态线性模型 (7.61). 设 L 是一个 $s \times p$ 矩阵, 秩为 $s \leqslant r$. 假定 $\mathcal{R}(L) \subset \mathcal{R}(Z)$, $D = L(Z^\tau Z)^- L^\tau$ 满秩. 那么

$$C_t(X) = \left[t^\tau L\hat{\beta} - \hat{\sigma}\sqrt{sc_\alpha t^\tau Dt}, t^\tau L\hat{\beta} + \hat{\sigma}\sqrt{sc_\alpha t^\tau Dt} \right], \quad t \in \mathcal{T},$$

是 $t^\tau L\beta$, $t \in \mathcal{T}$, 的置信系数为 $1-\alpha$ 的联合置信区间其中 $\mathcal{T} = \mathcal{R}^s - \{0\}$, $\hat{\sigma}^2 = \|X - Z\hat{\beta}\|^2/(n-r)$, c_α 是 F 分布 $F_{s,n-r}$ 的 $(1-\alpha)$ 分位数.

证明. 根据等式 (7.62), 对于所有 $t \in \mathcal{T}$, $t^\tau L\beta \in C_t(X)$ 等价于

$$\frac{(L\hat{\beta} - L\beta)^\tau D^{-1}(L\hat{\beta} - L\beta)}{s\hat{\sigma}^2} = \max_{t \in \mathcal{T}} \frac{(t^\tau L\hat{\beta} - t^\tau L\beta)^2}{s\hat{\sigma}^2 t^\tau Dt} \leqslant c_\alpha. \tag{7.63}$$

由 (7.63) 左侧的随机变量有 F 分布 $F_{s,n-r}$ 的事实可以得到结论. ∎

如果去掉正态假定, 但定理 3.12 的条件满足, 那么定理 7.10 中的 Scheffé 区间是 $1-\alpha$ 渐近正确的 (练习).

矩阵 L 的选择取决于分析目的. 一个特殊的选择是 $L=Z$, 在这种情况下, $t^\tau L\beta$ 是 $t^\tau X$ 的均值. 当 Z 满秩时, 我们可以选择 $L=I_p$, 在这种情况下, $\{t^\tau L\beta : t\in\mathcal{T}\}$ 是 β 的所有线性函数类. 当 Z 满秩时, 另一个普遍使用的 L 是以下 $(p-1)\times p$ 矩阵:

$$L=\begin{pmatrix} 1 & 0 & 0 & \cdots & 0 & -1 \\ 0 & 1 & 0 & \cdots & 0 & -1 \\ \vdots & \vdots & \vdots & & \vdots & \vdots \\ 0 & 0 & 0 & \cdots & 1 & -1 \end{pmatrix}. \tag{7.64}$$

可以证明 (练习), 当 L 由 (7.64) 给出时,

$$\left\{t^\tau L\beta : t\in\mathcal{R}^{p-1}-\{0\}\right\}=\{c^\tau\beta : c\in\mathcal{R}^p-\{0\}, c^\tau J=0\}, \tag{7.65}$$

其中 J 是分量均为 1 的 p 维向量. 满足 $c^\tau J=0$ 的函数 $c^\tau\beta$ 称为对比 (contrast). 因此, 当 L 由 (7.64) 给出时, 求 $t^\tau L\beta, t\in\mathcal{T}$, 的联合置信区间与求所有非零对比的联合置信区间是一样的.

尽管 Scheffé 区间的置信系数是 $1-\alpha$, 但是如果我们只对 $t^\tau L\beta$ 感兴趣, t 属于某个 $\mathcal{T}$ 的子集, 那么 Scheffé 区间太保守. 比如, 在单因子 ANOVA 模型 (例 7.27) 中, 令 $\mathcal{T}_0$ 为正好包含 $m(m-1)/2$ 个向量 $\mu_i-\mu_j$, $1\leqslant i<j\leqslant m$, 的集合; 通过 Scheffé 区间进行多重比较, $\beta=(\mu_1,...,\mu_m)$, L 由 (7.64) 给出, 得到的 Scheffé 区间 (练习 110) 是

$$[\bar{X}_{i\cdot}-\bar{X}_{j\cdot}-\sqrt{sc_\alpha v_{ij}}, \bar{X}_{i\cdot}-\bar{X}_{j\cdot}+\sqrt{sc_\alpha v_{ij}}],\quad t\in\mathcal{T}_0, \tag{7.66}$$

其中 $\bar{X}_{i\cdot}$ 和 v_{ij} 由 (7.60) 给出. 因为 $\mathcal{T}_0$ 包含的元素比 $\mathcal{T}$ 少得多, 所以 (7.66) 中的联合置信区间非常保守. 事实上, 它们经常比例 7.27 中得到的 Bonferroni 区间更保守 (见例 7.29). 然而在接下来的例子中, Scheffé 区间的置信系数为 $1-\alpha$, 尽管我们考虑 $t\in\mathcal{T}_0\subset\mathcal{T}$.

例 7.28 (简单线性回归). 考虑模型 (7.61) 的特殊情况, 其中

$$X_i=N(\beta_0+\beta_1 z_i,\sigma^2),\quad i=1,...,n,$$

$z_i \in \mathcal{R}$ 满足 $S_z = \sum_{i=1}^n (z_i - \bar{z})^2 > 0$, $\bar{z} = n^{-1}\sum_{i=1}^n z_i$. 在这种情况下, 我们通常对回归函数 $\beta_0 + \beta_1 z$, $z \in \mathcal{R}$, 的联合置信区间感兴趣. 注意到, 定理 7.10 中的结果 $(L = I_2)$ 可以用来得到 $\beta_0 y + \beta_1 z$, $t \in \mathcal{T} = \mathcal{R}^2 - \{0\}$, 的联合置信区间, 其中 $t = (y, z)$. 如果我们令 $y \equiv 1$, 那么定理 7.10 中的 Scheffé 区间是

$$\left[\hat{\beta}_0 + \hat{\beta}_1 z - \hat{\sigma}\sqrt{2c_\alpha D(z)}, \hat{\beta}_0 + \hat{\beta}_1 z + \hat{\sigma}\sqrt{2c_\alpha D(z)}\right], \quad z \in \mathcal{R} \tag{7.67}$$

(练习), 其中 $D(z) = n^{-1} + (z - \bar{z})^2/S_z$. 除非

$$\max_{z\in\mathcal{R}} \frac{(\hat{\beta}_0 + \hat{\beta}_1 z - \beta_0 - \beta_1 z)^2}{D(z)} = \max_{t=(y,z)\in\mathcal{T}} \frac{(\hat{\beta}_0 y + \hat{\beta}_1 z - \beta_0 y - \beta_1 z)^2}{t^\tau (Z^\tau Z)^{-1} t} \tag{7.68}$$

以概率 1 成立, 其中 Z 是 $n \times 2$ 矩阵, 其第 i 行是向量 $(1, z_i)$, 否则 (7.67) 中区间的置信系数大于 $1 - \alpha$. 我们现在证明 (7.68) 以概率 1 成立, 因此 (7.67) 中区间的置信系数是 $1 - \alpha$. 首先,

$$P\big(n(\hat{\beta}_0 - \beta_0) + n(\hat{\beta}_1 - \beta_1)\bar{z} \neq 0\big) = 1.$$

其次, 可以证明 (练习), (7.68) 右侧的最大值在以下值处取到:

$$t = \begin{pmatrix} y \\ z \end{pmatrix} = \frac{Z^\tau Z}{n(\hat{\beta}_0 - \beta_0) + n(\hat{\beta}_1 - \beta_1)\bar{z}} \begin{pmatrix} \hat{\beta}_0 - \beta_0 \\ \hat{\beta}_1 - \beta_1 \end{pmatrix}. \tag{7.69}$$

最后, 因为 (7.69) 中的 y 等于 1, 所以 (7.68) 成立 (练习). ∎

7.5.3 单因子 ANOVA 模型中的 Tukey 方法

考虑例 6.18(和例 7.27) 中的单因子 ANOVA 模型. 注意到, $\mu_i - \mu_j$, $1 \leqslant i < j \leqslant m$, 的 Bonferroni 和 Scheffé 联合置信区间的置信系数都不是 $1 - \alpha$, 而且太保守. 接下来介绍 Tukey 方法, 它产生的对于所有非零对比 (包括差值 $\mu_i - \mu_j$, $1 \leqslant i < j \leqslant m$) 的联合置信区间的置信系数是 $1 - \alpha$.

设 $\hat{\sigma}^2 = SSR/(n - m)$, 其中 SSR 在例 7.27 中给出. 定义 t 范围为

$$R_{st} = \max_{1\leqslant i<j\leqslant m} \frac{|(\bar{X}_{i\cdot} - \mu_i) - (\bar{X}_{j\cdot} - \mu_j)|}{\hat{\sigma}}. \tag{7.70}$$

注意到, R_{st} 的分布不依赖任何未知参数 (练习).

定理 7.11. 假定例 6.18 中的单因子 ANOVA 模型. 设 q_α 是 (7.70) 中 R_{st} 的 $(1 - \alpha)$ 分位数. 那么 Tukey 区间

$$[c^\tau \hat{\beta} - q_\alpha \hat{\sigma} c_+, c^\tau \hat{\beta} + q_\alpha \hat{\sigma} c_+], \quad c \in \mathcal{R}^m - \{0\},\ c^\tau J = 0,$$

是 $c^\tau\beta$, $c \in \mathcal{R}^m - \{0\}$, $c^\tau J = 0$, 置信系数为 $1-\alpha$ 的联合置信区间, 其中 c_+ 是 c 所有正分量的和, $\beta = (\mu_1, ..., \mu_m)$, $\hat{\beta} = (\bar{X}_{1\cdot}, ..., \bar{X}_{m\cdot})$, J 是分量均为 1 的 m 维向量.

证明. 令 $Y_i = (\bar{X}_{i\cdot} - \mu_i)/\hat{\sigma}$, $Y = (Y_1, ..., Y_m)$. 那么对所需证明的结论, 我们只需证明

$$\max_{1\leqslant i<j\leqslant m} |Y_i - Y_j| \leqslant q_\alpha \tag{7.71}$$

等价于

$$|c^\tau Y| \leqslant q_\alpha c_+ \quad \text{对所有满足 } c^\tau J = 0 \text{ 的} c \in \mathcal{R}^m,\ c \neq 0. \tag{7.72}$$

令 $c(i,j) = (c_1, ..., c_m)$, $c_i = 1$, $c_j = -1$, 而当 $l \neq i$ 或 $l \neq j$ 时, $c_l = 0$. 那么 $c(i,j)_+ = 1$, $|[c(i,j)]^\tau Y| = |Y_i - Y_j|$, 因此 (7.72) 能推出 (7.71). 设 $c = (c_1, ..., c_m)$ 是满足 (7.72) 中条件的一个向量. 定义 $-c_-$ 为 c 中负分量的和. 那么

$$\begin{aligned}
|c^\tau Y| &= \frac{1}{c_+}\left| c_+ \sum_{j:c_j<0} c_j Y_j + c_- \sum_{i:c_i>0} c_i Y_i \right| \\
&= \frac{1}{c_+}\left| \sum_{i:c_i>0} \sum_{j:c_j<0} c_i c_j Y_j - \sum_{j:c_j<0} \sum_{i:c_i>0} c_i c_j Y_i \right| \\
&= \frac{1}{c_+}\left| \sum_{i:c_i>0} \sum_{j:c_j<0} c_i c_j (Y_j - Y_i) \right| \\
&\leqslant \frac{1}{c_+} \sum_{i:c_i>0} \sum_{j:c_j<0} |c_i c_j||Y_j - Y_i| \\
&\leqslant \max_{1\leqslant i<j\leqslant m} |Y_j - Y_i| \left(\frac{1}{c_+} \sum_{i:c_i>0} \sum_{j:c_j<0} |c_i||c_j| \right) \\
&= \max_{1\leqslant i<j\leqslant m} |Y_j - Y_i| c_+,
\end{aligned}$$

其中第一个和最后一个等式由 $c_- = c_+ \neq 0$ 可得. 因此, (7.71) 能推出 (7.72).

∎

当 n_i 都等于 n_0 时, Tukey 方法很有效, 在这种情况下, $\sqrt{n_0}q_\alpha$ 的值可以利用表格或者统计软件得到. 当 n_i 不等时, 建议做一些修改; 参见 Tukey (1977) 和 Milliken and Johnson (1992).

例 7.29. 基于由 Mendenhall and Sincich (1995) 给出的下列数据 X_{ij}, 比较 $\mu_i - \mu_j$, $1 \leqslant i < j \leqslant 3$, 的 (7.60) 中的 t 置信区间, Bonferroni, Scheffé 和

Tukey 联合置信区间:

	$j=1$	2	3	4	5	6	7	8	9	10
$i=1$	148	76	393	520	236	134	55	166	415	153
2	513	264	433	94	535	327	214	135	280	304
3	335	643	216	536	128	723	258	380	594	465

在这个例子中, $m=3$, $n_i \equiv n_0 = 10$, $\bar{X}_{1\cdot} = 229.6$, $\bar{X}_{2\cdot} = 309.8$, $\bar{X}_{3\cdot} = 427.8$, $\hat{\sigma} = 168.95$. 令 $\alpha = 0.05$. 对于 (7.60) 中的 t 置信区间, $t_{27,0.975} = 2.05$. 对于 Bonferroni 方法, $\alpha_* = \alpha/3 = 0.017$, $t_{27,0.983} = 2.55$. 对于 Scheffé 方法, $c_{0.05} = 3.35$, $\sqrt{2c_{0.05}} = 2.59$. 从 Mendenhall and Sincich (1995, Appendix II) 表 13 可知, $\sqrt{n_0}q_{0.05} = 3.49$. 得到的置信区间如下.

方法	参数			长度
	$\mu_1 - \mu_2$	$\mu_1 - \mu_3$	$\mu_2 - \mu_3$	
t 置信区间	$[-235.2, 74.6]$	$[-353.1, -43.3]$	$[-272.8, 37.0]$	309.8
Bonferroni	$[-273.0, 112.4]$	$[-390.9, -5.5]$	$[-310.6, 74.8]$	385.4
Scheffé	$[-276.0, 115.4]$	$[-393.9, -2.5]$	$[-313.6, 77.8]$	391.4
Tukey	$[-267.3, 106.7]$	$[-385.2, -11.2]$	$[-304.9, 69.1]$	374.0

显然, t 置信区间长度最短, 但它们不是联合置信区间. 这个例子中的 Tukey 区间在联合置信区间中长度最短. Scheffé 区间长度最长. ∎

7.5.4 c.d.f. 的置信带

设 $X_1, ..., X_n$ i.i.d. 来自 $\mathcal{R}$ 上的连续 c.d.f. F. 考虑 $F(t)$, $t \in \mathcal{R}$, 的联合置信区间. 以 $t \in \mathcal{R}$ 作为指标的联合置信区间类称为置信带. 比如, (7.67) 中的区间类是置信系数为 $1-\alpha$ 的置信带.

首先, 考虑 F 属于参数族的情况, 即 $F = F_\theta$, $\theta \in \Theta \subset \mathcal{R}^k$. 如果 θ 是实值的, 且对于每个 t, $F_\theta(t)$ 关于 θ 非增 (例如当参数族有单调似然比时; 见引理 6.3), 如果 $[\underline{\theta}, \overline{\theta}]$ 是 θ 置信系数 (或显著性水平) 为 $1-\alpha$ 的一个置信区间, 那么

$$[F_{\overline{\theta}}(t), F_{\underline{\theta}}(t)], \quad t \in \mathcal{R},$$

是 $F(t)$, $t \in \mathcal{R}$, 置信系数 (或显著性水平) 为 $1-\alpha$ 的联合置信区间. 单侧联合置信区间可以类似地得到.

当 $F = F_\theta$ 且 θ 多维时, 不存在简单的方法来构造 $F(t)$, $t \in \mathcal{R}$, 的置信带. 我们考虑一个例子.

例 7.30. 设 $X_1,...,X_n$ i.i.d. 来自 $N(\mu,\sigma^2)$. 注意到, $F(t)=\Phi\left(\frac{t-\mu}{\sigma}\right)$. 如果 μ 未知而 σ^2 已知, 那么根据例 7.14 的结果, $F(t), t\in\mathcal{R}$, 置信系数为 $1-\alpha$ 的置信带是:

$$\left[\Phi\left(\frac{t-\bar{X}}{\sigma}-\frac{z_{1-\alpha/2}}{\sqrt{n}}\right),\Phi\left(\frac{t-\bar{X}}{\sigma}+\frac{z_{1-\alpha/2}}{\sqrt{n}}\right)\right],\quad t\in\mathcal{R}.$$

如果 σ^2 未知而 μ 已知, 置信带可以类似地得到.

现在假设 μ 和 σ^2 都未知. 在例 7.18 中, 我们讨论如何得到 $\theta=\mu/\sigma$ 的一个置信下界 $\underline{\theta}$. θ 的置信上界 $\overline{\theta}$ 可以类似地得到. 假设 $\underline{\theta}$ 和 $\overline{\theta}$ 的置信系数都是 $1-\alpha/4$. 利用不等式 (7.59), 我们可以得到以下 $F(t), t\in\mathcal{R}$, 的水平为 $1-\alpha$ 的置信带:

$$\left[\Phi\left(\frac{a_{n,\alpha}t}{S}-\overline{\theta}\right),\Phi\left(\frac{b_{n,\alpha}t}{S}-\underline{\theta}\right)\right],\quad t\in\mathcal{R},$$

其中 $a_{n,\alpha}=[\chi^2_{n-1,1-\alpha/4}/(n-1)]^{1/2}$, $b_{n,\alpha}=[\chi^2_{n-1,\alpha/4}/(n-1)]^{1/2}$, $\chi^2_{n-1,\alpha}$ 是卡方分布 χ^2_{n-1} 的 $(1-\alpha)$ 分位数. ∎

现在考虑 F 属于非参数族的情况. 设 $D_n(F)=\sup_{t\in\mathcal{R}}|F_n(t)-F(t)|$, 这与 §6.5.2 介绍的 Kolmogorov-Smirnov 检验统计量相关, 其中 F_n 是 (5.1) 给出的经验 c.d.f. 根据定理 6.10(i), 存在一个 c_α, 使得

$$P\big(D_n(F)\leqslant c_\alpha\big)=1-\alpha. \tag{7.73}$$

那么 $F(t), t\subset\mathcal{R}$, 置信系数为 $1-\alpha$ 的置信带是:

$$[\,F_n(t)-c_\alpha,\,F_n(t)+c_\alpha\,]\quad t\in\mathcal{R}. \tag{7.74}$$

当 n 较大时, 我们可以利用定理 6.10(ii) 的渐近结果近似 c_α, 即我们可以用下式代替 (7.73)

$$\sum_{j=1}^{\infty}(-1)^{j-1}e^{-2j^2c_\alpha^2}=\frac{\alpha}{2}. \tag{7.75}$$

那么 (7.74) 中区间的极限置信系数是 $1-\alpha$.

利用 $D_n^+(F)=\sup_{t\in\mathcal{R}}[F_n(t)-F(t)]$ 和定理 6.10 中的结论, 我们也可以求 $F(t), t\in\mathcal{R}$, 置信系数为 $1-\alpha$ 或极限置信系数为 $1-\alpha$ 的单侧联合置信区间.

当 n 较小时, 可能 (7.74) 中的一些区间不在区间 $[0,1]$ 内. 这并不符合要求, 因为对于所有 t, $F(t)\in[0,1]$. 解决这个问题的一个方式是分别用 $\max\{F_n(t)-c_\alpha,0\}$ 和 $\min\{F_n(t)+c_\alpha,1\}$ 代替 $F_n(t)-c_\alpha$ 和 $F_n(t)+c_\alpha$. 但是得到的区间的置信系数大于 $1-\alpha$. 这些区间的极限置信系数仍旧是 $1-\alpha$ (练习).

7.6 练习

1. 设 $X_{i1},...,X_{in_i}$, $i=1,2$, 是两个独立样本, i.i.d. 分别来自 $N(\mu_i,\sigma_i^2)$, $i=1,2$, 其中所有参数都未知. 设 $\bar{X}_i$ 和 S_i^2 是第 i 个样本的样本均值和样本方差, $i=1,2$.

(a) 令 $\theta=\mu_1-\mu_2$. 假定 $\sigma_1=\sigma_2$. 证明

$$t(X,\theta)=\frac{(\bar{X}_1-\bar{X}_2-\theta)/\sqrt{n_1^{-1}+n_2^{-1}}}{\sqrt{[(n_1-1)S_1^2+(n_2-1)S_2^2]/(n_1+n_2-2)}}$$

是枢轴量, 并利用 $t(X,\theta)$ 构造 θ 置信系数为 $1-\alpha$ 的置信区间;

(b) 令 $\theta=\sigma_2^2/\sigma_1^2$; 证明 $\Re(X,\theta)=S_2^2/(\theta S_1^2)$ 是枢轴量, 并利用 $\Re(X,\theta)$ 构造 θ 置信系数为 $1-\alpha$ 的置信区间.

2. 设 X_i, $i=1,2$, 相互独立, p.d.f. 分别是 $\lambda_i e^{-\lambda_i x}I_{(0,\infty)}(x)$, $i=1,2$.

(a) 令 $\theta=\lambda_1/\lambda_2$; 证明 $\theta X_1/X_2$ 是枢轴量, 并利用这个枢轴量构造 θ 置信系数为 $1-\alpha$ 的置信区间;

(b) 令 $\theta=(\lambda_1,\lambda_2)$; 证明 $\lambda_1X_1+\lambda_2X_2$ 是枢轴量, 并利用这个枢轴量构造 θ 置信系数为 $1-\alpha$ 的置信集.

3. 在例 7.1 中,

(a) 当 $\theta=(\mu,\sigma)$ 时求枢轴量, 并讨论如何运用它来构造 θ 置信系数为 $1-\alpha$ 的置信集;

(b) 当 f 是指数分布 $E(0,1)$ 的 p.d.f. 时, 求 (a) 中的置信集.

4. 例 7.3 中, 证明等式 $n[\bar{Y}(\theta)]^2=t^2_{n-1,\alpha/2}S^2(\theta)$ 定义了 θ 的一个抛物线, 并讨论何时 $C(X)$ 是有限区间, 有限区间的余集或整个实数.

5. 设 X 是来自 P 的一个样本, P 属于参数族, 参数为 θ. 假设 $T(X)$ 是一个实值统计量, p.d.f. 为 $f_\theta(t)$, 对于每个 θ, $\Re(t,\theta)$ 是 t 的单调函数. 证明, 如果对于某个函数 g,

$$f_\theta(t)=g(\Re(t,\theta))\left|\frac{\partial}{\partial t}\Re(t,\theta)\right|,$$

那么 $\Re(T(X),\theta)$ 是枢轴量.

6. 设 $X_1,...,X_n$ i.i.d. 来自 $N(\theta,\theta)$, $\theta>0$ 未知. 求枢轴量, 并利用它构造 θ 的一个置信区间.

7. 证明 (7.3).

8. 设 $X_1, ..., X_n$ i.i.d. 来自指数分布 $E(0,\theta)$, $\theta > 0$ 未知.

(a) 利用枢轴量 $\bar{X}/\theta$ 构造 θ 置信系数为 $1-\alpha$ 的置信区间;

(b) 利用定理 7.1, $T = \bar{X}$, 构造 θ 置信系数为 $1-\alpha$ 的置信区间.

9. 设 $X_1, ..., X_n$ 是 i.i.d. 随机变量, Lebesgue p.d.f. 为 $\frac{a}{\theta}\left(\frac{x}{\theta}\right)^{a-1} I_{(0,\theta)}(x)$, 其中 $a \geqslant 1$ 已知, $\theta > 0$ 未知.

(a) 利用定理 7.1, $T = X_{(n)}$, 构造 θ 置信系数为 $1-\alpha$ 的置信区间. 当 $a = 1$ 时, 将此结果与例 7.2 的做比较;

(b) 证明 (a) 中的置信区间也可以通过枢轴量得到.

10. 设 $X_1, ..., X_n$ i.i.d. 来自指数分布 $E(a, 1)$, a 未知.

(a) 利用定理 7.1, $T = X_{(1)}$, 构造 a 置信系数为 $1-\alpha$ 的置信区间;

(b) 证明 (a) 中的置信区间也可以通过枢轴量得到.

11. 设 X 是来自均匀分布 $U(\theta - \frac{1}{2}, \theta + \frac{1}{2})$ 的单一观测值, 其中 $\theta \in \mathcal{R}$.

(a) 证明 $X - \theta$ 是枢轴量, 并证明形如 $[X + c, X + d]$, $-\frac{1}{2} < c < d < \frac{1}{2}$, 的置信区间的置信系数为 $1-\alpha$ 当且仅当其长度为 $1-\alpha$;

(b) 对于任意 x, 证明 X 的 c.d.f. $F_\theta(x)$ 关于 θ 非增; 利用定理 7.1 构造 θ 置信系数为 $1-\alpha$ 的置信区间.

12. 设 $X_1, ..., X_n$ i.i.d. 来自 Pareto 分布 $Pa(a, \theta)$, $\theta > 0$, $a > 0$.

(a) 当 θ 已知时, 利用定理 7.1, $T =$ 最小次序统计量 $X_{(1)}$, 求 a 置信系数为 $1-\alpha$ 的置信区间;

(b) 当 a 和 θ 都未知时, $n \geqslant 2$, 利用定理 7.1, $T = \prod_{i=1}^n (X_i/X_{(1)})$, 求 θ 置信系数为 $1-\alpha$ 的置信区间;

(c) 证明 (a) 和 (b) 中的置信区间可以通过枢轴量得到;

(d) 当 a 和 θ 都未知时, 利用枢轴量构造 (a, θ) 置信系数为 $1-\alpha$ 的置信集.

13. 设 $X_1, ..., X_n$ i.i.d. 来自 Weibull 分布 $W(a, \theta)$, 其中 $a > 0$ 和 $\theta > 0$ 未知. 证明 $\Re(X, a, \theta) = \prod_{i=1}^n (X_i^a/\theta)$ 是枢轴量. 利用 $\Re(X, a, \theta)$, 构造 (a, θ) 置信系数为 $1-\alpha$ 的置信集.

14. 考虑 §6.6 练习 17. 基于观测值 X, 构造 θ 置信水平为 $1-\alpha$ 的置信区间. 寻找条件, 使得得到的置信区间的置信系数为 $1-\alpha$.

15. 证明 (7.4).

16. 设 $X_1,...,X_n$ 是 i.i.d. 0–1 随机变量, $P(X_i=1)=p$. 利用定理 7.1, $T=\sum_{i=1}^n X_i$, 证明 p 置信水平为 $1-\alpha$ 的置信区间是

$$\left[\frac{1}{1+\frac{n-T+1}{T}F_{2(n-T+1),2T,\alpha_2}},\ \frac{\frac{T+1}{n-T}F_{2(T+1),2(n-T),\alpha_1}}{1+\frac{T+1}{n-T}F_{2(T+1),2(n-T),\alpha_1}}\right],$$

其中 $\alpha_1+\alpha_2=\alpha$, $F_{a,b,\alpha}$ 是 F 分布 $F_{a,b}$ 的 $(1-\alpha)$ 分位数, $F_{a,0,\alpha}$ 定义为 ∞. (提示: 证明 $P(T\geqslant t)=P(Y\leqslant p)$, 其中 Y 服从 beta 分布 $B(t,n-t+1)$.)

17. 设 X 是来自负二项分布 $NB(p,r)$ 样本量为 1 的一个样本, r 已知, $p\in(0,1)$ 未知. 利用定理 7.1, $T=X-r$, 证明 p 置信水平为 $1-\alpha$ 的置信区间是

$$\left[\frac{1}{1+\frac{T+1}{r}F_{2(T+1),2r,\alpha_2}},\ \frac{\frac{r}{T}F_{2r,2T,\alpha_1}}{1+\frac{r}{T}F_{2r,2T,\alpha_1}}\right],$$

其中 $\alpha_1+\alpha_2=\alpha$, $F_{a,b,\alpha}$ 与上一个练习中的相同.

18. 设 T 是一个统计量, 服从非中心卡方分布 $\chi_r^2(\theta)$ (见 §1.3.1), 其中 $\theta>0$ 未知, r 是已知的正整数. 证明 T 的 c.d.f. $F_{T,\theta}(t)$ 对于每个固定 t 是关于 θ 非增的, 并运用这个结果构造 θ 置信系数为 $1-\alpha$ 的置信区间.

19. 重复上一个练习, 当 $\chi_r^2(\theta)$ 由非中心 F 分布 $F_{r_1,r_2}(\theta)$(见 §1.3.1) 代替, $\theta>0$ 未知, r_1 和 r_2 是已知的正整数.

20. 考虑例 6.18 中的单因子 ANOVA 模型. 设 $\bar{\mu}=n^{-1}\sum_{i=1}^m n_i\mu_i$, $\theta=\sigma^{-2}\sum_{i=1}^m n_i(\mu_i-\bar{\mu})^2$. 构造 θ 置信系数为 $1-\alpha$ 的一个置信上界, 且它是 $T=(n-m)(m-1)^{-1}SST/SSR$ 的函数.

21. 证明命题 7.2, 并给出一个充分条件, 使得检验 $T(X)=1-I_{A(\theta_0)}(X)$ 的检验水准为 α.

22. 在例 7.7 中,

(a) 证明 $c(\theta)$ 和 $c_i(\theta)$ 关于 θ 非降;

(b) 证明 $(\underline{p},1]$ 是 p 水平为 $1-\alpha$ 的置信区间, $\underline{p}$ 由 (7.5) 给出;

(c) 将 (b) 中的区间与利用练习 16 当 $\alpha_1 = 0$ 时得到的区间做比较.

23. 证明例 7.14 和练习 1 中的置信区间也可以通过转化 §6.2.3 中单样本和两样本问题检验的接受域得到.

24. 设 X_i, $i = 1, 2$, 独立, 分别服从二项分布 $Bi(p_i, n_i)$, $i = 1, 2$, 其中 n_i 已知, p_i 未知. 说明如何通过转化例 6.11 中 UMP 检验的接受域得到比值比 $\frac{p_2(1-p_1)}{p_1(1-p_2)}$ 水平为 $1-\alpha$ 的置信区间.

25. 设 $X_1, ..., X_n$ i.i.d. 来自 $N(\mu, \sigma^2)$.

(a) 假设 $\sigma^2 = \gamma\mu^2$, $\gamma > 0$ 和 $\mu \in \mathcal{R}$ 未知. 通过转化 $H_0 : \gamma = \gamma_0$ 对 $H_1 : \gamma \neq \gamma_0$ 的 LR 检验的接受域, 求 γ 置信系数为 $1-\alpha$ 的置信集;

(b) 当 $\sigma^2 = \gamma\mu$ 时, $\gamma > 0$ 和 $\mu > 0$ 未知, 重复 (a).

26. 考虑例 6.17 中的问题. 讨论如何构造 θ 置信系数为 $1-\alpha$ 的置信区间, 通过

(a) 转化例 6.17 得到的检验的接受域;

(b) 利用定理 7.1.

27. 设 $X_1, ..., X_n$ i.i.d. 来自均匀分布 $U(\theta - \frac{1}{2}, \theta + \frac{1}{2})$, 其中 $\theta \in \mathcal{R}$. 构造 θ 置信系数为 $1-\alpha$ 的置信区间.

28. 设 $X_1, ..., X_n$ 是 i.i.d. 0–1 随机变量, $P(X_i = 1) = p$. 将 beta 分布 $B(a, b)$ 的 p.d.f. 作为先验 p.d.f., 构造 p 水平为 $1-\alpha$ 的 HPD 可信集.

29. 设 $X_1, ..., X_n$ i.i.d. 来自 $N(\mu, \sigma^2)$, $\theta = (\mu, \sigma^2)$ 未知. 考虑先验 Lebesgue p.d.f. $\pi(\theta) = \pi_1(\mu|\sigma^2)\pi_2(\sigma^2)$, 其中 $\pi_1(\mu|\sigma^2)$ 是 $N(\mu_0, \sigma_0^2\sigma^2)$ 的 p.d.f.,

$$\pi_2(\sigma^2) = \frac{1}{\Gamma(a)b^a}\left(\frac{1}{\sigma^2}\right)^{a+1} e^{-1/(b\sigma^2)} I_{(0,\infty)}(\sigma^2),$$

μ_0, σ_0^2, a 和 b 已知.

(a) 求 μ 的后验, 并构造 μ 水平为 $1-\alpha$ 的 HPD 可信集;

(b) 证明 (a) 中的可信集收敛到例 7.14 中得到的置信区间, 当 σ_0^2, a 和 b 收敛到某极限时.

30. 设 $X_1, ..., X_n$ i.i.d., Lebesgue p.d.f. 为 $\frac{1}{\sigma}f\left(\frac{x-\mu}{\sigma}\right)$, 其中 f 是已知的 p.d.f., μ 和 $\sigma > 0$ 未知. 设 X_0 是一个与 X_i 独立的未来观测值, 且与 X_i 有相同的分布. 求枢轴量 $\Re(X, X_0)$, 并构造 X_0 水平为 $1-\alpha$ 的预测集.

31. 设 $X_1, ..., X_n$ i.i.d. 来自 $\mathcal{R}$ 上的连续 c.d.f. F, X_0 是一个与 X_i 独立的未来观测值, c.d.f. 为 F. 假设 F 在 $F^{-1}(\alpha/2)$ 和 $F^{-1}(1-\alpha/2)$ 的某个

邻域内严格递增. 设 F_n 是 (5.1) 定义的经验 c.d.f. 证明 X_0 的预测区间 $C(X)=[F_n^{-1}(\alpha/2),F_n^{-1}(1-\alpha/2)]$ 满足 $P(X_0\in C(X))\to 1-\alpha$, 其中 P 是 $(X_0,X_1,...,X_n)$ 的联合分布.

32. 设 $X_1,...,X_n$ i.i.d., Lebesgue p.d.f. 为 $f(x-\mu)$, 其中 f 已知, μ 未知.

(a) 如果 f 是标准正态分布的 p.d.f., 证明置信区间 $[\bar{X}-c_1,\bar{X}+c_1]$ 在长度上比 $[X_1-c_2,X_1+c_2]$ 好, 其中 c_i 被选取得使置信区间的置信系数为 $1-\alpha$;

(b) 如果 f 是柯西分布 $C(0,1)$ 的 p.d.f., 证明 (a) 中的两个置信区间有相同的长度.

33. 设 $X_1,...,X_n$ $(n>1)$ i.i.d. 来自指数分布 $E(\theta,\theta)$, 其中 $\theta>0$ 未知.

(a) 证明 $\bar{X}/\theta$ 和 $X_{(1)}/\theta$ 都是枢轴量, 其中 $\bar{X}$ 是样本均值, $X_{(1)}$ 是最小次序统计量;

(b) 基于 (a) 中的两个枢轴量, 求 θ 的置信区间 (置信系数为 $1-\alpha$);

(c) 讨论 (b) 中的两个置信区间就长度而言哪个更好.

34. 证明定理 7.3(ii).

35. 证明 (7.13) 中区间的期望长度比 (7.12) 中区间的期望长度短.

36. 考虑例 7.14.

(a) 设 $\theta=\sigma^2$, μ 已知. 设 a_* 和 b_* 是常数, 满足 $a_*^2g(a_*)=b_*^2g(b_*)>0$ 和 $\int_{a_*}^{b_*}g(x)dx=1-\alpha$, 其中 g 是卡方分布 χ_n^2 的 p.d.f, 证明区间 $[b_*^{-1}T,a_*^{-1}T]$ 在形如 $[b^{-1}T,a^{-1}T]$ 的区间类中长度最短, $\int_a^b g(x)dx=1-\alpha$, 其中 $T=\sum_{i=1}^n(X_i-\mu)^2$;

(b) 证明 (a) 中区间的期望长度比 (7.14) 中区间的期望长度短;

(c) 在形如 $[b^{-1/2}\sqrt{n-1}S,a^{-1/2}\sqrt{n-1}S]$ 的区间类中, 求 $\theta=\sigma$ 的最短置信区间, 其中 $0<a<b<\infty$, $\int_a^b f(x)dx=1-\alpha$, f 是卡方分布 χ_{n-1}^2 的 p.d.f.

37. 假定定理 7.3(i) 的条件. 进一步假定 f 是对称的. 证明定理 7.3(i) 中的 a_* 和 b_* 一定满足 $a_*=-b_*$.

38. 设 f 是一个 Lebesgue p.d.f., 在 $[x_-,x_+]$ 中非 0, 在 $[x_-,x_+]$ 之外为 0, $-\infty\leqslant x_-<x_+\leqslant\infty$.

(a) 假设 f 严格递减, 证明, 在所有满足 $\int_a^b f(x)dx = 1-\alpha$ 的区间 $[a,b]$ 中, 通过选取 $a = x_-$ 和 b 使得 $\int_{x_-}^b f(x)dx = 1-\alpha$ 能得到最短区间;

(b) 当 f 严格递增时, 求与 (a) 类似的结果;

(c) 证明例 7.13 中的区间 $[X_{(n)}, \alpha^{-1/n}X_{(n)}]$, 在形如 $[b^{-1}X_{(n)}, a^{-1}X_{(n)}]$ 的所有区间中长度最短.

39. 设 $X_1, ..., X_n$ i.i.d. 来自指数分布 $E(a,1)$, a 未知. 在置信区间类 $[X_{(1)} + c, X_{(1)} + d]$ 中, 求 a 置信系数为 $1-\alpha$ 的长度最短置信区间.

40. 对于实值 θ, 考虑 (7.7) 中的 HPD 可信集 $C(x)$. 假设 $p_x(\theta)$ 是一个单峰 Lebesgue p.d.f., 且不是单调的. 证明 $C(x)$ 是满足 $\int_a^b p_x(\theta)d\theta = 1-\alpha$ 的区间类 $[a,b]$ 中长度最短的区间.

41. 设 X 是来自 gamma 分布 $\Gamma(\alpha,\gamma)$ 的单一观测值, α 已知, γ 未知. 给定置信系数, 求区间类 $[b^{-1}X, a^{-1}X]$ 中长度最短的置信区间.

42. 设 $X_1, ..., X_n$ i.i.d., Lebesgue p.d.f. 为 $\theta x^{\theta-1}I_{(0,1)}(x)$, 其中 $\theta > 0$ 未知.

(a) 利用充分统计量, 构造 θ 置信系数为 $1-\alpha$ 的置信区间;

(b) 讨论 (a) 中得到的置信区间是否在一类置信区间中长度最短;

(c) 讨论 (a) 中得到的置信区间是否是 UMAU.

43. 设 X 是来自 logistic 分布 $LG(\mu,1)$ 的单一观测值, $\mu \in \mathcal{R}$ 未知. 求 μ 置信系数为 $1-\alpha$ 的 Θ' UMA 置信上界, 其中 $\Theta' = (\mu,\infty)$.

44. 设 $X_1, ..., X_n$ i.i.d. 来自指数分布 $E(0,\theta)$, $\theta > 0$ 未知. 求 θ 置信系数为 $1-\alpha$ 的 Θ' UMA 置信下界, 其中 $\Theta' = (0,\theta)$.

45. 设 X 是单一观测值, 来自 $N(\theta-1,1)$ 若 $\theta < 0$, 来自 $N(0,1)$ 若 $\theta = 0$, 来自 $N(\theta+1,1)$ 若 $\theta > 0$.

(a) 证明 X 的分布属于一个有单调似然比的分布族;

(b) 构造 θ 置信系数为 $1-\alpha$ 的 Θ' UMA 置信下界, 其中 $\Theta' = (-\infty,\theta)$.

46. 证明例 7.9 中的置信集是无偏的.

47. 例 7.13 中, 证明置信区间 $[X_{(n)}, \alpha^{-1/n}X_{(n)}]$ 是 UMA, 且在所有 θ 置信系数为 $1-\alpha$ 的置信区间中期望长度最短.

48. 设 $X_1, ..., X_n$ i.i.d. 来自指数分布 $E(a,\theta)$, a 和 θ 未知. 求 a 置信系数为 $1-\alpha$ 的 UMA 置信区间.

49. 设 Y 和 U 是独立的随机变量, 分布服从二项分布 $Bi(p,n)$ 和均匀分布 $U(0,1)$.

(a) 证明 $W = Y + U$ 的 Lebesgue p.d.f. 是 (7.17) 给出的 $f_p(w)$;

(b) 证明分布族 $\{f_p : p \in (0,1)\}$ 有关于 W 的单调似然比.

50. 把上一个练习的结果推广到 Y 的分布是 §2.6 练习 13 中定义的幂级数分布的情况.

51. 设 $X_1, ..., X_n$ i.i.d. 来自泊松分布 $P(\theta)$, $\theta > 0$ 未知. 求 θ 置信系数为 $1-\alpha$ 的随机 UMA 置信上界.

52. 设 X 是整数取值的非负随机变量, 来自总体 $P \in \mathcal{P}$. 假设 $\mathcal{P}$ 属于参数族, 参数为实值 θ, 其关于 X 有单调似然比. 设 U 是来自均匀分布 $U(0,1)$ 的一个随机变量, 与 X 独立. 证明 θ 置信系数为 $1-\alpha$ 的一个 UMA 置信下界是下列方程的解

$$UF_\theta(X) + (1-U)F_\theta(X-1) = 1-\alpha$$

(假定存在一个解), 其中 $F_\theta(x)$ 是 X 的 c.d.f.

53. 设 X 是来自超几何分布 $HG(r, n, \theta - n)$ (表 1.1) 的一个单一观测值, r 和 n 已知, $\theta = n+1, n+2, ...$ 未知. 求 θ 置信系数为 $1-\alpha$ 的一个随机 UMA 置信上界.

54. 设 $X_1, ..., X_n$ i.i.d. 来自 $N(\mu, \sigma^2)$, μ 和 σ^2 未知.

(a) 证明 $\overline{\theta} = \bar{X} + t_{n-1,\alpha}S/\sqrt{n}$ 是 μ 置信系数为 $1-\alpha$ 的一个 UMAU 置信上界, 其中 $t_{n-1,\alpha}$ 是 t 分布 t_{n-1} 的 $(1-\alpha)$ 分位数;

(b) 证明 (a) 中的置信限可以通过转化 LR 检验的接受域得到.

55. 证明定理 7.7 和命题 7.3.

56. 设 $X_1, ..., X_n$ i.i.d., p.d.f. 为 $f(x-\theta)$, 其中 f 是已知的 Lebesgue p.d.f. 证明置信区间 $[\bar{X} - c_1, \bar{X} + c_2]$ 的覆盖概率是常数, 其中 c_1 和 c_2 是常数.

57. 证明例 7.18 的结果.

58. 例 7.19 中, 证明

(a) 检验问题在 $\mathcal{G}_{\mu_0}$ 下是不变的, 但在 $\mathcal{G}$ 下不是;

(b) 在 $\mathcal{G}_{\mu_0}$ 下, 接受域为 $A(\mu_0)$ 的非随机检验在所有检验水准为 α 的无偏且不变的检验中是 UMP;

(c) $\mathcal{G}$ 是包含 $\cup_{\mu_0\in\mathcal{R}}\mathcal{G}_{\mu_0}$ 的最小群.

59. 例 7.17 中, 分别在 $\mathcal{G}_1$ 和 $\mathcal{G}$ 下, 证明区间 (7.13) 和 (7.14) 在所有置信系数为 $1-\alpha$ 的无偏且不变的置信区间中是 UMA.

60. 设 X_i, $i=1,2$, 独立且分别服从指数分布 $E(0,\theta_i)$, $i=1,2$.

(a) 证明 $[\alpha Y/(2-\alpha),(2-\alpha)Y/\alpha]$ 是 θ_2/θ_1 置信系数为 $1-\alpha$ 的 UMAU 置信区间, 其中 $Y=X_2/X_1$;

(b) 证明 (a) 中的置信区间也是 UMAI.

61. 设 $X_1,...,X_n$ i.i.d. 来自二维正态分布, 均值和协方差矩阵未知. 令 $R(X)$ 是样本相关系数. 定义 $\underline{\rho}=C^{-1}(R(X))$, 其中 $C(\rho)$ 取决于

$$P\big(R(X)\leqslant C(\rho)\big)=1-\alpha,$$

ρ 是未知的相关系数. 证明 $\underline{\rho}$ 是 ρ 置信系数为 $1-\alpha$ 的一个 Θ' UMAI 置信下界, 其中 $\Theta'=(-1,\rho)$.

62. 设 $X_{i1},...,X_{in_i}$, $i=1,2$, 是两个独立样本, i.i.d. 分别来自 $N(\mu_i,\sigma^2)$, $i=1,2$, 其中 μ_i 未知. 求 $\mu_2-\mu_1$ 置信系数为 $1-\alpha$ 的一个 UMAI 置信区间, 当 (a) σ^2 已知; (b) σ^2 未知.

63. 考虑练习 1. 设 $\theta=\mu_1-\mu_2$.

(a) 证明 $\Re(X,\theta)=(\bar{X}_1-\bar{X}_2-\theta)/\sqrt{n_1^{-1}S_1^2+n_2^{-1}S_2^2}$ 是渐近枢轴量, 假定 $n_1/n_2\to c\in(0,\infty)$, 利用 $\Re(X,\theta)$, 构造 θ 的一个 $1-\alpha$ 渐近正确置信区间;

(b) 证明练习 1 (a) 中定义的 $t(X,\theta)$ 是渐近枢轴量, 如果 $n_1/n_2\to 1$ 或 $\sigma_1=\sigma_2$ 成立.

64. 例 7.23 中, 给定 $p_{\pm}$, 证明 $C_3(X)=[p_-,p_+]$. 比较置信区间 $C_2(X)$ 和 $C_3(X)$ 的长度.

65. 证明例 7.14 中的置信区间可以通过转化 LR 检验的接受域得到.

66. 设 $X_1,...,X_n$ i.i.d. 来自指数分布 $E(0,\theta)$, $\theta>0$ 未知.

(a) 证明 $\Re(X,\theta)=\sqrt{n}(\bar{X}-\theta)/\theta$ 是渐近枢轴量. 利用 $\Re(X,\theta)$, 构造 θ 的一个 $1-\alpha$ 渐近正确置信区间;

(b) 证明 $\Re_1(X,\theta)=\sqrt{n}(\bar{X}-\theta)/\bar{X}$ 是渐近枢轴量. 利用 $\Re_1(X,\theta)$, 构造 θ 的一个 $1-\alpha$ 渐近正确置信区间;

(c) 通过转化 LR 检验, Wald 检验和 Rao 计分检验的接受域, 求 θ 的 $1-\alpha$ 渐近正确置信区间.

67. 设 $X_1,...,X_n$ i.i.d. 来自泊松分布 $P(\theta)$, $\theta>0$ 未知.

(a) 证明 $\Re(X,\theta)=(\bar{X}-\theta)/\sqrt{\theta/n}$ 是渐近枢轴量, 利用 $\Re(X,\theta)$, 构造 θ 的一个 $1-\alpha$ 渐近正确置信区间;

(b) 证明 $\Re_1(X,\theta)=(\bar{X}-\theta)/\sqrt{\bar{X}/n}$ 是渐近枢轴量, 利用 $\Re_1(X,\theta)$, 构造 θ 的一个 $1-\alpha$ 渐近正确置信区间;

(c) 通过转化 LR 检验, Wald 检验和 Rao 计分检验的接受域, 求 θ 的 $1-\alpha$ 渐近正确置信区间.

68. 假设 $X_1,...,X_n$ i.i.d. 来自负二项分布 $NB(p,r)$, r 已知, p 未知. 通过转化 LR 检验, Wald 检验和 Rao 计分检验的接受域, 求 p 的 $1-\alpha$ 渐近正确置信区间.

69. 假设 $X_1,...,X_n$ i.i.d. 来自对数分布 $L(p)$, p 未知. 通过转化 LR 检验, Wald 检验和 Rao 计分检验的接受域, 求 p 的 $1-\alpha$ 渐近正确置信区间.

70. 在例 7.24 中, 通过转化 LR 检验, Wald 检验和 Rao 计分检验的接受域, 求 μ 的 $1-\alpha$ 渐近正确置信集. 这些集合总是区间吗?

71. 设 $X_1,...,X_n$ i.i.d. 来自 gamma 分布 $\Gamma(\theta,\gamma)$, θ 和 γ 未知. 通过转化 LR 检验, Wald 检验和 Rao 计分检验的接受域, 求 θ 的 $1-\alpha$ 渐近正确置信集. 讨论这些置信集是否是区间.

72. 考虑例 3.21 中的问题. 构造一个渐近枢轴量和 μ_y/μ_x 的一个 $1-\alpha$ 渐近正确置信集.

73. 考虑例 3.23 中的问题. 构造一个渐近枢轴量, 固定 t, 构造 $R(t)$ 的一个 $1-\alpha$ 渐近正确置信集.

74. 设 U_n 是基于 i.i.d. $X_1,...,X_n$ 和核 $h(x_1,...,x_m)$ 的一个 U 统计量, 令 $\theta=E(U_n)$. 基于 U_n 构造一个渐近枢轴量, 并构造 θ 的一个 $1-\alpha$ 渐近正确置信集.

75. 设 $X_1,...,X_n$ i.i.d. 来自 $\mathcal{R}$ 上的 c.d.f. F, F 连续且关于 θ 对称. 令 $\hat{\theta}=W/n-\frac{1}{2}$, $\mathtt{T}(F)=\theta+\frac{1}{2}$, 其中 W 和 $\mathtt{T}$ 分别由 (6.83) 和 (5.53) 给出. 构造 θ 极限置信系数为 $1-\alpha$ 的置信区间.

76. 考虑例 5.15 中的问题. 构造一个渐近枢轴量和 θ 的 $1-\alpha$ 渐近正确置信集. 将这个置信集与例 7.24 中的做比较.

77. 考虑线性模型 $X = Z\beta + \varepsilon$, 其中 ε 的各分量独立, 均值为 0, Z 满秩. 假定定理 3.12 的条件.

(a) 假设 $\mathrm{Var}(\varepsilon) = \sigma^2 D$, 其中 D 是已知的对角矩阵, σ^2 未知, 找一个渐近枢轴量, 并构造 β 的一个 $1-\alpha$ 渐近正确置信集;

(b) 假设 $\mathrm{Var}(\varepsilon)$ 是未知的对角矩阵. 找一个渐近枢轴量, 并构造 β 的一个 $1-\alpha$ 渐近正确置信集.

78. 上一个练习的 (a) 中, 求 β/σ 的一个 $1-\alpha$ 渐近正确置信集.

79. 考虑 §5.4.1 中描述的 θ 的 GEE 估计 $\hat{\theta}$. 讨论如何构造一个渐近枢轴量和 θ 的一个 $1-\alpha$ 渐近正确置信集. (提示: 见 §5.5.2.)

80. 设 $X_1, ..., X_n$ i.i.d. 来自指数分布 $E(a, \theta)$, a 和 θ 未知. 通过转化 LR 检验的接受域, 求 (a, θ) 的一个 $1-\alpha$ 渐近正确置信集.

81. 设 $X_{i1}, ..., X_{in_i}$, $i = 1, 2$, 是两个独立样本, i.i.d. 分别来自 $N(\mu_i, \sigma_i^2)$, $i = 1, 2$, 其中所有参数未知.

(a) 通过转化 LR 检验, Wald 检验和 Rao 计分检验的接受域, 求 (μ_1, μ_2) 的 $1-\alpha$ 渐近正确置信集;

(b) 对于参数 $(\mu_1, \mu_2, \sigma_1^2, \sigma_2^2)$, 重复 (a);

(c) 假定 $\sigma_1^2 = \sigma_2^2 = \sigma^2$, 重复 (a);

(d) 对于参数 (μ_1, μ_2, σ^2), 重复 (c).

82. 设 $X_{i1}, ..., X_{in_i}$, $i = 1, 2$, 是两个独立样本, i.i.d. 分别来自指数分布 $E(0, \theta_i)$, $i = 1, 2$, 其中 θ_i 未知. 通过转化 LR 检验, Wald 检验和 Rao 计分检验的接受域, 求 (θ_1, θ_2) 的 $1-\alpha$ 渐近正确置信集.

83. 考虑例 7.9 中的问题. 通过转化 LR 检验, Wald 检验和 Rao 计分检验的接受域, 求 θ 的 $1-\alpha$ 渐近正确置信集. 其中的哪个与例 7.9 中的相同?

84. 设 $X_1, ..., X_n$ i.i.d. 来自 $\mathcal{R}$ 上的一个连续 c.d.f. F, 令 $\theta = F^{-1}(p)$, $p \in (0, 1)$.

(a) 证明 $P(X_{(k_1)} \leqslant \theta \leqslant X_{(k_2)}) = P(U_{(k_1)} \leqslant p \leqslant U_{(k_2)})$, 其中 $X_{(k)}$ 是第 k 个次序统计量, $U_{(k)}$ 是基于 i.i.d. 来自均匀分布 $U(0,1)$ 的样本

$U_1, ..., U_n$ 的第 k 个次序统计量;

(b) 证明

$$P(U_{(k_1)} \leqslant p \leqslant U_{(k_2)}) = B_p(k_1, n-k_1+1) - B_p(k_2, n-k_2+1),$$

其中

$$B_p(i,j) = \frac{\Gamma(i+j)}{\Gamma(i)\Gamma(j)} \int_0^p t^{i-1}(1-t)^{j-1}dt;$$

(c) 讨论如何求 θ 置信系数为 $1-\alpha$ 的置信区间.

85. 证明推论 7.1.

86. 假定推论 7.1 中的条件.

(a) 证明 $\sqrt{n}(X_{(k_n)} - \theta)F'(\theta) \to_d N(c, p(1-p))$;

(b) 用 (a) 的结果证明 (7.24);

(c) 利用 Woodruff 区间, 构造样本中位数渐近方差 (见例 6.27) 的一致估计.

87. 证明 (7.25) 和 (7.26).

88. 在例 7.25 中, 证明 $\hat{V}_n^{-1/2}(\hat{\theta}_n - \theta)$ 可以写成 $\sqrt{n}h(\bar{Y})/\sigma_h$, 并找到函数 h 的显式.

89. 设 $X_1, ..., X_n$ i.i.d. 来自一个未知的 c.d.f. F, $E|X_1|^8 < \infty$. 假设条件 (1.105) 满足. 求 $\sigma^2 = \text{Var}(X_1)$ 的一个二阶精确置信下界.

90. 利用例 7.26 中的 Edgeworth 展开, 构造 μ 的一个三阶精确置信下界.

91. 证明 (7.34) 中的 $\underline{\theta}_{HB}$ 等价于 $2\hat{\theta}_n - K_B^{-1}(1-\alpha)$, 其中 K_B 由 (7.27) 定义.

92. (位置尺度族中的参数自助法). 设 $X_1, ..., X_n$ 是 i.i.d. 随机变量, p.d.f. 为 $\frac{1}{\sigma}f\left(\frac{x-\mu}{\sigma}\right)$, 其中 f 是已知的 Lebesgue p.d.f., μ 和 $\sigma > 0$ 未知. 设 $X_1^*, ..., X_n^*$ 是来自 p.d.f. $\frac{1}{s}f\left(\frac{x-\bar{x}}{s}\right)$ 的 i.i.d. 自助法数据, 其中 $\bar{x}$ 和 s^2 分别是观测到的样本均值和样本方差.

(a) 假设我们利用参数自助法数据构造 μ 的自助法–t 置信下界 (7.35). 证明 $\underline{\theta}_{BT}$ 的置信系数为 $1-\alpha$;

(b) 假设我们利用参数自助法数据构造 μ 的混合自助法置信下界 (7.34), 证明 $\underline{\theta}_{HB}$ 的置信系数不一定是 $1-\alpha$;

(c) 假设 f 的均值为 0, 方差为 1. 证明 (b) 中的 $\underline{\theta}_{HB}$ 是 $1-\alpha$ 渐近正确的.

93. (自助法加速偏度校正分位数方法). 假设我们将假定 (7.30) 改为

$$P\left(\frac{\hat{\phi}_n-\phi_n(\theta)}{1+a\phi_n(\theta)}+z_0\leqslant x\right)=\Phi(x),$$

其中 a 是一个附加参数, 称为加速常数, Φ 是标准正态分布的 c.d.f.

(a) 如果 ϕ_n, z_0 和 a 已知, 证明以下 θ 的置信下界的置信系数为 $1-\alpha$:

$$\underline{\theta}_E=\phi_n^{-1}\big(\hat{\phi}_n+(z_\alpha+z_0)(1+a\hat{\phi}_n)/[1-a(z_\alpha+z_0)]\big);$$

(b) 证明 $K_B^{-1}(x)=\phi_n^{-1}\big(\hat{\phi}_n+[\Phi^{-1}(x)-z_0](1+a\hat{\phi}_n)\big)$, 其中 K_B 由 (7.27) 定义;

(c) 令 $\underline{\theta}_{BC}(a)=K_B^{-1}\big(\Phi(z_0+(z_\alpha+z_0)/[1-a(z_\alpha+z_0)])\big)$. 证明 $\underline{\theta}_{BC}(a)=\underline{\theta}_E$. ($\theta$ 的自助法加速偏度校正分位数置信下界是 $\underline{\theta}_{BC}(\hat{a})$, 其中 $\hat{a}$ 是 a 的一个估计.)

94. (自动自助法分位数). 设 $\mathcal{P}=\{P_\theta:\theta\in\mathcal{R}\}$ 是一个参数族. 定义 $K_\theta(x)=P_\theta(\hat{\theta}_n\leqslant x)$, 其中 $\hat{\theta}_n$ 是 θ 的一个估计. 设 θ_0 是 θ 的一个给定值, $\theta_1=K_{\theta_0}^{-1}(1-\alpha)$. θ 的自动自助法分位数置信下界定义为

$$\underline{\theta}_{ABP}=K_{\hat{\theta}_n}^{-1}(K_{\theta_1}(\theta_0)).$$

假定上一个练习的假设. 证明 $\underline{\theta}_{ABP}$ 的置信系数为 $1-\alpha$.

95. (用残差的自助法). 考虑线性模型 (3.25): $X=Z\beta+\varepsilon$, 其中 Z 满秩, ε 是均值为 0 方差为 σ^2 的 i.i.d. 随机变量构成的向量. 设 $r_i=X_i-Z_i^\tau\hat{\beta}$ 是第 i 个残差, 其中 $\hat{\beta}$ 是 β 的 LSE. 假定 $r_1,...,r_n$ 的平均值总是 0. 设 $\varepsilon_1^*,...,\varepsilon_n^*$ 是 i.i.d. 自助法数据, 来自以概率 n^{-1} 取 r_i 值的经验 c.d.f. 定义 $X_i^*=Z_i^\tau\hat{\beta}+\varepsilon_i^*$, $i=1,...,n$.

(a) 求 $\hat{\beta}$ 的自助法类似物 $\hat{\beta}^*$ 的表达式, 计算 $E(\hat{\beta}^*|X)$ 和 $\mathrm{Var}(\hat{\beta}^*|X)$;

(b) 利用 $l^\tau(\hat{\beta}-\beta)$ 和 §7.4.1 的想法, 构造 $l^\tau\beta$ 的一个混合自助法置信下界, 其中 $l\in\mathcal{R}^p$;

(c) 讨论 (b) 中的置信下界何时是 $1-\alpha$ 渐近正确的;

(d) 描述如何构造 $l^\tau\beta$ 的一个自助法–t 置信下界;

(e) 利用 §7.4.1 中的想法, 描述如何构造 β 的一个混合自助法置信集.

96. (用数据对的自助法). 考虑线性模型 (3.25): $X = Z\beta + \varepsilon$, 其中 Z 满秩, ε 是均值为 0 方差有限的独立随机变量构成的向量. 设 $(X_1^*, Z_1^*), ..., (X_n^*, Z_n^*)$ 是 i.i.d. 自助法数据, 来自以概率 n^{-1} 取 (X_i, Z_i) 的经验 c.d.f. 定义 $\hat{\beta}^* = (Z^\tau Z)^{-1} \sum_{i=1}^n Z_i^* X_i^*$. 重复上一个练习中的 (a)—(e).

97. (外围自助法或任意自助法). 假定上一个练习中的模型. 设 $\varepsilon_1^*, ..., \varepsilon_n^*$ 是 i.i.d. 随机变量, 均值为 0, 方差为 1. 定义自助法数据 $X_i^* = Z_i^\tau \hat{\beta} + |t_i|\varepsilon_i^*$, $i = 1, ..., n$, 其中 $\hat{\beta}$ 是 β 的 LSE, $t_i = (X_i - Z_i^\tau \hat{\beta})/\sqrt{1-h_i}$, $h_i = Z_i^\tau (Z^\tau Z)^{-1} Z_i$. 重复练习 95 (a)—(e).

98. 证明 (7.48) 和 (7.49).

99. 描述如何利用蒙特卡罗方法近似 (7.51) 中的 $C_{PREB}^{(3)}(X)$.

100. 证明 (7.53) 和 (7.54).

101. 证明 Bonferroni 联合置信区间的水平为 $1-\alpha$.

102. 设 $C_{t,\alpha}(X)$ 是 θ_t 置信系数为 $1-\alpha$ 的置信区间, $t = 1, ..., k$. 假设 $C_{1,\alpha}(X), ..., C_{k,\alpha}(X)$ 对于任意 α 是独立的. 说明如何构造 θ_t, $t = 1, ..., k$, 置信系数为 $1-\alpha$ 的联合置信区间.

103. 证明 (7.60) 中的 $C_{ij,\alpha}(X)$ 是 $\mu_i - \mu_j$ 的 UMAU.

104. 考虑例 6.19 中的二因子平衡 ANOVA 模型. 利用 Bonferroni 方法, 求下列参数水平为 $1-\alpha$ 的联合置信区间:

(a) α_i, $i = 1, ..., a-1$;

(b) μ_{ij}, $i = 1, ..., a$, $j = 1, ..., b$.

105. 证明 (7.62). (提示: 利用 Cauchy-Schwarz 不等式.)

106. 设 $x \in \mathcal{R}^k$, $y \in \mathcal{R}^k$, A 是一个 $k \times k$ 正定矩阵.

(a) 假设 $y^\tau A^{-1} x = 0$, 证明

$$x^\tau A^{-1} x = \max_{c \in \mathcal{R}^k, c \neq 0, c^\tau y = 0} \frac{(c^\tau x)^2}{c^\tau A c};$$

(b) 假定模型 (7.61), Z 满秩. 利用 (a) 中的结果, 构造 $c^\tau \beta$, $c \in \mathcal{R}^p$, $c \neq 0$, $c^\tau y = 0$, 的联合置信区间 (置信系数为 $1-\alpha$), 其中 $y \in \mathcal{R}^p$ 满足 $Z^\tau Z y = 0$.

107. 假定定理 3.12 的条件. 证明定理 7.10 中的 Scheffé 区间是 $1-\alpha$ 渐近正确的.

108. 假定定理 3.12 和定理 7.10 的条件. 求 $t^\tau L\beta/\sigma$ 的 $1-\alpha$ 渐近正确联合置信区间.

109. 证明 (7.65).

110. 求 (7.66) 集合 $\mathcal{T}_0$ 中的 $m(m-1)/2$ 个向量, 使得 $\{t^\tau L\beta : t \in \mathcal{T}_0\}$ 与 $\mu_i - \mu_j$, $1 \leqslant i < j \leqslant m$ 完全一样. 证明 (7.66) 中的区间是 Scheffé 联合置信区间.

111. 例 7.28 中, 证明

(a) 定理 7.10 的 Scheffé 区间形如 (7.67), $t = (1, z)$, $L = I_2$;

(b) (7.68) 右侧的最大值在 (7.69) 给出的 t 上取到;

(c) (7.69) 中的 y 等于 1, 且 (7.68) 成立.

112. 考虑例 6.19 中的二因子平衡 ANOVA 模型. 利用 Scheffé 方法, 求 α_i, β_j 和 γ_{ij} 水平为 $1-\alpha$ 的联合置信区间.

113. 设 $X_{ij} = N(\mu + \alpha_i + \beta_j, \sigma^2)$, $i = 1, ..., a$, $j = 1, ..., b$, 相互独立, 其中 $\sum_{i=1}^a \alpha_i = 0$, $\sum_{j=1}^b \beta_j = 0$. 构造 α_i 和 β_j 所有线性组合水平为 $1-\alpha$ 的联合置信区间, 利用

(a) Bonferroni 方法;

(b) Scheffé 方法.

114. 假定模型 (7.61), $\beta = (\beta_0, \beta_1, \beta_2)$, $Z_i = (1, t_i, t_i^2)$, 其中 $t_i \in \mathcal{R}$, $\sum_{i=1}^n t_i = 0$, $\sum_{i=1}^n t_i^2 = 1$, $\sum_{i=1}^n t_i^3 = 0$.

(a) 构造 (β_1, β_2) 置信系数为 $1-\alpha$ 的置信椭圆;

(b) 构造 β_1 和 β_2 所有线性组合置信系数为 $1-\alpha$ 的联合置信区间.

115. 证明 (7.70) 中 R_{st} 的分布不依赖任意未知的参数.

116. 对于 $\alpha = 0.05$, 基于下面来自单因子 ANOVA 模型的数据 X_{ij}, $1 \leqslant i < j \leqslant 4$, 求 $\mu_i - \mu_j$ 的 (7.60) 中的 t 型置信区间, Bonferroni, Scheffé 和 Tukey 联合置信区间的数值结果 ($q_{0.05} = 4.45$):

	$j=1$	2	3	4	5	6
$i=1$	0.08	0.10	0.09	0.07	0.09	0.06
2	0.15	0.09	0.11	0.10	0.08	0.13
3	0.13	0.10	0.15	0.09	0.09	0.17
4	0.05	0.11	0.07	0.09	0.11	0.08

117. (Dunnett 联合置信区间). 设 X_{0j} ($j=1,...,n_0$) 和 X_{ij} ($i=1,...,m$, $j=1,...,n_0$) 代表一个标准和 m 个相互竞争的新处理上的独立测量值. 假设 $X_{ij}=N(\mu_i,\sigma^2)$, μ_i 和 $\sigma^2>0$ 未知, $i=0,1,...,m$. 设 $\bar{X}_{i\cdot}$ 是基于 X_{ij}, $j=1,...,n_0$, 的样本均值, $i=1,...,m$, 且定义 $\hat{\sigma}^2=[(m+1)(n_0-1)]^{-1}\sum_{i=0}^m\sum_{j=1}^{n_0}(X_{ij}-\bar{X}_{i\cdot})^2$.

(a) 证明

$$R_{st}=\max_{i=1,\ldots,m}|(\bar{X}_{i\cdot}-\mu_i)-(\bar{X}_{0\cdot}-\mu_0)|/\hat{\sigma}$$

的分布不依赖任何未知的参数.

(b) 证明, 对于满足 $\sum_{i=0}^m c_i=0$ 的所有 $c_0,c_1,...,c_m$,

$$\left[\sum_{i=0}^m c_i\bar{X}_{i\cdot}-q_\alpha\hat{\sigma}\sum_{i=1}^m|c_i|,\ \sum_{i=0}^m c_i\bar{X}_{i\cdot}+q_\alpha\hat{\sigma}\sum_{i=1}^m|c_i|\right]$$

是 $\sum_{i=0}^m c_i\mu_i$ 置信系数为 $1-\alpha$ 的联合置信区间, 其中 q_α 是 R_{st} 的 $(1-\alpha)$ 分位数.

118. 设 $X_1,...,X_n$ i.i.d. 来自均匀分布 $U(0,\theta)$, 其中 $\theta>0$ 未知. 构造 X_1 的 c.d.f. 置信系数为 $1-\alpha$ 的置信带.

119. 设 $X_1,...,X_n$ i.i.d., p.d.f. 为 $\frac{1}{\sigma}f\left(\frac{t-\mu}{\sigma}\right)$, 其中 f 是已知的 Lebesgue p.d.f. (一个位置尺度族). 设 F 是 X_1 的 c.d.f.

(a) 假设 $\mu\in\mathcal{R}$ 未知, σ 已知, 构造 $F(t)$, $t\in\mathcal{R}$, 置信系数为 $1-\alpha$ 的联合置信区间;

(b) 假设 μ 已知, $\sigma>0$ 未知, 构造 $F(t)$, $t\in\mathcal{R}$, 置信系数为 $1-\alpha$ 的联合置信区间;

(c) 假设 $\mu\in\mathcal{R}$ 和 $\sigma>0$ 未知, 构造水平为 $1-\alpha$ 的 $F(t)$, $t\in\mathcal{R}$, 的联合置信区间.

120. 设 $X_1,...,X_n$ i.i.d. 来自 $\mathcal{R}$ 上的 F, F_n 是经验 c.d.f. 证明区间

$$\left[\max\{F_n(t)-c_\alpha,0\},\min\{F_n(t)+c_\alpha,1\}\right],\quad t\in\mathcal{R},$$

构成了 $F(t)$, $t\in\mathcal{R}$, 极限置信系数为 $1-\alpha$ 的置信带, 其中 c_α 由 (7.75) 给出.

参考文献

我们给出一些文献, 可对本书涉及的主题做进一步的阅读.

关于概率论, 建议 Billingsley (1986) 和 Chung (1974), 虽然有很多其他经典的教科书. 统计渐近理论在下列书中论述: Serfling (1980), Shorack and Wellner (1986), Sen and Singer (1993), Barndorff-Nielsen and Cox (1994) 和 van der Vaart (1998).

更多的对统计决策论和推断的讨论可在许多数理统计的教科书中找到, 例如 Cramér (1946), Wald (1950), Savage (1954), Ferguson (1967), Rao (1973), Rohatgi (1976), Bickel and Doksum (1977), Lehmann (1986), Casella and Berger (1990) 和 Barndorff-Nielsen and Cox (1994). 有关充分性与完备性的讨论和证明可在 Rao (1945), Blackwell (1947), Hodges and Lehmann (1950), Lehmann and Scheffé (1950) 和 Basu (1955) 中找到. 更多关于指数族的结果在 Barndorff-Nielsen (1978) 中给出.

在 §3.1.1 和 §3.1.2 中的 UMVUE 理论主要基于 Lehmann (1983) 之第 2 章. 更多关于信息不等式的结果可在 Cramér (1946), Rao (1973), Lehmann (1983) 和 Pitman (1979) 中找到. U 统计量和投影法在 Hoeffding (1948), Randles and Wolfe (1979) 和 Serfling (1980) 中给出. 相关的 V 统计量理论可在 von Mises (1947), Serfling (1980) 和 Sen (1981) 中找到. 三本优秀的 LSE 理论教科书是 Scheffé (1959), Searle (1971) 和 Rao (1973). 进一步的关于抽样调查的材料可在 Basu (1958), Godambe (1958), Cochran (1977), Särndal, Swensson, and Wretman (1992) 和 Ghosh and Meeden (1997) 中找到.

关于 Bayes 理论的优秀教科书包括 Lindley (1965), Box and Tiao (1973), Berger (1985) 和 Schervish (1995). 对 Bayes 计算和蒙特卡罗法的更多讨论可见本书 §4.1.4 中提到的文献. 关于不变性在估计和检验中更多的结果由 Ferguson (1967) 和 Lehmann (1983, 1986) 提供. 收缩估计的理论由 Stein (1956) 和 James and Stein (1961) 建立; Lehmann (1983) 和 Berger (1985) 提供了优异的讨论. 似然函数的方法有 200 多年的历史 (Edwards, 1974). 论述广义线性模型中 MLE 的一本优异教科书是 McCullagh and Nelder (1989). MLE 的渐近性质可在 Cramér (1946), Serfling (1980) 和 Sen and Singer (1993) 中找到. 在广义线性模型中 MLE 的渐近结果由 Fahrmeir and Kaufmann (1985) 提供.

一本有关经验分布及其性质的优秀专著为 Shorack and Wellner (1986). 关于经验似然函数的文献在本书 §5.1.2 和 §6.5.3 中提供. 更多的密度函数估计结果可在例如 Rosenblatt (1971) 和 Silverman (1986) 中找到. 关于部分似然函数及成比例风险模型的讨论在 Cox (1972) 和 Fleming and Harrington (1991) 中给出. 更多有关统计泛函的讨论可在 von Mises (1947), Serfling (1980), Fernholz (1983), Sen and Singer (1993) 和 Shao and Tu (1995) 中找到. 两本关于稳健统计的教科书是 Huber (1981) 和 Hampel et al. (1986). 对 L 估计量和样本分位数的一般讨论可在 Serfling (1980) 和 Sen (1981) 中找到. 线性模型中的 L 估计量在 Bickel (1973), Puri and Sen (1985), Welsh (1987) 和 He and Shao (1996) 中. 一些关于广义估计方程和准似然函数的文献为 Godambe and Heyde (1987), Godambe and Thompson (1989), McCullagh and Nelder (1989) 和 Diggle, Liang, and Zeger (1994). 两本有方差估计材料的教科书是 Efron and Tibshirani (1993) 和 Shao and Tu (1995).

第 6 章里 UMP, UMPU 和 UMPI 检验的理论主要基于 Lehmann (1986) 和 Ferguson (1967) 之第 5 章. Berger (1985) 有关于 Bayes 检验的讨论. 大样本检验和卡方检验得结果可在 Serfling (1980) 和 Sen and Singer (1993) 中找到. 两本非参数检验的教科书为 Lehmann (1975) 和 Randles and Wolfe (1979).

有关置信集的进一步材料可在 Ferguson (1967), Bickel and Doksum (1977), Lehmann (1986) 和 Casella and Berger (1990) 里找到. 更多有关基于似然函数的渐近置信集的结果可在 Serfling (1980) 中找到. 关于高阶精确置信集的结果 (§7.4.3) 基于 Hall (1992). 自助法置信集的理论由 Hall (1992), Efron and Tibshirani (1993) 和 Shao and Tu (1995) 给出. 联合置信区间的进一步讨论

可在 Scheffé (1959), Lehmann (1986) 和 Tukey (1977) 中找到.

以下列出了在本书中提到的文献. 很多进一步的文献可在 Lehmann (1983, 1986) 中查到.

Arvesen, J. N. (1969). Jackknifing U-statistics. *Ann. Math. Statist.*, **40**, 2076–2100.

Bahadur, R. R. (1957). On unbiased estimates of uniformly minimum variance. *Sankhyā*, **18**, 211–224.

Bahadur, R. R. (1964). On Fisher's bound for asymptotic variances. *Ann. Math. Statist.*, **35**, 1545–1552.

Bahadur, R. R. (1966). A note on quantiles in large samples. *Ann. Math. Statist.*, **37**, 577–580.

Barndorff-Nielsen, O. E. (1978). *Information and Exponential Families in Statistical Theory.* Wiley, New York.

Barndorff-Nielsen, O. E. and Cox, D. R. (1994). *Inference and Asymptotics.* Chapman & Hall, London.

Basag, J., Green, P., Higdon, D., and Mengersen, K. (1995). Bayesian computation and stochastic systems. *Statist. Sci.*, **10**, 3–66.

Basu, D. (1955). On statistics independent of a complete sufficient statistic. *Sankhyā*, **15**, 377–380.

Basu, D. (1958). On sampling with and without replacement. *Sankhyā*, **20**, 287–294.

Beran, R. (1987). Prepivoting to reduce level error of confidence sets. *Biometrika*, **74**, 151–173.

Berger, J. O. (1976). Inadmissibility results for generalized Bayes estimators of coordinates of a location vector. *Ann. Statist.*, **4**, 302–333.

Berger, J. O. (1980). Improving on inadmissible estimators in continuous exponential families with applications to simultaneous estimation of gamma scale parameters. *Ann. Statist.*, **8**, 545–571.

Berger, J. O. (1985). *Statistical Decision Theory and Bayesian Analysis*, second edition. Springer-Verlag, New York.

Bickel, P. J. (1973). On some analogues to linear combinations of order statistics in the linear model. *Ann. Statist.*, **1**, 597–616.

Bickel, P. J. and Doksum, K. A. (1977). *Mathematical Statistics.* Holden Day, San Francisco.

Bickel, P. J. and Yahav, J. A. (1969). Some contributions to the asymptotic theory of Bayes solutions. *Z. Wahrsch. Verw. Geb.*, **11**, 257–276.

Billingsley, P. (1986). *Probability and Measure*, second edition. Wiley, New York.

Blackwell, D. (1947). Conditional expectation and unbiased sequential estimation. *Ann. Math. Statist.*, **18**, 105–110.

Box, G. E. P. and Tiao, G. C. (1973). *Bayesian Inference in Statistical Analysis.* Addison-Wesley, Reading, MA.

Brown, L. D. (1966). On the admissibility of invariant estimators of one or more location parameters. *Ann. Math. Statist.*, **37**, 1087–1136.

Brown, L. D. and Fox, M. (1974). Admissibility in statistical problems involving a location or scale parameter. *Ann. Statist.*, **2**, 248–266.

Carroll, R. J. (1982). Adapting for heteroscedasticity in linear models. *Ann. Statist.*, **10**, 1224–1233.

Carroll, R. J. and Cline, D. B. H. (1988). An asymptotic theory for weighted least-squares with weights estimated by replication. *Biometrika*, **75**, 35–43.

Casella, G. and Berger, R. L. (1990). *Statistical Inference.* Wadsworth, Belmont, CA.

Chan, K. S. (1993). Asymptotic behavior of the Gibbs sampler. *J. Amer. Statist. Assoc.*, **88**, 320–325.

Chen, J. and Qin, J. (1993). Empirical likelihood estimation for finite populations and the effective usage of auxiliary information. *Biometrika*, **80**, 107–116.

Chen, J. and Shao, J. (1993). Iterative weighted least squares estimators. *Ann. Statist.*, **21**, 1071–1092.

Chung, K. L. (1974). *A Course in Probability Theory*, second edition. Academic Press, New York.

Clarke, B. R. (1986). Nonsmooth analysis and Fréchet differentiability of M-functionals. *Prob. Theory and Related Fields*, **73**, 197–209.

Cochran, W. G. (1977). *Sampling Techniques*, third edition. Wiley, New York.

Cox, D. R. (1972). Regression models and life tables, *J. R. Statist. Soc.*, B, **34**, 187–220.

Cramér, H. (1946). *Mathematical Methods of Statistics.* Princeton University Press, Princeton, NJ.

Diggle, P. J., Liang, K.-Y., and Zeger, S. L. (1994). *Analysis of Longitudinal Data.* Clarendon Press, Oxford.

Draper, N. R. and Smith, H. (1981). *Applied Regression Analysis*, second edition. Wiley, New York.

Durbin, J. (1973). *Distribution Theory for Tests Based on the Sample Distribution Function.* SIAM, Philadelphia, PA.

Dvoretzky, A., Kiefer, J., and Wolfowitz, J. (1956). Asymptotic minimax character of the sample distribution function and of the classical multinomial estimator. *Ann. Math. Statist.*, **27**, 642–669.

Edwards, A. W. F. (1974). The history of likelihood. *Internat. Statist. Rev.*, **42**, 4–15.

Efron, B. (1979). Bootstrap methods: Another look at the jackknife. *Ann. Statist.*, **7**, 1–26.

Efron, B. (1981). Nonparametric standard errors and confidence intervals (with discussions). *Canadian J. Statist.*, **9**, 139–172.

Efron, B. (1987). Better bootstrap confidence intervals (with discussions). *J. Amer. Statist. Assoc.*, **82**, 171–200.

Efron, B. and Morris, C. (1973). Stein's estimation rule and its competitors — An empirical Bayes approach. *J. Amer. Statist. Assoc.*, **68**, 117–130.

Efron, B. and Tibshirani, R. J. (1993). *An Introduction to the Bootstrap.* Chapman & Hall, New York.

Esseen, C. and von Bahr, B. (1965). Inequalities for the rth absolute moment of a sum of random variables, $1 \leqslant r \leqslant 2$. *Ann. Math. Statist.*, **36**, 299–303.

Fahrmeir, L. and Kaufmann, H. (1985). Consistency and asymptotic normality of the maximum likelihood estimator in generalized linear models. *Ann. Statist.*, **13**, 342–368.

Farrell, R. H. (1964). Estimators of a location parameter in the absolutely continuous case. *Ann. Math. Statist.*, **35**, 949–998.

Farrell, R. H. (1968a). Towards a theory of generalized Bayes tests. *Ann. Math. Statist.*, **38**, 1–22.

Farrell, R. H. (1968b). On a necessary and sufficient condition for admissibility of estimators when strictly convex loss is used. *Ann. Math. Statist.*, **38**, 23–28.

Ferguson, T. S. (1967). *Mathematical Statistics.* Academic Press, New York.

Fernholz, L. T. (1983). *Von Mises Calculus for Statistical Functionals.* Lecture Notes in Statistics, **19**, Springer-Verlag, New York.

Fleming, T. R. and Harrington, D. P. (1991). *Counting Processes and Survival Analysis.* Wiley, New York.

Fuller, W. A. (1996). *Introduction to Statistical Time Series*, second edition. Wiley, New York.

Gelfand, A. E. and Smith, A. F. M. (1990). Sampling-based approaches to calculating marginal densities. *J. Amer. Statist. Assoc.*, **85**, 398–409.

Geweke, J. (1989). Bayesian inference in econometric models using Monte Carlo integration. *Econometrica*, **57**, 1317–1339.

Geyer, C. J. (1994). On the convergence of Monte Carlo maximum likelihood calculations. *J. R. Statist. Soc.*, B, **56**, 261–274.

Ghosh, M. and Meeden, G. (1997). *Bayesian Methods in Finite Population Sampling*. Chapman & Hall, London.

Godambe, V. P. (1958). A unified theory of sampling from finite populations. *J. R. Statist. Soc.*, B, **17**, 269–278.

Godambe, V. P. and Heyde, C. C. (1987). Quasi-likelihood and optimal estimation. *Internat. Statist. Rev.*, **55**, 231–244.

Godambe, V. P. and Thompson, M. E. (1989). An extension of quasi-likelihood estimation (with discussion). *J. Statist. Plan. Inference*, **22**, 137–172.

Hall, P. (1988). Theoretical comparisons of bootstrap confidence intervals (with discussions). *Ann. Statist.*, **16**, 927 953.

Hall, P. (1992). *The Bootstrap and Edgeworth Expansion*. Springer-Verlag, New York.

Hall, P. and Martin, M. A. (1988). On bootstrap resampling and iteration. *Biometrika*, **75**, 661–671.

Hampel, F. R. (1974). The influence curve and its role in robust estimation. *J. Amer. Statist. Assoc.*, **62**, 1179–1186.

Hampel, F. R., Ronchetti, E. M., Rousseeuw, P. J., and Stahel, W. A. (1986). *Robust Statistics: The Approach Based on Influence Functions*. Wiley, New York.

He, X. and Shao, Q.-M. (1996). A general Bahadur representation of Mestimators and its application to linear regression with nonstochastic designs. *Ann. Statist.*, **24**, 2608–2630.

Hodges, J. L., Jr. and Lehmann, E. L. (1950). Some problems in minimax point estimation. *Ann. Math. Statist.*, **21**, 182–197.

Hoeffding, W. (1948). A class of statistics with asymptotic normal distribution. *Ann. Math. Statist.*, **19**, 293–325.

Hogg, R. V. and Tanis, E. A. (1993). *Probability and Statistical Inference*, fourth edition. Macmillan, New York.

Huber, P. J. (1964). Robust estimation of a location parameter. *Ann. Math. Statist.*, **35**, 73–101.

Huber, P. J. (1981). *Robust Statistics.* Wiley, New York.

Ibragimov, I. A. and Has'minskii, R. Z. (1981). *Statistical Estimation: Asymptotic Theory.* Springer-Verlag, New York.

James, W. and Stein, C. (1961). Estimation with quadratic loss. *Proc. Fourth Berkeley Symp. Math. Statist. Prob.*, **1**, 311–319. University of California Press, CA.

Jeffreys, H. (1939, 1948, 1961). *The Theory of Probability.* Oxford University Press, Oxford.

Jones, M. C. (1991). Kernel density estimation for length biased data. *Biometrika*, **78**, 511–519.

Kalbfleisch, J. D. and Prentice, R. T. (1980). *The Statistical Analysis of Failure Time Data.* Wiley, New York.

Kaplan, E. L. and Meier, P. (1958). Nonparametric estimation from incomplete observations. *J. Amer. Statist. Assoc.*, **53**, 457–481.

Kiefer, J. and Wolfowitz, J. (1956). Consistency of the maximum likelihood estimator in the presence of infinitely many nuisance parameters. *Ann. Math. Statist.*, **27**, 887–906.

Kolmogorov, A. N. (1933). Sulla determinazione empirica di una legge di distribuzione. *Giorn. Inst. Ital. Attuari*, **4**, 83–91.

Le Cam, L. (1953). On some asymptotic properties of maximum likelihood estimates and related Bayes' estimates. *Univ. of Calif. Publ. in Statist.*, **1**, 277–330.

Lehmann, E. L. (1975). *Nonparametrics: Statistical Methods Based on Ranks.* Holden Day, San Francisco.

Lehmann, E. L. (1983). *Theory of Point Estimation.* Springer-Verlag, New York.

Lehmann, E. L. (1986). *Testing Statistical Hypotheses*, second edition. Springer-Verlag, New York.

Lehmann, E. L. and Scheffé, H. (1950). Completeness, similar regions and unbiased estimation. *Sankhyā*, **10**, 305–340.

Liang, K.-Y. and Zeger, S. L. (1986). Longitudinal data analysis using generalized linear models. *Biometrika*, **73**, 13–22.

Lindley, D. V. (1965). *Introduction to Probability and Statistics from a Bayesian Point of View.* Cambridge University Press, London.

Liu, R. Y. and Singh, K. (1987). On a partial correction by the bootstrap. *Ann. Statist.*, **15**, 1713–1718.

Loève, M. (1977). *Probability Theory I*, fourth edition. Springer-Verlag, New York.

Loh, W.-Y. (1987). Calibrating confidence coefficients. *J. Amer. Statist. Assoc.*, **82**, 155–162.

Loh, W.-Y. (1991). Bootstrap calibration for confidence interval construction and selection. *Statist. Sinica*, **1**, 479–495.

McCullagh, P. and Nelder, J. A. (1989). *Generalized Linear Models*, second edition. Chapman & Hall, London.

Mendenhall, W. and Sincich, T. (1995). *Statistics for Engineering and the Sciences*, fourth edition. Prentice-Hall, Englewood Cliffs, NJ.

Metropolis, N., Rosenbluth, A. W., Rosenbluth, M. N., Teller, A. H., and Teller, E. (1953). Equations of state calculations by fast computing machines. *J. Chemical Physics*, **21**, 1087–1091.

Milliken, G. A. and Johnson, D. E. (1992). *Analysis of Messy Data, Vol. 1: Designed Experiments.* Chapman & Hall, London.

Moore, D. S. and Spruill, M. C. (1975). Unified large-sample theory of general chi-squared statistics for test of fit. *Ann. Statist.*, **3**, 599–616.

Müller, H.-G. and Stadrmüller, U. (1987). Estimation of heteroscedasticity in regression analysis. *Ann. Statist.*, **15**, 610–625.

Natanson, I. P. (1961). *Theory of Functions of a Real Variable*, Vol. 1, revised edition. Ungar, New York.

Nummelin, E. (1984). *General Irreducible Markov Chains and Non-Negative Operators.* Cambridge University Press, New York.

Owen, A. B. (1988). Empirical likelihood ratio confidence intervals for a single functional. *Biometrika*, **75**, 237–249.

Owen, A. B. (1990). Empirical likelihood confidence regions. *Ann. Statist.*, **18**, 90–120.

Owen, A. B. (2001). *Empirical Likelihood.* Chapman & Hall/CRC, Boca Raton.

Parthasarathy, K. P. (1967). *Probability Measures on Metric Spaces.* Academic Press, New York.

Petrov, V. V. (1975). *Sums of Independent Random Variables.* Springer-Verlag, Berlin-Heidelberg.

Pitman, E. J. G. (1979). *Some Basic Theory for Statistical Inference.* Chapman & Hall, London.

Puri, M. L. and Sen, P. K. (1985). *Nonparametric Methods in General Linear Models.* Wiley, New York.

Qin, J. (1993). Empirical likelihood in biased sample problems. *Ann. Statist.*, **21**, 1182–1196.

Qin, J. and Lawless, J. (1994). Empirical likelihood and general estimating equations. *Ann. Statist.*, **22**, 300–325.

Qin, J., Leung, D., and Shao, J. (2002). Estimation with survey data under nonignorable nonresponse or informative sampling. *J. Amer. Statist. Assoc.*, **97**, 193–200.

Quenouille, M. (1949). Approximation tests of correlation in time series. *J. R. Statist. Soc.*, B, **11**, 18–84.

Randles, R. H. and Wolfe, D. A. (1979). *Introduction to the Theory of Nonparametric Statistics.* Wiley, New York.

Rao, C. R. (1945). Information and the accuracy attainable in the estimation of statistical parameters. *Bull. Calc. Math. Soc.*, **37**, 81–91.

Rao, C. R. (1947). Large sample tests of statistical hypotheses concerning several parameters with applications to problems of estimation. *Proc. Comb. Phil. Soc.*, **44**, 50–57.

Rao, C. R. (1973). *Linear Statistical Inference and Its Applications*, second edition. Wiley, New York.

Rohatgi, V. K. (1976). *An Introduction to Probability Theory and Mathematical Statistics.* Wiley, New York.

Rosenblatt, M. (1971). Curve estimates. *Ann. Math. Statist.*, **42**, 1815–1842.

Royden, H. L. (1968). *Real Analysis*, second edition. Macmillan, New York.

Särndal, C. E., Swensson, B., and Wretman, J. (1992). *Model Assisted Survey Sampling.* Springer-Verlag, New York.

Savage, S. L. (1954). *The Foundations of Statistics.* Wiley, New York.

Scheffé, H. (1959). *Analysis of Variance.* Wiley, New York.

Schervish, M. J. (1995). *Theory of Statistics.* Springer-Verlag, New York.

Searle, S. R. (1971). *Linear Models.* Wiley, New York.

Sen, P. K. (1981). *Sequential Nonparametrics: Invariance Principles and Statistical Inference.* Wiley, New York.

Sen, P. K. and Singer, J. M. (1993). *Large Sample Methods in Statistics.* Chapman & Hall, London.

Serfling, R. J. (1980). *Approximation Theorems of Mathematical Statistics.* Wiley, New York.

Shao, J. (1989). Monte Carlo approximations in Bayesian decision theory. *J. Amer. Statist. Assoc.*, **84**, 727–732.

Shao, J. (1993). Differentiability of statistical functionals and consistency of the jackknife. *Ann. Statist.*, **21**, 61–75.

Shao, J. and Tu, D. (1995). *The Jackknife and Bootstrap.* Springer-Verlag, New York.

Shorack, G. R. and Wellner, J. A. (1986). *Empirical Processes with Applications to Statistics.* Wiley, New York.

Silverman, B. W. (1986). *Density Estimation for Statistics and Data Analysis.* Chapman & Hall, London.

Smirnov, N. V. (1944). An approximation to the distribution laws of random quantiles determined by empirical data. *Uspehi Mat. Nauk*, **10**, 179–206.

Smyth, G. K. (1989). Generalized linear models with varying dispersion. *J. R. Statist. Soc.*, B, **51**, 47–60.

Stein, C. (1956). Inadmissibility of the usual estimator for the mean of a multivariate distribution. *Proc. Third Berkeley Symp. Math. Statist. Prob.*, **1**, 197–206. University of California Press, Berkeley, CA.

Stein, C. (1959). The admissibility of Pitman's estimator for a single location parameter. *Ann. Math. Statist.*, **30**, 970–979.

Stone, C. J. (1974). Asymptotic properties of estimators of a location parameter. *Ann. Statist.*, **2**, 1127–1137.

Stone, C. J. (1977). Consistent nonparametric regression (with discussion). *Ann. Statist.*, **5**, 595–645.

Strawderman, W. E. (1971). Proper Bayes minimax estimators of the multivariate normal mean. *Ann. Statist.*, **42**, 385–388.

Tanner, M. A. (1996). *Tools for Statistical Inference*, third edition. Springer-Verlag, New York.

Tate, R. F. and Klett, G. W. (1959). Optimal confidence intervals for the variance of a normal distribution. *J. Amer. Statist. Assoc.*, **54**, 674–682.

Tierney, L. (1994). Markov chains for exploring posterior distributions (with discussions). *Ann. Statist.*, **22**, 1701–1762.

Tsiatis, A. A. (1981). A large sample study of Cox's regression model. *Ann. Statist.*, **9**, 93–108.

Tsui, K.-W. (1981). Simultaneous estimation of several Poisson parameters under squared error loss. *Ann. Inst. Statist. Math.*, **10**, 299–326.

Tukey, J. (1958). Bias and confidence in not quite large samples. *Ann. Math. Statist.*, **20**, 614.

Tukey, J. (1977). *Exploratory Data Analysis.* Addison-Wesley, Reading, MA.

van der Vaart, A. W. (1998). *Asymptotic Statistics.* Cambridge University Press, Cambridge.

Vardi, Y. (1985). Empirical distributions in selection bias models. *Ann. Statist.*, **13**, 178–203.

von Mises, R. (1947). On the asymptotic distribution of differentiable statistical functionals. *Ann. Math. Statist.*, **18**, 309–348.

Wahba, G. (1990). *Spline Models for Observational Data.* SIAM, Philadelphia, PA.

Wald, A. (1943). Tests of statistical hypotheses concerning several parameters when the number of observations is large. *Trans. Amer. Math. Soc.*, **54**, 426–482.

Wald, A. (1950). *Statistical Decision Functions.* Wiley, New York.

Weerahandi, S. (1995). *Exact Statistical Methods for Data Analysis.* Springer-Verlag, New York.

Welsh, A. H. (1987). The trimmed mean in the linear model. *Ann. Statist.*, **15**, 20–36.

Woodruff, R. S. (1952). Confidence intervals for medians and other position measures. *J. Amer. Statist. Assoc.*, **47**, 635–646.

Wu, C. F. J. (1986). Jackknife, bootstrap and other resampling methods in regression analysis (with discussions). *Ann. Statist.*, **14**, 1261–1350.

记号表

$\mathcal{R}$: 一维实数集

$\mathcal{R}^k$: k 维欧几里得空间

$c = (c_1, ..., c_k)$: $\mathcal{R}^k$ 中的向量 (元素), 当矩考虑阵运算时, 它被当作 $k \times 1$ 矩阵 (列向量)

c^τ: 向量 c 的转置, 当矩考虑阵运算时, 它被当作 $1 \times k$ 矩阵 (行向量)

$\|c\|$: 向量 $c \in \mathcal{R}^k$ 的欧几里得范数, $\|c\|^2 = c^\tau c$

$\mathcal{B}$: $\mathcal{R}$ 上的 Borel σ 域

$\mathcal{B}^k$: $\mathcal{R}^k$ 上的 Borel σ 域

(a, b) 和 $[a, b]$: 从 a 到 b 的开区间和闭区间

$\{a, b\}$: 有元素 a 和 b 的集合

I_k: $k \times k$ 单位矩阵

A^τ: 矩阵 A 的转置

$\mathrm{Det}(A)$: 矩阵 A 的行列式

$\mathrm{tr}(A)$: 矩阵 A 的迹

$\|A\|$: 矩阵 A 的范数, 定义为 $\|A\|^2 = \mathrm{tr}(A^\tau A)$

A^{-1}: 矩阵 A 的逆

A^-: 矩阵 A 的广义逆

$A^{1/2}$: 非负定矩阵 A 的平方根, 定义为 $A^{1/2}A^{1/2} = A$

$A^{-1/2}$: 矩阵 $A^{1/2}$ 的逆

A^c: 集合 A 的余集

$P(A)$: 集合 A 的概率

I_A: 集合 A 的示性函数

δ_x: 在 x 处的单点概率或退化在 x 处的分布函数

$\{a_n\}$: 一列向量或随机向量 $a_1, a_2, ...$

$a_n \to a$: 当 n 趋于 ∞ 时 $\{a_n\}$ 收敛到 a

$\to_{a.s.}$: 几乎处处收敛

$\to_p$: 依概率收敛

$\to_d$: 依分布收敛

g', g'' 和 $g^{(k)}$: 定义在 $\mathcal{R}$ 上函数 g 的一阶, 二阶和 k 阶导函数

$g(x+)$ 或 $g(x-)$: 函数 g 在 x 处的右或左极限

$\partial g/\partial x$ 或 ∇g: 定义在 $\mathcal{R}^k$ 上函数 g 的

偏导数

$\partial^2 g/\partial x\partial x^\tau$ 或 $\nabla^2 g$: 定义在 $\mathcal{R}^k$ 上函数 g 的二阶偏导数

$F^{-1}(p)$: 分布函数 F 的 p 分位数, $F^{-1}(t) = \inf\{x : F(x) \geqslant t\}$

$E(X)$ 或 EX: 随机变量 (向量或矩阵) X 的期望

$\mathrm{Var}(X)$: 随机变量 (向量) X 的方差 (协方差矩阵)

$\mathrm{Cov}(X, Y)$: 随机变量 X 和 Y 之间的协方差

$\mathcal{P}$: 包含产生数据的总体 P 的族

$b_T(P)$: 在总体 P 下估计量 T 的偏度

$\tilde{b}_T(P)$: 在总体 P 下估计量 T 的渐近偏度

$\mathrm{mse}_T(P)$: 在总体 P 下估计量 T 的均方误差

$R_T(P)$: 在总体 P 下估计量 T 的风险

$\mathrm{amse}_T(P)$: 在总体 P 下估计量 T 的渐近风险

$e_{T_n', T_n}(P)$: T_n' 关于 T_n 的渐近相关效率

$\beta_T(P)$: 检验 T 的势函数

$\alpha_T(P)$: 检验 T 犯第 I 类错误的概率

$X_{(i)}$: $X_1, ..., X_n$ 的第 i 个顺序统计量

$\bar{X}$: $X_1, ..., X_n$ 的样本均值, $\bar{X} = \frac{\sum_{i=1}^n X_i}{n}$

S^2 : $X_1, ..., X_n$ 的样本方差 (协方差阵), $S^2 = \frac{\sum_{i=1}^n (X_i - \bar{X})(X_i - \bar{X})^\tau}{n-1}$

F_n: 基于 $X_1, ..., X_n$ 的经验分布函数

$N(\mu, \sigma^2)$: 以 μ 为均值, σ^2 为方差的一维正态分布或随机变量

$N_k(\mu, \Sigma)$: 以 μ 为均值向量, Σ 为协方差阵的 k 维正态分布或随机向量

$\Phi(x)$: 标准正态分布函数

z_α: 标准正态分布函数的 α 分位数

χ_r^2: 有卡方分布 χ_r^2 的随机变量

$\chi_{r,\alpha}^2$: 卡方分布 χ_r^2 的 $(1-\alpha)$ 分位数

$t_{r,\alpha}$: t 分布 t_r 的 $(1-\alpha)$ 分位数

$F_{a,b,\alpha}$: F 分布 $F_{a,b}$ 的 $(1-\alpha)$ 分位数

缩写表

a.e.: 几乎处处
amse: 渐近均方误差
ANOVA: 方差分析
a.s.: 几乎一定
BLUE: 最佳线性无偏估计量
c.d.f.: (累积) 分布函数
ch.f.: 特征函数
CLT: 中心极限定理
GEE: 广义估计方程
GLM: 广义线性模型
HPD: 最高后验密度
i.i.d.: 独立同分布
LR: 似然比
LSE: 最小二乘估计量
MCMC: 马尔可夫链蒙特卡罗
MELE: 最大经验似然估计量
m.g.f.: 矩母函数
MLE: 最大似然估计量
MQLE: 最大准似然估计量
MRIE: 最小风险不变估计量
mse: 均方误差
p.d.f.: 概率密度函数
RLE: 似然方程根
SLLN: 强大数定律
UMA: 一致最精确
UMAI: 一致最精确不变
UMAU: 一致最精确无偏
UMP: 一致最大势
UMPI: 一致最大势不变
UMPU: 一致最大势无偏
UMVUE: 一致最小方差无偏估计量
WLLN: 弱大数定律

定义、主要结果和例子的索引

推论

1.1 (delta 方法) 55
1.2 (多元 CLT) 62
1.3 (独立随机向量的 CLT) 62
3.1 (UMVUE) 146
3.2 (U 统计量的方差) 153
3.3 (正态线性模型中为 UMVUE 的条件) 166
4.1 (Pitman 估计) 224
4.2 (位置参数的 MRIE) 226
4.3 (在指数族下的容许性和最小最大性) 232
5.1 (样本分位数的渐近正态性) 309
6.1 (指数族下的 UMP 检验) 349
7.1 (次序统计量和样本分位数) 438
7.2 (Woodruff 区间) 438–439

定义

1.1 (σ 域) 1–2
1.2 (测度) 2
1.3 (可测函数) 6
1.4 (积分) 9–10
1.5 (矩母函数和特征函数) 29
1.6 (条件期望) 33
1.7 (独立性) 36–37
1.8 (收敛模式) 44–45
1.9 (随机次序) 49
2.1 (参数族) 83
2.2 (指数族) 84–85
2.3 (位置尺度族) 87–88
2.4 (充分性) 91
2.5 (最小充分性) 94
2.6 (完备性) 96
2.7 (容许性) 102
2.8 (无偏性) 104
2.9 (不变形) 105
2.10 (一致性) 116
2.11 (渐近期望和偏度) 118
2.12 (amse 和相对效率) 120
2.13 (渐近水平和一致性) 121–122
2.14 (渐近水平和置信系数) 123
3.1 (UMVUE) 139
3.2 (U 统计量) 150

3.3 (投影) 154
3.4 (LSE) 158
4.1 (Bayes 解) 203
4.2 (MRIE) 220
4.3 (似然函数和 MLE) 238–239
4.4 (渐近有效) 251
5.1 (距离和模) 278
5.2 (泛函的可微性) 294
5.3 (泛函的二阶可微性) 297
5.4 (方差估计量的一致性) 324
6.1 (UMP 检验) 343
6.2 (单调似然比) 347
6.3 (检验的无偏性和 UMPU 检验) 353
6.4 (相似性) 353
6.5 (检验的不变性和 UMPI 检验) 365
6.6 (似然比检验) 375
7.1 (枢轴量) 413
7.2 (UMA 置信集) 427
7.3 (置信集的无偏性和 UMAU 置信集) 428
7.4 (置信集的不变性和 UMAI 置信集) 431
7.5 (置信集的精确性) 440
7.6 (联合置信区间) 453

例子

1.1 (计数测度) 3
1.2 (Lebesgue 测度) 3
1.3 (离散 c.d.f.) 8
1.4 (连续 c.d.f.) 8
1.5 (关于计数测度的积分) 10
1.6 (关于 Lebesgue 测度的积分) 10
1.7 (极限与积分的交换) 11
1.8 (微分与积分的交换) 12
1.9 (关于计数测度的重积分) 13
1.10 (离散 c.d.f. 的 p.d.f.) 14
1.11 (Lebesgue p.d.f.) 14
1.12 (关于一般测度的 p.d.f.) 16
1.13 (两两独立) 20
1.14 (变换) 20–21
1.15 (两个随机变量之和与商的 p.d.f.) 21–22
1.16 (t 分布和 F 分布) 22–23
1.17 (正态分布的矩) 26
1.18 (Jensen 不等式) 28
1.19 (正态分布的 m.g.f.) 31
1.20 (gamma 分布与其 m.g.f.) 32
1.21 (给定一离散随机变量的条件期望) 33–34
1.22 (最佳预测) 36
1.23 (市场调查) 39–40
1.24 (一阶自相关过程) 40–41
1.25 (似然比) 43
1.26 (各种类型的收敛性) 46–47
1.27 (最佳预测的几乎处处收敛) 49
1.28 (WLLN 和 CLT) 51–52
1.29 (连续定理的应用) 52
1.30 (连续映射定理的应用) 53
1.31 (delta 方法的应用) 55
1.32 (SLLN 的应用) 59
1.33 (CLT 的应用) 61–62
1.34 (Edgeworth 展开式) 65
2.1 (度量问题) 81–82
2.2 (寿命测试问题) 82
2.3 (调查问题) 82–83
2.4 (k 维正态族) 83–84

2.5 (二项分布族) 85
2.6 (一维正态分布族) 85–86
2.7 (多项分布族) 86
2.8 (统计量和它们的分布) 89–90
2.9 (次序统计量) 90
2.10 (关于二项分布的充分性) 91
2.11 (截断分布族) 93–94
2.12 (次序统计量) 94
2.13 (一个均匀分布族中的最小充分统计量) 94–95
2.14 (指数族中的最小充分统计量) 96
2.15 (正态族的完备性) 97
2.16 (一个均匀分布族中的完备性) 97–98
2.17 (一个非参数分布族中的完备性) 98
2.18 (Basu 定理的应用) 99
2.19 (测量问题中的估计) 100
2.20 (假设检验) 101
2.21 (清理有毒废料) 101
2.22 (均值的估计) 103–104
2.23 (二项分布族中的检验) 104
2.24 (不变决策准则) 105
2.25 (Bayes 准则和最小最大准则) 106–107
2.26 (寿命测试问题中的估计) 108
2.27 (调查问题中的估计) 109–110
2.28 (正态分布族中的检验问题) 110–111
2.29 (p 值) 112
2.30 (二项分布族中的随机检验) 112–113
2.31 (正态分布族中的置信区间) 113
2.32 (正态分布族中的置信集) 114
2.33 (线性统计量和样本方差的一致性) 116
2.34 (最大次序统计量的一致性) 117
2.35 (二项分布族中的渐近偏度) 120
2.36 (泊松分布族中的渐近均方误差) 121
2.37 (正态分布族中的检验的渐近性质) 122–123
3.1 (均匀分布族中的 UMVUE) 140
3.2 (泊松分布族中的 UMVUE) 140–141
3.3 (指数分布族中的 UMVUE) 141
3.4 (正态分布族中的 UMVUE) 142
3.5 (幂级数分布族中的 UMVUE) 143
3.6 (一个非参数族中的 UMVUE) 143
3.7 (均匀分布族中的 UMVUE) 144–145
3.8 (UMVUE 的不存在性) 145–146
3.9 (位置尺度分布族中的 Fisher 信息) 147
3.10 (UMVUE 的方差) 149
3.11 (U 统计量的方差) 153–154
3.12 (简单线性回归) 160
3.13 (单因子 ANOVA) 160–161
3.14 (二因子平衡 ANOVA) 161
3.15 (正态线性模型中的 UMVUE) 164
3.16 (线性模型中的 BLUE) 166
3.17 (随机效应模型) 166–167
3.18 (线性模型中的 BLUE) 167
3.19 (简单随机抽样下的 UMVUE) 171

3.20 (分层简单随机抽样下的 UMVUE) 172
3.21 (比值估计) 177–178
3.22 (多项式的最大值点) 178
3.23 (衰减曲线) 178–179
3.24 (均值与方差的矩法估计量) 180
3.25 (均匀分布族中的矩法估计量) 180–181
3.26 (二项分布族中的矩法估计量) 181
3.27 (Pareto 分布族中的矩法估计量) 181–182
3.28 (估计方差的 U 和 V 统计量) 185
3.29 (有特别的误差协方差阵的线性模型) 187–188
3.30 (误差协方差阵为分块对角阵的线性模型) 188
3.31 (误差协方差阵为对角阵的线性模型) 188
4.1 (Bayes 估计) 203–204
4.2 (Bayes 解) 204–205
4.3 (广义 Bayes 解) 205
4.4 (经验 Bayes 解) 206
4.5 (多层 Bayes 解) 208
4.6 (正态分布族中样本均值的容许性) 209–210
4.7 (Bayes 估计量的渐近性质) 211
4.8 (Bayes 估计量的渐近性质) 211–212
4.9 (正态线性模型中的 Bayes 估计量) 212–213
4.10 (正态线性模型中的 MCMC) 216
4.11 (正态分布族中位置参数的 MRIE) 221
4.12 (指数分布族中位置参数的 MRIE) 222
4.13 (均匀分布族中的 Pitman 估计量) 222
4.14 (正态分布族中的 Pitman 估计量) 224
4.15 (均匀分布族中的 Pitman 估计量) 224
4.16 (正态分布族中的 MRIE) 226
4.17 (均匀分布族中的 MRIE) 226
4.18 (二项分布族中的最小最大估计量) 228–229
4.19 (正态分布族中的最小最大估计量) 230
4.20 (正态分布族中的容许性和最小最大性) 232
4.21 (泊松分布族中的最小最大估计量) 232
4.22 (正态线性模型中的联合估计) 233
4.23 (多项分布族中的 Bayes 估计量) 233
4.24 (联合 MRIE) 233–234
4.25 (联合最小最大估计量) 234
4.26 (联合 Bayes 和最小最大估计量) 234
4.27 (正态线性模型中的收缩估计量) 237
4.28 (最大化似然函数) 238
4.29 (二项分布族中的 MLE) 239–240
4.30 (正态分布族中的 MLE) 240–241

4.31 (均匀分布族中的 MLE) 241
4.32 (超几何分布族中的 MLE) 241
4.33 (gamma 分布族中的 MLE) 241–242
4.34 (应用 MCMC 计算 MLE) 242
4.35 (二项 GLM) 244
4.36 (正态线性模型) 245–246
4.37 (泊松 GLM) 246
4.38 (Hodges 的超有效例子) 249
4.39 (指数族下 RLE 的渐近性质) 254
4.40 (Weibull 分布族中的一步 MLE) 257–258
5.1 (调查问题中的 MELE) 284–285
5.2 (有偏抽样) 285–286
5.3 (删失数据) 286
5.4 (密度估计) 288
5.5 (卷积泛函) 296
5.6 (L 估计量) 299
5.7 (M 估计量) 301
5.8 (Hodges-Lehmann 估计量) 305
5.9 (四分位差) 309
5.10 (样本均值与样本中位数) 310–311
5.11 (GEE 的一致性) 319
5.12 (GEE 的一致性) 320
5.13 (M 估计量的渐近正态性) 322
5.14 (GEE 的渐近正态性) 324
5.15 (样本均值之函数的渐近方差) 325
5.16 (L 估计量的替代法方差估计量) 327
6.1 (简单假设的 UMP 检验) 345
6.2 (二项分布族中的 UMP 检验) 346
6.3 (指数族中的单调似然比) 348
6.4 (均匀分布族中的单调似然比) 348
6.5 (有单调似然比的分布族) 348
6.6 (正态分布族中的 UMP 检验) 349–350
6.7 (二项分布族中的 UMP 检验) 350
6.8 (泊松分布族中的 UMP 检验) 350
6.9 (均匀分布族中的 UMP 检验) 350
6.10 (正态分布族中的双边假设 UMP 检验) 352
6.11 (比较两个泊松分布或二项分布的 UMPU 检验) 357–358
6.12 (2×2 列联表中的 UMPU 检验) 358
6.13 (位置尺度族中的 UMPI 检验) 366
6.14 (非参数问题中的最大不变统计量) 367
6.15 (正态分布族中的 UMPI 检验) 367–368
6.16 (两样本问题中的 UMPI 检验) 368
6.17 (正态分布族中的 UMPI 检验) 368–369
6.18 (单因子 ANOVA 中的 UMPI 检验) 371–372
6.19 (二因子平衡 ANOVA 中的 UMPI 检验) 372
6.20 (均匀分布族中的 LR 检验) 376
6.21 (正态线性模型中的 LR 检验) 376–377
6.22 (GLM 中的 Wald 检验和 Rao 计分检验) 381

6.23 (拟合优度检验) 383
6.24 ($r \times c$ 列联表中的 χ^2 检验) 384–385
6.25 (正态分布族中的 Bayes 检验) 386
6.26 (经验 LR 检验) 395
6.27 (渐近检验) 397
7.1 (位置尺度族中的置信区间) 414–415
7.2 (均匀分布族中的置信区间) 415
7.3 (Fieller 区间) 415
7.4 (正态线性模型中的置信集) 416
7.5 (泊松分布族中的置信区间) 417
7.6 (基于秩向量的置信集) 417
7.7 (单参数指数族中的置信区间) 418–420
7.8 (多参数指数族中的置信区间) 420
7.9 (正态线性模型中的置信集) 420
7.10 (基于符号秩向量的置信集) 421
7.11 (正态分布族中的可信集) 422
7.12 (正态线性模型中的预测集) 423
7.13 (均匀分布族中置信区间的长度) 424–425
7.14 (正态分布族中的最短置信区间) 426–427
7.15 (正态线性模型中的 UMAU 置信区间) 429
7.16 (二项分布族中的 UMA 置信界) 430–431
7.17 (正态分布族中的不变置信区间) 431
7.18 (正态分布族中的 UMAI 置信界) 432
7.19 (正态分布族中的不变置信区间) 432
7.20 (均值之函数的渐近置信集) 433
7.21 (基于泛函的渐近置信集) 433
7.22 (正态线性模型中的渐近置信集) 433
7.23 (二项分布族中基于似然函数的置信区间) 435–436
7.24 (正态分布族中基于似然函数的置信集) 436–437
7.25 (二阶精确置信界) 441
7.26 (比较自助法和渐近置信界) 449–450
7.27 (单因子 ANOVA 中的多重比较) 454
7.28 (简单线性回归中的联合置信区间) 456
7.29 (比较联合置信区间) 458
7.30 (正态分布族中的置信带) 459

图

2.1 (均方误差) 109
2.2 (犯错误概率) 111
2.3 (置信集) 115
4.1 (均方误差) 229
5.1 (密度估计) 289
7.1 (置信区间与接受域) 419
7.2 (基于似然函数的置信集) 437

引理

1.1 (变换的独立性) 20
1.2 (关于一个子 σ 域的可测函数) 33
1.3 (σ 域的独立性) 37
1.4 (a.s. 收敛的条件) 45
1.5 (Borel-Cantelli 引理) 47

1.6 (Kronecker 引理) 55
2.1 (参数族中的控制测度) 92
3.1 (统计量与其投影的均方差) 155
3.2 (独立卡方随机变量和的二阶矩) 156–157
3.3 (LSE 的渐近正态之条件) 169
4.1 (推算后验均值) 212
4.2 (不可约马尔可夫链) 218
4.3 (最小最大估计量) 230
5.1 (DKW 不等式) 278
5.2 (变差范数界) 297
5.3 (一致 WLLN) 317–318
6.1 (UMP 检验) 346
6.2 (推广的 Neyman-Pearson 引理) 347
6.3 (期望的单调性) 347
6.4 (改变符号) 352
6.5 (相似性与 UMPU) 354
6.6 (Neyman 结构和完备性) 354
6.7 (UMPU 检验) 359

命题

1.1 (测度的性质) 3–4
1.2 (c.d.f. 的性质) 4
1.3 (乘积测度定理) 5
1.4 (可测函数) 7
1.5 (积分的线性性) 10
1.6 (积分的单调性) 10–11
1.7 (Radon-Nikodym 导数的运算) 15
1.8 (变换的 p.d.f.) 21
1.9 (联合 p.d.f. 之下的条件期望) 34–35
1.10 (条件期望的性质) 35–36
1.11 (条件独立) 37–38
1.12 (马尔可夫链的性质) 41
1.13 (下鞅的性质) 43
1.14 (Doob 分解) 44
1.15 (下鞅的收敛) 44
1.16 (Pólya 定理) 45
1.17 (紧性) 50
1.18 (Scheffé 定理) 52
2.1 (指数族的完备性) 97
2.2 (依赖充分统计量的准则) 102–103
2.3 (渐近期望的唯一性) 118
2.4 (mse 与 amse 的关系) 120
3.1 (Fisher 信息) 147
3.2 (指数族中的 Fisher 信息) 148
3.3 (方差达到 Cramér-Rao 下界的估计量) 148
3.4 (成为 BLUE 的条件) 167
3.5 (V 统计量的性质) 183
4.1 (Bayes 解的存在和唯一性) 203
4.2 (Bayes 估计量的无偏性) 210
4.3 (位置不变估计量) 219
4.4 (位置不变估计量的性质) 219
4.5 (尺度不变估计量) 223
4.6 (位置尺度不变估计量) 225
5.1 (二阶可微泛函的渐近性质) 298
5.2 (i.i.d. 之下 GEE 的一致性) 316
5.3 (i.i.d. 之下 GEE 的一致性) 317
5.4 (非 i.i.d. 之下 GEE 的一致性) 317
5.5 (非 i.i.d. 之下 GEE 的一致性) 319
5.6 (非 i.i.d. 之下 GEE 的一致性) 320
6.1 (推广的 Neyman-Pearson 引理) 347
6.2 (最大不变统计量的性质) 365
6.3 (不变性与充分性) 367

6.4 (UMPI 与 UMPU 检验的关系) 368
6.5 (指数族中的 LR 检验) 375
7.1 (枢轴量) 416
7.2 (用置信集构造检验) 418
7.3 (不变置信集的性质) 432
7.4 (渐近比较置信集的体积) 434

表格

1.1 ($\mathcal{R}$ 上离散分布) 17
1.2 ($\mathcal{R}$ 上有 Lebesgue p.d.f. 的分布) 18–19

定理

1.1 (Fatou 引理, 控制收敛定理, 单调收敛定理) 11
1.2 (变量转换) 12
1.3 (Fubini 定理) 12–13
1.4 (Radon-Nikodym 定理) 13
1.5 (Cochran 定理) 24
1.6 (唯一性定理) 31
1.7 (条件分布的存在性) 38
1.8 (收敛性与一致可积) 45–46
1.9 (弱收敛, Lévy-Cramér 连续定理, Cramér-Wold 策略) 50
1.10 (连续映射) 53
1.11 (Slutsky 定理) 53
1.12 (delta 方法) 54
1.13 (WLLN 和 SLLN) 56
1.14 (WLLN 和 SLLN) 58
1.15 (Lindeberg CLT) 60
1.16 (Edgeworth 展开) 64
1.17 (Cornish-Fisher 展开) 65–66
2.1 (指数族的性质) 87
2.2 (因子分解定理) 92
2.3 (最小充分性) 95
2.4 (Basu 定理) 98
2.5 (Rao-Blackwell 定理) 103
2.6 (amse) 121
3.1 (Lehmann-Scheffé 定理) 140
3.2 (UMVUE 的充分必要条件) 143–144
3.3 (Cramér-Rao 下界) 146
3.4 (Hoeffding 定理) 152
3.5 (U 统计量的渐近分布) 156
3.6 (线性模型中的可估性) 159
3.7 (正态线性模型中的 UMVUE) 162
3.8 (正态线性模型中的 UMVUE 的分布) 163
3.9 (Gauss-Markov 定理) 164
3.10 (线性模型中 LSE 是 BLUE 的充要条件) 165
3.11 (LSE 的一致性) 168
3.12 (LSE 的渐近正态性) 168–169
3.13 (Watson-Royall 定理) 170
3.14 (分层简单抽样下的 UMVUE) 171–172
3.15 (Horvitz-Thompson 估计量) 173
3.16 (V 统计量的渐近分布) 184
3.17 (加权 LSE 的渐近正态性) 185–186
4.1 (Bayes 公式) 201–202
4.2 (Bayes 准则的容许性) 209
4.3 (Bayes 准则之极限的容许性) 209
4.4 (MCMC 的一致性) 214–215
4.5 (位置参数的 MRIE) 220
4.6 (Pitman 估计量) 221
4.7 (不变准则的性质) 223

4.8 (尺度参数的 MRIE) 223
4.9 (位置参数的 MRIE) 225–226
4.10 (线性模型中的 MRIE) 227
4.11 (Bayes 估计量的最小最大性) 228
4.12 (Bayes 估计量之极限的最小最大性) 229
4.13 (有常数风险的估计量) 230
4.14 (指数族中的容许性) 231
4.15 (James-Stein 估计量的风险) 235
4.16 (渐近信息不等式) 249–250
4.17 (i.i.d. 情形下 RLE 的渐近有效性) 252
4.18 (GLM 中 RLE 的渐近有效性) 254
4.19 (一步 MLE 的渐近有效性) 257
4.20 (Bayes 估计量的渐近有效性) 258
5.1 (经验 c.d.f. 的渐近性质) 279
5.2 (经验 c.d.f. 的渐近性质) 280
5.3 (非参数 MLE) 281
5.4 (MELE 的渐近正态性) 283
5.5 (可微泛函的渐近性质) 295
5.6 (L 泛函的可微性) 299
5.7 (M 泛函的可微性) 302
5.8 (与 R 估计量有关的泛函的可微性) 304
5.9 (关于样本分位数的概率上界) 306
5.10 (样本分位数的渐近正态性) 307
5.11 (Bahadur 表示) 308
5.12 (线性模型中 L 估计量的渐近正态) 313
5.13 (i.i.d. 情形下 GEE 的渐近正态) 320
5.14 (非 i.i.d. 情形下 GEE 的渐近正态) 322
5.15 (替代法方差估计量的一致性) 326
5.16 (GEE 的替代法方差估计量) 327
5.17 (样本均值之函数的刀切法方差估计量的一致性) 328
5.18 (LSE 的刀切法方差估计量的一致性) 330
5.19 (GEE 的刀切法方差估计量的一致性) 332
5.20 (统计泛函的自助法估计的一致性) 334
6.1 (Neyman-Pearson 引理) 344
6.2 (有单调似然比的分布族中的 UMP 检验) 349
6.3 (指数族中双边假设的 UMP 检验) 351
6.4 (指数族中的 UMPU 检验) 355
6.5 (LR 检验的渐近分布) 378
6.6 (Wald 检验和 Rao 计分检验的渐近分布) 380
6.7 (GLM 中基于似然函数的检验的渐近分布) 381
6.8 (χ^2 检验的渐近分布) 382
6.9 (拟合优度检验的渐近分布) 384
6.10 (Kolmogorov-Smirnov 统计量的渐近分布) 392
6.11 (经验 LR 检验的渐近分布) 394
6.12 (渐近检验的一致性) 396
7.1 (基于 c.d.f. 的置信区间) 416
7.2 (通过转化接受域构造置信集) 418
7.3 (最短置信区间) 425

7.4 (UMA 置信集) 428
7.5 (UMAU 置信集) 428
7.6 (Pratt 定理) 429
7.7 (UMAI 置信集) 432
7.8 (Bahadur 表示) 438
7.9 (自助法置信集的渐近正确性) 445
7.10 (Scheffé 联合置信区间) 455
7.11 (Tukey 联合置信区间) 457

郑重声明

现代统计学丛书

书号	书名	著译者
9787040506679	数理统计(第二版)	邵军
9787040478631	随机场：分析与综合(修订扩展版)	Erik Vanmarke 著 陈朝晖、范文亮 译
9787040447095	统计思维与艺术：统计学入门	Benjamin Yakir 著 徐西勒 译
9787040442595	诊断医学中的统计学方法（第二版）	侯艳、李康、宇传华、 周晓华 译
9787040448955	高等统计学概论	赵林城、王占锋 编著
9787040436884	纵向数据分析方法与应用 （英文版）	刘宪
9787040423037	生物数学模型的统计学基础 （第二版）	唐守正、李勇、符利勇 著
9787040419504	R 软件教程与统计分析：入门到精通	潘东东、李启寨、唐年胜 译
9787040386721	随机估计及 VDR 检验	杨振海
9787040378177	随机域中的极值统计学：理论及应用（英文版）	Benjamin Yakir 著
9787040372403	高等计量经济学基础	缪柏其、叶五一
9787040322927	金融工程中的蒙特卡罗方法	Paul Glasserman 著 范韶华、孙武军 译
9787040348309	大维统计分析	白志东、郑术蓉、姜丹丹
9787040348286	结构方程模型：Mplus 与应用（英文版）	王济川、王小倩 著
9787040348262	生存分析：模型与应用（英文版）	刘宪
9787040345407	MINITAB 软件入门：最易学实用的统计分析教程	吴令云 等 编著

续表

书号	书名	著译者
9 787040 321883	结构方程模型：方法与应用	王济川、王小倩、姜宝法 著
9 787040 319682	结构方程模型：贝叶斯方法	李锡钦 著 蔡敬衡、潘俊豪、周影辉 译
9 787040 315370	随机环境中的马尔可夫过程	胡迪鹤 著
9 787040 256390	统计诊断	韦博成、林金官、解锋昌 编著
9 787040 250626	R 语言与统计分析	汤银才 主编
9 787040 247510	属性数据分析引论（第二版）	Alan Agresti 著 张淑梅、王睿、曾莉 译
9 787040 182934	金融市场中的统计模型和方法	黎子良、邢海鹏 著 姚佩佩 译

网上购书： www.hepmall.com.cn, www.gdjycbs.tmall.com, academic.hep.com.cn, www.amazon.cn, www.dangdang.com

其他订购办法：

各使用单位可向高等教育出版社电子商务部汇款订购。书款通过银行转账。

购书免邮费，发票随书寄出（大批量订购图书，发票随后寄出）。

单位地址：北京市西城区德外大街 4 号

电　　话：010–58581118

传　　真：010–58581113

电子邮箱：gjdzfwb@pub.hep.cn

通过银行转账：

户　　名：高等教育出版社有限公司

开 户 行：交通银行北京马甸支行

银行账号：110060437018010037603